C0 BOB-084

TEXT UND TEXTWERT DER GRIECHISCHEN HANDSCHRIFTEN
DES NEUEN TESTAMENTS

ARBEITEN ZUR
NEUTESTAMENTLICHEN TEXTFORSCHUNG

HERAUSGEGEBEN VOM

INSTITUT FÜR NEUTESTAMENTLICHE TEXTFORSCHUNG
DER WESTFÄLISCHEN WILHELMS-UNIVERSITÄT
MÜNSTER/WESTFALEN

BAND 21

WALTER DE GRUYTER · BERLIN · NEW YORK
1993

TEXT UND TEXTWERT DER GRIECHISCHEN HANDSCHRIFTEN DES NEUEN TESTAMENTS

III.

DIE APOSTELGESCHICHTE

BAND 2: HAUPTLISTE

IN VERBINDUNG MIT

ANNETTE BENDUHN-MERTZ, GERD MINK, KLAUS WITTE
UND HORST BACHMANN

HERAUSGEGEBEN VON

KURT ALAND

WALTER DE GRUYTER · BERLIN · NEW YORK
1993

BS
2625.2
.T48
1993
v.2

⊗ Gedruckt auf säurefreiem Papier,
das die US-ANSI-Norm über Haltbarkeit erfüllt.

Die Deutsche Bibliothek — CIP-Einheitsaufnahme

Text und Textwert der griechischen Handschriften des Neuen Testaments / in Verbindung mit ... hrsg. von Kurt Aland. — Berlin ; New York : de Gruyter.
NE: Aland, Kurt [Hrsg.]

3. Die Apostelgeschichte.
Bd. 2. Hauptliste. — 1993
(Arbeiten zur neutestamentlichen Textforschung ; Bd. 21)
ISBN 3-11-014056-X
NE: GT

© Copyright 1993 by Walter de Gruyter & Co., Berlin 30.

Dieses Werk einschließlich aller seiner Teile ist urheberrechtlich geschützt. Jede Verwertung außerhalb der engen Grenzen des Urheberrechtsgesetzes ist ohne Zustimmung des Verlages unzulässig und strafbar. Das gilt insbesondere für Vervielfältigungen, Übersetzungen, Mikroverfilmungen und die Einspeicherung und Verarbeitung in elekronischen Systemen.

Printed in Germany
Druck: Werner Hildebrand, Berlin
Buchbinderische Verarbeitung: Fuhrmann KG, Berlin

HAUPTLISTE

P8 2 TS + 0 SL + 1 MT

TESTSTELLE			18	23
UEBEREINST. ZEUGEN			355	91
BEZEUGTE VARIANTE			1/	2
P45	100%	(1/ 1)	Y	
P74	100%	(1/ 1)	Z	
5	100%	(2/ 2)		
33	100%	(1/ 1)	X	
43	100%	(1/ 1)		Z
61	100%	(2/ 2)		
88	100%	(2/ 2)		
104	100%	(2/ 2)		
172	100%	(1/ 1)		Z
181	100%	(2/ 2)		
326	100%	(2/ 2)		
400	100%	(1/ 1)		Y
431	100%	(2/ 2)		
437	100%	(2/ 2)		
459	100%	(2/ 2)		
460	100%	(2/ 2)		
489	100%	(2/ 2)		
614	100%	(2/ 2)		
619	100%	(2/ 2)		
623	100%	(1/ 1)	Z	
630	100%	(1/ 1)	Z	
636	100%	(2/ 2)		
876	100%	(2/ 2)		
886	100%	(2/ 2)		
915	100%	(2/ 2)		
927	100%	(2/ 2)		
1069	100%	(1/ 1)		Z
1101	100%	(1/ 1)		Z
1127	100%	(2/ 2)		
1270	100%	(2/ 2)		
1292	100%	(2/ 2)		
1297	100%	(2/ 2)		
1311	100%	(2/ 2)		

P8 2 TS + 0 SL + 1 MT

TESTSTELLE			18	23
UEBEREINST. ZEUGEN			355	91
BEZEUGTE VARIANTE			1/	2
1595	100%	(2/ 2)		
1598	100%	(2/ 2)		
1611	100%	(2/ 2)		
1729	100%	(2/ 2)		
1765	100%	(2/ 2)		
1827	100%	(2/ 2)		
1837	100%	(1/ 1)	Z	
1838	100%	(2/ 2)		
1843	100%	(2/ 2)		
1850	100%	(2/ 2)		
1868	100%	(2/ 2)		
1873	100%	(2/ 2)		
1875	100%	(2/ 2)		
1893	100%	(2/ 2)		
1895	100%	(2/ 2)		
2125	100%	(1/ 1)		Z
2143	100%	(2/ 2)		
2201	100%	(1/ 1)	Z	
2288	100%	(2/ 2)		
2344	100%	(2/ 2)		
2412	100%	(2/ 2)		
2718	100%	(2/ 2)		
2737	100%	(2/ 2)		
2774	100%	(2/ 2)		
2799	100%	(1/ 1)		Z
01	50%	(1/ 2)	5	
02	50%	(1/ 2)	5	
03	50%	(1/ 2)	3	
05	50%	(1/ 2)	4	
025	50%	(1/ 2)		1
044	50%	(1/ 2)		7
049	50%	(1/ 2)		1
056	50%	(1/ 2)		1

P33 1 TS + 0 SL + 0 MT

TESTSTELLE			52
UEBEREINST. ZEUGEN			452
BEZEUGTE VARIANTE			1/
P74	100%	(1/ 1)	
02	100%	(1/ 1)	
05	100%	(1/ 1)	
08	100%	(1/ 1)	
025	100%	(1/ 1)	
044	100%	(1/ 1)	
049	100%	(1/ 1)	
056	100%	(1/ 1)	
0142	100%	(1/ 1)	
1	100%	(1/ 1)	
3	100%	(1/ 1)	
5	100%	(1/ 1)	
6	100%	(1/ 1)	
18	100%	(1/ 1)	
33	100%	(1/ 1)	
35	100%	(1/ 1)	
38	100%	(1/ 1)	
42	100%	(1/ 1)	
43	100%	(1/ 1)	
51	100%	(1/ 1)	
57	100%	(1/ 1)	
61	100%	(1/ 1)	
69	100%	(1/ 1)	
76	100%	(1/ 1)	
81	100%	(1/ 1)	
82	100%	(1/ 1)	
93	100%	(1/ 1)	
94	100%	(1/ 1)	
97	100%	(1/ 1)	
102	100%	(1/ 1)	
103	100%	(1/ 1)	
104	100%	(1/ 1)	
105	100%	(1/ 1)	

P33 1 TS + 0 SL + 0 MT

TESTSTELLE			52
UEBEREINST. ZEUGEN			452
BEZEUGTE VARIANTE			1/
110	100%	(1/ 1)	
122	100%	(1/ 1)	
131	100%	(1/ 1)	
133	100%	(1/ 1)	
141	100%	(1/ 1)	
142	100%	(1/ 1)	
149	100%	(1/ 1)	
172	100%	(1/ 1)	
175	100%	(1/ 1)	
177	100%	(1/ 1)	
180	100%	(1/ 1)	
181	100%	(1/ 1)	
189	100%	(1/ 1)	
201	100%	(1/ 1)	
203	100%	(1/ 1)	
204	100%	(1/ 1)	
205	100%	(1/ 1)	
209	100%	(1/ 1)	
216	100%	(1/ 1)	
218	100%	(1/ 1)	
221	100%	(1/ 1)	
223	100%	(1/ 1)	
226	100%	(1/ 1)	
228	100%	(1/ 1)	
250	100%	(1/ 1)	
254	100%	(1/ 1)	
256	100%	(1/ 1)	
263	100%	(1/ 1)	
296	100%	(1/ 1)	
302	100%	(1/ 1)	
307	100%	(1/ 1)	
308	100%	(1/ 1)	
309	100%	(1/ 1)	

P41 7 TS + 0 SL + 0 MT

TESTSTELLE UEBEREINST. ZEUGEN BEZEUGTE VARIANTE	60 6 2	68 15 4	69 3 2	72 18 2	73 5 2	75 19 2	76 467 1/
04 100% (4/ 4)	Z	Z	Z				
1319 100% (1/ 1)	Z	Z	Z	Z	Z	Z	
01 86% (6/ 7)			3				
P74 71% (5/ 7)			3		6B		
03 71% (5/ 7)		2	3				
33 71% (5/ 7)			3		14		
02 57% (4/ 7)	1		3		6		
1739 57% (4/ 7)	1	3			1D		
2344 57% (4/ 7)			3		6	3	
1735 50% (3/ 6)	1		3		X	3	
08 43% (3/ 7)	1		3B		1B	1	
180 43% (3/ 7)	1	3	2C		5		
307 43% (3/ 7)	1	2	2C		1D		
431 43% (3/ 7)	1	2	2C		2B		
453 43% (3/ 7)	1	2	2C		1		
1175 43% (3/ 7)	1	2	3	3			
1884 43% (3/ 7)	1		2C		1	1	
1891 43% (3/ 7)	1	3		3	1D		
2818 43% (3/ 7)	1	2	2C		3		
610 33% (2/ 6)	1	2	2C	Z	3		
1409 33% (2/ 6)	Z		3B	1	6C	3	
2441 33% (1/ 3)	Z	Z	Z	Z	1	1	
05 29% (2/ 7)	3	3	16B	4	8		
5 29% (2/ 7)	1		1	1	1	1	
429 29% (2/ 7)	1	3	3		1	3	
436 29% (2/ 7)	1		1	2B	1D	1	
623 29% (2/ 7)	1		1	2B	1D	1	
1642 29% (2/ 7)	1		13	1	1	1	
1678 29% (2/ 7)	1	2	2C	1	1D		
1759 29% (2/ 7)		1	1	1	1	1	
1873 29% (2/ 7)	1		1	1	10	1	
2374 29% (2/ 7)	1		1B	1	1	1	
624 25% (1/ 4)	Z	1	Z	W	1	1	

P41 7 TS + 0 SL + 0 MT

TESTSTELLE UEBEREINST. ZEUGEN BEZEUGTE VARIANTE	60 6 2	68 15 4	69 3 2	72 18 2	73 5 2	75 19 2	76 467 1/
1730 25% (1/ 4)	Z	Z	Z	1	1	1	
2200 25% (1/ 4)	1	3		3	Z	Z	Z
2464 25% (1/ 4)	Z	Z	Z	2B	1	1	
319 20% (1/ 5)	1	Z	Z	1	1	1	
400 20% (1/ 5)	1	X	X	1	10	1	
602 20% (1/ 5)	1	Z	1	Z	1	1	
642 20% (1/ 5)	1	Z	Z	1	1	1	
1548 20% (1/ 5)	1	2	1	Z	Z	1	
1610 20% (1/ 5)	1	Z	Z	1	10	1	
1838 20% (1/ 5)	Z	1	1	1	Z	1	
1893 20% (1/ 5)	1	Z	Z	1	9	1	
1902 20% (1/ 5)	Z	Z	1	1	1	1	
2484 20% (1/ 5)	1	Z	Z	1	1	1	
181 17% (1/ 6)	X	12	3B	1	6	1C	
226 17% (1/ 6)	1	X	1	1	1	1	
363 17% (1/ 6)	X	1	1	1	1	1	
522 17% (1/ 6)	1	3	3	V	1	3	
796 17% (1/ 6)	1	U	1	1	1	1	
1003 17% (1/ 6)	Z	1	1	4	1	1	
1102 17% (1/ 6)	1	1	Z	1	10	1	
1508 17% (1/ 6)	1	2	1	Z	1	1	
1741 17% (1/ 6)	1	1	1	Z	1	1	
1894 17% (1/ 6)	1	1	1	Z	1	1	
2004 17% (1/ 6)	Z	1	1	1	1	1	
014 14% (1/ 7)	1	1	1	1	1	1	
020 14% (1/ 7)	1	1	9	1	1D	1	
025 14% (1/ 7)	1	1	1	1	3	1	
044 14% (1/ 7)	1	3	3B	7	1D	1	
049 14% (1/ 7)	1	1	1	1	1	1	
056 14% (1/ 7)	1	1	1	1	1	1	
0142 14% (1/ 7)	1	1	1	1	1	1	
1 14% (1/ 7)	1	1	1	1	1	1	
3 14% (1/ 7)	1	1	1	1	1	1	

P45 13 TS + 3 SL + 2 MT

TESTSTELLE	22	23	24	25	28	29	35	38	40	41	45	51	56
UEBEREINST. ZEUGEN	4	91	17	3	416	439	452	21	34	467	473	5	459
BEZEUGTE VARIANTE	2	2	2	3	1/	1/	1/	2	2	1/	1/	2	1/
P8 100% (1/ 1)	Z		Z	Z	Z	Z	Z	Z	Z	Z	Z	Z	Z
314 100% (2/ 2)	Z	Z	Z	Z	Z	Z	Z	Z	Z			Z	Z
506 100% (3/ 3)	Z	Z	Z	Z			Z	Z	Z	Z	Z	Z	
602 100% (1/ 1)	Z	Z	Z	Z	Z	Z	Z	Z	Z	Z	Z	Z	
2125 100% (1/ 1)	Z	Z	Z	Z	Z	Z		Z	Z	Z	Z	Z	Z
P74 85% (11/ 13)				2			3						
01 85% (11/ 13)				2B			3						
02 85% (11/ 13)				2			3						
03 85% (11/ 13)				2			4						
62 83% (5/ 6)	Z	Z	Z	Z					1		Z	Z	Z
206 75% (3/ 4)	Z	Z	Z	Z	Z	Z	Z	Z	Z			1	
309 75% (3/ 4)	Z	Z	Z	Z	Z	Z	Z	Z	Z			1	
1731 75% (3/ 4)	Z	Z	Z	Z	Z	Z	Z	Z	Z			1	
920 71% (5/ 7)	Z	Z	Z	Z				1	1	Z		Z	
81 70% (7/ 10)	Z	Z	Z	1			3					1	
88 69% (9/ 13)	1			1				1				1	
915 69% (9/ 13)	1			1				1				1	
020 67% (6/ 9)	Z	Z	Z	Z				1	1			1	
43 67% (6/ 9)	Z	Z	Z	Z				1	1			1	
441 67% (6/ 9)	Z	Z	Z	Z				1	3			1	
941 67% (8/ 12)	1			1				1	Y			1	
1094 67% (6/ 9)	Z	Z	Z	Z				1	1			1	
1752 67% (6/ 9)	Z	Z	Z	Z				1	1			1	
1839 67% (6/ 9)	Z	Z	Z	Z				1	1			1	
1889 67% (2/ 3)	Z	Z	Z	Z	Z	Z	Z	Z	Z	Z		1	
2484 67% (6/ 9)	Z	Z	Z	Z				1	1			1	
796 64% (7/ 11)	1	1	Z	Z					1			1	
33 63% (5/ 8)	1		X	X		X		X	1			1B	X
2303 63% (5/ 8)	Z	Z	Z	Z				1	1			1	Z
2716 63% (5/ 8)	Z	Z	Z	Z			Z	1	1			1B	
2746 63% (5/ 8)	Z	Z	Z	Z				1	1		Z	1	
104 62% (8/ 13)	1		1	1				1				1	
431 62% (8/ 13)	1		1	1			3					1	

P45 13 TS + 3 SL + 2 MT

TESTSTELLE	22	23	24	25	28	29	35	38	40	41	45	51	56
UEBEREINST. ZEUGEN	4	91	17	3	416	439	452	21	34	467	473	5	459
BEZEUGTE VARIANTE	2	2	2	3	1/	1/	1/	2	2	1/	1/	2	1/
1175 62% (8/ 13)	1			2B			3	1				1	
1311 62% (8/ 13)	1		1	1					1			1	
1409 62% (8/ 13)	1			1				1	1			1	
1838 62% (8/ 13)	1		1	1				1				1	
1850 62% (8/ 13)	1		1	1					1			1	
2718 62% (8/ 13)	1		1	1					1			1	
110 60% (6/ 10)	1	Z	Z	Z				1	1			1	
498 60% (6/ 10)	1	Z	Z	Z				1	1			1	
2627 60% (3/ 5)	Z	Z	Z	Z				1	1	Z	Z	Z	Z
629 58% (7/ 12)	X	1	1	1	7				1I				
1852 57% (4/ 7)	Z	Z	Z	Z	Z	Z		1	1			1	
2799 57% (4/ 7)	Z	Z	Z	Z	Z	Z		1	1			1	
04 56% (5/ 9)	Z	Z		2			3B	1	Z	Z		3B	
479 55% (6/ 11)	1	1	Z	Z				1	1			1	
491 55% (6/ 11)	1	1	Z	Z				1	1			1	
642 55% (6/ 11)	1	1	Z	Z				1	1			1	
1831 55% (6/ 11)	1	1	1	1				Z	Z			1	
2587 55% (6/ 11)	1	1	Z	Z				1	1			1	
2805 55% (6/ 11)	Z	Z		1	6	6		1				7	
08 54% (7/ 13)	1	3	1		5			1				1	
044 54% (7/ 13)	1	7		1				1	1			9	
3 54% (7/ 13)	1	1	1	1					1			1	
5 54% (7/ 13)	1		1	1				1	1			1	
181 54% (7/ 13)	1		1	1			3	1				1	
209 54% (7/ 13)	1	1	1	1					1			1	
228 54% (7/ 13)	1		1B	1				1	1			1	
421 54% (7/ 13)	1	1		1				1	1H			1	
437 54% (7/ 13)	1		1	1				1	1			1	
459 54% (7/ 13)	1		1	1				1	1			1	
460 54% (7/ 13)	1		1	1				1	1			1	
489 54% (7/ 13)	1		1	1				1	1			1	
547 54% (7/ 13)	1	1	1	1				1				1B	
618 54% (7/ 13)	1	1		1				1	1			1	

P74 92 TS + 2 SL + 2 MT

TESTSTELLE	2	5	6	10	11	12	13	14	15	16	17	19	20	21	22	23	24	25	26	28	29	30	31	32	33
UEBEREINST. ZEUGEN	16	11	11	14	1	10	2	23	17	7	23	110	441	36	4	91	17	9	30	416	439	9	36	51	19
BEZEUGTE VARIANTE	2	2	2	3	1/I	2	2B	2	2	2	2	2	1/	2	2	2	2	2	2	1/	1/	2	2	2	2
P33 100% (1/ 1)	Z	Z	Z	Z	Z	Z	Z	Z	Z	Z	Z	Z	Z	Z	Z	Z	Z	Z	Z	Z	Z	Z	Z	Z	Z
02 88% (81/ 92)					1/																		2B		
P41 83% (5/ 6)	Z	Z	Z	Z	Z	Z	Z	Z	Z	Z	Z	Z	Z	Z	Z	Z	Z	Z	Z	Z	Z	Z	Z	Z	Z
03 82% (75/ 92)				1/	1/		2					3													
01 80% (74/ 92)					1/		2											2B							
04 75% (39/ 52)					5					Z	Z	Z	Z	Z	Z	Z									1
81 74% (46/ 62)				14	1/L		2			Z	Z	Z	Z	Z	Z	Z	Z	1				3			1
P45 65% (11/ 17)	Z	Z	Z	Z	Z	Z	Z	Z	Z	Z	Z	Y	Y	X				3	Z			Z	Z	4	9
1175 ·63% (58/ 92)			1		1/D		2								1			2B				1C			
33 57% (43/ 76)	1	5	1	11	1/	1	1	4	X	1		1		X	1		X	X			X	X	X	1	
2344 52% (47/ 91)	1	5	1	11	1/	1	1	X	4	1		1		1	1		1	1				1	1E		1
P8 50% (1/ 2)	Z	Z	Z	Z	Z	Z	Z	Z	Z	Z	Z	1	Z	Z	Z		Z	Z	Z	Z	Z	Z	Z	Z	Z
1739 50% (46/ 92)	1	1		1/	1/	3	3D		3	1					1		1B	1		3D	5	1			1
2778 50% (6/ 12)	Z	Z	Z	Z	Z	Z	Z	Z	Z	Z	Z	Z	Z	Z	Z	Z	Z	Z	Z	Z	Z	Z	Z	Z	Z
2464 48% (15/ 31)	Z	Z	Z	Z	Z	Z	Z	Z	Z	Z	Z	Z	Z	Z	Z	Z	Z	Z	Z	Z	Z	Z	Z	Z	Z
181 48% (44/ 91)	1	1	5	11	11	4	1	1	1	1	1	1		1H	1		1	1				1			
1642 46% (42/ 91)		1			14	3	2C		3	1					1					3G	5	5			8
307 46% (42/ 92)	1	1	1	6	1/	1D	2			1					1		1		1	3E	5	5			1
1875 45% (37/ 82)	1	X	X	X	X	X	X	6	1	1	1	1		1	1		1	1		Z	Z	1			
453 45% (41/ 92)	1	1	1	6	1/	1	2			1					1		1		1	3E	5	5			1
1891 43% (40/ 92)	1	1		1/	1/	3	3D	9	3	1					1		1B	1		3D	5	4			1
2818 43% (40/ 92)	1	1	1	6	1/	1C	2	3		1					1		1		1	3E	5	5			3
610 43% (37/ 86)	1	1	1	6	1/	1	2	3		1					1		1		Z	3E	5	5			Z
1409 43% (37/ 86)			1	11	1/	12	1	3	1						1			1				1	1	1	1
945 42% (39/ 92)	1	1	1	1/	1/	3	3E	3	3	1	11				1		1B	1		3D	5	1			1
431 41% (37/ 91)	1	1	1	1/	1/	13	1	10	1	1	1C	1		1	1		1	1	3			1	1		
044 40% (37/ 92)		3	1	4	1/	1	2D	1B	3	1		1		1	1	7		1	1			1	3	1	8
1678 40% (37/ 92)	1	1	1	6	1/	1	2	3		1	8				1		1		1	3D	5	1			1
1704 40% (37/ 92)	1	1	1	1/	1/		5		5	1	11				1		1B	1		3D	5	1	4		1
180 40% (36/ 90)	1	1	1	6	1/	1	2	3B		1	1				1		1	1	1	3E	5	1			1
623 39% (31/ 80)	Z	Z	Z	Z	Z	Z	Z	Z	Z	Z	Z	Z		1	1		1	1				1		1	8
629 38% (33/ 86)	1	1	1	12	1/L		13	8			9	1		1	X	1	1	1	1	7		1	1	1	X
630 38% (34/ 90)	1	1	1	1/	1/	3	4		3	1	Z	Z			1		1B	1	1	3D		5	1		1

TESTSTELLE	2	5	6	10	11	12	13	14	15	16	17	19	20	21	22	23	24	25	26	28	29	30	31	32	33
UEBEREINST. ZEUGEN	16	11	11	14	1	10	2	23	17	7	23	110	441	36	4	91	17	9	30	416	439	9	36	51	19
BEZEUGTE VARIANTE	2	2	2	3	1/I	2	2B	2	2	2	2	2	1/	2	2	2	2	2	2	1/	1/	2	2	2	2
08 38% (33/ 88)		1	1	11	1/	1	3	3	5	1		1		4	1	3	1	3		5		1	1G	1	
619 37% (34/ 91)	1	1	1	1/	1/L	1	1	1	1	1	1	1		1	1		1	1				1		1	1
1884 37% (32/ 86)		1	1	11	1/	1	3	3	4	1	2B	U		4	1	3	1	3		5		1	1G	1	
1162 37% (34/ 92)	1	5	1	1/	1/L	1	7	1	1	1	1	1		1	1		1	1				1		1	8
2200 36% (32/ 88)	1	1	1	1/	1/	3	3D		3	1	1C				1		1B	1	1	3D		5	1		1
94 36% (33/ 92)	1	4	1	6	1/L	1	2C	3		1	5			2C	1		1	1	1	3D	5	5			1
624 36% (10/ 28)	Z	Z	Z	Z	Z	Z	Z	Z	Z	Z	Z	Z	Z	Z	Z	Z	Z	Z	Z	Z	Z	Z	Z	Z	Z
2718 36% (25/ 70)	1	1	1	1/	1/	12	1C	1B	1	1	1	1		1	1		1	1	1			1	1	1	1
441 36% (26/ 73)	Z	Z	Z	Z	Z	Z	Z	Z	Z	Z	Z	Z	Z	Z	Z	Z	Z	Z	Z			1		1	1
88 36% (32/ 90)	1	3	1		1/	1	2	4	4	X		1			1			1	1						
323 35% (32/ 91)	1	1		Z	1/	1	2	1	1	1				1	1		1	1		3C	5	1			1
2441 35% (13/ 37)	Z	Z	Z	Z	Z	Z	Z	Z	Z	Z	Z	Z	Z	Z	Z	Z	Z	Z	Z	Z	Z	Z	Z	Z	Z
322 35% (32/ 92)	1	1		1/	1/	1	2C	1	1	1				1	1		1	1		8	5	1			1
1852 35% (24/ 69)	Z	Z	Z	Z	Z	Z	Z	Z	Z	Z	Z	Z	Z	Z	Z	Z	Z	Z	Z	Z	Z	Z	Z	1	1
2201 34% (28/ 82)	1	1	Z	Z	Z	Z	Z	Z	Z	Z	Z	Z		1	1		1	1	1			1	1	1	8
436 34% (31/ 92)	1	1	1	1/	1/L	1	1	1	1	1	1	1		1	1	1	1	1	1			1	1	1	1
506 33% (7/ 21)	Z	Z	Z	Z	Z	Z	Z	Z	Z	Z	Z	Z	Z	Z	Z	Z	Z	Z	1			1	1	1	1
1745 33% (5/ 15)	Z	Z	Z	Z	Z	Z	Z	Z	Z	Z	Z	Z	Z	Z	Z	Z	Z	Z	Z	Z	Z	Z	Z	Z	Z
2805 33% (29/ 87)	1	1	1	4	10	1	3D		3	1			Z	Z	Z	Z		1		6	6	1	1	1	1
5 33% (30/ 92)	1	1	1	1/	1/	1	1	4	4	1	1	1		1	1		1	1				1		1	8
1893 32% (24/ 74)	1	1	1	1/	1/	1	X	X	X	1	1	1		1	1		1	1	1			1	1	Z	Z
1846 32% (7/ 22)	Z	Z	Z	Z	Z	Z	Z	Z	Z	Z	Z	Z	Z	Z	Z	Z	Z	Z	Z	Z	Z	Z	Z	Z	Z
206 32% (18/ 57)	Z	Z	Z	Z	Z	Z	Z	Z	Z	Z	Z	Z	Z	Z	Z	Z	Z	Z	Z	Z	Z	Z	Z	Z	Z
1738 32% (6/ 19)	Z	Z	Z	Z	Z	Z	Z	Z	Z	Z	Z	Z	Z	Z	Z	Z	Z	Z	Z	Z	Z	Z	Z	Z	Z
1858 32% (6/ 19)	Z	Z	Z	Z	Z	Z	Z	Z	Z	Z	Z	Z	Z	Z	Z	Z	Z	Z	Z	Z	Z	Z	Z	Z	Z
1646 32% (29/ 92)	1	1	1	1/	1/B	1	1	1	1	1	1	1			1	1	1	1							
2298 32% (29/ 92)	1	1	1	1/	1/L	1	1D		3	1	11B			1	1		1B	1		3D	5	1	6	1	1
1899 31% (5/ 16)	Z	Z	Z	Z	Z	Z	Z	Z	Z	Z	Z	Z	Z	Z	Z	Z	Z	Z	Z	Z	Z	Z	Z	Z	Z
62 31% (8/ 26)	Z	Z	Z	Z	Z	Z	Z	Z	Z	Z	Z	Z	Z	Z	Z	Z	Z	Z	1			1	1	1	1
1827 31% (28/ 91)	Z	1	1	1/	1/B	1	1	4	4	1		1		1	1		1	1	1			1		1	3
429 30% (28/ 92)	1	1	1	1/	5	8	3D		3	1	1C				1		1	1	1	3D		5	1		1
621 30% (28/ 92)	1	1	1	1/	1/O	1	8	1	1	1	1		1/B	1	1	1	1	1	1			1		1	8
915 30% (28/ 92)	1	3	1		1/E	1	10	4	4	1		1			1			1	1			3			

P74 92 TS + 2 SL + 2 MT

TESTSTELLE	34	35	36	37	38	39	40	41	42	43	44	45	46	47	48	49	50	51	52	53	54	55	56	57	58
UEBEREINST. ZEUGEN	6	17	339	15	21	14	34	467	15	24	6	473	76	92	452	162	2	5	452	338	1	422	459	104	6
BEZEUGTE VARIANTE	2	3	1/	2	2	2	2	1/	3	2	4	1/	2	2	1/	2	3	2	1/	1/	3	1/	1/	2	2
P33 100% (1/ 1)	Z	Z	Z	Z	Z	Z	Z	Z	Z	Z	Z	Z	Z	Z	Z	Z	Z	Z		Z	Z	Z	Z	Z	Z
02 88% (81/ 92)																					2	4			
P41 83% (5/ 6)	Z	Z	Z	Z	Z	Z	Z	Z	Z	Z	Z	Z	Z	Z	Z	Z	Z	Z	Z	Z	Z	Z	Z	Z	Z
03 82% (75/ 92)		4							1/								2		4		7	1/B			
01 80% (74/ 92)									1/						3		2		4		4	1/B			
04 75% (39/ 52)	11	3B			1	Z	Z	Z	Z								2	3B	1/D	4	4			Z	Z
81 74% (46/ 62)	2C								1/		1/						2	1			1				3
P45 65% (11/ 17)	Y	1/	Z	Z		Z			Z	Z	Z		Z	Z	Z	Z	Z		Z	Z	Z	3		1	Z
1175 63% (58/ 92)				1C	1	4B			6		6						2	1	4	3	1			2C	23
33 57% (43/ 76)	11	1/	X	X	X	1	1				1/		X				2	1B		3	4	X	X		1
2344 52% (47/ 91)		1/		1	1	1	1				1/					1	2	1B		3	4				1
P8 50% (1/ 2)	Z	Z	Z	Z	Z	Z	Z	Z	Z	Z	Z	Z	Z	Z	Z	Z	Z	Z	Z	Z	Z	Z	Z	Z	Z
1739 50% (46/ 92)	2B	1/			1	4			5	1	1/						2C	1		3	1				1
2778 50% (6/ 12)	Z	Z	Z	Z	Z	Z	Z	Z	Z	Z	Z	Z	Z	Z			1D	1			1			1	1
2464 48% (15/ 31)	Z	Z	Z	Z	Z	Z	Z	Z	Z	Z	Z	Z	Z	Z	Z	Z	Z	Z	Z	Z	Z	Z	Z	Z	Z
181 48% (44/ 91)	2B		3	4B	1	4			4		1/			1			10	1		3G	6	5			1D
1642 46% (42/ 91)	2B				1	1	1B		1/		1/							1		3B	1				1
307 46% (42/ 92)	11C		1/F	1		4			4		1/						2C	1		3	5				
1875 45% (37/ 82)	2B		3	4	1	X			6	Z	1/			1			4	1		3G	2	5			1
453 45% (41/ 92)	11C		1/F	1		4			4		1/						2C	1		3	1				1
1891 43% (40/ 92)	2B	1/	1/F		1	4			5	1	1/						2C	1		3	1				1
2818 43% (40/ 92)	11C		1/F	1		4			4		1/						2C	1		3	5				1
610 43% (37/ 86)	Z		1/F	1		4			4		1/						2C	1		3	5				1
1409 43% (37/ 86)	1	1/	1/K	7	1	1	1		1/				3				13B	1	3	3	1			Z	Z
945 42% (39/ 92)	2B	1/			1	4			5	1	1/						19	1		8C	1				1
431 41% (37/ 91)	3			1		4			4		1/						2C	1		3	5				1
044 40% (37/ 92)	1	1/		1	1	1	1		4	1	5					1	2	9							1
1678 40% (37/ 92)	11C		1/F	1		4			4		1/						2C	1		3	5				1
1704 40% (37/ 92)	2B	1/			1	4			5	1	1/						19	1		8	1			2B	1
180 40% (36/ 90)	11C		1/F	1	1	4	1		4		1/						2	1		3	5				1
623 39% (31/ 80)	11	1/		1	1	1	1		4	1	1/						1	1		3	4				1L
629 38% (33/ 86)	1	1/		1		1	1I		1/	1	6				4	1	X				5	7			1
630 38% (34/ 90)	2B	1/	1/F		1	4			6	1	1/						2C	1		8	1				1

P74 92 TS + 2 SL + 2 MT

TESTSTELLE / UEBEREINST. ZEUGEN / BEZEUGTE VARIANTE	34 6 2	35 17 3	36 339 1/	37 15 2	38 21 2	39 14 2	40 34 2	41 467 1/	42 15 3	43 24 2	44 6 4	45 473 1/	46 76 2	47 92 2	48 452 1/	49 162 2	50 2 3	51 5 2	52 452 1/	53 338 1/	54 1 3	55 422 1/	56 459 1/	57 104 2	58 6 2
08 38% (33/ 88)	9	1/		6	1	6			6	1	1/			4	6	1	1	1			1			1	1D
619 37% (34/ 91)	11	1/		1	1	1B	1		4	1	1/						1	1		3	4				1
1884 37% (32/ 86)	9C	1/		6	1	4			6	1	1/			4B	U	1	1	1			1			1	1E
1162 37% (34/ 92)	11	1/		1	1	1	1		4	1	1/						1	1		3	4				1
2200 36% (32/ 88)	2B	1/	1/F		1	4			5	1	1/		1				2C	1		8	1				1
94 36% (33/ 92)	11B		1/F	1		4			4		1/						2C	1		3	5				1L
624 36% (10/ 28)	Z	1/		1	1	Z	Z	Z	Z	Z	Z	Z	Z	Z	Z	Z	Z	1	Z	Z	Z	Z	Z	Z	Z
2718 36% (25/ 70)	1	1/		1		1	1		4		1/						2	1	4	3	1				1
441 36% (26/ 73)	1	1/		1	1	1	3		4	1	1/						6	1	3	3	1				1
88 36% (32/ 90)	7	1/		1	1	1			1/	1	1/		3				1	1	4	3	4			1	1D
323 35% (32/ 91)	11	1/			1	4	1		6	1	1/					1	2	1		3	1				1
2441 35% (13/ 37)	Z	Z	Z	Z	Z	Z	Z	Z	8	1	Z	Z	1	1			1	1			1			1	Z
322 35% (32/ 92)	11	1/			1	4	1		6	1	1/					1	2	1		3F	1				1
1852 35% (24/ 69)	1	1/		1	1	1	1		1/	1	1/		3	1		1	1	1			1			1	1
2201 34% (28/ 82)	11	1/	1/F	1	1	1	1		1/	1	1/			1			1	1		3	1				1
436 34% (31/ 92)	1	1/		1	1	1	1		4	1	1/						1	1		4C	1				1
506 33% (7/ 21)	1	Z	Z	Z	Z	Z	Z	Z	Z	Z	Z	Z	Z	Z			Z	Z	Z	Z	1			1	1
1745 33% (5/ 15)	Z	Z	Z	Z	Z	Z	Z	Z	Z	Z	Z	Z	Z	Z	Z	Z	Z	Z	Z	Z	Z	Z	Z	Z	Z
2805 33% (29/ 87)	1	1/		1	1	1			4	1	1/						1	7		3	4				1
5 33% (30/ 92)	11	1/	1/D	1	1	1	1		1/	1	1/		3				1	1		3	1				1
1893 32% (24/ 74)	Z	Z	Z	1	1	1	1		4	1	1/				Z		1	1		3	1				1
1846 32% (7/ 22)	Z	Z	Z	Z	Z	Z	Z	Z	Z	Z	Z	Z	Z	Z	Z	Z	Z	Z	Z	Z	Z	Z	Z	Z	Z
206 32% (18/ 57)	Z	Z	Z	Z	Z	Z	Z		5	1	1/					1	19	1	4	8	1				1
1738 32% (6/ 19)	Z	Z	Z	Z	Z	Z	Z	Z	Z	Z	Z	Z	Z	Z	Z	Z	Z	Z	Z	Z	Z	Z	Z	Z	Z
1858 32% (6/ 19)	Z	Z	Z	Z	Z	Z	Z	Z	Z	Z	Z	Z	Z	Z	Z	Z	Z	Z	Z	Z	Z	Z	Z	Z	Z
1646 32% (29/ 92)	2B	1/		1	1	1	1		1/	1	1/		3	1		1	1	1			1			1	1
2298 32% (29/ 92)	11	1/		1	1	4	4		5	1	1/		3				1D	1		3	1				1
1899 31% (5/ 16)	Z	Z	Z	Z	Z	Z	Z	Z	Z	Z	Z	Z	Z	Z	Z	Z	Z	Z	Z	Z	Z	Z	Z	Z	Z
62 31% (8/ 26)	1	1/		1		1	1		1/	1	Z	Z	Z	Z	Z	Z	Z	Z	Z	Z	Z	Z	Z	Z	Z
1827 31% (28/ 91)	11	1/		1	1	1	1		4	1	1/			1		1	1	1		3	1				1
429 30% (28/ 92)	2B	1/	1/F	1	1	4	1		5	1	1/						19	1		8	1				1
621 30% (28/ 92)	1	1/		1	1	1	3		4	1	1/					1	1	1	3	3B	8				1
915 30% (28/ 92)	7	1/	1/E	1	1	1			1/	1	1/		3			1	9	1	4	3	4			1	1B

P74 92 TS + 2 SL + 2 MT

TESTSTELLE	59	60	61	62	63	64	65	66	67	68	69	70	71	72	75	76	77	78	80	81	82	83	84	85	86
UEBEREINST. ZEUGEN	20	6	36	28	7	38	333	365	16	15	16	3	4	18	19	467	181	67	9	49	10	46	402	20	44
BEZEUGTE VARIANTE	2	2	2	2	2	2	1/	1/	2	4	3	3B	2	2	2	1/	2	2	2	2	2	2	1/	2	2B
P33 100% (1/ 1)	Z	Z	Z	Z	Z	Z	Z	Z	Z	Z	Z	Z	Z	Z	Z	Z	Z	Z	Z	Z	Z	Z	Z	Z	Z
02 88% (81/ 92)		1										1	1										3		
P41 83% (5/ 6)	Z		Z	Z	Z	Z	Z	X	X		2	Z	Z				Z	Z	Z	Z	Z	Z	Z	Z	Z
03 82% (75/ 92)			4							2		2					2B						4		
01 80% (74/ 92)			4				1/K					1						3		2B			3		2
04 75% (39/ 52)	Z	Z	Z	Z	Z	Z	Z	Z	Z	Z	Z	Z	Z						3	Z	Z		3		Z
81 74% (46/ 62)		Z	Z	Z	Z	Z	Z	Z	Z	Z	Z	Z	Z	Z	Z	Z	Z	Z	Z	Z	Z	Z	Z		
P45 65% (11/ 17)	Z	Z	Z	Z	Z	Z	Z	Z	Z	Z	Z	Z	Z	Z	Z	Z	Z	Z	Z	Z	Z	Z	Z	Z	Z
1175 63% (58/ 92)		1		1	1			1/B		2		1	1	3				3			1				3
33 57% (43/ 76)					1		1/D	1/C	X												1D	X	3		2
2344 52% (47/ 91)	1				1		1/E		2C				1		3						1D		3		2
P8 50% (1/ 2)	Z	Z	Z	Z	Z	Z	Z	Z	Z	Z	Z	Z	Z	Z	Z	Z	Z	Z	Z	Z	Z	Z	Z	Z	Z
1739 50% (46/ 92)		1	1	1	1				2B	3	2	2	1					1	6B	1	1		3		3
2778 50% (6/ 12)	1	Z	Z	Z	Z	Z	Z	Z	Z	Z	Z	Z	Z	Z	Z	Z	Z	Z	Z	Z	Z	Z	Z	Z	Z
2464 48% (15/ 31)	Z	Z	Z	Z	Z	Z	Z	Z	Z	Z	Z	8	1	2B	1			1	6		1		4		3C
181 48% (44/ 91)		X			1				1	12	3B	1	1	1	1C			1	3				1/C		2
1642 46% (42/ 91)	1	1	1	1	U						13	1	1	1	1		1B	1	1		1	1		1	3
307 46% (42/ 92)	1	1	1	1	4			1/B		2	2C	3	1						3	3	1		4	1	3
1875 45% (37/ 82)		1	1		1		1/F	7	1	12	3B	1	1	1	1			1	1				1/C		2
453 45% (41/ 92)	1	1	1	1	4			1/B		2	2C	2B	1						3	3	1		4	1	
1891 43% (40/ 92)		1	1	1	1				2B	3	2	2	1	3				1	6	1	1		3	1	2
2818 43% (40/ 92)	1	1	1	1	4			1/B		2	2C	2	1						1	3	1		4	1	3
610 43% (37/ 86)	1	1	1	1	4			1/B		2	2C	2	1	Z			Z	1	Z	3	1		4	1	3
1409 43% (37/ 86)	Z	Z	Z	Z	1	1	1/F				3B	2	1	1	3			1						1	3
945 42% (39/ 92)	1	1	1	1	1				2B	3		2	1	6	3			1B	6B	1	1		3		3
431 41% (37/ 91)	1	1		1	4			1/B		2	2C	2	1					1	1	1	1		4	1	3
044 40% (37/ 92)	4	1	1		1		1/F		1	3	3B	1	1	7	1				3	1	1				3
1678 40% (37/ 92)	1	1	1	1	4			1/B		2	2C	2	1	1					1	3	1		4	1	3
1704 40% (37/ 92)	1	1	1	1	1				2B	3		2	1	6	3			1B	6B	1	1		3	1	3
180 40% (36/ 90)	1	1		1	4					3	2C	2	1				Z	Z	1	1	1			1	3
623 39% (31/ 80)	1	1	1		1		1/F		1		1	1	1	2B	1			1	7		1	1	4		2
629 38% (33/ 86)		1	1					1/H	1	1	3B	1		2B	3				1	X			3		X
630 38% (34/ 90)		1	1	1	1	1			2B	3	2C	1	1	3	3			1	6	1	1		3	1	1B

P74 92 TS + 2 SL + 2 MT

TESTSTELLE			59	60	61	62	63	64	65	66	67	68	69	70	71	72	75	76	77	78	80	81	82	83	84	85	86
UEBEREINST. ZEUGEN			20	6	36	28	7	38	333	365	16	15	16	3	4	18	19	467	181	67	9	49	10	46	402	20	44
BEZEUGTE VARIANTE			2	2	2	2	2	2	1/	1/	2	4	3	3B	2	2	2	1/	2	2	2	2	2	2	1/	2	2B
08	38%	(33/ 88)	1	1			1	1	1/F	3	1C		3B	4	1		1			1	3	1B			3		
619	37%	(34/ 91)	1	1		1	U	1			1	15	1	4B	1	1B	1				3B		1	1			1
1884	37%	(32/ 86)	1	1			1	1	6	3	1C		2C	4	1		1			1	3	1			3		
1162	37%	(34/ 92)	1	1		1	1	1			1	15	1	1	1	1B	1				3		1	1			1
2200	36%	(32/ 88)		1	1	1	1	1			2B	3	2	1B	1	3	Z	Z	Z	Z	6	1	1		3	1	1
94	36%	(33/ 92)	1	1	1	1	4			1/B	1	3		2	1	3	1				1	1	1	1		1	3
624	36%	(10/ 28)	Z	Z	Z	Z	1	1			1C	1	Z	Z	Z	W	1		Z	Z	Z	Z	Z	Z	Z	Z	Z
2718	36%	(25/ 70)		1	1		1		1/F	6	1	3	2C	Z	Z	Z	Z	Z	Z	Z	Z	Z	Z	Z	Z	Z	Z
441	36%	(26/ 73)	1	1	1	1	1		1/K	8	1	2	1	3	1	1	3			1	1	1	1			1	3
88	36%	(32/ 90)	1	1	1	1	1	1			1	6	1	1	1	1	1		1	1		1	X	1B		1	4
323	35%	(32/ 91)		1	1	1	1	1	1/C		1	1	1	1	1	1	1			1	6	1	1	1		1	1
2441	35%	(13/ 37)	Z	Z	Z	Z	Z	Z	Z	Z	Z	Z	Z	Z	Z	Z	1			1	1	1	1	Z	Z	Z	1B
322	35%	(32/ 92)		1	1	1	1	1	1/C		1	1	1	1	1	1	1			1	6	1	1	1		1	1
1852	35%	(24/ 69)	1	1	3	1	1	1			1	1	1	1	1	1	1		1		1		1	1		1	1
2201	34%	(28/ 82)	1	1	1	1	1	1			1	1	1	1	1	1	1				1		1	1		1	3
436	34%	(31/ 92)	1	1	1		1				1		1	1	1	2B	1				1	1	1		4	1	3
506	33%	(7/ 21)	1	Z	Z	Z	Z	Z	Z	Z	Z	Z	Z	Z	Z	Z	Z	Z	Z	Z	Z	1	1	1		1	Z
1745	33%	(5/ 15)	Z	Z	Z	Z	Z	Z	Z	Z	Z	Z	Z	Z	Z	Z	Z	Z	Z	Z	Z	Z	Z	Z	Z	Z	1B
2805	33%	(29/ 87)	1	1	1		1	1	1/F		1	4B	1B	1	1	1	3			1	4	1	1			1	3
5	33%	(30/ 92)	1	1		1	1	1			1		1	1	1	1	1			1	7		1	1		1	5
1893	32%	(24/ 74)	1	1	1	1	Z	Z	Z	Z	Z	Z	Z	1	1	1	1			1	1		1	1	Z	Z	1B
1846	32%	(7/ 22)	Z	Z	Z	Z	Z	Z	Z	Z	Z	Z	Z	Z	Z	Z	Z	Z	Z	Z	Z	1	1	1		1	1
206	32%	(18/ 57)	1	1	1	1	1	X			1	3		1	1	3	3		1B	1	6	1	1		3	1	1
1738	32%	(6/ 19)	Z	Z	Z	Z	Z	Z	Z	Z	Z	Z	Z	Z	1	Z	Z	Z	Z	Z	Z	Z	Z	Z	Z	Z	1
1858	32%	(6/ 19)	Z	Z	Z	Z	Z	Z	Z	Z	Z	Z	Z	Z	Z	Z	Z	Z	Z	Z	Z	Z	Z	Z	Z	1	1B
1646	32%	(29/ 92)	1	1		1	1	1C			1	1	1	1	1	4	1		1	1	1	1	1B	1		1C	1
2298	32%	(29/ 92)	1	1	1	1	1	1			2B	3		2	1	1	1			1	6	1	1	1	3	1	3
1899	31%	(5/ 16)	Z	Z	Z	Z	Z	Z	Z	Z	Z	Z	Z	Z	Z	Z	Z	Z	Z	Z	Z	Z	Z	1		1	1B
62	31%	(8/ 26)	Z	Z	Z	Z	Z	Z	Z	Z	Z	Z	Z	Z	Z	Z	Z	Z	Z	Z	Z	Z	Z	Z	Z	Z	Z
1827	31%	(28/ 91)	1	1	1	1	1	1			1	7	1	1	1	1	1			1	1D	1	1	1		1	1
429	30%	(28/ 92)	1	1	1	1	1	1			1	3		1	1		3		1B	1	6	1	1		3	1	1
621	30%	(28/ 92)	1	1	1	1	1			8	1	2	1	2	1	1	3			1	1	1	1			1	3
915	30%	(28/ 92)	1	1	1	1	1	1	1/P		1	15	1	1	1	1	1		1	1		1	1	1		1	1

P74 92 TS + 2 SL + 2 MT

TESTSTELLE	87	88	89	90	91	92	93	94	96	97	98	99	100	101	102	103	104
UEBEREINST. ZEUGEN	476	471	14	71	279	99	31	19	35	422	40	16	470	3	478	21	22
BEZEUGTE VARIANTE	1/	1/	2	2	1/	2	2	2	2	1/	2	2	1/	2	1/	2	2
P33 100% (1/ 1)	Z	Z	Z	Z	Z	Z	Z	Z	Z	Z	Z	Z	Z	Z	Z	Z	Z
02 88% (81/ 92)			14			1									3		
P41 83% (5/ 6)	Z	Z	Z	Z	Z	Z	Z	Z	Z	Z	Z	Z	Z	Z	Z	Z	Z
03 82% (75/ 92)										4					3		
01 80% (74/ 92)			14												3		
04 75% (39/ 52)	Z	Z	Z	Z	Z	Z				3		Z	Z	Z		Z	Z
81 74% (46/ 62)			14					2D						1			
P45 65% (11/ 17)	Z	Z	Z	Z	Z	Z	Z	Z	Z	Z	Z	Z	Z	Z	Z	Z	Z
1175 63% (58/ 92)			14			1				1/B	2C			1			
33 57% (43/ 76)			10		3	1					7			1H		X	
2344 52% (47/ 91)			11		3G	1					7	1		1			
P8 50% (1/ 2)	Z	Z	Z	Z	Z	Z	Z	Z	Z	Z	Z	Z	Z	Z	Z	Z	Z
1739 50% (46/ 92)			14		3							1		1			
2778 50% (6/ 12)	Z	Z	Z	Z	Z	Z	Z	Z	Z	Z	Z	Z	Z	Z	Z	Z	Z
2464 48% (15/ 31)					4B		3				2C	1	3	1	4		
181 48% (44/ 91)			14		12					4				3			
1642 46% (42/ 91)			1C	1		1	1	1	1	4	3	1		1		1	1
307 46% (42/ 92)					3		1	1	1	3		1		1		1	1
1875 45% (37/ 82)			14		12									3		3B	1M
453 45% (41/ 92)				1	6B		1	1	1	3		1		1		1	1
1891 43% (40/ 92)			14		3							1		1		1L	1
2818 43% (40/ 92)					3		1	1	1	3		1		1		1	1
610 43% (37/ 86)					3		1	1	1	3		1		1		1	1
1409 43% (37/ 86)			8	1	4		1	1	1		3	1		1		1	1
945 42% (39/ 92)			5		3							1		1		1	1E
431 41% (37/ 91)					14		1	1	1	3	W	1		1		1	1
044 40% (37/ 92)					3		1	4			1	1		1	4		
1678 40% (37/ 92)					3		1	1	1	3		1		1	4	1	1
1704 40% (37/ 92)			5	4	3							1		1		1	1
180 40% (36/ 90)			9		4		1	1	1	3		1		1		1	1
623 39% (31/ 80)			1		3		3	1	1		2C	1		1	3	3B	1
629 38% (33/ 86)	X	6	1	3		1		14	1		3	1		1	6	2B	
630 38% (34/ 90)			3		3		1					1		1		1	1

P74 | 92 TS + 2 SL + 2 MT

TESTSTELLE			87	88	89	90	91	92	93	94	96	97	98	99	100	101	102	103	104
UEBEREINST. ZEUGEN			476	471	14	71	279	99	31	19	35	422	40	16	470	3	478	21	22
BEZEUGTE VARIANTE			1/	1/	2	2	1/	2	2	2	2	1/	2	2	1/	2	1/	2	2
08	38%	(33/ 88)			14		4		1				2C	1	Z	Z	Z	Z	
619	37%	(34/ 91)			1			1		1	1		6B	1		1		1	1
1884	37%	(32/ 86)			14		4		1	2B				1	Z	Z	Z	Z	
1162	37%	(34/ 92)			1			1		1	1		6	1		1		1N	1
2200	36%	(32/ 88)			14		3		1					1		1		1	1
94	36%	(33/ 92)			1	1	3		1	1	1		2C	1		1		1	1
624	36%	(10/ 28)			1	1		1	1	1	1		1	1		1		Z	Z
2718	36%	(25/ 70)	Z	Z	Z	Z	Z	Z	Z	Z			2C	1		1			
441	36%	(26/ 73)			14		5D	1		2C	1		2C	1		1		3D	
88	36%	(32/ 90)			1		3	1	1	1	1		6	1		1		1F	1
323	35%	(32/ 91)			1		5		1	1			3	1		1		1	1
2441	35%	(13/ 37)			1	1		1	1	1	1		1	1	Z	Z		1	1
322	35%	(32/ 92)			1		5		1	1			3	1		1		1	1
1852	35%	(24/ 69)			14		5		1	3			1			1			1
2201	34%	(28/ 82)			1		5			1	1		6	1		1		1	1
436	34%	(31/ 92)			14		3		3	11	1			1		1		1	1
506	33%	(7/ 21)	Z	Z	Z	Z	Z	Z	Z	Z	Z	Z	Z	Z	Z	Z	Z	Z	Z
1745	33%	(5/ 15)			1	1		1	1	Z	Z	Z	1	1		1		1	1
2805	33%	(29/ 87)			3		3		1	4	1		2C	1		1E	Z	1L	1C
5	33%	(30/ 92)			1		3		3	1	1		2C	1		1		3E	1
1893	32%	(24/ 74)			1			1		1C	1		6	1		1		1	1
1846	32%	(7/ 22)			1	1	X		1	9	1		1	1		1		1	1
206	32%	(18/ 57)			14	1	4E	1	1	1	1		1D	1		1		Z	Z
1738	32%	(6/ 19)			1	1		1	1	1	1		1	1		1		1	1
1858	32%	(6/ 19)			1	1		1	1	1	1		1	1		1		1	1
1646	32%	(29/ 92)			1	1			1	1	1		1	1		1		1L	1
2298	32%	(29/ 92)			12		3		1	5				1		1		3B	1
1899	31%	(5/ 16)			1	1		1	1	1	Z	Z	Z	Z	Z	1		1	1
62	31%	(8/ 26)	Z	Z	Z	Z	Z	Z	Z	Z	1B		3	1		1		1L	1H
1827	31%	(28/ 91)			1			1		1C	1		6	1		1		1	1
429	30%	(28/ 92)			14	1	4E	1	1	1	1		1D	1		1		1	1
621	30%	(28/ 92)			14		5			2C	1		2C	1		1		3C	
915	30%	(28/ 92)			1		3	1	1	1	1		6	1		1		1F	1

01 100 TS + 3 SL + 1 MT

TESTSTELLE	1	2	3	5	6	7	8	9	10	11	12	13	14	15	16	17	18	19	20	21	22	23	24	25	26
UEBEREINST. ZEUGEN	3	16	9	11	11	10	6	7	14	351	10	12	23	17	7	23	3	110	441	36	4	91	17	2	30
BEZEUGTE VARIANTE	2	2	2	2	2	2	2	2	3	1/	2	2	2	2	2	2	5	2	1/	2	2	2	2	2B	2
P41 86% (6/ 7)	Z	Z	Z	Z	Z	Z	Z	Z	Z	Z	Z	Z	Z	Z	Z	Z	Z	Z	Z	Z	Z	Z	Z	Z	Z
03 85% (85/100)									1/								3	3						2	
02 81% (81/100)	1											2B												2	
P74 80% (74/ 93)	1		Z			X	Y	Z		1/I		2B					Z							2	
81 75% (51/ 68)									14	1/L					Z	Z	Z	Z	Z	Z	Z	Z	Z	1	
04 66% (40/ 61)	1						2C	3		5		2B			Z	Z	Z	Z	Z	Z	Z	Z		2	
1175 62% (62/100)	1B		3		1			4		1/D											1				
P45 61% (11/ 18)	Z	Z	Z	Z	Z	Z	Z	Z	Z	Z	Z	Z	Z	Z	Z	Z	Y	Y	Y	X				3	Z
33 51% (42/ 82)	1B	1	1	5	1	4	X	1	11		1	1	4	X	1		X	1		X	1		X	X	
2344 45% (45/ 99)	1B	1	1	5	1	1	3	1	11		1	1	X	4	1		1/	1		1	1		1	1	
1739 45% (45/100)	1	1	1	1		16	3	1	1/		3	3D		3	1		4				1		1B	1	
181 43% (43/ 99)	1B	1	1	1	5	4	3B		11	11	4	1	1	1	1	1	1/	1		1H	1		1	1	
2464 42% (14/ 33)	Z	Z	Z	Z	Z	Z	Z	Z	Z	Z	Z	Z	Z	Z	Z	Z	Z	Z	Z	Z	Z	Z	Z	Z	Z
1875 42% (36/ 86)	1	1	X	X	X	X	X	X	X	X	X	X	6	1	1	1	1/	1		1	1		1	1	
1409 40% (38/ 94)	1		1		1	1	1	5	11		12	1	3	1							1			1	
1891 40% (40/100)	1	1	1	1		16	3	1	1/		3	3D	9	3	1		4				1		1B	1	
945 38% (38/100)	1	1		1	1	1	3	1	1/		3	3E	3	3	1	11	4				1		1B	1	
623 38% (31/ 82)	Z	Z	Z	Z	Z	Z	Z	Z	Z	Z	Z	Z	Z	Z	Z	Z	Z	Z		1	1		1	1	
1642 36% (36/ 99)			1	1		10	3	6		14	3	2C		3	1		4				1			2	
629 36% (34/ 94)	1	1	1	1	1		X	5	12	1/L		13	8			9	5B	1		1	X	1	1	1	1
307 36% (36/100)	1	1	1	1	1	13	3	4	6		1D				1		5B				1		1	2	1
1704 36% (36/100)	1	1		1	1	1	3	1	1/			5		5	1	11	4				1		1B	1	
610 35% (32/ 92)	1	1	1	1	1	13	3	4	6		1		3		1		5B				1		1	2	Z
08 34% (33/ 96)	1		1	1	1	15	3	1	11		1	3	3	5	1		4	1		4	1	3	1	3	
453 34% (34/100)	1	1	1	1	1	13	3	4	6		1				1		5B				1		1	2	1
2818 34% (34/100)	1	1	1	1	1	13	3	4	6		1C		3		1		5B				1		1	2	1
1884 34% (32/ 95)	1		1	1	1	15	3	1	11		1	3	3	4	1	2B	6B	U		4	1	3	1	3	
P8 33% (1/ 3)	Z	Z	Z	Z	Z	Z	Z	Z	Z	Z	Z	Z	Z	Z	Z	Z	1/	1	Z	Z	Z		Z	Z	Z
180 33% (32/ 97)	1	1	1	1	1	11	3	1	6		1		3B		1	1	5B				1		1	1	1
630 33% (32/ 97)	1	1	1	1	1	1	3	1	1/		3	4		3	1	Z	Z	Z			1		1B	1	1
2200 33% (31/ 94)	1	1	1	1	1	1	3	1	1/		3	3D		3	1	1C	4				1		1B	1	1
2718 33% (25/ 76)	1	1	1	1	1	1	3B	1	1/		12	1C	1B	1	1	1	1/	1		1	1		1	1	1
88 33% (32/ 98)	1B	1	1	3	1	4	3B	1			1		4	4	X		1/	1			1			1	1

TESTSTELLE	1	2	3	5	6	7	8	9	10	11	12	13	14	15	16	17	18	19	20	21	22	23	24	25	26
UEBEREINST. ZEUGEN	3	16	9	11	11	10	6	7	14	351	10	12	23	17	7	23	3	110	441	36	4	91	17	2	30
BEZEUGTE VARIANTE	2	2	2	2	2	2	2	2	3	1/	2	2	2	2	2	2	5	2	1/	2	2	2	2	2B	2
044 32% (32/100)	1		1	3	1	5	1	1	4		1	2D	1B	3	1		1/	1		1	1	7		1	1
441 32% (24/ 75)	Z	Z	Z	Z	Z	Z	Z	Z	Z	Z	Z	Z	Z	Z	Z	Z	Z	Z	Z	Z	Z	Z	Z	Z	Z
1678 32% (32/100)	1	1	1	1	1	10	1	4	6		1		3		1	8	5B				1		1	2	1
323 32% (31/ 98)	1	1		1		18	3	Z	Z		1		1	1	1		4			1	1		1	1	
431 31% (31/ 99)	1	1	1	1	1	1	3B	1	1/		13	1	10	1	1	1C	1/	1		1	1		1	1	3
322 30% (30/100)	1	1		1		17	3	1	1/		1	2C	1	1	1		4			1	1		1	1	
62 30% (8/ 27)	Z	Z	Z	Z	Z	Z	Z	Z	Z	Z	Z	Z	Z	Z	Z	Z	Z	Z	Z	Z	Z	Z	Z	Z	1
206 29% (17/ 58)	Z	Z	Z	Z	Z	Z	Z	Z	Z	Z	Z	Z	Z	Z	Z	Z	Z	Z	Z	Z	Z	Z	Z	Z	Z
2805 27% (26/ 95)	1	1	1	1	1	1	3B	1	4	10	1	3D		3	1		4		Z	Z	Z	Z		1	
619 27% (27/ 99)	1	1	1	1	1	1	3	1	1/	1/L	1	1	1	1	1	1	1/	1		1	1		1	1	
2778 27% (3/ 11)	Z	Z	Z	Z	Z	Z	Z	Z	Z	Z	Z	Z	Z	Z	Z	Z	Z	Z	Z	Z	Z	Z	Z	Z	Z
94 27% (27/100)	1	1		4	1	13	3	1	6	1/L	1	2C	3		1	5	5B			2C	1		1	1	1
436 27% (27/100)	1	1	1	1	1	1	1	1	1/	1/L	1	1	1	1	1	1	4	1		1	1	1	1	1	1
915 27% (27/100)	1B	1	1	3	1	4	3B	1		1/E	1	10	4	4	1		1/	1			1			1	1
1162 27% (27/100)	1	1	1	5	1	1	3B	1	1/	1/L	1	7	1	1	1	1	4	1		1	1		1	1	
1745 27% (4/ 15)	Z	Z	Z	Z	Z	Z	Z	Z	Z	Z	Z	Z	Z	Z	Z	Z	Z	Z	Z	Z	Z	Z	Z	Z	Z
1893 27% (22/ 83)	1	1	1	1	1	1	1	1	1/		1	X	X	X	1	1	1/	1		1	1		1	1	1
314 26% (5/ 19)	Z	Z	Z	Z	Z	Z	Z	Z	Z	Z	Z	Z	Z	Z	Z	Z	Z	Z	Z	Z	Z	Z	Z	Z	Z
1505 26% (26/100)	1	1	1	1	1	1	1	1	1/		12	1	1B	1	1	1C	1/			7	1	1	1	1	1
1842 26% (26/100)	1	1	1	1	1	1	3	1	1/	1/0	1	8	1	1	1	1C	1/	1		1	1	1	1	1	1
2298 26% (26/100)	1	1	1	1	1	1	1	1	1/	1/L	1	1D		3	1	11B	4			1	1		1B	1	
624 26% (8/ 31)	Z	Z	Z	Z	Z	Z	Z	Z	Z	Z	Z	Z	Z	Z	Z	Z	Z	Z	Z	Z	Z	Z	Z	Z	Z
1852 26% (18/ 70)	Z	Z	Z	Z	Z	Z	Z	Z	Z	Z	Z	Z	Z	Z	Z	Z	Z	Z	Z	Z	Z	Z	Z	Z	Z
1751 26% (25/ 98)	1	1	1B	1	1B	1B	3B	1	1/		8	1B		3	1	1C	4			2D	1		1B	1	1
5 25% (25/100)	1	1	1	1	1	1	3	1	1/		1	1	4	4	1	1	1/	1		1	1		1	1	
218 25% (25/100)	1	1	1	1	1	1	1	1	1/	1/C	12	1	1	1	1	1	1/			1	1	1	1B	1	1
429 25% (25/100)	1	1	1	1	1	5	3	1	1/	5	8	3D		3	1	1C	4				1		1	1	1
1738 25% (5/ 20)	Z	Z	Z	Z	Z	Z	Z	Z	Z	Z	Z	Z	Z	Z	Z	Z	Z	Z	Z	Z	Z	Z	Z	Z	Z
1858 25% (5/ 20)	Z	Z	Z	Z	Z	Z	Z	Z	Z	Z	Z	Z	Z	Z	Z	Z	Z	Z	Z	Z	Z	Z	Z	Z	Z
1890 25% (22/ 88)	Z	1	1	Z	Z	Z	Z	Z	Z	Z	Z	3C	1B	8	1	1C	1/	1		1	Z	1	1	1	Z
2374 25% (25/100)	1	1	1	1	1	1	1	1	1/		1	1	1	6	1	1C	1/	1			1	1	1	1	1
2495 25% (25/100)	1	1	1	1	1	1	7	1	7B		5	1	1	4B	1	1C	4	1		6	1		1	1	1
2201 24% (21/ 86)	1	1	1	1	Z	Z	Z	Z	Z	Z	Z	Z	Z	Z	Z	Z	Z	Z		1	1		1	1	1

01 — 100 TS + 3 SL + 1 MT

TESTSTELLE		27	28	29	30	31	32	33	34	35	36	37	38	39	40	41	42	43	44	45	46	47	49	50	51	52
UEBEREINST. ZEUGEN		1	416	439	9	36	51	19	6	17	339	15	21	14	34	467	283	24	6	473	76	92	162	17	5	7
BEZEUGTE VARIANTE		2	1/	1/	2	2	2	2	2	3	1/	2	2	2	2	1/	1/	2	4	1/	2	2	2	2	2	4
P41	86% (6/ 7)	Z	Z	Z	Z	Z	Z	Z	Z	Z	Z	Z	Z	Z	Z	Z	Z	Z	Z	Z	Z	Z	Z	Z	Z	Z
03	85% (85/100)									4																
02	81% (81/100)	1				2B											3							3		1/
P74	80% (74/ 93)	1															3							3		1/
81	75% (51/ 68)	1			3			1	2C										1/						1	1/
04	66% (40/ 61)	1						1	11	3B			1	Z	Z	Z	Z								3B	1/D
1175	62% (62/100)	1			1C							1C	1	4B			6		6						1	
P45	61% (11/ 18)	1			Z	Z	4	9	Y	1/	Z	Z		Z			Z	Z	Z		Z	Z	Z	Z		Z
33	51% (42/ 82)	1		X	X	X	1		11	1/	X	X	X	1	1		3		1/		X				1B	1/
2344	45% (45/ 99)	1			1	1E		1		1/		1	1	1	1		3		1/				1		1B	1/
1739	45% (45/100)	1	3D	5	1			1	2B	1/			1	4			5	1	1/					2C	1	1/
181	43% (43/ 99)	1			1				2B		3	4B	1	4			4		1/			1		10	1	1/
2464	42% (14/ 33)	Z	Z	Z	Z	Z	Z	Z	Z	Z	Z	Z	Z	Z	Z	Z	Z	Z	Z	Z	Z	Z	Z	Z	Z	Z
1875	42% (36/ 86)	1	Z	Z	1				2B		3	4	1	X			6	Z	1/			1		4	1	1/
1409	40% (38/ 94)	1			1	1	1	1	1	1/	1/K	7	1	1	1						3			13B	1	3
1891	40% (40/100)	1	3D	5	4			1	2B	1/	1/F		1	4			5	1	1/					2C	1	1/
945	38% (38/100)	1	3D	5	1			1	2B	1/			1	4			5	1	1/					19	1	1/
623	38% (31/ 82)	1			1		1	8	11	1/		1	1	1	1		4	1	1/					1	1	1/
1642	36% (36/ 99)	1	3G	5	5			8	2B				1	1	1B				1/					3	1	1/
629	36% (34/ 94)	1	7		1	1	1	X	1	1/		1		1	1I			1	6				1	X		1/
307	36% (36/100)	1	3E	5	5			1	11C		1/F	1		4			4		1/					2C	1	1/
1704	36% (36/100)	1	3D	5	1	4		1	2B	1/			1	4			5	1	1/					19	1	1/
610	35% (32/ 92)	Z	3E	5	5			Z	Z		1/F	1		4			4		1/					2C	1	1/
08	34% (33/ 96)	1	5		1	1G	1		9	1/		6	1	6			6	1	1/			4	1	1	1	1/
453	34% (34/100)	1	3E	5	5			1	11C		1/F	1		4			4		1/					2C	1	1/
2818	34% (34/100)	1	3E	5	5			3	11C		1/F	1		4			4		1/					2C	1	1/
1884	34% (32/ 95)	1	5		1	1G	1		9C	1/		6	1	4			6	1	1/			4B	1	1	1	1/
P8	33% (1/ 3)	Z	Z	Z	Z	Z	Z	Z	Z	Z	Z	Z	Z	Z	Z	Z	Z	Z	Z	Z	Z	Z	Z	Z	Z	Z
180	33% (32/ 97)	1	3E	5	1			1	11C		1/F	1	1	4	1		4		1/						1	1/
630	33% (32/ 97)	1	3D		5	1		1	2B	1/	1/F		1	4			6	1	1/					2C	1	1/
2200	33% (31/ 94)	1	3D		5	1		1	2B	1/	1/F		1	4			5	1	1/		1			2C	1	1/
2718	33% (25/ 76)	1			1	1	1	1	1	1/		1		1	1		4		1/						1	
88	33% (32/ 98)	1							7	1/		1	1	1				1	1/		3			1	1	

01 100 TS + 3 SL + 1 MT

TESTSTELLE			27	28	29	30	31	32	33	34	35	36	37	38	39	40	41	42	43	44	45	46	47	49	50	51	52
UEBEREINST. ZEUGEN			1	416	439	9	36	51	19	6	17	339	15	21	14	34	467	283	24	6	473	76	92	162	17	5	7
BEZEUGTE VARIANTE			2	1/	1/	2	2	2	2	2	3	1/	2	2	2	2	1/	1/	2	4	1/	2	2	2	2	2	4
044	32%	(32/100)	1			1	3	1	8	1	1/		1	1	1	1		4	1	5				1		9	1/
441	32%	(24/ 75)	1B			1		1	1	1	1/		1	1	1	3		4	1	1/					6	1	3
1678	32%	(32/100)	1	3D	5	1			1	11C		1/F	1		4			4		1/					2C	1	1/
323	32%	(31/ 98)	1	3C	5	1			1	11	1/			1	4	1		6	1	1/				1		1	1/
431	31%	(31/ 99)	1			1	1			3			1		4			4		1/					2C	1	1/
322	30%	(30/100)	1	8	5	1			1	11	1/			1	4	1		6	1	1/				1		1	1/
62	30%	(8/ 27)	1			1	1	1	1	1	1/		1		1	1			1	Z	Z	Z	Z	Z	Z	Z	Z
206	29%	(17/ 58)	Z	Z	Z	Z	Z	Z	Z	Z	Z	Z	Z	Z	Z	Z		5	1	1/				1	19	1	
2805	27%	(26/ 95)	1	6	6	1	1	1	1	1	1/		1	1	1			4	1	1/					1	7	1/
619	27%	(27/ 99)	1			1		1	1	11	1/		1	1	1B	1		4	1	1/					1	1	1/
2778	27%	(3/ 11)	Z	Z	Z	Z	Z	Z	Z	Z	Z	Z	Z	Z	Z	Z	Z	Z	Z	Z	Z	Z	Z		1D	1	1/
94	27%	(27/100)	1	3D	5	5			1	11B		1/F	1		4			4		1/					2C	1	1/
436	27%	(27/100)	1			1	1	1	1	1	1/		1	1	1	1		4	1	1/					1	1	1/
915	27%	(27/100)	1			3				7	1/	1/E	1	1	1				1	1/		3		1	9	1	
1162	27%	(27/100)	1			1		1	8	11	1/		1	1	1	1		4	1	1/					1	1	1/
1745	27%	(4/ 15)	Z	Z	Z	Z	Z	Z	Z	Z	Z	Z	Z	Z	Z	Z	Z	Z	Z	Z	Z	Z	Z	Z	Z	Z	Z
1893	27%	(22/ 83)	1			1	1	Z	Z	Z	Z	Z	1	1	1	1		4	1	1/					1	1	1/
314	26%	(5/ 19)	Z	Z	Z	Z	Z	Z	Z	Z	Z	Z	Z	Z	Z	Z			1	1/		1	Z	Z	Z	Z	Z
1505	26%	(26/100)	1			1	1	1	5	1	1/	1/D	1	1	1	1			1	1/		1		1		1C	1/
1842	26%	(26/100)	1			1		1	8	1	1/		1	1	1	3			1	1/					1	1	3
2298	26%	(26/100)	1	3D	5	1	6	1	1	11	1/		1	1	4	4		5	1	1/		3			1D	1	1/
624	26%	(8/ 31)	Z	Z	Z	Z	Z	Z	Z	Z	1/		1	1	Z	Z	Z	Z	Z	Z	Z	Z	Z	Z	Z	1	Z
1852	26%	(18/ 70)	Z	Z	Z	Z	Z	1	1	1	1/		1	1	1	1			1	1/		3	1	1	1	1	1/
1751	26%	(25/ 98)	1	3D		5	1		1	9B	1/	1/F	1	1	4	4		5	1	1/					5B	1	1/
5	25%	(25/100)	1			1		1	8	11	1/	1/D	1	1	1	1			1	1/		3			1	1	1/
218	25%	(25/100)	1			1	1	1	1	1	1/		1	1	1	1			1	1/		1		1		1	1/
429	25%	(25/100)	1	3D		5	1		1	2B	1/	1/F	1	1	4	1		5	1	1/					19	1	1/
1738	25%	(5/ 20)	Z	Z	Z	Z	Z	Z	Z	Z	Z	Z	Z	Z	Z	Z	Z	Z	Z	Z	Z	Z	Z	Z	Z	Z	Z
1858	25%	(5/ 20)	Z	Z	Z	Z	Z	Z	Z	Z	Z	Z	Z	Z	Z	Z	Z	Z	Z	Z	Z	Z	Z	Z	Z	Z	Z
1890	25%	(22/ 88)	1			1	1	1	8	1	1/		1	1	1	1		4	4	1/			1	1	1	1	1/
2374	25%	(25/100)	1			1	1		1	1	1/		1	1	1			4		1/		3	2B			7	1/
2495	25%	(25/100)	1			1	1	1	5	1	1/	1/D	1	1	1	1			1	1/		1		1		1C	1/
2201	24%	(21/ 86)	1			1	1	1	8	11	1/	1/F	1	1	1	1			1	1/			1		1	1	1/

01 — 100 TS + 3 SL + 1 MT

TESTSTELLE	53	54	55	56	57	58	59	60	61	62	63	64	65	66	67	68	69	71	72	73	74	75	76	77	78
UEBEREINST. ZEUGEN	338	14	17	459	104	6	20	6	1	28	7	38	1	365	16	15	16	4	18	5	13	19	467	181	1
BEZEUGTE VARIANTE	1/	4	1/B	1/	2	2	2	2	4	2	2	2	1/K	1/	2	4	3	2	2	2	2	2	1/	2	3
P41 86% (6/ 7)	Z	Z	Z	Z	Z	Z	Z		Z	Z	Z	Z	Z	X	X		2	Z			Z			Z	Z
03 85% (85/100)		7											1/			2								2B	2
02 81% (81/100)		2	4					1	2				1/					1		6					2
P74 80% (74/ 93)		3	1/						2				1/							6B	X				2
81 75% (51/ 68)		1	1/			3		Z	Z	Z	Z	Z	Z	Z	Z	Z	Z	Z	Z	Z	Z	Z	Z	Z	Z
04 66% (40/ 61)	4		1/		Z	Z	Z	Z	Z	Z	Z	Z	Z	Z	Z	Z	Z	Z			1				2
1175 62% (62/100)	3	1	1/		2C	2B		1	2	1	1		1/	1/B		2		1	3		1				
P45 61% (11/ 18)	Z	Z	3		1	Z	Z	Z	Z	Z	Z	Z	Z	Z	Z	Z	Z	Z	Z	Z	Z	Z	Z	Z	Z
33 51% (42/ 82)	3		X	X		1			2		1		1/D	1/C	X					14					2
2344 45% (45/ 99)	3		1/			1	1		2		1		1/E		2C			1		6		3			2
1739 45% (45/100)	3	1	1/			1		1	1	1	1		1/		2B	3	2	1		1D	1				1
181 43% (43/ 99)	3G	6	5			1D		X	2		1		1/		1	12	3B	1	1	6		1C			1
2464 42% (14/ 33)	Z	Z	Z	Z	Z	Z	Z	Z	Z	Z	Z	Z	Z	Z	Z	Z	Z	1	2B	1	1	1			1
1875 42% (36/ 86)	3G	2	5			1		1	1		1		1/F	7	1	12	3B	1	1	6	1	1			1
1409 40% (38/ 94)	3	1	1/		Z	Z	Z	Z	Z	Z	1	1	1/F				3B	1	1	6C		3			1
1891 40% (40/100)	3	1	1/			1		1	1	1	1		1/		2B	3	2	1	3	1D	1				1
945 38% (38/100)	8C	1	1/			1	1	1	1	1	1		1/		2B	3		1	6	1D	3	3			1B
623 38% (31/ 82)	3		1/			1L	1	1	1		1		1/F		1		1	1	2B	1D	1	1			1
1642 36% (36/ 99)	3B	1	1/			1	1	1	1	1	U		1/				13	1	1	1	1	1		1B	1
629 36% (34/ 94)		5	7			1		1	1				1/	1/H	1	1	3B		2B	15		3			2
307 36% (36/100)	3	5	1/				1	1	1	1	4		1/	1/B		2	2C	1		1D	1				2
1704 36% (36/100)	8	1	1/		2B	1	1	1	1	1	1		1/		2B	3		1	6	1D	1	3			1E
610 35% (32/ 92)	3	5	1/			1	1	1	1	1	4		1/	1/B		2	2C	1	Z	3	1			Z	1
08 34% (33/ 96)		1	1/		1	1D	1	1	2		1	1	1/F	3	1C		3B	1		1B	1	1			1
453 34% (34/100)	3	1	1/			1	1	1	1	1	4		1/	1/B		2	2C	1		1	1				2
2818 34% (34/100)	3	5	1/			1	1	1	1	1	4		1/	1/B		2	2C	1		3	1				2
1884 34% (32/ 95)		1	1/		1	1E	1	1	2		1	1	6	3	1C		2C	1		1	1	1			1
P8 33% (1/ 3)	Z	Z	Z	Z	Z	Z	Z	Z	Z	Z	Z	Z	Z	Z	Z	Z	Z	Z	Z	Z	Z	Z	Z	Z	Z
180 33% (32/ 97)	3	5	1/			1	1	1	2	1	4		1/			3	2C	1		5	1			Z	Z
630 33% (32/ 97)	8	1	1/			1		1	1	1	1	1	1/		2B	3	2C	1	3	1	1	3			1
2200 33% (31/ 94)	8	1	1/			1		1	1	1	1	1	1/		2B	3	2	1	3	Z	Z	Z	Z	Z	Z
2718 33% (25/ 76)	3	1	1/			1		1	1		1		1/F	6	1	3	2C	Z	Z	Z	Z	Z	Z	Z	Z
88 33% (32/ 98)	3		1/		1	1D	1	1	1	1	1	1	1/		1	6	1	1	1	9	1	1		1	1

01 — 100 TS + 3 SL + 1 MT

TESTSTELLE	53	54	55	56	57	58	59	60	61	62	63	64	65	66	67	68	69	71	72	73	74	75	76	77	78
UEBEREINST. ZEUGEN	338	14	17	459	104	6	20	6	1	28	7	38	1	365	16	15	16	4	18	5	13	19	467	181	1
BEZEUGTE VARIANTE	1/	4	1/B	1/	2	2	2	2	4	2	2	2	1/K	1/	2	4	3	2	2	2	2	2	1/	2	3
044 32% (32/100)		3	1/			1	4	1	1		1		1/F		1	3	3B	1	7	1D	1	1			2
441 32% (24/ 75)	3	1	1/			1	1	1	1	1	1			8	1	2	1	1	1	6C	1	3			1
1678 32% (32/100)	3	5	1/			1	1	1	1	1	4		1/	1/B		2	2C	1	1	1D	1				2
323 32% (31/ 98)	3	1	1/			1		1	1	1	1	1	1/C		1	1	1	1	1	1	1	1			1
431 31% (31/ 99)	3	5	1/			1	1	1	2	1	4		1/	1/B		2	2C	1		2B	3				1
322 30% (30/100)	3F	1	1/			1		1	1	1	1	1	1/C		1	1	1	1	1	1	1	1			1
62 30% (8/ 27)	Z	Z	Z	Z	Z	Z	Z	Z	Z	Z	Z	Z	Z	Z	Z	Z	Z	Z	Z	Z	Z	Z	Z	Z	Z
206 29% (17/ 58)	8	1	1/			1	1	1	1	1	1	X	1/		1	3		1	3	1	1	3		1B	1
2805 27% (26/ 95)	3		1/			1	1	1	1		1	1	1/F		1	4B	1B	1	1	1	1	3			1
619 27% (27/ 99)	3		1/			1	1	1	2	1	U	1	1/		1	15	1	1	1B	9		1			2
2778 27% (3/ 11)		1	1/		1	1	1	Z	Z	Z	Z	Z	Z	Z	Z	Z	Z	Z	Z	Z	Z	Z	Z	Z	Z
94 27% (27/100)	3	5	1/			1L	1	1	1	1	4		1/	1/B	1	3		1	3	1D	1	1			2
436 27% (27/100)	4C	1	1/			1	1	1	1		1		1/		1		1	1	2B	1D	1	1			2
915 27% (27/100)	3		1/		1	1B	1	1	1	1	1	1	1/P		1	15	1	1	1	10	1	1		1	1
1162 27% (27/100)	3		1/			1	1	1	2	1	1	1	1/		1	15	1	1	1B	9		1			2
1745 27% (4/ 15)	Z	Z	Z	Z	Z	Z	Z	Z	Z	Z	Z	Z	Z	Z	Z	Z	Z	Z	Z	Z	Z	Z	Z	Z	Z
1893 27% (22/ 83)	3	1	1/			1	1	1	1	1	Z	Z	Z	Z	Z	Z	Z	1	1	9		1			1
314 26% (5/ 19)	Z	Z	Z	Z	Z	Z	Z	Z	Z	Z	Z	Z	Z	Z	Z	Z	Z	Z	Z	Z	Z	Z	Z	Z	Z
1505 26% (26/100)		1		1/D		1	1	1	1		1		1/	6	1	17	1	1	1	1D	1	1			2
1842 26% (26/100)	3	1	1/F		1	1	1	1	1	1	1		1/		1	15	1	1	4	7	1	3			1
2298 26% (26/100)	3	1	1/			1	1	1	1	1	1	1	1/		2B	3		1	1	1D	1	1			1
624 26% (8/ 31)	Z	Z	Z	Z	Z	Z	Z	Z	Z	Z	1	1	1/		1C	1	Z	Z	W	1	1	1		Z	Z
1852 26% (18/ 70)		1	1/		1	1	1	1	3	1	1	1	1/		1	1	1	1	1	1	1	1		1	2
1751 26% (25/ 98)	8	1	1/			3B	1	1	2	1	1	1	8	1/E	2B	3	1	1	1	1	1	1B		5	1
5 25% (25/100)	3	1	1/			1	1	1	2	1	1	1	1/		1		1	1	1	1	1	1			1
218 25% (25/100)		1	1/		1	1		1	1	1	1		1/F		1	7	1	1	1	11B	1	1			1
429 25% (25/100)	8	1	1/			1	1	1	1	1	1	1	1/		1	3		1		1	1	3		1B	1
1738 25% (5/ 20)	Z	Z	Z	Z	Z	Z	Z	Z	Z	Z	Z	Z	Z	Z	Z	Z	Z	1	Z	Z	Z	Z	Z	Z	Z
1858 25% (5/ 20)	Z	Z	Z	Z	Z	Z	Z	Z	Z	Z	Z	Z	Z	Z	Z	Z	Z	Z	Z	Z	Z	Z	Z	Z	Z
1890 25% (22/ 88)		1		1/D		1	1	1	1		1		1/F	6	1	17	1	1	1	1D	1	1			2
2374 25% (25/100)	3	1	1/			1	1	1	1	1		1	3		1		1B	1	1	1	1	1		1B	1
2495 25% (25/100)		1		1/D		1	1	1	1		1		1/F	6	1	17	1	1	1	1D	1	1			2
2201 24% (21/ 86)	3	1	1/			1	1	1	1	1	1	1	1/		1	1	1	1	1	1E	1	1			2

01 100 TS + 3 SL + 1 MT

TESTSTELLE	79	80	82	83	84	85	86	87	88	89	90	91	92	93	94	95	96	97	98	99	100	101	102	103	104
UEBEREINST. ZEUGEN	9	9	10	46	23	20	35	476	471	25	71	279	99	31	19	44	35	422	40	16	470	3	5	21	22
BEZEUGTE VARIANTE	5	2	2	2	3	2	2	1/	1/	14	2	1/	2	2	2	2	2	1/	2	2	1/	2	3	2	2
P41 86% (6/ 7)	Z	Z	Z	Z	Z	Z	Z	Z	Z	Z	Z	Z	Z	Z	Z	Z	Z	Z	Z	Z	Z	Z	Z	Z	Z
03 85% (85/100)	2				4		2B			2								4							
02 81% (81/100)	2						2B						1												
P74 80% (74/ 93)	2B				1/		2B			2						Z							1/		
81 75% (51/ 68)	Z	Z	Z	Z	Z		2B								2D							1	1/		
04 66% (40/ 61)	2	3	Z				Z	Z	Z	Z	Z	Z	Z					3		Z	Z	Z	1/	Z	Z
1175 62% (62/100)	2		1		1/		3						1					1/B	2C			1	1/		
P45 61% (11/ 18)	Z	Z	Z	Z	Z	Z	Z	Z	Z	Z	Z	Z	Z	Z	Z	Z	Z	Z	Z	Z	Z	Z	Z	Z	Z
33 51% (42/ 82)	2		1D	X						10		3	1						7			1H	1/	X	
2344 45% (45/ 99)	2		1D							11		3G	1						7	1		1	1/		
1739 45% (45/100)	2	6B	1				3					3								1		1	1/		
181 43% (43/ 99)	2	3			1/C							12						4				3	1/		
2464 42% (14/ 33)	1	6	1		4		3C			2		4B		3					2C	1	3	1	4		
1875 42% (36/ 86)	2	1			1/C							12										3	1/	3B	1M
1409 40% (38/ 94)					1/	1	3			8	1	4		1	1		1		3	1		1	1/	1	1
1891 40% (40/100)	2	6	1			1						3								1		1	1/	1L	1
945 38% (38/100)	2	6B	1				3			5		3								1		1	1/	1	1E
623 38% (31/ 82)	1B	7	1	1	4					1		3		3	1		1		2C	1		1		3B	1
1642 36% (36/ 99)		1	1	1	1/	1	3			1C	1		1	1	1	1	1	4	3	1		1	1/	1	1
629 36% (34/ 94)	1	1					X	X	6	1	3		1		14	1	1		3	1		1	6	2B	
307 36% (36/100)	2	3	1		4	1	3			2		3		1	1	3	1	3		1		1	1/	1	1
1704 36% (36/100)	2	6B	1			1	3			5	4	3								1		1	1/	1	1
610 35% (32/ 92)	Z	Z	1		4	1	3			2		3		1	1	3	1	3		1		1	1/	1	1
08 34% (33/ 96)	2	3					2B					4		1					2C	1	Z	Z	Z	Z	
453 34% (34/100)	2	3	1		4	1	2B			2	1	6B		1	1	3	1	3		1		1	1/	1	1
2818 34% (34/100)	2	1	1		4	1	3			2		3		1	1	3	1	3		1		1	1/	1	1
1884 34% (32/ 95)	2	3					2B					4		1	2B					1	Z	Z	Z	Z	
P8 33% (1/ 3)	Z	Z	Z	Z	Z	Z	Z	Z	Z	Z	Z	Z	Z	Z	Z	Z	Z	Z	Z	Z	Z	Z	Z	Z	Z
180 33% (32/ 97)	Z	1	1		1/	1	3			9		4		1	1	3	1	3		1		1	1/	1	1
630 33% (32/ 97)	2	6	1			1	1B			3		3		1						1		1	1/	1	1
2200 33% (31/ 94)	2	6	1			1	1					3		1						1		1	1/	1	1
2718 33% (25/ 76)	Z	Z	Z	Z	Z	Z	Z	Z	Z	Z	Z	Z	Z	Z	Z	Z			2C	1		1	1/		
88 33% (32/ 98)	1		X	1B	1/	1	4			1		3	1	1	1	1	1		6	1		1	1/	1F	1

01 — 100 TS + 3 SL + 1 MT

TESTSTELLE	79	80	82	83	84	85	86	87	88	89	90	91	92	93	94	95	96	97	98	99	100	101	102	103	104
UEBEREINST. ZEUGEN	9	9	10	46	23	20	35	476	471	25	71	279	99	31	19	44	35	422	40	16	470	3	5	21	22
BEZEUGTE VARIANTE	5	2	2	2	3	2	2	1/	1/	14	2	1/	2	2	2	2	2	1/	2	2	1/	2	3	2	2
044 32% (32/100)	1	3	1		1/		3			2		3		1	4	3			1	1		1	4		
441 32% (24/ 75)	1	1	1		1/	1	3					5D	1		2C	3	1		2C	1		1	1/	3D	
1678 32% (32/100)	2	1	1		4	1	3			2		3		1	1	3	1	3		1		1	4	1	1
323 32% (31/ 98)	1	6	1	1	1/	1	1			1		5		1	1	4			3	1		1	1/	1	1
431 31% (31/ 99)	2	1	1		4	1	3			2		14		1	1	3	1	3	W	1		1	1/	1	1
322 30% (30/100)	1	6	1	1	1/	1	1			1		5		1	1	4			3	1		1	1/	1	1
62 30% (8/ 27)	Z	Z	Z	Z	Z	Z	Z	Z	Z	Z	Z	Z	Z	Z	Z	Z	1B		3	1		1	1/	1L	1H
206 29% (17/ 58)	2	6	1			1	1				1	4E	1	1	1	3	1		1D	1		1	1/	Z	Z
2805 27% (26/ 95)	1	4	1		1/	1	3			3		3		1	4	3	1		2C	1		1E	Z	1L	1C
619 27% (27/ 99)	1B	3B	1	1	1/		1			1			1		1	1	1		6B	1		1	1/	1	1
2778 27% (3/ 11)	Z	Z	Z	Z	Z	Z	Z	Z	Z	Z	Z	Z	Z	Z	Z	Z	Z	Z	Z	Z	Z	Z	Z	Z	Z
94 27% (27/100)	1	1	1	1	1/	1	3			1	1	3		1	1	3	1		2C	1		1	1/	1	1
436 27% (27/100)	1	1	1		4	1	3					3		3	11		1			1		1	1/	1	1
915 27% (27/100)	1		1	1	1/	1	1			1		3	1	1	1	1	1		6	1		1	1/	1F	1
1162 27% (27/100)	1B	3	1	1	1/		1			1			1		1	1	1		6	1		1	1/	1N	1
1745 27% (4/ 15)	Z	Z	Z	Z	Z	Z	1B			1	1		1	1	Z	Z	Z	Z	1	1		1	1/	1	1
1893 27% (22/ 83)	1B	1	1	1	Z	Z	1B			1			1		1C	1	1		6	1		1	1/	1	1
314 26% (5/ 19)	Z	Z	Z	Z	Z	Z	Z	Z	Z	Z	Z	Z	1	1	1	1	1		1	1		1	1/	1L	1
1505 26% (26/100)	1	3	1		4	1	3					8		1	3	3		3	1	1		1	1/		1E
1842 26% (26/100)	1	5	1		1/C	1	4					5				3	1	5	2C	1		1	1/	3B	
2298 26% (26/100)	2	6	1	1		1	3			12		3		1	5					1		1	1/	3B	1
624 26% (8/ 31)	Z	Z	Z	Z	Z	Z	Z			1	1		1	1	1	1	1		1	1		1	1/	Z	Z
1852 26% (18/ 70)	1	1	1	1	1/	1	1					5		1	3	3			1			1	1/		1
1751 26% (25/ 98)	2	6	1		1/C	1	1					3H		1			Z	Z		1		1F	1/	1B	1
5 25% (25/100)	1B	7	1	1	1/	1	5			1		3		3	1		1		2C	1		1	1/	3E	1
218 25% (25/100)	1	1	1	1	1/	1	1			1	1			1	1		1			1		1	1/	1	1
429 25% (25/100)	2	6	1			1	1				1	4E	1	1	1	3	1		1D	1		1	1/	1	1
1738 25% (5/ 20)	Z	Z	Z	Z	Z	Z	1			1	1		1	1	1	1	1		1	1		1	1/	1	1
1858 25% (5/ 20)	Z	Z	Z	Z	Z	1	1B			1	1		1	1	1	1	1		1	1		1	1/	1	1
1890 25% (22/ 88)	1	1	1		4	1	Z					8		1	3B	3		3	1	1	4	1	1/		1
2374 25% (25/100)	1	1	1	1	1/	1	3			2	1	3	1	1	4		1		2C	1		1	1/		1
2495 25% (25/100)	1	3	1		4	1	3					8	1	1	3	3		3	1	1		1	1/		1D
2201 24% (21/ 86)	1	1	1	1	1/	1	3			1		5			1	1	1		6	1		1	1/	1	1

02 95 TS + 2 SL + 7 MT

TESTSTELLE	2	3	5	6	7	8	9	10	11	12	13	14	15	16	17	18	19	20	21	22	23	24	25	26	28
UEBEREINST. ZEUGEN	16	9	11	11	10	6	7	14	351	10	2	23	17	7	23	3	110	441	36	4	91	17	9	30	416
BEZEUGTE VARIANTE	2	2	2	2	2	2	2	3	1/	2	2B	2	2	2	2	5	2	1/	2	2	2	2	2	2	1/
P33 100% (1/ 1)	Z	Z	Z	Z	Z	Z	Z	Z	Z	Z	Z	Z	Z	Z	Z	Z	Z	Z	Z	Z	Z	Z	Z	Z	Z
P74 92% (81/ 88)		Z			X	Y	Z		1/I							Z									
01 85% (81/ 95)											2												2B		
03 83% (79/ 95)								1/			2					3	3								
81 75% (48/ 64)								14	1/L		2			Z	Z	Z	Z	Z	Z	Z	Z	Z	1		
04 71% (41/ 58)						2C	3		5					Z	Z	Z	Z	Z	Z	Z	Z				
P45 69% (11/ 16)	Z	Z	Z	Z	Z	Z	Z	Z	Z	Z	Z	Z	Z	Z	Z	Y	Y	Y	X				3	Z	
P41 67% (4/ 6)	Z	Z	Z	Z	Z	Z	Z	Z	Z	Z	Z	Z	Z	Z	Z	Z	Z	Z	Z	Z	Z	Z	Z	Z	Z
1175 63% (60/ 95)		3		1			4		1/D		2									1			2B		
33 56% (44/ 79)	1	1	5	1	4	X	1	11		1	1	4	X	1		X	1		X	1		X	X		
2344 52% (49/ 94)	1	1	5	1	1	3	1	11		1	1	X	4	1		1/	1		1	1		1	1		
181 49% (47/ 95)	1	1	1	5	4	3B		11	11	4	1	1	1	1	1	1/	1		1H	1		1	1		
1739 49% (47/ 95)	1	1	1		16	3	1	1/		3	3D		3	1		4				1		1B	1		3D
1875 48% (39/ 81)	1	X	X	X	X	X	X	X	X	X	X	6	1	1	1	1/	1		1	1		1	1		Z
2778 45% (5/ 11)	Z	Z	Z	Z	Z	Z	Z	Z	Z	Z	Z	Z	Z	Z	Z	Z	Z	Z	Z	Z	Z	Z	Z	Z	Z
2464 44% (14/ 32)	Z	Z	Z	Z	Z	Z	Z	Z	Z	Z	Z	Z	Z	Z	Z	Z	Z	Z	Z	Z	Z	Z	Z	Z	Z
1891 43% (41/ 95)	1	1	1		16	3	1	1/		3	3D	9	3	1		4				1		1B	1		3D
945 42% (40/ 95)	1		1	1	1	3	1	1/		3	3E	3	3	1	11	4				1		1B	1		3D
1409 41% (37/ 90)		1		1	1	1	5	11		12	1	3	1							1			1		
307 41% (39/ 95)	1	1	1	1	13	3	4	6		1D	2			1		5B				1		1		1	3E
1704 41% (39/ 95)	1		1	1	1	3	1	1/			5		5	1	11	4				1		1B	1		3D
1642 40% (38/ 94)		1	1		10	3	6		14	3	2C		3	1		4				1					3G
453 40% (38/ 95)	1	1	1	1	13	3	4	6		1	2			1		5B				1		1		1	3E
629 40% (35/ 88)	1	1	1	1		X	5	12	1/L		13	8			9	5B	1		1	X	1	1	1	1	7
08 40% (36/ 91)		1	1	1	15	3	1	11		1	3	3	5	1		4	1		4	1	3	1	3		5
1884 39% (35/ 89)		1	1	1	15	3	1	11		1	3	3	4	1	2B	6B	U		4	1	3	1	3		5
2818 39% (37/ 95)	1	1	1	1	13	3	4	6		1C	2	3		1		5B				1		1		1	3E
623 38% (30/ 78)	Z	Z	Z	Z	Z	Z	Z	Z	Z	Z	Z	Z	Z	Z	Z	Z	Z		1	1		1	1		
2200 38% (34/ 89)	1	1	1	1	1	3	1	1/		3	3D		3	1	1C	4				1		1B	1	1	3D
630 38% (35/ 92)	1	1	1	1	1	3	1	1/		3	4		3	1	Z	Z	Z			1		1B	1	1	3D
610 38% (33/ 88)	1	1	1	1	13	3	4	6		1	2	3		1		5B				1		1		Z	3E
431 37% (35/ 94)	1	1	1	1	1	3B	1	1/		13	1	10	1	1	1C	1/	1		1	1		1	1	3	
1678 37% (35/ 95)	1	1	1	1	10	1	4	6		1	2	3		1	8	5B				1		1		1	3D

02 | 95 TS + 2 SL + 7 MT

TESTSTELLE	2	3	5	6	7	8	9	10	11	12	13	14	15	16	17	18	19	20	21	22	23	24	25	26	28
UEBEREINST. ZEUGEN	16	9	11	11	10	6	7	14	351	10	2	23	17	7	23	3	110	441	36	4	91	17	9	30	416
BEZEUGTE VARIANTE	2	2	2	2	2	2	2	3	1/	2	2B	2	2	2	2	5	2	1/	2	2	2	2	2	2	1/
180 35% (32/ 92)	1	1	1	1	11	3	1	6		1	2	3B		1	1	5B				1		1	1	1	3E
044 35% (33/ 95)		1	3	1	5	1	1	4		1	2D	1B	3	1		1/	1		1	1	7		1	1	
206 34% (19/ 56)	Z	Z	Z	Z	Z	Z	Z	Z	Z	Z	Z	Z	Z	Z	Z	Z	Z	Z	Z	Z	Z	Z	Z	Z	Z
P8 33% (1/ 3)	Z	Z	Z	Z	Z	Z	Z	Z	Z	Z	Z	Z	Z	Z	Z	1/	1	Z	Z	Z		Z	Z	Z	Z
2718 33% (24/ 72)	1	1	1	1	1	3B	1	1/		12	1C	1B	1	1	1	1/	1		1	1		1	1	1	
619 33% (31/ 94)	1	1	1	1	1	3	1	1/	1/L	1	1	1	1	1	1	1/	1		1	1		1	1		
1162 33% (31/ 95)	1	1	5	1	1	3B	1	1/	1/L	1	7	1	1	1	1	4	1		1	1		1	1		
441 32% (23/ 71)	Z	Z	Z	Z	Z	Z	Z	Z	Z	Z	Z	Z	Z	Z	Z	Z	Z	Z	Z	Z	Z	Z	Z	Z	
436 32% (30/ 95)	1	1	1	1	1	1	1	1/	1/L	1	1	1	1	1	1	4	1		1	1	1	1	1	1	
88 31% (29/ 93)	1	1	3	1	4	3B	1			1	2	4	4	X		1/	1			1			1	1	
323 31% (29/ 93)	1		1		18	3	Z	Z		1	2	1	1	1		4			1	1		1	1		3C
1893 31% (24/ 77)	1	1	1	1	1	1	1	1/		1	X	X	X	1	1	1/	1		1	1		1	1	1	
1852 31% (21/ 68)	Z	Z	Z	Z	Z	Z	Z	Z	Z	Z	Z	Z	Z	Z	Z	Z	Z	Z	Z	Z	Z	Z	Z	Z	Z
94 31% (29/ 95)	1		4	1	13	3	1	6	1/L	1	2C	3		1	5	5B			2C	1		1	1	1	3D
322 31% (29/ 95)	1		1		17	3	1	1/		1	2C	1	1	1		4			1	1		1	1		8
429 31% (29/ 95)	1	1	1	1	5	3	1	1/	5	8	3D		3	1	1C	4				1		1	1	1	3D
2298 31% (29/ 95)	1	1	1	1	1	1	1	1/	1/L	1	1D		3	1	11B	4			1	1		1B	1		3D
624 30% (9/ 30)	Z	Z	Z	Z	Z	Z	Z	Z	Z	Z	Z	Z	Z	Z	Z	Z	Z	Z	Z	Z	Z	Z	Z	Z	Z
2201 30% (24/ 81)	1	1	1	Z	Z	Z	Z	Z	Z	Z	Z	Z	Z	Z	Z	Z	Z		1	1		1	1	1	
1751 29% (27/ 93)	1	1B	1	1B	1B	3B	1	1/		8	1B		3	1	1C	4			2D	1		1B	1	1	3D
2805 29% (26/ 90)	1	1	1	1	1	3B	1	4	10	1	3D		3	1		4		Z	Z	Z	Z		1		6
1735 29% (26/ 91)	1	1	1	1	1B	1B	1	1/		1	1	1	1	1	1	1/	1		1	1	1	1	1	1	3D
1745 29% (4/ 14)	Z	Z	Z	Z	Z	Z	Z	Z	Z	Z	Z	Z	Z	Z	Z	Z	Z	Z	Z	Z	Z	Z	Z	Z	Z
5 28% (27/ 95)	1	1	1	1	1	3	1	1/		1	1	4	4	1	1	1/	1		1	1		1	1		
2441 28% (11/ 39)	Z	Z	Z	Z	Z	Z	Z	Z	Z	Z	Z	Z	Z	Z	Z	Z	Z	Z	Z	Z	Z	Z	Z	Z	Z
62 28% (7/ 25)	Z	Z	Z	Z	Z	Z	Z	Z	Z	Z	Z	Z	Z	Z	Z	Z	Z	Z	Z	Z	Z	Z	Z	1	
1738 28% (5/ 18)	Z	Z	Z	Z	Z	Z	Z	Z	Z	Z	Z	Z	Z	Z	Z	Z	Z	Z	Z	Z	Z	Z	Z	Z	Z
522 28% (26/ 94)	1	1	1	1	7	3	1	1/	5	3	3D		3	1	1C	4				1		1	1	1	1.
1890 27% (23/ 84)	1	1	Z	Z	Z	Z	Z	Z	Z	Z	3C	1B	8	1	1C	1/	1		1	Z	1	1	1	Z	
467 27% (26/ 95)		1	3	1	5B	3		4		1	1D	8	3	1	13	4			1	1		1B	1		6B
1505 27% (26/ 95)	1	1	1	1	1	1	1	1/		12	1	1B	1	1	1C	1/			7	1	1	1	1	1	
2374 27% (26/ 95)	1	1	1	1	1	1	1	1/		1	1	1	6	1	1C	1/	1			1	1	1	1	1	
2303 27% (9/ 33)	Z	Z	Z	Z	Z	Z	Z	Z	Z	Z	Z	Z	Z	Z	Z	Z	Z	Z	Z	Z	Z	Z	Z	Z	

02 | 95 TS + 2 SL + 7 MT

TESTSTELLE	29	30	32	33	34	35	36	37	38	39	40	41	42	43	44	45	46	47	48	49	50	51	52	53	54
UEBEREINST. ZEUGEN	439	9	51	19	6	17	339	15	21	14	34	467	15	24	6	473	76	92	452	162	2	5	452	338	2
BEZEUGTE VARIANTE	1/	2	2	2	2	3	1/	2	2	2	2	1/	3	2	4	1/	2	2	1/	2	3	2	1/	1/	2
P33 100% (1/ 1)	Z	Z	Z	Z	Z	Z	Z	Z	Z	Z	Z	Z	Z	Z	Z	Z	Z	Z	Z	Z	Z	Z		Z	Z
P74 92% (81/ 88)																									3
01 85% (81/ 95)													1/						3		2		4		4
03 83% (79/ 95)						4							1/								2		4		7
81 75% (48/ 64)		3		1	2C								1/		1/						2	1			1
04 71% (41/ 58)				1	11	3B			1	Z	Z	Z	Z								2	3B	1/D	4	4
P45 69% (11/ 16)		Z	4	9	Y	1/	Z	Z		Z			Z	Z	Z		Z	Z	Z	Z	Z		Z	Z	Z
P41 67% (4/ 6)	Z	Z	Z	Z	Z	Z	Z	Z	Z	Z	Z	Z	Z	Z	Z	Z	Z	Z	Z	Z	Z	Z	Z	Z	Z
1175 63% (60/ 95)		1C						1C	1	4B			6		6						2	1	4	3	1
33 56% (44/ 79)	X	X	1		11	1/	X	X	X	1	1				1/		X				2	1B		3	4
2344 52% (49/ 94)		1		1		1/		1	1	1	1				1/					1	2	1B		3	4
181 49% (47/ 95)		1			2B		3	4B	1	4			4		1/			1			10	1		3G	6
1739 49% (47/ 95)	5	1		1	2B	1/			1	4			5	1	1/						2C	1		3	1
1875 48% (39/ 81)	Z	1			2B		3	4	1	X			6	Z	1/			1			4	1		3G	
2778 45% (5/ 11)	Z	Z	Z	Z	Z	Z	Z	Z	Z	Z	Z	Z	Z	Z	Z	Z	Z	Z			1D	1			1
2464 44% (14/ 32)	Z	Z	Z	Z	Z	Z	Z	Z	Z	Z	Z	Z	Z	Z	Z	Z	Z	Z	Z	Z	Z	Z	Z	Z	Z
1891 43% (41/ 95)	5	4		1	2B	1/	1/F		1	4			5	1	1/						2C	1		3	1
945 42% (40/ 95)	5	1		1	2B	1/			1	4			5	1	1/						19	1		8C	1
1409 41% (37/ 90)		1	1	1	1	1/	1/K	7	1	1	1		1/				3				13B	1	3	3	1
307 41% (39/ 95)	5	5		1	11C		1/F	1		4			4		1/						2C	1		3	5
1704 41% (39/ 95)	5	1		1	2B	1/			1	4			5	1	1/						19	1		8	1
1642 40% (38/ 94)	5	5		8	2B				1	1	1B		1/		1/							1		3B	1
453 40% (38/ 95)	5	5		1	11C		1/F	1		4			4		1/						2C	1		3	1
629 40% (35/ 88)		1	1	X	1	1/		1		1	1I		1/	1	6				4	1	X				5
08 40% (36/ 91)		1	1		9	1/		6	1	6			6	1	1/			4	6	1	1	1			1
1884 39% (35/ 89)		1	1		9C	1/		6	1	4			6	1	1/			4B	U	1	1	1			1
2818 39% (37/ 95)	5	5		3	11C		1/F	1		4			4		1/						2C	1		3	5
623 38% (30/ 78)		1	1	8	11	1/		1	1	1	1		4	1	1/						1	1		3	4
2200 38% (34/ 89)		5		1	2B	1/	1/F		1	4			5	1	1/		1				2C	1		8	1
630 38% (35/ 92)		5		1	2B	1/	1/F		1	4			6	1	1/						2C	1		8	1
610 38% (33/ 88)	5	5		Z	Z		1/F	1		4			4		1/						2C	1		3	5
431 37% (35/ 94)		1			3			1		4			4		1/						2C	1		3	5
1678 37% (35/ 95)	5	1		1	11C		1/F	1		4			4		1/						2C	1		3	5

02 | 95 TS + 2 SL + 7 MT

TESTSTELLE	29	30	32	33	34	35	36	37	38	39	40	41	42	43	44	45	46	47	48	49	50	51	52	53	54
UEBEREINST. ZEUGEN	439	9	51	19	6	17	339	15	21	14	34	467	15	24	6	473	76	92	452	162	2	5	452	338	2
BEZEUGTE VARIANTE	1/	2	2	2	2	3	1/	2	2	2	2	1/	3	2	4	1/	2	2	1/	2	3	2	1/	1/	2
180 35% (32/ 92)	5	1		1	11C		1/F	1	1	4	1		4		1/						2	1		3	5
044 35% (33/ 95)		1	1	8	1	1/		1	1	1	1		4	1	5					1	2	9			3
206 34% (19/ 56)	Z	Z	Z	Z	Z	Z	Z	Z	Z	Z	Z		5	1	1/					1	19	1	4	8	1
P8 33% (1/ 3)	Z	Z	Z	Z	Z	Z	Z	Z	Z	Z	Z	Z	Z	Z	Z	Z	Z	Z	Z	Z	Z	Z	Z	Z	Z
2718 33% (24/ 72)		1	1	1	1	1/		1		1	1		4		1/						2	1	4	3	1
619 33% (31/ 94)		1	1	1	11	1/		1	1	1B	1		4	1	1/						1	1		3	4
1162 33% (31/ 95)		1	1	8	11	1/		1	1	1	1		4	1	1/						1	1		3	4
441 32% (23/ 71)		1	1	1	1	1/		1	1	1	3		4	1	1/						6	1	3	3	1
436 32% (30/ 95)		1	1	1	1	1/		1	1	1	1		4	1	1/						1	1		4C	1
88 31% (29/ 93)					7	1/		1	1	1			1/	1	1/		3				1	1	4	3	4
323 31% (29/ 93)	5	1		1	11	1/			1	4	1		6	1	1/					1	2	1		3	1
1893 31% (24/ 77)		1	Z	Z	Z	Z	Z	1	1	1	1		4	1	1/				Z		1	1		3	1
1852 31% (21/ 68)	Z	Z	1	1	1	1/		1	1	1	1		1/	1	1/		3	1		1	1	1			1
94 31% (29/ 95)	5	5		1	11B		1/F	1		4			4		1/						2C	1		3	5
322 31% (29/ 95)	5	1		1	11	1/			1	4	1		6	1	1/					1	2	1		3F	1
429 31% (29/ 95)		5		1	2B	1/	1/F	1	1	4	1		5	1	1/						19	1		8	1
2298 31% (29/ 95)	5	1	1	1	11	1/		1	1	4	4		5	1	1/		3				1D	1		3	1
624 30% (9/ 30)	Z	Z	Z	Z	Z	1/		1	1	Z	Z	Z	Z	Z	Z	Z	Z	Z	Z	Z	Z	1	Z	Z	Z
2201 30% (24/ 81)		1	1	8	11	1/	1/F	1	1	1	1		1/	1	1/			1			1	1		3	1
1751 29% (27/ 93)		5		1	9B	1/	1/F	1	1	4	4		5	1	1/				7		5B	1		8	1
2805 29% (26/ 90)	6	1	1	1	1	1/		1	1	1			4	1	1/						1	7		3	4
1735 29% (26/ 91)		1	3	1	1	1/	1/K	1	1	1D	1		1/	3	1/		2B				1	1		6	2B
1745 29% (4/ 14)	Z	Z	Z	Z	Z	Z	Z	Z	Z	Z	Z	Z	Z	Z	Z	Z	Z	Z	Z	Z	Z	Z	Z	Z	Z
5 28% (27/ 95)		1	1	8	11	1/	1/D	1	1	1	1		1/	1	1/		3				1	1		3	1
2441 28% (11/ 39)	Z	Z	Z	Z	Z	Z	Z	Z	Z	Z	Z	Z	8	1	Z	Z	1	1			1	1			1
62 28% (7/ 25)		1	1	1	1	1/		1		1	1		1/	1	Z	Z	Z	Z	Z	Z	Z	Z	Z	Z	Z
1738 28% (5/ 18)	Z	Z	Z	Z	Z	Z	Z	Z	Z	Z	Z	Z	Z	Z	Z	Z	Z	Z	Z	Z	Z	Z	Z	Z	Z
522 28% (26/ 94)		5	1	1	2B	1/	1/F	1	1	4	1		5	1	1/					1	19	1		8	1
1890 27% (23/ 84)		1	1	8	1	1/		1	1	1	1		4	4	1/			1		1	1	1			1
467 27% (26/ 95)	5	1	1	6	1	1/		1	1	4	1		1/		1/					1	1	1B		3	1
1505 27% (26/ 95)		1	1	5	1	1/	1/D	1	1	1	1		1/	1	1/		1			1	2	1C			1
2374 27% (26/ 95)		1		1	1	1/		1	1	1			4		1/		3	2B			2	7		3	1
2303 27% (9/ 33)		1	1	1	1	1/		1	1	1	1		4	1	1/		1	1			1	1		Z	Z

02 95 TS + 2 SL + 7 MT

TESTSTELLE	56	57	58	59	61	62	63	64	65	66	67	68	69	72	73	74	75	76	77	78	79	80	81	82	83
UEBEREINST. ZEUGEN	459	104	6	20	36	28	7	38	333	365	16	15	16	18	5	13	19	467	181	67	31	9	49	10	46
BEZEUGTE VARIANTE	1/	2	2	2	2	2	2	2	1/	1/	2	4	3	2	6	2	2	1/	2	2	2	2	2	2	2
P33 100% (1/ 1)	Z	Z	Z	Z	Z	Z	Z	Z	Z	Z	Z	Z	Z	Z	Z	Z	Z	Z	Z	Z	Z	Z	Z	Z	Z
P74 92% (81/ 88)															6B	X					2B				
01 85% (81/ 95)					4				1/K						2					3	5		2B		
03 83% (79/ 95)					4							2			2				2B						
81 75% (48/ 64)			3		Z	Z	Z	Z	Z	Z	Z	Z	Z	Z	Z	Z	Z	Z	Z	Z	Z	Z	Z	Z	Z
04 71% (41/ 58)		Z	Z	Z	Z	Z	Z	Z	Z	Z	Z	Z	Z		2	1						3	Z	Z	
P45 69% (11/ 16)		1	Z	Z	Z	Z	Z	Z	Z	Z	Z	Z	Z	Z	Z	Z	Z	Z	Z	Z	Z	Z	Z	Z	Z
P41 67% (4/ 6)	Z	Z	Z	Z	Z	Z	Z	Z	Z	X	X		2		2	Z			Z	Z	Z	Z	Z	Z	Z
1175 63% (60/ 95)		2C	2B			1	1			1/B		2		3	2	1				3				1	
33 56% (44/ 79)	X		1				1		1/D	1/C	X				14									1D	X
2344 52% (49/ 94)			1	1			1		1/E		2C						3							1D	
181 49% (47/ 95)			1D				1				1	12	3B	1			1C			1		3			
1739 49% (47/ 95)			1		1	1	1				2B	3	2		1D	1				1		6B	1	1	
1875 48% (39/ 81)			1		1		1		1/F	7	1	12	3B	1		1	1			1		1			
2778 45% (5/ 11)		1	1	1	Z	Z	Z	Z	Z	Z	Z	Z	Z	Z	Z	Z	Z	Z	Z	Z	Z	Z	Z	Z	Z
2464 44% (14/ 32)	Z	Z	Z	Z	Z	Z	Z	Z	Z	Z	Z	Z	Z	2B	1	1	1			1	1	6		1	
1891 43% (41/ 95)			1		1	1	1				2B	3	2	3	1D	1				1		6	1	1	
945 42% (40/ 95)			1	1	1	1	1				2B	3		6	1D	3	3			1B		6B	1	1	
1409 41% (37/ 90)		Z	Z	Z	Z	Z	1	1	1/F				3B	1	6C		3			1	5				
307 41% (39/ 95)				1	1	1	4			1/B		2	2C		1D	1						3	3	1	
1704 41% (39/ 95)		2B	1	1	1	1	1				2B	3		6	1D	1	3			1B		6B	1	1	
1642 40% (38/ 94)			1	1	1	1	U						13	1	1	1	1		1B	1	5	1		1	1
453 40% (38/ 95)			1	1	1	1	4			1/B		2	2C		1	1						3	3	1	
629 40% (35/ 88)			1		1					1/H	1	1	3B	2B	15		3				1	1	X		
08 40% (36/ 91)		1	1D	1			1	1	1/F	3	1C		3B		1B	1	1			1		3	1B		
1884 39% (35/ 89)		1	1E	1			1	1	6	3	1C		2C		1	1	1			1		3	1		
2818 39% (37/ 95)			1	1	1	1	4			1/B		2	2C		3	1						1	3	1	
623 38% (30/ 78)			1L	1	1		1		1/F		1		1	2B	1D	1	1			1	1B	7		1	1
2200 38% (34/ 89)			1		1	1	1	1			2B	3	2	3	Z	Z	Z	Z	Z	Z		6	1	1	
630 38% (35/ 92)			1		1	1	1	1			2B	3	2C	3	1	1	3			1		6	1	1	
610 38% (33/ 88)			1	1	1	1	4			1/B		2	2C	Z	3	1			Z	1	Z	Z	3	1	
431 37% (35/ 94)			1	1		1	4			1/B		2	2C		2B	3				1		1	1	1	
1678 37% (35/ 95)			1	1	1	1	4			1/B		2	2C	1	1D	1						1	3	1	

02 | 95 TS + 2 SL + 7 MT

TESTSTELLE	56	57	58	59	61	62	63	64	65	66	67	68	69	72	73	74	75	76	77	78	79	80	81	82	83
UEBEREINST. ZEUGEN	459	104	6	20	36	28	7	38	333	365	16	15	16	18	5	13	19	467	181	67	31	9	49	10	46
BEZEUGTE VARIANTE	1/	2	2	2	2	2	2	2	1/	1/	2	4	3	2	6	2	2	1/	2	2	2	2	2	2	2
180 35% (32/ 92)			1	1		1	4					3	2C		5	1			Z	Z	Z	1	1	1	
044 35% (33/ 95)			1	4	1		1		1/F		1	3	3B	7	1D	1	1				1	3	1	1	
206 34% (19/ 56)			1	1	1	1	1	X			1	3		3	1	1	3		1B	1		6	1	1	
P8 33% (1/ 3)	Z	Z	Z	Z	Z	Z	Z	Z	Z	Z	Z	Z	Z	Z	Z	Z	Z	Z	Z	Z	Z	Z	Z	Z	Z
2718 33% (24/ 72)			1		1		1		1/F	6	1	3	2C	Z	Z	Z	Z	Z	Z	Z	Z	Z	Z	Z	Z
619 33% (31/ 94)			1	1		1	U	1			1	15	1	1B	9		1				1B	3B		1	1
1162 33% (31/ 95)			1	1		1	1	1			1	15	1	1B	9		1				1B	3		1	1
441 32% (23/ 71)			1	1	1	1	1		1/K	8	1	2	1	1	6C	1	3			1	1	1	1	1	
436 32% (30/ 95)			1	1	1		1				1		1	2B	1D	1	1				1	1	1	1	
88 31% (29/ 93)		1	1D	1	1	1	1	1			1	6	1	1	9	1	1		1	1	1		1	X	1B
323 31% (29/ 93)			1		1	1	1	1	1/C		1	1	1	1	1	1	1			1	1	6	1	1	1
1893 31% (24/ 77)			1	1	1	1	Z	Z	Z	Z	Z	Z	Z	1	9		1			1	1B	1		1	1
1852 31% (21/ 68)		1	1	1	3	1	1	1			1	1	1	1	1	1	1		1		1	1		1	1
94 31% (29/ 95)			1L	1	1	1	4			1/B	1	3		3	1D	1	1				1	1	1	1	1
322 31% (29/ 95)			1		1	1	1	1	1/C		1	1	1	1	1	1	1			1	1	6	1	1	1
429 31% (29/ 95)			1	1	1	1	1	1			1	3			1	1	3		1B	1		6	1	1	
2298 31% (29/ 95)			1	1	1	1	1	1			2B	3		1	1D	1	1			1		6	1	1	1
624 30% (9/ 30)	Z	Z	Z	Z	Z	Z	1	1			1C	1	Z	W	1	1	1		Z	Z	Z	Z	Z	Z	Z
2201 30% (24/ 81)			1	1	1	1	1	1			1	1	1	1	1E	1	1				1	1		1	1
1751 29% (27/ 93)			3B	1		1	1	1	8	1/E	2B	3	1	1	1	1	1B		5	1		6	3	1	
2805 29% (26/ 90)			1	1	1		1	1	1/F		1	4B	1B	1	1	1	3			1	1	4	1	1	
1735 29% (26/ 91)			1	1		1	1	10							X		3				1	1	1	1	1
1745 29% (4/ 14)	Z	Z	Z	Z	Z	Z	Z	Z	Z	Z	Z	Z	Z	Z	Z	Z	Z	Z	Z	Z	Z	Z	Z	Z	Z
5 28% (27/ 95)			1	1		1	1	1			1		1	1	1	1	1			1	1B	7		1	1
2441 28% (11/ 39)		1	Z	Z	Z	Z	Z	Z	Z	Z	Z	Z	Z	Z	1	1	1			1	1	1	1	1	Z
62 28% (7/ 25)	Z	Z	Z	Z	Z	Z	Z	Z	Z	Z	Z	Z	Z	Z	Z	Z	Z	Z	Z	Z	Z	Z	Z	Z	Z
1738 28% (5/ 18)	Z	Z	Z	Z	Z	Z	Z	Z	Z	Z	Z	Z	Z	Z	Z	Z	Z	Z	Z	Z	Z	Z	Z	Z	Z
522 28% (26/ 94)			1	1	1	1	1	1			1	3		V	1	1	3		1B	1		6C	1	1	
1890 27% (23/ 84)	1/D		1	1	1		1		1/F	6	1	17	1	1	1D	1	1				1	1	1	1	
467 27% (26/ 95)			1	1	1	1	1	1			1	7	1	1	1	1	1		1B	1	1	1	1	1	1
1505 27% (26/ 95)	1/D		1	1	1		1			6	1	17	1	1	1D	1	1				1	3	1	1	
2374 27% (26/ 95)			1	1	1	1		1	3		1		1B	1	1	1	1		1B	1	1	1	1	1	1
2303 27% (9/ 33)	Z	Z	Z	Z	Z	Z	Z	Z	Z	Z	Z	Z	Z	Z	Z	Z	Z	Z	Z	Z	Z	Z	Z	Z	Z

02 95 TS + 2 SL + 7 MT

TESTSTELLE	84	85	86	87	88	89	90	91	93	94	95	96	97	98	99	100	101	102	103	104
UEBEREINST. ZEUGEN	23	20	44	476	471	25	71	279	31	19	44	35	422	40	16	470	3	5	21	22
BEZEUGTE VARIANTE	3	2	2B	1/	1/	14	2	1/	2	2	2	2	1/	2	2	1/	2	3	2	2
P33 100% (1/ 1)	Z	Z	Z	Z	Z	Z	Z	Z	Z	Z	Z	Z	Z	Z	Z	Z	Z	Z	Z	Z
P74 92% (81/ 88)	1/					2					Z							1/		
01 85% (81/ 95)			2																	
03 83% (79/ 95)	4					2							4							
81 75% (48/ 64)	Z									2D							1	1/		
04 71% (41/ 58)			Z	Z	Z	Z	Z	Z					3		Z	Z	Z	1/	Z	Z
P45 69% (11/ 16)	Z	Z	Z	Z	Z	Z	Z	Z	Z	Z	Z	Z	Z	Z	Z	Z	Z	Z	Z	Z
P41 67% (4/ 6)	Z	Z	Z	Z	Z	Z	Z	Z	Z	Z	Z	Z	Z	Z	Z	Z	Z	Z	Z	Z
1175 63% (60/ 95)	1/		3										1/B	2C			1	1/		
33 56% (44/ 79)			2			10		3						7			1H	1/	X	
2344 52% (49/ 94)			2			11		3G						7	1		1	1/		
181 49% (47/ 95)	1/C		2					12					4				3	1/		
1739 49% (47/ 95)			3					3							1		1	1/		
1875 48% (39/ 81)	1/C		2					12									3	1/	3B	1M
2778 45% (5/ 11)	Z	Z	Z	Z	Z	Z	Z	Z	Z	Z	Z	Z	Z	Z	Z	Z	Z	Z	Z	Z
2464 44% (14/ 32)	4		3C			2		4B	3					2C	1	3	1	4		
1891 43% (41/ 95)		1	2					3							1		1	1/	1L	1
945 42% (40/ 95)			3			5		3							1		1	1/	1	1E
1409 41% (37/ 90)	1/	1	3			8	1	4	1	1		1		3	1		1	1/	1	1
307 41% (39/ 95)	4	1	3			2		3	1	1	3	1	3		1		1	1/	1	1
1704 41% (39/ 95)		1	3			5	4	3							1		1	1/	1	1
1642 40% (38/ 94)	1/	1	3			1C	1		1	1	1	1	4	3	1		1	1/	1	1
453 40% (38/ 95)	4	1				2	1	6B	1	1	3	1	3		1		1	1/	1	1
629 40% (35/ 88)			X	X	6	1	3			14	1	1		3	1		1	6	2B	
08 40% (36/ 91)								4	1					2C	1	Z	Z	Z	Z	
1884 39% (35/ 89)								4	1	2B					1	Z	Z	Z	Z	
2818 39% (37/ 95)	4	1	3			2		3	1	1	3	1	3		1		1	1/	1	1
623 38% (30/ 78)	4		2			1		3	3	1		1		2C	1		1		3B	1
2200 38% (34/ 89)		1	1					3	1						1		1	1/	1	1
630 38% (35/ 92)		1	1B			3		3	1						1		1	1/	1	1
610 38% (33/ 88)	4	1	3			2		3	1	1	3	1	3		1		1	1/	1	1
431 37% (35/ 94)	4	1	3			2		14	1	1	3	1	3	W	1		1	1/	1	1
1678 37% (35/ 95)	4	1	3			2		3	1	1	3	1	3		1		1	4	1	1

TESTSTELLE	84	85	86	87	88	89	90	91	93	94	95	96	97	98	99	100	101	102	103	104
UEBEREINST. ZEUGEN	23	20	44	476	471	25	71	279	31	19	44	35	422	40	16	470	3	5	21	22
BEZEUGTE VARIANTE	3	2	2B	1/	1/	14	2	1/	2	2	2	2	1/	2	2	1/	2	3	2	2
180 35% (32/ 92)	1/	1	3			9		4	1	1	3	1	3		1		1	1/	1	1
044 35% (33/ 95)	1/		3			2		3	1	4	3			1	1		1	4		
206 34% (19/ 56)		1	1				1	4E	1	1	3	1		1D	1		1	1/	Z	Z
P8 33% (1/ 3)	Z	Z	Z	Z	Z	Z	Z	Z	Z	Z	Z	Z	Z	Z	Z	Z	Z	Z	Z	Z
2718 33% (24/ 72)	Z	Z	Z	Z	Z	Z	Z	Z	Z	Z	Z			2C	1		1	1/		
619 33% (31/ 94)	1/		1			1				1	1	1		6B	1		1	1/	1	1
1162 33% (31/ 95)	1/		1			1				1	1	1		6	1		1	1/	1N	1
441 32% (23/ 71)	1/	1	3					5D		2C	3	1		2C	1		1	1/	3D	
436 32% (30/ 95)	4	1	3					3	3	11		1			1		1	1/	1	1
88 31% (29/ 93)	1/	1	4			1		3	1	1	1	1		6	1		1	1/	1F	1
323 31% (29/ 93)	1/	1	1			1		5	1	1	4			3	1		1	1/	1	1
1893 31% (24/ 77)	Z	Z	1B			1				1C	1	1		6	1		1	1/	1	1
1852 31% (21/ 68)	1/	1	1					5	1	3	3			1			1	1/		1
94 31% (29/ 95)	1/	1	3			1	1	3	1	1	3	1		2C	1		1	1/	1	1
322 31% (29/ 95)	1/	1	1			1		5	1	1	4			3	1		1	1/	1	1
429 31% (29/ 95)		1	1				1	4E	1	1	3	1		1D	1		1	1/	1	1
2298 31% (29/ 95)		1	3			12		3	1	5					1		1	1/	3B	1
624 30% (9/ 30)	Z	Z	Z			1	1		1	1	1	1		1	1		1	1/	Z	Z
2201 30% (24/ 81)	1/	1	3			1		5		1	1	1		6	1		1	1/	1	1
1751 29% (27/ 93)	1/C	1	1					3H	1			Z	Z		1		1F	1/	1B	1
2805 29% (26/ 90)	1/	1	3			3		3	1	4	3	1		2C	1		1E	Z	1L	1C
1735 29% (26/ 91)	1/	1	1			1	1	X	1	10	1	1		1	1		1	1/	Z	Z
1745 29% (4/ 14)	Z	Z	1B			1	1		1	Z	Z	Z	Z	1	1		1	1/	1	1
5 28% (27/ 95)	1/	1	5			1		3	3	1		1		2C	1		1	1/	3E	1
2441 28% (11/ 39)	Z	Z	1B			1	1		1	1	1	1		1	1	Z	Z	1/	1	1
62 28% (7/ 25)	Z	Z	Z	Z	Z	Z	Z	Z	Z	Z	Z	1B		3	1		1	1/	1L	1H
1738 28% (5/ 18)	Z	Z	1			1	1		1	1	1	1		1	1		1	1/	1	1
522 28% (26/ 94)		1	1				1	4F	1	1	3	1		1D	1		1	1/	1	3E
1890 27% (23/ 84)	4	1	Z					8	1	3B	3		3	1	1	4	1	1/		1
467 27% (26/ 95)	1/	1	4			1		4I		1	3	1		2C	1		1	1/	1L	1
1505 27% (26/ 95)	4	1	3					8	1	3	3		3	1	1		1	1/		1E
2374 27% (26/ 95)	1/	1	3			2	1	3	1	4		1		2C	1		1	1/		1
2303 27% (9/ 33)	Z	Z	Z	Z	Z	Z	Z	Z	1	1	1	1		Z	Z	Z	1	1/	1	1

03 100 TS + 4 SL + 0 MT

TESTSTELLE	1	2	3	4	5	6	7	8	9	10	11	12	13	14	15	16	17	20	21	22	23	24	25	26	27
UEBEREINST. ZEUGEN	3	16	9	23	11	11	10	6	7	392	351	10	12	23	17	7	23	441	36	4	91	17	9	30	1
BEZEUGTE VARIANTE	2	2	2	2	2	2	2	2	2	1/	1/	2	2	2	2	2	2	1/	2	2	2	2	2	2	2
P8 100% (1/ 1)	Z	Z	Z	Z	Z	Z	Z	Z	Z	Z	Z	Z	Z	Z	Z	Z	Z	Z	Z	Z		Z	Z	Z	Z
01 85% (85/100)				3						3													2B		
P74 81% (75/ 93)	1		Z	Z			X	Y	Z	3	1/I		2B												1
02 79% (79/100)	1			1						3			2B												1
81 74% (50/ 68)				1						14	1/L					Z	Z	Z	Z	Z	Z	Z	1		1
P41 71% (5/ 7)	Z	Z	Z	Z	Z	Z	Z	Z	Z	Z	Z	Z	Z	Z	Z	Z	Z	Z	Z	Z	Z	Z	Z	Z	Z
04 66% (40/ 61)	1			1				2C	3	3	5		2B			Z	Z	Z	Z	Z	Z				1
P45 65% (11/ 17)	Z	Z	Z	Z	Z	Z	Z	Z	Z	Z	Z	Z	Z	Z	Z	Z	Z	Y	X				3	Z	1
1175 59% (59/100)	1B		3	1		1			4	3	1/D									1			2B		1
33 48% (40/ 83)	1B	1	1	1	5	1	4	X	1	11		1	1	4	X	1			X	1		X	X		1
1739 45% (45/100)	1	1	1	1	1		16	3	1			3	3D		3	1				1		1B	1		1
181 44% (44/ 99)	1B	1	1	1	1	5	4	3B		11	11	4	1	1	1	1	1		1H	1		1	1		1
2344 43% (43/ 99)	1B	1	1	1	5	1	1	3	1	11		1	1	X	4	1			1	1		1	1		1
2464 43% (15/ 35)	Z	Z	Z	Z	Z	Z	Z	Z	Z	Z	Z	Z	Z	Z	Z	Z	Z	Z	Z	Z	Z	Z	Z	Z	Z
307 41% (41/100)	1	1	1	1	1	1	13	3	4	6		1D				1				1		1		1	1
610 40% (37/ 92)	1	1	1	1	1	1	13	3	4	6		1		3		1				1		1		Z	Z
453 40% (40/100)	1	1	1	1	1	1	13	3	4	6		1				1				1		1		1	1
1875 40% (34/ 85)	1	1	X	X	X	X	X	X	X	X	X	X	X	6	1	1	1		1	1		1	1		1
2818 40% (40/100)	1	1	1	1	1	1	13	3	4	6		1C		3		1				1		1		1	1
945 39% (39/100)	1	1		1	1	1	1	3	1			3	3E	3	3	1	11			1		1B	1		1
1891 39% (39/100)	1	1	1	1	1		16	3	1			3	3D	9	3	1				1		1B	1		1
1678 38% (38/100)	1	1	1	1	1	1	10	1	4	6		1		3		1	8			1		1		1	1
431 37% (37/ 99)	1	1	1	1	1	1	1	3B	1			13	1	10	1	1	1C		1	1		1	1	3	1
1409 37% (35/ 94)	1		1	1		1	1	1	5	11		12	1	3	1					1			1		1
1704 37% (37/100)	1	1		1	1	1	1	3	1				5		5	1	11			1		1B	1		1
1642 36% (36/ 99)			1	1	1		10	3	6	3	14	3	2C		3	1				1					1
2778 36% (4/ 11)	Z	Z	Z	Z	Z	Z	Z	Z	Z	Z	Z	Z	Z	Z	Z	Z	Z	Z	Z	Z	Z	Z	Z	Z	Z
629 35% (33/ 93)	1	1	1	1	1	1		X	5	12	1/L		13	8			9		1	X	1	1	1	1	1
2718 35% (26/ 74)	1	1	1	1	1	1	1	3B	1			12	1C	1B	1	1	1		1	1		1	1	1	1
623 35% (29/ 83)	Z	Z	Z	Z	Z	Z	Z	Z	Z	Z	Z	Z	Z	Z	Z	Z	Z		1	1		1	1		1
180 34% (33/ 97)	1	1	1	1	1	1	11	3	1	6		1		3B		1	1			1		1	1	1	1
630 33% (33/ 99)	1	1	1	1	1	1	1	3	1			3	4		3	1	Z			1		1B	1	1	1
044 33% (33/100)	1		1	1	3	1	5	1	1	4		1	2D	1B	3	1			1	1	7		1	1	1

03 | 100 TS + 4 SL + 0 MT

TESTSTELLE	1	2	3	4	5	6	7	8	9	10	11	12	13	14	15	16	17	20	21	22	23	24	25	26	27
UEBEREINST. ZEUGEN	3	16	9	23	11	11	10	6	7	392	351	10	12	23	17	7	23	441	36	4	91	17	9	30	1
BEZEUGTE VARIANTE	2	2	2	2	2	2	2	2	2	1/	1/	2	2	2	2	2	2	1/	2	2	2	2	2	2	2
2200 33% (31/ 94)	1	1	1	1	1	1	1	3	1			3	3D		3	1	1C			1		1B	1	1	1
88 32% (31/ 98)	1B	1	1	1	3	1	4	3B	1	3		1		4	4	X				1			1	1	1
08 31% (30/ 96)	1		1	1	1	1	15	3	1	11		1	3	3	5	1			4	1	3	1	3		1
1884 31% (29/ 95)	1		1	1	1	1	15	3	1	11		1	3	3	4	1	2B		4	1	3	1	3		1
323 30% (29/ 98)	1	1		1	1		18	3	Z	Z		1		1	1	1			1	1		1	1		1
619 29% (29/ 99)	1	1	1	1	1	1	1	3	1		1/L	1	1	1	1	1	1		1	1		1	1		1
322 29% (29/100)	1	1		1	1		17	3	1			1	2C	1	1	1			1	1		1	1		1
1162 29% (29/100)	1	1	1	1	5	1	1	3B	1		1/L	1	7	1	1	1	1		1	1		1	1		1
441 29% (22/ 76)	Z	Z	Z	Z	Z	Z	Z	Z	Z	Z	Z	Z	Z	Z	Z	Z	Z	Z	Z	Z	Z	Z	Z	Z	1B
206 28% (17/ 60)	Z	Z	Z	Z	Z	Z	Z	Z	Z	Z	Z	Z	Z	Z	Z	Z	Z	Z	Z	Z	Z	Z	Z	Z	Z
1852 28% (20/ 71)	Z	Z	Z	Z	Z	Z	Z	Z	Z	Z	Z	Z	Z	Z	Z	Z	Z	Z	Z	Z	Z	Z	Z	Z	Z
436 28% (28/100)	1	1	1	1	1	1	1	1	1		1/L	1	1	1	1	1	1		1	1	1	1	1	1	1
1505 28% (28/100)	1	1	1	1	1	1	1	1	1			12	1	1B	1	1	1C		7	1	1	1	1	1	1
1842 28% (28/100)	1	1	1	1	1	1	1	3	1		1/0	1	8	1	1	1	1C		1	1	1	1	1	1	1
94 27% (27/100)	1	1		1	4	1	13	3	1	6	1/L	1	2C	3		1	5		2C	1		1	1	1	1
2298 27% (27/100)	1	1	1	1	1	1	1	1	1		1/L	1	1D		3	1	11B		1	1		1B	1		1
62 27% (7/ 26)	Z	Z	Z	Z	Z	Z	Z	Z	Z	Z	Z	Z	Z	Z	Z	Z	Z	Z	Z	Z	Z	Z	Z	1	1
624 27% (8/ 30)	Z	Z	Z	Z	Z	Z	Z	Z	Z	Z	Z	Z	Z	Z	Z	Z	Z	Z	Z	Z	Z	Z	Z	Z	Z
1745 27% (4/ 15)	Z	Z	Z	Z	Z	Z	Z	Z	Z	Z	Z	Z	Z	Z	Z	Z	Z	Z	Z	Z	Z	Z	Z	Z	Z
1893 27% (22/ 83)	1	1	1	1	1	1	1	1	1			1	X	X	X	1	1		1	1		1	1	1	1
1890 26% (23/ 87)	Z	1	1	Z	Z	Z	Z	Z	Z	Z	Z	Z	3C	1B	8	1	1C		1	Z	1	1	1	Z	1
2201 26% (23/ 88)	1	1	1	1	1	Z	Z	Z	Z	Z	Z	Z	Z	Z	Z	Z	Z		1	1		1	1	1	1
5 26% (26/100)	1	1	1	1	1	1	1	3	1			1	1	4	4	1	1		1	1		1	1		1
941 26% (25/ 96)	1	1	1		1	1	1	1	1			1	1	1	1	1	1		1C	1			1	1	1
2138 26% (25/ 96)	1	1	Z	Z	Z	1	5	6	1			1	3C	1B	3	1	1		1	1	1	1	1	3	1
2374 26% (26/100)	1	1	1	1	1	1	1	1	1			1	1	1	6	1	1C			1	1	1	1	1	1
2495 26% (26/100)	1	1	1	1	1	1	1	7	1	7B		5	1	1	4B	1	1C		6	1		1	1	1	1
1751 26% (25/ 98)	1	1	1B	1	1	1B	1B	3B	1			8	1B		3	1	1C		2D	1		1B	1	1	1
218 25% (25/100)	1	1	1	1	1	1	1	1	1		1/C	12	1	1	1	1	1		1	1	1	1B	1	1	1
429 25% (25/100)	1	1	1	1	1	1	5	3	1		5	8	3D		3	1	1C			1		1	1	1	1
621 25% (25/100)	1	1	1	1C	1	1	1	3	1		1/0	1	8	1	1	1	1	1/B	1	1	1	1	1	1	1
915 25% (25/100)	1B	1	1	1	3	1	4	3B	1	3	1/E	1	10	4	4	1				1			1	1	1
1646 25% (25/100)	1E	1	1	1	1	1	1	3	1		1/B	1	1	1	1	1	1			1	1	1	1		1

03 | 100 TS + 4 SL + 0 MT

TESTSTELLE	28	29	30	31	32	33	34	36	37	38	39	40	41	42	43	44	45	46	47	48	49	50	51	52	53
UEBEREINST. ZEUGEN	416	439	9	36	51	19	6	339	15	21	14	34	467	283	24	6	473	76	92	452	162	17	5	7	338
BEZEUGTE VARIANTE	1/	1/	2	2	2	2	2	1/	2	2	2	2	1/	1/	2	4	1/	2	2	1/	2	2	2	4	1/
P8 100% (1/ 1)	Z	Z	Z	Z	Z	Z	Z	Z	Z	Z	Z	Z	Z	Z	Z	Z	Z	Z	Z	Z	Z	Z	Z	Z	Z
01 85% (85/100)																				3					
P74 81% (75/ 93)														3								3		1/	
02 79% (79/100)				2B										3								3		1/	
81 74% (50/ 68)			3			1	2C									1/							1	1/	
P41 71% (5/ 7)	Z	Z	Z	Z	Z	Z	Z	Z	Z	Z	Z	Z	Z	Z	Z	Z	Z	Z	Z	Z	Z	Z	Z	Z	Z
04 66% (40/ 61)						1	11			1	Z	Z	Z	Z									3B	1/D	4
P45 65% (11/ 17)			Z	Z	4	9	Y	Z	Z		Z			Z	Z	Z		Z	Z	Z	Z	Z		Z	Z
1175 59% (59/100)			1C						1C	1	4B			6		6							1		3
33 48% (40/ 83)		X	X	X	1		11	X	X	X	1	1		3		1/		X					1B	1/	3
1739 45% (45/100)	3D	5	1			1	2B			1	4			5	1	1/						2C	1	1/	3
181 44% (44/ 99)			1				2B	3	4B	1	4			4		1/			1			10	1	1/	3G
2344 43% (43/ 99)			1	1E		1			1	1	1	1		3		1/					1		1B	1/	3
2464 43% (15/ 35)	Z	Z	Z	Z	Z	Z	Z	Z	Z	Z	Z	Z	Z	Z	Z	Z	Z	Z	Z	Z	Z	Z	Z	Z	Z
307 41% (41/100)	3E	5	5			1	11C	1/F	1		4			4		1/						2C	1	1/	3
610 40% (37/ 92)	3E	5	5			Z	Z	1/F	1		4			4		1/						2C	1	1/	3
453 40% (40/100)	3E	5	5			1	11C	1/F	1		4			4		1/						2C	1	1/	3
1875 40% (34/ 85)	Z	Z	1				2B	3	4	1	X			6	Z	1/			1			4	1	1/	3G
2818 40% (40/100)	3E	5	5			3	11C	1/F	1		4			4		1/						2C	1	1/	3
945 39% (39/100)	3D	5	1			1	2B			1	4			5	1	1/						19	1	1/	8C
1891 39% (39/100)	3D	5	4			1	2B	1/F		1	4			5	1	1/						2C	1	1/	3
1678 38% (38/100)	3D	5	1			1	11C	1/F	1		4			4		1/						2C	1	1/	3
431 37% (37/ 99)			1	1			3		1		4			4		1/						2C	1	1/	3
1409 37% (35/ 94)			1	1	1	1	1	1/K	7	1	1	1						3				13B	1	3	3
1704 37% (37/100)	3D	5	1	4		1	2B			1	4			5	1	1/						19	1	1/	8
1642 36% (36/ 99)	3G	5	5			8	2B			1	1	1B				1/						3	1	1/	3B
2778 36% (4/ 11)	Z	Z	Z	Z	Z	Z	Z	Z	Z	Z	Z	Z	Z	Z	Z	Z	Z	Z	Z			1D	1	1/	
629 35% (33/ 93)	7		1	1	1	X	1		1		1	1I			1	6				4	1	X		1/	
2718 35% (26/ 74)			1	1	1	1	1		1		1	1		4		1/							1		3
623 35% (29/ 83)			1		1	8	11		1	1	1	1		4	1	1/						1	1	1/	3
180 34% (33/ 97)	3E	5	1			1	11C	1/F	1	1	4	1		4		1/							1	1/	3
630 33% (33/ 99)	3D		5	1		1	2B	1/F		1	4			6	1	1/						2C	1	1/	8
044 33% (33/100)			1	3	1	8	1		1	1	1	1		4	1	5					1		9	1/	

03 — 100 TS + 4 SL + 0 MT

TESTSTELLE		28	29	30	31	32	33	34	36	37	38	39	40	41	42	43	44	45	46	47	48	49	50	51	52	53
UEBEREINST. ZEUGEN		416	439	9	36	51	19	6	339	15	21	14	34	467	283	24	6	473	76	92	452	162	17	5	7	338
BEZEUGTE VARIANTE		1/	1/	2	2	2	2	2	1/	2	2	2	2	1/	1/	2	4	1/	2	2	1/	2	2	2	4	1/
2200	33% (31/ 94)	3D		5	1		1	2B	1/F		1	4			5	1	1/		1				2C	1	1/	8
88	32% (31/ 98)							7		1	1	1				1	1/		3				1	1		3
08	31% (30/ 96)	5		1	1G	1		9		6	1	6			6	1	1/			4	6	1	1	1	1/	
1884	31% (29/ 95)	5		1	1G	1		9C		6	1	4			6	1	1/			4B	U	1	1	1	1/	
323	30% (29/ 98)	3C	5	1			1	11			1	4	1		6	1	1/					1		1	1/	3
619	29% (29/ 99)			1		1	1	11		1	1	1B	1		4	1	1/						1	1	1/	3
322	29% (29/100)	8	5	1			1	11			1	4	1		6	1	1/					1		1	1/	3F
1162	29% (29/100)			1		1	8	11		1	1	1	1		4	1	1/						1	1	1/	3
441	29% (22/ 76)			1		1	1	1		1	1	1	3		4	1	1/						6	1	3	3
206	28% (17/ 60)	Z	Z	Z	Z	Z	Z	Z	Z	Z	Z	Z	Z		5	1	1/					1	19	1		8
1852	28% (20/ 71)	Z	Z	Z	Z	1	1	1		1	1	1	1			1	1/		3	1		1	1	1	1/	
436	28% (28/100)			1	1	1	1	1		1	1	1	1		4	1	1/						1	1	1/	4C
1505	28% (28/100)			1	1	1	5	1	1/D	1	1	1	1			1	1/		1			1		1C	1/	
1842	28% (28/100)			1		1	8	1		1	1	1	3			1	1/						1	1	3	3
94	27% (27/100)	3D	5	5			1	11B	1/F	1		4			4		1/						2C	1	1/	3
2298	27% (27/100)	3D	5	1	6	1	1	11		1	1	4	4		5	1	1/		3				1D	1	1/	3
62	27% (7/ 26)			1	1	1	1	1		1		1	1			1	Z	Z	Z	Z	Z	Z	Z	Z	Z	Z
624	27% (8/ 30)	Z	Z	Z	Z	Z	Z	Z		1	1	Z	Z	Z	Z	Z	Z	Z	Z	Z	Z	Z	Z	1	Z	Z
1745	27% (4/ 15)	Z	Z	Z	Z	Z	Z	Z	Z	Z	Z	Z	Z	Z	Z	Z	Z	Z	Z	Z	Z	Z	Z	Z	Z	Z
1893	27% (22/ 83)			1	1	Z	Z	Z	Z	1	1	1	1		4	1	1/				Z		1	1	1/	3
1890	26% (23/ 87)			1	1	1	8	1		1	1	1	1		4	4	1/			1		1	1	1	1/	
2201	26% (23/ 88)			1	1	1	8	11	1/F	1	1	1	1			1	1/			1			1	1	1/	3
5	26% (26/100)			1		1	8	11	1/D	1	1	1	1			1	1/		3				1	1	1/	3
941	26% (25/ 96)				1	1	1	1	1/F	1	1	1	Y		4	1	1/		1				1	1	1/	3
2138	26% (25/ 96)			1	1	1	8	1	1/B	1	1	Z	1		4	4	1/			1		1	1	1B	1/	
2374	26% (26/100)			1	1		1	1		1	1	1			4		1/		3	2B				7	1/	3
2495	26% (26/100)			1	1	1	5	1	1/D	1	1	1	1			1	1/		1			1		1C	1/	
1751	26% (25/ 98)	3D		5	1		1	9B	1/F	1	1	4	4		5	1	1/				7		5B	1	1/	8
218	25% (25/100)			1	1	1	1	1		1	1	1	1			1	1/		1			1		1	1/	
429	25% (25/100)	3D		5	1		1	2B	1/F	1	1	4	1		5	1	1/						19	1	1/	8
621	25% (25/100)			1		1	8	1		1	1	1	3		4	1	1/					1	1	1	3	3B
915	25% (25/100)			3				7	1/E	1	1	1				1	1/		3			1	9	1		3
1646	25% (25/100)							2B		1	1	1	1			1	1/		3	1		1	1	1	1/	

03 100 TS + 4 SL + 0 MT

TESTSTELLE	55	56	57	58	59	60	61	62	63	64	65	66	67	68	69	70	71	72	73	74	75	76	77	78	79
UEBEREINST. ZEUGEN	17	459	104	6	20	6	1	28	7	38	333	365	16	87	16	21	4	18	5	13	19	467	1	67	31
BEZEUGTE VARIANTE	1/B	1/	2	2	2	2	4	2	2	2	1/	1/	2	2	3	2	2	2	2	2	2	1/	2B	2	2
P8 100% (1/ 1)	Z	Z	Z	Z	Z	Z	Z	Z	Z	Z	Z	Z	Z	Z	Z	Z	Z	Z	Z	Z	Z	Z	Z	Z	Z
01 85% (85/100)											1/K			4		1							2	3	5
P74 81% (75/ 93)	1/						2							4		3B			6B	X			2		2B
02 79% (79/100)	4					1	2							4		1	1		6				2		
81 74% (50/ 68)	1/			3		Z	Z	Z	Z	Z	Z	Z	Z	Z	Z	Z	Z	Z	Z	Z	Z	Z	Z	Z	Z
P41 71% (5/ 7)	Z	Z	Z	Z	Z		Z	Z	Z	Z	Z	X	X	4	2	Z	Z			Z			Z	Z	Z
04 66% (40/ 61)	1/		Z	Z	Z	Z	Z	Z	Z	Z	Z	Z	Z	Z	Z	Z	Z			1			2		
P45 65% (11/ 17)	3		1	Z	Z	Z	Z	Z	Z	Z	Z	Z	Z	Z	Z	Z	Z	Z	Z	Z	Z	Z	Z	Z	Z
1175 59% (59/100)	1/		2C	2B		1	2	1	1			1/B				1	1	3		1			2	3	
33 48% (40/ 83)	X	X		1			2		1		1/D	1/C	X	4		3B			14				2		
1739 45% (45/100)	1/			1		1	1	1	1				2B	3	2		1		1D	1			2	1	
181 44% (44/ 99)	5			1D		X	2		1				1	12	3B	1	1	1	6		1C		2	1	
2344 43% (43/ 99)	1/			1	1		2		1		1/E		2C	4		3B	1		6		3		2		
2464 43% (15/ 35)	Z	Z	Z	Z	Z	Z	Z	Z	Z	Z	Z	Z	Z	Z	Z	8	1	2B	1	1	1		2	1	1
307 41% (41/100)	1/				1	1	1	1	4			1/B			2C	3	1		1D	1			2		
610 40% (37/ 92)	1/			1	1	1	1	1	4			1/B			2C		1	Z	3	1			Z	1	Z
453 40% (40/100)	1/			1	1	1	1	1	4			1/B			2C	2B	1		1	1			2		
1875 40% (34/ 85)	5			1		1	1		1		1/F	7	1	12	3B	1	1	1	6	1	1		2	1	
2818 40% (40/100)	1/			1	1	1	1	1	4			1/B			2C		1		3	1			2		
945 39% (39/100)	1/			1	1	1	1	1	1				2B	3			1	6	1D	3	3		2	1B	
1891 39% (39/100)	1/			1		1	1	1	1				2B	3	2		1	3	1D	1			2	1	
1678 38% (38/100)	1/			1	1	1	1	1	4			1/B			2C		1	1	1D	1			2		
431 37% (37/ 99)	1/			1	1	1	2	1	4			1/B			2C		1		2B	3			2	1	
1409 37% (35/ 94)	1/		Z	Z	Z	Z	Z	Z	1	1	1/F			4	3B		1	1	6C		3		2	1	5
1704 37% (37/100)	1/		2B	1	1	1	1	1	1				2B	3			1	6	1D	1	3		2	1B	
1642 36% (36/ 99)	1/			1	1	1	1	1	U					4	13	1	1	1	1	1	1		1B	1	5
2778 36% (4/ 11)	1/		1	1	1	Z	Z	Z	Z	Z	Z	Z	Z	Z	Z	Z	Z	Z	Z	Z	Z	Z	Z	Z	Z
629 35% (33/ 93)	7			1		1	1					1/H	1	1	3B	1		2B	15		3		2		1
2718 35% (26/ 74)	1/			1		1	1		1		1/F	6	1	3	2C	Z	Z	Z	Z	Z	Z	Z	Z	Z	Z
623 35% (29/ 83)	1/			1L	1	1	1		1		1/F		1	4	1	1	1	2B	1D	1	1		2	1	1B
180 34% (33/ 97)	1/			1	1	1	2	1	4					3	2C		1		5	1			Z	Z	Z
630 33% (33/ 99)	1/			1		1	1	1	1	1			2B	3	2C	1	1	3	1	1	3		2	1	
044 33% (33/100)	1/			1	4	1	1		1		1/F		1	3	3B	1	1	7	1D	1	1		2		1

03 — 100 TS + 4 SL + 0 MT

TESTSTELLE	55	56	57	58	59	60	61	62	63	64	65	66	67	68	69	70	71	72	73	74	75	76	77	78	79
UEBEREINST. ZEUGEN	17	459	104	6	20	6	1	28	7	38	333	365	16	87	16	21	4	18	5	13	19	467	1	67	31
BEZEUGTE VARIANTE	1/B	1/	2	2	2	2	4	2	2	2	1/	1/	2	2	3	2	2	2	2	2	2	1/	2B	2	2
2200 33% (31/ 94)	1/			1		1	1	1	1	1			2B	3	2	1B	1	3	Z	Z	Z	Z	Z	Z	
88 32% (31/ 98)	1/		1	1D	1	1	1	1	1	1			1	6	1	1	1	1	9	1	1		1	1	1
08 31% (30/ 96)	1/		1	1D	1	1	2		1	1	1/F	3	1C	4	3B	4	1		1B	1	1		2	1	
1884 31% (29/ 95)	1/		1	1E	1	1	2		1	1	6	3	1C	4	2C	4	1		1	1	1		2	1	
323 30% (29/ 98)	1/			1		1	1	1	1	1	1/C		1	1	1	1	1	1	1	1	1		2	1	1
619 29% (29/ 99)	1/			1	1	1	2	1	U	1			1	15	1	4B	1	1B	9		1		2		1B
322 29% (29/100)	1/			1		1	1	1	1	1	1/C		1	1	1	1	1	1	1	1	1		2	1	1
1162 29% (29/100)	1/			1	1	1	2	1	1	1			1	15	1	1	1	1B	9		1		2		1B
441 29% (22/ 76)	1/			1	1	1	1	1	1		1/K	8	1		1	3	1	1	6C	1	3		2	1	1
206 28% (17/ 60)	1/			1	1	1	1	1	1	X			1	3		1	1	3	1	1	3		1B	1	
1852 28% (20/ 71)	1/		1	1	1	1	3	1	1	1			1	1	1	1	1	1	1	1	1		1		1
436 28% (28/100)	1/			1	1	1	1		1				1	4	1	1	1	2B	1D	1	1		2		1
1505 28% (28/100)		1/D		1	1	1	1		1			6	1	17	1	1	1	1	1D	1	1		2		1
1842 28% (28/100)	1/F		1	1	1	1	1	1	1				1	15	1		1	4	7	1	3		2	1	1
94 27% (27/100)	1/			1L	1	1	1	1	4			1/B	1	3			1	3	1D	1	1		2		1
2298 27% (27/100)	1/			1	1	1	1	1	1	1			2B	3			1	1	1D	1	1		2	1	
62 27% (7/ 26)	Z	Z	Z	Z	Z	Z	Z	Z	Z	Z	Z	Z	Z	Z	Z	Z	Z	Z	Z	Z	Z	Z	Z	Z	Z
624 27% (8/ 30)	Z	Z	Z	Z	Z	Z	Z	Z	1	1			1C	1	Z	Z	Z	W	1	1	1		Z	Z	Z
1745 27% (4/ 15)	Z	Z	Z	Z	Z	Z	Z	Z	Z	Z	Z	Z	Z	Z	Z	Z	Z	Z	Z	Z	Z	Z	Z	Z	Z
1893 27% (22/ 83)	1/			1	1	1	1	1	Z	Z	Z	Z	Z	Z	Z	1	1	1	9		1		2	1	1B
1890 26% (23/ 87)		1/D		1	1	1	1		1		1/F	6	1	17	1	1	1	1	1D	1	1		2		1
2201 26% (23/ 88)	1/			1	1	1	1	1	1	1			1	1	1	1	1	1	1E	1	1		2		1
5 26% (26/100)	1/			1	1	1	2	1	1	1			1	4	1	1	1	1	1	1	1		2	1	1B
941 26% (25/ 96)	1/			1	1	1	1	1	Y	1	1/F		1	1	1	Y	1	1	1	1	1		1B	1	1
2138 26% (25/ 96)		1/D		1	1	1	1		1		1/F		1	17	1	1	1	1	1D	1	1		2		1
2374 26% (26/100)	1/			1	1	1	1	1		1	3		1	4	1B	1	1	1	1	1	1		1B	1	1
2495 26% (26/100)		1/D		1	1	1	1		1		1/F	6	1	17	1	1	1	1	1D	1	1		2		1
1751 26% (25/ 98)	1/			3B	1	1	2	1	1	1	8	1/E	2B	3	1	1B	1	1	1	1	1B		5	1	
218 25% (25/100)	1/		1	1		1	1	1	1		1/F		1	7	1		1	1	11B	1	1		2	1	1
429 25% (25/100)	1/			1	1	1	1	1	1	1			1	3		1	1		1	1	3		1B	1	
621 25% (25/100)	1/			1	1	1	1	1	1			8	1		1		1	1	6C	1	3		2	1	1
915 25% (25/100)	1/		1	1B	1	1	1	1	1	1	1/P		1	15	1	1	1	1	10	1	1		1	1	1
1646 25% (25/100)	1/		1	1	1	1	2	1	1	1C			1	1	1	1	1	4	1D	1	1		1	1	1

03 100 TS + 4 SL + 0 MT

TESTSTELLE	80	81	82	83	84	85	86	87	88	89	90	91	92	93	94	95	96	97	98	99	100	101	102	103	104
UEBEREINST. ZEUGEN	9	49	10	46	42	20	44	476	471	14	71	279	99	31	19	44	35	33	40	16	470	3	5	21	22
BEZEUGTE VARIANTE	2	2	2	2	4	2	2B	1/	1/	2	2	1/	2	2	2	2	2	4	2	2	1/	2	3	2	2
P8 100% (1/ 1)	Z	Z	Z	Z	Z	Z	Z	Z	Z	Z	Z	Z	Z	Z	Z	Z	Z	Z	Z	Z	Z	Z	Z	Z	Z
01 85% (85/100)		2B			3		2			14								1/							
P74 81% (75/ 93)					1/											Z		1/					1/		
02 79% (79/100)					3					14			1					1/							
81 74% (50/ 68)	Z	Z	Z	Z	Z					14					2D			1/				1	1/		
P41 71% (5/ 7)	Z	Z	Z	Z	Z	Z	Z	Z	Z	Z	Z	Z	Z	Z	Z	Z	Z	Z	Z	Z	Z	Z	Z	Z	Z
04 66% (40/ 61)	3	Z	Z		3		Z	Z	Z	Z	Z	Z	Z					3		Z	Z	Z	1/	Z	Z
P45 65% (11/ 17)	Z	Z	Z	Z	Z	Z	Z	Z	Z	Z	Z	Z	Z	Z	Z	Z	Z	Z	Z	Z	Z	Z	Z	Z	Z
1175 59% (59/100)			1		1/		3			14			1					1/B	2C			1	1/		
33 48% (40/ 83)			1D	X	3		2			10		3	1					1/	7			1H	1/	X	
1739 45% (45/100)	6B	1	1		3		3			14		3						1/		1		1	1/		
181 44% (44/ 99)	3				1/C		2			14		12										3	1/		
2344 43% (43/ 99)			1D		3		2			11		3G	1					1/	7	1		1	1/		
2464 43% (15/ 35)	6		1				3C					4B		3				1/	2C	1	3	1	4		
307 41% (41/100)	3	3	1			1	3					3		1	1	3	1	3		1		1	1/	1	1
610 40% (37/ 92)	Z	3	1			1	3					3		1	1	3	1	3		1		1	1/	1	1
453 40% (40/100)	3	3	1			1					1	6B		1	1	3	1	3		1		1	1/	1	1
1875 40% (34/ 85)	1				1/C		2			14		12						1/				3	1/	3B	1M
2818 40% (40/100)	1	3	1			1	3					3		1	1	3	1	3		1		1	1/	1	1
945 39% (39/100)	6B	1	1		3		3			5		3						1/		1		1	1/	1	1E
1891 39% (39/100)	6	1	1		3	1	2			14		3						1/		1		1	1/	1L	1
1678 38% (38/100)	1	3	1			1	3					3		1	1	3	1	3		1		1	4	1	1
431 37% (37/ 99)	1	1	1			1	3					14		1	1	3	1	3	W	1		1	1/	1	1
1409 37% (35/ 94)					1/	1	3			8	1	4		1	1		1	1/	3	1		1	1/	1	1
1704 37% (37/100)	6B	1	1		3	1	3			5	4	3						1/		1		1	1/	1	1
1642 36% (36/ 99)	1		1	1	1/	1	3			1C	1		1	1	1	1	1		3	1		1	1/	1	1
2778 36% (4/ 11)	Z	Z	Z	Z	Z	Z	Z	Z	Z	Z	Z	Z	Z	Z	Z	Z	Z	Z	Z	Z	Z	Z	Z	Z	Z
629 35% (33/ 93)	1	X			3		X	X	6	1	3		1		14	1	1	1/	3	1		1	6	2B	
2718 35% (26/ 74)	Z	Z	Z	Z	Z	Z	Z	Z	Z	Z	Z	Z	Z	Z	Z	Z		1/	2C	1		1	1/		
623 35% (29/ 83)	7		1	1			2			1		3		3	1		1	1/	2C	1		1		3B	1
180 34% (33/ 97)	1	1	1		1/	1	3			9		4		1	1	3	1	3		1		1	1/	1	1
630 33% (33/ 99)	6	1	1		3	1	1B			3		3		1				1/		1		1	1/	1	1
044 33% (33/100)	3	1	1		1/		3					3		1	4	3		1/	1	1		1	4		

03 100 TS + 4 SL + 0 MT

		TESTSTELLE	80	81	82	83	84	85	86	87	88	89	90	91	92	93	94	95	96	97	98	99	100	101	102	103	104
		UEBEREINST. ZEUGEN	9	49	10	46	42	20	44	476	471	14	71	279	99	31	19	44	35	33	40	16	470	3	5	21	22
		BEZEUGTE VARIANTE	2	2	2	2	4	2	2B	1/	1/	2	2	1/	2	2	2	2	2	4	2	2	1/	2	3	2	2
2200	33%	(31/ 94)	6	1	1		3	1	1			14		3		1				1/		1		1	1/	1	1
88	32%	(31/ 98)		1	X	1B	1/	1	4			1		3	1	1	1	1	1	1/	6	1		1	1/	1F	1
08	31%	(30/ 96)	3	1B			3					14		4		1				1/	2C	1	Z	Z	Z	Z	
1884	31%	(29/ 95)	3	1			3					14		4		1	2B			1/		1	Z	Z	Z	Z	
323	30%	(29/ 98)	6	1	1	1	1/	1	1			1		5		1	1	4		1/	3	1		1	1/	1	1
619	29%	(29/ 99)	3B		1	1	1/		1			1			1		1	1	1	1/	6B	1		1	1/	1	1
322	29%	(29/100)	6	1	1	1	1/	1	1			1		5		1	1	4		1/	3	1		1	1/	1	1
1162	29%	(29/100)	3		1	1	1/		1			1			1		1	1	1	1/	6	1		1	1/	1N	1
441	29%	(22/ 76)	1	1	1		1/	1	3			14		5D	1		2C	3	1	1/	2C	1		1	1/	3D	
206	28%	(17/ 60)	6	1	1		3	1	1			14	1	4E	1	1	1	3	1	1/	1D	1		1	1/	Z	Z
1852	28%	(20/ 71)	1		1	1	1/	1	1			14		5		1	3	3		1/	1			1	1/		1
436	28%	(28/100)	1	1	1			1	3			14		3		3	11		1	1/		1		1	1/	1	1
1505	28%	(28/100)	3	1	1			1	3			14		8		1	3	3		3	1	1		1	1/		1E
1842	28%	(28/100)	5	1	1		1/C	1	4			14		5				3	1	5	2C	1		1	1/	3B	
94	27%	(27/100)	1	1	1	1	1/	1	3			1	1	3		1	1	3	1	1/	2C	1		1	1/	1	1
2298	27%	(27/100)	6	1	1	1	3	1	3			12		3		1	5			1/		1		1	1/	3B	1
62	27%	(7/ 26)	Z	Z	Z	Z	Z	Z	Z	Z	Z	Z	Z	Z	Z	Z	Z	Z	1B	1/	3	1		1	1/	1L	1H
624	27%	(8/ 30)	Z	Z	Z	Z	Z	Z	Z			1	1		1	1	1	1	1	1/	1	1		1	1/	Z	Z
1745	27%	(4/ 15)	Z	Z	Z	Z	Z	Z	1B			1	1		1	1	Z	Z	Z	Z	1	1		1	1/	1	1
1893	27%	(22/ 83)	1		1	1	Z	Z	1B			1			1		1C	1	1	1/	6	1		1	1/	1	1
1890	26%	(23/ 87)	1	1	1			1	Z			14		8		1	3B	3		3	1	1	4	1	1/		1
2201	26%	(23/ 88)	1		1	1	1/	1	3			1		5			1	1	1	1/	6	1		1	1/	1	1
5	26%	(26/100)	7		1	1	1/	1	5			1		3		3	1		1	1/	2C	1		1	1/	3E	1
941	26%	(25/ 96)	1		1	1		1	3			1	1			1	1C	4	1	1/	1	1		1	Y	1	1
2138	26%	(25/ 96)	3	1	1			1	3			14		8		1	3	3		3	1	1	4	1	1/		1B
2374	26%	(26/100)	1	1	1	1	1/	1	3				1	3	1	1	4		1	1/	2C	1		1	1/		1
2495	26%	(26/100)	3	1	1			1	3			14		8	1	1	3	3		3	1	1		1	1/		1D
1751	26%	(25/ 98)	6	3	1		1/C	1	1			14		3H		1			Z	Z		1		1F	1/	1B	1
218	25%	(25/100)	1	1	1	1	1/	1	1			1	1			1	1		1	1/		1		1	1/	1	1
429	25%	(25/100)	6	1	1		3	1	1			14	1	4E	1	1	1	3	1	1/	1D	1		1	1/	1	1
621	25%	(25/100)	1	1	1		1/	1	3			14		5			2C	3	1	1/	2C	1		1	1/	3C	
915	25%	(25/100)		1	1	1	1/	1	1			1		3	1	1	1	1	1	1/	6	1		1	1/	1F	1
1646	25%	(25/100)	1	1	1B	1	1/	1C	1			1	1			1	1	1	1	1/	1	1		1	1/	1L	1

04 — 53 TS + 4 SL + 6 MT

TESTSTELLE	2	3	5	6	7	9	10	11	12	13	14	15	24	25	26	28	29	30	31	32	34	36	37	43	44
UEBEREINST. ZEUGEN	16	9	11	11	10	1	14	17	10	2	23	17	17	9	30	416	439	9	36	51	29	339	15	24	6
BEZEUGTE VARIANTE	2	2	2	2	2	3	3	5	2	2B	2	2	2	2	2	1/	1/	2	2	2	11	1/	2	2	4
P41 100% (4/ 4)	Z	Z	Z	Z	Z	Z	Z	Z	Z	Z	Z	Z	Z	Z	Z	Z	Z	Z	Z	Z	Z	Z	Z	Z	Z
P74 80% (39/ 49)		Z			X	Z		1/I													2				
02 77% (41/ 53)						2		1/											2B		2				
01 75% (40/ 53)						2		1/		2				2B							2				
03 75% (40/ 53)						2	1/	1/		2											2				
81 71% (30/ 42)						2	14	1/L		2			Z	1				3			2C				1/
1175 66% (35/ 53)		3		1		4		1/D		2				2B				1C			2		1C		6
P45 63% (5/ 8)	Z	Z	Z	Z	Z	Z	Z	Z	Z	Z	Z	Z		3	Z			Z	Z	4	Y	Z	Z	Z	Z
2778 57% (4/ 7)	Z	Z	Z	Z	Z	Z	Z	Z	Z	Z	Z	Z	Z	Z	Z	Z	Z	Z	Z	Z	Z	Z	Z	Z	Z
33 56% (23/ 41)	1	1	5	1	4	1	11	1/	1	1	4	X	X	X			X	X	X	1		X	X		1/
1739 53% (28/ 53)	1	1	1		16	1	1/	1/	3	3D		3	1B	1		3D	5	1			2B			1	1/
2344 52% (27/ 52)	1	1	5	1	1	1	11	1/	1	1	X	4	1	1				1	1E		2		1		1/
945 47% (25/ 53)	1		1	1	1	1	1/	1/	3	3E	3	3	1B	1		3D	5	1			2B			1	1/
1704 47% (25/ 53)	1		1	1	1	1	1/	1/		5		5	1B	1		3D	5	1	4		2B			1	1/
1875 46% (19/ 41)	1	X	X	X	X	X	X	X	X	X	6	1	1	1		Z	Z	1			2B	3	4	Z	1/
307 45% (24/ 53)	1	1	1	1	13	4	6	1/	1D	2			1		1	3E	5	5			11C	1/F	1		1/
453 45% (24/ 53)	1	1	1	1	13	4	6	1/	1	2			1		1	3E	5	5			11C	1/F	1		1/
1891 45% (24/ 53)	1	1	1		16	1	1/	1/	3	3D	9	3	1B	1		3D	5	4			2B	1/F		1	1/
623 44% (18/ 41)	Z	Z	Z	Z	Z	Z	Z	Z	Z	Z	Z	Z	1	1				1		1			1	1	1/
181 43% (23/ 53)	1	1	1	5	4	2	11	11	4	1	1	1	1	1				1			2B	3	4B		1/
441 42% (16/ 38)	Z	Z	Z	Z	Z	Z	Z	Z	Z	Z	Z	Z	Z	Z	Z			1		1	1		1	1	1/
2818 42% (22/ 53)	1	1	1	1	13	4	6	1/	1C	2	3		1		1	3E	5	5			11C	1/F	1		1/
506 40% (6/ 15)	Z	Z	Z	Z	Z	Z	Z	Z	Z	Z	Z	Z	Z	Z	1			1	1	1	1	Z	Z	Z	Z
630 40% (21/ 53)	1	1	1	1	1	1	1/	1/	3	4		3	1B	1	1	3D		5	1		2B	1/F		1	1/
1162 40% (21/ 53)	1	1	5	1	1	1	1/	1/L	1	7	1	1	1	1				1		1			1	1	1/
1642 40% (21/ 53)		1	1		10	6		14	3	2C		3				3G	5	5			2B				1/
2464 39% (7/ 18)	Z	Z	Z	Z	Z	Z	Z	Z	Z	Z	Z	Z	Z	Z	Z	Z	Z	Z	Z	Z	Z	Z	Z	Z	Z
431 38% (20/ 52)	1	1	1	1	1	1	1/	1/	13	1	10	1	1	1	3			1	1		3		1		1/
610 38% (18/ 47)	1	1	1	1	13	4	6	1/	1	2	3		1		Z	3E	5	5			Z	1/F	1		1/
180 38% (19/ 50)	1	1	1	1	11	1	6	1/	1	2	3B		1	1	1	3E	5	1			11C	1/F	1		1/
619 38% (20/ 53)	1	1	1	1	1	1	1/	1/L	1	1	1	1	1	1				1		1			1	1	1/
1678 38% (20/ 53)	1	1	1	1	10	4	6	1/	1	2	3		1		1	3D	5	1			11C	1/F	1		1/
2200 38% (18/ 48)	1	1	1	1	1	1	1/	1/	3	3D		3	1B	1	1	3D		5	1		2B	1/F		1	1/

04 | 53 TS + 4 SL + 6 MT

TESTSTELLE	2	3	5	6	7	9	10	11	12	13	14	15	24	25	26	28	29	30	31	32	34	36	37	43	44
UEBEREINST. ZEUGEN	16	9	11	11	10	1	14	17	10	2	23	17	17	9	30	416	439	9	36	51	29	339	15	24	6
BEZEUGTE VARIANTE	2	2	2	2	2	3	3	5	2	2B	2	2	2	2	2	1/	1/	2	2	2	11	1/	2	2	4
323 37% (19/ 51)	1		1		18	Z	Z	1/	1	2	1	1	1	1		3C	5	1						1	1/
1884 37% (19/ 51)		1	1	1	15	1	11	1/	1	3	3	4	1	3		5		1	1G	1	9C		6	1	1/
206 37% (11/ 30)	Z	Z	Z	Z	Z	Z	Z	Z	Z	Z	Z	Z	Z	Z	Z	Z	Z	Z	Z	Z	Z	Z	Z	1	1/
08 37% (19/ 52)		1	1	1	15	1	11	1/	1	3	3	5	1	3		5		1	1G	1	9		6	1	1/
2718 36% (14/ 39)	1	1	1	1	1	1	1/	1/	12	1C	1B	1	1	1	1			1	1	1	1		1		1/
044 36% (19/ 53)		1	3	1	5	1	4	1/	1	2D	1B	3		1	1			1	3	1	1		1	1	5
322 36% (19/ 53)	1		1		17	1	1/	1/	1	2C	1	1	1	1		8	5	1						1	1/
1409 36% (19/ 53)		1		1	1	5	11	1/	12	1	3	1		1				1	1	1	1	1/K	7		
2298 34% (18/ 53)	1	1	1	1	1	1	1/	1/L	1	1D		3	1B	1		3D	5	1	6	1			1	1	1/
1745 33% (1/ 3)	Z	Z	Z	Z	Z	Z	Z	Z	Z	Z	Z	Z	Z	Z	Z	Z	Z	Z	Z	Z	Z	Z	Z	Z	Z
88 32% (17/ 53)	1	1	3	1	4	1		1/	1	2	4	4		1	1						7		1	1	1/
429 32% (17/ 53)	1	1	1	1	5	1	1/		8	3D		3	1	1	1	3D		5	1		2B	1/F	1	1	1/
436 32% (17/ 53)	1	1	1	1	1	1	1/	1/L	1	1	1	1	1	1	1			1	1	1	1		1	1	1/
2201 32% (14/ 44)	1	1	1	Z	Z	Z	Z	Z	Z	Z	Z	Z	1	1	1			1	1	1		1/F	1	1	1/
2303 32% (7/ 22)	Z	Z	Z	Z	Z	Z	Z	Z	Z	Z	Z	Z	Z	Z	Z			1	1	1	1		1	1	1/
1751 31% (16/ 51)	1	1B	1	1B	1B	1	1/	1/	8	1B		3	1B	1	1	3D		5	1		9B	1/F	1	1	1/
629 31% (16/ 52)	1	1	1	1		5	12	1/L		13	8		1	1	1	7		1	1	1	1		1	1	6
94 30% (16/ 53)	1		4	1	13	1	6	1/L	1	2C	3		1	1	1	3D	5	5			11B	1/F	1		1/
1842 30% (16/ 53)	1	1	1	1	1	1	1/	1/O	1	8	1	1	1	1	1			1		1	1		1	1	1/
1526 30% (9/ 30)	1	Z	Z	Z	Z	Z	Z	Z	Z	Z	Z	Z	1	1	1			1	1	Z	Z		1	1	1/
2627 30% (3/ 10)	Z	Z	Z	Z	Z	Z	Z	Z	Z	Z	Z	Z	Z	Z	1			1	1	3	1		1B	Z	Z
2441 29% (7/ 24)	Z	Z	Z	Z	Z	Z	Z	Z	Z	Z	Z	Z	Z	Z	Z	Z	Z	Z	Z	Z	Z	Z	Z	1	Z
1890 29% (13/ 45)	1	1	Z	Z	Z	Z	Z	Z	Z	3C	1B	8	1	1	Z			1	1	1	1		1	4	1/
2805 29% (15/ 52)	1	1	1	1	1	1	4	10	1	3D		3		1		6	6	1	1	1	1		1	1	1/
62 29% (4/ 14)	Z	Z	Z	Z	Z	Z	Z	Z	Z	Z	Z	Z	Z	Z	1			1	1	1	1		1	1	Z
5 28% (15/ 53)	1	1	1	1	1	1	1/	1/	1	1	4	4	1	1				1		1		1/D	1	1	1/
400 28% (13/ 46)	Z	Z	Z	1	1	1	1/	1/L	1	1	1	1	1	1	1			1	1	3			1	1	X
621 28% (15/ 53)	1	1	1	1	1	1	1/	1/O	1	8	1	1	1	1	1			1		1	1		1	1	1/
1490 28% (15/ 53)	1	1	1	1	5	1	1/		1	3		3B	1	1	1			5	1		2B	1/K	1	1B	1/
1752 28% (11/ 39)	Z	Z	Z	Z	Z	Z	Z	Z	Z	Z	Z	Z	Z	Z	1			3	1	1	1		1	1	1/
2587 28% (11/ 39)	Z	Z	Z	Z	Z	Z	Z	Z	Z	Z	Z	Z	Z	Z	1			1	1	1	1		1	1	1/
1758 27% (12/ 44)	1	1	1	1	5	1	1/		1	3		3	1	1	1	X		5	1		2B	1/K	1	1	1/
1893 27% (12/ 44)	1	1	1	1	1	1	1/	1/	1	X	X	X	1	1	1			1	1	Z	Z	Z	1	1	1/

04 53 TS + 4 SL + 6 MT

TESTSTELLE	45	46	47	48	49	50	53	54	55	56	72	73	75	76	77	78	79	80	83	84	85	93	94	95	96
UEBEREINST. ZEUGEN	473	76	92	452	162	17	2	14	422	459	18	5	19	467	181	67	31	20	46	23	20	31	19	44	35
BEZEUGTE VARIANTE	1/	2	2	1/	2	2	4	4	1/	1/	2	2	2	1/	2	2	2	3	2	3	2	2	2	2	2
P41 100% (4/ 4)	Z	Z	Z	Z	Z	Z	Z	Z	Z	Z					Z	Z	Z	Z	Z	Z	Z	Z	Z	Z	Z
P74 80% (39/ 49)						3	1/	3				6B					2B	2		1/				Z	
02 77% (41/ 53)						3	1/	2	4			6						2							
01 75% (40/ 53)				3			1/		1/B							3	5	2							
03 75% (40/ 53)							1/	7	1/B						2B			2		4					
81 71% (30/ 42)							1/	1			Z	Z	Z	Z	Z	Z	Z	Z	Z	Z			2D		
1175 66% (35/ 53)							3	1			3					3		2		1/					
P45 63% (5/ 8)		Z	Z	Z	Z	Z	Z	Z	3		Z	Z	Z	Z	Z	Z	Z	Z	Z	Z	Z	Z	Z	Z	Z
2778 57% (4/ 7)	Z	Z	Z			1D	1/	1			Z	Z	Z	Z	Z	Z	Z	Z	Z	Z	Z	Z	Z	Z	Z
33 56% (23/ 41)		X					3		X	X		14						2	X						
1739 53% (28/ 53)						2C	3	1				1D				1		6B							
2344 52% (27/ 52)					1		3					6	3					2							
945 47% (25/ 53)						19	8C	1			6	1D	3			1B		6B							
1704 47% (25/ 53)						19	8	1			6	1D	3			1B		6B			1				
1875 46% (19/ 41)			1			4	3G	2	5		1	6	1			1		1		1/C					
307 45% (24/ 53)						2C	3	5				1D								4	1	1	1	3	1
453 45% (24/ 53)						2C	3	1				1								4	1	1	1	3	1
1891 45% (24/ 53)						2C	3	1			3	1D				1		6			1				
623 44% (18/ 41)						1	3				2B	1D	1			1	1B	7	1	4		3	1		1
181 43% (23/ 53)			1			10	3G	6	5		1	6	1C			1				1/C					
441 42% (16/ 38)						6	3	1			1	6C	3			1	1	1		1/	1		2C	3	1
2818 42% (22/ 53)						2C	3	5				3						1		4	1	1	1	3	1
506 40% (6/ 15)	Z	Z	Z			Z	Z	1			Z	Z	Z	Z	Z	Z	Z	Z	1	1/	1	Z	Z	Z	Z
630 40% (21/ 53)						2C	8	1			3	1	3			1		6			1	1			
1162 40% (21/ 53)						1	3				1B	9	1				1B		1	1/			1	1	1
1642 40% (21/ 53)						3	3B	1			1	1	1		1B	1	5	1	1	1/	1	1	1	1	1
2464 39% (7/ 18)	Z	Z	Z	Z	Z	Z	Z	Z	Z	Z	2B	1	1			1	1	6		4		3			
431 38% (20/ 52)						2C	3	5				2B				1		1		4	1	1	1	3	1
610 38% (18/ 47)						2C	3	5			Z	3			Z	1	Z	Z		4	1	1	1	3	1
180 38% (19/ 50)							3	5				5			Z	Z	Z	1		1/	1	1	1	3	1
619 38% (20/ 53)						1	3				1B	9	1				1B	3B	1	1/			1	1	1
1678 38% (20/ 53)						2C	3	5			1	1D						1		4	1	1	1	3	1
2200 38% (18/ 48)		1				2C	8	1			3	Z	Z	Z	Z	Z		6			1	1			

04 53 TS + 4 SL + 6 MT

TESTSTELLE	45	46	47	48	49	50	53	54	55	56	72	73	75	76	77	78	79	80	83	84	85	93	94	95	96
UEBEREINST. ZEUGEN	473	76	92	452	162	17	2	14	422	459	18	5	19	467	181	67	31	20	46	23	20	31	19	44	35
BEZEUGTE VARIANTE	1/	2	2	1/	2	2	4	4	1/	1/	2	2	2	1/	2	2	2	3	2	3	2	2	2	2	2
323 37% (19/ 51)					1		3	1			1	1	1			1	1	6	1	1/	1	1	1	4	
1884 37% (19/ 51)			4B	U	1	1	1/	1				1	1			1						1	2B		
206 37% (11/ 30)					1	19	8	1			3	1	3		1B	1		6			1	1	1	3	1
08 37% (19/ 52)			4	6	1	1	1/	1				1B	1			1						1			
2718 36% (14/ 39)							3	1			Z	Z	Z	Z	Z	Z	Z	Z	Z	Z	Z	Z	Z	Z	
044 36% (19/ 53)					1		1/	3			7	1D	1				1			1/		1	4	3	
322 36% (19/ 53)					1		3F	1			1	1	1			1	1	6	1	1/	1	1	1	4	
1409 36% (19/ 53)		3				13B	3	1			1	6C	3			1	5	2		1/	1	1	1		1
2298 34% (18/ 53)		3				1D	3	1			1	1D	1			1		6	1		1	1	5		
1745 33% (1/ 3)	Z	Z	Z	Z	Z	Z	Z	Z	Z	Z	Z	Z	Z	Z	Z	Z	Z	Z	Z	Z	Z	1	Z	Z	Z
88 32% (17/ 53)		3				1	3				1	9	1		1	1	1	2	1B	1/	1	1	1	1	1
429 32% (17/ 53)						19	8	1				1	3		1B	1		6			1	1	1	3	1
436 32% (17/ 53)						1	4C	1			2B	1D	1				1	1		4	1	3	11		1
2201 32% (14/ 44)			1			1	3	1			1	1E	1				1	1	1	1/	1		1	1	1
2303 32% (7/ 22)		1	1			1	Z	Z	Z	Z	Z	Z	Z	Z	Z	Z	Z	Z	Z	Z	Z	1	1	1	1
1751 31% (16/ 51)				7		5B	8	1			1	1	1B		5	1		6		1/C	1	1			Z
629 31% (16/ 52)				4	1	X	1/	5	7		2B	15	3				1	1					14	1	1
94 30% (16/ 53)						2C	3	5			3	1D	1				1	1	1	1/	1	1	1	3	1
1842 30% (16/ 53)						1	3	1	1/F		4	7	3			1	1	5		1/C	1			3	1
1526 30% (9/ 30)		1	1		1	1	1/	1			1	1	1			1	1	1	Z	Z	Z	Z	Z	Z	Z
2627 30% (3/ 10)	Z	Z	Z	Z	Z	Z	Z	Z	Z	Z	Z	Z	Z	Z	Z	Z	Z	Z	Z	Z	Z	Z	Z	Z	Z
2441 29% (7/ 24)	Z	1	1			1	1/	1			Z	1	1			1	1	1	Z	Z	Z	1	1	1	1
1890 29% (13/ 45)			1		1	1	1/	1	1/B	1/D	1	1D	1				1	1		4	1	1	3B	3	
2805 29% (15/ 52)						1	3				1	1	3			1	1	4		1/	1	1	4	3	1
62 29% (4/ 14)	Z	Z	Z	Z	Z	Z	Z	Z	Z	Z	Z	Z	Z	Z	Z	Z	Z	Z	Z	Z	Z	Z	Z	Z	1B
5 28% (15/ 53)		3				1	3	1			1	1	1			1	1B	7	1	1/	1	3	1		1
400 28% (13/ 46)		6				1	W	2			1	10	1			1	1	X	1	1/	X	1	1	1	1
621 28% (15/ 53)					1	1	3B	8			1	6C	3			1	1	1		1/	1		2C	3	1
1490 28% (15/ 53)		1			1	19	8	1			1	1	3		1B	1		6			1	1	1	1	1
1752 28% (11/ 39)		1	1			1	1/	1			1	1	1			1	1	1	1	1/	1	1	1	1	1
2587 28% (11/ 39)		1	1			1	1/	1			1	1	1			1	1	1	1	1/	1	1	1	1	1
1758 27% (12/ 44)		X			Y	1	8	1			X	1	3	X	X	1	1	6			1	1	1	1	X
1893 27% (12/ 44)				Z		1	3	1			1	9	1			1	1B	1	1	Z	Z		1C	1	1

04 53 TS + 4 SL + 6 MT

TESTSTELLE			97	98	102
UEBEREINST. ZEUGEN			17	40	478
BEZEUGTE VARIANTE			3	2	1/
P41	100%	(4/ 4)	Z	Z	Z
P74	80%	(39/ 49)	1/		
02	77%	(41/ 53)	1/		3
01	75%	(40/ 53)	1/		3
03	75%	(40/ 53)	4		3
81	71%	(30/ 42)	1/		
1175	66%	(35/ 53)	1/B	2C	
P45	63%	(5/ 8)	Z	Z	Z
2778	57%	(4/ 7)	Z	Z	Z
33	56%	(23/ 41)	1/	7	
1739	53%	(28/ 53)	1/		
2344	52%	(27/ 52)	1/	7	
945	47%	(25/ 53)	1/		
1704	47%	(25/ 53)	1/		
1875	46%	(19/ 41)	1/		
307	45%	(24/ 53)			
453	45%	(24/ 53)			
1891	45%	(24/ 53)	1/		
623	44%	(18/ 41)	1/	2C	3
181	43%	(23/ 53)	4		
441	42%	(16/ 38)	1/	2C	
2818	42%	(22/ 53)			
506	40%	(6/ 15)	Z	Z	Z
630	40%	(21/ 53)	1/		
1162	40%	(21/ 53)	1/	6	
1642	40%	(21/ 53)	4	3	
2464	39%	(7/ 18)	1/	2C	4
431	38%	(20/ 52)		W	
610	38%	(18/ 47)			
180	38%	(19/ 50)			
619	38%	(20/ 53)	1/	6B	
1678	38%	(20/ 53)			4
2200	38%	(18/ 48)	1/		

04 53 TS + 4 SL + 6 MT

TESTSTELLE			97	98	102
UEBEREINST. ZEUGEN			17	40	478
BEZEUGTE VARIANTE			3	2	1/
323	37%	(19/ 51)	1/	3	
1884	37%	(19/ 51)	1/		Z
206	37%	(11/ 30)	1/	1D	
08	37%	(19/ 52)	1/	2C	Z
2718	36%	(14/ 39)	1/	2C	
044	36%	(19/ 53)	1/	1	4
322	36%	(19/ 53)	1/	3	
1409	36%	(19/ 53)	1/	3	
2298	34%	(18/ 53)	1/		
1745	33%	(1/ 3)	Z	1	
88	32%	(17/ 53)	1/	6	
429	32%	(17/ 53)	1/	1D	
436	32%	(17/ 53)	1/		
2201	32%	(14/ 44)	1/	6	
2303	32%	(7/ 22)	1/	Z	
1751	31%	(16/ 51)	Z		
629	31%	(16/ 52)	1/	3	6
94	30%	(16/ 53)	1/	2C	
1842	30%	(16/ 53)	5	2C	
1526	30%	(9/ 30)	Z	Z	Z
2627	30%	(3/ 10)	Z	1	Z
2441	29%	(7/ 24)	1/	1	
1890	29%	(13/ 45)		1	
2805	29%	(15/ 52)	1/	2C	Z
62	29%	(4/ 14)	1/	3	
5	28%	(15/ 53)	1/	2C	
400	28%	(13/ 46)	1/	1	
621	28%	(15/ 53)	1/	2C	
1490	28%	(15/ 53)	1/	1D	
1752	28%	(11/ 39)	1/	1	
2587	28%	(11/ 39)	1/	1	
1758	27%	(12/ 44)	X	X	
1893	27%	(12/ 44)	1/	6	

05 25 TS + 31 SL + 16 MT

TESTSTELLE	2	4	10	15	18	21	23	25	26	35	42	44	46	49	52	55	58	61	62	68	71	72	74	75	76
UEBEREINST. ZEUGEN	16	23	392	10	73	36	91	3	30	452	53	6	76	12	452	422	6	36	28	20	2	45	13	19	467
BEZEUGTE VARIANTE	2	2	1/	4	4	2	2	3	2	1/	4	4	2	4	1/	1/	2	2	2	3	3	4	2	2	1/
P33 100% (1/ 1)	Z	Z	Z	Z	Z	Z	Z	Z	Z	Z	Z	Z	Z	Z		Z	Z	Z	Z	Z	Z	Z	Z	Z	Z
P45 75% (3/ 4)	Z	Z	Z	Z	Y	X			Z		Z	Z	Z	Z	Z	3	Z	Z	Z	Z	Z	Z	Z	Z	Z
P74 59% (13/ 22)		Z	3	2	Z			2		3	3			2						4	2	2	X		
02 52% (13/ 25)		1	3	2	5			2		3	3			2		4				4	1	2			
03 52% (13/ 25)				2	3			2		4	1/			2	4	1/B		4		2	2	2			
P8 50% (1/ 2)	Z	Z	Z	Z	1/	Z		Z	Z	Z	Z	Z	Z	Z	Z	Z	Z	Z	Z	Z	Z	Z	Z	Z	Z
P41 50% (2/ 4)	Z	Z	Z	Z	Z	Z	Z	Z	Z	Z	Z	Z	Z	Z	Z	Z	Z	Z	Z	4	Z	2	Z		
2303 50% (3/ 6)	Z	Z	Z	Z	Z	Z	Z	Z	Z			1/	1	2		Z	Z	Z	Z	Z	Z	Z	Z	Z	Z
2627 50% (1/ 2)	Z	Z	Z	Z	Z	Z	Z	Z	1		Z	Z	Z	Z	Z	Z	Z	Z	Z	Z	Z	Z	Z	Z	Z
2778 50% (2/ 4)	Z	Z	Z	Z	Z	Z	Z	Z	Z	Z	Z	Z	Z	2			1	Z	Z	Z	Z	Z	Z	Z	Z
1162 48% (12/ 25)	1	1		1		1		1				1/		2			1		1	15	1	1B		1	
1739 48% (12/ 25)	1	1		3				1			5	1/		2			1	1	1		1	2	1		
1891 48% (12/ 25)	1	1		3				1			5	1/		2			1	1	1		1	3	1		
33 47% (9/ 19)	1	1	11	X	X	X		X			3	1/	X	2		X	1			4	2	2			
623 45% (9/ 20)	Z	Z	Z	Z	Z	1		1				1/		2			1L	1		4	1	2B	1	1	
01 44% (11/ 25)		3	3	2	5			2B		3	1/			2	4	1/B		4		4	2	2			
08 44% (11/ 25)		1	11	5		4	3				6	1/		1			1D			4	1	2	1	1	
619 44% (11/ 25)	1	1		1	1/	1		1				1/		2			1		1	15	1	1B		1	
945 44% (11/ 25)	1	1		3				1			5	1/		2			1	1	1		1	6	3	3	
1704 44% (11/ 25)	1	1		5				1			5	1/		2			1	1	1		1	6	1	3	
1884 44% (11/ 25)		1	11		6B	4	3				6	1/		1			1E			4	1	2	1	1	
2344 44% (11/ 25)	1	1	11		1/	1		1			3	1/		1			1			4	1	2		3	
04 44% (7/ 16)		1	3	2	Z	Z	Z	2		3B	Z			2	1/D		Z	Z	Z	Z	Z	2	1		
522 42% (10/ 24)	1	1		3				1	1		5	1/		1			1	1	1		1	V	1	3	
1827 42% (10/ 24)	Z	1			1/	1		1	1			1/		1			1	1	1	7	1	1		1	
1409 41% (9/ 22)		1	11	1	5			1			1/		3	2	3		Z	Z	Z	4	1	1		3	
180 40% (10/ 25)	1	1	6	2	5B			1	1	3		1/		2			1		1		1	2	1		
429 40% (10/ 25)	1	1		3				1	1		5	1/		2			1	1	1		1	2	1	3	
624 40% (2/ 5)	Z	Z	Z	Z	Z	Z	Z	Z	Z		Z	Z	Z	Z	Z	Z	Z	Z	Z	1	Z	W	1	1	
1751 40% (10/ 25)	1	1		3		2D		1	1		5	1/		2			3B		1		1	1	1	1B	
1853 40% (10/ 25)	1			1		1	1	1	3		5	1/		1			1	1		1	1		1	1	
2718 40% (8/ 20)	1	1		1	1/	1		1	1			1/		2	4		1	1			Z	Z	Z	Z	Z
2805 39% (9/ 23)	1	1	4	3		Z	Z	1				1/		2			1	1		4B	1	1	1	3	

05 | 25 TS + 31 SL + 16 MT

TESTSTELLE		2	4	10	15	18	21	23	25	26	35	42	44	46	49	52	55	58	61	62	68	71	72	74	75	76
UEBEREINST. ZEUGEN		16	23	392	10	73	36	91	3	30	452	53	6	76	12	452	422	6	36	28	20	2	45	13	19	467
BEZEUGTE VARIANTE		2	2	1/	4	4	2	2	3	2	1/	4	4	2	4	1/	1/	2	2	2	3	3	4	2	2	1/
630	38% (9/ 24)	1	1		3	Z			1	1		6	1/		2			1	1	1		1	3	1	3	
2441	38% (3/ 8)	Z	Z	Z	Z	Z	Z	Z	Z	Z	Z	8	Z	1	2			Z	Z	Z	Z	Z	Z	1	1	
1893	36% (8/ 22)	1	1		X	1/	1		1	1	Z		1/		2			1	1	1	Z	1	1		1	
2200	36% (8/ 22)	1	1		3				1	1		5	1/	1	2			1	1	1		1	3	Z	Z	Z
044	36% (9/ 25)		1	4	3	1/	1	7	1	1			5		1			1	1			1	7	1	1	
5	36% (9/ 25)	1	1			1/	1		1			1/	1/	3	2			1		1	4	1	1	1	1	
181	36% (9/ 25)	1	1	11	1	1/	1H		1		3		1/		2		5	1D			12	1	1		1C	
307	36% (9/ 25)	1	1	6	2	5B			2	1	3		1/		2				1	1	2	1	2	1		
322	36% (9/ 25)	1	1		1		1		1			6	1/		1			1	1	1	1	1	1	1	1	
431	36% (9/ 25)	1	1		1	1/	1		1	3	3		1/		2			1		1	2	1	2	3		
436	36% (9/ 25)	1	1		1		1	1	1	1			1/		2			1	1		4	1	2B	1	1	
467	36% (9/ 25)		1	4	3		1		1			1/	1/		1			1	1	1	7	1	1	1	1	
641	36% (9/ 25)	1	1		1				1	1		5	1/		1			1	1	1	1	1	1	1	1	
1175	36% (9/ 25)		1	3	2	5			2B		3	6	6		2	4		2B		1	2	1	3	1		
1611	36% (9/ 25)	1	1		3	1/	1		1	3			1/		1			1	1		17	1	1	1	1	
1642	36% (9/ 25)		1	3	3				2		3	1/	1/		2			1	1	1	4	1	1	1	1	
1646	36% (9/ 25)	1	1		1	1/		1	1			1/	1/	3	1			1		1	1	1		1	1	
2298	36% (9/ 25)	1	1		3		1		1			5	1/	3	2			1	1	1		1	1	1	1	
2412	36% (9/ 25)	1	1		1	1/	1G		1	3			1/				1/B	1	1		17	1		1	1	3
81	36% (5/ 14)		1	14	2	Z	Z	Z	1		3	1/	1/		2			3	Z	Z	Z	Z	Z	Z	Z	Z
610	35% (8/ 23)	1	1	6	2	5B			2	Z	3		1/		2			1	1	1	2	1	Z	1		
62	33% (1/ 3)	Z	Z	Z	Z	Z	Z	Z	Z	1		1/	Z	Z	Z	Z	Z	Z	Z	Z	Z	Z	Z	Z	Z	Z
323	33% (8/ 24)	1	1	Z	1		1		1			6	1/		1			1	1	1	1	1	1	1	1	
466	33% (4/ 12)	Z	Z	Z	Z	Z	Z	Z	Z	Z	Z	Z	Z	Z	1			1		1	1	1	1	1	1	
606	33% (8/ 24)	1	1		1				1	1	Z	5	1/		1			1	1	1	1	1	1	1	1	
103	32% (8/ 25)	1	1		1		2C		1	1		5	1/		1			1I	1	1	1	1	1	1	1	
228	32% (8/ 25)	1	1		1				1	1		5	1/	3	2			1	1	1	7	1	8	1	1	
453	32% (8/ 25)	1	1	6	2	5B			2	1	3		1/		2			1	1	1	2	1	2	1		
614	32% (8/ 25)	1	1		1	1/	1		1	3			1/				1/B	1	1		17	1	1	1	1	3
636	32% (8/ 25)	1	1		1	1/	6		1	1		5	1/		2			1L		1	1	1	1	1	1	
941	32% (8/ 25)	1			1	8	1C		1	1			1/	1	2			1	1	1	1	1	1	1	1	
1311	32% (8/ 25)	1	1		1	1/	1		1	1		1/	1/	1	1			1		1	1	1		1	1	
1509	32% (8/ 25)	1	1		1		1		1	1		5	1/	1	2			1	1	1		1	1	1	3	

08 60 TS + 4 SL + 36 MT

TESTSTELLE	2	7	8	10	11	13	14	15	17	18	20	21	23	25	26	28	29	33	35	36	37	40	41	42	44
UEBEREINST. ZEUGEN	16	1	94	11	351	7	11	1	23	73	441	1	1	3	30	1	439	19	452	339	1	34	467	41	451
BEZEUGTE VARIANTE	2	15	3	11	1/	3	3	5	2	4	1/	4	3	3	2	5	1/	2	1/	1/	6	2	1/	6	1/
P33 100% (1/ 1)	Z	Z	Z	Z	Z	Z	Z	Z	Z	Z	Z	Z	Z	Z	Z	Z	Z	Z	Z	Z	Z	Z	Z	Z	Z
2778 100% (4/ 4)	Z	Z	Z	Z	Z	Z	Z	Z	Z	Z	Z	Z	Z	Z	Z	Z	Z	Z	Z	Z	Z	Z	Z	Z	Z
1884 88% (53/ 60)								4	2B	6B															
P41 75% (3/ 4)	Z	Z	Z	Z	Z	Z	Z	Z	Z	Z	Z	Z	Z	Z	Z	Z	Z	Z	Z	Z	Z	Z	Z	Z	Z
P45 64% (7/ 11)	Z	Z	Z	Z	Z	Z	Z	Z	Z	Y	Y	X	2		Z	1/		9		Z	Z			Z	Z
2464 61% (14/ 23)	Z	Z	Z	Z	Z	Z	Z	Z	Z	Z	Z	Z	Z	Z	Z	Z	Z	Z	Z	Z	Z	Z	Z	Z	Z
02 60% (36/ 60)		2	2	3		2B	2	2		5		2	2	2		1/			3		2			3	4
81 60% (24/ 40)		2	2	14	1/L	2	2	2	Z	Z	Z	Z	Z	1		1/		1	3		2			1/	
P74 59% (33/ 56)		X	Y	3	1/I	2B	2	2		Z		2	2	2		1/			3		2			3	4
33 58% (28/ 48)	1	4	X			1	4	X		X		X	2	X		1/	X			X	X	1		3	
2344 58% (34/ 59)	1	1				1	X	4		1/		1	2	1		1/		1			1	1		3	
01 55% (33/ 60)		2	2	3		2	2	2		5		2	2	2B		1/			3		2			1/	4
1739 55% (33/ 60)	1	16		1/		3D	2	3				2	2	1		3D	5	1			2			5	
1875 55% (29/ 53)	1	X	X	X	X	X	6	1	1	1/		1	2	1		Z	Z		3	3	4				
04 53% (19/ 36)		2	2C	3	5	2B	2	2	Z	Z	Z	Z	Z	2		1/		1	3B		2	Z	Z	Z	4
181 52% (31/ 60)	1	4	3B		11	1	1	1	1	1/		1H	2	1		1/			3	3	4B			4	
03 50% (30/ 60)		2	2	1/		2	2	2		3		2	2	2		1/			4		2			1/	4
623 50% (25/ 50)	Z	Z	Z	Z	Z	Z	Z	Z	Z	Z		1	2	1		1/		8			1	1		4	
945 50% (30/ 60)	1	1		1/		3E		3	11			2	2	1		3D	5	1			2			5	
044 48% (29/ 60)		5	1	4		2D	1B	3		1/		1	7	1	1	1/		8			1	1		4	5
1175 48% (29/ 60)		2	2	3	1/D	2	2	2		5		2	2	2B		1/			3		1C				6
1891 48% (29/ 60)	1	16		1/		3D	9	3				2	2	1		3D	5	1		1/F	2			5	
1704 47% (28/ 60)	1	1		1/		5	2		11			2	2	1		3D	5	1			2			5	
630 47% (27/ 58)	1	1		1/		4	2	3	Z	Z		2	2	1	1	3D		1		1/F	2				
1409 45% (26/ 58)		1	1			1		1		5		2	2	1		1/		1		1/K	7	1		1/	4
2200 43% (25/ 58)	1	1		1/		3D	2	3	1C			2	2	1	1	3D		1		1/F	2			5	
441 42% (19/ 45)	Z	Z	Z	Z	Z	Z	Z	Z	Z	Z	Z	Z	Z	Z	Z	1/		1			1	3		4	
2303 42% (8/ 19)	Z	Z	Z	Z	Z	Z	Z	Z	Z	Z	Z	Z	Z	Z	Z	1/		1			1	1		4	
2805 42% (24/ 57)	1	1	3B	4	10	3D	2	3			Z	Z	Z	1		6	6	1			1			4	
2718 41% (17/ 41)	1	1	3B	1/		1C	1B	1	1	1/		1	2	1	1	1/		1			1	1		4	
323 41% (24/ 59)	1	18		Z		2	1	1				1	2	1		3C	5	1			2	1			
322 40% (24/ 60)	1	17		1/		2C	1	1				1	2	1		8	5	1			2	1			
436 40% (24/ 60)	1	1	1	1/	1/L	1	1	1	1			1	1	1	1	1/		1			1	1		4	

08 60 TS + 4 SL + 36 MT

TESTSTELLE	2	7	8	10	11	13	14	15	17	18	20	21	23	25	26	28	29	33	35	36	37	40	41	42	44
UEBEREINST. ZEUGEN	16	1	94	11	351	7	11	1	23	73	441	1	1	3	30	1	439	19	452	339	1	34	467	41	451
BEZEUGTE VARIANTE	2	15	3	11	1/	3	3	5	2	4	1/	4	3	3	2	5	1/	2	1/	1/	6	2	1/	6	1/
1526 40% (14/ 35)	1	Z	Z	Z	Z	Z	Z	Z	1	1/		1	1	1	1	1/		Z			1	1		1/	
1751 40% (23/ 58)	1	1B	3B	1/		1B	2	3	1C			2D	2	1	1	3D		1		1/F	1	4		5	
1852 40% (17/ 43)	Z	Z	Z	Z	Z	Z	Z	Z	Z	Z	Z	Z	Z	Z	Z	Z	Z	1			1	1		1/	
431 39% (23/ 59)	1	1	3B	1/		1	10	1	1C	1/		1	2	1	3	1/			3		1			4	
1890 39% (21/ 54)	1	Z	Z	Z	Z	3C	1B	8	1C	1/		1	1	1	Z	1/		8			1	1		4	
5 38% (23/ 60)	1	1		1/		1	4	4	1	1/		1	2	1		1/		8		1/D	1	1		1/	
206 38% (14/ 37)	Z	Z	Z	Z	Z	Z	Z	Z	Z	Z	Z	Z	Z	Z	Z	Z	Z	Z	Z	Z	Z	Z		5	
2441 38% (9/ 24)	Z	Z	Z	Z	Z	Z	Z	Z	Z	Z	Z	Z	Z	Z	Z	Z	Z	Z	Z	Z	Z	Z	Z	8	Z
2587 37% (18/ 49)	Z	Z	Z	Z	Z	Z	Z	Z	Z	Z		1	1	Z	1	1/		1			1	1			
104 37% (22/ 60)	1	5			1/M	1	1	1	1	1/		1	2	1	1	1/		1			1			7	
307 37% (22/ 60)	1	13		6		2	2	2		5B		2	2	2	1	3E	5	1	3	1/F	1			4	
453 37% (22/ 60)	1	13		6		2	2	2		5B		2	2	2	1	3E	5	1	3	1/F	1			4	
1162 37% (22/ 60)	1	1	3B	1/	1/L	7	1	1	1			1	2	1		1/		8			1	1		4	
2138 37% (22/ 60)	1	5	6	1/		3C	1B	3	1	1/		1	1	1	3	1/		8		1/B	1	1		4	
2298 37% (22/ 60)	1	1	1	1/	1/L	1D	2	3	11B			1	2	1		3D	5	1			1	4		5	
2541 37% (22/ 60)	1	1		1/		1	1	1	1	1/		1	1	1	1	1/		1			1	1		1/	
2818 37% (22/ 60)	1	13		6		2		2		5B		2	2	2	1	3E	5	3	3	1/F	1			4	
1894 36% (21/ 58)	1	1	1	1/		1	1	1	1	1/		1	1	1	1	1/		1			2	Z		5	
62 36% (5/ 14)	Z	Z	Z	Z	Z	Z	Z	Z	Z	Z	Z	Z	Z	Z	1	1/		1			1	1		1/	Z
629 36% (20/ 56)	1	2	X	12	1/L	13	8	2	9	5B		1	1	1	1	7		X			1	1I		1/	6
642 35% (17/ 48)	1	1		Z	Z	1	1	1	1	1/		1	1	Z	1	1/		1			1	1		Z	
610 35% (19/ 54)	1	13		6		2		2		5B		2	2	2	Z	3E	5	Z	3	1/F	1			4	
228 35% (21/ 60)	1	3		1/		2C	1	1	1			2	2	1	1	1/		1			1	1		5	
429 35% (21/ 60)	1	5		1/	5	3D	2	3	1C			2	2	1	1	3D		1		1/F	1	1		5	
467 35% (21/ 60)		5B		4		1D	8	3	13			1	2	1		6B	5	6			1	1		1/	
619 35% (21/ 60)	1	1		1/	1/L	1	1	1	1	1/		1	2	1		1/		1			1	1		4	
621 35% (21/ 60)	1	1		1/	1/O	8	1	1	1	1/	1/B	1	1	1	1	1/		8			1	3		4	
1842 35% (21/ 60)	1	1		1/	1/O	8	1	1	1C	1/		1	1	1	1	1/		8			1	3		1/	
2495 35% (21/ 60)	1	1	7	7B		1	1	4B	1C			6	2	1	1	1/		5		1/D	1	1		1/	
1752 35% (16/ 46)	Z	Z	Z	Z	Z	Z	Z	Z	Z	Z	Z	Z	Z	Z	1	1/		1			1	1			
522 34% (20/ 58)	1	7		1/	5	3D	2	3	1C			2	2	1	1	11		1		1/F	1	1		5	
1509 34% (20/ 58)	1	1		1/	1/I	8	1	1	1C			1	2	1	1	3D		1		1/F	1	1		5	
172 33% (12/ 36)	Z	Z	Z	Z	Z	Z	Z	Z	1	1/		1	Z	Z	1	1/	Z	Z	Z		1	Z	Z	Z	

08 60 TS + 4 SL + 36 MT

TESTSTELLE	45	46	52	53	55	56	61	62	65	66	68	69	70	72	76	77	79	80	82	83	84	85	86	87	88
UEBEREINST. ZEUGEN	473	76	452	338	422	459	36	28	71	1	15	6	2	18	467	181	31	20	10	46	23	20	44	476	471
BEZEUGTE VARIANTE	1/	2	1/	1/	1/	1/	2	2	1/F	3	4	3B	4	2	1/	2	2	3	2	2	3	2	2B	1/	1/
P33 100% (1/ 1)	Z	Z		Z	Z	Z	Z	Z	Z	Z	Z	Z	Z	Z	Z	Z	Z	Z	Z	Z	Z	Z	Z	Z	Z
2778 100% (4/ 4)	Z	Z					Z	Z	Z	Z	Z	Z	Z	Z	Z	Z	Z	Z	Z	Z	Z	Z	Z	Z	Z
1884 88% (53/ 60)									6			2C													
P41 75% (3/ 4)	Z	Z	Z	Z	Z	Z	Z	Z	Z	X		2	Z			Z	Z	Z	Z	Z	Z	Z	Z	Z	Z
P45 64% (7/ 11)		Z	Z	Z	3		Z	Z	Z	Z	Z	Z	Z	Z	Z	Z	Z	Z	Z	Z	Z	Z	Z	Z	Z
2464 61% (14/ 23)	Z	Z	Z	Z	Z	Z	Z	Z	Z	Z	Z	Z	8	2B			1	6	1		4		3C		
02 60% (36/ 60)					4				1/	1/		3	1					2							
81 60% (24/ 40)							Z	Z	Z	Z	Z	Z	Z	Z	Z	Z	Z	Z	Z	Z	Z				
P74 59% (33/ 56)									1/	1/		3	3B				2B	2			1/				
33 58% (28/ 48)		X		3	X	X			1/D	1/C		3	3B					2	1D	X			2		
2344 58% (34/ 59)				3					1/E	1/		3	3B					2	1D				2		
01 55% (33/ 60)			4		1/B		4		1/K	1/		3	1				5	2					2		
1739 55% (33/ 60)				3			1	1	1/	1/	3	2	2					6B	1				3		
1875 55% (29/ 53)				3G	5		1			7	12		1	1				1			1/C		2		
04 53% (19/ 36)			1/D	4			Z	Z	Z	Z	Z	Z	Z						Z				Z	Z	Z
181 52% (31/ 60)				3G	5				1/	1/	12		1	1							1/C		2		
03 50% (30/ 60)			4		1/B		4		1/	1/	2	3	2			2B		2			4				
623 50% (25/ 50)				3			1			1/		1	1	2B			1B	7	1	1	4		2		
945 50% (30/ 60)				8C			1	1	1/	1/	3	3	2	6				6B	1				3		
044 48% (29/ 60)							1			1/	3		1	7			1		1		1/		3		
1175 48% (29/ 60)			4	3				1	1/	1/B	2	3	1	3				2	1		1/		3		
1891 48% (29/ 60)				3			1	1	1/	1/	3	2	2	3				6	1			1	2		
1704 47% (28/ 60)				8			1	1	1/	1/	3	3	2	6				6B	1			1	3		
630 47% (27/ 58)				8			1	1	1/	1/	3	2C	1	3				6	1			1	1B		
1409 45% (26/ 58)		3	3	3			Z	Z		1/			2	1			5	2			1/	1	3		
2200 43% (25/ 58)		1		8			1	1	1/	1/	3	2	1B	3	Z	Z		6	1			1	1		
441 42% (19/ 45)			3	3			1	1	1/K	8	2	1	3	1			1	1	1		1/	1	3		
2303 42% (8/ 19)		1		Z	Z	Z	Z	Z	Z	Z	Z	Z	Z	Z	Z	Z	Z	Z	Z	Z	Z	Z	Z	Z	Z
2805 42% (24/ 57)				3			1			1/	4B	1B	1	1			1	4	1		1/	1	3		
2718 41% (17/ 41)			4	3			1			6	3	2C	Z	Z	Z	Z	Z	Z	Z	Z	Z	Z	Z	Z	Z
323 41% (24/ 59)				3			1	1	1/C	1/	1	1	1	1			1	6	1	1	1/	1	1		
322 40% (24/ 60)				3F			1	1	1/C	1/	1	1	1	1			1	6	1	1	1/	1	1		
436 40% (24/ 60)				4C			1		1/	1/		1	1	2B			1	1	1		4	1	3		

08 | 60 TS + 4 SL + 36 MT

TESTSTELLE		45	46	52	53	55	56	61	62	65	66	68	69	70	72	76	77	79	80	82	83	84	85	86	87	88
UEBEREINST. ZEUGEN		473	76	452	338	422	459	36	28	71	1	15	6	2	18	467	181	31	20	10	46	23	20	44	476	471
BEZEUGTE VARIANTE		1/	2	1/	1/	1/	1/	2	2	1/F	3	4	3B	4	2	1/	2	2	3	2	2	3	2	2B	1/	1/
1526	40% (14/ 35)		1					1	1		1/	1	1	1	1			1	1	Z	Z	Z	Z	Z	Z	Z
1751	40% (23/ 58)				8				1	8	1/E	3	1	1B	1		5		6	1		1/C	1	1		
1852	40% (17/ 43)		3					3	1	1/	1/	1	1	1	1		1	1	1	1	1	1/	1	1		
431	39% (23/ 59)				3				1	1/	1/B	2	2C	2					1	1		4	1	3		
1890	39% (21/ 54)					1/B	1/D	1			6	17	1	1	1			1	1	1		4	1	Z		
5	38% (23/ 60)		3		3				1	1/	1/		1	1	1			1B	7	1	1	1/	1	5		
206	38% (14/ 37)			4	8			1	1	1/	1/	3	3	1	3		1B		6	1			1	1		
2441	38% (9/ 24)	Z	1					Z	Z	Z	Z	Z	Z	Z	Z			1	1	1	Z	Z	Z	1B		
2587	37% (18/ 49)		1					1	1		1/	2	1	1	1			1	1	1	1	1/	1	1B		
104	37% (22/ 60)							1	1	1/	1/	1	1	1	1		3	1	1	1	1	1/	1	1		
307	37% (22/ 60)				3			1	1	1/	1/B	2	2C	3						1		4	1	3		
453	37% (22/ 60)				3			1	1	1/	1/B	2	2C	2B						1		4	1			
1162	37% (22/ 60)				3				1	1/	1/	15	1	1	1B			1B		1	1	1/		1		
2138	37% (22/ 60)					1/B	1/D	1			1/	17	1	1	1			1		1		4	1	3		
2298	37% (22/ 60)		3		3			1	1	1/	1/	3	3	2	1				6	1	1		1	3		
2541	37% (22/ 60)		1					1	1	1/	1/	1	1	1	1		1	1	1	1		4	1			
2818	37% (22/ 60)				3			1	1	1/	1/B	2	2C	2					1	1		4	1	3		
1894	36% (21/ 58)		3					1	1	1/	1/	1	1	1	Z		1	1	1	1			1	3		7
62	36% (5/ 14)	Z	Z	Z	Z	Z	Z	Z	Z	Z	Z	Z	Z	Z	Z	Z	Z	Z	Z	Z	Z	Z	Z	Z	Z	Z
629	36% (20/ 56)					7		1		1/	1/H	1		1	2B			1	1					X	X	6
642	35% (17/ 48)		1					1	1	Z	Z	Z	Z	2	1		1	1	1	Z	Z	Z	Z	1B		
610	35% (19/ 54)				3			1	1	1/	1/B	2	2C	2	Z		Z	Z	Z	1		4	1	3		
228	35% (21/ 60)		3					1	1		11	7	1	1	8			1	5	1	1	1/	1	1		
429	35% (21/ 60)				8			1	1	1/	1/	3	3	1			1B		6	1			1	1		
467	35% (21/ 60)				3			1	1	1/	1/	7	1	5	1		1B	1	1	1	1	1/	1	4		
619	35% (21/ 60)				3				1	1/	1/	15	1	4B	1B			1B	3B	1	1	1/		1		
621	35% (21/ 60)			3	3B			1	1	1/	8	2	1	2	1			1	1	1		1/	1	3		
1842	35% (21/ 60)			3	3	1/F		1	1	1/	1/	15	1	2	4			1	5	1		1/C	1	4		
2495	35% (21/ 60)		1			1/B	1/D	1			6	17	1	1	1			1		1		4	1	3		
1752	35% (16/ 46)		1					1	1	1/	1/	2	1	1	1			1	1	1	1	1/	1	1B		
522	34% (20/ 58)				8			1	1	1/	1/	3	3	Z	V		1B		6C	1			1	1		
1509	34% (20/ 58)		1		8			1	1		1/	3	1	X	1			X	6	1			1	1		
172	33% (12/ 36)		1					1	1	1/	1/	7	1	1	1		1B	1	1	1	Z	Z	Z	Z		

08 60 TS + 4 SL + 36 MT

TESTSTELLE	89	90	91	92	94	95	96	97	98	104
UEBEREINST. ZEUGEN	25	71	7	99	19	44	35	422	22	22
BEZEUGTE VARIANTE	14	2	4	2	2	2	2	1/	2C	2
P33 100% (1/ 1)	Z	Z	Z	Z	Z	Z	Z	Z	Z	Z
2778 100% (4/ 4)	Z	Z	Z	Z	Z	Z	Z	Z	Z	Z
1884 88% (53/ 60)					2B				2	
P41 75% (3/ 4)	Z	Z	Z	Z	Z	Z	Z	Z	Z	Z
P45 64% (7/ 11)	Z	Z	Z	Z	Z	Z	Z	Z	Z	Z
2464 61% (14/ 23)	2		4B							
02 60% (36/ 60)			1/	1					2	
81 60% (24/ 40)			1/		2D				2	
P74 59% (33/ 56)	2		1/			Z			2	
33 58% (28/ 48)	10		3	1					7	
2344 58% (34/ 59)	11		3G	1					7	
01 55% (33/ 60)			1/						2	
1739 55% (33/ 60)			3						2	
1875 55% (29/ 53)			12						2	1M
04 53% (19/ 36)	Z	Z	Z	Z				3	2	Z
181 52% (31/ 60)			12					4	2	
03 50% (30/ 60)	2		1/					4	2	
623 50% (25/ 50)	1		3		1		1			1
945 50% (30/ 60)	5		3						2	1E
044 48% (29/ 60)	2		3		4	3			1	
1175 48% (29/ 60)			1/	1				1/B		
1891 48% (29/ 60)			3						2	1
1704 47% (28/ 60)	5	4	3						2	1
630 47% (27/ 58)	3		3						2	1
1409 45% (26/ 58)	8	1			1		1		3	1
2200 43% (25/ 58)			3						2	1
441 42% (19/ 45)			5D	1	2C	3	1			
2303 42% (8/ 19)	Z	Z	Z	1	1	1	1		Z	1
2805 42% (24/ 57)	3		3		4	3	1			1C
2718 41% (17/ 41)	Z	Z	Z	Z	Z	Z				
323 41% (24/ 59)	1		5		1	4			3	1
322 40% (24/ 60)	1		5		1	4			3	1
436 40% (24/ 60)			3		11		1		2	1

08 60 TS + 4 SL + 36 MT

TESTSTELLE	89	90	91	92	94	95	96	97	98	104
UEBEREINST. ZEUGEN	25	71	7	99	19	44	35	422	22	22
BEZEUGTE VARIANTE	14	2	4	2	2	2	2	1/	2C	2
1526 40% (14/ 35)	Z	Z	Z	Z	Z	Z	Z	Z	Z	Z
1751 40% (23/ 58)			3H				Z	Z	2	1
1852 40% (17/ 43)			5		3	3			1	1
431 39% (23/ 59)	2		14		1	3	1	3	W	1
1890 39% (21/ 54)			8		3B	3		3	1	1
5 38% (23/ 60)	1		3		1		1			1
206 38% (14/ 37)		1	4E	1	1	3	1		1D	Z
2441 38% (9/ 24)	1	1	1/	1	1	1	1		1	1
2587 37% (18/ 49)	1	1	1/	1	1	1	1		1	1
104 37% (22/ 60)	1	4	5		1				2	3D
307 37% (22/ 60)	2		3		1	3	1	3	2	1
453 37% (22/ 60)	2	1	6B		1	3	1	3	2	1
1162 37% (22/ 60)	1		1/	1	1	1	1		6	1
2138 37% (22/ 60)			8		3	3		3	1	1B
2298 37% (22/ 60)	12		3		5				2	1
2541 37% (22/ 60)	8	1			1		1		2	1
2818 37% (22/ 60)	2		3		1	3	1	3	2	1
1894 36% (21/ 58)			3		1		1		1	1
62 36% (5/ 14)	Z	Z	Z	Z	Z	Z	1B		3	1H
629 36% (20/ 56)	1	3	1/	1	14	1	1		3	
642 35% (17/ 48)	1	1	1/	1	1		1		1	1
610 35% (19/ 54)	2		3		1	3	1	3	2	1
228 35% (21/ 60)	1	1	5H		7	1	1		2	1
429 35% (21/ 60)		1	4E	1	1	3	1		1D	1
467 35% (21/ 60)	1		4I	1	1	3	1			1
619 35% (21/ 60)	1		1/	1	1	1	1		6B	1
621 35% (21/ 60)			5		2C	3	1			
1842 35% (21/ 60)			5			3	1	5		
2495 35% (21/ 60)			8	1	3	3		3	1	1D
1752 35% (16/ 46)	1	1	1/	1	1	1	1		1	1
522 34% (20/ 58)		1	4F	1	1	3	1		1D	3E
1509 34% (20/ 58)		1	4E	1	1	3	1		1	1
172 33% (12/ 36)	1	Z	Z	Z	1	1	1		3	Z

014 24 TS + 0 SL + 49 MT

TESTSTELLE	28	29	36	41	42	44	45	48	52	53	55	56	65	66	76	78	81	84	87	88	91	97	98	100
UEBEREINST. ZEUGEN	416	439	38	467	283	451	473	452	15	338	422	459	71	365	467	67	49	402	476	471	279	422	34	470
BEZEUGTE VARIANTE	1/	1/	1/F	1/	1/	1/	1/	1/	3	1/	1/	1/	1/F	1/	1/	2	2	1/	1/	1/	1/	1/	3	1/
P41 100% (1/ 1)	Z	Z	Z	Z	Z	Z	Z	Z	Z	Z	Z	Z	Z	X		Z	Z	Z	Z	Z	Z	Z	Z	Z
1899 100% (4/ 4)	Z	Z	Z	Z	Z	Z	Z	Z	Z	Z	Z	Z	Z	Z	Z	Z	Z					Z	Z	Z
2712 100% (9/ 9)					Z	Z	Z	Z	Z	Z	Z	Z	Z	Z	Z	Z	Z						Z	Z
049 96% (23/ 24)									1/															
921 91% (21/ 23)													1/								Z		1	
62 88% (7/ 8)			1/			Z	Z	Z	Z	Z	Z	Z	Z	Z	Z	Z	Z	Z	Z	Z	Z			
1626 88% (21/ 24)			1/						1/														1	
314 86% (6/ 7)	Z	Z	Z					Z	Z	Z	Z	Z	Z	Z	Z	Z	Z	Z	Z	Z	Z		1	
506 86% (6/ 7)			Z	Z	Z	Z	Z		Z	Z			Z	Z	Z	Z	1		Z	Z	Z	Z	Z	Z
P45 83% (5/ 6)			Z		Z	Z		Z	Z	Z	3		Z	Z	Z	Z	Z	Z	Z	Z	Z	Z	Z	Z
020 83% (20/ 24)			1/													1	1						1	
1 83% (20/ 24)			1/						1/								1						1	
81 83% (15/ 18)			1/						1/				Z	Z	Z	Z	Z	Z					2	
131 83% (20/ 24)									1/				1/					4					1	
1738 83% (5/ 6)	Z	Z	Z	Z	Z	Z	Z	Z	Z	Z	Z	Z	Z	Z	Z	Z	Z	Z					1	
1854 83% (20/ 24)			1/						1/				1/										1	
1858 83% (5/ 6)	Z	Z	Z	Z	Z	Z	Z	Z	Z	Z	Z	Z	Z	Z	Z	Z	Z	Z					1	
2508 83% (20/ 24)			1/													1	1						1	
1731 80% (16/ 20)	Z	Z	Z						1/				1/				Y				4C		1	
1745 80% (4/ 5)	Z	Z	Z	Z	Z	Z	Z	Z	Z	Z	Z	Z	Z	Z	Z	Z	Z	Z				Z	1	
2772 80% (16/ 20)			1/K		3				1/							1	Z					Z	Z	Z
2778 80% (4/ 5)	Z	Z	Z	Z	Z	Z	Z		1/				Z	Z	Z	Z	Z	Z	Z	Z	Z	Z	Z	Z
025 79% (19/ 24)			1/						1/							1	1						1	
93 79% (19/ 24)			1/						1/							1	1						2	
218 79% (19/ 24)			1/						1/							1	1						2	
221 79% (19/ 24)			1/						1/				5				1						1	
263 79% (19/ 24)									1/				1/	6		1							1	
393 79% (19/ 24)			1/						1/				5				1						1	
437 79% (19/ 24)			1/K						1/				1/			1							6	
454 79% (19/ 24)			1/						1/				5				1						1	
625 79% (19/ 24)			1/						1/				1/				1						1	
927 79% (19/ 24)									1/	3D							1				5		1	
1070 79% (19/ 24)			1/K										1/			1	1						1	

014 24 TS + 0 SL + 49 MT

TESTSTELLE	28	29	36	41	42	44	45	48	52	53	55	56	65	66	76	78	81	84	87	88	91	97	98	100
UEBEREINST. ZEUGEN	416	439	38	467	283	451	473	452	15	338	422	459	71	365	467	67	49	402	476	471	279	422	34	470
BEZEUGTE VARIANTE	1/	1/	1/F	1/	1/	1/	1/	1/	3	1/	1/	1/	1/F	1/	1/	2	2	1/	1/	1/	1/	1/	3	1/
1107 79% (19/ 24)			1/						1/				1/				1						1	
1149 79% (19/ 24)			1/K						1/							1	1						1	
1241 79% (19/ 24)			1/						1/				1/			1							1	
1398 79% (19/ 24)			1/						1/							1	1						1	
1409 79% (19/ 24)			1/K			4				3						1					4			
1668 79% (19/ 24)			1/						1/							1	1						1	
1673 79% (19/ 24)			1/						1/							1	1						1	
1720 79% (19/ 24)			1/						1/				1/			1							1	
1737 79% (19/ 24)									1/				1/			1	1						1	
1862 79% (19/ 24)			1/						1/				5				1						1	
2143 79% (19/ 24)									1/	3							1				5		6	
2201 79% (19/ 24)									1/	3			1/								5		6	
2404 79% (19/ 24)			1/K						1/							1	3						1	
2484 79% (19/ 24)			1/						1/							1	1						1	
2492 79% (19/ 24)			1/						1/				1/			1							1	
2705 79% (19/ 24)			1/			6			1/								1						1	
2816 79% (19/ 24)			1/						1/				4				1						1	
642 79% (15/ 19)			1/		Z				1/				Z	Z		1	Z	Z					1	
57 78% (18/ 23)			1/						1/				1/			1	1	Y						
122 78% (18/ 23)			1/	1/D					1/							1	Z						1	
460 78% (18/ 23)			1/E						1/				1/R			1	1						Z	
491 78% (18/ 23)			1/		W				1/							1	1						1	
603 78% (18/ 23)			1/										1/			1	1				X		1	
1723 78% (18/ 23)			1/		X				1/							1	1						1	
1880 78% (18/ 23)			X						1/				1/			1	1						1	
2194 78% (18/ 23)			1/K						1/				1/			1					V		1	
319 77% (17/ 22)			1/K						1/				Z	Z		1	1						1	
920 77% (17/ 22)			1/L	Z					Z					11		1	1						1	
1390 77% (17/ 22)			1/			Z	Z		1/				1/									4	1	
1852 77% (17/ 22)	Z	Z	1/						1/				1/								5		1	
2502 77% (17/ 22)			1/M	Y	Y				1/				1/					1/C					2	
1277 76% (13/ 17)			1/L						1/				1/			1	Z		Z	Z	Z	Z	Z	Z
1526 76% (13/ 17)			1/						1/							1	1	Z	Z	Z	Z	Z	Z	Z

020 26 TS + 1 SL + 52 MT

TESTSTELLE	28	29	35	36	41	42	44	45	46	47	48	52	53	55	56	65	66	69	76	84	87	88	91	97	100
UEBEREINST. ZEUGEN	416	439	452	339	467	283	451	473	101	92	452	15	338	422	459	71	365	1	467	402	476	471	279	422	470
BEZEUGTE VARIANTE	1/	1/	1/	1/	1/	1/	1/	1/	3	2	1/	3	1/	1/	1/	1/F	1/	9	1/	1/	1/	1/	1/	1/	1/
62 100% (9/ 9)							Z	Z	Z	Z	Z	Z	Z	Z	Z	Z	Z	Z	Z	Z	Z	Z	Z		
506 100% (6/ 6)			Z	Z	Z	Z	Z	Z	Z	Z		Z	Z			Z	Z	Z	Z		Z	Z	Z	Z	Z
916 100% (4/ 4)					Z	Z	Z	Z	Z	Z	Z	Z	Z	Z	Z	Z	Z	Z	Z	Z	Z	Z	Z	Z	Z
1730 100% (8/ 8)	Z	Z	Z	Z	Z	Z	Z	Z	Z	Z	Z	Z	Z	Z	Z	Z	Z	Z							
1738 100% (6/ 6)	Z	Z	Z	Z	Z	Z	Z	Z	Z	Z	Z	Z	Z	Z	Z	Z	Z	Z	Z	Z					
1745 100% (5/ 5)	Z	Z	Z	Z	Z	Z	Z	Z	Z	Z	Z	Z	Z	Z	Z	Z	Z	Z	Z	Z				Z	
1846 100% (6/ 6)	Z	Z	Z	Z	Z	Z	Z	Z	Z	Z	Z	Z	Z	Z	Z	Z	Z	Z	Z				X		
1858 100% (6/ 6)	Z	Z	Z	Z	Z	Z	Z	Z	Z	Z	Z	Z	Z	Z	Z	Z	Z	Z	Z	Z					
1899 100% (5/ 5)	Z	Z	Z	Z	Z	Z	Z	Z	Z	Z	Z	Z	Z	Z	Z	Z	Z	Z	Z					Z	Z
2175 100% (5/ 5)						Z	Z	Z	Z	Z	Z	Z	Z	Z	Z	Z	Z	Z	Z	Z	Z	Z	Z	Z	Z
2627 100% (4/ 4)					Z	Z	Z	Z	Z	Z	Z	Z	Z	Z	Z	Z	Z	Z	Z	Z	Z	Z	Z	Z	Z
2777 100% (6/ 6)	Z	Z	Z	Z	Z	Z	Z	Z	Z	Z	Z	Z	Z	Z	Z	Z	Z	Z	Y	Z					
014 91% (20/ 22)			Z	1/F					Z	Z								1							
624 91% (10/ 11)	Z	Z			Z	Z	Z	Z	Z	Z	Z	Z	Z	Z	Z	1/		Z		Z					
642 90% (19/ 21)						Z			1			1/				Z	Z	Z		Z					
218 88% (23/ 26)									1			1/						1							
1626 88% (23/ 26)										1		1/						1							
2191 88% (23/ 26)												1/				1/		1							
2508 88% (23/ 26)									1	1								1							
603 88% (22/ 25)										1						1/		1					X		
2484 88% (22/ 25)									1	1		1/						Z							
314 88% (7/ 8)	Z	Z	Z	Z					1	Z	Z	Z	Z	Z	Z	Z	Z	Z	Z	Z	Z	Z	Z		
P45 86% (6/ 7)				Z		Z	Z		Z	Z	Z	Z	Z	3		Z	Z	Z	Z	Z	Z	Z	Z	Z	Z
81 86% (18/ 21)			3						2			1/				Z	Z	Z	Z	Z					
2626 86% (6/ 7)	Z	Z	Z	Z	Z	Z	Z	Z	Z	Z	Z	Z	Z	Z	Z	Z	Z	Z	Z				4E		
025 85% (22/ 26)									1	1		1/						1							
049 85% (22/ 26)				1/F						1		1/						1							
1 85% (22/ 26)									1	1		1/						1							
93 85% (22/ 26)									1	1		1/						1							
203 85% (22/ 26)										1		1/				1/		1							
312 85% (22/ 26)										1		1/				5		1							
337 85% (22/ 26)										1		1/				1/		1							
456 85% (22/ 26)												1/	3			1/		1							

020 26 TS + 1 SL + 52 MT

TESTSTELLE		28	29	35	36	41	42	44	45	46	47	48	52	53	55	56	65	66	69	76	84	87	88	91	97	100
UEBEREINST. ZEUGEN		416	439	452	339	467	283	451	473	101	92	452	15	338	422	459	71	365	1	467	402	476	471	279	422	470
BEZEUGTE VARIANTE		1/	1/	1/	1/	1/	1/	1/	1/	3	2	1/	3	1/	1/	1/	1/F	1/	9	1/	1/	1/	1/	1/	1/	1/
618	85% (22/ 26)										1		1/				1/		1							
699	85% (22/ 26)										1		1/				1/		1							
917	85% (22/ 26)										1		1/				1/		1							
996	85% (22/ 26)						6										1/	10						5H		
1241	85% (22/ 26)										1		1/				1/		1							
1398	85% (22/ 26)									1	1		1/						5							
1646	85% (22/ 26)										1		1/				1/		1							
1668	85% (22/ 26)									1	1		1/						1							
1673	85% (22/ 26)									1	1		1/						1							
1854	85% (22/ 26)										1		1/				1/		1							
1896	85% (22/ 26)						5							8					1					3		
2131	85% (22/ 26)										1		1/				1/		1							
2423	85% (22/ 26)										1		1/				1/		1							
2492	85% (22/ 26)										1		1/				1/		1							
2705	85% (22/ 26)							6			1		1/						1							
424	84% (21/ 25)									X	1		1/				1/		1							
491	84% (21/ 25)						W			1	1		1/						5							
921	84% (21/ 25)				1/F						1						1/		1					Z		
1597	84% (21/ 25)										1		1/				1/		1					X		
1721	84% (21/ 25)												Y				1/		1		4			3		
1723	84% (21/ 25)						X			1	1		1/						1							
2004	83% (10/ 12)	Z	Z	Z	Z	Z		Z	Z	Z	Z	Z	Z	Z	Z	Z	1/		1							
319	83% (19/ 23)				1/K					1	1		1/				Z	Z	Z							
400	82% (14/ 17)			X			W	X		6			1/	W			X	X	X			X	X	5		
1390	82% (18/ 22)							Z	Z	Z	Z		1/				1/		1						4	
2431	82% (18/ 22)			Y	Y					Y	Y		1/				1/G		1						4	
2712	82% (9/ 11)				1/F		Z	Z	Z	Z	1	Z	Z	Z	Z	Z	Z	Z	Z	Z						Z
43	81% (21/ 26)									1	1		1/				1/		1							
76	81% (21/ 26)						4				1		1/						1					3		
82	81% (21/ 26)									1	1		1/				1/		1							
88	81% (21/ 26)												4	3			1/		1					3		
90	81% (21/ 26)									1	1	10					1/		1							
105	81% (21/ 26)									1	1		1/				1/		1							

020 26 TS + 1 SL + 52 MT

TESTSTELLE UEBEREINST. ZEUGEN BEZEUGTE VARIANTE			102 478 1/
62	100%	(9/ 9)	
506	100%	(6/ 6)	Z
916	100%	(4/ 4)	Z
1730	100%	(8/ 8)	
1738	100%	(6/ 6)	
1745	100%	(5/ 5)	
1846	100%	(6/ 6)	
1858	100%	(6/ 6)	
1899	100%	(5/ 5)	
2175	100%	(5/ 5)	Z
2627	100%	(4/ 4)	Z
2777	100%	(6/ 6)	
014	91%	(20/ 22)	Z
624	91%	(10/ 11)	
642	90%	(19/ 21)	
218	88%	(23/ 26)	
1626	88%	(23/ 26)	
2191	88%	(23/ 26)	
2508	88%	(23/ 26)	
603	88%	(22/ 25)	
2484	88%	(22/ 25)	
314	88%	(7/ 8)	
P45	86%	(6/ 7)	Z
81	86%	(18/ 21)	
2626	86%	(6/ 7)	
025	85%	(22/ 26)	
049	85%	(22/ 26)	
1	85%	(22/ 26)	
93	85%	(22/ 26)	
203	85%	(22/ 26)	
312	85%	(22/ 26)	
337	85%	(22/ 26)	
456	85%	(22/ 26)	

020 26 TS + 1 SL + 52 MT

TESTSTELLE UEBEREINST. ZEUGEN BEZEUGTE VARIANTE			102 478 1/
618	85%	(22/ 26)	
699	85%	(22/ 26)	
917	85%	(22/ 26)	
996	85%	(22/ 26)	
1241	85%	(22/ 26)	
1398	85%	(22/ 26)	
1646	85%	(22/ 26)	
1668	85%	(22/ 26)	
1673	85%	(22/ 26)	
1854	85%	(22/ 26)	
1896	85%	(22/ 26)	
2131	85%	(22/ 26)	
2423	85%	(22/ 26)	
2492	85%	(22/ 26)	
2705	85%	(22/ 26)	
424	84%	(21/ 25)	
491	84%	(21/ 25)	
921	84%	(21/ 25)	
1597	84%	(21/ 25)	
1721	84%	(21/ 25)	
1723	84%	(21/ 25)	
2004	83%	(10/ 12)	
319	83%	(19/ 23)	
400	82%	(14/ 17)	
1390	82%	(18/ 22)	
2431	82%	(18/ 22)	
2712	82%	(9/ 11)	Z
43	81%	(21/ 26)	
76	81%	(21/ 26)	
82	81%	(21/ 26)	
88	81%	(21/ 26)	
90	81%	(21/ 26)	
105	81%	(21/ 26)	

025 29 TS + 1 SL + 69 M⁻

TESTSTELLE UEBEREINST. ZEUGEN BEZEUGTE VARIANTE	10 392 1/	11 351 1/	18 355 1/	20 441 1/	28 416 1/	29 439 1/	32 51 2	35 452 1/	36 339 1/	41 467 1/	42 283 1/	44 451 1/	45 473 1/	48 452 1/	52 452 1/	53 338 1/	55 422 1/	56 459 1/	65 71 1/F	66 365 1/	73 2 3	76 467 1/	84 402 1/	87 476 1/	88 471 1/
P8 100% (1/ 1)	Z	Z		Z	Z	Z	Z	Z	Z	Z	Z	Z	Z	Z	Z	Z	Z	Z	Z	Z	Z	Z	Z	Z	Z
P33 100% (1/ 1)	Z	Z	Z	Z	Z	Z	Z	Z	Z	Z	Z	Z	Z	Z		Z	Z	Z	Z	Z	Z	Z	Z	Z	Z
314 100% (7/ 7)	Z	Z	Z	Z	Z	Z	Z	Z	Z					Z	Z	Z	Z	Z	Z	Z	Z	Z	Z	Z	Z
1101 100% (4/ 4)					Z	Z	Z	Z	Z	Z	Z	Z	Z	Z	Z	Z	Z	Z	Z	Z	Z	Z	Z	Z	Z
1738 100% (6/ 6)	Z	Z	Z	Z	Z	Z	Z	Z	Z	Z	Z	Z	Z	Z	Z	Z	Z	Z	Z	Z	Z	Z	Z		
1745 100% (5/ 5)	Z	Z	Z	Z	Z	Z	Z	Z	Z	Z	Z	Z	Z	Z	Z	Z	Z	Z	Z	Z	Z	Z	Z		
1846 100% (6/ 6)	Z	Z	Z	Z	Z	Z	Z	Z	Z	Z	Z	Z	Z	Z	Z	Z	Z	Z	Z	Z	Z	Z			
1858 100% (6/ 6)	Z	Z	Z	Z	Z	Z	Z	Z	Z	Z	Z	Z	Z	Z	Z	Z	Z	Z	Z	Z	Z	Z	Z		
1899 100% (5/ 5)	Z	Z	Z	Z	Z	Z	Z	Z	Z	Z	Z	Z	Z	Z	Z	Z	Z	Z	Z	Z	Z	Z			
2778 100% (5/ 5)	Z	Z	Z	Z	Z	Z	Z	Z	Z	Z	Z	Z	Z						Z	Z	Z	Z	Z	Z	Z
642 96% (22/ 23)	Z	Z									Z								Z	Z	1		Z		
1526 95% (18/ 19)	Z	Z					Z														1		Z	Z	Z
1 93% (27/ 29)							1														1				
93 93% (27/ 29)							1														1				
175 93% (27/ 29)																			1/		1				
404 93% (27/ 29)																			1/		1				
424 93% (27/ 29)																			1/		1				
917 93% (27/ 29)																			1/		1D				
1626 93% (27/ 29)							1														1				
1668 93% (27/ 29)							3														1				
2484 93% (25/ 27)			Z	Z			3														1				
1723 92% (24/ 26)	Z	Z					1				X										1				
2716 91% (20/ 22)	Z	Z	Z	Z			Z	Z											1/H		1				
62 90% (9/ 10)	Z	Z	Z	Z			1					Z	Z	Z	Z	Z	Z	Z	Z	Z	Z	Z	Z	Z	Z
172 90% (18/ 20)	Z	Z				Z	Z	Z		Z	Z								1/		1		Z		
2175 90% (9/ 10)							1				Z	Z	Z	Z	Z	Z	Z	Z	Z	Z	Z	Z	Z	Z	Z
049 90% (26/ 29)							1		1/F												1				
82 90% (26/ 29)							3												1/		1				
105 90% (26/ 29)							1												1/		1				
122 90% (26/ 29)							1			1/D											1				
149 90% (26/ 29)							1												1/		1				
201 90% (26/ 29)							1												1/		1				
203 90% (26/ 29)							1												1/		1				

025 29 TS + 1 SL + 69 MT

TESTSTELLE	10	11	18	20	28	29	32	35	36	41	42	44	45	48	52	53	55	56	65	66	73	76	84	87	88
UEBEREINST. ZEUGEN	392	351	355	441	416	439	51	452	339	467	283	451	473	452	452	338	422	459	71	365	2	467	402	476	471
BEZEUGTE VARIANTE	1/	1/	1/	1/	1/	1/	2	1/	1/	1/	1/	1/	1/	1/	1/	1/	1/	1/	1/F	1/	3	1/	1/	1/	1/
218 90% (26/ 29)		1/C					1														11B				
221 90% (26/ 29)							3												5		1				
226 90% (26/ 29)							1														1				
312 90% (26/ 29)							1												5		1				
462 90% (26/ 29)							3												1/		1				
479 90% (26/ 29)							1												1/		1				
625 90% (26/ 29)							1												1/		1				
824 90% (26/ 29)							1												1/		1				
919 90% (26/ 29)							3													4	1				
1022 90% (26/ 29)							1												1/		1				
1040 90% (26/ 29)							1												1/		1				
1072 90% (26/ 29)							1												1/		1				
1073 90% (26/ 29)							1												1/		1				
1075 90% (26/ 29)							1												1/		1				
1107 90% (26/ 29)							1												1/		1				
1149 90% (26/ 29)							1		1/K												1				
1241 90% (26/ 29)							1												1/		1				
1248 90% (26/ 29)							1												1/		1				
1398 90% (26/ 29)		3					1														1				
1400 90% (26/ 29)							1				6										1				
1503 90% (26/ 29)							1												1/		1				
1617 90% (26/ 29)							1												1/		1				
1619 90% (26/ 29)							1												1/		1				
1628 90% (26/ 29)							1												1/		1				
1636 90% (26/ 29)							1												1/		1				
1637 90% (26/ 29)							1												1/		1				
1646 90% (26/ 29)		1/B																	1/		1D				
1656 90% (26/ 29)							1												1/		1				
1673 90% (26/ 29)		1/0					1														1				
1720 90% (26/ 29)							1												1/		1D				
1740 90% (26/ 29)							1												1/		1				
1746 90% (26/ 29)							1												1/		1				
1828 90% (26/ 29)							1												1/		1D				

025 29 TS + 1 SL + 69 MT

TESTSTELLE	91	97	100	102
UEBEREINST. ZEUGEN	279	422	470	478
BEZEUGTE VARIANTE	1/	1/	1/	1/
P8 100% (1/ 1)	Z	Z	Z	Z
P33 100% (1/ 1)	Z	Z	Z	Z
314 100% (7/ 7)	Z			
1101 100% (4/ 4)	Z	Z	Z	Z
1738 100% (6/ 6)				
1745 100% (5/ 5)		Z		
1846 100% (6/ 6)	X			
1858 100% (6/ 6)				
1899 100% (5/ 5)		Z	Z	
2778 100% (5/ 5)	Z	Z	Z	Z
642 96% (22/ 23)				
1526 95% (18/ 19)	Z	Z	Z	Z
1 93% (27/ 29)				
93 93% (27/ 29)				
175 93% (27/ 29)				
404 93% (27/ 29)				
424 93% (27/ 29)				
917 93% (27/ 29)				
1626 93% (27/ 29)				
1668 93% (27/ 29)				
2484 93% (25/ 27)				
1723 92% (24/ 26)				
2716 91% (20/ 22)			Z	
62 90% (9/ 10)	Z			
172 90% (18/ 20)	Z			
2175 90% (9/ 10)	Z	Z	Z	Z
049 90% (26/ 29)				
82 90% (26/ 29)				
105 90% (26/ 29)				
122 90% (26/ 29)				
149 90% (26/ 29)				
201 90% (26/ 29)				
203 90% (26/ 29)				

025 29 TS + 1 SL + 69 MT

TESTSTELLE	91	97	100	102
UEBEREINST. ZEUGEN	279	422	470	478
BEZEUGTE VARIANTE	1/	1/	1/	1/
218 90% (26/ 29)				
221 90% (26/ 29)				
226 90% (26/ 29)	13B			
312 90% (26/ 29)				
462 90% (26/ 29)				
479 90% (26/ 29)				
625 90% (26/ 29)				
824 90% (26/ 29)				
919 90% (26/ 29)				
1022 90% (26/ 29)				
1040 90% (26/ 29)				
1072 90% (26/ 29)				
1073 90% (26/ 29)				
1075 90% (26/ 29)				
1107 90% (26/ 29)				
1149 90% (26/ 29)				
1241 90% (26/ 29)				
1248 90% (26/ 29)				
1398 90% (26/ 29)				
1400 90% (26/ 29)				
1503 90% (26/ 29)				
1617 90% (26/ 29)				
1619 90% (26/ 29)				
1628 90% (26/ 29)				
1636 90% (26/ 29)				
1637 90% (26/ 29)				
1646 90% (26/ 29)				
1656 90% (26/ 29)				
1673 90% (26/ 29)				
1720 90% (26/ 29)				
1740 90% (26/ 29)				
1746 90% (26/ 29)				
1828 90% (26/ 29)				

044 56 TS + 7 SL + 41 MT

TESTSTELLE	2	5	7	10	11	15	17	18	20	24	28	29	33	35	36	41	42	45	46	47	48	50	52	53	54
UEBEREINST. ZEUGEN	16	6	17	4	351	24	23	355	441	17	416	439	12	452	339	467	53	473	76	92	452	17	452	338	1
BEZEUGTE VARIANTE	2	3	5	4	1/	3	2	1/	1/	2	1/	1/	8	1/	1/	1/	4	1/	2	2	1/	2	1/	1/	3
P8 100% (1/ 1)	Z	Z	Z	Z	Z	Z	Z		Z	Z	Z	Z	Z	Z	Z	Z	Z	Z	Z	Z	Z	Z	Z	Z	Z
P33 100% (1/ 1)	Z	Z	Z	Z	Z	Z	Z	Z	Z	Z	Z	Z	Z	Z	Z	Z	Z	Z	Z	Z	Z	Z		Z	Z
2627 80% (4/ 5)	Z	Z	Z	Z	Z	Z	Z	Z	Z	Z			1			Z	Z	Z	Z	Z	Z	Z	Z	Z	Z
P45 70% (7/ 10)	Z	Z	Z	Z	Z	Z	Z	Y	Y				9		Z		Z		Z	Z	Z	Z	Z	Z	Z
P74 70% (37/ 53)		2	X	3	1/I	2		Z					2	3			3					3			
2718 65% (26/ 40)	1	1	1	1/		1	1			1			1										4	3	1
2464 64% (14/ 22)	Z	Z	Z	Z	Z	Z	Z	Z	Z	Z	Z	Z	Z	Z	Z	Z	Z	Z	Z	Z	Z	Z	Z	Z	Z
81 63% (25/ 40)		2	2	14	1/L	2	Z	Z	Z	Z			1	3			1/								1
623 63% (30/ 48)	Z	Z	Z	Z	Z	Z	Z	Z		1												1		3	4
2778 63% (5/ 8)	Z	Z	Z	Z	Z	Z	Z	Z	Z	Z	Z	Z	Z	Z	Z	Z	Z	Z	Z	Z		1D			1
2138 62% (34/ 55)	1	Z		1/			1			1					1/B					1		1			1
2805 61% (33/ 54)	1	1	1		10			4	Z		6	6	1									1		3	4
2344 61% (34/ 56)	1	5	1	11		4				1			1				3							3	4
02 59% (33/ 56)		2	2	3		2		5					2	3			3					3			2
03 59% (33/ 56)		2	2	1/		2		3					2	4			1/						4		7
1739 59% (33/ 56)	1	1	16	1/				4		1B	3D	5	1				5					2C		3	1
01 57% (32/ 56)		2	2	3		2		5					2	3			1/				3		4		4
1890 57% (29/ 51)	1	Z	Z	Z	Z	8	1C			1										1		1			1
33 57% (26/ 46)	1	5	4	11		X		X		X		X	2		X		3		X					3	4
441 57% (26/ 46)	Z	Z	Z	Z	Z	Z	Z	Z	Z	Z			1									6	3	3	1
04 56% (19/ 34)		2	2	3	5	2	Z	Z	Z				1	3B		Z	Z						1/D	4	4
08 55% (29/ 53)		1	15	11		5		4		1	5		2				6			4	6	1			1
506 55% (6/ 11)	Z	Z	Z	Z	Z	Z	Z	Z	Z	Z			1	Z	Z	Z	Z	Z	Z	Z		Z	Z	Z	1
62 54% (7/ 13)	Z	Z	Z	Z	Z	Z	Z	Z	Z	Z			1				1/	Z	Z	Z	Z	Z	Z	Z	Z
436 54% (30/ 56)	1	1	1	1/	1/L	1	1	4		1			1									1		4C	1
945 54% (30/ 56)	1	1	1	1/			11	4		1B	3D	5	1				5					19		8C	1
1505 54% (30/ 56)	1	1	1	1/		1	1C			1			5		1/D		1/		1						1
1526 53% (17/ 32)	1	Z	Z	Z	Z	Z	1			1			Z				1/		1	1		1			1
1611 53% (29/ 55)	1	1		1/			Z			1			1							1		1		3B	1
181 52% (29/ 56)	1	1	4	11	11	1	1			1			2	3	3					1		10		3G	6
621 52% (29/ 56)	1	1	1	1/	1/O	1	1		1/B	1												1	3	3B	8
1175 52% (29/ 56)		2	2	3	1/D	2		5					2	3			6						4	3	1
2495 52% (29/ 56)	1	1	1	7B		4B	1C	4		1			5		1/D		1/		1						1

044 | 56 TS + 7 SL + 41 MT

TESTSTELLE		2	5	7	10	11	15	17	18	20	24	28	29	33	35	36	41	42	45	46	47	48	50	52	53	54
UEBEREINST. ZEUGEN		16	6	17	4	351	24	23	355	441	17	416	439	12	452	339	467	53	473	76	92	452	17	452	338	1
BEZEUGTE VARIANTE		2	3	5	4	1/	3	2	1/	1/	2	1/	1/	8	1/	1/	1/	4	1/	2	2	1/	2	1/	1/	3
307	50% (28/ 56)	1	1	13	6		2		5B		1	3E	5	1	3	1/F							2C		3	5
431	50% (28/ 56)	1	1	1	1/		1	1C			1			2	3								2C		3	5
630	50% (27/ 54)	1	1	1	1/			Z	Z		1B	3D		1		1/F		6					2C		8	1
1162	50% (28/ 56)	1	5	1	1/	1/L	1	1	4		1												1		3	4
1409	50% (27/ 54)		2	1	11		1		5					1		1/K		1/		3			13B	3	3	1
1852	50% (22/ 44)	Z	Z	Z	Z	Z	Z	Z	Z	Z	Z	Z	Z	1				1/		3	1		1			1
1884	50% (26/ 52)		1	15	11		4	2B	6B		1	5		2				6			4B	U	1			1
1891	50% (28/ 56)	1	1	16	1/				4		1B	3D	5	1		1/F		5					2C		3	1
2175	50% (8/ 16)	1	1	1	1/		1	1			1			1				Z	Z	Z	Z	Z	Z	Z	Z	Z
2201	50% (25/ 50)	1	1	Z	Z	Z	Z	Z	Z		1					1/F		1/			1		1		3	1
2374	50% (28/ 56)	1	1	1	1/		6	1C			1			1						3	2B				3	1
619	48% (27/ 56)	1	1	1	1/	1/L	1	1			1			1									1		3	4
1678	48% (27/ 56)	1	1	10	6		2	8	5B		1	3D	5	1	3	1/F							2C		3	5
2818	48% (27/ 56)	1	1	13	6		2		5B		1	3E	5	3	3	1/F							2C		3	5
180	48% (26/ 54)	1	1	11	6		2	1	5B		1	3E	5	1	3	1/F									3	5
1875	48% (24/ 50)	1	X	X	X	X	1	1			1	Z	Z	2	3	3		6			1		4		3G	2
1893	48% (21/ 44)	1	1	1	1/		X	1			1			Z	Z	Z						Z	1		3	1
2303	48% (10/ 21)	Z	Z	Z	Z	Z	Z	Z	Z	Z	Z			1						1	1		1		Z	Z
2746	48% (19/ 40)	Z	Z	Z	Z	Z	Z	Z	Z	Z	Z			1				Z	Z	Z	Z	Z	Z		3	1
323	47% (26/ 55)	1	1	18	Z		1		4		1	3C	5	1				6							3	1
610	47% (25/ 53)	1	1	13	6		2		5B		1	3E	5	Z	3	1/F							2C		3	5
1867	47% (22/ 47)	Z	Z	Z	Z	Z	Z	Z			1			1				1/		1	1		1			1
916	47% (7/ 15)	1	1	1	1/		1	1			1			1			Z	Z	Z	Z	Z	Z	Z	Z	Z	Z
5	46% (26/ 56)	1	1	1	1/		4	1			1					1/D		1/		3			1		3	1
76	46% (26/ 56)	1	1	1	8		7	1			1			1						3	1		1			1
218	46% (26/ 56)	1	1	1	1/	1/C	1	1			1B			1				1/		1						1
322	46% (26/ 56)	1	1	17	1/		1		4		1	8	5	1				6							3F	1
467	46% (26/ 56)			5B				13	4		1B	6B	5	6				1/					1		3	1
1704	46% (26/ 56)	1	1	1	1/		5	11	4		1B	3D	5	1				5					19		8	1
1718	46% (26/ 56)	1	1		1/			12B			1B			1		1/K		1/		1						1
1827	45% (25/ 55)	Z	1	1	1/	1/B	4				1			3							1		1		3	1
2200	45% (24/ 53)	1	1	1	1/			1C	4		1B	3D		1		1/F		5		1			2C		8	1
1723	45% (22/ 49)	Z	Z	Z	Z	Z	Z	1			1			1				X		1	1		1			1

044 56 TS + 7 SL + 41 MT

TESTSTELLE	55	56	57	62	64	65	66	68	69	76	77	78	80	83	84	85	86	87	88	89	90	91	92	94	95
UEBEREINST. ZEUGEN	422	459	104	28	38	71	365	20	6	467	181	67	20	46	402	20	85	476	471	14	71	46	99	2	68
BEZEUGTE VARIANTE	1/	1/	2	2	2	1/F	1/	3	3B	1/	2	2	3	2	1/	2	3	1/	1/	2	2	3	2	4	3
P8 100% (1/ 1)	Z	Z	Z	Z	Z	Z	Z	Z	Z	Z	Z	Z	Z	Z	Z	Z	Z	Z	Z	Z	Z	Z	Z	Z	Z
P33 100% (1/ 1)	Z	Z	Z	Z	Z	Z	Z	Z	Z	Z	Z	Z	Z	Z	Z	Z	Z	Z	Z	Z	Z	Z	Z	Z	Z
2627 80% (4/ 5)	Z	Z	Z	Z	Z	Z	Z	Z	Z	Z	Z	Z	Z	Z	Z	Z	Z	Z	Z	Z	Z	Z	Z	Z	Z
P45 70% (7/ 10)	3		1	Z	Z	Z	Z	Z	Z	Z	Z	Z	Z	Z	Z	Z	Z	Z	Z	Z	Z	Z	Z	Z	Z
P74 70% (37/ 53)						1/		4	3				2				2B					1/		2	Z
2718 65% (26/ 40)							6		2C	Z	Z	Z	Z	Z	Z	Z	Z	Z	Z	Z	Z	Z	Z	Z	Z
2464 64% (14/ 22)	Z	Z	Z	Z	Z	Z	Z	Z	Z			1	6		4		3C					4B		2	2
81 63% (25/ 40)				Z	Z	Z	Z	Z	Z	Z	Z	Z	Z	Z	Z		2B			14		1/		2D	2
623 63% (30/ 48)								4	1			1	7	1	4		2			1				1	2
2778 63% (5/ 8)			1	Z	Z	Z	Z	Z	Z	Z	Z	Z	Z	Z	Z	Z	Z	Z	Z	Z	Z	Z	Z	Z	Z
2138 62% (34/ 55)	1/B	1/D						17	1						4	1				14		8		3	
2805 61% (33/ 54)					1			4B	1B			1	4			1				3					
2344 61% (34/ 56)						1/E		4	3				2		3		2			11		3G	1	2	2
02 59% (33/ 56)	4					1/		4	3				2		3		2B			14		1/	1	2	2
03 59% (33/ 56)	1/B					1/		2	3		2B		2		4		2B					1/		2	2
1739 59% (33/ 56)				1		1/			2			1	6B		3					14				2	2
01 57% (32/ 56)	1/B					1/K		4	3			3	2		3		2			14		1/		2	2
1890 57% (29/ 51)	1/B	1/D					6	17	1				1		4	1	Z			14		8		3B	
33 57% (26/ 46)	X	X				1/D	1/C	4	3				2	X	3		2			10			1	2	2
441 57% (26/ 46)				1		1/K	8	2	1			1	1			1				14		5D	1	2C	
04 56% (19/ 34)			Z	Z	Z	Z	Z	Z	Z						3		Z	Z	Z	Z	Z	Z	Z	2	2
08 55% (29/ 53)			1		1		3	4				1			3		2B			14		4		2	2
506 55% (6/ 11)			1	Z	Z	Z	Z	Z	Z	Z	Z	Z	Z	1		1	Z	Z	Z	Z	Z	Z	Z	Z	Z
62 54% (7/ 13)	Z	Z	Z	Z	Z	Z	Z	Z	Z	Z	Z	Z	Z	Z	Z	Z	Z	Z	Z	Z	Z	Z	Z	Z	Z
436 54% (30/ 56)						1/		4	1				1		4	1				14				11	2
945 54% (30/ 56)				1		1/			3			1B	6B		3					5				2	2
1505 54% (30/ 56)	1/B	1/D				1/	6	17	1						4	1				14		8		3	
1526 53% (17/ 32)			1	1	1			1	1			1	1	Z	Z	Z	Z	Z	Z	Z	Z	Z	Z	Z	Z
1611 53% (29/ 55)		1/D				1/		17	1			1		1	4	1				13		8		1	
181 52% (29/ 56)	5					1/		12				1			1/C		2			14		12		2	2
621 52% (29/ 56)				1		1/	8	2	1			1	1			1				14		5		2C	
1175 52% (29/ 56)			2C	1		1/	1/B	2	3			3	2							14		1/	1	2	2
2495 52% (29/ 56)	1/B	1/D					6	17	1						4	1				14		8	1	3	

044 56 TS + 7 SL + 41 MT

TESTSTELLE	55	56	57	62	64	65	66	68	69	76	77	78	80	83	84	85	86	87	88	89	90	91	92	94	95
UEBEREINST. ZEUGEN	422	459	104	28	38	71	365	20	6	467	181	67	20	46	402	20	85	476	471	14	71	46	99	2	68
BEZEUGTE VARIANTE	1/	1/	2	2	2	1/F	1/	3	3B	1/	2	2	3	2	1/	2	3	1/	1/	2	2	3	2	4	3
307 50% (28/ 56)				1		1/	1/B	2	2C						4	1								1	
431 50% (28/ 56)				1		1/	1/B	2	2C			1	1		4	1						14		1	
630 50% (27/ 54)				1	1	1/			2C			1	6		3	1	1B			3				2	2
1162 50% (28/ 56)				1	1	1/		15	1					1			1			1		1/	1	1	1
1409 50% (27/ 54)			Z	Z	1			4				1	2			1				8	1	4		1	2
1852 50% (22/ 44)			1	1	1	1/		1	1		1		1	1		1	1			14		5		3	
1884 50% (26/ 52)			1		1	6	3	4	2C			1			3		2B			14		4		2B	2
1891 50% (28/ 56)				1		1/			2			1	6		3	1	2			14				2	2
2175 50% (8/ 16)	Z	Z	Z	Z	Z	Z	Z	Z	Z	Z	Z	Z	Z	Z	Z	Z	Z	Z	Z	Z	Z	Z	Z	Z	Z
2201 50% (25/ 50)				1	1	1/		1	1				1	1		1				1		5		1	1
2374 50% (28/ 56)				1	1	3		4	1B		1B	1	1	1		1					1		1		2
619 48% (27/ 56)				1	1	1/		15	1				3B	1			1			1		1/	1	1	1
1678 48% (27/ 56)				1		1/	1/B	2	2C				1		4	1								1	
2818 48% (27/ 56)				1		1/	1/B	2	2C				1		4	1								1	
180 48% (26/ 54)				1		1/			2C		Z	Z	1			1				9		4		1	
1875 48% (24/ 50)	5						7	12				1	1		1/C		2			14		12		2	Z
1893 48% (21/ 44)				1	Z	Z	Z	Z	Z			1	1	1	Z	Z	1B			1		1/	1	1C	1
2303 48% (10/ 21)	Z	Z	Z	Z	Z	Z	Z	Z	Z	Z	Z	Z	Z	Z	Z	Z	Z	Z	Z	Z	Z	Z	1	1	1
2746 48% (19/ 40)				1	1			1	1			1	1	1		1	1B			1	1		1	1	1
323 47% (26/ 55)				1	1	1/C		1	1			1	6	1		1	1			1		5		1	4
610 47% (25/ 53)				1		1/	1/B	2	2C		Z	1	Z		4	1								1	
1867 47% (22/ 47)			1	1	1	1/		1	1		1	1	1	1		1				1E	5		1	Z	Z
916 47% (7/ 15)	Z	Z	Z	Z	Z	Z	Z	Z	Z	Z	Z	Z	Z	Z	Z	Z	Z	Z	Z	Z	Z	Z	Z	Z	Z
5 46% (26/ 56)				1	1	1/		4	1			1	7	1		1	5			1				1	2
76 46% (26/ 56)				1	1			1	1			1	1	1		1	1B			1	1		1	1	1
218 46% (26/ 56)			1	1				7	1			1	1	1		1	1			1	1	1/		1	2
322 46% (26/ 56)				1	1	1/C		1	1			1	6	1		1	1			1		5		1	4
467 46% (26/ 56)				1	1	1/		7	1		1B	1	1	1		1	4			1		4I	1	1	
1704 46% (26/ 56)			2B	1		1/			3			1B	6B		3	1				5	4			2	2
1718 46% (26/ 56)			1	1		1/	1/G	7	1		1B		1	1		1	1			1	1	1/		1	2
1827 45% (25/ 55)				1	1	1/		7	1			1	1D	1		1	1			1		1/	1	1C	1
2200 45% (24/ 53)				1	1	1/			2	Z	Z	Z	6		3	1	1			14				2	2
1723 45% (22/ 49)			1	1	1			2	1			1	1	1		1	1B			1	1	1/	1	1	1

044 56 TS + 7 SL + 41 MT

TESTSTELLE UEBEREINST. ZEUGEN BEZEUGTE VARIANTE	96 35 2	97 422 1/	100 470 1/	102 2 4	103 21 2	104 22 2
P8 100% (1/ 1)	Z	Z	Z	Z	Z	Z
P33 100% (1/ 1)	Z	Z	Z	Z	Z	Z
2627 80% (4/ 5)	Z	Z	Z	Z	Z	Z
P45 70% (7/ 10)	Z	Z	Z	Z	Z	Z
P74 70% (37/ 53)				1/		
2718 65% (26/ 40)				1/		
2464 64% (14/ 22)			3			
81 63% (25/ 40)				1/		
623 63% (30/ 48)	1			3	3B	1
2778 63% (5/ 8)	Z	Z	Z	Z	Z	Z
2138 62% (34/ 55)		3	4	1/		1B
2805 61% (33/ 54)	1			Z	1L	1C
2344 61% (34/ 56)				1/		
02 59% (33/ 56)				3		
03 59% (33/ 56)		4		3		
1739 59% (33/ 56)				1/		
01 57% (32/ 56)				3		
1890 57% (29/ 51)		3	4	1/		1
33 57% (26/ 46)				1/	X	
441 57% (26/ 46)	1			1/	3D	
04 56% (19/ 34)		3	Z	1/	Z	Z
08 55% (29/ 53)			Z	Z	Z	
506 55% (6/ 11)	Z	Z	Z	Z	Z	Z
62 54% (7/ 13)	1B			1/	1L	1H
436 54% (30/ 56)	1			1/	1	1
945 54% (30/ 56)				1/	1	1E
1505 54% (30/ 56)		3		1/		1E
1526 53% (17/ 32)	Z	Z	Z	Z	Z	Z
1611 53% (29/ 55)	1	3	4	1/	3	1
181 52% (29/ 56)		4		1/		
621 52% (29/ 56)	1			1/	3C	
1175 52% (29/ 56)		1/B		1/		
2495 52% (29/ 56)		3		1/		1D

044 56 TS + 7 SL + 41 MT

TESTSTELLE UEBEREINST. ZEUGEN BEZEUGTE VARIANTE	96 35 2	97 422 1/	100 470 1/	102 2 4	103 21 2	104 22 2
307 50% (28/ 56)	1	3		1/	1	1
431 50% (28/ 56)	1	3		1/	1	1
630 50% (27/ 54)				1/	1	1
1162 50% (28/ 56)	1			1/	1N	1
1409 50% (27/ 54)	1			1/	1	1
1852 50% (22/ 44)				1/		1
1884 50% (26/ 52)			Z	Z	Z	
1891 50% (28/ 56)				1/	1L	1
2175 50% (8/ 16)	Z	Z	Z	Z	Z	Z
2201 50% (25/ 50)	1			1/	1	1
2374 50% (28/ 56)	1			1/		1
619 48% (27/ 56)	1			1/	1	1
1678 48% (27/ 56)	1	3			1	1
2818 48% (27/ 56)	1	3		1/	1	1
180 48% (26/ 54)	1	3		1/	1	1
1875 48% (24/ 50)				1/	3B	1M
1893 48% (21/ 44)	1			1/	1	1
2303 48% (10/ 21)	1		Z	1/	1	1
2746 48% (19/ 40)	1			1/	1	1
323 47% (26/ 55)				1/	1	1
610 47% (25/ 53)	1	3		1/	1	1
1867 47% (22/ 47)	1			1/	1	1
916 47% (7/ 15)	Z	Z	Z	Z	Z	Z
5 46% (26/ 56)	1			1/	3E	1
76 46% (26/ 56)	1			1/	3	1
218 46% (26/ 56)	1			1/	1	1
322 46% (26/ 56)				1/	1	1
467 46% (26/ 56)	1			1/	1L	1
1704 46% (26/ 56)				1/	1	1
1718 46% (26/ 56)	1			1/	1	1
1827 45% (25/ 55)	1			1/	1	1
2200 45% (24/ 53)				1/	1	1
1723 45% (22/ 49)	1			1/	1	1

048		4 TS + 0 SL + 0 MT			
TESTSTELLE		98	99	103	104
UEBEREINST. ZEUGEN		40	16	21	22
BEZEUGTE VARIANTE		2	2	2	2
P74	100% (4/ 4)				
01	100% (4/ 4)				
02	100% (4/ 4)				
03	100% (4/ 4)				
04	100% (1/ 1)		Z	Z	Z
81	100% (4/ 4)				
181	100% (4/ 4)				
1175	75% (3/ 4)	2C			
1243	75% (3/ 4)	2C			
1739	75% (3/ 4)		1		
33	67% (2/ 3)	7		X	
1884	67% (2/ 3)		1	Z	
044	50% (2/ 4)	1	1		
43	50% (2/ 4)	1	1		
93	50% (2/ 4)			1S	1
633	50% (2/ 4)			1	1
665	50% (2/ 4)			1	1
1852	50% (2/ 4)	1			1
1875	50% (2/ 4)			3B	1M
2344	50% (2/ 4)	7	1		
2464	50% (2/ 4)	2C	1		
2718	50% (2/ 4)	2C	1		
08	33% (1/ 3)	2C	1	Z	
104	25% (1/ 4)		1	1	3D
110	25% (1/ 4)		1	1L	1
180	25% (1/ 4)		1	1	1
218	25% (1/ 4)		1	1	1
228	25% (1/ 4)		1	1	1
307	25% (1/ 4)		1	1	1
436	25% (1/ 4)		1	1	1
441	25% (1/ 4)	2C	1	3D	
453	25% (1/ 4)		1	1	1
459	25% (1/ 4)		1	1	3G

048		4 TS + 0 SL + 0 MT			
TESTSTELLE		98	99	103	104
UEBEREINST. ZEUGEN		40	16	21	22
BEZEUGTE VARIANTE		2	2	2	2
491	25% (1/ 4)	1		1L	1
610	25% (1/ 4)		1	1	1
621	25% (1/ 4)	2C	1	3C	
629	25% (1/ 4)	3	1	2B	
630	25% (1/ 4)		1	1	1
945	25% (1/ 4)		1	1	1E
996	25% (1/ 4)		1	1K	3D
1094	25% (1/ 4)	2C		1C	1
1359	25% (1/ 4)		1	1	1
1505	25% (1/ 4)	1	1		1E
1563	25% (1/ 4)		1	1	1
1678	25% (1/ 4)		1	1	1
1704	25% (1/ 4)		1	1	1
1718	25% (1/ 4)		1	1	1
1751	25% (1/ 4)		1	1B	1
1838	25% (1/ 4)		1	1	1
1842	25% (1/ 4)	2C	1	3B	
1890	25% (1/ 4)	1	1		1
1891	25% (1/ 4)		1	1L	1
2138	25% (1/ 4)	1	1		1B
2200	25% (1/ 4)		1	1	1
2298	25% (1/ 4)		1	3B	1
2374	25% (1/ 4)	2C	1		1
2495	25% (1/ 4)	1	1		1D
2502	25% (1/ 4)		1	1	1
2541	25% (1/ 4)		1	1	1
2818	25% (1/ 4)		1	1	1
P8	0% (0/ 0)	Z	Z	Z	Z
P29	0% (0/ 0)	Z	Z	Z	Z
P33	0% (0/ 0)	Z	Z	Z	Z
P38	0% (0/ 0)	Z	Z	Z	Z
P41	0% (0/ 0)	Z	Z	Z	Z
P45	0% (0/ 0)	Z	Z	Z	Z

TESTSTELLE	10	11	18	20	28	29	30	35	36	41	42	44	45	46	48	52	53	55	56	65	66	76	78	81	84
UEBEREINST. ZEUGEN	392	351	355	441	416	439	21	452	38	467	283	451	473	101	452	452	338	422	459	71	365	467	67	49	402
BEZEUGTE VARIANTE	1/	1/	1/	1/	1/	1/	5	1/	1/F	1/	1/	1/	1/	3	1/	1/	1/	1/	1/	1/F	1/	1/	2	2	1/
P8 100% (1/ 1)	Z	Z		Z	Z	Z	Z	Z	Z	Z	Z	Z	Z	Z	Z	Z	Z	Z	Z	Z	Z	Z	Z	Z	Z
P33 100% (1/ 1)	Z	Z	Z	Z	Z	Z	Z	Z	Z	Z	Z	Z	Z	Z	Z		Z	Z	Z	Z	Z	Z	Z	Z	Z
P41 100% (1/ 1)	Z	Z	Z	Z	Z	Z	Z	Z	Z	Z	Z	Z	Z	Z	Z	Z	Z	Z	Z	Z	X		Z	Z	Z
1101 100% (4/ 4)					Z	Z	Z	Z	Z	Z	Z	Z	Z	Z	Z	Z	Z	Z	Z	Z	Z	Z	Z	Z	Z
2778 100% (5/ 5)	Z	Z	Z	Z	Z	Z	Z	Z	Z	Z	Z	Z	Z	Z						Z	Z	Z	Z	Z	Z
014 88% (23/ 26)	Z	Z	Z	Z			1	Z						Z		3									
1626 88% (29/ 33)							1		1/																
2712 88% (14/ 16)							1				Z	Z	Z	Z	Z	Z	Z	Z	Z	Z	Z	Z	Z	Z	
P45 86% (6/ 7)	Z	Z	Y	Y			Z		Z		Z	Z		Z	Z	Z	Z	3		Z	Z	Z	Z	Z	Z
921 84% (26/ 31)			Z				1									3				1/					
1390 83% (25/ 30)							1D		1/			Z	Z	Z						1/					
1745 83% (5/ 6)	Z	Z	Z	Z	Z	Z	Z	Z	Z	Z	Z	Z	Z	Z	Z	Z	Z	Z	Z	Z	Z	Z	Z	Z	Z
1899 83% (5/ 6)	Z	Z	Z	Z	Z	Z	Z	Z	Z	Z	Z	Z	Z	Z	Z	Z	Z	Z	Z	Z	Z	Z	Z	Z	
2125 83% (5/ 6)					Z	Z	Z		Z	Z	Z	Z	Z	1	Z	Z	Z	Z	Z	Z	Z	Z	Z	Z	Z
1 82% (27/ 33)							1		1/					1										1	
62 82% (9/ 11)	Z	Z	Z	Z			1		1/			Z	Z	Z	Z	Z	Z	Z	Z	Z	Z	Z	Z	Z	Z
1241 82% (27/ 33)							1		1/											1/			1		
1854 82% (27/ 33)			4				1		1/											1/					
2705 82% (27/ 33)							1		1/			6												1	
1852 81% (21/ 26)	Z	Z	Z	Z	Z	Z	Z		1/											1/					
2175 80% (8/ 10)							1		1/		Z	Z	Z	Z	Z	Z	Z	Z	Z	Z	Z	Z	Z	Z	Z
025 79% (26/ 33)							1		1/					1									1	1	
93 79% (26/ 33)							1		1/					1									1	1	
131 79% (26/ 33)		1/M					1							1						1/					4
203 79% (26/ 33)							1		1/											1/			1	1	
221 79% (26/ 33)							1		1/					1						5				1	
312 79% (26/ 33)							1		1/											5			1	1	
437 79% (26/ 33)							1		1/K					2						1/			1		
625 79% (26/ 33)							1		1/					1						1/				1	
917 79% (26/ 33)							1		1/											1/			1	1	
1107 79% (26/ 33)							1		1/					1						1/				1	
1149 79% (26/ 33)							1		1/K					1									1	1	
1668 79% (26/ 33)							1		1/					1									1	1	

049 33 TS + 1 SL + 70 MT

TESTSTELLE	10	11	18	20	28	29	30	35	36	41	42	44	45	46	48	52	53	55	56	65	66	76	78	81	84
UEBEREINST. ZEUGEN	392	351	355	441	416	439	21	452	38	467	283	451	473	101	452	452	338	422	459	71	365	467	67	49	402
BEZEUGTE VARIANTE	1/	1/	1/	1/	1/	1/	5	1/	1/F	1/	1/	1/	1/	3	1/	1/	1/	1/	1/	1/F	1/	1/	2	2	1/
1720 79% (26/ 33)							1		1/					1						1/			1		
1737 79% (26/ 33)							1							1						1/			1	1	
1749 79% (26/ 33)									1/		8									1/			1	1	
1862 79% (26/ 33)							1		1/					1						5				1	
2191 79% (26/ 33)							1		1/											1/			1	1	
2404 79% (26/ 33)							1		1/K					1									1	3	
2492 79% (26/ 33)		1/M					1		1/											1/			1		
2816 79% (26/ 33)							1		1/					1						4				1	
2772 79% (22/ 28)							1		1/K		3			1									1	Z	
1731 78% (18/ 23)	Z	Z	Z	Z	Z	Z	Z	Z	Z					1						1/				Y	
122 78% (25/ 32)							1D		1/	1/D				1									1	Z	
337 78% (25/ 32)				Z			1		1/											1/			1	1	
424 78% (25/ 32)							1		1/					X						1/			1	1	
460 78% (25/ 32)	3						1		1/E											1/R			1	1	
699 78% (25/ 32)			Z				1		1/											1/			1	1	
1248 78% (25/ 32)							U		1/					1						1/			1	1	
1721 78% (25/ 32)									1/							Y				1/				1	4
1880 78% (25/ 32)							1		X					8						1/			1	1	
2194 78% (25/ 32)							1		1/K					1						1/			1		
916 78% (7/ 9)							1		1/	Z	Z	Z	Z	Z	Z	Z	Z	Z	Z	Z	Z	Z	Z	Z	Z
319 77% (24/ 31)							1		1/K					1						Z	Z		1	1	
2484 77% (24/ 31)			Z	Z			1		1/					1									1	1	
2502 77% (24/ 31)							1		1/M	Y	Y			1						1/					1/C
1526 77% (17/ 22)	Z	Z					1		1/					1									1	1	Z
642 77% (20/ 26)	Z	Z					1		1/		Z			1						Z	Z		1	Z	Z
1723 77% (23/ 30)	Z	Z					1		1/		X			1									1	1	
2201 77% (23/ 30)	Z	Z	Z				1							2			3			1/					
1277 76% (19/ 25)	8						1		1/L					1						1/			1	Z	
1856 76% (19/ 25)							1		1/		8			1						1/			1	Z	Z
020 76% (22/ 29)	Z	Z	Z	Z			1		1/							3							1	1	
2431 76% (22/ 29)			Y				1	Y	Y					Y						1/G			1	1	
5 76% (25/ 33)							1		1/D								3			1/			1		
82 76% (25/ 33)							1		1/					1						1/			1	1	

049								33 TS + 1 SL + 70 MT
TESTSTELLE	87	88	91	94	97	98	100	102
UEBEREINST. ZEUGEN	476	471	279	2	422	34	470	478
BEZEUGTE VARIANTE	1/	1/	1/	10	1/	3	1/	1/
P8 100% (1/ 1)	Z	Z	Z	Z	Z	Z	Z	Z
P33 100% (1/ 1)	Z	Z	Z	Z	Z	Z	Z	Z
P41 100% (1/ 1)	Z	Z	Z	Z	Z	Z	Z	Z
1101 100% (4/ 4)	Z	Z	Z	Z	Z	Z	Z	Z
2778 100% (5/ 5)	Z	Z	Z	Z	Z	Z	Z	Z
014 88% (23/ 26)				1				Z
1626 88% (29/ 33)				1		1		
2712 88% (14/ 16)				1C		Z	Z	Z
P45 86% (6/ 7)	Z	Z	Z	Z	Z	Z	Z	Z
921 84% (26/ 31)			Z	1		1		
1390 83% (25/ 30)					4	1		
1745 83% (5/ 6)				Z	Z	1		
1899 83% (5/ 6)				1	Z	Z	Z	
2125 83% (5/ 6)	Z	Z	Z	Z	Z	Z	Z	Z
1 82% (27/ 33)				1		1		
62 82% (9/ 11)	Z	Z	Z	Z				
1241 82% (27/ 33)				1		1		
1854 82% (27/ 33)				1		1		
2705 82% (27/ 33)				1		1		
1852 81% (21/ 26)			5	3		1		
2175 80% (8/ 10)	Z	Z	Z	Z	Z	Z	Z	Z
025 79% (26/ 33)				1		1		
93 79% (26/ 33)				1		2		
131 79% (26/ 33)				1		1		
203 79% (26/ 33)				1		1		
221 79% (26/ 33)				1		1		
312 79% (26/ 33)				1		1		
437 79% (26/ 33)				1		6		
625 79% (26/ 33)				1C		1		
917 79% (26/ 33)				1		1		
1107 79% (26/ 33)				1		1		
1149 79% (26/ 33)				1		1		
1668 79% (26/ 33)				1		1		

049								33 TS + 1 SL + 70 MT
TESTSTELLE	87	88	91	94	97	98	100	102
UEBEREINST. ZEUGEN	476	471	279	2	422	34	470	478
BEZEUGTE VARIANTE	1/	1/	1/	10	1/	3	1/	1/
1720 79% (26/ 33)				1		1		
1737 79% (26/ 33)				1		1		
1749 79% (26/ 33)				1		1		
1862 79% (26/ 33)				1		1		
2191 79% (26/ 33)				1		1		
2404 79% (26/ 33)				1C		1		
2492 79% (26/ 33)				12		1		
2816 79% (26/ 33)				1		1		
2772 79% (22/ 28)				1	Z	Z	Z	Z
1731 78% (18/ 23)			4C	1		1		
122 78% (25/ 32)				1		1		
337 78% (25/ 32)				1		1		
424 78% (25/ 32)				1		1		
460 78% (25/ 32)				1		Z		
699 78% (25/ 32)				1		1		
1248 78% (25/ 32)				1		1		
1721 78% (25/ 32)			3	1		1		
1880 78% (25/ 32)				1		1		
2194 78% (25/ 32)			V	1		1		
916 78% (7/ 9)	Z	Z	Z	Z	Z	Z	Z	Z
319 77% (24/ 31)				1		1		
2484 77% (24/ 31)				1		1		
2502 77% (24/ 31)				1C		2		
1526 77% (17/ 22)	Z	Z	Z	Z	Z	Z	Z	Z
642 77% (20/ 26)				1		1		
1723 77% (23/ 30)				1		1		
2201 77% (23/ 30)			5	1		6		
1277 76% (19/ 25)	Z	Z	Z	Z	Z	Z	Z	
1856 76% (19/ 25)	Z	Z	Z	Z	Z	Z		
020 76% (22/ 29)				1		1		
2431 76% (22/ 29)				1	4	1		
5 76% (25/ 33)			3	1		2C		
82 76% (25/ 33)				1		1		

056 — 28 TS + 1 SL + 75 MT

TESTSTELLE	4	10	11	18	20	28	29	35	36	41	42	44	45	48	49	52	53	55	56	65	66	76	84	87	88
UEBEREINST. ZEUGEN	23	392	351	355	441	416	439	452	339	467	283	451	473	452	12	452	338	422	459	6	365	467	402	476	47[illegible]
BEZEUGTE VARIANTE	2	1/	1/	1/	1/	1/	1/	1/	1/	1/	1/	1/	1/	1/	4	1/	1/	1/	1/	4	1/	1/	1/	1/	1/
P8 100% (1/ 1)	Z	Z	Z		Z	Z	Z	Z	Z	Z	Z	Z	Z	Z	Z	Z	Z	Z	Z	Z	Z	Z	Z	Z	Z
P33 100% (1/ 1)	Z	Z	Z	Z	Z	Z	Z	Z	Z	Z	Z	Z	Z	Z	Z		Z	Z	Z	Z	Z	Z	Z	Z	Z
P41 100% (1/ 1)	Z	Z	Z	Z	Z	Z	Z	Z	Z	Z	Z	Z	Z	Z	Z	Z	Z	Z	Z	Z	X		Z	Z	Z
2627 100% (4/ 4)	Z	Z	Z	Z	Z					Z	Z	Z	Z	Z	Z	Z	Z	Z	Z	Z	Z	Z	Z	Z	Z
0142 93% (26/ 28)																					10C				
2175 90% (9/ 10)	1										Z	Z	Z	Z	Z	Z	Z	Z	Z	Z	Z	Z	Z	Z	Z
1526 89% (17/ 19)	Z	Z	Z												1					1/F			Z	Z	Z
2816 89% (25/ 28)															1										
916 89% (8/ 9)	1									Z	Z	Z	Z	Z	Z	Z	Z	Z	Z	Z	Z	Z	Z	Z	Z
1390 88% (23/ 26)												Z	Z		1					1/					
62 88% (7/ 8)	Z	Z	Z	Z	Z							Z	Z	Z	Z	Z	Z	Z	Z	Z	Z	Z	Z	Z	Z
P45 86% (6/ 7)	Z	Z	Z	Y	Y				Z		Z	Z		Z	Z	Z	Z	3		Z	Z	Z	Z	Z	Z
221 86% (24/ 28)															1					5					
506 86% (6/ 7)	Z	Z	Z	Z	Z			Z	Z	Z	Z	Z	Z		2	Z	Z			Z	Z	Z		Z	Z
635 86% (24/ 28)															1					1/					
1040 86% (24/ 28)															2					1/					
1748 86% (24/ 28)	1														2					1/					
1865 86% (24/ 28)															2					1/					
2723 86% (24/ 28)															2					1/					
025 85% (23/ 27)	Z														1					1/F					
337 85% (23/ 27)					Z										2					1/					
1075 85% (23/ 27)	Z														2					1/					
2194 85% (23/ 27)									1/K						1					1/					
1762 85% (17/ 20)	Z	Z	Z	Z										1/H			8B			1/				Z	Z
1066 85% (22/ 26)	1			1/B																5					
1597 85% (22/ 26)		8		4											X					1/					
172 84% (16/ 19)	Z	Z	Z				Z	Z		Z	Z				1					1/			Z		
1757 84% (21/ 25)	Z							Z	Z						1					1/G					
1864 84% (21/ 25)	Z	Z	Z												2					1/					
1867 84% (21/ 25)	Z	Z	Z												1					1/					
2431 84% (21/ 25)	1			Y				Y	Y						2					1/G					
314 83% (5/ 6)	Z	Z	Z	Z	Z	Z	Z	Z	Z					Z	Z	Z	Z	Z	Z	Z	Z	Z	Z	Z	Z
1723 83% (20/ 24)	Z	Z	Z								X				2					1/F					

056 28 TS + 1 SL + 75 MT

TESTSTELLE	4	10	11	18	20	28	29	35	36	41	42	44	45	48	49	52	53	55	56	65	66	76	84	87	88
UEBEREINST. ZEUGEN	23	392	351	355	441	416	439	452	339	467	283	451	473	452	12	452	338	422	459	6	365	467	402	476	471
BEZEUGTE VARIANTE	2	1/	1/	1/	1/	1/	1/	1/	1/	1/	1/	1/	1/	1/	4	1/	1/	1/	1/	4	1/	1/	1/	1/	1/
2125 83% (5/ 6)	1					Z	Z		Z	Z	Z	Z	Z	Z	Z	Z	Z	Z	Z	Z	Z	Z	Z	Z	Z
2778 83% (5/ 6)	Z	Z	Z	Z	Z	Z	Z	Z	Z	Z	Z	Z	Z		2					Z	Z	Z	Z	Z	Z
1094 83% (19/ 23)	Z	Z	Z	Z	Z										1					1/					
1839 83% (19/ 23)	Z	Z	Z	Z	Z										1					1/					
1856 83% (19/ 23)	1										8				2					1/			Z	Z	Z
1 82% (23/ 28)	1														1					1/F					
82 82% (23/ 28)	1														1					1/					
93 82% (23/ 28)	1														1					1/F					
97 82% (23/ 28)	1														1					10	6				
105 82% (23/ 28)	1														1					1/					
122 82% (23/ 28)										1/D					1					1/F					
149 82% (23/ 28)	1														2					1/					
175 82% (23/ 28)	1														1					1/					
201 82% (23/ 28)	1														2					1/					
203 82% (23/ 28)	1														2					1/					
226 82% (23/ 28)	1														2					1/F					
312 82% (23/ 28)	1														1					5					
398 82% (23/ 28)	1														1					1/					
404 82% (23/ 28)	1														1					1/					
424 82% (23/ 28)	1														1					1/					
457 82% (23/ 28)	1														1					1/					
458 82% (23/ 28)	1				1/D										1					1/					
462 82% (23/ 28)	1														1					1/					
479 82% (23/ 28)	1														1					1/					
483 82% (23/ 28)	1														1					1/					
625 82% (23/ 28)	1														1					1/					
638 82% (23/ 28)	1														1					1/					
824 82% (23/ 28)	1														2					1/					
917 82% (23/ 28)	1														1					1/					
959 82% (23/ 28)	1														1					1/					
1022 82% (23/ 28)	1														1					1/					
1072 82% (23/ 28)	1														2					1/					
1073 82% (23/ 28)	1														1					1/					

056 28 TS + 1 SL + 75 MT

TESTSTELLE UEBEREINST. ZEUGEN BEZEUGTE VARIANTE		91 1 5F	97 33 4	100 470 1/
P8	100% (1/ 1)	Z	Z	Z
P33	100% (1/ 1)	Z	Z	Z
P41	100% (1/ 1)	Z	Z	Z
2627	100% (4/ 4)	Z	Z	Z
0142	93% (26/ 28)		6	
2175	90% (9/ 10)	Z	Z	Z
1526	89% (17/ 19)	Z	Z	Z
2816	89% (25/ 28)	1/	1/	
916	89% (8/ 9)	Z	Z	Z
1390	88% (23/ 26)	1/		
62	88% (7/ 8)	Z	1/	
P45	86% (6/ 7)	Z	Z	Z
221	86% (24/ 28)	1/	1/	
506	86% (6/ 7)	Z	Z	Z
635	86% (24/ 28)	13C	1/	
1040	86% (24/ 28)	1/	1/	
1748	86% (24/ 28)	1/		
1865	86% (24/ 28)	1/	1/	
2723	86% (24/ 28)	1/	1/	
025	85% (23/ 27)	1/	1/	
337	85% (23/ 27)	1/	1/	
1075	85% (23/ 27)	1/	1/	
2194	85% (23/ 27)	V	1/	
1762	85% (17/ 20)	Z	Z	
1066	85% (22/ 26)	5G	Z	Z
1597	85% (22/ 26)	X	1/	
172	84% (16/ 19)	Z	1/	
1757	84% (21/ 25)	3	1/	
1864	84% (21/ 25)	1/	1/	
1867	84% (21/ 25)	3	1/	
2431	84% (21/ 25)	1/		
314	83% (5/ 6)	Z	1/	
1723	83% (20/ 24)	1/	1/	

056 28 TS + 1 SL + 75 MT

TESTSTELLE UEBEREINST. ZEUGEN BEZEUGTE VARIANTE		91 1 5F	97 33 4	100 470 1/
2125	83% (5/ 6)	Z	Z	Z
2778	83% (5/ 6)	Z	Z	Z
1094	83% (19/ 23)	1/	1/	
1839	83% (19/ 23)	18	1/	
1856	83% (19/ 23)	Z	Z	
1	82% (23/ 28)	1/	1/	
82	82% (23/ 28)	1/	1/	
93	82% (23/ 28)	1/	1/	
97	82% (23/ 28)	1/		
105	82% (23/ 28)	1/	1/	
122	82% (23/ 28)	1/	1/	
149	82% (23/ 28)	1/	1/	
175	82% (23/ 28)	1/	1/	
201	82% (23/ 28)	1/	1/	
203	82% (23/ 28)	1/	1/	
226	82% (23/ 28)	13B	1/	
312	82% (23/ 28)	1/	1/	
398	82% (23/ 28)	5	1/	
404	82% (23/ 28)	1/	1/	
424	82% (23/ 28)	1/	1/	
457	82% (23/ 28)	13E	1/	
458	82% (23/ 28)	1/		
462	82% (23/ 28)	1/	1/	
479	82% (23/ 28)	1/	1/	
483	82% (23/ 28)	17	1/	
625	82% (23/ 28)	1/	1/	
638	82% (23/ 28)	18	1/	
824	82% (23/ 28)	1/	1/	
917	82% (23/ 28)	1/	1/	
959	82% (23/ 28)	13B	1/	
1022	82% (23/ 28)	1/	1/	
1072	82% (23/ 28)	1/	1/	
1073	82% (23/ 28)	1/	1/	

057 1 TS + 0 SL + 0 MT

TESTSTELLE UEBEREINST. ZEUGEN BEZEUGTE VARIANTE		13 12 2
01	100% (1/ 1)	
03	100% (1/ 1)	
81	100% (1/ 1)	
88	100% (1/ 1)	
180	100% (1/ 1)	
307	100% (1/ 1)	
323	100% (1/ 1)	
453	100% (1/ 1)	
610	100% (1/ 1)	
1175	100% (1/ 1)	
1678	100% (1/ 1)	
2818	100% (1/ 1)	
P8	0% (0/ 0)	Z
P29	0% (0/ 0)	Z
P33	0% (0/ 0)	Z
P38	0% (0/ 0)	Z
P41	0% (0/ 0)	Z
P45	0% (0/ 0)	Z
P48	0% (0/ 0)	Z
P50	0% (0/ 0)	Z
P53	0% (0/ 0)	Z
P56	0% (0/ 0)	Z
P57	0% (0/ 0)	Z
P74	0% (0/ 1)	2B
P91	0% (0/ 0)	Z
02	0% (0/ 1)	2B
04	0% (0/ 1)	2B
05	0% (0/ 1)	14
08	0% (0/ 1)	3
014	0% (0/ 0)	Z
020	0% (0/ 0)	Z
025	0% (0/ 1)	1
044	0% (0/ 1)	2D

057 1 TS + 0 SL + 0 MT

TESTSTELLE			13
UEBEREINST. ZEUGEN			12
BEZEUGTE VARIANTE			2
049	0%	(0/ 1)	1
056	0%	(0/ 1)	1
0142	0%	(0/ 1)	1
1	0%	(0/ 1)	1
3	0%	(0/ 1)	1
5	0%	(0/ 1)	1
6	0%	(0/ 1)	9
18	0%	(0/ 1)	1
33	0%	(0/ 1)	1
35	0%	(0/ 1)	1
38	0%	(0/ 1)	1
42	0%	(0/ 1)	1
43	0%	(0/ 1)	7
51	0%	(0/ 1)	1
57	0%	(0/ 1)	1
61	0%	(0/ 1)	1
62	0%	(0/ 0)	Z
69	0%	(0/ 1)	1D
76	0%	(0/ 1)	1
82	0%	(0/ 1)	1
90	0%	(0/ 1)	1
93	0%	(0/ 1)	1
94	0%	(0/ 1)	2C
97	0%	(0/ 1)	1
102	0%	(0/ 1)	1
103	0%	(0/ 1)	3D
104	0%	(0/ 1)	1
105	0%	(0/ 1)	1
110	0%	(0/ 1)	1
122	0%	(0/ 1)	1
131	0%	(0/ 1)	1
133	0%	(0/ 1)	1
141	0%	(0/ 1)	1

066 1 TS + 0 SL + 0 MT

TESTSTELLE			103
UEBEREINST. ZEUGEN			21
BEZEUGTE VARIANTE			2
P74	100%	(1/ 1)	
01	100%	(1/ 1)	
02	100%	(1/ 1)	
03	100%	(1/ 1)	
044	100%	(1/ 1)	
43	100%	(1/ 1)	
81	100%	(1/ 1)	
181	100%	(1/ 1)	
1175	100%	(1/ 1)	
1243	100%	(1/ 1)	
1505	100%	(1/ 1)	
1739	100%	(1/ 1)	
1852	100%	(1/ 1)	
1890	100%	(1/ 1)	
2138	100%	(1/ 1)	
2344	100%	(1/ 1)	
2374	100%	(1/ 1)	
2464	100%	(1/ 1)	
2495	100%	(1/ 1)	
2718	100%	(1/ 1)	
P8	0%	(0/ 0)	Z
P29	0%	(0/ 0)	Z
P33	0%	(0/ 0)	Z
P38	0%	(0/ 0)	Z
P41	0%	(0/ 0)	Z
P45	0%	(0/ 0)	Z
P48	0%	(0/ 0)	Z
P50	0%	(0/ 0)	Z
P53	0%	(0/ 0)	Z
P56	0%	(0/ 0)	Z
P57	0%	(0/ 0)	Z
P91	0%	(0/ 0)	Z
04	0%	(0/ 0)	Z

066 1 TS + 0 SL + 0 MT

TESTSTELLE			103
UEBEREINST. ZEUGEN			21
BEZEUGTE VARIANTE			2
05	0%	(0/ 0)	Z
08	0%	(0/ 0)	Z
014	0%	(0/ 0)	Z
020	0%	(0/ 1)	10
025	0%	(0/ 1)	1
049	0%	(0/ 1)	1
056	0%	(0/ 1)	1
0142	0%	(0/ 1)	1
1	0%	(0/ 1)	1L
3	0%	(0/ 1)	1G
5	0%	(0/ 1)	3E
6	0%	(0/ 1)	1G
18	0%	(0/ 1)	1
33	0%	(0/ 0)	X
35	0%	(0/ 1)	1
38	0%	(0/ 1)	1L
42	0%	(0/ 1)	1
51	0%	(0/ 1)	1
57	0%	(0/ 1)	1
61	0%	(0/ 1)	1L
62	0%	(0/ 1)	1L
69	0%	(0/ 1)	1P
76	0%	(0/ 1)	3
82	0%	(0/ 1)	1L
88	0%	(0/ 1)	1F
90	0%	(0/ 1)	1
93	0%	(0/ 1)	1S
94	0%	(0/ 1)	1
97	0%	(0/ 1)	1L
102	0%	(0/ 1)	1L
103	0%	(0/ 1)	1
104	0%	(0/ 1)	1
105	0%	(0/ 1)	1

095 1 TS + 0 SL + 0 MT

TESTSTELLE			12
UEBEREINST. ZEUGEN			10
BEZEUGTE VARIANTE			2
P74	100%	(1/ 1)	
01	100%	(1/ 1)	
02	100%	(1/ 1)	
03	100%	(1/ 1)	
04	100%	(1/ 1)	
81	100%	(1/ 1)	
629	100%	(1/ 1)	
1175	100%	(1/ 1)	
1704	100%	(1/ 1)	
1892	100%	(1/ 1)	
P8	0%	(0/ 0)	Z
P29	0%	(0/ 0)	Z
P33	0%	(0/ 0)	Z
P38	0%	(0/ 0)	Z
P41	0%	(0/ 0)	Z
P45	0%	(0/ 0)	Z
P48	0%	(0/ 0)	Z
P50	0%	(0/ 0)	Z
P53	0%	(0/ 0)	Z
P56	0%	(0/ 0)	Z
P57	0%	(0/ 0)	Z
P91	0%	(0/ 0)	X
05	0%	(0/ 1)	7
08	0%	(0/ 1)	1
014	0%	(0/ 0)	Z
020	0%	(0/ 0)	Z
025	0%	(0/ 1)	1
044	0%	(0/ 1)	1
049	0%	(0/ 1)	1
056	0%	(0/ 1)	1
0142	0%	(0/ 1)	1
1	0%	(0/ 1)	1
3	0%	(0/ 1)	1

095 1 TS + 0 SL + 0 MT		
TESTSTELLE		12
UEBEREINST. ZEUGEN		10
BEZEUGTE VARIANTE		2
5	0% (0/ 1)	1
6	0% (0/ 1)	3
18	0% (0/ 1)	1
33	0% (0/ 1)	1
35	0% (0/ 1)	1
38	0% (0/ 1)	10
42	0% (0/ 1)	1
43	0% (0/ 1)	1
51	0% (0/ 1)	1
57	0% (0/ 0)	Y
61	0% (0/ 1)	1
62	0% (0/ 0)	Z
69	0% (0/ 1)	1C
76	0% (0/ 0)	X
82	0% (0/ 1)	1
88	0% (0/ 1)	1
90	0% (0/ 1)	11B
93	0% (0/ 1)	1
94	0% (0/ 1)	1
97	0% (0/ 1)	1
102	0% (0/ 1)	1
103	0% (0/ 1)	3
104	0% (0/ 1)	1
105	0% (0/ 1)	1
110	0% (0/ 1)	1
122	0% (0/ 1)	1
131	0% (0/ 1)	1
133	0% (0/ 1)	1
141	0% (0/ 1)	1
142	0% (0/ 1)	1
149	0% (0/ 1)	1
172	0% (0/ 0)	Z
175	0% (0/ 1)	1

096 1 TS + 0 SL + 2 MT		
TESTSTELLE		98
UEBEREINST. ZEUGEN		40
BEZEUGTE VARIANTE		2
P74	100% (1/ 1)	
01	100% (1/ 1)	
02	100% (1/ 1)	
03	100% (1/ 1)	
04	100% (1/ 1)	
81	100% (1/ 1)	
93	100% (1/ 1)	
104	100% (1/ 1)	
110	100% (1/ 1)	
180	100% (1/ 1)	
181	100% (1/ 1)	
218	100% (1/ 1)	
228	100% (1/ 1)	
307	100% (1/ 1)	
436	100% (1/ 1)	
453	100% (1/ 1)	
459	100% (1/ 1)	
610	100% (1/ 1)	
630	100% (1/ 1)	
633	100% (1/ 1)	
665	100% (1/ 1)	
945	100% (1/ 1)	
996	100% (1/ 1)	
1359	100% (1/ 1)	
1563	100% (1/ 1)	
1678	100% (1/ 1)	
1704	100% (1/ 1)	
1718	100% (1/ 1)	
1739	100% (1/ 1)	
1751	100% (1/ 1)	
1838	100% (1/ 1)	
1875	100% (1/ 1)	
1884	100% (1/ 1)	

096 1 TS + 0 SL + 2 MT		
TESTSTELLE		98
UEBEREINST. ZEUGEN		40
BEZEUGTE VARIANTE		2
1891	100% (1/ 1)	
2200	100% (1/ 1)	
2298	100% (1/ 1)	
2502	100% (1/ 1)	
2541	100% (1/ 1)	
2818	100% (1/ 1)	
P8	0% (0/ 0)	Z
P29	0% (0/ 0)	Z
P33	0% (0/ 0)	Z
P38	0% (0/ 0)	Z
P41	0% (0/ 0)	Z
P45	0% (0/ 0)	Z
P48	0% (0/ 0)	Z
P50	0% (0/ 0)	Z
P53	0% (0/ 0)	Z
P56	0% (0/ 0)	Z
P57	0% (0/ 0)	Z
P91	0% (0/ 0)	Z
05	0% (0/ 0)	Z
08	0% (0/ 1)	2C
014	0% (0/ 1)	3
020	0% (0/ 1)	1
025	0% (0/ 1)	1
044	0% (0/ 1)	1
049	0% (0/ 1)	3
056	0% (0/ 1)	1
0142	0% (0/ 1)	1
1	0% (0/ 1)	1
3	0% (0/ 1)	1
5	0% (0/ 1)	2C
6	0% (0/ 1)	2C
18	0% (0/ 1)	1
33	0% (0/ 1)	7

097 1 TS + 0 SL + 2 MT		
TESTSTELLE		46
UEBEREINST. ZEUGEN		76
BEZEUGTE VARIANTE		2
P74	100% (1/ 1)	
01	100% (1/ 1)	
02	100% (1/ 1)	
03	100% (1/ 1)	
04	100% (1/ 1)	
05	100% (1/ 1)	
08	100% (1/ 1)	
044	100% (1/ 1)	
35	100% (1/ 1)	
61	100% (1/ 1)	
81	100% (1/ 1)	
94	100% (1/ 1)	
103	100% (1/ 1)	
104	100% (1/ 1)	
142	100% (1/ 1)	
180	100% (1/ 1)	
181	100% (1/ 1)	
206	100% (1/ 1)	
307	100% (1/ 1)	
322	100% (1/ 1)	
323	100% (1/ 1)	
326	100% (1/ 1)	
429	100% (1/ 1)	
431	100% (1/ 1)	
436	100% (1/ 1)	
437	100% (1/ 1)	
441	100% (1/ 1)	
453	100% (1/ 1)	
467	100% (1/ 1)	
522	100% (1/ 1)	
606	100% (1/ 1)	
610	100% (1/ 1)	
614	100% (1/ 1)	

097 1 TS + 0 SL + 2 MT

TESTSTELLE			46
UEBEREINST. ZEUGEN			76
BEZEUGTE VARIANTE			2
619	100%	(1/ 1)	
621	100%	(1/ 1)	
623	100%	(1/ 1)	
629	100%	(1/ 1)	
630	100%	(1/ 1)	
636	100%	(1/ 1)	
641	100%	(1/ 1)	
876	100%	(1/ 1)	
913	100%	(1/ 1)	
945	100%	(1/ 1)	
1162	100%	(1/ 1)	
1175	100%	(1/ 1)	
1404	100%	(1/ 1)	
1610	100%	(1/ 1)	
1611	100%	(1/ 1)	
1642	100%	(1/ 1)	
1678	100%	(1/ 1)	
1704	100%	(1/ 1)	
1739	100%	(1/ 1)	
1751	100%	(1/ 1)	
1765	100%	(1/ 1)	
1827	100%	(1/ 1)	
1830	100%	(1/ 1)	
1832	100%	(1/ 1)	
1837	100%	(1/ 1)	
1838	100%	(1/ 1)	
1842	100%	(1/ 1)	
1853	100%	(1/ 1)	
1875	100%	(1/ 1)	
1884	100%	(1/ 1)	
1890	100%	(1/ 1)	
1891	100%	(1/ 1)	
1893	100%	(1/ 1)	

0120 4 TS + 0 SL + 2 MT

TESTSTELLE			55	56	64	65
UEBEREINST. ZEUGEN			422	459	38	71
BEZEUGTE VARIANTE			1/	1/	2	1/F
04	100%	(2/ 2)			Z	Z
044	100%	(4/ 4)				
81	100%	(2/ 2)			Z	Z
218	100%	(4/ 4)				
319	100%	(2/ 2)			Z	Z
506	100%	(2/ 2)			Z	Z
623	100%	(4/ 4)				
642	100%	(2/ 2)			Z	Z
1599	100%	(2/ 2)			Z	Z
1893	100%	(2/ 2)			Z	Z
1902	100%	(2/ 2)			Z	Z
2441	100%	(2/ 2)			Z	Z
2718	100%	(4/ 4)				
2778	100%	(2/ 2)			Z	Z
P74	75%	(3/ 4)				1/
08	75%	(3/ 4)			1	
014	75%	(3/ 4)			1	
020	75%	(3/ 4)			1	
025	75%	(3/ 4)			1	
049	75%	(3/ 4)			1	
1	75%	(3/ 4)			1	
3	75%	(3/ 4)			1	
76	75%	(3/ 4)			1	
93	75%	(3/ 4)			1	
94	75%	(3/ 4)				1/
122	75%	(3/ 4)			1	
180	75%	(3/ 4)				1/
223	75%	(3/ 4)			1	
226	75%	(3/ 4)			3	
228	75%	(3/ 4)			1	
307	75%	(3/ 4)				1/
431	75%	(3/ 4)				1/
436	75%	(3/ 4)				1/

0120 4 TS + 0 SL + 2 MT

TESTSTELLE			55	56	64	65
UEBEREINST. ZEUGEN			422	459	38	71
BEZEUGTE VARIANTE			1/	1/	2	1/F
441	75%	(3/ 4)				1/K
453	75%	(3/ 4)				1/
491	75%	(3/ 4)			1	
610	75%	(3/ 4)				1/
621	75%	(3/ 4)				1/
636	75%	(3/ 4)			1	
808	75%	(3/ 4)			1	
914	75%	(3/ 4)			1	
919	75%	(3/ 4)			1	
920	75%	(3/ 4)			1	
927	75%	(3/ 4)			1	
941	75%	(3/ 4)			1	
945	75%	(3/ 4)				1/
1149	75%	(3/ 4)			1	
1175	75%	(3/ 4)				1/
1297	75%	(3/ 4)			1	
1359	75%	(3/ 4)	1/C			
1398	75%	(3/ 4)			1	
1400	75%	(3/ 4)			1	
1409	75%	(3/ 4)			1	
1490	75%	(3/ 4)			1	
1509	75%	(3/ 4)			1	
1526	75%	(3/ 4)			1	
1626	75%	(3/ 4)			1	
1642	75%	(3/ 4)				1/
1668	75%	(3/ 4)			1	
1673	75%	(3/ 4)			1	
1678	75%	(3/ 4)				1/
1704	75%	(3/ 4)				1/
1718	75%	(3/ 4)				1/
1723	75%	(3/ 4)			1	
1726	75%	(3/ 4)			1	
1739	75%	(3/ 4)				1/

0142 — 28 TS + 1 SL + 75 MT

TESTSTELLE	4	10	11	18	20	28	29	35	36	41	42	44	45	48	49	52	53	55	56	65	66	76	84	87	88
UEBEREINST. ZEUGEN	23	392	351	355	441	416	439	452	339	467	283	451	473	452	12	452	338	422	459	6	3	467	402	476	471
BEZEUGTE VARIANTE	2	1/	1/	1/	1/	1/	1/	1/	1/	1/	1/	1/	1/	1/	4	1/	1/	1/	1/	4	10C	1/	1/	1/	1/
P8 100% (1/ 1)	Z	Z	Z		Z	Z	Z	Z	Z	Z	Z	Z	Z	Z	Z	Z	Z	Z	Z	Z	Z	Z	Z	Z	Z
P33 100% (1/ 1)	Z	Z	Z	Z	Z	Z	Z	Z	Z	Z	Z	Z	Z	Z	Z		Z	Z	Z	Z	Z	Z	Z	Z	Z
P41 100% (1/ 1)	Z	Z	Z	Z	Z	Z	Z	Z	Z	Z	Z	Z	Z	Z	Z	Z	Z	Z	Z	Z	X		Z	Z	Z
62 100% (8/ 8)	Z	Z	Z	Z	Z							Z	Z	Z	Z	Z	Z	Z	Z	Z	Z	Z	Z	Z	Z
314 100% (6/ 6)	Z	Z	Z	Z	Z	Z	Z	Z	Z					Z	Z	Z	Z	Z	Z	Z	Z	Z	Z	Z	Z
1846 100% (5/ 5)	Z	Z	Z	Z	Z	Z	Z	Z	Z	Z	Z	Z	Z	Z	Z	Z	Z	Z	Z	Z	Z	Z			
2627 100% (4/ 4)	Z	Z	Z	Z	Z					Z	Z	Z	Z	Z	Z	Z	Z	Z	Z	Z	Z	Z	Z	Z	Z
056 93% (26/ 28)																					1/				
2175 90% (9/ 10)	1										Z	Z	Z	Z	Z	Z	Z	Z	Z	Z	Z	Z	Z	Z	Z
2816 89% (25/ 28)															1						1/				
916 89% (8/ 9)	1									Z	Z	Z	Z	Z	Z	Z	Z	Z	Z	Z	Z	Z	Z	Z	Z
642 86% (19/ 22)	1	Z	Z								Z				1					Z	Z		Z		
P45 86% (6/ 7)	Z	Z	Z	Y	Y				Z		Z	Z		Z	Z	Z	Z	3		Z	Z	Z	Z	Z	Z
221 86% (24/ 28)															1					5	1/				
506 86% (6/ 7)	Z	Z	Z	Z	Z			Z	Z	Z	Z	Z	Z		2	Z	Z			Z	Z	Z		Z	Z
635 86% (24/ 28)															1					1/	1/				
1040 86% (24/ 28)															2					1/	1/				
1730 86% (6/ 7)	Z	Z	Z	Z	Z	Z	Z	Z	Z	Z	Z	Z	Z	Z	Z	Z	Z	Z	Z	Z	Z				
1857 86% (24/ 28)	1														2						10				
1865 86% (24/ 28)															2					1/	1/				
2723 86% (24/ 28)															2					1/	1/				
025 85% (23/ 27)	Z														1					1/F	1/				
337 85% (23/ 27)					Z										2					1/	1/				
1075 85% (23/ 27)	Z														2					1/	1/				
1360 85% (23/ 27)	X				1/B										3					5					
1599 85% (23/ 27)	1														1					Z	10				
2194 85% (23/ 27)									1/K						1					1/	1/				
319 85% (22/ 26)	1								1/K						1					Z	Z				
1390 85% (22/ 26)												Z	Z		1					1/	1/				
1597 85% (22/ 26)		8		4											X					1/	1/				
172 84% (16/ 19)	Z	Z	Z				Z	Z		Z	Z				1					1/	1/		Z		
400 84% (16/ 19)	Z		1/L					X			W	X			2		W			X	X			X	X
1526 84% (16/ 19)	Z	Z	Z												1					1/F	1/		Z	Z	Z

0142 — 28 TS + 1 SL + 75 MT

TESTSTELLE	4	10	11	18	20	28	29	35	36	41	42	44	45	48	49	52	53	55	56	65	66	76	84	87	88
UEBEREINST. ZEUGEN	23	392	351	355	441	416	439	452	339	467	283	451	473	452	12	452	338	422	459	6	3	467	402	476	471
BEZEUGTE VARIANTE	2	1/	1/	1/	1/	1/	1/	1/	1/	1/	1/	1/	1/	1/	4	1/	1/	1/	1/	4	10C	1/	1/	1/	1/
1757 84% (21/ 25)	Z							Z	Z						1					1/G	1/				
1864 84% (21/ 25)	Z	Z	Z												2					1/	1/				
1867 84% (21/ 25)	Z	Z	Z												1					1/	1/				
1723 83% (20/ 24)	Z	Z	Z								X				2					1/F	1/				
2125 83% (5/ 6)	1					Z	Z		Z	Z	Z	Z	Z	Z	Z	Z	Z	Z	Z	Z	Z	Z	Z	Z	Z
2303 83% (10/ 12)	Z	Z	Z	Z	Z						4				2		Z	Z	Z	Z	Z	Z	Z	Z	Z
2626 83% (5/ 6)	Z	Z	Z	Z	Z	Z	Z	Z	Z	Z	Z	Z	Z	Z	Z	Z	Z	Z	Z	Z	Z	Z			
2778 83% (5/ 6)	Z	Z	Z	Z	Z	Z	Z	Z	Z	Z	Z	Z	Z		2					Z	Z	Z	Z	Z	Z
1094 83% (19/ 23)	Z	Z	Z	Z	Z										1					1/	1/				
1839 83% (19/ 23)	Z	Z	Z	Z	Z										1					1/	1/				
1 82% (23/ 28)	1														1					1/F	1/				
82 82% (23/ 28)	1														1					1/	1/				
93 82% (23/ 28)	1														1					1/F	1/				
97 82% (23/ 28)	1														1					10	6				
105 82% (23/ 28)	1														1					1/	1/				
122 82% (23/ 28)										1/D					1					1/F	1/				
149 82% (23/ 28)	1														2					1/	1/				
175 82% (23/ 28)	1														1					1/	1/				
201 82% (23/ 28)	1														2					1/	1/				
203 82% (23/ 28)	1														2					1/	1/				
226 82% (23/ 28)	1														2					1/F	1/				
250 82% (23/ 28)	1				1/B										1						10				
312 82% (23/ 28)	1														1					5	1/				
398 82% (23/ 28)	1														1					1/	1/				
404 82% (23/ 28)	1														1					1/	1/				
424 82% (23/ 28)	1														1					1/	1/				
452 82% (23/ 28)	1														1					1/	10				
457 82% (23/ 28)	1														1					1/	1/				
462 82% (23/ 28)	1														1					1/	1/				
479 82% (23/ 28)	1														1					1/	1/				
483 82% (23/ 28)	1														1					1/	1/				
625 82% (23/ 28)	1														1					1/	1/				
638 82% (23/ 28)	1														1					1/	1/				

0142 28 TS + 1 SL + 75 MT

TESTSTELLE			91	100	102
UEBEREINST. ZEUGEN			1	470	478
BEZEUGTE VARIANTE			5F	1/	1/
P8	100%	(1/ 1)	Z	Z	Z
P33	100%	(1/ 1)	Z	Z	Z
P41	100%	(1/ 1)	Z	Z	Z
62	100%	(8/ 8)	Z		
314	100%	(6/ 6)	Z		
1846	100%	(5/ 5)	X		
2627	100%	(4/ 4)	Z	Z	Z
056	93%	(26/ 28)			1/B
2175	90%	(9/ 10)	Z	Z	Z
2816	89%	(25/ 28)	1/		
916	89%	(8/ 9)	Z	Z	Z
642	86%	(19/ 22)	1/		
P45	86%	(6/ 7)	Z	Z	Z
221	86%	(24/ 28)	1/		
506	86%	(6/ 7)	Z	Z	Z
635	86%	(24/ 28)	13C		
1040	86%	(24/ 28)	1/		
1730	86%	(6/ 7)	1/		
1857	86%	(24/ 28)	1/		
1865	86%	(24/ 28)	1/		
2723	86%	(24/ 28)	1/		
025	85%	(23/ 27)	1/		
337	85%	(23/ 27)	1/		
1075	85%	(23/ 27)	1/		
1360	85%	(23/ 27)	1/		
1599	85%	(23/ 27)	1/		
2194	85%	(23/ 27)	V		
319	85%	(22/ 26)	1/		
1390	85%	(22/ 26)	1/		
1597	85%	(22/ 26)	X		
172	84%	(16/ 19)	Z		
400	84%	(16/ 19)	5		
1526	84%	(16/ 19)	Z	Z	Z

0142 28 TS + 1 SL + 75 MT

TESTSTELLE			91	100	102
UEBEREINST. ZEUGEN			1	470	478
BEZEUGTE VARIANTE			5F	1/	1/
1757	84%	(21/ 25)	3		
1864	84%	(21/ 25)	1/		
1867	84%	(21/ 25)	3		
1723	83%	(20/ 24)	1/		
2125	83%	(5/ 6)	Z	Z	Z
2303	83%	(10/ 12)	Z	Z	
2626	83%	(5/ 6)	4E		
2778	83%	(5/ 6)	Z	Z	Z
1094	83%	(19/ 23)	1/		
1839	83%	(19/ 23)	18		
1	82%	(23/ 28)	1/		
82	82%	(23/ 28)	1/		
93	82%	(23/ 28)	1/		
97	82%	(23/ 28)	1/		
105	82%	(23/ 28)	1/		
122	82%	(23/ 28)	1/		
149	82%	(23/ 28)	1/		
175	82%	(23/ 28)	1/		
201	82%	(23/ 28)	1/		
203	82%	(23/ 28)	1/		
226	82%	(23/ 28)	13B		
250	82%	(23/ 28)	1/		
312	82%	(23/ 28)	1/		
398	82%	(23/ 28)	5		
404	82%	(23/ 28)	1/		
424	82%	(23/ 28)	1/		
452	82%	(23/ 28)	1/		
457	82%	(23/ 28)	13E		
462	82%	(23/ 28)	1/		
479	82%	(23/ 28)	1/		
483	82%	(23/ 28)	17		
625	82%	(23/ 28)	1/		
638	82%	(23/ 28)	18		

0165 1 TS + 0 SL + 0 MT

TESTSTELLE			16
UEBEREINST. ZEUGEN			7
BEZEUGTE VARIANTE			2
P74	100%	(1/ 1)	
01	100%	(1/ 1)	
02	100%	(1/ 1)	
03	100%	(1/ 1)	
629	100%	(1/ 1)	
1175	100%	(1/ 1)	
1409	100%	(1/ 1)	
P8	0%	(0/ 0)	Z
P29	0%	(0/ 0)	Z
P33	0%	(0/ 0)	Z
P38	0%	(0/ 0)	Z
P41	0%	(0/ 0)	Z
P45	0%	(0/ 0)	Z
P48	0%	(0/ 0)	Z
P50	0%	(0/ 0)	Z
P53	0%	(0/ 0)	Z
P56	0%	(0/ 0)	Z
P57	0%	(0/ 0)	Z
P91	0%	(0/ 0)	Z
04	0%	(0/ 0)	Z
05	0%	(0/ 1)	1
08	0%	(0/ 1)	1
014	0%	(0/ 0)	Z
020	0%	(0/ 0)	Z
025	0%	(0/ 1)	1
044	0%	(0/ 1)	1
049	0%	(0/ 1)	1
056	0%	(0/ 1)	1
0142	0%	(0/ 1)	1
1	0%	(0/ 1)	1
3	0%	(0/ 1)	1
5	0%	(0/ 1)	1
6	0%	(0/ 1)	1

0165 1 TS + 0 SL + 0 MT

TESTSTELLE			16
UEBEREINST. ZEUGEN			7
BEZEUGTE VARIANTE			2
18	0%	(0/ 1)	1
33	0%	(0/ 1)	1
35	0%	(0/ 1)	1
38	0%	(0/ 1)	1
42	0%	(0/ 1)	1
43	0%	(0/ 1)	1
51	0%	(0/ 1)	1
57	0%	(0/ 0)	Y
61	0%	(0/ 1)	4
62	0%	(0/ 0)	Z
69	0%	(0/ 1)	1
76	0%	(0/ 1)	1
81	0%	(0/ 0)	Z
82	0%	(0/ 1)	1
88	0%	(0/ 0)	X
90	0%	(0/ 1)	1
93	0%	(0/ 1)	1
94	0%	(0/ 1)	1
97	0%	(0/ 1)	1
102	0%	(0/ 1)	1
103	0%	(0/ 1)	1
104	0%	(0/ 1)	1
105	0%	(0/ 1)	1
110	0%	(0/ 1)	1
122	0%	(0/ 1)	1
131	0%	(0/ 1)	1
133	0%	(0/ 1)	1
141	0%	(0/ 1)	1
142	0%	(0/ 1)	1
149	0%	(0/ 1)	1
172	0%	(0/ 0)	Z
175	0%	(0/ 1)	1
177	0%	(0/ 1)	1

0166 1 TS + 0 SL + 0 MT

TESTSTELLE			36
UEBEREINST. ZEUGEN			339
BEZEUGTE VARIANTE			1/
P74	100%	(1/ 1)	
01	100%	(1/ 1)	
02	100%	(1/ 1)	
03	100%	(1/ 1)	
04	100%	(1/ 1)	
08	100%	(1/ 1)	
020	100%	(1/ 1)	
025	100%	(1/ 1)	
044	100%	(1/ 1)	
056	100%	(1/ 1)	
0142	100%	(1/ 1)	
1	100%	(1/ 1)	
3	100%	(1/ 1)	
6	100%	(1/ 1)	
18	100%	(1/ 1)	
35	100%	(1/ 1)	
38	100%	(1/ 1)	
43	100%	(1/ 1)	
57	100%	(1/ 1)	
62	100%	(1/ 1)	
69	100%	(1/ 1)	
76	100%	(1/ 1)	
81	100%	(1/ 1)	
82	100%	(1/ 1)	
88	100%	(1/ 1)	
90	100%	(1/ 1)	
93	100%	(1/ 1)	
97	100%	(1/ 1)	
102	100%	(1/ 1)	
103	100%	(1/ 1)	
104	100%	(1/ 1)	
105	100%	(1/ 1)	
110	100%	(1/ 1)	

0166 1 TS + 0 SL + 0 MT

TESTSTELLE			36
UEBEREINST. ZEUGEN			339
BEZEUGTE VARIANTE			1/
122	100%	(1/ 1)	
133	100%	(1/ 1)	
141	100%	(1/ 1)	
142	100%	(1/ 1)	
149	100%	(1/ 1)	
172	100%	(1/ 1)	
175	100%	(1/ 1)	
177	100%	(1/ 1)	
189	100%	(1/ 1)	
201	100%	(1/ 1)	
203	100%	(1/ 1)	
204	100%	(1/ 1)	
205	100%	(1/ 1)	
209	100%	(1/ 1)	
216	100%	(1/ 1)	
218	100%	(1/ 1)	
221	100%	(1/ 1)	
226	100%	(1/ 1)	
228	100%	(1/ 1)	
250	100%	(1/ 1)	
254	100%	(1/ 1)	
308	100%	(1/ 1)	
312	100%	(1/ 1)	
322	100%	(1/ 1)	
323	100%	(1/ 1)	
326	100%	(1/ 1)	
327	100%	(1/ 1)	
328	100%	(1/ 1)	
330	100%	(1/ 1)	
337	100%	(1/ 1)	
383	100%	(1/ 1)	
384	100%	(1/ 1)	
385	100%	(1/ 1)	

0175 1 TS + 0 SL + 0 MT

TESTSTELLE			23
UEBEREINST. ZEUGEN			91
BEZEUGTE VARIANTE			2
P8	100%	(1/ 1)	
P45	100%	(1/ 1)	
P74	100%	(1/ 1)	
01	100%	(1/ 1)	
02	100%	(1/ 1)	
03	100%	(1/ 1)	
05	100%	(1/ 1)	
5	100%	(1/ 1)	
33	100%	(1/ 1)	
61	100%	(1/ 1)	
88	100%	(1/ 1)	
94	100%	(1/ 1)	
103	100%	(1/ 1)	
104	100%	(1/ 1)	
180	100%	(1/ 1)	
181	100%	(1/ 1)	
228	100%	(1/ 1)	
307	100%	(1/ 1)	
322	100%	(1/ 1)	
323	100%	(1/ 1)	
326	100%	(1/ 1)	
429	100%	(1/ 1)	
431	100%	(1/ 1)	
437	100%	(1/ 1)	
453	100%	(1/ 1)	
455	100%	(1/ 1)	
459	100%	(1/ 1)	
460	100%	(1/ 1)	
467	100%	(1/ 1)	
489	100%	(1/ 1)	
522	100%	(1/ 1)	
606	100%	(1/ 1)	
610	100%	(1/ 1)	

0175 1 TS + 0 SL + 0 MT

TESTSTELLE UEBEREINST. ZEUGEN BEZEUGTE VARIANTE	23 91 2
614 100% (1/ 1)	
619 100% (1/ 1)	
623 100% (1/ 1)	
630 100% (1/ 1)	
636 100% (1/ 1)	
641 100% (1/ 1)	
876 100% (1/ 1)	
886 100% (1/ 1)	
915 100% (1/ 1)	
927 100% (1/ 1)	
941 100% (1/ 1)	
945 100% (1/ 1)	
1127 100% (1/ 1)	
1162 100% (1/ 1)	
1175 100% (1/ 1)	
1270 100% (1/ 1)	
1292 100% (1/ 1)	
1297 100% (1/ 1)	
1311 100% (1/ 1)	
1409 100% (1/ 1)	
1501 100% (1/ 1)	
1509 100% (1/ 1)	
1595 100% (1/ 1)	
1598 100% (1/ 1)	
1611 100% (1/ 1)	
1642 100% (1/ 1)	
1678 100% (1/ 1)	
1704 100% (1/ 1)	
1724 100% (1/ 1)	
1729 100% (1/ 1)	
1739 100% (1/ 1)	
1751 100% (1/ 1)	
1765 100% (1/ 1)	

0189 1 TS + 0 SL + 0 MT

TESTSTELLE UEBEREINST. ZEUGEN BEZEUGTE VARIANTE	20 441 1/
P74 100% (1/ 1)	
01 100% (1/ 1)	
02 100% (1/ 1)	
03 100% (1/ 1)	
08 100% (1/ 1)	
025 100% (1/ 1)	
044 100% (1/ 1)	
049 100% (1/ 1)	
056 100% (1/ 1)	
0142 100% (1/ 1)	
1 100% (1/ 1)	
3 100% (1/ 1)	
5 100% (1/ 1)	
6 100% (1/ 1)	
18 100% (1/ 1)	
33 100% (1/ 1)	
35 100% (1/ 1)	
38 100% (1/ 1)	
42 100% (1/ 1)	
51 100% (1/ 1)	
61 100% (1/ 1)	
69 100% (1/ 1)	
76 100% (1/ 1)	
82 100% (1/ 1)	
88 100% (1/ 1)	
90 100% (1/ 1)	
93 100% (1/ 1)	
94 100% (1/ 1)	
97 100% (1/ 1)	
102 100% (1/ 1)	
103 100% (1/ 1)	
104 100% (1/ 1)	
105 100% (1/ 1)	

0189 1 TS + 0 SL + 0 MT

TESTSTELLE UEBEREINST. ZEUGEN BEZEUGTE VARIANTE	20 441 1/
110 100% (1/ 1)	
122 100% (1/ 1)	
131 100% (1/ 1)	
133 100% (1/ 1)	
141 100% (1/ 1)	
142 100% (1/ 1)	
149 100% (1/ 1)	
172 100% (1/ 1)	
175 100% (1/ 1)	
177 100% (1/ 1)	
180 100% (1/ 1)	
181 100% (1/ 1)	
189 100% (1/ 1)	
201 100% (1/ 1)	
203 100% (1/ 1)	
204 100% (1/ 1)	
205 100% (1/ 1)	
209 100% (1/ 1)	
216 100% (1/ 1)	
218 100% (1/ 1)	
221 100% (1/ 1)	
223 100% (1/ 1)	
226 100% (1/ 1)	
228 100% (1/ 1)	
234 100% (1/ 1)	
254 100% (1/ 1)	
256 100% (1/ 1)	
263 100% (1/ 1)	
296 100% (1/ 1)	
302 100% (1/ 1)	
307 100% (1/ 1)	
308 100% (1/ 1)	
312 100% (1/ 1)	

0244 2 TS + 0 SL + 0 MT

TESTSTELLE UEBEREINST. ZEUGEN BEZEUGTE VARIANTE	35 452 1/	41 467 1/
P45 100% (2/ 2)		
08 100% (2/ 2)		
014 100% (1/ 1)	Z	
020 100% (2/ 2)		
025 100% (2/ 2)		
044 100% (2/ 2)		
049 100% (2/ 2)		
056 100% (2/ 2)		
0142 100% (2/ 2)		
1 100% (2/ 2)		
3 100% (2/ 2)		
5 100% (2/ 2)		
18 100% (2/ 2)		
33 100% (2/ 2)		
35 100% (2/ 2)		
38 100% (2/ 2)		
42 100% (2/ 2)		
43 100% (2/ 2)		
51 100% (2/ 2)		
57 100% (2/ 2)		
62 100% (2/ 2)		
76 100% (2/ 2)		
82 100% (2/ 2)		
88 100% (2/ 2)		
90 100% (2/ 2)		
93 100% (2/ 2)		
97 100% (2/ 2)		
102 100% (2/ 2)		
103 100% (2/ 2)		
104 100% (2/ 2)		
105 100% (2/ 2)		
110 100% (2/ 2)		
131 100% (2/ 2)		

0244 2 TS + 0 SL + 0 MT

TESTSTELLE	35	41
UEBEREINST. ZEUGEN	452	467
BEZEUGTE VARIANTE	1/	1/
133 100% (2/ 2)		
141 100% (2/ 2)		
142 100% (2/ 2)		
149 100% (2/ 2)		
175 100% (2/ 2)		
177 100% (2/ 2)		
189 100% (2/ 2)		
201 100% (2/ 2)		
203 100% (2/ 2)		
204 100% (2/ 2)		
205 100% (2/ 2)		
206 100% (1/ 1)	Z	
209 100% (2/ 2)		
216 100% (2/ 2)		
218 100% (2/ 2)		
221 100% (2/ 2)		
223 100% (2/ 2)		
226 100% (2/ 2)		
228 100% (2/ 2)		
234 100% (2/ 2)		
250 100% (2/ 2)		
254 100% (2/ 2)		
256 100% (1/ 1)	Z	
263 100% (2/ 2)		
296 100% (2/ 2)		
302 100% (2/ 2)		
308 100% (1/ 1)	X	
309 100% (1/ 1)	Z	
312 100% (2/ 2)		
314 100% (1/ 1)	Z	
319 100% (2/ 2)		
321 100% (2/ 2)		
322 100% (2/ 2)		

0294 2 TS + 0 SL + 0 MT

TESTSTELLE	35	48
UEBEREINST. ZEUGEN	452	452
BEZEUGTE VARIANTE	1/	1/
P45 100% (1/ 1)		Z
014 100% (1/ 1)	Z	
020 100% (2/ 2)		
025 100% (2/ 2)		
044 100% (2/ 2)		
049 100% (2/ 2)		
056 100% (2/ 2)		
0142 100% (2/ 2)		
1 100% (2/ 2)		
3 100% (2/ 2)		
5 100% (2/ 2)		
18 100% (2/ 2)		
33 100% (2/ 2)		
35 100% (2/ 2)		
38 100% (2/ 2)		
42 100% (2/ 2)		
43 100% (2/ 2)		
51 100% (2/ 2)		
57 100% (2/ 2)		
61 100% (2/ 2)		
62 100% (1/ 1)		Z
76 100% (2/ 2)		
82 100% (2/ 2)		
88 100% (2/ 2)		
93 100% (2/ 2)		
97 100% (2/ 2)		
102 100% (2/ 2)		
103 100% (2/ 2)		
104 100% (2/ 2)		
105 100% (2/ 2)		
110 100% (2/ 2)		
122 100% (2/ 2)		
131 100% (2/ 2)		

0294 2 TS + 0 SL + 0 MT

TESTSTELLE	35	48
UEBEREINST. ZEUGEN	452	452
BEZEUGTE VARIANTE	1/	1/
133 100% (2/ 2)		
141 100% (2/ 2)		
142 100% (2/ 2)		
149 100% (2/ 2)		
172 100% (1/ 1)	Z	
175 100% (2/ 2)		
177 100% (2/ 2)		
189 100% (2/ 2)		
201 100% (2/ 2)		
203 100% (2/ 2)		
204 100% (2/ 2)		
205 100% (2/ 2)		
206 100% (1/ 1)	Z	
209 100% (2/ 2)		
216 100% (2/ 2)		
218 100% (2/ 2)		
221 100% (2/ 2)		
223 100% (2/ 2)		
226 100% (2/ 2)		
228 100% (2/ 2)		
234 100% (2/ 2)		
250 100% (2/ 2)		
254 100% (2/ 2)		
263 100% (2/ 2)		
296 100% (2/ 2)		
302 100% (2/ 2)		
312 100% (2/ 2)		
319 100% (2/ 2)		
321 100% (2/ 2)		
322 100% (2/ 2)		
323 100% (2/ 2)		
326 100% (2/ 2)		
327 100% (2/ 2)		

5 49 TS + 2 SL + 53 MT

TESTSTELLE	8	10	11	14	15	18	20	23	26	28	29	31	33	34	35	36	41	42	44	45	46	47	48	49	52
UEBEREINST. ZEUGEN	94	392	351	11	10	355	441	91	30	416	439	36	12	29	452	7	467	283	451	473	101	92	452	162	452
BEZEUGTE VARIANTE	3	1/	1/	4	4	1/	1/	2	2	1/	1/	2	8	11	1/	1/D	1/	1/	1/	1/	3	2	1/	2	1/
P8 100% (2/ 2)	Z	Z	Z	Z	Z		Z		Z	Z	Z	Z	Z	Z	Z	Z	Z	Z	Z	Z	Z	Z	Z	Z	Z
P33 100% (1/ 1)	Z	Z	Z	Z	Z	Z	Z	Z	Z	Z	Z	Z	Z	Z	Z	Z	Z	Z	Z	Z	Z	Z	Z	Z	
P41 100% (2/ 2)	Z	Z	Z	Z	Z	Z	Z	Z	Z	Z	Z	Z	Z	Z	Z	Z	Z	Z	Z	Z	Z	Z	Z	Z	Z
623 84% (36/ 43)	Z	Z	Z	Z	Z	Z										1/		4			2				
33 75% (30/ 40)	X	11			X	X					X	X	2			X		3			X				
2201 72% (31/ 43)	Z	Z	Z	Z	Z	Z			1			1				1/F					2	1			
619 71% (35/ 49)			1/L	1	1								1			1/		4			2				
2778 71% (5/ 7)	Z	Z	Z	Z	Z	Z	Z	Z	Z	Z	Z	Z	Z	Z	Z	Z	Z	Z	Z	Z	Z	Z			
P45 70% (7/ 10)	Z	Z	Z	Z	Z	Y	Y		Z			Z	9	Y		Z		Z	Z		Z	Z	Z	Z	Z
1162 69% (34/ 49)	3B		1/L	1	1	4										1/		4			2				
2344 69% (33/ 48)		11		X								1E	1	2		1/		3			2			1	
2464 69% (11/ 16)	Z	Z	Z	Z	Z	Z	Z	Z	Z	Z	Z	Z	Z	Z	Z	Z	Z	Z	Z	Z	Z	Z	Z	Z	Z
1893 68% (26/ 38)	1			X	X				1			1	Z	Z	Z	Z		4			2		Z		
1595 67% (33/ 49)	1			1	7				1			1	1			1/		4							
88 65% (32/ 49)	3B	3							1				2	7		1/									4
1739 65% (32/ 49)				2	3	4				3D	5		1	2B		1/		5			2				
1891 65% (32/ 49)				9	3	4				3D	5		1	2B		1/F		5			2				
P74 65% (30/ 46)	Y	3	1/I	2	2	Z							2	2	3	1/		3	4		2				
1598 65% (31/ 48)	1			1	6		1/B		Z			1	1			1/		4			6				
1409 64% (30/ 47)	1	11		3	1	5						1	1	1		1/K			4						3
437 63% (31/ 49)	1			1	1				1			1	2			1/K					2			1	
489 63% (31/ 49)			12		1				1			1	1	1		1/F					6	1			
945 63% (31/ 49)				3	3	4				3D	5		1	2B		1/		5			2				
1270 63% (31/ 49)	1			1	6		1/B		1			1	1			1/		4			6				
1827 63% (31/ 49)	3B		1/B						1				3			1/		4			2	1		1	
1843 63% (31/ 49)					1				1			1	1	1		1/K					4	1		1	
2298 63% (31/ 49)	1		1/L	2	3	4				3D	5	6	1			1/		5							
2737 63% (31/ 49)									1	10			1	1		1/		3			1			1	
630 63% (30/ 48)				2	3	Z			1	3D		1	1	2B		1/F		6			2				
1873 63% (30/ 48)					1				1			1	1	1		1/K					6	1		1	
81 62% (23/ 37)	2	14	1/L	2	2	Z	Z	Z					1	2C	3	1/					2				
1729 61% (27/ 44)	Z	Z	Z	Z	Z				1			1	3	1		1/F					7	1			
436 61% (30/ 49)	1		1/L	1	1	4		1	1			1	1	1		1/		4			2				

5 | 49 TS + 2 SL + 53 MT

TESTSTELLE	8	10	11	14	15	18	20	23	26	28	29	31	33	34	35	36	41	42	44	45	46	47	48	49	52
UEBEREINST. ZEUGEN	94	392	351	11	10	355	441	91	30	416	439	36	12	29	452	7	467	283	451	473	101	92	452	162	452
BEZEUGTE VARIANTE	3	1/	1/	4	4	1/	1/	2	2	1/	1/	2	8	11	1/	1/D	1/	1/	1/	1/	3	2	1/	2	1/
927 61% (30/ 49)			12		1				1			1	1	1		1/F					6	1			
1297 61% (30/ 49)	1			1	6		1/B		1			1	1			1/		4			6				
2374 61% (30/ 49)	1			1	6			1	1			1	1	1		1/		4				2B			
323 60% (29/ 48)		Z		1	1	4				3C	5		1			1/		6			2			1	
1735 60% (29/ 48)	1B			1	1			1	1	3D		1	1	1		1/K					2B				
441 60% (24/ 40)	Z	Z	Z	Z	Z	Z	Z	Z	Z				1	1		1/		4			2				3
2200 60% (28/ 47)				2	3	4			1	3D		1	1	2B		1/F		5			1				
1852 59% (22/ 37)	Z	Z	Z	Z	Z	Z	Z	Z	Z	Z	Z	Z	1	1		1/						1		1	
2718 59% (22/ 37)	3B			1B	1				1			1	1	1		1/		4			2				4
322 59% (29/ 49)				1	1	4				8	5		1			1/		6			2			1	
808 59% (29/ 49)			1/L	1	7	6		1	1			1	1	1		1/					1				
915 59% (29/ 49)	3B	3	1/E						1				2	7		1/E								1	4
1315 59% (29/ 49)	1			1	6			1	1			1	1			1/		6				1			
1646 59% (29/ 49)			1/B	1	1			1					2	2B		1/						1		1	
1842 59% (29/ 49)			1/O	1	1			1	1					1		1/					2				3
1868 59% (29/ 49)				1	1				1			1	1	1		1/F					6	1		1	
314 58% (7/ 12)	Z	Z	Z	Z	Z	Z	Z	Z	Z	Z	Z	Z	Z	Z	Z	Z					1	Z	Z	Z	Z
431 58% (28/ 48)	3B			10	1				3			1	2	3	3	1/		4			2				
1846 58% (7/ 12)	Z	Z	Z	Z	Z	Z	Z	Z	Z	Z	Z	Z	Z	Z	Z	Z	Z	Z	Z	Z	Z	Z	Z	Z	Z
62 57% (8/ 14)	Z	Z	Z	Z	Z	Z	Z	Z	1			1	1	1		1/			Z	Z	Z	Z	Z	Z	Z
181 57% (28/ 49)	3B	11	11	1	1								2	2B	3	3		4			2	1			
228 57% (28/ 49)				1	1	4			1			1	1	1		1/		5							
400 57% (20/ 35)	1		1/L	1	1			Y	1			1	X		X	1/		W	X		6				
440 57% (28/ 49)	1			1	1			1	1			1	1			1/		6				1			
456 57% (28/ 49)	1			1	6			1	1			1	1	1		1/									
467 57% (28/ 49)		4		8	3	4				6B	5	1	6	1		1/					2			1	
496 57% (28/ 49)	1			1	1			1	1			1	1			1/		6				1			
621 57% (28/ 49)			1/O	1	1		1/B	1	1					1		1/		4			2			1	3
1101 57% (4/ 7)	1			1	1			Z	Z	Z	Z	Z	Z	Z	Z	Z	Z	Z	Z	Z	Z	Z	Z	Z	Z
1102 57% (28/ 49)	1			1	6	4		1	1			1	1	1		1/						1		3	
1704 57% (28/ 49)				2	5	4				3D	5	4	1	2B		1/		5			2				
2143 57% (28/ 49)	1		5		1				1			1	1	1		1/F					2	1		1	
2288 57% (28/ 49)	1			1	1				1			1	1	6		1/K					6	1		1	

5 | 49 TS + 2 SL + 53 MT

TESTSTELLE	53	55	56	57	61	65	66	68	76	77	80	81	84	87	88	90	91	92	93	95	97	98	100	102
UEBEREINST. ZEUGEN	87	422	459	104	36	333	365	15	467	181	1	49	402	476	471	71	46	99	4	44	422	22	470	478
BEZEUGTE VARIANTE	3	1/	1/	2	2	1/	1/	4	1/	2	7	2	1/	1/	1/	2	3	2	3	2	1/	2C	1/	1/
P8 100% (2/ 2)	Z	Z	Z	Z	Z	Z	Z	Z	Z	Z	Z	Z	Z	Z	Z	Z	Z	Z	Z	Z	Z	Z	Z	Z
P33 100% (1/ 1)	Z	Z	Z	Z	Z	Z	Z	Z	Z	Z	Z	Z	Z	Z	Z	Z	Z	Z	Z	Z	Z	Z	Z	Z
P41 100% (2/ 2)	Z	Z	Z	Z	Z	Z	X			Z	Z	Z	Z	Z	Z	Z	Z	Z	Z	Z	Z	Z	Z	Z
623 84% (36/ 43)					1	1/F							4											3
33 75% (30/ 40)		X	X			1/D	1/C				2		3					1	2			7		
2201 72% (31/ 43)					1			1			1						5		2	1		6		
619 71% (35/ 49)								15			3B						1/	1	2	1		6B		
2778 71% (5/ 7)	1/			1	Z	Z	Z	Z	Z	Z	Z	Z	Z	Z	Z	Z	Z	Z	Z	Z	Z	Z	Z	Z
P45 70% (7/ 10)	Z	3		1	Z	Z	Z	Z	Z	Z	Z	Z	Z	Z	Z	Z	Z	Z	Z	Z	Z	Z	Z	Z
1162 69% (34/ 49)								15			3						1/	1	2	1		6		
2344 69% (33/ 48)						1/E					2		3				3G	1	2			7		
2464 69% (11/ 16)	Z	Z	Z	Z	Z	Z	Z	Z			6		4				4B						3	4
1893 68% (26/ 38)					1	Z	Z	Z			1		Z				1/	1	2	1		6		
1595 67% (33/ 49)					1			15			1					1		1	1	1		1		
88 65% (32/ 49)				1	1			6		1	2	1						1	1	1		6		
1739 65% (32/ 49)					1			3			6B	1	3						2			2		
1891 65% (32/ 49)					1			3			6	1	3						2			2		
P74 65% (30/ 46)	1/										2						1/		2	Z		2		
1598 65% (31/ 48)					1			15			1					1		1	1	1		1		
1409 64% (30/ 47)				Z	Z	1/F					2					1	4		1			3		
437 63% (31/ 49)	1/				1			15			1					1	1/	1		1		6		
489 63% (31/ 49)	3D			1				1			1	1					5		2	1		1		
945 63% (31/ 49)	8C				1			3			6B	1	3						2			2		
1270 63% (31/ 49)					1			15			1					1		1	1	1		1		
1827 63% (31/ 49)					1			7			1D	1					1/	1	2	1		6		
1843 63% (31/ 49)				1	1			15			1	1					5		2	1		6		
2298 63% (31/ 49)					1			3			6	1	3						1			2		
2737 63% (31/ 49)					1	1/F		15		1	1	1					11D		1	1		2B		
630 63% (30/ 48)	8				1			3			6	1	3						1			2		
1873 63% (30/ 48)				1	1	1/F					1	1					5		2	1	Z	6		
81 62% (23/ 37)	1/				Z	Z	Z	Z	Z	Z	Z	Z	Z				1/		2			2		
1729 61% (27/ 44)		6		1	1			15			8	1					5		2	1		1		
436 61% (30/ 49)	4C				1						1	1	4									2		

5 49 TS + 2 SL + 53 MT

TESTSTELLE	53	55	56	57	61	65	66	68	76	77	80	81	84	87	88	90	91	92	93	95	97	98	100	102
UEBEREINST. ZEUGEN	87	422	459	104	36	333	365	15	467	181	1	49	402	476	471	71	46	99	4	44	422	22	470	478
BEZEUGTE VARIANTE	3	1/	1/	2	2	1/	1/	4	1/	2	7	2	1/	1/	1/	2	3	2	3	2	1/	2C	1/	1/
927 61% (30/ 49)	3D			1		1/F		15			1	1					5		2	1		1		
1297 61% (30/ 49)					1	1/F		15			1					1		1	1	1		1		
2374 61% (30/ 49)					1	3				1B	1	1				1		1	1					
323 60% (29/ 48)					1	1/C		1			6	1					5		1	4		3		
1735 60% (29/ 48)	6										1	1				1	X	1	1	1		1		
441 60% (24/ 40)					1	1/K	8	2			1	1					5D	1	2	3				
2200 60% (28/ 47)	8				1			3	Z	Z	6	1	3						1			2		
1852 59% (22/ 37)	1/			1	3			1		1	1						5		1	3		1		
2718 59% (22/ 37)					1	1/F	6	3	Z	Z	Z	Z	Z	Z	Z	Z	Z	Z	Z	Z				
322 59% (29/ 49)	3F				1	1/C		1			6	1					5		1	4		3		
808 59% (29/ 49)				1	1	1/F		1			1					1	6		1			1		
915 59% (29/ 49)				1	1	1/P		15		1	2	1						1	1	1		6		
1315 59% (29/ 49)	8C			1	1			1			1	1				1	5C		1			1		
1646 59% (29/ 49)	1/			1				1		1	1	1				1	1/		1	1		1		
1842 59% (29/ 49)		1/F		1	1			15			5	1	1/C				5		2	3	5			
1868 59% (29/ 49)				1	1	1/F		15			1	1					5		1	1		1		
314 58% (7/ 12)	Z	Z	Z	Z	Z	Z	Z	Z	Z	Z	Z	Z	Z	Z	Z	Z	Z	1	1	1		1		
431 58% (28/ 48)							1/B	2			1	1	4				14		1	3	3	W		
1846 58% (7/ 12)	Z	Z	Z	Z	Z	Z	Z	Z	Z	Z	Z	1				1	X		1	3		1		
62 57% (8/ 14)	Z	Z	Z	Z	Z	Z	Z	Z	Z	Z	Z	Z	Z	Z	Z	Z	Z	Z	Z	Z		3		
181 57% (28/ 49)	3G	5						12			3		1/C				12		2		4	2		
228 57% (28/ 49)	1/				1	1/F	11	7			5	1				1	5H		1	1		2		
400 57% (20/ 35)	W			1	1	X	X	X			X	X		X	X	X	5	1	1	1		1		
440 57% (28/ 49)				1	1			1		1B	1	1				1	4K		1	4		3		
456 57% (28/ 49)				1	1			1		1	1	1				1	1/	1	1	1		1		
467 57% (28/ 49)					1			7		1B	1	1					4I	1	2	3				
496 57% (28/ 49)				1	1			1		1B	1	1				1	4K		1	4		1		
621 57% (28/ 49)	3B				1		8	2			1	1					5		2	3				
1101 57% (4/ 7)	Z	Z	Z	Z	Z	Z	Z	Z	Z	Z	Z	Z	Z	Z	Z	Z	Z	Z	Z	Z	Z	Z	Z	Z
1102 57% (28/ 49)					1			1		1	1					1		1	1	3		1		
1704 57% (28/ 49)	8			2B	1			3			6B	1	3			4			2			2		
2143 57% (28/ 49)					1	1/F		15			1	1				4	5		1	1		6		
2288 57% (28/ 49)				1	1	1/F		14			1	1					11E		2	1		6		

6 41 TS + 1 SL + 62 MT

TESTSTELLE	9	10	11	12	13	18	20	28	29	30	34	35	36	39	41	42	43	44	45	48	52	53	55	56	57
UEBEREINST. ZEUGEN	4	392	351	13	3	355	441	416	439	12	3	17	339	33	467	15	24	451	473	452	452	87	422	459	104
BEZEUGTE VARIANTE	5	1/	1/	3	9	1/	1/	1/	1/	3	8	3	1/	4	1/	3	2	1/	1/	1/	1/	3	1/	1/	2
P8 100% (1/ 1)	Z	Z	Z	Z	Z		Z	Z	Z	Z	Z	Z	Z	Z	Z	Z	Z	Z	Z	Z	Z	Z	Z	Z	Z
P33 100% (1/ 1)	Z	Z	Z	Z	Z	Z	Z	Z	Z	Z	Z	Z	Z	Z	Z	Z	Z	Z	Z	Z		Z	Z	Z	Z
P41 100% (1/ 1)	Z	Z	Z	Z	Z	Z	Z	Z	Z	Z	Z	Z	Z	Z	Z	Z	Z	Z	Z	Z	Z	Z	Z	Z	Z
69 76% (26/ 34)	1			1C	1D	7								Z	Z	Z	Z	Z	Z			1/	10	Y	
431 73% (29/ 40)	1			13	1					1	3					4									
172 72% (18/ 25)	Z	Z	Z	Z	Z				Z	1	Z	Z		Z	Z	Z	1					1/			1
2201 69% (24/ 35)	Z	Z	Z	Z	Z	Z				1	11	1/	1/F	1		1/	1								
1526 68% (15/ 22)	Z	Z	Z	Z	Z					1	Z	1/				1/	1					1/			1
506 67% (6/ 9)	Z	Z	Z	Z	Z	Z	Z			1	1	Z	Z	Z	Z	Z	Z	Z	Z		Z	Z			1
1846 67% (8/ 12)	Z	Z	Z	Z	Z	Z	Z	Z	Z	Z	Z	Z	Z	Z	Z	Z	Z	Z	Z	Z	Z	Z	Z	Z	Z
2778 67% (4/ 6)	Z	Z	Z	Z	Z	Z	Z	Z	Z	Z	Z	Z	Z	Z	Z	Z	Z	Z	Z			1/			1
5 66% (27/ 41)	1			1	1					1	11	1/	1/D	1		1/	1								
2374 66% (27/ 41)	1			1	1					1	1	1/		1		4									
P74 66% (25/ 38)	Z	3	1/I	2	2B	Z				2	2			2				4				1/			
1867 66% (23/ 35)	Z	Z	Z	Z	Z					1	1	1/		1		1/	1					1/			1
441 65% (22/ 34)	Z	Z	Z	Z	Z	Z	Z			1	1	1/		1		4	1				3				
1852 65% (20/ 31)	Z	Z	Z	Z	Z	Z	Z	Z	Z	Z	1	1/		1		1/	1					1/			1
2718 65% (20/ 31)	1			12	1C					1	1	1/		1		4					4				
1762 64% (16/ 25)	Z	Z	Z	Z	Z	Z				1	1	1/		1		1/	1			1/H		8B			1
1893 64% (21/ 33)	1			1	X					1	Z	Z	Z	1		4	1			Z					
180 63% (26/ 41)	1	6		1	2	5B		3E	5	1	11C		1/F			4									
467 63% (26/ 41)	2	4		1	1D	4		6B	5	1	1	1/				1/									
1739 63% (26/ 41)	1				3D	4		3D	5	1	2B	1/				5	1								
1843 63% (26/ 41)	1			1	1					1	1	1/	1/K	1		1/	1								1
2737 63% (26/ 41)	1			1	1			10		1	1	1/		1			1								
1856 63% (19/ 30)	1			1	1					1	1	1/		1		8	1					1/			1
623 63% (22/ 35)	Z	Z	Z	Z	Z	Z				1	11	1/		1		4	1								
P45 63% (5/ 8)	Z	Z	Z	Z	Z	Y	Y			Z	Y	1/	Z	Z		Z	Z	Z		Z	Z	Z	3		1
2080 62% (24/ 39)	1			1	1					1	1	1/		1		8	1					1/			
1729 61% (22/ 36)	Z	Z	Z	Z	Z					1	1	1/	1/F	1		1/	1						6		1
94 61% (25/ 41)	1	6	1/L	1	2C	5B		3D	5	5	11B		1/F			4									
216 61% (25/ 41)	1			1	1					1C	1	1/		1		6	1								1
440 61% (25/ 41)	1			1	1					1	11	1/		1		6	1								1

6 — 41 TS + 1 SL + 62 MT

TESTSTELLE	9	10	11	12	13	18	20	28	29	30	34	35	36	39	41	42	43	44	45	48	52	53	55	56	57
UEBEREINST. ZEUGEN	4	392	351	13	3	355	441	416	439	12	3	17	339	33	467	15	24	451	473	452	452	87	422	459	104
BEZEUGTE VARIANTE	5	1/	1/	3	9	1/	1/	1/	1/	3	8	3	1/	4	1/	3	2	1/	1/	1/	1/	3	1/	1/	2
468 61% (25/ 41)	1			1	1D						11	1/				1/						1/			1
496 61% (25/ 41)	1			1	1					1	11	1/		1		6	1								1
619 61% (25/ 41)	1		1/L	1	1					1	11	1/		1B		4	1								
621 61% (25/ 41)	1		1/O	1	8		1/B			1	1	1/		1		4	1				3	3B			
935 61% (25/ 41)	1			1	1						11	1/		1		6	1								1
945 61% (25/ 41)	1				3E	4		3D	5	1	2B	1/				5	1					8C			
1102 61% (25/ 41)	1			1	1	4				1	1	1/		1		1/	1								
1404 61% (25/ 41)	1			1	1					1	11	1/		1		6	1								1
1595 61% (25/ 41)	1			1	1					1	11	1/		1		4	1								
1827 61% (25/ 41)	1		1/B	1	1					1	11	1/		1		4	1								
2143 61% (25/ 41)	1		5	1	1						1	1/	1/F	1		1/	1								
2288 61% (25/ 41)	1			1	1					1	6	1/	1/K	1		1/	1								1
2344 61% (25/ 41)	1	11		1	1					1	2	1/		1											
81 60% (21/ 35)	2	14	1/L	2	2	Z	Z				2C			2		1/						1/			
610 60% (24/ 40)	4	6		1	2	5B		3E	5	5	Z		1/F			4									
630 60% (24/ 40)	1				4	Z		3D		5	2B	1/	1/F			6	1					8			
1873 60% (24/ 40)	1			1	1					1	1	1/	1/K	1		1/	1								1
1894 60% (24/ 40)	1			1	1					1	11	1/		Z		5	1					1/			1
256 59% (19/ 32)	Z	Z	Z	Z	Z					1	Z	Z	Z	1			1			Z		1/	1/B		1
206 59% (16/ 27)	Z	Z	Z	Z	Z	Z	Z	Z	Z	Z	Z	Z	Z	Z		5	1				4	8			
1731 59% (16/ 27)	Z	Z	Z	Z	Z	Z	Z	Z	Z	Z	Z	Z	Z	Z		1/	1					1/			1
2378 59% (13/ 22)	Z	Z	Z	Z	Z	Z	Z	Z	Z	Z	Z	Z	Z	Z	X	Y	1			Z		1/		1/E	Z
323 59% (23/ 39)	Z	Z		1	2	4		3C	5	1	11	1/				6	1								
1609 59% (23/ 39)	1			1	1			3D		1	1	1/		1		1/	1								
1094 59% (20/ 34)	Z	Z	Z	Z	Z	Z	Z			1	1	1/		1		1/	1					1/			1
1752 59% (20/ 34)	Z	Z	Z	Z	Z	Z	Z				1	1/		1		6	1					1/			1
1839 59% (20/ 34)	Z	Z	Z	Z	Z	Z	Z			1	1	1/		1		1/	1					1/			1
2004 59% (10/ 17)	Z	Z	Z	Z	Z	Z	Z	Z	Z	Z	Z	Z	Z	Z	Z	1/	Z	Z	Z	Z	Z	Z	Z	Z	Z
2746 59% (17/ 29)	Z	Z	Z	Z	Z	Z	Z			1	1	1/		1		Z	Z	Z	Z	Z					
044 59% (24/ 41)	1	4		1	2D					1	1	1/		1		4	1	5				1/			
82 59% (24/ 41)	1			1	1					1	1	1/		1		1/	1					1/			1
102 59% (24/ 41)	1			1	1	4				1	1	1/		1		1/	1							1/C	
142 59% (24/ 41)	1			1	1					1	1	1/		1		4	1					1/			1

6 41 TS + 1 SL + 62 MT

TESTSTELLE UEBEREINST. ZEUGEN BEZEUGTE VARIANTE	65 333 1/	66 365 1/	76 467 1/	84 402 1/	86 85 3	87 476 1/	88 471 1/	89 4 8	90 71 2	91 1 12B	92 99 2	95 68 3	97 422 1/	98 22 2C	100 470 1/	102 478 1/
P8 100% (1/ 1)	Z	Z	Z	Z	Z	Z	Z	Z	Z	Z	Z	Z	Z	Z	Z	Z
P33 100% (1/ 1)	Z	Z	Z	Z	Z	Z	Z	Z	Z	Z	Z	Z	Z	Z	Z	Z
P41 100% (1/ 1)	Z	X		Z	Z	Z	Z	Z	Z	Z	Z	Z	Z	Z	Z	Z
69 76% (26/ 34)					1			1								
431 73% (29/ 40)		1/B		4				2		14			3	W		
172 72% (18/ 25)				Z	Z			1	Z	Z	Z	1		3		
2201 69% (24/ 35)								1		5		1		6		
1526 68% (15/ 22)	1/F			Z	Z	Z	Z	Z	Z	Z	Z	Z	Z	Z	Z	Z
506 67% (6/ 9)	Z	Z	Z		Z	Z	Z	Z	Z	Z	Z	Z	Z	Z	Z	Z
1846 67% (8/ 12)	Z	Z	Z		1			1	1	X				1		
2778 67% (4/ 6)	Z	Z	Z	Z	Z	Z	Z	Z	Z	Z	Z	Z	Z	Z	Z	Z
5 66% (27/ 41)					5			1		3		2				
2374 66% (27/ 41)	3							2	1	3	1	2				
P74 66% (25/ 38)					2B			2		1/		Z		2		
1867 66% (23/ 35)								1E	5	3	1	Z				
441 65% (22/ 34)	1/K	8						14		5D	1					
1852 65% (20/ 31)					1			14		5				1		
2718 65% (20/ 31)	1/F	6	Z	Z	Z	Z	Z	Z	Z	Z	Z	Z				
1762 64% (16/ 25)					Z	Z	Z	Z	Z	Z	Z	Z	Z	Z		
1893 64% (21/ 33)	Z	Z		Z	1B			1		1/	1	1		6		
180 63% (26/ 41)								9		4			3	2		
467 63% (26/ 41)					4			1		4I	1					
1739 63% (26/ 41)				3				14		3		2		2		
1843 63% (26/ 41)								1		5		1		6		
2737 63% (26/ 41)	1/F				1B			1		11D		1		2B		
1856 63% (19/ 30)				Z	Z	Z	Z	Z	Z	Z	Z	Z	Z	Z		
623 63% (22/ 35)	1/F			4	2			1		3		2				3
P45 63% (5/ 8)	Z	Z	Z	Z	Z	Z	Z	Z	Z	Z	Z	Z	Z	Z	Z	Z
2080 62% (24/ 39)					1B			1	Y	Y	1	1		1		
1729 61% (22/ 36)					3B			1		5		1		1		
94 61% (25/ 41)		1/B						1	1	3						
216 61% (25/ 41)					2			1	1	4K		4		3		
440 61% (25/ 41)					2B			1	1	4K		4		3		

6 41 TS + 1 SL + 62 MT

TESTSTELLE	65	66	76	84	86	87	88	89	90	91	92	95	97	98	100	102
UEBEREINST. ZEUGEN	333	365	467	402	85	476	471	4	71	1	99	68	422	22	470	478
BEZEUGTE VARIANTE	1/	1/	1/	1/	3	1/	1/	8	2	12B	2	3	1/	2C	1/	1/
468 61% (25/ 41)		1/B		4	1B			1	1	4D	1	1				
496 61% (25/ 41)					1			1	1	4K		4		1		
619 61% (25/ 41)					1			1		1/	1	1		6B		
621 61% (25/ 41)		8						14		5						
935 61% (25/ 41)	9				2			1	1	5C		2		3		
945 61% (25/ 41)				3				5		3		2		2		
1102 61% (25/ 41)					1B			1	1	3	1			1		
1404 61% (25/ 41)					1B			1	1	5C		1		3		
1595 61% (25/ 41)					1B			1	1	3	1	1		1		
1827 61% (25/ 41)					1			1		1/	1	1		6		
2143 61% (25/ 41)	1/F							1	4	5		1		6		
2288 61% (25/ 41)	1/F							1		11E		1		6		
2344 61% (25/ 41)	1/E			3	2			11		3G	1	2		7		
81 60% (21/ 35)	Z	Z	Z	Z	2B			14		1/		2		2		
610 60% (24/ 40)		1/B		4				2		3			3	2		
630 60% (24/ 40)				3	1B			3		3		2		2		
1873 60% (24/ 40)	1/F							1		5		1	Z	6		
1894 60% (24/ 40)				3			7	14		3		2		1		
256 59% (19/ 32)					2			1	4	1/	1	1		1		
206 59% (16/ 27)				3	1			14	1	4E	1			1D		
1731 59% (16/ 27)					1B			1	1	4C	1	1		1		
2378 59% (13/ 22)					1B			1	1	1/	1	Z		1		
323 59% (23/ 39)	1/C				1			1		5		4		3		
1609 59% (23/ 39)	5				2			1	1	5		Z	Z	3		
1094 59% (20/ 34)					2			1	1	1/	1	1				
1752 59% (20/ 34)					1B			1	1	1/	1	1		1		
1839 59% (20/ 34)					2B			1	1	18	1			1		
2004 59% (10/ 17)								1	1	1/	1	1		1		
2746 59% (17/ 29)	1/F				1B			1	1	3	1	1		1		
044 59% (24/ 41)	1/F							2		3				1		4
82 59% (24/ 41)								1	1	1/	1	1		1		
102 59% (24/ 41)					1B			1	1	3	1			1		
142 59% (24/ 41)		11						1	1	4K		1		3		

33 62 TS + 3 SL + 21 MT

TESTSTELLE		5	7	10	11	14	17	20	23	26	28	33	34	35	41	42	43	44	45	47	48	49	50	52	53	54
UEBEREINST. ZEUGEN		4	9	11	351	11	23	441	91	30	416	19	29	452	467	15	24	451	473	92	452	162	17	452	87	14
BEZEUGTE VARIANTE		5	4	11	1/	4	2	1/	2	2	1/	2	11	1/	1/	3	2	1/	1/	2	1/	2	2	1/	3	4
P8	100% (1/ 1)	Z	Z	Z	Z	Z	Z	Z		Z	Z	Z	Z	Z	Z	Z	Z	Z	Z	Z	Z	Z	Z	Z	Z	Z
P33	100% (1/ 1)	Z	Z	Z	Z	Z	Z	Z	Z	Z	Z	Z	Z	Z	Z	Z	Z	Z	Z	Z	Z	Z	Z		Z	Z
2344	84% (51/ 61)		1			X						1	2									1				
P41	83% (5/ 6)	Z	Z	Z	Z	Z	Z	Z	Z	Z	Z	Z	Z	Z	Z	Z	Z	Z	Z	Z	Z	Z	Z	Z	Z	Z
P74	73% (43/ 59)	2	X	3	1/I	2							2	3				4					3		1/	3
P45	71% (5/ 7)	Z	Z	Z	Z	Z	Z	Y		Z		9	Y			Z	Z	Z		Z	Z	Z	Z	Z	Z	Z
02	71% (44/ 62)	2	2	3		2							2	3				4					3		1/	2
01	68% (42/ 62)	2	2	3		2							2	3		1/		4			3			4	1/	
03	65% (40/ 62)	2	2	1/		2							2	4		1/		4						4	1/	7
81	63% (25/ 40)	2	2	14	1/L	2	Z	Z	Z			1	2C	3		1/									1/	1
04	62% (23/ 37)	2	2	3	5	2	Z	Z	Z			1		3B	Z	Z		4						1/D	4	
181	61% (37/ 61)	1			11	1	1						2B	3		4				1			10		3G	6
1175	58% (36/ 62)	2	2	3	1/D	2							2	3		6		6						4		1
1739	58% (36/ 62)	1	16	1/		2					3D	1	2B			5	1						2C			1
2718	56% (23/ 41)	1	1	1/		1B	1			1		1	1			4								4		1
623	55% (31/ 56)	Z	Z	Z	Z	Z	Z					8				4	1						1			
1875	55% (31/ 56)	X	X	X	X	6	1				Z		2B	3		6	Z			1			4		3G	2
1891	55% (34/ 62)	1	16	1/		9					3D	1	2B			5	1						2C			1
945	50% (31/ 62)	1	1	1/		3	11				3D	1	2B			5	1						19		8C	1
1162	50% (31/ 62)		1	1/	1/L	1	1					8				4	1						1			
5	48% (30/ 62)	1	1	1/			1					8				1/	1						1			1
619	48% (30/ 62)	1	1	1/	1/L	1	1					1				4	1						1			
2303	48% (10/ 21)	Z	Z	Z	Z	Z	Z	Z	Z	Z		1	1			4	1			1			1		Z	Z
1409	47% (27/ 57)	2	1			3						1	1			1/		4					13B	3		1
08	47% (28/ 60)	1	15			3			3		5		9			6	1			4	6	1	1		1/	1
1704	45% (28/ 62)	1	1	1/		2	11				3D	1	2B			5	1						19		8	1
2298	45% (28/ 62)	1	1	1/	1/L	2	11B				3D	1				5	1						1D			1
1893	45% (23/ 51)	1	1	1/		X	1			1		Z	Z	Z		4	1				Z		1			1
431	44% (27/ 61)	1	1	1/		10	1C			3			3	3		4							2C			5
630	44% (27/ 61)	1	1	1/		2	Z			1	3D	1	2B			6	1						2C		8	1
1884	44% (26/ 59)	1	15			3	2B		3		5		9C			6	1			4B	U	1	1		1/	1
2200	44% (25/ 57)	1	1	1/		2	1C			1	3D	1	2B			5	1						2C		8	1
307	44% (27/ 62)	1	13	6		2				1	3E	1	11C	3		4							2C			5

TESTSTELLE	5	7	10	11	14	17	20	23	26	28	33	34	35	41	42	43	44	45	47	48	49	50	52	53	54
UEBEREINST. ZEUGEN	4	9	11	351	11	23	441	91	30	416	19	29	452	467	15	24	451	473	92	452	162	17	452	87	14
BEZEUGTE VARIANTE	5	4	11	1/	4	2	1/	2	2	1/	2	11	1/	1/	3	2	1/	1/	2	1/	2	2	1/	3	4
2818 44% (27/ 62)	1	13	6		3				1	3E	3	11C	3		4							2C			5
2464 43% (12/ 28)	Z	Z	Z	Z	Z	Z	Z	Z	Z	Z	Z	Z	Z	Z	Z	Z	Z	Z	Z	Z	Z	Z	Z	Z	Z
323 43% (26/ 61)	1	18	Z		1					3C	1				6	1					1				1
2201 42% (24/ 57)	1	Z	Z	Z	Z	Z			1		8				1/	1			1			1			1
044 42% (26/ 62)	3	5	4		1B			7	1		8	1			4	1	5				1			1/	3
88 42% (26/ 62)	3		3						1			7			1/	1						1	4		
610 42% (23/ 55)	1	13	6		3				Z	3E	Z	Z	3		4							2C			5
180 41% (24/ 59)	1	11	6		3B	1			1	3E	1	11C	3		4										5
322 40% (25/ 62)	1	17	1/		1					8	1				6	1					1			3F	1
436 40% (25/ 62)	1	1	1/	1/L	1	1		1	1		1	1			4	1						1		4C	1
453 40% (25/ 62)	1	13	6		2				1	3E	1	11C	3		4							2C			1
62 40% (6/ 15)	Z	Z	Z	Z	Z	Z	Z	Z	1		1	1			1/	1	Z	Z	Z	Z	Z	Z	Z	Z	Z
314 40% (6/ 15)	Z	Z	Z	Z	Z	Z	Z	Z	Z	Z	Z	Z	Z		1/	1			Z	Z	Z	Z	Z	Z	Z
1735 40% (24/ 60)	1	1B	1/		1	1		1	1	3D	1	1			1/	3						1		6	2B
441 40% (21/ 53)	Z	Z	Z	Z	Z	Z	Z	Z	Z		1	1			4	1						6	3		1
915 39% (24/ 62)	3		3	1/E					1			7			1/	1					1	9	4		
1595 39% (24/ 62)	1	1	1/		1	1			1		1				4	1						1			1
1678 39% (24/ 62)	1	10	6		3	8			1	3D	1	11C	3		4							2C			5
1827 39% (24/ 62)	1	1	1/	1/B					1		3				4	1			1		1	1			1
2495 39% (24/ 62)	1	1	7B		1	1C			1		5	1			1/	1					1			1/	1
1598 38% (23/ 61)	1	1	1/		1	1	1/B		Z		1				4	1						1			1
886 38% (3/ 8)	1	1	4		8	6			Z	Z	Z	Z	Z	Z	Z	Z	Z	Z	Z	Z	Z	Z	Z	Z	Z
2778 38% (3/ 8)	Z	Z	Z	Z	Z	Z	Z	Z	Z	Z	Z	Z	Z	Z	Z	Z	Z	Z	Z			1D		1/	1
2805 37% (22/ 59)	1	1	4	10	2		Z	Z		6	1	1			4	1						1			
94 37% (23/ 62)	4	13	6	1/L	3	5			1	3D	1	11B	3		4							2C			5
1270 37% (23/ 62)	1	1	1/		1	1	1/B		1		1				4	1						1			1
1297 37% (23/ 62)	1	1	1/		1	1	1/B		1		1				4	1						1			1
1505 37% (23/ 62)	1	1	1/		1B	1C		1	1		5	1			1/	1					1			1/	1
2374 37% (23/ 62)	1	1	1/		1	1C		1	1		1	1			4				2B						1
629 37% (21/ 57)	1	2	12	1/L	8	9		1	1	7	X	1			1/	1	6			4	1	X		1/	5
1729 37% (21/ 57)	Z	Z	Z	Z	Z	1G			1		3	1			1/	1			1			1B			5
1745 36% (4/ 11)	Z	Z	Z	Z	Z	Z	Z	Z	Z	Z	Z	Z	Z	Z	Z	Z	Z	Z	Z	Z	Z	Z	Z	Z	Z
1873 36% (22/ 61)	1	1	1/			4			1		1	1			1/	1			1		1	1			1

33 62 TS + 3 SL + 21 MT

TESTSTELLE	57	59	60	61	62	64	66	68	69	70	71	72	74	75	76	77	78	79	80	81	84	85	86	87	88
UEBEREINST. ZEUGEN	104	20	6	36	28	38	1	15	16	3	4	18	13	19	467	181	67	31	9	49	23	20	35	476	471
BEZEUGTE VARIANTE	2	2	2	2	2	2	1/C	4	3	3B	2	2	2	2	1/	2	2	2	2	2	3	2	2	1/	1/
P8 100% (1/ 1)	Z	Z	Z	Z	Z	Z	Z	Z	Z	Z	Z	Z	Z	Z	Z	Z	Z	Z	Z	Z	Z	Z	Z	Z	Z
P33 100% (1/ 1)	Z	Z	Z	Z	Z	Z	Z	Z	Z	Z	Z	Z	Z	Z	Z	Z	Z	Z	Z	Z	Z	Z	Z	Z	Z
2344 84% (51/ 61)		1					1/				1			3											
P41 83% (5/ 6)	Z	Z		Z	Z	Z	X		2	Z	Z		Z			Z	Z	Z	Z	Z	Z	Z	Z	Z	Z
P74 73% (43/ 59)							1/						X					2B			1/		2B		
P45 71% (5/ 7)	1	Z	Z	Z	Z	Z	Z	Z	Z	Z	Z	Z	Z	Z	Z	Z	Z	Z	Z	Z	Z	Z	Z	Z	Z
02 71% (44/ 62)			1				1/			1	1												2B		
01 68% (42/ 62)				4			1/			1							3	5		2B					
03 65% (40/ 62)				4			1/	2		2						2B					4		2B		
81 63% (25/ 40)			Z	Z	Z	Z	Z	Z	Z	Z	Z	Z	Z	Z	Z	Z	Z	Z	Z	Z	Z		2B		
04 62% (23/ 37)	Z	Z	Z	Z	Z	Z	Z	Z	Z	Z	Z		1						3	Z			Z	Z	Z
181 61% (37/ 61)			X				1/	12	3B	1	1	1		1C			1		3		1/C				
1175 58% (36/ 62)	2C		1		1		1/B	2		1	1	3	1				3				1/		3		
1739 58% (36/ 62)			1	1	1		1/	3	2	2	1		1				1		6B	1			3		
2718 56% (23/ 41)			1	1			6	3	2C	Z	Z	Z	Z	Z	Z	Z	Z	Z	Z	Z	Z	Z	Z	Z	Z
623 55% (31/ 56)		1	1	1			1/		1	1	1	2B	1	1			1	1B	7		4				
1875 55% (31/ 56)			1	1			7	12	3B	1	1	1	1	1			1		1		1/C				
1891 55% (34/ 62)			1	1	1		1/	3	2	2	1	3	1				1		6	1		1			
945 50% (31/ 62)		1	1	1	1		1/	3		2	1	6	3	3			1B		6B	1			3		
1162 50% (31/ 62)		1	1		1	1	1/	15	1	1	1	1B		1				1B	3		1/		1		
5 48% (30/ 62)		1	1		1	1	1/		1	1	1	1	1	1			1	1B	7		1/	1	5		
619 48% (30/ 62)		1	1		1	1	1/	15	1	4B	1	1B		1				1B	3B		1/		1		
2303 48% (10/ 21)	Z	Z	Z	Z	Z	Z	Z	Z	Z	Z	Z	Z	Z	Z	Z	Z	Z	Z	Z	Z	Z	Z	Z	Z	Z
1409 47% (27/ 57)	Z	Z	Z	Z	Z	1	1/		3B	2	1	1		3			1	5			1/	1	3		
08 47% (28/ 60)	1	1	1			1	3		3B	4	1		1	1			1		3	1B			2B		
1704 45% (28/ 62)	2B	1	1	1	1		1/	3		2	1	6	1	3			1B		6B	1		1	3		
2298 45% (28/ 62)		1	1	1	1	1	1/	3		2	1	1	1	1			1		6	1		1	3		
1893 45% (23/ 51)		1	1	1	1	Z	Z	Z	Z	1	1	1		1			1	1B	1		Z	Z	1B		
431 44% (27/ 61)		1	1		1		1/B	2	2C	2	1		3				1		1	1	4	1	3		
630 44% (27/ 61)			1	1	1	1	1/	3	2C	1	1	3	1	3			1		6	1		1	1B		
1884 44% (26/ 59)	1	1	1			1	3		2C	4	1		1	1			1		3	1			2B		
2200 44% (25/ 57)			1	1	1	1	1/	3	2	1B	1	3	Z	Z	Z	Z	Z		6	1		1	1		
307 44% (27/ 62)		1	1	1	1		1/B	2	2C	3	1		1						3	3	4	1	3		

33 | 62 TS + 3 SL + 21 MT

TESTSTELLE UEBEREINST. ZEUGEN BEZEUGTE VARIANTE	57 104 2	59 20 2	60 6 2	61 36 2	62 28 2	64 38 2	66 1 1/C	68 15 4	69 16 3	70 3 3B	71 4 2	72 18 2	74 13 2	75 19 2	76 467 1/	77 181 2	78 67 2	79 31 2	80 9 2	81 49 2	84 23 3	85 20 2	86 35 2	87 476 1/	88 471 1/
2818 44% (27/ 62)		1	1	1	1		1/B	2	2C	2	1		1						1	3	4	1	3		
2464 43% (12/ 28)	Z	Z	Z	Z	Z	Z	Z	Z	Z	8	1	2B	1	1			1	1	6		4		3C		
323 43% (26/ 61)			1	1	1	1	1/	1	1	1	1	1	1	1			1	1	6	1	1/	1	1		
2201 42% (24/ 57)		1	1	1	1	1	1/	1	1	1	1	1	1	1				1	1		1/	1	3		
044 42% (26/ 62)		4	1	1			1/	3	3B	1	1	7	1	1				1	3	1	1/		3		
88 42% (26/ 62)	1	1	1	1	1	1	1/	6	1	1	1	1	1	1		1	1	1		1	1/	1	4		
610 42% (23/ 55)		1	1	1	1		1/B	2	2C	2	1	Z	1			Z	1	Z	Z	3	4	1	3		
180 41% (24/ 59)		1	1		1		1/	3	2C	2	1		1			Z	Z	Z	1	1	1/	1	3		
322 40% (25/ 62)			1	1	1	1	1/	1	1	1	1	1	1	1			1	1	6	1	1/	1	1		
436 40% (25/ 62)		1	1	1			1/		1	1	1	2B	1	1				1	1	1	4	1	3		
453 40% (25/ 62)		1	1	1	1		1/B	2	2C	2B	1		1						3	3	4	1	2B		
62 40% (6/ 15)	Z	Z	Z	Z	Z	Z	Z	Z	Z	Z	Z	Z	Z	Z	Z	Z	Z	Z	Z	Z	Z	Z	Z	Z	Z
314 40% (6/ 15)	Z	Z	Z	Z	Z	Z	Z	Z	Z	Z	Z	Z	Z	Z	Z	Z	Z	Z	Z	Z	Z	Z	Z	Z	Z
1735 40% (24/ 60)		1	1		1	10	1/			1	1			3				1	1	1	1/	1	1		
441 40% (21/ 53)		1	1	1	1		8	2	1	3	1	1	1	3			1	1	1	1	1/	1	3		
915 39% (24/ 62)	1	1	1	1	1	1	1/	15	1	1	1	1	1	1		1	1	1		1	1/	1	1		
1595 39% (24/ 62)		1	1	1	1	1	1/	15	1	1	1	1	1	1			1	1	1		1/	1	1B		
1678 39% (24/ 62)		1	1	1	1		1/B	2	2C	2	1	1	1						1	3	4	1	3		
1827 39% (24/ 62)		1	1	1	1	1	1/	7	1	1	1	1		1			1	1B	1D	1	1/	1	1		
2495 39% (24/ 62)		1	1	1			6	17	1	1	1	1	1	1				1	3	1	4	1	3		
1598 38% (23/ 61)		1	1	1	1	1	1/	15	1	1	1	1	1	1			1	1	1		1/	1	1B		
886 38% (3/ 8)	Z	Z	Z	Z	Z	Z	Z	Z	Z	Z	Z	Z	Z	Z	Z	Z	Z	Z	Z	Z	Z	Z	Z	Z	Z
2778 38% (3/ 8)	1	1	Z	Z	Z	Z	Z	Z	Z	Z	Z	Z	Z	Z	Z	Z	Z	Z	Z	Z	Z	Z	Z	Z	Z
2805 37% (22/ 59)		1	1	1		1	1/	4B	1B	1	1	1	1	3			1	1	4	1	1/	1	3		
94 37% (23/ 62)		1	1	1	1		1/B	3		2	1	3	1	1				1	1	1	1/	1	3		
1270 37% (23/ 62)		1	1	1	1	1	1/	15	1	1	1	1	1	1			1	1	1		1/	1	1B		
1297 37% (23/ 62)		1	1	1	1	1	1/	15	1	1	1	1	1	1			1	1	1		1/	1	1B		
1505 37% (23/ 62)		1	1	1			6	17	1	1	1	1	1	1				1	3	1	4	1	3		
2374 37% (23/ 62)		1	1	1	1	1	1/		1B	1	1	1	1	1		1B	1	1	1	1	1/	1	3		
629 37% (21/ 57)			1	1			1/H	1	3B	1		2B		3				1	1	X			X	X	6
1729 37% (21/ 57)	1	1	1	1	1	1	1/	15	1	1	1	1	1	1				1	8	1	1/	1	3B		
1745 36% (4/ 11)	Z	Z	Z	Z	Z	Z	Z	Z	Z	Z	Z	Z	Z	Z	Z	Z	Z	Z	Z	Z	Z	Z	1B		
1873 36% (22/ 61)	1	1	1	1	1	1	1/		1	1	1	1	1	1				1	1	1	1/	1	3		

33 62 TS + 3 SL + 21 MT

TESTSTELLE	90	91	93	94	95	96	97	98	99	100	102	104
UEBEREINST. ZEUGEN	71	46	31	19	44	35	422	1	16	470	478	22
BEZEUGTE VARIANTE	2	3	2	2	2	2	1/	7	2	1/	1/	2
P8 100% (1/ 1)	Z	Z	Z	Z	Z	Z	Z	Z	Z	Z	Z	Z
P33 100% (1/ 1)	Z	Z	Z	Z	Z	Z	Z	Z	Z	Z	Z	Z
2344 84% (51/ 61)		3G							1			
P41 83% (5/ 6)	Z	Z	Z	Z	Z	Z	Z	Z	Z	Z	Z	Z
P74 73% (43/ 59)		1/			Z			2				
P45 71% (5/ 7)	Z	Z	Z	Z	Z	Z	Z	Z	Z	Z	Z	Z
02 71% (44/ 62)		1/						2			3	
01 68% (42/ 62)		1/						2			3	
03 65% (40/ 62)		1/					4	2			3	
81 63% (25/ 40)		1/		2D				2				
04 62% (23/ 37)	Z	Z					3	2	Z	Z		Z
181 61% (37/ 61)		12					4	2				
1175 58% (36/ 62)		1/					1/B	2C				
1739 58% (36/ 62)								2	1			
2718 56% (23/ 41)	Z	Z	Z	Z	Z			2C	1			
623 55% (31/ 56)			3	1		1		2C	1		3	1
1875 55% (31/ 56)		12						2				1M
1891 55% (34/ 62)								2	1			1
945 50% (31/ 62)								2	1			1E
1162 50% (31/ 62)		1/		1	1	1		6	1			1
5 48% (30/ 62)			3	1		1		2C	1			1
619 48% (30/ 62)		1/		1	1	1		6B	1			1
2303 48% (10/ 21)	Z	Z	1	1	1	1		Z	Z	Z		1
1409 47% (27/ 57)	1	4	1	1		1		3	1			1
08 47% (28/ 60)		4	1					2C	1	Z	Z	
1704 45% (28/ 62)	4							2	1			1
2298 45% (28/ 62)			1	5				2	1			1
1893 45% (23/ 51)		1/		1C	1	1		6	1			1
431 44% (27/ 61)		14	1	1	3	1	3	W	1			1
630 44% (27/ 61)			1					2	1			1
1884 44% (26/ 59)		4	1	2B				2	1	Z	Z	
2200 44% (25/ 57)			1					2	1			1
307 44% (27/ 62)			1	1	3	1	3	2	1			1

TESTSTELLE	90	91	93	94	95	96	97	98	99	100	102	104
UEBEREINST. ZEUGEN	71	46	31	19	44	35	422	1	16	470	478	22
BEZEUGTE VARIANTE	2	3	2	2	2	2	1/	7	2	1/	1/	2
2818 44% (27/ 62)			1	1	3	1	3	2	1			1
2464 43% (12/ 28)		4B	3					2C	1	3	4	
323 43% (26/ 61)		5	1	1	4			3	1			1
2201 42% (24/ 57)		5		1	1	1		6	1			1
044 42% (26/ 62)			1	4	3			1	1		4	
88 42% (26/ 62)			1	1	1	1		6	1			1
610 42% (23/ 55)			1	1	3	1	3	2	1			1
180 41% (24/ 59)		4	1	1	3	1	3	2	1			1
322 40% (25/ 62)		5	1	1	4			3	1			1
436 40% (25/ 62)			3	11		1		2	1			1
453 40% (25/ 62)	1	6B	1	1	3	1	3	2	1			1
62 40% (6/ 15)	Z	Z	Z	Z	Z	1B		3	1			1H
314 40% (6/ 15)	Z	Z	1	1	1	1		1	1			1
1735 40% (24/ 60)	1	X	1	10	1	1		1	1			Z
441 40% (21/ 53)		5D		2C	3	1		2C	1			
915 39% (24/ 62)			1	1	1	1		6	1			1
1595 39% (24/ 62)	1		1	1C	1	1		1	1			1
1678 39% (24/ 62)			1	1	3	1	3	2	1		4	1
1827 39% (24/ 62)		1/		1C	1	1		6	1			1
2495 39% (24/ 62)		8	1	3	3		3	1	1			1D
1598 38% (23/ 61)	1		1	1C	1	1		1	1			1
886 38% (3/ 8)	Z	Z	Z	Z	Z	Z	Z	Z	Z	Z	Z	Z
2778 38% (3/ 8)	Z	Z	Z	Z	Z	Z	Z	Z	Z	Z	Z	Z
2805 37% (22/ 59)			1	4	3	1		2C	1		Z	1C
94 37% (23/ 62)	1		1	1	3	1		2C	1			1
1270 37% (23/ 62)	1		1	1C	1	1		1	1			1
1297 37% (23/ 62)	1		1	1C	1	1B		1	1			1
1505 37% (23/ 62)		8	1	3	3		3	1	1			1E
2374 37% (23/ 62)	1		1	4		1		2C	1			1
629 37% (21/ 57)	3	1/		14	1	1		3	1		6	
1729 37% (21/ 57)		5		1	1	1		1	1			1
1745 36% (4/ 11)	1	1/	1	Z	Z	Z	Z	1	1			1
1873 36% (22/ 61)		5		1	1	1B	Z	6	1			1

35

35 TS + 0 SL + 69 MT

TESTSTELLE			10	11	15	18	19	20	21	28	29	35	36	41	42	44	45	46	48	49	52	53	55	56	59	65	66
UEBEREINST. ZEUGEN			392	351	24	355	110	441	4	416	439	452	339	467	41	5	473	76	452	162	452	338	422	459	20	333	365
BEZEUGTE VARIANTE			1/	1/	3	1/	2	1/	3	1/	1/	1/	1/	1/	6	6	1/	2	1/	2	1/	1/	1/	1/	2	1/	1/
P33	100%	(1/ 1)	Z	Z	Z	Z	Z	Z	Z	Z	Z	Z	Z	Z	Z	Z	Z	Z	Z	Z		Z	Z	Z	Z	Z	Z
P41	100%	(1/ 1)	Z	Z	Z	Z	Z	Z	Z	Z	Z	Z	Z	Z	Z	Z	Z	Z	Z	Z	Z	Z	Z	Z	Z	Z	X
1846	100%	(6/ 6)	Z	Z	Z	Z	Z	Z	Z	Z	Z	Z	Z	Z	Z	Z	Z	Z	Z	Z	Z	Z	Z	Z	Z	Z	Z
2627	100%	(4/ 4)	Z	Z	Z	Z	Z	Z	Z					Z	Z	Z	Z	Z	Z	Z	Z	Z	Z	Z	Z	Z	Z
62	89%	(8/ 9)	Z	Z	Z	Z	Z	Z	Z						1/	Z	Z	Z	Z	Z	Z	Z	Z	Z	Z	Z	Z
506	88%	(7/ 8)	Z	Z	Z	Z	Z	Z	Z			Z	Z	Z	Z	Z	Z	Z			Z	Z			1	Z	Z
P45	86%	(6/ 7)	Z	Z	Z	Y	Y	Y	X				Z		Z	Z		Z	Z	Z	Z	Z	3		Z	Z	Z
2626	86%	(6/ 7)	Z	Z	Z	Z	Z	Z	Z	Z	Z	Z	Z	Z	Z	Z	Z	Z	Z	Z	Z	Z	Z	Z	Z	Z	Z
2778	86%	(6/ 7)	Z	Z	Z	Z	Z	Z	Z	Z	Z	Z	Z	Z	Z	Z	Z	Z							1	Z	Z
624	83%	(10/ 12)	Z	Z	Z	Z	Z	Z	Z	Z	Z			Z	Z	Z	Z	Z	Z	Z	Z	Z	Z	Z	Z		
1738	83%	(5/ 6)	Z	Z	Z	Z	Z	Z	Z	Z	Z	Z	Z	Z	Z	Z	Z	Z	Z	Z	Z	Z	Z	Z	Z	Z	Z
1858	83%	(5/ 6)	Z	Z	Z	Z	Z	Z	Z	Z	Z	Z	Z	Z	Z	Z	Z	Z	Z	Z	Z	Z	Z	Z	Z	Z	Z
2175	83%	(10/ 12)			1				1						Z	Z	Z	Z	Z	Z	Z	Z	Z	Z	Z	Z	Z
18	83%	(29/ 35)			1										4	1/		1							1		
2289	82%	(14/ 17)	Z	Z	Z	Z	Z	Z	Z	Z	Z	Z	Z	Z	Z	Z	Z	Z	Z	Z					1		
1752	82%	(23/ 28)	Z	Z	Z	Z	Z	Z	Z							1/		1							1		
2746	82%	(18/ 22)	Z	Z	Z	Z	Z	Z	Z						Z	Z	Z	Z	Z	Z		3			1	1/F	
444	80%	(28/ 35)			1				1							1/		1							1		
664	80%	(28/ 35)			1				1G							1/		1							1		
928	80%	(28/ 35)			1										8	1/		1							1		
1058	80%	(28/ 35)			1				1							1/		1							1		
1745	80%	(4/ 5)	Z	Z	Z	Z	Z	Z	Z	Z	Z	Z	Z	Z	Z	Z	Z	Z	Z	Z	Z	Z	Z	Z	Z	Z	Z
1899	80%	(4/ 5)	Z	Z	Z	Z	Z	Z	Z	Z	Z	Z	Z	Z	Z	Z	Z	Z	Z	Z	Z	Z	Z	Z	Z	Z	Z
2441	80%	(12/ 15)	Z	Z	Z	Z	Z	Z	Z	Z	Z	Z	Z	Z	8	Z	Z	1							Z	Z	Z
2218	79%	(27/ 34)			1				1						V	1/		1							1		
630	79%	(26/ 33)				Z	Z		2	3D			1/F			1/						8					
2303	79%	(11/ 14)	Z	Z	Z	Z	Z	Z	Z						4	1/		1				Z	Z	Z	Z	Z	Z
1730	78%	(7/ 9)	Z	Z	Z	Z	Z	Z	Z	Z	Z	Z	Z	Z	Z	Z	Z	Z	Z	Z	Z	Z	Z	Z	Z	Z	Z
1723	77%	(24/ 31)	Z	Z	Z				1						X	1/		1							1	1/F	
141	77%	(27/ 35)			1				1						8	1/		1							1		
149	77%	(27/ 35)			1				1						1/	1/		1							1		
201	77%	(27/ 35)			1				1						1/	1/		1							1		
204	77%	(27/ 35)			1				1						8	1/		1							1		

35 | 35 TS + 0 SL + 69 MT

TESTSTELLE UEBEREINST. ZEUGEN BEZEUGTE VARIANTE	10 392 1/	11 351 1/	15 24 3	18 355 1/	19 110 2	20 441 1/	21 4 3	28 416 1/	29 439 1/	35 452 1/	36 339 1/	41 467 1/	42 41 6	44 5 6	45 473 1/	46 76 2	48 452 1/	49 162 2	52 452 1/	53 338 1/	55 422 1/	56 459 1/	59 20 2	65 333 1/	66 365 1/
386 77% (27/ 35)			1				1						4	1/		1							1		
394 77% (27/ 35)			1				6						8	1/		1							1		
634 77% (27/ 35)			1				1						4	1/		1							1		
801 77% (27/ 35)			1				1						8	1/		1							1		
824 77% (27/ 35)			1				1						1/	1/		1							1		
1072 77% (27/ 35)			1				1						1/	1/		1							1		
1100 77% (27/ 35)			1				1						4	1/		1							1		
1248 77% (27/ 35)			1				1						1/	1/		1							1		
1400 77% (27/ 35)			1				1							1/		1							1	1/F	
1482 77% (27/ 35)			1				1						8	1/		1							1		
1503 77% (27/ 35)			1				1						1/	1/		1							1		
1548 77% (27/ 35)			1				1							1/		1		1					1		
1617 77% (27/ 35)			1				1						1/	1/		1							1		
1618 77% (27/ 35)			1				1						1/	1/		1							1		
1628 77% (27/ 35)			1				1						1/	1/		1							1		
1637 77% (27/ 35)			1				1						1/	1/		1							1		
1656 77% (27/ 35)			1				1						1/	1/		1							1		
1732 77% (27/ 35)			1				1						8	1/		1B							1		
1733 77% (27/ 35)			1				1						4	1/		1							1		
1740 77% (27/ 35)			1				1						1/	1/		1							1		
1746 77% (27/ 35)			1				1						1/	1/		1							1		
1749 77% (27/ 35)			1				1						8	1/		3							1		
1855 77% (27/ 35)			1				1						8	1/		1							1		
1865 77% (27/ 35)			1				1						1/	1/		1							1		
1876 77% (27/ 35)			1				1						8	1/		1							1		
1897 77% (27/ 35)			1				1						8	1/		1							1		
2221 77% (27/ 35)			1				1							1/		1		1					1		
2255 77% (27/ 35)			1				1						8	1/		1							1		
2261 77% (27/ 35)			1				1						8	1/		1							1		
2352 77% (27/ 35)			1				1						1/	1/		1							1		
2466 77% (27/ 35)			1				1						1/	1/		1							1		
2554 77% (27/ 35)			1				1						4	1/		3							1		
2723 77% (27/ 35)			1				1						1/	1/		1							1		

35 — 35 TS + 0 SL + 69 MT

TESTSTELLE	67	76	77	84	87	88	91	97	100	102
UEBEREINST. ZEUGEN	16	467	181	402	476	471	46	422	470	478
BEZEUGTE VARIANTE	2	1/	2	1/	1/	1/	3	1/	1/	1/
P33 100% (1/ 1)	Z	Z	Z	Z	Z	Z	Z	Z	Z	Z
P41 100% (1/ 1)	X		Z	Z	Z	Z	Z	Z	Z	Z
1846 100% (6/ 6)	Z	Z	Z				X			
2627 100% (4/ 4)	Z	Z	Z	Z	Z	Z	Z	Z	Z	Z
62 89% (8/ 9)	Z	Z	Z	Z	Z	Z	Z			
506 88% (7/ 8)	Z	Z	Z		Z	Z	Z	Z	Z	Z
P45 86% (6/ 7)	Z	Z	Z	Z	Z	Z	Z	Z	Z	Z
2626 86% (6/ 7)	Z	Z	Z				4E			
2778 86% (6/ 7)	Z	Z	Z	Z	Z	Z	Z	Z	Z	Z
624 83% (10/ 12)	1C		Z	Z			1/			
1738 83% (5/ 6)	Z	Z	Z	Z			1/			
1858 83% (5/ 6)	Z	Z	Z	Z			1/			
2175 83% (10/ 12)	Z	Z	Z	Z	Z	Z	Z	Z	Z	Z
18 83% (29/ 35)							1/			
2289 82% (14/ 17)	1						1/			
1752 82% (23/ 28)	1						1/			
2746 82% (18/ 22)	1									
444 80% (28/ 35)	1						1/			
664 80% (28/ 35)	1						1/			
928 80% (28/ 35)	1						1/			
1058 80% (28/ 35)	1						1/			
1745 80% (4/ 5)	Z	Z	Z	Z			1/	Z		
1899 80% (4/ 5)	Z	Z	Z				1/	Z	Z	
2441 80% (12/ 15)	Z			Z			1/		Z	
2218 79% (27/ 34)	1						1/			
630 79% (26/ 33)	2B			3						
2303 79% (11/ 14)	Z	Z	Z	Z	Z	Z	Z		Z	
1730 78% (7/ 9)	Z		1				1/			
1723 77% (24/ 31)	1						1/			
141 77% (27/ 35)	1						1/			
149 77% (27/ 35)	1						1/			
201 77% (27/ 35)	1						1/			
204 77% (27/ 35)	1						1/			

35 | 35 TS + 0 SL + 69 MT

TESTSTELLE			67	76	77	84	87	88	91	97	100	102
UEBEREINST. ZEUGEN			16	467	181	402	476	471	46	422	470	478
BEZEUGTE VARIANTE			2	1/	2	1/	1/	1/	3	1/	1/	1/
386	77%	(27/ 35)	1						1/			
394	77%	(27/ 35)	1						1/			
634	77%	(27/ 35)	1						1/			
801	77%	(27/ 35)	1						4E			
824	77%	(27/ 35)	1						1/			
1072	77%	(27/ 35)	1						1/			
1100	77%	(27/ 35)	1						1/			
1248	77%	(27/ 35)	1						1/			
1400	77%	(27/ 35)	1						1/			
1482	77%	(27/ 35)	1						1/			
1503	77%	(27/ 35)	1						1/			
1548	77%	(27/ 35)	1						1/			
1617	77%	(27/ 35)	1						1/			
1618	77%	(27/ 35)	1						13B			
1628	77%	(27/ 35)	1						1/			
1637	77%	(27/ 35)	1						1/			
1656	77%	(27/ 35)	1						1/			
1732	77%	(27/ 35)	1						1/			
1733	77%	(27/ 35)	1						1/			
1740	77%	(27/ 35)	1						1/			
1746	77%	(27/ 35)	1						1/			
1749	77%	(27/ 35)	1						1/			
1855	77%	(27/ 35)	1						1/			
1865	77%	(27/ 35)	1						1/			
1876	77%	(27/ 35)	1						4E			
1897	77%	(27/ 35)	1						1/			
2221	77%	(27/ 35)	1						1/			
2255	77%	(27/ 35)	1						1/			
2261	77%	(27/ 35)	1						1/			
2352	77%	(27/ 35)	1						1/			
2466	77%	(27/ 35)	1						1/			
2554	77%	(27/ 35)	1						1/			
2723	77%	(27/ 35)	1						1/			

42 30 TS + 1 SL + 68 MT

TESTSTELLE	10	11	18	20	28	29	35	36	41	42	44	45	46	48	50	52	55	56	65	66	74	76	84	87	88
UEBEREINST. ZEUGEN	392	351	73	441	416	439	452	17	467	60	451	473	101	452	16	452	422	459	333	365	3	467	402	476	471
BEZEUGTE VARIANTE	1/	1/	4	1/	1/	1/	1/	1/M	1/	5	1/	1/	3	1/	17	1/	1/	1/	1/	1/	3	1/	1/	1/	1/
P33 100% (1/ 1)	Z	Z	Z	Z	Z	Z	Z	Z	Z	Z	Z	Z	Z	Z	Z		Z	Z	Z	Z	Z	Z	Z	Z	Z
P41 100% (1/ 1)	Z	Z	Z	Z	Z	Z	Z	Z	Z	Z	Z	Z	Z	Z	Z	Z	Z	Z	Z	X	Z		Z	Z	Z
506 100% (6/ 6)	Z	Z	Z	Z			Z	Z	Z	Z	Z	Z	Z		Z	Z			Z	Z	Z	Z		Z	Z
2511 93% (28/ 30)																	8				1				
51 90% (27/ 30)								1/F												4	1				
1405 90% (27/ 30)																	8				1		4		
1594 90% (27/ 30)																	8				1		4		
1863 90% (27/ 30)																	8				1		4		
2279 90% (27/ 30)																	8				1		4		
912 90% (26/ 29)																	8				1		4		
223 87% (26/ 30)								1/K											1/F		1				
1753 87% (26/ 30)								1/K									8				1		4		
234 86% (25/ 29)																X	8		1/F		1		4		
P45 86% (6/ 7)	Z	Z	Y	Y				Z		Z	Z		Z	Z	Z	Z	3		Z	Z	Z	Z	Z	Z	Z
1846 86% (6/ 7)	Z	Z	Z	Z	Z	Z	Z	Z	Z	Z	Z	Z	Z	Z	Z	Z	Z	Z	Z	Z	Z	Z			
1861 85% (23/ 27)	Z	Z	Z														8				1		4		
390 83% (25/ 30)			1/														8				1		4		
1003 83% (25/ 30)		8	1/														8				1		4		
1250 83% (25/ 30)			1/														8				1		4		
1456 81% (17/ 21)								1/K						Z	Z	Z	Z	Z	Z	Z	Z	Z	4		
1102 80% (24/ 30)								1/		1/					1D						1				
1745 80% (4/ 5)	Z	Z	Z	Z	Z	Z	Z	Z	Z	Z	Z	Z	Z	Z	Z	Z	Z	Z	Z	Z	Z	Z	Z		
1899 80% (4/ 5)	Z	Z	Z	Z	Z	Z	Z	Z	Z	Z	Z	Z	Z	Z	Z	Z	Z	Z	Z	Z	Z	Z			
2501 80% (24/ 30)								1/K									8				1				
2778 80% (4/ 5)	Z	Z	Z	Z	Z	Z	Z	Z	Z	Z	Z	Z	Z		1D				Z	Z	Z	Z	Z	Z	Z
1597 79% (23/ 29)	8							1/		1/					1						1				
2175 78% (7/ 9)			1/					1/		Z	Z	Z	Z	Z	Z	Z	Z	Z	Z	Z	Z	Z	Z	Z	Z
2431 77% (20/ 26)			Y				Y	Y		1/			Y		1				1/G		1				
102 77% (23/ 30)								1/		1/					1			1/C			1				
189 77% (23/ 30)	8							1/		1/					1E						1				
1643 77% (23/ 30)	8							1/		1/					1						1				
1854 77% (23/ 30)								1/		1/					1						1				
2423 77% (23/ 30)								1/		1/					1						1				

42 30 TS + 1 SL + 68 MT

TESTSTELLE / UEBEREINST. ZEUGEN / BEZEUGTE VARIANTE	10 392 1/	11 351 1/	18 73 4	20 441 1/	28 416 1/	29 439 1/	35 452 1/	36 17 1/M	41 467 1/	42 60 5	44 451 1/	45 473 1/	46 101 3	48 452 1/	50 16 17	52 452 1/	55 422 1/	56 459 1/	65 333 1/	66 365 1/	74 3 3	76 467 1/	84 402 1/	87 476 1/	88 471 1/
2675 77% (23/ 30)		4								3					18		8		1/F	1/D	1				
699 76% (22/ 29)			Z					1/		1/					1						1				
916 75% (6/ 8)			1/					1/	Z	Z	Z	Z	Z	Z	Z	Z	Z	Z	Z	Z	Z	Z	Z	Z	Z
921 75% (21/ 28)			Z					1/F		1/					1	3					1				
1101 75% (3/ 4)			1/		Z	Z	Z	Z	Z	Z	Z	Z	Z	Z	Z	Z	Z	Z	Z	Z	Z	Z	Z	Z	Z
1852 75% (18/ 24)	Z	Z	Z	Z	Z	Z		1/		1/					1						1				
1856 75% (18/ 24)			1/					1/		8			1		1						1		Z	Z	Z
2627 75% (3/ 4)	Z	Z	Z	Z				1/	Z	Z	Z	Z	Z	Z	Z	Z	Z	Z	Z	Z	Z	Z	Z	Z	Z
1390 74% (20/ 27)			1/					1/		1/	Z	Z	Z		22B						1				
5 73% (22/ 30)			1/					1/D		1/					1						1				
203 73% (22/ 30)			1/					1/		1/					1						1				
216 73% (22/ 30)			1/					1/		6					1D						1				
228 73% (22/ 30)								1/							1				1/F	11	1				
302 73% (22/ 30)								1/K		1/			1		1						1				
325 73% (11/ 15)	Z	Z	Z	Z	Z	Z	Z	Z	Z	Z	Z	Z	Z	Z	Z						1				
367 73% (22/ 30)			1/					1/I		1/					1						1		4		
440 73% (22/ 30)			1/					1/		6					1D						1				
456 73% (22/ 30)			1/					1/		1/					1						1				
458 73% (22/ 30)			1/	1/D				1/		1/					1						1				
496 73% (22/ 30)			1/					1/		6					1D						1				
604 73% (22/ 30)			1/					1/					1		1						1				
917 73% (22/ 30)			1/					1/		1/					11						1				
1105 73% (22/ 30)			1/					1/K		6					1						1				
1106 73% (22/ 30)		5						1/K		1/					21						1				
1241 73% (22/ 30)			1/					1/		1/					1						1				
1315 73% (22/ 30)			1/					1/		6					12						1				
1595 73% (22/ 30)			1/					1/		4					1						1				
1748 73% (22/ 30)			1/					1/		1/			1		1						1				
1749 73% (22/ 30)			1/					1/		8					1						1				
2191 73% (22/ 30)			1/					1/		1/					1						1				
2261 73% (22/ 30)			1/					1/		8			1		1						1				
2289 73% (11/ 15)	Z	Z	Z	Z	Z	Z	Z	Z	Z	Z	Z	Z	Z	Z	Z						1				
2554 73% (22/ 30)			1/					1/		4					1						1				

42 — 30 TS + 1 SL + 68 MT

TESTSTELLE UEBEREINST. ZEUGEN BEZEUGTE VARIANTE			91 14 11	95 68 3	97 33 4	100 470 1/	102 478 1/
P33	100%	(1/ 1)	Z	Z	Z	Z	Z
P41	100%	(1/ 1)	Z	Z	Z	Z	Z
506	100%	(6/ 6)	Z	Z	Z	Z	Z
2511	93%	(28/ 30)					
51	90%	(27/ 30)					
1405	90%	(27/ 30)					
1594	90%	(27/ 30)					
1863	90%	(27/ 30)					
2279	90%	(27/ 30)					
912	90%	(26/ 29)	X				
223	87%	(26/ 30)			1/		
1753	87%	(26/ 30)					
234	86%	(25/ 29)					
P45	86%	(6/ 7)	Z	Z	Z	Z	Z
1846	86%	(6/ 7)	X		1/		
1861	85%	(23/ 27)			1/		
390	83%	(25/ 30)	1/				
1003	83%	(25/ 30)					
1250	83%	(25/ 30)			1/		
1456	81%	(17/ 21)	11F		1/		
1102	80%	(24/ 30)	3		1/		
1745	80%	(4/ 5)	1/	Z	Z		
1899	80%	(4/ 5)	1/	Z	Z	Z	
2501	80%	(24/ 30)	1/	1	1/		
2778	80%	(4/ 5)	Z	Z	Z	Z	Z
1597	79%	(23/ 29)	X		1/		
2175	78%	(7/ 9)	Z	Z	Z	Z	Z
2431	77%	(20/ 26)	1/	1			
102	77%	(23/ 30)	3		1/		
189	77%	(23/ 30)	3		1/		
1643	77%	(23/ 30)	3		1/		
1854	77%	(23/ 30)	1/	1	1/		
2423	77%	(23/ 30)	1/	1	1/		

42 — 30 TS + 1 SL + 68 MT

TESTSTELLE UEBEREINST. ZEUGEN BEZEUGTE VARIANTE			91 14 11	95 68 3	97 33 4	100 470 1/	102 478 1/
2675	77%	(23/ 30)					
699	76%	(22/ 29)	1/	1	1/		
916	75%	(6/ 8)	Z	Z	Z	Z	Z
921	75%	(21/ 28)	Z	1	1/		
1101	75%	(3/ 4)	Z	Z	Z	Z	Z
1852	75%	(18/ 24)	5		1/		
1856	75%	(18/ 24)	Z	Z	Z		
2627	75%	(3/ 4)	Z	Z	Z	Z	Z
1390	74%	(20/ 27)	1/	1			
5	73%	(22/ 30)	3	2	1/		
203	73%	(22/ 30)	1/	4	1/		
216	73%	(22/ 30)	4K	4	1/		
228	73%	(22/ 30)	5H	1	1/		
302	73%	(22/ 30)	1/	1	1/		
325	73%	(11/ 15)	1/	1	1/		
367	73%	(22/ 30)	11B		1/		
440	73%	(22/ 30)	4K	4	1/		
456	73%	(22/ 30)	1/	1	1/		
458	73%	(22/ 30)	1/	1			
496	73%	(22/ 30)	4K	4	1/		
604	73%	(22/ 30)	1/	1	1/		
917	73%	(22/ 30)	1/	1	1/		
1105	73%	(22/ 30)	5B	1	1/		
1106	73%	(22/ 30)	1/	1	1/		
1241	73%	(22/ 30)	1/	1	1/		
1315	73%	(22/ 30)	5C	2	1/		
1595	73%	(22/ 30)	3	1	1/		
1748	73%	(22/ 30)	1/	1			
1749	73%	(22/ 30)	1/	1	1/		
2191	73%	(22/ 30)	1/	1	1/		
2261	73%	(22/ 30)	1/		1/		
2289	73%	(11/ 15)	1/	1	1/		
2554	73%	(22/ 30)	1/	1	1/		

51 32 TS + 0 SL + 72 MT

TESTSTELLE	8	10	11	18	20	28	29	35	36	41	42	44	45	46	48	50	52	53	55	56	65	66	76	77	84
UEBEREINST. ZEUGEN	94	392	351	73	441	416	439	452	38	467	60	451	473	101	452	16	452	33	422	459	333	6	467	181	402
BEZEUGTE VARIANTE	3	1/	1/	4	1/	1/	1/	1/	1/F	1/	5	1/	1/	3	1/	17	1/	8	1/	1/	1/	4	1/	2	1/
P33 100% (1/ 1)	Z	Z	Z	Z	Z	Z	Z	Z	Z	Z	Z	Z	Z	Z	Z	Z		Z	Z	Z	Z	Z	Z	Z	Z
P41 100% (1/ 1)	Z	Z	Z	Z	Z	Z	Z	Z	Z	Z	Z	Z	Z	Z	Z	Z	Z	Z	Z	Z	Z	X		Z	Z
506 100% (6/ 6)	Z	Z	Z	Z	Z			Z	Z	Z	Z	Z	Z	Z		Z	Z	Z			Z	Z	Z	Z	
2511 91% (29/ 32)									1/M										8			1/			
1405 88% (28/ 32)									1/M										8			1/			4
1753 88% (28/ 32)									1/K										8			1/			4
1863 88% (28/ 32)									1/M										8			1/			4
2279 88% (28/ 32)									1/M										8			1/			4
42 87% (27/ 31)	Z								1/M									9				1/		1	
912 87% (27/ 31)									1/M										8			1/			4
P45 86% (6/ 7)	Z	Z	Z	Y	Y				Z		Z	Z		Z	Z	Z	Z	Z	3		Z	Z	Z	Z	Z
1846 86% (6/ 7)	Z	Z	Z	Z	Z	Z	Z	Z	Z	Z	Z	Z	Z	Z	Z	Z	Z	Z	Z	Z	Z	Z	Z	Z	
223 84% (27/ 32)									1/K												1/F	1/		1	
1594 84% (27/ 32)	1								1/M										8			1/			4
234 84% (26/ 31)									1/M								X		8		1/F	1/			4
1861 82% (23/ 28)	Z	Z	Z	Z					1/M										8			1/			4
1456 82% (18/ 22)									1/K						Z	Z	Z	Z	Z	Z	Z	Z	Z	Z	4
1250 81% (26/ 32)				1/					1/M										8			1/			4
2501 81% (26/ 32)									1/K										8			1/			
1745 80% (4/ 5)	Z	Z	Z	Z	Z	Z	Z	Z	Z	Z	Z	Z	Z	Z	Z	Z	Z	Z	Z	Z	Z	Z	Z	Z	Z
1899 80% (4/ 5)	Z	Z	Z	Z	Z	Z	Z	Z	Z	Z	Z	Z	Z	Z	Z	Z	Z	Z	Z	Z	Z	Z	Z	Z	
390 78% (25/ 32)	3B			1/					1/M										8			1/			4
1003 78% (25/ 32)	1		8	1/					1/M										8			1/			4
228 75% (24/ 32)									1/							1		1/			1/F	11			
582 75% (24/ 32)			6	1/					1/K										8			6			4
2627 75% (3/ 4)	Z	Z	Z	Z	Z				1/	Z	Z	Z	Z	Z	Z	Z	Z	Z	Z	Z	Z	Z	Z	Z	Z
2675 75% (24/ 32)	1D		4						1/M		3					18			8		1/F	1/D			
2200 73% (22/ 30)						3D								1		2C						1/	Z	Z	3
5 72% (23/ 32)				1/					1/D		1/					1		3				1/			
429 72% (23/ 32)			5			3D								2		19						1/		1B	3
522 72% (23/ 32)			5			11								2		19						1/		1B	3
1102 72% (23/ 32)	1								1/		1/					1D		3				1/		1	
1768 72% (23/ 32)				1/					1/					1		1		3				6			

51 | 32 TS + 0 SL + 72 NT

TESTSTELLE	8	10	11	18	20	28	29	35	36	41	42	44	45	46	48	50	52	53	55	56	65	66	76	77	84
UEBEREINST. ZEUGEN	94	392	351	73	441	416	439	452	38	467	60	451	473	101	452	16	452	33	422	459	333	6	467	181	402
BEZEUGTE VARIANTE	3	1/	1/	4	1/	1/	1/	1/	1/F	1/	5	1/	1/	3	1/	17	1/	8	1/	1/	1/	4	1/	2	1/
2125 71% (5/ 7)				1/		Z	Z		Z	Z	Z	Z	Z	1	Z	Z	Z	Z	Z	Z	Z	Z	Z	Z	Z
2201 71% (20/ 28)	Z	Z	Z	Z							1/			2		1		3				1/			
2431 71% (20/ 28)	1			Y				Y	Y		1/			Y		1		1/			1/G	1/			
630 71% (22/ 31)				Z		3D					6			2		2C						1/			3
1597 71% (22/ 31)	1	8							1/		1/					1		1/				1/		1	
699 70% (21/ 30)	Z			Z					1/		1/					1		1/				1/		1	
921 70% (21/ 30)	1			Z							1/					1	3	1/				1/		1	
2175 70% (7/ 10)	1			1/					1/		Z	Z	Z	Z	Z	Z	Z	Z	Z	Z	Z	Z	Z	Z	Z
1758 69% (18/ 26)	1		5	Y		X			1/K					X		1						1/	X	X	3
1856 69% (18/ 26)	1			1/					1/		8			1		1		1/				1/			Z
102 69% (22/ 32)	1								1/		1/					1		3		1/C		1/		1	
189 69% (22/ 32)	1	8							1/		1/					1E		3				1/		1	
367 69% (22/ 32)				1/					1/I		1/					1		1/				1/		1B	4
489 69% (22/ 32)			12	1/							1/			6		1B		3D				1/			
604 69% (22/ 32)	1			1/					1/					1		1		1/				1/			
996 69% (22/ 32)									1/		6					1	3	1/				10		2B	
1058 69% (22/ 32)				1/					1/		6			1		1		1/				1/			
1106 69% (22/ 32)			5						1/K		1/					21		1/				1/		1	
1251 69% (22/ 32)			5						1/			3		1		1						1/		1	
1315 69% (22/ 32)	1			1/					1/		6					12		8C				1/			
1509 69% (22/ 32)			1/I			3D								1	1/K	1					1/F	1/			3
1595 69% (22/ 32)	1			1/					1/		4					1		3				1/			
1643 69% (22/ 32)	1	8							1/		1/					1		3				1/		1	
1704 69% (22/ 32)						3D	5		1/					2		19						1/			3
1737 69% (22/ 32)	1			1/							1/			1		1		1/				1/			
1748 69% (22/ 32)	1			1/					1/		1/			1		1		1/				1/			
1749 69% (22/ 32)	1			1/					1/		8					1		1/				1/			
1843 69% (22/ 32)				1/					1/K		1/			4		1		3				1/			
1854 69% (22/ 32)	1								1/		1/					1		1/				1/		1	
1868 69% (22/ 32)				1/							1/			6		1B		3			1/F	1/			
1869 69% (22/ 32)						3B					1/			1		1		3				1/		1	
1883 69% (22/ 32)	1					4C								1		1		3				1/I		1	
1891 69% (22/ 32)						3D	5							2		2C		3				1/			3

51 — 32 TS + 0 SL + 72 MT

TESTSTELLE			87	88	91	95	97	100	102
UEBEREINST. ZEUGEN			476	471	14	68	33	470	478
BEZEUGTE VARIANTE			1/	1/	11	3	4	1/	1/
P33	100%	(1/ 1)	Z	Z	Z	Z	Z	Z	Z
P41	100%	(1/ 1)	Z	Z	Z	Z	Z	Z	Z
506	100%	(6/ 6)	Z	Z	Z	Z	Z	Z	Z
2511	91%	(29/ 32)							
1405	88%	(28/ 32)							
1753	88%	(28/ 32)							
1863	88%	(28/ 32)							
2279	88%	(28/ 32)							
42	87%	(27/ 31)							
912	87%	(27/ 31)			X				
P45	86%	(6/ 7)	Z	Z	Z	Z	Z	Z	Z
1846	86%	(6/ 7)			X		1/		
223	84%	(27/ 32)					1/		
1594	84%	(27/ 32)							
234	84%	(26/ 31)							
1861	82%	(23/ 28)					1/		
1456	82%	(18/ 22)			11F		1/		
1250	81%	(26/ 32)					1/		
2501	81%	(26/ 32)			1/	1	1/		
1745	80%	(4/ 5)			1/	Z	Z		
1899	80%	(4/ 5)			1/	Z	Z	Z	
390	78%	(25/ 32)			1/				
1003	78%	(25/ 32)							
228	75%	(24/ 32)			5H	1	1/		
582	75%	(24/ 32)			11F		1/		
2627	75%	(3/ 4)	Z	Z	Z	Z	Z	Z	Z
2675	75%	(24/ 32)							
2200	73%	(22/ 30)			3	2	1/		
5	72%	(23/ 32)			3	2	1/		
429	72%	(23/ 32)			4E		1/		
522	72%	(23/ 32)			4F		1/		
1102	72%	(23/ 32)			3		1/		
1768	72%	(23/ 32)			1/	1	1/		

51 — 32 TS + 0 SL + 72 MT

TESTSTELLE			87	88	91	95	97	100	102
UEBEREINST. ZEUGEN			476	471	14	68	33	470	478
BEZEUGTE VARIANTE			1/	1/	11	3	4	1/	1/
2125	71%	(5/ 7)	Z	Z	Z	Z	Z	Z	Z
2201	71%	(20/ 28)			5	1	1/		
2431	71%	(20/ 28)			1/	1			
630	71%	(22/ 31)			3	2	1/		
1597	71%	(22/ 31)			X		1/		
699	70%	(21/ 30)			1/	1	1/		
921	70%	(21/ 30)			Z	1	1/		
2175	70%	(7/ 10)	Z	Z	Z	Z	Z	Z	Z
1758	69%	(18/ 26)			4E	1	X		
1856	69%	(18/ 26)	Z	Z	Z	Z	Z		
102	69%	(22/ 32)			3		1/		
189	69%	(22/ 32)			3		1/		
367	69%	(22/ 32)			11B		1/		
489	69%	(22/ 32)			5	1	1/		
604	69%	(22/ 32)			1/	1	1/		
996	69%	(22/ 32)			5H	4	1/		
1058	69%	(22/ 32)			1/	1	1/		
1106	69%	(22/ 32)			1/	1	1/		
1251	69%	(22/ 32)			1/	1	1/		
1315	69%	(22/ 32)			5C	2	1/		
1509	69%	(22/ 32)			4E		1/		
1595	69%	(22/ 32)			3	1	1/		
1643	69%	(22/ 32)			3		1/		
1704	69%	(22/ 32)			3	2	1/		
1737	69%	(22/ 32)			1/	1	1/		
1748	69%	(22/ 32)			1/	1			
1749	69%	(22/ 32)			1/	1	1/		
1843	69%	(22/ 32)			5	1	1/		
1854	69%	(22/ 32)			1/	1	1/		
1868	69%	(22/ 32)			5	1	1/		
1869	69%	(22/ 32)			9C	1	1/		
1883	69%	(22/ 32)			9B	1	1/		
1891	69%	(22/ 32)			3	2	1/		

61 34 TS + 4 SL + 62 MT

TESTSTELLE	7	8	11	15	16	18	20	23	28	29	34	35	39	42	44	45	46	47	48	52	53	55	56	57	66
UEBEREINST. ZEUGEN	9	5	351	10	1	355	441	91	416	439	2	452	14	283	451	473	76	92	452	452	338	422	2	104	2
BEZEUGTE VARIANTE	4	6	1/	4	4	1/	1/	2	1/	1/	4	1/	2	1/	1/	1/	2	2	1/	1/	1/	1/	1/B	2	14
P8 100% (2/ 2)	Z	Z	Z	Z	Z		Z		Z	Z	Z	Z	Z	Z	Z	Z	Z	Z	Z	Z	Z	Z	Z	Z	Z
P33 100% (1/ 1)	Z	Z	Z	Z	Z	Z	Z	Z	Z	Z	Z	Z	Z	Z	Z	Z	Z	Z	Z		Z	Z	Z	Z	Z
P41 100% (1/ 1)	Z	Z	Z	Z	Z	Z	Z	Z	Z	Z	Z	Z	Z	Z	Z	Z	Z	Z	Z	Z	Z	Z	Z	Z	X
1899 100% (3/ 3)	Z	Z	Z	Z	Z	Z	Z	Z	Z	Z	Z	Z	Z	Z	Z	Z	Z	Z	Z	Z	Z	Z	Z	Z	Z
326 91% (31/ 34)	1	3																			3B				
1837 88% (28/ 32)	1B	7			1	Z	Z														3B				
62 80% (8/ 10)	Z	Z	Z	Z	Z	Z	Z	Z			1		1		Z	Z	Z	Z	Z	Z	Z	Z	Z	Z	Z
1738 80% (4/ 5)	Z	Z	Z	Z	Z	Z	Z	Z	Z	Z	Z	Z	Z	Z	Z	Z	Z	Z	Z	Z	Z	Z	Z	Z	Z
1858 80% (4/ 5)	Z	Z	Z	Z	Z	Z	Z	Z	Z	Z	Z	Z	Z	Z	Z	Z	Z	Z	Z	Z	Z	Z	Z	Z	Z
314 75% (6/ 8)	Z	Z	Z	Z	Z	Z	Z	Z	Z	Z	Z	Z	Z				1	Z	Z	Z	Z	Z	Z	Z	Z
624 75% (6/ 8)	Z	Z	Z	Z	Z	Z	Z	Z	Z	Z	Z		Z	Z	Z	Z	Z	Z	Z	Z	Z	Z	Z	Z	1/
1745 75% (3/ 4)	Z	Z	Z	Z	Z	Z	Z	Z	Z	Z	Z	Z	Z	Z	Z	Z	Z	Z	Z	Z	Z	Z	Z	Z	Z
437 71% (24/ 34)	1	1		1	1						11		1										1/		1/
014 68% (15/ 22)	Z	Z	Z	Z	Z	Z	Z	1			Z	Z	1B				Z	Z		3			1/	1	1/
81 68% (17/ 25)	2	2	1/L	2	Z	Z	Z	Z			2C	3											1/		Z
1893 68% (19/ 28)	1	1		X	1						Z	Z	1	4					Z		3		1/		Z
2201 68% (19/ 28)	Z	Z	Z	Z	Z	Z					11		1					1			3		1/		1/
33 67% (18/ 27)		X		X	1	X				X	11		1	3			X				3	X	X		1/C
172 67% (14/ 21)	Z	Z	Z	Z	Z			Z		Z	Z	Z	Z	Z			1	1					1/	1	1/
1730 67% (6/ 9)	Z	Z	Z	Z	Z	Z	Z	Z	Z	Z	Z	Z	Z	Z	Z	Z	Z	Z	Z	Z	Z	Z	Z	Z	Z
1846 67% (4/ 6)	Z	Z	Z	Z	Z	Z	Z	Z	Z	Z	Z	Z	Z	Z	Z	Z	Z	Z	Z	Z	Z	Z	Z	Z	Z
2777 67% (4/ 6)	Z	Z	Z	Z	Z	Z	Z	Z	Z	Z	Z	Z	Z	Z	Z	Z	Z	Z	Z	Z	Z	Z	Z	Z	Z
2778 67% (4/ 6)	Z	Z	Z	Z	Z	Z	Z	Z	Z	Z	Z	Z	Z	Z	Z	Z	Z	Z					1/	1	Z
5 65% (22/ 34)	1	3			1						11		1				3				3		1/		1/
2344 65% (22/ 34)	1	3			1						2		1	3							3		1/		1/
P74 65% (20/ 31)	X	Y	1/I	2	2	Z					2	3		3	4								1/		1/
2303 64% (9/ 14)	Z	Z	Z	Z	Z	Z	Z	Z			1		1	4			1	1			Z	Z	Z	Z	Z
2004 64% (7/ 11)	Z	Z	Z	Z	Z	Z	Z	Z	Z	Z	Z	Z	Z		Z	Z	Z	Z	Z	Z	Z	Z	Z	Z	1/
498 63% (17/ 27)	Z	Z	Z	Z	Z	Z		Z			1		1				1	1					1/	1	1/
P45 63% (5/ 8)	Z	Z	Z	Z	Z	Y	Y				Y		Z	Z	Z		Z	Z	Z	Z	Z	3	1/	1	Z
466 63% (10/ 16)	Z	Z	Z	Z	Z	Z	Z	Z	Z	Z	Z	Z	Z	Z	Z	Z	Z	Z					1/	1	6
049 62% (21/ 34)	1	1		1	1			1			1		1				3	1					1/	1	1/
619 62% (21/ 34)	1	3	1/L	1	1						11		1B	4							3		1/		1/

TESTSTELLE	7	8	11	15	16	18	20	23	28	29	34	35	39	42	44	45	46	47	48	52	53	55	56	57	66
UEBEREINST. ZEUGEN	9	5	351	10	1	355	441	91	416	439	2	452	14	283	451	473	76	92	452	452	338	422	2	104	2
BEZEUGTE VARIANTE	4	6	1/	4	4	1/	1/	2	1/	1/	4	1/	2	1/	1/	1/	2	2	1/	1/	1/	1/	1/B	2	14
1718 62% (21/ 34)	5			3	1			1			1		1				1						1/	1	1/G
020 62% (16/ 26)	Z	Z	Z	Z	Z	Z	Z	Z			1		1				3			3			1/	1	1/
1094 62% (16/ 26)	Z	Z	Z	Z	Z	Z	Z	Z			1		1				1	1					1/	1	1/
2378 61% (11/ 18)	Z	Z	Z	Z	Z	Z	Z	Z	Z	Z	Z	Z	Z	Y			1	1	Z				1/E	Z	1/
2716 61% (14/ 23)	Z	Z	Z	Z	Z	Z	Z	Z			Z	Z	1				1	1					1/	1	1/
623 61% (17/ 28)	Z	Z	Z	Z	Z	Z					11		1	4							3		1/		1/
1723 61% (17/ 28)	Z	Z	Z	Z	Z			1			1		1	X			1	1					1/	1	1/
88 61% (20/ 33)		3B			X						7		1				3			4	3		1/	1	1/
460 61% (20/ 33)	5	3		1	1C						1		1				3	1					1/	1	1/
1241 61% (20/ 33)	1	1		1	1			1			1		1				3	1					1/	Z	1/
325 60% (9/ 15)	Z	Z	Z	Z	Z	Z	Z	Z	Z	Z	Z	Z	Z	Z	Z	Z	Z	Z	Z				1/	1	1/
920 60% (15/ 25)	Z	Z	Z	Z	Z	Z	Z	Z			1		1				1	1		Z			1/	1	11
1731 60% (12/ 20)	Z	Z	Z	Z	Z	Z	Z	Z	Z	Z	Z	Z	Z				1	1					1/	1	1/
2289 60% (9/ 15)	Z	Z	Z	Z	Z	Z	Z	Z	Z	Z	Z	Z	Z	Z	Z	Z	Z	Z	Z				1/	1	1/
122 59% (19/ 32)	3	3		1	1			1			1		5				1	1					1/	1	1/
57 59% (16/ 27)	Y	Y	Y	1	Y	Y	Y	1			1		1				1	1					1/	1	1/
626 59% (16/ 27)	Z	Z	Z	Z	Z	Z	Z	1			1		1				1	1					1/	1	1/
1526 59% (13/ 22)	Z	Z	Z	Z	Z			1			Z		4				1	1					1/	1	1/
917 59% (20/ 34)		1		1	1			1			2B		1				3	1					1/	1	1/
1103 59% (20/ 34)	1	1		1	1			1			1		1				1						1/	1	12
1127 59% (20/ 34)	1	1		6	1						1		1	4			6						1/		1/
1161 59% (20/ 34)	1	1		1	1			1			13		1				1						1/	1	1/
1162 59% (20/ 34)	1	3B	1/L	1	1	4					11		1	4							3		1/		1/
1595 59% (20/ 34)	1	1		7	1						11		1	4			3				3		1/		1/
1626 59% (20/ 34)	1	1		1	1			1			1		1				3	1					1/	1	1/
1720 59% (20/ 34)	1	1		1	1			1			1		1				1	1					1/	1	1/
1736 59% (20/ 34)	1	3		1	1			1			1		1				1						1/	1	1/
1827 59% (20/ 34)	1	3B	1/B		1						11		1	4				1			3		1/		1/
1895 59% (20/ 34)	1	1		2	1						1		1				1	1					1/	1	1/
2191 59% (20/ 34)	1	1		1	1			1			1		1				3						1/	1	1/
2737 59% (20/ 34)		3			1				10		1		1	3			1				3		1/		1/
642 59% (17/ 29)	1	3	Z	1	1			1			1		1	Z			1						1/	1	Z
1867 59% (17/ 29)	Z	Z	Z	Z	Z			1			1		1				1	1					1/	1	1/

61 — 34 TS + 4 SL + 62 MT

TESTSTELLE UEBEREINST. ZEUGEN BEZEUGTE VARIANTE	76 467 1/	79 31 2	81 49 2	84 402 1/	91 279 1/	97 422 1/	98 34 3	100 470 1/	102 478 1/
P8 100% (2/ 2)	Z	Z	Z	Z	Z	Z	Z	Z	Z
P33 100% (1/ 1)	Z	Z	Z	Z	Z	Z	Z	Z	Z
P41 100% (1/ 1)		Z	Z	Z	Z	Z	Z	Z	Z
1899 100% (3/ 3)	Z	Z	Z			Z	Z	Z	
326 91% (31/ 34)									
1837 88% (28/ 32)									
62 80% (8/ 10)	Z	Z	Z	Z	Z				
1738 80% (4/ 5)	Z	Z	Z	Z			1		
1858 80% (4/ 5)	Z	Z	Z	Z			1		
314 75% (6/ 8)	Z	Z	Z	Z	Z		1		
624 75% (6/ 8)		Z	Z	Z			1		
1745 75% (3/ 4)	Z	Z	Z	Z		Z	1		
437 71% (24/ 34)		1					6		
014 68% (15/ 22)		1							Z
81 68% (17/ 25)	Z	Z	Z	Z			2		
1893 68% (19/ 28)		1B		Z			6		
2201 68% (19/ 28)		1			5		6		
33 67% (18/ 27)				3	3		7		
172 67% (14/ 21)		1	1	Z	Z				
1730 67% (6/ 9)		1	1				1		
1846 67% (4/ 6)	Z	Z	1		X		1		
2777 67% (4/ 6)	Y	1	Z	Z			1		
2778 67% (4/ 6)	Z	Z	Z	Z	Z	Z	Z	Z	Z
5 65% (22/ 34)		1B			3		2C		
2344 65% (22/ 34)				3	3G		7		
P74 65% (20/ 31)		2B					2		
2303 64% (9/ 14)	Z	Z	Z	Z	Z		Z	Z	
2004 64% (7/ 11)		1	1				1		
498 63% (17/ 27)		1	1				1		
P45 63% (5/ 8)	Z	Z	Z	Z	Z	Z	Z	Z	Z
466 63% (10/ 16)		1	1				1		
049 62% (21/ 34)		1							
619 62% (21/ 34)		1B					6B		

61 — 34 TS + 4 SL + 62 MT

TESTSTELLE UEBEREINST. ZEUGEN BEZEUGTE VARIANTE	76 467 1/	79 31 2	81 49 2	84 402 1/	91 279 1/	97 422 1/	98 34 3	100 470 1/	102 478 1/
1718 62% (21/ 34)		1	1				2		
020 62% (16/ 26)		1	1				1		
1094 62% (16/ 26)		1	1				2C		
2378 61% (11/ 18)		1	1				1		
2716 61% (14/ 23)		1	1C				1D	Z	
623 61% (17/ 28)		1B		4	3		2C		3
1723 61% (17/ 28)		1	1				1		
88 61% (20/ 33)		1	1		3		6		
460 61% (20/ 33)		1B	1				Z		
1241 61% (20/ 33)		1					1		
325 60% (9/ 15)		1	1				1		
920 60% (15/ 25)		1	1				1		
1731 60% (12/ 20)		1	Y		4C		1		
2289 60% (9/ 15)		1	1				1		
122 59% (19/ 32)		Z	Z				1		
57 59% (16/ 27)		1	1	Y					
626 59% (16/ 27)		1	1				1		
1526 59% (13/ 22)		1	1	Z	Z	Z	Z	Z	Z
917 59% (20/ 34)		1	1				1		
1103 59% (20/ 34)		1	1				1		
1127 59% (20/ 34)		1	1				1	5	
1161 59% (20/ 34)		1			4		1		
1162 59% (20/ 34)		1B					6		
1595 59% (20/ 34)		1			3		1		
1626 59% (20/ 34)		1					1		
1720 59% (20/ 34)		1					1		
1736 59% (20/ 34)		1	1				1		
1827 59% (20/ 34)		1B	1				6		
1895 59% (20/ 34)		1	1				1		
2191 59% (20/ 34)		1	1				1		
2737 59% (20/ 34)		1	1		11D		2B		
642 59% (17/ 29)		1	Z	Z			1		
1867 59% (17/ 29)		1	1		3		2C		

69 | 31 TS + 2 SL + 61 MT

TESTSTELLE		10	11	18	20	28	29	30	34	35	36	48	49	52	53	55	57	65	66	72	76	84	87	88	90	91
UEBEREINST. ZEUGEN		392	351	2	441	416	439	12	3	17	339	452	6	452	338	1	104	333	365	45	467	402	476	471	71	1
BEZEUGTE VARIANTE		1/	1/	7	1/	1/	1/	3	8	3	1/	1/	3	1/	1/	10	2	1/	1/	4	1/	1/	1/	1/	2	12B
P33	100% (1/ 1)	Z	Z	Z	Z	Z	Z	Z	Z	Z	Z	Z	Z		Z	Z	Z	Z	Z	Z	Z	Z	Z	Z	Z	Z
6	84% (26/ 31)			1/									1		3	1/				1						
1846	80% (8/ 10)	Z	Z	Z	Z	Z	Z	Z	Z	Z	Z	Z	Z	Z	Z	Z	Z	Z	Z	Z	Z				1	X
1101	75% (3/ 4)			1/		Z	Z	Z	Z	Z	Z	Z	Z	Z	Z	Z	Z	Z	Z	Z	Z	Z	Z	Z	Z	Z
P74	69% (20/ 29)	3	1/I	Z				2	2				2			1/				2						1/
81	67% (16/ 24)	14	1/L	Z	Z				2C				2			1/		Z	Z	Z	Z	Z				1/
1852	67% (16/ 24)	Z	Z	Z	Z	Z	Z	Z	1	1/			1			1/	1			1						5
1597	66% (19/ 29)	8		4				1	11	1/			X			1/				1					1	X
2080	66% (19/ 29)			1/				1	1	1/			1			1/				1					Y	Y
5	65% (20/ 31)			1/				1	11	1/	1/D		2		3	1/				1						3
102	65% (20/ 31)			4				1	1	1/					3	1/				1					1	3
1102	65% (20/ 31)			4				1	1	1/					3	1/				1					1	3
172	64% (14/ 22)	Z	Z	1/			Z	1	Z	Z			1			1/	1			1		Z			Z	Z
1856	64% (14/ 22)			1/				1	1	1/			2			1/	1			1		Z	Z	Z	Z	Z
431	63% (19/ 30)			1/				1	3				2		3	1/			1/B	2		4				14
1548	63% (19/ 30)			1/					1	1/			1			1/	1			Z					1	1/
1731	62% (13/ 21)	Z	Z	Z	Z	Z	Z	Z	Z	Z	Z		1			1/	1								1	4C
044	61% (19/ 31)	4		1/				1	1	1/			1			1/		1/F		7						3
189	61% (19/ 31)	8		4				1	1	1/					3	1/				1					1	3
203	61% (19/ 31)			1/				1	1	1/			2			1/	1			1					1	1/
254	61% (19/ 31)			1/				1	1	1/			1			1/	1			1						5
451	61% (19/ 31)		1/M	1/				1	1	1/			1				1			1					1	1/
634	61% (19/ 31)			1/				1	1	1/			2			1/	1			1					1	1/
664	61% (19/ 31)			1/				1	1	1/			2			1/	1								1	1/
959	61% (19/ 31)			1/				1D	1	1/			1			1/	1								1	13B
1107	61% (19/ 31)			1/				1	1	1/			1			1/	1								1	1/
1524	61% (19/ 31)			1/				1	1	1/			1			1/	1			1						5
1646	61% (19/ 31)		1/B	1/				2	2B	1/			1			1/	1								1	1/
1828	61% (19/ 31)			1/				1	1	1/			1			1/	1								1	1/
1847	61% (19/ 31)			1/				1	1	1/			1			1/	1								1	4
1853	61% (19/ 31)			4		3D	5	1	1	1/			1			1/										8
1874	61% (19/ 31)			1/					2B	1/			1			1/D	1			1					1	1/
2218	61% (19/ 31)			1/				1	1	1/			2			1/	1								1	1/

69 | 31 TS + 2 SL + 61 MT

TESTSTELLE	10	11	18	20	28	29	30	34	35	36	48	49	52	53	55	57	65	66	72	76	84	87	88	90	91
UEBEREINST. ZEUGEN	392	351	2	441	416	439	12	3	17	339	452	6	452	338	1	104	333	365	45	467	402	476	471	71	1
BEZEUGTE VARIANTE	1/	1/	7	1/	1/	1/	3	8	3	1/	1/	3	1/	1/	10	2	1/	1/	4	1/	1/	1/	1/	2	12B
2261 61% (19/ 31)			1/				1	1	1/			2			1/	1			1					1	1/
2653 61% (19/ 31)			1/				1	1	1/			2			1/B	1								1	1/
2816 61% (19/ 31)			1/				1		1/			1			1/	1	4							1	1/
2378 61% (11/ 18)	Z	Z	Z	Z	Z	Z	Z	Z	Z	Z	Z	2			1/	Z			1					1	1/
1867 61% (17/ 28)	Z	Z	1/				1	1	1/			1			1/	1			1					5	3
2201 61% (17/ 28)	Z	Z	Z				1	11	1/	1/F		2		3	1/				1						5
62 60% (6/ 10)	Z	Z	Z	Z			1	1	1/		Z	Z	Z	Z	Z	Z	Z	Z	Z	Z	Z	Z	Z	Z	Z
337 60% (18/ 30)			1/	Z			1	1	1/			2			1/	1								1	1/
624 60% (9/ 15)	Z	Z	Z	Z	Z	Z	Z	Z	1/		Z	Z	Z	Z	Z	Z			W		Z			1	1/
699 60% (18/ 30)			Z				1	1	1/			1			1/	1			1					1	1/
916 60% (6/ 10)			1/				1	1	1/		Z	Z	Z	Z	Z	Z	Z	Z	Z	Z	Z	Z	Z	Z	Z
1241 60% (18/ 30)			1/				1	1	1/			1			1/	Z			1					1	1/
1248 60% (18/ 30)			1/				U	1	1/			2			1/	1			1					1	1/
1352 60% (18/ 30)			1/				1	1	1/			1			X	1			1					1	1/
1845 60% (18/ 30)		10	1/				1C	1	1/			1			8	1								1	X
1894 60% (18/ 30)			1/				1	11	1/			1			1/	1			Z		3		7		3
2004 60% (9/ 15)	Z	Z	Z	Z	Z	Z	Z	Z	Z	Z	Z	Z	Z	Z	Z	Z			1					1	1/
2175 60% (6/ 10)			1/				1	1	1/		Z	Z	Z	Z	Z	Z	Z	Z	Z	Z	Z	Z	Z	Z	Z
2475 60% (18/ 30)			1/				1	1	1/			1			1/	Z			1					1	1/
1094 59% (16/ 27)	Z	Z	Z	Z			1	1	1/			1			1/	1			1					1	1/
1752 59% (16/ 27)	Z	Z	Z	Z				1	1/			2			1/	1			1					1	1/
1839 59% (16/ 27)	Z	Z	Z	Z			1	1	1/			1			1/	1			1					1	18
110 59% (17/ 29)			X				1	X	1/			1			1/	1	1/Q		1					1	1/
1508 59% (17/ 29)			1/				1	1	1/			2		Z	1/	1			Z					1	1/
1609 59% (17/ 29)			1/		3D		1	1	1/			1		3	1/		5							1	5
2180 59% (17/ 29)	Z	Z	4				1	1	1/	1/K		1			9									1	EC
1893 58% (14/ 24)			1/				1	Z	Z	Z	Z	2		3	1/		Z	Z	1		Z				1/
02 58% (18/ 31)	3		5				2	2				2			4				2		3				1/
18 58% (18/ 31)			1/				1	1	1/			2			1/	1			1					1	1/
35 58% (18/ 31)			1/				1	1	1/			2			1/	1			1					1	3
82 58% (18/ 31)			1/				1	1	1/			1			1/	1			1					1	1/
104 58% (18/ 31)	11	1/M	1/				1	1	1/			1			1/				1					4	5
105 58% (18/ 31)			1/				1	1	1/			1			1/	1			1					1	1/

69 — 31 TS + 2 SL + 61 MT

TESTSTELLE / UEBEREINST. ZEUGEN / BEZEUGTE VARIANTE	92 99 2	95 68 3	97 422 1/	98 22 2C	100 470 1/	102 478 1/
P33 100% (1/ 1)	Z	Z	Z	Z	Z	Z
6 84% (26/ 31)						
1846 80% (8/ 10)				1		
1101 75% (3/ 4)	Z	Z	Z	Z	Z	Z
P74 69% (20/ 29)		Z		2		
81 67% (16/ 24)		2		2		
1852 67% (16/ 24)				1		
1597 66% (19/ 29)	1			1		
2080 66% (19/ 29)	1	1		1		
5 65% (20/ 31)		2				
102 65% (20/ 31)	1			1		
1102 65% (20/ 31)	1			1		
172 64% (14/ 22)	Z	1		3		
1856 64% (14/ 22)	Z	Z	Z	Z		
431 63% (19/ 30)			3	W		
1548 63% (19/ 30)	1	1		1		
1731 62% (13/ 21)	1	1		1		
044 61% (19/ 31)				1		4
189 61% (19/ 31)	1			1		
203 61% (19/ 31)		4		1		
254 61% (19/ 31)	1	1		1		
451 61% (19/ 31)	1	1				
634 61% (19/ 31)		1		1		
664 61% (19/ 31)	1	1		1		
959 61% (19/ 31)	1	1		1		
1107 61% (19/ 31)	1	1		1		
1524 61% (19/ 31)	1	1		1		
1646 61% (19/ 31)		1		1		
1828 61% (19/ 31)	1	1		1		
1847 61% (19/ 31)	1	1		1		
1853 61% (19/ 31)		1		1	4	
1874 61% (19/ 31)	1	1		1		
2218 61% (19/ 31)	1	1		1		

69 — 31 TS + 2 SL + 61 MT

TESTSTELLE / UEBEREINST. ZEUGEN / BEZEUGTE VARIANTE	92 99 2	95 68 3	97 422 1/	98 22 2C	100 470 1/	102 478 1/
2261 61% (19/ 31)	1			1		
2653 61% (19/ 31)	1	1		1		
2816 61% (19/ 31)	1	1		1		
2378 61% (11/ 18)	1	Z		1		
1867 61% (17/ 28)	1	Z				
2201 61% (17/ 28)		1		6		
62 60% (6/ 10)	Z	Z		3		
337 60% (18/ 30)	1	1		1		
624 60% (9/ 15)	1	1		1		
699 60% (18/ 30)	1	1		1		
916 60% (6/ 10)	Z	Z	Z	Z	Z	Z
1241 60% (18/ 30)	1	1		1		
1248 60% (18/ 30)	1	1		1		
1352 60% (18/ 30)	1	1		1		
1845 60% (18/ 30)	1	1		1		
1894 60% (18/ 30)		2		1		
2004 60% (9/ 15)	1	1		1		
2175 60% (6/ 10)	Z	Z	Z	Z	Z	Z
2475 60% (18/ 30)	1	1		1		
1094 59% (16/ 27)	1	1				
1752 59% (16/ 27)	1	1		1		
1839 59% (16/ 27)	1			1		
110 59% (17/ 29)	1	1		2		
1508 59% (17/ 29)	1	1		1		
1609 59% (17/ 29)		Z	Z	3		
2180 59% (17/ 29)	1	1		1		
1893 58% (14/ 24)	1	1		6		
02 58% (18/ 31)	1	2		2		3
18 58% (18/ 31)	1	1		1		
35 58% (18/ 31)	1	1		1		
82 58% (18/ 31)	1	1		1		
104 58% (18/ 31)		2		2		
105 58% (18/ 31)	1	1		1		

76 | 34 TS + 0 SL + 69 MT

TESTSTELLE	10	11	15	18	20	28	29	35	36	41	42	44	45	46	48	49	52	53	55	56	57	65	66	73	76
UEBEREINST. ZEUGEN	5	351	6	355	441	416	439	452	339	467	53	451	473	101	452	12	452	338	422	459	104	71	365	24	467
BEZEUGTE VARIANTE	8	1/	7	1/	1/	1/	1/	1/	1/	1/	4	1/	1/	3	1/	4	1/	1/	1/	1/	2	1/F	1/	10	1/
P8 100% (1/ 1)	Z	Z	Z		Z	Z	Z	Z	Z	Z	Z	Z	Z	Z	Z	Z	Z	Z	Z	Z	Z	Z	Z	Z	Z
P33 100% (1/ 1)	Z	Z	Z	Z	Z	Z	Z	Z	Z	Z	Z	Z	Z	Z	Z	Z		Z	Z	Z	Z	Z	Z	Z	Z
2627 100% (4/ 4)	Z	Z	Z	Z	Z					Z	Z	Z	Z	Z	Z	Z	Z	Z	Z	Z	Z	Z	Z	Z	Z
2746 91% (21/ 23)	Z	Z	Z	Z	Z						Z	Z	Z	Z	Z	Z		3							
1743 91% (29/ 32)																1	Z	Z				1/			
1846 86% (6/ 7)	Z	Z	Z	Z	Z	Z	Z	Z	Z	Z	Z	Z	Z	Z	Z	Z	Z	Z	Z	Z	Z	Z	Z	Z	Z
1595 85% (29/ 34)	1/															2		3				1/			
1597 81% (26/ 32)			6	4							1/					X						1/			
62 80% (8/ 10)	Z	Z	Z	Z	Z						1/	Z	Z	Z	Z	Z	Z	Z	Z	Z	Z	Z	Z	Z	Z
1723 80% (24/ 30)	Z	Z	Z								X			1		2					1			1	
2175 80% (8/ 10)	1/		1								Z	Z	Z	Z	Z	Z	Z	Z	Z	Z	Z	Z	Z	Z	Z
2303 80% (12/ 15)	Z	Z	Z	Z	Z									1		2		Z	Z	Z	Z	Z	Z	Z	Z
1297 79% (27/ 34)	1/		6		1/B									6		2		3							
1526 78% (18/ 23)	Z	Z	Z								1/			1		1					1			1	
916 78% (7/ 9)	1/		1							Z	Z	Z	Z	Z	Z	Z	Z	Z	Z	Z	Z	Z	Z	Z	Z
623 77% (23/ 30)	Z	Z	Z	Z										2		2		3						1D	
2587 77% (23/ 30)	Z	Z	Z	Z							6			1		2					1			1	
044 76% (26/ 34)	4		3									5		2		1								1D	
189 76% (26/ 34)			6	4							1/					3		3				1/			
1270 76% (26/ 34)	1/		6		1/B									6		2		3				1/			
1598 76% (26/ 34)	1/		6		1/B									6		2		3				1/			
1643 76% (26/ 34)			1	4							1/					1		3				1/			
2374 76% (26/ 34)	1/		6													2		3				3		1	
2554 76% (26/ 34)	1/		1													2					1	1/		1	
1722 76% (25/ 33)	X				1/B											1						1/Q	6	1	
P45 75% (6/ 8)	Z	Z	Z	Y	Y				Z		Z	Z		Z	Z	Z	Z	Z	3		1	Z	Z	Z	Z
506 75% (6/ 8)	Z	Z	Z	Z	Z			Z	Z	Z	Z	Z	Z	Z		2	Z	Z			1	Z	Z	Z	Z
624 75% (9/ 12)	Z	Z	Z	Z	Z	Z	Z			Z	Z	Z	Z	Z	Z	Z	Z	Z	Z	Z	Z	1/		1	
2626 75% (6/ 8)	Z	Z	Z	Z	Z	Z	Z	Z	Z	Z	Z	Z	Z	Z	Z	Z	Z	Z	Z	Z	Z	Z	Z	Z	Z
1867 74% (23/ 31)	Z	Z	Z								1/			1		1					1	1/		1	
1893 74% (20/ 27)	1/		X					Z	Z					2	Z	2		3				Z	Z	9	
5 74% (25/ 34)	1/		4						1/D		1/					2		3				1/		1	
18 74% (25/ 34)	1/		1											1		2					1	1/		1	

76 34 TS + 0 SL + 69 MT

TESTSTELLE	10	11	15	18	20	28	29	35	36	41	42	44	45	46	48	49	52	53	55	56	57	65	66	73	76
UEBEREINST. ZEUGEN	5	351	6	355	441	416	439	452	339	467	53	451	473	101	452	12	452	338	422	459	104	71	365	24	467
BEZEUGTE VARIANTE	8	1/	7	1/	1/	1/	1/	1/	1/	1/	4	1/	1/	3	1/	4	1/	1/	1/	1/	2	1/F	1/	10	1/
228 74% (25/ 34)	1/		1	4							5					2							11	1	
386 74% (25/ 34)	1/		1											1		2					1	1/		1	
634 74% (25/ 34)	1/		1											1		2					1	1/		1	
1100 74% (25/ 34)	1/		1											1		2					1	1/		1	
1102 74% (25/ 34)	1/		6	4							1/					3		3				1/			
1400 74% (25/ 34)	1/		1								6			1		2					1			1	
1626 74% (25/ 34)	1/		1								1/					1					1			1	
1733 74% (25/ 34)	1/		1											1		2					1	1/		1	
1749 74% (25/ 34)	1/		1								8					2					1	1/		1	
312 73% (24/ 33)	1/		Z								1/					1					1	5		1	
1241 73% (24/ 33)	1/		1								1/					1					Z	1/		1	
1548 73% (24/ 33)	1/		1								6			1		1					1	1/		Z	
2080 73% (24/ 33)	1/		1								8			1		1						1/		1	
2218 73% (24/ 33)	1/		1								V			1		2					1	1/		1	
2483 73% (24/ 33)	1/		1								6					2		3			1			1	
020 72% (21/ 29)	Z	Z	Z	Z	Z						1/					1	3				1			1D	
1752 72% (21/ 29)	Z	Z	Z	Z	Z						6			1		2					1	1/		1	
2289 72% (13/ 18)	Z	Z	Z	Z	Z	Z	Z	Z	Z	Z	Z	Z	Z	Z	Z	Z					1	1/		1	
172 72% (18/ 25)	Z	Z	Z				Z	Z		Z	Z			1		1					1	1/		1	
337 72% (23/ 32)	1/		Z		Z						1/					2					1	1/		1	
986 72% (23/ 32)	Z	Z	1								8			1		2					1	1/		1	
1352 72% (23/ 32)	1/		1								7					1			X		1	1/		1	
1761 72% (23/ 32)	1/		1								8			1		2					1			1	Z
1864 72% (23/ 32)	Z	Z	1								1/			1		2					1	1/		1	
642 71% (20/ 28)	Z	Z	1								Z			1		1					1	Z	Z	1	
1738 71% (5/ 7)	Z	Z	Z	Z	Z	Z	Z	Z	Z	Z	Z	Z	Z	Z	Z	Z	Z	Z	Z	Z	Z	Z	Z	Z	Z
1858 71% (5/ 7)	Z	Z	Z	Z	Z	Z	Z	Z	Z	Z	Z	Z	Z	Z	Z	Z	Z	Z	Z	Z	Z	Z	Z	Z	Z
2778 71% (5/ 7)	Z	Z	Z	Z	Z	Z	Z	Z	Z	Z	Z	Z	Z	Z		2					1	Z	Z	Z	Z
1735 71% (22/ 31)	1/		1			3D			1/K		1/			2B		2		6				1/		X	
025 71% (24/ 34)	1/		1								1/			1		1					1			3	
049 71% (24/ 34)	1/		1						1/F		1/					1					1			1	
1 71% (24/ 34)	1/		1								1/			1		1					1			1	
35 71% (24/ 34)	1/		3								6	6		2		2					1	1/		1	

76 34 TS + 0 SL + 69 MT

TESTSTELLE	77	84	87	88	91	97	100	102	103
UEBEREINST. ZEUGEN	181	402	476	471	46	422	470	478	3
BEZEUGTE VARIANTE	2	1/	1/	1/	3	1/	1/	1/	3
P8 100% (1/ 1)	Z	Z	Z	Z	Z	Z	Z	Z	Z
P33 100% (1/ 1)	Z	Z	Z	Z	Z	Z	Z	Z	Z
2627 100% (4/ 4)	Z	Z	Z	Z	Z	Z	Z	Z	Z
2746 91% (21/ 23)									1
1743 91% (29/ 32)									1
1846 86% (6/ 7)	Z				X				1
1595 85% (29/ 34)									1
1597 81% (26/ 32)	1				X				1
62 80% (8/ 10)	Z	Z	Z	Z	Z				1L
1723 80% (24/ 30)					1/				1
2175 80% (8/ 10)	Z	Z	Z	Z	Z	Z	Z	Z	Z
2303 80% (12/ 15)	Z	Z	Z	Z	Z		Z		1
1297 79% (27/ 34)									7
1526 78% (18/ 23)		Z	Z	Z	Z	Z	Z	Z	Z
916 78% (7/ 9)	Z	Z	Z	Z	Z	Z	Z	Z	Z
623 77% (23/ 30)		4						3	3B
2587 77% (23/ 30)					1/				1
044 76% (26/ 34)								4	2
189 76% (26/ 34)	1								1
1270 76% (26/ 34)									7
1598 76% (26/ 34)									1I
1643 76% (26/ 34)	1								1
2374 76% (26/ 34)	1B								2
2554 76% (26/ 34)					1/				1
1722 76% (25/ 33)	1B				5C				4
P45 75% (6/ 8)	Z	Z	Z	Z	Z	Z	Z	Z	Z
506 75% (6/ 8)	Z		Z	Z	Z	Z	Z	Z	Z
624 75% (9/ 12)	Z	Z			1/				Z
2626 75% (6/ 8)	Z				4E				1
1867 74% (23/ 31)	1								1
1893 74% (20/ 27)		Z			1/				1
5 74% (25/ 34)									3E
18 74% (25/ 34)					1/				1

76 34 TS + 0 SL + 69 MT

TESTSTELLE	77	84	87	88	91	97	100	102	103
UEBEREINST. ZEUGEN	181	402	476	471	46	422	470	478	3
BEZEUGTE VARIANTE	2	1/	1/	1/	3	1/	1/	1/	3
228 74% (25/ 34)					5H				1
386 74% (25/ 34)					1/				1
634 74% (25/ 34)					1/				1
1100 74% (25/ 34)					1/				1
1102 74% (25/ 34)	1								1
1400 74% (25/ 34)					1/				1L
1626 74% (25/ 34)	1				1/				1
1733 74% (25/ 34)					1/				1
1749 74% (25/ 34)					1/				1
312 73% (24/ 33)	1				1/				1
1241 73% (24/ 33)	1				1/				1L
1548 73% (24/ 33)					1/				1
2080 73% (24/ 33)	1B				Y				1
2218 73% (24/ 33)					1/				1
2483 73% (24/ 33)	U				5C				1
020 72% (21/ 29)	1				1/				10
1752 72% (21/ 29)					1/				1
2289 72% (13/ 18)					1/				1
172 72% (18/ 25)	1B	Z			Z				1L
337 72% (23/ 32)	1				1/				1
986 72% (23/ 32)					1/				1
1352 72% (23/ 32)	U				1/				1
1761 72% (23/ 32)	Z				4C				1
1864 72% (23/ 32)					1/				1
642 71% (20/ 28)	1	Z			1/				1
1738 71% (5/ 7)	Z	Z			1/				1
1858 71% (5/ 7)	Z	Z			1/				1
2778 71% (5/ 7)	Z	Z	Z	Z	Z	Z	Z	Z	Z
1735 71% (22/ 31)					X				Z
025 71% (24/ 34)	1				1/				1
049 71% (24/ 34)	1				1/				1
1 71% (24/ 34)	1				1/				1L
35 71% (24/ 34)									1

81 60 TS + 3 SL + 7 MT

TESTSTELLE	1	2	3	5	6	7	8	9	10	11	12	13	14	15	26	28	29	30	31	32	35	36	37	38	39
UEBEREINST. ZEUGEN	3	16	9	11	11	10	6	7	1	13	10	12	23	17	30	416	439	12	36	51	17	339	15	21	14
BEZEUGTE VARIANTE	2	2	2	2	2	2	2	2	14	1/L	2	2	2	2	2	1/	1/	3	2	2	3	1/	2	2	2
P33 100% (1/ 1)	Z	Z	Z	Z	Z	Z	Z	Z	Z	Z	Z	Z	Z	Z	Z	Z	Z	Z	Z	Z	Z	Z	Z	Z	Z
01 85% (51/ 60)									3	1/								2							
P74 84% (46/ 55)	1		Z			X	Y	Z	3	1/I		2B						2							
03 83% (50/ 60)									1/	1/								2			4				
02 80% (48/ 60)	1								3	1/		2B						2	2B						
04 70% (30/ 43)	1						2C	3	3	5		2B						2			3B			1	Z
1175 68% (41/ 60)	1B		3		1			4	3	1/D								1C					1C	1	4B
2778 67% (6/ 9)	Z	Z	Z	Z	Z	Z	Z	Z	Z	Z	Z	Z	Z	Z	Z	Z	Z	Z	Z	Z	Z	Z	Z	Z	Z
P45 64% (7/ 11)	Z	Z	Z	Z	Z	Z	Z	Z	Z	Z	Z	Z	Z	Z	Z			Z	Z	4	1/	Z	Z		Z
1875 63% (29/ 46)	1	1	X	X	X	X	X	X	X	X	X	X	6	1		Z	Z	1				3	4	1	X
1739 58% (35/ 60)	1	1	1	1		16	3	1	1/	1/	3	3D		3		3D	5	1			1/			1	4
181 57% (34/ 60)	1B	1	1	1	5	4	3B		11	11	4	1	1	1				1				3	4B	1	4
2464 56% (10/ 18)	Z	Z	Z	Z	Z	Z	Z	Z	Z	Z	Z	Z	Z	Z	Z	Z	Z	Z	Z	Z	Z	Z	Z	Z	Z
623 52% (24/ 46)	Z	Z	Z	Z	Z	Z	Z	Z	Z	Z	Z	Z	Z	Z				1		1	1/		1	1	1
33 52% (25/ 48)	1B	1	1	5	1	4	X	1	11	1/	1	1	4	X			X	X	X	1	1/	X	X	X	1
1852 51% (21/ 41)	Z	Z	Z	Z	Z	Z	Z	Z	Z	Z	Z	Z	Z	Z	Z	Z	Z	Z	Z	1	1/		1	1	1
441 51% (23/ 45)	Z	Z	Z	Z	Z	Z	Z	Z	Z	Z	Z	Z	Z	Z	Z			1		1	1/		1	1	1
945 50% (30/ 60)	1	1		1	1	1	3	1	1/	1/	3	3E	3	3		3D	5	1			1/			1	4
1891 50% (30/ 60)	1	1	1	1		16	3	1	1/	1/	3	3D	9	3		3D	5	4			1/	1/F		1	4
2344 49% (29/ 59)	1B	1	1	5	1	1	3	1	11	1/	1	1	X	4				1	1E		1/		1	1	1
323 48% (28/ 58)	1	1		1		18	3	Z	Z	1/	1		1	1		3C	5	1			1/			1	4
206 47% (15/ 32)	Z	Z	Z	Z	Z	Z	Z	Z	Z	Z	Z	Z	Z	Z	Z	Z	Z	Z	Z	Z	Z	Z	Z	Z	Z
1642 47% (28/ 60)			1	1		10	3	6	3	14	3	2C		3		3G	5	5						1	1
1704 47% (28/ 60)	1	1		1	1	1	3	1	1/	1/		5		5		3D	5	1	4		1/			1	4
506 46% (6/ 13)	Z	Z	Z	Z	Z	Z	Z	Z	Z	Z	Z	Z	Z	Z	1			1	1	1	Z	Z	Z	Z	Z
2718 46% (23/ 50)	1	1	1	1	1	1	3B	1	1/	1/	12	1C	1B	1	1			1	1	1	1/		1		1
325 46% (11/ 24)	Z	Z	Z	Z	Z	Z	Z	Z	Z	Z	Z	Z	Z	Z	Z	Z	Z	Z	Z	Z	Z	Z	Z	Z	Z
1889 45% (15/ 33)	Z	Z	Z	Z	Z	Z	Z	Z	Z	Z	Z	Z	Z	Z	Z	Z	Z	Z	Z	Z	Z	Z	Z	Z	Z
172 45% (14/ 31)	Z	Z	Z	Z	Z	Z	Z	Z	Z	Z	Z	Z	Z	Z	1		Z	1	Z	Z	Z		1	1	Z
307 45% (27/ 60)	1	1	1	1	1	13	3	4	6	1/	1D				1	3E	5	5				1/F	1		4
322 45% (27/ 60)	1	1		1		17	3	1	1/	1/	1	2C	1	1		8	5	1			1/			1	4
453 45% (27/ 60)	1	1	1	1	1	13	3	4	6	1/	1				1	3E	5	5				1/F	1		4
630 45% (27/ 60)	1	1	1	1	1	1	3	1	1/	1/	3	4		3	1	3D		5	1		1/	1/F		1	4

81 | 60 TS + 3 SL + 7 MT

TESTSTELLE	1	2	3	5	6	7	8	9	10	11	12	13	14	15	26	28	29	30	31	32	35	36	37	38	39
UEBEREINST. ZEUGEN	3	16	9	11	11	10	6	7	1	13	10	12	23	17	30	416	439	12	36	51	17	339	15	21	14
BEZEUGTE VARIANTE	2	2	2	2	2	2	2	2	14	1/L	2	2	2	2	2	1/	1/	3	2	2	3	1/	2	2	2
2200 45% (27/ 60)	1	1	1	1	1	1	3	1	1/	1/	3	3D		3	1	3D		5	1		1/	1/F		1	4
1884 45% (25/ 56)	1		1	1	1	15	3	1	11	1/	1	3	3	4		5		1	1G	1	1/		6	1	4
610 44% (26/ 59)	1	1	1	1	1	13	3	4	6	1/	1		3		Z	3E	5	5				1/F	1		4
94 43% (26/ 60)	1	1		4	1	13	3	1	6		1	2C	3		1	3D	5	5				1/F	1		4
619 43% (26/ 60)	1	1	1	1	1	1	3	1	1/		1	1	1	1				1		1	1/		1	1	1B
1162 43% (26/ 60)	1	1	1	5	1	1	3B	1	1/		1	7	1	1				1		1	1/		1	1	1
2818 43% (26/ 60)	1	1	1	1	1	13	3	4	6	1/	1C		3		1	3E	5	5				1/F	1		4
2378 43% (12/ 28)	Z	Z	Z	Z	Z	Z	Z	Z	Z	Z	Z	Z	Z	Z	Z	Z	Z	Z	Z	Z	Z	Z	Z	Z	Z
2716 43% (17/ 40)	Z	Z	Z	Z	1	Z	Z	Z	Z	Z	Z	Z	Z	Z	Z			Z	Z	Z	Z		1B	1	1
431 42% (25/ 59)	1	1	1	1	1	1	3B	1	1/	1/	13	1	10	1	3			1	1				1		4
1839 42% (19/ 45)	Z	Z	Z	Z	Z	Z	Z	Z	Z	Z	Z	Z	Z	Z	V1			1	1		1/		1	1	1
08 42% (24/ 57)	1		1	1	1	15	3	1	11	1/	1	3	3	5		5		1	1G	1	1/		6	1	6
2201 42% (21/ 50)	1	1	1	1	Z	Z	Z	Z	Z	Z	Z	Z	Z	Z	1			1	1	1	1/	1/F	1	1	1
044 42% (25/ 60)	1		1	3	1	5	1	1	4	1/	1	2D	1B	3	1			1	3	1	1/		1	1	1
180 42% (25/ 60)	1	1	1	1	1	11	3	1	6	1/	1		3B		1	3E	5	1				1/F	1	1	4
436 42% (25/ 60)	1	1	1	1	1	1	1	1	1/		1	1	1	1	1			1	1	1	1/		1	1	1
1678 42% (25/ 60)	1	1	1	1	1	10	1	4	6	1/	1		3		1	3D	5	1				1/F	1		4
2289 42% (10/ 24)	Z	Z	Z	Z	Z	Z	Z	Z	Z	Z	Z	Z	Z	Z	Z	Z	Z	Z	Z	Z	Z	Z	Z	Z	Z
1526 41% (12/ 29)	1	1	Z	Z	Z	Z	Z	Z	Z	Z	Z	Z	Z	Z	1			1	1	Z	1/		1	1	4
1094 41% (19/ 46)	Z	Z	Z	Z	Z	Z	Z	Z	Z	Z	Z	Z	Z	Z	1			1	1	1	1/		1	1	1
1752 41% (19/ 46)	Z	Z	Z	Z	Z	Z	Z	Z	Z	Z	Z	Z	Z	Z	1				1	1	1/		1	1	1
314 41% (7/ 17)	Z	Z	Z	Z	Z	Z	Z	Z	Z	Z	Z	Z	Z	Z	Z	Z	Z	Z	Z	Z	Z	Z	Z	Z	Z
1731 41% (14/ 34)	Z	Z	Z	Z	Z	Z	Z	Z	Z	Z	Z	Z	Z	Z	Z	Z	Z	Z	Z	Z	Z	Z	Z	Z	Z
629 41% (23/ 56)	1	1	1	1	1		X	5	12			13	8		1	7		1	1	1	1/		1		1
466 41% (11/ 27)	Z	Z	Z	Z	Z	Z	Z	Z	Z	Z	Z	Z	Z	Z	Z	Z	Z	Z	Z	Z	Z	Z	Z	Z	Z
309 41% (13/ 32)	Z	Z	Z	Z	Z	Z	Z	Z	Z	Z	Z	Z	Z	Z	Z	Z	Z	Z	Z	Z	Z	Z	Z	Z	Z
218 40% (24/ 60)	1	1	1	1	1	1	1	1	1/	1/C	12	1	1	1	1			1	1	1	1/		1	1	1
1723 40% (18/ 45)	Z	Z	Z	Z	Z	Z	Z	Z	Z	Z	Z	Z	Z	Z	1			1	1	1	1/		1	1	1
2298 40% (24/ 60)	1	1	1	1	1	1	1	1	1/		1	1D		3		3D	5	1	6	1	1/		1	1	4
104 40% (23/ 58)	1	1	1	1	V2	5	3	1	11	1/M	1	1	1	1	1			1	1	1	1/		1	1	1
1864 40% (19/ 48)	Z	Z	Z	Z	Z	Z	Z	Z	Z	Z	Z	Z	1	1	1			1	1	1	1/		1	1	1
2441 39% (11/ 28)	Z	Z	Z	Z	Z	Z	Z	Z	Z	Z	Z	Z	Z	Z	Z	Z	Z	Z	Z	Z	Z	Z	Z	Z	Z
020 39% (18/ 46)	Z	Z	Z	Z	Z	Z	Z	Z	Z	Z	Z	Z	Z	Z	1			1	1	1	1/		8	1	1

81 | 60 TS + 3 SL + 7 MT

TESTSTELLE	40	41	42	43	44	45	46	47	48	49	50	52	53	55	56	57	59	85	86	87	88	89	90	91	92
UEBEREINST. ZEUGEN	34	467	283	24	451	473	76	92	452	162	17	452	338	422	459	104	20	20	44	476	471	25	71	279	99
BEZEUGTE VARIANTE	2	1/	1/	2	1/	1/	2	2	1/	2	2	1/	1/	1/	1/	2	2	2	2B	1/	1/	14	2	1/	2
P33 100% (1/ 1)	Z	Z	Z	Z	Z	Z	Z	Z	Z	Z	Z		Z	Z	Z	Z	Z	Z	Z	Z	Z	Z	Z	Z	Z
01 85% (51/ 60)					4				3			4		1/B					2						
P74 84% (46/ 55)			3		4						3											2			
03 83% (50/ 60)					4							4		1/B								2			
02 80% (48/ 60)			3		4						3			4											1
04 70% (30/ 43)	Z	Z	Z		4							1/D	4			Z	Z		Z	Z	Z	Z	Z	Z	Z
1175 68% (41/ 60)			6		6							4	3			2C			3						1
2778 67% (6/ 9)	Z	Z	Z	Z	Z	Z	Z	Z			1D					1	1	Z	Z	Z	Z	Z	Z	Z	Z
P45 64% (7/ 11)			Z	Z	Z		Z	Z	Z	Z	Z	Z	Z	3		1	Z	Z	Z	Z	Z	Z	Z	Z	Z
1875 63% (29/ 46)			6	Z				1			4		3G	5					2					12	
1739 58% (35/ 60)			5	1							2C		3						3					3	
181 57% (34/ 60)			4					1			10		3G	5					2					12	
2464 56% (10/ 18)	Z	Z	Z	Z	Z	Z	Z	Z	Z	Z	Z	Z	Z	Z	Z	Z	Z		3C			2		4B	
623 52% (24/ 46)	1		4	1							1		3				1		2			1		3	
33 52% (25/ 48)	1		3				X						3	X	X				2			10		3	1
1852 51% (21/ 41)	1			1			3	1		1	1					1	1	1	1					5	
441 51% (23/ 45)	3		4	1							6	3	3				1	1	3					5D	1
945 50% (30/ 60)			5	1							19		8C				1		3			5		3	
1891 50% (30/ 60)			5	1							2C		3					1	2					3	
2344 49% (29/ 59)	1		3							1			3				1		2			11		3G	1
323 48% (28/ 58)	1		6	1						1			3					1	1			1		5	
206 47% (15/ 32)	Z		5	1						1	19	4	8				1	1	1				1	4E	1
1642 47% (28/ 60)	1B										3		3B				1	1	3			1C	1		1
1704 47% (28/ 60)			5	1							19		8			2B	1	1	3			5	4	3	
506 46% (6/ 13)	Z	Z	Z	Z	Z	Z	Z	Z			Z	Z	Z			1	1	1	Z	Z	Z	Z	Z	Z	Z
2718 46% (23/ 50)	1		4									4	3					Z	Z	Z	Z	Z	Z	Z	Z
325 46% (11/ 24)	Z	Z	Z	Z	Z	Z	Z	Z	Z	Z	Z					1	1	1				1	1		1
1889 45% (15/ 33)	Z	Z		1			1	1		1	1					1	1	1				1	1		1
172 45% (14/ 31)	Z	Z	Z	1			1	1		1	1					1	1	Z	Z			1	Z	Z	Z
307 45% (27/ 60)			4								2C		3				1	1	3			2		3	
322 45% (27/ 60)	1		6	1						1			3F					1	1			1		5	
453 45% (27/ 60)			4								2C		3				1	1				2	1	6B	
630 45% (27/ 60)			6	1							2C		8					1	1B			3		3	

81 60 TS + 3 SL + 7 MT

TESTSTELLE	40	41	42	43	44	45	46	47	48	49	50	52	53	55	56	57	59	85	86	87	88	89	90	91	92
UEBEREINST. ZEUGEN	34	467	283	24	451	473	76	92	452	162	17	452	338	422	459	104	20	20	44	476	471	25	71	279	99
BEZEUGTE VARIANTE	2	1/	1/	2	1/	1/	2	2	1/	2	2	1/	1/	1/	1/	2	2	2	2B	1/	1/	14	2	1/	2
2200 45% (27/ 60)			5	1			1				2C		8					1	1					3	
1884 45% (25/ 56)			6	1				4B	U	1	1					1	1							4	
610 44% (26/ 59)			4								2C		3				1	1	3			2		3	
94 43% (26/ 60)			4								2C		3				1	1	3			1	1	3	
619 43% (26/ 60)	1		4	1							1		3				1		1			1			1
1162 43% (26/ 60)	1		4	1							1		3				1		1			1			1
2818 43% (26/ 60)			4								2C		3				1	1	3			2		3	
2378 43% (12/ 28)	Z	X	Y	1			1	1	Z		1				1/E	Z	1	1	1B			1	1		1
2716 43% (17/ 40)	1			1			1	1		1	1D					1	1	1	4			1	1		1
431 42% (25/ 59)			4								2C		3				1	1	3			2		14	
1839 42% (19/ 45)	1			1			1	1		1	5					1	1	1				1	1	18	1
08 42% (24/ 57)			6	1				4	6	1	1					1	1							4	
2201 42% (21/ 50)	1			1				1			1		3				1	1	3			1		5	
044 42% (25/ 60)	1		4	1	5					1							4		3			2		3	
180 42% (25/ 60)	1		4										3				1	1	3			9		4	
436 42% (25/ 60)	1		4	1							1		4C				1	1	3					3	
1678 42% (25/ 60)			4								2C		3				1	1	3			2		3	
2289 42% (10/ 24)	Z	Z	Z	Z	Z	Z	Z	Z	Z	Z	Z					1	1	1	1B			1	1		1
1526 41% (12/ 29)	1			1			1	1		1	1					1	1	Z	Z	Z	Z	Z	Z	Z	Z
1094 41% (19/ 46)	1			1			1	1		1	1					1	1	1	2			1	1		1
1752 41% (19/ 46)	1		6	1			1	1			1					1	1	1	1B			1	1		1
314 41% (7/ 17)	Z			1			1	Z	Z	Z	Z	Z	Z	Z	Z	Z	Z	Z	Z	Z	Z	Z	Z	Z	1
1731 41% (14/ 34)	Z			1			1	1		1	1					1	1	1	1B			1	1	4C	1
629 41% (23/ 56)	1I			1	6				4	1	X			7					X	X	6	1	3		1
466 41% (11/ 27)	Z	Z	Z	Z	Z	Z	Z	Z		1	1					1	1	1	1			1	1		1
309 41% (13/ 32)	Z		4	1			1	1	Z	Z	1					1	1	1	1			1	1		1
218 40% (24/ 60)	1			1			1			1						1		1	1			1	1		
1723 40% (18/ 45)	1		X	1			1	1			1					1	1	1	1B			1	1		1
2298 40% (24/ 60)	4		5	1			3				1D		3				1	1	3			12		3	
104 40% (23/ 58)			7	1				1		1	1C						1	1	1			1	4	5	
1864 40% (19/ 48)	1			1			1	1			1					1	1	1	1B			1	1		1
2441 39% (11/ 28)	Z	Z	8	1	Z	Z	1	1			1					1	Z	Z	1B			1	1		1
020 39% (18/ 46)	1			1			3			1	1	3				1	1	1	1			1	1		1

TESTSTELLE	93	95	96	97	98	99	100	102	103	104
UEBEREINST. ZEUGEN	31	44	35	422	40	16	470	478	21	22
BEZEUGTE VARIANTE	2	2	2	1/	2	2	1/	1/	2	2
P33 100% (1/ 1)	Z	Z	Z	Z	Z	Z	Z	Z	Z	Z
01 85% (51/ 60)								3		
P74 84% (46/ 55)		Z								
03 83% (50/ 60)				4				3		
02 80% (48/ 60)								3		
04 70% (30/ 43)				3		Z	Z		Z	Z
1175 68% (41/ 60)				1/B	2C					
2778 67% (6/ 9)	Z	Z	Z	Z	Z	Z	Z	Z	Z	Z
P45 64% (7/ 11)	Z	Z	Z	Z	Z	Z	Z	Z	Z	Z
1875 63% (29/ 46)									3B	1M
1739 58% (35/ 60)						1				
181 57% (34/ 60)				4						
2464 56% (10/ 18)	3				2C	1	3	4		
623 52% (24/ 46)	3		1		2C	1		3	3B	1
33 52% (25/ 48)					7				X	
1852 51% (21/ 41)	1	3			1					1
441 51% (23/ 45)		3	1		2C	1			3D	
945 50% (30/ 60)						1			1	1E
1891 50% (30/ 60)						1			1L	1
2344 49% (29/ 59)					7	1				
323 48% (28/ 58)	1	4			3	1			1	1
206 47% (15/ 32)	1	3	1		1D	1			Z	Z
1642 47% (28/ 60)	1	1	1	4	3	1			1	1
1704 47% (28/ 60)						1			1	1
506 46% (6/ 13)	Z	Z	Z	Z	Z	Z	Z	Z	Z	Z
2718 46% (23/ 50)	Z	Z			2C	1				
325 46% (11/ 24)	1	1	1		1	1			1	1
1889 45% (15/ 33)	1	1	1		1	1			1	1
172 45% (14/ 31)	Z	1	1		3	1			1L	Z
307 45% (27/ 60)	1	3	1	3		1			1	1
322 45% (27/ 60)	1	4			3	1			1	1
453 45% (27/ 60)	1	3	1	3		1			1	1
630 45% (27/ 60)	1					1			1	1

81 60 TS + 3 SL + 7 MT

TESTSTELLE	93	95	96	97	98	99	100	102	103	104
UEBEREINST. ZEUGEN	31	44	35	422	40	16	470	478	21	22
BEZEUGTE VARIANTE	2	2	2	1/	2	2	1/	1/	2	2
2200 45% (27/ 60)	1					1			1	1
1884 45% (25/ 56)	1					1	Z	Z	Z	
610 44% (26/ 59)	1	3	1	3		1			1	1
94 43% (26/ 60)	1	3	1		2C	1			1	1
619 43% (26/ 60)		1	1		6B	1			1	1
1162 43% (26/ 60)		1	1		6	1			1N	1
2818 43% (26/ 60)	1	3	1	3		1			1	1
2378 43% (12/ 28)	1	Z	Z		1	1			1	1
2716 43% (17/ 40)	1	1	1		1D	Z	Z		1K	1
431 42% (25/ 59)	1	3	1	3	W	1			1	1
1839 42% (19/ 45)	1	3	1		1	1			1	1
08 42% (24/ 57)	1				2C	1	Z	Z	Z	
2201 42% (21/ 50)		1	1		6	1			1	1
044 42% (25/ 60)	1	3			1	1		4		
180 42% (25/ 60)	1	3	1	3		1			1	1
436 42% (25/ 60)	3		1			1			1	1
1678 42% (25/ 60)	1	3	1	3		1		4	1	1
2289 42% (10/ 24)	1	1	1		1	1			1	1
1526 41% (12/ 29)	Z	Z	Z	Z	Z	Z	Z	Z	Z	Z
1094 41% (19/ 46)	1	1	1		2C				1C	1
1752 41% (19/ 46)	1	1	1		1	1			1	1
314 41% (7/ 17)	1	1	1		1	1			1L	1
1731 41% (14/ 34)	1	1	1		1	1			1L	1
629 41% (23/ 56)		1	1		3	1		6	2B	
466 41% (11/ 27)	1	1	1		1	1			1L	1
309 41% (13/ 32)	1	1	1B		1	1			1M	1
218 40% (24/ 60)	1		1			1			1	1
1723 40% (18/ 45)	1	1	1		1	1			1	1
2298 40% (24/ 60)	1					1			3B	1
104 40% (23/ 58)	V1					1			1	3D
1864 40% (19/ 48)	1	1	1		1	1			1	1
2441 39% (11/ 28)	1	1	1		1	1	Z		1	1
020 39% (18/ 46)	1	1	1		1	1			10	1

88 52 TS + 1 SL + 49 MT

TESTSTELLE	5	7	8	10	11	13	14	15	17	18	20	21	23	24	28	29	30	31	32	33	34	35	36	40	41
UEBEREINST. ZEUGEN	6	9	16	14	351	12	11	10	23	355	441	36	91	17	416	439	9	36	51	19	2	452	339	34	467
BEZEUGTE VARIANTE	3	4	3B	3	1/	2	4	4	2	1/	1/	2	2	2	1/	1/	2	2	2	2	7	1/	1/	2	1/
P8 100% (2/ 2)	Z	Z	Z	Z	Z	Z	Z	Z	Z		Z	Z		Z	Z	Z	Z	Z	Z	Z	Z	Z	Z	Z	Z
915 85% (44/ 52)					1/E	10											3						1/E		
314 78% (7/ 9)	Z	Z	Z	Z	Z	Z	Z	Z	Z	Z	Z	Z	Z	Z	Z	Z	Z	Z	Z	Z	Z	Z	Z	Z	
P45 75% (9/ 12)	Z	Z	Z	Z	Z	Z	Z	Z	Z	Y	Y	X					Z	Z	4	9	Y		Z		
624 71% (10/ 14)	Z	Z	Z	Z	Z	Z	Z	Z	Z	Z	Z	Z	Z	Z	Z	Z	Z	Z	Z	Z	Z			Z	Z
1846 67% (6/ 9)	Z	Z	Z	Z	Z	Z	Z	Z	Z	Z	Z	Z	Z	Z	Z	Z	Z	Z	Z	Z	Z	Z	Z	Z	Z
P74 65% (32/ 49)	2	X	Y		1/I	2B	2	2		Z											2	3			
33 65% (26/ 40)	5		X	11		1		X		X		X		X		X	X	X	1		11		X	1	
2004 63% (10/ 16)	Z	Z	Z	Z	Z	Z	Z	Z	Z	Z	Z	Z	Z	Z	Z	Z	Z	Z	Z	Z	Z	Z	Z	Z	Z
01 62% (32/ 52)	2	2	2				2	2		5											2	3			
5 62% (32/ 52)	1	1	3	1/		1			1			1		1			1		1	8	11		1/D	1	
1175 62% (32/ 52)	2	2	2		1/D		2	2		5							1C				2	3			
03 60% (31/ 52)	2	2	2	1/			2	2		3											2	4			
1827 60% (31/ 52)	1	1		1/	1/B	1						1		1			1		1	3	11			1	
623 60% (25/ 42)	Z	Z	Z	Z	Z	Z	Z	Z	Z	Z		1		1			1		1	8	11			1	
1852 59% (20/ 34)	Z	Z	Z	Z	Z	Z	Z	Z	Z	Z	Z	Z	Z	Z	Z	Z	Z	Z	1	1	1			1	
2201 58% (25/ 43)	1	Z	Z	Z	Z	Z	Z	Z	Z	Z		1		1			1	1	1	8	11		1/F	1	
2716 58% (18/ 31)	Z	Z	Z	Z	Z	Z	Z	Z	Z	Z	Z	Z	Z	Z			Z	Z	Z	Z	Z	Z		1	
441 58% (22/ 38)	Z	Z	Z	Z	Z	Z	Z	Z	Z	Z	Z	Z	Z	Z			1		1	1	1			3	
1162 58% (30/ 52)	5	1		1/	1/L	7	1	1	1	4		1		1			1		1	8	11			1	
2737 58% (30/ 52)			3	1/		1			7			1		1	10		1		1	1	1				
1893 58% (23/ 40)	1	1	1	1/		X	X	X	1			1		1			1	1	Z	Z	Z	Z	Z	1	
206 57% (16/ 28)	Z	Z	Z	Z	Z	Z	Z	Z	Z	Z	Z	Z	Z	Z	Z	Z	Z	Z	Z	Z	Z	Z	Z	Z	
1731 57% (16/ 28)	Z	Z	Z	Z	Z	Z	Z	Z	Z	Z	Z	Z	Z	Z	Z	Z	Z	Z	Z	Z	Z	Z	Z	Z	
1899 57% (4/ 7)	Z	Z	Z	Z	Z	Z	Z	Z	Z	Z	Z	Z	Z	Z	Z	Z	Z	Z	Z	Z	Z	Z	Z	Z	Z
2778 57% (4/ 7)	Z	Z	Z	Z	Z	Z	Z	Z	Z	Z	Z	Z	Z	Z	Z	Z	Z	Z	Z	Z	Z	Z	Z	Z	Z
2344 57% (29/ 51)	5	1	3	11		1	X					1		1			1	1E		1	2			1	
172 57% (17/ 30)	Z	Z	Z	Z	Z	Z	Z	Z	1			1	Z	1		Z	1	Z	Z	Z	Z	Z		Z	Z
62 56% (9/ 16)	Z	Z	Z	Z	Z	Z	Z	Z	Z	Z	Z	Z	Z	Z			1	1	1	1	1			1	
02 56% (29/ 52)	2	2	2			2B	2	2		5								2B			2	3			
619 56% (29/ 52)	1	1	3	1/	1/L	1	1	1	1			1		1			1		1	1	11			1	
917 56% (29/ 52)	1		1	1/		1	1	1	1				1	1			1				2B			1	
1739 56% (29/ 52)	1	16	3	1/		3D	2	3		4				1B	3D	5	1			1	2B				

88 | 52 TS + 1 SL + 49 MT

TESTSTELLE	5	7	8	10	11	13	14	15	17	18	20	21	23	24	28	29	30	31	32	33	34	35	36	40	41
UEBEREINST. ZEUGEN	6	9	16	14	351	12	11	10	23	355	441	36	91	17	416	439	9	36	51	19	2	452	339	34	467
BEZEUGTE VARIANTE	3	4	3B	3	1/	2	4	4	2	1/	1/	2	2	2	1/	1/	2	2	2	2	7	1/	1/	2	1/
1738 56% (5/ 9)	Z	Z	Z	Z	Z	Z	Z	Z	Z	Z	Z	Z	Z	Z	Z	Z	Z	Z	Z	Z	Z	Z	Z	Z	Z
1858 56% (5/ 9)	Z	Z	Z	Z	Z	Z	Z	Z	Z	Z	Z	Z	Z	Z	Z	Z	Z	Z	Z	Z	Z	Z	Z	Z	Z
020 55% (21/ 38)	Z	Z	Z	Z	Z	Z	Z	Z	Z	Z	Z	Z	Z	Z			1	1	1	1	1			1	
1839 55% (21/ 38)	Z	Z	Z	Z	Z	Z	Z	Z	Z	Z	Z	Z	Z	Z			1	1		1	1			1	
81 55% (22/ 40)	2	2	2	14	1/L		2	2	Z	Z	Z	Z	Z	Z			3			1	2C	3			
325 55% (11/ 20)	Z	Z	Z	Z	Z	Z	Z	Z	Z	Z	Z	Z	Z	Z	Z	Z	Z	Z	Z	Z	Z	Z	Z	Z	Z
2289 55% (11/ 20)	Z	Z	Z	Z	Z	Z	Z	Z	Z	Z	Z	Z	Z	Z	Z	Z	Z	Z	Z	Z	Z	Z	Z	Z	Z
2746 55% (17/ 31)	Z	Z	Z	Z	Z	Z	Z	Z	Z	Z	Z	Z	Z	Z			1	1	1	1	1			1	
1729 55% (24/ 44)	Z	Z	Z	Z	Z	Z	Z	Z	1G			1		1			1	1	1	3	1		1/F	1	
2626 55% (6/ 11)	Z	Z	Z	Z	Z	Z	Z	Z	Z	Z	Z	Z	Z	Z	Z	Z	Z	Z	Z	Z	Z	Z	Z	Z	Z
456 54% (28/ 52)	1	1	1	1/		1	1	6				1	1	1			1	1	1	1	1			1	
506 54% (7/ 13)	Z	Z	Z	Z	Z	Z	Z	Z	Z	Z	Z	Z	Z	Z			1	1	1	1	1	Z	Z	Z	Z
1409 54% (28/ 52)	2	1	1	11		1	3	1		5							1	1	1	1	1		1/K	1	
1595 54% (28/ 52)	1	1	1	1/		1	1	7	1			1		1			1	1	1	1	11			1	
1646 54% (28/ 52)	1	1	3	1/	1/B	1	1	1	1				1	1							2B			1	
1730 54% (7/ 13)	Z	Z	Z	Z	Z	Z	Z	Z	Z	Z	Z	Z	Z	Z	Z	Z	Z	Z	Z	Z	Z	Z	Z	Z	Z
1874 54% (28/ 52)	1		3	1/		1	1	1	1				1	1			3				2B			1	
1891 54% (28/ 52)	1	16	3	1/		3D	9	3		4				1B	3D	5	4			1	2B		1/F		
2374 54% (28/ 52)	1	1	1	1/		1	1	6	1C				1	1			1	1		1	1				
1867 53% (23/ 43)	Z	Z	Z	Z	Z	Z	Z	Z	Z			1	1	1			1	1	1	1	1			1	
610 53% (26/ 49)	1	13	3	6			3	2		5B				1	3E	5	5			Z	Z	3	1/F		
431 53% (27/ 51)	1	1		1/		1	10	1	1C			1		1			1	1			3	3			
1094 53% (20/ 38)	Z	Z	Z	Z	Z	Z	Z	Z	Z	Z	Z	Z	Z	Z			1	1	1	1	1			1	
1752 53% (20/ 38)	Z	Z	Z	Z	Z	Z	Z	Z	Z	Z	Z	Z	Z	Z			3	1	1	1	1			1	
2303 52% (11/ 21)	Z	Z	Z	Z	Z	Z	Z	Z	Z	Z	Z	Z	Z	Z			1	1	1	1	1			1	
1757 52% (24/ 46)	Z	1	1	1/		1	1	1	1			1	1	1			1	1	Z	Z	Z	Z	Z	1	
2805 52% (25/ 48)	1	1		4	10	3D	2	3		4	Z	Z	Z		6	6	1	1	1	1	1				
630 52% (26/ 50)	1	1	3	1/		4	2	3	Z	Z				1B	3D		5	1		1	2B		1/F		
1721 52% (26/ 50)	1	1	3	1/		1	1	6	1C			1	1	1			5	1D	1	1D	Y			1	
2378 52% (13/ 25)	Z	Z	Z	Z	Z	Z	Z	Z	Z	Z	Z	Z	Z	Z	Z	Z	Z	Z	Z	Z	Z	Z	Z	Z	X
437 52% (27/ 52)	1	1	1	1/		1	1	1	1I			1		1			1	1	1		11		1/K	1	
945 52% (27/ 52)	1	1	3	1/		3E	3	3	11	4				1B	3D	5	1			1	2B				
1843 52% (27/ 52)	1	3	3	1/		1		1	4			1		1			1	1	1	1	1		1/K	1	

88 52 TS + 1 SL + 49 MT

TESTSTELLE	42	44	45	46	47	48	49	52	53	54	55	56	65	66	73	76	80	84	86	87	88	90	91	97	98
UEBEREINST. ZEUGEN	283	451	473	101	92	452	162	7	87	14	422	459	333	365	7	467	9	402	24	476	471	71	46	422	10
BEZEUGTE VARIANTE	1/	1/	1/	3	2	1/	2	4	3	4	1/	1/	1/	1/	9	1/	2	1/	4	1/	1/	2	3	1/	6
P8 100% (2/ 2)	Z	Z	Z	Z	Z	Z	Z	Z	Z	Z	Z	Z	Z	Z	Z	Z	Z	Z	Z	Z	Z	Z	Z	Z	Z
915 85% (44/ 52)							1						1/P		10				1						
314 78% (7/ 9)				1	Z	Z	Z	Z	Z	Z	Z	Z	Z	Z	Z	Z	Z	Z	Z	Z	Z	Z	Z		1
P45 75% (9/ 12)	Z	Z		Z	Z	Z	Z	Z	Z	Z	3		Z	Z	Z	Z	Z	Z	Z	Z	Z	Z	Z	Z	Z
624 71% (10/ 14)	Z	Z	Z	Z	Z	Z	Z	Z	Z	Z	Z	Z			1		Z	Z	Z			1	1/		1
1846 67% (6/ 9)	Z	Z	Z	Z	Z	Z	Z	Z	Z	Z	Z	Z	Z	Z	Z	Z	Z		1			1	X		1
P74 65% (32/ 49)	3	4		2				1/	1/	3					6B				2B				1/		2
33 65% (26/ 40)	3			X				1/			X	X	1/D	1/C	14			3	2						7
2004 63% (10/ 16)		Z	Z	Z	Z	Z	Z	Z	Z	Z	Z	Z			1		1		3			1	1/		1
01 62% (32/ 52)		4		2		3			1/		1/B		1/K		2			3	2				1/		2
5 62% (32/ 52)								1/		1					1		7		5						2C
1175 62% (32/ 52)	6	6		2						1				1/B	2				3				1/	1/B	2C
03 60% (31/ 52)		4		2					1/	7	1/B				2			4	2B				1/	4	2
1827 60% (31/ 52)	4			2	1		1	1/		1							1D		1				1/		
623 60% (25/ 42)	4			2				1/					1/F		1D		7	4	2						2C
1852 59% (20/ 34)					1		1	1/	1/	1					1		1		1				5		1
2201 58% (25/ 43)				2	1			1/		1					1E		1		3				5		
2716 58% (18/ 31)				1	1		1	1/	1/	1			1/H		1		1C					1	1/		1D
441 58% (22/ 38)	4			2				3		1			1/K	8	6C		1		3				5D		2C
1162 58% (30/ 52)	4			2				1/									3		1				1/		
2737 58% (30/ 52)	3			1			1	1/		1			1/F		1		1		1B				11D		2B
1893 58% (23/ 40)	4			2		Z		1/		1			Z	Z			1	Z	1B				1/		
206 57% (16/ 28)	5			2			1		8	1					1		6	3	1			1	4E		1D
1731 57% (16/ 28)				1	1		1	1/	1/	1					1		1		1B			1	4C		1
1899 57% (4/ 7)	Z	Z	Z	Z	Z	Z	Z	Z	Z	Z	Z	Z	Z	Z	Z	Z	Z		1B			1	1/	Z	Z
2778 57% (4/ 7)	Z	Z	Z	Z	Z			1/	1/	1			Z	Z	Z	Z	Z	Z	Z	Z	Z	Z	Z	Z	Z
2344 57% (29/ 51)	3			2			1	1/					1/E		6			3	2				3G		7
172 57% (17/ 30)	Z			1	1		1	1/	1/	1					1		1	Z	Z			Z	Z		3
62 56% (9/ 16)		Z	Z	Z	Z	Z	Z	Z	Z	Z	Z	Z	Z	Z	Z	Z	Z	Z	Z	Z	Z	Z	Z		3
02 56% (29/ 52)	3	4		2				1/	1/	2	4				6			3	2B				1/		2
619 56% (29/ 52)	4			2				1/									3B		1				1/		6B
917 56% (29/ 52)					1		1	1/	1/	1					1D		1		4B			1	1/		1
1739 56% (29/ 52)	5			2				1/		1					1D		6B	3	3						2

88 52 TS + 1 SL + 49 MT

TESTSTELLE	42	44	45	46	47	48	49	52	53	54	55	56	65	66	73	76	80	84	86	87	88	90	91	97	98
UEBEREINST. ZEUGEN	283	451	473	101	92	452	162	7	87	14	422	459	333	365	7	467	9	402	24	476	471	71	46	422	10
BEZEUGTE VARIANTE	1/	1/	1/	3	2	1/	2	4	3	4	1/	1/	1/	1/	9	1/	2	1/	4	1/	1/	2	3	1/	6
1738 56% (5/ 9)	Z	Z	Z	Z	Z	Z	Z	Z	Z	Z	Z	Z	Z	Z	Z	Z	Z	Z	1			1	1/		1
1858 56% (5/ 9)	Z	Z	Z	Z	Z	Z	Z	Z	Z	Z	Z	Z	Z	Z	Z	Z	Z	Z	1B			1	1/		1
020 55% (21/ 38)							1	3	1/	1			1/F		1D		1		1			1	1/		1
1839 55% (21/ 38)				1	1		1	1/	1/	1					1C		1		2B			1	18		1
81 55% (22/ 40)				2				1/	1/	1			Z	Z	Z	Z	Z	Z	2B				1/		2
325 55% (11/ 20)	Z	Z	Z	Z	Z	Z	Z	1/	1/	1					1		1		2B			1	1/		1
2289 55% (11/ 20)	Z	Z	Z	Z	Z	Z	Z	1/	1/	1					1		1		1B			1	1/		1
2746 55% (17/ 31)	Z	Z	Z	Z	Z	Z	Z	1/		1			1/F		10		1		1B			1			1
1729 55% (24/ 44)				7	1			1/		5	6				10		8		3B				5		1
2626 55% (6/ 11)	Z	Z	Z	Z	Z	Z	Z	Z	Z	Z	Z	Z	Z	Z	Z	Z	1		1B			1	4E		1
456 54% (28/ 52)								1/		1					1D		1		2B			1	1/		1
506 54% (7/ 13)	Z	Z	Z	Z	Z			Z	Z	1			Z	Z	Z	Z	Z		Z	Z	Z	Z	Z	Z	Z
1409 54% (28/ 52)		4						3		1			1/F		6C				3			1	4		3
1595 54% (28/ 52)	4							1/		1					10		1		1B			1			1
1646 54% (28/ 52)					1		1	1/	1/	1					1D		1		1			1	1/		1
1730 54% (7/ 13)	Z	Z	Z	Z	Z	Z	Z	Z	Z	Z	Z	Z	Z	Z	1		1		2B			1	1/		1
1874 54% (28/ 52)					1		1	1/	1/	1	1/D				1D		1		1			1	1/		1
1891 54% (28/ 52)	5			2				1/		1					1D		6	3	2						2
2374 54% (28/ 52)	4				2B			1/		1			3		1		1		3			1			2C
1867 53% (23/ 43)				1	1		1	1/	1/	1					1		1		3			5			2C
610 53% (26/ 49)	4			2				1/		5				1/B	3		Z	4	3					3	2
431 53% (27/ 51)	4			2				1/		5				1/B	2B		1	4	3				14	3	W
1094 53% (20/ 38)				1	1		1	1/	1/	1					1		1		2			1	1/		2C
1752 53% (20/ 38)	6			1	1			1/	1/	1					1		1		1B			1	1/		1
2303 52% (11/ 21)	4			1	1			1/	Z	Z	Z	Z	Z	Z	Z	Z	Z	Z	Z	Z	Z	Z	Z		Z
1757 52% (24/ 46)				1			1	1/	1/				1/G		1		1					1			1
2805 52% (25/ 48)	4			2				1/					1/F		1		4		3						2C
630 52% (26/ 50)	6			2				1/	8	1					1		6	3	1B						2
1721 52% (26/ 50)							1	Y	1/	1					1D		1	4				1			1
2378 52% (13/ 25)	Y			1	1	Z		1/	1/	1		1/E			1		1		1B			1	1/		1
437 52% (27/ 52)				2			1	1/	1/	1							1		1			1	1/		
945 52% (27/ 52)	5			2				1/	8C	1					1D		6B	3	3						2
1843 52% (27/ 52)				4	1		1	1/		1					10		1		3				5		

88 52 TS + 1 SL + 49 MT

TESTSTELLE UEBEREINST. ZEUGEN BEZEUGTE VARIANTE			100 470 1/	102 478 1/
P8	100%	(2/ 2)	Z	Z
915	85%	(44/ 52)		
314	78%	(7/ 9)		
P45	75%	(9/ 12)	Z	Z
624	71%	(10/ 14)		
1846	67%	(6/ 9)		
P74	65%	(32/ 49)		
33	65%	(26/ 40)		
2004	63%	(10/ 16)		
01	62%	(32/ 52)		3
5	62%	(32/ 52)		
1175	62%	(32/ 52)		
03	60%	(31/ 52)		3
1827	60%	(31/ 52)		
623	60%	(25/ 42)		3
1852	59%	(20/ 34)		
2201	58%	(25/ 43)		
2716	58%	(18/ 31)	Z	
441	58%	(22/ 38)		
1162	58%	(30/ 52)		
2737	58%	(30/ 52)		
1893	58%	(23/ 40)		
206	57%	(16/ 28)		
1731	57%	(16/ 28)		
1899	57%	(4/ 7)	Z	
2778	57%	(4/ 7)	Z	Z
2344	57%	(29/ 51)		
172	57%	(17/ 30)		
62	56%	(9/ 16)		
02	56%	(29/ 52)		3
619	56%	(29/ 52)		
917	56%	(29/ 52)		
1739	56%	(29/ 52)		

88 52 TS + 1 SL + 49 MT

TESTSTELLE UEBEREINST. ZEUGEN BEZEUGTE VARIANTE			100 470 1/	102 478 1/
1738	56%	(5/ 9)		
1858	56%	(5/ 9)		
020	55%	(21/ 38)		
1839	55%	(21/ 38)		
81	55%	(22/ 40)		
325	55%	(11/ 20)		
2289	55%	(11/ 20)		
2746	55%	(17/ 31)		
1729	55%	(24/ 44)		
2626	55%	(6/ 11)		
456	54%	(28/ 52)		
506	54%	(7/ 13)	Z	Z
1409	54%	(28/ 52)		
1595	54%	(28/ 52)		
1646	54%	(28/ 52)		
1730	54%	(7/ 13)		
1874	54%	(28/ 52)		
1891	54%	(28/ 52)		
2374	54%	(28/ 52)		
1867	53%	(23/ 43)		
610	53%	(26/ 49)		
431	53%	(27/ 51)		
1094	53%	(20/ 38)		
1752	53%	(20/ 38)		
2303	52%	(11/ 21)	Z	
1757	52%	(24/ 46)		
2805	52%	(25/ 48)		Z
630	52%	(26/ 50)		
1721	52%	(26/ 50)		
2378	52%	(13/ 25)		
437	52%	(27/ 52)		
945	52%	(27/ 52)		
1843	52%	(27/ 52)		

TESTSTELLE	8	10	11	12	18	20	28	29	33	35	36	41	42	44	45	52	53	55	56	65	66	72	76	77	84
UEBEREINST. ZEUGEN	94	392	351	1	73	441	416	439	5	452	339	467	283	451	473	15	338	422	459	333	365	45	467	2	402
BEZEUGTE VARIANTE	3	1/	1/	11B	4	1/	1/	1/	6	1/	1/	1/	1/	1/	1/	3	1/	1/	1/	1/	1/	4	1/	5	1/
314 100% (7/ 7)	Z	Z	Z	Z	Z	Z	Z	Z	Z	Z	Z					Z	Z	Z	Z	Z	Z	Z	Z	Z	Z
624 100% (11/ 11)	Z	Z	Z	Z	Z	Z	Z	Z	Z			Z	Z	Z	Z	Z	Z	Z	Z			W		Z	Z
1738 100% (6/ 6)	Z	Z	Z	Z	Z	Z	Z	Z	Z	Z	Z	Z	Z	Z	Z	Z	Z	Z	Z	Z	Z	Z	Z	Z	Z
1745 100% (5/ 5)	Z	Z	Z	Z	Z	Z	Z	Z	Z	Z	Z	Z	Z	Z	Z	Z	Z	Z	Z	Z	Z	Z	Z	Z	Z
1846 100% (6/ 6)	Z	Z	Z	Z	Z	Z	Z	Z	Z	Z	Z	Z	Z	Z	Z	Z	Z	Z	Z	Z	Z	Z	Z	Z	
1858 100% (6/ 6)	Z	Z	Z	Z	Z	Z	Z	Z	Z	Z	Z	Z	Z	Z	Z	Z	Z	Z	Z	Z	Z	Z	Z	Z	Z
1899 100% (5/ 5)	Z	Z	Z	Z	Z	Z	Z	Z	Z	Z	Z	Z	Z	Z	Z	Z	Z	Z	Z	Z	Z	Z	Z	Z	
602 92% (11/ 12)	Z	Z	Z	Z	Z	Z	Z	Z	Z	Z	Z	Z	Z	Z	Z	Z					Z	Z		1	
62 90% (9/ 10)	Z	Z	Z	Z	Z	Z			1					Z	Z	Z	Z	Z	Z	Z	Z	Z	Z	Z	Z
2626 86% (6/ 7)	Z	Z	Z	Z	Z	Z	Z	Z	Z	Z	Z	Z	Z	Z	Z	Z	Z	Z	Z	Z	Z	Z	Z	Z	
2777 86% (6/ 7)	Z	Z	Z	Z	Z	Z	Z	Z	Z	Z	Z	Z	Z	Z	Z	Z	Z	Z	Z	Z	Z	Z	Y	2	Z
1731 85% (17/ 20)	Z	Z	Z	Z	Z	Z	Z	Z	Z	Z	Z					1/								1	
2004 85% (11/ 13)	Z	Z	Z	Z	Z	Z	Z	Z	Z	Z	Z	Z		Z	Z	Z	Z	Z	Z			1		1	
020 84% (21/ 25)	Z	Z	Z	Z	Z	Z			1											1/F		1		1	
1094 84% (21/ 25)	Z	Z	Z	Z	Z	Z			1							1/						1		1	
1828 84% (26/ 31)				1	1/				1							1/								1	
57 83% (20/ 24)	Y	Y	Y	Y	Y	Y			1							1/						1		1	Y
506 83% (5/ 6)	Z	Z	Z	Z	Z	Z			1	Z	Z	Z	Z	Z	Z	Z	Z			Z	Z	Z	Z	Z	
699 83% (24/ 29)	Z			1	Z				1							1/						1		1	
014 82% (18/ 22)	Z	Z	Z	Z	Z	Z			Z	Z	1/F									1/F		1		1	
2716 82% (18/ 22)	Z	Z	Z	Z	Z	Z			Z	Z						1/				1/H		1		1	
1864 81% (22/ 27)	Z	Z	Z	Z	1/				1							1/						1		2	
325 81% (13/ 16)	Z	Z	Z	Z	Z	Z	Z	Z	Z	Z	Z	Z	Z	Z	Z	1/						1		1	
2289 81% (13/ 16)	Z	Z	Z	Z	Z	Z	Z	Z	Z	Z	Z	Z	Z	Z	Z	1/						1		2	
498 81% (21/ 26)	Z	Z	Z	Z	Z				1		1/K					1/						1		1	
384 81% (25/ 31)			1/O	1	1/				1							1/				8					
680 81% (25/ 31)				1	1/				1							1/					5			1B	
1107 81% (25/ 31)	1			1	1/				1							1/								1	
1247 81% (25/ 31)				1	1/				1				8									1		1B	
1646 81% (25/ 31)			1/B	1	1/				2							1/								1	
1854 81% (25/ 31)	1			1					1							1/						1		1	
2423 81% (25/ 31)	1			1					1							1/						1		1B	
2816 81% (25/ 31)	1			1	1/											1/				4				1	

90 31 TS + 2 SL + 71 MT

TESTSTELLE	8	10	11	12	18	20	28	29	33	35	36	41	42	44	45	52	53	55	56	65	66	72	76	77	84
UEBEREINST. ZEUGEN	94	392	351	1	73	441	416	439	5	452	339	467	283	451	473	15	338	422	459	333	365	45	467	2	402
BEZEUGTE VARIANTE	3	1/	1/	11B	4	1/	1/	1/	6	1/	1/	1/	1/	1/	1/	3	1/	1/	1/	1/	1/	4	1/	5	1/
172 80% (16/ 20)	Z	Z	Z	Z	1/			Z	Z	Z		Z	Z			1/						1		1B	Z
337 80% (24/ 30)	1			1	1/	Z			1							1/								1	
603 80% (24/ 30)	1			1	1/				1													1		1B	
626 80% (20/ 25)	Z	Z	Z	Z	Z	Z			1		1/K					1/						1		1	
1730 80% (8/ 10)	Z	Z	Z	Z	Z	Z	Z	Z	Z	Z	Z	Z	Z	Z	Z	Z	Z	Z	Z	Z	Z	1		1	
1746 80% (24/ 30)	X			1	1/				1							1/						1		2	
1752 80% (20/ 25)	Z	Z	Z	Z	Z	Z			1				6			1/						1		2	
1839 80% (20/ 25)	Z	Z	Z	Z	Z	Z			1							1/						1		1	
2218 80% (24/ 30)	1			1	1/				1				V			1/								2	
2627 80% (4/ 5)	Z	Z	Z	Z	Z	Z			1			Z	Z	Z	Z	Z	Z	Z	Z	Z	Z	Z	Z	Z	Z
378 79% (23/ 29)				1					1	Z	Z					4		1/E				1		1	
921 79% (23/ 29)	1			1	Z				1		1/F											1		1	
1508 79% (23/ 29)	1			1	1/				1							1/	Z					Z		2	
1889 79% (15/ 19)	Z	Z	Z	Z	Z	Z	Z	Z	Z	Z	Z	Z				1/						1		1	4
1852 78% (18/ 23)	Z	Z	Z	Z	Z	Z	Z	Z	1							1/						1		1	
1867 78% (21/ 27)	Z	Z	Z	Z	1/				1							1/						1		1	
2180 78% (21/ 27)	Z	Z	Z	Z					1		1/K					1/		9						1	
2378 78% (14/ 18)	Z	Z	Z	Z	Z	Z	Z	Z	Z	Z	Z	X	Y			1/			1/E			1		2	
82 77% (24/ 31)	1			1	1/				1							1/						1		1	
105 77% (24/ 31)	1			1	1/				1							1/						1		1	
149 77% (24/ 31)	1			1	1/				1							1/						1		2	
175 77% (24/ 31)	1			1	1/				1							1/						1		1	
201 77% (24/ 31)	1			1	1/				1							1/						1		2	
203 77% (24/ 31)	1			1	1/				1							1/						1		1	
302 77% (24/ 31)	1			1					1		1/K					1/						1		1	
404 77% (24/ 31)	1F			1	1/				1							1/						1		1	
424 77% (24/ 31)	1			1	1/				1							1/						1		1	
432 77% (24/ 31)	3B			1	1/				1				5									1		2	
456 77% (24/ 31)	1			1	1/				1							1/	3							1	
462 77% (24/ 31)	1			1	1/				1							1/						1		1	
479 77% (24/ 31)	1			1	1/				1							1/						1		1	
618 77% (24/ 31)	1			1	1/	1/C			1							1/								1	
625 77% (24/ 31)	1			1	1/				1							1/						1		1	

90 31 TS + 2 SL + 71 MT

TESTSTELLE			87	88	91	97	100	102
UEBEREINST. ZEUGEN			476	471	279	422	470	478
BEZEUGTE VARIANTE			1/	1/	1/	1/	1/	1/
314	100%	(7/ 7)	Z	Z	Z			
624	100%	(11/ 11)						
1738	100%	(6/ 6)						
1745	100%	(5/ 5)				Z		
1846	100%	(6/ 6)			X			
1858	100%	(6/ 6)						
1899	100%	(5/ 5)				Z	Z	
602	92%	(11/ 12)				Z		
62	90%	(9/ 10)	Z	Z	Z			
2626	86%	(6/ 7)			4E			
2777	86%	(6/ 7)						
1731	85%	(17/ 20)			4C			
2004	85%	(11/ 13)						
020	84%	(21/ 25)						
1094	84%	(21/ 25)						
1828	84%	(26/ 31)						
57	83%	(20/ 24)						
506	83%	(5/ 6)	Z	Z	Z	Z	Z	Z
699	83%	(24/ 29)						
014	82%	(18/ 22)						Z
2716	82%	(18/ 22)					Z	
1864	81%	(22/ 27)						
325	81%	(13/ 16)						
2289	81%	(13/ 16)						
498	81%	(21/ 26)						
384	81%	(25/ 31)						
680	81%	(25/ 31)						
1107	81%	(25/ 31)						
1247	81%	(25/ 31)						
1646	81%	(25/ 31)						
1854	81%	(25/ 31)						
2423	81%	(25/ 31)						
2816	81%	(25/ 31)						

90 31 TS + 2 SL + 71 MT

TESTSTELLE			87	88	91	97	100	102
UEBEREINST. ZEUGEN			476	471	279	422	470	478
BEZEUGTE VARIANTE			1/	1/	1/	1/	1/	1/
172	80%	(16/ 20)			Z			
337	80%	(24/ 30)						
603	80%	(24/ 30)			X			
626	80%	(20/ 25)						
1730	80%	(8/ 10)						
1746	80%	(24/ 30)						
1752	80%	(20/ 25)						
1839	80%	(20/ 25)			18			
2218	80%	(24/ 30)						
2627	80%	(4/ 5)	Z	Z	Z	Z	Z	Z
378	79%	(23/ 29)						
921	79%	(23/ 29)			Z			
1508	79%	(23/ 29)						
1889	79%	(15/ 19)						
1852	78%	(18/ 23)			5			
1867	78%	(21/ 27)			3			
2180	78%	(21/ 27)			8C			
2378	78%	(14/ 18)						
82	77%	(24/ 31)						
105	77%	(24/ 31)						
149	77%	(24/ 31)						
175	77%	(24/ 31)						
201	77%	(24/ 31)						
203	77%	(24/ 31)						
302	77%	(24/ 31)						
404	77%	(24/ 31)						
424	77%	(24/ 31)						
432	77%	(24/ 31)						
456	77%	(24/ 31)						
462	77%	(24/ 31)						
479	77%	(24/ 31)						
618	77%	(24/ 31)						
625	77%	(24/ 31)						

TESTSTELLE	3	7	8	10	11	13	14	15	18	19	20	21	23	28	29	30	31	32	35	36	38	39	40	41	42
UEBEREINST. ZEUGEN	9	4	94	7	13	5	11	17	7	110	441	1	91	29	30	21	36	51	17	38	21	33	34	467	53
BEZEUGTE VARIANTE	2	13	3	6	1/L	2C	3	2	5B	2	1/	2C	2	3D	5	5	2	2	3	1/F	2	4	2	1/	4
P33 100% (1/ 1)	Z	Z	Z	Z	Z	Z	Z	Z	Z	Z	Z	Z	Z	Z	Z	Z	Z	Z	Z	Z	Z	Z	Z	Z	Z
2818 82% (50/ 61)	1				1/	2						2		3E											
610 81% (48/ 59)	1				1/	2						2		3E											
1846 80% (8/ 10)	Z	Z	Z	Z	Z	Z	Z	Z	Z	Z	Z	Z	Z	Z	Z	Z	Z	Z	Z	Z	Z	Z	Z	Z	Z
307 79% (48/ 61)	1				1/	2	2					2		3E											
1678 77% (47/ 61)	1	10	1		1/	2						2				1									
453 74% (45/ 61)	1				1/	2	2					2		3E											
180 71% (42/ 59)	1	11			1/	2	3B					2		3E		1					1		1		
945 62% (38/ 61)		1		1/	1/	3E		3	4			2				1			1/	1/	1				5
1891 62% (38/ 61)	1	16		1/	1/	3D	9	3	4			2				4			1/		1				5
431 62% (37/ 60)	1	1	3B	1/	1/	1	10	1	1/	1		1		1/	1/	1	1			1/					
1739 61% (37/ 61)	1	16		1/	1/	3D	2	3	4			2				1			1/	1/	1				5
81 59% (26/ 44)		2	2	14		2	2		Z	Z	Z	Z	Z	1/	1/	3				1/		2			1/
P74 59% (33/ 56)	Z	X	Y	3	1/I	2B	2		Z			2		1/	1/	2				1/		2			3
1704 57% (35/ 61)		1		1/	1/	5	2	5	4			2				1	4		1/	1/	1				5
1899 57% (4/ 7)	Z	Z	Z	Z	Z	Z	Z	Z	Z	Z	Z	Z	Z	Z	Z	Z	Z	Z	Z	Z	Z	Z	Z	Z	Z
630 56% (33/ 59)	1	1		1/	1/	4	2	3	Z	Z		2			1/		1		1/		1				6
2778 56% (5/ 9)	Z	Z	Z	Z	Z	Z	Z	Z	Z	Z	Z	Z	Z	Z	Z	Z	Z	Z	Z	Z	Z	Z	Z	Z	Z
2626 55% (6/ 11)	Z	Z	Z	Z	Z	Z	Z	Z	Z	Z	Z	Z	Z	Z	Z	Z	Z	Z	Z	Z	Z	Z	Z	Z	Z
206 54% (20/ 37)	Z	Z	Z	Z	Z	Z	Z	Z	Z	Z	Z	Z	Z	Z	Z	Z	Z	Z	Z	Z	Z	Z	Z		5
2200 53% (31/ 58)	1	1		1/	1/	3D	2	3	4			2			1/		1		1/		1				5
1175 52% (32/ 61)	3	2	2	3	1/D	2	2		5			2		1/	1/	1C				1/	1	4B			6
2298 52% (32/ 61)	1	1	1	1/		1D	2	3	4			1				1	6	1	1/	1/	1		4		5
441 52% (25/ 48)	Z	Z	Z	Z	Z	Z	Z	Z	Z	Z	Z	Z	Z	1/	1/	1		1	1/	1/	1	1	3		
1642 52% (31/ 60)	1	10		3	14		2	3	4			2		3G						1/	1	1	1B		1/
623 51% (26/ 51)	Z	Z	Z	Z	Z	Z	Z	Z	Z	Z		1		1/	1/	1		1	1/	1/	1	1	1		
P45 50% (6/ 12)	Z	Z	Z	Z	Z	Z	Z	Z	Y	Y	Y	X		1/	1/	Z	Z	4	1/	Z		Z			Z
314 50% (6/ 12)	Z	Z	Z	Z	Z	Z	Z	Z	Z	Z	Z	Z	Z	Z	Z	Z	Z	Z	Z	Z	Z	Z	Z		1/
1738 50% (5/ 10)	Z	Z	Z	Z	Z	Z	Z	Z	Z	Z	Z	Z	Z	Z	Z	Z	Z	Z	Z	Z	Z	Z	Z	Z	Z
1745 50% (4/ 8)	Z	Z	Z	Z	Z	Z	Z	Z	Z	Z	Z	Z	Z	Z	Z	Z	Z	Z	Z	Z	Z	Z	Z	Z	Z
1858 50% (5/ 10)	Z	Z	Z	Z	Z	Z	Z	Z	Z	Z	Z	Z	Z	Z	Z	Z	Z	Z	Z	Z	Z	Z	Z	Z	Z
2201 50% (26/ 52)	1	Z	Z	Z	Z	Z	Z	Z	Z	Z		1		1/	1/	1	1	1	1/		1	1	1		1/
429 49% (30/ 61)	1	5		1/	5	3D	2	3	4			2			1/		1		1/		1		1		5

94 | 61 TS + 3 SL + 40 MT

TESTSTELLE		3	7	8	10	11	13	14	15	18	19	20	21	23	28	29	30	31	32	35	36	38	39	40	41	42
UEBEREINST. ZEUGEN		9	4	94	7	13	5	11	17	7	110	441	1	91	29	30	21	36	51	17	38	21	33	34	467	53
BEZEUGTE VARIANTE		2	13	3	6	1/L	2C	3	2	5B	2	1/	2C	2	3D	5	5	2	2	3	1/F	2	4	2	1/	4
323	48% (29/ 60)		18		Z	1/	2	1	1	4			1		3C		1			1/	1/	1		1		6
02	48% (29/ 61)		2	2	3	1/	2B	2		5			2		1/	1/	2	2B			1/		2			3
322	48% (29/ 61)		17		1/	1/		1	1	4			1		8		1			1/	1/	1		1		6
2805	47% (27/ 57)	1	1	3B	4	10	3D	2	3	4		Z	Z	Z	6	6	1	1	1	1/	1/	1	1			
1875	47% (24/ 51)	X	X	X	X	X	X	6	1	1/	1		1		Z	Z	1				3	1	X			6
33	47% (23/ 49)	1	4	X	11	1/	1	4	X	X	1		X		1/	X	X	X	1	1/	X	X	1	1		3
619	47% (28/ 60)	1	1		1/		1	1	1	1/	1		1		1/	1/	1		1	1/	1/	1	1B	1		
2777	46% (6/ 13)	Z	Z	Z	Z	Z	Z	Z	Z	Z	1	Z	Z	Z	Z	Z	Z	Z	Z	Z	Z	Z	Z	Z	Z	Z
467	46% (28/ 61)	1	5B		4	1/	1D	8	3	4			1		6B		1	1	1	1/	1/	1		1		1/
621	46% (28/ 61)	1	1		1/	1/O	8	1	1	1/		1/B	1	1	1/	1/	1		1	1/	1/	1	1	3		
522	46% (27/ 59)	1	7		1/	5	3D	2	3	4			2		11	1/		1	1	1/		1		1		5
2718	45% (22/ 49)	1	1	3B	1/	1/	1C	1B	1	1/	1		1		1/	1/	1	1	1	1/	1/		1	1		
1893	45% (21/ 47)	1	1	1	1/	1/	X	X	X	1/	1		1		1/	1/	1	1	Z	Z	Z	1	1	1		
01	44% (27/ 61)		2	2	3	1/	2	2		5			2		1/	1/	2				1/		2			1/
03	44% (27/ 61)		2	2	1/	1/	2	2		3	3		2		1/	1/	2			4	1/		2			1/
5	44% (27/ 61)	1	1		1/	1/	1	4	4	1/	1		1		1/	1/	1		1	1/	1/D	1	1	1		1/
181	44% (27/ 61)	1	4	3B	11	11	1	1	1	1/	1		1H		1/	1/	1				3	1				
436	44% (27/ 61)	1	1	1	1/		1	1	1	4	1		1	1	1/	1/	1	1	1	1/	1/	1	1	1		
1162	44% (27/ 61)	1	1	3B	1/		7	1	1	4	1		1		1/	1/	1		1	1/	1/	1	1	1		
1729	44% (23/ 52)	Z	Z	Z	Z	Z	Z	Z	Z	1/	V		1		1/	1/	1	1	1	1/		1	1	1		1/
1509	44% (26/ 59)	1	1		1/	1/I	8	1	1	4			1			1/	X	1		1/		1		1		5
2441	44% (11/ 25)	Z	Z	Z	Z	Z	Z	Z	Z	Z	Z	Z	Z	Z	Z	Z	Z	Z	Z	Z	Z	Z	Z	Z	Z	8
1730	44% (7/ 16)	Z	Z	Z	Z	Z	Z	Z	Z	Z	Z	Z	Z	Z	Z	Z	Z	Z	Z	Z	Z	Z	Z	Z	Z	Z
2464	44% (7/ 16)	Z	Z	Z	Z	Z	Z	Z	Z	Z	Z	Z	Z	Z	Z	Z	Z	Z	Z	Z	Z	Z	Z	Z	Z	Z
2344	43% (26/ 60)	1	1		11	1/	1	X	4	1/	1		1		1/	1/	1	1E		1/	1/	1	1	1		3
2289	43% (12/ 28)	Z	Z	Z	Z	Z	Z	Z	Z	Z	Z	Z	Z	Z	Z	Z	Z	Z	Z	Z	Z	Z	Z	Z	Z	Z
2378	42% (14/ 33)	Z	Z	Z	Z	Z	Z	Z	Z	Z	Z	Z	Z	Z	Z	Z	Z	Z	Z	Z	Z	Z	Z	Z	X	Y
04	42% (16/ 38)		2	2C	3	5	2B	2		Z	Z	Z	Z	Z	1/	1/	2			3B	1/	1	Z	Z	Z	Z
1731	42% (16/ 38)	Z	Z	Z	Z	Z	Z	Z	Z	Z	Z	Z	Z	Z	Z	Z	Z	Z	Z	Z	Z	Z	Z	Z		1/
466	42% (13/ 31)	Z	Z	Z	Z	Z	Z	Z	Z	Z	Z	Z	Z	Z	Z	Z	Z	Z	Z	Z	Z	Z	Z	Z	Z	Z
506	42% (5/ 12)	Z	Z	Z	Z	Z	Z	Z	Z	Z	Z	Z	Z	Z	1/	1/	1	1	1	Z	Z	Z	Z	Z	Z	Z
1751	42% (25/ 60)	1B	1B	3B	1/	1/	1B	2	3	4			2D			1/		1		1/		1		4		5
1832	42% (20/ 48)	Z	Z	Z	Z	Z	Z	Z	Z	Z	Z	Z	Z	Z			1	1	1	1/	1/	1	2	1		5

TESTSTELLE	43	44	45	46	47	48	49	50	52	53	54	55	56	57	63	64	65	66	68	69	70	72	76	77	78
UEBEREINST. ZEUGEN	24	451	473	76	92	452	162	16	452	87	16	422	459	104	8	38	333	10	20	16	21	5	467	181	67
BEZEUGTE VARIANTE	2	1/	1/	2	2	1/	2	2C	1/	3	5	1/	1/	2	4	2	1/	1/B	3	3	2	3	1/	2	2
P33 100% (1/ 1)	Z	Z	Z	Z	Z	Z	Z	Z		Z	Z	Z	Z	Z	Z	Z	Z	Z	Z	Z	Z	Z	Z	Z	Z
2818 82% (50/ 61)																			2	2C		2			
610 81% (48/ 59)																			2	2C		Z		Z	1
1846 80% (8/ 10)	Z	Z	Z	Z	Z	Z	Z	Z	Z	Z	Z	Z	Z	Z	Z	Z	Z	Z	Z	Z	Z	Z	Z	Z	Z
307 79% (48/ 61)																			2	2C	3	2			
1678 77% (47/ 61)																			2	2C		1			
453 74% (45/ 61)											1								2	2C	2B	2			
180 71% (42/ 59)								2										1/		2C		2		Z	Z
945 62% (38/ 61)	1							19		8C	1				1			1/				6			1B
1891 62% (38/ 61)	1										1				1			1/		2					1
431 62% (37/ 60)																			2	2C		2			1
1739 61% (37/ 61)	1										1				1			1/		2		2			1
81 59% (26/ 44)								2		1/	1				Z	Z	Z	Z	Z	Z	Z	Z	Z	Z	Z
P74 59% (33/ 56)		4						3		1/	3				2			1/	4		3B	2			
1704 57% (35/ 61)	1							19		8	1			2B	1			1/				6			1B
1899 57% (4/ 7)	Z	Z	Z	Z	Z	Z	Z	Z	Z	Z	Z	Z	Z	Z	Z	Z	Z	Z	Z	Z	Z	Z	Z	Z	Z
630 56% (33/ 59)	1									8	1				1	1		1/		2C	1				1
2778 56% (5/ 9)	Z	Z	Z	Z	Z			1D		1/	1			1	Z	Z	Z	Z	Z	Z	Z	Z	Z	Z	Z
2626 55% (6/ 11)	Z	Z	Z	Z	Z	Z	Z	Z	Z	Z	Z	Z	Z	Z	Z	Z	Z	Z	Z	Z	Z	Z	Z	Z	Z
206 54% (20/ 37)	1						1	19	4	8	1				1	X		1/			1			1B	1
2200 53% (31/ 58)	1			1						8	1				1	1		1/		2	1B		Z	Z	Z
1175 52% (32/ 61)		6						2	4		1			2C	1				2		1				3
2298 52% (32/ 61)	1			3				1D			1				1	1		1/				1			1
441 52% (25/ 48)	1							6	3		1				1		1/K	8	2	1	3	1			1
1642 52% (31/ 60)								3		3B	1				U			1/	4	13	1	1		1B	1
623 51% (26/ 51)	1							1			4				1		1/F	1/	4	1	1	2B			1
P45 50% (6/ 12)	Z	Z		Z	Z	Z	Z	Z	Z	Z	Z	3		1	Z	Z	Z	Z	Z	Z	Z	Z	Z	Z	Z
314 50% (6/ 12)	1			1	Z	Z	Z	Z	Z	Z	Z	Z	Z	Z	Z	Z	Z	Z	Z	Z	Z	Z	Z	Z	Z
1738 50% (5/ 10)	Z	Z	Z	Z	Z	Z	Z	Z	Z	Z	Z	Z	Z	Z	Z	Z	Z	Z	Z	Z	Z	Z	Z	Z	Z
1745 50% (4/ 8)	Z	Z	Z	Z	Z	Z	Z	Z	Z	Z	Z	Z	Z	Z	Z	Z	Z	Z	Z	Z	Z	Z	Z	Z	Z
1858 50% (5/ 10)	Z	Z	Z	Z	Z	Z	Z	Z	Z	Z	Z	Z	Z	Z	Z	Z	Z	Z	Z	Z	Z	Z	Z	Z	Z
2201 50% (26/ 52)	1				1			1			1				1	1		1/	1	1	1	1			
429 49% (30/ 61)	1							19		8	1				1	1		1/			1	2		1B	1

94 | 61 TS + 3 SL + 40 MT

TESTSTELLE	43	44	45	46	47	48	49	50	52	53	54	55	56	57	63	64	65	66	68	69	70	72	76	77	78
UEBEREINST. ZEUGEN	24	451	473	76	92	452	162	16	452	87	16	422	459	104	8	38	333	10	20	16	21	5	467	181	67
BEZEUGTE VARIANTE	2	1/	1/	2	2	1/	2	2C	1/	3	5	1/	1/	2	4	2	1/	1/B	3	3	2	3	1/	2	2
323 48% (29/ 60)	1						1	2			1				1	1	1/C	1/	1	1	1	1			1
02 48% (29/ 61)		4						3		1/	2	4			2			1/	4		1	2			
322 48% (29/ 61)	1						1	2		3F	1				1	1	1/C	1/	1	1	1	1			1
2805 47% (27/ 57)	1							1			4				1	1	1/F	1/	4B	1B	1	1			1
1875 47% (24/ 51)	Z				1			4		3G	2	5			1		1/F	7	12	3B	1	1			1
33 47% (23/ 49)				X				2			4	X	X		1		1/D	1/C	4		3B	2			
619 47% (28/ 60)	1							1			4				U	1		1/	15	1	4B	1B			
2777 46% (6/ 13)	Z	Z	Z	Z	Z	Z	Z	Z	Z	Z	Z	Z	Z	Z	Z	Z	Z	Z	Z	Z	Z	Z	Y		1
467 46% (28/ 61)							1	1			1				1	1		1/	7	1	5	1		1B	1
621 46% (28/ 61)	1						1	1	3	3B	8				1			8	2	1		1			1
522 46% (27/ 59)	1						1	19		8	1				1	1		1/			Z	V		1B	1
2718 45% (22/ 49)								2	4		1				1		1/F	6		2C	Z	Z	Z	Z	Z
1893 45% (21/ 47)	1					Z		1			1				Z	Z	Z	Z	Z	Z	1	1			1
01 44% (27/ 61)		4				3		2	4	1/	4	1/B			2		1/K	1/	4		1	2			3
03 44% (27/ 61)		4						2	4	1/	7	1/B			2			1/	2			2		2B	
5 44% (27/ 61)	1			3				1			1				1	1		1/	4	1	1	1			1
181 44% (27/ 61)					1			10		3G	6	5			1			1/	12	3B	1	1			1
436 44% (27/ 61)	1							1		4C	1				1			1/	4	1	1	2B			
1162 44% (27/ 61)	1							1			4				1	1		1/	15	1	1	1B			
1729 44% (23/ 52)	1			7	1			1B				6		1	1	1		1/	15	1	1	1			
1509 44% (26/ 59)	1			1		1/K		1		8	1				1	1	1/F	1/		1	X	1			1
2441 44% (11/ 25)	1	Z	Z	1	1			1		1/	1			1	Z	Z	Z	Z	Z	Z	Z	Z			1
1730 44% (7/ 16)	Z	Z	Z	Z	Z	Z	Z	Z	Z	Z	Z	Z	Z	Z	Z	Z	Z	Z	Z	Z	1	1		1	1
2464 44% (7/ 16)	Z	Z	Z	Z	Z	Z	Z	Z	Z	Z	Z	Z	Z	Z	Z	Z	Z	Z	Z	Z	8	2B			1
2344 43% (26/ 60)							1	2			4				1		1/E	1/	4		3B	2			
2289 43% (12/ 28)	Z	Z	Z	Z	Z	Z	Z	Z		1/	1			1	1	1		1/	2	1	1	1			1
2378 42% (14/ 33)	1			1	1	Z		1		1/	1		1/E	Z	1	1		1/	2	1	1	1			1
04 42% (16/ 38)		4						2	1/D	4	4			Z	Z	Z	Z	Z	Z	Z	Z	2			
1731 42% (16/ 38)	1			1	1		1	1		1/	1			1	1	1		1/	1	1	1	4		1	
466 42% (13/ 31)	Z	Z	Z	Z	Z		1	1		1/	1			1	1	1		6	1	1	1	1		1	
506 42% (5/ 12)	Z	Z	Z	Z	Z			Z	Z	Z	1			1	Z	Z	Z	Z	Z	Z	Z	Z	Z	Z	Z
1751 42% (25/ 60)	1					7		5B		8	1				1	1	8	1/E		1	1B	1		5	1
1832 42% (20/ 48)	1				1		1			1/	1			1	1	5	4	10	1	1	1	1		1B	1

TESTSTELLE UEBEREINST. ZEUGEN BEZEUGTE VARIANTE	84 402 1/	86 85 3	87 476 1/	88 471 1/	91 46 3	92 99 2	95 68 3	97 422 1/	98 22 2C	100 470 1/	102 478 1/
P33 100% (1/ 1)	Z	Z	Z	Z	Z	Z	Z	Z	Z	Z	Z
2818 82% (50/ 61)	4							3	2		
610 81% (48/ 59)	4							3	2		
1846 80% (8/ 10)		1			X				1		
307 79% (48/ 61)	4							3	2		
1678 77% (47/ 61)	4							3	2		4
453 74% (45/ 61)	4	2B			6B			3	2		
180 71% (42/ 59)					4			3	2		
945 62% (38/ 61)	3						2		2		
1891 62% (38/ 61)	3	2					2		2		
431 62% (37/ 60)	4				14			3	W		
1739 61% (37/ 61)	3						2		2		
81 59% (26/ 44)	Z	2B			1/		2		2		
P74 59% (33/ 56)		2B			1/		Z		2		
1704 57% (35/ 61)	3						2		2		
1899 57% (4/ 7)		1B			1/	1	Z	Z	Z	Z	
630 56% (33/ 59)	3	1B					2		2		
2778 56% (5/ 9)	Z	Z	Z	Z	Z	Z	Z	Z	Z	Z	Z
2626 55% (6/ 11)		1B			4E	1	1		1		
206 54% (20/ 37)	3	1			4E	1			1D		
2200 53% (31/ 58)	3	1					2		2		
1175 52% (32/ 61)					1/	1	2	1/B			
2298 52% (32/ 61)	3						2		2		
441 52% (25/ 48)					5D	1					
1642 52% (31/ 60)					1/	1	1	4	3		
623 51% (26/ 51)	4	2					2				3
P45 50% (6/ 12)	Z	Z	Z	Z	Z	Z	Z	Z	Z	Z	Z
314 50% (6/ 12)	Z	Z	Z	Z	Z	1	1		1		
1738 50% (5/ 10)	Z	1			1/	1	1		1		
1745 50% (4/ 8)	Z	1B			1/	1	Z	Z	1		
1858 50% (5/ 10)	Z	1B			1/	1	1		1		
2201 50% (26/ 52)					5		1		6		
429 49% (30/ 61)	3	1			4E	1			1D		

94 61 TS + 3 SL + 40 MT

TESTSTELLE			84	86	87	88	91	92	95	97	98	100	102
UEBEREINST. ZEUGEN			402	85	476	471	46	99	68	422	22	470	478
BEZEUGTE VARIANTE			1/	3	1/	1/	3	2	3	1/	2C	1/	1/
323	48%	(29/ 60)		1			5		4		3		
02	48%	(29/ 61)	3	2B			1/	1	2		2		3
322	48%	(29/ 61)		1			5		4		3		
2805	47%	(27/ 57)											Z
1875	47%	(24/ 51)	1/C	2			12		2		2		
33	47%	(23/ 49)	3	2				1	2		7		
619	47%	(28/ 60)		1			1/	1	1		6B		
2777	46%	(6/ 13)	Z	1B			1/	1	1		1		
467	46%	(28/ 61)		4			4I	1					
621	46%	(28/ 61)					5						
522	46%	(27/ 59)	3	1			4F	1			1D		
2718	45%	(22/ 49)	Z	Z	Z	Z	Z	Z	Z				
1893	45%	(21/ 47)	Z	1B			1/	1	1		6		
01	44%	(27/ 61)	3	2			1/		2		2		3
03	44%	(27/ 61)	4	2B			1/		2	4	2		3
5	44%	(27/ 61)		5					2				
181	44%	(27/ 61)	1/C	2			12		2	4	2		
436	44%	(27/ 61)	4						2		2		
1162	44%	(27/ 61)		1			1/	1	1		6		
1729	44%	(23/ 52)		3B			5		1		1		
1509	44%	(26/ 59)	3	1			4E	1			1		
2441	44%	(11/ 25)	Z	1B			1/	1	1		1	Z	
1730	44%	(7/ 16)		2B			1/	1	1		1		
2464	44%	(7/ 16)	4	3C			4B		2			3	4
2344	43%	(26/ 60)	3	2			3G	1	2		7		
2289	43%	(12/ 28)		1B			1/	1	1		1		
2378	42%	(14/ 33)		1B			1/	1	Z		1		
04	42%	(16/ 38)	3	Z	Z	Z	Z	Z	2	3	2	Z	
1731	42%	(16/ 38)		1B			4C	1	1		1		
466	42%	(13/ 31)		1			1/	1	1		1		
506	42%	(5/ 12)		Z	Z	Z	Z	Z	Z	Z	Z	Z	Z
1751	42%	(25/ 60)	1/C	1			3H		2	Z	2		
1832	42%	(20/ 48)					8		1		1		

TESTSTELLE UEBEREINST. ZEUGEN BEZEUGTE VARIANTE	10 392 1/	11 351 1/	15 17 6	18 73 4	20 441 1/	28 416 1/	29 439 1/	35 452 1/	36 339 1/	41 467 1/	42 283 1/	44 451 1/	45 473 1/	46 101 3	48 452 1/	49 6 3	52 452 1/	53 87 3	55 422 1/	56 1 1/C	57 104 2	65 333 1/	66 365 1/	73 24 10	76 467 1/
P33 100% (1/ 1)	Z	Z	Z	Z	Z	Z	Z	Z	Z	Z	Z	Z	Z	Z	Z	Z		Z	Z	Z	Z	Z	Z	Z	Z
62 100% (9/ 9)	Z	Z	Z	Z	Z							Z	Z	Z	Z	Z	Z	Z	Z	Z	Z	Z	Z	Z	Z
2627 100% (4/ 4)	Z	Z	Z	Z	Z					Z	Z	Z	Z	Z	Z	Z	Z	Z	Z	Z	Z	Z	Z	Z	Z
1102 97% (33/ 34)																				1/					
189 91% (31/ 34)	8																			1/					
1597 88% (28/ 32)	8															X		1/		1/					
1846 88% (7/ 8)	Z	Z	Z	Z	Z	Z	Z	Z	Z	Z	Z	Z	Z	Z	Z	Z	Z	Z	Z	Z	Z	Z	Z	Z	Z
1643 85% (29/ 34)	8		1													1				1/					
2746 83% (19/ 23)	Z	Z	Z	Z	Z						Z	Z	Z	Z	Z	Z				1/		1/F			
1595 82% (28/ 34)			7	1/							4					2				1/					
1745 80% (4/ 5)	Z	Z	Z	Z	Z	Z	Z	Z	Z	Z	Z	Z	Z	Z	Z	Z	Z	Z	Z	Z	Z	Z	Z	Z	Z
1899 80% (4/ 5)	Z	Z	Z	Z	Z	Z	Z	Z	Z	Z	Z	Z	Z	Z	Z	Z	Z	Z	Z	Z	Z	Z	Z	Z	Z
2175 80% (8/ 10)			1	1/							Z	Z	Z	Z	Z	Z	Z	Z	Z	Z	Z	Z	Z	Z	Z
5 79% (27/ 34)			4	1/					1/D							2				1/				1	
1270 79% (27/ 34)				1/	1/B						4			6		2				1/					
1598 79% (27/ 34)				1/	1/B						4			6		2				1/					
314 78% (7/ 9)	Z	Z	Z	Z	Z	Z	Z	Z	Z					1	Z	Z	Z	Z	Z	Z	Z	Z	Z	Z	Z
916 78% (7/ 9)			1	1/						Z	Z	Z	Z	Z	Z	Z	Z	Z	Z	Z	Z	Z	Z	Z	Z
1852 78% (21/ 27)	Z	Z	Z	Z	Z	Z	Z									1		1/		1/	1			1	
624 77% (10/ 13)	Z	Z	Z	Z	Z	Z	Z			Z	Z	Z	Z	Z	Z	Z	Z	Z	Z	Z	Z			1	
2201 77% (23/ 30)	Z	Z	Z	Z					1/F					2		2				1/				1E	
456 76% (26/ 34)				1/												2				1/	1			1D	
1297 76% (26/ 34)				1/	1/B						4			6		2				1/		1/F			
1854 76% (26/ 34)			1													1		1/		1/	1			1	
2374 76% (26/ 34)				1/							4					2				1/		3		1	
2423 76% (26/ 34)			1													1		1/		1/	1				
1241 76% (25/ 33)			1	1/												1		1/		1/	Z			1	
1743 75% (24/ 32)	8		7	1/							4					1	Z	Z		1/					
1456 74% (17/ 23)			1						1/K		5				Z	Z	Z	Z	Z	Z	Z	Z	Z	Z	Z
1162 74% (25/ 34)		1/L	1								4			2		2				1/				9	
2492 74% (25/ 34)		1/M	1	1/														1/		1/	1			1	
1867 73% (22/ 30)	Z	Z	Z	1/										1		1		1/		1/	1			1	
2303 73% (11/ 15)	Z	Z	Z	Z	Z						4			1		2		Z	Z	Z	Z	Z	Z	Z	Z

102 | 34 TS + 0 SL + 70 MT

TESTSTELLE		10	11	15	18	20	28	29	35	36	41	42	44	45	46	48	49	52	53	55	56	57	65	66	73	76
UEBEREINST. ZEUGEN		392	351	17	73	441	416	439	452	339	467	283	451	473	101	452	6	452	87	422	1	104	333	365	24	467
BEZEUGTE VARIANTE		1/	1/	6	4	1/	1/	1/	1/	1/	1/	1/	1/	1/	3	1/	3	1/	3	1/	1/C	2	1/	1/	10	1/
699	73% (24/ 33)			1	Z												1		1/		1/	1			1	
1721	73% (24/ 33)				1/												1	Y	1/		1/	1			1D	
1839	72% (21/ 29)	Z	Z	Z	Z	Z									1		1		1/		1/	1			1C	
337	72% (23/ 32)			Z	1/	Z											2		1/		1/	1			1	
921	72% (23/ 32)			1	Z					1/F							1	3	1/		1/	1			1	
1609	72% (23/ 32)			1	1/		3D										1				1/		5		1	
69	71% (20/ 28)			1	7				3		Z	Z	Z	Z	Z				1/	10	Y				1	
1738	71% (5/ 7)	Z	Z	Z	Z	Z	Z	Z	Z	Z	Z	Z	Z	Z	Z	Z	Z	Z	Z	Z	Z	Z	Z	Z	Z	Z
1858	71% (5/ 7)	Z	Z	Z	Z	Z	Z	Z	Z	Z	Z	Z	Z	Z	Z	Z	Z	Z	Z	Z	Z	Z	Z	Z	Z	Z
2004	71% (10/ 14)	Z	Z	Z	Z	Z	Z	Z	Z	Z	Z		Z	Z	Z	Z	Z	Z	Z	Z	Z	Z			1	
6	71% (24/ 34)			1	1/				3			3			1		1				1/				1D	
76	71% (24/ 34)	8		7	1/							4					4		1/		1/		1/F			
88	71% (24/ 34)	3		4	1/												2	4			1/	1			9	
175	71% (24/ 34)				1/										1		1		1/		1/	1			1	
203	71% (24/ 34)			1	1/												2		1/		1/	1			1	
216	71% (24/ 34)			1	1/							6					1				1/	1			1	
437	71% (24/ 34)			1	1/					1/K					2		1		1/		1/				9	
440	71% (24/ 34)			1	1/							6					2				1/	1			1	
467	71% (24/ 34)	4		3			6B	5							2		1				1/				1	
496	71% (24/ 34)			1	1/							6					2				1/	1			1	
619	71% (24/ 34)		1/L	1	1/							4			2		2				1/				9	
635	71% (24/ 34)			1	1/										1		1		1/		1/	1			1	
917	71% (24/ 34)			1	1/												1		1/		1/	1			1D	
1161	71% (24/ 34)			1	1/										1		2		1/		1/	1			1	
1315	71% (24/ 34)				1/							6					2		8C		1/	1			1	
1626	71% (24/ 34)			1	1/												1		1/		1/	1	1/F		1	
1720	71% (24/ 34)			1	1/										1		1		1/		1/	1			1D	
1843	71% (24/ 34)			1	1/					1/K					4		1				1/	1				
1903	71% (24/ 34)			1			9								1		1				1/	1			1	
2085	71% (24/ 34)				1/												2		8		1/	1	1/B		1	
2131	71% (24/ 34)		5		1/												1		1/		1/	1			1	
2191	71% (24/ 34)			1	1/												1		1/		1/	1			1D	
33	70% (19/ 27)	11		X	X			X		X		3			X		2			X	X		1/D	1/C	14	

102 34 TS + 0 SL + 70 MT

TESTSTELLE UEBEREINST. ZEUGEN BEZEUGTE VARIANTE			81 49 2	84 402 1/	87 476 1/	88 471 1/	91 46 3	95 68 3	97 422 1/	100 470 1/	102 478 1/
P33	100%	(1/ 1)	Z	Z	Z	Z	Z	Z	Z	Z	Z
62	100%	(9/ 9)	Z	Z	Z	Z	Z	Z			
2627	100%	(4/ 4)	Z	Z	Z	Z	Z	Z	Z	Z	Z
1102	97%	(33/ 34)									
189	91%	(31/ 34)	1								
1597	88%	(28/ 32)	1				X				
1846	88%	(7/ 8)	1				X				
1643	85%	(29/ 34)	1								
2746	83%	(19/ 23)	1					1			
1595	82%	(28/ 34)						1			
1745	80%	(4/ 5)	Z	Z			1/	Z	Z		
1899	80%	(4/ 5)	Z				1/	Z	Z	Z	
2175	80%	(8/ 10)	Z	Z	Z	Z	Z	Z	Z	Z	Z
5	79%	(27/ 34)						2			
1270	79%	(27/ 34)						1			
1598	79%	(27/ 34)						1			
314	78%	(7/ 9)	Z	Z	Z	Z	Z	1			
916	78%	(7/ 9)	Z	Z	Z	Z	Z	Z	Z	Z	Z
1852	78%	(21/ 27)					5				
624	77%	(10/ 13)	Z	Z			1/	1			
2201	77%	(23/ 30)					5	1			
456	76%	(26/ 34)	1				1/	1			
1297	76%	(26/ 34)						1			
1854	76%	(26/ 34)					1/	1			
2374	76%	(26/ 34)	1					2			
2423	76%	(26/ 34)	1				1/	1			
1241	76%	(25/ 33)					1/	1			
1743	75%	(24/ 32)	1					4			
1456	74%	(17/ 23)	1	4			11F				
1162	74%	(25/ 34)					1/	1			
2492	74%	(25/ 34)					1/	1			
1867	73%	(22/ 30)	1					Z			
2303	73%	(11/ 15)	Z	Z	Z	Z	Z	1		Z	

102 34 TS + 0 SL + 70 MT

TESTSTELLE UEBEREINST. ZEUGEN BEZEUGTE VARIANTE			81 49 2	84 402 1/	87 476 1/	88 471 1/	91 46 3	95 68 3	97 422 1/	100 470 1/	102 478 1/
699	73%	(24/ 33)	1				1/	1			
1721	73%	(24/ 33)	1	4				1			
1839	72%	(21/ 29)	1				18				
337	72%	(23/ 32)	1				1/	1			
921	72%	(23/ 32)					Z	1			
1609	72%	(23/ 32)	1				5	Z	Z		
69	71%	(20/ 28)	1				12B				
1738	71%	(5/ 7)	Z	Z			1/	1			
1858	71%	(5/ 7)	Z	Z			1/	1			
2004	71%	(10/ 14)	1				1/	1			
6	71%	(24/ 34)	1				12B				
76	71%	(24/ 34)	1					1			
88	71%	(24/ 34)	1					1			
175	71%	(24/ 34)	1				1/	2			
203	71%	(24/ 34)	1				1/	4			
216	71%	(24/ 34)	1				4K	4			
437	71%	(24/ 34)					1/	1			
440	71%	(24/ 34)	1				4K	4			
467	71%	(24/ 34)	1				4I				
496	71%	(24/ 34)	1				4K	4			
619	71%	(24/ 34)					1/	1			
635	71%	(24/ 34)					13C	1			
917	71%	(24/ 34)	1				1/	1			
1161	71%	(24/ 34)					4	1			
1315	71%	(24/ 34)	1				5C	2			
1626	71%	(24/ 34)					1/	1			
1720	71%	(24/ 34)					1/	1			
1843	71%	(24/ 34)	1				5	1			
1903	71%	(24/ 34)	1				9	1			
2085	71%	(24/ 34)	1				17	1			
2131	71%	(24/ 34)	1				1/	1			
2191	71%	(24/ 34)	1				1/	1			
33	70%	(19/ 27)		3				2			

103 — 37 TS + 0 SL + 67 MT

TESTSTELLE	10	11	12	13	18	20	21	23	24	28	29	35	36	39	41	42	44	45	46	47	48	50	52	53	55
UEBEREINST. ZEUGEN	392	351	13	8	73	441	1	91	17	29	30	452	339	14	467	60	451	473	76	92	452	16	452	338	422
BEZEUGTE VARIANTE	1/	1/	3	3D	4	1/	2C	2	2	3D	5	1/	1/	2	1/	5	1/	1/	2	2	1/	2C	1/	1/	1/
P33 100% (1/ 1)	Z	Z	Z	Z	Z	Z	Z	Z	Z	Z	Z	Z	Z	Z	Z	Z	Z	Z	Z	Z	Z	Z		Z	Z
P41 100% (1/ 1)	Z	Z	Z	Z	Z	Z	Z	Z	Z	Z	Z	Z	Z	Z	Z	Z	Z	Z	Z	Z	Z	Z	Z	Z	Z
1738 100% (6/ 6)	Z	Z	Z	Z	Z	Z	Z	Z	Z	Z	Z	Z	Z	Z	Z	Z	Z	Z	Z	Z	Z	Z	Z	Z	Z
1745 100% (5/ 5)	Z	Z	Z	Z	Z	Z	Z	Z	Z	Z	Z	Z	Z	Z	Z	Z	Z	Z	Z	Z	Z	Z	Z	Z	Z
1846 100% (6/ 6)	Z	Z	Z	Z	Z	Z	Z	Z	Z	Z	Z	Z	Z	Z	Z	Z	Z	Z	Z	Z	Z	Z	Z	Z	Z
1858 100% (6/ 6)	Z	Z	Z	Z	Z	Z	Z	Z	Z	Z	Z	Z	Z	Z	Z	Z	Z	Z	Z	Z	Z	Z	Z	Z	Z
1899 100% (5/ 5)	Z	Z	Z	Z	Z	Z	Z	Z	Z	Z	Z	Z	Z	Z	Z	Z	Z	Z	Z	Z	Z	Z	Z	Z	Z
2777 100% (6/ 6)	Z	Z	Z	Z	Z	Z	Z	Z	Z	Z	Z	Z	Z	Z	Z	Z	Z	Z	Z	Z	Z	Z	Z	Z	Z
606 94% (33/ 35)							2		1			Z	Z												
641 94% (33/ 35)							2		1B																
1730 89% (8/ 9)	Z	Z	Z	Z	Z	Z	Z	Z	Z	Z	Z	Z	Z	Z	Z	Z	Z	Z	Z	Z	Z	Z	Z	Z	Z
1832 86% (24/ 28)	Z	Z	Z	Z	Z	Z	Z	Z	Z											1					
2778 83% (5/ 6)	Z	Z	Z	Z	Z	Z	Z	Z	Z	Z	Z	Z	Z	Z	Z	Z	Z	Z	Z	Z		1D			
624 82% (9/ 11)	Z	Z	Z	Z	Z	Z	Z	Z	Z	Z	Z			Z	Z	Z	Z	Z	Z	Z	Z	Z	Z	Z	Z
325 80% (12/ 15)	Z	Z	Z	Z	Z	Z	Z	Z	Z	Z	Z	Z	Z	Z	Z	Z	Z	Z	Z	Z	Z	Z			
2289 80% (12/ 15)	Z	Z	Z	Z	Z	Z	Z	Z	Z	Z	Z	Z	Z	Z	Z	Z	Z	Z	Z	Z	Z	Z			
1765 78% (29/ 37)			1	3B	1/		1		1B											1					
466 76% (13/ 17)	Z	Z	Z	Z	Z	Z	Z	Z	Z	Z	Z	Z	Z	Z	Z	Z	Z	Z	Z	Z		1			
876 76% (28/ 37)			1	3C	1/		1		1B											1					
1739 76% (28/ 37)							2		1B					4										3	
314 75% (6/ 8)	Z	Z	Z	Z	Z	Z	Z	Z	Z	Z	Z	Z	Z	Z		1/			1	Z	Z	Z	Z	Z	Z
2626 75% (6/ 8)	Z	Z	Z	Z	Z	Z	Z	Z	Z	Z	Z	Z	Z	Z	Z	Z	Z	Z	Z	Z	Z	Z	Z	Z	Z
1891 73% (27/ 37)							2		1B				1/F	4										3	
945 70% (26/ 37)				3E			2		1B					4								19		8C	
602 69% (11/ 16)	Z	Z	Z	Z	Z	Z	Z	Z	Z	Z	Z	Z	Z	Z	Z	Z	Z	Z	1	1		1	Z		
2441 69% (11/ 16)	Z	Z	Z	Z	Z	Z	Z	Z	Z	Z	Z	Z	Z	Z	Z	8	Z	Z	1	1		1			
309 68% (15/ 22)	Z	Z	Z	Z	Z	Z	Z	Z	Z	Z	Z	Z	Z	Z		4			1	1	Z	1			
1704 68% (25/ 37)			2	5			2		1B					4								19		8	
2494 68% (25/ 37)		6	1	1	1/		1	1	1										1	1		1			
P45 67% (6/ 9)	Z	Z	Z	Z	Y	Y	X			1/	1/		Z	Z		Z	Z		Z	Z	Z	Z	Z	Z	3
81 67% (18/ 27)	14	1/L	2	2	Z	Z	Z	Z	Z	1/	1/	3				1/						2			
506 67% (4/ 6)	Z	Z	Z	Z	Z	Z	Z	Z	Z	1/	1/	Z	Z	Z	Z	Z	Z	Z	Z	Z		Z	Z	Z	
2004 67% (8/ 12)	Z	Z	Z	Z	Z	Z	Z	Z	Z	Z	Z	Z	Z	Z	Z	1/	Z	Z	Z	Z	Z	Z	Z	Z	Z

TESTSTELLE	10	11	12	13	18	20	21	23	24	28	29	35	36	39	41	42	44	45	46	47	48	50	52	53	55
UEBEREINST. ZEUGEN	392	351	13	8	73	441	1	91	17	29	30	452	339	14	467	60	451	473	76	92	452	16	452	338	422
BEZEUGTE VARIANTE	1/	1/	3	3D	4	1/	2C	2	2	3D	5	1/	1/	2	1/	5	1/	1/	2	2	1/	2C	1/	1/	1/
2200 67% (24/ 36)							2		1B		1/		1/F	4					1					8	
1852 65% (17/ 26)	Z	Z	Z	Z	Z	Z	Z	Z	Z	Z	Z			1		1/			3	1		1			
206 65% (15/ 23)	Z	Z	Z	Z	Z	Z	Z	Z	Z	Z	Z	Z	Z	Z								19	4	8	
1731 65% (15/ 23)	Z	Z	Z	Z	Z	Z	Z	Z	Z	Z	Z	Z	Z	Z		1/			1	1		1			
2378 65% (13/ 20)	Z	Z	Z	Z	Z	Z	Z	Z	Z	Z	Z	Z	Z	Z	X	Y			1	1	Z	1			
228 65% (24/ 37)			1	2C			2		1B	1/	1/			1					3			1			
322 65% (24/ 37)			1	2C			1		1	8				4		6						2		3F	
1162 65% (24/ 37)		1/L	1	7			1		1	1/	1/			1		4						1		3	
1853 65% (24/ 37)			1	1			1	1	1B					1						1		1			
020 64% (18/ 28)	Z	Z	Z	Z	Z	Z	Z	Z	Z	1/	1/			1		1/			3			1	3		
1094 64% (18/ 28)	Z	Z	Z	Z	Z	Z	Z	Z	Z	1/	1/			1		1/			1	1		1			
1752 64% (18/ 28)	Z	Z	Z	Z	Z	Z	Z	Z	Z	1/	1/			1		6			1	1		1			
323 64% (23/ 36)	Z		1	2			1		1	3C				4		6						2		3	
630 64% (23/ 36)				4	Z		2		1B		1/		1/F	4		6								8	
110 64% (21/ 33)			1	1	X		X	Z	Z	1/	1/			1		8			1	1		1			
1889 64% (14/ 22)	Z	Z	Z	Z	Z	Z	Z	Z	Z	Z	Z	Z	Z	Z	Z	1/			1	1		1			
642 63% (19/ 30)	Z	Z	1	1	1/		1	1	Z	1/	1/			1		Z			1			1			
1893 63% (19/ 30)			1	X	1/		1		1	1/	1/	Z	Z	1		4					Z	1		3	
2484 63% (20/ 32)			1	1	Z	Z	Z	Z	Z	1/	1/			1		1/			1	1		1			
429 62% (23/ 37)		5	8				2		1		1/		1/F	4								19		8	
437 62% (23/ 37)			1	1	1/		1		1	1/	1/		1/K	1		1/						1			
467 62% (23/ 37)	4		1	1D			1		1B	6B				4		1/						1		3	
522 62% (23/ 37)		5					2		1	11	1/		1/F	4								19		8	
1244 62% (23/ 37)			1	1	1/		1	1	1	1/	1/			1		1/			1	1		1			
1642 62% (23/ 37)	3	14		2C			2			3G		3		1		1/						3		3B	
1717 62% (23/ 37)			1	1	1/		1	1	1	1/	1/			1		1/			1	1		1			
1888 62% (23/ 37)			1	1	1/		1	1	1	1/	1/			1		1/			1	1		1			
2298 62% (23/ 37)		1/L	1	1D			1		1B					4					3			1D		3	
2558 62% (23/ 37)			1	1	1/		1	1	1	1/	1/			1		1/			1	1		1			
2746 62% (13/ 21)	Z	Z	Z	Z	Z	Z	Z	Z	Z	1/	1/			1		Z	Z	Z	Z	Z	Z	Z		3	
1837 62% (21/ 34)	7		1	1	Z	Z	Z		1	1/	1/					1/						1		3B	
2716 62% (16/ 26)	Z	Z	Z	Z	Z	Z	Z	Z	Z	1/	1/	Z		1		1/			1	1		1D			
2587 61% (19/ 31)	Z	Z	Z	Z	Z		1	1	Z	1/	1/			1		6			1	1		1			

103 — 37 TS + 0 SL + 67 MT

TESTSTELLE	56	65	66	76	80	84	87	88	91	97	100	102
UEBEREINST. ZEUGEN	459	21	29	467	20	402	476	471	279	422	470	478
BEZEUGTE VARIANTE	1/	5	10	1/	3	1/	1/	1/	1/	1/	1/	1/
P33 100% (1/ 1)	Z	Z	Z	Z	Z	Z	Z	Z	Z	Z	Z	Z
P41 100% (1/ 1)	Z	Z	X		Z	Z	Z	Z	Z	Z	Z	Z
1738 100% (6/ 6)	Z	Z	Z	Z	Z	Z						
1745 100% (5/ 5)	Z	Z	Z	Z	Z	Z				Z		
1846 100% (6/ 6)	Z	Z	Z	Z	Z				X			
1858 100% (6/ 6)	Z	Z	Z	Z	Z	Z						
1899 100% (5/ 5)	Z	Z	Z	Z	Z					Z	Z	
2777 100% (6/ 6)	Z	Z	Z	Y	Z	Z						
606 94% (33/ 35)												
641 94% (33/ 35)							Z	Z				
1730 89% (8/ 9)	Z	Z	Z		1							
1832 86% (24/ 28)		4			1B				8			
2778 83% (5/ 6)		Z	Z	Z	Z	Z	Z	Z	Z	Z	Z	Z
624 82% (9/ 11)	Z	1/	1/		Z	Z						
325 80% (12/ 15)		1/	1/		1							
2289 80% (12/ 15)		1/	1/		1							
1765 78% (29/ 37)					1				8			
466 76% (13/ 17)		1/	6		1							
876 76% (28/ 37)		4			1				8B			
1739 76% (28/ 37)		1/	1/		6B	3			3			
314 75% (6/ 8)	Z	Z	Z	Z	Z	Z	Z	Z	Z			
2626 75% (6/ 8)	Z	Z	Z	Z	1				4E			
1891 73% (27/ 37)		1/	1/		6	3			3			
945 70% (26/ 37)		1/	1/		6B	3			3			
602 69% (11/ 16)		1/	Z		1					Z		
2441 69% (11/ 16)		Z	Z		1	Z					Z	
309 68% (15/ 22)		1/0	1/		1							
1704 68% (25/ 37)		1/	1/		6B	3			3			
2494 68% (25/ 37)					1				8			
P45 67% (6/ 9)		Z	Z	Z	Z	Z	Z	Z	Z	Z	Z	Z
81 67% (18/ 27)		Z	Z	Z	Z	Z						
506 67% (4/ 6)		Z	Z	Z	Z		Z	Z	Z	Z	Z	Z
2004 67% (8/ 12)	Z	1/	1/		1							

103 37 TS + 0 SL + 67 MT

TESTSTELLE UEBEREINST. ZEUGEN BEZEUGTE VARIANTE	56 459 1/	65 21 5	66 29 10	76 467 1/	80 20 3	84 402 1/	87 476 1/	88 471 1/	91 279 1/	97 422 1/	100 470 1/	102 478 1/
2200 67% (24/ 36)		1/	1/	Z	6	3			3			
1852 65% (17/ 26)		1/	1/		1				5			
206 65% (15/ 23)		1/	1/		6	3			4E			
1731 65% (15/ 23)		1/	1/		1				4C			
2378 65% (13/ 20)	1/E	1/	1/		1							
228 65% (24/ 37)		1/F	11		5				5H			
322 65% (24/ 37)		1/C	1/		6				5			
1162 65% (24/ 37)		1/	1/									
1853 65% (24/ 37)	1/D	1/	1/						8		4	
020 64% (18/ 28)		1/F	1/		1							
1094 64% (18/ 28)		1/	1/		1							
1752 64% (18/ 28)		1/	1/		1							
323 64% (23/ 36)		1/C	1/		6				5			
630 64% (23/ 36)		1/	1/		6	3			3			
110 64% (21/ 33)		1/Q	1/		1							
1889 64% (14/ 22)		1/	1/		1	4						
642 63% (19/ 30)		Z	Z		1	Z						
1893 63% (19/ 30)		Z	Z		1	Z						
2484 63% (20/ 32)		1/F	1/		1							
429 62% (23/ 37)		1/	1/		6	3			4E			
437 62% (23/ 37)		1/	1/		1							
467 62% (23/ 37)		1/	1/		1				4I			
522 62% (23/ 37)		1/	1/		6C	3			4F			
1244 62% (23/ 37)					1							
1642 62% (23/ 37)		1/	1/		1					4		
1717 62% (23/ 37)					1							
1888 62% (23/ 37)					1							
2298 62% (23/ 37)		1/	1/		6	3			3			
2558 62% (23/ 37)					1							
2746 62% (13/ 21)		1/F	1/		1				3			
1837 62% (21/ 34)	1/B	1/	14		1							
2716 62% (16/ 26)		1/H	1/		1C						Z	
2587 61% (19/ 31)		1/F	1/		1							

104 — 42 TS + 0 SL + 60 MT

TESTSTELLE	7	8	10	11	18	20	23	28	29	35	36	40	41	42	44	45	46	48	52	53	55	56	57	64	65
UEBEREINST. ZEUGEN	17	94	11	10	355	441	91	416	439	452	339	34	467	2	451	473	76	452	452	338	422	459	104	2	333
BEZEUGTE VARIANTE	5	3	11	1/M	1/	1/	2	1/	1/	1/	1/	2	1/	7	1/	1/	2	1/	1/	1/	1/	1/	2	6	1/
P8 100% (2/ 2)	Z	Z	Z	Z		Z		Z	Z	Z	Z	Z	Z	Z	Z	Z	Z	Z	Z	Z	Z	Z	Z	Z	Z
P33 100% (1/ 1)	Z	Z	Z	Z	Z	Z	Z	Z	Z	Z	Z	Z	Z	Z	Z	Z	Z	Z		Z	Z	Z	Z	Z	Z
P41 100% (1/ 1)	Z	Z	Z	Z	Z	Z	Z	Z	Z	Z	Z	Z	Z	Z	Z	Z	Z	Z	Z	Z	Z	Z	Z	Z	Z
506 86% (6/ 7)	Z	Z	Z	Z	Z	Z	Z			Z	Z	Z	Z	Z	Z	Z	Z		Z	Z			1	Z	Z
459 83% (35/ 42)	1			9								1		3			3								
2778 83% (5/ 6)	Z	Z	Z	Z	Z	Z	Z	Z	Z	Z	Z	Z	Z	Z	Z	Z	Z						1	Z	Z
P45 80% (8/ 10)	Z	Z	Z	Z	Y	Y					Z			Z	Z		Z	Z	Z	Z	3		1	Z	Z
1838 74% (31/ 42)	9	3B		1/N							1/P			5											8
81 72% (23/ 32)	2	2	14	1/L	Z	Z	Z			3				1/										Z	Z
P74 71% (27/ 38)	X	Y	3	1/I	Z					3				3	4									2	
172 70% (19/ 27)	Z	Z	Z	Z			Z		Z	Z		Z	Z	Z			1						1	1	
2201 68% (25/ 37)	Z	Z	Z	Z	Z						1/F	1		1/						3				1	
1852 67% (22/ 33)	Z	Z	Z	Z	Z	Z	Z	Z	Z			1		1/			3						1	1	
2627 67% (4/ 6)	Z	Z	Z	Z	Z	Z	Z					1	Z	Z	Z	Z	Z	Z	Z	Z	Z	Z	Z	Z	Z
630 66% (27/ 41)	1		1/	1/	Z			3D			1/F			6						8				1	
945 64% (27/ 42)	1		1/	1/	4			3D	5					5						8C				2	
1704 64% (27/ 42)	1		1/	1/	4			3D	5					5						8			2B	2	
1739 64% (27/ 42)	16		1/	1/	4			3D	5					5						3				2	
2344 64% (27/ 42)	1			1/								1		3						3				2	1/E
1526 64% (16/ 25)	Z	Z	Z	Z			1					1		1/			1						1	1	1/F
642 63% (22/ 35)	1		Z	Z			1					1		Z			1						1	Z	Z
2200 63% (25/ 40)	1		1/	1/	4			3D			1/F			5			1			8				1	
623 62% (23/ 37)	Z	Z	Z	Z	Z							1		4						3				2	1/F
1867 62% (23/ 37)	Z	Z	Z	Z			1					1		1/			1						1	1	
5 62% (26/ 42)	1		1/	1/							1/D	1		1/			3			3				1	
181 62% (26/ 42)	4	3B		11						3	3			4						3G	5			2	
619 62% (26/ 42)	1		1/	1/L								1		4						3				1	
1563 62% (26/ 42)	1	1	1/	1/O			1					1		1/			1						1	1	
1891 62% (26/ 42)	16		1/	1/	4			3D	5		1/F			5						3				2	
2143 62% (26/ 42)	3	1	1/	5							1/F	1		1/						3				1	1/F
2541 62% (26/ 42)	1		1/	1/			1					1		1/			1						1	1	
62 62% (8/ 13)	Z	Z	Z	Z	Z	Z	Z					1		1/	Z	Z	Z	Z	Z	Z	Z	Z	Z	Z	Z
1875 61% (22/ 36)	X	X	X	X				Z	Z	3	3			6						3G	5			2	1/F

104 42 TS + 0 SL + 60 MT

TESTSTELLE	7	8	10	11	18	20	23	28	29	35	36	40	41	42	44	45	46	48	52	53	55	56	57	64	65
UEBEREINST. ZEUGEN	17	94	11	10	355	441	91	416	439	452	339	34	467	2	451	473	76	452	452	338	422	459	104	2	333
BEZEUGTE VARIANTE	5	3	11	1/M	1/	1/	2	1/	1/	1/	1/	2	1/	7	1/	1/	2	1/	1/	1/	1/	1/	2	6	1/
2303 61% (11/ 18)	Z	Z	Z	Z	Z	Z	Z					1		4			1			Z	Z	Z	Z	Z	Z
323 61% (25/ 41)	18		Z	1/	4			3C	5			1		6						3				1	1/C
1762 61% (17/ 28)	Z	Z	Z	Z	Z		1					1		1/			1	1/H		8B			1	1	
1729 61% (23/ 38)	Z	Z	Z	Z							1/F	1		1/			7			3	6		1	1	
1864 61% (23/ 38)	Z	Z	Z	Z			1					1		1/			1						1	1	
256 60% (21/ 35)	Z	Z	Z	Z			1			Z	Z	1		3			1	Z			1/B		1	1	
1094 60% (21/ 35)	Z	Z	Z	Z	Z	Z	Z					1		1/			1						1	1	
1752 60% (21/ 35)	Z	Z	Z	Z	Z	Z	Z					1		6			1						1	1	
1839 60% (21/ 35)	Z	Z	Z	Z	Z	Z	Z					1		1/			1						1	7	
2080 60% (24/ 40)	1	1	1/	1/			1					1		8			1							1	
044 60% (25/ 42)		1	4	1/			7					1		4	5									2	1/F
218 60% (25/ 42)	1	1	1/	1/C			1					1		1/			1						1	2	1/F
228 60% (25/ 42)	3		1/	1/	4							1		5			3							1	1/F
322 60% (25/ 42)	17		1/	1/	4			8	5			1		6						3F				1	1/C
436 60% (25/ 42)	1	1	1/	1/L	4		1					1		4						4C				2	
437 60% (25/ 42)	1	1	1/	1/							1/K	1		1/										1	
489 60% (25/ 42)	3		1/	12							1/F	1		1/			6			3D			1	1	
996 60% (25/ 42)	3		1/	1/	4		1					1		6			3		3					1	
1646 60% (25/ 42)	1		1/	1/B			1					1		1/			3						1	1C	
1718 60% (25/ 42)		6	1/	1/			1				1/K	1		1/			1						1	2	
1827 60% (25/ 42)	1	3B	1/	1/B								1		4						3				1	
1843 60% (25/ 42)	3		1/	1/							1/K	1		1/			4			3			1	1	
2737 60% (25/ 42)	4		1/	1/				10						3			1			3				1	1/F
1723 59% (22/ 37)	Z	Z	Z	Z			1					1		X			1						1	1	1/F
1856 59% (19/ 32)	1	1	1/	1/			1					1		8			1						1	1	
2718 59% (19/ 32)	1	3B	1/	1/								1		4					4	3				2	1/F
1884 59% (23/ 39)	15			1/	6B		3	5						6				U					1	1	6
624 59% (10/ 17)	Z	Z	Z	Z	Z	Z	Z	Z	Z			Z	Z	Z	Z	Z	Z	Z	Z	Z	Z	Z	Z	1	
365 59% (17/ 29)	1	1	3	1/			1				1/K	1		1/			1						1	1	
460 59% (24/ 41)			3	1/							1/E	1		1/			3						1	1	1/R
498 58% (21/ 36)	Z	Z	Z	Z	Z		Z				1/K	1		1/			1						1	5	
1846 58% (7/ 12)	Z	Z	Z	Z	Z	Z	Z	Z	Z	Z	Z	Z	Z	Z	Z	Z	Z	Z	Z	Z	Z	Z	Z	Z	Z
2378 58% (14/ 24)	Z	Z	Z	Z	Z	Z	Z	Z	Z	Z	Z	Z	X	Y			1	Z				1/E	Z	1	

104 42 TS + 0 SL + 60 MT

TESTSTELLE	66	71	76	77	84	87	88	90	91	92	95	96	97	98	100	102	104
UEBEREINST. ZEUGEN	365	2	467	1	402	476	471	5	28	99	44	35	422	40	470	478	7
BEZEUGTE VARIANTE	1/	3	1/	3	1/	1/	1/	4	5	2	2	2	1/	2	1/	1/	3D
P8 100% (2/ 2)	Z	Z	Z	Z	Z	Z	Z	Z	Z	Z	Z	Z	Z	Z	Z	Z	Z
P33 100% (1/ 1)	Z	Z	Z	Z	Z	Z	Z	Z	Z	Z	Z	Z	Z	Z	Z	Z	Z
P41 100% (1/ 1)	X	Z		Z	Z	Z	Z	Z	Z	Z	Z	Z	Z	Z	Z	Z	Z
506 86% (6/ 7)	Z	Z	Z	Z		Z	Z	Z	Z	Z	Z	Z	Z	Z	Z	Z	Z
459 83% (35/ 42)		1															3G
2778 83% (5/ 6)	Z	Z	Z	Z	Z	Z	Z	Z	Z	Z	Z	Z	Z	Z	Z	Z	Z
P45 80% (8/ 10)	Z	Z	Z	Z	Z	Z	Z	Z	Z	Z	Z	Z	Z	Z	Z	Z	Z
1838 74% (31/ 42)				6					5E			1	4				1
81 72% (23/ 32)	Z	Z	Z	Z	Z			2	1/								2
P74 71% (27/ 38)		2		2				2	1/		Z						2
172 70% (19/ 27)		1		1B	Z			Z	Z	Z	1	1		3			Z
2201 68% (25/ 37)		1		2				2			1	1		6			1
1852 67% (22/ 33)		1		1				2			3			1			1
2627 67% (4/ 6)	Z	Z	Z	Z	Z	Z	Z	Z	Z	Z	Z	Z	Z	1	Z	Z	Z
630 66% (27/ 41)		1		2	3			2	3								1
945 64% (27/ 42)		1		2	3			2	3								1E
1704 64% (27/ 42)		1		2	3				3								1
1739 64% (27/ 42)		1		2	3			2	3								2
2344 64% (27/ 42)		1		2	3			2	3G	1				7			2
1526 64% (16/ 25)		1		2	Z	Z	Z	Z	Z	Z	Z	Z	Z	Z	Z	Z	Z
642 63% (22/ 35)	Z	1		1	Z			1	1/	1		1		1			1
2200 63% (25/ 40)		1	Z	Z	3			2	3								1
623 62% (23/ 37)		1		2	4			2	3			1		2C		3	1
1867 62% (23/ 37)		1		1				5	3	1	Z	1		2C			1
5 62% (26/ 42)		1		2				2	3			1		2C			1
181 62% (26/ 42)		1		2	1/C			2	12				4				2
619 62% (26/ 42)		1		2				2	1/	1	1	1		6B			1
1563 62% (26/ 42)		1		2				1	1/			1					1
1891 62% (26/ 42)		1		2	3			2	3								1
2143 62% (26/ 42)		1		2							1	1		6			1
2541 62% (26/ 42)		4		1	4			1	4			1					1
62 62% (8/ 13)	Z	Z	Z	Z	Z	Z	Z	Z	Z	Z	Z	1B		3			1H
1875 61% (22/ 36)	7	1		2	1/C			2	12								1M

TESTSTELLE UEBEREINST. ZEUGEN BEZEUGTE VARIANTE	66 365 1/	71 2 3	76 467 1/	77 1 3	84 402 1/	87 476 1/	88 471 1/	90 5 4	91 28 5	92 99 2	95 44 2	96 35 2	97 422 1/	98 40 2	100 470 1/	102 478 1/	104 7 3D
2303 61% (11/ 18)	Z	Z	Z	Z	Z	Z	Z	Z	Z	1	1	1		Z	Z		1
323 61% (25/ 41)		1		2				2			4			3			1
1762 61% (17/ 28)		1		1		Z	Z	Z	Z	Z	Z	Z	Z	Z			1
1729 61% (23/ 38)		1		2				2			1	1		1			1
1864 61% (23/ 38)		1		2				1	1/	1	1	1		1			1
256 60% (21/ 35)		1		1					1/	1	1	1		1			
1094 60% (21/ 35)		1		1				1	1/	1	1	1		2C			1
1752 60% (21/ 35)		1		2				1	1/	1	1	1		1			1
1839 60% (21/ 35)		1		1				1	1B	1	3	1		1			1
2080 60% (24/ 40)		1		1B				Y	Y	1	1	1		1			1
044 60% (25/ 42)		1		2				2	3		3			1		4	2
218 60% (25/ 42)		1		2				1	1/			1					1
228 60% (25/ 42)	11	1		2				1	5H		1	1					1
322 60% (25/ 42)		1		2				2			4			3			1
436 60% (25/ 42)		1		2	4			2	3			1					1
437 60% (25/ 42)		1		2				1	1/	1	1	1		6			1
489 60% (25/ 42)		1		2				2			1	1		1			1
996 60% (25/ 42)	10	1		2B				1	5H		4	1					
1646 60% (25/ 42)		1		1				1	1/		1	1		1			1
1718 60% (25/ 42)	1/G	1		1B				1	1/			1					1
1827 60% (25/ 42)		1		2				2	1/	1	1	1		6			1
1843 60% (25/ 42)		1		2				2			1	1		6			1
2737 60% (25/ 42)		1		1				2	11D		1	1		2B			1
1723 59% (22/ 37)		1		2				1	1/	1	1	1		1			1
1856 59% (19/ 32)		1		2	Z	Z	Z	Z	Z	Z	Z	Z	Z	Z			1
2718 59% (19/ 32)	6	Z	Z	Z	Z	Z	Z	Z	Z	Z	Z			2C			2
1884 59% (23/ 39)	3	1		2	3			2	4						Z	Z	2
624 59% (10/ 17)		Z		Z	Z			1	1/	1	1	1		1			Z
365 59% (17/ 29)	10	Z	Z	Z	Z	Z	Z	Z	Z	Z	Z	Z	Z	Z			
460 59% (24/ 41)		1		1				1	1/	1	1	1		Z			1
498 58% (21/ 36)		1		1				1	1/	1	1	1		1			1
1846 58% (7/ 12)	Z	Z	Z	Z				1	X		3	1		1			1
2378 58% (14/ 24)		1		2				1	1/	1	Z	Z		1			1

180 59 TS + 4 SL + 38 MT

TESTSTELLE	8	10	11	13	15	18	19	20	21	23	28	29	31	32	34	35	36	39	41	42	43	44	45	46	47
UEBEREINST. ZEUGEN	94	7	351	12	17	7	110	441	36	91	4	30	36	51	4	17	38	33	467	53	24	451	473	76	92
BEZEUGTE VARIANTE	3	6	1/	2	2	5B	2	1/	2	2	3E	5	2	2	11C	3	1/F	4	1/	4	2	1/	1/	2	2
P33 100% (1/ 1)	Z	Z	Z	Z	Z	Z	Z	Z	Z	Z	Z	Z	Z	Z	Z	Z	Z	Z	Z	Z	Z	Z	Z	Z	Z
2818 90% (53/ 59)																									
610 89% (51/ 57)															Z										
307 88% (52/ 59)																									
453 83% (49/ 59)																									
1678 83% (49/ 59)	1										3D														
94 71% (42/ 59)			1/L	2C					2C		3D				11B										
431 71% (41/ 58)	3B	1/		1	1	1/	1		1		1/	1/	1		3		1/								
1739 66% (39/ 59)		1/		3D	3	4					3D				2B	1/	1/			5	1				
1891 64% (38/ 59)		1/		3D	3	4					3D				2B	1/				5	1				
P74 64% (36/ 56)	Y	3	1/I	2B		Z					1/	1/			2		1/	2		3		4			
81 63% (25/ 40)	2	14	1/L			Z	Z	Z	Z	Z	1/	1/			2C		1/	2		1/					
945 61% (36/ 59)		1/		3E	3	4					3D				2B	1/	1/			5	1				
P41 60% (3/ 5)	Z	Z	Z	Z	Z	Z	Z	Z	Z	Z	Z	Z	Z	Z	Z	Z	Z	Z	Z	Z	Z	Z	Z	Z	Z
1846 58% (7/ 12)	Z	Z	Z	Z	Z	Z	Z	Z	Z	Z	Z	Z	Z	Z	Z	Z	Z	Z	Z	Z	Z	Z	Z	Z	Z
1175 58% (34/ 59)	2	3	1/D			5					1/	1/			2		1/	4B		6		6			
630 56% (32/ 57)		1/		4	3	Z	Z				3D	1/	1		2B	1/				6	1				
03 56% (33/ 59)	2	1/				3	3				1/	1/			2	4	1/	2		1/		4			
04 56% (19/ 34)	2C	3	5	2B		Z	Z	Z	Z	Z	1/	1/			11	3B	1/	Z	Z	Z		4			
1704 56% (33/ 59)		1/		5	5	4					3D		4		2B	1/	1/			5	1				
2778 56% (5/ 9)	Z	Z	Z	Z	Z	Z	Z	Z	Z	Z	Z	Z	Z	Z	Z	Z	Z	Z	Z	Z	Z	Z	Z	Z	Z
1642 55% (32/ 58)		3	14	2C	3	4					3G				2B		1/	1		1/					
01 54% (32/ 59)	2	3				5					1/	1/			2		1/	2		1/		4			
02 54% (32/ 59)	2	3		2B		5					1/	1/	2B		2		1/	2		3		4			
323 53% (31/ 58)		Z			1	4			1		3C				11	1/	1/			6	1				
2200 53% (30/ 57)		1/		3D	3	4					3D	1/	1		2B	1/				5	1			1	
33 51% (24/ 47)	X	11		1	X	X	1		X		1/	X	X	1	11	1/	X	1		3				X	
181 51% (30/ 59)	3B	11	11	1	1	1/	1		1H		1/	1/			2B		3								1
429 51% (30/ 59)		1/	5	3D	3	4					3D	1/	1		2B	1/				5	1				
322 49% (29/ 59)		1/		2C	1	4			1		8				11	1/	1/			6	1				
467 49% (29/ 59)		4		1D	3	4			1		6B		1	1	1	1/	1/			1/					
2298 49% (29/ 59)	1	1/	1/L	1D	3	4			1		3D		6	1	11	1/	1/			5	1			3	
2344 49% (29/ 59)		11		1	4	1/	1		1		1/	1/	1E		2	1/	1/	1		3					

TESTSTELLE	8	10	11	13	15	18	19	20	21	23	28	29	31	32	34	35	36	39	41	42	43	44	45	46	47
UEBEREINST. ZEUGEN	94	7	351	12	17	7	110	441	36	91	4	30	36	51	4	17	38	33	467	53	24	451	473	76	92
BEZEUGTE VARIANTE	3	6	1/	2	2	5B	2	1/	2	2	3E	5	2	2	11C	3	1/F	4	1/	4	2	1/	1/	2	2
441 49% (24/ 49)	Z	Z	Z	Z	Z	Z	Z	Z	Z	Z	1/	1/		1	1	1/	1/	1			1				
1751 48% (28/ 58)	3B	1/		1B	3	4			2D		3D	1/	1		9B	1/				5	1				
2201 48% (25/ 52)	Z	Z	Z	Z	Z	Z	Z		1		1/	1/	1	1	11	1/		1		1/	1				1
2718 48% (22/ 46)	3B	1/		1C	1	1/	1		1		1/	1/	1	1	1	1/	1/	1							
1893 48% (21/ 44)	1	1/		X	X	1/	1		1		1/	1/	1	Z	Z	Z	Z	1			1				
206 48% (19/ 40)	Z	Z	Z	Z	Z	Z	Z	Z	Z	Z	Z	Z	Z	Z	Z	Z	Z	Z		5	1				
522 47% (27/ 57)		1/	5	3D	3	4					11	1/	1	1	2B	1/				5	1				
1409 47% (27/ 57)	1	11		1	1	5					1/	1/	1	1	1	1/	1/K	1		1/		4		3	
1875 47% (24/ 51)	X	X	X	X	1	1/	1		1		Z	Z			2B		3	X		6	Z				1
619 47% (27/ 58)		1/	1/L	1	1	1/	1		1		1/	1/		1	11	1/	1/	1B			1				
623 46% (24/ 52)	Z	Z	Z	Z	Z	Z	Z		1		1/	1/		1	11	1/	1/	1			1				
5 46% (27/ 59)		1/		1	4	1/	1		1		1/	1/		1	11	1/	1/D	1		1/	1			3	
621 46% (27/ 59)		1/	1/0	8	1	1/		1/B	1	1	1/	1/		1	1	1/	1/	1			1				
2805 45% (25/ 55)	3B	4	10	3D	3	4		Z	Z	Z	6	6	1	1	1	1/	1/	1			1				
1745 44% (4/ 9)	Z	Z	Z	Z	Z	Z	Z	Z	Z	Z	Z	Z	Z	Z	Z	Z	Z	Z	Z	Z	Z	Z	Z	Z	Z
1899 44% (4/ 9)	Z	Z	Z	Z	Z	Z	Z	Z	Z	Z	Z	Z	Z	Z	Z	Z	Z	Z	Z	Z	Z	Z	Z	Z	Z
044 44% (26/ 59)	1	4		2D	3	1/	1		1	7	1/	1/	3	1	1	1/	1/	1			1	5			
6 44% (26/ 59)	1	1/		9	1	1/	1		1	1	1/	1/	1	1	8		1/			3				1	1
436 44% (26/ 59)	1	1/	1/L	1	1	4	1		1	1	1/	1/	1	1	1	1/	1/	1			1				
1162 44% (26/ 59)	3B	1/	1/L	7	1	4	1		1		1/	1/		1	11	1/	1/	1			1				
1509 43% (25/ 58)		1/	1/I	8	1	4			1		3D	1/	1		1	1/				5	1			1	
88 42% (25/ 59)	3B	3			4	1/	1				1/	1/			7	1/	1/	1		1/	1			3	
489 42% (25/ 59)		1/	12	1C	1	1/	1		1		1/	1/	1	1	1	1/		1		1/	1			6	1
1842 42% (25/ 59)		1/	1/0	8	1	1/	1		1	1	1/	1/		1	1	1/	1/	1		1/	1				
2374 42% (25/ 59)	1	1/		1	6	1/	1			1	1/	1/	1		1	1/	1/	1						3	2B
2737 42% (25/ 59)		1/		1	4	1/	1		1		10	1/		1	1	1/	1/	1		3	1			1	
314 42% (5/ 12)	Z	Z	Z	Z	Z	Z	Z	Z	Z	Z	Z	Z	Z	Z	Z	Z	Z	Z		1/	1			1	Z
1729 42% (22/ 53)	Z	Z	Z	Z	Z	1/	V		1		1/	1/	1	1	1	1/		1		1/	1			7	1
941 41% (23/ 56)	1	1/		1	1	8	1		1C		1/	1/	1	1	1	1/		1			1			1	
1758 41% (20/ 49)	1	1/	5	3	3	Y	1		1	1	X	1/	1		2B	1/	1/K			5	1			X	
228 41% (24/ 59)		1/		2C	1	4					1/	1/	1	1	1	1/	1/	1		5	1			3	
927 41% (24/ 59)		1/	12	1	1	1/	1		1		1/	1/	1	1	1	1/		1		1/	1			6	1
1505 41% (24/ 59)	1	1/		1	1	1/			7	1	1/	1/	1	1	1	1/	1/D	1		1/	1			1	

180 — 59 TS + 4 SL + 38 MT

TESTSTELLE UEBEREINST. ZEUGEN BEZEUGTE VARIANTE	48 452 1/	49 162 2	50 17 2	52 452 1/	53 87 3	54 16 5	55 422 1/	56 459 1/	57 104 2	61 36 2	63 8 4	64 38 2	65 333 1/	66 365 1/	67 16 2	68 20 3	69 10 2C	70 21 2	72 18 2	75 19 2	76 467 1/	83 46 2	84 402 1/	86 85 3	87 476 1/
P33 100% (1/ 1)	Z	Z	Z		Z	Z	Z	Z	Z	Z	Z	Z	Z	Z	Z	Z	Z	Z	Z	Z	Z	Z	Z	Z	Z
2818 90% (53/ 59)			2C							1				1/B		2							4		
610 89% (51/ 57)			2C							1				1/B		2			Z				4		
307 88% (52/ 59)			2C							1				1/B		2		3					4		
453 83% (49/ 59)			2C			1				1				1/B		2		2B					4	2B	
1678 83% (49/ 59)			2C							1				1/B		2			1				4		
94 71% (42/ 59)			2C							1				1/B	1		3		3	1		1			
431 71% (41/ 58)			2C											1/B		2							4		
1739 66% (39/ 59)			2C			1				1	1				2B		2						3		
1891 64% (38/ 59)			2C			1				1	1				2B		2		3				3	2	
P74 64% (36/ 56)			3		1/	3					2					4	3	3B						2B	
81 63% (25/ 40)					1/	1				Z	Z	Z	Z	Z	Z	Z	Z	Z	Z	Z	Z	Z	Z	2B	
945 61% (36/ 59)			19		8C	1				1	1				2B		3		6	3			3		
P41 60% (3/ 5)	Z	Z	Z	Z	Z	Z	Z	Z	Z	Z	Z	Z	Z	X	X	4	2	Z				Z	Z	Z	Z
1846 58% (7/ 12)	Z	Z	Z	Z	Z	Z	Z	Z	Z	Z	Z	Z	Z	Z	Z	Z	Z	Z	Z	Z	Z	1		1	
1175 58% (34/ 59)				4		1			2C		1			1/B		2	3	1	3						
630 56% (32/ 57)			2C		8	1				1	1	1			2B			1	3	3			3	1B	
03 56% (33/ 59)				4	1/	7	1/B			4	2					2	3						4	2B	
04 56% (19/ 34)				1/D	4	4			Z	Z	Z	Z	Z	Z	Z	Z	Z	Z					3	Z	Z
1704 56% (33/ 59)			19		8	1			2B	1	1				2B		3		6	3			3		
2778 56% (5/ 9)			1D		1/	1			1	Z	Z	Z	Z	Z	Z	Z	Z	Z	Z	Z	Z	Z	Z	Z	Z
1642 55% (32/ 58)			3		3B	1				1	U					4	13	1	1	1		1			
01 54% (32/ 59)	3			4	1/	4	1/B			4	2		1/K			4	3	1					3	2	
02 54% (32/ 59)			3		1/	2	4				2					4	3	1					3	2B	
323 53% (31/ 58)		1				1				1	1	1	1/C		1	1	1	1	1	1		1		1	
2200 53% (30/ 57)			2C		8	1				1	1	1			2B		2	1B	3	Z	Z		3	1	
33 51% (24/ 47)						4	X	X			1		1/D	1/C	X	4	3	3B				X	3	2	
181 51% (30/ 59)			10		3G	6	5				1				1	12	3B	1	1	1C			1/C	2	
429 51% (30/ 59)			19		8	1				1	1	1			1		3	1		3			3	1	
322 49% (29/ 59)		1			3F	1				1	1	1	1/C		1	1	1	1	1	1		1		1	
467 49% (29/ 59)		1	1			1				1	1	1			1	7	1	5	1	1		1		4	
2298 49% (29/ 59)			1D			1				1	1	1			2B		3		1	1		1	3		
2344 49% (29/ 59)		1				4					1		1/E		2C	4	3	3B		3			3	2	

180 59 TS + 4 SL + 38 MT

TESTSTELLE UEBEREINST. ZEUGEN BEZEUGTE VARIANTE	48 452 1/	49 162 2	50 17 2	52 452 1/	53 87 3	54 16 5	55 422 1/	56 459 1/	57 104 2	61 36 2	63 8 4	64 38 2	65 333 1/	66 365 1/	67 16 2	68 20 3	69 10 2C	70 21 2	72 18 2	75 19 2	76 467 1/	83 46 2	84 402 1/	86 85 3	87 476 1/
441 49% (24/ 49)			6	3		1				1	1		1/K	8	1	2	1	3	1	3					
1751 48% (28/ 58)	7		5B		8	1					1	1	8	1/E	2B		1	1B	1	1B			1/C	1	
2201 48% (25/ 52)			1			1				1	1	1			1	1	1	1	1	1		1			
2718 48% (22/ 46)				4		1				1	1		1/F	6	1			Z	Z	Z	Z	Z	Z	Z	Z
1893 48% (21/ 44)	Z		1			1				1	Z	Z	Z	Z	Z	Z	Z	1	1	1		1	Z	1B	
206 48% (19/ 40)		1	19	4	8	1				1	1	X			1		3	1	3	3			3	1	
522 47% (27/ 57)		1	19		8	1				1	1	1			1		3	Z	V	3			3	1	
1409 47% (27/ 57)			13B	3		1			Z	Z	1	1	1/F			4	3B		1	3					
1875 47% (24/ 51)			4		3G	2	5			1	1		1/F	7	1	12	3B	1	1	1			1/C	2	
619 47% (27/ 58)			1			4					U	1			1	15	1	4B	1B	1		1		1	
623 46% (24/ 52)			1			4				1	1		1/F		1	4	1	1	2B	1		1	4	2	
5 46% (27/ 59)			1			1					1	1			1	4	1	1	1	1		1		5	
621 46% (27/ 59)		1	1	3	3B	8				1	1			8	1	2	1		1	3					
2805 45% (25/ 55)			1			4				1	1	1	1/F		1	4B	1B	1	1	3					
1745 44% (4/ 9)	Z	Z	Z	Z	Z	Z	Z	Z	Z	Z	Z	Z	Z	Z	Z	Z	Z	Z	Z	Z	Z	Z	Z	1B	
1899 44% (4/ 9)	Z	Z	Z	Z	Z	Z	Z	Z	Z	Z	Z	Z	Z	Z	Z	Z	Z	Z	Z	Z	Z	1		1B	
044 44% (26/ 59)		1			1/	3				1	1		1/F		1		3B	1	7	1					
6 44% (26/ 59)		1	1			1				1	1	1			1	1	1	1	1	1		1			
436 44% (26/ 59)			1		4C	1				1	1				1	4	1	1	2B	1			4		
1162 44% (26/ 59)			1			4					1	1			1	15	1	1	1B	1		1		1	
1509 43% (25/ 58)	1/K		1		8	1				1	1	1	1/F		1		1	X	1	3			3	1	
88 42% (25/ 59)			1	4		4			1	1	1	1			1	6	1	1	1	1		1B		4	
489 42% (25/ 59)			1B		3D				1		1	1			1	1	1	1	1	1		1			
1842 42% (25/ 59)			1	3		1	1/F		1	1	1				1	15	1		4	3			1/C	4	
2374 42% (25/ 59)						1				1	2	1	3		1	4	1B	1	1	1		1			
2737 42% (25/ 59)		1	1			1				1	1	1	1/F		1	15		1	1	1		1		1B	
314 42% (5/ 12)	Z	Z	Z	Z	Z	Z	Z	Z	Z	Z	Z	Z	Z	Z	Z	Z	Z	Z	Z	Z	Z	Z	Z	Z	Z
1729 42% (22/ 53)			1B				6		1	1	1	1			1C	15	1	1	1	1		1		3B	
941 41% (23/ 56)			1			1				1	Y	1	1/F		1	1	1	Y	1	1		1	4		
1758 41% (20/ 49)		Y	1		8	1				X	1	1			1		3	1	X	3	X		3	X	
228 41% (24/ 59)			1		1/	1				1	1	1	1/F	11	1	7	1	1	8	1		1		1	
927 41% (24/ 59)			1B		3D				1		1	1	1/F		1	15	1	1	1	1		1			
1505 41% (24/ 59)		1			1/	1	1/B	1/D		1	1			6	1	17	1	1	1	1			4		

180 — 59 TS + 4 SL + 38 MT

TESTSTELLE UEBEREINST. ZEUGEN BEZEUGTE VARIANTE	88 471 1/	90 71 2	91 7 4	92 99 2	95 68 3	97 17 3	98 40 2	100 470 1/	102 478 1/
P33 100% (1/ 1)	Z	Z	Z	Z	Z	Z	Z	Z	Z
2818 90% (53/ 59)			3						
610 89% (51/ 57)			3						
307 88% (52/ 59)			3						
453 83% (49/ 59)		1	6B						
1678 83% (49/ 59)			3						4
94 71% (42/ 59)		1	3			1/	2C		
431 71% (41/ 58)			14				W		
1739 66% (39/ 59)			3		2	1/			
1891 64% (38/ 59)			3		2	1/			
P74 64% (36/ 56)			1/		Z	1/			
81 63% (25/ 40)			1/		2	1/			
945 61% (36/ 59)			3		2	1/			
P41 60% (3/ 5)	Z	Z	Z	Z	Z	Z	Z	Z	Z
1846 58% (7/ 12)		1	X			1/	1		
1175 58% (34/ 59)			1/	1	2	1/B	2C		
630 56% (32/ 57)			3		2	1/			
03 56% (33/ 59)			1/		2	4			3
04 56% (19/ 34)	Z	Z	Z	Z	2			Z	
1704 56% (33/ 59)		4	3		2	1/			
2778 56% (5/ 9)	Z	Z	Z	Z	Z	Z	Z	Z	Z
1642 55% (32/ 58)		1	1/	1	1	4	3		
01 54% (32/ 59)			1/		2	1/			3
02 54% (32/ 59)			1/	1	2	1/			3
323 53% (31/ 58)			5		4	1/	3		
2200 53% (30/ 57)			3		2	1/			
33 51% (24/ 47)			3	1	2	1/	7		
181 51% (30/ 59)			12		2	4			
429 51% (30/ 59)		1	4E	1		1/	1D		
322 49% (29/ 59)			5		4	1/	3		
467 49% (29/ 59)			4I	1		1/	2C		
2298 49% (29/ 59)			3		2	1/			
2344 49% (29/ 59)			3G	1	2	1/	7		

180 — 59 TS + 4 SL + 38 MT

TESTSTELLE UEBEREINST. ZEUGEN BEZEUGTE VARIANTE	88 471 1/	90 71 2	91 7 4	92 99 2	95 68 3	97 17 3	98 40 2	100 470 1/	102 478 1/
441 49% (24/ 49)			5D	1		1/	2C		
1751 48% (28/ 58)			3H		2	Z			
2201 48% (25/ 52)			5		1	1/	6		
2718 48% (22/ 46)	Z	Z	Z	Z	Z	1/	2C		
1893 48% (21/ 44)			1/	1	1	1/	6		
206 48% (19/ 40)		1	4E	1		1/	1D		
522 47% (27/ 57)		1	4F	1		1/	1D		
1409 47% (27/ 57)		1			2	1/	3		
1875 47% (24/ 51)			12		2	1/			
619 47% (27/ 58)			1/	1	1	1/	6B		
623 46% (24/ 52)			3		2	1/	2C		3
5 46% (27/ 59)			3		2	1/	2C		
621 46% (27/ 59)			5			1/	2C		
2805 45% (25/ 55)			3			1/	2C		Z
1745 44% (4/ 9)		1	1/	1	Z	Z	1		
1899 44% (4/ 9)		1	1/	1	Z	Z	Z	Z	
044 44% (26/ 59)			3			1/	1		4
6 44% (26/ 59)			12B			1/	2C		
436 44% (26/ 59)			3		2	1/			
1162 44% (26/ 59)			1/	1	1	1/	6		
1509 43% (25/ 58)		1	4E	1		1/	1		
88 42% (25/ 59)			3	1	1	1/	6		
489 42% (25/ 59)			5		1	1/	1		
1842 42% (25/ 59)			5			5	2C		
2374 42% (25/ 59)		1	3	1	2	1/	2C		
2737 42% (25/ 59)			11D		1	1/	2B		
314 42% (5/ 12)	Z	Z	Z	1	1	1/	1		
1729 42% (22/ 53)			5		1	1/	1		
941 41% (23/ 56)		1	1/		4	1/	1		Y
1758 41% (20/ 49)		1	4E	1	1	X	X		
228 41% (24/ 59)		1	5H		1	1/			
927 41% (24/ 59)			5		1	1/	1		
1505 41% (24/ 59)			8				1		

TESTSTELLE	7	8	9	10	11	12	18	20	23	26	28	29	31	32	33	34	35	36	39	40	41	42	43	44	45
UEBEREINST. ZEUGEN	9	16	7	11	1	2	355	441	91	30	416	439	36	51	19	19	17	1	33	34	467	53	24	451	473
BEZEUGTE VARIANTE	4	3B	2	11	11	4	1/	1/	2	2	1/	1/	2	2	2	2B	3	3	4	2	1/	4	2	1/	1/
P8 100% (2/ 2)	Z	Z	Z	Z	Z	Z		Z		Z	Z	Z	Z	Z	Z	Z	Z	Z	Z	Z	Z	Z	Z	Z	Z
P33 100% (1/ 1)	Z	Z	Z	Z	Z	Z	Z	Z	Z	Z	Z	Z	Z	Z	Z	Z	Z	Z	Z	Z	Z	Z	Z	Z	Z
1875 84% (52/ 62)	X	X	X	X	X	X					Z	Z							X			6	Z		
P74 67% (44/ 66)	X	Y	Z	3	1/I	2	Z									2		1/	2			3		4	
81 65% (34/ 52)	2	2		14	1/L	2	Z	Z	Z						1	2C		1/	2			1/			
02 65% (47/ 72)	2	2		3	1/	2	5						2B			2		1/	2			3		4	
03 61% (44/ 72)	2	2		1/	1/	2	3									2	4	1/	2			1/		4	
01 60% (43/ 72)	2	2		3	1/	2	5									2		1/	2			1/		4	
33 60% (37/ 62)		X	1		1/	1	X					X	X	1		11	1/	X	1	1		3			
P45 58% (7/ 12)	Z	Z	Z	Z	Z	Z	Y	Y		Z			Z	4	9	Y	1/	Z	Z			Z	Z	Z	
2344 57% (41/ 72)	1	3	1		1/	1							1E		1	2	1/	1/	1	1		3			
1175 56% (40/ 72)	2	2	4	3	1/D	2	5									2		1/	4B			6		6	
1739 56% (40/ 72)	16	3	1	1/	1/	3	4				3D	5			1		1/	1/				5	1		
04 55% (23/ 42)	2	2C	3	3	5	2	Z	Z	Z						1	11	3B	1/	Z	Z	Z	Z		4	
1891 53% (38/ 72)	16	3	1	1/	1/	3	4				3D	5			1		1/	1/F				5	1		
945 50% (36/ 72)	1	3	1	1/	1/	3	4				3D	5			1		1/	1/				5	1		
431 49% (35/ 71)	1		1	1/	1/	13				3			1			3		1/							
2718 47% (24/ 51)	1		1	1/	1/	12				1			1	1	1	1	1/	1/	1	1					
2464 47% (14/ 30)	Z	Z	Z	Z	Z	Z	Z	Z	Z	Z	Z	Z	Z	Z	Z	Z	Z	Z	Z	Z	Z	Z	Z	Z	Z
630 46% (33/ 71)	1	3	1	1/	1/	3	Z			1	3D		1		1		1/	1/F				6	1		
1884 46% (31/ 67)	15	3	1		1/	1	6B		3		5		1G	1		9C	1/	1/				6	1		
623 46% (30/ 65)	Z	Z	Z	Z	Z	Z	Z							1	8	11	1/	1/	1	1			1		
08 46% (31/ 68)	15	3	1		1/	1	4		3		5		1G	1		9	1/	1/	6			6	1		
2200 46% (31/ 68)	1	3	1	1/	1/	3	4			1	3D		1		1		1/	1/F				5	1		
307 44% (32/ 72)	13	3	4	6	1/	1D	5B			1	3E	5			1	11C		1/F							
1162 44% (32/ 72)	1		1	1/	1/L	1	4							1	8	11	1/	1/	1	1			1		
1704 44% (32/ 72)	1	3	1	1/	1/	2	4				3D	5	4		1		1/	1/				5	1		
2778 44% (4/ 9)	Z	Z	Z	Z	Z	Z	Z	Z	Z	Z	Z	Z	Z	Z	Z	Z	Z	Z	Z	Z	Z	Z	Z	Z	Z
610 44% (29/ 66)	13	3	4	6	1/	1	5B			Z	3E	5			Z	Z		1/F							
453 43% (31/ 72)	13	3	4	6	1/	1	5B			1	3E	5			1	11C		1/F							
619 43% (31/ 72)	1	3	1	1/	1/L	1								1	1	11	1/	1/	1B	1			1		
2818 43% (31/ 72)	13	3	4	6	1/	1C	5B			1	3E	5			3	11C		1/F							
180 43% (30/ 70)	11	3	1	6	1/	1	5B			1	3E	5			1	11C		1/F		1					

181 72 TS + 3 SL + 28 MT

TESTSTELLE	7	8	9	10	11	12	18	20	23	26	28	29	31	32	33	34	35	36	39	40	41	42	43	44	45
UEBEREINST. ZEUGEN	9	16	7	11	1	2	355	441	91	30	416	439	36	51	19	19	17	1	33	34	467	53	24	451	473
BEZEUGTE VARIANTE	4	3B	2	11	11	4	1/	1/	2	2	1/	1/	2	2	2	2B	3	3	4	2	1/	4	2	1/	1/
1678 42% (30/ 72)	10	1	4	6	1/	1	5B			1	3D	5			1	11C		1/F							
1751 41% (29/ 70)	1B		1	1/	1/	8	4			1	3D		1		1	9B	1/	1/F		4		5	1		
1893 41% (24/ 59)	1	1	1	1/	1/	1				1			1	Z	Z	Z	Z	Z	1	1			1		
044 40% (29/ 72)	5	1	1	4	1/	1			7	1			3	1	8	1	1/	1/	1	1			1	5	
436 40% (29/ 72)	1	1	1	1/	1/L	1	4		1	1			1	1	1	1	1/	1/	1	1			1		
1842 40% (29/ 72)	1	3	1	1/	1/O	1			1	1				1	8	1	1/	1/	1	3		1/	1		
1890 39% (25/ 64)	Z	Z	Z	Z	Z	Z			1	Z			1	1	8	1	1/	1/	1	1			4		
5 39% (28/ 72)	1	3	1	1/	1/	1								1	8	11	1/	1/D	1	1		1/	1		
441 39% (24/ 62)	Z	Z	Z	Z	Z	Z	Z	Z	Z	Z				1	1	1	1/	1/	1	3			1		
2201 38% (25/ 65)	Z	Z	Z	Z	Z	Z	Z			1			1	1	8	11	1/	1/F	1	1		1/	1		
1409 38% (26/ 68)	1	1	5		1/	12	5						1	1	1	1	1/	1/K	1	1		1/		4	
1838 38% (26/ 68)	9		1		1/N	1				1			1	1	3	1E	1/	1/P	1			5	2B		
2138 38% (27/ 71)	5	6	1	1/	1/	1			1	3			1	1	8	1	1/	1/B	Z	1			4		
94 38% (27/ 72)	13	3	1	6	1/L	1	5B			1	3D	5			1	11B		1/F							
1642 38% (27/ 72)	10	3	6	3	14	3	4				3G	5			8			1/	1	1B		1/			
1827 38% (27/ 72)	1		1	1/	1/B	1				1				1	3	11	1/	1/	1	1			1		
104 37% (26/ 71)	5	3	1		1/M	1				1			1	1	1	1	1/	1/	1			7	1		
621 36% (26/ 72)	1	3	1	1/	1/O	1		1/B	1	1				1	8	1	1/	1/	1	3			1		
1505 36% (26/ 72)	1	1	1	1/	1/	12			1	1			1	1	5	1	1/	1/D	1	1		1/	1		
2298 36% (26/ 72)	1	1	1	1/	1/L	1	4				3D	5	6	1	1	11	1/	1/		4		5	1		
323 36% (25/ 70)	18	3	Z	Z	1/	1	4				3C	5			1	11	1/	1/		1		6	1		
88 35% (25/ 71)			1	3	1/	1				1						7	1/	1/	1			1/	1		
1526 35% (14/ 40)	Z	Z	Z	Z	Z	Z			1	1			1	Z	Z	Z	1/	1/		1		1/	1		
1729 35% (23/ 66)	Z	Z	Z	Z	Z	Z				1			1	1	3	1	1/	1/F	1	1		1/	1		
206 35% (17/ 49)	Z	Z	Z	Z	Z	Z	Z	Z	Z	Z	Z	Z	Z	Z	Z	Z	Z	Z	Z	Z		5	1		
322 35% (25/ 72)	17	3	1	1/	1/	1	4				8	5			1	11	1/	1/		1		6	1		
429 35% (25/ 72)	5	3	1	1/	5	8	4			1	3D		1		1		1/	1/F		1		5	1		
1611 35% (25/ 72)	5	6	1	1/	1/	1				3			1	1	1	1	1/	1/	1	1			4		
1852 34% (20/ 59)	Z	Z	Z	Z	Z	Z	Z	Z	Z	Z	Z	Z	Z	1	1	1	1/	1/	1	1		1/	1		
459 34% (24/ 71)	1	3	1		9	1C				1			1	1	1	1	1/	1/	1	1		3	1		
489 33% (24/ 72)	3	3	1	1/	12	1				1			1	1	1	1	1/	1/F	1	1		1/	1		
629 33% (22/ 66)	2	X	5	12	1/L	2	5B		1	1	7		1	1	X	1	1/	1/	1	1I		1/	1	6	
886 33% (3/ 9)	1	1	4	4	1/	11				Z	Z	Z	Z	Z	Z	Z	Z	Z	Z	Z	Z	Z	Z	Z	Z

181 | 72 TS + 3 SL + 28 MT

TESTSTELLE			46	48	49	50	52	53	55	56	57	59	61	62	64	65	66	68	69	73	74	76	77	79	80	81	82
UEBEREINST. ZEUGEN			76	452	162	1	452	1	1	459	104	20	36	28	38	333	365	1	6	5	13	467	181	31	20	49	10
BEZEUGTE VARIANTE			2	1/	2	10	1/	3G	5	1/	2	2	2	2	2	1/	1/	12	3B	6	2	1/	2	2	3	2	2
P8	100%	(2/ 2)	Z	Z	Z	Z	Z	Z	Z	Z	Z	Z	Z	Z	Z	Z	Z	Z	Z	Z	Z	Z	Z	Z	Z	Z	Z
P33	100%	(1/ 1)	Z	Z	Z	Z		Z	Z	Z	Z	Z	Z	Z	Z	Z	Z	Z	Z	Z	Z	Z	Z	Z	Z	Z	Z
1875	84%	(52/ 62)				4							1			1/F	7				1				1		
P74	67%	(44/ 66)				3		1/	1/									4	3	6B	X			2B	2		
81	65%	(34/ 52)				2		1/	1/				Z	Z	Z	Z	Z	Z	Z	Z	Z	Z	Z	Z	Z	Z	Z
02	65%	(47/ 72)				3		1/	4									4	3						2		
03	61%	(44/ 72)				2	4	1/	1/B				4					2	3	2			2B		2		
01	60%	(43/ 72)		3		2	4	1/	1/B				4			1/K		4	3	2				5	2	2B	
33	60%	(37/ 62)	X			2		3	X	X						1/D	1/C	4	3	14					2		1D
P45	58%	(7/ 12)	Z	Z	Z	Z	Z	Z	3		1	Z	Z	Z	Z	Z	Z	Z	Z	Z	Z	Z	Z	Z	Z	Z	Z
2344	57%	(41/ 72)			1	2		3	1/			1				1/E		4	3						2		1D
1175	56%	(40/ 72)				2	4	3	1/		2C			1			1/B	2	3	2	1				2		1
1739	56%	(40/ 72)				2C		3	1/				1	1				3	2	1D	1				6B	1	1
04	55%	(23/ 42)				2	1/D	4	1/		Z	Z	Z	Z	Z	Z	Z	Z	Z	2	1					Z	Z
1891	53%	(38/ 72)				2C		3	1/				1	1				3	2	1D	1				6	1	1
945	50%	(36/ 72)				19		8C	1/			1	1	1				3	3	1D	3				6B	1	1
431	49%	(35/ 71)				2C		3	1/			1		1			1/B	2	2C	2B	3				1	1	1
2718	47%	(24/ 51)				2	4	3	1/				1			1/F	6	3	2C	Z	Z	Z	Z	Z	Z	Z	Z
2464	47%	(14/ 30)	Z	Z	Z	Z	Z	Z	Z	Z	Z	Z	Z	Z	Z	Z	Z	Z	Z	1	1			1	6		1
630	46%	(33/ 71)				2C		8	1/				1	1	1			3	2C	1	1				6	1	1
1884	46%	(31/ 67)		U	1	1		1/	1/		1	1			1	6	3	4	2C	1	1					1	
623	46%	(30/ 65)				1		3	1/			1	1			1/F		4	1	1D	1			1B	7		1
08	46%	(31/ 68)		6	1	1		1/	1/		1	1			1	1/F	3	4		1B	1					1B	
2200	46%	(31/ 68)	1			2C		8	1/				1	1	1			3	2	Z	Z	Z	Z		6	1	1
307	44%	(32/ 72)				2C		3	1/			1	1	1			1/B	2	2C	1D	1					3	1
1162	44%	(32/ 72)				1		3	1/			1		1	1			15	1	9				1B			1
1704	44%	(32/ 72)				19		8	1/		2B	1	1	1				3	3	1D	1				6B	1	1
2778	44%	(4/ 9)	Z			1D		1/	1/		1	1	Z	Z	Z	Z	Z	Z	Z	Z	Z	Z	Z	Z	Z	Z	Z
610	44%	(29/ 66)				2C		3	1/			1	1	1			1/B	2	2C	3	1		Z	Z	Z	3	1
453	43%	(31/ 72)				2C		3	1/			1	1	1			1/B	2	2C	1	1					3	1
619	43%	(31/ 72)				1		3	1/			1		1	1			15	1	9				1B	3B		1
2818	43%	(31/ 72)				2C		3	1/			1	1	1			1/B	2	2C	3	1				1	3	1
180	43%	(30/ 70)				2		3	1/			1		1				3	2C	5	1		Z	Z	1	1	1

181 | 72 TS + 3 SL + 28 MT

TESTSTELLE	46	48	49	50	52	53	55	56	57	59	61	62	64	65	66	68	69	73	74	76	77	79	80	81	82
UEBEREINST. ZEUGEN	76	452	162	1	452	1	1	459	104	20	36	28	38	333	365	1	6	5	13	467	181	31	20	49	10
BEZEUGTE VARIANTE	2	1/	2	10	1/	3G	5	1/	2	2	2	2	2	1/	1/	12	3B	6	2	1/	2	2	3	2	2
1678 42% (30/ 72)				2C		3	1/			1	1	1			1/B	2	2C	1D	1				1	3	1
1751 41% (29/ 70)		7		5B		8	1/			1		1	1	8	1/E	3	1	1	1		5		6	3	1
1893 41% (24/ 59)		Z		1		3	1/			1	1	1	Z	Z	Z	Z	Z	9				1B	1		1
044 40% (29/ 72)			1	2		1/	1/			4	1			1/F		3		1D	1			1		1	1
436 40% (29/ 72)				1		4C	1/			1	1					4	1	1D	1			1	1	1	1
1842 40% (29/ 72)				1	3	3	1/F		1	1	1	1				15	1	7	1			1	5	1	1
1890 39% (25/ 64)			1	1		1/	1/B	1/D		1	1			1/F	6	17	1	1D	1			1	1	1	1
5 39% (28/ 72)	3			1		3	1/			1		1	1			4	1	1	1			1B	7		1
441 39% (24/ 62)				6	3	3	1/			1	1	1		1/K	8	2	1	6C	1			1	1	1	1
2201 38% (25/ 65)				1		3	1/			1	1	1	1			1	1	1E	1			1	1		1
1409 38% (26/ 68)	3			13B	3	3	1/		Z	Z	Z	Z	1	1/F		4		6C				5	2		
1838 38% (26/ 68)			1	1C		1/	1/			1	Z	Z	6	8		1	1	Z	1		6	1	1	1	1
2138 38% (27/ 71)			1	1		1/	1/B	1/D		1	1			1/F		17	1	1D	1			1		1	1
94 38% (27/ 72)				2C		3	1/			1	1	1			1/B	3	3	1D	1			1	1	1	1
1642 38% (27/ 72)				3		3B	1/			1	1	1				4	13	1	1		1B	5	1		1
1827 38% (27/ 72)			1	1		3	1/			1	1	1	1			7	1	9				1B	1D	1	1
104 37% (26/ 71)			1	1C		1/	1/			1	1	1	6			1	1	1	1		3	1	1	1	1
621 36% (26/ 72)			1	1	3	3B	1/			1	1	1			8	2	1	6C	1			1	1	1	1
1505 36% (26/ 72)	1		1	2		1/	1/B	1/D		1	1				6	17	1	1D	1			1		1	1
2298 36% (26/ 72)	3			1D		3	1/			1	1	1	1			3	3	1D	1				6	1	1
323 36% (25/ 70)			1	2		3	1/				1	1	1	1/C		1	1	1	1			1	6	1	1
88 35% (25/ 71)	3			1	4	3	1/		1	1	1	1	1			6	1	9	1		1	1	2	1	X
1526 35% (14/ 40)	1		1	1		1/	1/		1	1	1	1	1	1/F		1	1	1	1			1	1	1	Z
1729 35% (23/ 66)	7			1B		3	6		1	1	1	1	1			15	1	10	1			1	8	1	1
206 35% (17/ 49)			1	19	4	8	1/			1	1	1	X			3	3	1	1		1B		6	1	1
322 35% (25/ 72)			1	2		3F	1/				1	1	1	1/C		1	1	1	1			1	6	1	1
429 35% (25/ 72)				19		8	1/			1	1	1	1			3	3	1	1		1B		6	1	1
1611 35% (25/ 72)			1	1		3B	1/	1/D		1	1					17	1	1D	1			1		1	1
1852 34% (20/ 59)	3		1	1		1/	1/		1	1	3	1	1			1	1	1	1		1	1	1		1
459 34% (24/ 71)	3		1	2B		1/	1/			1	1	1	6			1	1	1	1		3	4	1	1	1
489 33% (24/ 72)	6			1B		3D	1/		1	1		1	1			1	1	10	1			1	1	1	1
629 33% (22/ 66)		4	1	X		1/	7				1				1/H	1		15				1	1	X	
886 33% (3/ 9)	Z	Z	Z	Z	Z	Z	Z	Z	Z	Z	Z	Z	Z	Z	Z	Z	Z	Z	Z	Z	Z	Z	Z	Z	Z

181 72 TS + 3 SL + 28 MT

TESTSTELLE	83	84	85	86	87	88	89	90	91	92	93	94	95	96	97	98	99	100	101	102	103	104
UEBEREINST. ZEUGEN	46	4	20	35	476	471	25	71	1	99	31	19	44	35	33	40	16	470	7	478	21	22
BEZEUGTE VARIANTE	2	1/C	2	2	1/	1/	14	2	12	2	2	2	2	2	4	2	2	1/	3	1/	2	2
P8 100% (2/ 2)	Z	Z	Z	Z	Z	Z	Z	Z	Z	Z	Z	Z	Z	Z	Z	Z	Z	Z	Z	Z	Z	Z
P33 100% (1/ 1)	Z	Z	Z	Z	Z	Z	Z	Z	Z	Z	Z	Z	Z	Z	Z	Z	Z	Z	Z	Z	Z	Z
1875 84% (52/ 62)															1/						3B	1M
P74 67% (44/ 66)		1/		2B			2		1/				Z		1/				2			
81 65% (34/ 52)	Z	Z		2B					1/			2D			1/				1			
02 65% (47/ 72)		3		2B					1/	1					1/				2	3		
03 61% (44/ 72)		4		2B			2		1/										2	3		
01 60% (43/ 72)		3							1/						1/				2	3		
33 60% (37/ 62)	X	3					10		3	1					1/	7			1H		X	
P45 58% (7/ 12)	Z	Z	Z	Z	Z	Z	Z	Z	Z	Z	Z	Z	Z	Z	Z	Z	Z	Z	Z	Z	Z	Z
2344 57% (41/ 72)		3					11		3G	1					1/	7	1		1			
1175 56% (40/ 72)		1/		3					1/	1					1/B	2C			1			
1739 56% (40/ 72)		3		3					3						1/		1		1			
04 55% (23/ 42)		3		Z	Z	Z	Z	Z	Z	Z					3		Z	Z	Z		Z	Z
1891 53% (38/ 72)		3	1						3						1/		1		1		1L	1
945 50% (36/ 72)		3		3			5		3						1/		1		1		1	1E
431 49% (35/ 71)		4	1	3			2		14		1	1	3	1	3	W	1		1		1	1
2718 47% (24/ 51)	Z	Z	Z	Z	Z	Z	Z	Z	Z	Z	Z	Z	Z		1/	2C	1		1			
2464 47% (14/ 30)		4		3C			2		4B		3				1/	2C	1	3	1	4		
630 46% (33/ 71)		3	1	1B			3		3		1				1/		1		1		1	1
1884 46% (31/ 67)		3		2B					4		1	2B			1/		1	Z	Z	Z	Z	
623 46% (30/ 65)	1	4					1		3		3	1		1	1/	2C	1		1	3	3B	1
08 46% (31/ 68)		3		2B					4		1				1/	2C	1	Z	Z	Z	Z	
2200 46% (31/ 68)		3	1	1					3		1				1/		1		1		1	1
307 44% (32/ 72)		4	1	3			2		3		1	1	3	1	3		1		1		1	1
1162 44% (32/ 72)	1	1/		1			1		1/	1		1	1	1	1/	6	1		1		1N	1
1704 44% (32/ 72)		3	1	3			5	4	3						1/		1		1		1	1
2778 44% (4/ 9)	Z	Z	Z	Z	Z	Z	Z	Z	Z	Z	Z	Z	Z	Z	Z	Z	Z	Z	Z	Z	Z	Z
610 44% (29/ 66)		4	1	3			2		3		1	1	3	1	3		1		1		1	1
453 43% (31/ 72)		4	1	2B			2	1	6B		1	1	3	1	3		1		1		1	1
619 43% (31/ 72)	1	1/		1			1		1/	1		1	1	1	1/	6B	1		1		1	1
2818 43% (31/ 72)		4	1	3			2		3		1	1	3	1	3		1		1		1	1
180 43% (30/ 70)		1/	1	3			9		4		1	1	3	1	3		1		1		1	1

181 | 72 TS + 3 SL + 28 MT

TESTSTELLE UEBEREINST. ZEUGEN BEZEUGTE VARIANTE	83 46 2	84 4 1/C	85 20 2	86 35 2	87 476 1/	88 471 1/	89 25 14	90 71 2	91 1 12	92 99 2	93 31 2	94 19 2	95 44 2	96 35 2	97 33 4	98 40 2	99 16 2	100 470 1/	101 7 3	102 478 1/	103 21 2	104 22 2
1678 42% (30/ 72)		4	1	3			2		3		1	1	3	1	3		1		1	4	1	1
1751 41% (29/ 70)			1	1					3H		1			Z	Z		1		1F		1B	1
1893 41% (24/ 59)	1	Z	Z	1B			1		1/	1		1C	1	1	1/	6	1		1		1	1
044 40% (29/ 72)		1/		3			2		3		1	4	3		1/	1	1		1	4		
436 40% (29/ 72)		4	1	3					3		3	11		1	1/		1		1		1	1
1842 40% (29/ 72)			1	4					5				3	1	5	2C	1		1		3B	
1890 39% (25/ 64)		4	1	Z					8		1	3B	3		3	1	1	4	1			1
5 39% (28/ 72)	1	1/	1	5			1		3		3	1		1	1/	2C	1		1		3E	1
441 39% (24/ 62)		1/	1	3					5D	1		2C	3	1	1/	2C	1		1		3D	
2201 38% (25/ 65)	1	1/	1	3			1		5			1	1	1	1/	6	1		1		1	1
1409 38% (26/ 68)		1/	1	3			8	1	4		1	1		1	1/	3	1		1		1	1
1838 38% (26/ 68)	1	1/	1	1			1	4	5E		V1	1		1			1		1		1	1
2138 38% (27/ 71)		4	1	3					8		1	3	3		3	1	1	4	1			1B
94 38% (27/ 72)	1	1/	1	3			1	1	3		1	1	3	1	1/	2C	1		1		1	1
1642 38% (27/ 72)	1	1/	1	3			1C	1	1/	1	1	1	1	1		3	1		1		1	1
1827 38% (27/ 72)	1	1/	1	1			1		1/	1		1C	1	1	1/	6	1		1		1	1
104 37% (26/ 71)	1	1/	1	1			1	4	5		V1	1			1/		1		1		1	3D
621 36% (26/ 72)		1/	1	3					5			2C	3	1	1/	2C	1		1		3C	
1505 36% (26/ 72)		4	1	3					8		1	3	3		3	1	1		1			1E
2298 36% (26/ 72)	1	3	1	3			12		3		1	5			1/		1		1		3B	1
323 36% (25/ 70)	1	1/	1	1			1		5		1	1	4		1/	3	1		1		1	1
88 35% (25/ 71)	1B	1/	1	4			1		3	1	1	1	1	1	1/	6	1		1		1F	1
1526 35% (14/ 40)	Z	Z	Z	Z	Z	Z	Z	Z	Z	Z	Z	Z	Z	Z	Z	Z	Z	Z	Z	Z	Z	Z
1729 35% (23/ 66)	1	1/	1	3B			1		5			1	1	1	1/	1	1		1C		1G	1
206 35% (17/ 49)		3	1	1				1	4E	1	1	1	3	1	1/	1D	1		1		Z	Z
322 35% (25/ 72)	1	1/	1	1			1		5		1	1	4		1/	3	1		1		1	1
429 35% (25/ 72)		3	1	1				1	4E	1	1	1	3	1	1/	1D	1		1		1	1
1611 35% (25/ 72)	1	4	1	3			13		8		1	1	3	1	3	1	1	4	1		3	1
1852 34% (20/ 59)	1	1/	1	1					5		1	3	3		1/	1			1			1
459 34% (24/ 71)	1	1/	1	1			1	4	5		V1	1			1/		1		1		1	3G
489 33% (24/ 72)	1	1/	1	3			1		5			1	1	1	1/	1	1		1		1	1
629 33% (22/ 66)		3		X	X	6	1	3	1/	1		14	1	1	1/	3	1		1	6	2B	
886 33% (3/ 9)	Z	Z	Z	Z	Z	Z	Z	Z	Z	Z	Z	Z	Z	Z	Z	Z	Z	Z	Z	Z	Z	Z

189 | 33 TS + 0 SL + 71 MT

TESTSTELLE UEBEREINST. ZEUGEN BEZEUGTE VARIANTE	10 5 8	11 351 1/	15 17 6	18 73 4	20 441 1/	28 416 1/	29 439 1/	35 452 1/	36 339 1/	41 467 1/	42 283 1/	44 451 1/	45 473 1/	46 101 3	48 452 1/	49 6 3	52 452 1/	53 87 3	55 422 1/	56 459 1/	57 104 2	65 333 1/	66 365 1/	73 24 10	76 467 1/
P33 100% (1/ 1)	Z	Z	Z	Z	Z	Z	Z	Z	Z	Z	Z	Z	Z	Z	Z	Z		Z	Z	Z	Z	Z	Z	Z	Z
62 100% (9/ 9)	Z	Z	Z	Z	Z							Z	Z	Z	Z	Z	Z	Z	Z	Z	Z	Z	Z	Z	Z
1846 100% (7/ 7)	Z	Z	Z	Z	Z	Z	Z	Z	Z	Z	Z	Z	Z	Z	Z	Z	Z	Z	Z	Z	Z	Z	Z	Z	Z
2627 100% (4/ 4)	Z	Z	Z	Z	Z					Z	Z	Z	Z	Z	Z	Z	Z	Z	Z	Z	Z	Z	Z	Z	Z
1102 97% (32/ 33)	1/																								
1597 97% (30/ 31)																X		1/							
102 94% (31/ 33)	1/																			1/C					
1643 94% (31/ 33)			1													1									
2746 91% (20/ 22)	Z	Z	Z	Z	Z						Z	Z	Z	Z	Z	Z						1/F			
1743 84% (26/ 31)			7	1/							4					1	Z	Z							
1595 82% (27/ 33)	1/		7	1/							4					2									
1852 81% (21/ 26)	Z	Z	Z	Z	Z	Z	Z									1		1/			1			1	
1745 80% (4/ 5)	Z	Z	Z	Z	Z	Z	Z	Z	Z	Z	Z	Z	Z	Z	Z	Z	Z	Z	Z	Z	Z	Z	Z	Z	Z
1899 80% (4/ 5)	Z	Z	Z	Z	Z	Z	Z	Z	Z	Z	Z	Z	Z	Z	Z	Z	Z	Z	Z	Z	Z	Z	Z	Z	Z
1867 79% (23/ 29)	Z	Z	Z	1/										1		1		1/			1			1	
2201 79% (23/ 29)	Z	Z	Z	Z					1/F					2		2								1E	
5 79% (26/ 33)	1/		4	1/					1/D							2								1	
76 79% (26/ 33)			7	1/							4					4		1/				1/F			
456 79% (26/ 33)	1/			1/												2					1			1D	
1270 79% (26/ 33)	1/			1/	1/B						4			6		2									
1598 79% (26/ 33)	1/			1/	1/B						4			6		2									
2374 79% (26/ 33)	1/			1/							4					2						3		1	
2423 79% (26/ 33)	1/		1													1		1/			1				
1839 79% (22/ 28)	Z	Z	Z	Z	Z									1		1		1/			1			1C	
314 78% (7/ 9)	Z	Z	Z	Z	Z	Z	Z	Z	Z					1	Z	Z	Z	Z	Z	Z	Z	Z	Z	Z	Z
624 77% (10/ 13)	Z	Z	Z	Z	Z	Z	Z			Z	Z	Z	Z	Z	Z	Z	Z	Z	Z	Z	Z			1	
2004 77% (10/ 13)	Z	Z	Z	Z	Z	Z	Z	Z	Z	Z		Z	Z	Z	Z	Z	Z	Z	Z	Z	Z			1	
88 76% (25/ 33)	3		4	1/												2	4				1			9	
467 76% (25/ 33)	4		3			6B	5							2		1								1	
1297 76% (25/ 33)	1/			1/	1/B						4			6		2						1/F			
1854 76% (25/ 33)	1/		1													1		1/			1			1	
P45 75% (6/ 8)	Z	Z	Z	Y	Y				Z		Z	Z		Z	Z	Z	Z	Z	3		1	Z	Z	Z	Z
506 75% (6/ 8)	Z	Z	Z	Z	Z			Z	Z	Z	Z	Z	Z	Z		2	Z	Z			1	Z	Z	Z	Z

189 | 33 TS + 0 SL + 71 MT

TESTSTELLE	10	11	15	18	20	28	29	35	36	41	42	44	45	46	48	49	52	53	55	56	57	65	66	73	76
UEBEREINST. ZEUGEN	5	351	17	73	441	416	439	452	339	467	283	451	473	101	452	6	452	87	422	459	104	333	365	24	467
BEZEUGTE VARIANTE	8	1/	6	4	1/	1/	1/	1/	1/	1/	1/	1/	1/	3	1/	3	1/	3	1/	1/	2	1/	1/	10	1/
699 75% (24/ 32)	1/		1	Z												1		1/			1			1	
1094 75% (21/ 28)	Z	Z	Z	Z	Z									1		1		1/			1			1	
1241 75% (24/ 32)	1/		1	1/												1		1/			Z			1	
1721 75% (24/ 32)	1/			1/												1	Y	1/			1			1D	
1762 75% (18/ 24)	Z	Z	Z	Z										1	1/H	4		8B			1			1	
2626 75% (6/ 8)	Z	Z	Z	Z	Z	Z	Z	Z	Z	Z	Z	Z	Z	Z	Z	Z	Z	Z	Z	Z	Z	Z	Z	Z	Z
337 74% (23/ 31)	1/		Z	1/	Z											2		1/			1			1	
1609 74% (23/ 31)	1/		1	1/		3D										1						5		1	
1729 73% (22/ 30)	Z	Z	Z	1/					1/F					7		2			6		1				
2180 73% (22/ 30)	Z	Z	Z						1/K					1		1		1/	9					1D	
2303 73% (11/ 15)	Z	Z	Z	Z	Z						4			1		2		Z	Z	Z	Z	Z	Z	Z	Z
6 73% (24/ 33)	1/		1	1/				3			3			1		1								1D	
175 73% (24/ 33)	1/			1/										1		1		1/			1			1	
203 73% (24/ 33)	1/		1	1/												2		1/			1			1	
216 73% (24/ 33)	1/		1	1/							6					1					1			1	
440 73% (24/ 33)	1/		1	1/							6					2					1			1	
496 73% (24/ 33)	1/		1	1/							6					2					1			1	
917 73% (24/ 33)	1/		1	1/												1		1/			1			1D	
1162 73% (24/ 33)	1/	1/L	1								4			2		2								9	
1315 73% (24/ 33)	1/			1/							6					2		8C			1			1	
1456 73% (16/ 22)	1/		1						1/K		5				Z	Z	Z	Z	Z	Z	Z	Z	Z	Z	Z
1843 73% (24/ 33)	1/		1	1/					1/K					4		1					1				
1903 73% (24/ 33)	1/		1			9								1		1					1			1	
2085 73% (24/ 33)	1/			1/												2		8			1	1/B		1	
2131 73% (24/ 33)	1/	5		1/												1		1/			1			1	
2191 73% (24/ 33)	1/		1	1/												1		1/			1			1D	
2492 73% (24/ 33)	1/	1/M	1	1/														1/			1			1	
498 72% (21/ 29)	Z	Z	Z	Z					1/K					1		1		1/			1			1	
623 72% (21/ 29)	Z	Z	Z	Z							4			2		2						1/F		1D	
312 72% (23/ 32)	1/		Z	1/												1		1/			1	5		1	
424 72% (23/ 32)	1/		1	1/										X		1		1/			1			1	
603 72% (23/ 32)	1/		1	1/												1	3	1/			1			1	
1508 72% (23/ 32)	1/		1	1/										1		2		Z			1			1	

189 — 33 TS + 0 SL + 71 MT

TESTSTELLE	84	87	88	91	95	97	100	102
UEBEREINST. ZEUGEN	402	476	471	46	68	422	470	478
BEZEUGTE VARIANTE	1/	1/	1/	3	3	1/	1/	1/
P33 100% (1/ 1)	Z	Z	Z	Z	Z	Z	Z	Z
62 100% (9/ 9)	Z	Z	Z	Z	Z			
1846 100% (7/ 7)				X				
2627 100% (4/ 4)	Z	Z	Z	Z	Z	Z	Z	Z
1102 97% (32/ 33)								
1597 97% (30/ 31)				X				
102 94% (31/ 33)								
1643 94% (31/ 33)								
2746 91% (20/ 22)					1			
1743 84% (26/ 31)					4			
1595 82% (27/ 33)					1			
1852 81% (21/ 26)				5				
1745 80% (4/ 5)	Z			1/	Z	Z		
1899 80% (4/ 5)				1/	Z	Z	Z	
1867 79% (23/ 29)					Z			
2201 79% (23/ 29)				5	1			
5 79% (26/ 33)					2			
76 79% (26/ 33)					1			
456 79% (26/ 33)				1/	1			
1270 79% (26/ 33)					1			
1598 79% (26/ 33)					1			
2374 79% (26/ 33)					2			
2423 79% (26/ 33)				1/	1			
1839 79% (22/ 28)				18				
314 78% (7/ 9)	Z	Z	Z	Z	1			
624 77% (10/ 13)	Z			1/	1			
2004 77% (10/ 13)				1/	1			
88 76% (25/ 33)					1			
467 76% (25/ 33)				4I				
1297 76% (25/ 33)					1			
1854 76% (25/ 33)				1/	1			
P45 75% (6/ 8)	Z	Z	Z	Z	Z	Z	Z	Z
506 75% (6/ 8)		Z	Z	Z	Z	Z	Z	Z

189 — 33 TS + 0 SL + 71 MT

TESTSTELLE	84	87	88	91	95	97	100	102
UEBEREINST. ZEUGEN	402	476	471	46	68	422	470	478
BEZEUGTE VARIANTE	1/	1/	1/	3	3	1/	1/	1/
699 75% (24/ 32)				1/	1			
1094 75% (21/ 28)				1/	1			
1241 75% (24/ 32)				1/	1			
1721 75% (24/ 32)	4				1			
1762 75% (18/ 24)		Z	Z	Z	Z	Z		
2626 75% (6/ 8)				4E	1			
337 74% (23/ 31)				1/	1			
1609 74% (23/ 31)				5	Z	Z		
1729 73% (22/ 30)				5	1			
2180 73% (22/ 30)				8C	1			
2303 73% (11/ 15)	Z	Z	Z	Z	1		Z	
6 73% (24/ 33)				12B				
175 73% (24/ 33)				1/	2			
203 73% (24/ 33)				1/	4			
216 73% (24/ 33)				4K	4			
440 73% (24/ 33)				4K	4			
496 73% (24/ 33)				4K	4			
917 73% (24/ 33)				1/	1			
1162 73% (24/ 33)				1/	1			
1315 73% (24/ 33)				5C	2			
1456 73% (16/ 22)	4			11F				
1843 73% (24/ 33)				5	1			
1903 73% (24/ 33)				9	1			
2085 73% (24/ 33)				17	1			
2131 73% (24/ 33)				1/	1			
2191 73% (24/ 33)				1/	1			
2492 73% (24/ 33)				1/	1			
498 72% (21/ 29)				1/	1			
623 72% (21/ 29)	4				2			3
312 72% (23/ 32)				1/	1			
424 72% (23/ 32)				1/	1			
603 72% (23/ 32)				X	1			
1508 72% (23/ 32)				1/	1			

206 — 32 TS + 0 SL + 29 MT

TESTSTELLE	41	42	44	45	46	47	48	50	52	53	55	56	57	65	66	68	69	72	75	76	79	80	83	84	87
UEBEREINST. ZEUGEN	467	60	451	473	76	92	452	7	7	33	422	459	104	333	365	20	16	5	18	467	31	16	46	23	476
BEZEUGTE VARIANTE	1/	5	1/	1/	2	2	1/	19	4	8	1/	1/	2	1/	1/	3	3	3	3	1/	2	6	2	3	1/
2175 100% (1/ 1)		Z	Z	Z	Z	Z	Z	Z	Z	Z	Z	Z	Z	Z	Z	Z	Z	Z	Z	Z	Z	Z	Z	Z	Z
429 94% (30/ 32)									1/									2							
522 90% (28/ 31)									1/									V				6C			
1758 82% (23/ 28)					X			1	1/									X		X	1				
62 80% (4/ 5)		1/	Z	Z	Z	Z	Z	Z	Z	Z	Z	Z	Z	Z	Z	Z	Z	Z	Z	Z	Z	Z	Z	Z	Z
2200 80% (24/ 30)					1			2C	1/								2		Z	Z					
630 78% (25/ 32)		6						2C	1/								2C								
945 78% (25/ 32)									1/	8C								6				6B			
1490 78% (25/ 32)					1				1/					1/F	6			1							
1704 78% (25/ 32)									1/				2B					6				6B			
1891 78% (25/ 32)								2C	1/	3							2		2						
1509 77% (24/ 31)					1		1/K	1	1/					1/F			1	1			X				
1739 72% (23/ 32)								2C	1/	3							2	2	2			6B			
1831 72% (23/ 32)					3				1/						6		2B	1							
81 71% (15/ 21)		1/						2	1/	1/				Z	Z	Z	Z	Z	Z	Z	Z	Z	Z	Z	
2718 70% (14/ 20)		4						2		3				1/F	6		2C	Z	Z	Z	Z	Z	Z	Z	Z
2298 69% (22/ 32)					3			1D	1/	3								1	1				1		
314 67% (6/ 9)		1/			1	Z	Z	Z	Z	Z	Z	Z	Z	Z	Z	Z	Z	Z	Z	Z	Z	Z	Z	Z	Z
1745 67% (4/ 6)	Z	Z	Z	Z	Z	Z	Z	Z	Z	Z	Z	Z	Z	Z	Z	Z	Z	Z	Z	Z	Z	Z	Z	Z	
1846 67% (6/ 9)	Z	Z	Z	Z	Z	Z	Z	Z	Z	Z	Z	Z	Z	Z	Z	Z	Z	Z	Z	Z	Z	Z	1	1/	
2344 66% (21/ 32)		3						2	1/	3				1/E		4		2				2			
1751 65% (20/ 31)							7	5B	1/					8	1/E		1	1	1B					1/C	
94 63% (20/ 32)		4						2C	1/	3					1/B				1		1	1	1	1/	
621 63% (20/ 32)		4						1	3	3B					8	2	1	1			1	1		1/	
1738 63% (5/ 8)	Z	Z	Z	Z	Z	Z	Z	Z	Z	Z	Z	Z	Z	Z	Z	Z	Z	Z	Z	Z	Z	Z	Z	Z	
1858 63% (5/ 8)	Z	Z	Z	Z	Z	Z	Z	Z	Z	Z	Z	Z	Z	Z	Z	Z	Z	Z	Z	Z	Z	Z	Z	Z	
624 62% (8/ 13)	Z	Z	Z	Z	Z	Z	Z	Z	Z	Z	Z	Z	Z			1	Z	W	1		Z	Z	Z	Z	
180 61% (19/ 31)		4						2	1/	3							2C	2	2		Z	1		1/	
P45 60% (3/ 5)		Z	Z		Z	Z	Z	Z	Z	Z	3		1	Z	Z	Z	Z	Z	Z	Z	Z	Z	Z	Z	Z
02 59% (19/ 32)		3	4					3	1/	1/	4					4		2	2			2			
436 59% (19/ 32)		4						1	1/	4C						4	1	2B	1		1	1		4	
441 59% (19/ 32)		4						6	3	3				1/K	8	2	1	1			1	1		1/	
1175 59% (19/ 32)		6	6					2		3			2C		1/B	2			2			2		1/	

TESTSTELLE			41	42	44	45	46	47	48	50	52	53	55	56	57	65	66	68	69	72	75	76	79	80	83	84	87
UEBEREINST. ZEUGEN			467	60	451	473	76	92	452	7	7	33	422	459	104	333	365	20	16	5	18	467	31	16	46	23	476
BEZEUGTE VARIANTE			1/	5	1/	1/	2	2	1/	19	4	8	1/	1/	2	1/	1/	3	3	3	3	1/	2	6	2	3	1/
610	59%	(17/ 29)		4						2C	1/	3					1/B	2	2C	Z	2		Z	Z		4	
P74	58%	(18/ 31)		3	4					3	1/	1/						4		2	2		2B	2		1/	
1735	58%	(18/ 31)		1/			2B			1	1/	6						4		2			1	1	1	1/	
2805	58%	(18/ 31)		4						1	1/	3				1/F		4B	1B	1			1	4		1/	
307	56%	(18/ 32)		4						2C	1/	3					1/B	2	2C	2	2			3		4	
431	56%	(18/ 32)		4						2C	1/	3					1/B	2	2C	2	2			1		4	
453	56%	(18/ 32)		4						2C	1/	3					1/B	2	2C	2	2			3		4	
467	56%	(18/ 32)		1/						1	1/	3						7	1	1	1		1	1	1	1/	
1842	56%	(18/ 32)		1/						1	3	3	1/F		1			15	1	4			1	5		1/C	
2818	56%	(18/ 32)		4						2C	1/	3					1/B	2	2C	2	2			1		4	
1456	56%	(10/ 18)					3	1	Z	Z	Z	Z	Z	Z	Z	Z	Z	Z	Z	Z	Z	Z	1	1	1	4	
04	55%	(11/ 20)	Z	Z	4					2	1/D	4			Z	Z	Z	Z	Z	2	2			3			Z
1894	55%	(17/ 31)					3	1		1	1/	1/			1			1	1	Z	1		1	1			
1893	54%	(14/ 26)		4					Z	1	1/	3				Z	Z	Z	Z	1	1		1B	1	1	Z	
33	54%	(15/ 28)		3			X			2	1/	3	X	X		1/D	1/C	4		2	2			2	X		
01	53%	(17/ 32)		1/	4				3	2		1/	1/B			1/K		4		2	2		5	2			
03	53%	(17/ 32)		1/	4					2		1/	1/B					2		2	2			2		4	
044	53%	(17/ 32)		4	5					2	1/	1/				1/F			3B	7	1		1	3		1/	
181	53%	(17/ 32)		4				1		10	1/	3G	5					12	3B	1	1C			3		1/C	
322	53%	(17/ 32)		6						2	1/	3F				1/C		1	1	1	1		1		1	1/	
323	53%	(17/ 32)		6						2	1/	3				1/C		1	1	1	1		1		1	1/	
437	53%	(17/ 32)		1/						1	1/	1/						15	1	5	1		1	1	1C	1/	
619	53%	(17/ 32)		4						1	1/	3						15	1	1B	1		1B	3B	1	1/	
1162	53%	(17/ 32)		4						1	1/	3						15	1	1B	1		1B	3	1	1/	
1678	53%	(17/ 32)		4						2C	1/	3					1/B	2	2C	1	2			1		4	
642	52%	(13/ 25)		Z			1			1	1/	1/			1	Z	Z	Z	Z	1	1		1	1	Z	Z	
1102	52%	(16/ 31)		1/			3	1		1D	1/	3						1	Z	1	1		1	1	1	1/	
1597	52%	(16/ 31)		1/			3	1		1	1/	1/						1	1	1	1		1	1	1	1/	
2080	52%	(16/ 31)		8			1	1		1	1/	1/							1	1	1		1	1	1	1/	
5	50%	(16/ 32)		1/			3			1	1/	3						4	1	1	1		1B	7	1	1/	
6	50%	(16/ 32)		3			1	1		1	1/	3						1	1	1	1		1	1	1	1/	
88	50%	(16/ 32)		1/			3			1		3			1			6	1	1	1		1	2	1B	1/	
104	50%	(16/ 32)		7				1		1C	1/	1/						1	1	1	1		1	1	1	1/	

206							32 TS + 0 SL + 29 MT
TESTSTELLE	88	89	91	95	97	100	102
UEBEREINST. ZEUGEN	471	25	9	68	422	470	478
BEZEUGTE VARIANTE	1/	14	4E	3	1/	1/	1/
2175 100% (1/ 1)	Z	Z	Z	Z	Z	Z	Z
429 94% (30/ 32)							
522 90% (28/ 31)			4F				
1758 82% (23/ 28)		3		1	X		
62 80% (4/ 5)	Z	Z	Z	Z			
2200 80% (24/ 30)			3	2			
630 78% (25/ 32)		3	3	2			
945 78% (25/ 32)		5	3	2			
1490 78% (25/ 32)		4		1			
1704 78% (25/ 32)		5	3	2			
1891 78% (25/ 32)			3	2			
1509 77% (24/ 31)							
1739 72% (23/ 32)			3	2			
1831 72% (23/ 32)		3	3D	1	1/C		
81 71% (15/ 21)			1/	2			
2718 70% (14/ 20)	Z	Z	Z	Z			
2298 69% (22/ 32)		12	3	2			
314 67% (6/ 9)	Z	Z	Z	1			
1745 67% (4/ 6)		1	1/	Z	Z		
1846 67% (6/ 9)		1	X				
2344 66% (21/ 32)		11	3G	2			
1751 65% (20/ 31)			3H	2	Z		
94 63% (20/ 32)		1	3				
621 63% (20/ 32)			5				
1738 63% (5/ 8)		1	1/	1			
1858 63% (5/ 8)		1	1/	1			
624 62% (8/ 13)		1	1/	1			
180 61% (19/ 31)		9	4		3		
P45 60% (3/ 5)	Z	Z	Z	Z	Z	Z	Z
02 59% (19/ 32)			1/	2			3
436 59% (19/ 32)			3	2			
441 59% (19/ 32)			5D				
1175 59% (19/ 32)			1/	2	1/B		

206							32 TS + 0 SL + 29 MT
TESTSTELLE	88	89	91	95	97	100	102
UEBEREINST. ZEUGEN	471	25	9	68	422	470	478
BEZEUGTE VARIANTE	1/	14	4E	3	1/	1/	1/
610 59% (17/ 29)		2	3		3		
P74 58% (18/ 31)		2	1/	Z			
1735 58% (18/ 31)		1	X	1			
2805 58% (18/ 31)		3	3				Z
307 56% (18/ 32)		2	3		3		
431 56% (18/ 32)		2	14		3		
453 56% (18/ 32)		2	6B		3		
467 56% (18/ 32)		1	4I				
1842 56% (18/ 32)			5		5		
2818 56% (18/ 32)		2	3		3		
1456 56% (10/ 18)		1	11F				
04 55% (11/ 20)	Z	Z	Z	2	3	Z	
1894 55% (17/ 31)	7		3	2			
1893 54% (14/ 26)		1	1/	1			
33 54% (15/ 28)		10	3	2			
01 53% (17/ 32)			1/	2			3
03 53% (17/ 32)		2	1/	2	4		3
044 53% (17/ 32)		2	3				4
181 53% (17/ 32)			12	2	4		
322 53% (17/ 32)		1	5	4			
323 53% (17/ 32)		1	5	4			
437 53% (17/ 32)		1	1/	1			
619 53% (17/ 32)		1	1/	1			
1162 53% (17/ 32)		1	1/	1			
1678 53% (17/ 32)		2	3		3		4
642 52% (13/ 25)		1	1/	2			
1102 52% (16/ 31)		1	3				
1597 52% (16/ 31)		1	X				
2080 52% (16/ 31)		1	Y	1			
5 50% (16/ 32)		1	3	2			
6 50% (16/ 32)		8	12B				
88 50% (16/ 32)		1	3	1			
104 50% (16/ 32)		1	5	2			

TESTSTELLE			10	12	18	19	20	28	29	35	36	41	42	44	45	47	48	50	52	53	55	56	59	64	65	66	68
UEBEREINST. ZEUGEN			392	5	355	110	441	416	439	452	339	467	283	451	473	92	452	17	452	338	422	459	20	38	71	365	23
BEZEUGTE VARIANTE			1/	12	1/	2	1/	1/	1/	1/	1/	1/	1/	1/	1/	2	1/	2	1/	1/	1/	1/	2	2	1/F	1/	7
P33	100%	(1/ 1)	Z	Z	Z	Z	Z	Z	Z	Z	Z	Z	Z	Z	Z	Z	Z	Z		Z	Z	Z	Z	Z	Z	Z	Z
62	90%	(9/ 10)	Z	Z	Z	Z	Z							Z	Z	Z	Z	Z	Z	Z	Z	Z	Z	Z	Z	Z	Z
2175	90%	(9/ 10)		1									Z	Z	Z	Z	Z	Z	Z	Z	Z	Z	Z	Z	Z	Z	Z
81	89%	(24/ 27)	14	2	Z	Z	Z			3														Z	Z	Z	Z
1359	87%	(33/ 38)									1/D										1/C		1				
P45	86%	(6/ 7)	Z	Z	Y	Y	Y				Z		Z	Z		Z	Z	Z	Z	Z	3		Z	Z	Z	Z	Z
506	86%	(6/ 7)	Z	Z	Z	Z	Z			Z	Z	Z	Z	Z	Z	Z		Z	Z	Z			1	Z	Z	Z	Z
1718	84%	(32/ 38)		1							1/K												1		1/	1/G	
1899	83%	(5/ 6)	Z	Z	Z	Z	Z	Z	Z	Z	Z	Z	Z	Z	Z	Z	Z	Z	Z	Z	Z	Z	Z	Z	Z	Z	Z
2627	80%	(4/ 5)	Z	Z	Z	Z	Z					Z	Z	Z	Z	Z	Z	Z	Z	Z	Z	Z	Z	Z	Z	Z	Z
916	78%	(7/ 9)		1		1						Z	Z	Z	Z	Z	Z	Z	Z	Z	Z	Z	Z	Z	Z	Z	Z
1846	78%	(7/ 9)	Z	Z	Z	Z	Z	Z	Z	Z	Z	Z	Z	Z	Z	Z	Z	Z	Z	Z	Z	Z	Z	Z	Z	Z	Z
642	77%	(24/ 31)	Z	1		1							Z					1					1	Z	Z	Z	Z
1563	76%	(29/ 38)		1		1										1		1					1	1	1/		1
2718	76%	(22/ 29)				1							4						4	3						6	3
P74	75%	(27/ 36)	3	2	Z					3			3	4				3							1/		4
1723	74%	(26/ 35)	Z	Z									X			1		1					1	1			2
93	74%	(28/ 38)		1		1										1		1					1	1			
228	74%	(28/ 38)		1	4								5					1					1	1		11	
808	74%	(28/ 38)		1	6	1												1		3			1	1			1
1526	73%	(19/ 26)	Z	Z		1										1		1					1	1			1
1508	72%	(26/ 36)		1												1		1		Z			1	1	1/		2
1864	72%	(26/ 36)	Z	Z												1		1					1	1	1/		2
1745	71%	(5/ 7)	Z	Z	Z	Z	Z	Z	Z	Z	Z	Z	Z	Z	Z	Z	Z	Z	Z	Z	Z	Z	Z	Z	Z	Z	Z
2778	71%	(5/ 7)	Z	Z	Z	Z	Z	Z	Z	Z	Z	Z	Z	Z	Z	Z		1D					1	Z	Z	Z	Z
149	71%	(27/ 38)		1												1		1					1	1	1/		2
201	71%	(27/ 38)		1												1		1					1	1	1/		2
634	71%	(27/ 38)		1									4			1		1					1	1	1/		2
824	71%	(27/ 38)		1												1		1					1	1	1/		2
1072	71%	(27/ 38)		1												1		1					1	1	1/		2
1103	71%	(27/ 38)		1		1												1					1	1	1/	12	1
1248	71%	(27/ 38)		1												1		1					1	1	1/		2
1400	71%	(27/ 38)		1									6			1		1					1	1			2

TESTSTELLE UEBEREINST. ZEUGEN BEZEUGTE VARIANTE	10 392 1/	12 5 12	18 355 1/	19 110 2	20 441 1/	28 416 1/	29 439 1/	35 452 1/	36 339 1/	41 467 1/	42 283 1/	44 451 1/	45 473 1/	47 92 2	48 452 1/	50 17 2	52 452 1/	53 338 1/	55 422 1/	56 459 1/	59 20 2	64 38 2	65 71 1/F	66 365 1/	68 23 7
1503 71% (27/ 38)		1												1		1					1	1	1/		2
1617 71% (27/ 38)		1												1		1					1	1	1/		2
1628 71% (27/ 38)		1												1		1					1	1	1/		2
1637 71% (27/ 38)		1												1		1					1	1	1/		2
1656 71% (27/ 38)		1												1		1					1	1	1/		2
1739 71% (27/ 38)		3	4			3D	5				5					2C		3					1/		3
1740 71% (27/ 38)		1												1		1					1	1	1/		2
1746 71% (27/ 38)		1												1		1					1	1	1/		2
1865 71% (27/ 38)		1												1		1					1	1	1/		2
2352 71% (27/ 38)		1												1		1					1	1	1/		2
2466 71% (27/ 38)		1												1		1					1	1	1/		2
2723 71% (27/ 38)		1												1		1					1	1	1/		2
623 71% (24/ 34)	Z	Z	Z	Z							4					1		3			1				4
2484 71% (24/ 34)		1	Z	Z	Z									1		1					1	1			Z
2587 71% (24/ 34)	Z	Z	Z	Z							6			1		1					1	1			2
1409 70% (26/ 37)	11		5						1/K			4				13B	3	3			Z	1			4
2218 70% (26/ 37)		1									V			1		1					1	1	1/		2
314 70% (7/ 10)	Z	Z	Z	Z	Z	Z	Z	Z	Z					Z	Z	Z	Z	Z	Z	Z	Z	Z	Z	Z	Z
1856 70% (21/ 30)		1									8			1		1					1	1	1/		2
020 70% (23/ 33)	Z	Z	Z	Z	Z											1	3				1	1			1
319 70% (23/ 33)		1		1					1/K					1		1					1	Z	Z	Z	Z
986 69% (25/ 36)	Z	Z									8			1		1					1	1	1/		2
2303 69% (11/ 16)	Z	Z	Z	Z	Z						4			1		1		Z	Z	Z	Z	Z	Z	Z	Z
025 68% (26/ 38)		1		1B										1		1					1	1			1
044 68% (26/ 38)	4	1		1							4	5									4				3
1 68% (26/ 38)		1		1										1		1					1	1			1
5 68% (26/ 38)		1		1					1/D							1		3			1	1	1/		4
18 68% (26/ 38)		1									4			1		1					1	1	1/		1
141 68% (26/ 38)		1									8			1		1					1	1	1/		2
175 68% (26/ 38)		1		1										1		1					1	1	1/		1
203 68% (26/ 38)		1		1										1		1					1	1	1/		1
204 68% (26/ 38)		1									8			1		1					1	1	1/		2
328 68% (26/ 38)		1									8			1		1					1	1	1/		2

TESTSTELLE UEBEREINST. ZEUGEN BEZEUGTE VARIANTE	70 21 2	76 467 1/	77 181 2	84 402 1/	87 476 1/	88 471 1/	91 279 1/	92 99 2	95 44 2	97 422 1/	98 40 2	100 470 1/	102 478 1/
P33 100% (1/ 1)	Z	Z	Z	Z	Z	Z	Z	Z	Z	Z	Z	Z	Z
62 90% (9/ 10)	Z	Z	Z	Z	Z	Z	Z	Z	Z		3		
2175 90% (9/ 10)	Z	Z	Z	Z	Z	Z	Z	Z	Z	Z	Z	Z	Z
81 89% (24/ 27)	Z	Z	Z	Z									
1359 87% (33/ 38)			1B				4G						
P45 86% (6/ 7)	Z	Z	Z	Z	Z	Z	Z	Z	Z	Z	Z	Z	Z
506 86% (6/ 7)	Z	Z	Z		Z	Z	Z	Z	Z	Z	Z	Z	Z
1718 84% (32/ 38)			1B										
1899 83% (5/ 6)	Z	Z	Z					1	Z	Z	Z	Z	
2627 80% (4/ 5)	Z	Z	Z	Z	Z	Z	Z	Z	Z	Z	1	Z	Z
916 78% (7/ 9)	Z	Z	Z	Z	Z	Z	Z	Z	Z	Z	Z	Z	Z
1846 78% (7/ 9)	Z	Z	Z				X		3		1		
642 77% (24/ 31)			1	Z				1			1		
1563 76% (29/ 38)	4												
2718 76% (22/ 29)	Z	Z	Z	Z	Z	Z	Z	Z	Z		2C		
P74 75% (27/ 36)	3B								Z				
1723 74% (26/ 35)	1							1	1		1		
93 74% (28/ 38)	1		1					1	1				
228 74% (28/ 38)	1						5H		1				
808 74% (28/ 38)							6				1		
1526 73% (19/ 26)	1			Z	Z	Z	Z	Z	Z	Z	Z	Z	Z
1508 72% (26/ 36)	Z							1	1		1		
1864 72% (26/ 36)	1							1	1		1		
1745 71% (5/ 7)	Z	Z	Z	Z				1	Z	Z	1		
2778 71% (5/ 7)	Z	Z	Z	Z	Z	Z	Z	Z	Z	Z	Z	Z	Z
149 71% (27/ 38)	1							1	1		1		
201 71% (27/ 38)	1							1	1		1		
634 71% (27/ 38)	1								1		1		
824 71% (27/ 38)	1							1	1		1		
1072 71% (27/ 38)	1							1	1		1		
1103 71% (27/ 38)	1								4		1		
1248 71% (27/ 38)	1							1	1		1		
1400 71% (27/ 38)	1							1	1		1		

218 38 TS + 2 SL + 64 MT

TESTSTELLE	70	76	77	84	87	88	91	92	95	97	98	100	102
UEBEREINST. ZEUGEN	21	467	181	402	476	471	279	99	44	422	40	470	478
BEZEUGTE VARIANTE	2	1/	2	1/	1/	1/	1/	2	2	1/	2	1/	1/
1503 71% (27/ 38)	1							1	1		1		
1617 71% (27/ 38)	1							1	1		1		
1628 71% (27/ 38)	1							1	1		1		
1637 71% (27/ 38)	1							1	1		1		
1656 71% (27/ 38)	1							1	1		1		
1739 71% (27/ 38)				3			3						
1740 71% (27/ 38)	1							1	1		1		
1746 71% (27/ 38)	1							1	1		1		
1865 71% (27/ 38)	1							1	1		1		
2352 71% (27/ 38)	1							1	1		1		
2466 71% (27/ 38)	1							1	1		1		
2723 71% (27/ 38)	1							1	1		1		
623 71% (24/ 34)	1			4			3				2C		3
2484 71% (24/ 34)	1		1					1	1		1		
2587 71% (24/ 34)	1							1	1		1		
1409 70% (26/ 37)							4				3		
2218 70% (26/ 37)	1							1	1		1		
314 70% (7/ 10)	Z	Z	Z	Z	Z	Z	Z	1	1		1		
1856 70% (21/ 30)	1			Z	Z	Z	Z	Z	Z	Z	Z		
020 70% (23/ 33)	1		1					1	1		1		
319 70% (23/ 33)	Z		1					1	1		1		
986 69% (25/ 36)	1							1	1		1		
2303 69% (11/ 16)	Z	Z	Z	Z	Z	Z	Z	1	1		Z	Z	
025 68% (26/ 38)	1		1					1	1		1		
044 68% (26/ 38)	1						3		3		1		4
1 68% (26/ 38)	1		1					1	1		1		
5 68% (26/ 38)	1						3				2C		
18 68% (26/ 38)	1							1	1		1		
141 68% (26/ 38)	1							1	1		1		
175 68% (26/ 38)	1		1					1			1		
203 68% (26/ 38)	1		1						4		1		
204 68% (26/ 38)	1							1	1		1		
328 68% (26/ 38)	1							1	1		1		

223 | 32 TS + 0 SL + 72 MT

TESTSTELLE	8	10	11	18	20	28	29	33	35	36	41	42	44	45	46	48	50	52	53	55	56	65	66	76	84
UEBEREINST. ZEUGEN	94	392	351	73	441	416	439	5	452	54	467	60	451	473	101	452	16	452	33	422	459	71	365	467	402
BEZEUGTE VARIANTE	3	1/	1/	4	1/	1/	1/	6	1/	1/K	1/	5	1/	1/	3	1/	17	1/	8	1/	1/	1/F	1/	1/	1/
P33 100% (1/ 1)	Z	Z	Z	Z	Z	Z	Z	Z	Z	Z	Z	Z	Z	Z	Z	Z	Z		Z	Z	Z	Z	Z	Z	Z
P41 100% (1/ 1)	Z	Z	Z	Z	Z	Z	Z	Z	Z	Z	Z	Z	Z	Z	Z	Z	Z	Z	Z	Z	Z	Z	X		Z
1846 100% (7/ 7)	Z	Z	Z	Z	Z	Z	Z	Z	Z	Z	Z	Z	Z	Z	Z	Z	Z	Z	Z	Z	Z	Z	Z	Z	
1456 87% (20/ 23)								1								Z	Z	Z	Z	Z	Z	Z	Z	Z	4
506 86% (6/ 7)	Z	Z	Z	Z	Z			1	Z	Z	Z	Z	Z	Z	Z		Z	Z	Z			Z	Z	Z	
51 84% (27/ 32)								1		1/F												1/	4		
1753 84% (27/ 32)								1												8		1/			4
2501 84% (27/ 32)								1												8		1/			
2511 84% (27/ 32)								5		1/M										8		1/			
42 84% (26/ 31)	Z							1		1/M									9			1/			
234 84% (26/ 31)								1		1/M								X		8					4
1861 82% (23/ 28)	Z	Z	Z	Z				1		1/M										8		1/			4
1250 81% (26/ 32)				1/				1		1/M										8		1/			4
1405 81% (26/ 32)								1		1/M										8		1/			4
1863 81% (26/ 32)								1		1/M										8		1/			4
2279 81% (26/ 32)								1		1/M										8		1/			4
912 81% (25/ 31)								1		1/M										8		1/			4
1745 80% (4/ 5)	Z	Z	Z	Z	Z	Z	Z	Z	Z	Z	Z	Z	Z	Z	Z	Z	Z	Z	Z	Z	Z	Z	Z	Z	Z
1899 80% (4/ 5)	Z	Z	Z	Z	Z	Z	Z	Z	Z	Z	Z	Z	Z	Z	Z	Z	Z	Z	Z	Z	Z	Z	Z	Z	
228 78% (25/ 32)								1		1/							1		1/				11		
1594 78% (25/ 32)	1							1		1/M										8		1/			4
1730 78% (7/ 9)	Z	Z	Z	Z	Z	Z	Z	Z	Z	Z	Z	Z	Z	Z	Z	Z	Z	Z	Z	Z	Z	Z	Z		
2746 76% (16/ 21)	Z	Z	Z	Z	Z			1		1/		Z	Z	Z	Z	Z	Z		3						
P45 75% (6/ 8)	Z	Z	Z	Y	Y			9		Z		Z	Z		Z	Z	Z	Z	Z	3		Z	Z	Z	Z
582 75% (24/ 32)			6	1/				1												8		1/	6		4
1102 75% (24/ 32)	1							1		1/		1/					1D		3			1/			
1106 75% (24/ 32)			5					1				1/					21		1/			1/			
1490 75% (24/ 32)			5					1							1		19						6		3
1896 75% (24/ 32)	1			6				1		1/							1	3							
2626 75% (6/ 8)	Z	Z	Z	Z	Z	Z	Z	Z	Z	Z	Z	Z	Z	Z	Z	Z	Z	Z	Z	Z	Z	Z	Z	Z	
1597 74% (23/ 31)	1	8						1		1/		1/					1		1/			1/			
1726 74% (23/ 31)	1		5	Z				1				6					1		1/						
1873 74% (23/ 31)				1/				1				1/			6		1		3						

223 | 32 TS + 0 SL + 72 MT

TESTSTELLE	8	10	11	18	20	28	29	33	35	36	41	42	44	45	46	48	50	52	53	55	56	65	66	76	84
UEBEREINST. ZEUGEN	94	392	351	73	441	416	439	5	452	54	467	60	451	473	101	452	16	452	33	422	459	71	365	467	402
BEZEUGTE VARIANTE	3	1/	1/	4	1/	1/	1/	6	1/	1/K	1/	5	1/	1/	3	1/	17	1/	8	1/	1/	1/F	1/	1/	1/
325 73% (11/ 15)	Z	Z	Z	Z	Z	Z	Z	Z	Z	Z	Z	Z	Z	Z	Z	Z	Z		1/			1/			
699 73% (22/ 30)	Z			Z				1		1/		1/					1		1/			1/			
2289 73% (11/ 15)	Z	Z	Z	Z	Z	Z	Z	Z	Z	Z	Z	Z	Z	Z	Z	Z	Z		1/			1/			
206 73% (16/ 22)	Z	Z	Z	Z	Z	Z	Z	Z	Z	Z					2		19	4				1/			3
1852 72% (18/ 25)	Z	Z	Z	Z	Z	Z	Z	1		1/		1/					1		1/			1/			
049 72% (23/ 32)	1			1/				1		1/F		1/					1		1/						
5 72% (23/ 32)				1/				8		1/D		1/					1		3			1/			
102 72% (23/ 32)	1							1		1/		1/					1		3		1/C	1/			
189 72% (23/ 32)	1	8						1		1/		1/					1E		3			1/			
302 72% (23/ 32)	1							1				1/			1		1		1/			1/			
367 72% (23/ 32)				1/				1		1/I		1/					1		1/			1/			4
390 72% (23/ 32)	3B			1/				1		1/M										8		1/			4
429 72% (23/ 32)			5			3D		1		1/F					2		19					1/			3
522 72% (23/ 32)			5			11		1		1/F					2		19					1/			3
1003 72% (23/ 32)	1		8	1/				1		1/M										8		1/			4
1105 72% (23/ 32)	1			1/				1				6					1		1/			1/			
1149 72% (23/ 32)	1			1/				1				1/			1		1		1/						
1251 72% (23/ 32)			5					1		1/			3		1		1					1/			
1509 72% (23/ 32)			1/I			3D		1		1/F					1	1/K	1								3
1626 72% (23/ 32)	1			1/				1		1/		1/					1		1/						
1643 72% (23/ 32)	1	8						1		1/		1/					1		3			1/			
1843 72% (23/ 32)				1/				1				1/			4		1		3			1/			
1854 72% (23/ 32)	1							1		1/		1/					1		1/			1/			
1868 72% (23/ 32)				1/				1		1/F		1/			6		1B		3						
2085 72% (23/ 32)	1			1/				1		1/		1/					1					1/B			
2288 72% (23/ 32)	1			1/				1				1/			6		1		3						
2404 72% (23/ 32)	1			1/				1				1/			1		1D		1/						
2423 72% (23/ 32)	1							1		1/		1/					1		1/			1/			
2483 72% (23/ 32)	1			1/				1		1/		6					1		3						
2675 72% (23/ 32)	1D		4					1		1/M		3					18			8			1/D		
498 71% (20/ 28)	Z	Z	Z	Z				1				1/			1		1		1/			1/			
1723 71% (20/ 28)	Z	Z	Z	1/				1		1/		X			1		1		1/						
1738 71% (5/ 7)	Z	Z	Z	Z	Z	Z	Z	Z	Z	Z	Z	Z	Z	Z	Z	Z	Z	Z	Z	Z	Z	Z	Z	Z	Z

223 | 32 TS + 0 SL + 72 MT

TESTSTELLE UEBEREINST. ZEUGEN BEZEUGTE VARIANTE	87 476 1/	88 471 1/	91 14 11	95 68 3	97 422 1/	100 470 1/	102 478 1/
P33 100% (1/ 1)	Z	Z	Z	Z	Z	Z	Z
P41 100% (1/ 1)	Z	Z	Z	Z	Z	Z	Z
1846 100% (7/ 7)			X				
1456 87% (20/ 23)			11F				
506 86% (6/ 7)	Z	Z	Z	Z	Z	Z	Z
51 84% (27/ 32)					4		
1753 84% (27/ 32)					4		
2501 84% (27/ 32)			1/	1			
2511 84% (27/ 32)					4		
42 84% (26/ 31)					4		
234 84% (26/ 31)					4		
1861 82% (23/ 28)							
1250 81% (26/ 32)							
1405 81% (26/ 32)					4		
1863 81% (26/ 32)					4		
2279 81% (26/ 32)					4		
912 81% (25/ 31)			X		4		
1745 80% (4/ 5)			1/	Z	Z		
1899 80% (4/ 5)			1/	Z	Z	Z	
228 78% (25/ 32)			5H	1			
1594 78% (25/ 32)					4		
1730 78% (7/ 9)			1/	1			
2746 76% (16/ 21)			3	1			
P45 75% (6/ 8)	Z	Z	Z	Z	Z	Z	Z
582 75% (24/ 32)			11F				
1102 75% (24/ 32)			3				
1106 75% (24/ 32)			1/	1			
1490 75% (24/ 32)			4E	1			
1896 75% (24/ 32)			3	4			
2626 75% (6/ 8)			4E	1			
1597 74% (23/ 31)			X				
1726 74% (23/ 31)			1/	1			
1873 74% (23/ 31)			5	1	Z		

223 | 32 TS + 0 SL + 72 MT

TESTSTELLE UEBEREINST. ZEUGEN BEZEUGTE VARIANTE	87 476 1/	88 471 1/	91 14 11	95 68 3	97 422 1/	100 470 1/	102 478 1/
325 73% (11/ 15)			1/	1			
699 73% (22/ 30)			1/	1			
2289 73% (11/ 15)			1/	1			
206 73% (16/ 22)			4E				
1852 72% (18/ 25)			5				
049 72% (23/ 32)			1/	1B			
5 72% (23/ 32)			3	2			
102 72% (23/ 32)			3				
189 72% (23/ 32)			3				
302 72% (23/ 32)			1/	1			
367 72% (23/ 32)			11B				
390 72% (23/ 32)			1/		4		
429 72% (23/ 32)			4E				
522 72% (23/ 32)			4F				
1003 72% (23/ 32)					4		
1105 72% (23/ 32)			5B	1			
1149 72% (23/ 32)			1/	1			
1251 72% (23/ 32)			1/	1			
1509 72% (23/ 32)			4E				
1626 72% (23/ 32)			1/	1			
1643 72% (23/ 32)			3				
1843 72% (23/ 32)			5	1			
1854 72% (23/ 32)			1/	1			
1868 72% (23/ 32)			5	1			
2085 72% (23/ 32)			17	1			
2288 72% (23/ 32)			11E	1			
2404 72% (23/ 32)			1/	1			
2423 72% (23/ 32)			1/	1			
2483 72% (23/ 32)			5C	3B			
2675 72% (23/ 32)					4		
498 71% (20/ 28)			1/	1			
1723 71% (20/ 28)			1/	1			
1738 71% (5/ 7)			1/	1			

228 — 42 TS + 2 SL + 60 MT

TESTSTELLE	7	8	10	11	13	18	19	20	21	23	28	29
UEBEREINST. ZEUGEN	23	94	392	351	5	73	110	441	36	91	416	439
BEZEUGTE VARIANTE	3	3	1/	1/	2C	4	2	1/	2	2	1/	1/
P33 100% (1/ 1)	Z	Z	Z	Z	Z	Z	Z	Z	Z	Z	Z	Z
506 88% (7/ 8)	Z	Z	Z	Z	Z	Z	Z	Z	Z	Z		
1846 88% (7/ 8)	Z	Z	Z	Z	Z	Z	Z	Z	Z	Z	Z	Z
2778 86% (6/ 7)	Z	Z	Z	Z	Z	Z	Z	Z	Z	Z	Z	Z
996 83% (35/ 42)									2B	1		
62 80% (8/ 10)	Z	Z	Z	Z	Z	Z	Z	Z	Z	Z		
2627 80% (4/ 5)	Z	Z	Z	Z	Z	Z	Z	Z	Z	Z		
P45 78% (7/ 9)	Z	Z	Z	Z	Z	Y	Y	Y	X			
2303 75% (12/ 16)	Z	Z	Z	Z	Z	Z	Z	Z	Z	Z		
2746 72% (18/ 25)	Z	Z	Z	Z	Z	Z	Z	Z	Z	Z		
945 71% (30/ 42)	1				3E						3D	5
1739 71% (30/ 42)	16				3D						3D	5
81 70% (21/ 30)	2	2	14	1/L	2	Z	Z	Z	Z	Z		
2200 70% (28/ 40)	1				3D						3D	
P74 69% (27/ 39)	X	Y	3	1/I	2B	Z						
1704 69% (29/ 42)	1				5						3D	5
1891 69% (29/ 42)	16				3D						3D	5
623 69% (24/ 35)	Z	Z	Z	Z	Z	Z	Z		1			
630 68% (27/ 40)	1				4	Z	Z				3D	
5 67% (28/ 42)	1				1	1/	1		1			
218 67% (28/ 42)	1	1		1/C	1	1/			1	1		
322 67% (28/ 42)	17								1		8	5
1723 67% (24/ 36)	Z	Z	Z	Z	Z	1/			1	1		
1899 67% (4/ 6)	Z	Z	Z	Z	Z	Z	Z	Z	Z	Z	Z	Z
2298 67% (28/ 42)	1	1		1/L	1D				1		3D	5
2201 66% (23/ 35)	Z	Z	Z	Z	Z	Z	Z		1			
2587 66% (23/ 35)	Z	Z	Z	Z	Z	Z	Z		1	1		
020 66% (21/ 32)	Z	Z	Z	Z	Z	Z	Z	Z	Z	Z		
441 66% (21/ 32)	Z	Z	Z	Z	Z	Z	Z	Z	Z	Z		
1752 66% (21/ 32)	Z	Z	Z	Z	Z	Z	Z	Z	Z	Z		
1893 65% (22/ 34)	1	1			X	1/	1		1			
1359 64% (27/ 42)	1				1	1/			7	1		
1595 64% (27/ 42)	1	1			1	1/	1		1			

TESTSTELLE	35	36	41	42	44	45	46	47	48	49	52	53	55
UEBEREINST. ZEUGEN	452	339	467	60	451	473	101	92	452	162	452	338	422
BEZEUGTE VARIANTE	1/	1/	1/	5	1/	1/	3	2	1/	2	1/	1/	1/
P33 100% (1/ 1)	Z	Z	Z	Z	Z	Z	Z	Z	Z	Z		Z	Z
506 88% (7/ 8)	Z	Z	Z	Z	Z	Z	Z	Z			Z	Z	
1846 88% (7/ 8)	Z	Z	Z	Z	Z	Z	Z	Z	Z	Z	Z	Z	Z
2778 86% (6/ 7)	Z	Z	Z	Z	Z	Z	Z	Z					
996 83% (35/ 42)				6							3		
62 80% (8/ 10)				1/	Z	Z	Z	Z	Z	Z	Z	Z	Z
2627 80% (4/ 5)			Z	Z	Z	Z	Z	Z	Z	Z	Z	Z	Z
P45 78% (7/ 9)		Z		Z	Z		Z	Z	Z	Z	Z	Z	3
2303 75% (12/ 16)				4			1	1				Z	Z
2746 72% (18/ 25)				Z	Z	Z	Z	Z	Z	Z		3	
945 71% (30/ 42)							2					8C	
1739 71% (30/ 42)							2					3	
81 70% (21/ 30)	3			1/			2						
2200 70% (28/ 40)		1/F					1					8	
P74 69% (27/ 39)	3			3	4		2						
1704 69% (29/ 42)							2					8	
1891 69% (29/ 42)		1/F					2					3	
623 69% (24/ 35)				4			2					3	
630 68% (27/ 40)		1/F		6			2					8	
5 67% (28/ 42)		1/D		1/								3	
218 67% (28/ 42)				1/			1			1			
322 67% (28/ 42)				6			2			1		3F	
1723 67% (24/ 36)				X			1	1					
1899 67% (4/ 6)	Z	Z	Z	Z	Z	Z	Z	Z	Z	Z	Z	Z	Z
2298 67% (28/ 42)												3	
2201 66% (23/ 35)		1/F		1/			2	1				3	
2587 66% (23/ 35)				6			1	1					
020 66% (21/ 32)				1/						1	3		
441 66% (21/ 32)				4			2				3	3	
1752 66% (21/ 32)				6			1	1					
1893 65% (22/ 34)	Z	Z		4			2		Z			3	
1359 64% (27/ 42)		1/D		1/			1			1			1/C
1595 64% (27/ 42)				4								3	

TESTSTELLE	7	8	10	11	13	18	19	20	21	23	28	29	35	36	41	42	44	45	46	47	48	49	52	53	55
UEBEREINST. ZEUGEN	23	94	392	351	5	73	110	441	36	91	416	439	452	339	467	60	451	473	101	92	452	162	452	338	422
BEZEUGTE VARIANTE	3	3	1/	1/	2C	4	2	1/	2	2	1/	1/	1/	1/	1/	5	1/	1/	3	2	1/	2	1/	1/	1/
323 63% (26/ 41)	18		Z		2				1		3C	5				6			2			1		3	
1409 63% (26/ 41)	1	1	11		1	5								1/K		1/	4						3	3	
1852 63% (19/ 30)	Z	Z	Z	Z	Z	Z	Z	Z	Z	Z	Z	Z				1/				1		1			
1738 63% (5/ 8)	Z	Z	Z	Z	Z	Z	Z	Z	Z	Z	Z	Z	Z	Z	Z	Z	Z	Z	Z	Z	Z	Z	Z	Z	Z
1858 63% (5/ 8)	Z	Z	Z	Z	Z	Z	Z	Z	Z	Z	Z	Z	Z	Z	Z	Z	Z	Z	Z	Z	Z	Z	Z	Z	Z
1864 62% (23/ 37)	Z	Z	Z	Z	Z	1/			1	1						1/			1	1					
429 62% (26/ 42)	5			5	3D						3D			1/F					2					8	
436 62% (26/ 42)	1	1		1/L	1		1		1	1						4			2					4C	
459 62% (26/ 42)	1		11	9	1	1/	1		1							3				1		1			
619 62% (26/ 42)	1			1/L	1	1/	1		1							4			2					3	
634 62% (26/ 42)	1	1			1	1/			1	1						4			1	1					
808 62% (26/ 42)	1			1/L	1	6	1		1	1						1/			1					3	
927 62% (26/ 42)				12	1	1/	1		1					1/F		1/			6	1				3D	
1058 62% (26/ 42)	1				1	1/			1	1						6			1	1					
1162 62% (26/ 42)	1	3B		1/L	7		1		1							4			2					3	
1297 62% (26/ 42)	1	1			1	1/	1	1/B	1							4			6					3	
1400 62% (26/ 42)	1	1			1	1/			1	1						6			1	1					
1509 62% (26/ 42)	1			1/I	8				1		3D			1/F					1		1/K			8	
1718 62% (26/ 42)	5	6			3	1/			6	1				1/K		1/			1			1			
1749 62% (26/ 42)	1	1			1	1/			1	1						8				1					
1768 62% (26/ 42)	1				1	1/			1	1									1	1				3	
1896 62% (26/ 42)	1	1			1	6	1		2B	1												1	3	8	
2554 62% (26/ 42)	1	1			1	1/			1	1						4				1					
2737 62% (26/ 42)	4				1	1/	1		1		10					3			1			1		3	
2774 62% (26/ 42)	1	1	11		1	1/	1									6				1				3	
2718 62% (21/ 34)	1	3B			1C	1/	1		1							4			2				4	3	
400 61% (19/ 31)	1	1		1/L	1	1/	1		1	Y			X			W	X		6					W	
2484 61% (22/ 36)	1	1			1	Z	Z	Z	Z	Z						1/			1	1		1			
1746 61% (25/ 41)	1	X			1	1/			1	1						1/			1	1					
1751 61% (25/ 41)	1B	3B			1B				2D		3D			1/F					2		7			8	
2218 61% (25/ 41)	1	1			1	1/			1	1						V			1	1					
2483 61% (25/ 41)	1	1			1	1/	1		1D	1						6				1				3	
699 61% (23/ 38)	Z	Z			1	Z	Z		1	1						1/				1		1			

TESTSTELLE	56	57	65	66	68	76	77	80	84	87	88	91	92	97	98	100	102
UEBEREINST. ZEUGEN	459	104	71	7	23	467	181	3	402	476	471	1	99	422	40	470	478
BEZEUGTE VARIANTE	1/	2	1/F	11	7	1/	2	5	1/	1/	1/	5H	2	1/	2	1/	1/
P33 100% (1/ 1)	Z	Z	Z	Z	Z	Z	Z	Z	Z	Z	Z	Z	Z	Z	Z	Z	Z
506 88% (7/ 8)		1	Z	Z	Z	Z	Z	Z		Z	Z	Z	Z	Z	Z	Z	Z
1846 88% (7/ 8)	Z	Z	Z	Z	Z	Z	Z	Z				X			1		
2778 86% (6/ 7)		1	Z	Z	Z	Z	Z	Z	Z	Z	Z	Z	Z	Z	Z	Z	Z
996 83% (35/ 42)			1/	10			2B										
62 80% (8/ 10)	Z	Z	Z	Z	Z	Z	Z	Z	Z	Z	Z	Z	Z		3		
2627 80% (4/ 5)	Z	Z	Z	Z	Z	Z	Z	Z	Z	Z	Z	Z	Z	Z	1	Z	Z
P45 78% (7/ 9)		1	Z	Z	Z	Z	Z	Z	Z	Z	Z	Z	Z	Z	Z	Z	Z
2303 75% (12/ 16)	Z	Z	Z	Z	Z	Z	Z	Z	Z	Z	Z	Z	1		Z	Z	
2746 72% (18/ 25)				1/	1			1				3	1		1		
945 71% (30/ 42)			1/	1/	3			6B	3			3					
1739 71% (30/ 42)			1/	1/	3			6B	3			3					
81 70% (21/ 30)			Z	Z	Z	Z	Z	Z	Z			1/					
2200 70% (28/ 40)			1/	1/	3	Z	Z	6	3			3					
P74 69% (27/ 39)			1/	1/	4			2				1/					
1704 69% (29/ 42)		2B	1/	1/	3			6B	3			3					
1891 69% (29/ 42)			1/	1/	3			6	3			3					
623 69% (24/ 35)				1/	4			7	4			3			2C		3
630 68% (27/ 40)			1/	1/	3			6	3			3					
5 67% (28/ 42)			1/	1/	4			7				3			2C		
218 67% (28/ 42)		1		1/				1				1/					
322 67% (28/ 42)			1/C	1/	1			6				5			3		
1723 67% (24/ 36)		1		1/	2			1				1/	1		1		
1899 67% (4/ 6)	Z	Z	Z	Z	Z	Z	Z	Z				1/	1	Z	Z	Z	
2298 67% (28/ 42)			1/	1/	3			6	3			3					
2201 66% (23/ 35)			1/	1/	1			1				5			6		
2587 66% (23/ 35)		1		1/	2			1				1/	1		1		
020 66% (21/ 32)		1		1/	1		1	1				1/	1		1		
441 66% (21/ 32)			1/K	8	2			1				5D	1		2C		
1752 66% (21/ 32)		1	1/	1/	2			1				1/	1		1		
1893 65% (22/ 34)			Z	Z	Z			1	Z			1/	1		6		
1359 64% (27/ 42)		1		1/			1B	1				4G					
1595 64% (27/ 42)			1/	1/	15			1				3	1		1		

TESTSTELLE	56	57	65	66	68	76	77	80	84	87	88	91	92	97	98	100	102
UEBEREINST. ZEUGEN	459	104	71	7	23	467	181	3	402	476	471	1	99	422	40	470	478
BEZEUGTE VARIANTE	1/	2	1/F	11	7	1/	2	5	1/	1/	1/	5H	2	1/	2	1/	1/
323 63% (26/ 41)			1/C	1/	1			6				5			3		
1409 63% (26/ 41)		Z		1/	4			2				4			3		
1852 63% (19/ 30)		1	1/	1/	1		1	1				5			1		
1738 63% (5/ 8)	Z	Z	Z	Z	Z	Z	Z	Z	Z			1/	1		1		
1858 63% (5/ 8)	Z	Z	Z	Z	Z	Z	Z	Z	Z			1/	1		1		
1864 62% (23/ 37)		1	1/	1/	2			1				1/	1		1		
429 62% (26/ 42)			1/	1/	3		1B	6	3			4E	1		1D		
436 62% (26/ 42)			1/	1/	4			1	4			3					
459 62% (26/ 42)			1/	1/	1		3	1				5					
619 62% (26/ 42)			1/	1/	15			3B				1/	1		6B		
634 62% (26/ 42)		1	1/	1/	2			1				1/			1		
808 62% (26/ 42)		1		1/	1			1				6			1		
927 62% (26/ 42)		1		1/	15			1				5			1		
1058 62% (26/ 42)		1	1/	1/	2			1				1/	1		1		
1162 62% (26/ 42)			1/	1/	15			3				1/	1		6		
1297 62% (26/ 42)				1/	15			1				3	1		1		
1400 62% (26/ 42)		1		1/	2			1				1/	1		1		
1509 62% (26/ 42)				1/	3			6	3			4E	1		1		
1718 62% (26/ 42)		1	1/	1/G			1B	1				1/					
1749 62% (26/ 42)		1	1/	1/	2			1				1/	1		1		
1768 62% (26/ 42)		1	1/	6	2			1				1/	1		1		
1896 62% (26/ 42)		1		1/	1			1				3			1		
2554 62% (26/ 42)		1	1/	1/	2			1				1/	1		1		
2737 62% (26/ 42)				1/	15		1	1				11D			2B		
2774 62% (26/ 42)		1		1/	1		1B	1				1/			3		
2718 62% (21/ 34)				6	3	Z	Z	Z	Z	Z	Z	Z	Z		2C		
400 61% (19/ 31)		1	X	X	X			X		X	X	5	1		1		
2484 61% (22/ 36)		1		1/	Z		1	1				1/	1		1		
1746 61% (25/ 41)		1	1/	1/	2			1				1/	1		1		
1751 61% (25/ 41)			8	1/E	3		5	6	1/C			3H		Z			
2218 61% (25/ 41)		1	1/	1/	2			1				1/	1		1		
2483 61% (25/ 41)		1		1/	1		U	1				5C			3		
699 61% (23/ 38)		1	1/	1/	1		1	1				1/	1		1		

234 — 31 TS + 1 SL + 71 MT

TESTSTELLE UEBEREINST. ZEUGEN BEZEUGTE VARIANTE	8 94 3	10 392 1/	11 351 1/	18 73 4	20 441 1/	28 416 1/	29 439 1/	35 452 1/	36 17 1/M	41 467 1/	42 60 5	44 451 1/	45 473 1/	46 101 3	48 452 1/	50 16 17	53 33 8	55 16 8	56 459 1/	65 71 1/F	66 365 1/	76 467 1/	77 181 2	84 42 4	87 476 1/
P41 100% (1/ 1)	Z	Z	Z	Z	Z	Z	Z	Z	Z	Z	Z	Z	Z	Z	Z	Z	Z	Z	Z	Z	X		Z	Z	Z
1405 97% (30/ 31)																				1/					
1863 97% (30/ 31)																				1/					
2279 97% (30/ 31)																				1/					
912 97% (29/ 30)																				1/					
1594 94% (29/ 31)	1																			1/					
1753 94% (29/ 31)									1/K											1/					
2511 94% (29/ 31)																				1/				1/	
1861 93% (25/ 27)	Z	Z	Z	Z																1/					
1250 90% (28/ 31)				1/																1/					
390 87% (27/ 31)	3B			1/																1/					
1003 87% (27/ 31)	1		8	1/																1/					
1456 86% (19/ 22)									1/K						Z	Z	Z	Z	Z	Z	Z	Z	Z		
P45 86% (6/ 7)	Z	Z	Z	Y	Y				Z		Z	Z		Z	Z	Z	Z	3		Z	Z	Z	Z	Z	Z
51 84% (26/ 31)									1/F									1/		1/	4			1/	
223 84% (26/ 31)									1/K									1/					1	1/	
42 83% (25/ 30)	Z																9	1/		1/			1	1/	
2501 81% (25/ 31)									1/K											1/				1/	
2675 81% (25/ 31)	1D		4								3					18					1/D			1/	
1745 80% (4/ 5)	Z	Z	Z	Z	Z	Z	Z	Z	Z	Z	Z	Z	Z	Z	Z	Z	Z	Z	Z	Z	Z	Z	Z	Z	
582 77% (24/ 31)			6	1/					1/K											1/	6				
2627 75% (3/ 4)	Z	Z	Z	Z	Z				1/	Z	Z	Z	Z	Z	Z	Z	Z	Z	Z	Z	Z	Z	Z	Z	Z
1846 71% (5/ 7)	Z	Z	Z	Z	Z	Z	Z	Z	Z	Z	Z	Z	Z	Z	Z	Z	Z	Z	Z	Z	Z	Z	Z	1/	
2125 71% (5/ 7)				1/		Z	Z		Z	Z	Z	Z	Z	1	Z	Z	Z	Z	Z	Z	Z	Z	Z	Z	Z
228 71% (22/ 31)									1/							1	1/	1/			11			1/	
1896 71% (22/ 31)	1			6					1/							1		1/						1/	
2175 70% (7/ 10)	1			1/					1/		Z	Z	Z	Z	Z	Z	Z	Z	Z	Z	Z	Z	Z	Z	Z
367 68% (21/ 31)				1/					1/I		1/					1	1/	1/		1/			1B		
1509 68% (21/ 31)			1/I			3D			1/F					1	1/K	1		1/						3	
62 67% (6/ 9)	Z	Z	Z	Z	Z				1/		1/	Z	Z	Z	Z	Z	Z	Z	Z	Z	Z	Z	Z	Z	Z
506 67% (4/ 6)	Z	Z	Z	Z	Z			Z	Z	Z	Z	Z	Z	Z		Z	Z	1/		Z	Z	Z	Z	1/	Z
916 67% (6/ 9)	1			1/					1/	Z	Z	Z	Z	Z	Z	Z	Z	Z	Z	Z	Z	Z	Z	Z	Z
1721 67% (20/ 30)				1/					1/		1/					Y	1/	1/		1/			1		

234 | 31 TS + 1 SL + 71 MT

TESTSTELLE	8	10	11	18	20	28	29	35	36	41	42	44	45	46	48	50	53	55	56	65	66	76	77	84	87
UEBEREINST. ZEUGEN	94	392	351	73	441	416	439	452	17	467	60	451	473	101	452	16	33	16	459	71	365	467	181	42	476
BEZEUGTE VARIANTE	3	1/	1/	4	1/	1/	1/	1/	1/M	1/	5	1/	1/	3	1/	17	8	8	1/	1/F	1/	1/	2	4	1/
1873 67% (20/ 30)				1/					1/K		1/			6		1	3	1/						1/	
2431 67% (18/ 27)	1			Y				Y	Y		1/			Y		1	1/	1/		1/G				1/	
2200 66% (19/ 29)						3D			1/F					1		2C		1/		1/		Z	Z	3	
1526 65% (13/ 20)	Z	Z	Z	1/					1/		1/			1		1	1/	1/						Z	Z
2746 65% (13/ 20)	Z	Z	Z	Z	Z				1/		Z	Z	Z	Z	Z	Z	3	1/						1/	
5 65% (20/ 31)				1/					1/D		1/					1	3	1/		1/				1/	
429 65% (20/ 31)			5			3D			1/F					2		19		1/		1/			1B	3	
522 65% (20/ 31)			5			11			1/F					2		19		1/		1/			1B	3	
1102 65% (20/ 31)	1								1/		1/					1D	3	1/		1/			1	1/	
1490 65% (20/ 31)			5						1/K					1		19		1/			6		1B	3	
1704 65% (20/ 31)						3D	5		1/					2		19		1/		1/				3	
1868 65% (20/ 31)				1/					1/F		1/			6		1B	3	1/						1/	
2576 65% (20/ 31)	1		1/M								1/			1		1	1/	1/E					1	1/	
1758 64% (16/ 25)	1		5	Y		X			1/K					X		1		1/		1/		X	X	3	
1856 64% (16/ 25)	1			1/					1/		8			1		1	1/	1/		1/				Z	Z
206 64% (14/ 22)	Z	Z	Z	Z	Z	Z	Z	Z	Z					2		19		1/		1/			1B	3	
630 63% (19/ 30)				Z		3D			1/F		6			2		2C		1/		1/				3	
1597 63% (19/ 30)	1	8							1/		1/					1	1/	1/		1/			1	1/	
1726 63% (19/ 30)	1		5	Z					1/K		6					1	1/	1/						1/	
2483 63% (19/ 30)	1			1/					1/		6					1	3	1/					U	1/	
623 63% (17/ 27)	Z	Z	Z	Z					1/		4			2		1	3	1/							
1723 63% (17/ 27)	Z	Z	Z	1/					1/		X			1		1	1/	1/						1/	
2587 63% (17/ 27)	Z	Z	Z	Z					1/		6			1		1	1/	1/						1/	
2777 63% (5/ 8)	Z	Z	Z	Z	Z	Z	Z	Z	Z	Z	Z	Z	Z	Z	Z	Z	Z	Z	Z	Z	Z	Y		Z	
378 62% (18/ 29)								Z	Z		1/			1		1	1/	1/E		1/			1	1/	
699 62% (18/ 29)	Z			Z					1/		1/					1	1/	1/		1/			1	1/	
921 62% (18/ 29)	1			Z					1/F		1/					1	1/	1/		1/			1	1/	
1352 62% (18/ 29)	1			1/					1/		7					1	1/	X		1/			U	1/	
1609 62% (18/ 29)	1			1/		3D			1/		1/					1	3	1/		5				1/	
2401 62% (18/ 29)				1/					1/		1/			1		V1	1/			X			1	1/	
020 62% (16/ 26)	Z	Z	Z	Z	Z				1/		1/					1	1/	1/					1	1/	
049 61% (19/ 31)	1			1/					1/F		1/					1	1/	1/					1	1/	
76 61% (19/ 31)	1	8		1/					1/		4					1	1/	1/						1/	

234 — 31 TS + 1 SL + 71 MT

TESTSTELLE			88	91	95	97	100	102
UEBEREINST. ZEUGEN			471	14	68	33	470	478
BEZEUGTE VARIANTE			1/	11	3	4	1/	1/
P41	100%	(1/ 1)	Z	Z	Z	Z	Z	Z
1405	97%	(30/ 31)						
1863	97%	(30/ 31)						
2279	97%	(30/ 31)						
912	97%	(29/ 30)		X				
1594	94%	(29/ 31)						
1753	94%	(29/ 31)						
2511	94%	(29/ 31)						
1861	93%	(25/ 27)				1/		
1250	90%	(28/ 31)				1/		
390	87%	(27/ 31)		1/				
1003	87%	(27/ 31)						
1456	86%	(19/ 22)		11F		1/		
P45	86%	(6/ 7)	Z	Z	Z	Z	Z	Z
51	84%	(26/ 31)						
223	84%	(26/ 31)				1/		
42	83%	(25/ 30)						
2501	81%	(25/ 31)		1/	1	1/		
2675	81%	(25/ 31)						
1745	80%	(4/ 5)		1/	Z	Z		
582	77%	(24/ 31)		11F		1/		
2627	75%	(3/ 4)	Z	Z	Z	Z	Z	Z
1846	71%	(5/ 7)		X		1/		
2125	71%	(5/ 7)	Z	Z	Z	Z	Z	Z
228	71%	(22/ 31)		5H	1	1/		
1896	71%	(22/ 31)		3	4	1/		
2175	70%	(7/ 10)	Z	Z	Z	Z	Z	Z
367	68%	(21/ 31)		11B		1/		
1509	68%	(21/ 31)		4E		1/		
62	67%	(6/ 9)	Z	Z	Z	1/		
506	67%	(4/ 6)	Z	Z	Z	Z	Z	Z
916	67%	(6/ 9)	Z	Z	Z	Z	Z	Z
1721	67%	(20/ 30)		3	1	1/		

234 — 31 TS + 1 SL + 71 MT

TESTSTELLE			88	91	95	97	100	102
UEBEREINST. ZEUGEN			471	14	68	33	470	478
BEZEUGTE VARIANTE			1/	11	3	4	1/	1/
1873	67%	(20/ 30)		5	1	Z		
2431	67%	(18/ 27)		1/	1			
2200	66%	(19/ 29)		3	2	1/		
1526	65%	(13/ 20)	Z	Z	Z	Z	Z	Z
2746	65%	(13/ 20)		3	1	1/		
5	65%	(20/ 31)		3	2	1/		
429	65%	(20/ 31)		4E		1/		
522	65%	(20/ 31)		4F		1/		
1102	65%	(20/ 31)		3		1/		
1490	65%	(20/ 31)		4E	1	1/		
1704	65%	(20/ 31)		3	2	1/		
1868	65%	(20/ 31)		5	1	1/		
2576	65%	(20/ 31)		1/	1			
1758	64%	(16/ 25)		4E	1	X		
1856	64%	(16/ 25)	Z	Z	Z	Z		
206	64%	(14/ 22)		4E		1/		
630	63%	(19/ 30)		3	2	1/		
1597	63%	(19/ 30)		X		1/		
1726	63%	(19/ 30)		1/	1	1/		
2483	63%	(19/ 30)		5C	3B	1/		
623	63%	(17/ 27)		3	2	1/		3
1723	63%	(17/ 27)		1/	1	1/		
2587	63%	(17/ 27)		1/	1	1/		
2777	63%	(5/ 8)		1/	1	1/		
378	62%	(18/ 29)		1/	1	1/		
699	62%	(18/ 29)		1/	1	1/		
921	62%	(18/ 29)		Z	1	1/		
1352	62%	(18/ 29)		1/	1	1/		
1609	62%	(18/ 29)		5	Z	Z		
2401	62%	(18/ 29)		7B	1	1/	4	
020	62%	(16/ 26)		1/	1	1/		
049	61%	(19/ 31)		1/	1B	1/		
76	61%	(19/ 31)		3	1	1/		

234 32 TS + 0 SL + 71 MT

TESTSTELLE	8	10	11	18	20	21	28	29	35	36	41	42	44	45	48	52	53	55	56	64	65	66	76	84	86
UEBEREINST. ZEUGEN	94	392	351	355	441	15	416	439	452	339	467	283	4	473	452	452	338	422	459	1	333	365	467	402	24
BEZEUGTE VARIANTE	3	1/	1/	1/	1/	6	1/	1/	1/	1/	1/	1/	3	1/	1/	1/	1/	1/	1/	8	1/	1/	1/	1/	4
P8 100% (1/ 1)	Z	Z	Z		Z	Z	Z	Z	Z	Z	Z	Z	Z	Z	Z	Z	Z	Z	Z	Z	Z	Z	Z	Z	Z
P33 100% (1/ 1)	Z	Z	Z	Z	Z	Z	Z	Z	Z	Z	Z	Z	Z	Z	Z		Z	Z	Z	Z	Z	Z	Z	Z	Z
P41 100% (1/ 1)	Z	Z	Z	Z	Z	Z	Z	Z	Z	Z	Z	Z	Z	Z	Z	Z	Z	Z	Z	Z	Z	X		Z	Z
62 100% (9/ 9)	Z	Z	Z	Z	Z	Z							Z	Z	Z	Z	Z	Z	Z	Z	Z	Z	Z	Z	Z
506 100% (6/ 6)	Z	Z	Z	Z	Z	Z			Z	Z	Z	Z	Z	Z		Z	Z			Z	Z	Z	Z		Z
1524 100% (32/ 32)																									
2627 100% (4/ 4)	Z	Z	Z	Z	Z	Z					Z	Z	Z	Z	Z	Z	Z	Z	Z	Z	Z	Z	Z	Z	Z
2778 100% (5/ 5)	Z	Z	Z	Z	Z	Z	Z	Z	Z	Z	Z	Z	Z	Z						Z	Z	Z	Z	Z	Z
1852 88% (21/ 24)	Z	Z	Z	Z	Z	Z	Z	Z					1/							1					1
P45 86% (6/ 7)	Z	Z	Z	Y	Y	X				Z		Z	Z		Z	Z	Z	3		Z	Z	Z	Z	Z	Z
172 86% (18/ 21)	Z	Z	Z			1		Z	Z		Z	Z	1/							1				Z	Z
314 86% (6/ 7)	Z	Z	Z	Z	Z	Z	Z	Z	Z	Z			1/		Z	Z	Z	Z	Z	Z	Z	Z	Z	Z	Z
2125 86% (6/ 7)						1	Z	Z		Z	Z	Z	Z	Z	Z	Z	Z	Z	Z	Z	Z	Z	Z	Z	Z
398 84% (27/ 32)	1												1/							1					1
2303 83% (10/ 12)	Z	Z	Z	Z	Z	Z						4	1/				Z	Z	Z	Z	Z	Z	Z	Z	Z
2175 82% (9/ 11)	1					1						Z	Z	Z	Z	Z	Z	Z	Z	Z	Z	Z	Z	Z	Z
1828 81% (26/ 32)						1							1/							1					1B
1843 81% (26/ 32)						1				1/K			1/				3			1					3
1094 81% (21/ 26)	Z	Z	Z	Z	Z	Z							1/							1					2
1839 81% (21/ 26)	Z	Z	Z	Z	Z	Z							1/							7					2B
757 81% (25/ 31)	1					1														1				Z	1B
1721 81% (25/ 31)						1							1/			Y				1				4	
1746 81% (25/ 31)	X					1							1/							1					1B
43 80% (24/ 30)	1				Z	Z							1/							1					1
57 80% (20/ 25)	Y	Y	Y	Y	Y	Y							1/							1				Y	2
337 80% (24/ 30)	1				Z	Z							1/							1					1
642 80% (20/ 25)		Z	Z			1						Z	1/							Z	Z	Z		Z	1B
699 80% (24/ 30)	Z			Z		1							1/							1					2
916 80% (8/ 10)	1					1					Z	Z	Z	Z	Z	Z	Z	Z	Z	Z	Z	Z	Z	Z	Z
1390 80% (24/ 30)	1												Z	Z						1					1
1526 80% (16/ 20)	Z	Z	Z			1							1/							1	1/F			Z	Z
1856 80% (20/ 25)	1					1						8	1/							1				Z	Z
2080 80% (24/ 30)	1					1						8	1/							1					1B

254 32 TS + 0 SL + 71 MT

TESTSTELLE	8	10	11	18	20	21	28	29	35	36	41	42	44	45	48	52	53	55	56	64	65	66	76	84	86
UEBEREINST. ZEUGEN	94	392	351	355	441	15	416	439	452	339	467	283	4	473	452	452	338	422	459	1	333	365	467	402	24
BEZEUGTE VARIANTE	3	1/	1/	1/	1/	6	1/	1/	1/	1/	1/	1/	3	1/	1/	1/	1/	1/	1/	8	1/	1/	1/	1/	4
1864 79% (23/ 29)	Z	Z	Z			1							1/							1					1B
1867 79% (23/ 29)	Z	Z	Z			1							1/							1					3
2716 79% (19/ 24)	Z	Z	Z	Z	Z	Z			Z				1/							1	1/H				
2201 79% (22/ 28)	Z	Z	Z	Z		1				1/F			1/				3			1					3
400 78% (18/ 23)	1		1/L			1			X			W	X				W			1	X	X			1B
5 78% (25/ 32)						1				1/D			1/				3			1					5
82 78% (25/ 32)	1					1							1/							1					3
105 78% (25/ 32)	1					1							1/							1					1B
149 78% (25/ 32)	1					1							1/							1					1B
175 78% (25/ 32)	1					1							1/							1					2B
201 78% (25/ 32)	1					1							1/							1					1B
203 78% (25/ 32)	1					1							1/							1					2B
312 78% (25/ 32)	1					1							1/							1	5				
394 78% (25/ 32)	1											8	1/							1					1B
404 78% (25/ 32)	1F					1							1/							1					2B
424 78% (25/ 32)	1					1							1/							1					2B
457 78% (25/ 32)	1					1							1/							1					1
462 78% (25/ 32)	1					1							1/							1					2B
479 78% (25/ 32)	1					1							1/							1					3
483 78% (25/ 32)	1					1							1/							1					3
489 78% (25/ 32)			12			1				1/F			1/				3D			1					3
625 78% (25/ 32)	1					1							1/							1					1
635 78% (25/ 32)	1					1							1/							1					2B
638 78% (25/ 32)	1					1							1/							1					2
824 78% (25/ 32)	1					1							1/							1					1B
917 78% (25/ 32)	1					2							1/							1					4B
959 78% (25/ 32)	1					1							1/							1					1
1022 78% (25/ 32)	1					1							1/							1					3
1040 78% (25/ 32)	1					1							1/							1					1B
1058 78% (25/ 32)						1						6	1/							1					1B
1072 78% (25/ 32)	1					1							1/							1					1B
1073 78% (25/ 32)	1					1							1/							1					1
1075 78% (25/ 32)	1					1							1/							1					1B

254 — 32 TS + 0 SL + 71 MT

TESTSTELLE UEBEREINST. ZEUGEN BEZEUGTE VARIANTE	87 476 1/	88 471 1/	90 71 2	91 28 5	97 422 1/	100 470 1/	102 478 1/
P8 100% (1/ 1)	Z	Z	Z	Z	Z	Z	Z
P33 100% (1/ 1)	Z	Z	Z	Z	Z	Z	Z
P41 100% (1/ 1)	Z	Z	Z	Z	Z	Z	Z
62 100% (9/ 9)	Z	Z	Z	Z			
506 100% (6/ 6)	Z	Z	Z	Z	Z	Z	Z
1524 100% (32/ 32)							
2627 100% (4/ 4)	Z	Z	Z	Z	Z	Z	Z
2778 100% (5/ 5)	Z	Z	Z	Z	Z	Z	Z
1852 88% (21/ 24)							
P45 86% (6/ 7)	Z	Z	Z	Z	Z	Z	Z
172 86% (18/ 21)			Z	Z			
314 86% (6/ 7)	Z	Z	Z	Z			
2125 86% (6/ 7)	Z	Z	Z	Z	Z	Z	Z
398 84% (27/ 32)			1				
2303 83% (10/ 12)	Z	Z	Z	Z		Z	
2175 82% (9/ 11)	Z	Z	Z	Z	Z	Z	Z
1828 81% (26/ 32)			1	1/			
1843 81% (26/ 32)							
1094 81% (21/ 26)			1	1/			
1839 81% (21/ 26)			1	18			
757 81% (25/ 31)			1	1/			
1721 81% (25/ 31)			1	3			
1746 81% (25/ 31)			1	1/			
43 80% (24/ 30)			1	1/			
57 80% (20/ 25)			1	1/			
337 80% (24/ 30)			1	1/			
642 80% (20/ 25)			1	1/			
699 80% (24/ 30)			1	1/			
916 80% (8/ 10)	Z	Z	Z	Z	Z	Z	Z
1390 80% (24/ 30)			1	1/	4		
1526 80% (16/ 20)	Z	Z	Z	Z	Z	Z	Z
1856 80% (20/ 25)	Z	Z	Z	Z	Z		
2080 80% (24/ 30)			Y	Y			

254 — 32 TS + 0 SL + 71 MT

TESTSTELLE UEBEREINST. ZEUGEN BEZEUGTE VARIANTE	87 476 1/	88 471 1/	90 71 2	91 28 5	97 422 1/	100 470 1/	102 478 1/
1864 79% (23/ 29)			1	1/			
1867 79% (23/ 29)			5	3			
2716 79% (19/ 24)			1	1/		Z	
2201 79% (22/ 28)							
400 78% (18/ 23)	X	X	X				
5 78% (25/ 32)				3			
82 78% (25/ 32)			1	1/			
105 78% (25/ 32)			1	1/			
149 78% (25/ 32)			1	1/			
175 78% (25/ 32)			1	1/			
201 78% (25/ 32)			1	1/			
203 78% (25/ 32)			1	1/			
312 78% (25/ 32)			1	1/			
394 78% (25/ 32)			1	1/			
404 78% (25/ 32)			1	1/			
424 78% (25/ 32)			1	1/			
457 78% (25/ 32)			1	13E			
462 78% (25/ 32)			1	1/			
479 78% (25/ 32)			1	1/			
483 78% (25/ 32)			1	17			
489 78% (25/ 32)							
625 78% (25/ 32)			1	1/			
635 78% (25/ 32)			1	13C			
638 78% (25/ 32)			1	18			
824 78% (25/ 32)			1	1/			
917 78% (25/ 32)			1	1/			
959 78% (25/ 32)			1	13B			
1022 78% (25/ 32)			1	1/			
1040 78% (25/ 32)			1	1/			
1058 78% (25/ 32)			1	1/			
1072 78% (25/ 32)			1	1/			
1073 78% (25/ 32)			1	1/			
1075 78% (25/ 32)			1	1/			

296 30 TS + 0 SL + 74 MT

TESTSTELLE	7	8	10	11	18	20	28	29	35	36	41	42	44	45	48	52	53	55	56	57	65	66	76	84	87
UEBEREINST. ZEUGEN	17	16	392	351	355	441	3	439	452	38	467	283	451	473	452	452	2	422	459	104	333	365	467	402	476
BEZEUGTE VARIANTE	5	3B	1/	1/	1/	1/	9	1/	1/	1/F	1/	1/	1/	1/	1/	1/	4	1/	1/	2	1/	1/	1/	1/	1/
P8 100% (1/ 1)	Z	Z	Z	Z		Z	Z	Z	Z	Z	Z	Z	Z	Z	Z	Z	Z	Z	Z	Z	Z	Z	Z	Z	Z
P33 100% (1/ 1)	Z	Z	Z	Z	Z	Z	Z	Z	Z	Z	Z	Z	Z	Z	Z		Z	Z	Z	Z	Z	Z	Z	Z	Z
P41 100% (1/ 1)	Z	Z	Z	Z	Z	Z	Z	Z	Z	Z	Z	Z	Z	Z	Z	Z	Z	Z	Z	Z	Z	X		Z	Z
314 100% (7/ 7)	Z	Z	Z	Z	Z	Z	Z	Z	Z	Z					Z	Z	Z	Z	Z	Z	Z	Z	Z	Z	Z
1846 100% (6/ 6)	Z	Z	Z	Z	Z	Z	Z	Z	Z	Z	Z	Z	Z	Z	Z	Z	Z	Z	Z	Z	Z	Z	Z		
2004 91% (10/ 11)	Z	Z	Z	Z	Z	Z	Z	Z	Z	Z	Z		Z	Z	Z	Z	Z	Z	Z	Z					
2201 88% (22/ 25)	Z	Z	Z	Z	Z		1/										3								
1730 88% (7/ 8)	Z	Z	Z	Z	Z	Z	Z	Z	Z	Z	Z	Z	Z	Z	Z	Z	Z	Z	Z	Z	Z	Z			
2626 86% (6/ 7)	Z	Z	Z	Z	Z	Z	Z	Z	Z	Z	Z	Z	Z	Z	Z	Z	Z	Z	Z	Z	Z	Z	Z		
1731 85% (17/ 20)	Z	Z	Z	Z	Z	Z	Z	Z	Z	Z							1/			1					
1738 83% (5/ 6)	Z	Z	Z	Z	Z	Z	Z	Z	Z	Z	Z	Z	Z	Z	Z	Z	Z	Z	Z	Z	Z	Z	Z	Z	
1858 83% (5/ 6)	Z	Z	Z	Z	Z	Z	Z	Z	Z	Z	Z	Z	Z	Z	Z	Z	Z	Z	Z	Z	Z	Z	Z	Z	
2473 83% (25/ 30)	1	1										5					3			1					
2777 83% (5/ 6)	Z	Z	Z	Z	Z	Z	Z	Z	Z	Z	Z	Z	Z	Z	Z	Z	Z	Z	Z	Z	Z	Z	Y	Z	
1735 83% (24/ 29)	1B	1B					3D			1/K							6								
624 82% (9/ 11)	Z	Z	Z	Z	Z	Z	Z	Z		1/	Z	Z	Z	Z	Z	Z	Z	Z	Z	Z				Z	
1852 82% (18/ 22)	Z	Z	Z	Z	Z	Z	Z	Z		1/							1/			1					
699 81% (22/ 27)	Z	Z			Z		1/			1/							1/			1					
2378 81% (13/ 16)	Z	Z	Z	Z	Z	Z	Z	Z	Z	Z	X	Y			Z		1/		1/E	Z					
1729 81% (21/ 26)	Z	Z	Z	Z			1/										3	6		1					
1864 81% (21/ 26)	Z	Z	Z	Z			1/			1/							1/			1					
1867 81% (21/ 26)	Z	Z	Z	Z			1/			1/							1/			1					
5 80% (24/ 30)	1	3					1/			1/D							3								
172 80% (16/ 20)	Z	Z	Z	Z			1/	Z	Z	1/	Z	Z					1/			1				Z	
325 80% (12/ 15)	Z	Z	Z	Z	Z	Z	Z	Z	Z	Z	Z	Z	Z	Z	Z		1/			1					
437 80% (24/ 30)	1	1					1/			1/K							1/								
457 80% (24/ 30)		1					1/			1/							1/			1					
498 80% (20/ 25)	Z	Z	Z	Z	Z		1/			1/K							1/			1					
1737 80% (24/ 30)	1	1					1/										1/			1					
1741 80% (24/ 30)	3	1					1/										1/			1					
1745 80% (4/ 5)	Z	Z	Z	Z	Z	Z	Z	Z	Z	Z	Z	Z	Z	Z	Z	Z	Z	Z	Z	Z	Z	Z	Z	Z	
1780 80% (24/ 30)		1					3F			1/							1/			1					
[illegible] 80% (4/ 5)	Z	Z	Z	Z	Z	Z	Z	Z	Z	Z	Z	Z	Z	Z	Z	Z	Z	Z	Z	Z	Z	Z	Z		

296 | 30 TS + 0 SL + 74 MT

TESTSTELLE	7	8	10	11	18	20	28	29	35	36	41	42	44	45	48	52	53	55	56	57	65	66	76	84	87
UEBEREINST. ZEUGEN	17	16	392	351	355	441	3	439	452	38	467	283	451	473	452	452	2	422	459	104	333	365	467	402	476
BEZEUGTE VARIANTE	5	3B	1/	1/	1/	1/	9	1/	1/	1/F	1/	1/	1/	1/	1/	1/	4	1/	1/	2	1/	1/	1/	1/	1/
1903 80% (24/ 30)	1	3			4					1/							3			1					
2289 80% (12/ 15)	Z	Z	Z	Z	Z	Z	Z	Z	Z	Z	Z	Z	Z	Z	Z		1/			1					
2619 80% (24/ 30)	2	3								1/N							3			1					
1241 79% (23/ 29)	1	1					1/			1/							1/			Z					
1508 79% (23/ 29)	1	1					1/			1/							Z			1					
1746 79% (23/ 29)	1	X					1/			1/							1/			1					
1880 79% (23/ 29)	1	1					1/			X							1/			1					
2080 79% (23/ 29)	1	1					1/			1/		8					1/								
2194 79% (23/ 29)	1	1					1/			1/K							1/			1					
626 79% (19/ 24)	Z	Z	Z	Z	Z	Z	1/			1/K							1/			1					
1094 79% (19/ 24)	Z	Z	Z	Z	Z	Z	1/			1/							1/			1					
1839 79% (19/ 24)	Z	Z	Z	Z	Z	Z	1/			1/							1/			1					
1889 79% (15/ 19)	Z	Z	Z	Z	Z	Z	Z	Z	Z	Z	Z						1/			1				4	
921 79% (22/ 28)	1B	1			Z		1/									3	1/			1					
57 78% (18/ 23)	Y	Y	Y	Y	Y	Y	1/			1/							1/			1				Y	
62 78% (7/ 9)	Z	Z	Z	Z	Z	Z	1/			1/			Z	Z	Z	Z	Z	Z	Z	Z	Z	Z	Z	Z	Z
2400 78% (21/ 27)	1	1					Z	Z		1/K							1/			Z		6			
2799 78% (21/ 27)	1	1				Z	Z	Z		1/							8			1					
602 77% (10/ 13)	Z	Z	Z	Z	Z	Z	Z	Z	Z	Z	Z	Z	Z	Z		Z	1/			1		Z			
2180 77% (20/ 26)	Z	Z	Z	Z	4		1/			1/K							1/	9							
049 77% (23/ 30)	1	1					1/										1/			1	1/F				
82 77% (23/ 30)	1	1					1/			1/							1/			1					
105 77% (23/ 30)	1	1					1/			1/							1/			1					
149 77% (23/ 30)	1	1					1/			1/							1/			1					
175 77% (23/ 30)	1	1					1/			1/							1/			1					
201 77% (23/ 30)	1	1					1/			1/							1/			1					
203 77% (23/ 30)	1	1					1/			1/							1/			1					
398 77% (23/ 30)	1	1					1/			1/							1/			1					
404 77% (23/ 30)	1	1F					1/			1/							1/			1					
424 77% (23/ 30)	1	1					1/			1/							1/			1					
450 77% (23/ 30)	1	1					1/			1/K							1/			1					
456 77% (23/ 30)	1	1					1/			1/							3			1					
462 77% (23/ 30)	1	1					1/			1/							1/			1					

296 — 30 TS + 0 SL + 74 MT

TESTSTELLE	88	91	97	100	102
UEBEREINST. ZEUGEN	471	4	422	470	478
BEZEUGTE VARIANTE	1/	9	1/	1/	1/
P8 100% (1/ 1)	Z	Z	Z	Z	Z
P33 100% (1/ 1)	Z	Z	Z	Z	Z
P41 100% (1/ 1)	Z	Z	Z	Z	Z
314 100% (7/ 7)	Z	Z			
1846 100% (6/ 6)		X			
2004 91% (10/ 11)		1/			
2201 88% (22/ 25)		5			
1730 88% (7/ 8)		1/			
2626 86% (6/ 7)		4E			
1731 85% (17/ 20)		4C			
1738 83% (5/ 6)		1/			
1858 83% (5/ 6)		1/			
2473 83% (25/ 30)					
2777 83% (5/ 6)		1/			
1735 83% (24/ 29)		X			
624 82% (9/ 11)		1/			
1852 82% (18/ 22)		5			
699 81% (22/ 27)		1/			
2378 81% (13/ 16)		1/			
1729 81% (21/ 26)		5			
1864 81% (21/ 26)		1/			
1867 81% (21/ 26)		3			
5 80% (24/ 30)		3			
172 80% (16/ 20)		Z			
325 80% (12/ 15)		1/			
437 80% (24/ 30)		1/			
457 80% (24/ 30)		13E			
498 80% (20/ 25)		1/			
1737 80% (24/ 30)		1/			
1741 80% (24/ 30)		13B			
1745 80% (4/ 5)		1/	Z		
1780 80% (24/ 30)		1/			
1899 80% (4/ 5)		1/	Z	Z	

296 — 30 TS + 0 SL + 74 MT

TESTSTELLE	88	91	97	100	102
UEBEREINST. ZEUGEN	471	4	422	470	478
BEZEUGTE VARIANTE	1/	9	1/	1/	1/
1903 80% (24/ 30)					
2289 80% (12/ 15)		1/			
2619 80% (24/ 30)		9C			
1241 79% (23/ 29)		1/			
1508 79% (23/ 29)		1/			
1746 79% (23/ 29)		1/			
1880 79% (23/ 29)		1/			
2080 79% (23/ 29)		Y			
2194 79% (23/ 29)		V			
626 79% (19/ 24)		1/			
1094 79% (19/ 24)		1/			
1839 79% (19/ 24)		18			
1889 79% (15/ 19)		1/			
921 79% (22/ 28)		Z			
57 78% (18/ 23)		1/			
62 78% (7/ 9)	Z	Z			
2400 78% (21/ 27)		4C			
2799 78% (21/ 27)		17			
602 77% (10/ 13)		1/	Z		
2180 77% (20/ 26)		8C			
049 77% (23/ 30)		1/			
82 77% (23/ 30)		1/			
105 77% (23/ 30)		1/			
149 77% (23/ 30)		1/			
175 77% (23/ 30)		1/			
201 77% (23/ 30)		1/			
203 77% (23/ 30)		1/			
398 77% (23/ 30)		5			
404 77% (23/ 30)		1/			
424 77% (23/ 30)		1/			
450 77% (23/ 30)		1/			
456 77% (23/ 30)		1/			
462 77% (23/ 30)		1/			

307 | 73 TS + 0 SL + 31 MT

TESTSTELLE	7	8	9	10	11	13	14	15	17	18	19	20	21	23	25	28	29	30	31	32	34	35	36	38	39
UEBEREINST. ZEUGEN	4	94	6	7	351	12	23	17	23	7	110	441	36	91	9	4	30	21	36	51	4	17	38	21	33
BEZEUGTE VARIANTE	13	3	4	6	1/	2	2	2	2	5B	2	1/	2	2	2	3E	5	5	2	2	11C	3	1/F	2	4
P33 100% (1/ 1)	Z	Z	Z	Z	Z	Z	Z	Z	Z	Z	Z	Z	Z	Z	Z	Z	Z	Z	Z	Z	Z	Z	Z	Z	Z
2818 95% (69/ 73)							3																		
610 94% (64/ 68)							3														Z				
453 92% (67/ 73)																									
1678 85% (62/ 73)	10	1					3		8							3D		1							
180 74% (52/ 70)	11		1				3B		1						1			1						1	
431 67% (48/ 72)	1	3B	1	1/		1	10	1	1C	1/	1		1		1	1/	1/	1	1		3		1/		
94 66% (48/ 73)			1		1/L	2C	3		5				2C		1	3D					11B				
P74 62% (42/ 68)	X	Y	Z	3	1/I	2B				Z						1/	1/	2			2		1/		2
P41 60% (3/ 5)	Z	Z	Z	Z	Z	Z	Z	Z	Z	Z	Z	Z	Z	Z	Z	Z	Z	Z	Z	Z	Z	Z	Z	Z	Z
1739 59% (43/ 73)	16		1	1/		3D		3		4					1	3D		1			2B	1/	1/	1	
03 56% (41/ 73)	2	2	2	1/						3	3					1/	1/	2			2	4	1/		2
1891 56% (41/ 73)	16		1	1/		3D	9	3		4					1	3D		4			2B	1/		1	
81 55% (27/ 49)	2	2	2	14	1/L				Z	Z	Z	Z	Z	Z	1	1/	1/	3			2C		1/		2
04 55% (24/ 44)	2	2C	3	3	5	2B			Z	Z	Z	Z	Z	Z		1/	1/	2			11	3B	1/	1	Z
02 53% (39/ 73)	2	2	2	3		2B				5						1/	1/	2	2B		2		1/		2
1175 53% (39/ 73)	2	2		3	1/D					5					2B	1/	1/	1C			2		1/	1	4B
630 53% (37/ 70)	1		1	1/		4		3	Z	Z	Z				1	3D	1/		1		2B	1/		1	
945 51% (37/ 73)	1		1	1/		3E	3	3	11	4					1	3D		1			2B	1/	1/	1	
2778 50% (5/ 10)	Z	Z	Z	Z	Z	Z	Z	Z	Z	Z	Z	Z	Z	Z	Z	Z	Z	Z	Z	Z	Z	Z	Z	Z	Z
01 49% (36/ 73)	2	2	2	3						5					2B	1/	1/	2			2		1/		2
2200 49% (34/ 69)	1		1	1/		3D		3	1C	4					1	3D	1/		1		2B	1/		1	
1704 48% (35/ 73)	1		1	1/		5		5	11	4					1	3D		1	4		2B	1/	1/	1	
1642 47% (34/ 72)	10		6	3	14	2C		3		4						3G					2B		1/	1	1
33 47% (27/ 58)	4	X	1	11		1	4	X		X	1		X		X	1/	X	X	X	1	11	1/	X	X	1
P45 46% (6/ 13)	Z	Z	Z	Z	Z	Z	Z	Z	Z	Y	Y	Y	X		3	1/	1/	Z	Z	4	Y	1/	Z		Z
441 45% (26/ 58)	Z	Z	Z	Z	Z	Z	Z	Z	Z	Z	Z	Z	Z	Z	Z	1/	1/	1		1	1	1/	1/	1	1
181 44% (32/ 73)	4	3B	2	11	11	1	1	1	1	1/	1		1H		1	1/	1/	1			2B		3	1	
1846 43% (6/ 14)	Z	Z	Z	Z	Z	Z	Z	Z	Z	Z	Z	Z	Z	Z	Z	Z	Z	Z	Z	Z	Z	Z	Z	Z	Z
1875 43% (27/ 63)	X	X	X	X	X	X	6	1	1	1/	1		1		1	Z	Z	1			2B		3	1	X
429 42% (31/ 73)	5		1	1/	5	3D		3	1C	4					1	3D	1/		1		2B	1/		1	
323 42% (30/ 71)	18		Z	Z			1	1		4			1		1	3C		1			11	1/	1/	1	
623 42% (26/ 62)	Z	Z	Z	Z	Z	Z	Z	Z	Z	Z	Z		1		1	1/	1/	1		1	11	1/	1/	1	1

307 73 TS + 0 SL + 31 MT

TESTSTELLE	7	8	9	10	11	13	14	15	17	18	19	20	21	23	25	28	29	30	31	32	34	35	36	38	39
UEBEREINST. ZEUGEN	4	94	6	7	351	12	23	17	23	7	110	441	36	91	9	4	30	21	36	51	4	17	38	21	33
BEZEUGTE VARIANTE	13	3	4	6	1/	2	2	2	2	5B	2	1/	2	2	2	3E	5	5	2	2	11C	3	1/F	2	4
314 42% (5/ 12)	Z	Z	Z	Z	Z	Z	Z	Z	Z	Z	Z	Z	Z	Z	Z	Z	Z	Z	Z	Z	Z	Z	Z	Z	Z
1751 42% (30/ 72)	1B	3B	1	1/		1B		3	1C	4			2D		1	3D	1/		1		9B	1/		1	
2344 42% (30/ 72)	1		1	11		1	X	4		1/	1		1		1	1/	1/	1	1E		2	1/	1/	1	1
2298 41% (30/ 73)	1	1	1	1/	1/L	1D		3	11B	4			1		1	3D		1	6	1	11	1/	1/	1	
2805 41% (28/ 69)	1	3B	1	4	10	3D		3		4		Z	Z	Z	1	6	6	1	1	1	1	1/	1/	1	1
2201 40% (25/ 62)	Z	Z	Z	Z	Z	Z	Z	Z	Z	Z	Z		1		1	1/	1/	1	1	1	11	1/		1	1
1745 40% (4/ 10)	Z	Z	Z	Z	Z	Z	Z	Z	Z	Z	Z	Z	Z	Z	Z	Z	Z	Z	Z	Z	Z	Z	Z	Z	Z
436 40% (29/ 73)	1	1	1	1/	1/L	1	1	1	1	4	1		1	1	1	1/	1/	1	1	1	1	1/	1/	1	1
522 39% (28/ 71)	7		1	1/	5	3D		3	1C	4					1	11	1/		1	1	2B	1/		1	
206 39% (18/ 46)	Z	Z	Z	Z	Z	Z	Z	Z	Z	Z	Z	Z	Z	Z	Z	Z	Z	Z	Z	Z	Z	Z	Z	Z	Z
2464 39% (9/ 23)	Z	Z	Z	Z	Z	Z	Z	Z	Z	Z	Z	Z	Z	Z	Z	Z	Z	Z	Z	Z	Z	Z	Z	Z	Z
2718 39% (21/ 54)	1	3B	1	1/		1C	1B	1	1	1/	1		1		1	1/	1/	1	1	1	1	1/	1/		1
1893 39% (22/ 57)	1	1	1	1/		X	X	X	1	1/	1		1		1	1/	1/	1	1	Z	Z	Z	Z	1	1
044 38% (28/ 73)	5	1	1	4		2D	1B	3		1/	1		1	7	1	1/	1/	1	3	1	1	1/	1/	1	1
322 38% (28/ 73)	17		1	1/		2C	1	1		4			1		1	8		1			11	1/	1/	1	
467 37% (27/ 73)	5B		2	4		1D	8	3	13	4			1		1	6B		1	1	1	1	1/	1/	1	
621 37% (27/ 73)	1		1	1/	1/O	8	1	1	1	1/		1/B	1	1	1	1/	1/	1		1	1	1/	1/	1	1
1505 37% (27/ 73)	1	1	1	1/		1	1B	1	1C	1/			7	1	1	1/	1/	1	1	1	1	1/	1/D	1	1
619 36% (26/ 72)	1		1	1/	1/L	1	1	1	1	1/	1		1		1	1/	1/	1		1	11	1/	1/	1	1E
1611 36% (26/ 72)	5	6	1	1/		3C	1B	3	Z	1/	1		1		1	1/	1/	1	1	1	1	1/	1/	1	1
5 36% (26/ 73)	1		1	1/		1	4	4	1	1/	1		1		1	1/	1/	1		1	11	1/	1/D	1	1
88 36% (26/ 73)	4	3B	1	3			4	4		1/	1				1	1/	1/	2			7	1/	1/	1	1
1162 36% (26/ 73)	1	3B	1	1/	1/L	7	1	1	1	4	1		1		1	1/	1/	1		1	11	1/	1/	1	1
1409 35% (25/ 71)	1	1	5	11		1	3	1		5					1	1/	1/	1	1	1	1	1/	1/K	1	1
1884 35% (24/ 69)	15		1	11		3	3	4	2B	6B	U		4	3	3	5	1/	1	1G	1	9C	1/	1/	1	
2138 35% (25/ 72)	5	6	1	1/		3C	1B	3	1	1/	1		1	1	1	1/	1/	1	1	1	1	1/	1/B	1	Z
1729 34% (22/ 64)	Z	Z	Z	Z	Z	Z	Z	Z	1G	1/	V		1		1	1/	1/	1	1	1	1	1/		1	1
1509 34% (24/ 70)	1		1	1/	1/I	8	1	1	1C	4			1		1	3D	1/	X	1		1	1/		1	
2374 34% (25/ 73)	1	1	1	1/		1	1	6	1C	1/	1			1	1	1/	1/	1	1		1	1/	1/	1	1
2495 34% (25/ 73)	1	7	1	7B		1	1	4B	1C	4	1		6		1	1/	1/	1	1	1	1	1/	1/D	1	1
P8 33% (1/ 3)	Z	Z	Z	Z	Z	Z	Z	Z	Z	1/	1	Z	Z		Z	Z	Z	Z	Z	Z	Z	Z	Z	Z	Z
886 33% (5/ 15)	1	1		4		1	8		6	1/	1		1		1	Z	Z	Z	Z	Z	Z	Z	Z	Z	Z
941 33% (23/ 69)	1	1	1	1/		1	1	1	1	8	1		1C		1	1/	1/	2	1	1	1	1/		1	1

307 — 73 TS + 0 SL + 31 MT

TESTSTELLE	40	41	42	43	44	45	46	47	48	49	50	52	53	54	55	56	57	58	63	64	65	66	67	68	69
UEBEREINST. ZEUGEN	34	467	53	24	451	473	76	92	452	162	16	452	87	16	422	459	104	6	8	38	333	10	16	87	10
BEZEUGTE VARIANTE	2	1/	4	2	1/	1/	2	2	1/	2	2C	1/	3	5	1/	1/	2	2	4	2	1/	1/B	2	2	2C
P33 100% (1/ 1)	Z	Z	Z	Z	Z	Z	Z	Z	Z	Z	Z		Z	Z	Z	Z	Z	Z	Z	Z	Z	Z	Z	Z	Z
2818 95% (69/ 73)																		1							
610 94% (64/ 68)																		1							
453 92% (67/ 73)														1				1							
1678 85% (62/ 73)																		1							
180 74% (52/ 70)	1										2							1				1/		3	
431 67% (48/ 72)																		1							
94 66% (48/ 73)																		1L					1	3	3
P74 62% (42/ 68)			3		4						3		1/	3					2			1/		4	3
P41 60% (3/ 5)	Z	Z	Z	Z	Z	Z	Z	Z	Z	Z	Z	Z	Z	Z	Z	Z	Z	Z	Z	Z	Z	X	X	4	2
1739 59% (43/ 73)			5	1										1				1	1			1/	2B	3	2
03 56% (41/ 73)			1/		4						2	4	1/	7	1/B				2			1/			3
1891 56% (41/ 73)			5	1										1				1	1			1/	2B	3	2
81 55% (27/ 49)			1/								2		1/	1				3	Z	Z	Z	Z	Z	Z	Z
04 55% (24/ 44)	Z	Z	Z		4						2	1/D	4	4			Z	Z	Z	Z	Z	Z	Z	Z	Z
02 53% (39/ 73)			3		4						3		1/	2	4				2			1/		4	3
1175 53% (39/ 73)			6		6						2	4		1			2C	2B	1						3
630 53% (37/ 70)			6	1									8	1				1	1	1		1/	2B	3	
945 51% (37/ 73)			5	1							19		8C	1				1	1			1/	2B	3	3
2778 50% (5/ 10)	Z	Z	Z	Z	Z	Z	Z	Z			1D		1/	1			1	1	Z	Z	Z	Z	Z	Z	Z
01 49% (36/ 73)			1/		4				3		2	4	1/	4	1/B				2		1/K	1/		4	3
2200 49% (34/ 69)			5	1			1						8	1				1	1	1		1/	2B	3	2
1704 48% (35/ 73)			5	1							19		8	1			2B	1	1			1/	2B	3	3
1642 47% (34/ 72)	1B		1/								3		3B	1				1	U			1/		4	13
33 47% (27/ 58)	1		3				X				2			4	X	X		1	1		1/D	1/C	X	4	3
P45 46% (6/ 13)			Z	Z	Z		Z	Z	Z	Z	Z	Z	Z	Z	3		1	Z	Z	Z	Z	Z	Z	Z	Z
441 45% (26/ 58)	3			1							6	3		1				1	1		1/K	8	1		1
181 44% (32/ 73)								1			10		3G	6	5			1D	1			1/	1	12	3B
1846 43% (6/ 14)	Z	Z	Z	Z	Z	Z	Z	Z	Z	Z	Z	Z	Z	Z	Z	Z	Z	Z	Z	Z	Z	Z	Z	Z	Z
1875 43% (27/ 63)			6	Z				1			4		3G	2	5			1	1		1/F	7	1	12	3B
429 42% (31/ 73)	1		5	1							19		8	1				1	1	1		1/	1	3	3
323 42% (30/ 71)	1		6	1						1	2			1				1	1	1	1/C	1/	1	1	1
623 42% (26/ 62)	1			1							1			4				1L	1		1/F	1/	1	4	1

307 — 73 TS + 0 SL + 31 M⁻

TESTSTELLE	40	41	42	43	44	45	46	47	48	49	50	52	53	54	55	56	57	58	63	64	65	66	67	68	69
UEBEREINST. ZEUGEN	34	467	53	24	451	473	76	92	452	162	16	452	87	16	422	459	104	6	8	38	333	10	16	87	10
BEZEUGTE VARIANTE	2	1/	4	2	1/	1/	2	2	1/	2	2C	1/	3	5	1/	1/	2	2	4	2	1/	1/B	2	2	2C
314 42% (5/ 12)	Z		1/	1			1	Z	Z	Z	Z	Z	Z	Z	Z	Z	Z	Z	Z	Z	Z	Z	Z	Z	Z
1751 42% (30/ 72)	4		5	1					7		5B		8	1				3B	1	1	8	1/E	2B	3	1
2344 42% (30/ 72)	1		3							1	2			4				1	1		1/E	1/	2C	4	3
2298 41% (30/ 73)	4		5	1			3				1D			1				1	1	1		1/	2B	3	3
2805 41% (28/ 69)				1							1			4				1	1	1	1/F	1/	1	4B	1E
2201 40% (25/ 62)	1		1/	1				1			1			1				1	1	1		1/	1	1	1
1745 40% (4/ 10)	Z	Z	Z	Z	Z	Z	Z	Z	Z	Z	Z	Z	Z	Z	Z	Z	Z	Z	Z	Z	Z	Z	Z	Z	Z
436 40% (29/ 73)	1			1							1		4C	1				1	1			1/	1	4	1
522 39% (28/ 71)	1		5	1						1	19		8	1				1	1	1		1/	1	3	3
206 39% (18/ 46)	Z		5	1						1	19	4	8	1				1	1	X		1/	1	3	3
2464 39% (9/ 23)	Z	Z	Z	Z	Z	Z	Z	Z	Z	Z	Z	Z	Z	Z	Z	Z	Z	Z	Z	Z	Z	Z	Z	Z	Z
2718 39% (21/ 54)	1										2	4		1				1	1		1/F	6	1	3	
1893 39% (22/ 57)	1			1					Z		1			1				1	Z	Z	Z	Z	Z	Z	Z
044 38% (28/ 73)	1			1	5					1	2		1/	3				1	1		1/F	1/	1	3	3B
322 38% (28/ 73)	1		6	1						1	2		3F	1				1	1	1	1/C	1/	1	1	1
467 37% (27/ 73)	1		1/							1	1			1				1	1	1		1/	1	7	1
621 37% (27/ 73)	3			1						1	1	3	3B	8				1	1			8	1		1
1505 37% (27/ 73)	1		1/	1			1			1	2		1/	1	1/B	1/D		1	1			6	1	17	1
619 36% (26/ 72)	1			1							1			4				1	U	1		1/	1	15	1
1611 36% (26/ 72)	1			4				1		1	1		3B	1		1/D		1	1			1/	1	17	1
5 36% (26/ 73)	1		1/	1			3				1			1				1	1	1		1/	1	4	1
88 36% (26/ 73)			1/	1			3				1	4		4			1	1D	1	1		1/	1	6	1
1162 36% (26/ 73)	1			1							1			4				1	1	1		1/	1	15	1
1409 35% (25/ 71)	1		1/		4		3				13B	3		1			Z	Z	1	1	1/F	1/		4	3B
1884 35% (24/ 69)			6	1				4B	U	1	1		1/	1			1	1E	1	1	6	3	1C	4	
2138 35% (25/ 72)	1			4				1		1	1		1/	1	1/B	1/D		1	1		1/F	1/	1	17	1
1729 34% (22/ 64)	1		1/	1			7	1			1B				6		1	1	1	1		1/	1C	15	1
1509 34% (24/ 70)	1		5	1			1		1/K		1		8	1				1	1	1	1/F	1/	1	3	1
2374 34% (25/ 73)							3	2B			2			1				1	2	1	3	1/	1	4	1B
2495 34% (25/ 73)	1		1/	1			1			1	2		1/	1	1/B	1/D		1	1		1/F	6	1	17	1
P8 33% (1/ 3)	Z	Z	Z	Z	Z	Z	Z	Z	Z	Z	Z	Z	Z	Z	Z	Z	Z	Z	Z	Z	Z	Z	Z	Z	Z
886 33% (5/ 15)	Z	Z	Z	Z	Z	Z	Z	Z	Z	Z	Z	Z	Z	Z	Z	Z	Z	Z	Z	Z	Z	Z	Z	Z	Z
941 33% (23/ 69)	Y			1			1				1			1				1	Y	1	1/F	1/	1	1	1

307 | 73 TS + 0 SL + 31 MT

TESTSTELLE	70	72	75	76	77	78	79	80	81	83	84	86	87	88	89	90	91	92	95	97	98	100	102
UEBEREINST. ZEUGEN	1	18	19	467	181	67	31	20	6	46	42	85	476	471	14	71	46	99	68	17	40	470	478
BEZEUGTE VARIANTE	3	2	2	1/	2	2	2	3	3	2	4	3	1/	1/	2	2	3	2	3	3	2	1/	1/
P33 100% (1/ 1)	Z	Z	Z	Z	Z	Z	Z	Z	Z	Z	Z	Z	Z	Z	Z	Z	Z	Z	Z	Z	Z	Z	Z
2818 95% (69/ 73)	2							1															
610 94% (64/ 68)	2	Z			Z	1	Z	Z															
453 92% (67/ 73)	2B											2B				1	6B						
1678 85% (62/ 73)	2	1						1															4
180 74% (52/ 70)	2				Z	Z	Z	1	1		1/				9		4						
431 67% (48/ 72)	2					1		1	1								14				W		
94 66% (48/ 73)	2	3	1				1	1	1	1	1/				1	1				1/	2C		
P74 62% (42/ 68)	3B						2B	2	2		1/	2B					1/		Z	1/			
P41 60% (3/ 5)	Z				Z	Z	Z	Z	Z	Z	Z	Z	Z	Z	Z	Z	Z	Z	Z	Z	Z	Z	Z
1739 59% (43/ 73)	2					1		6B	1		3				14				2	1/			
03 56% (41/ 73)	2				2B			2	2			2B					1/		2	4			3
1891 56% (41/ 73)	2	3				1		6	1		3	2			14				2	1/			
81 55% (27/ 49)	Z	Z	Z	Z	Z	Z	Z	Z	Z	Z	Z	2B			14		1/		2	1/			
04 55% (24/ 44)	Z								Z		3	Z	Z	Z	Z	Z	Z	Z	2			Z	
02 53% (39/ 73)	1							2	2		3	2B			14		1/	1	2	1/			3
1175 53% (39/ 73)	1	3				3		2	2		1/				14		1/	1	2	1/B	2C		
630 53% (37/ 70)	1	3	3			1		6	1		3	1B			3				2	1/			
945 51% (37/ 73)	2	6	3			1B		6B	1		3				5				2	1/			
2778 50% (5/ 10)	Z	Z	Z	Z	Z	Z	Z	Z	Z	Z	Z	Z	Z	Z	Z	Z	Z	Z	Z	Z	Z	Z	Z
01 49% (36/ 73)	1					3	5	2	2B		3	2			14		1/		2	1/			3
2200 49% (34/ 69)	1B	3	Z	Z	Z	Z		6	1		3	1			14				2	1/			
1704 48% (35/ 73)	2	6	3			1B		6B	1		3				5	4			2	1/			
1642 47% (34/ 72)	1	1	1		1B	1	5	1	2	1	1/				1C	1	1/	1	1	4	3		
33 47% (27/ 58)	3B							2	2	X	3	2			10			1	2	1/	7		
P45 46% (6/ 13)	Z	Z	Z	Z	Z	Z	Z	Z	Z	Z	Z	Z	Z	Z	Z	Z	Z	Z	Z	Z	Z	Z	Z
441 45% (26/ 58)		1	3			1	1	1	1		1/				14		5D	1		1/	2C		
181 44% (32/ 73)	1	1	1C			1			2		1/C	2			14		12		2	4			
1846 43% (6/ 14)	Z	Z	Z	Z	Z	Z	Z	Z	1	1	1/	1			1	1	X			1/	1		
1875 43% (27/ 63)	1	1	1			1		1	2		1/C	2			14		12		2	1/			
429 42% (31/ 73)	1		3		1B	1		6	1		3	1			14	1	4E	1		1/	1D		
323 42% (30/ 71)	1	1	1			1	1	6	1	1	1/	1			1		5		4	1/	3		
623 42% (26/ 62)	1	2B	1			1	1B	7	2	1		2			1				2	1/	2C		3

307 — 73 TS + 0 SL + 31 MT

TESTSTELLE	70	72	75	76	77	78	79	80	81	83	84	86	87	88	89	90	91	92	95	97	98	100	102
UEBEREINST. ZEUGEN	1	18	19	467	181	67	31	20	6	46	42	85	476	471	14	71	46	99	68	17	40	470	478
BEZEUGTE VARIANTE	3	2	2	1/	2	2	2	3	3	2	4	3	1/	1/	2	2	3	2	3	3	2	1/	1/
314 42% (5/ 12)	Z	Z	Z	Z	Z	Z	Z	Z	Z	Z	Z	Z	Z	Z	Z	Z	Z	1	1	1/	1		
1751 42% (30/ 72)	1B	1	1B		5	1		6			1/C	1			14		3H		2	Z			
2344 42% (30/ 72)	3B		3					2	2		3	2			11		3G	1	2	1/	7		
2298 41% (30/ 73)	2	1	1			1		6	1	1	3				12				2	1/			
2805 41% (28/ 69)	1	1	3			1	1	4	1		1/				3					1/	2C		Z
2201 40% (25/ 62)	1	1	1				1	1	2	1	1/				1		5		1	1/	6		
1745 40% (4/ 10)	Z	Z	Z	Z	Z	Z	Z	Z	Z	Z	Z	1B			1	1	1/	1	Z	Z	1		
436 40% (29/ 73)	1	2B	1				1	1	1						14				2	1/			
522 39% (28/ 71)	Z	V	3		1B	1		6C	1		3	1			14	1	4F	1		1/	1D		
206 39% (18/ 46)	1	3	3		1B	1		6	1		3	1			14	1	4E	1		1/	1D		
2464 39% (9/ 23)	8	2B	1			1	1	6	2			3C					4B		2	1/	2C	3	4
2718 39% (21/ 54)	Z	Z	Z	Z	Z	Z	Z	Z	Z	Z	Z	Z	Z	Z	Z	Z	Z	Z	Z	1/	2C		
1893 39% (22/ 57)	1	1	1			1	1B	1	2	1	Z	1B			1		1/	1	1	1/	6		
044 38% (28/ 73)	1	7	1				1		1		1/									1/	1		4
322 38% (28/ 73)	1	1	1			1	1	6	1	1	1/	1			1		5		4	1/	3		
467 37% (27/ 73)	5	1	1		1B	1	1	1	1	1	1/	4			1		4I	1		1/	2C		
621 37% (27/ 73)	2	1	3			1	1	1	1		1/				14		5			1/	2C		
1505 37% (27/ 73)	1	1	1				1		1						14		8				1		
619 36% (26/ 72)	4B	1B	1				1B	3B	2	1	1/	1			1		1/	1	1	1/	6B		
1611 36% (26/ 72)	1	1	1			1	1		1	1					13		8				1	4	
5 36% (26/ 73)	1	1	1			1	1B	7	2	1	1/	5			1				2	1/	2C		
88 36% (26/ 73)	1	1	1		1	1	1	2	1	1B	1/	4			1			1	1	1/	6		
1162 36% (26/ 73)	1	1B	1				1B		2	1	1/	1			1		1/	1	1	1/	6		
1409 35% (25/ 71)	2	1	3			1	5	2	2		1/				8	1	4		2	1/	3		
1884 35% (24/ 69)	4		1			1			1		3	2B			14		4		2	1/		Z	Z
2138 35% (25/ 72)	1	1	1				1		1						14		8				1	4	
1729 34% (22/ 64)	1	1	1				1	8	1	1	1/	3B			1		5		1	1/	1		
1509 34% (24/ 70)	X	1	3			1	X	6	1		3	1			14	1	4E	1		1/	1		
2374 34% (25/ 73)	1	1	1		1B	1	1	1	1	1	1/					1		1	2	1/	2C		
2495 34% (25/ 73)	1	1	1				1		1						14		8	1			1		
P8 33% (1/ 3)	Z	Z	Z	Z	Z	Z	Z	Z	Z	Z	Z	Z	Z	Z	Z	Z	Z	Z	Z	Z	Z	Z	Z
886 33% (5/ 15)	Z	Z	Z	Z	Z	Z	Z	Z	Z	Z	Z	Z	Z	Z	Z	Z	Z	Z	Z	Z	Z	Z	Z
941 33% (23/ 69)	Y	1	1		1B	1	1	1	2	1					1	1	1/		4	1/	1		Y

TESTSTELLE	5	10	11	18	20	28	29	35	36	38	41	42	44	45	48	52	53	55	56	65	76	84	87	88	91
UEBEREINST. ZEUGEN	11	392	10	2	441	416	439	452	54	1	467	283	451	473	452	452	338	422	459	333	467	1	476	471	279
BEZEUGTE VARIANTE	2	1/	1/M	7	1/	1/	1/	1/	1/K	5	1/	1/	1/	1/	1/	1/	1/	1/	1/	1/	1/	1/B	1/	1/	1/
P33 100% (1/ 1)	Z	Z	Z	Z	Z	Z	Z	Z	Z	Z	Z	Z	Z	Z	Z		Z	Z	Z	Z	Z	Z	Z	Z	Z
P41 100% (1/ 1)	Z	Z	Z	Z	Z	Z	Z	Z	Z	Z	Z	Z	Z	Z	Z	Z	Z	Z	Z	Z		Z	Z	Z	Z
314 100% (7/ 7)	Z	Z	Z	Z	Z	Z	Z	Z	Z	Z					Z	Z	Z	Z	Z	Z	Z	Z	Z	Z	Z
1738 100% (6/ 6)	Z	Z	Z	Z	Z	Z	Z	Z	Z	Z	Z	Z	Z	Z	Z	Z	Z	Z	Z	Z	Z	Z			
1745 100% (5/ 5)	Z	Z	Z	Z	Z	Z	Z	Z	Z	Z	Z	Z	Z	Z	Z	Z	Z	Z	Z	Z	Z	Z			
1858 100% (6/ 6)	Z	Z	Z	Z	Z	Z	Z	Z	Z	Z	Z	Z	Z	Z	Z	Z	Z	Z	Z	Z	Z	Z			
2777 100% (6/ 6)	Z	Z	Z	Z	Z	Z	Z	Z	Z	Z	Z	Z	Z	Z	Z	Z	Z	Z	Z	Z	Y	Z			
2778 100% (5/ 5)	Z	Z	Z	Z	Z	Z	Z	Z	Z	Z	Z	Z	Z	Z						Z	Z	Z	Z	Z	Z
1889 94% (16/ 17)	Z	Z	Z	Z	Z	Z	Z	Z	Z	Z	Z											4			
466 93% (13/ 14)	Z	Z	Z	Z	Z	Z	Z	Z	Z	Z	Z	Z	Z	Z								1/			
325 92% (12/ 13)	Z	Z	Z	Z	Z	Z	Z	Z	Z	Z	Z	Z	Z	Z	Z							1/			
2289 92% (12/ 13)	Z	Z	Z	Z	Z	Z	Z	Z	Z	Z	Z	Z	Z	Z	Z							1/			
498 92% (22/ 24)	Z	Z	Z	Z						1												1/			
602 92% (11/ 12)	Z	Z	Z	Z	Z	Z	Z	Z	Z	Z	Z	Z	Z	Z		Z						1/			
2441 92% (11/ 12)	Z	Z	Z	Z	Z	Z	Z	Z	Z	Z	Z	8	Z	Z						Z		Z			
626 91% (21/ 23)	Z	Z	Z	Z	Z					1												1/			
57 91% (20/ 22)	Y	Y	Y	Y	Y				1/	1												Y			
2004 90% (9/ 10)	Z	Z	Z	Z	Z	Z	Z	Z	Z	Z	Z		Z	Z	Z	Z	Z	Z	Z			1/			
1731 89% (16/ 18)	Z	Z	Z	Z	Z	Z	Z	Z	Z	Z												1/			4C
1730 88% (7/ 8)	Z	Z	Z	Z	Z	Z	Z	Z	Z	Z	Z	Z	Z	Z	Z	Z	Z	Z	Z	Z		1/			
1094 87% (20/ 23)	Z	Z	Z	Z	Z				1/	1												1/			
2378 87% (13/ 15)	Z	Z	Z	Z	Z	Z	Z	Z	Z	Z	X	Y			Z				1/E			1/			
172 84% (16/ 19)	Z	Z	Z	1/			Z	Z	1/	1	Z	Z										Z			Z
1864 84% (21/ 25)	Z	Z	Z	1/					1/	1												1/			
506 83% (5/ 6)	Z	Z	Z	Z	Z			Z	Z	Z	Z	Z	Z	Z		Z	Z			Z	Z	1/	Z	Z	Z
1846 83% (5/ 6)	Z	Z	Z	Z	Z	Z	Z	Z	Z	Z	Z	Z	Z	Z	Z	Z	Z	Z	Z	Z	Z	1/			X
642 83% (19/ 23)	1	Z	Z	1/					1/	1		Z								Z		Z			
1752 83% (19/ 23)	Z	Z	Z	Z	Z				1/	1		6										1/			
1839 83% (19/ 23)	Z	Z	Z	Z	Z				1/	1												1/			18
309 82% (14/ 17)	Z	Z	Z	Z	Z	Z	Z	Z	Z	Z		4			Z					1/0		1/			
131 82% (23/ 28)	1			1/					1/F	1												4			
302 82% (23/ 28)	1		1/	4						1												1/			
437 82% (23/ 28)	1		1/	1/						1												1/			

321 | 28 TS + 2 SL + 73 MT

TESTSTELLE		5	10	11	18	20	28	29	35	36	38	41	42	44	45	48	52	53	55	56	65	76	84	87	88	91
UEBEREINST. ZEUGEN		11	392	10	2	441	416	439	452	54	1	467	283	451	473	452	452	338	422	459	333	467	1	476	471	279
BEZEUGTE VARIANTE		2	1/	1/M	7	1/	1/	1/	1/	1/K	5	1/	1/	1/	1/	1/	1/	1/	1/	1/	1/	1/	1/B	1/	1/	1/
450	82% (23/ 28)	1		1/	1/						1												1/			
605	82% (23/ 28)	1		1/	1/						1												1/			
676	82% (23/ 28)	1		1/	1/						1												4			
1069	82% (23/ 28)	1		1/	1/						1												1/			
1106	82% (23/ 28)	1		5	4						1												1/			
1354	82% (23/ 28)	1		1/	1/						1												1/			
1367	82% (23/ 28)	1		1/	1/						4												1/			
1424	82% (23/ 28)	1		5	1/						1												1/			
1718	82% (23/ 28)	1		1/	1/						1												1/			
1849	82% (23/ 28)	1		1/	1/						1												1/			
1859	82% (23/ 28)	1			1/					1/F	1												1/			
2492	82% (23/ 28)	1			1/					1/	1												1/			
624	82% (9/ 11)	Z	Z	Z	Z	Z	Z	Z		1/	1	Z	Z	Z	Z	Z	Z	Z	Z	Z			Z			
319	81% (22/ 27)	1		1/	1/						1										Z		1/			
363	81% (22/ 27)	1		X	4						1												1/			
699	81% (22/ 27)	1		1/	Z					1/	1												1/			
1075	81% (22/ 27)	Z		1/	1/					1/	1												1/			
1880	81% (22/ 27)	1		1/	1/					X	1												1/			
2194	81% (22/ 27)	1		1/	1/						1												1/			V
256	81% (17/ 21)	Z	Z	Z	1/				Z	Z	Z		3			Z			1/B				1/			
920	81% (17/ 21)	Z	Z	Z	Z	Z				1/L	1	Z					Z				1/F		1/			
1852	81% (17/ 21)	Z	Z	Z	Z	Z	Z	Z		1/	1												1/			5
2716	81% (17/ 21)	Z	Z	Z	Z	Z			Z	1/	1										1/H		1/			
2400	81% (21/ 26)			1/	1/		Z	Z			1												1/			4C
62	80% (8/ 10)	Z	Z	Z	Z	Z				1/	2			Z	Z	Z	Z	Z	Z	Z	Z	Z	Z	Z	Z	Z
1867	80% (20/ 25)	Z	Z	Z	1/					1/	1												1/			3
1899	80% (4/ 5)	Z	Z	Z	Z	Z	Z	Z	Z	Z	Z	Z	Z	Z	Z	Z	Z	Z	Z	Z	Z	Z	1/			
2180	80% (20/ 25)	Z	Z	Z	4						1								9				1/			8C
1723	79% (19/ 24)	Z	Z	Z	1/					1/	1		X								1/F		1/			
2587	79% (19/ 24)	Z	Z	Z	Z					1/	1		6								1/F		1/			
82	79% (22/ 28)	1		1/	1/					1/	1												1/			
105	79% (22/ 28)	1		1/	1/					1/	1												1/			
133	79% (22/ 28)	1		1/O	1/					1/	1												1/			

321 28 TS + 2 SL + 73 MT

TESTSTELLE UEBEREINST. ZEUGEN BEZEUGTE VARIANTE			97 422 1/	100 470 1/	102 478 1/
P33	100%	(1/ 1)	Z	Z	Z
P41	100%	(1/ 1)	Z	Z	Z
314	100%	(7/ 7)			
1738	100%	(6/ 6)			
1745	100%	(5/ 5)	Z		
1858	100%	(6/ 6)			
2777	100%	(6/ 6)			
2778	100%	(5/ 5)	Z	Z	Z
1889	94%	(16/ 17)			
466	93%	(13/ 14)			
325	92%	(12/ 13)			
2289	92%	(12/ 13)			
498	92%	(22/ 24)			
602	92%	(11/ 12)	Z		
2441	92%	(11/ 12)		Z	
626	91%	(21/ 23)			
57	91%	(20/ 22)			
2004	90%	(9/ 10)			
1731	89%	(16/ 18)			
1730	88%	(7/ 8)			
1094	87%	(20/ 23)			
2378	87%	(13/ 15)			
172	84%	(16/ 19)			
1864	84%	(21/ 25)			
506	83%	(5/ 6)	Z	Z	Z
1846	83%	(5/ 6)			
642	83%	(19/ 23)			
1752	83%	(19/ 23)			
1839	83%	(19/ 23)			
309	82%	(14/ 17)			
131	82%	(23/ 28)			
302	82%	(23/ 28)			
437	82%	(23/ 28)			

321 28 TS + 2 SL + 73 MT

TESTSTELLE UEBEREINST. ZEUGEN BEZEUGTE VARIANTE			97 422 1/	100 470 1/	102 478 1/
450	82%	(23/ 28)			
605	82%	(23/ 28)			
676	82%	(23/ 28)			
1069	82%	(23/ 28)			
1106	82%	(23/ 28)			
1354	82%	(23/ 28)			
1367	82%	(23/ 28)			
1424	82%	(23/ 28)			
1718	82%	(23/ 28)			
1849	82%	(23/ 28)			
1859	82%	(23/ 28)			
2492	82%	(23/ 28)			
624	82%	(9/ 11)			
319	81%	(22/ 27)			
363	81%	(22/ 27)			3
699	81%	(22/ 27)			
1075	81%	(22/ 27)			
1880	81%	(22/ 27)			
2194	81%	(22/ 27)			
256	81%	(17/ 21)			
920	81%	(17/ 21)			
1852	81%	(17/ 21)			
2716	81%	(17/ 21)		Z	
2400	81%	(21/ 26)			
62	80%	(8/ 10)			
1867	80%	(20/ 25)			
1899	80%	(4/ 5)	Z	Z	
2180	80%	(20/ 25)			
1723	79%	(19/ 24)			
2587	79%	(19/ 24)			
82	79%	(22/ 28)			
105	79%	(22/ 28)			
133	79%	(22/ 28)			

322 | 50 TS + 3 SL + 51 MT

TESTSTELLE	3	6	8	10	11	13	17	18	19	20	23	26	29	31	32	34	35	36	37	39	41	42	44	45	46
UEBEREINST. ZEUGEN	9	11	94	392	351	5	23	73	110	441	91	30	30	36	51	29	452	339	15	33	467	41	451	473	76
BEZEUGTE VARIANTE	2	2	3	1/	1/	2C	2	4	2	1/	2	2	5	2	2	11	1/	1/	2	4	1/	6	1/	1/	2
P33 100% (1/ 1)	Z	Z	Z	Z	Z	Z	Z	Z	Z	Z	Z	Z	Z	Z	Z	Z	Z	Z	Z	Z	Z	Z	Z	Z	Z
P41 100% (1/ 1)	Z	Z	Z	Z	Z	Z	Z	Z	Z	Z	Z	Z	Z	Z	Z	Z	Z	Z	Z	Z	Z	Z	Z	Z	Z
323 98% (48/ 49)				Z		2																			
1739 78% (39/ 50)	1					3D										2B						5			
1891 78% (39/ 50)	1					3D										2B		1/F				5			
945 74% (37/ 50)		1				3E	11									2B						5			
630 70% (33/ 47)	1	1				4	Z	Z	Z			1	1/	1		2B		1/F							
P74 70% (32/ 46)	Z		Y	3	1/I	2B		Z					1/			2	3			2		3	4		
81 69% (27/ 39)			2	14	1/L	2	Z	Z	Z	Z	Z		1/			2C	3			2		1/			
1704 68% (34/ 50)		1				5	11							4		2B						5			
2200 65% (31/ 48)	1	1				3D	1C					1	1/	1		2B		1/F				5			1
1642 64% (32/ 50)	1			3	14											2B	3			1		1/			
2298 64% (32/ 50)	1	1	1		1/L	1D	11B							6	1				1			5			3
1846 64% (7/ 11)	Z	Z	Z	Z	Z	Z	Z	Z	Z	Z	Z	Z	Z	Z	Z	Z	Z	Z	Z	Z	Z	Z	Z	Z	Z
623 63% (26/ 41)	Z	Z	Z	Z	Z	Z	Z	Z	Z				1/		1				1	1		4			
33 61% (25/ 41)	1	1	X	11		1		X	1				X	X	1			X	X	1		3			X
01 60% (30/ 50)			2	3		2		5					1/			2	3			2		1/	4		
467 60% (30/ 50)	1	1		4		1D	13							1	1	1			1			1/			
2344 60% (30/ 50)	1	1		11		1		1/	1				1/	1E		2			1	1		3			
2464 60% (9/ 15)	Z	Z	Z	Z	Z	Z	Z	Z	Z	Z	Z	Z	Z	Z	Z	Z	Z	Z	Z	Z	Z	Z	Z	Z	Z
1875 60% (25/ 42)	X	X	X	X	X	X	1	1/	1				Z			2B	3	3	4	X					
2201 60% (25/ 42)	1	Z	Z	Z	Z	Z	Z	Z	Z			1	1/	1	1			1/F	1	1		1/			
04 59% (19/ 32)			2C	3	5	2B	Z	Z	Z	Z	Z		1/				3B			Z	Z	Z	4		
180 59% (29/ 49)	1	1		6		2	1	5B				1				11C	3	1/F	1			4			
610 59% (27/ 46)	1	1		6		2		5B				Z				Z	3	1/F	1			4			
1852 58% (21/ 36)	Z	Z	Z	Z	Z	Z	Z	Z	Z	Z	Z	Z	Z	Z	1	1			1	1		1/			3
02 58% (29/ 50)			2	3		2B		5					1/	2B		2	3			2		3	4		
03 58% (29/ 50)			2			2		3	3				1/			2	4			2		1/	4		
5 58% (29/ 50)	1	1				1	1	1/	1				1/		1			1/D	1	1		1/			3
94 58% (29/ 50)		1		6	1/L		5	5B				1				11B	3	1/F	1			4			
619 58% (29/ 50)	1	1			1/L	1	1	1/	1				1/		1				1	1B		4			
1162 58% (29/ 50)	1	1	3B		1/L	7	1		1				1/		1				1	1		4			
1899 57% (4/ 7)	Z	Z	Z	Z	Z	Z	Z	Z	Z	Z	Z	Z	Z	Z	Z	Z	Z	Z	Z	Z	Z	Z	Z	Z	Z

TESTSTELLE			3	6	8	10	11	13	17	18	19	20	23	26	29	31	32	34	35	36	37	39	41	42	44	45	46
UEBEREINST. ZEUGEN			9	11	94	392	351	5	23	73	110	441	91	30	30	36	51	29	452	339	15	33	467	41	451	473	76
BEZEUGTE VARIANTE			2	2	3	1/	1/	2C	2	4	2	1/	2	2	5	2	2	11	1/	1/	2	4	1/	6	1/	1/	2
2778	57%	(4/ 7)	Z	Z	Z	Z	Z	Z	Z	Z	Z	Z	Z	Z	Z	Z	Z	Z	Z	Z	Z	Z	Z	Z	Z	Z	Z
206	57%	(17/ 30)	Z	Z	Z	Z	Z	Z	Z	Z	Z	Z	Z	Z	Z	Z	Z	Z	Z	Z	Z	Z		5			
228	56%	(28/ 50)	1	1					1					1	1/	1	1	1			1	1		5			3
307	56%	(28/ 50)	1	1		6		2		5B				1				11C	3	1/F	1			4			
2818	56%	(28/ 50)	1	1		6		2		5B				1				11C	3	1/F	1			4			
P45	56%	(5/ 9)	Z	Z	Z	Z	Z	Z	Z	Y	Y	Y		Z	1/	Z	4	Y		Z	Z	Z		Z	Z		Z
2805	55%	(26/ 47)	1	1	3B	4	10	3D				Z	Z		6	1	1	1			1	1		4			
441	55%	(21/ 38)	Z	Z	Z	Z	Z	Z	Z	Z	Z	Z	Z	Z	1/		1	1			1	1		4			
2289	55%	(12/ 22)	Z	Z	Z	Z	Z	Z	Z	Z	Z	Z	Z	Z	Z	Z	Z	Z	Z	Z	Z	Z	Z	Z	Z	Z	Z
1751	54%	(26/ 48)	1B	1B	3B			1B	1C					1	1/	1		9B		1/F	1			5			
2378	54%	(13/ 24)	Z	Z	Z	Z	Z	Z	Z	Z	Z	Z	Z	Z	Z	Z	Z	Z	Z	Z	Z	Z	X	Y			1
429	54%	(27/ 50)	1	1			5	3D	1C					1	1/	1		2B		1/F	1			5			
453	54%	(27/ 50)	1	1		6		2		5B				1				11C	3	1/F	1			4			
996	54%	(27/ 50)	1	1					1				1	1	1/	1	3	1			1	1					3
1175	54%	(27/ 50)	3	1	2	3	1/D	2		5					1/			2	3		1C	4B			6		
1827	54%	(27/ 50)	1B	1	3B		1/B	1		1/	1			1	1/		1				1	1		4			
2737	54%	(27/ 50)	1	1				1	7	1/	1			1	1/		1	1			1	1		3			1
624	53%	(9/ 17)	Z	Z	Z	Z	Z	Z	Z	Z	Z	Z	Z	Z	Z	Z	Z	Z			1	Z	Z	Z	Z	Z	Z
2718	53%	(21/ 40)	1	1	3B			1C	1	1/	1			1	1/	1	1	1			1	1		4			
044	52%	(26/ 50)	1	1	1	4		2D		1/	1		7	1	1/	3	1	1			1	1		4	5		
621	52%	(26/ 50)	1	1			1/O	8	1	1/		1/B	1	1	1/		1	1			1	1		4			
1509	52%	(26/ 50)	1	1			1/I	8	1C					1	1/	1		1		1/F	1			5			1
172	52%	(16/ 31)	Z	Z	Z	Z	Z	Z	1	1/	1		Z	1	Z	Z	Z	Z	Z		1	Z	Z	Z			1
1893	51%	(21/ 41)	1	1	1			X	1	1/	1			1	1/	1	Z	Z	Z	Z	1	1		4			
1609	51%	(24/ 47)	1	1	1			1	1	1/	1		1	1	1/	1	1	1			1	1		1/			3
104	51%	(25/ 49)	1	V2		11	1/M	1	1	1/	1			1	1/	1	1	1			1	1		7			
431	51%	(25/ 49)	1	1	3B			1	1C	1/	1			3	1/	1		3	3		1			4			
08	50%	(24/ 48)	1	1		11		3			1		3		1/	1G	1	9			6	6					
181	50%	(25/ 50)	1	5	3B	11	11	1	1	1/	1				1/			2B	3	3	4B			4			
218	50%	(25/ 50)	1	1	1		1/C	1	1	1/			1	1	1/	1	1	1			1	1		1/			1
314	50%	(6/ 12)	Z	Z	Z	Z	Z	Z	Z	Z	Z	Z	Z	Z	Z	Z	Z	Z	Z	Z	Z	Z		1/			1
325	50%	(11/ 22)	Z	Z	Z	Z	Z	Z	Z	Z	Z	Z	Z	Z	Z	Z	Z	Z	Z	Z	Z	Z	Z	Z	Z	Z	Z
436	50%	(25/ 50)	1	1	1		1/L	1	1		1		1	1	1/	1	1	1			1	1		4			

322 50 TS + 3 SL + 51 MT

TESTSTELLE	47	48	50	52	55	56	57	59	65	66	76	77	80	84	87	88	90	91	92	95	96	97	98	100	102
UEBEREINST. ZEUGEN	92	452	17	452	422	459	104	20	1	365	467	181	16	402	476	471	71	28	99	13	35	422	34	470	478
BEZEUGTE VARIANTE	2	1/	2	1/	1/	1/	2	2	1/C	1/	1/	2	6	1/	1/	1/	2	5	2	4	2	1/	3	1/	1/
P33 100% (1/ 1)	Z	Z	Z		Z	Z	Z	Z	Z	Z	Z	Z	Z	Z	Z	Z	Z	Z	Z	Z	Z	Z	Z	Z	Z
P41 100% (1/ 1)	Z	Z	Z	Z	Z	Z	Z	Z	Z	X		Z	Z	Z	Z	Z	Z	Z	Z	Z	Z	Z	Z	Z	Z
323 98% (48/ 49)																									
1739 78% (39/ 50)			2C						1/				6B	3				3		2			2		
1891 78% (39/ 50)			2C						1/					3				3		2			2		
945 74% (37/ 50)			19					1	1/				6B	3				3		2			2		
630 70% (33/ 47)			2C						1/					3				3		2			2		
P74 70% (32/ 46)			3						1/				2					1/		Z			2		
81 69% (27/ 39)									Z	Z	Z	Z	Z	Z				1/		2			2		
1704 68% (34/ 50)			19				2B	1	1/				6B	3			4	3		2			2		
2200 65% (31/ 48)			2C						1/		Z	Z		3				3		2			2		
1642 64% (32/ 50)			3					1	1/			1B	1				1	1/	1	1	1	4			
2298 64% (32/ 50)			1D					1	1/					3				3		2			2		
1846 64% (7/ 11)	Z	Z	Z	Z	Z	Z	Z	Z	Z	Z	Z	Z	Z				1	X		3	1		1		
623 63% (26/ 41)			1					1	1/F				7	4				3		2	1		2C		3
33 61% (25/ 41)					X	X			1/D	1/C			2	3				3	1	2			7		
01 60% (30/ 50)		3		4	1/B				1/K				2	3				1/		2			2		3
467 60% (30/ 50)			1					1	1/			1B	1					4I	1	3	1		2C		
2344 60% (30/ 50)								1	1/E				2	3				3G	1	2			7		
2464 60% (9/ 15)	Z	Z	Z	Z	Z	Z	Z	Z	Z	Z				4				4B		2			2C	3	4
1875 60% (25/ 42)	1		4		5				1/F	7			1	1/C				12		2			2		
2201 60% (25/ 42)	1		1					1	1/				1							1	1		6		
04 59% (19/ 32)				1/D			Z	Z	Z	Z			3	3	Z	Z	Z	Z	Z	2		3	2	Z	
180 59% (29/ 49)								1	1/			Z	1					4		3	1	3	2		
610 59% (27/ 46)			2C					1	1/	1/B		Z	Z	4				3		3	1	3	2		
1852 58% (21/ 36)	1		1				1	1	1/			1	1							3			1		
02 58% (29/ 50)			3		4				1/				2	3				1/	1	2			2		3
03 58% (29/ 50)				4	1/B				1/			2B	2	4				1/		2		4	2		3
5 58% (29/ 50)			1					1	1/				7					3		2	1		2C		
94 58% (29/ 50)			2C					1	1/	1/B			1				1	3		3	1		2C		
619 58% (29/ 50)			1					1	1/				3B					1/	1	1	1		6B		
1162 58% (29/ 50)			1					1	1/				3					1/	1	1	1		6		
1899 57% (4/ 7)	Z	Z	Z	Z	Z	Z	Z	Z	Z	Z	Z	Z	Z				1	1/	1	Z	Z	Z	Z	Z	

	TESTSTELLE	47	48	50	52	55	56	57	59	65	66	76	77	80	84	87	88	90	91	92	95	96	97	98	100	102
	UEBEREINST. ZEUGEN	92	452	17	452	422	459	104	20	1	365	467	181	16	402	476	471	71	28	99	13	35	422	34	470	478
	BEZEUGTE VARIANTE	2	1/	2	1/	1/	1/	2	2	1/C	1/	1/	2	6	1/	1/	1/	2	5	2	4	2	1/	3	1/	1/
2778	57% (4/ 7)	Z		1D				1	1	Z	Z	Z	Z	Z	Z	Z	Z	Z	Z	Z	Z	Z	Z	Z	Z	Z
206	57% (17/ 30)			19	4				1	1/			1B		3			1	4E	1	3	1		1D		
228	56% (28/ 50)			1					1	1/F	11			5				1	5H		1	1		2		
307	56% (28/ 50)			2C					1	1/	1/B			3	4				3		3	1	3	2		
2818	56% (28/ 50)			2C					1	1/	1/B			1	4				3		3	1	3	2		
P45	56% (5/ 9)	Z	Z	Z	Z	3		1	Z	Z	Z	Z	Z	Z	Z	Z	Z	Z	Z	Z	Z	Z	Z	Z	Z	Z
2805	55% (26/ 47)			1					1	1/F				4					3		3	1		2C		Z
441	55% (21/ 38)			6	3				1	1/K	8			1					5D	1	3	1		2C		
2289	55% (12/ 22)	Z	Z	Z				1	1	1/				1				1	1/	1	1	1		1		
1751	54% (26/ 48)		7	5B					1	8	1/E		5		1/C				3H		2	Z	Z	2		
2378	54% (13/ 24)	1	Z	1			1/E	Z	1	1/				1				1	1/	1	Z	Z		1		
429	54% (27/ 50)			19					1	1/			1B		3			1	4E	1	3	1		1D		
453	54% (27/ 50)			2C					1	1/	1/B			3	4			1	6B		3	1	3	2		
996	54% (27/ 50)			1	3				1	1/	10		2B	5				1	5H			1		2		
1175	54% (27/ 50)				4			2C		1/	1/B			2					1/	1	2		1/B	2C		
1827	54% (27/ 50)	1		1					1	1/				1D					1/	1	1	1		6		
2737	54% (27/ 50)			1					1	1/F			1	1					11D		1	1		2B		
624	53% (9/ 17)	Z	Z	Z	Z	Z	Z	Z	Z	1/			Z	Z	Z			1	1/	1	1	1		1		
2718	53% (21/ 40)				4					1/F	6	Z	Z	Z	Z	Z	Z	Z	Z	Z	Z			2C		
044	52% (26/ 50)								4	1/F				3					3		3			1		4
621	52% (26/ 50)			1	3				1	1/	8			1							3	1		2C		
1509	52% (26/ 50)		1/K	1					1	1/F					3			1	4E	1	3	1		1		
172	52% (16/ 31)	1		1				1	1	1/			1B	1	Z			Z	Z	Z	1	1				
1893	51% (21/ 41)		Z	1					1	Z	Z			1	Z				1/	1	1	1		6		
1609	51% (24/ 47)	1		1					1	5				1				1			Z	Z	Z			
104	51% (25/ 49)	1		1C					1	1/			3	1				4			2			2		
431	51% (25/ 49)			2C					1	1/	1/B			1	4				14		3	1	3	W		
08	50% (24/ 48)	4	6	1				1	1	1/F	3			3	3				4		2			2C	Z	Z
181	50% (25/ 50)	1		10		5				1/				3	1/C				12		2		4	2		
218	50% (25/ 50)							1		1/F				1				1	1/		2	1		2		
314	50% (6/ 12)	Z	Z	Z	Z	Z	Z	Z	Z	Z	Z	Z	Z	Z	Z	Z	Z	Z	Z	1	1	1		1		
325	50% (11/ 22)	Z	Z	Z				1	1	1/			1	1				1	1/	1	1	1		1		
436	50% (25/ 50)			1					1	1/				1	4				3		2	1		2		

323 50 TS + 2 SL + 50 MT

TESTSTELLE	3	6	8	11	13	17	18	19	20	23	26	29	31	32	34	35	36	37	39	41	42	44	45	46	47
UEBEREINST. ZEUGEN	9	11	94	351	12	23	73	110	441	91	30	30	36	51	29	452	339	15	33	467	41	451	473	76	92
BEZEUGTE VARIANTE	2	2	3	1/	2	2	4	2	1/	2	2	5	2	2	11	1/	1/	2	4	1/	6	1/	1/	2	2
P33 100% (1/ 1)	Z	Z	Z	Z	Z	Z	Z	Z	Z	Z	Z	Z	Z	Z	Z	Z	Z	Z	Z	Z	Z	Z	Z	Z	Z
P41 100% (1/ 1)	Z	Z	Z	Z	Z	Z	Z	Z	Z	Z	Z	Z	Z	Z	Z	Z	Z	Z	Z	Z	Z	Z	Z	Z	Z
322 96% (48/ 50)					2C																				
1739 78% (39/ 50)	1				3D										2B						5				
1891 78% (39/ 50)	1				3D										2B		1/F				5				
945 72% (36/ 50)		1			3E	11									2B						5				
81 72% (28/ 39)			2	1/L		Z	Z	Z	Z	Z		1/			2C	3			2		1/				
P74 70% (32/ 46)	Z		Y	1/I	2B		Z					1/			2	3			2		3	4			
630 68% (32/ 47)	1	1			4	Z	Z	Z			1	1/	1		2B		1/F								
1704 66% (33/ 50)		1			5	11							4		2B						5				
623 64% (27/ 42)	Z	Z	Z	Z	Z	Z	Z	Z				1/		1				1	1		4				
2298 64% (32/ 50)	1	1	1	1/L	1D	11B							6	1				1			5			3	
1846 64% (7/ 11)	Z	Z	Z	Z	Z	Z	Z	Z	Z	Z	Z	Z	Z	Z	Z	Z	Z	Z	Z	Z	Z	Z	Z	Z	Z
33 63% (26/ 41)	1	1	X		1		X	1				X	X	1			X	X	1		3			X	
180 63% (31/ 49)	1	1				1	5B				1				11C	3	1/F	1			4				
610 63% (29/ 46)	1	1					5B				Z				Z	3	1/F	1			4				
2200 63% (30/ 48)	1	1			3D	1C					1	1/	1		2B		1/F				5			1	
01 62% (31/ 50)			2				5					1/			2	3			2		1/	4			
467 62% (31/ 50)	1	1			1D	13							1	1	1			1			1/				
1642 62% (31/ 50)	1			14	2C										2B	3			1		1/				
2344 62% (31/ 50)	1	1			1		1/	1				1/	1E		2			1	1		3				
2201 60% (26/ 43)	1	Z	Z	Z	Z	Z	Z	Z			1	1/	1	1			1/F	1	1		1/				1
307 60% (30/ 50)	1	1					5B				1				11C	3	1/F	1			4				
2464 60% (9/ 15)	Z	Z	Z	Z	Z	Z	Z	Z	Z	Z	Z	Z	Z	Z	Z	Z	Z	Z	Z	Z	Z	Z	Z	Z	Z
2818 60% (30/ 50)	1	1					5B				1				11C	3	1/F	1			4				
04 59% (19/ 32)			2C	5	2B	Z	Z	Z	Z	Z		1/				3B			Z	Z	Z	4			
1875 58% (25/ 43)	X	X	X	X	X	1	1/	1				Z			2B	3	3	4	X						1
02 58% (29/ 50)			2		2B		5					1/	2B		2	3			2		3	4			
03 58% (29/ 50)			2				3	3				1/			2	4			2		1/	4			
5 58% (29/ 50)	1	1			1	1	1/	1				1/		1			1/D	1	1		1/			3	
94 58% (29/ 50)		1		1/L	2C	5	5B				1				11B	3	1/F	1			4				
453 58% (29/ 50)	1	1					5B				1				11C	3	1/F	1			4				
619 58% (29/ 50)	1	1		1/L	1	1	1/	1				1/		1				1	1B		4				

TESTSTELLE			3	6	8	11	13	17	18	19	20	23	26	29	31	32	34	35	36	37	39	41	42	44	45	46	47
UEBEREINST. ZEUGEN			9	11	94	351	12	23	73	110	441	91	30	30	36	51	29	452	339	15	33	467	41	451	473	76	92
BEZEUGTE VARIANTE			2	2	3	1/	2	2	4	2	1/	2	2	5	2	2	11	1/	1/	2	4	1/	6	1/	1/	2	2
1162	58%	(29/ 50)	1	1	3B	1/L	7	1		1				1/		1				1	1		4				
1175	58%	(29/ 50)	3	1	2	1/D			5					1/			2	3		1C	4B			6			
2805	57%	(27/ 47)	1	1	3B	10	3D				Z	Z		6	1	1	1			1	1		4				
1899	57%	(4/ 7)	Z	Z	Z	Z	Z	Z	Z	Z	Z	Z	Z	Z	Z	Z	Z	Z	Z	Z	Z	Z	Z	Z	Z	Z	Z
1852	57%	(21/ 37)	Z	Z	Z	Z	Z	Z	Z	Z	Z	Z	Z	Z	Z	1	1			1	1		1/			3	1
441	56%	(22/ 39)	Z	Z	Z	Z	Z	Z	Z	Z	Z	Z	Z	1/		1	1			1	1		4				
P45	56%	(5/ 9)	Z	Z	Z	Z	Z	Z	Y	Y	Y		Z	1/	Z	4	Y		Z	Z	Z		Z	Z		Z	Z
206	55%	(17/ 31)	Z	Z	Z	Z	Z	Z	Z	Z	Z	Z	Z	Z	Z	Z	Z	Z	Z	Z	Z		5				
1678	54%	(27/ 50)	1	1	1			8	5B				1				11C	3	1/F	1			4				
1827	54%	(27/ 50)	1B	1	3B	1/B	1		1/	1			1	1/		1				1	1		4				1
2737	54%	(27/ 50)	1	1			1	7	1/	1			1	1/		1	1			1	1		3			1	
624	53%	(9/ 17)	Z	Z	Z	Z	Z	Z	Z	Z	Z	Z	Z	Z	Z	Z	Z			1	Z	Z	Z	Z	Z	Z	Z
2718	53%	(21/ 40)	1	1	3B		1C	1	1/	1			1	1/	1	1	1			1	1		4				
2289	52%	(12/ 23)	Z	Z	Z	Z	Z	Z	Z	Z	Z	Z	Z	Z	Z	Z	Z	Z	Z	Z	Z	Z	Z	Z	Z	Z	Z
1409	52%	(25/ 48)	1	1	1		1		5					1/	1	1	1		1/K	7	1		1/	4		3	
1751	52%	(25/ 48)	1B	1B	3B		1B	1C					1	1/	1		9B		1/F	1			5				
044	52%	(26/ 50)	1	1	1		2D		1/	1		7	1	1/	3	1	1			1	1		4	5			
88	52%	(26/ 50)	1	1	3B				1/	1			1	1/			7			1	1		1/			3	
228	52%	(26/ 50)	1	1			2C	1					1	1/	1	1	1			1	1		5			3	
429	52%	(26/ 50)	1	1		5	3D	1C					1	1/	1		2B		1/F	1			5				
2378	52%	(13/ 25)	Z	Z	Z	Z	Z	Z	Z	Z	Z	Z	Z	Z	Z	Z	Z	Z	Z	Z	Z	X	Y			1	1
2746	52%	(17/ 33)	Z	Z	Z	Z	Z	Z	Z	Z	Z	Z	1	1/	1	1	1			1B	1		Z	Z	Z	Z	Z
1893	51%	(21/ 41)	1	1	1		X	1	1/	1			1	1/	1	Z	Z	Z	Z	1	1		4				
1609	51%	(24/ 47)	1	1	1		1	1	1/	1		1	1	1/	1	1	1			1	1		1/			3	1
104	51%	(25/ 49)	1	V2		1/M	1	1	1/	1			1	1/	1	1	1			1	1		7				1
431	51%	(25/ 49)	1	1	3B		1	1C	1/	1			3	1/	1		3	3		1			4				
08	50%	(24/ 48)	1	1			3			1		3		1/	1G	1	9			6	6						4
172	50%	(16/ 32)	Z	Z	Z	Z	Z	1	1/	1		Z	1	Z	Z	Z	Z	Z		1	Z	Z	Z			1	1
181	50%	(25/ 50)	1	5	3B	11	1	1	1/	1				1/			2B	3	3	4B			4				1
314	50%	(6/ 12)	Z	Z	Z	Z	Z	Z	Z	Z	Z	Z	Z	Z	Z	Z	Z	Z	Z	Z	Z		1/			1	Z
440	50%	(25/ 50)	1	1	1		1	1C	1/	1		1	1	1/	1	1				1	1					3	1
621	50%	(25/ 50)	1	1		1/O	8	1	1/		1/B	1	1	1/		1	1			1	1		4				
996	50%	(25/ 50)	1	1			2C	1				1	1	1/	1	3	1			1	1					3	

323 — 50 TS + 2 SL + 50 MT

TESTSTELLE		48	50	52	53	55	56	57	59	65	66	76	77	80	84	87	88	90	91	92	95	96	97	98	100	102
UEBEREINST. ZEUGEN		452	17	452	87	422	459	104	20	1	365	467	181	16	402	476	471	71	28	99	13	35	422	34	470	478
BEZEUGTE VARIANTE		1/	2	1/	3	1/	1/	2	2	1/C	1/	1/	2	6	1/	1/	1/	2	5	2	4	2	1/	3	1/	1/
P33	100% (1/ 1)	Z	Z		Z	Z	Z	Z	Z	Z	Z	Z	Z	Z	Z	Z	Z	Z	Z	Z	Z	Z	Z	Z	Z	Z
P41	100% (1/ 1)	Z	Z	Z	Z	Z	Z	Z	Z	Z	X		Z	Z	Z	Z	Z	Z	Z	Z	Z	Z	Z	Z	Z	Z
322	96% (48/ 50)				3F																					
1739	78% (39/ 50)		2C							1/				6B	3				3		2			2		
1891	78% (39/ 50)		2C							1/					3				3		2			2		
945	72% (36/ 50)		19		8C				1	1/				6B	3				3		2			2		
81	72% (28/ 39)				1/					Z	Z	Z	Z	Z	Z				1/		2			2		
P74	70% (32/ 46)		3		1/					1/				2					1/		Z			2		
630	68% (32/ 47)		2C		8					1/					3				3		2			2		
1704	66% (33/ 50)		19		8			2B	1	1/				6B	3			4	3		2			2		
623	64% (27/ 42)		1						1	1/F				7	4				3		2	1		2C		3
2298	64% (32/ 50)		1D						1	1/					3				3		2			2		
1846	64% (7/ 11)	Z	Z	Z	Z	Z	Z	Z	Z	Z	Z	Z	Z	Z				1	X		3	1		1		
33	63% (26/ 41)					X	X			1/D	1/C			2	3				3	1	2			7		
180	63% (31/ 49)								1	1/			Z	1					4		3	1	3	2		
610	63% (29/ 46)		2C						1	1/	1/B		Z	Z	4				3		3	1	3	2		
2200	63% (30/ 48)		2C		8					1/		Z	Z		3				3		2			2		
01	62% (31/ 50)	3		4	1/	1/B				1/K				2	3				1/		2			2		3
467	62% (31/ 50)		1						1	1/			1B	1					4I	1	3	1		2C		
1642	62% (31/ 50)		3		3B				1	1/			1B	1				1	1/	1	1	1	4			
2344	62% (31/ 50)								1	1/E				2	3				3G	1	2			7		
2201	60% (26/ 43)		1						1	1/				1							1	1		6		
307	60% (30/ 50)		2C						1	1/	1/B			3	4				3		3	1	3	2		
2464	60% (9/ 15)	Z	Z	Z	Z	Z	Z	Z	Z	Z	Z				4				4B		2			2C	3	4
2818	60% (30/ 50)		2C						1	1/	1/B			1	4				3		3	1	3	2		
04	59% (19/ 32)			1/D	4			Z	Z	Z	Z			3	3	Z	Z	Z	Z	Z	2		3	2	Z	
1875	58% (25/ 43)		4		3G	5				1/F	7			1	1/C				12		2			2		
02	58% (29/ 50)		3		1/	4				1/				2	3				1/	1	2			2		3
03	58% (29/ 50)			4	1/	1/B				1/			2B	2	4				1/		2		4	2		3
5	58% (29/ 50)		1						1	1/				7					3		2	1		2C		
94	58% (29/ 50)		2C						1	1/	1/B			1				1	3		3	1		2C		
453	58% (29/ 50)		2C						1	1/	1/B			3	4			1	6B		3	1	3	2		
619	58% (29/ 50)		1						1	1/				3B					1/	1	1	1		6B		

323 | 50 TS + 2 SL + 50 MT

TESTSTELLE	48	50	52	53	55	56	57	59	65	66	76	77	80	84	87	88	90	91	92	95	96	97	98	100	102
UEBEREINST. ZEUGEN	452	17	452	87	422	459	104	20	1	365	467	181	16	402	476	471	71	28	99	13	35	422	34	470	478
BEZEUGTE VARIANTE	1/	2	1/	3	1/	1/	2	2	1/C	1/	1/	2	6	1/	1/	1/	2	5	2	4	2	1/	3	1/	1/
1162 58% (29/ 50)		1						1	1/				3					1/	1	1	1		6		
1175 58% (29/ 50)			4				2C		1/	1/B			2					1/	1	2		1/B	2C		
2805 57% (27/ 47)		1						1	1/F				4					3		3	1		2C		Z
1899 57% (4/ 7)	Z	Z	Z	Z	Z	Z	Z	Z	Z	Z	Z	Z	Z				1	1/	1	Z	Z	Z	Z	Z	
1852 57% (21/ 37)		1		1/			1	1	1/			1	1							3			1		
441 56% (22/ 39)		6	3					1	1/K	8			1					5D	1	3	1		2C		
P45 56% (5/ 9)	Z	Z	Z	Z	3		1	Z	Z	Z	Z	Z	Z	Z	Z	Z	Z	Z	Z	Z	Z	Z	Z	Z	Z
206 55% (17/ 31)		19	4	8				1	1/			1B		3			1	4E	1	3	1		1D		
1678 54% (27/ 50)		2C						1	1/	1/B			1	4				3		3	1	3	2		4
1827 54% (27/ 50)		1						1	1/				1D					1/	1	1	1		6		
2737 54% (27/ 50)		1						1	1/F			1	1					11D		1	1		2B		
624 53% (9/ 17)	Z	Z	Z	Z	Z	Z	Z	Z	1/			Z	Z	Z			1	1/	1	1	1		1		
2718 53% (21/ 40)			4						1/F	6	Z	Z	Z	Z	Z	Z	Z	Z	Z	Z			2C		
2289 52% (12/ 23)	Z	Z		1/			1	1	1/				1				1	1/	1	1	1		1		
1409 52% (25/ 48)		13B	3				Z	Z	1/F				2				1	4		2	1				
1751 52% (25/ 48)	7	5B		8				1	8	1/E		5		1/C				3H		2	Z	Z	2		
044 52% (26/ 50)				1/				4	1/F				3					3		3			1		4
88 52% (26/ 50)		1	4				1	1	1/			1	2					3	1	1	1		6		
228 52% (26/ 50)		1		1/				1	1/F	11			5				1	5H		1	1		2		
429 52% (26/ 50)		19		8				1	1/			1B		3			1	4E	1	3	1		1D		
2378 52% (13/ 25)	Z	1		1/		1/E	Z	1	1/				1				1	1/	1	Z	Z		1		
2746 52% (17/ 33)	Z	Z						1	1/F				1				1	3	1	1	1		1		
1893 51% (21/ 41)	Z	1						1	Z	Z			1	Z				1/	1	1	1		6		
1609 51% (24/ 47)		1						1	5				1				1			Z	Z	Z			
104 51% (25/ 49)		1C		1/				1	1/			3	1				4			2			2		
431 51% (25/ 49)		2C						1	1/	1/B			1	4				14		3	1	3	W		
08 50% (24/ 48)	6	1		1/			1	1	1/F	3			3	3				4		2			2C	Z	Z
172 50% (16/ 32)		1		1/			1	1	1/			1B	1	Z			Z	Z	Z	1	1				
181 50% (25/ 50)		10		3G	5				1/				3	1/C				12		2		4	2		
314 50% (6/ 12)	Z	Z	Z	Z	Z	Z	Z	Z	Z	Z	Z	Z	Z	Z	Z	Z	Z	Z	1	1	1		1		
440 50% (25/ 50)		1D					1	1	1/			1B	1				1	4K			1				
621 50% (25/ 50)		1	3	3B				1	1/	8			1							3	1		2C		
996 50% (25/ 50)		1	3	1/				1	1/	10		2B	5				1	5H			1		2		

326 | 40 TS + 0 SL + 64 MT

TESTSTELLE	8	10	11	15	16	18	20	23	28	29	34	35	36	39	41	42	44	45	46	47	48	52	53	55	56
UEBEREINST. ZEUGEN	94	1	351	10	1	355	441	91	416	439	2	452	339	14	467	283	451	473	76	92	452	452	5	422	2
BEZEUGTE VARIANTE	3	7	1/	4	4	1/	1/	2	1/	1/	4	1/	1/	2	1/	1/	1/	1/	2	2	1/	1/	3B	1/	1/B
P8 100% (2/ 2)	Z	Z	Z	Z	Z		Z		Z	Z	Z	Z	Z	Z	Z	Z	Z	Z	Z	Z	Z	Z	Z	Z	Z
P33 100% (1/ 1)	Z	Z	Z	Z	Z	Z	Z	Z	Z	Z	Z	Z	Z	Z	Z	Z	Z	Z	Z	Z	Z		Z	Z	Z
1899 100% (5/ 5)	Z	Z	Z	Z	Z	Z	Z	Z	Z	Z	Z	Z	Z	Z	Z	Z	Z	Z	Z	Z	Z	Z	Z	Z	Z
1837 95% (36/ 38)	7				1	Z	Z																		
1738 86% (6/ 7)	Z	Z	Z	Z	Z	Z	Z	Z	Z	Z	Z	Z	Z	Z	Z	Z	Z	Z	Z	Z	Z	Z	Z	Z	Z
1858 86% (6/ 7)	Z	Z	Z	Z	Z	Z	Z	Z	Z	Z	Z	Z	Z	Z	Z	Z	Z	Z	Z	Z	Z	Z	Z	Z	Z
62 83% (10/ 12)	Z	Z	Z	Z	Z	Z	Z	Z			1			1			Z	Z	Z	Z	Z	Z	Z	Z	Z
1745 83% (5/ 6)	Z	Z	Z	Z	Z	Z	Z	Z	Z	Z	Z	Z	Z	Z	Z	Z	Z	Z	Z	Z	Z	Z	Z	Z	Z
61 82% (31/ 38)	6	10											1/G		1/B								1/		
314 78% (7/ 9)	Z	Z	Z	Z	Z	Z	Z	Z	Z	Z	Z	Z	Z	Z					1	Z	Z	Z	Z	Z	Z
624 77% (10/ 13)	Z	Z	Z	Z	Z	Z	Z	Z	Z	Z	Z			Z	Z	Z	Z	Z	Z	Z	Z	Z	Z	Z	Z
1846 75% (6/ 8)	Z	Z	Z	Z	Z	Z	Z	Z	Z	Z	Z	Z	Z	Z	Z	Z	Z	Z	Z	Z	Z	Z	Z	Z	Z
2777 75% (6/ 8)	Z	Z	Z	Z	Z	Z	Z	Z	Z	Z	Z	Z	Z	Z	Z	Z	Z	Z	Z	Z	Z	Z	Z	Z	Z
1730 73% (8/ 11)	Z	Z	Z	Z	Z	Z	Z	Z	Z	Z	Z	Z	Z	Z	Z	Z	Z	Z	Z	Z	Z	Z	Z	Z	Z
1893 71% (22/ 31)	1	1/		X	1						Z	Z	Z	1		4					Z		3		1/
81 69% (20/ 29)	2	14	1/L	2	Z	Z	Z	Z			2C	3											1/		1/
2303 69% (11/ 16)	Z	Z	Z	Z	Z	Z	Z	Z			1			1		4			1	1			Z	Z	Z
2201 68% (23/ 34)	Z	Z	Z	Z	Z	Z					11		1/F	1						1			3		1/
5 68% (27/ 40)		1/			1						11		1/D	1					3				3		1/
437 68% (27/ 40)	1	1/		1	1						11		1/K	1									1/		1/
619 68% (27/ 40)		1/	1/L	1	1						11			1B		4							3		1/
2344 68% (27/ 40)		11			1						2			1		3							3		1/
P45 67% (6/ 9)	Z	Z	Z	Z	Z	Y	Y				Y		Z	Z		Z	Z		Z	Z	Z	Z	Z	3	1/
2004 67% (10/ 15)	Z	Z	Z	Z	Z	Z	Z	Z	Z	Z	Z	Z	Z	Z	Z		Z	Z	Z	Z	Z	Z	Z	Z	Z
642 66% (21/ 32)		Z	Z	1	1			1			1			1		Z			1				1/		1/
172 65% (17/ 26)	Z	Z	Z	Z	Z			Z		Z	Z	Z		Z	Z	Z			1	1			1/		1/
P74 63% (24/ 38)	Y	3	1/I	2	2	Z					2	3				3	4						1/		1/
33 63% (20/ 32)	X	11		X	1	X				X	11		X	1		3			X				3	X	X
1094 63% (20/ 32)	Z	Z	Z	Z	Z	Z	Z	Z			1			1					1	1			1/		1/
1162 63% (25/ 40)	3B	1/	1/L	1	1	4					11			1		4							3		1/
1595 63% (25/ 40)	1	1/		7	1						11			1		4			3				3		1/
1642 63% (25/ 40)		3	14	3	1	4			3G	5	2B	3		1											1/
1827 63% (25/ 40)	3B	1/	1/B		1						11			1		4				1			3		1/

326 40 TS + 0 SL + 64 MT

TESTSTELLE		8	10	11	15	16	18	20	23	28	29	34	35	36	39	41	42	44	45	46	47	48	52	53	55	56
UEBEREINST. ZEUGEN		94	1	351	10	1	355	441	91	416	439	2	452	339	14	467	283	451	473	76	92	452	452	5	422	2
BEZEUGTE VARIANTE		3	7	1/	4	4	1/	1/	2	1/	1/	4	1/	1/	2	1/	1/	1/	1/	2	2	1/	1/	3B	1/	1/B
623	62% (21/ 34)	Z	Z	Z	Z	Z	Z					11			1		4							3		1/
88	62% (24/ 39)	3B	3			X						7			1					3			4	3		1/
206	62% (16/ 26)	Z	Z	Z	Z	Z	Z	Z	Z	Z	Z	Z	Z	Z	Z		5						4	8		1/
1241	62% (24/ 39)	1	1/		1	1			1			1			1					3	1			1/		1/
014	61% (17/ 28)	Z	Z	Z	Z	Z	Z	Z	1			Z	Z	1/F	1B					Z	Z		3	1/		1/
57	61% (20/ 33)	Y	Y	Y	1	Y	Y	Y	1			1			1					1	1			1/		1/
498	61% (20/ 33)	Z	Z	Z	Z	Z	Z		Z			1		1/K	1					1	1			1/		1/
104	60% (24/ 40)		11	1/M	1	1						1			1		7				1			1/		1/
456	60% (24/ 40)	1	1/		6	1			1			1			1					3				3		1/
466	60% (12/ 20)	Z	Z	Z	Z	Z	Z	Z	Z	Z	Z	Z	Z	Z	Z	Z	Z	Z	Z	Z	Z			1/		1/
467	60% (24/ 40)		4		3	1	4			6B	5	1			4									3		1/
567	60% (9/ 15)	Z	Z	Z	Z	Z	Z	Z	Z		3	1		1/M	Z	Z	Z	Z	Z	1	Z	Z	Z	Z	Z	Z
1058	60% (24/ 40)		1/		1	1			1			1			1		6			1	1			1/		1/
1103	60% (24/ 40)	1	1/		1	1			1			1			1					1				1/		1/
1161	60% (24/ 40)	1	1/		1	1			1			13			1					1				1/		1/
1270	60% (24/ 40)	1	1/		6	1		1/B				11			1		4			6				3		1/
1598	60% (24/ 40)	1	1/		6	1		1/B				11			1		4			6				3		1/
1720	60% (24/ 40)	1	1/		1	1			1			1			1					1	1			1/		1/
1731	60% (15/ 25)	Z	Z	Z	Z	Z	Z	Z	Z	Z	Z	Z	Z	Z	Z					1	1			1/		1/
1736	60% (24/ 40)		1/		1	1			1			1			1					1				1/		1/
1828	60% (24/ 40)		1/		1	1			1			1			1					1	1			1/		1/
1852	60% (18/ 30)	Z	Z	Z	Z	Z	Z	Z	Z	Z	Z	1			1					3	1			1/		1/
1867	60% (21/ 35)	Z	Z	Z	Z	Z			1			1			1					1	1			1/		1/
1895	60% (24/ 40)	1	4		2	1						1			1					1	1			1/		1/
2191	60% (24/ 40)	1	1/		1	1			1			1			1					3				1/		1/
2626	60% (6/ 10)	Z	Z	Z	Z	Z	Z	Z	Z	Z	Z	Z	Z	Z	Z	Z	Z	Z	Z	Z	Z	Z	Z	Z	Z	Z
2737	60% (24/ 40)		1/			1				10		1			1		3			1				3		1/
1864	59% (22/ 37)	Z	Z	Z	1	1			1			1			1					1	1			1/		1/
020	59% (19/ 32)	Z	Z	Z	Z	Z	Z	Z	Z			1			1					3			3	1/		1/
441	59% (19/ 32)	Z	Z	Z	Z	Z	Z	Z	Z			1			1		4						3	3		1/
1752	59% (19/ 32)	Z	Z	Z	Z	Z	Z	Z	Z			1			1		6			1	1			1/		1/
1839	59% (19/ 32)	Z	Z	Z	Z	Z	Z	Z	Z			1			1					1	1			1/		1/
2378	59% (13/ 22)	Z	Z	Z	Z	Z	Z	Z	Z	Z	Z	Z	Z	Z	Z	X	Y			1	1	Z		1/		1/E

326 40 TS + 0 SL + 64 MT

TESTSTELLE	57	65	66	68	76	79	81	84	87	88	91	97	98	100	102
UEBEREINST. ZEUGEN	104	333	2	1	467	31	49	402	476	471	279	422	34	470	478
BEZEUGTE VARIANTE	2	1/	14	5	1/	2	2	1/	1/	1/	1/	1/	3	1/	1/
P8 100% (2/ 2)	Z	Z	Z	Z	Z	Z	Z	Z	Z	Z	Z	Z	Z	Z	Z
P33 100% (1/ 1)	Z	Z	Z	Z	Z	Z	Z	Z	Z	Z	Z	Z	Z	Z	Z
1899 100% (5/ 5)	Z	Z	Z	Z	Z	Z	Z					Z	Z	Z	
1837 95% (36/ 38)															
1738 86% (6/ 7)	Z	Z	Z	Z	Z	Z	Z	Z					1		
1858 86% (6/ 7)	Z	Z	Z	Z	Z	Z	Z	Z					1		
62 83% (10/ 12)	Z	Z	Z	Z	Z	Z	Z	Z	Z	Z	Z				
1745 83% (5/ 6)	Z	Z	Z	Z	Z	Z	Z	Z				Z	1		
61 82% (31/ 38)		7		1					Y	Y					
314 78% (7/ 9)	Z	Z	Z	Z	Z	Z	Z	Z	Z	Z	Z		1		
624 77% (10/ 13)	Z		1/	1		Z	Z	Z					1		
1846 75% (6/ 8)	Z	Z	Z	Z	Z	Z	1				X		1		
2777 75% (6/ 8)	Z	Z	Z	Z	Y	1	Z	Z					1		
1730 73% (8/ 11)	Z	Z	Z	Z		1	1						1		
1893 71% (22/ 31)		Z	Z	Z		1B		Z					6		
81 69% (20/ 29)		Z	Z	Z	Z	Z	Z	Z					2		
2303 69% (11/ 16)	Z	Z	Z	Z	Z	Z	Z	Z	Z	Z	Z		Z	Z	
2201 68% (23/ 34)			1/	1		1					5		6		
5 68% (27/ 40)			1/	4		1B					3		2C		
437 68% (27/ 40)			1/	15		1							6		
619 68% (27/ 40)			1/	15		1B							6B		
2344 68% (27/ 40)		1/E	1/	4				3			3G		7		
P45 67% (6/ 9)	1	Z	Z	Z	Z	Z	Z	Z	Z	Z	Z	Z	Z	Z	Z
2004 67% (10/ 15)	Z		1/	1		1	1						1		
642 66% (21/ 32)	1	Z	Z	Z		1	Z	Z					1		
172 65% (17/ 26)	1		1/	7		1	1	Z			Z				
P74 63% (24/ 38)			1/	4		2B							2		
33 63% (20/ 32)		1/D	1/C	4				3			3		7		
1094 63% (20/ 32)	1		1/	1		1	1						2C		
1162 63% (25/ 40)			1/	15		1B							6		
1595 63% (25/ 40)			1/	15		1					3		1		
1642 63% (25/ 40)			1/	4		5						4			
1827 63% (25/ 40)			1/	7		1B	1						6		

326 40 TS + 0 SL + 64 MT

TESTSTELLE UEBEREINST. ZEUGEN BEZEUGTE VARIANTE	57 104 2	65 333 1/	66 2 14	68 1 5	76 467 1/	79 31 2	81 49 2	84 402 1/	87 476 1/	88 471 1/	91 279 1/	97 422 1/	98 34 3	100 470 1/	102 478 1/
623 62% (21/ 34)		1/F	1/	4		1B		4			3		2C		3
88 62% (24/ 39)	1		1/	6		1	1				3		6		
206 62% (16/ 26)			1/	3			1	3			4E		1D		
1241 62% (24/ 39)	Z		1/	1		1							1		
014 61% (17/ 28)	1	1/F	1/	1		1									Z
57 61% (20/ 33)	1		1/	1		1	1	Y							
498 61% (20/ 33)	1		1/	1		1	1						1		
104 60% (24/ 40)			1/	1		1	1				5		2		
456 60% (24/ 40)	1		1/	1		1	1						1		
466 60% (12/ 20)	1		6	1		1	1						1		
467 60% (24/ 40)			1/	7		1	1				4I		2C		
567 60% (9/ 15)	Z	Z	Z	Z	Z	1	1				X				
1058 60% (24/ 40)	1		1/	2		1							1		
1103 60% (24/ 40)	1		12	1		1	1						1		
1161 60% (24/ 40)	1		1/	7		1					4		1		
1270 60% (24/ 40)			1/	15		1					3		1		
1598 60% (24/ 40)			1/	15		1					3		1		
1720 60% (24/ 40)	1		1/	1		1							1		
1731 60% (15/ 25)	1		1/	1		1	Y				4C		1		
1736 60% (24/ 40)	1		1/	1		1	1			3			1		
1828 60% (24/ 40)	1		1/	1		1	1						1		
1852 60% (18/ 30)	1		1/	1		1					5		1		
1867 60% (21/ 35)	1		1/	1		1	1				3		2C		
1895 60% (24/ 40)	1		1/	1		1	1						1		
2191 60% (24/ 40)	1		1/	1		1	1						1		
2626 60% (6/ 10)	Z	Z	Z	Z	Z	1	1				4E		1		
2737 60% (24/ 40)		1/F	1/	15		1	1				11D		2B		
1864 59% (22/ 37)	1		1/	2		1	1						1		
020 59% (19/ 32)	1	1/F	1/	1		1	1						1		
441 59% (19/ 32)		1/K	8	2		1	1				5D		2C		
1752 59% (19/ 32)	1		1/	2		1	1						1		
1839 59% (19/ 32)	1		1/	1		1	1				18		1		
2378 59% (13/ 22)	Z		1/	2		1	1						1		

363 | 34 TS + 0 SL + 67 MT

TESTSTELLE	8	10	13	14	15	18	19	20	21	28	29	35	36	41	42	44	45	46	48	50	52	53	55	56	65
UEBEREINST. ZEUGEN	6	392	7	11	24	73	110	441	15	416	439	452	54	467	283	451	473	101	452	1	452	338	422	459	333
BEZEUGTE VARIANTE	2	1/	3	3	3	4	2	1/	6	1/	1/	1/	1/K	1/	1/	1/	1/	3	1/	21	1/	1/	1/	1/	1/
P33 100% (1/ 1)	Z	Z	Z	Z	Z	Z	Z	Z	Z	Z	Z	Z	Z	Z	Z	Z	Z	Z	Z	Z		Z	Z	Z	Z
P41 100% (1/ 1)	Z	Z	Z	Z	Z	Z	Z	Z	Z	Z	Z	Z	Z	Z	Z	Z	Z	Z	Z	Z	Z	Z	Z	Z	Z
506 100% (6/ 6)	Z	Z	Z	Z	Z	Z	Z	Z	Z			Z	Z	Z	Z	Z	Z	Z		Z	Z	Z			Z
1106 88% (30/ 34)	3								1																
1730 88% (7/ 8)	Z	Z	Z	Z	Z	Z	Z	Z	Z	Z	Z	Z	Z	Z	Z	Z	Z	Z	Z	Z	Z	Z	Z	Z	Z
P45 86% (6/ 7)	Z	Z	Z	Z	Z	Y	Y	Y	X				Z		Z	Z		Z	Z	Z	Z	Z	3		Z
325 86% (12/ 14)	Z	Z	Z	Z	Z	Z	Z	Z	Z	Z	Z	Z	Z	Z	Z	Z	Z	Z	Z	Z					
2289 86% (12/ 14)	Z	Z	Z	Z	Z	Z	Z	Z	Z	Z	Z	Z	Z	Z	Z	Z	Z	Z	Z	Z					
626 84% (21/ 25)	Z	Z	Z	Z	Z	Z	Z	Z	Z									1		1					
1738 83% (5/ 6)	Z	Z	Z	Z	Z	Z	Z	Z	Z	Z	Z	Z	Z	Z	Z	Z	Z	Z	Z	Z	Z	Z	Z	Z	Z
1846 83% (5/ 6)	Z	Z	Z	Z	Z	Z	Z	Z	Z	Z	Z	Z	Z	Z	Z	Z	Z	Z	Z	Z	Z	Z	Z	Z	Z
1858 83% (5/ 6)	Z	Z	Z	Z	Z	Z	Z	Z	Z	Z	Z	Z	Z	Z	Z	Z	Z	Z	Z	Z	Z	Z	Z	Z	Z
2778 83% (5/ 6)	Z	Z	Z	Z	Z	Z	Z	Z	Z	Z	Z	Z	Z	Z	Z	Z	Z	Z		1D					Z
2004 82% (9/ 11)	Z	Z	Z	Z	Z	Z	Z	Z	Z	Z	Z	Z	Z	Z		Z	Z	Z	Z	Z	Z	Z	Z	Z	
498 81% (22/ 27)	Z	Z	Z	Z	Z	Z	Z		1									1		1					
466 81% (13/ 16)	Z	Z	Z	Z	Z	Z	Z	Z	Z	Z	Z	Z	Z	Z	Z	Z	Z	Z		1					
1094 80% (20/ 25)	Z	Z	Z	Z	Z	Z	Z	Z	Z				1/					1		1					
1745 80% (4/ 5)	Z	Z	Z	Z	Z	Z	Z	Z	Z	Z	Z	Z	Z	Z	Z	Z	Z	Z	Z	Z	Z	Z	Z	Z	Z
1899 80% (4/ 5)	Z	Z	Z	Z	Z	Z	Z	Z	Z	Z	Z	Z	Z	Z	Z	Z	Z	Z	Z	Z	Z	Z	Z	Z	Z
1718 79% (27/ 34)	6			1		1/												1		2					
602 79% (11/ 14)	Z	Z	Z	Z	Z	Z	Z	Z	Z	Z	Z	Z	Z	Z	Z	Z	Z	1		1	Z				
1852 78% (18/ 23)	Z	Z	Z	Z	Z	Z	Z	Z	Z	Z	Z		1/							1					
62 78% (7/ 9)	Z	Z	Z	Z	Z	Z	Z	Z	Z				1/			Z	Z	Z	Z	Z	Z	Z	Z	Z	Z
014 77% (17/ 22)	Z	Z	Z	Z	Z	Z	Z	Z	Z			Z	1/F					Z		1	3				1/F
920 77% (17/ 22)	Z	Z	Z	Z	Z	Z	Z	Z	Z				1/L	Z				1		Z	Z				1/F
1731 76% (16/ 21)	Z	Z	Z	Z	Z	Z	Z	Z	Z	Z	Z	Z	Z					1		1					
020 76% (19/ 25)	Z	Z	Z	Z	Z	Z	Z	Z	Z				1/							1	3				1/F
1752 76% (19/ 25)	Z	Z	Z	Z	Z	Z	Z	Z	Z				1/		6			1		1					
1839 76% (19/ 25)	Z	Z	Z	Z	Z	Z	Z	Z	Z				1/					1		5					
337 76% (22/ 29)	1		Z	Z	Z	1/	1	Z	Z				1/							1					
314 75% (6/ 8)	Z	Z	Z	Z	Z	Z	Z	Z	Z	Z	Z	Z	Z					1	Z	Z	Z	Z	Z	Z	Z
1889 75% (15/ 20)	Z	Z	Z	Z	Z	Z	Z	Z	Z	Z	Z	Z	Z	Z				1		1					
2627 75% (3/ 4)	Z	Z	Z	Z	Z	Z	Z	Z	Z				1/	Z	Z	Z	Z	Z	Z	Z	Z	Z	Z	Z	Z

363 34 TS + 0 SL + 67 MT

TESTSTELLE			8	10	13	14	15	18	19	20	21	28	29	35	36	41	42	44	45	46	48	50	52	53	55	56	65
UEBEREINST. ZEUGEN			6	392	7	11	24	73	110	441	15	416	439	452	54	467	283	451	473	101	452	1	452	338	422	459	333
BEZEUGTE VARIANTE			2	1/	3	3	3	4	2	1/	6	1/	1/	1/	1/K	1/	1/	1/	1/	3	1/	21	1/	1/	1/	1/	1/
699	74%	(23/ 31)	Z		1	1	1	Z	Z		1				1/							1					
2716	74%	(17/ 23)	Z	Z	Z	Z	Z	Z	Z	Z	Z			Z	1/					1		1D					1/H
624	73%	(8/ 11)	Z	Z	Z	Z	Z	Z	Z	Z	Z	Z	Z		1/	Z	Z	Z	Z	Z	Z	Z	Z	Z	Z	Z	
2180	72%	(21/ 29)	Z	Z	Z	Z	Z		1		1									1		1			9		
2378	72%	(13/ 18)	Z	Z	Z	Z	Z	Z	Z	Z	Z	Z	Z	Z	Z	X	Y			1	Z	1				1/E	
1723	71%	(20/ 28)	Z	Z	Z	Z	Z	1/			1				1/		X			1		1					1/F
2441	71%	(10/ 14)	Z	Z	Z	Z	Z	Z	Z	Z	Z	Z	Z	Z	Z	Z	8	Z	Z	1		1					Z
2626	71%	(5/ 7)	Z	Z	Z	Z	Z	Z	Z	Z	Z	Z	Z	Z	Z	Z	Z	Z	Z	Z	Z	Z	Z	Z	Z	Z	Z
2777	71%	(5/ 7)	Z	Z	Z	Z	Z	Z	1	Z	Z	Z	Z	Z	Z	Z	Z	Z	Z	Z	Z	Z	Z	Z	Z	Z	Z
1864	71%	(22/ 31)	Z	Z	Z	1	1	1/			1				1/					1		1					
302	71%	(24/ 34)	1		1	1	1		1		1									1		1					
1854	71%	(24/ 34)	1		1	1	1		1		1				1/							1					
2423	71%	(24/ 34)	1		1	1	1		1		1				1/							1					
57	70%	(19/ 27)	Y	Y	1	1	1	Y	Y	Y	Y				1/					1		1					
2201	70%	(19/ 27)	Z	Z	Z	Z	Z	Z	Z		1				1/F					2		1		3			
2587	70%	(19/ 27)	Z	Z	Z	Z	Z	Z	Z		1				1/		6			1		1					1/F
309	70%	(14/ 20)	Z	Z	Z	Z	Z	Z	Z	Z	Z	Z	Z	Z	Z		4			1	Z	1					1/O
1746	70%	(23/ 33)	X		1	1	1	1/			1				1/					1		1					
1754	70%	(23/ 33)	Z		1B	1	1	1/			3						5				1/B	1E					
1867	69%	(20/ 29)	Z	Z	Z	Z	Z	1/	1		1				1/					1		1					
312	69%	(22/ 32)	1		1	Z	Z	1/	1		1				1/							1					5
319	69%	(22/ 32)	1		1	1	1	1/	1		1									1		1					Z
1726	69%	(22/ 32)	1		1	1	1	Z	Z		1						6					1					1/F
2746	68%	(13/ 19)	Z	Z	Z	Z	Z	Z	Z	Z	Z				1/		Z	Z	Z	Z	Z	Z		3			1/F
2625	68%	(19/ 28)	1		Z	Z	Z	1/	1		1	Z	Z							1		1			1/E		
921	68%	(21/ 31)	1		1	1	1	Z	Z		1				1/F							1	3				
149	68%	(23/ 34)	1		1	1	1	1/			1				1/					1		1					
201	68%	(23/ 34)	1		1	1	1	1/			1				1/					1		1					
203	68%	(23/ 34)	1		1	1	1	1/	1		1				1/							1					
394	68%	(23/ 34)	1		1	1	1	1/							1/		8			1		1					
425	68%	(23/ 34)	1		1	1	1	1/	1B								8			1		1					
437	68%	(23/ 34)	1		1	1	1	1/	1		1									2		1					
450	68%	(23/ 34)	1		1	5	1	1/	1		1									1		1					

363 — 34 TS + 0 SL + 67 MT

TESTSTELLE	66	76	84	87	88	91	97	100	102
UEBEREINST. ZEUGEN	6	467	402	476	471	279	422	470	5
BEZEUGTE VARIANTE	4	1/	1/	1/	1/	1/	1/	1/	3
P33 100% (1/ 1)	Z	Z	Z	Z	Z	Z	Z	Z	Z
P41 100% (1/ 1)	X		Z	Z	Z	Z	Z	Z	Z
506 100% (6/ 6)	Z	Z		Z	Z	Z	Z	Z	Z
1106 88% (30/ 34)	1/								1/
1730 88% (7/ 8)	Z								1/
P45 86% (6/ 7)	Z	Z	Z	Z	Z	Z	Z	Z	Z
325 86% (12/ 14)	1/								1/
2289 86% (12/ 14)	1/								1/
626 84% (21/ 25)	1/								1/
1738 83% (5/ 6)	Z	Z	Z						1/
1846 83% (5/ 6)	Z	Z				X			1/
1858 83% (5/ 6)	Z	Z	Z						1/
2778 83% (5/ 6)	Z	Z	Z	Z	Z	Z	Z	Z	Z
2004 82% (9/ 11)	1/								1/
498 81% (22/ 27)	1/								1/
466 81% (13/ 16)	6								1/
1094 80% (20/ 25)	1/								1/
1745 80% (4/ 5)	Z	Z	Z				Z		1/
1899 80% (4/ 5)	Z	Z					Z	Z	1/
1718 79% (27/ 34)	1/G								1/
602 79% (11/ 14)	Z						Z		1/
1852 78% (18/ 23)	1/					5			1/
62 78% (7/ 9)	Z	Z	Z	Z	Z	Z			1/
014 77% (17/ 22)	1/								Z
920 77% (17/ 22)	11								1/
1731 76% (16/ 21)	1/					4C			1/
020 76% (19/ 25)	1/								1/
1752 76% (19/ 25)	1/								1/
1839 76% (19/ 25)	1/					18			1/
337 76% (22/ 29)	1/								1/
314 75% (6/ 8)	Z	Z	Z	Z	Z	Z			1/
1889 75% (15/ 20)	1/		4						1/
2627 75% (3/ 4)	Z	Z	Z	Z	Z	Z	Z	Z	Z

363 — 34 TS + 0 SL + 67 MT

TESTSTELLE	66	76	84	87	88	91	97	100	102
UEBEREINST. ZEUGEN	6	467	402	476	471	279	422	470	5
BEZEUGTE VARIANTE	4	1/	1/	1/	1/	1/	1/	1/	3
699 74% (23/ 31)	1/								1/
2716 74% (17/ 23)	1/							Z	1/
624 73% (8/ 11)	1/		Z						1/
2180 72% (21/ 29)	1/					8C			1/
2378 72% (13/ 18)	1/								1/
1723 71% (20/ 28)	1/								1/
2441 71% (10/ 14)	Z		Z					Z	1/
2626 71% (5/ 7)	Z	Z				4E			1/
2777 71% (5/ 7)	Z	Y	Z						1/
1864 71% (22/ 31)	1/								1/
302 71% (24/ 34)	1/								1/
1854 71% (24/ 34)	1/								1/
2423 71% (24/ 34)	1/								1/
57 70% (19/ 27)	1/		Y						1/
2201 70% (19/ 27)	1/					5			1/
2587 70% (19/ 27)	1/								1/
309 70% (14/ 20)	1/								1/
1746 70% (23/ 33)	1/								1/
1754 70% (23/ 33)	1/								1/
1867 69% (20/ 29)	1/					3			1/
312 69% (22/ 32)	1/								1/
319 69% (22/ 32)	Z								1/
1726 69% (22/ 32)	1/								1/
2746 68% (13/ 19)	1/					3			1/
2625 68% (19/ 28)	1/	Z							1/
921 68% (21/ 31)	1/					Z			1/
149 68% (23/ 34)	1/								1/
201 68% (23/ 34)	1/								1/
203 68% (23/ 34)	1/								1/
394 68% (23/ 34)	1/								1/
425 68% (23/ 34)	1/								1/
437 68% (23/ 34)	1/								1/
450 68% (23/ 34)	1/								1/

365 | 27 TS + 0 SL + 46 MT

TESTSTELLE	10	11	12	18	20	28	29	32	35	36	41	42	44	45	48	50	52	53	54	55	56	65	66	100	101
UEBEREINST. ZEUGEN	14	351	5	355	441	416	439	48	452	54	467	283	451	473	452	5	452	338	1	422	459	333	29	470	7
BEZEUGTE VARIANTE	3	1/	12	1/	1/	1/	1/	3	1/	1/K	1/	1/	1/	1/	1/	13	1/	1/	8	1/	1/	1/	10	1/	3
P8 100% (1/ 1)	Z	Z	Z		Z	Z	Z	Z	Z	Z	Z	Z	Z	Z	Z	Z	Z	Z	Z	Z	Z	Z	Z	Z	Z
P33 100% (1/ 1)	Z	Z	Z	Z	Z	Z	Z	Z	Z	Z	Z	Z	Z	Z	Z	Z		Z	Z	Z	Z	Z	Z	Z	Z
256 80% (16/ 20)	Z	Z	Z					Z	Z	Z		3			Z				1	1/B			1/		
2627 80% (4/ 5)	Z	Z	Z	Z	Z					1/	Z	Z	Z	Z	Z	Z	Z	Z	Z	Z	Z	Z	Z	Z	Z
602 78% (7/ 9)	Z	Z	Z	Z	Z	Z	Z	Z	Z	Z	Z	Z	Z	Z		1	Z		1				Z		Z
319 76% (19/ 25)	1/		1													1			1			Z	Z		1
P45 75% (6/ 8)	Z	Z	Z	Y	Y			4		Z		Z	Z		Z	Z	Z	Z	Z	3		Z	Z	Z	Z
314 75% (6/ 8)	Z	Z	Z	Z	Z	Z	Z	Z	Z	Z					Z	Z	Z	Z	Z	Z	Z	Z	Z		1
38 74% (20/ 27)			10							1/		3							1				1/		1D
450 74% (20/ 27)	1/		1													1			1				1/		1
676 74% (20/ 27)	1/		2B					1								1B			1				1/		
2127 74% (20/ 27)			10									3				23			1				1/		1
498 74% (17/ 23)	Z	Z	Z	Z				1								1			1				1/		1
1526 74% (14/ 19)	Z	Z	Z					Z		1/						1			1			1/F	1/	Z	Z
57 73% (16/ 22)	Y	Y	Y	Y	Y					1/						1			1				1/		1
626 73% (16/ 22)	Z	Z	Z	Z	Z			1								1			1				1/		1
1319 73% (16/ 22)		11	10									3			1/C				Z	Z	Z	Z	Z		1
172 72% (13/ 18)	Z	Z	Z				Z	Z	Z	1/	Z	Z				1			1				1/		1
506 71% (5/ 7)	Z	Z	Z	Z	Z			1	Z	Z	Z	Z	Z	Z		Z	Z	Z	1			Z	Z	Z	Z
2778 71% (5/ 7)	Z	Z	Z	Z	Z	Z	Z	Z	Z	Z	Z	Z	Z	Z		1D			1			Z	Z	Z	Z
1864 71% (17/ 24)	Z	Z	Z					1		1/						1			1				1/		1
1867 71% (17/ 24)	Z	Z	Z					1		1/						1			1				1/		1
2772 71% (17/ 24)	1/		1									3							1			1/F	1/	Z	Z
1731 71% (12/ 17)	Z	Z	Z	Z	Z	Z	Z	Z	Z	Z						1			1				1/		1
82 70% (19/ 27)	1/		1							1/						1			1				1/		1
437 70% (19/ 27)	1/		1					1								1			1				1/		1
452 70% (19/ 27)	1/		1					1		1/						1			1						1
460 70% (19/ 27)			9							1/E						1			1			1/R	1/		1
462 70% (19/ 27)	1/		1							1/						1			1				1/		1
605 70% (19/ 27)	1/		1					1								1			1				1/		1
635 70% (19/ 27)	1/		1							1/						1			1				1/		1
637 70% (19/ 27)	1/		9					1								1			1				1/		1
1069 70% (19/ 27)	1/		1					1								1			1				1/		1

365 27 TS + 0 SL + 46 MT

TESTSTELLE	10	11	12	18	20	28	29	32	35	36	41	42	44	45	48	50	52	53	54	55	56	65	66	100	101
UEBEREINST. ZEUGEN	14	351	5	355	441	416	439	48	452	54	467	283	451	473	452	5	452	338	1	422	459	333	29	470	7
BEZEUGTE VARIANTE	3	1/	12	1/	1/	1/	1/	3	1/	1/K	1/	1/	1/	1/	1/	13	1/	1/	8	1/	1/	1/	10	1/	3
1099 70% (19/ 27)	1/		1					1								1B			1				1/		1
1244 70% (19/ 27)	1/		1							1/						1			1			5			1
1354 70% (19/ 27)	1/		1					1								1			1				1/		1
1367 70% (19/ 27)	1/		1					1								1D			1				13		1
1424 70% (19/ 27)	1/	5	1													1			1				1/		1
1573 70% (19/ 27)			10					1				3			1/C				1				1/H		1
1718 70% (19/ 27)	1/		1					1								2			1				1/G		1
1849 70% (19/ 27)	1/		1					1								1			1				1/		1
1888 70% (19/ 27)	1/		1							1/						1			1			5			1
2194 70% (19/ 27)	1/		1					1								1			1				1/		1
2466 70% (19/ 27)	1/		1							1/						1			1				1/		1
1759 70% (16/ 23)	Z	Z	Z							5					4	X			1				1/		1
337 69% (18/ 26)	1/		1		Z					1/						1			1				1/		1
632 69% (18/ 26)	1/		1							1/		X				1			1				6		1
699 69% (18/ 26)	1/		1	Z						1/						1			1				1/		1
1022 69% (18/ 26)	1/		1					1		1/						V2			1				1/		1
1599 69% (18/ 26)	1/		1					1		1/						1E			1			Z			1
1735 69% (18/ 26)	1/		1			3D										1		6	2B				1/		1
1880 69% (18/ 26)	1/		1					1		X						1			1				1/		1
1889 69% (11/ 16)	Z	Z	Z	Z	Z	Z	Z	Z	Z	Z	Z					1			1				1/		1
642 68% (15/ 22)	Z	Z	1					2		1/		Z				1			1			Z	Z		1
1094 68% (15/ 22)	Z	Z	Z	Z	Z			1		1/						1			1				1/		1
1839 68% (15/ 22)	Z	Z	Z	Z	Z			2		1/						5			1				1/		1
1277 68% (17/ 25)	8		1					1		1/L						6B			1				1/	Z	Z
1721 68% (17/ 25)	1/		1					1		1/						Y	Y		1				1/		1
2400 68% (17/ 25)	1/		3			Z	Z	1								1			1				6		1
105 67% (18/ 27)	1/		1					1		1/						1			1				1/		1
149 67% (18/ 27)	1/		1					1		1/						1			1				1/		1
175 67% (18/ 27)	1/		1					2		1/						1			1				1/		1
177 67% (18/ 27)	14		1							1/			1/B			1			1				1/		1
201 67% (18/ 27)	1/		1					1		1/						1			1				1/		1
203 67% (18/ 27)	1/		1					1		1/						1			1				1/		1
221 67% (18/ 27)	1/		1							1/						1			1			5	1/		1

565 27 TS + 0 SL + 46 MT

TESTSTELLE			102	104
UEBEREINST. ZEUGEN			478	7
BEZEUGTE VARIANTE			1/	3D
P8	100%	(1/ 1)	Z	Z
P33	100%	(1/ 1)	Z	Z
256	80%	(16/ 20)		
2627	80%	(4/ 5)	Z	Z
602	78%	(7/ 9)		Z
319	76%	(19/ 25)		1
P45	75%	(6/ 8)	Z	Z
314	75%	(6/ 8)		1
38	74%	(20/ 27)		1
450	74%	(20/ 27)		1
676	74%	(20/ 27)		1
2127	74%	(20/ 27)		1
498	74%	(17/ 23)		1
1526	74%	(14/ 19)	Z	Z
57	73%	(16/ 22)		1
626	73%	(16/ 22)		1
1319	73%	(16/ 22)		1
172	72%	(13/ 18)		Z
506	71%	(5/ 7)	Z	Z
2778	71%	(5/ 7)	Z	Z
1864	71%	(17/ 24)		1
1867	71%	(17/ 24)		1
2772	71%	(17/ 24)	Z	1
1731	71%	(12/ 17)		1
82	70%	(19/ 27)		1
437	70%	(19/ 27)		1
452	70%	(19/ 27)		1
460	70%	(19/ 27)		1
462	70%	(19/ 27)		1
605	70%	(19/ 27)		1
635	70%	(19/ 27)		1
637	70%	(19/ 27)		1
1069	70%	(19/ 27)		1

565 27 TS + 0 SL + 46 MT

TESTSTELLE			102	104
UEBEREINST. ZEUGEN			478	7
BEZEUGTE VARIANTE			1/	3D
1099	70%	(19/ 27)		1
1244	70%	(19/ 27)		1
1354	70%	(19/ 27)		1
1367	70%	(19/ 27)		1
1424	70%	(19/ 27)		1
1573	70%	(19/ 27)		1
1718	70%	(19/ 27)		1
1849	70%	(19/ 27)		1
1888	70%	(19/ 27)		1
2194	70%	(19/ 27)		1
2466	70%	(19/ 27)		1
1759	70%	(16/ 23)	5	1
337	69%	(18/ 26)		1
632	69%	(18/ 26)		1
699	69%	(18/ 26)		1
1022	69%	(18/ 26)		1
1599	69%	(18/ 26)		1G
1735	69%	(18/ 26)		Z
1880	69%	(18/ 26)		1
1889	69%	(11/ 16)		1
642	68%	(15/ 22)		1
1094	68%	(15/ 22)		1
1839	68%	(15/ 22)		1
1277	68%	(17/ 25)		1
1721	68%	(17/ 25)		1
2400	68%	(17/ 25)		1
105	67%	(18/ 27)		1
149	67%	(18/ 27)		1
175	67%	(18/ 27)		1
177	67%	(18/ 27)		1
201	67%	(18/ 27)		1
203	67%	(18/ 27)		1
221	67%	(18/ 27)		1

390 32 TS + 0 SL + 72 MT

TESTSTELLE	8	10	11	18	20	28	29	35	36	41	42	44	45	46	48	50	52	53	55	56	65	66	76	77	84
UEBEREINST. ZEUGEN	16	392	351	355	441	416	439	452	17	467	60	451	473	101	452	16	452	33	16	459	333	365	467	181	42
BEZEUGTE VARIANTE	3B	1/	1/	1/	1/	1/	1/	1/	1/M	1/	5	1/	1/	3	1/	17	1/	8	8	1/	1/	1/	1/	2	4
P8 100% (1/ 1)	Z	Z	Z		Z	Z	Z	Z	Z	Z	Z	Z	Z	Z	Z	Z	Z	Z	Z	Z	Z	Z	Z	Z	Z
P33 100% (1/ 1)	Z	Z	Z	Z	Z	Z	Z	Z	Z	Z	Z	Z	Z	Z	Z	Z		Z	Z	Z	Z	Z	Z	Z	Z
P41 100% (1/ 1)	Z	Z	Z	Z	Z	Z	Z	Z	Z	Z	Z	Z	Z	Z	Z	Z	Z	Z	Z	Z	Z	X		Z	Z
1745 100% (5/ 5)	Z	Z	Z	Z	Z	Z	Z	Z	Z	Z	Z	Z	Z	Z	Z	Z	Z	Z	Z	Z	Z	Z	Z	Z	Z
912 94% (29/ 31)	3			4																					
1861 93% (26/ 28)	Z	Z	Z	Z																					
1003 91% (29/ 32)	1		8																						
1250 91% (29/ 32)	3																								
1405 91% (29/ 32)	3			4																					
1594 91% (29/ 32)	1			4																					
1863 91% (29/ 32)	3			4																					
2279 91% (29/ 32)	3			4																					
1753 88% (28/ 32)	3			4					1/K																
2511 88% (28/ 32)	3			4																					1/
234 87% (27/ 31)	3			4													X				1/F				
P45 86% (6/ 7)	Z	Z	Z	Y	Y				Z		Z	Z		Z	Z	Z	Z	Z	3		Z	Z	Z	Z	Z
582 81% (26/ 32)	3		6						1/K													6			
2501 81% (26/ 32)	3			4					1/K																1/
42 81% (25/ 31)	Z			4														9	1/					1	1/
1101 80% (4/ 5)	1					Z	Z	Z	Z	Z	Z	Z	Z	Z	Z	Z	Z	Z	Z	Z	Z	Z	Z	Z	Z
1899 80% (4/ 5)	Z	Z	Z	Z	Z	Z	Z	Z	Z	Z	Z	Z	Z	Z	Z	Z	Z	Z	Z	Z	Z	Z	Z	Z	1/
2175 80% (8/ 10)	1								1/		Z	Z	Z	Z	Z	Z	Z	Z	Z	Z	Z	Z	Z	Z	Z
51 78% (25/ 32)	3			4					1/F										1/			4			1/
916 78% (7/ 9)	1								1/	Z	Z	Z	Z	Z	Z	Z	Z	Z	Z	Z	Z	Z	Z	Z	Z
1456 77% (17/ 22)	3			4					1/K						Z	Z	Z	Z	Z	Z	Z	Z	Z	Z	
624 75% (9/ 12)	Z	Z	Z	Z	Z	Z	Z		1/	Z	Z	Z	Z	Z	Z	Z	Z	Z	Z	Z				Z	Z
2627 75% (3/ 4)	Z	Z	Z	Z	Z				1/	Z	Z	Z	Z	Z	Z	Z	Z	Z	Z	Z	Z	Z	Z	Z	Z
2777 75% (6/ 8)	Z	Z	Z	Z	Z	Z	Z	Z	Z	Z	Z	Z	Z	Z	Z	Z	Z	Z	Z	Z	Z	Z	Y		Z
1352 73% (22/ 30)	1								1/		7					1		1/	X					U	1/
1856 73% (19/ 26)	1								1/		8			1		1		1/	1/						Z
223 72% (23/ 32)	3			4					1/K										1/		1/F			1	1/
367 72% (23/ 32)	3								1/I		1/					1		1/	1/					1B	
432 72% (23/ 32)									1/					1		1	3	1/	1/						1/

390 32 TS + 0 SL + 72 MT

TESTSTELLE		8	10	11	18	20	28	29	35	36	41	42	44	45	46	48	50	52	53	55	56	65	66	76	77	84
UEBEREINST. ZEUGEN		16	392	351	355	441	416	439	452	17	467	60	451	473	101	452	16	452	33	16	459	333	365	467	181	42
BEZEUGTE VARIANTE		3B	1/	1/	1/	1/	1/	1/	1/	1/M	1/	5	1/	1/	3	1/	17	1/	8	8	1/	1/	1/	1/	2	4
604	72% (23/ 32)	1								1/					1		1		1/	1/						1/
1748	72% (23/ 32)	1								1/		1/			1		1		1/	1/						1/
1749	72% (23/ 32)	1								1/		8					1		1/	1/						1/
1892	72% (23/ 32)	1								1/		1/			1		1		1/	1/						
2261	72% (23/ 32)	1								1/		8			1		1		1/	1/						1/
2554	72% (23/ 32)	1								1/		4					1		1/	1/						1/
2675	72% (23/ 32)	1D		4	4							3					18					1/F	1/D			1/
1738	71% (5/ 7)	Z	Z	Z	Z	Z	Z	Z	Z	Z	Z	Z	Z	Z	Z	Z	Z	Z	Z	Z	Z	Z	Z	Z	Z	Z
1846	71% (5/ 7)	Z	Z	Z	Z	Z	Z	Z	Z	Z	Z	Z	Z	Z	Z	Z	Z	Z	Z	Z	Z	Z	Z	Z	Z	1/
1858	71% (5/ 7)	Z	Z	Z	Z	Z	Z	Z	Z	Z	Z	Z	Z	Z	Z	Z	Z	Z	Z	Z	Z	Z	Z	Z	Z	Z
2125	71% (5/ 7)	3					Z	Z		Z	Z	Z	Z	Z	1	Z	Z	Z	Z	Z	Z	Z	Z	Z	Z	Z
2431	71% (20/ 28)	1			Y				Y	Y		1/			Y		1		1/	1/		1/G				1/
1508	71% (22/ 31)	1								1/		1/			1		1		Z	1/						1/
1746	71% (22/ 31)	X								1/		1/			1		1		1/	1/						1/
1754	71% (22/ 31)	Z		7						1/K						1/B	1E		1/	1/						1/
2218	71% (22/ 31)	1								1/		V			1		1		1/	1/						1/
699	70% (21/ 30)	Z			Z					1/		1/					1		1/	1/					1	1/
1721	70% (21/ 30)	3								1/		1/					Y	Y	1/	1/					1	
2502	70% (21/ 30)	1									Y	Y			1		1		1/	1/					1	1/C
1758	69% (18/ 26)	1		5	Y		X			1/K					X		1			1/				X	X	3
1893	69% (18/ 26)	1							Z	Z		4			2	Z	1		3	1/		Z	Z			Z
1390	69% (20/ 29)	1								1/		1/	Z	Z	Z		22B		1/	1/					1	1/
1864	69% (20/ 29)	Z	Z	Z						1/		1/			1		1		1/	1/						1/
5	69% (22/ 32)	3								1/D		1/					1		3	1/						1/
18	69% (22/ 32)	1								1/		4			1		1		1/	1/						1/
141	69% (22/ 32)	1								1/		8			1		1		1/	1/						1/
149	69% (22/ 32)	1								1/		1/			1		1		1/	1/						1/
201	69% (22/ 32)	1								1/		1/			1		1		1/	1/						1/
203	69% (22/ 32)	1								1/		1/					1		1/	1/					1	1/
204	69% (22/ 32)	1								1/		8			1		1		1/	1/						1/
328	69% (22/ 32)	1								1/		8			1		1		1/	1/						1/
386	69% (22/ 32)	1								1/		4			1		1		1/	1/						1/
394	69% (22/ 32)	1								1/		8			1		1		1/	1/						1/

390 32 TS + 0 SL + 72 MT

TESTSTELLE UEBEREINST. ZEUGEN BEZEUGTE VARIANTE			87 476 1/	88 471 1/	91 279 1/	95 68 3	97 33 4	100 470 1/	102 478 1/
P8	100%	(1/ 1)	Z	Z	Z	Z	Z	Z	Z
P33	100%	(1/ 1)	Z	Z	Z	Z	Z	Z	Z
P41	100%	(1/ 1)	Z	Z	Z	Z	Z	Z	Z
1745	100%	(5/ 5)				Z	Z		
912	94%	(29/ 31)			X				
1861	93%	(26/ 28)			11		1/		
1003	91%	(29/ 32)			11				
1250	91%	(29/ 32)			11		1/		
1405	91%	(29/ 32)			11				
1594	91%	(29/ 32)			11				
1863	91%	(29/ 32)			11				
2279	91%	(29/ 32)			11				
1753	88%	(28/ 32)			11				
2511	88%	(28/ 32)			11				
234	87%	(27/ 31)			11				
P45	86%	(6/ 7)	Z	Z	Z	Z	Z	Z	Z
582	81%	(26/ 32)			11F		1/		
2501	81%	(26/ 32)				1	1/		
42	81%	(25/ 31)			11				
1101	80%	(4/ 5)	Z	Z	Z	Z	Z	Z	Z
1899	80%	(4/ 5)				Z	Z	Z	
2175	80%	(8/ 10)	Z	Z	Z	Z	Z	Z	Z
51	78%	(25/ 32)			11				
916	78%	(7/ 9)	Z	Z	Z	Z	Z	Z	Z
1456	77%	(17/ 22)			11F		1/		
624	75%	(9/ 12)				1	1/		
2627	75%	(3/ 4)	Z	Z	Z	Z	Z	Z	Z
2777	75%	(6/ 8)				1	1/		
1352	73%	(22/ 30)				1	1/		
1856	73%	(19/ 26)	Z	Z	Z	Z	Z		
223	72%	(23/ 32)			11		1/		
367	72%	(23/ 32)			11B		1/		
432	72%	(23/ 32)				1	1/		

390 32 TS + 0 SL + 72 MT

TESTSTELLE UEBEREINST. ZEUGEN BEZEUGTE VARIANTE			87 476 1/	88 471 1/	91 279 1/	95 68 3	97 33 4	100 470 1/	102 478 1/
604	72%	(23/ 32)				1	1/		
1748	72%	(23/ 32)				1			
1749	72%	(23/ 32)				1	1/		
1892	72%	(23/ 32)				1	1/		
2261	72%	(23/ 32)					1/		
2554	72%	(23/ 32)				1	1/		
2675	72%	(23/ 32)			11				
1738	71%	(5/ 7)				1	1/		
1846	71%	(5/ 7)			X		1/		
1858	71%	(5/ 7)				1	1/		
2125	71%	(5/ 7)	Z	Z	Z	Z	Z	Z	Z
2431	71%	(20/ 28)				1			
1508	71%	(22/ 31)				1	1/		
1746	71%	(22/ 31)				1	1/		
1754	71%	(22/ 31)				1	1/		
2218	71%	(22/ 31)				1	1/		
699	70%	(21/ 30)				1	1/		
1721	70%	(21/ 30)			3	1	1/		
2502	70%	(21/ 30)				1	1/		
1758	69%	(18/ 26)			4E	1	X		
1893	69%	(18/ 26)				1	1/		
1390	69%	(20/ 29)				1			
1864	69%	(20/ 29)				1	1/		
5	69%	(22/ 32)			3	2	1/		
18	69%	(22/ 32)				1	1/		
141	69%	(22/ 32)				1	1/		
149	69%	(22/ 32)				1	1/		
201	69%	(22/ 32)				1	1/		
203	69%	(22/ 32)				4	1/		
204	69%	(22/ 32)				1	1/		
328	69%	(22/ 32)				1	1/		
386	69%	(22/ 32)				1	1/		
394	69%	(22/ 32)				1	1/		

TESTSTELLE		10	11	18	20	28	29	32	34	36	41	45	46	47	48	49	52	54	55	56	73	76	77	84	91	97
UEBEREINST. ZEUGEN		392	13	355	441	416	439	48	29	339	467	473	9	92	452	162	452	2	422	459	24	467	181	402	28	422
BEZEUGTE VARIANTE		1/	1/L	1/	1/	1/	1/	3	11	1/	1/	1/	6	2	1/	2	1/	2	1/	1/	10	1/	2	1/	5	1/
P8	100% (1/ 1)	Z	Z		Z	Z	Z	Z	Z	Z	Z	Z	Z	Z	Z	Z	Z	Z	Z	Z	Z	Z	Z	Z	Z	Z
P33	100% (1/ 1)	Z	Z	Z	Z	Z	Z	Z	Z	Z	Z	Z	Z	Z	Z	Z		Z	Z	Z	Z	Z	Z	Z	Z	Z
1846	100% (4/ 4)	Z	Z	Z	Z	Z	Z	Z	Z	Z	Z	Z	Z	Z	Z	Z	Z	Z	Z	Z	Z	Z	Z		X	
314	83% (5/ 6)	Z	Z	Z	Z	Z	Z	Z	Z	Z			1	Z	Z	Z	Z	Z	Z	Z	Z	Z	Z	Z	Z	
2778	83% (5/ 6)	Z	Z	Z	Z	Z	Z	Z	Z	Z	Z	Z	Z	Z				1			Z	Z	Z	Z	Z	Z
619	81% (22/ 27)							1					2					4			9				1/	
1270	81% (22/ 27)		1/		1/B			1										1							3	
1297	81% (22/ 27)		1/		1/B			1										1							3	
1595	81% (22/ 27)		1/					1					3					1							3	
1598	81% (22/ 27)		1/		1/B			1										1							3	
2626	80% (4/ 5)	Z	Z	Z	Z	Z	Z	Z	Z	Z	Z	Z	Z	Z	Z	Z	Z	Z	Z	Z	Z	Z	Z		4E	
2627	80% (4/ 5)	Z	Z	Z	Z				1		Z	Z	Z	Z	Z	Z	Z	Z	Z	Z	Z	Z	Z	Z	Z	Z
62	78% (7/ 9)	Z	Z	Z	Z			1	1			Z	Z	Z	Z	Z	Z	Z	Z	Z	Z	Z	Z	Z	Z	
489	78% (21/ 27)		12					1	1	1/F				1				5								
927	78% (21/ 27)		12					1	1	1/F				1				5								
1162	78% (21/ 27)			4				1					2					4			9				1/	
2746	78% (14/ 18)	Z	Z	Z	Z			1	1			Z	Z	Z	Z	Z		1							3	
1893	77% (17/ 22)		1/					Z	Z	Z			2		Z			1			9			Z	1/	
2431	76% (16/ 21)		1/	Y				Y	Y	Y			Y	Y				1			1				1/	4
1735	76% (19/ 25)		1/			3D			1	1/K			2B					2B			X				X	
1101	75% (3/ 4)		1/			Z	Z	Z	Z	Z	Z	Z	Z	Z	Z	Z	Z	Z	Z	Z	Z	Z	Z	Z	Z	Z
1738	75% (3/ 4)	Z	Z	Z	Z	Z	Z	Z	Z	Z	Z	Z	Z	Z	Z	Z	Z	Z	Z	Z	Z	Z	Z	Z	1/	
1858	75% (3/ 4)	Z	Z	Z	Z	Z	Z	Z	Z	Z	Z	Z	Z	Z	Z	Z	Z	Z	Z	Z	Z	Z	Z	Z	1/	
2201	75% (18/ 24)	Z	Z	Z				1		1/F			2	1				1			1E					
2289	75% (9/ 12)	Z	Z	Z	Z	Z	Z	Z	Z	Z	Z	Z	Z	Z	Z	Z		1			1				1/	
5	74% (20/ 27)		1/					1		1/D			3					1			1				3	
808	74% (20/ 27)			6				2	1				1					1			1				6	
1315	74% (20/ 27)		1/					1					3	1				1			1				5C	
1868	74% (20/ 27)		1/					1	1	1/F				1		1		5								
2466	74% (20/ 27)		1/						1				1	1				1			1				1/	
1873	73% (19/ 26)		1/					1	1	1/K				1		1		1								Z
2483	73% (19/ 26)		1/					1					3	1				1			1		U		5C	
2718	73% (16/ 22)		1/					1	1				2				4	1			Z	Z	Z	Z	Z	

400 27 TS + 1 SL + 50 MT

TESTSTELLE	10	11	18	20	28	29	32	34	36	41	45	46	47	48	49	52	54	55	56	73	76	77	84	91	97
UEBEREINST. ZEUGEN	392	13	355	441	416	439	48	29	339	467	473	9	92	452	162	452	2	422	459	24	467	181	402	28	422
BEZEUGTE VARIANTE	1/	1/L	1/	1/	1/	1/	3	11	1/	1/	1/	6	2	1/	2	1/	2	1/	1/	10	1/	2	1/	5	1/
1526 72% (13/ 18)	Z	Z					Z	Z				1	1		1		1			1			Z	Z	Z
986 72% (18/ 25)	Z	Z					1	1				1	1				1			1				1/	
1723 72% (18/ 25)	Z	Z					1	1				1	1				1			1				1/	
1729 72% (18/ 25)	Z	Z					1	1	1/F			7	1				5	6							
1864 72% (18/ 25)	Z	Z					1	1				1	1				1			1				1/	
P45 71% (5/ 7)	Z	Z	Y	Y			4	Y	Z			Z	Z	Z	Z	Z	Z	3		Z	Z	Z	Z	Z	Z
81 71% (15/ 21)	14		Z	Z			2	2C				2					1			Z	Z	Z	Z	1/	
624 71% (5/ 7)	Z	Z	Z	Z	Z	Z	Z	Z		Z	Z	Z	Z	Z	Z	Z	Z	Z	Z	1		Z	Z	1/	
2303 71% (10/ 14)	Z	Z	Z	Z			1	1				1	1				Z	Z	Z	Z	Z	Z	Z	Z	
623 71% (17/ 24)	Z	Z	Z				1					2					4			1D			4	3	
1757 71% (17/ 24)		1/					Z	Z	Z			1			1		4			1		1		3	
1856 71% (17/ 24)		1/					1	1				1	1				1			1			Z	Z	Z
2587 71% (17/ 24)	Z	Z	Z				1	1				1	1				1			1				1/	
18 70% (19/ 27)		1/					1	1				1	1				1			1				1/	
35 70% (19/ 27)		1/					1	1				2	1				1			1				3	
141 70% (19/ 27)		1/					1	1				1	1				1			1				1/	
149 70% (19/ 27)		1/					1	1				1	1				1			1				1/	
201 70% (19/ 27)		1/					1	1				1	1				1			1				1/	
204 70% (19/ 27)		1/					1	1				1	1				1			1				1/	
205 70% (19/ 27)		6					1	1				1	1				1			13				1/	
218 70% (19/ 27)		1/C					1	1				1			1		1			11B				1/	
228 70% (19/ 27)		1/	4				1	1				3					1			1				5H	
386 70% (19/ 27)		1/					1	1				1	1				1			1				1/	
393 70% (19/ 27)								1				1	1		1		1			1		1		1/	
394 70% (19/ 27)		1/					1	1				1	1				1			1				1/	
436 70% (19/ 27)			4				1	1				2					1			1D			4	3	
437 70% (19/ 27)		1/					1		1/K			2			1		1			9				1/	
440 70% (19/ 27)		1/					1					3	1				1			1		1B		4K	
444 70% (19/ 27)		1/					1	1				1	1				1			1				1/	
456 70% (19/ 27)		1/					1	1				3					1			1D		1		1/	
496 70% (19/ 27)		1/					1					3	1				1			1		1B		4K	
604 70% (19/ 27)		1/					1	1				1	1				1			1				1/	
634 70% (19/ 27)		1/					1	1				1	1				1			1				1/	

400	27 TS + 1 SL + 50 MT		100	102
TESTSTELLE			100	102
UEBEREINST. ZEUGEN			470	478
BEZEUGTE VARIANTE			1/	1/
P8	100%	(1/ 1)	Z	Z
P33	100%	(1/ 1)	Z	Z
1846	100%	(4/ 4)		
314	83%	(5/ 6)		
2778	83%	(5/ 6)	Z	Z
619	81%	(22/ 27)		
1270	81%	(22/ 27)		
1297	81%	(22/ 27)		
1595	81%	(22/ 27)		
1598	81%	(22/ 27)		
2626	80%	(4/ 5)		
2627	80%	(4/ 5)	Z	Z
62	78%	(7/ 9)		
489	78%	(21/ 27)		
927	78%	(21/ 27)		
1162	78%	(21/ 27)		
2746	78%	(14/ 18)		
1893	77%	(17/ 22)		
2431	76%	(16/ 21)		
1735	76%	(19/ 25)		
1101	75%	(3/ 4)	Z	Z
1738	75%	(3/ 4)		
1858	75%	(3/ 4)		
2201	75%	(18/ 24)		
2289	75%	(9/ 12)		
5	74%	(20/ 27)		
808	74%	(20/ 27)		
1315	74%	(20/ 27)		
1868	74%	(20/ 27)		
2466	74%	(20/ 27)		
1873	73%	(19/ 26)		
2483	73%	(19/ 26)		
2718	73%	(16/ 22)		

400	27 TS + 1 SL + 50 MT		100	102
TESTSTELLE			100	102
UEBEREINST. ZEUGEN			470	478
BEZEUGTE VARIANTE			1/	1/
1526	72%	(13/ 18)	Z	Z
986	72%	(18/ 25)		
1723	72%	(18/ 25)		
1729	72%	(18/ 25)		
1864	72%	(18/ 25)		
P45	71%	(5/ 7)	Z	Z
81	71%	(15/ 21)		
624	71%	(5/ 7)		
2303	71%	(10/ 14)	Z	
623	71%	(17/ 24)		3
1757	71%	(17/ 24)		
1856	71%	(17/ 24)		
2587	71%	(17/ 24)		
18	70%	(19/ 27)		
35	70%	(19/ 27)		
141	70%	(19/ 27)		
149	70%	(19/ 27)		
201	70%	(19/ 27)		
204	70%	(19/ 27)		
205	70%	(19/ 27)		
218	70%	(19/ 27)		
228	70%	(19/ 27)		
386	70%	(19/ 27)		
393	70%	(19/ 27)		
394	70%	(19/ 27)		
436	70%	(19/ 27)		
437	70%	(19/ 27)		
440	70%	(19/ 27)		
444	70%	(19/ 27)		
456	70%	(19/ 27)		
496	70%	(19/ 27)		
604	70%	(19/ 27)		
634	70%	(19/ 27)		

429 | 54 TS + 0 SL + 50 MT

TESTSTELLE	7	8	10	11	12	13	14	15	18	19	20	21	23	28	29	30	32	34	35	36	39	41	42	44	45
UEBEREINST. ZEUGEN	17	94	392	17	1	8	23	24	73	110	441	36	91	29	439	21	51	19	452	38	33	467	60	451	473
BEZEUGTE VARIANTE	5	3	1/	5	8	3D	2	3	4	2	1/	2	2	3D	1/	5	2	2B	1/	1/F	4	1/	5	1/	1/
P33 100% (1/ 1)	Z	Z	Z	Z	Z	Z	Z	Z	Z	Z	Z	Z	Z	Z	Z	Z	Z	Z	Z	Z	Z	Z	Z	Z	Z
206 91% (30/ 33)	Z	Z	Z	Z	Z	Z	Z	Z	Z	Z	Z	Z	Z	Z	Z	Z	Z	Z	Z	Z	Z				
522 87% (46/ 53)	7				3									11			1								
2200 83% (43/ 52)	1			1/	3																				
630 79% (41/ 52)	1			1/	3	4			Z	Z													6		
1758 77% (36/ 47)		1			1	3			Y	1		1	1	X						1/K					
1739 76% (41/ 54)	16			1/	3										5	1				1/					
1891 76% (41/ 54)	16			1/	3		9								5	4									
945 74% (40/ 54)	1			1/	3	3E	3								5	1				1/					
1490 74% (40/ 54)					1	3		3B				1D	1	1/						1/K					
1704 74% (40/ 54)	1			1/	2	5		5							5	1				1/					
1509 73% (38/ 52)	1			1/I	3	8	1	1				1				X		1							
1751 70% (37/ 53)	1B	3B		1/		1B						2D						9B							
314 67% (6/ 9)	Z	Z	Z	Z	Z	Z	Z	Z	Z	Z	Z	Z	Z	Z	Z	Z	Z	Z	Z	Z	Z		1/		
1745 67% (4/ 6)	Z	Z	Z	Z	Z	Z	Z	Z	Z	Z	Z	Z	Z	Z	Z	Z	Z	Z	Z	Z	Z	Z	Z	Z	Z
1846 67% (6/ 9)	Z	Z	Z	Z	Z	Z	Z	Z	Z	Z	Z	Z	Z	Z	Z	Z	Z	Z	Z	Z	Z	Z	Z	Z	Z
2298 63% (34/ 54)	1	1		1/L	1	1D						1			5	1	1	11		1/					
1738 63% (5/ 8)	Z	Z	Z	Z	Z	Z	Z	Z	Z	Z	Z	Z	Z	Z	Z	Z	Z	Z	Z	Z	Z	Z	Z	Z	Z
1858 63% (5/ 8)	Z	Z	Z	Z	Z	Z	Z	Z	Z	Z	Z	Z	Z	Z	Z	Z	Z	Z	Z	Z	Z	Z	Z	Z	Z
2778 63% (5/ 8)	Z	Z	Z	Z	Z	Z	Z	Z	Z	Z	Z	Z	Z	Z	Z	Z	Z	Z	Z	Z	Z	Z	Z	Z	Z
1831 62% (33/ 53)	3	3B		8B	1	1	1B		6			1B	1	1/						1/K	Z				
P45 60% (6/ 10)	Z	Z	Z	Z	Z	Z	Z	Z	Y	Y	Y	X		1/		Z	4	Y		Z	Z		Z	Z	
624 60% (9/ 15)	Z	Z	Z	Z	Z	Z	Z	Z	Z	Z	Z	Z	Z	Z	Z	Z	Z	Z		1/	Z	Z	Z	Z	Z
307 57% (31/ 54)	13		6	1/	1D	2		2	5B					3E	5			11C	3				4		
453 57% (31/ 54)	13		6	1/	1	2		2	5B					3E	5			11C	3				4		
180 57% (30/ 53)	11		6	1/	1	2	3B	2	5B					3E	5	1		11C	3				4		
P74 56% (28/ 50)	X	Y	3	1/I	2	2B		2	Z					1/		2		2	3	1/	2		3	4	
610 56% (28/ 50)	13		6	1/	1	2	3	2	5B					3E	5			Z	3				4		
94 56% (30/ 54)	13		6	1/L	1	2C	3	2	5B			2C			5			11B	3				4		
2818 56% (30/ 54)	13		6	1/	1C	2	3	2	5B					3E	5			11C	3				4		
2344 55% (29/ 53)	1		11	1/	1	1	X	4	1/	1		1		1/		1		2		1/	1		3		
02 54% (29/ 54)	2	2	3	1/	2	2B		2	5					1/		2		2	3	1/	2		3	4	
1642 54% (29/ 54)	10		3	14	3	2C								3G	5				3	1/	1		1/		

429 — 54 TS + 0 SL + 50 MT

TESTSTELLE	7	8	10	11	12	13	14	15	18	19	20	21	23	28	29	30	32	34	35	36	39	41	42	44	45
UEBEREINST. ZEUGEN	17	94	392	17	1	8	23	24	73	110	441	36	91	29	439	21	51	19	452	38	33	467	60	451	473
BEZEUGTE VARIANTE	5	3	1/	5	8	3D	2	3	4	2	1/	2	2	3D	1/	5	2	2B	1/	1/F	4	1/	5	1/	1/
441 54% (22/ 41)	Z	Z	Z	Z	Z	Z	Z	Z	Z	Z	Z	Z	Z	1/		1	1	1		1/	1		4		
81 53% (20/ 38)	2	2	14	1/L	2	2		2	Z	Z	Z	Z	Z	1/		3		2C	3	1/	2		1/		
2201 52% (23/ 44)	Z	Z	Z	Z	Z	Z	Z	Z	Z	Z		1		1/		1	1	11			1		1/		
2805 52% (26/ 50)	1	3B	4	10	1						Z	Z	Z	6	6	1	1	1		1/	1		4		
636 52% (28/ 54)	1	1		1/	1C	1	6	1	1/	1		6		11											
322 50% (27/ 54)	17			1/	1	2C	1	1				1		8	5	1		11		1/			6		
431 50% (27/ 54)	1	3B		1/	13	1	10	1	1/	1		1		1/		1		3	3	1/			4		
467 50% (27/ 54)	5B		4	1/	1	1D	8					1		6B	5	1	1	1		1/			1/		
1251 50% (27/ 54)					1	3						1	1	1/		1	1	1		1/	1			3	
1678 50% (27/ 54)	10	1	6	1/	1	2	3	2	5B						5	1		11C	3				4		
2626 50% (6/ 12)	Z	Z	Z	Z	Z	Z	Z	Z	Z	Z	Z	Z	Z	Z	Z	Z	Z	Z	Z	Z	Z	Z	Z	Z	Z
323 49% (26/ 53)	18		Z	1/	1	2	1	1				1		3C	5	1		11		1/			6		
1735 49% (26/ 53)	1B	1B		1/	1	1	1	1	1/	1		1	1			1	3	1		1/K	1D		1/		
1875 49% (22/ 45)	X	X	X	X	X	X	6	1	1/	1		1		Z	Z	1			3	3	X		6		
33 49% (21/ 43)	4	X	11	1/	1	1	4	X	X	1		X		1/	X	X	1	11		X	1		3		
1893 49% (20/ 41)	1	1		1/	1	X	X	X	1/	1		1		1/		1	Z	Z	Z	Z	1		4		
228 48% (26/ 54)	3			1/	1	2C	1	1						1/		1	1	1		1/	1				
436 48% (26/ 54)	1	1		1/L	1	1	1	1		1		1	1	1/		1	1	1		1/	1		4		
623 48% (21/ 44)	Z	Z	Z	Z	Z	Z	Z	Z	Z	Z		1		1/		1	1	11		1/	1		4		
2303 48% (10/ 21)	Z	Z	Z	Z	Z	Z	Z	Z	Z	Z	Z	Z	Z	1/		1	1	1		1/	1		4		
1852 47% (18/ 38)	Z	Z	Z	Z	Z	Z	Z	Z	Z	Z	Z	Z	Z	Z	Z	Z	1	1		1/	1		1/		
04 47% (17/ 36)	2	2C	3		2	2B		2	Z	Z	Z	Z	Z	1/		2		11	3B	1/	Z	Z	Z	4	
2378 46% (13/ 28)	Z	Z	Z	Z	Z	Z	Z	Z	Z	Z	Z	Z	Z	Z	Z	Z	Z	Z	Z	Z	Z	X	Y		
1839 46% (19/ 41)	Z	Z	Z	Z	Z	Z	Z	Z	Z	Z	Z	Z	Z	1/		1		1		1/	1		1/		
01 46% (25/ 54)	2	2	3	1/	2	2		2	5					1/		2		2	3	1/	2		1/	4	
03 46% (25/ 54)	2	2		1/	2	2		2	3	3				1/		2		2	4	1/	2		1/	4	
181 46% (25/ 54)	4	3B	11	11	4	1	1	1	1/	1		1H		1/		1			3	3			4		
619 46% (25/ 54)	1			1/L	1	1	1	1	1/	1		1		1/		1	1	11		1/	1B		4		
621 46% (25/ 54)	1			1/O	1	8	1	1	1/		1/B	1	1	1/		1	1	1		1/	1		4		
1162 46% (25/ 54)	1	3B		1/L	1	7	1	1		1		1		1/		1	1	11		1/	1		4		
1175 46% (25/ 54)	2	2	3	1/D	2	2		2	5					1/		1C		2	3	1/	4B		6	6	
62 46% (6/ 13)	Z	Z	Z	Z	Z	Z	Z	Z	Z	Z	Z	Z	Z	1/		1	1	1		1/	1		1/	Z	Z
606 46% (23/ 50)	1	1		1/	3		1	1		1					5	1	Z	Z	Z	Z	2				

429 54 TS + 0 SL + 50 MT

TESTSTELLE	46	47	48	49	50	52	53	55	56	57	65	66	68	69	72	75	76	79	80	83	84	87	88	89	91
UEBEREINST. ZEUGEN	76	92	452	162	7	452	33	422	459	104	333	365	20	16	18	18	467	31	16	46	23	476	471	25	9
BEZEUGTE VARIANTE	2	2	1/	2	19	1/	8	1/	1/	2	1/	1/	3	3	2	3	1/	2	6	2	3	1/	1/	14	4E
P33 100% (1/ 1)	Z	Z	Z	Z	Z		Z	Z	Z	Z	Z	Z	Z	Z	Z	Z	Z	Z	Z	Z	Z	Z	Z	Z	Z
206 91% (30/ 33)				1		4									3										
522 87% (46/ 53)				1											V				6C						4F
2200 83% (43/ 52)	1				2C									2	3	Z	Z								3
630 79% (41/ 52)					2C									2C	3									3	3
1758 77% (36/ 47)	X			Y	1										X		X	1						3	
1739 76% (41/ 54)					2C		3							2		2			6B						3
1891 76% (41/ 54)					2C		3							2	3	2									3
945 74% (40/ 54)							8C								6				6B					5	3
1490 74% (40/ 54)	1			1							1/F	6			1									4	
1704 74% (40/ 54)										2B					6				6B					5	3
1509 73% (38/ 52)	1		1/K		1						1/F			1	1			X							
1751 70% (37/ 53)			7		5B						8	1/E		1	1	1B					1/C				3H
314 67% (6/ 9)	1	Z	Z	Z	Z	Z	Z	Z	Z	Z	Z	Z	Z	Z	Z	Z	Z	Z	Z	Z	Z	Z	Z	Z	Z
1745 67% (4/ 6)	Z	Z	Z	Z	Z	Z	Z	Z	Z	Z	Z	Z	Z	Z	Z	Z	Z	Z	Z	Z	Z			1	1/
1846 67% (6/ 9)	Z	Z	Z	Z	Z	Z	Z	Z	Z	Z	Z	Z	Z	Z	Z	Z	Z	Z	Z	1	1/			1	X
2298 63% (34/ 54)	3				1D		3								1	1				1				12	3
1738 63% (5/ 8)	Z	Z	Z	Z	Z	Z	Z	Z	Z	Z	Z	Z	Z	Z	Z	Z	Z	Z	Z	Z	Z			1	1/
1858 63% (5/ 8)	Z	Z	Z	Z	Z	Z	Z	Z	Z	Z	Z	Z	Z	Z	Z	Z	Z	Z	Z	Z	Z			1	1/
2778 63% (5/ 8)	Z	Z			1D		1/			1	Z	Z	Z	Z	Z	Z	Z	Z	Z	Z	Z	Z	Z	Z	Z
1831 62% (33/ 53)	3			1								6		2B	1									3	3D
P45 60% (6/ 10)	Z	Z	Z	Z	Z	Z	Z	3		1	Z	Z	Z	Z	Z	Z	Z	Z	Z	Z	Z	Z	Z	Z	Z
624 60% (9/ 15)	Z	Z	Z	Z	Z	Z	Z	Z	Z	Z			1	Z	W	1		Z	Z	Z	Z			1	1/
307 57% (31/ 54)					2C		3					1/B	2	2C		2			3		4			2	3
453 57% (31/ 54)					2C		3					1/B	2	2C		2			3		4			2	6B
180 57% (30/ 53)					2		3							2C		2		Z	1		1/			9	4
P74 56% (28/ 50)					3		1/						4			2		2B	2		1/			2	1/
610 56% (28/ 50)					2C		3					1/B	2	2C	Z	2		Z	Z		4			2	3
94 56% (30/ 54)					2C		3					1/B			3	1		1	1	1	1/			1	3
2818 56% (30/ 54)					2C		3					1/B	2	2C		2			1		4			2	3
2344 55% (29/ 53)				1	2		3				1/E		4						2					11	3G
02 54% (29/ 54)					3		1/	4					4			2			2						1/
1642 54% (29/ 54)					3		3B						4	13	1	1		5	1	1	1/			1C	1/

429 54 TS + 0 SL + 50 MT

TESTSTELLE	46	47	48	49	50	52	53	55	56	57	65	66	68	69	72	75	76	79	80	83	84	87	88	89	91
UEBEREINST. ZEUGEN	76	92	452	162	7	452	33	422	459	104	333	365	20	16	18	18	467	31	16	46	23	476	471	25	9
BEZEUGTE VARIANTE	2	2	1/	2	19	1/	8	1/	1/	2	1/	1/	3	3	2	3	1/	2	6	2	3	1/	1/	14	4E
441 54% (22/ 41)					6	3	3				1/K	8	2	1	1			1	1		1/				5D
81 53% (20/ 38)					2		1/				Z	Z	Z	Z	Z	Z	Z	Z	Z	Z	Z				1/
2201 52% (23/ 44)		1			1		3						1	1	1	1		1	1	1	1/			1	5
2805 52% (26/ 50)					1		3				1/F		4B	1B	1			1	4		1/			3	3
636 52% (28/ 54)											1/F	1/F	1	1	1	1		1	1E	1	1/		1/B	1	5C
322 50% (27/ 54)				1	2		3F				1/C		1	1	1	1		1		1	1/			1	5
431 50% (27/ 54)					2C		3					1/B	2	2C		2			1		4			2	14
467 50% (27/ 54)				1	1		3						7	1	1	1		1	1	1	1/			1	4I
1251 50% (27/ 54)	1	1		1	1					1			1	1	1	1		1	1	1	1/			1	1/
1678 50% (27/ 54)					2C		3					1/B	2	2C	1	2			1		4			2	3
2626 50% (6/ 12)	Z	Z	Z	Z	Z	Z	Z	Z	Z	Z	Z	Z	Z	Z	Z	Z	Z	1	1	1	1/			1	
323 49% (26/ 53)				1	2		3				1/C		1	1	1	1		1		1	1/			1	5
1735 49% (26/ 53)	2B				1		6						4					1	1	1	1/			1	X
1875 49% (22/ 45)		1			4		3G	5			1/F	7	12	3B	1	1			1		1/C				12
33 49% (21/ 43)	X				2		3	X	X		1/D	1/C	4			2			2	X				10	3
1893 49% (20/ 41)			Z		1		3				Z	Z	Z	Z	1	1		1B	1	1	Z			1	1/
228 48% (26/ 54)	3				1		1/				1/F	11	7	1	8	1		1	5	1	1/			1	5H
436 48% (26/ 54)					1		4C						4	1	2B	1		1	1		4				3
623 48% (21/ 44)					1		3				1/F		4	1	2B	1		1B	7	1	4			1	3
2303 48% (10/ 21)	1	1			1		Z	Z	Z	Z	Z	Z	Z	Z	Z	Z	Z	Z	Z	Z	Z	Z	Z	Z	Z
1852 47% (18/ 38)	3	1		1	1		1/			1			1	1	1	1		1	1	1	1/				5
04 47% (17/ 36)					2	1/D	4			Z	Z	Z	Z	Z		2			3			Z	Z	Z	Z
2378 46% (13/ 28)	1	1	Z		1		1/		1/E	Z			2	1	1	1		1	1	1	1/			1	1/
1839 46% (19/ 41)	1	1		1	5		1/			1			1	1	1	1		1	1	1	1/			1	18
01 46% (25/ 54)			3		2	4	1/	1/B			1/K		4			2		5	2						1/
03 46% (25/ 54)					2	4	1/	1/B					2			2			2		4			2	1/
181 46% (25/ 54)		1			10		3G	5					12	3B	1	1C			3		1/C				12
619 46% (25/ 54)					1		3						15	1	1B	1		1B	3B	1	1/			1	1/
621 46% (25/ 54)				1	1	3	3B					8	2	1	1			1	1		1/				5
1162 46% (25/ 54)					1		3						15	1	1B	1		1B	3	1	1/			1	1/
1175 46% (25/ 54)					2	4	3			2C		1/B	2		3	2			2		1/				1/
62 46% (6/ 13)	Z	Z	Z	Z	Z	Z	Z	Z	Z	Z	Z	Z	Z	Z	Z	Z	Z	Z	Z	Z	Z	Z	Z	Z	Z
606 46% (23/ 50)				1	2C		1/			1	5	10	1	1	1	1		1	3	1	1/			1	1/

429 — 54 TS + 0 SL + 50 MT

TESTSTELLE / UEBEREINST. ZEUGEN / BEZEUGTE VARIANTE			95 68 3	97 422 1/	100 470 1/	102 478 1/
P33	100%	(1/ 1)	Z	Z	Z	Z
206	91%	(30/ 33)				
522	87%	(46/ 53)				
2200	83%	(43/ 52)	2			
630	79%	(41/ 52)	2			
1758	77%	(36/ 47)	1	X		
1739	76%	(41/ 54)	2			
1891	76%	(41/ 54)	2			
945	74%	(40/ 54)	2			
1490	74%	(40/ 54)	1			
1704	74%	(40/ 54)	2			
1509	73%	(38/ 52)				
1751	70%	(37/ 53)	2	Z		
314	67%	(6/ 9)	1			
1745	67%	(4/ 6)	Z	Z		
1846	67%	(6/ 9)				
2298	63%	(34/ 54)	2			
1738	63%	(5/ 8)	1			
1858	63%	(5/ 8)	1			
2778	63%	(5/ 8)	Z	Z	Z	Z
1831	62%	(33/ 53)	1	1/C		
P45	60%	(6/ 10)	Z	Z	Z	Z
624	60%	(9/ 15)	1			
307	57%	(31/ 54)		3		
453	57%	(31/ 54)		3		
180	57%	(30/ 53)		3		
P74	56%	(28/ 50)	Z			
610	56%	(28/ 50)		3		
94	56%	(30/ 54)				
2818	56%	(30/ 54)		3		
2344	55%	(29/ 53)	2			
02	54%	(29/ 54)	2			3
1642	54%	(29/ 54)	1	4		

429 — 54 TS + 0 SL + 50 MT

TESTSTELLE / UEBEREINST. ZEUGEN / BEZEUGTE VARIANTE			95 68 3	97 422 1/	100 470 1/	102 478 1/
441	54%	(22/ 41)				
81	53%	(20/ 38)	2			
2201	52%	(23/ 44)	1			
2805	52%	(26/ 50)				Z
636	52%	(28/ 54)	4			1/C
322	50%	(27/ 54)	4			
431	50%	(27/ 54)		3		
467	50%	(27/ 54)				
1251	50%	(27/ 54)	1			
1678	50%	(27/ 54)		3		4
2626	50%	(6/ 12)	1			
323	49%	(26/ 53)	4			
1735	49%	(26/ 53)	1			
1875	49%	(22/ 45)	2			
33	49%	(21/ 43)	2			
1893	49%	(20/ 41)	1			
228	48%	(26/ 54)	1			
436	48%	(26/ 54)	2			
623	48%	(21/ 44)	2			3
2303	48%	(10/ 21)	1		Z	
1852	47%	(18/ 38)				
04	47%	(17/ 36)	2	3	Z	
2378	46%	(13/ 28)	Z			
1839	46%	(19/ 41)				
01	46%	(25/ 54)	2			3
03	46%	(25/ 54)	2	4		3
181	46%	(25/ 54)	2	4		
619	46%	(25/ 54)	1			
621	46%	(25/ 54)				
1162	46%	(25/ 54)	1			
1175	46%	(25/ 54)	2	1/B		
62	46%	(6/ 13)	Z			
606	46%	(23/ 50)	1			

431 | 61 TS + 3 SL + 39 MT

TESTSTELLE			8	10	11	14	18	20	23	26	28	29	32	33	34	35	36	38	39	40	41	42	43	44	45	46	47
UEBEREINST. ZEUGEN			16	392	351	4	355	441	91	8	416	439	51	19	2	17	339	21	33	34	467	53	24	451	473	76	92
BEZEUGTE VARIANTE			3B	1/	1/	10	1/	1/	2	3	1/	1/	2	2	3	3	1/	2	4	2	1/	4	2	1/	1/	2	2
P8	100%	(2/ 2)	Z	Z	Z	Z		Z		Z	Z	Z	Z	Z	Z	Z	Z	Z	Z	Z	Z	Z	Z	Z	Z	Z	Z
P33	100%	(1/ 1)	Z	Z	Z	Z	Z	Z	Z	Z	Z	Z	Z	Z	Z	Z	Z	Z	Z	Z	Z	Z	Z	Z	Z	Z	Z
610	84%	(46/ 55)	3	6		3	5B			Z	3E	5		Z	Z		1/F										
2818	80%	(49/ 61)	3	6		3	5B			1	3E	5		3	11C		1/F										
307	79%	(48/ 61)	3	6		2	5B			1	3E	5		1	11C		1/F										
1678	77%	(47/ 61)	1	6		3	5B			1	3D	5		1	11C		1/F										
453	74%	(45/ 61)	3	6		2	5B			1	3E	5		1	11C		1/F										
180	69%	(41/ 59)	3	6		3B	5B			1	3E	5		1	11C		1/F	1		1							
1101	67%	(4/ 6)	1			1			Z	Z	Z	Z	Z	Z	Z	Z	Z	Z	Z	Z	Z	Z	Z	Z	Z	Z	Z
P74	65%	(37/ 57)	Y	3	1/I	2	Z			2					2				2			3		4			
P45	62%	(8/ 13)	Z	Z	Z	Z	Y	Y		Z			4	9	Y	1/	Z		Z			Z	Z	Z		Z	Z
81	61%	(25/ 41)	2	14	1/L	2	Z	Z	Z	2				1	2C				2			1/					
03	61%	(37/ 61)	2			2	3			2					2	4			2			1/		4			
94	61%	(37/ 61)	3	6	1/L	3	5B			1	3D	5		1	11B		1/F										
1739	61%	(37/ 61)	3			2	4			2	3D	5		1	2B	1/		1				5	1				
P41	60%	(3/ 5)	Z	Z	Z	Z	Z	Z	Z	Z	Z	Z	Z	Z	Z	Z	Z	Z	Z	Z	Z	Z	Z	Z	Z	Z	Z
2718	60%	(27/ 45)				1B				1			1	1	1	1/			1	1							
1175	59%	(36/ 61)	2	3	1/D	2	5			2					2			1	4B			6		6			
02	57%	(35/ 61)	2	3		2	5			2					2				2			3		4			
181	57%	(35/ 61)		11	11	1				2					2B		3	1									1
886	57%	(4/ 7)	1	4		8				Z	Z	Z	Z	Z	Z	Z	Z	Z	Z	Z	Z	Z	Z	Z	Z	Z	Z
1893	57%	(26/ 46)	1			X				1			Z	Z	Z	Z	Z	1	1	1			1				
945	56%	(34/ 61)	3			3	4			2	3D	5		1	2B	1/		1				5	1				
1891	56%	(34/ 61)	3			9	4			2	3D	5		1	2B	1/	1/F	1				5	1				
2778	56%	(5/ 9)	Z	Z	Z	Z	Z	Z	Z	Z	Z	Z	Z	Z	Z	Z	Z	Z	Z	Z	Z	Z	Z	Z	Z	Z	Z
04	54%	(20/ 37)	2C	3	5	2	Z	Z	Z	2				1	11	3B		1	Z	Z	Z	Z		4			
630	53%	(32/ 60)	3			2	Z			1	3D			1	2B	1/	1/F	1				6	1				
2344	53%	(32/ 60)	3	11		X				2				1	2	1/		1	1	1		3					
33	53%	(27/ 51)	X	11		4	X			2		X	1		11	1/	X	X	1	1		3				X	
916	53%	(9/ 17)	1						1				1	1	1	1/		1	1	Z	Z	Z	Z	Z	Z	Z	Z
441	51%	(27/ 53)	Z	Z	Z	Z	Z	Z	Z	Z			1	1	1	1/		1	1	3			1				
01	51%	(31/ 61)	2	3		2	5			2					2				2			1/		4			
1292	51%	(31/ 61)											1	1	1	1/		1	1	1			4B			3	1

431 — 61 TS + 3 SL + 39 MT

TESTSTELLE	8	10	11	14	18	20	23	26	28	29	32	33	34	35	36	38	39	40	41	42	43	44	45	46	47
UEBEREINST. ZEUGEN	16	392	351	4	355	441	91	8	416	439	51	19	2	17	339	21	33	34	467	53	24	451	473	76	92
BEZEUGTE VARIANTE	3B	1/	1/	10	1/	1/	2	3	1/	1/	2	2	3	3	1/	2	4	2	1/	4	2	1/	1/	2	2
1611 51% (31/ 61)	6			1B							1	1	1	1/		1	1	1			4				1
1704 51% (31/ 61)	3			2	4			2	3D	5		1	2B	1/		1				5	1				
1745 50% (4/ 8)	Z	Z	Z	Z	Z	Z	Z	Z	Z	Z	Z	Z	Z	Z	Z	Z	Z	Z	Z	Z	Z	Z	Z	Z	Z
1846 50% (6/ 12)	Z	Z	Z	Z	Z	Z	Z	Z	Z	Z	Z	Z	Z	Z	Z	Z	Z	Z	Z	Z	Z	Z	Z	Z	Z
1875 50% (27/ 54)	X	X	X	6				2	Z	Z			2B		3	1	X			6	Z				1
436 49% (30/ 61)	1		1/L	1	4		1	1			1	1	1	1/		1	1	1			1				
621 49% (30/ 61)	3		1/O	1		1/B	1	1			1	8	1	1/		1	1	3			1				
2200 49% (28/ 57)	3			2	4			1	3D			1	2B	1/	1/F	1				5	1			1	
619 48% (29/ 60)	3		1/L	1				2			1	1	11	1/		1	1B	1			1				
623 48% (27/ 56)	Z	Z	Z	Z	Z			2			1	8	11	1/		1	1	1			1				
6 48% (29/ 61)	1			1			1	1			1	1	8			1		1		3				1	1
614 48% (29/ 61)											1	1	1	1/		1	1	1			4B				1
1162 48% (29/ 61)			1/L	1	4			2			1	8	11	1/		1	1	1			1				
2464 47% (9/ 19)	Z	Z	Z	Z	Z	Z	Z	Z	Z	Z	Z	Z	Z	Z	Z	Z	Z	Z	Z	Z	Z	Z	Z	Z	Z
1751 47% (28/ 60)				2	4			1	3D			1	9B	1/	1/F	1		4		5	1				
2138 47% (28/ 60)	6			1B			1				1	8	1	1/	1/B	1	Z	1			4				1
044 46% (28/ 61)	1	4		1B			7	1			1	8	1	1/		1	1	1			1	5			
5 46% (28/ 61)	3			4				2			1	8	11	1/	1/D	1	1	1		1/	1			3	
1505 46% (28/ 61)	1			1B			1	1			1	5	1	1/	1/D	1	1	1		1/	1			1	
1842 46% (28/ 61)	3		1/O	1			1	1			1	8	1	1/		1	1	3		1/	1				
2298 46% (28/ 61)	1		1/L	2	4			2	3D	5	1	1	11	1/		1		4		5	1			3	
2374 46% (28/ 61)	1			1			1	1				1	1	1/		1	1							3	2B
2412 46% (28/ 61)	3										1	1	1	1/		1	1	1			4B				1
314 45% (5/ 11)	Z	Z	Z	Z	Z	Z	Z	Z	Z	Z	Z	Z	Z	Z	Z	Z	Z	Z		1/	1			1	Z
2805 45% (26/ 58)		4	10	2	4	Z	Z	2	6	6	1	1	1	1/		1	1				1				
1890 45% (25/ 56)	Z	Z	Z	1B			1	Z			1	8	1	1/		1	1	1			4				1
2201 45% (25/ 56)	Z	Z	Z	Z	Z			1			1	8	11	1/	1/F	1	1	1		1/	1				1
88 44% (27/ 61)		3		4				1					7	1/		1	1			1/	1			3	
429 44% (27/ 61)	3		5	2	4			1	3D			1	2B	1/	1/F	1		1		5	1				
1595 44% (27/ 61)	1			1				1			1	1	11	1/		1	1	1			1			3	
1827 44% (27/ 61)			1/B	4				1			1	3	11	1/		1	1	1			1				1
2303 44% (11/ 25)	Z	Z	Z	Z	Z	Z	Z	Z			1	1	1	1/		1	1	1			1			1	1
941 44% (25/ 57)	1			1	8			1			1	1	1	1/	1/F	1	1	Y			1			1	

TESTSTELLE	48	49	50	52	53	54	55	56	57	61	63	64	65	66	67	68	69	70	72	74	75	76	77	79	83
UEBEREINST. ZEUGEN	452	162	16	452	87	16	422	459	104	36	8	38	333	10	16	87	10	21	18	3	19	467	181	31	46
BEZEUGTE VARIANTE	1/	2	2C	1/	3	5	1/	1/	2	2	4	2	1/	1/B	2	2	2C	2	2	3	2	1/	2	2	2
P8 100% (2/ 2)	Z	Z	Z	Z	Z	Z	Z	Z	Z	Z	Z	Z	Z	Z	Z	Z	Z	Z	Z	Z	Z	Z	Z	Z	Z
P33 100% (1/ 1)	Z	Z	Z		Z	Z	Z	Z	Z	Z	Z	Z	Z	Z	Z	Z	Z	Z	Z	Z	Z	Z	Z	Z	Z
610 84% (46/ 55)										1									Z	1			Z	Z	
2818 80% (49/ 61)										1										1					
307 79% (48/ 61)										1								3		1					
1678 77% (47/ 61)										1									1	1					
453 74% (45/ 61)						1				1								2B		1					
180 69% (41/ 59)			2											1/		3				1			Z	Z	
1101 67% (4/ 6)	Z	Z	Z	Z	Z	Z	Z	Z	Z	Z	Z	Z	Z	Z	Z	Z	Z	Z	Z	Z	Z	Z	Z	Z	Z
P74 65% (37/ 57)			3		1/	3					2			1/		4	3	3B		X				2B	
P45 62% (8/ 13)	Z	Z	Z	Z	Z	Z	3		1	Z	Z	Z	Z	Z	Z	Z	Z	Z	Z	Z	Z	Z	Z	Z	Z
81 61% (25/ 41)			2		1/	1				Z	Z	Z	Z	Z	Z	Z	Z	Z	Z	Z	Z	Z	Z	Z	Z
03 61% (37/ 61)			2	4	1/	7	1/B			4	2			1/			3			2			2B		
94 61% (37/ 61)										1					1	3	3		3	1	1			1	1
1739 61% (37/ 61)						1				1	1			1/	2B	3	2			1					
P41 60% (3/ 5)	Z	Z	Z	Z	Z	Z	Z	Z	Z	Z	Z	Z	Z	X	X	4	2	Z		Z			Z	Z	Z
2718 60% (27/ 45)			2	4		1				1	1		1/F	6	1	3		Z	Z	Z	Z	Z	Z	Z	Z
1175 59% (36/ 61)			2	4		1			2C		1						3	1	3	1					
02 57% (35/ 61)			3		1/	2	4				2			1/		4	3	1		2					
181 57% (35/ 61)			10		3G	6	5				1			1/	1	12	3B	1	1	2	1C				
886 57% (4/ 7)	Z	Z	Z	Z	Z	Z	Z	Z	Z	Z	Z	Z	Z	Z	Z	Z	Z	Z	Z	Z	Z	Z	Z	Z	Z
1893 57% (26/ 46)	Z		1			1				1	Z	Z	Z	Z	Z	Z	Z	1	1	2	1			1B	1
945 56% (34/ 61)			19		8C	1				1	1			1/	2B	3	3		6		3				
1891 56% (34/ 61)						1				1	1			1/	2B	3	2		3	1					
2778 56% (5/ 9)			1D		1/	1			1	Z	Z	Z	Z	Z	Z	Z	Z	Z	Z	Z	Z	Z	Z	Z	Z
04 54% (20/ 37)			2	1/D	4	4			Z	Z	Z	Z	Z	Z	Z	Z	Z	Z		1					
630 53% (32/ 60)					8	1				1	1	1		1/	2B	3		1	3	1	3				
2344 53% (32/ 60)		1	2			4					1		1/E	1/	2C	4	3	3B		2	3				
33 53% (27/ 51)			2			4	X	X			1		1/D	1/C	X	4	3	3B		2					X
916 53% (9/ 17)	Z	Z	Z	Z	Z	Z	Z	Z	Z	Z	Z	Z	Z	Z	Z	Z	Z	Z	Z	Z	Z	Z	Z	Z	Z
441 51% (27/ 53)			6	3		1				1	1		1/K	8	1		1	3	1	1	3			1	
01 51% (31/ 61)	3		2	4	1/	4	1/B			4	2		1/K	1/		4	3	1		2				5	
1292 51% (31/ 61)		1	1			1	1/B	1/D		1	1	1		4	1	17	1	1	1	1	1	3		1	1

431 61 TS + 3 SL + 39 MT

TESTSTELLE	48	49	50	52	53	54	55	56	57	61	63	64	65	66	67	68	69	70	72	74	75	76	77	79	83
UEBEREINST. ZEUGEN	452	162	16	452	87	16	422	459	104	36	8	38	333	10	16	87	10	21	18	3	19	467	181	31	46
BEZEUGTE VARIANTE	1/	2	2C	1/	3	5	1/	1/	2	2	4	2	1/	1/B	2	2	2C	2	2	3	2	1/	2	2	2
1611 51% (31/ 61)		1	1		3B	1		1/D		1	1			1/	1	17	1	1	1	1	1			1	1
1704 51% (31/ 61)			19		8	1			2B	1	1			1/	2B	3	3		6	1	3				
1745 50% (4/ 8)	Z	Z	Z	Z	Z	Z	Z	Z	Z	Z	Z	Z	Z	Z	Z	Z	Z	Z	Z	Z	Z	Z	Z	Z	Z
1846 50% (6/ 12)	Z	Z	Z	Z	Z	Z	Z	Z	Z	Z	Z	Z	Z	Z	Z	Z	Z	Z	Z	Z	Z	Z	Z	Z	1
1875 50% (27/ 54)			4		3G	2	5			1	1		1/F	7	1	12	3B	1	1	1	1				
436 49% (30/ 61)			1		4C	1				1	1			1/	1	4	1	1	2B	1	1			1	
621 49% (30/ 61)		1	1	3	3B	8				1	1			8	1		1		1	1	3			1	
2200 49% (28/ 57)					8	1				1	1	1		1/	2B	3	2	1B	3	Z	Z	Z	Z		
619 48% (29/ 60)			1			4					U	1		1/	1	15	1	4B	1B	2	1			1B	1
623 48% (27/ 56)			1			4				1	1		1/F	1/	1	4	1	1	2B	1	1			1B	1
6 48% (29/ 61)		1	1			1				1	1	1		1/	1	1	1	1	1	1	1		1B	1	1
614 48% (29/ 61)		4	1			1	1/B	1/D		1	1	1	11	15	1	17	1	1	1	1	1	3		1	1
1162 48% (29/ 61)			1			4					1	1		1/	1	15	1	1	1B	2	1			1B	1
2464 47% (9/ 19)	Z	Z	Z	Z	Z	Z	Z	Z	Z	Z	Z	Z	Z	Z	Z	Z	Z	8	2B	1	1			1	
1751 47% (28/ 60)	7		5B		8	1					1	1	8	1/E	2B	3	1	1B	1	1	1B		5		
2138 47% (28/ 60)		1	1		1/	1	1/B	1/D		1	1		1/F	1/	1	17	1	1	1	1	1			1	
044 46% (28/ 61)		1	2		1/	3				1	1		1/F	1/	1	3	3B	1	7	1	1			1	
5 46% (28/ 61)			1			1					1	1		1/	1	4	1	1	1	1	1			1B	1
1505 46% (28/ 61)		1	2		1/	1	1/B	1/D		1	1			6	1	17	1	1	1	1	1			1	
1842 46% (28/ 61)			1	3		1	1/F		1	1	1			1/	1	15	1		4	1	3			1	
2298 46% (28/ 61)			1D			1				1	1	1		1/	2B	3	3		1	1	1				1
2374 46% (28/ 61)			2			1				1	2	1	3	1/	1	4	1B	1	1	1	1		1B	1	1
2412 46% (28/ 61)		4	1			1	1/B	1/D		1	1	1	11	4	1	17	14	1	4	1	1	3		1	1
314 45% (5/ 11)	Z	Z	Z	Z	Z	Z	Z	Z	Z	Z	Z	Z	Z	Z	Z	Z	Z	Z	Z	Z	Z	Z	Z	Z	Z
2805 45% (26/ 58)			1			4				1	1	1	1/F	1/	1	4B	1B	1	1	1	3			1	
1890 45% (25/ 56)		1	1		1/	1	1/B	1/D		1	1		1/F	6	1	17	1	1	1	1	1			1	
2201 45% (25/ 56)			1			1				1	1	1		1/	1	1	1	1	1	1	1			1	1
88 44% (27/ 61)			1	4		4			1	1	1	1		1/	1	6	1	1	1	1	1		1	1	1B
429 44% (27/ 61)			19		8	1				1	1	1		1/	1	3	3	1		1	3		1B		
1595 44% (27/ 61)			1			1				1	1	1		1/	1	15	1	1	1	1	1			1	1
1827 44% (27/ 61)		1	1			1				1	1	1		1/	1	7	1	1	1	2	1			1B	1
2303 44% (11/ 25)			1		Z	Z	Z	Z	Z	Z	Z	Z	Z	Z	Z	Z	Z	Z	Z	Z	Z	Z	Z	Z	Z
941 44% (25/ 57)			1			1				1	Y	1	1/F	1/	1	1	1	Y	1	1	1		1B	1	1

451 61 TS + 5 SL + 59 MT

TESTSTELLE	84	86	87	88	89	90	92	95	97	100	102
UEBEREINST. ZEUGEN	42	85	476	471	14	71	99	68	17	470	478
BEZEUGTE VARIANTE	4	3	1/	1/	2	2	2	3	3	1/	1/
P8 100% (2/ 2)	Z	Z	Z	Z	Z	Z	Z	Z	Z	Z	Z
P33 100% (1/ 1)	Z	Z	Z	Z	Z	Z	Z	Z	Z	Z	Z
610 84% (46/ 55)											
2818 80% (49/ 61)											
307 79% (48/ 61)											
1678 77% (47/ 61)											4
453 74% (45/ 61)		2B				1					
180 69% (41/ 59)	1/				9						
1101 67% (4/ 6)	Z	Z	Z	Z	Z	Z	Z	Z	Z	Z	Z
P74 65% (37/ 57)	1/	2B						Z	1/		
P45 62% (8/ 13)	Z	Z	Z	Z	Z	Z	Z	Z	Z	Z	Z
81 61% (25/ 41)	Z	2B			14			2	1/		
03 61% (37/ 61)		2B						2	4		3
94 61% (37/ 61)	1/				1	1			1/		
1739 61% (37/ 61)	3				14			2	1/		
P41 60% (3/ 5)	Z	Z	Z	Z	Z	Z	Z	Z	Z	Z	Z
2718 60% (27/ 45)	Z	Z	Z	Z	Z	Z	Z	Z	1/		
1175 59% (36/ 61)	1/				14		1	2	1/B		
02 57% (35/ 61)	3	2B			14		1	2	1/		3
181 57% (35/ 61)	1/C	2			14			2	4		
886 57% (4/ 7)	Z	Z	Z	Z	Z	Z	Z	Z	Z	Z	Z
1893 57% (26/ 46)	Z	1B			1		1	1	1/		
945 56% (34/ 61)	3				5			2	1/		
1891 56% (34/ 61)	3	2			14			2	1/		
2778 56% (5/ 9)	Z	Z	Z	Z	Z	Z	Z	Z	Z	Z	Z
04 54% (20/ 37)	3	Z	Z	Z	Z	Z	Z	2		Z	
630 53% (32/ 60)	3	1B			3			2	1/		
2344 53% (32/ 60)	3	2			11		1	2	1/		
33 53% (27/ 51)	3	2			10		1	2	1/		
916 53% (9/ 17)	Z	Z	Z	Z	Z	Z	Z	Z	Z	Z	Z
441 51% (27/ 53)	1/				14		1		1/		
01 51% (31/ 61)	3	2			14			2	1/		3
1292 51% (31/ 61)										4	

431 61 TS + 3 SL + 39 MT

TESTSTELLE	84	86	87	88	89	90	92	95	97	100	102
UEBEREINST. ZEUGEN	42	85	476	471	14	71	99	68	17	470	478
BEZEUGTE VARIANTE	4	3	1/	1/	2	2	2	3	3	1/	1/
1611 51% (31/ 61)					13					4	
1704 51% (31/ 61)	3				5	4		2	1/		
1745 50% (4/ 8)	Z	1B			1	1	1	Z	Z		
1846 50% (6/ 12)	1/	1			1	1			1/		
1875 50% (27/ 54)	1/C	2			14			2	1/		
436 49% (30/ 61)					14			2	1/		
621 49% (30/ 61)	1/				14				1/		
2200 49% (28/ 57)	3	1			14			2	1/		
619 48% (29/ 60)	1/	1			1		1	1	1/		
623 48% (27/ 56)		2			1			2	1/		3
6 48% (29/ 61)	1/				8				1/		
614 48% (29/ 61)			5	9						4	
1162 48% (29/ 61)	1/	1			1		1	1	1/		
2464 47% (9/ 19)		3C						2	1/	3	4
1751 47% (28/ 60)	1/C	1			14			2	Z		
2138 47% (28/ 60)					14					4	
044 46% (28/ 61)	1/								1/		4
5 46% (28/ 61)	1/	5			1			2	1/		
1505 46% (28/ 61)					14						
1842 46% (28/ 61)	1/C	4			14				5		
2298 46% (28/ 61)	3				12			2	1/		
2374 46% (28/ 61)	1/					1	1	2	1/		
2412 46% (28/ 61)			5	9						4	
314 45% (5/ 11)	Z	Z	Z	Z	Z	Z	1	1	1/		
2805 45% (26/ 58)	1/				3				1/		Z
1890 45% (25/ 56)		Z			14					4	
2201 45% (25/ 56)	1/				1			1	1/		
88 44% (27/ 61)	1/	4			1		1	1	1/		
429 44% (27/ 61)	3	1			14	1	1		1/		
1595 44% (27/ 61)	1/	1B			1	1	1	1	1/		
1827 44% (27/ 61)	1/	1			1		1	1	1/		
2303 44% (11/ 25)	Z	Z	Z	Z	Z	Z	1	1	1/	Z	
941 44% (25/ 57)					1	1		4	1/		Y

TESTSTELLE	10	11	18	20	28	29	35	36	41	42	44	45	46	47	48	49	52	55	56	57	62	64	65	66	68
UEBEREINST. ZEUGEN	392	13	73	441	416	439	452	339	467	53	451	473	76	92	452	162	452	422	459	104	28	38	333	365	15
BEZEUGTE VARIANTE	1/	1/L	4	1/	1/	1/	1/	1/	1/	4	1/	1/	2	2	1/	2	1/	1/	1/	2	2	2	1/	1/	4
P33 100% (1/ 1)	Z	Z	Z	Z	Z	Z	Z	Z	Z	Z	Z	Z	Z	Z	Z	Z		Z	Z	Z	Z	Z	Z	Z	Z
2778 83% (5/ 6)	Z	Z	Z	Z	Z	Z	Z	Z	Z	Z	Z	Z	Z	Z						1	Z	Z	Z	Z	Z
623 83% (34/ 41)	Z	Z	Z																				1/F		
81 81% (25/ 31)	14		Z	Z			3			1/											Z	Z	Z	Z	Z
62 80% (8/ 10)	Z	Z	Z	Z						1/	Z	Z	Z	Z	Z	Z	Z	Z	Z	Z	Z	Z	Z	Z	Z
2627 80% (4/ 5)	Z	Z	Z	Z					Z	Z	Z	Z	Z	Z	Z	Z	Z	Z	Z	Z	Z	Z	Z	Z	Z
2175 78% (7/ 9)		1/	1/							Z	Z	Z	Z	Z	Z	Z	Z	Z	Z	Z	Z	Z	Z	Z	Z
1739 77% (34/ 44)		1/			3D	5				5											1				3
2718 76% (22/ 29)		1/	1/														4						1/F	6	3
P45 75% (6/ 8)	Z	Z	Y	Y				Z		Z	Z		Z	Z	Z	Z	Z	3		1	Z	Z	Z	Z	Z
916 75% (6/ 8)		1/	1/						Z	Z	Z	Z	Z	Z	Z	Z	Z	Z	Z	Z	Z	Z	Z	Z	Z
945 75% (33/ 44)		1/			3D	5				5											1				3
P74 74% (31/ 42)	3	1/I	Z				3			3	4														
1891 73% (32/ 44)		1/			3D	5		1/F		5											1				3
2303 72% (13/ 18)	Z	Z	Z	Z									1	1				Z	Z	Z	Z	Z	Z	Z	Z
2200 71% (29/ 41)		1/			3D			1/F		5			1								1	1			3
1162 70% (31/ 44)																					1	1			15
1704 70% (31/ 44)		1/			3D	5				5										2B	1				3
2298 70% (31/ 44)					3D	5				5			3								1	1			3
431 70% (30/ 43)		1/	1/				3														1			1/B	2
630 70% (30/ 43)		1/	Z		3D			1/F		6											1	1			3
02 68% (30/ 44)	3	1/	5				3			3	4							4							
044 68% (30/ 44)	4	1/	1/								5					1							1/F		3
5 68% (30/ 44)		1/	1/					1/D		1/			3								1	1			
619 68% (30/ 44)			1/																		1	1			15
2344 68% (30/ 44)	11	1/	1/							3						1							1/E		
33 68% (25/ 37)	11	1/	X			X		X		3			X					X	X				1/D	1/C	
441 68% (27/ 40)	Z	Z	Z	Z													3				1		1/K	8	2
P41 67% (2/ 3)	Z	Z	Z	Z	Z	Z	Z	Z	Z	Z	Z	Z	Z	Z	Z	Z	Z	Z	Z	Z	Z	Z	Z	X	
506 67% (6/ 9)	Z	Z	Z	Z			Z	Z	Z	Z	Z	Z	Z	Z			Z			1	Z	Z	Z	Z	Z
2805 67% (28/ 42)	4	10		Z	6	6																1	1/F		4B
181 66% (29/ 44)	11	11	1/				3	3						1				5							12
307 66% (29/ 44)	6	1/	5B		3E	5	3	1/F													1			1/B	2

TESTSTELLE			10	11	18	20	28	29	35	36	41	42	44	45	46	47	48	49	52	55	56	57	62	64	65	66	68
UEBEREINST. ZEUGEN			392	13	73	441	416	439	452	339	467	53	451	473	76	92	452	162	452	422	459	104	28	38	333	365	15
BEZEUGTE VARIANTE			1/	1/L	4	1/	1/	1/	1/	1/	1/	4	1/	1/	2	2	1/	2	1/	1/	1/	2	2	2	1/	1/	4
621	66%	(29/ 44)		1/0	1/	1/B												1	3				1			8	2
2818	66%	(29/ 44)	6	1/	5B		3E	5	3	1/F													1			1/B	2
2201	66%	(27/ 41)	Z	Z	Z					1/F		1/				1							1	1			1
04	65%	(17/ 26)	3	5	Z	Z			3B		Z	Z	4						1/D			Z	Z	Z	Z	Z	Z
1856	65%	(20/ 31)		1/	1/							8			1	1						1	1	1			2
610	64%	(27/ 42)	6	1/	5B		3E	5	3	1/F													1			1/B	2
1893	64%	(23/ 36)		1/	1/				Z	Z							Z						1	Z	Z	Z	Z
03	64%	(28/ 44)		1/	3				4			1/	4						4	1/B							2
1505	64%	(28/ 44)		1/	1/					1/D		1/			1			1		1/B	1/D					6	17
1611	64%	(28/ 44)		1/	1/											1		1			1/D						17
1678	64%	(28/ 44)	6	1/	5B		3D	5	3	1/F													1			1/B	2
2138	64%	(28/ 44)		1/	1/					1/B						1		1		1/B	1/D				1/F		17
1890	63%	(26/ 41)	Z	Z	1/											1		1		1/B	1/D				1/F	6	17
2464	63%	(12/ 19)	Z	Z	Z	Z	Z	Z	Z	Z	Z	Z	Z	Z	Z	Z	Z	Z	Z	Z	Z	Z	Z	Z	Z	Z	Z
1894	63%	(27/ 43)		1/	1/							5			3	1		1				1	1	1			1
1875	63%	(25/ 40)	X	X	1/		Z	Z	3	3		6				1				5					1/F	7	12
180	62%	(26/ 42)	6	1/	5B		3E	5	3	1/F													1				3
01	61%	(27/ 44)	3	1/	5				3			1/	4				3		4	1/B					1/K		
94	61%	(27/ 44)	6		5B		3D	5	3	1/F													1			1/B	3
1595	61%	(27/ 44)		1/	1/										3								1	1			15
1842	61%	(27/ 44)		1/0	1/							1/							3	1/F		1	1				15
2374	61%	(27/ 44)		1/	1/										3	2B							1	1	3		
1758	61%	(20/ 33)		5	Y		X			1/K		5			X			Y					X	1			3
1751	60%	(26/ 43)		1/			3D			1/F		5					7						1	1	8	1/E	3
218	59%	(26/ 44)		1/C	1/							1/			1			1				1	1		1/F		7
228	59%	(26/ 44)		1/								5			3								1	1	1/F	11	7
429	59%	(26/ 44)		5			3D			1/F		5											1	1			3
453	59%	(26/ 44)	6	1/	5B		3E	5	3	1/F													1			1/B	2
489	59%	(26/ 44)		12	1/					1/F		1/			6	1						1	1	1			1
808	59%	(26/ 44)			6							1/			1							1	1	1	1/F		1
1270	59%	(26/ 44)		1/	1/	1/B									6								1	1			15
1563	59%	(26/ 44)		1/0	1/							1/			1	1						1	3	1			1
1598	59%	(26/ 44)		1/	1/	1/B									6								1	1			15

436 44 TS + 2 SL + 58 MT

TESTSTELLE	72	76	77	78	83	84	86	87	88	89	90	91	92	93	95	97	98	100	102
UEBEREINST. ZEUGEN	3	467	181	67	46	42	85	476	471	25	71	46	99	4	44	422	40	470	478
BEZEUGTE VARIANTE	2B	1/	2	2	2	4	3	1/	1/	14	2	3	2	3	2	1/	2	1/	1/
P33 100% (1/ 1)	Z	Z	Z	Z	Z	Z	Z	Z	Z	Z	Z	Z	Z	Z	Z	Z	Z	Z	Z
2778 83% (5/ 6)	Z	Z	Z	Z	Z	Z	Z	Z	Z	Z	Z	Z	Z	Z	Z	Z	Z	Z	Z
623 83% (34/ 41)				1	1		2			1							2C		3
81 81% (25/ 31)	Z	Z	Z	Z	Z	Z	2B					1/		2					
62 80% (8/ 10)	Z	Z	Z	Z	Z	Z	Z	Z	Z	Z	Z	Z	Z	Z	Z		3		
2627 80% (4/ 5)	Z	Z	Z	Z	Z	Z	Z	Z	Z	Z	Z	Z	Z	Z	Z	Z	1	Z	Z
2175 78% (7/ 9)	Z	Z	Z	Z	Z	Z	Z	Z	Z	Z	Z	Z	Z	Z	Z	Z	Z	Z	Z
1739 77% (34/ 44)	2			1		3								2					
2718 76% (22/ 29)	Z	Z	Z	Z	Z	Z	Z	Z	Z	Z	Z	Z	Z	Z	Z		2C		
P45 75% (6/ 8)	Z	Z	Z	Z	Z	Z	Z	Z	Z	Z	Z	Z	Z	Z	Z	Z	Z	Z	Z
916 75% (6/ 8)	Z	Z	Z	Z	Z	Z	Z	Z	Z	Z	Z	Z	Z	Z	Z	Z	Z	Z	Z
945 75% (33/ 44)	6			1B		3				5				2					
P74 74% (31/ 42)	2					1/	2B			2		1/		2	Z				
1891 73% (32/ 44)	3			1		3	2							2					
2303 72% (13/ 18)	Z	Z	Z	Z	Z	Z	Z	Z	Z	Z	Z	Z	1	1	1		Z	Z	
2200 71% (29/ 41)	3	Z	Z	Z		3	1							1					
1162 70% (31/ 44)	1B				1	1/	1			1		1/	1	2	1		6		
1704 70% (31/ 44)	6			1B		3				5	4			2					
2298 70% (31/ 44)	1			1	1	3				12				1					
431 70% (30/ 43)	2			1						2		14		1	3	3	W		
630 70% (30/ 43)	3			1		3	1B			3				1					
02 68% (30/ 44)	2					3	2B					1/	1	2					3
044 68% (30/ 44)	7					1/				2				1	3		1		4
5 68% (30/ 44)	1			1	1	1/	5			1							2C		
619 68% (30/ 44)	1B				1	1/	1			1		1/	1	2	1		6B		
2344 68% (30/ 44)	2					3	2			11		3G	1	2			7		
33 68% (25/ 37)	2				X	3	2			10			1	2			7		
441 68% (27/ 40)	1			1		1/						5D	1	2	3		2C		
P41 67% (2/ 3)	2		Z	Z	Z	Z	Z	Z	Z	Z	Z	Z	Z	Z	Z	Z	Z	Z	Z
506 67% (6/ 9)	Z	Z	Z	Z	1	1/	Z	Z	Z	Z	Z	Z	Z	Z	Z	Z	Z	Z	Z
2805 67% (28/ 42)	1			1		1/				3				1	3		2C		Z
181 66% (29/ 44)	1			1		1/C	2					12		2		4			
307 66% (29/ 44)	2									2				1	3	3			

436 — 44 TS + 2 SL + 58 MT

TESTSTELLE		72	76	77	78	83	84	86	87	88	89	90	91	92	93	95	97	98	100	102
UEBEREINST. ZEUGEN		3	467	181	67	46	42	85	476	471	25	71	46	99	4	44	422	40	470	478
BEZEUGTE VARIANTE		2B	1/	2	2	2	4	3	1/	1/	14	2	3	2	3	2	1/	2	1/	1/
621	66% (29/ 44)	1			1		1/						5		2	3		2C		
2818	66% (29/ 44)	2									2				1	3	3			
2201	66% (27/ 41)	1				1	1/				1		5		2	1		6		
04	65% (17/ 26)	2					3	Z	Z	Z	Z	Z	Z	Z	2		3		Z	
1856	65% (20/ 31)	1			1	Z	Z	Z	Z	Z	Z	Z	Z	Z	Z	Z	Z	Z		
610	64% (27/ 42)	Z		Z	1						2				1	3	3			
1893	64% (23/ 36)	1			1	1	Z	1B			1		1/	1	2	1		6		
03	64% (28/ 44)	2		2B				2B			2		1/		2		4			3
1505	64% (28/ 44)	1											8		1	3	3	1		
1611	64% (28/ 44)	1			1	1					13		8		1	3	3	1	4	
1678	64% (28/ 44)	1									2				1	3	3			4
2138	64% (28/ 44)	1											8		1	3	3	1	4	
1890	63% (26/ 41)	1						Z					8		1	3	3	1	4	
2464	63% (12/ 19)				1			3C			2		4B					2C	3	4
1894	63% (27/ 43)	Z		1	1		3			7					1			1		
1875	63% (25/ 40)	1			1		1/C	2					12		2					
180	62% (26/ 42)	2		Z	Z		1/				9		4		1	3	3			
01	61% (27/ 44)	2			3		3	2					1/		2					3
94	61% (27/ 44)	3				1	1/				1	1			1	3		2C		
1595	61% (27/ 44)	1			1	1	1/	1B			1	1		1	1	1		1		
1842	61% (27/ 44)	4			1		1/C	4					5		2	3	5	2C		
2374	61% (27/ 44)	1		1B	1	1	1/				2	1		1	1			2C		
1758	61% (20/ 33)	X	X	X	1		3	X			3	1	4E	1	1	1	X	X		
1751	60% (26/ 43)	1		5	1		1/C	1					3H		1		Z			
218	59% (26/ 44)	1			1	1	1/	1			1	1	1/		1					
228	59% (26/ 44)	8			1	1	1/	1			1	1	5H		1	1				
429	59% (26/ 44)	2		1B	1		3	1				1	4E	1	1	3		1D		
453	59% (26/ 44)	2						2B			2	1	6B		1	3	3			
489	59% (26/ 44)	1				1	1/				1		5		2	1		1		
808	59% (26/ 44)	1			1	1	1/	1B			7	1	6		1			1		
1270	59% (26/ 44)	1			1	1	1/	1B			1	1		1	1	1		1		
1563	59% (26/ 44)	1			1	1	1/	1			1	1	1/		1					
1598	59% (26/ 44)	1			1	1	1/	1B			1	1		1	1	1		1		

TESTSTELLE	10	11	18	20	23	28	29	33	34	35	36	41	42	44	45	46	47	48	52	53	55	56	57	65	66
UEBEREINST. ZEUGEN	392	351	355	441	91	416	439	19	29	452	54	467	283	451	473	76	92	452	452	338	422	459	104	333	365
BEZEUGTE VARIANTE	1/	1/	1/	1/	2	1/	1/	2	11	1/	1/K	1/	1/	1/	1/	2	2	1/	1/	1/	1/	1/	2	1/	1/
P8 100% (2/ 2)	Z	Z		Z		Z	Z	Z	Z	Z	Z	Z	Z	Z	Z	Z	Z	Z	Z	Z	Z	Z	Z	Z	Z
P33 100% (1/ 1)	Z	Z	Z	Z	Z	Z	Z	Z	Z	Z	Z	Z	Z	Z	Z	Z	Z	Z		Z	Z	Z	Z	Z	Z
1101 100% (4/ 4)					Z	Z	Z	Z	Z	Z	Z	Z	Z	Z	Z	Z	Z	Z	Z	Z	Z	Z	Z	Z	Z
1893 90% (27/ 30)								Z	Z	Z	Z		4					Z		3				Z	Z
1899 83% (5/ 6)	Z	Z	Z	Z	Z	Z	Z	Z	Z	Z	Z	Z	Z	Z	Z	Z	Z	Z	Z	Z	Z	Z	Z	Z	Z
2778 83% (5/ 6)	Z	Z	Z	Z	Z	Z	Z	Z	Z	Z	Z	Z	Z	Z	Z	Z	Z						1	Z	Z
619 82% (32/ 39)		1/L						1			1/		4							3					
1162 82% (32/ 39)		1/L	4					8			1/		4							3					
886 80% (4/ 5)	4					Z	Z	Z	Z	Z	Z	Z	Z	Z	Z	Z	Z	Z	Z	Z	Z	Z	Z	Z	Z
5 79% (31/ 39)								8			1/D					3				3					
2201 78% (28/ 36)	Z	Z	Z					8			1/F						1			3					
1595 77% (30/ 39)								1			1/		4			3				3					
1827 77% (30/ 39)		1/B						3			1/		4				1			3					
1738 75% (6/ 8)	Z	Z	Z	Z	Z	Z	Z	Z	Z	Z	Z	Z	Z	Z	Z	Z	Z	Z	Z	Z	Z	Z	Z	Z	Z
1858 75% (6/ 8)	Z	Z	Z	Z	Z	Z	Z	Z	Z	Z	Z	Z	Z	Z	Z	Z	Z	Z	Z	Z	Z	Z	Z	Z	Z
1270 74% (29/ 39)				1/B				1			1/		4			6				3					
1598 74% (29/ 39)				1/B				1			1/		4			6				3					
1843 74% (29/ 39)								1	1							4	1			3			1		
1735 73% (27/ 37)					1	3D		1	1							2B				6					
2431 72% (23/ 32)			Y		1			Y	Y	Y	Y					Y	Y						1	1/G	
1297 72% (28/ 39)				1/B				1			1/		4			6				3				1/F	
2143 72% (28/ 39)		5						1	1		1/F						1			3				1/F	
81 71% (20/ 28)	14	1/L	Z	Z	Z			1	2C	3	1/													Z	Z
1745 71% (5/ 7)	Z	Z	Z	Z	Z	Z	Z	Z	Z	Z	Z	Z	Z	Z	Z	Z	Z	Z	Z	Z	Z	Z	Z	Z	Z
2289 71% (15/ 21)	Z	Z	Z	Z	Z	Z	Z	Z	Z	Z	Z	Z	Z	Z	Z	Z	Z	Z					1		
P74 71% (27/ 38)	3	1/I	Z						2	3	1/		3	4											
1069 71% (27/ 38)					Z			1	1							1	1						1		
1241 71% (27/ 38)					1			1	1		1/					3	1						Z		
2194 71% (27/ 38)					1			1	1							1	1						1		
400 70% (19/ 27)		1/L			Y			X		X	1/		W	X		6				W			1	X	X
P45 70% (7/ 10)	Z	Z	Y	Y				9	Y		Z		Z	Z		Z	Z	Z	Z	Z	3		1	Z	Z
314 70% (7/ 10)	Z	Z	Z	Z	Z	Z	Z	Z	Z	Z	Z					1	Z	Z	Z	Z	Z	Z	Z	Z	Z
2777 70% (7/ 10)	Z	Z	Z	Z	Z	Z	Z	Z	Z	Z	Z	Z	Z	Z	Z	Z	Z	Z	Z	Z	Z	Z	Z	Z	Z

437 — 39 TS + 1 SL + 64 MT

TESTSTELLE	10	11	18	20	23	28	29	33	34	35	36	41	42	44	45	46	47	48	52	53	55	56	57	65	66
UEBEREINST. ZEUGEN	392	351	355	441	91	416	439	19	29	452	54	467	283	451	473	76	92	452	452	338	422	459	104	333	365
BEZEUGTE VARIANTE	1/	1/	1/	1/	2	1/	1/	2	11	1/	1/K	1/	1/	1/	1/	2	2	1/	1/	1/	1/	1/	2	1/	1/
319 69% (25/ 36)					1			1	1							1	1						1	Z	Z
623 69% (25/ 36)	Z	Z	Z					8			1/		4							3				1/F	
88 69% (27/ 39)	3								7		1/					3			4	3			1		
149 69% (27/ 39)					1			1	1		1/					1	1						1		
201 69% (27/ 39)					1			1	1		1/					1	1						1		
326 69% (27/ 39)	7							1	4		1/									3B		1/B			14
444 69% (27/ 39)					1				1		1/		6			1	1						1		
450 69% (27/ 39)					1			1	1							1	1						1		
605 69% (27/ 39)					1			1	1							1	1						1		
824 69% (27/ 39)					1			1	1		1/					1	1						1		
917 69% (27/ 39)					1				2B		1/					3	1						1		
1040 69% (27/ 39)					1			1	1		1/					1	1						1		
1058 69% (27/ 39)					1			1	1		1/		6			1	1						1		
1072 69% (27/ 39)					1			1	1		1/					1	1						1		
1075 69% (27/ 39)					1			1	1		1/					1	1						1		
1103 69% (27/ 39)					1			1	1		1/					1							1		12
1161 69% (27/ 39)					1			1	13		1/					1							1		
1248 69% (27/ 39)					1			1	1		1/					1	1						1		
1354 69% (27/ 39)					1			1	1							1	1						1		
1503 69% (27/ 39)					1			1	1		1/					1	1						1		
1617 69% (27/ 39)					1			1	1		1/					1	1						1		
1619 69% (27/ 39)					1			1	1		1/					1	1						1		
1628 69% (27/ 39)					1			1	1		1/					1	1						1		
1636 69% (27/ 39)					1			1	1		1/					1	1						1		
1637 69% (27/ 39)					1			1	1		1/					1	1						1		
1656 69% (27/ 39)					1			1	1		1/					1	1						1		
1718 69% (27/ 39)					1			1	1							1							1		1/G
1720 69% (27/ 39)					1			1	1		1/					1	1						1		
1737 69% (27/ 39)					1			1	1		1/F					1	1						1		
1740 69% (27/ 39)					1			1	1		1/					1	1						1		
1746 69% (27/ 39)					1			1	1		1/					1	1						1		
1849 69% (27/ 39)					1			1	1							1	1						1		
1865 69% (27/ 39)					1			1	1		1/					1	1						1		

437 39 TS + 1 SL + 64 MT

TESTSTELLE	68	73	76	77	81	84	87	88	91	93	97	98	100	102
UEBEREINST. ZEUGEN	16	7	467	181	49	402	476	471	279	4	422	10	470	478
BEZEUGTE VARIANTE	15	9	1/	2	2	1/	1/	1/	1/	3	1/	6	1/	1/
P8 100% (2/ 2)	Z	Z	Z	Z	Z	Z	Z	Z	Z	Z	Z	Z	Z	Z
P33 100% (1/ 1)	Z	Z	Z	Z	Z	Z	Z	Z	Z	Z	Z	Z	Z	Z
1101 100% (4/ 4)	Z	Z	Z	Z	Z	Z	Z	Z	Z	Z	Z	Z	Z	Z
1893 90% (27/ 30)	Z					Z				2				
1899 83% (5/ 6)	Z	Z	Z	Z	Z					1	Z	Z	Z	
2778 83% (5/ 6)	Z	Z	Z	Z	Z	Z	Z	Z	Z	Z	Z	Z	Z	Z
619 82% (32/ 39)										2		6B		
1162 82% (32/ 39)										2				
886 80% (4/ 5)	Z	Z	Z	Z	Z	Z	Z	Z	Z	Z	Z	Z	Z	Z
5 79% (31/ 39)	4	1							3			2C		
2201 78% (28/ 36)	1	1E							5	2				
1595 77% (30/ 39)		10							3	1		1		
1827 77% (30/ 39)	7				1					2				
1738 75% (6/ 8)	Z	Z	Z	Z	Z	Z				1		1		
1858 75% (6/ 8)	Z	Z	Z	Z	Z	Z				1		1		
1270 74% (29/ 39)		10							3	1		1		
1598 74% (29/ 39)		10							3	1		1		
1843 74% (29/ 39)		10			1				5	2				
1735 73% (27/ 37)	4	X			1				X	1		1		
2431 72% (23/ 32)	2	1			1					1	4	1		
1297 72% (28/ 39)		10							3	1		1		
2143 72% (28/ 39)		1D			1				5	1				
81 71% (20/ 28)	Z	Z	Z	Z	Z	Z				2		2		
1745 71% (5/ 7)	Z	Z	Z	Z	Z	Z				1	Z	1		
2289 71% (15/ 21)	2	1			1					1		1		
P74 71% (27/ 38)	4	6B								2		2		
1069 71% (27/ 38)	1	1		1	1					1		1		
1241 71% (27/ 38)	1	1		1						1		1		
2194 71% (27/ 38)	1	4		1					V	1		1		
400 70% (19/ 27)	X	10			X		X	X	5	1		1		
P45 70% (7/ 10)	Z	Z	Z	Z	Z	Z	Z	Z	Z	Z	Z	Z	Z	Z
314 70% (7/ 10)	Z	Z	Z	Z	Z	Z	Z	Z	Z	1		1		
2777 70% (7/ 10)	Z	1	Y		Z	Z				1		1		

437 — 39 TS + 1 SL + 64 MT

TESTSTELLE	68	73	76	77	81	84	87	88	91	93	97	98	100	102
UEBEREINST. ZEUGEN	16	7	467	181	49	402	476	471	279	4	422	10	470	478
BEZEUGTE VARIANTE	15	9	1/	2	2	1/	1/	1/	1/	3	1/	6	1/	1/
319 69% (25/ 36)	Z	1		1	1					1		1		
623 69% (25/ 36)	4	1D				4			3			2C		3
88 69% (27/ 39)	6			1	1				3	1				
149 69% (27/ 39)	2	1			1					1		1		
201 69% (27/ 39)	2	1			1					1		1		
326 69% (27/ 39)	5	1		1B						1		3		
444 69% (27/ 39)	2	1			1					1		1		
450 69% (27/ 39)	1	1		1	1					1		1		
605 69% (27/ 39)	1	1		1	1					1		1		
824 69% (27/ 39)	2	1			1					1		1		
917 69% (27/ 39)	1	1D		1	1					1		1		
1040 69% (27/ 39)	2	1			1					1		1		
1058 69% (27/ 39)	2	1								1		1		
1072 69% (27/ 39)	2	1			1					1		1		
1075 69% (27/ 39)	2	1			1					1		1		
1103 69% (27/ 39)	1	1			1					1		1		
1161 69% (27/ 39)	7	1		1					4	1		1		
1248 69% (27/ 39)	2	1			1					1		1		
1354 69% (27/ 39)	1	1		1	1					1		1		
1503 69% (27/ 39)	2	1			1					1		1		
1617 69% (27/ 39)	2	1			1					1		1		
1619 69% (27/ 39)	2	1			1C					1		1		
1628 69% (27/ 39)	2	1			1					1		1		
1636 69% (27/ 39)	2	1			1					1		1		
1637 69% (27/ 39)	2	1			1					1		1		
1656 69% (27/ 39)	2	1			1					1		1		
1718 69% (27/ 39)	7	11C		1B	1					1		2		
1720 69% (27/ 39)	1	1D		1						1		1		
1737 69% (27/ 39)	2	1			1					1		1		
1740 69% (27/ 39)	2	1			1					1		1		
1746 69% (27/ 39)	2	1			1					1		1		
1849 69% (27/ 39)	1	1		1	1					1		1		
1865 69% (27/ 39)	2	1			1					1		1		

441 44 TS + 2 SL + 32 MT

TESTSTELLE	28	29	31	35	36	40	41	42	44	45	46	47	48	49	52	53	55	56	57	64	65	66	68	70	73
UEBEREINST. ZEUGEN	416	439	36	452	339	2	467	53	451	473	76	92	452	162	15	87	422	459	104	38	1	1	87	1	2
BEZEUGTE VARIANTE	1/	1/	2	1/	1/	3	1/	4	1/	1/	2	2	1/	2	3	3	1/	1/	2	2	1/K	8	2	3	6C
621 89% (39/ 44)														1		3B					1/			2	
916 80% (4/ 5)			1			Z	Z	Z	Z	Z	Z	Z	Z	Z	Z	Z	Z	Z	Z	Z	Z	Z	Z	Z	Z
2718 76% (22/ 29)			1			1									4						1/F	6	3	Z	Z
2175 71% (5/ 7)			1			1		Z	Z	Z	Z	Z	Z	Z	Z	Z	Z	Z	Z	Z	Z	Z	Z	Z	Z
1842 70% (31/ 44)								1/									1/F		1		1/	1/	15	2	7
506 70% (7/ 10)			1	Z	Z	Z	Z	Z	Z	Z	Z	Z			Z	Z			1	Z	Z	Z	Z	Z	Z
81 70% (23/ 33)				3		2		1/							1/	1/				Z	Z	Z	Z	Z	Z
P45 67% (6/ 9)			Z		Z	2		Z	Z		Z	Z	Z	Z	Z	Z	3		1	Z	Z	Z	Z	Z	Z
1175 66% (29/ 44)				3		2		6	6						4				2C		1/	1/B		1	2
1739 64% (28/ 44)	3D	5				2		5							1/						1/	1/	3	2	1D
431 63% (27/ 43)			1	3		2									1/						1/	1/B		2	2B
2805 63% (27/ 43)	6	6	1			2									1/					1	1/F	1/	4B	1	1
436 61% (27/ 44)			1			1									1/	4C					1/	1/	4	1	1D
619 61% (27/ 44)						1									1/					1	1/	1/	15	4B	9
1162 61% (27/ 44)						1									1/					1	1/	1/	15	1	9
2344 61% (27/ 44)			1E			1		3						1	1/						1/E	1/	4	3B	6
1893 61% (22/ 36)			1	Z	Z	1							Z		1/					Z	Z	Z	Z	1	9
P74 60% (26/ 43)				3		2		3	4						1/	1/					1/	1/	4	3B	6B
04 59% (16/ 27)				3B		Z	Z	Z	4						1/D	4			Z	Z	Z	Z	Z	Z	2
044 59% (26/ 44)			3			1			5					1	1/	1/					1/F	1/	3	1	1D
307 59% (26/ 44)	3E	5		3	1/F	2									1/						1/	1/B			1D
623 59% (26/ 44)						1									1/						1/F	1/	4	1	1D
945 59% (26/ 44)	3D	5				2		5							1/	8C					1/	1/	3	2	1D
33 58% (21/ 36)		X	X		X	1		3			X				1/		X	X			1/D	1/C	4	3B	14
62 57% (8/ 14)			1			1		1/	Z	Z	Z	Z	Z	Z	Z	Z	Z	Z	Z	Z	Z	Z	Z	Z	Z
2627 57% (4/ 7)			1			1	Z	Z	Z	Z	Z	Z	Z	Z	Z	Z	Z	Z	Z	Z	Z	Z	Z	Z	Z
2778 57% (4/ 7)	Z	Z	Z	Z	Z	Z	Z	Z	Z	Z	Z	Z			1/	1/			1	Z	Z	Z	Z	Z	Z
94 57% (25/ 44)	3D	5		3	1/F	2									1/						1/	1/B	3	2	1D
1827 57% (25/ 44)						1						1		1	1/					1	1/	1/	7	1	9
1891 57% (25/ 44)	3D	5			1/F	2		5							1/						1/	1/	3	2	1D
2818 57% (25/ 44)	3E	5		3	1/F	2									1/						1/	1/B		2	3
180 56% (24/ 43)	3E	5		3	1/F	1									1/						1/	1/	3	2	5
610 56% (24/ 43)	3E	5		3	1/F	2									1/						1/	1/B		2	3

441 44 TS + 2 SL + 32 MT

TESTSTELLE	28	29	31	35	36	40	41	42	44	45	46	47	48	49	52	53	55	56	57	64	65	66	68	70	73
UEBEREINST. ZEUGEN	416	439	36	452	339	2	467	53	451	473	76	92	452	162	15	87	422	459	104	38	1	1	87	1	2
BEZEUGTE VARIANTE	1/	1/	2	1/	1/	3	1/	4	1/	1/	2	2	1/	2	3	3	1/	1/	2	2	1/K	8	2	3	6C
1409 56% (24/ 43)			1		1/K	1		1/	4		3								Z	1	1/F	1/	4	2	
01 55% (24/ 44)				3		2		1/	4				3		4	1/	1/B					1/	4	1	2
5 55% (24/ 44)					1/D	1		1/			3				1/					1	1/	1/	4	1	1
181 55% (24/ 44)				3	3	2						1			1/	3G	5				1/	1/	12	1	6
1678 55% (24/ 44)	3D	5		3	1/F	2									1/						1/	1/B		2	1D
2201 55% (24/ 44)			1		1/F	1		1/				1			1/					1	1/	1/	1	1	1E
2303 55% (12/ 22)			1			1					1	1			1/	Z	Z	Z	Z	Z	Z	Z	Z	Z	Z
206 54% (19/ 35)	Z	Z	Z	Z	Z	Z		5						1	4	8				X	1/	1/	3	1	1
02 52% (23/ 44)			2B	3		2		3	4						1/	1/	4				1/	1/	4	1	6
453 52% (23/ 44)	3E	5		3	1/F	2									1/						1/	1/B		2B	1
467 52% (23/ 44)	6B	5	1			1		1/						1	1/					1	1/	1/	7	5	1
1270 52% (23/ 44)			1			1					6				1/					1	1/	1/	15	1	10
1297 52% (23/ 44)			1			1					6				1/					1	1/F	1/	15	1	10
1595 52% (23/ 44)			1			1					3				1/					1	1/	1/	15	1	10
1598 52% (23/ 44)			1			1					6				1/					1	1/	1/	15	1	10
1704 52% (23/ 44)	3D	5	4			2		5							1/	8			2B		1/	1/	3	2	1D
2374 52% (23/ 44)			1			2					3	2B			1/					1	3	1/	4	1	1
03 50% (22/ 44)				4		2		1/	4						4	1/	1/B				1/	1/		2	2
6 50% (22/ 44)			1	3		1		3			1	1		1	1/					1	1/	1/	1	1	1D
88 50% (22/ 44)						2		1/			3				4				1	1	1/	1/	6	1	9
323 50% (22/ 44)	3C	5				1		6						1	1/					1	1/C	1/	1	1	1
400 50% (16/ 32)			1	X		1		W	X		6				1/	W			1	1	X	X	X	X	10
429 50% (22/ 44)	3D		1		1/F	1		5							1/	8				1	1/	1/	3	1	1
630 50% (22/ 44)	3D		1		1/F	2		6							1/	8				1	1/	1/	3	1	1
1856 50% (16/ 32)			1			1		8			1	1			1/	1/			1	1	1/	1/		1	1
1875 50% (21/ 42)	Z	Z		3	3	2		6				1			1/	3G	5				1/F	7	12	1	6
522 49% (21/ 43)	11		1		1/F	1		5						1	1/	8				1	1/	1/	3	Z	1
1509 49% (21/ 43)	3D		1		1/F	1		5			1		1/K		1/	8				1	1/F	1/	3	X	1
1768 49% (21/ 43)			Z			1		5			1	1			1/				1	1	1/	6		1	1
1890 49% (21/ 43)			1			1						1		1	1/	1/	1/B	1/D			1/F	6	17	1	1D
941 49% (20/ 41)			1		1/F	Y					1				1/					1	1/F	1/	1	Y	1
1735 49% (20/ 41)	3D		1		1/K	1		1/			2B				1/	6				10	1/	1/	4	1	X
142 48% (21/ 44)			1			1						1			1/	1/			1	1	1/	11	1	1	1

TESTSTELLE UEBEREINST. ZEUGEN BEZEUGTE VARIANTE	75 18 3	76 467 1/	77 181 2	83 46 2	84 402 1/	86 85 3	87 476 1/	88 471 1/	89 25 14	90 71 2	93 31 2	94 1 2C	95 68 3	97 422 1/	98 22 2C	100 470 1/	102 478 1/	103 1 3D	104 22 2
621 89% (39/ 44)																		3C	
916 80% (4/ 5)	Z	Z	Z	Z	Z	Z	Z	Z	Z	Z	Z	Z	Z	Z	Z	Z	Z	Z	Z
2718 76% (22/ 29)	Z	Z	Z	Z	Z	Z	Z	Z	Z	Z	Z	Z	Z					2	
2175 71% (5/ 7)	Z	Z	Z	Z	Z	Z	Z	Z	Z	Z	Z	Z	Z	Z	Z	Z	Z	Z	Z
1842 70% (31/ 44)					1/C	4						2		5				3B	
506 70% (7/ 10)	Z	Z	Z	1		Z	Z	Z	Z	Z	Z	Z	Z	Z	Z	Z	Z	Z	Z
81 70% (23/ 33)	Z	Z	Z	Z	Z	2B						2D	2		2			2	
P45 67% (6/ 9)	Z	Z	Z	Z	Z	Z	Z	Z	Z	Z	Z	Z	Z	Z	Z	Z	Z	Z	Z
1175 66% (29/ 44)	2											2	2	1/B				2	
1739 64% (28/ 44)	2				3							2	2		2			2	
431 63% (27/ 43)	2				4				2		1	1		3	W			1	1
2805 63% (27/ 43)									3		1	4					Z	1L	1C
436 61% (27/ 44)	1				4						3	11	2		2			1	1
619 61% (27/ 44)	1			1		1			1			1	1		6B			1	1
1162 61% (27/ 44)	1			1		1			1			1	1		6			1N	1
2344 61% (27/ 44)					3	2			11			2	2		7			2	
1893 61% (22/ 36)	1			1	Z	1B			1			1C	1		6			1	1
P74 60% (26/ 43)	2					2B			2			2	Z		2			2	
04 59% (16/ 27)	2				3	Z	Z	Z	Z	Z		2	2	3	2	Z		Z	Z
044 59% (26/ 44)	1								2		1	4			1		4	2	
307 59% (26/ 44)	2				4				2		1	1		3	2			1	1
623 59% (26/ 44)	1			1	4	2			1		3	1	2				3	3B	1
945 59% (26/ 44)					3				5			2	2		2			1	1E
33 58% (21/ 36)	2			X	3	2			10			2	2		7			X	
62 57% (8/ 14)	Z	Z	Z	Z	Z	Z	Z	Z	Z	Z	Z	Z	Z		3			1L	1H
2627 57% (4/ 7)	Z	Z	Z	Z	Z	Z	Z	Z	Z	Z	Z	Z	Z	Z	1	Z	Z	Z	Z
2778 57% (4/ 7)	Z	Z	Z	Z	Z	Z	Z	Z	Z	Z	Z	Z	Z	Z	Z	Z	Z	Z	Z
94 57% (25/ 44)	1			1					1	1	1	1						1	1
1827 57% (25/ 44)	1			1		1			1			1C	1		6			1	1
1891 57% (25/ 44)	2				3	2						2	2		2			1L	1
2818 57% (25/ 44)	2				4				2		1	1		3	2			1	1
180 56% (24/ 43)	2		Z						9		1	1		3	2			1	1
610 56% (24/ 43)	2		Z		4				2		1	1		3	2			1	1

441 — 44 TS + 2 SL + 32 MT

TESTSTELLE	75	76	77	83	84	86	87	88	89	90	93	94	95	97	98	100	102	103	104
UEBEREINST. ZEUGEN	18	467	181	46	402	85	476	471	25	71	31	1	68	422	22	470	478	1	22
BEZEUGTE VARIANTE	3	1/	2	2	1/	3	1/	1/	14	2	2	2C	3	1/	2C	1/	1/	3D	2
1409 56% (24/ 43)									8	1	1	1	2		3			1	1
01 55% (24/ 44)	2				3	2						2	2		2		3	2	
5 55% (24/ 44)	1			1		5			1		3	1	2					3E	1
181 55% (24/ 44)	1C				1/C	2						2	2	4	2			2	
1678 55% (24/ 44)	2				4				2		1	1		3	2		4	1	1
2201 55% (24/ 44)	1			1					1			1	1		6			1	1
2303 55% (12/ 22)	Z	Z	Z	Z	Z	Z	Z	Z	Z	Z	1	1	1		Z	Z		1	1
206 54% (19/ 35)			1B		3	1				1	1	1			1D			Z	Z
02 52% (23/ 44)	2				3	2B						2	2		2		3	2	
453 52% (23/ 44)	2				4	2B			2	1	1	1		3	2			1	1
467 52% (23/ 44)	1		1B	1		4			1			1						1L	1
1270 52% (23/ 44)	1			1		1B			1	1	1	1C	1		1			7	1
1297 52% (23/ 44)	1			1		1B			1	1	1	1C	1		1			7	1
1595 52% (23/ 44)	1			1		1B			1	1	1	1C	1		1			1	1
1598 52% (23/ 44)	1			1		1B			1	1	1	1C	1		1			1I	1
1704 52% (23/ 44)					3				5	4		2	2		2			1	1
2374 52% (23/ 44)	1		1B	1					2	1	1	4	2					2	1
03 50% (22/ 44)	2		2B		4	2B			2			2	2	4	2		3	2	
6 50% (22/ 44)	1		1B	1					8		1	1						1G	1
88 50% (22/ 44)	1		1	1B		4			1		1	1	1		6			1F	1
323 50% (22/ 44)	1			1		1			1		1	1	4		3			1	1
400 50% (16/ 32)	1			1		1B	X	X	X	X	1	1	1		1			7B	1
429 50% (22/ 44)			1B		3	1				1	1	1			1D			1	1
630 50% (22/ 44)					3	1B			3		1	2	2		2			1	1
1856 50% (16/ 32)	1			Z	Z	Z	Z	Z	Z	Z	Z	Z	Z	Z	Z			1	1
1875 50% (21/ 42)	1				1/C	2						2	2		2			3B	1M
522 49% (21/ 43)			1B		3	1				1	1	1			1D			1	3E
1509 49% (21/ 43)					3	1				1	1	1			1			1	1
1768 49% (21/ 43)	1			1		1B			1	1	1	1	1		1			1	1
1890 49% (21/ 43)	1				4	Z					1	3B		3	1	4		2	1
941 49% (20/ 41)	1		1B	1	4				1	1	1	1C	4		1		Y	1	1
1735 49% (20/ 41)				1		1			1	1	1	10	1		1			Z	Z
142 48% (21/ 44)	1		1B	1					1	1	1	1	1		3			1	1

444 32 TS + 0 SL + 69 MT

TESTSTELLE	10	11	18	19	20	28	29	33	35	36	41	42	44	45	48	49	52	53	55	56	65	66	68	76	77
UEBEREINST. ZEUGEN	392	351	355	110	441	416	439	19	452	339	467	41	451	473	452	162	452	338	422	459	333	365	87	467	181
BEZEUGTE VARIANTE	1/	1/	1/	2	1/	1/	1/	2	1/	1/	1/	6	1/	1/	1/	2	1/	1/	1/	1/	1/	1/	2	1/	2
P33 100% (1/ 1)	Z	Z	Z	Z	Z	Z	Z	Z	Z	Z	Z	Z	Z	Z	Z	Z		Z	Z	Z	Z	Z	Z	Z	Z
1738 100% (6/ 6)	Z	Z	Z	Z	Z	Z	Z	Z	Z	Z	Z	Z	Z	Z	Z	Z	Z	Z	Z	Z	Z	Z	Z	Z	Z
1745 100% (5/ 5)	Z	Z	Z	Z	Z	Z	Z	Z	Z	Z	Z	Z	Z	Z	Z	Z	Z	Z	Z	Z	Z	Z	Z	Z	Z
1846 100% (6/ 6)	Z	Z	Z	Z	Z	Z	Z	Z	Z	Z	Z	Z	Z	Z	Z	Z	Z	Z	Z	Z	Z	Z	Z	Z	Z
1858 100% (6/ 6)	Z	Z	Z	Z	Z	Z	Z	Z	Z	Z	Z	Z	Z	Z	Z	Z	Z	Z	Z	Z	Z	Z	Z	Z	Z
1899 100% (5/ 5)	Z	Z	Z	Z	Z	Z	Z	Z	Z	Z	Z	Z	Z	Z	Z	Z	Z	Z	Z	Z	Z	Z	Z	Z	Z
2289 100% (16/ 16)	Z	Z	Z	Z	Z	Z	Z	Z	Z	Z	Z	Z	Z	Z	Z	Z									
2778 100% (6/ 6)	Z	Z	Z	Z	Z	Z	Z	Z	Z	Z	Z	Z	Z	Z							Z	Z	Z	Z	Z
664 97% (31/ 32)								1																	
1058 97% (31/ 32)								1																	
2218 97% (30/ 31)								1				V													
1752 96% (26/ 27)	Z	Z	Z	Z	Z			1																	
2378 95% (18/ 19)	Z	Z	Z	Z	Z	Z	Z	Z	Z	Z	X	Y			Z					1/E					
141 94% (30/ 32)								1				8													
149 94% (30/ 32)								1				1/													
201 94% (30/ 32)								1				1/													
204 94% (30/ 32)								1				8													
386 94% (30/ 32)								1				4													
394 94% (30/ 32)								1				8													
634 94% (30/ 32)								1				4													
824 94% (30/ 32)								1				1/													
928 94% (30/ 32)								1				8													
1072 94% (30/ 32)								1				1/													
1100 94% (30/ 32)								1				4													
1248 94% (30/ 32)								1				1/													
1400 94% (30/ 32)								1													1/F				
1482 94% (30/ 32)								1				8													
1503 94% (30/ 32)								1				1/													
1548 94% (30/ 32)								1								1									
1617 94% (30/ 32)								1				1/													
1628 94% (30/ 32)								1				1/													
1637 94% (30/ 32)								1				1/													
1656 94% (30/ 32)								1				1/													

444 — 32 TS + 0 SL + 69 MT

TESTSTELLE	10	11	18	19	20	28	29	33	35	36	41	42	44	45	48	49	52	53	55	56	65	66	68	76	77
UEBEREINST. ZEUGEN	392	351	355	110	441	416	439	19	452	339	467	41	451	473	452	162	452	338	422	459	333	365	87	467	181
BEZEUGTE VARIANTE	1/	1/	1/	2	1/	1/	1/	2	1/	1/	1/	6	1/	1/	1/	2	1/	1/	1/	1/	1/	1/	2	1/	2
1732 94% (30/ 32)								1				8													
1733 94% (30/ 32)								1				4													
1740 94% (30/ 32)								1				1/													
1746 94% (30/ 32)								1				1/													
1749 94% (30/ 32)								1				8													
1855 94% (30/ 32)								1				8													
1865 94% (30/ 32)								1				1/													
1897 94% (30/ 32)								1				8													
2221 94% (30/ 32)								1								1									
2255 94% (30/ 32)								1				8													
2261 94% (30/ 32)								1				8													
2352 94% (30/ 32)								1				1/													
2466 94% (30/ 32)								1				1/													
2554 94% (30/ 32)								1				4													
2723 94% (30/ 32)								1				1/													
1508 94% (29/ 31)								1				1/						Z							
986 93% (28/ 30)	Z	Z						1				8													
1864 93% (28/ 30)	Z	Z						1				1/													
1723 93% (27/ 29)	Z	Z						1				X									1/F				
2441 93% (13/ 14)	Z	Z	Z	Z	Z	Z	Z	Z	Z	Z	Z	8	Z	Z							Z	Z	Z		
2587 93% (26/ 28)	Z	Z	Z	Z				1													1/F				
1856 93% (25/ 27)								1				8													
624 92% (11/ 12)	Z	Z	Z	Z	Z	Z	Z	Z			Z	Z	Z	Z	Z	Z	Z	Z	Z	Z			1		Z
2175 91% (10/ 11)								1				Z	Z	Z	Z	Z	Z	Z	Z	Z	Z	Z	Z	Z	Z
18 91% (29/ 32)								1				4											1		
328 91% (29/ 32)								1				8				1									
432 91% (29/ 32)								1				5					3								
604 91% (29/ 32)				1B				1				5													
801 91% (29/ 32)								1				8													
1040 91% (29/ 32)				1				1				1/													
1075 91% (29/ 32)				1				1				1/													
1249 91% (29/ 32)								1				8					3								
1618 91% (29/ 32)								1				1/													

TESTSTELLE UEBEREINST. ZEUGEN BEZEUGTE VARIANTE		84 402 1/	87 476 1/	88 471 1/	91 279 1/	97 422 1/	100 470 1/	102 478 1/
P33	100% (1/ 1)	Z	Z	Z	Z	Z	Z	Z
1738	100% (6/ 6)	Z						
1745	100% (5/ 5)	Z				Z		
1846	100% (6/ 6)				X			
1858	100% (6/ 6)	Z						
1899	100% (5/ 5)					Z	Z	
2289	100% (16/ 16)							
2778	100% (6/ 6)	Z	Z	Z	Z	Z	Z	Z
664	97% (31/ 32)							
1058	97% (31/ 32)							
2218	97% (30/ 31)							
1752	96% (26/ 27)							
2378	95% (18/ 19)							
141	94% (30/ 32)							
149	94% (30/ 32)							
201	94% (30/ 32)							
204	94% (30/ 32)							
386	94% (30/ 32)							
394	94% (30/ 32)							
634	94% (30/ 32)							
824	94% (30/ 32)							
928	94% (30/ 32)							
1072	94% (30/ 32)							
1100	94% (30/ 32)							
1248	94% (30/ 32)							
1400	94% (30/ 32)							
1482	94% (30/ 32)							
1503	94% (30/ 32)							
1548	94% (30/ 32)							
1617	94% (30/ 32)							
1628	94% (30/ 32)							
1637	94% (30/ 32)							
1656	94% (30/ 32)							

TESTSTELLE UEBEREINST. ZEUGEN BEZEUGTE VARIANTE		84 402 1/	87 476 1/	88 471 1/	91 279 1/	97 422 1/	100 470 1/	102 478 1/
1732	94% (30/ 32)							
1733	94% (30/ 32)							
1740	94% (30/ 32)							
1746	94% (30/ 32)							
1749	94% (30/ 32)							
1855	94% (30/ 32)							
1865	94% (30/ 32)							
1897	94% (30/ 32)							
2221	94% (30/ 32)							
2255	94% (30/ 32)							
2261	94% (30/ 32)							
2352	94% (30/ 32)							
2466	94% (30/ 32)							
2554	94% (30/ 32)							
2723	94% (30/ 32)							
1508	94% (29/ 31)							
986	93% (28/ 30)							
1864	93% (28/ 30)							
1723	93% (27/ 29)							
2441	93% (13/ 14)	Z					Z	
2587	93% (26/ 28)							
1856	93% (25/ 27)	Z	Z	Z	Z	Z		
624	92% (11/ 12)	Z						
2175	91% (10/ 11)	Z	Z	Z	Z	Z	Z	Z
18	91% (29/ 32)							
328	91% (29/ 32)							
432	91% (29/ 32)							
604	91% (29/ 32)							
801	91% (29/ 32)				4E			
1040	91% (29/ 32)							
1075	91% (29/ 32)							
1249	91% (29/ 32)							
1618	91% (29/ 32)				13B			

453 | 68 TS + 2 SL + 34 MT

TESTSTELLE	7	8	9	10	11	13	14	15	17	18	19	20	21	23	25	28	29	30	31	32	34	35	36	38	39
UEBEREINST. ZEUGEN	4	94	6	7	351	12	23	17	23	7	110	441	36	91	9	4	30	21	36	51	4	17	38	21	33
BEZEUGTE VARIANTE	13	3	4	6	1/	2	2	2	2	5B	2	1/	2	2	2	3E	5	5	2	2	11C	3	1/F	2	4
P33 100% (1/ 1)	Z	Z	Z	Z	Z	Z	Z	Z	Z	Z	Z	Z	Z	Z	Z	Z	Z	Z	Z	Z	Z	Z	Z	Z	Z
307 99% (67/ 68)																									
2818 96% (65/ 68)							3																		
610 95% (60/ 63)							3														Z				
1678 85% (58/ 68)	10	1					3		8							3D		1							
180 75% (49/ 65)	11		1				3B		1						1			1						1	
431 67% (45/ 67)	1	3B	1	1/		1	10	1	1C	1/	1		1		1	1/	1/	1	1		3		1/		
94 66% (45/ 68)			1		1/L	2C	3		5				2C		1	3D					11B				
P74 65% (41/ 63)	X	Y	Z	3	1/I	2B				Z						1/	1/	2			2		1/		2
2778 63% (5/ 8)	Z	Z	Z	Z	Z	Z	Z	Z	Z	Z	Z	Z	Z	Z	Z	Z	Z	Z	Z	Z	Z	Z	Z	Z	Z
P41 60% (3/ 5)	Z	Z	Z	Z	Z	Z	Z	Z	Z	Z	Z	Z	Z	Z	Z	Z	Z	Z	Z	Z	Z	Z	Z	Z	Z
81 60% (27/ 45)	2	2	2	14	1/L				Z	Z	Z	Z	Z	Z	1	1/	1/	3			2C		1/		2
03 59% (40/ 68)	2	2	2	1/						3	3					1/	1/	2			2	4	1/		2
1739 59% (40/ 68)	16		1	1/		3D		3		4					1	3D		1			2B	1/	1/	1	
1891 57% (39/ 68)	16		1	1/		3D	9	3		4					1	3D		4			2B	1/		1	
02 56% (38/ 68)	2	2	2	3		2B				5						1/	1/	2	2B		2		1/		2
04 56% (24/ 43)	2	2C	3	3	5	2B			Z	Z	Z	Z	Z	Z		1/	1/	2			11	3B	1/	1	Z
1175 54% (37/ 68)	2	2		3	1/D					5					2B	1/	1/	1C			2		1/	1	4B
630 54% (35/ 65)	1		1	1/		4		3	Z	Z	Z				1	3D	1/		1		2B	1/		1	
01 50% (34/ 68)	2	2	2	3						5					2B	1/	1/	2			2		1/		2
945 50% (34/ 68)	1		1	1/		3E	3	3	11	4					1	3D		1			2B	1/	1/	1	
1745 50% (4/ 8)	Z	Z	Z	Z	Z	Z	Z	Z	Z	Z	Z	Z	Z	Z	Z	Z	Z	Z	Z	Z	Z	Z	Z	Z	Z
2200 50% (32/ 64)	1		1	1/		3D		3	1C	4					1	3D	1/		1		2B	1/		1	
1642 49% (33/ 67)	10		6	3	14	2C		3		4						3G					2B		1/	1	1
1704 49% (33/ 68)	1		1	1/		5		5	11	4					1	3D		1	4		2B	1/	1/	1	
33 47% (25/ 53)	4	X	1	11		1	4	X		X	1		X		X	1/	X	X	X	1	11	1/	X	X	1
P45 46% (6/ 13)	Z	Z	Z	Z	Z	Z	Z	Z	Z	Y	Y	Y	X		3	1/	1/	Z	Z	4	Y	1/	Z		Z
1846 46% (6/ 13)	Z	Z	Z	Z	Z	Z	Z	Z	Z	Z	Z	Z	Z	Z	Z	Z	Z	Z	Z	Z	Z	Z	Z	Z	Z
181 46% (31/ 68)	4	3B	2	11	11	1	1	1	1	1/	1		1H		1	1/	1/	1			2B		3	1	
429 46% (31/ 68)	5		1	1/	5	3D		3	1C	4					1	3D	1/		1		2B	1/		1	
1875 45% (26/ 58)	X	X	X	X	X	X	6	1	1	1/	1		1		1	Z	Z	1			2B		3	1	X
323 44% (29/ 66)	18		Z	Z			1	1		4			1		1	3C		1			11	1/	1/	1	
206 44% (18/ 41)	Z	Z	Z	Z	Z	Z	Z	Z	Z	Z	Z	Z	Z	Z	Z	Z	Z	Z	Z	Z	Z	Z	Z	Z	Z

453 68 TS + 2 SL + 34 MT

TESTSTELLE		7	8	9	10	11	13	14	15	17	18	19	20	21	23	25	28	29	30	31	32	34	35	36	38	39
UEBEREINST. ZEUGEN		4	94	6	7	351	12	23	17	23	7	110	441	36	91	9	4	30	21	36	51	4	17	38	21	33
BEZEUGTE VARIANTE		13	3	4	6	1/	2	2	2	2	5B	2	1/	2	2	2	3E	5	5	2	2	11C	3	1/F	2	4
441	43% (23/ 53)	Z	Z	Z	Z	Z	Z	Z	Z	Z	Z	Z	Z	Z	Z	Z	1/	1/	1		1	1	1/	1/	1	1
1751	43% (29/ 67)	1B	3B	1	1/		1B		3	1C	4			2D		1	3D	1/		1		9B	1/		1	
2344	43% (29/ 67)	1		1	11		1	X	4		1/	1		1		1	1/	1/	1	1E		2	1/	1/	1	1
623	42% (24/ 57)	Z	Z	Z	Z	Z	Z	Z	Z	Z	Z	Z		1		1	1/	1/	1		1	11	1/	1/	1	1
522	42% (28/ 67)	7		1	1/	5	3D		3	1C	4					1	11	1/		1	1	2B	1/		1	
314	42% (5/ 12)	Z	Z	Z	Z	Z	Z	Z	Z	Z	Z	Z	Z	Z	Z	Z	Z	Z	Z	Z	Z	Z	Z	Z	Z	Z
1893	40% (21/ 52)	1	1	1	1/		X	X	X	1	1/	1		1		1	1/	1/	1	1	Z	Z	Z	Z	1	1
2718	40% (21/ 52)	1	3B	1	1/		1C	1B	1	1	1/	1		1		1	1/	1/	1	1	1	1	1/	1/		1
2201	40% (23/ 57)	Z	Z	Z	Z	Z	Z	Z	Z	Z	Z	Z		1		1	1/	1/	1	1	1	11	1/		1	1
1738	40% (4/ 10)	Z	Z	Z	Z	Z	Z	Z	Z	Z	Z	Z	Z	Z	Z	Z	Z	Z	Z	Z	Z	Z	Z	Z	Z	Z
1858	40% (4/ 10)	Z	Z	Z	Z	Z	Z	Z	Z	Z	Z	Z	Z	Z	Z	Z	Z	Z	Z	Z	Z	Z	Z	Z	Z	Z
2464	40% (8/ 20)	Z	Z	Z	Z	Z	Z	Z	Z	Z	Z	Z	Z	Z	Z	Z	Z	Z	Z	Z	Z	Z	Z	Z	Z	Z
322	40% (27/ 68)	17		1	1/		2C	1	1		4			1		1	8		1			11	1/	1/	1	
2298	40% (27/ 68)	1	1	1	1/	1/L	1D		3	11B	4			1		1	3D		1	6	1	11	1/	1/	1	
2805	39% (25/ 64)	1	3B	1	4	10	3D		3		4		Z	Z	Z	1	6	6	1	1	1	1	1/	1/	1	1
436	38% (26/ 68)	1	1	1	1/	1/L	1	1	1	1	4	1		1	1	1	1/	1/	1	1	1	1	1/	1/	1	1
467	38% (26/ 68)	5B		2	4		1D	8	3	13	4			1		1	6B		1	1	1	1	1/	1/	1	
1884	38% (24/ 64)	15		1	11		3	3	4	2B	6B	U		4	3	3	5	1/	1	1G	1	9C	1/	1/	1	
1899	38% (3/ 8)	Z	Z	Z	Z	Z	Z	Z	Z	Z	Z	Z	Z	Z	Z	Z	Z	Z	Z	Z	Z	Z	Z	Z	Z	Z
619	37% (25/ 67)	1		1	1/	1/L	1	1	1	1	1/	1		1		1	1/	1/	1		1	11	1/	1/	1	1B
044	37% (25/ 68)	5	1	1	4		2D	1B	3		1/	1		1	7	1	1/	1/	1	3	1	1	1/	1/	1	1
621	37% (25/ 68)	1		1	1/	1/O	8	1	1	1	1/		1/B	1	1	1	1/	1/	1		1	1	1/	1/	1	1
1162	37% (25/ 68)	1	3B	1	1/	1/L	7	1	1	1	4	1		1		1	1/	1/	1		1	11	1/	1/	1	1
1505	37% (25/ 68)	1	1	1	1/		1	1B	1	1C	1/			7	1	1	1/	1/	1	1	1	1	1/	1/D	1	1
1509	36% (24/ 66)	1		1	1/	1/I	8	1	1	1C	4			1		1	3D	1/	X	1		1	1/		1	
1409	36% (24/ 67)	1	1	5	11		1	3	1		5					1	1/	1/	1	1	1	1	1/	1/K	1	1
1611	36% (24/ 67)	5	6	1	1/		3C	1B	3	Z	1/	1		1		1	1/	1/	1	1	1	1	1/	1/	1	1
2441	36% (10/ 28)	Z	Z	Z	Z	Z	Z	Z	Z	Z	Z	Z	Z	Z	Z	Z	Z	Z	Z	Z	Z	Z	Z	Z	Z	Z
5	35% (24/ 68)	1		1	1/		1	4	4	1	1/	1		1		1	1/	1/	1		1	11	1/	1/D	1	1
88	35% (24/ 68)	4	3B	1	3			4	4		1/	1				1	1/	1/	2			7	1/	1/	1	1
228	35% (24/ 68)	3		1	1/		2C	1	1	1	4					1	1/	1/	1	1	1	1	1/	1/	1	1
2378	35% (13/ 37)	Z	Z	Z	Z	Z	Z	Z	Z	Z	Z	Z	Z	Z	Z	Z	Z	Z	Z	Z	Z	Z	Z	Z	Z	Z
1758	34% (20/ 58)	5	1	1	1/	5	3		3	1C	Y	1		1	1	1	X	1/		1		2B	1/	1/K	1	

453 — 68 TS + 2 SL + 34 MT

TESTSTELLE		40	41	42	43	44	45	46	47	48	49	50	52	53	55	56	57	63	64	65	66	67	68	69	72	75
UEBEREINST. ZEUGEN		34	467	53	24	451	473	76	92	452	162	16	452	87	422	459	104	8	38	333	10	16	87	10	18	19
BEZEUGTE VARIANTE		2	1/	4	2	1/	1/	2	2	1/	2	2C	1/	3	1/	1/	2	4	2	1/	1/B	2	2	2C	2	2
P33	100% (1/ 1)	Z	Z	Z	Z	Z	Z	Z	Z	Z	Z	Z		Z	Z	Z	Z	Z	Z	Z	Z	Z	Z	Z	Z	Z
307	99% (67/ 68)																									
2818	96% (65/ 68)																									
610	95% (60/ 63)																								Z	
1678	85% (58/ 68)																								1	
180	75% (49/ 65)	1										2									1/		3			
431	67% (45/ 67)																									
94	66% (45/ 68)																					1	3	3	3	1
P74	65% (41/ 63)			3		4						3		1/				2			1/		4	3		
2778	63% (5/ 8)	Z	Z	Z	Z	Z	Z	Z	Z			1D		1/			1	Z	Z	Z	Z	Z	Z	Z	Z	Z
P41	60% (3/ 5)	Z	Z	Z	Z	Z	Z	Z	Z	Z	Z	Z	Z	Z	Z	Z	Z	Z	Z	Z	X	X	4	2		
81	60% (27/ 45)			1/								2		1/				Z	Z	Z	Z	Z	Z	Z	Z	Z
03	59% (40/ 68)			1/		4						2	4	1/	1/B			2			1/			3		
1739	59% (40/ 68)			5	1													1			1/	2B	3	2		
1891	57% (39/ 68)			5	1													1			1/	2B	3	2	3	
02	56% (38/ 68)			3		4						3		1/	4			2			1/		4	3		
04	56% (24/ 43)	Z	Z	Z		4						2	1/D	4			Z	Z	Z	Z	Z	Z	Z	Z		
1175	54% (37/ 68)			6		6						2	4				2C	1						3	3	
630	54% (35/ 65)			6	1									8				1	1		1/	2B	3		3	3
01	50% (34/ 68)			1/		4				3		2	4	1/	1/B			2		1/K	1/		4	3		
945	50% (34/ 68)			5	1							19		8C				1			1/	2B	3	3	6	3
1745	50% (4/ 8)	Z	Z	Z	Z	Z	Z	Z	Z	Z	Z	Z	Z	Z	Z	Z	Z	Z	Z	Z	Z	Z	Z	Z	Z	Z
2200	50% (32/ 64)			5	1			1						8				1	1		1/	2B	3	2	3	Z
1642	49% (33/ 67)	1B		1/								3		3B				U			1/		4	13	1	1
1704	49% (33/ 68)			5	1							19		8			2B	1			1/	2B	3	3	6	3
33	47% (25/ 53)	1		3				X				2			X	X		1		1/D	1/C	X	4	3		
P45	46% (6/ 13)			Z	Z	Z		Z	Z	Z	Z	Z	Z	Z	3		1	Z	Z	Z	Z	Z	Z	Z	Z	Z
1846	46% (6/ 13)	Z	Z	Z	Z	Z	Z	Z	Z	Z	Z	Z	Z	Z	Z	Z	Z	Z	Z	Z	Z	Z	Z	Z	Z	Z
181	46% (31/ 68)								1			10		3G	5			1			1/	1	12	3B	1	1C
429	46% (31/ 68)	1		5	1							19		8				1	1		1/	1	3	3		3
1875	45% (26/ 58)			6	Z				1			4		3G	5			1		1/F	7	1	12	3B	1	1
323	44% (29/ 66)	1		6	1						1	2						1	1	1/C	1/	1	1	1	1	1
206	44% (18/ 41)	Z		5	1						1	19	4	8				1	X		1/	1	3	3	3	3

453 | 68 TS + 2 SL + 34 MT

TESTSTELLE	40	41	42	43	44	45	46	47	48	49	50	52	53	55	56	57	63	64	65	66	67	68	69	72	75
UEBEREINST. ZEUGEN	34	467	53	24	451	473	76	92	452	162	16	452	87	422	459	104	8	38	333	10	16	87	10	18	19
BEZEUGTE VARIANTE	2	1/	4	2	1/	1/	2	2	1/	2	2C	1/	3	1/	1/	2	4	2	1/	1/B	2	2	2C	2	2
441 43% (23/ 53)	3			1							6	3					1		1/K	8	1		1	1	3
1751 43% (29/ 67)	4		5	1					7		5B		8				1	1	8	1/E	2B	3	1	1	1B
2344 43% (29/ 67)	1		3							1	2						1		1/E	1/	2C	4	3		3
623 42% (24/ 57)	1			1							1						1		1/F	1/	1	4	1	2B	1
522 42% (28/ 67)	1		5	1						1	19		8				1	1		1/	1	3	3	V	3
314 42% (5/ 12)	Z		1/	1			1	Z	Z	Z	Z	Z	Z	Z	Z	Z	Z	Z	Z	Z	Z	Z	Z	Z	Z
1893 40% (21/ 52)	1			1					Z		1						Z	Z	Z	Z	Z	Z	Z	1	1
2718 40% (21/ 52)	1										2	4					1		1/F	6	1	3		Z	Z
2201 40% (23/ 57)	1		1/	1				1			1						1	1		1/	1	1	1	1	1
1738 40% (4/ 10)	Z	Z	Z	Z	Z	Z	Z	Z	Z	Z	Z	Z	Z	Z	Z	Z	Z	Z	Z	Z	Z	Z	Z	Z	Z
1858 40% (4/ 10)	Z	Z	Z	Z	Z	Z	Z	Z	Z	Z	Z	Z	Z	Z	Z	Z	Z	Z	Z	Z	Z	Z	Z	Z	Z
2464 40% (8/ 20)	Z	Z	Z	Z	Z	Z	Z	Z	Z	Z	Z	Z	Z	Z	Z	Z	Z	Z	Z	Z	Z	Z	Z	2B	1
322 40% (27/ 68)	1		6	1						1	2		3F				1	1	1/C	1/	1	1	1	1	1
2298 40% (27/ 68)	4		5	1			3				1D						1	1		1/	2B	3	3	1	1
2805 39% (25/ 64)				1							1						1	1	1/F	1/	1	4B	1B	1	3
436 38% (26/ 68)	1			1							1		4C				1			1/	1	4	1	2B	1
467 38% (26/ 68)	1		1/							1	1						1	1		1/	1	7	1	1	1
1884 38% (24/ 64)			6	1				4B	U	1	1		1/			1	1	1	6	3	1C	4			1
1899 38% (3/ 8)	Z	Z	Z	Z	Z	Z	Z	Z	Z	Z	Z	Z	Z	Z	Z	Z	Z	Z	Z	Z	Z	Z	Z	Z	Z
619 37% (25/ 67)	1			1							1						U	1		1/	1	15	1	1B	1
044 37% (25/ 68)	1			1	5					1	2		1/				1		1/F	1/	1	3	3B	7	1
621 37% (25/ 68)	3			1						1	1	3	3B				1			8	1		1	1	3
1162 37% (25/ 68)	1			1							1						1	1		1/	1	15	1	1B	1
1505 37% (25/ 68)	1		1/	1			1			1	2		1/	1/B	1/D		1			6	1	17	1	1	1
1509 36% (24/ 66)	1		5	1			1		1/K		1		8				1	1	1/F	1/	1	3	1	1	3
1409 36% (24/ 67)	1		1/		4		3				13B	3				Z	1	1	1/F	1/		4	3B	1	3
1611 36% (24/ 67)	1			4				1		1	1		3B		1/D		1			1/	1	17	1	1	1
2441 36% (10/ 28)	Z	Z	8	1	Z	Z	1	1			1		1/			1	Z	Z	Z	Z	Z	Z	Z	Z	1
5 35% (24/ 68)	1		1/	1			3				1						1	1		1/	1	4	1	1	1
88 35% (24/ 68)			1/	1			3				1	4				1	1	1		1/	1	6	1	1	1
228 35% (24/ 68)	1		5	1			3				1		1/				1	1	1/F	11	1	7	1	8	1
2378 35% (13/ 37)	Z	X	Y	1			1	1	Z		1		1/		1/E	Z	1	1		1/	1		1	1	1
1758 34% (20/ 58)	1		5	1			X			Y	1		8				1	1		1/	1	3	3	X	3

453 68 TS + 2 SL + 34 MT

TESTSTELLE	76	77	78	79	80	81	83	84	86	87	88	89	92	95	97	98	100	102
UEBEREINST. ZEUGEN	467	181	67	31	20	6	46	42	44	476	471	14	99	68	17	40	470	478
BEZEUGTE VARIANTE	1/	2	2	2	3	3	2	4	2B	1/	1/	2	2	3	3	2	1/	1/
P33 100% (1/ 1)	Z	Z	Z	Z	Z	Z	Z	Z	Z	Z	Z	Z	Z	Z	Z	Z	Z	Z
307 99% (67/ 68)									3									
2818 96% (65/ 68)					1				3									
610 95% (60/ 63)		Z	1	Z	Z				3									
1678 85% (58/ 68)					1				3									4
180 75% (49/ 65)		Z	Z	Z	1	1		1/	3			9						
431 67% (45/ 67)			1		1	1			3							W		
94 66% (45/ 68)				1	1	1	1	1/	3			1			1/	2C		
P74 65% (41/ 63)				2B	2	2		1/						Z	1/			
2778 63% (5/ 8)	Z	Z	Z	Z	Z	Z	Z	Z	Z	Z	Z	Z	Z	Z	Z	Z	Z	Z
P41 60% (3/ 5)		Z	Z	Z	Z	Z	Z	Z	Z	Z	Z	Z	Z	Z	Z	Z	Z	Z
81 60% (27/ 45)	Z	Z	Z	Z	Z	Z	Z	Z				14		2	1/			
03 59% (40/ 68)		2B			2	2								2	4			3
1739 59% (40/ 68)			1		6B	1		3	3			14		2	1/			
1891 57% (39/ 68)			1		6	1		3	2			14		2	1/			
02 56% (38/ 68)					2	2		3				14	1	2	1/			3
04 56% (24/ 43)						Z		3	Z	Z	Z	Z	Z	2			Z	
1175 54% (37/ 68)			3		2	2		1/	3			14	1	2	1/B	2C		
630 54% (35/ 65)			1		6	1		3	1B			3		2	1/			
01 50% (34/ 68)			3	5	2	2B		3	2			14		2	1/			3
945 50% (34/ 68)			1B		6B	1		3	3			5		2	1/			
1745 50% (4/ 8)	Z	Z	Z	Z	Z	Z	Z	Z	1B			1	1	Z	Z	1		
2200 50% (32/ 64)	Z	Z	Z		6	1		3	1			14		2	1/			
1642 49% (33/ 67)		1B	1	5	1	2	1	1/	3			1C	1	1	4	3		
1704 49% (33/ 68)			1B		6B	1		3	3			5		2	1/			
33 47% (25/ 53)					2	2	X	3	2			10	1	2	1/	7		
P45 46% (6/ 13)	Z	Z	Z	Z	Z	Z	Z	Z	Z	Z	Z	Z	Z	Z	Z	Z	Z	Z
1846 46% (6/ 13)	Z	Z	Z	Z	Z	1	1	1/	1			1			1/	1		
181 46% (31/ 68)			1			2		1/C	2			14		2	4			
429 46% (31/ 68)		1B	1		6	1		3	1			14	1		1/	1D		
1875 45% (26/ 58)			1		1	2		1/C	2			14		2	1/			
323 44% (29/ 66)			1	1	6	1	1	1/	1			1		4	1/	3		
206 44% (18/ 41)		1B	1		6	1		3	1			14	1		1/	1D		

453 | 68 TS + 2 SL + 34 MT

TESTSTELLE	76	77	78	79	80	81	83	84	86	87	88	89	92	95	97	98	100	102
UEBEREINST. ZEUGEN	467	181	67	31	20	6	46	42	44	476	471	14	99	68	17	40	470	478
BEZEUGTE VARIANTE	1/	2	2	2	3	3	2	4	2B	1/	1/	2	2	3	3	2	1/	1/
441 43% (23/ 53)			1	1	1	1		1/	3			14	1		1/	2C		
1751 43% (29/ 67)		5	1		6			1/C	1			14		2	Z			
2344 43% (29/ 67)					2	2		3	2			11	1	2	1/	7		
623 42% (24/ 57)			1	1B	7	2	1		2			1		2	1/	2C		3
522 42% (28/ 67)		1B	1		6C	1		3	1			14	1		1/	1D		
314 42% (5/ 12)	Z	Z	Z	Z	Z	Z	Z	Z	Z	Z	Z	Z	1	1	1/	1		
1893 40% (21/ 52)			1	1B	1	2	1	Z	1B			1	1	1	1/	6		
2718 40% (21/ 52)	Z	Z	Z	Z	Z	Z	Z	Z	Z	Z	Z	Z	Z	Z	1/	2C		
2201 40% (23/ 57)				1	1	2	1	1/	3			1		1	1/	6		
1738 40% (4/ 10)	Z	Z	Z	Z	Z	Z	Z	Z	1			1	1	1	1/	1		
1858 40% (4/ 10)	Z	Z	Z	Z	Z	Z	Z	Z	1B			1	1	1	1/	1		
2464 40% (8/ 20)			1	1	6	2			3C					2	1/	2C	3	4
322 40% (27/ 68)			1	1	6	1	1	1/	1			1		4	1/	3		
2298 40% (27/ 68)			1		6	1	1	3	3			12		2	1/			
2805 39% (25/ 64)			1	1	4	1		1/	3			3			1/	2C		Z
436 38% (26/ 68)				1	1	1			3			14		2	1/			
467 38% (26/ 68)		1B	1	1	1	1	1	1/	4			1	1		1/	2C		
1884 38% (24/ 64)			1			1		3				14		2	1/		Z	Z
1899 38% (3/ 8)	Z	Z	Z	Z	Z	Z	1	1/	1B			1	1	Z	Z	Z	Z	
619 37% (25/ 67)				1B	3B	2	1	1/	1			1	1	1	1/	6B		
044 37% (25/ 68)				1		1		1/	3						1/	1		4
621 37% (25/ 68)			1	1	1	1		1/	3			14			1/	2C		
1162 37% (25/ 68)				1B		2	1	1/	1			1	1	1	1/	6		
1505 37% (25/ 68)				1		1			3			14				1		
1509 36% (24/ 66)			1	X	6	1		3	1			14	1		1/	1		
1409 36% (24/ 67)			1	5	2	2		1/	3			8		2	1/	3		
1611 36% (24/ 67)			1	1		1	1		3			13				1	4	
2441 36% (10/ 28)			1	1	1	1	Z	Z	1B			1	1	1	1/	1	Z	
5 35% (24/ 68)			1	1B	7	2	1	1/	5			1		2	1/	2C		
88 35% (24/ 68)		1	1	1	2	1	1B	1/	4			1	1	1	1/	6		
228 35% (24/ 68)			1	1	5	1	1	1/	1			1		1	1/			
2378 35% (13/ 37)			1	1	1	1	1	1/	1B			1	1	Z	1/	1		
1758 34% (20/ 58)	X	X	1	1	6	1		3	X			3	1	1	X	X		

459 | 40 TS + 1 SL + 62 MT

TESTSTELLE	8	10	11	18	20	23	28	29	35	36	41	42	44	45	46	48	50	52	53	55	56	57	64	65	66
UEBEREINST. ZEUGEN	94	11	1	355	441	91	416	439	452	339	467	15	451	473	101	452	1	452	338	422	459	104	2	333	365
BEZEUGTE VARIANTE	3	11	9	1/	1/	2	1/	1/	1/	1/	1/	3	1/	1/	3	1/	2B	1/	1/	1/	1/	2	6	1/	1/
P8 100% (2/ 2)	Z	Z	Z		Z		Z	Z	Z	Z	Z	Z	Z	Z	Z	Z	Z	Z	Z	Z	Z	Z	Z	Z	Z
P33 100% (1/ 1)	Z	Z	Z	Z	Z	Z	Z	Z	Z	Z	Z	Z	Z	Z	Z	Z	Z		Z	Z	Z	Z	Z	Z	Z
P41 100% (1/ 1)	Z	Z	Z	Z	Z	Z	Z	Z	Z	Z	Z	Z	Z	Z	Z	Z	Z	Z	Z	Z	Z	Z	Z	Z	X
104 88% (35/ 40)			1/M									7			2		1C								
506 86% (6/ 7)	Z	Z	Z	Z	Z	Z			Z	Z	Z	Z	Z	Z	Z		Z	Z	Z			1	Z	Z	Z
2627 80% (4/ 5)	Z	Z	Z	Z	Z	Z					Z	Z	Z	Z	Z	Z	Z	Z	Z	Z	Z	Z	Z	Z	Z
P45 78% (7/ 9)	Z	Z	Z	Y	Y					Z		Z	Z		Z	Z	Z	Z	Z	3		1	Z	Z	Z
62 73% (8/ 11)	Z	Z	Z	Z	Z	Z						1/	Z	Z	Z	Z	Z	Z	Z	Z	Z	Z	Z	Z	Z
1852 72% (23/ 32)	Z	Z	Z	Z	Z	Z	Z	Z				1/					1					1	1		
2778 71% (5/ 7)	Z	Z	Z	Z	Z	Z	Z	Z	Z	Z	Z	Z	Z	Z	Z		1D					1	Z	Z	Z
P74 70% (26/ 37)	Y	3	1/I	Z					3				4		2		3						2		
81 70% (21/ 30)	2	14	1/L	Z	Z	Z			3			1/			2		2						Z	Z	Z
1838 70% (28/ 40)	3B		1/N							1/P		5			2		1C							8	
172 68% (19/ 28)	Z	Z	Z			Z		Z	Z		Z	Z			1		1					1	1		
5 68% (27/ 40)		1/	1/							1/D		1/					1		3				1		
2344 68% (27/ 40)			1/												2		2		3				2	1/E	
642 67% (22/ 33)		Z	Z			1						Z			1		1					1	Z	Z	Z
2201 67% (24/ 36)	Z	Z	Z	Z						1/F		1/			2		1		3				1		
228 65% (26/ 40)		1/	1/	4								5					1						1	1/F	11
1563 65% (26/ 40)	1	1/	1/O			1						1/			1		1					1	1		
1646 65% (26/ 40)		1/	1/B			1						1/					1					1	1C		
2541 65% (26/ 40)		1/	1/			1						1/			1		1					1	1		
2303 65% (11/ 17)	Z	Z	Z	Z	Z	Z						4			1		1		Z	Z	Z	Z	Z	Z	Z
630 64% (25/ 39)		1/	1/	Z			3D			1/F		6			2		2C		8				1		
1526 64% (16/ 25)	Z	Z	Z			1						1/			1		1					1	1	1/F	
1867 64% (23/ 36)	Z	Z	Z			1						1/			1		1					1	1		
1846 64% (7/ 11)	Z	Z	Z	Z	Z	Z	Z	Z	Z	Z	Z	Z	Z	Z	Z	Z	Z	Z	Z	Z	Z	Z	Z	Z	Z
2175 64% (7/ 11)	1	1/	1/			1						Z	Z	Z	Z	Z	Z	Z	Z	Z	Z	Z	Z	Z	Z
1856 63% (19/ 30)	1	1/	1/			1						8			1		1					1	1		
1721 63% (24/ 38)		1/	1/			1						1/					Y	Y				1	1		
2080 63% (24/ 38)	1	1/	1/			1						8			1		1						1		
2200 63% (24/ 38)		1/	1/	4			3D			1/F		5			1		2C		8				1		
1762 63% (17/ 27)	Z	Z	Z	Z		1						1/			1	1/H	1		8B			1	1		

459 | 40 TS + 1 SL + 62 MT

TESTSTELLE	8	10	11	18	20	23	28	29	35	36	41	42	44	45	46	48	50	52	53	55	56	57	64	65	66
UEBEREINST. ZEUGEN	94	11	1	355	441	91	416	439	452	339	467	15	451	473	101	452	1	452	338	422	459	104	2	333	365
BEZEUGTE VARIANTE	3	11	9	1/	1/	2	1/	1/	1/	1/	1/	3	1/	1/	3	1/	2B	1/	1/	1/	1/	2	6	1/	1/
203 63% (25/ 40)	1	1/	1/			1						1/					1					1	1		
218 63% (25/ 40)	1	1/	1/C			1						1/			1		2					1	2	1/F	
489 63% (25/ 40)		1/	12							1/F		1/			6		1B		3D			1	1		
619 63% (25/ 40)		1/	1/L									4			2		1		3				1		
945 63% (25/ 40)		1/	1/	4			3D	5				5			2		19		8C				2		
996 63% (25/ 40)		1/	1/	4		1						6					1	3					1		10
1315 63% (25/ 40)	1	1/	1/			1						6					12		8C			1	1		
1595 63% (25/ 40)	1	1/	1/									4					1		3				1		
1704 63% (25/ 40)		1/	1/	4			3D	5				5			2		19		8			2B	2		
1739 63% (25/ 40)		1/	1/	4			3D	5				5			2		2C		3				2		
1843 63% (25/ 40)		1/	1/							1/K		1/			4		1		3			1	1		
2143 63% (25/ 40)	1	1/	5							1/F		1/			2		1		3				1	1/F	
2298 63% (25/ 40)	1	1/	1/L	4			3D	5				5					1D		3				1		
2737 63% (25/ 40)		1/	1/				10								1		1		3				1	1/F	
2774 63% (25/ 40)	1		1/									6					1		3			1	1	1/F	
1609 62% (23/ 37)	1	1/	1/			1	3D					1/					1		3				1	5	
1729 62% (23/ 37)	Z	Z	Z							1/F		1/			7		1B		3	6		1	1		
1864 62% (23/ 37)	Z	Z	Z			1						1/			1		1					1	1		
256 62% (21/ 34)	Z	Z	Z			1			Z	Z					1	Z	13			1/B		1	1		
1094 62% (21/ 34)	Z	Z	Z	Z	Z	Z						1/			1		1					1	1		
1752 62% (21/ 34)	Z	Z	Z	Z	Z	Z						6			1		1					1	1		
1839 62% (21/ 34)	Z	Z	Z	Z	Z	Z						1/			1		5					1	7		
323 62% (24/ 39)		Z	1/	4			3C	5				6			2		2		3				1	1/C	
460 62% (24/ 39)		3	1/							1/E		1/					1					1	1	1/R	
1241 62% (24/ 39)	1	1/	1/			1						1/					1					Z	1		
1597 62% (24/ 39)	1	8	1/	4		1						1/					1						1		
1722 62% (24/ 39)		X	1/		1/B	1						4					1						1	1/Q	6
623 61% (22/ 36)	Z	Z	Z	Z								4			2		1		3				2	1/F	
1723 61% (22/ 36)	Z	Z	Z			1						X			1		1					1	1	1/F	
2746 61% (17/ 28)	Z	Z	Z	Z	Z	Z						Z	Z	Z	Z	Z	Z		3				1	1/F	
33 61% (20/ 33)	X		1/	X				X		X					X		2		3	X	X		2	1/D	1/C
699 61% (23/ 38)	Z	1/	1/	Z		1						1/					1					1	1		
986 61% (23/ 38)	1	Z	Z			1						8			1		1					1	1		

459 40 TS + 1 SL + 62 MT

TESTSTELLE	76	77	79	84	87	88	90	91	92	95	96	97	98	100	102
UEBEREINST. ZEUGEN	467	1	3	402	476	471	5	28	99	44	35	422	40	470	478
BEZEUGTE VARIANTE	1/	3	4	1/	1/	1/	4	5	2	2	2	1/	2	1/	1/
P8 100% (2/ 2)	Z	Z	Z	Z	Z	Z	Z	Z	Z	Z	Z	Z	Z	Z	Z
P33 100% (1/ 1)	Z	Z	Z	Z	Z	Z	Z	Z	Z	Z	Z	Z	Z	Z	Z
P41 100% (1/ 1)		Z	Z	Z	Z	Z	Z	Z	Z	Z	Z	Z	Z	Z	Z
104 88% (35/ 40)			1												
506 86% (6/ 7)	Z	Z	Z		Z	Z	Z	Z	Z	Z	Z	Z	Z	Z	Z
2627 80% (4/ 5)	Z	Z	Z	Z	Z	Z	Z	Z	Z	Z	Z	Z	1	Z	Z
P45 78% (7/ 9)	Z	Z	Z	Z	Z	Z	Z	Z	Z	Z	Z	Z	Z	Z	Z
62 73% (8/ 11)	Z	Z	Z	Z	Z	Z	Z	Z	Z	Z	1B		3		
1852 72% (23/ 32)		1	1				2			3			1		
2778 71% (5/ 7)	Z	Z	Z	Z	Z	Z	Z	Z	Z	Z	Z	Z	Z	Z	Z
P74 70% (26/ 37)		2	2B				2	1/		Z					
81 70% (21/ 30)	Z	Z	Z	Z			2	1/							
1838 70% (28/ 40)		6	1					5E			1	4			
172 68% (19/ 28)		1B	1	Z			Z	Z	Z	1	1		3		
5 68% (27/ 40)		2	1B				2	3			1		2C		
2344 68% (27/ 40)		2	2	3			2	3G	1				7		
642 67% (22/ 33)		1	1	Z			1	1/	1		1		1		
2201 67% (24/ 36)		2	1				2			1	1		6		
228 65% (26/ 40)		2	1				1	5H		1	1				
1563 65% (26/ 40)		2	1				1	1/			1				
1646 65% (26/ 40)		1	1				1	1/		1	1		1		
2541 65% (26/ 40)		1	1	4			1	4			1				
2303 65% (11/ 17)	Z	Z	Z	Z	Z	Z	Z	Z	1	1	1		Z	Z	
630 64% (25/ 39)		2	2	3			2	3							
1526 64% (16/ 25)		2	1	Z	Z	Z	Z	Z	Z	Z	Z	Z	Z	Z	Z
1867 64% (23/ 36)		1	1				5	3	1	Z	1		2C		
1846 64% (7/ 11)	Z	Z	Z				1	X		3	1		1		
2175 64% (7/ 11)	Z	Z	Z	Z	Z	Z	Z	Z	Z	Z	Z	Z	Z	Z	Z
1856 63% (19/ 30)		2	1	Z	Z	Z	Z	Z	Z	Z	Z	Z	Z		
1721 63% (24/ 38)		1		4			1	3	1	1	1		1		
2080 63% (24/ 38)		1B	1				Y	Y	1	1	1		1		
2200 63% (24/ 38)	Z	Z	2	3			2	3							
1762 63% (17/ 27)		1	1		Z	Z	Z	Z	Z	Z	Z	Z	Z		

TESTSTELLE	76	77	79	84	87	88	90	91	92	95	96	97	98	100	102
UEBEREINST. ZEUGEN	467	1	3	402	476	471	5	28	99	44	35	422	40	470	478
BEZEUGTE VARIANTE	1/	3	4	1/	1/	1/	4	5	2	2	2	1/	2	1/	1/
203 63% (25/ 40)		1	1				1	1/		4	1		1		
218 63% (25/ 40)		2	1				1	1/			1				
489 63% (25/ 40)		2	1				2			1	1		1		
619 63% (25/ 40)		2	1B				2	1/	1	1	1		6B		
945 63% (25/ 40)		2	2	3			2	3							
996 63% (25/ 40)		2B	1				1	5H		4	1				
1315 63% (25/ 40)		2	1				1	5C			1		1		
1595 63% (25/ 40)		2	1				1	3	1	1	1		1		
1704 63% (25/ 40)		2	2	3				3							
1739 63% (25/ 40)		2	2	3			2	3							
1843 63% (25/ 40)		2	1				2			1	1		6		
2143 63% (25/ 40)		2	1							1	1		6		
2298 63% (25/ 40)		2	2	3			2	3							
2737 63% (25/ 40)		1	1				2	11D		1	1		2B		
2774 63% (25/ 40)		1B	1				1	1/		1	1		3		
1609 62% (23/ 37)		2	1				1			Z	Z	Z	3		
1729 62% (23/ 37)		2	1				2			1	1		1		
1864 62% (23/ 37)		2	1				1	1/	1	1	1		1		
256 62% (21/ 34)		1	1					1/	1	1	1		1		
1094 62% (21/ 34)		1	1				1	1/	1	1	1		2C		
1752 62% (21/ 34)		2	1				1	1/	1	1	1		1		
1839 62% (21/ 34)		1	1				1	18	1	3	1		1		
323 62% (24/ 39)		2	1				2			4			3		
460 62% (24/ 39)		1	1B				1	1/	1	1	1		Z		
1241 62% (24/ 39)		1	1				1	1/	1	1	1		1		
1597 62% (24/ 39)		1	1				1	X	1	3	1		1		
1722 62% (24/ 39)		1B	1				1	5C		4	1		3		
623 61% (22/ 36)		2	1B	4			2	3			1		2C		3
1723 61% (22/ 36)		2	1				1	1/	1	1	1		1		
2746 61% (17/ 28)		2	1				1	3	1	1	1		1		
33 61% (20/ 33)		2	2	3			2	3	1				7		
699 61% (23/ 38)		1	1				1	1/	1	1	1		1		
986 61% (23/ 38)		2	1				1	1/	1	1	1		1		

460 | 39 TS + 1 SL + 62 MT

TESTSTELLE	7	8	9	10	11	12	18	20	21	23	26	28	29	32	35	36	41	42	44	45	46	48	49	52	53
UEBEREINST. ZEUGEN	17	94	4	14	351	1	355	441	2	91	30	416	439	48	452	3	467	283	451	473	101	452	162	452	338
BEZEUGTE VARIANTE	5	3	5	3	1/	9	1/	1/	8	2	2	1/	1/	3	1/	1/E	1/	1/	1/	1/	3	1/	2	1/	1/
P8 100% (2/ 2)	Z	Z	Z	Z	Z	Z		Z	Z		Z	Z	Z	Z	Z	Z	Z	Z	Z	Z	Z	Z	Z	Z	Z
P33 100% (1/ 1)	Z	Z	Z	Z	Z	Z	Z	Z	Z	Z	Z	Z	Z	Z	Z	Z	Z	Z	Z	Z	Z	Z	Z		Z
1738 100% (6/ 6)	Z	Z	Z	Z	Z	Z	Z	Z	Z	Z	Z	Z	Z	Z	Z	Z	Z	Z	Z	Z	Z	Z	Z	Z	Z
1745 100% (5/ 5)	Z	Z	Z	Z	Z	Z	Z	Z	Z	Z	Z	Z	Z	Z	Z	Z	Z	Z	Z	Z	Z	Z	Z	Z	Z
1846 100% (6/ 6)	Z	Z	Z	Z	Z	Z	Z	Z	Z	Z	Z	Z	Z	Z	Z	Z	Z	Z	Z	Z	Z	Z	Z	Z	Z
1858 100% (6/ 6)	Z	Z	Z	Z	Z	Z	Z	Z	Z	Z	Z	Z	Z	Z	Z	Z	Z	Z	Z	Z	Z	Z	Z	Z	Z
1899 100% (5/ 5)	Z	Z	Z	Z	Z	Z	Z	Z	Z	Z	Z	Z	Z	Z	Z	Z	Z	Z	Z	Z	Z	Z	Z	Z	Z
314 88% (7/ 8)	Z	Z	Z	Z	Z	Z	Z	Z	Z	Z	Z	Z	Z	Z	Z	Z					1	Z	Z	Z	Z
2626 86% (6/ 7)	Z	Z	Z	Z	Z	Z	Z	Z	Z	Z	Z	Z	Z	Z	Z	Z	Z	Z	Z	Z	Z	Z	Z	Z	Z
2777 86% (6/ 7)	Z	Z	Z	Z	Z	Z	Z	Z	Z	Z	Z	Z	Z	Z	Z	Z	Z	Z	Z	Z	Z	Z	Z	Z	Z
2778 86% (6/ 7)	Z	Z	Z	Z	Z	Z	Z	Z	Z	Z	Z	Z	Z	Z	Z	Z	Z	Z	Z	Z	Z				
2004 83% (10/ 12)	Z	Z	Z	Z	Z	Z	Z	Z	Z	Z	Z	Z	Z	Z	Z	Z	Z		Z	Z	Z	Z	Z	Z	Z
624 82% (9/ 11)	Z	Z	Z	Z	Z	Z	Z	Z	Z	Z	Z	Z	Z	Z		1/	Z	Z	Z	Z	Z	Z	Z	Z	Z
325 81% (13/ 16)	Z	Z	Z	Z	Z	Z	Z	Z	Z	Z	Z	Z	Z	Z	Z	Z	Z	Z	Z	Z	Z	Z	Z		
2289 81% (13/ 16)	Z	Z	Z	Z	Z	Z	Z	Z	Z	Z	Z	Z	Z	Z	Z	Z	Z	Z	Z	Z	Z	Z	Z		
1730 80% (8/ 10)	Z	Z	Z	Z	Z	Z	Z	Z	Z	Z	Z	Z	Z	Z	Z	Z	Z	Z	Z	Z	Z	Z	Z	Z	Z
2441 80% (12/ 15)	Z	Z	Z	Z	Z	Z	Z	Z	Z	Z	Z	Z	Z	Z	Z	Z	Z	8	Z	Z	1				
1731 78% (18/ 23)	Z	Z	Z	Z	Z	Z	Z	Z	Z	Z	Z	Z	Z	Z	Z	Z					1		1		
P45 78% (7/ 9)	Z	Z	Z	Z	Z	Z	Y	Y	X		Z			4		Z		Z	Z		Z	Z	Z	Z	Z
309 76% (16/ 21)	Z	Z	Z	Z	Z	Z	Z	Z	Z	Z	Z	Z	Z	Z	Z	Z		4			1	Z	Z		
2716 76% (19/ 25)	Z	Z	Z	Z	Z	Z	Z	Z	Z	Z	Z			Z	Z	1/					1		1		
2378 75% (15/ 20)	Z	Z	Z	Z	Z	Z	Z	Z	Z	Z	Z	Z	Z	Z	Z	Z	X	Y			1	Z			
602 73% (11/ 15)	Z	Z	Z	Z	Z	Z	Z	Z	Z	Z	Z	Z	Z	Z	Z	Z	Z	Z	Z	Z	1		1	Z	
2303 73% (11/ 15)	Z	Z	Z	Z	Z	Z	Z	Z	Z	Z	Z			1		1/		4			1				Z
1852 73% (19/ 26)	Z	Z	Z	Z	Z	Z	Z	Z	Z	Z	Z	Z	Z	1		1/							1		
337 73% (27/ 37)	1	1	1	1/		1		Z	Z	1	1					1/									
62 73% (8/ 11)	Z	Z	Z	Z	Z	Z	Z	Z	Z	Z	1			1		1/			Z	Z	Z	Z	Z	Z	Z
1864 73% (24/ 33)	Z	Z	Z	Z	Z	Z			1	1	1			1		1/					1				
1889 73% (16/ 22)	Z	Z	Z	Z	Z	Z	Z	Z	Z	Z	Z	Z	Z	Z	Z	Z	Z				1		1		
020 72% (21/ 29)	Z	Z	Z	Z	Z	Z	Z	Z	Z	Z	1			1		1/							1	3	
57 72% (21/ 29)	Y	Y	Y	Y	Y	Y	Y	Y	Y	1	1					1/					1		1		
1094 72% (21/ 29)	Z	Z	Z	Z	Z	Z	Z	Z	Z	Z	1			1		1/					1		1		
1752 72% (21/ 29)	Z	Z	Z	Z	Z	Z	Z	Z	Z	Z	1			1		1/		6			1				

460 39 TS + 1 SL + 62 MT

TESTSTELLE UEBEREINST. ZEUGEN BEZEUGTE VARIANTE	7 17 5	8 94 3	9 4 5	10 14 3	11 351 1/	12 1 9	18 355 1/	20 441 1/	21 2 8	23 91 2	26 30 2	28 416 1/	29 439 1/	32 48 3	35 452 1/	36 3 1/E	41 467 1/	42 283 1/	44 451 1/	45 473 1/	46 101 3	48 452 1/	49 162 2	52 452 1/	53 338 1/
466 72% (13/ 18)	Z	Z	Z	Z	Z	Z	Z	Z	Z	Z	Z	Z	Z	Z	Z	Z	Z	Z	Z	Z	Z		1		
1723 72% (23/ 32)	Z	Z	Z	Z	Z	Z			1	1	1			1		1/		X			1				
618 72% (28/ 39)	1E	1	1	1/		1		1/C		1	1					1/									
1839 71% (20/ 28)	Z	Z	Z	Z	Z	Z	Z	Z	Z	Z	V1			2		1/					1		1		
498 71% (22/ 31)	Z	Z	Z	Z	Z	Z	Z		1	Z	1			1		1/K					1		1		
506 70% (7/ 10)	Z	Z	Z	Z	Z	Z	Z	Z	Z	Z	1			1	Z	Z	Z	Z	Z	Z	Z			Z	Z
626 70% (21/ 30)	Z	Z	Z	Z	Z	Z	Z	Z	Z	1	1			1		1/K					1		1		
699 69% (25/ 36)	Z	Z	1	1/		1	Z		1	1	1					1/							1		
014 69% (18/ 26)	Z	Z	Z	Z	Z	Z	Z	Z	Z	1	1			Z	Z	1/F					Z		1	3	
5 69% (27/ 39)	1		1	1/		1			1					1		1/D									3
177 69% (27/ 39)	1	1	1	14		1				1	1					1/			1/B						
920 69% (18/ 26)	Z	Z	Z	Z	Z	Z	Z	Z	Z	Z	Z			1		1/L	Z				1		1	Z	
1646 69% (27/ 39)	1		1	1/	1/B	1			2	1				2		1/							1		
2201 69% (22/ 32)	Z	Z	Z	Z	Z	Z	Z		1		1			1		1/F					2				3
2587 69% (22/ 32)	Z	Z	Z	Z	Z	Z	Z		1	1	1			1		1/		6			1				
P74 69% (24/ 35)	X	Y	Z		1/I	2	Z		2					2	3	1/		3	4		2				
172 68% (17/ 25)	Z	Z	Z	Z	Z	Z			1	Z	1		Z	Z	Z	1/	Z	Z			1		1		
81 67% (20/ 30)	2	2	2	14	1/L	2	Z	Z	Z	Z				2	3	1/					2				
203 67% (26/ 39)	1	1	1	1/		1			1	1	1			1		1/									
456 67% (26/ 39)	1	1	1	1/		1			1	1	1			1		1/									3
1729 67% (22/ 33)	Z	Z	Z	Z	Z	Z			1		1			1		1/F					7				3
1737 67% (26/ 39)	1	1	1	1/		1			1	1	1			1		1/F					1				
1754 67% (24/ 36)	Z	Z	Z	1/	7	1			3	6	1			1		1/K		5				1/B			
1759 67% (22/ 33)	Z	Z	Z	Z	Z	Z			1	1	1					5					1	4	1		
1828 67% (26/ 39)	1		1	1/		1			1	1	1			1		1/					1		1		
1867 67% (22/ 33)	Z	Z	Z	Z	Z	Z			1	1	1			1		1/					1		1		
2466 67% (26/ 39)	1	1	1	1/		1			1	1	1					1/					1				
2627 67% (4/ 6)	Z	Z	Z	Z	Z	Z	Z	Z	Z	Z	1					1/	Z	Z	Z	Z	Z	Z	Z	Z	Z
1746 66% (25/ 38)	1	X	1	1/		1			1	1	1			1		1/					1				
2218 66% (25/ 38)	1	1	1	1/		1			1	1	1			1		1/		V			1				
2696 66% (25/ 38)	1	1	1	1/		1C			1	1	Y			1				6							
43 66% (23/ 35)	1	1	1	1/		1		Z	Z	Z	Z			1		1/					1		1		
986 66% (23/ 35)	1	1	Z	Z	Z	Z			1	1	1			1		1/		8			1				

460 39 TS + 1 SL + 62 MT

TESTSTELLE	55	56	59	66	72	73	76	84	87	88	91	97	100	102
UEBEREINST. ZEUGEN	422	459	20	365	45	2	467	402	476	471	279	422	470	478
BEZEUGTE VARIANTE	1/	1/	2	1/	4	4	1/	1/	1/	1/	1/	1/	1/	1/
P8 100% (2/ 2)	Z	Z	Z	Z	Z	Z	Z	Z	Z	Z	Z	Z	Z	Z
P33 100% (1/ 1)	Z	Z	Z	Z	Z	Z	Z	Z	Z	Z	Z	Z	Z	Z
1738 100% (6/ 6)	Z	Z	Z	Z	Z	Z	Z	Z						
1745 100% (5/ 5)	Z	Z	Z	Z	Z	Z	Z	Z				Z		
1846 100% (6/ 6)	Z	Z	Z	Z	Z	Z	Z				X			
1858 100% (6/ 6)	Z	Z	Z	Z	Z	Z	Z	Z						
1899 100% (5/ 5)	Z	Z	Z	Z	Z	Z	Z					Z	Z	
314 88% (7/ 8)	Z	Z	Z	Z	Z	Z	Z	Z	Z	Z	Z			
2626 86% (6/ 7)	Z	Z	Z	Z	Z	Z	Z				4E			
2777 86% (6/ 7)	Z	Z	Z	Z	Z	1	Y	Z						
2778 86% (6/ 7)			1	Z	Z	Z	Z	Z	Z	Z	Z	Z	Z	Z
2004 83% (10/ 12)	Z	Z	Z		1	1								
624 82% (9/ 11)	Z	Z	Z		W	1		Z						
325 81% (13/ 16)			1		1	1								
2289 81% (13/ 16)			1		1	1								
1730 80% (8/ 10)	Z	Z	Z	Z	1	1								
2441 80% (12/ 15)			Z	Z	Z	1		Z					Z	
1731 78% (18/ 23)			1			1					4C			
P45 78% (7/ 9)	3		Z	Z	Z	Z	Z	Z	Z	Z	Z	Z	Z	Z
309 76% (16/ 21)			1		1	1								
2716 76% (19/ 25)			1		1	1							Z	
2378 75% (15/ 20)		1/E	1		1	1								
602 73% (11/ 15)			1	Z	Z	1						Z		
2303 73% (11/ 15)	Z	Z	Z	Z	Z	Z	Z	Z	Z	Z	Z		Z	
1852 73% (19/ 26)			1		1	1					5			
337 73% (27/ 37)			1			1								
62 73% (8/ 11)	Z	Z	Z	Z	Z	Z	Z	Z	Z	Z	Z			
1864 73% (24/ 33)			1		1	1								
1889 73% (16/ 22)			1		1	1		4						
020 72% (21/ 29)			1		1	1D								
57 72% (21/ 29)			1		1	1		Y						
1094 72% (21/ 29)			1		1	1								
1752 72% (21/ 29)			1		1	1								

460 39 TS + 1 SL + 62 MT

TESTSTELLE	55	56	59	66	72	73	76	84	87	88	91	97	100	102
UEBEREINST. ZEUGEN	422	459	20	365	45	2	467	402	476	471	279	422	470	478
BEZEUGTE VARIANTE	1/	1/	2	1/	4	4	1/	1/	1/	1/	1/	1/	1/	1/
466 72% (13/ 18)			1	6	1	1								
1723 72% (23/ 32)			1		1	1								
618 72% (28/ 39)			1			1								
1839 71% (20/ 28)			1		1	1C					18			
498 71% (22/ 31)			1		1	1								
506 70% (7/ 10)			1	Z	Z	Z	Z		Z	Z	Z	Z	Z	Z
626 70% (21/ 30)			1		1	1								
699 69% (25/ 36)			1		1	1								
014 69% (18/ 26)			1		1	1								Z
5 69% (27/ 39)			1		1	1					3			
177 69% (27/ 39)			1		1	1								
920 69% (18/ 26)			1	11	1	1								
1646 69% (27/ 39)			1			1D								
2201 69% (22/ 32)			1		1	1E					5			
2587 69% (22/ 32)			1		1	1								
P74 69% (24/ 35)					2	6B								
172 68% (17/ 25)			1		1	1		Z			Z			
81 67% (20/ 30)				Z	Z	Z	Z	Z						
203 67% (26/ 39)			1		1	1								
456 67% (26/ 39)			1			1D								
1729 67% (22/ 33)	6		1		1	10					5			
1737 67% (26/ 39)			1			1								
1754 67% (24/ 36)			1			1								
1759 67% (22/ 33)			1		1	1								5
1828 67% (26/ 39)			1			1D								
1867 67% (22/ 33)			1		1	1					3			
2466 67% (26/ 39)			1		1	1								
2627 67% (4/ 6)	Z	Z	Z	Z	Z	Z	Z	Z	Z	Z	Z	Z	Z	Z
1746 66% (25/ 38)			1		1	1								
2218 66% (25/ 38)			1			1								
2696 66% (25/ 38)			1		1	1					5C			
43 66% (23/ 35)			1		1	1								
986 66% (23/ 35)			1		1	1								

467 | 46 TS + 5 SL + 53 MT

TESTSTELLE	2	5	8	9	10	11	14	15	18	19	20	23	26	29	33	35	36	39	41	42	43	44	45	46	47
UEBEREINST. ZEUGEN	16	6	94	7	4	351	5	24	73	110	441	91	30	30	5	452	339	33	467	283	24	451	473	76	92
BEZEUGTE VARIANTE	2	3	3	2	4	1/	8	3	4	2	1/	2	2	5	6	1/	1/	4	1/	1/	2	1/	1/	2	2
P33 100% (1/ 1)	Z	Z	Z	Z	Z	Z	Z	Z	Z	Z	Z	Z	Z	Z	Z	Z	Z	Z	Z	Z	Z	Z	Z	Z	Z
1739 72% (33/ 46)	1	1		1	1/		2								1					5	1				
323 70% (31/ 44)	1	1		Z	Z		1	1							1					6	1				
441 70% (23/ 33)	Z	Z	Z	Z	Z	Z	Z	Z	Z	Z	Z	Z	Z	1/	1			1		4	1				
945 70% (32/ 46)	1	1		1	1/		3								1					5	1				
1891 70% (32/ 46)	1	1		1	1/		9								1		1/F			5	1				
623 67% (24/ 36)	Z	Z	Z	Z	Z	Z	Z	Z	Z	Z				1/	8			1		4	1				
624 67% (10/ 15)	Z	Z	Z	Z	Z	Z	Z	Z	Z	Z	Z	Z	Z	Z	Z			Z	Z	Z	Z	Z	Z	Z	Z
2778 67% (4/ 6)	Z	Z	Z	Z	Z	Z	Z	Z	Z	Z	Z	Z	Z	Z	Z	Z	Z	Z	Z	Z	Z	Z	Z	Z	Z
2201 66% (25/ 38)	1	1	Z	Z	Z	Z	Z	Z	Z	Z			1	1/	8		1/F	1			1				1
1852 66% (21/ 32)	Z	Z	Z	Z	Z	Z	Z	Z	Z	Z	Z	Z	Z	Z	1			1			1			3	1
322 65% (30/ 46)	1	1		1	1/		1	1							1					6	1				
1642 65% (30/ 46)		1		6	3	14	2								8	3		1							
2805 65% (28/ 43)	1	1	3B	1		10	2				Z	Z		6	1			1		4	1				
P74 64% (27/ 42)		2	Y	Z	3	1/I	2	2	Z					1/	2	3		2		3		4			
206 64% (18/ 28)	Z	Z	Z	Z	Z	Z	Z	Z	Z	Z	Z	Z	Z	Z	Z	Z	Z	Z		5	1				
1846 64% (7/ 11)	Z	Z	Z	Z	Z	Z	Z	Z	Z	Z	Z	Z	Z	Z	Z	Z	Z	Z	Z	Z	Z	Z	Z	Z	Z
180 63% (29/ 46)	1	1		1	6		3B	2	5B				1		1	3	1/F			4					
1704 63% (29/ 46)	1	1		1	1/		2	5							1					5	1				
2298 63% (29/ 46)	1	1	1	1	1/	1/L	2								1					5	1			3	
172 63% (17/ 27)	Z	Z	Z	Z	Z	Z	Z	Z	1/	1		Z	1	Z	Z	Z		Z	Z	Z	1			1	1
2004 63% (10/ 16)	Z	Z	Z	Z	Z	Z	Z	Z	Z	Z	Z	Z	Z	Z	Z	Z	Z	Z	Z		Z	Z	Z	Z	Z
2344 62% (28/ 45)	1	5		1	11		X	4	1/	1				1/	1			1		3					
81 62% (23/ 37)		2	2		14	1/L	2	2	Z	Z	Z	Z		1/	1	3		2							
610 61% (27/ 44)	1	1		4	6		3	2	5B				Z		Z	3	1/F			4					
5 61% (28/ 46)	1	1		1	1/		4	4	1/	1				1/	8		1/D	1			1			3	
94 61% (28/ 46)	1	4		1	6	1/L	3	2	5B				1		1	3	1/F			4					
619 61% (28/ 46)	1	1		1	1/	1/L	1	1	1/	1				1/	1			1B		4	1				
1162 61% (28/ 46)	1	5	3B	1	1/	1/L	1	1		1				1/	8			1		4	1				
1731 61% (17/ 28)	Z	Z	Z	Z	Z	Z	Z	Z	Z	Z	Z	Z	Z	Z	Z	Z	Z	Z			1			1	1
1839 61% (20/ 33)	Z	Z	Z	Z	Z	Z	Z	Z	Z	Z	Z	Z	V1	1/	1			1			1			1	1
325 60% (12/ 20)	Z	Z	Z	Z	Z	Z	Z	Z	Z	Z	Z	Z	Z	Z	Z	Z	Z	Z	Z	Z	Z	Z	Z	Z	Z
2289 60% (12/ 20)	Z	Z	Z	Z	Z	Z	Z	Z	Z	Z	Z	Z	Z	Z	Z	Z	Z	Z	Z	Z	Z	Z	Z	Z	Z

TESTSTELLE	2	5	8	9	10	11	14	15	18	19	20	23	26	29	33	35	36	39	41	42	43	44	45	46	47
UEBEREINST. ZEUGEN	16	6	94	7	4	351	5	24	73	110	441	91	30	30	5	452	339	33	467	283	24	451	473	76	92
BEZEUGTE VARIANTE	2	3	3	2	4	1/	8	3	4	2	1/	2	2	5	6	1/	1/	4	1/	1/	2	1/	1/	2	2
1729 59% (22/ 37)	Z	Z	Z	Z	Z	Z	Z	Z	1/	V			1	1/	3		1/F	1			1			7	1
2746 59% (16/ 27)	Z	Z	Z	Z	Z	Z	Z	Z	Z	Z	Z	Z	1	1/	1			1		Z	Z	Z	Z	Z	Z
630 59% (26/ 44)	1	1		1	1/		2		Z	Z			1	1/	1		1/F			6	1				
1094 59% (20/ 34)	Z	Z	Z	Z	Z	Z	Z	Z	Z	Z	Z	Z	1	1/	1			1			1			1	1
307 59% (27/ 46)	1	1		4	6		2	2	5B				1		1	3	1/F			4					
429 59% (27/ 46)	1	1		1	1/	5	2						1	1/	1		1/F			5	1				
522 59% (27/ 46)	1	1		1	1/	5	2						1	1/	1		1/F			5	1				
2818 59% (27/ 46)	1	1		4	6		3	2	5B				1		3	3	1/F			4					
314 58% (7/ 12)	Z	Z	Z	Z	Z	Z	Z	Z	Z	Z	Z	Z	Z	Z	Z	Z	Z	Z			1			1	Z
1730 58% (7/ 12)	Z	Z	Z	Z	Z	Z	Z	Z	Z	Z	Z	Z	Z	Z	Z	Z	Z	Z	Z	Z	Z	Z	Z	Z	Z
1893 58% (21/ 36)	1	1	1	1	1/		X	X	1/	1			1	1/	Z	Z	Z	1		4	1				
33 58% (22/ 38)	1	5	X	1	11		4	X	X	1				X	2		X	1		3				X	
1827 58% (26/ 45)	Z	1	3B	1	1/	1/B	4	4	1/	1			1	1/	3			1		4	1				1
2200 58% (26/ 45)	1	1		1	1/		2						1	1/	1		1/F			5	1			1	
466 57% (12/ 21)	Z	Z	Z	Z	Z	Z	Z	Z	Z	Z	Z	Z	Z	Z	Z	Z	Z	Z	Z	Z	Z	Z	Z	Z	Z
1762 57% (16/ 28)	Z	Z	Z	Z	Z	Z	Z	Z	Z	Z		1	1	1/	1			1			1			1	1
1899 57% (4/ 7)	Z	Z	Z	Z	Z	Z	Z	Z	Z	Z	Z	Z	Z	Z	Z	Z	Z	Z	Z	Z	Z	Z	Z	Z	Z
1867 57% (21/ 37)	Z	Z	Z	Z	Z	Z	Z	Z	1/	1		1	1	1/	1			1			1			1	1
2716 57% (17/ 30)	Z	Z	Z	Z	Z	Z	Z	Z	Z	Z	Z	Z	Z	1/	Z	Z		1			1			1	1
02 57% (26/ 46)		2	2		3		2	2	5					1/	2	3		2		3		4			
044 57% (26/ 46)			1	1			1B		1/	1		7	1	1/	8			1		4	1	5			
6 57% (26/ 46)	1	1	1	5	1/		1	1	1/	1		1	1	1/	1	3				3				1	1
88 57% (26/ 46)	1		3B	1	3		4	4	1/	1			1	1/	2			1			1			3	
453 57% (26/ 46)	1	1		4	6		2	2	5B				1		1	3	1/F			4					
2378 57% (13/ 23)	Z	Z	Z	Z	Z	Z	Z	Z	Z	Z	Z	Z	Z	Z	Z	Z	Z	Z	X	Y	1			1	1
2737 57% (26/ 46)	1			1	1/		4	4	1/	1			1	1/	1			1		3	1			1	
P45 56% (5/ 9)	Z	Z	Z	Z	Z	Z	Z	Z	Y	Y	Y		Z	1/	9		Z	Z		Z	Z	Z		Z	Z
309 56% (15/ 27)	Z	Z	Z	Z	Z	Z	Z	Z	Z	Z	Z	Z	Z	Z	Z	Z	Z	Z		4	1			1	1
431 56% (25/ 45)	1	1	3B	1	1/		10	1	1/	1			3	1/	2	3				4					
1889 56% (15/ 27)	Z	Z	Z	Z	Z	Z	Z	Z	Z	Z	Z	Z	Z	Z	Z	Z	Z	Z	Z		1			1	1
2626 55% (6/ 11)	Z	Z	Z	Z	Z	Z	Z	Z	Z	Z	Z	Z	Z	Z	Z	Z	Z	Z	Z	Z	Z	Z	Z	Z	Z
189 54% (25/ 46)	1	1	1	1	8		1	6		1		1	1	1/	1			1			1			3	1
228 54% (25/ 46)	1	1		1	1/		1	1					1	1/	1			1		5	1			3	

TESTSTELLE	48	52	53	55	56	57	65	66	68	76	84	86	87	88	90	93	95	97	98	100	102
UEBEREINST. ZEUGEN	452	452	87	422	459	104	333	365	23	467	402	24	476	471	71	31	68	422	22	470	478
BEZEUGTE VARIANTE	1/	1/	3	1/	1/	2	1/	1/	7	1/	1/	4	1/	1/	2	2	3	1/	2C	1/	1/
P33 100% (1/ 1)	Z		Z	Z	Z	Z	Z	Z	Z	Z	Z	Z	Z	Z	Z	Z	Z	Z	Z	Z	Z
1739 72% (33/ 46)									3		3	3					2		2		
323 70% (31/ 44)							1/C		1			1				1	4		3		
441 70% (23/ 33)		3					1/K	8	2			3									
945 70% (32/ 46)			8C						3		3	3					2		2		
1891 70% (32/ 46)									3		3	2					2		2		
623 67% (24/ 36)							1/F		4		4	2				3	2				3
624 67% (10/ 15)	Z	Z	Z	Z	Z	Z			1		Z	Z			1	1	1		1		
2778 67% (4/ 6)			1/			1	Z	Z	Z	Z	Z	Z	Z	Z	Z	Z	Z	Z	Z	Z	Z
2201 66% (25/ 38)									1			3					1		6		
1852 66% (21/ 32)			1/			1			1			1				1			1		
322 65% (30/ 46)			3F				1/C		1			1				1	4		3		
1642 65% (30/ 46)			3B						4			3			1	1	1	4	3		
2805 65% (28/ 43)							1/F		4B			3				1					Z
P74 64% (27/ 42)			1/						4			2B					Z		2		
206 64% (18/ 28)		4	8						3		3	1			1	1			1D		
1846 64% (7/ 11)	Z	Z	Z	Z	Z	Z	Z	Z	Z	Z		1			1	1			1		
180 63% (29/ 46)									3			3				1		3	2		
1704 63% (29/ 46)			8			2B			3		3	3			4		2		2		
2298 63% (29/ 46)									3		3	3				1	2		2		
172 63% (17/ 27)			1/			1					Z	Z			Z	Z	1		3		
2004 63% (10/ 16)	Z	Z	Z	Z	Z	Z			1			3			1	1	1		1		
2344 62% (28/ 45)							1/E		4		3	2					2		7		
81 62% (23/ 37)			1/				Z	Z	Z	Z	Z	2B					2		2		
610 61% (27/ 44)								1/B	2		4	3				1		3	2		
5 61% (28/ 46)									4			5				3	2				
94 61% (28/ 46)								1/B	3			3			1	1					
619 61% (28/ 46)									15			1					1		6B		
1162 61% (28/ 46)									15			1					1		6		
1731 61% (17/ 28)			1/			1			1			1B			1	1	1		1		
1839 61% (20/ 33)			1/			1			1			2B			1	1			1		
325 60% (12/ 20)	Z		1/			1			1			2B			1	1	1		1		
2289 60% (12/ 20)	Z		1/			1			2			1B			1	1	1		1		

	TESTSTELLE	48	52	53	55	56	57	65	66	68	76	84	86	87	88	90	93	95	97	98	100	102
	UEBEREINST. ZEUGEN	452	452	87	422	459	104	333	365	23	467	402	24	476	471	71	31	68	422	22	470	478
	BEZEUGTE VARIANTE	1/	1/	3	1/	1/	2	1/	1/	7	1/	1/	4	1/	1/	2	2	3	1/	2C	1/	1/
1729	59% (22/ 37)				6		1			15			3B					1		1		
2746	59% (16/ 27)	Z						1/F		1			1B			1	1	1		1		
630	59% (26/ 44)			8						3		3	1B				1	2		2		
1094	59% (20/ 34)			1/			1			1			2			1	1	1				
307	59% (27/ 46)								1/B	2		4	3				1		3	2		
429	59% (27/ 46)			8						3		3	1			1	1			1D		
522	59% (27/ 46)			8						3		3	1			1	1			1D		
2818	59% (27/ 46)								1/B	2		4	3				1		3	2		
314	58% (7/ 12)	Z	Z	Z	Z	Z	Z	Z	Z	Z	Z	Z	Z	Z	Z	Z	1	1		1		
1730	58% (7/ 12)	Z	Z	Z	Z	Z	Z	Z	Z	Z			2B			1	1	1		1		
1893	58% (21/ 36)	Z						Z	Z	Z		Z	1B					1		6		
33	58% (22/ 38)				X	X		1/D	1/C	4		3	2					2		7		
1827	58% (26/ 45)												1					1		6		
2200	58% (26/ 45)			8						3	Z	3	1				1	2		2		
466	57% (12/ 21)			1/			1		6	1			1			1	1	1		1		
1762	57% (16/ 28)	1/H		8B			1			1			Z	Z	Z	Z	Z	Z	Z	Z		
1899	57% (4/ 7)	Z	Z	Z	Z	Z	Z	Z	Z	Z	Z		1B			1	1	Z	Z	Z	Z	
1867	57% (21/ 37)			1/			1			1			3			5	1	Z				
2716	57% (17/ 30)			1/			1	1/H		1						1	1	1		1D	Z	
02	57% (26/ 46)			1/	4					4		3	2B					2		2		3
044	57% (26/ 46)			1/				1/F		3			3				1			1		4
6	57% (26/ 46)									1			3				1					
88	57% (26/ 46)		4				1			6							1	1		6		
453	57% (26/ 46)								1/B	2		4	2B			1	1		3	2		
2378	57% (13/ 23)	Z		1/		1/E	Z			2			1B			1	1	Z		1		
2737	57% (26/ 46)							1/F		15			1B				1	1		2B		
P45	56% (5/ 9)	Z	Z	Z	3		1	Z	Z	Z	Z	Z	Z	Z	Z	Z	Z	Z	Z	Z	Z	Z
309	56% (15/ 27)	Z		1/			1	1/O					1			1	1	1		1		
431	56% (25/ 45)								1/B	2		4	3				1		3	W		
1889	56% (15/ 27)			1/			1			1		4	2B			1	1	1		1		
2626	55% (6/ 11)	Z	Z	Z	Z	Z	Z	Z	Z	Z	Z		1B			1	1	1		1		
189	54% (25/ 46)									1			1			1	1			1		
228	54% (25/ 46)			1/				1/F	11				1			1	1	1		2		

468 36 TS + 1 SL + 66 MT

TESTSTELLE	7	8	10	11	14	18	20	28	29	30	34	35	36	39	41	42	43	44	45	47	48	52	53	54	55
UEBEREINST. ZEUGEN	23	94	392	351	23	355	441	416	439	12	29	452	339	33	467	283	24	451	473	92	452	452	338	16	422
BEZEUGTE VARIANTE	3	3	1/	1/	2	1/	1/	1/	1/	3	11	1/	1/	4	1/	1/	2	1/	1/	2	1/	1/	1/	5	1/
P8 100% (1/ 1)	Z	Z	Z	Z	Z		Z	Z	Z	Z	Z	Z	Z	Z	Z	Z	Z	Z	Z	Z	Z	Z	Z	Z	Z
P33 100% (1/ 1)	Z	Z	Z	Z	Z	Z	Z	Z	Z	Z	Z	Z	Z	Z	Z	Z	Z	Z	Z	Z	Z		Z	Z	Z
P41 100% (1/ 1)	Z	Z	Z	Z	Z	Z	Z	Z	Z	Z	Z	Z	Z	Z	Z	Z	Z	Z	Z	Z	Z	Z	Z	Z	Z
P45 86% (6/ 7)	Z	Z	Z	Z	Z	Y	Y			Z	Y		Z	Z		Z	Z	Z		Z	Z	Z	Z	Z	3
1738 83% (5/ 6)	Z	Z	Z	Z	Z	Z	Z	Z	Z	Z	Z	Z	Z	Z	Z	Z	Z	Z	Z	Z	Z	Z	Z	Z	Z
1858 83% (5/ 6)	Z	Z	Z	Z	Z	Z	Z	Z	Z	Z	Z	Z	Z	Z	Z	Z	Z	Z	Z	Z	Z	Z	Z	Z	Z
2777 83% (5/ 6)	Z	Z	Z	Z	Z	Z	Z	Z	Z	Z	Z	Z	Z	Z	Z	Z	Z	Z	Z	Z	Z	Z	Z	Z	Z
2778 83% (5/ 6)	Z	Z	Z	Z	Z	Z	Z	Z	Z	Z	Z	Z	Z	Z	Z	Z	Z	Z	Z	Z				1	
624 82% (9/ 11)	Z	Z	Z	Z	Z	Z	Z	Z	Z	Z	Z			Z	Z	Z	Z	Z	Z	Z	Z	Z	Z	Z	Z
1745 80% (4/ 5)	Z	Z	Z	Z	Z	Z	Z	Z	Z	Z	Z	Z	Z	Z	Z	Z	Z	Z	Z	Z	Z	Z	Z	Z	Z
314 78% (7/ 9)	Z	Z	Z	Z	Z	Z	Z	Z	Z	Z	Z	Z	Z	Z			1			Z	Z	Z	Z	Z	Z
1721 76% (26/ 34)	1				1					5	Y			1			6					Y		1	
1889 76% (16/ 21)	Z	Z	Z	Z	Z	Z	Z	Z	Z	Z	Z	Z	Z	Z	Z		1			1				1	
172 75% (18/ 24)	Z	Z	Z	Z	Z				Z	1	Z	Z		Z	Z	Z	1			1				1	
466 75% (12/ 16)	Z	Z	Z	Z	Z	Z	Z	Z	Z	Z	Z	Z	Z	Z	Z	Z	Z	Z	Z	Z				1	
1730 75% (6/ 8)	Z	Z	Z	Z	Z	Z	Z	Z	Z	Z	Z	Z	Z	Z	Z	Z	Z	Z	Z	Z	Z	Z	Z	Z	Z
1899 75% (3/ 4)	Z	Z	Z	Z	Z	Z	Z	Z	Z	Z	Z	Z	Z	Z	Z	Z	Z	Z	Z	Z	Z	Z	Z	Z	Z
2464 75% (6/ 8)	Z	Z	Z	Z	Z	Z	Z	Z	Z	Z	Z	Z	Z	Z	Z	Z	Z	Z	Z	Z	Z	Z	Z	Z	Z
431 74% (26/ 35)	1	3B			10					1	3	3				4							3		
1867 74% (23/ 31)	Z	Z	Z	Z	Z					1	1			1			1			1				1	
1526 74% (17/ 23)	Z	Z	Z	Z	Z					1	Z						1			1				1	
325 73% (11/ 15)	Z	Z	Z	Z	Z	Z	Z	Z	Z	Z	Z	Z	Z	Z	Z	Z	Z	Z	Z	Z	Z			1	
642 73% (22/ 30)	1		Z	Z	1					1	1			1		Z	1							1	
2289 73% (11/ 15)	Z	Z	Z	Z	Z	Z	Z	Z	Z	Z	Z	Z	Z	Z	Z	Z	Z	Z	Z	Z	Z			1	
1731 73% (16/ 22)	Z	Z	Z	Z	Z	Z	Z	Z	Z	Z	Z	Z	Z	Z			1			1				1	
2004 73% (8/ 11)	Z	Z	Z	Z	Z	Z	Z	Z	Z	Z	Z	Z	Z	Z	Z		Z	Z	Z	Z	Z	Z	Z	Z	Z
1094 72% (21/ 29)	Z	Z	Z	Z	Z	Z	Z			1	1			1			1			1				1	
5 72% (26/ 36)	1				4					1			1/D	1			1						3	1	
2541 72% (26/ 36)	1				1					1D	1			1			1			1				1	
602 71% (10/ 14)	Z	Z	Z	Z	Z	Z	Z	Z	Z	Z	Z	Z	Z	Z	Z	Z	Z	Z	Z	1		Z		1	
1846 71% (5/ 7)	Z	Z	Z	Z	Z	Z	Z	Z	Z	Z	Z	Z	Z	Z	Z	Z	Z	Z	Z	Z	Z	Z	Z	Z	Z
2626 71% (5/ 7)	Z	Z	Z	Z	Z	Z	Z	Z	Z	Z	Z	Z	Z	Z	Z	Z	Z	Z	Z	Z	Z	Z	Z	Z	Z
81 70% (21/ 30)	[illegible]	[illegible]	14	[illegible]		Z	Z				[illegible]	3		[illegible]										1	

TESTSTELLE	7	8	10	11	14	18	20	28	29	30	34	35	36	39	41	42	43	44	45	47	48	52	53	54	55
UEBEREINST. ZEUGEN	23	94	392	351	23	355	441	416	439	12	29	452	339	33	467	283	24	451	473	92	452	452	338	16	422
BEZEUGTE VARIANTE	3	3	1/	1/	2	1/	1/	1/	1/	3	11	1/	1/	4	1/	1/	2	1/	1/	2	1/	1/	1/	5	1/
623 70% (21/ 30)	Z	Z	Z	Z	Z	Z				1				1		4	1						3	4	
699 70% (23/ 33)	Z	Z			1	Z				1	1			1			1			1				1	
6 69% (25/ 36)	1	1			1						8	3				3				1			3	1	
367 69% (25/ 36)	1				1					1	1		1/I	1			1			1				1	
437 69% (25/ 36)	1	1			1					1			1/K	1			1							1	
959 69% (25/ 36)		1			1					1D	1			1			1			1				1	
1103 69% (25/ 36)	1	1			1					1	1			1			1							1	
1161 69% (25/ 36)	1	1			1					1	13			1			1							1	
1736 69% (25/ 36)	1				1					1	1			1			1							1	
1828 69% (25/ 36)	1				1					1	1			1			1			1				1	
1847 69% (25/ 36)	1	1			1					1	1			1			1							1	
1874 69% (25/ 36)	4				1						2B			1			8			1				1	1/D
1892 69% (25/ 36)	1	1			1					1	1			1			1			1				1	
2191 69% (25/ 36)	1	1			1					1	1			1			1							1	
1852 69% (18/ 26)	Z	Z	Z	Z	Z	Z	Z	Z	Z	Z	1			1			1			1				1	
57 69% (20/ 29)	Y	Y	Y	Y	1	Y	Y			1	1			1			1			1				1	
633 69% (20/ 29)	1				1					1	14		1/L	Z	Z	Z	Z	Z	Z	Z				1	
1752 69% (20/ 29)	Z	Z	Z	Z	Z	Z	Z				1			1		6	1			1				1	
1839 69% (20/ 29)	Z	Z	Z	Z	Z	Z	Z			1	1			1			1			1				1	
1864 69% (22/ 32)	Z	Z	Z	Z	1					1	1			1			1			1				1	
43 69% (24/ 35)	1	1			1		Z			1	1						1			1				1	
680 69% (24/ 35)	1B				1					1D	1			1			1			1	V			1	
1248 69% (24/ 35)	1	1			1					U	1			1			1			1				1	
1746 69% (24/ 35)	1	X			1					1	1			1			1			1				1	
2716 68% (17/ 25)	Z	Z	Z	Z	Z	Z	Z			Z	Z	Z		1			1			1				1	
1893 68% (19/ 28)	1	1			X					1	Z	Z	Z	1		4	1				Z		3	1	
337 68% (23/ 34)	1	1			Z		Z			1	1			1			1			1				1	
628 68% (23/ 34)	1	1		1/B	1		Z			5	1			1			1							1	
82 67% (24/ 36)	1	1			1					1	1			1			1			1				1	
105 67% (24/ 36)	1	1			1					1	1			1			1			1				1	
122 67% (24/ 36)					1					1D	1			5	1/D		1			1				1	
149 67% (24/ 36)	1	1			1					1	1			1			1			1				1	
175 67% (24/ 36)	1	1			1					1	1			1			1			1				1	

468 36 TS + 1 SL + 66 MT

TESTSTELLE	56	65	66	76	84	87	88	97	98	100	102
UEBEREINST. ZEUGEN	459	333	10	467	42	476	471	422	22	470	478
BEZEUGTE VARIANTE	1/	1/	1/B	1/	4	1/	1/	1/	2C	1/	1/
P8 100% (1/ 1)	Z	Z	Z	Z	Z	Z	Z	Z	Z	Z	Z
P33 100% (1/ 1)	Z	Z	Z	Z	Z	Z	Z	Z	Z	Z	Z
P41 100% (1/ 1)	Z	Z	X		Z	Z	Z	Z	Z	Z	Z
P45 86% (6/ 7)		Z	Z	Z	Z	Z	Z	Z	Z	Z	Z
1738 83% (5/ 6)	Z	Z	Z	Z	Z				1		
1858 83% (5/ 6)	Z	Z	Z	Z	Z				1		
2777 83% (5/ 6)	Z	Z	Z	Y	Z				1		
2778 83% (5/ 6)		Z	Z	Z	Z	Z	Z	Z	Z	Z	Z
624 82% (9/ 11)	Z		1/		Z				1		
1745 80% (4/ 5)	Z	Z	Z	Z	Z			Z	1		
314 78% (7/ 9)	Z	Z	Z	Z	Z	Z	Z		1		
1721 76% (26/ 34)			1/						1		
1889 76% (16/ 21)			1/						1		
172 75% (18/ 24)			1/		Z				3		
466 75% (12/ 16)			6		1/				1		
1730 75% (6/ 8)	Z	Z	Z		1/				1		
1899 75% (3/ 4)	Z	Z	Z	Z	1/			Z	Z	Z	
2464 75% (6/ 8)	Z	Z	Z							3	4
431 74% (26/ 35)								3	W		
1867 74% (23/ 31)			1/		1/						
1526 74% (17/ 23)		1/F	1/		Z	Z	Z	Z	Z	Z	Z
325 73% (11/ 15)			1/		1/				1		
642 73% (22/ 30)		Z	Z		Z				1		
2289 73% (11/ 15)			1/		1/				1		
1731 73% (16/ 22)			1/		1/				1		
2004 73% (8/ 11)	Z		1/		1/				1		
1094 72% (21/ 29)			1/		1/						
5 72% (26/ 36)			1/		1/						
2541 72% (26/ 36)			1/						2		
•602 71% (10/ 14)			Z		1/			Z	1		
1846 71% (5/ 7)	Z	Z	Z	Z	1/				1		
2626 71% (5/ 7)	Z	Z	Z	Z	1/				1		
81 70% (21/ 30)		Z	Z	Z	Z				2		

TESTSTELLE	56	65	66	76	84	87	88	97	98	100	102
UEBEREINST. ZEUGEN	459	333	10	467	42	476	471	422	22	470	478
BEZEUGTE VARIANTE	1/	1/	1/B	1/	4	1/	1/	1/	2C	1/	1/
623 70% (21/ 30)		1/F	1/								3
699 70% (23/ 33)			1/		1/				1		
6 69% (25/ 36)			1/		1/						
367 69% (25/ 36)			1/						1		
437 69% (25/ 36)			1/		1/				6		
959 69% (25/ 36)			1/		1/				1		
1103 69% (25/ 36)			12		1/				1		
1161 69% (25/ 36)			1/		1/				1		
1736 69% (25/ 36)			1/		1/		3		1		
1828 69% (25/ 36)			1/		1/				1		
1847 69% (25/ 36)			1/		1/				1		
1874 69% (25/ 36)			1/		1/				1		
1892 69% (25/ 36)			1/						1		
2191 69% (25/ 36)			1/		1/				1		
1852 69% (18/ 26)			1/		1/				1		
57 69% (20/ 29)			1/		Y				3		
633 69% (20/ 29)			10		1/				2		
1752 69% (20/ 29)			1/		1/				1		
1839 69% (20/ 29)			1/		1/				1		
1864 69% (22/ 32)			1/		1/				1		
43 69% (24/ 35)			1/		1/				1		
680 69% (24/ 35)			5		1/				1		
1248 69% (24/ 35)			1/		1/				1		
1746 69% (24/ 35)			1/		1/				1		
2716 68% (17/ 25)		1/H	1/		1/				1D	Z	
1893 68% (19/ 28)		Z	Z		Z				6		
337 68% (23/ 34)			1/		1/				1		
628 68% (23/ 34)					1/			Z	1		
82 67% (24/ 36)			1/		1/				1		
105 67% (24/ 36)			1/		1/				1		
122 67% (24/ 36)		1/F	1/		1/				1		
149 67% (24/ 36)			1/		1/				1		
175 67% (24/ 36)			1/		1/				1		

489 43 TS + 0 SL + 61 MT

TESTSTELLE UEBEREINST. ZEUGEN BEZEUGTE VARIANTE	7 23 3	8 94 3	10 392 1/	11 1 12	14 11 4	17 6 11	18 355 1/	20 441 1/	23 91 2	28 416 1/	29 439 1/	35 452 1/	36 38 1/F	41 467 1/	42 283 1/	44 451 1/	45 473 1/	46 9 6	48 452 1/	49 162 2	52 452 1/	53 1 3D	54 16 5	55 422 1/	56 459 1/
P8 100% (2/ 2)	Z	Z	Z	Z	Z	Z		Z		Z	Z	Z	Z	Z	Z	Z	Z	Z	Z	Z	Z	Z	Z	Z	Z
P33 100% (1/ 1)	Z	Z	Z	Z	Z	Z	Z	Z	Z	Z	Z	Z	Z	Z	Z	Z	Z	Z	Z	Z		Z	Z	Z	Z
927 98% (42/ 43)																									
62 89% (8/ 9)	Z	Z	Z	Z	Z	Z	Z	Z	Z				1/			Z	Z	Z	Z	Z	Z	Z	Z	Z	Z
P45 88% (7/ 8)	Z	Z	Z	Z	Z	Z	Y	Y					Z		Z	Z		Z	Z	Z	Z	Z	Z	3	
506 88% (7/ 8)	Z	Z	Z	Z	Z	Z	Z	Z	Z			Z	Z	Z	Z	Z	Z	Z			Z	Z	1		
2201 86% (31/ 36)	Z	Z	Z	Z	Z	Z	Z											2				3	1		
1729 84% (32/ 38)	Z	Z	Z	Z	Z	1G												7				3		6	
1843 81% (35/ 43)				1/		4							1/K					4		1		3	1		
1873 79% (33/ 42)	1			1/		4							1/K							1		3	1		
1868 77% (33/ 43)	3B			1/	1															1		3			
2627 75% (3/ 4)	Z	Z	Z	Z	Z	Z	Z	Z	Z				1/	Z	Z	Z	Z	Z	Z	Z	Z	Z	Z	Z	Z
2143 74% (32/ 43)		1		5														2		1		3	1		
5 72% (31/ 43)	1			1/		1							1/D					3				3	1		
2288 72% (31/ 43)	1	1		1/	1	1							1/K							1		3	1		
2778 71% (5/ 7)	Z	Z	Z	Z	Z	Z	Z	Z	Z	Z	Z	Z	Z	Z	Z	Z	Z	Z				1/	1		
314 70% (7/ 10)	Z	Z	Z	Z	Z	Z	Z	Z	Z	Z	Z	Z	Z					1	Z	Z	Z	Z	Z	Z	Z
1846 70% (7/ 10)	Z	Z	Z	Z	Z	Z	Z	Z	Z	Z	Z	Z	Z	Z	Z	Z	Z	Z	Z	Z	Z	Z	Z	Z	Z
619 70% (30/ 43)	1			1/L	1	1							1/		4			2				3	4		
1852 69% (22/ 32)	Z	Z	Z	Z	Z	Z	Z	Z	Z	Z	Z		1/					3		1		1/	1		
2303 69% (11/ 16)	Z	Z	Z	Z	Z	Z	Z	Z	Z				1/		4			1				Z	Z	Z	Z
1162 65% (28/ 43)	1	3B		1/L	1	1	4						1/		4			2				3	4		
P74 65% (26/ 40)	X	Y	3	1/I	2	2	Z					3	1/		3	4		2				1/	3		
400 64% (21/ 33)	1	1		1/L	1	1			Y			X	1/		W	X						W	2		
630 63% (26/ 41)	1			1/	2	Z	Z			3D					6			2				8	1		
1735 63% (26/ 41)	1B	1B		1/	1	1			1	3D			1/K					2B				6	2B		
172 63% (17/ 27)	Z	Z	Z	Z	Z	1			Z		Z	Z	1/	Z	Z			1		1		1/	1		
945 63% (27/ 43)	1			1/	3		4			3D	5		1/		5			2				8C	1		
1827 63% (27/ 43)	1	3B		1/B		2							1/		4			2		1		3	1		
1867 62% (23/ 37)	Z	Z	Z	Z	Z	Z			1				1/					1		1		1/	1		
2344 62% (26/ 42)	1		11	1/	X	2							1/		3			2		1		3	4		
441 62% (21/ 34)	Z	Z	Z	Z	Z	Z	Z	Z	Z				1/		4			2			3	3	1		
1752 62% (21/ 34)	Z	Z	Z	Z	Z	Z	Z	Z	Z				1/		6			1				1/	1		

489 43 TS + 0 SL + 61 MT

TESTSTELLE	7	8	10	11	14	17	18	20	23	28	29	35	36	41	42	44	45	46	48	49	52	53	54	55	56
UEBEREINST. ZEUGEN	23	94	392	1	11	6	355	441	91	416	439	452	38	467	283	451	473	9	452	162	452	1	16	422	459
BEZEUGTE VARIANTE	3	3	1/	12	4	11	1/	1/	2	1/	1/	1/	1/F	1/	1/	1/	1/	6	1/	2	1/	3D	5	1/	1/
1864 62% (24/ 39)	Z	Z	Z	Z	1	1			1				1/					1				1/	1		
2200 62% (24/ 39)	1			1/	2	1C	4			3D					5			1				8	1		
81 61% (19/ 31)	2	2	14	1/L	2	Z	Z	Z	Z			3	1/					2				1/	1		
33 61% (22/ 36)	4	X	11	1/		2	X				X		X		3			X				3	4	X	X
623 61% (22/ 36)	Z	Z	Z	Z	Z	Z	Z						1/		4			2				3	4		
1893 61% (22/ 36)	1	1		1/	X	1						Z	Z		4			2	Z			3	1		
2004 61% (11/ 18)	Z	Z	Z	Z	Z	Z	Z	Z	Z	Z	Z	Z	Z	Z		Z	Z	Z	Z	Z	Z	Z	Z	Z	Z
180 61% (25/ 41)	11		6	1/	3B	1	5B			3E	5	3			4			2				3			
1762 61% (17/ 28)	Z	Z	Z	Z	Z	Z	Z		1				1/					1	1/H	4		8B	1		
2746 61% (17/ 28)	Z	Z	Z	Z	Z	Z	Z	Z	Z				1/		Z	Z	Z	Z	Z	Z		3	1		
431 60% (26/ 43)	1	3B		1/	10	1C						3	1/		4			2				3			
436 60% (26/ 43)	1	1		1/L	1	1	4		1				1/		4			2				4C	1		
621 60% (26/ 43)	1			1/O	1	1		1/B	1				1/		4			2		1	3	3B	8		
824 60% (26/ 43)	1	1		1/	1	1			1				1/					1				1/	1		
1270 60% (26/ 43)	1	1		1/	1	1		1/B					1/		4							3	1		
1563 60% (26/ 43)	1	1		1/O	1	1C			1				1/					1				1/	1		
1595 60% (26/ 43)	1	1		1/	1	1							1/		4			3				3	1		
1598 60% (26/ 43)	1	1		1/	1	1		1/B					1/		4							3	1		
1646 60% (26/ 43)	1			1/B	1	1			1				1/					3		1		1/	1		
1704 60% (26/ 43)	1			1/	2		4			3D	5		1/		5			2				8	1		
1737 60% (26/ 43)	1	1		1/	1	1C			1									1				1/	1		
1739 60% (26/ 43)	16			1/	2	2	4			3D	5		1/		5			2				3	1		
1842 60% (26/ 43)	1			1/O	1	1C			1				1/					2			3	3	1	1/F	
1891 60% (26/ 43)	16			1/	9	2	4			3D	5				5			2				3	1		
498 60% (21/ 35)	Z	Z	Z	Z	Z	Z	Z		Z				1/K					1		1		1/	1		
624 60% (9/ 15)	Z	Z	Z	Z	Z	Z	Z	Z	Z	Z	Z		1/	Z	Z	Z	Z	Z	Z	Z	Z	Z	Z	Z	Z
1731 60% (18/ 30)	Z	Z	Z	Z	Z	Z	Z	Z	Z	Z	Z	Z	Z					1		1		1/	1		
104 60% (25/ 42)	5		11	1/M	1	1							1/		7			2		1		1/	1		
459 60% (25/ 42)	1		11	9	1	1							1/		3			3		1		1/	1		
1508 60% (25/ 42)	1	1		1/	1	1			1				1/					1				Z	1		
1746 60% (25/ 42)	1	X		1/	1	1B			1				1/					1				1/	1		
1723 59% (22/ 37)	Z	Z	Z	Z	Z	1			1				1/		X			1				1/	1		
1526 59% (16/ 27)	Z	Z	Z	Z	Z	1			1				1/					1		1		1/	1		

489 43 TS + 0 SL + 61 MT

TESTSTELLE	61	65	66	73	76	77	78	84	86	87	88	90	91	92	93	97	100	102
UEBEREINST. ZEUGEN	36	333	365	24	467	181	67	402	85	476	471	71	28	99	31	422	470	478
BEZEUGTE VARIANTE	2	1/	1/	10	1/	2	2	1/	3	1/	1/	2	5	2	2	1/	1/	1/
P8 100% (2/ 2)	Z	Z	Z	Z	Z	Z	Z	Z	Z	Z	Z	Z	Z	Z	Z	Z	Z	Z
P33 100% (1/ 1)	Z	Z	Z	Z	Z	Z	Z	Z	Z	Z	Z	Z	Z	Z	Z	Z	Z	Z
927 98% (42/ 43)		1/F																
62 89% (8/ 9)	Z	Z	Z	Z	Z	Z	Z	Z	Z	Z	Z	Z	Z	Z	Z			
P45 88% (7/ 8)	Z	Z	Z	Z	Z	Z	Z	Z	Z	Z	Z	Z	Z	Z	Z	Z	Z	Z
506 88% (7/ 8)	Z	Z	Z	Z	Z	Z	Z		Z	Z	Z	Z	Z	Z	Z	Z	Z	Z
2201 86% (31/ 36)	1			1E														
1729 84% (32/ 38)	1								3B									
1843 81% (35/ 43)	1																	
1873 79% (33/ 42)	1	1/F														Z		
1868 77% (33/ 43)	1	1/F					1		2						1			
2627 75% (3/ 4)	Z	Z	Z	Z	Z	Z	Z	Z	Z	Z	Z	Z	Z	Z	Z	Z	Z	Z
2143 74% (32/ 43)	1	1/F		1D								4			1			
5 72% (31/ 43)				1			1		5				3		3			
2288 72% (31/ 43)	1	1/F											11E					
2778 71% (5/ 7)	Z	Z	Z	Z	Z	Z	Z	Z	Z	Z	Z	Z	Z	Z	Z	Z	Z	Z
314 70% (7/ 10)	Z	Z	Z	Z	Z	Z	Z	Z	Z	Z	Z	Z	Z	1	1			
1846 70% (7/ 10)	Z	Z	Z	Z	Z	Z	Z		1			1	X		1			
619 70% (30/ 43)				9					1				1/	1				
1852 69% (22/ 32)	3			1		1			1						1			
2303 69% (11/ 16)	Z	Z	Z	Z	Z	Z	Z	Z	Z	Z	Z	Z	Z	1	1		Z	
1162 65% (28/ 43)				9					1				1/	1				
P74 65% (26/ 40)				6B					2B				1/					
400 64% (21/ 33)	1	X	X				1		1B	X	X	X		1	1			
630 63% (26/ 41)	1			1			1	3	1B				3		1			
1735 63% (26/ 41)				X					1			1	X	1	1			
172 63% (17/ 27)	1			1		1B	1	Z	Z			Z	Z	Z	Z			
945 63% (27/ 43)	1			1D			1B	3					3					
1827 63% (27/ 43)	1			9			1		1				1/	1				
1867 62% (23/ 37)	1			1		1	1					5	3	1	1			
2344 62% (26/ 42)		1/E		6				3	2				3G	1				
441 62% (21/ 34)	1	1/K	8	6C			1						5D	1				
1752 62% (21/ 34)	1			1			1		1B			1	1/	1	1			

489 | 43 TS + 0 SL + 61 MT

TESTSTELLE	61	65	66	73	76	77	78	84	86	87	88	90	91	92	93	97	100	102
UEBEREINST. ZEUGEN	36	333	365	24	467	181	67	402	85	476	471	71	28	99	31	422	470	478
BEZEUGTE VARIANTE	2	1/	1/	10	1/	2	2	1/	3	1/	1/	2	5	2	2	1/	1/	1/
1864 62% (24/ 39)	1			1			1		1B			1	1/	1	1			
2200 62% (24/ 39)	1			Z	Z	Z	Z	3	1				3		1			
81 61% (19/ 31)	Z	Z	Z	Z	Z	Z	Z	Z	2B				1/					
33 61% (22/ 36)		1/D	1/C	14				3	2				3	1				
623 61% (22/ 36)	1	1/F		1D			1	4	2				3		3			3
1893 61% (22/ 36)	1	Z	Z	9			1	Z	1B				1/	1				
2004 61% (11/ 18)	Z			1		1	1					1	1/	1	1			
180 61% (25/ 41)				5		Z	Z						4		1	3		
1762 61% (17/ 28)	1			1		1	1		Z	Z	Z	Z	Z	Z	Z	Z		
2746 61% (17/ 28)	1	1/F					1		1B			1	3	1	1			
431 60% (26/ 43)			1/B	2B			1	4					14		1	3		
436 60% (26/ 43)	1			1D				4					3		3			
621 60% (26/ 43)	1		8	6C			1											
824 60% (26/ 43)				1			1		1B			1	1/	1	1			
1270 60% (26/ 43)	1						1		1B			1	3	1	1			
1563 60% (26/ 43)	1			11			1		1			1	1/		1			
1595 60% (26/ 43)	1						1		1B			1	3	1	1			
1598 60% (26/ 43)	1						1		1B			1	3	1	1			
1646 60% (26/ 43)				1D		1	1		1			1	1/		1			
1704 60% (26/ 43)	1			1D			1B	3				4	3					
1737 60% (26/ 43)	1			1			1		1B			1	1/	1	1			
1739 60% (26/ 43)	1			1D			1	3					3					
1842 60% (26/ 43)	1			7			1	1/C	4							5		
1891 60% (26/ 43)	1			1D			1	3	2				3					
498 60% (21/ 35)	1			1		1	1		1			1	1/	1	1			
624 60% (9/ 15)	Z			1		Z	Z	Z	Z			1	1/	1	1			
1731 60% (18/ 30)	1			1		1			1B			1	4C	1	1			
104 60% (25/ 42)	1			1		3	1		1			4			V1			
459 60% (25/ 42)	1			1		3	1		1			4			V1			
1508 60% (25/ 42)	1			1			1		1B			1	1/	1	1			
1746 60% (25/ 42)	1			1			1		1B			1	1/	1	1			
1723 59% (22/ 37)	1	1/F		1			1		1B			1	1/	1	1			
1526 59% (16/ 27)	1	1/F		1			1	Z	Z	Z	Z	Z	Z	Z	Z	Z	Z	Z

TESTSTELLE	7	8	10	11	12	13	14	15	18	19	20	21	23	28	29	30	34	35	36	39	41	42	44	45	46
UEBEREINST. ZEUGEN	2	94	392	17	13	8	23	24	73	110	441	36	91	1	439	21	19	452	38	33	467	60	451	473	76
BEZEUGTE VARIANTE	7	3	1/	5	3	3D	2	3	4	2	1/	2	2	11	1/	5	2B	1/	1/F	4	1/	5	1/	1/	2
P33 100% (1/ 1)	Z	Z	Z	Z	Z	Z	Z	Z	Z	Z	Z	Z	Z	Z	Z	Z	Z	Z	Z	Z	Z	Z	Z	Z	Z
206 97% (28/ 29)	Z	Z	Z	Z	Z	Z	Z	Z	Z	Z	Z	Z	Z	Z	Z	Z	Z	Z	Z	Z					
429 94% (46/ 49)	5				8									3D											
2200 85% (40/ 47)	1			1/										3D											1
630 81% (38/ 47)	1			1/		4			Z	Z				3D								6			
1745 80% (4/ 5)	Z	Z	Z	Z	Z	Z	Z	Z	Z	Z	Z	Z	Z	Z	Z	Z	Z	Z	Z	Z	Z	Z	Z	Z	Z
945 78% (38/ 49)	1			1/		3E	3							3D	5	1			1/						
1739 78% (38/ 49)	16			1/										3D	5	1			1/						
1891 78% (38/ 49)	16			1/			9							3D	5	4									
1704 76% (37/ 49)	1			1/	2	5		5						3D	5	1			1/						
1490 73% (36/ 49)	5				1	3		3B				1D	1	1/					1/K						1
1758 73% (32/ 44)	5	1			1	3			Y	1		1	1	X					1/K						X
1509 72% (34/ 47)	1			1/I		8	1	1				1		3D		X	1								1
1738 71% (5/ 7)	Z	Z	Z	Z	Z	Z	Z	Z	Z	Z	Z	Z	Z	Z	Z	Z	Z	Z	Z	Z	Z	Z	Z	Z	Z
1858 71% (5/ 7)	Z	Z	Z	Z	Z	Z	Z	Z	Z	Z	Z	Z	Z	Z	Z	Z	Z	Z	Z	Z	Z	Z	Z	Z	Z
P45 67% (6/ 9)	Z	Z	Z	Z	Z	Z	Z	Z	Y	Y	Y	X		1/		Z	Y		Z	Z		Z	Z		Z
314 67% (6/ 9)	Z	Z	Z	Z	Z	Z	Z	Z	Z	Z	Z	Z	Z	Z	Z	Z	Z	Z	Z	Z		1/			1
1751 67% (32/ 48)	1B	3B		1/	8	1B						2D		3D			9B								
1846 67% (6/ 9)	Z	Z	Z	Z	Z	Z	Z	Z	Z	Z	Z	Z	Z	Z	Z	Z	Z	Z	Z	Z	Z	Z	Z	Z	Z
1831 65% (31/ 48)	3	3B		8B	1	1	1B		6			1B	1	1/					1/K	Z					3
624 64% (9/ 14)	Z	Z	Z	Z	Z	Z	Z	Z	Z	Z	Z	Z	Z	Z	Z	Z	Z		1/	Z	Z	Z	Z	Z	Z
2298 63% (31/ 49)	1	1		1/L	1	1D						1		3D	5	1	11		1/						3
441 58% (21/ 36)	Z	Z	Z	Z	Z	Z	Z	Z	Z	Z	Z	Z	Z	1/		1	1		1/	1		4			
307 57% (28/ 49)	13		6	1/	1D	2		2	5B					3E	5		11C	3				4			
453 57% (28/ 49)	13		6	1/	1	2		2	5B					3E	5		11C	3				4			
1642 57% (28/ 49)	10		3	14		2C								3G	5			3	1/	1		1/			
2778 57% (4/ 7)	Z	Z	Z	Z	Z	Z	Z	Z	Z	Z	Z	Z	Z	Z	Z	Z	Z	Z	Z	Z	Z	Z	Z	Z	Z
2201 56% (22/ 39)	Z	Z	Z	Z	Z	Z	Z	Z	Z	Z		1		1/		1	11			1		1/			
180 56% (27/ 48)	11		6	1/	1	2	3B	2	5B					3E	5	1	11C	3				4			
2344 56% (27/ 48)	1		11	1/	1	1	X	4	1/	1		1		1/		1	2		1/	1		3			
P74 56% (25/ 45)	X	Y	3	1/I	2	2B		2	Z					1/		2	2	3	1/	2		3	4		
2805 56% (25/ 45)	1	3B	4	10	1						Z	Z	Z	6	6	1	1		1/	1		4			
610 55% (26/ 47)	13		6	1/	1	2	3	2	5B					3E	5		Z	3				4			

522 | 49 TS + 3 SL + 50 MT

TESTSTELLE			7	8	10	11	12	13	14	15	18	19	20	21	23	28	29	30	34	35	36	39	41	42	44	45	46
UEBEREINST. ZEUGEN			2	94	392	17	13	8	23	24	73	110	441	36	91	1	439	21	19	452	38	33	467	60	451	473	76
BEZEUGTE VARIANTE			7	3	1/	5	3	3D	2	3	4	2	1/	2	2	11	1/	5	2B	1/	1/F	4	1/	5	1/	1/	2
94	55%	(27/ 49)	13		6	1/L	1	2C	3	2	5B			2C		3D	5		11B	3				4			
467	55%	(27/ 49)	5B		4	1/	1	1D	8					1		6B	5	1	1		1/			1/			
636	55%	(27/ 49)	1	1		1/	1C	1	6	1	1/	1		6													
2818	55%	(27/ 49)	13		6	1/	1C	2	3	2	5B					3E	5		11C	3				4			
1852	55%	(18/ 33)	Z	Z	Z	Z	Z	Z	Z	Z	Z	Z	Z	Z	Z	Z	Z	Z	1		1/	1		1/			3
02	53%	(26/ 49)	2	2	3	1/	2	2B		2	5					1/		2	2	3	1/	2		3	4		
1251	53%	(26/ 49)	5				1	3						1	1	1/		1	1		1/	1			3		1
325	52%	(11/ 21)	Z	Z	Z	Z	Z	Z	Z	Z	Z	Z	Z	Z	Z	Z	Z	Z	Z	Z	Z	Z	Z	Z	Z	Z	Z
2289	52%	(11/ 21)	Z	Z	Z	Z	Z	Z	Z	Z	Z	Z	Z	Z	Z	Z	Z	Z	Z	Z	Z	Z	Z	Z	Z	Z	Z
1731	52%	(15/ 29)	Z	Z	Z	Z	Z	Z	Z	Z	Z	Z	Z	Z	Z	Z	Z	Z	Z	Z	Z	Z		1/			1
81	51%	(18/ 35)	2	2	14	1/L	2	2		2	Z	Z	Z	Z	Z	1/		3	2C	3	1/	2		1/			
1893	51%	(19/ 37)	1	1		1/	1	X	X	X	1/	1		1		1/		1	Z	Z	Z	1		4			
623	51%	(20/ 39)	Z	Z	Z	Z	Z	Z	Z	Z	Z	Z		1		1/		1	11		1/	1		4			
1861	51%	(20/ 39)	Z	Z	Z	Z	Z	Z	Z	Z	Z	Z		1	1	1/		1	1		1/M	1					3
228	51%	(25/ 49)	3			1/	1	2C	1	1						1/		1	1		1/	1					3
322	51%	(25/ 49)	17			1/	1	2C	1	1				1		8	5	1	11		1/			6			
436	51%	(25/ 49)	1	1		1/L	1	1	1	1		1		1	1	1/		1	1		1/	1		4			
621	51%	(25/ 49)	1			1/O	1	8	1	1	1/		1/B	1	1	1/		1	1		1/	1		4			
33	50%	(19/ 38)	4	X	11	1/	1	1	4	X	X	1		X		1/	X	X	11		X	1		3			X
62	50%	(6/ 12)	Z	Z	Z	Z	Z	Z	Z	Z	Z	Z	Z	Z	Z	1/		1	1		1/	1		1/	Z	Z	Z
323	50%	(24/ 48)	18		Z	1/	1	2	1	1				1		3C	5	1	11		1/			6			
606	50%	(23/ 46)	1	1		1/			1	1		1				3D	5	1	Z	Z	Z	2					
1106	50%	(24/ 48)	1				1	3	3					1	Z	1/		1	1		1/K	1		1/			3
1730	50%	(6/ 12)	Z	Z	Z	Z	Z	Z	Z	Z	Z	Z	Z	Z	Z	Z	Z	Z	Z	Z	Z	Z	Z	Z	Z	Z	Z
1839	50%	(18/ 36)	Z	Z	Z	Z	Z	Z	Z	Z	Z	Z	Z	Z	Z	1/		1	1		1/	1		1/			1
1875	50%	(20/ 40)	X	X	X	X	X	X	6	1	1/	1		1		Z	Z	1		3	3	X		6			
1889	50%	(14/ 28)	Z	Z	Z	Z	Z	Z	Z	Z	Z	Z	Z	Z	Z	Z	Z	Z	Z	Z	Z	Z	Z	1/			1
1899	50%	(3/ 6)	Z	Z	Z	Z	Z	Z	Z	Z	Z	Z	Z	Z	Z	Z	Z	Z	Z	Z	Z	Z	Z	Z	Z	Z	Z
2378	50%	(12/ 24)	Z	Z	Z	Z	Z	Z	Z	Z	Z	Z	Z	Z	Z	Z	Z	Z	Z	Z	Z	Z	X	Y			1
2626	50%	(5/ 10)	Z	Z	Z	Z	Z	Z	Z	Z	Z	Z	Z	Z	Z	Z	Z	Z	Z	Z	Z	Z	Z	Z	Z	Z	Z
2777	50%	(5/ 10)	Z	Z	Z	Z	Z	Z	Z	Z	Z	1	Z	Z	Z	Z	Z	Z	Z	Z	Z	Z	Z	Z	Z	Z	Z
431	49%	(24/ 49)	1	3B		1/	13	1	10	1	1/	1		1		1/		1	3	3	1/			4			
619	49%	(24/ 49)	1			1/L	1	1	1	1	1/	1		1		1/		1	11		1/	1B		4			

522 | 49 TS + 3 SL + 50 MT

TESTSTELLE UEBEREINST. ZEUGEN BEZEUGTE VARIANTE	47 92 2	48 452 1/	50 7 19	52 452 1/	53 33 8	55 422 1/	56 459 1/	57 104 2	65 333 1/	66 365 1/	68 20 3	69 16 3	75 18 3	76 467 1/	79 31 2	83 46 2	84 23 3	87 476 1/	88 471 1/	89 25 14	95 68 3	97 422 1/	100 470 1/	102 478 1/
P33 100% (1/ 1)	Z	Z	Z		Z	Z	Z	Z	Z	Z	Z	Z	Z	Z	Z	Z	Z	Z	Z	Z	Z	Z	Z	Z
206 97% (28/ 29)				4																				
429 94% (46/ 49)																								
2200 85% (40/ 47)			2C									2	Z	Z							2			
630 81% (38/ 47)			2C									2C								3	2			
1745 80% (4/ 5)	Z	Z	Z	Z	Z	Z	Z	Z	Z	Z	Z	Z	Z	Z	Z	Z	Z			1	Z	Z		
945 78% (38/ 49)					8C															5	2			
1739 78% (38/ 49)			2C		3							2	2								2			
1891 78% (38/ 49)			2C		3							2	2								2			
1704 76% (37/ 49)								2B												5	2			
1490 73% (36/ 49)									1/F	6										4	1			
1758 73% (32/ 44)			1											X	1					3	1	X		
1509 72% (34/ 47)		1/K	1						1/F			1			X									
1738 71% (5/ 7)	Z	Z	Z	Z	Z	Z	Z	Z	Z	Z	Z	Z	Z	Z	Z	Z	Z			1	1			
1858 71% (5/ 7)	Z	Z	Z	Z	Z	Z	Z	Z	Z	Z	Z	Z	Z	Z	Z	Z	Z			1	1			
P45 67% (6/ 9)	Z	Z	Z	Z	Z	3		1	Z	Z	Z	Z	Z	Z	Z	Z	Z	Z	Z	Z	Z	Z	Z	Z
314 67% (6/ 9)	Z	Z	Z	Z	Z	Z	Z	Z	Z	Z	Z	Z	Z	Z	Z	Z	Z	Z	Z	Z	1			
1751 67% (32/ 48)		7	5B						8	1/E		1	1B				1/C				2	Z		
1846 67% (6/ 9)	Z	Z	Z	Z	Z	Z	Z	Z	Z	Z	Z	Z	Z	Z	Z	1	1/			1				
1831 65% (31/ 48)										6		2B								3	1	1/C		
624 64% (9/ 14)	Z	Z	Z	Z	Z	Z	Z	Z			1	Z	1		Z	Z	Z			1	1			
2298 63% (31/ 49)			1D		3								1			1				12	2			
441 58% (21/ 36)			6	3	3				1/K	8	2	1			1		1/							
307 57% (28/ 49)			2C		3					1/B	2	2C	2				4			2		3		
453 57% (28/ 49)			2C		3					1/B	2	2C	2				4			2		3		
1642 57% (28/ 49)			3		3B						4	13	1		5	1	1/			1C	1	4		
2778 57% (4/ 7)	Z		1D		1/			1	Z	Z	Z	Z	Z	Z	Z	Z	Z	Z	Z	Z	Z	Z	Z	Z
2201 56% (22/ 39)	1		1		3						1	1	1		1	1	1/			1	1			
180 56% (27/ 48)			2		3							2C	2		Z		1/			9		3		
2344 56% (27/ 48)			2		3				1/E		4									11	2			
P74 56% (25/ 45)			3		1/						4		2		2B		1/			2	Z			
2805 56% (25/ 45)			1		3				1/F		4B	1B			1		1/			3				Z

TESTSTELLE	47	48	50	52	53	55	56	57	65	66	68	69	75	76	79	83	84	87	88	89	95	97	100	102
UEBEREINST. ZEUGEN	92	452	7	452	33	422	459	104	333	365	20	16	18	467	31	46	23	476	471	25	68	422	470	478
BEZEUGTE VARIANTE	2	1/	19	1/	8	1/	1/	2	1/	1/	3	3	3	1/	2	2	3	1/	1/	14	3	1/	1/	1/
94 55% (27/ 49)			2C		3					1/B			1		1	1	1/			1				
467 55% (27/ 49)			1		3						7	1	1		1	1	1/			1				
636 55% (27/ 49)									1/F	1/F	1	1	1		1	1	1/		1/B	1	4			1/C
2818 55% (27/ 49)			2C		3					1/B	2	2C	2				4			2		3		
1852 55% (18/ 33)	1		1		1/			1			1	1	1		1	1	1/							
02 53% (26/ 49)			3		1/	4					4		2								2			3
1251 53% (26/ 49)	1		1					1			1	1	1		1	1	1/			1	1			
325 52% (11/ 21)	Z	Z	Z		1/			1			1	1	1		1	1	1/			1	1			
2289 52% (11/ 21)	Z	Z	Z		1/			1			2	1	1		1	1	1/			1	1			
1731 52% (15/ 29)	1		1		1/			1			1	1	1		1	1	1/			1	1			
81 51% (18/ 35)			2		1/				Z	Z	Z	Z	Z	Z	Z	Z	Z				2			
1893 51% (19/ 37)		Z	1		3				Z	Z	Z	Z	1		1B	1	Z			1	1			
623 51% (20/ 39)			1		3				1/F		4	1	1		1B	1	4			1	2			3
1861 51% (20/ 39)	1		17			8		1			1	1	1		1	1	4			1				
228 51% (25/ 49)			1		1/				1/F	11	7	1	1		1	1	1/			1	1			
322 51% (25/ 49)			2		3F				1/C		1	1	1		1	1	1/			1	4			
436 51% (25/ 49)			1		4C						4	1	1		1		4				2			
621 51% (25/ 49)			1	3	3B					8	2	1			1		1/							
33 50% (19/ 38)			2		3	X	X		1/D	1/C	4		2			X				10	2			
62 50% (6/ 12)	Z	Z	Z	Z	Z	Z	Z	Z	Z	Z	Z	Z	Z	Z	Z	Z	Z	Z	Z	Z	Z			
323 50% (24/ 48)			2		3				1/C		1	1	1		1	1	1/			1	4			
606 50% (23/ 46)			2C		1/			1	5	10	1	1	1		1	1	1/			1	1			
1106 50% (24/ 48)	1		21		1/			1			1	1	1		1	1	1/			1	1			
1730 50% (6/ 12)	Z	Z	Z	Z	Z	Z	Z	Z	Z	Z	Z	Z	1		1	1	1/			1	1			
1839 50% (18/ 36)	1		5		1/			1			1	1	1		1	1	1/			1				
1875 50% (20/ 40)	1		4		3G	5			1/F	7	12	3B	1				1/C				2			
1889 50% (14/ 28)	1		1		1/			1			1	1	1		1	1	4			1	1			
1899 50% (3/ 6)	Z	Z	Z	Z	Z	Z	Z	Z	Z	Z	Z	Z	Z	Z	Z	1	1/			1	Z	Z	Z	
2378 50% (12/ 24)	1	Z	1		1/		1/E	Z			2	1	1		1	1	1/			1	Z			
2626 50% (5/ 10)	Z	Z	Z	Z	Z	Z	Z	Z	Z	Z	Z	Z	Z	Z	1	1	1/			1	1			
2777 50% (5/ 10)	Z	Z	Z	Z	Z	Z	Z	Z	Z	Z	Z	Z	1	Y	1	Z	Z			1	1			
431 49% (24/ 49)			2C		3					1/B	2	2C	2				4			2		3		
619 49% (24/ 49)			1		3						15	1	1		1B	1	1/			1	1			

567 11 TS + 1 SL + 26 MT

TESTSTELLE	28	35	36	84	86	87	88	97	98	100	102
UEBEREINST. ZEUGEN	416	452	17	402	24	476	471	422	34	470	478
BEZEUGTE VARIANTE	1/	1/	1/M	1/	4	1/	1/	1/	3	1/	1/
P45 100% (2/ 2)			Z	Z	Z	Z	Z	Z	Z	Z	Z
506 100% (2/ 2)		Z	Z		Z	Z	Z	Z	Z	Z	Z
2125 100% (1/ 1)	Z		Z	Z	Z	Z	Z	Z	Z	Z	Z
469 91% (10/ 11)									1D		
2085 91% (10/ 11)			1/								
1757 89% (8/ 9)		Z	Z						1		
61 88% (7/ 8)			1/G		Y	Y	Y				
172 88% (7/ 8)		Z	1/	Z	Z						
2712 88% (7/ 8)			1/F						Z	Z	Z
62 86% (6/ 7)			1/	Z	Z	Z	Z				
1762 83% (5/ 6)			1/		Z	Z	Z	Z	Z		
049 82% (9/ 11)			1/F		1						
38 82% (9/ 11)			1/						1		
88 82% (9/ 11)			1/						6		
142 82% (9/ 11)			1/		3						
205 82% (9/ 11)			1/						1		
216 82% (9/ 11)			1/		2						
254 82% (9/ 11)			1/						1		
312 82% (9/ 11)			1/						1		
326 82% (9/ 11)			1/		1						
440 82% (9/ 11)			1/		2B						
608 82% (9/ 11)					3				2C		
914 82% (9/ 11)			1/						1		
935 82% (9/ 11)			1/		2						
996 82% (9/ 11)			1/						2		
1311 82% (9/ 11)			1/		1						
1319 82% (9/ 11)			1/K						1		
1404 82% (9/ 11)			1/		1B						
1409 82% (9/ 11)			1/K		3						
1524 82% (9/ 11)			1/						1		
1573 82% (9/ 11)			1/K						1		
1643 82% (9/ 11)			1/		1						
1702 82% (9/ 11)			1/		1						

TESTSTELLE		28	35	36	84	86	87	88	97	98	100	102
UEBEREINST. ZEUGEN		416	452	17	402	24	476	471	422	34	470	478
BEZEUGTE VARIANTE		1/	1/	1/M	1/	4	1/	1/	1/	3	1/	1/
1722	82% (9/ 11)			1/		2						
1742	82% (9/ 11)			1/F						1		
1837	82% (9/ 11)			1/		1						
1850	82% (9/ 11)			1/		1						
2086	82% (9/ 11)			1/K		1						
2127	82% (9/ 11)			1/K						1		
2483	82% (9/ 11)			1/		2B						
2774	82% (9/ 11)			1/		2						
57	80% (8/ 10)			1/	Y	2						
365	80% (4/ 5)			1/K	Z	Z	Z	Z	Z	Z		
460	80% (8/ 10)			1/E		1				Z		
1727	80% (8/ 10)	Z		1/		1						
1856	80% (4/ 5)			1/	Z	Z	Z	Z	Z	Z		
1880	80% (8/ 10)			X		1				1		
1899	80% (4/ 5)	Z	Z	Z		1B			Z	Z	Z	
2303	80% (4/ 5)			1/	Z	Z	Z	Z		Z	Z	
2423	80% (8/ 10)			1/		X				1		
2799	80% (8/ 10)	Z		1/		3						
014	78% (7/ 9)		Z	1/F		1						Z
256	78% (7/ 9)		Z	Z		2				1		
378	78% (7/ 9)		Z	Z		2B				1		
2716	78% (7/ 9)		Z	1/						1D	Z	
309	75% (6/ 8)	Z	Z	Z		1				1		
314	75% (3/ 4)	Z	Z	Z	Z	Z	Z	Z		1		
325	75% (6/ 8)	Z	Z	Z		2B				1		
466	75% (6/ 8)	Z	Z	Z		1				1		
624	75% (6/ 8)	Z		1/	Z	Z				1		
1730	75% (6/ 8)	Z	Z	Z		2B				1		
1731	75% (6/ 8)	Z	Z	Z		1B				1		
1846	75% (6/ 8)	Z	Z	Z		1				1		
1893	75% (6/ 8)		Z	Z	Z	1B				6		
2004	75% (6/ 8)	Z	Z	Z		3				1		
2289	75% (6/ 8)	Z	Z	Z		1B				1		

582 — 35 TS + 0 SL + 69 MT

TESTSTELLE	8	10	11	14	18	20	28	29	35	36	41	42	44	45	46	48	49	50	52	53	55	56	65	66	72
UEBEREINST. ZEUGEN	94	392	8	8	355	441	416	439	452	54	467	60	451	473	101	452	12	16	452	33	16	459	333	20	45
BEZEUGTE VARIANTE	3	1/	6	5	1/	1/	1/	1/	1/	1/K	1/	5	1/	1/	3	1/	4	17	1/	8	8	1/	1/	6	4
P8 100% (1/ 1)	Z	Z	Z	Z		Z	Z	Z	Z	Z	Z	Z	Z	Z	Z	Z	Z	Z	Z	Z	Z	Z	Z	Z	Z
P33 100% (1/ 1)	Z	Z	Z	Z	Z	Z	Z	Z	Z	Z	Z	Z	Z	Z	Z	Z	Z	Z		Z	Z	Z	Z	Z	Z
1456 87% (20/ 23)			1/	1B	4											Z	Z	Z	Z	Z	Z	Z	Z	Z	Z
P45 86% (6/ 7)	Z	Z	Z	Z	Y	Y				Z		Z	Z		Z	Z	Z	Z	Z	Z	3		Z	Z	Z
1846 86% (6/ 7)	Z	Z	Z	Z	Z	Z	Z	Z	Z	Z	Z	Z	Z	Z	Z	Z	Z	Z	Z	Z	Z	Z	Z	Z	Z
1861 83% (25/ 30)	Z	Z	Z	Z	Z					1/M							1							1/	1
1250 80% (28/ 35)			1/	1						1/M							1							1/	1
1745 80% (4/ 5)	Z	Z	Z	Z	Z	Z	Z	Z	Z	Z	Z	Z	Z	Z	Z	Z	Z	Z	Z	Z	Z	Z	Z	Z	Z
62 78% (7/ 9)	Z	Z	Z	Z	Z	Z				1/		1/	Z	Z	Z	Z	Z	Z	Z	Z	Z	Z	Z	Z	Z
1003 77% (27/ 35)	1		8	1						1/M							1							1/	
1405 77% (27/ 35)			1/	1	4					1/M							1							1/	
1753 77% (27/ 35)			1/	1	4												1							1/	1
2501 77% (27/ 35)			1/	1	4												1							1/	
912 76% (26/ 34)			1/	1	4					1/M							1							1/	1
2627 75% (3/ 4)	Z	Z	Z	Z	Z	Z				1/	Z	Z	Z	Z	Z	Z	Z	Z	Z	Z	Z	Z	Z	Z	Z
2777 75% (6/ 8)	Z	Z	Z	Z	Z	Z	Z	Z	Z	Z	Z	Z	Z	Z	Z	Z	Z	Z	Z	Z	Z	Z	Z	Z	Z
390 74% (26/ 35)	3B		1/	1						1/M							1							1/	1
1863 74% (26/ 35)			1/	1	4					1/M							1							1/	1
2279 74% (26/ 35)			1/	1	4					1/M							1							1/	1
1594 71% (25/ 35)	1		1/	1	4					1/M							1							1/	1
1738 71% (5/ 7)	Z	Z	Z	Z	Z	Z	Z	Z	Z	Z	Z	Z	Z	Z	Z	Z	Z	Z	Z	Z	Z	Z	Z	Z	Z
1858 71% (5/ 7)	Z	Z	Z	Z	Z	Z	Z	Z	Z	Z	Z	Z	Z	Z	Z	Z	Z	Z	Z	Z	Z	Z	Z	Z	Z
2511 71% (25/ 35)			1/	1	4					1/M							1							1/	1
234 71% (24/ 34)			1/	1	4					1/M							1		X				1/F	1/	1
51 69% (24/ 35)			1/	1	4					1/F							1				1/			4	1
223 69% (24/ 35)			1/	1	4												1				1/		1/F	1/	1
1754 68% (23/ 34)	Z		7	1												1/B	2	1E		1/	1/			1/	
314 67% (6/ 9)	Z	Z	Z	Z	Z	Z	Z	Z	Z	Z		1/			1	Z	Z	Z	Z	Z	Z	Z	Z	Z	Z
624 67% (8/ 12)	Z	Z	Z	Z	Z	Z	Z	Z		1/	Z	Z	Z	Z	Z	Z	Z	Z	Z	Z	Z	Z		1/	W
1758 67% (18/ 27)	1		5	2	Y		X								X		Y	1			1/			1/	X
205 66% (23/ 35)	1									1/		1/			1		2	1		3	1/			1/	
367 66% (23/ 35)			1/	1						1/I		1/					1	1		1/	1/			1/	1

582 35 TS + 0 SL + 69 MT

TESTSTELLE	8	10	11	14	18	20	28	29	35	36	41	42	44	45	46	48	49	50	52	53	55	56	65	66	72
UEBEREINST. ZEUGEN	94	392	8	8	355	441	416	439	452	54	467	60	451	473	101	452	12	16	452	33	16	459	333	20	45
BEZEUGTE VARIANTE	3	1/	6	5	1/	1/	1/	1/	1/	1/K	1/	5	1/	1/	3	1/	4	17	1/	8	8	1/	1/	6	4
1845 65% (22/ 34)			10	1						1/		1/			1		1	1		1/				1/	
1721 64% (21/ 33)			1/	1						1/		1/					1	Y	Y	1/	1/			1/	1
2175 64% (7/ 11)	1		1/	1						1/		Z	Z	Z	Z	Z	Z	Z	Z	Z	Z	Z	Z	Z	Z
5 63% (22/ 35)			1/	4						1/D		1/					2	1		3	1/			1/	1
1490 63% (22/ 35)			5	2	4										1		1	19			1/		1/F		1
1646 63% (22/ 35)			1/B	1						1/		1/					1	1		1/	1/			1/	
1767 63% (22/ 35)	1			1						1/					1		1	1	1/C	1/	1/			1/	
1831 63% (22/ 35)	3B		8B	1B	6												1	19			1/				1
1843 63% (22/ 35)			1/	4								1/			4		1	1		3	1/			1/	1
2125 63% (5/ 8)			1/	1			Z	Z		Z	Z	Z	Z	Z	1	Z	Z	Z	Z	Z	Z	Z	Z	Z	Z
2303 63% (10/ 16)	Z	Z	Z	Z	Z	Z				1/		4			1		2	1		Z	Z	Z	Z	Z	Z
2626 63% (5/ 8)	Z	Z	Z	Z	Z	Z	Z	Z	Z	Z	Z	Z	Z	Z	Z	Z	Z	Z	Z	Z	Z	Z	Z	Z	Z
642 62% (18/ 29)		Z	Z	1						1/		Z			1		1	1		1/	1/		Z	Z	1
42 62% (21/ 34)	Z		1/	1	4					1/M							1			9	1/			1/	1
522 62% (21/ 34)			5	2	4		11			1/F					2		1	19			1/			1/	V
608 62% (21/ 34)			1/M	X						1/M		1/			1		1	1		1/	1/E			1/	1
2218 62% (21/ 34)	1		1/	1						1/		V			1		2	1		1/	1/			1/	
1729 61% (19/ 31)	Z	Z	Z	Z						1/F		1/			7		2	1B		3	6			1/	1
2180 61% (19/ 31)	Z	Z	Z	Z	4							1/			1		1	1		1/	9			1/	
1893 61% (17/ 28)	1		1/	X					Z	Z		4			2	Z	2	1		3	1/		Z	Z	1
337 61% (20/ 33)	1		1/	Z		Z				1/		1/					2	1		1/	1/			1/	
1352 61% (20/ 33)	1		1/	1						1/		7					1	1		1/	X			1/	1
1508 61% (20/ 33)	1		1/	1						1/		1/			1		2	1		Z	1/			1/	Z
172 60% (15/ 25)	Z	Z	Z	Z				Z	Z	1/	Z	Z			1		1	1		1/	1/			1/	1
206 60% (15/ 25)	Z	Z	Z	Z	Z	Z	Z	Z	Z	Z					2		1	19	4		1/			1/	3
228 60% (21/ 35)			1/	1	4					1/							2	1		1/	1/		1/F	11	8
425 60% (21/ 35)	1		1/	1								8			1		1	1		1/	1/			1/	
429 60% (21/ 35)			5	2	4		3D			1/F					2		2	19			1/			1/	2
437 60% (21/ 35)	1		1/	1								1/			2		1	1		1/	1/			1/	5
450 60% (21/ 35)	1		1/									1/			1		1	1		1/	1/			1/	1
456 60% (21/ 35)	1		1/	1						1/		1/					2	1		3	1/			1/	
468 60% (21/ 35)			1/	2						1/		1/			1		1	1		1/	1/			1/B	1
489 60% (21/ 35)			12	4						1/F		1/			6		2	1B		3D	1/			1/	1

582 35 TS + 0 SL + 69 MT

TESTSTELLE	76	77	84	87	88	91	95	97	100	102
UEBEREINST. ZEUGEN	467	181	42	476	471	1	68	422	470	478
BEZEUGTE VARIANTE	1/	2	4	1/	1/	11F	3	1/	1/	1/
P8 100% (1/ 1)	Z	Z	Z	Z	Z	Z	Z	Z	Z	Z
P33 100% (1/ 1)	Z	Z	Z	Z	Z	Z	Z	Z	Z	Z
1456 87% (20/ 23)	Z	Z								
P45 86% (6/ 7)	Z	Z	Z	Z	Z	Z	Z	Z	Z	Z
1846 86% (6/ 7)	Z	Z	1/			X				
1861 83% (25/ 30)						11				
1250 80% (28/ 35)						11				
1745 80% (4/ 5)	Z	Z	Z			1/	Z	Z		
62 78% (7/ 9)	Z	Z	Z	Z	Z	Z	Z			
1003 77% (27/ 35)						11		4		
1405 77% (27/ 35)						11		4		
1753 77% (27/ 35)						11		4		
2501 77% (27/ 35)			1/			1/	1			
912 76% (26/ 34)						X		4		
2627 75% (3/ 4)	Z	Z	Z	Z	Z	Z	Z	Z	Z	Z
2777 75% (6/ 8)	Y		Z			1/	1			
390 74% (26/ 35)						1/		4		
1863 74% (26/ 35)						11		4		
2279 74% (26/ 35)						11		4		
1594 71% (25/ 35)						11		4		
1738 71% (5/ 7)	Z	Z	Z			1/	1			
1858 71% (5/ 7)	Z	Z	Z			1/	1			
2511 71% (25/ 35)			1/			11		4		
234 71% (24/ 34)						11		4		
51 69% (24/ 35)			1/			11		4		
223 69% (24/ 35)		1	1/			11				
1754 68% (23/ 34)			1/			1/	1			
314 67% (6/ 9)	Z	Z	Z	Z	Z	Z	1			
624 67% (8/ 12)		Z	Z			1/	1			
1758 67% (18/ 27)	X	X	3			4E	1	X		
205 66% (23/ 35)			1/			1/	1			
367 66% (23/ 35)		1B				11B				

582 | 35 TS + 0 SL + 69 MT

TESTSTELLE			76	77	84	87	88	91	95	97	100	102
UEBEREINST. ZEUGEN			467	181	42	476	471	1	68	422	470	478
BEZEUGTE VARIANTE			1/	2	4	1/	1/	11F	3	1/	1/	1/
1845	65%	(22/ 34)		1	1/			X	1			
1721	64%	(21/ 33)		1				3	1			
2175	64%	(7/ 11)	Z	Z	Z	Z	Z	Z	Z	Z	Z	Z
5	63%	(22/ 35)			1/			3	2			
1490	63%	(22/ 35)		1B	3			4E	1			
1646	63%	(22/ 35)		1	1/			1/	1			
1767	63%	(22/ 35)			1/			1/	1			
1831	63%	(22/ 35)		1B	3			3D	1	1/C		
1843	63%	(22/ 35)			1/			5	1			
2125	63%	(5/ 8)	Z	Z	Z	Z	Z	Z	Z	Z	Z	Z
2303	63%	(10/ 16)	Z	Z	Z	Z	Z	Z	1		Z	
2626	63%	(5/ 8)	Z	Z	1/			4E	1			
642	62%	(18/ 29)		1	Z			1/	2			
42	62%	(21/ 34)		1	1/			11		4		
522	62%	(21/ 34)		1B	3			4F				
608	62%	(21/ 34)		1B	1/			3E				
2218	62%	(21/ 34)			1/			1/	1			
1729	61%	(19/ 31)			1/			5	1			
2180	61%	(19/ 31)		1	1/			8C	1			
1893	61%	(17/ 28)			Z			1/	1			
337	61%	(20/ 33)		1	1/			1/	1			
1352	61%	(20/ 33)		U	1/			1/	1			
1508	61%	(20/ 33)			1/			1/	1			
172	60%	(15/ 25)		1B	Z			Z	1			
206	60%	(15/ 25)		1B	3			4E				
228	60%	(21/ 35)			1/			5H	1			
425	60%	(21/ 35)		1	1/			1/	1			
429	60%	(21/ 35)		1B	3			4E				
437	60%	(21/ 35)			1/			1/	1			
450	60%	(21/ 35)		1	1/			1/	1			
456	60%	(21/ 35)		1	1/			1/	1			
468	60%	(21/ 35)		1B				4D	1			
489	60%	(21/ 35)			1/			5	1			

606 34 TS + 0 SL + 64 MT

TESTSTELLE	10	11	12	13	18	20	21	23	28	29	39	41	42	44	45	46	47	48	50	52	53	55	56	65	66
UEBEREINST. ZEUGEN	392	351	13	8	73	441	36	91	29	30	14	467	60	451	473	76	92	452	16	452	338	422	459	21	29
BEZEUGTE VARIANTE	1/	1/	3	3D	4	1/	2	2	3D	5	2	1/	5	1/	1/	2	2	1/	2C	1/	1/	1/	1/	5	10
P33 100% (1/ 1)	Z	Z	Z	Z	Z	Z	Z	Z	Z	Z	Z	Z	Z	Z	Z	Z	Z	Z	Z		Z	Z	Z	Z	Z
P41 100% (1/ 1)	Z	Z	Z	Z	Z	Z	Z	Z	Z	Z	Z	Z	Z	Z	Z	Z	Z	Z	Z	Z	Z	Z	Z	Z	X
641 100% (32/ 32)																									
1738 100% (6/ 6)	Z	Z	Z	Z	Z	Z	Z	Z	Z	Z	Z	Z	Z	Z	Z	Z	Z	Z	Z	Z	Z	Z	Z	Z	Z
1745 100% (5/ 5)	Z	Z	Z	Z	Z	Z	Z	Z	Z	Z	Z	Z	Z	Z	Z	Z	Z	Z	Z	Z	Z	Z	Z	Z	Z
1846 100% (6/ 6)	Z	Z	Z	Z	Z	Z	Z	Z	Z	Z	Z	Z	Z	Z	Z	Z	Z	Z	Z	Z	Z	Z	Z	Z	Z
1858 100% (6/ 6)	Z	Z	Z	Z	Z	Z	Z	Z	Z	Z	Z	Z	Z	Z	Z	Z	Z	Z	Z	Z	Z	Z	Z	Z	Z
1899 100% (5/ 5)	Z	Z	Z	Z	Z	Z	Z	Z	Z	Z	Z	Z	Z	Z	Z	Z	Z	Z	Z	Z	Z	Z	Z	Z	Z
2777 100% (6/ 6)	Z	Z	Z	Z	Z	Z	Z	Z	Z	Z	Z	Z	Z	Z	Z	Z	Z	Z	Z	Z	Z	Z	Z	Z	Z
103 97% (33/ 34)							2C																		
1730 89% (8/ 9)	Z	Z	Z	Z	Z	Z	Z	Z	Z	Z	Z	Z	Z	Z	Z	Z	Z	Z	Z	Z	Z	Z	Z	Z	Z
1832 85% (22/ 26)	Z	Z	Z	Z	Z	Z	Z	Z									1							4	
2778 83% (5/ 6)	Z	Z	Z	Z	Z	Z	Z	Z	Z	Z	Z	Z	Z	Z	Z	Z	Z		1D					Z	Z
325 80% (12/ 15)	Z	Z	Z	Z	Z	Z	Z	Z	Z	Z	Z	Z	Z	Z	Z	Z	Z	Z	Z					1/	1/
2289 80% (12/ 15)	Z	Z	Z	Z	Z	Z	Z	Z	Z	Z	Z	Z	Z	Z	Z	Z	Z	Z	Z					1/	1/
1739 79% (27/ 34)											4										3			1/	1/
1765 79% (27/ 34)			1	3B	1/		1										1								
1891 79% (27/ 34)											4										3			1/	1/
624 78% (7/ 9)	Z	Z	Z	Z	Z	Z	Z	Z	Z	Z	Z	Z	Z	Z	Z	Z	Z	Z	Z	Z	Z	Z	Z	1/	1/
466 76% (13/ 17)	Z	Z	Z	Z	Z	Z	Z	Z	Z	Z	Z	Z	Z	Z	Z	Z	Z		1					1/	6
876 76% (26/ 34)			1	3C	1/		1										1							4	
314 75% (6/ 8)	Z	Z	Z	Z	Z	Z	Z	Z	Z	Z	Z		1/			1	Z	Z	Z	Z	Z	Z	Z	Z	Z
2626 75% (6/ 8)	Z	Z	Z	Z	Z	Z	Z	Z	Z	Z	Z	Z	Z	Z	Z	Z	Z	Z	Z	Z	Z	Z	Z	Z	Z
945 74% (25/ 34)				3E							4								19		8C			1/	1/
2200 73% (24/ 33)										1/	4					1					8			1/	1/
1704 71% (24/ 34)			2	5							4								19		8			1/	1/
630 70% (23/ 33)				4	Z					1/	4		6								8			1/	1/
602 69% (11/ 16)	Z	Z	Z	Z	Z	Z	Z	Z	Z	Z	Z	Z	Z	Z	Z	1	1		1	Z				1/	Z
2441 69% (11/ 16)	Z	Z	Z	Z	Z	Z	Z	Z	Z	Z	Z	Z	8	Z	Z	1	1		1					Z	Z
309 68% (15/ 22)	Z	Z	Z	Z	Z	Z	Z	Z	Z	Z	Z		4			1	1	Z	1					1/O	1/
81 68% (17/ 25)	14	1/L	2	2	Z	Z	Z	Z	1/	1/			1/						2					Z	Z
228 68% (23/ 34)			1	2C					1/	1/	1					3			1					1/F	11
429 69% (23/ 34)		5	8							1/	4								19		8			1/	1/

606 | 34 TS + 0 SL + 64 MT

TESTSTELLE	10	11	12	13	18	20	21	23	28	29	39	41	42	44	45	46	47	48	50	52	53	55	56	65	66
UEBEREINST. ZEUGEN	392	351	13	8	73	441	36	91	29	30	14	467	60	451	473	76	92	452	16	452	338	422	459	21	29
BEZEUGTE VARIANTE	1/	1/	3	3D	4	1/	2	2	3D	5	2	1/	5	1/	1/	2	2	1/	2C	1/	1/	1/	1/	5	10
522 68% (23/ 34)		5							11	1/	4								19		8			1/	1/
2494 68% (23/ 34)		6	1	1	1/		1	1								1	1		1						
506 67% (4/ 6)	Z	Z	Z	Z	Z	Z	Z	Z	1/	1/	Z	Z	Z	Z	Z	Z	Z		Z	Z	Z			Z	Z
2004 67% (8/ 12)	Z	Z	Z	Z	Z	Z	Z	Z	Z	Z	Z	Z	1/	Z	Z	Z	Z	Z	Z	Z	Z	Z	Z	1/	1/
1893 66% (19/ 29)			1	X	1/		1		1/	1/	1		4					Z	1		3			Z	Z
206 65% (15/ 23)	Z	Z	Z	Z	Z	Z	Z	Z	Z	Z	Z								19	4	8			1/	1/
1731 65% (15/ 23)	Z	Z	Z	Z	Z	Z	Z	Z	Z	Z	Z		1/			1	1		1					1/	1/
2378 65% (13/ 20)	Z	Z	Z	Z	Z	Z	Z	Z	Z	Z	Z	X	Y			1	1	Z	1				1/E	1/	1/
322 65% (22/ 34)			1	2C			1		8		4		6						2		3F			1/C	1/
437 65% (22/ 34)			1	1	1/		1		1/	1/	1		1/						1					1/	1/
1162 65% (22/ 34)		1/L	1	7			1		1/	1/	1		4						1		3			1/	1/
1642 65% (22/ 34)	3	14		2C					3G		1		1/						3		3B			1/	1/
1853 65% (22/ 34)			1	1			1	1			1						1		1				1/D	1/	1/
P74 64% (21/ 33)	3	1/I	2	2B	Z				1/	1/			3	4					3					1/	1/
323 64% (21/ 33)	Z		1	2			1		3C		4		6						2		3			1/C	1/
1889 64% (14/ 22)	Z	Z	Z	Z	Z	Z	Z	Z	Z	Z	Z	Z	1/			1	1		1					1/	1/
1852 63% (15/ 24)	Z	Z	Z	Z	Z	Z	Z	Z	Z	Z	1		1/			3	1		1					1/	1/
94 62% (21/ 34)	6	1/L	1	2C	5B		2C				4		4								3			1/	1/B
307 62% (21/ 34)	6		1D	2	5B				3E		4		4								3			1/	1/B
453 62% (21/ 34)	6		1	2	5B				3E		4		4								3			1/	1/B
467 62% (21/ 34)	4		1	1D			1		6B		4		1/						1		3			1/	1/
1244 62% (21/ 34)			1	1	1/		1	1	1/	1/	1		1/			1	1		1						
1717 62% (21/ 34)			1	1	1/		1	1	1/	1/	1		1/			1	1		1						
1888 62% (21/ 34)			1	1	1/		1	1	1/	1/	1		1/			1	1		1						
2298 62% (21/ 34)		1/L	1	1D			1				4					3			1D		3			1/	1/
2558 62% (21/ 34)			1	1	1/		1	1	1/	1/	1		1/			1	1		1						
020 62% (16/ 26)	Z	Z	Z	Z	Z	Z	Z	Z	1/	1/	1		1/			3			1	3				1/F	1/
1094 62% (16/ 26)	Z	Z	Z	Z	Z	Z	Z	Z	1/	1/	1		1/			1	1		1					1/	1/
1752 62% (16/ 26)	Z	Z	Z	Z	Z	Z	Z	Z	1/	1/	1		6			1	1		1					1/	1/
110 61% (19/ 31)			1	1	X		X	Z	1/	1/	1		8			1	1		1					1/Q	1/
1837 61% (19/ 31)	7		1	1	Z	Z	Z		1/	1/			1/						1		3B		1/B	1/	14
172 61% (14/ 23)	Z	Z	Z	Z	1/		1	Z	1/	Z	Z	Z	Z			1	1		1					1/	1/
920 61% (14/ 23)	Z	Z	Z	Z	Z	Z	Z	Z	1/	1/	1	Z	1/			1	1		Z	Z				1/F	11

606									34 TS + 0 SL + 64 MT
TESTSTELLE	76	80	84	87	88	91	97	100	102
UEBEREINST. ZEUGEN	467	20	402	476	471	279	422	470	478
BEZEUGTE VARIANTE	1/	3	1/	1/	1/	1/	1/	1/	1/
P33 100% (1/ 1)	Z	Z	Z	Z	Z	Z	Z	Z	Z
P41 100% (1/ 1)		Z	Z	Z	Z	Z	Z	Z	Z
641 100% (32/ 32)				Z	Z				
1738 100% (6/ 6)	Z	Z	Z						
1745 100% (5/ 5)	Z	Z	Z				Z		
1846 100% (6/ 6)	Z	Z				X			
1858 100% (6/ 6)	Z	Z	Z						
1899 100% (5/ 5)	Z	Z					Z	Z	
2777 100% (6/ 6)	Y	Z	Z						
103 97% (33/ 34)									
1730 89% (8/ 9)		1							
1832 85% (22/ 26)		1B				8			
2778 83% (5/ 6)	Z	Z	Z	Z	Z	Z	Z	Z	Z
325 80% (12/ 15)		1							
2289 80% (12/ 15)		1							
1739 79% (27/ 34)		6B	3			3			
1765 79% (27/ 34)		1				8			
1891 79% (27/ 34)		6	3			3			
624 78% (7/ 9)		Z	Z						
466 76% (13/ 17)		1							
876 76% (26/ 34)		1				8B			
314 75% (6/ 8)	Z	Z	Z	Z	Z	Z			
2626 75% (6/ 8)	Z	1				4E			
945 74% (25/ 34)		6B	3			3			
2200 73% (24/ 33)	Z	6	3			3			
1704 71% (24/ 34)		6B	3			3			
630 70% (23/ 33)		6	3			3			
602 69% (11/ 16)		1					Z		
2441 69% (11/ 16)		1	Z					Z	
309 68% (15/ 22)		1							
81 68% (17/ 25)	Z	Z	Z						
228 68% (23/ 34)		5				5H			
429 68% (23/ 34)		6	3			4E			

606									34 TS + 0 SL + 64 MT
TESTSTELLE	76	80	84	87	88	91	97	100	102
UEBEREINST. ZEUGEN	467	20	402	476	471	279	422	470	478
BEZEUGTE VARIANTE	1/	3	1/	1/	1/	1/	1/	1/	1/
522 68% (23/ 34)		6C	3			4F			
2494 68% (23/ 34)		1				8			
506 67% (4/ 6)	Z	Z		Z	Z	Z	Z	Z	Z
2004 67% (8/ 12)		1							
1893 66% (19/ 29)		1	Z						
206 65% (15/ 23)		6	3			4E			
1731 65% (15/ 23)		1				4C			
2378 65% (13/ 20)		1							
322 65% (22/ 34)		6				5			
437 65% (22/ 34)		1							
1162 65% (22/ 34)									
1642 65% (22/ 34)		1					4		
1853 65% (22/ 34)						8		4	
P74 64% (21/ 33)		2							
323 64% (21/ 33)		6				5			
1889 64% (14/ 22)		1	4						
1852 63% (15/ 24)		1				5			
94 62% (21/ 34)		1				3			
307 62% (21/ 34)			4			3	3		
453 62% (21/ 34)			4			6B	3		
467 62% (21/ 34)		1				4I			
1244 62% (21/ 34)		1							
1717 62% (21/ 34)		1							
1888 62% (21/ 34)		1							
2298 62% (21/ 34)		6	3			3			
2558 62% (21/ 34)		1							
020 62% (16/ 26)		1							
1094 62% (16/ 26)		1							
1752 62% (16/ 26)		1							
110 61% (19/ 31)		1							
1837 61% (19/ 31)		1							
172 61% (14/ 23)		1	Z			Z			
920 61% (14/ 23)		1							

TESTSTELLE	7	8	9	10	11	13	14	15	17	18	19	20	21	23	25	28	29	30	31	32	35	36	38	39	40
UEBEREINST. ZEUGEN	4	94	6	7	351	12	11	17	23	7	110	441	36	91	9	4	30	21	36	51	17	38	21	33	34
BEZEUGTE VARIANTE	13	3	4	6	1/	2	3	2	2	5B	2	1/	2	2	2	3E	5	5	2	2	3	1/F	2	4	2
P33 100% (1/ 1)	Z	Z	Z	Z	Z	Z	Z	Z	Z	Z	Z	Z	Z	Z	Z	Z	Z	Z	Z	Z	Z	Z	Z	Z	Z
2818 100% (67/ 67)																									
307 96% (64/ 67)							2																		
453 90% (60/ 67)							2																		
1678 90% (60/ 67)	10	1							8							3D		1							
180 76% (51/ 67)	11		1				3B		1						1			1					1		1
94 72% (48/ 67)			1		1/L	2C			5				2C		1	3D									
431 70% (46/ 66)	1	3B	1	1/		1	10	1	1C	1/	1		1		1	1/	1/	1	1			1/			
1739 60% (40/ 67)	16		1	1/		3D	2	3		4					1	3D		1			1/	1/	1		
1891 60% (40/ 67)	16		1	1/		3D	9	3		4					1	3D		4			1/		1		
P74 60% (37/ 62)	X	Y	Z	3	1/I	2B	2			Z						1/	1/	2				1/		2	
2778 56% (5/ 9)	Z	Z	Z	Z	Z	Z	Z	Z	Z	Z	Z	Z	Z	Z	Z	Z	Z	Z	Z	Z	Z	Z	Z	Z	Z
81 55% (26/ 47)	2	2	2	14	1/L		2		Z	Z	Z	Z	Z	Z	1	1/	1/	3				1/		2	
03 55% (37/ 67)	2	2	2	1/			2			3	3					1/	1/	2			4	1/		2	
945 55% (37/ 67)	1		1	1/		3E		3	11	4					1	3D		1			1/	1/	1		
1175 54% (36/ 67)	2	2		3	1/D		2			5					2B	1/	1/	1C				1/	1	4B	
630 53% (34/ 64)	1		1	1/		4	2	3	Z	Z	Z				1	3D	1/		1		1/		1		
1642 50% (33/ 66)	10		6	3	14	2C	2	3		4						3G						1/	1	1	1B
2200 50% (32/ 64)	1		1	1/		3D	2	3	1C	4					1	3D	1/		1		1/		1		
02 49% (33/ 67)	2	2	2	3		2B	2			5						1/	1/	2	2B			1/		2	
1704 49% (33/ 67)	1		1	1/		5	2	5	11	4					1	3D		1	4		1/	1/	1		
01 48% (32/ 67)	2	2	2	3			2			5					2B	1/	1/	2				1/		2	
P45 46% (6/ 13)	Z	Z	Z	Z	Z	Z	Z	Z	Z	Y	Y	Y	X		3	1/	1/	Z	Z	4	1/	Z		Z	
04 46% (18/ 39)	2	2C	3	3	5	2B	2		Z	Z	Z	Z	Z	Z		1/	1/	2			3B	1/	1	Z	Z
441 46% (24/ 52)	Z	Z	Z	Z	Z	Z	Z	Z	Z	Z	Z	Z	Z	Z	Z	1/	1/	1		1	1/	1/	1	1	3
623 45% (25/ 56)	Z	Z	Z	Z	Z	Z	Z	Z	Z	Z	Z		1		1	1/	1/	1		1	1/	1/	1	1	1
323 45% (29/ 65)	18		Z	Z			1	1		4			1		1	3C		1			1/	1/	1		1
33 44% (23/ 52)	4	X	1	11		1	4	X		X	1		X		X	1/	X	X	X	1	1/	X	X	1	1
1875 44% (25/ 57)	X	X	X	X	X	X	6	1	1	1/	1		1		1	Z	Z	1				3	1	X	
181 43% (29/ 67)	4	3B	2	11	11	1	1	1	1	1/	1		1H		1	1/	1/	1				3	1		
1846 43% (6/ 14)	Z	Z	Z	Z	Z	Z	Z	Z	Z	Z	Z	Z	Z	Z	Z	Z	Z	Z	Z	Z	Z	Z	Z	Z	Z
1751 42% (28/ 66)	1B	3B	1	1/		1B	2	3	1C	4			2D		1	3D	1/		1		1/		1		4
2464 42% (8/ 19)	Z	Z	Z	Z	Z	Z	Z	Z	Z	Z	Z	Z	Z	Z	Z	Z	Z	Z	Z	Z	Z	Z	Z	Z	Z

610 67 TS + 0 SL + 29 MT

TESTSTELLE	7	8	9	10	11	13	14	15	17	18	19	20	21	23	25	28	29	30	31	32	35	36	38	39	40
UEBEREINST. ZEUGEN	4	94	6	7	351	12	11	17	23	7	110	441	36	91	9	4	30	21	36	51	17	38	21	33	34
BEZEUGTE VARIANTE	13	3	4	6	1/	2	3	2	2	5B	2	1/	2	2	2	3E	5	5	2	2	3	1/F	2	4	2
429 42% (28/ 67)	5		1	1/	5	3D	2	3	1C	4					1	3D	1/		1		1/		1		1
2298 42% (28/ 67)	1	1	1	1/	1/L	1D	2	3	11B	4			1		1	3D		1	6	1	1/	1/	1		4
314 42% (5/ 12)	Z	Z	Z	Z	Z	Z	Z	Z	Z	Z	Z	Z	Z	Z	Z	Z	Z	Z	Z	Z	Z	Z	Z	Z	Z
206 41% (17/ 41)	Z	Z	Z	Z	Z	Z	Z	Z	Z	Z	Z	Z	Z	Z	Z	Z	Z	Z	Z	Z	Z	Z	Z	Z	Z
2805 41% (26/ 63)	1	3B	1	4	10	3D	2	3		4		Z	Z	Z	1	6	6	1	1	1	1/	1/	1	1	
2201 41% (23/ 56)	Z	Z	Z	Z	Z	Z	Z	Z	Z	Z	Z		1		1	1/	1/	1	1	1	1/		1	1	1
1893 40% (21/ 52)	1	1	1	1/		X	X	X	1	1/	1		1		1	1/	1/	1	1	Z	Z	Z	1	1	1
2718 40% (21/ 52)	1	3B	1	1/		1C	1B	1	1	1/	1		1		1	1/	1/	1	1	1	1/	1/		1	1
322 40% (27/ 67)	17		1	1/		2C	1	1		4			1		1	8		1			1/	1/	1		1
436 40% (27/ 67)	1	1	1	1/	1/L	1	1	1	1	4	1		1	1	1	1/	1/	1	1	1	1/	1/	1	1	1
467 40% (27/ 67)	5B		2	4		1D	8	3	13	4			1		1	6B		1	1	1	1/	1/	1		1
621 40% (27/ 67)	1		1	1/	1/O	8	1	1	1	1/		1/B	1	1	1	1/	1/	1		1	1/	1/	1	1	3
P41 40% (2/ 5)	Z	Z	Z	Z	Z	Z	Z	Z	Z	Z	Z	Z	Z	Z	Z	Z	Z	Z	Z	Z	Z	Z	Z	Z	Z
1745 40% (4/ 10)	Z	Z	Z	Z	Z	Z	Z	Z	Z	Z	Z	Z	Z	Z	Z	Z	Z	Z	Z	Z	Z	Z	Z	Z	Z
522 39% (26/ 66)	7		1	1/	5	3D	2	3	1C	4					1	11	1/		1	1	1/		1		1
1409 39% (26/ 66)	1	1	5	11		1		1		5					1	1/	1/	1	1	1	1/	1/K	1	1	1
2344 39% (26/ 66)	1		1	11		1	X	4		1/	1		1		1	1/	1/	1	1E		1/	1/	1	1	1
88 39% (26/ 67)	4	3B	1	3			4	4		1/	1				1	1/	1/	2			1/	1/	1	1	
044 37% (25/ 67)	5	1	1	4		2D	1B	3		1/	1		1	7	1	1/	1/	1	3	1	1/	1/	1	1	1
5 37% (25/ 67)	1		1	1/		1	4	4	1	1/	1		1		1	1/	1/	1		1	1/	1/D	1	1	1
2374 37% (25/ 67)	1	1	1	1/		1	1	6	1C	1/	1			1	1	1/	1/	1	1		1/	1/	1	1	
941 37% (23/ 63)	1	1	1	1/		1	1	1	1	8	1		1C		1	1/	1/	2	1	1	1/		1	1	Y
619 36% (24/ 66)	1		1	1/	1/L	1	1	1	1	1/	1		1		1	1/	1/	1		1	1/	1/	1	1B	1
1611 36% (24/ 66)	5	6	1	1/		3C	1B	3	Z	1/	1		1		1	1/	1/	1	1	1	1/	1/	1	1	1
6 36% (24/ 67)	1	1	5	1/		9	1	1	1	1/	1		1	1	1	1/	1/	3	1	1		1/	1		1
1505 36% (24/ 67)	1	1	1	1/		1	1B	1	1C	1/			7	1	1	1/	1/	1	1	1	1/	1/D	1	1	1
1842 36% (24/ 67)	1		1	1/	1/O	8	1	1	1C	1/	1		1	1	1	1/	1/	1		1	1/	1/	1	1	3
2737 36% (24/ 67)	4		1	1/		1	4	4	7	1/	1		1		1	10	1/	1		1	1/	1/	1	1	
1509 35% (23/ 65)	1		1	1/	1/I	8	1	1	1C	4			1		1	3D	1/	X	1		1/		1		1
1729 34% (20/ 58)	Z	Z	Z	Z	Z	Z	Z	Z	1G	1/	V		1		1	1/	1/	1	1	1	1/		1	1	1
228 34% (23/ 67)	3		1	1/		2C	1	1	1	4					1	1/	1/	1	1	1	1/	1/	1	1	1
1162 34% (23/ 67)	1	3B	1	1/	1/L	7	1	1	1	4	1		1		1	1/	1/	1		1	1/	1/	1	1	1
P8 33% (1/ 3)	Z	Z	Z	Z	Z	Z	Z	Z	Z	1/	1	Z	Z		Z	Z	Z	Z	Z	Z	Z	Z	Z	Z	Z

TESTSTELLE UEBEREINST. ZEUGEN BEZEUGTE VARIANTE	41 467 1/	42 53 4	43 24 2	44 451 1/	45 473 1/	46 76 2	47 92 2	48 452 1/	49 162 2	50 16 2C	52 452 1/	53 87 3	54 16 5	55 422 1/	56 459 1/	57 104 2	63 8 4	64 38 2	65 333 1/	66 10 1/B	67 16 2	68 87 2	69 10 2C	70 21 2	73 2 3
P33 100% (1/ 1)	Z	Z	Z	Z	Z	Z	Z	Z	Z	Z		Z	Z	Z	Z	Z	Z	Z	Z	Z	Z	Z	Z	Z	Z
2818 100% (67/ 67)																									
307 96% (64/ 67)																								3	1D
453 90% (60/ 67)													1											2B	1
1678 90% (60/ 67)																									1D
180 76% (51/ 67)										2										1/		3			5
94 72% (48/ 67)																					1	3	3		1D
431 70% (46/ 66)																									2B
1739 60% (40/ 67)		5	1										1				1			1/	2B	3	2		1D
1891 60% (40/ 67)		5	1										1				1			1/	2B	3	2		1D
P74 60% (37/ 62)		3		4						3		1/	3				2			1/		4	3	3B	6B
2778 56% (5/ 9)	Z	Z	Z	Z	Z	Z	Z			1D		1/	1			1	Z	Z	Z	Z	Z	Z	Z	Z	Z
81 55% (26/ 47)		1/								2		1/	1				Z	Z	Z	Z	Z	Z	Z	Z	Z
03 55% (37/ 67)		1/		4						2	4	1/	7	1/B			2			1/			3		2
945 55% (37/ 67)		5	1							19		8C	1				1			1/	2B	3	3		1D
1175 54% (36/ 67)		6		6						2	4		1			2C	1						3	1	2
630 53% (34/ 64)		6	1									8	1				1	1		1/	2B	3		1	1
1642 50% (33/ 66)		1/								3		3B	1				U			1/		4	13	1	1
2200 50% (32/ 64)		5	1			1						8	1				1	1		1/	2B	3	2	1B	Z
02 49% (33/ 67)		3		4						3		1/	2	4			2			1/		4	3	1	6
1704 49% (33/ 67)		5	1							19		8	1			2B	1			1/	2B	3	3		1D
01 48% (32/ 67)		1/		4				3		2	4	1/	4	1/B			2		1/K	1/		4	3	1	2
P45 46% (6/ 13)		Z	Z	Z		Z	Z	Z	Z	Z	Z	Z	Z	3		1	Z	Z	Z	Z	Z	Z	Z	Z	Z
04 46% (18/ 39)	Z	Z		4						2	1/D	4	4			Z	Z	Z	Z	Z	Z	Z	Z	Z	2
441 46% (24/ 52)			1							6	3		1				1		1/K	8	1		1	3	6C
623 45% (25/ 56)			1							1			4				1		1/F	1/	1	4	1	1	1D
323 45% (29/ 65)		6	1						1	2			1				1	1	1/C	1/	1	1	1	1	1
33 44% (23/ 52)		3				X				2			4	X	X		1		1/D	1/C	X	4	3	3B	14
1875 44% (25/ 57)		6	Z				1			4		3G	2	5			1		1/F	7	1	12	3B	1	6
181 43% (29/ 67)							1			10		3G	6	5			1			1/	1	12	3B	1	6
1846 43% (6/ 14)	Z	Z	Z	Z	Z	Z	Z	Z	Z	Z	Z	Z	Z	Z	Z	Z	Z	Z	Z	Z	Z	Z	Z	Z	Z
1751 42% (28/ 66)		5	1					7		5B		8	1				1	1	8	1/E	2B	3	1	1B	1
2464 42% (8/ 19)	Z	Z	Z	Z	Z	Z	Z	Z	Z	Z	Z	Z	Z	Z	Z	Z	Z	Z	Z	Z	Z	Z	Z	8	1

610 | 67 TS + 0 SL + 29 MT

TESTSTELLE		41	42	43	44	45	46	47	48	49	50	52	53	54	55	56	57	63	64	65	66	67	68	69	70	73
UEBEREINST. ZEUGEN		467	53	24	451	473	76	92	452	162	16	452	87	16	422	459	104	8	38	333	10	16	87	10	21	2
BEZEUGTE VARIANTE		1/	4	2	1/	1/	2	2	1/	2	2C	1/	3	5	1/	1/	2	4	2	1/	1/B	2	2	2C	2	3
429	42% (28/ 67)		5	1							19		8	1				1	1		1/	1	3	3	1	1
2298	42% (28/ 67)		5	1			3				1D			1				1	1		1/	2B	3	3		1D
314	42% (5/ 12)		1/	1			1	Z	Z	Z	Z	Z	Z	Z	Z	Z	Z	Z	Z	Z	Z	Z	Z	Z	Z	Z
206	41% (17/ 41)		5	1						1	19	4	8	1				1	X		1/	1	3	3	1	1
2805	41% (26/ 63)			1							1			4				1	1	1/F	1/	1	4B	1B	1	1
2201	41% (23/ 56)		1/	1				1			1			1				1	1		1/	1	1	1	1	1E
1893	40% (21/ 52)			1					Z		1			1				Z	Z	Z	Z	Z	Z	Z	1	9
2718	40% (21/ 52)										2	4		1				1		1/F	6	1	3		Z	Z
322	40% (27/ 67)		6	1						1	2		3F	1				1	1	1/C	1/	1	1	1	1	1
436	40% (27/ 67)			1							1		4C	1				1			1/	1	4	1	1	1D
467	40% (27/ 67)		1/							1	1			1				1	1		1/	1	7	1	5	1
621	40% (27/ 67)			1						1	1	3	3B	8				1			8	1		1		6C
P41	40% (2/ 5)	Z	Z	Z	Z	Z	Z	Z	Z	Z	Z	Z	Z	Z	Z	Z	Z	Z	Z	Z	X	X	4	2	Z	2
1745	40% (4/ 10)	Z	Z	Z	Z	Z	Z	Z	Z	Z	Z	Z	Z	Z	Z	Z	Z	Z	Z	Z	Z	Z	Z	Z	Z	Z
522	39% (26/ 66)		5	1						1	19		8	1				1	1		1/	1	3	3	Z	1
1409	39% (26/ 66)		1/		4		3				13B	3		1			Z	1	1	1/F	1/		4	3B		6C
2344	39% (26/ 66)		3							1	2			4				1		1/E	1/	2C	4	3	3B	6
88	39% (26/ 67)		1/	1			3				1	4		4			1	1	1		1/	1	6	1	1	9
044	37% (25/ 67)			1	5					1	2		1/	3				1		1/F	1/	1	3	3B	1	1D
5	37% (25/ 67)		1/	1			3				1			1				1	1		1/	1	4	1	1	1
2374	37% (25/ 67)						3	2B			2			1				2	1	3	1/	1	4	1B	1	1
941	37% (23/ 63)			1			1				1			1				Y	1	1/F	1/	1	1	1	Y	1
619	36% (24/ 66)			1							1			4				U	1		1/	1	15	1	4B	9
1611	36% (24/ 66)			4				1		1	1		3B	1		1/D		1			1/	1	17	1	1	1D
6	36% (24/ 67)		3				1	1		1	1			1				1	1		1/	1	1	1	1	1D
1505	36% (24/ 67)		1/	1			1			1	2		1/	1	1/B	1/D		1			6	1	17	1	1	1D
1842	36% (24/ 67)		1/	1							1	3		1	1/F		1	1			1/	1	15	1		7
2737	36% (24/ 67)		3	1			1			1	1			1				1	1	1/F	1/	1	15		1	1
1509	35% (23/ 65)		5	1			1		1/K		1		8	1				1	1	1/F	1/	1	3	1	X	1
1729	34% (20/ 58)		1/	1			7	1			1B				6		1	1	1		1/	1C	15	1	1	10
228	34% (23/ 67)		5	1			3				1		1/	1				1	1	1/F	11	1	7	1	1	1
1162	34% (23/ 67)			1							1			4				1	1		1/	1	15	1	1	9
P8	33% (1/ 3)	Z	Z	Z	Z	Z	Z	Z	Z	Z	Z	Z	Z	Z	Z	Z	Z	Z	Z	Z	Z	Z	Z	Z	Z	Z

610 | 67 TS + 0 SL + 29 MT

TESTSTELLE UEBEREINST. ZEUGEN BEZEUGTE VARIANTE	75 19 2	76 467 1/	81 6 3	83 46 2	84 42 4	86 85 3	87 476 1/	88 471 1/	89 14 2	90 71 2	91 46 3	92 99 2	95 68 3	97 17 3	98 40 2	100 470 1/	102 478 1/
P33 100% (1/ 1)	Z	Z	Z	Z	Z	Z	Z	Z	Z	Z	Z	Z	Z	Z	Z	Z	Z
2818 100% (67/ 67)																	
307 96% (64/ 67)																	
453 90% (60/ 67)						2B				1	6B						
1678 90% (60/ 67)																	4
180 76% (51/ 67)			1		1/				9		4						
94 72% (48/ 67)	1		1	1	1/				1	1				1/	2C		
431 70% (46/ 66)			1								14				W		
1739 60% (40/ 67)			1		3				14				2	1/			
1891 60% (40/ 67)			1		3	2			14				2	1/			
P74 60% (37/ 62)			2		1/	2B					1/		Z	1/			
2778 56% (5/ 9)	Z	Z	Z	Z	Z	Z	Z	Z	Z	Z	Z	Z	Z	Z	Z	Z	Z
81 55% (26/ 47)	Z	Z	Z	Z	Z	2B			14		1/		2	1/			
03 55% (37/ 67)			2			2B					1/		2	4			3
945 55% (37/ 67)	3		1		3				5				2	1/			
1175 54% (36/ 67)			2		1/				14		1/	1	2	1/B	2C		
630 53% (34/ 64)	3		1		3	1B			3				2	1/			
1642 50% (33/ 66)	1		2	1	1/				1C	1	1/	1	1	4	3		
2200 50% (32/ 64)	Z	Z	1		3	1			14				2	1/			
02 49% (33/ 67)			2		3	2B			14		1/	1	2	1/			3
1704 49% (33/ 67)	3		1		3				5	4			2	1/			
01 48% (32/ 67)			2B		3	2			14		1/		2	1/			3
P45 46% (6/ 13)	Z	Z	Z	Z	Z	Z	Z	Z	Z	Z	Z	Z	Z	Z	Z	Z	Z
04 46% (18/ 39)			Z		3	Z	Z	Z	Z	Z	Z	Z	2			Z	
441 46% (24/ 52)	3		1		1/				14		5D	1		1/	2C		
623 45% (25/ 56)	1		2	1		2			1				2	1/	2C		3
323 45% (29/ 65)	1		1	1	1/	1			1		5		4	1/	3		
33 44% (23/ 52)			2	X	3	2			10			1	2	1/	7		
1875 44% (25/ 57)	1		2		1/C	2			14		12		2	1/			
181 43% (29/ 67)	1C		2		1/C	2			14		12		2	4			
1846 43% (6/ 14)	Z	Z	1	1	1/	1			1	1	X			1/	1		
1751 42% (28/ 66)	1B				1/C	1			14		3H		2	Z			
2464 42% (8/ 19)	1		2			3C					4B		2	1/	2C	3	4

610 67 TS + 0 SL + 29 MT

TESTSTELLE			75	76	81	83	84	86	87	88	89	90	91	92	95	97	98	100	102
UEBEREINST. ZEUGEN			19	467	6	46	42	85	476	471	14	71	46	99	68	17	40	470	478
BEZEUGTE VARIANTE			2	1/	3	2	4	3	1/	1/	2	2	3	2	3	3	2	1/	1/
429	42%	(28/ 67)	3		1		3	1			14	1	4E	1		1/	1D		
2298	42%	(28/ 67)	1		1	1	3				12				2	1/			
314	42%	(5/ 12)	Z	Z	Z	Z	Z	Z	Z	Z	Z	Z	Z	1	1	1/	1		
206	41%	(17/ 41)	3		1		3	1			14	1	4E	1		1/	1D		
2805	41%	(26/ 63)	3		1		1/				3					1/	2C		Z
2201	41%	(23/ 56)	1		2	1	1/				1		5		1	1/	6		
1893	40%	(21/ 52)	1		2	1	Z	1B			1		1/	1	1	1/	6		
2718	40%	(21/ 52)	Z	Z	Z	Z	Z	Z	Z	Z	Z	Z	Z	Z	Z	1/	2C		
322	40%	(27/ 67)	1		1	1	1/	1			1		5		4	1/	3		
436	40%	(27/ 67)	1		1						14				2	1/			
467	40%	(27/ 67)	1		1	1	1/	4			1		4I	1		1/	2C		
621	40%	(27/ 67)	3		1		1/				14		5			1/	2C		
P41	40%	(2/ 5)			Z	Z	Z	Z	Z	Z	Z	Z	Z	Z	Z	Z	Z	Z	Z
1745	40%	(4/ 10)	Z	Z	Z	Z	Z	1B			1	1	1/	1	Z	Z	1		
522	39%	(26/ 66)	3		1		3	1			14	1	4F	1		1/	1D		
1409	39%	(26/ 66)	3		2		1/				8	1	4		2	1/	3		
2344	39%	(26/ 66)	3		2		3	2			11		3G	1	2	1/	7		
88	39%	(26/ 67)	1		1	1B	1/	4			1			1	1	1/	6		
044	37%	(25/ 67)	1		1		1/									1/	1		4
5	37%	(25/ 67)	1		2	1	1/	5			1				2	1/	2C		
2374	37%	(25/ 67)	1		1	1	1/					1		1	2	1/	2C		
941	37%	(23/ 63)	1		2	1					1	1	1/		4	1/	1		Y
619	36%	(24/ 66)	1		2	1	1/	1			1		1/	1	1	1/	6B		
1611	36%	(24/ 66)	1		1	1					13		8				1	4	
6	36%	(24/ 67)	1		1	1	1/				8		12B			1/	2C		
1505	36%	(24/ 67)	1		1						14		8				1		
1842	36%	(24/ 67)	3		1		1/C	4			14		5			5	2C		
2737	36%	(24/ 67)	1		1	1	1/	1B			1		11D		1	1/	2B		
1509	35%	(23/ 65)	3		1		3	1			14	1	4E	1		1/	1		
1729	34%	(20/ 58)	1		1	1	1/	3B			1		5		1	1/	1		
228	34%	(23/ 67)	1		1	1	1/	1			1	1	5H		1	1/			
1162	34%	(23/ 67)	1		2	1	1/	1			1		1/	1	1	1/	6		
P8	33%	(1/ 3)	Z	Z	Z	Z	Z	Z	Z	Z	Z	Z	Z	Z	Z	Z	Z	Z	Z

614 | 43 TS + 1 SL + 60 MT

TESTSTELLE	8	10	11	14	18	20	23	26	28	29	35	36	41	42	43	44	45	46	48	49	51	52	53	55	56
UEBEREINST. ZEUGEN	16	392	351	4	355	441	91	8	416	439	452	339	467	53	2	451	473	76	452	12	5	452	87	17	14
BEZEUGTE VARIANTE	3B	1/	1/	10	1/	1/	2	3	1/	1/	1/	1/	1/	4	4B	1/	1/	2	1/	4	8	1/	3	1/B	1/D
P8 100% (2/ 2)	Z	Z	Z	Z		Z		Z	Z	Z	Z	Z	Z	Z	Z	Z	Z	Z	Z	Z	Z	Z	Z	Z	Z
P33 100% (1/ 1)	Z	Z	Z	Z	Z	Z	Z	Z	Z	Z	Z	Z	Z	Z	Z	Z	Z	Z	Z	Z	Z		Z	Z	Z
2412 98% (42/ 43)	3																								
1292 86% (37/ 43)																		3		1					
916 83% (10/ 12)	1						1						Z	Z	Z	Z	Z	Z	Z	Z	Z	Z	Z	Z	Z
2627 80% (4/ 5)	Z	Z	Z	Z	Z	Z	Z	1					Z	Z	Z	Z	Z	Z	Z	Z	Z	Z	Z	Z	Z
1611 72% (31/ 43)	6			1B											4					1	1B		3B	1/	
1890 71% (27/ 38)	Z	Z	Z	1B			1	Z							4					1	1		1/		
2138 70% (30/ 43)	6			1B			1					1/B			4					1	1B		1/		
2175 69% (9/ 13)	1			1			1	1						Z	Z	Z	Z	Z	Z	Z	Z	Z	Z	Z	Z
431 67% (29/ 43)											3				2					2	1			1/	1/
1101 67% (4/ 6)	1			1			Z	Z	Z	Z	Z	Z	Z	Z	Z	Z	Z	Z	Z	Z	Z	Z	Z	Z	Z
2125 63% (5/ 8)	3			1			Z	Z	Z	Z		Z	Z	Z	Z	Z	Z	1	Z	Z	Z	Z	Z	Z	Z
2718 63% (20/ 32)				1B				1							2					2	1	4		1/	1/
2303 61% (11/ 18)	Z	Z	Z	Z	Z	Z	Z	Z							1			1		2	1		Z	Z	Z
1505 60% (26/ 43)	1			1B			1	1				1/D		1/	1			1		1	1C		1/		
P45 60% (6/ 10)	Z	Z	Z	Z	Y	Y		Z				Z		Z	Z	Z		Z	Z	Z	2	Z	Z	3	1/
2652 58% (22/ 38)	Z	Z	Z	1			1	1						1/	1			1		1	Z	Z			
886 57% (4/ 7)	1	4		8				Z	Z	Z	Z	Z	Z	Z	Z	Z	Z	Z	Z	Z	Z	Z	Z	Z	Z
2495 56% (24/ 43)	7	7B		1	4			1				1/D		1/	1			1		1	1C		1/		
62 55% (6/ 11)	Z	Z	Z	Z	Z	Z	Z	1						1/	1	Z	Z	Z	Z	Z	Z	Z	Z	Z	Z
623 53% (20/ 38)	Z	Z	Z	Z	Z			2							1					2	1			1/	1/
1610 50% (18/ 36)	1		1/L	1B	4		1	1	3D	5				5	1				Z	Z	Z	Z	1/		
1893 50% (18/ 36)	1			X				1			Z	Z			1				Z	2	1			1/	1/
044 49% (21/ 43)	1	4		1B			7	1							1	5				1	9		1/	1/	1/
307 49% (21/ 43)	3	6		2	5B			1	3E	5	3	1/F			2					2	1			1/	1/
436 49% (21/ 43)	1		1/L	1	4		1	1							1					2	1		4C	1/	1/
1827 49% (21/ 43)			1/B	4				1							1					1	1			1/	1/
1830 49% (21/ 43)	1		1/L	1B	4		1		3D	5				5	1					1	4		1/		
1853 49% (21/ 43)	1			1B	4		1		3D	5				5	1					1	1		1/	1/	
2818 49% (21/ 43)	3	6		3	5B			1	3E	5	3	1/F			2					2	1			1/	1/
610 49% (20/ 41)	3	6		3	5B			Z	3E	5	3	1/F			2					2	1			1/	1/
441 49% (17/ 35)	Z	Z	Z	Z	Z	Z	Z	Z							1					2	1	3		1/	1/

614 43 TS + 1 SL + 60 MT

TESTSTELLE	8	10	11	14	18	20	23	26	28	29	35	36	41	42	43	44	45	46	48	49	51	52	53	55	56
UEBEREINST. ZEUGEN	16	392	351	4	355	441	91	8	416	439	452	339	467	53	2	451	473	76	452	12	5	452	87	17	14
BEZEUGTE VARIANTE	3B	1/	1/	10	1/	1/	2	3	1/	1/	1/	1/	1/	4	4B	1/	1/	2	1/	4	8	1/	3	1/B	1/D
2344 48% (20/ 42)	3	11		X				2						3	2					1	1B			1/	1/
913 48% (19/ 40)	1	Z	Z	Z	4		1	1	3D	5				5	1					1	1		1/		
2201 47% (18/ 38)	Z	Z	Z	Z	Z			1				1/F		1/	1					2	1			1/	1/
619 47% (20/ 43)	3		1/L	1				2							1					2	1			1/	1/
1162 47% (20/ 43)			1/L	1	4			2							1					2	1			1/	1/
1678 47% (20/ 43)	1	6		3	5B			1	3D	5	3	1/F			2					2	1			1/	1/
2147 47% (20/ 43)	4	5	1/M	1B			1	1				1/K		1/	1	6B		1		1					
1856 45% (15/ 33)	1			1			1	1						8	1			1		2	1		1/	1/	1/
1873 45% (19/ 42)	3			4				1				1/K		1/	1			6		1	1			1/	1/
2805 45% (18/ 40)		4	10	2	4	Z	Z	2	6	6					1					2	7			1/	1/
33 44% (16/ 36)	X	11		4	X			2		X		X		3	2			X		2	1B			X	X
1526 44% (12/ 27)	Z	Z	Z	Z			1	1						1/	1			1		1	1		1/	1/	1/
5 44% (19/ 43)	3			4				2				1/D		1/	1			3		2	1			1/	1/
6 44% (19/ 43)	1			1			1	1			3			3	2			1		1	1			1/	1/
181 44% (19/ 43)		11	11	1				2			3	3			2					2	1		3G	5	1/
383 44% (19/ 43)	1			1			1	1						1/	1			1		1					1/
453 44% (19/ 43)	3	6		2	5B			1	3E	5	3	1/F			2					2	1			1/	1/
621 44% (19/ 43)	3		1/O	1		1/B	1	1							1					1	1	3	3B	1/	1/
1595 44% (19/ 43)	1			1				1							1			3		2	1			1/	1/
1739 44% (19/ 43)	3			2	4			2	3D	5				5	1					2	1			1/	1/
1843 44% (19/ 43)	3			4				1				1/K		1/	1			4		1	1			1/	1/
2143 44% (19/ 43)	1		5	4				1				1/F		1/	1					1	1			1/	1/
2288 44% (19/ 43)	1			1				1				1/K		1/	1			6		1	1			1/	1/
2374 44% (19/ 43)	1			1			1	1							2			3		2	7			1/	1/
180 43% (18/ 42)	3	6		3B	5B			1	3E	5	3	1/F			2					2	1			1/	1/
941 43% (18/ 42)	1			1	8			1				1/F			1			1		2	1			1/	1/
1598 43% (18/ 42)	1			1		1/B		Z							1			6		2	1			1/	1/
P74 43% (17/ 40)	Y	3	1/I	2	Z			2			3			3	2	4				2	2		1/	1/	1/
1747 42% (13/ 31)	1			1			1	1					1/D	1/	1			1		1	1		1/	1/	1/
03 42% (18/ 43)	2			2	3			2			4			1/	2	4				2	2	4	1/		1/
142 42% (18/ 43)	1			1			1	1							1					2	1		1/	1/	1/
945 42% (18/ 43)	3			3	4			2	3D	5				5	1					2	1		8C	1/	1/
1127 42% (18/ 43)	1			1				1							1			6		1	1		1/	1/	1/

TESTSTELLE	57	62	65	68	76	77	84	86	87	88	89	90	91	92	95	97	100	102
UEBEREINST. ZEUGEN	104	28	1	7	3	181	42	85	1	1	14	71	18	99	68	17	11	478
BEZEUGTE VARIANTE	2	2	11	17	3	2	4	3	5	9	2	2	8	2	3	3	4	1/
P8 100% (2/ 2)	Z	Z	Z	Z	Z	Z	Z	Z	Z	Z	Z	Z	Z	Z	Z	Z	Z	Z
P33 100% (1/ 1)	Z	Z	Z	Z	Z	Z	Z	Z	Z	Z	Z	Z	Z	Z	Z	Z	Z	Z
2412 98% (42/ 43)																		
1292 86% (37/ 43)		1	1/						1/	1/								
916 83% (10/ 12)	Z	Z	Z	Z	Z	Z	Z	Z	Z	Z	Z	Z	Z	Z	Z	Z	Z	Z
2627 80% (4/ 5)	Z	Z	Z	Z	Z	Z	Z	Z	Z	Z	Z	Z	Z	Z	Z	Z	Z	Z
1611 72% (31/ 43)			1/		1/				1/	1/	13							
1890 71% (27/ 38)			1/F		1/			Z	1/	1/	14							
2138 70% (30/ 43)			1/F		1/				1/	1/	14							
2175 69% (9/ 13)	Z	Z	Z	Z	Z	Z	Z	Z	Z	Z	Z	Z	Z	Z	Z	Z	Z	Z
431 67% (29/ 43)		1	1/	2	1/				1/	1/			14				1/	
1101 67% (4/ 6)	Z	Z	Z	Z	Z	Z	Z	Z	Z	Z	Z	Z	Z	Z	Z	Z	Z	Z
2125 63% (5/ 8)	Z	Z	Z	Z	Z	Z	Z	Z	Z	Z	Z	Z	Z	Z	Z	Z	Z	Z
2718 63% (20/ 32)			1/F	3	Z	Z	Z	Z	Z	Z	Z	Z	Z	Z	Z	1/	1/	
2303 61% (11/ 18)	Z	Z	Z	Z	Z	Z	Z	Z	Z	Z	Z	Z	Z	1	1	1/	Z	
1505 60% (26/ 43)			1/		1/				1/	1/	14						1/	
P45 60% (6/ 10)	1	Z	Z	Z	Z	Z	Z	Z	Z	Z	Z	Z	Z	Z	Z	Z	Z	Z
2652 58% (22/ 38)		1	10	1	4		1/	2B	4B	5	8							
886 57% (4/ 7)	Z	Z	Z	Z	Z	Z	Z	Z	Z	Z	Z	Z	Z	Z	Z	Z	Z	Z
2495 56% (24/ 43)			1/F		1/				1/	1/	14			1			1/	
62 55% (6/ 11)	Z	Z	Z	Z	Z	Z	Z	Z	Z	Z	Z	Z	Z	Z	Z	1/	1/	
623 53% (20/ 38)			1/F	4	1/			2	1/	1/	1		3		2	1/	1/	3
1610 50% (18/ 36)			Z	Z	1/	1B	Z		1/	1/	1				1	5		
1893 50% (18/ 36)		1	Z	Z	1/		Z	1B	1/	1/	1		1/	1	1	1/	1/	
044 49% (21/ 43)			1/F	3	1/		1/		1/	1/			3			1/	1/	4
307 49% (21/ 43)		1	1/	2	1/				1/	1/			3				1/	
436 49% (21/ 43)			1/	4	1/				1/	1/	14		3		2	1/	1/	
1827 49% (21/ 43)		1	1/	7	1/		1/	1	1/	1/	1		1/	1	1	1/	1/	
1830 49% (21/ 43)			1/	1	1/	1B	1/		1/	1/	1				1	1/		
1853 49% (21/ 43)			1/	1	1/	1	1/		1/	1/	1				1	1/		
2818 49% (21/ 43)		1	1/	2	1/				1/	1/			3				1/	
610 49% (20/ 41)		1	1/	2	1/	Z			1/	1/			3				1/	
441 49% (17/ 35)		1	1/K	2	1/		1/		1/	1/	14		5D	1		1/	1/	

614 43 TS + 1 SL + 60 MT

TESTSTELLE	57	62	65	68	76	77	84	86	87	88	89	90	91	92	95	97	100	102
UEBEREINST. ZEUGEN	104	28	1	7	3	181	42	85	1	1	14	71	18	99	68	17	11	478
BEZEUGTE VARIANTE	2	2	11	17	3	2	4	3	5	9	2	2	8	2	3	3	4	1/
2344 48% (20/ 42)			1/E	4	1/		3	2	1/	1/	11		3G	1	2	1/	1/	
913 48% (19/ 40)			1/F	1	1/	1B	1/		1/	1/	1				1	5		
2201 47% (18/ 38)		1	1/	1	1/		1/		1/	1/	1		5		1	1/	1/	
619 47% (20/ 43)		1	1/	15	1/		1/	1	1/	1/	1		1/	1	1	1/	1/	
1162 47% (20/ 43)		1	1/	15	1/		1/	1	1/	1/	1		1/	1	1	1/	1/	
1678 47% (20/ 43)		1	1/	2	1/				1/	1/			3				1/	4
2147 47% (20/ 43)		1	10B	10	4		1/	2	4	4	8			1			1/	
1856 45% (15/ 33)	1	1	1/	2	1/		Z	Z	Z	Z	Z	Z	Z	Z	Z	Z	1/	
1873 45% (19/ 42)	1	1	1/F	4	1/		1/		1/	1/	1		5		1	Z	1/	
2805 45% (18/ 40)			1/F	4B	1/		1/		1/	1/	3		3			1/	1/	Z
33 44% (16/ 36)			1/D	4	1/		3	2	1/	1/	10		3	1	2	1/	1/	
1526 44% (12/ 27)	1	1	1/F	1	1/		Z	Z	Z	Z	Z	Z	Z	Z	Z	Z	Z	Z
5 44% (19/ 43)		1	1/	4	1/		1/	5	1/	1/	1		3		2	1/	1/	
6 44% (19/ 43)		1	1/	1	1/	1B	1/		1/	1/	8		12B			1/	1/	
181 44% (19/ 43)			1/	12	1/		1/C	2	1/	1/	14		12		2	4	1/	
383 44% (19/ 43)		1	10B	1	4		1/	1	1/	1/	1	1	1/	1	1	1/	1/	
453 44% (19/ 43)		1	1/	2	1/			2B	1/	1/		1	6B				1/	
621 44% (19/ 43)		1	1/	2	1/		1/		1/	1/	14		5			1/	1/	
1595 44% (19/ 43)		1	1/	15	1/		1/	1B	1/	1/	1	1	3	1	1	1/	1/	
1739 44% (19/ 43)		1	1/	3	1/		3		1/	1/	14		3		2	1/	1/	
1843 44% (19/ 43)	1	1	1/	15	1/		1/		1/	1/	1		5		1	1/	1/	
2143 44% (19/ 43)		1	1/F	15	1/		1/		1/	1/	1	4	5		1	1/	1/	
2288 44% (19/ 43)	1	1	1/F	14	1/		1/		1/	1/	1		11E		1	1/	1/	
2374 44% (19/ 43)		1	3	4	1/	1B	1/		1/	1/		1	3	1	2	1/	1/	
180 43% (18/ 42)		1	1/	3	1/	Z	1/		1/	1/	9		4				1/	
941 43% (18/ 42)		1	1/F	1	1/	1B			1/	1/	1	1	1/		4	1/	1/	Y
1598 43% (18/ 42)		1	1/	15	1/		1/	1B	1/	1/	1	1	3	1	1	1/	1/	
P74 43% (17/ 40)			1/	4	1/		1/	2B	1/	1/			1/		Z	1/	1/	
1747 42% (13/ 31)	1	1	1/	1	Z	Z	Z	Z	Z	Z	Z	Z	Z	Z	Z	Z	1/	
03 42% (18/ 43)			1/	2	1/	2B		2B	1/	1/			1/		2	4	1/	3
142 42% (18/ 43)	1	1	1/	1	1/	1B	1/		1/	1/	1	1	4K		1	1/	1/	
945 42% (18/ 43)		1	1/	3	1/		3		1/	1/	5		3		2	1/	1/	

TESTSTELLE	7	8	11	17	18	19	20	28	29	32	35	36	41	42	44	45	48	52	53	55	56	65	66	76	84
UEBEREINST. ZEUGEN	17	94	10	6	73	110	13	416	439	48	452	339	467	283	451	473	452	452	338	422	459	21	20	467	402
BEZEUGTE VARIANTE	5	3	1/M	11	4	2	1/B	1/	1/	3	1/	1/	1/	1/	1/	1/	1/	1/	1/	1/	1/	5	6	1/	1/
P33 100% (1/ 1)	Z	Z	Z	Z	Z	Z	Z	Z	Z	Z	Z	Z	Z	Z	Z	Z	Z		Z	Z	Z	Z	Z	Z	Z
P41 100% (1/ 1)	Z	Z	Z	Z	Z	Z	Z	Z	Z	Z	Z	Z	Z	Z	Z	Z	Z	Z	Z	Z	Z	Z	X		Z
2627 100% (5/ 5)	Z	Z	Z	Z	Z	Z	Z						Z	Z	Z	Z	Z	Z	Z	Z	Z	Z	Z	Z	Z
2778 100% (5/ 5)	Z	Z	Z	Z	Z	Z	Z	Z	Z	Z	Z	Z	Z	Z	Z	Z						Z	Z	Z	Z
62 90% (9/ 10)	Z	Z	Z	Z	Z	Z	Z			1					Z	Z	Z	Z	Z	Z	Z	Z	Z	Z	Z
1730 90% (9/ 10)	Z	Z	Z	Z	Z	Z	Z	Z	Z	Z	Z	Z	Z	Z	Z	Z	Z	Z	Z	Z	Z	Z	Z		
314 88% (7/ 8)	Z	Z	Z	Z	Z	Z	Z	Z	Z	Z	Z	Z					Z	Z	Z	Z	Z	Z	Z	Z	Z
506 86% (6/ 7)	Z	Z	Z	Z	Z	Z	Z			1	Z	Z	Z	Z	Z	Z		Z	Z			Z	Z	Z	
57 84% (21/ 25)	Y	Y	Y	Y	Y	Y	Y															1/	1/		Y
1745 83% (5/ 6)	Z	Z	Z	Z	Z	Z	Z	Z	Z	Z	Z	Z	Z	Z	Z	Z	Z	Z	Z	Z	Z	Z	Z	Z	Z
1899 83% (5/ 6)	Z	Z	Z	Z	Z	Z	Z	Z	Z	Z	Z	Z	Z	Z	Z	Z	Z	Z	Z	Z	Z	Z	Z	Z	
2716 83% (19/ 23)	Z	Z	Z	Z	Z	Z	Z			Z	Z											1/H	1/		
466 82% (14/ 17)	Z	Z	Z	Z	Z	Z	Z	Z	Z	Z	Z	Z	Z	Z	Z	Z						1/			
325 81% (13/ 16)	Z	Z	Z	Z	Z	Z	Z	Z	Z	Z	Z	Z	Z	Z	Z	Z	Z					1/	1/		
626 81% (21/ 26)	Z	Z	Z	Z	Z	Z	Z			1		1/K										1/	1/		
1094 81% (21/ 26)	Z	Z	Z	Z	Z	Z	Z			1												1/	1/		
1839 81% (21/ 26)	Z	Z	Z	Z	Z	Z	Z			2												1/	1/		
81 80% (20/ 25)	2	2	1/L	Z	Z	Z	Z			2	3											Z	Z	Z	Z
1889 80% (16/ 20)	Z	Z	Z	Z	Z	Z	Z	Z	Z	Z	Z	Z	Z									1/	1/		4
602 79% (11/ 14)	Z	Z	Z	Z	Z	Z	Z	Z	Z	Z	Z	Z	Z	Z	Z	Z		Z				1/	Z		
699 79% (22/ 28)	Z	Z	1/	Z	Z	Z	1/															1/	1/		
2303 79% (11/ 14)	Z	Z	Z	Z	Z	Z	Z			1				4					Z	Z	Z	Z	Z	Z	Z
2441 79% (11/ 14)	Z	Z	Z	Z	Z	Z	Z	Z	Z	Z	Z	Z	Z	8	Z	Z						Z	Z		Z
020 77% (20/ 26)	Z	Z	Z	Z	Z	Z	Z			1								3				1/F	1/		
1752 77% (20/ 26)	Z	Z	Z	Z	Z	Z	Z			1				6								1/	1/		
2378 76% (13/ 17)	Z	Z	Z	Z	Z	Z	Z	Z	Z	Z	Z	Z	X	Y			Z				1/E	1/	1/		
1731 76% (16/ 21)	Z	Z	Z	Z	Z	Z	Z	Z	Z	Z	Z	Z										1/	1/		
1762 76% (16/ 21)	Z	Z	Z	Z	Z	Z	1/										1/H		8B			1/	1/		
2484 76% (22/ 29)	1	1	1/	Z	Z	Z	Z															1/F	1/		
P45 75% (6/ 8)	Z	Z	Z	Z	Y	Y	Y			4		Z		Z	Z		Z	Z	Z	3		Z	Z	Z	Z
309 75% (15/ 20)	Z	Z	Z	Z	Z	Z	Z	Z	Z	Z	Z	Z		4			Z					1/O	1/		
624 75% (9/ 12)	Z	Z	Z	Z	Z	Z	Z	Z	Z	Z			Z	Z	Z	Z	Z	Z	Z	Z	Z	1/	1/		Z
642 75% (21/ 28)	1		Z	1	1/	1	1/			2				Z								Z	Z		Z

617 33 TS + 2 SL + 69 MT

TESTSTELLE	7	8	11	17	18	19	20	28	29	32	35	36	41	42	44	45	48	52	53	55	56	65	66	76	84
UEBEREINST. ZEUGEN	17	94	10	6	73	110	13	416	439	48	452	339	467	283	451	473	452	452	338	422	459	21	20	467	402
BEZEUGTE VARIANTE	5	3	1/M	11	4	2	1/B	1/	1/	3	1/	1/	1/	1/	1/	1/	1/	1/	1/	1/	1/	5	6	1/	1/
920 75% (18/ 24)	Z	Z	Z	Z	Z	Z	Z			1		1/L	Z					Z				1/F	11		
1738 75% (6/ 8)	Z	Z	Z	Z	Z	Z	Z	Z	Z	Z	Z	Z	Z	Z	Z	Z	Z	Z	Z	Z	Z	Z	Z	Z	Z
1846 75% (6/ 8)	Z	Z	Z	Z	Z	Z	Z	Z	Z	Z	Z	Z	Z	Z	Z	Z	Z	Z	Z	Z	Z	Z	Z	Z	
1852 75% (18/ 24)	Z	Z	Z	Z	Z	Z	Z	Z	Z	1												1/	1/		
1858 75% (6/ 8)	Z	Z	Z	Z	Z	Z	Z	Z	Z	Z	Z	Z	Z	Z	Z	Z	Z	Z	Z	Z	Z	Z	Z	Z	Z
2289 75% (12/ 16)	Z	Z	Z	Z	Z	Z	Z	Z	Z	Z	Z	Z	Z	Z	Z	Z	Z					1/	1/		
498 74% (20/ 27)	Z	Z	Z	Z	Z	Z	1/			1		1/K										1/	1/		
2587 74% (20/ 27)	Z	Z	Z	Z	Z	Z	1/			1				6								1/F	1/		
014 74% (17/ 23)	Z	Z	Z	Z	Z	Z	Z			Z	Z	1/F						3				1/F	1/		
1864 73% (22/ 30)	Z	Z	Z	1	1/		1/			1												1/	1/		
327 73% (24/ 33)	1	1	1/	1	1/	1																	11C		
911 73% (24/ 33)	1	1	1/	1	1/	1																	10		
1106 73% (24/ 33)	1		5	1			1/			1		1/K										1/	1/		
1244 73% (24/ 33)	1	1	1/	1	1/	1	1/																10		
1360 73% (24/ 33)	1	1	1/	1	1/	1																	10C		
1723 72% (21/ 29)	Z	Z	Z	1	1/		1/			1				X								1/F	1/		
1867 71% (20/ 28)	Z	Z	Z	Z	1/	1	1/			1												1/	1/		
1526 70% (14/ 20)	Z	Z	Z	1	1/	1	1/			Z												1/F	1/		Z
104 70% (23/ 33)				1	1/	1	1/			1				7								1/	1/		
175 70% (23/ 33)	1	1	1/	1	1/	1	1/			2												1/	1/		
218 70% (23/ 33)	1	1	1/C	1	1/		1/			1												1/F	1/		
221 70% (23/ 33)	1	1	1/	1	1/	1	1/																1/		
393 70% (23/ 33)	1	1	1/L	1	1/	1	1/																1/		
404 70% (23/ 33)	1	1F	1/	1	1/	1	1/			2												1/	1/		
454 70% (23/ 33)	1	1	1/O	1	1/	1	1/																1/		
460 70% (23/ 33)			1/	1	1/	1	1/					1/E										1/R	1/		
462 70% (23/ 33)	1	1	1/	1	1/	1	1/															1/	1/		
1251 70% (23/ 33)			5	1C			1/			1				5	3				8			1/	1/		
1718 70% (23/ 33)		6	1/	12B	1/		1/			1		1/K										1/	1/G		
1862 70% (23/ 33)	1	1	1/	1C	1/	1	1/																1/		
1888 70% (23/ 33)	1	1	1/	1	1/	1	1/																10		
2466 70% (23/ 33)	1	1	1/	1	1/		1/															1/	1/		

617 33 TS + 2 SL + 69 MT

TESTSTELLE UEBEREINST. ZEUGEN BEZEUGTE VARIANTE			86 44 2B	87 476 1/	88 471 1/	91 279 1/	95 44 2	97 422 1/	100 470 1/	102 478 1/
P33	100%	(1/ 1)	Z	Z	Z	Z	Z	Z	Z	Z
P41	100%	(1/ 1)	Z	Z	Z	Z	Z	Z	Z	Z
2627	100%	(5/ 5)	Z	Z	Z	Z	Z	Z	Z	Z
2778	100%	(5/ 5)	Z	Z	Z	Z	Z	Z	Z	Z
62	90%	(9/ 10)	Z	Z	Z	Z	Z			
1730	90%	(9/ 10)					1			
314	88%	(7/ 8)	Z	Z	Z	Z	1			
506	86%	(6/ 7)	Z	Z	Z	Z	Z	Z	Z	Z
57	84%	(21/ 25)	2				1			
1745	83%	(5/ 6)	1B				Z	Z		
1899	83%	(5/ 6)	1B				Z	Z	Z	
2716	83%	(19/ 23)	4				1		Z	
466	82%	(14/ 17)	1				1			
325	81%	(13/ 16)					1			
626	81%	(21/ 26)					1			
1094	81%	(21/ 26)	2				1			
1839	81%	(21/ 26)				18	3			
81	80%	(20/ 25)								
1889	80%	(16/ 20)					1			
602	79%	(11/ 14)	3				1	Z		
699	79%	(22/ 28)	2				1			
2303	79%	(11/ 14)	Z	Z	Z	Z	1		Z	
2441	79%	(11/ 14)	1B				1		Z	
020	77%	(20/ 26)	1				1			
1752	77%	(20/ 26)	1B				1			
2378	76%	(13/ 17)	1B				Z			
1731	76%	(16/ 21)	1B			4C	1			
1762	76%	(16/ 21)	Z	Z	Z	Z	Z	Z		
2484	76%	(22/ 29)	1B				1			
P45	75%	(6/ 8)	Z	Z	Z	Z	Z	Z	Z	Z
309	75%	(15/ 20)	1				1			
624	75%	(9/ 12)	Z				1			
642	75%	(21/ 28)	1B							

617 33 TS + 2 SL + 69 MT

TESTSTELLE UEBEREINST. ZEUGEN BEZEUGTE VARIANTE			86 44 2B	87 476 1/	88 471 1/	91 279 1/	95 44 2	97 422 1/	100 470 1/	102 478 1/
920	75%	(18/ 24)	3				1B			
1738	75%	(6/ 8)	1				1			
1846	75%	(6/ 8)	1			X	3			
1852	75%	(18/ 24)	1			5	3			
1858	75%	(6/ 8)	1B				1			
2289	75%	(12/ 16)	1B				1			
498	74%	(20/ 27)	1				1			
2587	74%	(20/ 27)	1B				1			
014	74%	(17/ 23)	1				1			Z
1864	73%	(22/ 30)	1B				1			
327	73%	(24/ 33)	1				1			
911	73%	(24/ 33)	1				1			
1106	73%	(24/ 33)					1			
1244	73%	(24/ 33)					1			
1360	73%	(24/ 33)	1				1			
1723	72%	(21/ 29)	1B				1			
1867	71%	(20/ 28)	3			3	Z			
1526	70%	(14/ 20)	Z	Z	Z	Z	Z	Z	Z	Z
104	70%	(23/ 33)	1			5				
175	70%	(23/ 33)								
218	70%	(23/ 33)	1							
221	70%	(23/ 33)	1				1			
393	70%	(23/ 33)	1				1			
404	70%	(23/ 33)								
454	70%	(23/ 33)	1				1			
460	70%	(23/ 33)	1				1			
462	70%	(23/ 33)					1			
1251	70%	(23/ 33)					1			
1718	70%	(23/ 33)	1							
1862	70%	(23/ 33)	1				1			
1888	70%	(23/ 33)	1				1			
2466	70%	(23/ 33)	1B				1			
2492	70%	(23/ 33)	1B				1			

619 47 TS + 3 SL + 53 MT

TESTSTELLE	8	10	11	18	20	23	26	28	29	31	34	35	36	41	42	44	45	46	47	48	49	52	53	54	55
UEBEREINST. ZEUGEN	94	392	13	355	441	91	30	416	439	36	29	452	339	467	53	451	473	76	92	452	162	452	87	14	422
BEZEUGTE VARIANTE	3	1/	1/L	1/	1/	2	2	1/	1/	2	11	1/	1/	1/	4	1/	1/	2	2	1/	2	1/	3	4	1/
P8 100% (2/ 2)	Z	Z	Z		Z		Z	Z	Z	Z	Z	Z	Z	Z	Z	Z	Z	Z	Z	Z	Z	Z	Z	Z	Z
P33 100% (1/ 1)	Z	Z	Z	Z	Z	Z	Z	Z	Z	Z	Z	Z	Z	Z	Z	Z	Z	Z	Z	Z	Z		Z	Z	Z
1162 96% (45/ 47)	3B			4																					
1893 82% (31/ 38)	1		1/				1			1	Z	Z	Z							Z				1	
81 79% (26/ 33)	2	14		Z	Z	Z					2C	3			1/								1/	1	
P45 78% (7/ 9)	Z	Z	Z	Y	Y		Z			Z	Y		Z		Z	Z		Z	Z	Z	Z	Z	Z	Z	3
P74 77% (34/ 44)	Y	3	1/I	Z							2	3			3	4							1/	3	
33 77% (30/ 39)	X	11	1/	X					X	X			X		3			X							X
623 77% (33/ 43)	Z	Z	Z	Z																					
1827 77% (36/ 47)	3B		1/B				1												1		1			1	
2344 77% (36/ 47)		11	1/							1E	2				3						1				
1738 75% (6/ 8)	Z	Z	Z	Z	Z	Z	Z	Z	Z	Z	Z	Z	Z	Z	Z	Z	Z	Z	Z	Z	Z	Z	Z	Z	Z
5 74% (35/ 47)			1/										1/D		1/			3						1	
2303 72% (13/ 18)	Z	Z	Z	Z	Z	Z	Z			1	1							1	1				Z	Z	Z
2201 72% (31/ 43)	Z	Z	Z	Z			1			1			1/F		1/				1					1	
1745 71% (5/ 7)	Z	Z	Z	Z	Z	Z	Z	Z	Z	Z	Z	Z	Z	Z	Z	Z	Z	Z	Z	Z	Z	Z	Z	Z	Z
1595 70% (33/ 47)	1		1/				1			1								3						1	
1598 70% (32/ 46)	1		1/		1/B		Z			1								6						1	
624 69% (11/ 16)	Z	Z	Z	Z	Z	Z	Z	Z	Z	Z	Z			Z	Z	Z	Z	Z	Z	Z	Z	Z	Z	Z	Z
437 68% (32/ 47)	1		1/				1			1			1/K		1/						1		1/	1	
1270 68% (32/ 47)	1		1/		1/B		1			1								6						1	
1739 68% (32/ 47)			1/	4				3D	5		2B				5									1	
2718 68% (23/ 34)	3B		1/				1			1	1											4		1	
441 68% (27/ 40)	Z	Z	Z	Z	Z	Z	Z				1											3		1	
62 67% (8/ 12)	Z	Z	Z	Z	Z	Z	1			1	1				1/	Z	Z	Z	Z	Z	Z	Z	Z	Z	Z
314 67% (6/ 9)	Z	Z	Z	Z	Z	Z	Z	Z	Z	Z	Z	Z	Z		1/			1	Z	Z	Z	Z	Z	Z	Z
1858 67% (6/ 9)	Z	Z	Z	Z	Z	Z	Z	Z	Z	Z	Z	Z	Z	Z	Z	Z	Z	Z	Z	Z	Z	Z	Z	Z	Z
02 66% (31/ 47)	2	3	1/	5						2B	2	3			3	4							1/	2	4
181 66% (31/ 47)	3B	11	11								2B	3	3						1				3G	6	5
945 66% (31/ 47)			1/	4				3D	5		2B				5								8C	1	
1297 66% (31/ 47)	1		1/		1/B		1			1								6						1	
400 65% (22/ 34)	1					Y	1			1		X			W	X		6					W	2	
04 65% (20/ 31)	2C	3	5	Z	Z	Z						3B		Z	Z	4						1/D	4		

TESTSTELLE	8	10	11	18	20	23	26	28	29	31	34	35	36	41	42	44	45	46	47	48	49	52	53	54	55
UEBEREINST. ZEUGEN	94	392	13	355	441	91	30	416	439	36	29	452	339	467	53	451	473	76	92	452	162	452	87	14	422
BEZEUGTE VARIANTE	3	1/	1/L	1/	1/	2	2	1/	1/	2	11	1/	1/	1/	4	1/	1/	2	2	1/	2	1/	3	4	1/
436 64% (30/ 47)	1			4		1	1			1	1												4C	1	
489 64% (30/ 47)			12				1			1	1		1/F		1/			6	1				3D	5	
927 64% (30/ 47)			12				1			1	1		1/F		1/			6	1				3D	5	
1175 64% (30/ 47)	2	3	1/D	5							2	3			6	6						4		1	
1843 64% (30/ 47)			1/				1			1	1		1/K		1/			4	1		1			1	
1891 64% (30/ 47)			1/	4				3D	5		2B		1/F		5									1	
1729 64% (28/ 44)	Z	Z	Z				1			1	1		1/F		1/			7	1					5	6
323 63% (29/ 46)		Z	1/	4				3C	5						6						1			1	
1899 63% (5/ 8)	Z	Z	Z	Z	Z	Z	Z	Z	Z	Z	Z	Z	Z	Z	Z	Z	Z	Z	Z	Z	Z	Z	Z	Z	Z
2778 63% (5/ 8)	Z	Z	Z	Z	Z	Z	Z	Z	Z	Z	Z	Z	Z	Z	Z	Z	Z	Z	Z				1/	1	
1735 62% (28/ 45)	1B		1/			1	1	3D		1	1		1/K		1/			2B					6	2B	
03 62% (29/ 47)	2		1/	3							2	4			1/	4						4	1/	7	1/B
88 62% (29/ 47)	3B	3	1/				1				7				1/			3				4			
322 62% (29/ 47)			1/	4				8	5						6						1		3F	1	
431 62% (29/ 47)	3B		1/				3			1	3	3												5	
621 62% (29/ 47)			1/O		1/B	1	1				1										1	3	3B	8	
1842 62% (29/ 47)			1/O			1	1				1				1/							3		1	1/F
2298 62% (29/ 47)	1			4				3D	5	6					5			3						1	
2737 62% (29/ 47)			1/				1	10			1				3			1			1			1	
180 60% (27/ 45)		6	1/	5B			1	3E	5		11C	3	1/F											5	
1101 60% (3/ 5)	1		1/			Z	Z	Z	Z	Z	Z	Z	Z	Z	Z	Z	Z	Z	Z	Z	Z	Z	Z	Z	Z
1846 60% (6/ 10)	Z	Z	Z	Z	Z	Z	Z	Z	Z	Z	Z	Z	Z	Z	Z	Z	Z	Z	Z	Z	Z	Z	Z	Z	Z
94 60% (28/ 47)		6		5B			1	3D	5		11B	3	1/F											5	
467 60% (28/ 47)		4	1/	4				6B	5	1	1				1/						1			1	
808 60% (28/ 47)				6		1	1			1	1				1/			1						1	
1058 60% (28/ 47)			1/			1	1			1	1				6			1	1				1/	1	
1646 60% (28/ 47)			1/B			1					2B				1/			3	1		1		1/	1	
2143 60% (28/ 47)	1		5				1			1	1		1/F		1/				1		1			1	
1875 60% (25/ 42)	X	X	X					Z	Z		2B	3	3		6				1				3G	2	5
2805 59% (26/ 44)	3B	4	10	4	Z	Z		6	6	1	1														
630 59% (27/ 46)			1/	Z			1	3D		1	2B		1/F		6								8	1	
796 59% (27/ 46)	1		6			1	1			1	1							1	1				1/	1	
1768 59% (27/ 46)			1/			1	1			Z	1				5			1	1					1	

619 47 TS + 3 SL + 53 MT

TESTSTELLE	56	57	61	65	66	68	73	74	76	77	78	81	84	85	87	88	90	91	93	97	100	102
UEBEREINST. ZEUGEN	459	104	36	333	365	16	7	13	467	181	67	49	402	20	476	471	71	279	31	422	470	478
BEZEUGTE VARIANTE	1/	2	2	1/	1/	15	9	2	1/	2	2	2	1/	2	1/	1/	2	1/	2	1/	1/	1/
P8 100% (2/ 2)	Z	Z	Z	Z	Z	Z	Z	Z	Z	Z	Z	Z	Z	Z	Z	Z	Z	Z	Z	Z	Z	Z
P33 100% (1/ 1)	Z	Z	Z	Z	Z	Z	Z	Z	Z	Z	Z	Z	Z	Z	Z	Z	Z	Z	Z	Z	Z	Z
1162 96% (45/ 47)																						
1893 82% (31/ 38)			1	Z	Z	Z					1		Z	Z								
81 79% (26/ 33)			Z	Z	Z	Z	Z	Z	Z	Z	Z	Z	Z									
P45 78% (7/ 9)		1	Z	Z	Z	Z	Z	Z	Z	Z	Z	Z	Z	Z	Z	Z	Z	Z	Z	Z	Z	Z
P74 77% (34/ 44)						4	6B	X														
33 77% (30/ 39)	X			1/D	1/C	4	14						3					3				
623 77% (33/ 43)			1	1/F		4	1D	1			1		4					3	3			3
1827 77% (36/ 47)			1			7					1	1		1								
2344 77% (36/ 47)				1/E		4	6						3					3G				
1738 75% (6/ 8)	Z	Z	Z	Z	Z	Z	Z	Z	Z	Z	Z	Z	Z	Z			1		1			
5 74% (35/ 47)						4	1	1			1			1				3	3			
2303 72% (13/ 18)	Z	Z	Z	Z	Z	Z	Z	Z	Z	Z	Z	Z	Z	Z	Z	Z	Z	Z	1		Z	
2201 72% (31/ 43)			1			1	1E	1						1				5				
1745 71% (5/ 7)	Z	Z	Z	Z	Z	Z	Z	Z	Z	Z	Z	Z	Z	Z			1		1	Z		
1595 70% (33/ 47)			1				10	1			1			1			1	3	1			
1598 70% (32/ 46)			1				10	1			1			1			1	3	1			
624 69% (11/ 16)	Z	Z	Z			1	1	1		Z	Z	Z	Z	Z			1		1			
437 68% (32/ 47)			1					1			1			1			1		3			
1270 68% (32/ 47)			1				10	1			1			1			1	3	1			
1739 68% (32/ 47)			1			3	1D	1			1	1	3					3				
2718 68% (23/ 34)			1	1/F	6	3	Z	Z	Z	Z	Z	Z	Z	Z	Z	Z	Z	Z	Z			
441 68% (27/ 40)			1	1/K	8	2	6C	1			1	1		1				5D				
62 67% (8/ 12)	Z	Z	Z	Z	Z	Z	Z	Z	Z	Z	Z	Z	Z	Z	Z	Z	Z	Z	Z			
314 67% (6/ 9)	Z	Z	Z	Z	Z	Z	Z	Z	Z	Z	Z	Z	Z	Z	Z	Z	Z	Z	1			
1858 67% (6/ 9)	Z	Z	Z	Z	Z	Z	Z	Z	Z	Z	Z	Z	Z	1			1		1			
02 66% (31/ 47)						4	6						3									3
181 66% (31/ 47)						12	6				1		1/C					12		4		
945 66% (31/ 47)			1			3	1D	3			1B	1	3					3				
1297 66% (31/ 47)			1	1/F			10	1			1			1			1	3	1			
400 65% (22/ 34)		1	1	X	X	X	10	1			1	X		X	X	X	X	5	1			
04 65% (20/ 31)		Z	Z	Z	Z	Z	2	1				Z	3		Z	Z	Z	Z		3	Z	

619 47 TS + 3 SL + 53 MT

TESTSTELLE	56	57	61	65	66	68	73	74	76	77	78	81	84	85	87	88	90	91	93	97	100	102
UEBEREINST. ZEUGEN	459	104	36	333	365	16	7	13	467	181	67	49	402	20	476	471	71	279	31	422	470	478
BEZEUGTE VARIANTE	1/	2	2	1/	1/	15	9	2	1/	2	2	2	1/	2	1/	1/	2	1/	2	1/	1/	1/
436 64% (30/ 47)			1			4	1D	1				1	4	1				3	3			
489 64% (30/ 47)		1				1	10	1				1		1				5				
927 64% (30/ 47)		1		1/F			10	1				1		1				5				
1175 64% (30/ 47)		2C			1/B	2	2	1			3									1/B		
1843 64% (30/ 47)		1	1				10	1				1		1				5				
1891 64% (30/ 47)			1			3	1D	1			1	1	3	1				3				
1729 64% (28/ 44)		1	1				10	1				1		1				5				
323 63% (29/ 46)			1	1/C		1	1	1			1	1		1				5	1			
1899 63% (5/ 8)	Z	Z	Z	Z	Z	Z	Z	Z	Z	Z	Z	Z		1			1		1	Z	Z	
2778 63% (5/ 8)		1	Z	Z	Z	Z	Z	Z	Z	Z	Z	Z	Z	Z	Z	Z	Z	Z	Z	Z	Z	Z
1735 62% (28/ 45)						4	X					1		1			1	X	1			
03 62% (29/ 47)			4			2	2			2B			4							4		3
88 62% (29/ 47)		1	1			6		1		1	1	1		1				3	1			
322 62% (29/ 47)			1	1/C		1	1	1			1	1		1				5	1			
431 62% (29/ 47)					1/B	2	2B	3			1	1	4	1				14	1	3		
621 62% (29/ 47)			1		8	2	6C	1			1	1		1				5				
1842 62% (29/ 47)		1	1				7	1			1	1	1/C	1				5		5		
2298 62% (29/ 47)			1			3	1D	1			1	1	3	1				3	1			
2737 62% (29/ 47)			1	1/F			1	1		1	1	1		1				11D	1			
180 60% (27/ 45)						3	5	1		Z	Z	1		1				4	1	3		
1101 60% (3/ 5)	Z	Z	Z	Z	Z	Z	Z	Z	Z	Z	Z	Z	Z	Z	Z	Z	Z	Z	Z	Z	Z	Z
1846 60% (6/ 10)	Z	Z	Z	Z	Z	Z	Z	Z	Z	Z	Z	1		1			1	X	1			
94 60% (28/ 47)			1		1/B	3	1D	1				1		1			1	3	1			
467 60% (28/ 47)			1			7	1	1		1B	1	1		1				4I				
808 60% (28/ 47)		1	1	1/F		1	1	1			1			1			1	6	1			
1058 60% (28/ 47)		1	1			2	1	1			1			1			1		1			
1646 60% (28/ 47)		1				1	1D	1		1	1	1		1C			1		1			
2143 60% (28/ 47)			1	1/F			1D	1				1		1			4	5	1			
1875 60% (25/ 42)			1	1/F	7	12	6	1			1		1/C					12				
2805 59% (26/ 44)			1	1/F		4B	1	1			1	1		1				3	1			Z
630 59% (27/ 46)			1			3	1	1			1	1	3	1				3	1			
796 59% (27/ 46)		1	1			U	1	1		1B	1			1			1		1			
1768 59% (27/ 46)		1	1		6	2	1	1			1	1		1			1		1			

621 53 TS + 1 SL + 50 MT

TESTSTELLE	8	10	11	13	18	19	20	28	29	31	33	35	36	40	41	42	44	45	46	47	48	52	53	54	55
UEBEREINST. ZEUGEN	94	392	10	4	355	110	13	416	439	36	12	452	339	2	467	53	451	473	76	92	452	15	5	1	422
BEZEUGTE VARIANTE	3	1/	1/O	8	1/	2	1/B	1/	1/	2	8	1/	1/	3	1/	4	1/	1/	2	2	1/	3	3B	8	1/
441 85% (39/ 46)	Z	Z	Z	Z	Z	Z	Z				1												3	1	
1842 74% (39/ 53)						1	1/									1/							3	1	1/F
2718 61% (22/ 36)	3B		1/	1C		1	1/			1	1			1								4	3	1	
1739 60% (32/ 53)			1/	3D	4		1/	3D	5		1			2		5						1/	3	1	
P45 60% (6/ 10)	Z	Z	Z	Z	Y	Y	Y			Z	9		Z	2		Z	Z		Z	Z	Z	Z	Z	Z	3
81 59% (23/ 39)	2	14	1/L	2	Z	Z	Z				1	3		2		1/						1/	1/	1	
945 58% (31/ 53)			1/	3E	4		1/	3D	5		1			2		5						1/	8C	1	
431 58% (30/ 52)	3B		1/	1		1	1/			1	2	3		2								1/	3	5	
62 57% (8/ 14)	Z	Z	Z	Z	Z	Z	Z			1	1			1		1/	Z	Z	Z	Z	Z	Z	Z	Z	Z
P74 56% (28/ 50)	Y	3	1/I	2B	Z		1/				2	3		2		3	4					1/	1/	3	
623 55% (26/ 47)	Z	Z	Z	Z	Z	Z	1/							1								1/	3	4	
2201 55% (26/ 47)	Z	Z	Z	Z	Z	Z	1/			1			1/F	1		1/				1		1/	3	1	
044 55% (29/ 53)	1	4	1/	2D		1	1/			3				1			5					1/	1/	3	
436 55% (29/ 53)	1		1/L	1	4	1	1/			1	1			1								1/	4C	1	
619 55% (29/ 53)			1/L	1		1	1/				1			1								1/	3	4	
1175 55% (29/ 53)	2	3	1/D	2	5		1/				2	3		2		6	6					4	3	1	
1891 55% (29/ 53)			1/	3D	4		1/	3D	5		1		1/F	2		5						1/	3	1	
506 55% (6/ 11)	Z	Z	Z	Z	Z	Z	Z			1	1	Z	Z	Z	Z	Z	Z	Z	Z	Z		Z	Z	1	
206 54% (20/ 37)	Z	Z	Z	Z	Z	Z	Z	Z	Z	Z	Z	Z	Z	Z		5						4	8	1	
2175 53% (8/ 15)	1		1/	1			1/			1	1			1		Z	Z	Z	Z	Z	Z	Z	Z	Z	Z
610 53% (27/ 51)		6	1/	2	5B		1/	3E	5		Z	3	1/F	2								1/	3	5	
2805 53% (27/ 51)	3B	4	10	3D	4		Z	6	6	1	1			2								1/	3	4	
5 53% (28/ 53)			1/	1		1	1/						1/D	1		1/			3			1/	3	1	
94 53% (28/ 53)		6	1/L	2C	5B		1/	3D	5		1	3	1/F	2								1/	3	5	
1162 53% (28/ 53)	3B		1/L	7	4	1	1/							1								1/	3	4	
1704 53% (28/ 53)			1/	5	4		1/	3D	5	4	1			2		5						1/	8	1	
2344 53% (28/ 53)		11	1/	1		1	1/			1E	1			1		3						1/	3	4	
2818 53% (28/ 53)		6	1/	2	5B		1/	3E	5		3	3	1/F	2								1/	3	5	
180 52% (27/ 52)		6	1/	2	5B		1/	3E	5		1	3	1/F	1								1/	3	5	
1893 51% (22/ 43)	1		1/	X		1	1/			1	Z	Z	Z	1							Z	1/	3	1	
307 51% (27/ 53)		6	1/	2	5B		1/	3E	5		1	3	1/F	2								1/	3	5	
1827 51% (27/ 53)	3B		1/B	1		1	1/				3			1						1		1/	3	1	
P8 50% (1/ 2)	Z	Z	Z	Z		1	Z	Z	Z	Z	Z	Z	Z	Z	Z	Z	Z	Z	Z	Z	Z	Z	Z	Z	Z

621 53 TS + 1 SL + 50 MT

TESTSTELLE	8	10	11	13	18	19	20	28	29	31	33	35	36	40	41	42	44	45	46	47	48	52	53	54	55
UEBEREINST. ZEUGEN	94	392	10	4	355	110	13	416	439	36	12	452	339	2	467	53	451	473	76	92	452	15	5	1	422
BEZEUGTE VARIANTE	3	1/	1/0	8	1/	2	1/B	1/	1/	2	8	1/	1/	3	1/	4	1/	1/	2	2	1/	3	3B	8	1/
1846 50% (8/ 16)	Z	Z	Z	Z	Z	Z	Z	Z	Z	Z	Z	Z	Z	Z	Z	Z	Z	Z	Z	Z	Z	Z	Z	Z	Z
2303 50% (11/ 22)	Z	Z	Z	Z	Z	Z	Z			1	1			1					1	1		1/	Z	Z	Z
2627 50% (4/ 8)	Z	Z	Z	Z	Z	Z	Z			1	1			1	Z	Z	Z	Z	Z	Z	Z	Z	Z	Z	Z
181 49% (26/ 53)	3B	11	11	1		1	1/				2	3	3	2						1		1/	3G	6	5
322 49% (26/ 53)			1/	2C	4		1/	8	5		1			1		6						1/	3F	1	
489 49% (26/ 53)			12	1C		1	1/			1	1		1/F	1		1/			6	1		1/	3D	5	
630 49% (25/ 51)			1/	4	Z	Z	1/	3D		1	1		1/F	2		6						1/	8	1	
1505 49% (26/ 53)	1		1/	1			1/			1	5		1/D	1		1/			1			1/	1/	1	1/B
1611 49% (26/ 53)	6		1/	3C		1	1/			1	1			1						1		1/		1	
1678 49% (26/ 53)	1	6	1/	2	5B		1/	3D	5		1	3	1/F	2								1/	3	5	
1843 49% (26/ 53)			1/	1		1	1/			1	1		1/K	1		1/			4	1		1/	3	1	
1890 49% (24/ 49)	Z	Z	Z	3C		1	1/			1				1						1		1/	1/	1	1/B
1852 49% (21/ 43)	Z	Z	Z	Z	Z	Z	Z	Z	Z	Z	1			1		1/			3	1		1/	1/	1	
1856 49% (19/ 39)	1		1/	1			1/			1	1			1		8			1	1		1/	1/	1	
323 48% (25/ 52)		Z	1/	2	4		1/	3C	5		1			1		6						1/	3	1	
522 48% (25/ 52)			5	3D	4		1/	11		1	1		1/F	1		5						1/	8	1	
1409 48% (25/ 52)	1	11	1/	1	5		1/			1	1		1/K	1		1/	4		3				3	1	
03 47% (25/ 53)	2		1/	2	3	3	1/				2	4		2		1/	4					4	1/	7	1/B
6 47% (25/ 53)	1		1/	9		1	1/			1	1	3		1		3			1	1		1/	3	1	
218 47% (25/ 53)	1		1/C	1			1/			1	1			1		1/			1			1/	1/	1	
429 47% (25/ 53)			5	3D	4		1/	3D		1	1		1/F	1		5						1/	8	1	
453 47% (25/ 53)		6	1/	2	5B		1/	3E	5		1	3	1/F	2								1/	3	1	
467 47% (25/ 53)		4	1/	1D	4		1/	6B	5	1	6			1		1/						1/	3	1	
634 47% (25/ 53)	1		1/	1			1/			1	1			1					1	1		1/	1/	1	
927 47% (25/ 53)			12	1		1	1/			1	1		1/F	1		1/			6	1		1/	3D	5	
996 47% (25/ 53)			1/	2C	4		1/			1	1			1		6			3				1/	1	
1270 47% (25/ 53)	1		1/	1		1				1	1			1					6			1/	3	1	
1598 47% (25/ 53)	1		1/	1		1				1	1			1					6			1/	3	1	
2138 47% (25/ 53)	6		1/	3C		1	1/			1			1/B	1						1		1/	1/	1	1/B
2200 47% (23/ 49)			1/	3D	4		1/	3D		1	1		1/F	2		5			1			1/	8	1	
04 47% (15/ 32)	2C	3	5	2B	Z	Z	Z				1	3B		Z	Z	Z	4					1/D	4	4	
1875 47% (22/ 47)	X	X	X	X		1	1/	Z	Z		2	3	3	2		6				1		1/	3G	2	5
104 46% (24/ 52)		11	1/M	1		1	1/			1	1			2		7				1		1/	1/	1	

621 53 TS + 1 SL + 50 MT

TESTSTELLE	56	57	64	65	66	68	70	73	75	76	77	83	84	86	87	88	89	90	91	92	93	94	95	97	98
UEBEREINST. ZEUGEN	459	104	38	333	1	87	21	2	18	467	181	46	402	85	476	471	25	71	28	99	31	1	68	422	22
BEZEUGTE VARIANTE	1/	2	2	1/	8	2	2	6C	3	1/	2	2	1/	3	1/	1/	14	2	5	2	2	2C	3	1/	2C
441 85% (39/ 46)				1/K			3												5D	1					
1842 74% (39/ 53)		1			1/	15		7					1/C	4								2		5	
2718 61% (22/ 36)				1/F	6	3	Z	Z	Z	Z	Z	Z	Z	Z	Z	Z	Z	Z	Z	Z	Z	Z	Z		
1739 60% (32/ 53)					1/	3		1D	2				3						3			2	2		2
P45 60% (6/ 10)		1	Z	Z	Z	Z	Z	Z	Z	Z	Z	Z	Z	Z	Z	Z	Z	Z	Z	Z	Z	Z	Z	Z	Z
81 59% (23/ 39)			Z	Z	Z	Z	Z	Z	Z	Z	Z	Z	Z	2B					1/			2D	2		2
945 58% (31/ 53)					1/	3		1D					3				5		3			2	2		2
431 58% (30/ 52)					1/B			2B	2				4				2		14		1	1		3	W
62 57% (8/ 14)	Z	Z	Z	Z	Z	Z	Z	Z	Z	Z	Z	Z	Z	Z	Z	Z	Z	Z	Z	Z	Z	Z	Z		3
P74 56% (28/ 50)					1/	4	3B	6B	2					2B			2		1/			2	Z		2
623 55% (26/ 47)				1/F	1/	4	1	1D	1			1	4	2			1		3		3	1	2		
2201 55% (26/ 47)			1		1/	1	1	1E	1			1					1					1	1		6
044 55% (29/ 53)				1/F	1/	3	1	1D	1								2		3		1	4			1
436 55% (29/ 53)					1/	4	1	1D	1				4						3		3	11	2		2
619 55% (29/ 53)			1		1/	15	4B	9	1			1		1			1		1/	1		1	1		6B
1175 55% (29/ 53)		2C			1/B		1	2	2										1/	1		2	2	1/B	
1891 55% (29/ 53)					1/	3		1D	2				3	2					3			2	2		2
506 55% (6/ 11)		1	Z	Z	Z	Z	Z	Z	Z	Z	Z	1		Z	Z	Z	Z	Z	Z	Z	Z	Z	Z	Z	Z
206 54% (20/ 37)			X		1/	3	1	1			1B		3	1				1	4E	1	1	1			1D
2175 53% (8/ 15)	Z	Z	Z	Z	Z	Z	Z	Z	Z	Z	Z	Z	Z	Z	Z	Z	Z	Z	Z	Z	Z	Z	Z	Z	Z
610 53% (27/ 51)					1/B			3	2		Z		4				2		3		1	1		3	2
2805 53% (27/ 51)			1	1/F	1/	4B	1	1									3		3		1	4			
5 53% (28/ 53)			1		1/	4	1	1	1			1		5			1		3		3	1	2		
94 53% (28/ 53)					1/B	3		1D	1			1					1	1	3		1	1			
1162 53% (28/ 53)			1		1/	15	1	9	1			1		1			1		1/	1		1	1		6
1704 53% (28/ 53)		2B			1/	3		1D					3				5	4	3			2	2		2
2344 53% (28/ 53)				1/E	1/	4	3B	6					3	2			11		3G	1		2	2		7
2818 53% (28/ 53)					1/B			3	2				4				2		3		1	1		3	2
180 52% (27/ 52)					1/	3		5	2		Z						9		4		1	1		3	2
1893 51% (22/ 43)			Z	Z	Z	Z	1	9	1			1	Z	1B			1		1/	1		1C	1		6
307 51% (27/ 53)					1/B		3	1D	2				4				2		3		1	1		3	2
1827 51% (27/ 53)			1		1/	7	1	9	1			1		1			1		1/	1		1C	1		6
P8 50% (1/ 2)	Z	Z	Z	Z	Z	Z	Z	Z	Z	Z	Z	Z	Z	Z	Z	Z	Z	Z	Z	Z	Z	Z	Z	Z	Z

821 53 TS + 1 SL + 50 MT

TESTSTELLE		56	57	64	65	66	68	70	73	75	76	77	83	84	86	87	88	89	90	91	92	93	94	95	97	98
UEBEREINST. ZEUGEN		459	104	38	333	1	87	21	2	18	467	181	46	402	85	476	471	25	71	28	99	31	1	68	422	22
BEZEUGTE VARIANTE		1/	2	2	1/	8	2	2	6C	3	1/	2	2	1/	3	1/	1/	14	2	5	2	2	2C	3	1/	2C
1846	50% (8/ 16)	Z	Z	Z	Z	Z	Z	Z	Z	Z	Z	Z	1		1			1	1	X		1	9			1
2303	50% (11/ 22)	Z	Z	Z	Z	Z	Z	Z	Z	Z	Z	Z	Z	Z	Z	Z	Z	Z	Z	Z	1	1	1	1		Z
2627	50% (4/ 8)	Z	Z	Z	Z	Z	Z	Z	Z	Z	Z	Z	Z	Z	Z	Z	Z	Z	Z	Z	Z	Z	Z	Z	Z	1
181	49% (26/ 53)					1/	12	1	6	1C				1/C	2					12			2	2	4	2
322	49% (26/ 53)			1	1/C	1/	1	1	1	1			1		1			1				1	1	4		3
489	49% (26/ 53)		1	1		1/	1	1	10	1			1					1					1	1		1
630	49% (25/ 51)			1		1/	3	1	1					3	1B			3		3		1	2	2		2
1505	49% (26/ 53)	1/D				6	17	1	1D	1				4						8		1	3		3	1
1611	49% (26/ 53)	1/D				1/	17	1	1D	1			1	4				13		8		1	1		3	1
1678	49% (26/ 53)					1/B			1D	2				4				2		3		1	1		3	2
1843	49% (26/ 53)		1	1		1/	15	1	10	1			1					1					1	1		6
1890	49% (24/ 49)	1/D			1/F	6	17	1	1D	1				4	Z					8		1	3B		3	1
1852	49% (21/ 43)		1	1		1/	1	1	1	1		1	1		1							1	3			1
1856	49% (19/ 39)		1	1		1/		1	1	1			Z	Z	Z	Z	Z	Z	Z	Z	Z	Z	Z	Z	Z	Z
323	48% (25/ 52)			1	1/C	1/	1	1	1	1			1		1			1				1	1	4		3
522	48% (25/ 52)			1		1/	3	Z	1			1B		3	1				1	4F	1	1	1			1D
1409	48% (25/ 52)		Z	1	1/F	1/	4											8	1	4		1	1	2		3
03	47% (25/ 53)					1/			2	2		2B		4	2B			2		1/			2	2	4	2
6	47% (25/ 53)			1		1/	1	1	1D	1		1B	1					8		12B		1	1			
218	47% (25/ 53)		1		1/F	1/	7		11B	1			1		1			1	1	1/		1	1	2		2
429	47% (25/ 53)			1		1/	3	1	1			1B		3	1				1	4E	1	1	1			1D
453	47% (25/ 53)					1/B		2B	1	2				4	2B			2	1	6B		1	1		3	2
467	47% (25/ 53)			1		1/	7	5	1	1		1B	1		4			1		4I	1		1			
634	47% (25/ 53)		1	1		1/		1	1	1			1		1B			1	1	1/		1	1	1		1
927	47% (25/ 53)		1	1	1/F	1/	15	1	10	1			1					1					1	1		1
996	47% (25/ 53)			1		10	7	1	1	1		2B	1		4			1	1	5H		1	1	4		2
1270	47% (25/ 53)			1		1/	15	1	10	1			1		1B			1	1	3	1	1	1C	1		1
1598	47% (25/ 53)			1		1/	15	1	10	1			1		1B			1	1	3	1	1	1C	1		1
2138	47% (25/ 53)	1/D			1/F	1/	17	1	1D	1				4						8		1	3		3	1
2200	47% (23/ 49)			1		1/	3	1B	Z	Z	Z	Z		3	1					3		1	2	2		2
04	47% (15/ 32)		Z	Z	Z	Z	Z	Z	2	2				3	Z	Z	Z	Z	Z	Z	Z		2	2	3	2
1875	47% (22/ 47)				1/F	7	12	1	6	1				1/C	2					12			2	2		2
104	46% (24/ 52)			6		1/	1	1	1	1		3	1		1			1	4			V1	1	2		2

621 53 TS + 1 SL + 50 MT

TESTSTELLE UEBEREINST. ZEUGEN BEZEUGTE VARIANTE			100 470 1/	102 478 1/	104 22 2
441	85%	(39/ 46)			
1842	74%	(39/ 53)			
2718	61%	(22/ 36)			
1739	60%	(32/ 53)			
P45	60%	(6/ 10)	Z	Z	Z
81	59%	(23/ 39)			
945	58%	(31/ 53)			1E
431	58%	(30/ 52)			1
62	57%	(8/ 14)			1H
P74	56%	(28/ 50)			
623	55%	(26/ 47)		3	1
2201	55%	(26/ 47)			1
044	55%	(29/ 53)		4	
436	55%	(29/ 53)			1
619	55%	(29/ 53)			1
1175	55%	(29/ 53)			
1891	55%	(29/ 53)			1
506	55%	(6/ 11)	Z	Z	Z
206	54%	(20/ 37)			Z
2175	53%	(8/ 15)	Z	Z	Z
610	53%	(27/ 51)			1
2805	53%	(27/ 51)		Z	1C
5	53%	(28/ 53)			1
94	53%	(28/ 53)			1
1162	53%	(28/ 53)			1
1704	53%	(28/ 53)			1
2344	53%	(28/ 53)			
2818	53%	(28/ 53)			1
180	52%	(27/ 52)			1
1893	51%	(22/ 43)			1
307	51%	(27/ 53)			1
1827	51%	(27/ 53)			1

621 53 TS + 1 SL + 50 MT

TESTSTELLE UEBEREINST. ZEUGEN BEZEUGTE VARIANTE			100 470 1/	102 478 1/	104 22 2
1846	50%	(8/ 16)			1
2303	50%	(11/ 22)	Z		1
2627	50%	(4/ 8)	Z	Z	Z
181	49%	(26/ 53)			
322	49%	(26/ 53)			1
489	49%	(26/ 53)			1
630	49%	(25/ 51)			1
1505	49%	(26/ 53)			1E
1611	49%	(26/ 53)	4		1
1678	49%	(26/ 53)		4	1
1843	49%	(26/ 53)			1
1890	49%	(24/ 49)	4		1
1852	49%	(21/ 43)			1
1856	49%	(19/ 39)			1
323	48%	(25/ 52)			1
522	48%	(25/ 52)			3E
1409	48%	(25/ 52)			1
03	47%	(25/ 53)		3	
6	47%	(25/ 53)			1
218	47%	(25/ 53)			1
429	47%	(25/ 53)			1
453	47%	(25/ 53)			1
467	47%	(25/ 53)			1
634	47%	(25/ 53)			1
927	47%	(25/ 53)			1
996	47%	(25/ 53)			3D
1270	47%	(25/ 53)			1
1598	47%	(25/ 53)			1
2138	47%	(25/ 53)	4		1B
2200	47%	(23/ 49)			1
04	47%	(15/ 32)	Z		Z
1875	47%	(22/ 47)			1M

TESTSTELLE	20	23	26	28	29	31	33	34	35	36	41	42	44	45	46	47	48	49	52	53	54	55	56	57	62
UEBEREINST. ZEUGEN	441	91	30	416	439	36	12	29	452	339	467	53	451	473	76	92	452	162	452	87	14	422	459	104	28
BEZEUGTE VARIANTE	1/	2	2	1/	1/	2	8	11	1/	1/	1/	4	1/	1/	2	2	1/	2	1/	3	4	1/	1/	2	2
P8 100% (1/ 1)	Z		Z	Z	Z	Z	Z	Z	Z	Z	Z	Z	Z	Z	Z	Z	Z	Z	Z	Z	Z	Z	Z	Z	Z
P33 100% (1/ 1)	Z	Z	Z	Z	Z	Z	Z	Z	Z	Z	Z	Z	Z	Z	Z	Z	Z	Z		Z	Z	Z	Z	Z	Z
886 100% (2/ 2)			Z	Z	Z	Z	Z	Z	Z	Z	Z	Z	Z	Z	Z	Z	Z	Z	Z	Z	Z	Z	Z	Z	Z
1101 100% (1/ 1)		Z	Z	Z	Z	Z	Z	Z	Z	Z	Z	Z	Z	Z	Z	Z	Z	Z	Z	Z	Z	Z	Z	Z	Z
33 74% (31/ 42)					X	X	2			X		3			X							X	X		
5 73% (36/ 49)										1/D		1/			3						1				1
2718 71% (24/ 34)			1			1	1	1											4		1				
P45 70% (7/ 10)	Y		Z			Z	9	Y		Z		Z	Z		Z	Z	Z	Z	Z	Z	Z	3		1	Z
2464 70% (14/ 20)	Z	Z	Z	Z	Z	Z	Z	Z	Z	Z	Z	Z	Z	Z	Z	Z	Z	Z	Z	Z	Z	Z	Z	Z	Z
436 69% (34/ 49)		1	1			1	1	1												4C	1				
1162 69% (34/ 49)																									1
2344 69% (34/ 49)						1E	1	2				3						1							
619 67% (33/ 49)							1																		1
P41 67% (2/ 3)	Z	Z	Z	Z	Z	Z	Z	Z	Z	Z	Z	Z	Z	Z	Z	Z	Z	Z	Z	Z	Z	Z	Z	Z	Z
81 67% (24/ 36)	Z	Z					1	2C	3			1/								1/	1				Z
2805 65% (30/ 46)	Z	Z		6	6	1	1	1																	
P74 65% (31/ 48)							2	2	3			3	4							1/	3				
01 63% (31/ 49)							2	2	3			1/	4				3		4	1/		1/B			
1739 63% (31/ 49)				3D	5		1	2B				5									1				1
1893 63% (24/ 38)			1			1	Z	Z	Z	Z							Z				1				1
2778 63% (5/ 8)	Z	Z	Z	Z	Z	Z	Z	Z	Z	Z	Z	Z	Z	Z	Z	Z				1/	1			1	Z
1875 62% (29/ 47)				Z	Z		2	2B	3	3		6				1				3G	2	5			
02 61% (30/ 49)						2B	2	2	3			3	4							1/	2	4			
044 61% (30/ 49)		7	1			3		1					5					1		1/	3				
181 61% (30/ 49)							2	2B	3	3						1				3G	6	5			
945 61% (30/ 49)				3D	5		1	2B				5								8C	1				1
1891 61% (30/ 49)				3D	5		1	2B		1/F		5									1				1
04 60% (18/ 30)	Z	Z					1		3B		Z	Z	4						1/D	4				Z	Z
03 59% (29/ 49)							2	2	4			1/	4						4	1/	7	1/B			
2298 59% (29/ 49)				3D	5	6	1					5			3						1				1
610 58% (25/ 43)			Z	3E	5		Z	Z	3	1/F											5				1
1297 57% (28/ 49)	1/B		1			1	1								6						1				1
1595 57% (28/ 49)			1			1	1								3						1				1

623 49 TS + 0 SL + 36 MT

TESTSTELLE	20	23	26	28	29	31	33	34	35	36	41	42	44	45	46	47	48	49	52	53	54	55	56	57	62
UEBEREINST. ZEUGEN	441	91	30	416	439	36	12	29	452	339	467	53	451	473	76	92	452	162	452	87	14	422	459	104	28
BEZEUGTE VARIANTE	1/	2	2	1/	1/	2	8	11	1/	1/	1/	4	1/	1/	2	2	1/	2	1/	3	4	1/	1/	2	2
2201 57% (28/ 49)			1			1				1/F		1/				1					1				1
441 57% (26/ 46)	Z	Z	Z				1	1											3		1				1
431 56% (27/ 48)			3			1	2	3	3												5				1
941 56% (27/ 48)			1			1	1	1		1/F					1						1				1
1598 56% (27/ 48)	1/B		Z			1	1								6						1				1
1409 55% (26/ 47)						1	1	1		1/K		1/	4		3				3		1			Z	Z
323 55% (27/ 49)				3C	5		1					6						1			1				1
1175 55% (27/ 49)							2	2	3			6	6						4		1			2C	1
1270 55% (27/ 49)	1/B		1			1	1								6						1				1
1827 55% (27/ 49)			1				3									1		1			1				1
1842 55% (27/ 49)		1	1					1				1/							3		1	1/F		1	1
2175 55% (6/ 11)		1	1			1	1	1				Z	Z	Z	Z	Z	Z	Z	Z	Z	Z	Z	Z	Z	Z
2303 55% (12/ 22)	Z	Z	Z			1	1	1							1	1				Z	Z	Z	Z	Z	Z
08 54% (25/ 46)		3		5		1G	2	9				6				4	6	1		1/	1			1	
94 53% (26/ 49)			1	3D	5		1	11B	3	1/F											5				1
307 53% (26/ 49)			1	3E	5		1	11C	3	1/F											5				1
322 53% (26/ 49)				8	5		1					6						1		3F	1				1
621 53% (26/ 49)	1/B	1	1					1										1	3	3B	8				1
630 53% (26/ 49)			1	3D		1	1	2B		1/F		6								8	1				1
808 53% (26/ 49)		1	1			1	1	1				1/			1						1			1	1
1678 53% (26/ 49)			1	3D	5		1	11C	3	1/F											5				1
1704 53% (26/ 49)				3D	5	4	1	2B				5								8	1			2B	1
2374 53% (26/ 49)		1	1			1	1	1							3	2B					1				1
2818 53% (26/ 49)			1	3E	5		3	11C	3	1/F											5				1
1884 51% (23/ 45)		3		5		1G	2	9C				6				4B	U	1		1/	1			1	
1890 51% (24/ 47)		1	Z			1		1								1		1		1/	1	1/B	1/D		
88 51% (25/ 49)			1				2	7				1/			3				4					1	1
437 51% (25/ 49)			1			1	2			1/K		1/						1		1/	1				1
935 51% (25/ 49)		1	1			1	1					6			5	1								1	1
1611 51% (25/ 49)			3			1	1	1								1		1		3B	1		1/D		
1642 51% (25/ 49)				3G	5			2B	3			1/								3B	1				1
2737 51% (25/ 49)			1	10			1	1				3			1			1			1				1

TESTSTELLE	64	65	66	68	72	76	77	80	81	84	85	86	87	88	90	91	92	93	95	97	98	100	102	103
UEBEREINST. ZEUGEN	38	71	365	15	3	467	181	1	49	42	20	35	476	471	71	46	99	4	44	422	22	470	5	3
BEZEUGTE VARIANTE	2	1/F	1/	4	2B	1/	2	7	2	4	2	2	1/	1/	2	3	2	3	2	1/	2C	1/	3	3B
P8 100% (1/ 1)	Z	Z	Z	Z	Z	Z	Z	Z	Z	Z	Z	Z	Z	Z	Z	Z	Z	Z	Z	Z	Z	Z	Z	Z
P33 100% (1/ 1)	Z	Z	Z	Z	Z	Z	Z	Z	Z	Z	Z	Z	Z	Z	Z	Z	Z	Z	Z	Z	Z	Z	Z	Z
886 100% (2/ 2)	Z	Z	Z	Z	Z	Z	Z	Z	Z	Z	Z	Z	Z	Z	Z	Z	Z	Z	Z	Z	Z	Z	Z	Z
1101 100% (1/ 1)	Z	Z	Z	Z	Z	Z	Z	Z	Z	Z	Z	Z	Z	Z	Z	Z	Z	Z	Z	Z	Z	Z	Z	Z
33 74% (31/ 42)		1/D	1/C		2			2		3							1	2			7		1/	X
5 73% (36/ 49)	1	1/			1					1/	1	5											1/	3E
2718 71% (24/ 34)			6	3	Z	Z	Z	Z	Z	Z	Z	Z	Z	Z	Z	Z	Z	Z	Z				1/	2
P45 70% (7/ 10)	Z	Z	Z	Z	Z	Z	Z	Z	Z	Z	Z	Z	Z	Z	Z	Z	Z	Z	Z	Z	Z	Z	Z	Z
2464 70% (14/ 20)	Z	Z	Z	Z				6				3C				4B						3	4	2
436 69% (34/ 49)		1/						1	1		1	3									2		1/	1
1162 69% (34/ 49)	1	1/		15	1B			3		1/		1				1/	1	2	1		6		1/	1N
2344 69% (34/ 49)		1/E			2			2		3						3G	1	2			7		1/	2
619 67% (33/ 49)	1	1/		15	1B			3B		1/		1				1/	1	2	1		6B		1/	1
P41 67% (2/ 3)	Z	Z	X		2		Z	Z	Z	Z	Z	Z	Z	Z	Z	Z	Z	Z	Z	Z	Z	Z	Z	Z
81 67% (24/ 36)	Z	Z	Z	Z	Z	Z	Z	Z	Z	Z		2B				1/		2			2		1/	2
2805 65% (30/ 46)	1			4B	1			4	1	1/	1	3						1	3				Z	1L
P74 65% (31/ 48)		1/			2			2		1/		2B				1/		2	Z		2		1/	2
01 63% (31/ 49)		1/K			2			2	2B	3						1/		2			2			2
1739 63% (31/ 49)		1/		3	2			6B	1	3		3						2			2		1/	2
1893 63% (24/ 38)	Z	Z	Z	Z	1			1		Z	Z	1B				1/	1	2	1		6		1/	1
2778 63% (5/ 8)	Z	Z	Z	Z	Z	Z	Z	Z	Z	Z	Z	Z	Z	Z	Z	Z	Z	Z	Z	Z	Z	Z	Z	Z
1875 62% (29/ 47)			7	12	1			1		1/C						12		2			2		1/	
02 61% (30/ 49)		1/			2			2		3		2B				1/	1	2			2			2
044 61% (30/ 49)				3	7			3	1	1/		3						1	3		1		4	2
181 61% (30/ 49)		1/		12	1			3		1/C						12		2		4	2		1/	2
945 61% (30/ 49)		1/		3	6			6B	1	3		3						2			2		1/	1
1891 61% (30/ 49)		1/		3	3			6	1	3	1							2			2		1/	1L
04 60% (18/ 30)	Z	Z	Z	Z	2			3	Z	3		Z	Z	Z	Z	Z	Z	2		3	2	Z	1/	Z
03 59% (29/ 49)		1/		2	2		2B	2				2B				1/		2		4	2			2
2298 59% (29/ 49)	1	1/		3	1			6	1	3	1	3						1			2		1/	
610 58% (25/ 43)		1/	1/B	2	Z		Z	Z	3		1	3						1	3	3	2		1/	1
1297 57% (28/ 49)	1			15	1			1		1/	1	1B			1		1	1	1		1		1/	7
1595 57% (28/ 49)	1	1/		15	1			1		1/	1	1B			1		1	1	1		1		1/	1

623 — 49 TS + 0 SL + 36 MT

TESTSTELLE / UEBEREINST. ZEUGEN / BEZEUGTE VARIANTE	64 38 2	65 71 1/F	66 365 1/	68 15 4	72 3 2B	76 467 1/	77 181 2	80 1 7	81 49 2	84 42 4	85 20 2	86 35 2	87 476 1/	88 471 1/	90 71 2	91 46 3	92 99 2	93 4 3	95 44 2	97 422 1/	98 22 2C	100 470 1/	102 5 3	103 3 3B
2201 57% (28/ 49)	1	1/		1	1			1		1/	1	3				5		2	1		6		1/	1
441 57% (26/ 46)		1/K	8	2	1			1	1	1/	1	3				5D	1	2	3				1/	3D
431 56% (27/ 48)		1/	1/B	2	2			1	1		1	3				14		1	3	3	W		1/	1
941 56% (27/ 48)	1			1	1		1B	1			1	3			1	1/		1	4		1		Y	1
1598 56% (27/ 48)	1	1/		15	1			1		1/	1	1B			1		1	1	1		1		1/	1I
1409 55% (26/ 47)	1				1			2		1/	1	3			1	4		1			3		1/	1
323 55% (27/ 49)	1	1/C		1	1			6	1	1/	1	1				5		1	4		3		1/	1
1175 55% (27/ 49)		1/	1/B	2	3			2		1/		3				1/	1	2		1/B			1/	2
1270 55% (27/ 49)	1	1/		15	1			1		1/	1	1B			1		1	1	1		1		1/	7
1827 55% (27/ 49)	1	1/		7	1			1D	1	1/	1	1				1/	1	2	1		6		1/	1
1842 55% (27/ 49)		1/		15	4			5	1	1/C	1	4				5		2	3	5			1/	
2175 55% (6/ 11)	Z	Z	Z	Z	Z	Z	Z	Z	Z	Z	Z	Z	Z	Z	Z	Z	Z	Z	Z	Z	Z	Z	Z	Z
2303 55% (12/ 22)	Z	Z	Z	Z	Z	Z	Z	Z	Z	Z	Z	Z	Z	Z	Z	Z	1	1	1		Z	Z	1/	1
08 54% (25/ 46)	1		3		2			3	1B	3		2B				4		1				Z	Z	Z
94 53% (26/ 49)		1/	1/B	3	3			1	1	1/	1	3			1			1	3				1/	1
307 53% (26/ 49)		1/	1/B	2	2			3	3		1	3						1	3	3	2		1/	1
322 53% (26/ 49)	1	1/C		1	1			6	1	1/	1	1				5		1	4		3		1/	1
621 53% (26/ 49)		1/	8	2	1			1	1	1/	1	3				5		2	3				1/	3C
630 53% (26/ 49)	1	1/		3	3			6	1	3	1	1B						1			2		1/	1
808 53% (26/ 49)	1			1	1			1		1/	1	1B			1	6		1			1		1/	1
1678 53% (26/ 49)		1/	1/B	2	1			1	3		1	3						1	3	3	2		4	1
1704 53% (26/ 49)		1/		3	6			6B	1	3	1	3			4			2			2		1/	1
2374 53% (26/ 49)	1	3			1		1B	1	1	1/	1	3			1		1	1					1/	2
2818 53% (26/ 49)		1/	1/B	2	2			1	3		1	3						1	3	3	2		1/	1
1884 51% (23/ 45)	1	6	3		2			3	1	3		2B				4		1			2	Z	Z	Z
1890 51% (24/ 47)			6	17	1			1	1		1	Z				8		1	3	3	1	4	1/	2
88 51% (25/ 49)	1	1/		6	1		1	2	1	1/	1	4					1	1	1		6		1/	1F
437 51% (25/ 49)	1	1/		15	5			1		1/	1	1			1	1/	1		1		6		1/	1
935 51% (25/ 49)	1	9		1	1		1B	1	1	1/	1				1	5C		1			3		1/	1
1611 51% (25/ 49)		1/		17	1			3	1		1	3				8		1	3	3	1	4	1/	3
1642 51% (25/ 49)		1/			1		1B	1		1/	1	3			1	1/	1	1	1	4	3		1/	1
2737 51% (25/ 49)	1			15	1		1	1	1	1/	1	1B				11D		1	1		2B		1/	1

TESTSTELLE	7	9	11	12	14	15	16	18	20	29	35	36	38	41	42	44	45	46	47	48	51	52	53	54	55
UEBEREINST. ZEUGEN	10	4	13	10	5	17	7	7	441	439	452	339	21	467	283	5	473	76	92	1	5	452	338	16	1
BEZEUGTE VARIANTE	2	5	1/L	2	8	2	2	5B	1/	1/	1/	1/	2	1/	1/	6	1/	2	2	4	2	1/	1/	5	7
P33 100% (1/ 1)	Z	Z	Z	Z	Z	Z	Z	Z	Z	Z	Z	Z	Z	Z	Z	Z	Z	Z	Z	Z	Z		Z	Z	Z
62 90% (9/ 10)	Z	Z	Z	Z	Z	Z	Z	Z	Z							Z	Z	Z	Z	Z	Z	Z	Z	Z	Z
P45 78% (7/ 9)	Z	Z	Z	Z	Z	Z	Z	Y	Y			Z			Z	Z		Z	Z	Z		Z	Z	Z	3
81 72% (23/ 32)		2			2		Z	Z	Z		3					1/				1/	1			1	1/
P74 70% (33/ 47)	X	Z	1/I		2			Z			3				3	4				1/				3	1/
02 69% (35/ 51)		2	1/		2			5			3				3	4				1/				2	4
01 67% (34/ 51)		2	1/		2			5			3					4				3		4		4	1/B
03 65% (33/ 51)		2	1/		2			3			4					4				1/		4		7	1/B
2627 60% (3/ 5)	Z	Z	Z	Z	Z	Z	Z	Z	Z				1	Z	Z	Z	Z	Z	Z	Z	Z	Z	Z	Z	Z
33 50% (21/ 42)	4	1	1/	1	4	X	1	X		X		X	X		3	1/		X		1/	1B		3	4	X
314 50% (5/ 10)	Z	Z	Z	Z	Z	Z	Z	Z	Z	Z	Z	Z	Z			1/		1	Z	Z	Z	Z	Z	Z	Z
2344 50% (25/ 50)	1	1	1/	1	X	4	1	1/					1		3	1/				1/	1B		3	4	1/
04 48% (16/ 33)		3	5		2		Z	Z	Z		3B		1	Z	Z	4				1/	3B	1/D	4	4	1/
1175 47% (24/ 51)		4	1/D		2			5			3		1		6					1/	1	4	3	1	1/
044 45% (23/ 51)	5	1	1/	1	1B	3	1	1/					1		4	5				1/	9			3	1/
2718 45% (17/ 38)	1	1	1/	12	1B	1	1	1/							4	1/				1/	1	4	3	1	1/
623 44% (19/ 43)	Z	Z	Z	Z	Z	Z	Z	Z					1		4	1/				1/	1		3	4	1/
619 44% (22/ 50)	1	1		1	1	1	1	1/					1		4	1/				1/	1		3	4	1/
624 44% (7/ 16)	Z	Z	Z	Z	Z	Z	Z	Z	Z	Z			1	Z	Z	Z	Z	Z	Z	Z	1	Z	Z	Z	Z
2303 44% (7/ 16)	Z	Z	Z	Z	Z	Z	Z	Z	Z				1		4	1/		1	1	1/	1		Z	Z	Z
181 43% (22/ 51)	4	2	11	4	1	1	1	1/			3	3	1		4	1/			1	1/	1		3G	6	5
436 43% (22/ 51)	1	1		1	1	1	1	4					1		4	1/				1/	1		4C	1	1/
1162 43% (22/ 51)	1	1		1	1	1	1	4					1		4	1/				1/	1		3	4	1/
1739 43% (22/ 51)	16	1	1/	3	2	3	1	4		5			1		5	1/				1/	1		3	1	1/
441 43% (18/ 42)	Z	Z	Z	Z	Z	Z	Z	Z	Z				1		4	1/				1/	1	3	3	1	1/
1738 43% (3/ 7)	Z	Z	Z	Z	Z	Z	Z	Z	Z	Z	Z	Z	Z	Z	Z	Z	Z	Z	Z	Z	Z	Z	Z	Z	Z
1858 43% (3/ 7)	Z	Z	Z	Z	Z	Z	Z	Z	Z	Z	Z	Z	Z	Z	Z	Z	Z	Z	Z	Z	Z	Z	Z	Z	Z
1409 42% (20/ 48)	1		1/	12	3	1		5				1/K	1			4		3		1/	1	3	3	1	1/
1875 41% (19/ 46)	X	X	X	X	6	1	1	1/		Z	3	3	1		6	1/			1	1/	1		3G	2	5
945 41% (21/ 51)	1	1	1/	3	3	3	1	4		5			1		5	1/				1/	1		8C	1	1/
2464 41% (7/ 17)	Z	Z	Z	Z	Z	Z	Z	Z	Z	Z	Z	Z	Z	Z	Z	Z	Z	Z	Z	Z	Z	Z	Z	Z	Z
1893 41% (16/ 39)	1	1	1/	1	X	X	1	1/			Z	Z	1		4	1/				Z	1		3	1	1/
08 40% (20/ 50)	15	1	1/	1	3	5	1	4					1		6	1/			4	6	1			1	1/

629 | 51 TS + 10 SL + 36 MT

TESTSTELLE	7	9	11	12	14	15	16	18	20	29	35	36	38	41	42	44	45	46	47	48	51	52	53	54	55
UEBEREINST. ZEUGEN	10	4	13	10	5	17	7	7	441	439	452	339	21	467	283	5	473	76	92	1	5	452	338	16	1
BEZEUGTE VARIANTE	2	5	1/L	2	8	2	2	5B	1/	1/	1/	1/	2	1/	1/	6	1/	2	2	4	2	1/	1/	5	7
1745 40% (2/ 5)	Z	Z	Z	Z	Z	Z	Z	Z	Z	Z	Z	Z	Z	Z	Z	Z	Z	Z	Z	Z	Z	Z	Z	Z	Z
2201 40% (17/ 43)	Z	Z	Z	Z	Z	Z	Z	Z				1/F	1			1/			1	1/	1		3	1	1/
94 39% (20/ 51)	13	1		1	3		1			5	3	1/F			4	1/				1/	1		3		1/
1704 39% (20/ 51)	1	1	1/		2	5	1	4		5			1		5	1/				1/	1		8	1	1/
1884 39% (19/ 49)	15	1	1/	1	3	4	1	6B					1		6	1/			4B	U	1			1	1/
630 38% (19/ 50)	1	1	1/	3	2	3	1	Z				1/F	1		6	1/				1/	1		8	1	1/
57 38% (15/ 40)	Y	Y	Y	Y	1	1	Y	Y	Y				1			1/		1	1	1/	1			1	1/
307 37% (19/ 51)	13	4	1/	1D	2		1			5	3	1/F			4	1/				1/	1		3		1/
621 37% (19/ 51)	1	1	1/O	1	1	1	1	1/	1/B				1		4	1/				1/	1	3	3B	8	1/
1678 37% (19/ 51)	10	4	1/	1	3		1			5	3	1/F			4	1/				1/	1		3		1/
1842 37% (19/ 51)	1	1	1/O	1	1	1	1	1/					1			1/				1/	1	3	3	1	1/F
1891 37% (19/ 51)	16	1	1/	3	9	3	1	4		5		1/F	1		5	1/				1/	1		3	1	1/
2818 37% (19/ 51)	13	4	1/	1C	3		1			5	3	1/F			4	1/				1/	1		3		1/
1735 37% (18/ 49)	1B	1	1/	1	1	1	1	1/				1/K	1			1/		2B		1/	1		6	2B	1/
1729 36% (16/ 44)	Z	Z	Z	Z	Z	Z	Z	1/				1/F	1			1/		7	1	1/	1		3		6
206 36% (13/ 36)	Z	Z	Z	Z	Z	Z	Z	Z	Z	Z	Z	Z	Z		5	1/				1/	1	4	8	1	1/
431 36% (18/ 50)	1	1	1/	13	10	1	1	1/			3				4	1/				1/	1		3		1/
2175 36% (5/ 14)	1	1	1/	1	1	1	1	1/					1		Z	Z	Z	Z	Z	Z	Z	Z	Z	Z	Z
218 35% (18/ 51)	1	1	1/C	12	1	1	1	1/					1			1/		1		1/	1			1	1/
437 35% (18/ 51)	1	1	1/	1	1	1	1	1/				1/K	1			1/				1/	1			1	1/
453 35% (18/ 51)	13	4	1/	1	2		1			5	3	1/F			4	1/				1/	1		3	1	1/
1505 35% (18/ 51)	1	1	1/	12	1B	1	1	1/				1/D	1			1/		1		1/	1C			1	1/B
1526 35% (12/ 34)	Z	Z	Z	Z	Z	Z	Z	1/					1			1/		1	1	1/	1			1	1/
1827 35% (18/ 51)	1	1	1/B	1	4	4	1	1/					1		4	1/			1	1/	1		3	1	1/
1895 35% (18/ 51)	1	1	1/	11			1	1/					1			1/		1	1	1/	1			4	1/
642 35% (14/ 40)	1	Z	Z	1	1	1	1	1/					1		Z	1/		1		1/	1			1	1/
1759 35% (16/ 46)	Z	Z	Z	Z	1	1	1	1/				5	1			1/		1	1		1			1	1/
610 35% (17/ 49)	13	4	1/	1	3		1			5	3	1/F			4	1/				1/	1		3		1/
1758 34% (14/ 41)	5	1	5	1	2	3	1	Y				1/K	1		5	1/		X		1/	1		8	1	1/
2180 34% (15/ 44)	Z	Z	Z	Z	Z	Z	Z	4				1/K	1			1/		1	1	1/	1			1	9
522 34% (17/ 50)	7	1	5	3	2	3	1	4				1/F	1		5	1/				1/	1		8	1	1/
1864 34% (16/ 47)	Z	Z	Z	Z	1	1	1	1/					1			1/		1	1	1/	1			1	1/

TESTSTELLE	56	57	59	62	63	64	65	66	69	71	72	74	75	76	77	78	82	83	84	85	91	93	97	98	100
UEBEREINST. ZEUGEN	459	104	20	28	7	38	333	1	6	4	3	13	18	467	181	67	10	46	23	20	279	31	422	34	470
BEZEUGTE VARIANTE	1/	2	2	2	2	2	1/	1/H	3B	2	2B	2	3	1/	2	2	2	2	3	2	1/	2	1/	3	1/
P33 100% (1/ 1)	Z	Z	Z	Z	Z	Z	Z	Z	Z	Z	Z	Z	Z	Z	Z	Z	Z	Z	Z	Z	Z	Z	Z	Z	Z
62 90% (9/ 10)	Z	Z	Z	Z	Z	Z	Z	Z	Z	Z	Z	Z	Z	Z	Z	Z	Z	Z	Z	Z	Z	Z			
P45 78% (7/ 9)		1	Z	Z	Z	Z	Z	Z	Z	Z	Z	Z	Z	Z	Z	Z	Z	Z	Z	Z	Z	Z	Z	Z	Z
81 72% (23/ 32)				Z	Z	Z	Z	Z	Z	Z	Z	Z	Z	Z	Z	Z	Z	Z	Z					2	
P74 70% (33/ 47)								1/	3		2	X	2						1/					2	
02 69% (35/ 51)								1/	3	1	2		2											2	
01 67% (34/ 51)							1/K	1/	3		2		2			3								2	
03 65% (33/ 51)								1/	3		2		2		2B				4				4	2	
2627 60% (3/ 5)	Z	Z	Z	Z	Z	Z	Z	Z	Z	Z	Z	Z	Z	Z	Z	Z	Z	Z	Z	Z	Z	Z	Z	1	Z
33 50% (21/ 42)	X				1		1/D	1/C	3		2		2				1D	X			3			7	
314 50% (5/ 10)	Z	Z	Z	Z	Z	Z	Z	Z	Z	Z	Z	Z	Z	Z	Z	Z	Z	Z	Z	Z	Z	1		1	
2344 50% (25/ 50)			1		1		1/E	1/	3	1	2						1D				3G			7	
04 48% (16/ 33)		Z	Z	Z	Z	Z	Z	Z	Z	Z	2	1	2				Z				Z		3	2	Z
1175 47% (24/ 51)		2C		1	1			1/B	3	1	3	1	2			3	1		1/				1/B	2C	
044 45% (23/ 51)			4		1		1/F	1/		1	7	1	1				1		1/		3	1		1	
2718 45% (17/ 38)					1		1/F	6	2C	Z	Z	Z	Z	Z	Z	Z	Z	Z	Z	Z	Z	Z		2C	
623 44% (19/ 43)			1		1		1/F	1/	1	1		1	1			1	1	1	4		3	3		2C	
619 44% (22/ 50)			1	1	U	1		1/	1	1	1B		1				1	1	1/					6B	
624 44% (7/ 16)	Z	Z	Z	Z	1	1		1/	Z	Z	W	1	1		Z	Z	Z	Z	Z	Z		1		1	
2303 44% (7/ 16)	Z	Z	Z	Z	Z	Z	Z	Z	Z	Z	Z	Z	Z	Z	Z	Z	Z	Z	Z	Z	Z	1		Z	Z
181 43% (22/ 51)					1			1/		1	1		1C			1			1/C		12		4	2	
436 43% (22/ 51)			1		1			1/	1	1		1	1				1		4	1	3	3		2	
1162 43% (22/ 51)			1	1	1	1		1/	1	1	1B		1				1	1	1/					6	
1739 43% (22/ 51)				1	1			1/	2	1	2	1	2			1	1				3			2	
441 43% (18/ 42)			1	1	1		1/K	8	1	1	1	1				1	1		1/	1	5D			2C	
1738 43% (3/ 7)	Z	Z	Z	Z	Z	Z	Z	Z	Z	1	Z	Z	Z	Z	Z	Z	Z	Z	Z	Z		1		1	
1858 43% (3/ 7)	Z	Z	Z	Z	Z	Z	Z	Z	Z	Z	Z	Z	Z	Z	Z	Z	Z	Z	Z	1		1		1	
1409 42% (20/ 48)		Z	Z	Z	1	1	1/F	1/		1	1					1			1/	1	4	1			
1875 41% (19/ 46)					1		1/F	7		1	1	1	1			1			1/C		12			2	
945 41% (21/ 51)			1	1	1			1/	3	1	6	3				1B	1				3			2	
2464 41% (7/ 17)	Z	Z	Z	Z	Z	Z	Z	Z	Z	1		1	1			1	1		4		4B	3		2C	3
1893 41% (16/ 39)			1	1	Z	Z	Z	Z	Z	1	1		1			1	1	1	Z	Z				6	
08 40% (20/ 50)		1	1		1	1	1/F	3		1	2	1	1			1					4	1		2C	Z

629 51 TS + 10 SL + 36 MT

TESTSTELLE		56	57	59	62	63	64	65	66	69	71	72	74	75	76	77	78	82	83	84	85	91	93	97	98	100
UEBEREINST. ZEUGEN		459	104	20	28	7	38	333	1	6	4	3	13	18	467	181	67	10	46	23	20	279	31	422	34	470
BEZEUGTE VARIANTE		1/	2	2	2	2	2	1/	1/H	3B	2	2B	2	3	1/	2	2	2	2	3	2	1/	2	1/	3	1/
1745	40% (2/ 5)	Z	Z	Z	Z	Z	Z	Z	Z	Z	Z	Z	Z	Z	Z	Z	Z	Z	Z	Z	Z		1	Z	1	
2201	40% (17/ 43)			1	1	1	1		1/	1	1	1	1	1				1	1	1/	1	5			6	
94	39% (20/ 51)			1	1	4			1/B	3	1	3	1	1				1	1	1/	1	3	1		2C	
1704	39% (20/ 51)		2B	1	1	1			1/	3	1	6	1				1B	1			1	3			2	
1884	39% (19/ 49)		1	1		1	1	6	3	2C	1	2	1	1			1					4	1		2	Z
630	38% (19/ 50)				1	1	1		1/	2C	1	3	1				1	1			1	3	1		2	
57	38% (15/ 40)		1	1	1	1	1		1/	1	1	1	1	1		1	1	Y	Y	Y	Y		1			
307	37% (19/ 51)			1	1	4			1/B	2C	1	2	1	2				1		4	1	3	1	3	2	
621	37% (19/ 51)			1	1	1			8	1	1	1	1				1	1		1/	1	5			2C	
1678	37% (19/ 51)			1	1	4			1/B	2C	1	1	1	2				1		4	1	3	1	3	2	
1842	37% (19/ 51)		1	1	1	1			1/	1	1	4	1				1	1		1/C	1	5		5	2C	
1891	37% (19/ 51)				1	1			1/	2	1	3	1	2			1	1			1	3			2	
2818	37% (19/ 51)			1	1	4			1/B	2C	1	2	1	2				1		4	1	3	1	3	2	
1735	37% (18/ 49)			1	1	1	10		1/	3	1	2						1	1	1/	1	X	1		1	
1729	36% (16/ 44)		1	1	1	1	1		1/	1	1	1	1	1				1	1	1/	1	5			1	
206	36% (13/ 36)			1	1	1	X		1/	3	1	3	1			1B	1	1			1	4E	1		1D	
431	36% (18/ 50)			1	1	4			1/B	2C	1	2	3	2			1	1		4	1	14	1	3	W	
2175	36% (5/ 14)	Z	Z	Z	Z	Z	Z	Z	Z	Z	Z	Z	Z	Z	Z	Z	Z	Z	Z	Z	Z	Z	Z	Z	Z	Z
218	35% (18/ 51)		1		1	1		1/F	1/	1	1	1	1	1			1	1	1	1/	1		1		2	
437	35% (18/ 51)			1	1	1	1		1/	1	1	5	1	1			1	1	1C	1/	1		3		6	
453	35% (18/ 51)			1	1	4			1/B	2C	1	2	1	2				1		4	1	6B	1	3	2	
1505	35% (18/ 51)	1/D		1		1			6	1	1	1	1	1				1		4	1	8	1	3	1	
1526	35% (12/ 34)		1	1	1	1	1	1/F	1/	1	1	1	1	1			1	Z	Z	Z	Z	Z	Z	Z	Z	Z
1827	35% (18/ 51)			1	1	1	1		1/	1	1	1		1			1	1	1	1/	1				6	
1895	35% (18/ 51)		1	3	1	1	1		1/	1	1	1	1	1			1	1	1	1/	1		1		1	
642	35% (14/ 40)		1	1	1	1	Z	Z	Z	Z	1	1	1	1		1	1	Z	Z	Z	Z		1		1	
1759	35% (16/ 46)		1	1	1	1	1		1/	1	1	1	1	1		1		1	1	1/	1		V2		1	
610	35% (17/ 49)			1	1	4			1/B	2C	1	Z	1	2		Z	1	1		4	1	3	1	3	2	
1758	34% (14/ 41)			X	X	1	1		1/	3	X	X	1		X	X	1	1			1	4E	1	X	X	
2180	34% (15/ 44)			1	1	1	1		1/	1	1	4	1	1		1		1	1	1/	1	8C	1		1	
522	34% (17/ 50)			1	1	1	1		1/	3	1	V	1			1B	1	1			1	4F	1		1D	
1864	34% (16/ 47)		1	1	1	1	1		1/	1	1	1	1	1			1	1	1	1/	1		1		1	
1890	34% (16/ 47)	1/D		1		1		1/F	6	1	1	1	1	1				1		4	1	8	1	3	1	4

629 51 TS + 10 SL + 36 MT

TESTSTELLE			104
UEBEREINST. ZEUGEN			22
BEZEUGTE VARIANTE			2
P33	100%	(1/ 1)	Z
62	90%	(9/ 10)	1H
P45	78%	(7/ 9)	Z
81	72%	(23/ 32)	
P74	70%	(33/ 47)	
02	69%	(35/ 51)	
01	67%	(34/ 51)	
03	65%	(33/ 51)	
2627	60%	(3/ 5)	Z
33	50%	(21/ 42)	
314	50%	(5/ 10)	1
2344	50%	(25/ 50)	
04	48%	(16/ 33)	Z
1175	47%	(24/ 51)	
044	45%	(23/ 51)	
2718	45%	(17/ 38)	
623	44%	(19/ 43)	1
619	44%	(22/ 50)	1
624	44%	(7/ 16)	Z
2303	44%	(7/ 16)	1
181	43%	(22/ 51)	
436	43%	(22/ 51)	1
1162	43%	(22/ 51)	1
1739	43%	(22/ 51)	
441	43%	(18/ 42)	
1738	43%	(3/ 7)	1
1858	43%	(3/ 7)	1
1409	42%	(20/ 48)	1
1875	41%	(19/ 46)	1M
945	41%	(21/ 51)	1E
2464	41%	(7/ 17)	
1893	41%	(16/ 39)	1
08	40%	(20/ 50)	

629 51 TS + 10 SL + 36 MT

TESTSTELLE			104
UEBEREINST. ZEUGEN			22
BEZEUGTE VARIANTE			2
1745	40%	(2/ 5)	1
2201	40%	(17/ 43)	1
94	39%	(20/ 51)	1
1704	39%	(20/ 51)	1
1884	39%	(19/ 49)	
630	38%	(19/ 50)	1
57	38%	(15/ 40)	1
307	37%	(19/ 51)	1
621	37%	(19/ 51)	
1678	37%	(19/ 51)	1
1842	37%	(19/ 51)	
1891	37%	(19/ 51)	1
2818	37%	(19/ 51)	1
1735	37%	(18/ 49)	Z
1729	36%	(16/ 44)	1
206	36%	(13/ 36)	Z
431	36%	(18/ 50)	1
2175	36%	(5/ 14)	Z
218	35%	(18/ 51)	1
437	35%	(18/ 51)	1
453	35%	(18/ 51)	1
1505	35%	(18/ 51)	1E
1526	35%	(12/ 34)	Z
1827	35%	(18/ 51)	1
1895	35%	(18/ 51)	1
642	35%	(14/ 40)	1
1759	35%	(16/ 46)	1
610	35%	(17/ 49)	1
1758	34%	(14/ 41)	1
2180	34%	(15/ 44)	1
522	34%	(17/ 50)	3E
1864	34%	(16/ 47)	1
1890	34%	(16/ 47)	1

630 60 TS + 1 SL + 40 MT

TESTSTELLE	8	10	11	12	14	15	20	21	23	28	29	30	32	34	35	36	37	39	40	41	42	44	45	46	47
UEBEREINST. ZEUGEN	94	392	351	13	23	24	441	36	91	29	439	21	51	19	452	38	15	33	34	467	41	451	473	76	92
BEZEUGTE VARIANTE	3	1/	1/	3	2	3	1/	2	2	3D	1/	5	2	2B	1/	1/F	2	4	2	1/	6	1/	1/	2	2
P8 100% (1/ 1)	Z	Z	Z	Z	Z	Z	Z	Z		Z	Z	Z	Z	Z	Z	Z	Z	Z	Z	Z	Z	Z	Z	Z	Z
P33 100% (1/ 1)	Z	Z	Z	Z	Z	Z	Z	Z	Z	Z	Z	Z	Z	Z	Z	Z	Z	Z	Z	Z	Z	Z	Z	Z	Z
2200 93% (53/ 57)																					5			1	
1891 87% (52/ 60)					9						5	4									5				
1739 83% (50/ 60)											5	1				1/					5				
945 80% (48/ 60)					3						5	1				1/					5				
1704 77% (46/ 60)				2		5					5	1				1/					5				
429 68% (41/ 60)			5	8													1		1		5				
1751 67% (39/ 58)	3B			8				2D						9B			1		4		5				
522 64% (38/ 59)			5							11			1				1		1		5				
1758 64% (32/ 50)	1		5	1				1	1	X						1/K	1		1		5			X	
P45 64% (7/ 11)	Z	Z	Z	Z	Z	Z	Y	X		1/		Z	4	Y		Z	Z	Z			Z	Z		Z	Z
2298 63% (38/ 60)	1		1/L	1				1			5	1	1	11		1/	1		4		5			3	
610 62% (34/ 55)		6		1	3	2				3E	5			Z	3		1				4				
307 62% (37/ 60)		6		1D		2				3E	5			11C	3		1				4				
81 61% (27/ 44)	2	14	1/L	2		2	Z	Z	Z	1/		3		2C	3	1/		2			1/				
206 61% (25/ 41)	Z	Z	Z	Z	Z	Z	Z	Z	Z	Z	Z	Z	Z	Z	Z	Z	Z	Z	Z		5				
2818 60% (36/ 60)		6		1C	3	2				3E	5			11C	3		1				4				
P74 59% (34/ 58)	Y	3	1/I	2		2				1/		2		2	3	1/		2			3	4			
1509 59% (34/ 58)			1/I		1	1		1				X		1			1		1		5			1	
1875 58% (31/ 53)	X	X	X	X	6	1		1		Z	Z	1			3	3	4	X							1
02 58% (35/ 60)	2	3		2		2				1/		2		2	3	1/		2			3	4			
453 58% (35/ 60)		6		1		2				3E	5			11C	3		1				4				
2464 57% (12/ 21)	Z	Z	Z	Z	Z	Z	Z	Z	Z	Z	Z	Z	Z	Z	Z	Z	Z	Z	Z	Z	Z	Z	Z	Z	Z
1678 57% (34/ 60)	1	6		1	3	2					5	1		11C	3		1				4				
33 56% (27/ 48)	X	11		1	4	X		X		1/	X	X	1	11		X	X	1	1		3			X	
2344 56% (33/ 59)		11		1	X	4		1		1/		1		2		1/	1	1	1		3				
2778 56% (5/ 9)	Z	Z	Z	Z	Z	Z	Z	Z	Z	Z	Z	Z	Z	Z	Z	Z	Z	Z	Z	Z	Z	Z	Z	Z	Z
180 55% (32/ 58)		6		1	3B	2				3E	5	1		11C	3		1		1		4				
03 55% (33/ 60)	2			2		2				1/		2		2	4	1/		2			1/	4			
94 55% (33/ 60)		6	1/L	1	3	2		2C			5			11B	3		1				4				
181 55% (33/ 60)	3B	11	11	4	1	1		1H		1/		1			3	3	4B				4				1
322 55% (33/ 60)				1	1	1		1		8	5	1		11		1/			1						

630 60 TS + 1 SL + 40 MT

TESTSTELLE	8	10	11	12	14	15	20	21	23	28	29	30	32	34	35	36	37	39	40	41	42	44	45	46	47
UEBEREINST. ZEUGEN	94	392	351	13	23	24	441	36	91	29	439	21	51	19	452	38	15	33	34	467	41	451	473	76	92
BEZEUGTE VARIANTE	3	1/	1/	3	2	3	1/	2	2	3D	1/	5	2	2B	1/	1/F	2	4	2	1/	6	1/	1/	2	2
1831 54% (31/ 57)	3B		8B	1	1B			1B	1	1/						1/K	Z	Z	Z		5			3	
323 54% (32/ 59)		Z		1	1	1		1		3C	5	1		11		1/			1						
431 54% (32/ 59)	3B			13	10	1		1		1/		1		3	3	1/	1				4				
04 54% (21/ 39)	2C	3	5	2		2	Z	Z	Z	1/		2		11	3B	1/		Z	Z	Z	Z	4			
01 53% (32/ 60)	2	3		2		2				1/		2		2	3	1/		2			1/	4			
1490 53% (32/ 60)			5	1		3B		1D	1	1/						1/K	1		1		5			1	
2718 52% (23/ 44)	3B			12	1B	1		1		1/		1	1	1		1/	1	1	1		4				
1175 52% (31/ 60)	2	3	1/D	2		2				1/		1C		2	3	1/	1C	4B				6			
1884 51% (29/ 57)		11		1	3	4		4	3	5		1	1	9C		1/	6								4B
5 50% (30/ 60)				1	4	4		1		1/		1	1	11		1/D	1	1	1		1/			3	
436 50% (30/ 60)	1		1/L	1	1	1		1	1	1/		1	1	1		1/	1	1	1		4				
2805 50% (28/ 56)	3B	4	10	1			Z	Z	Z	6	6	1	1	1		1/	1	1			4				
1893 49% (23/ 47)	1			1	X	X		1		1/		1	Z	Z	Z	Z	1	1	1		4				
1642 48% (29/ 60)		3	14							3G	5				3	1/		1	1B		1/				
623 48% (26/ 54)	Z	Z	Z	Z	Z	Z		1		1/		1	1	11		1/	1	1	1		4				
2201 48% (26/ 54)	Z	Z	Z	Z	Z	Z		1		1/		1	1	11			1	1	1		1/				1
636 47% (28/ 60)	1			1C	6	1		6		11							1		1F		5				
08 47% (27/ 58)		11		1	3	5		4	3	5		1	1	9		1/	6	6							4
314 46% (6/ 13)	Z	Z	Z	Z	Z	Z	Z	Z	Z	Z	Z	Z	Z	Z	Z	Z	Z	Z	Z		1/			1	Z
1894 46% (26/ 57)	1			1	1	1		1	1	1/		1	3	11		1/		Z	Z		5			3	1
044 45% (27/ 60)	1	4		1	1B			1	7	1/		1	1	1		1/	1	1	1		4	5			
104 45% (27/ 60)		11	1/M	1	1	1		1		1/		1	1	1		1/	1	1			7				1
228 45% (27/ 60)				1	1	1				1/		1	1	1		1/	1	1	1		5			3	
619 45% (27/ 60)			1/L	1	1	1		1		1/		1	1	11		1/	1	1B	1		4				
2737 45% (27/ 60)				1	4	4		1		10		1	1	1		1/	1	1			3			1	
1745 44% (4/ 9)	Z	Z	Z	Z	Z	Z	Z	Z	Z	Z	Z	Z	Z	Z	Z	Z	Z	Z	Z	Z	Z	Z	Z	Z	Z
1735 44% (26/ 59)	1B			1	1	1		1	1			1	3	1		1/K	1	1D	1		1/			2B	
35 43% (26/ 60)	1			1	1			3	1	1/		1	1	1		1/	1	1	1			6			1
88 43% (26/ 60)	3B	3		1	4	4				1/		2		7		1/	1	1			1/			3	
467 43% (26/ 60)		4		1	8			1		6B	5	1	1	1		1/	1		1		1/				
489 43% (26/ 60)			12	1	4	1		1		1/		1	1	1			1	1	1		1/			6	1
1162 43% (26/ 60)	3B		1/L	1	1	1		1		1/		1	1	11		1/	1	1	1		4				
1595 43% (26/ 60)	1			1	1	7		1		1/		1	1	11		1/	1	1	1		4			3	

630 | 60 TS + 1 SL + 40 M⁻

TESTSTELLE	48	49	50	52	53	55	56	57	59	65	66	67	68	69	72	75	76	77	79	80	83	84	87	88	89
UEBEREINST. ZEUGEN	452	162	16	452	33	422	459	104	20	333	365	7	20	10	5	18	467	181	31	16	46	23	476	471	3
BEZEUGTE VARIANTE	1/	2	2C	1/	8	1/	1/	2	2	1/	1/	2B	3	2C	3	3	1/	2	2	6	2	3	1/	1/	3
P8 100% (1/ 1)	Z	Z	Z	Z	Z	Z	Z	Z	Z	Z	Z	Z	Z	Z	Z	Z	Z	Z	Z	Z	Z	Z	Z	Z	Z
P33 100% (1/ 1)	Z	Z	Z		Z	Z	Z	Z	Z	Z	Z	Z	Z	Z	Z	Z	Z	Z	Z	Z	Z	Z	Z	Z	Z
2200 93% (53/ 57)														2		Z	Z	Z							14
1891 87% (52/ 60)					3									2		2									14
1739 83% (50/ 60)					3									2	2	2				6B					14
945 80% (48/ 60)			19		8C				1					3	6					6B					5
1704 77% (46/ 60)			19					2B	1					3	6					6B					5
429 68% (41/ 60)			19						1			1		3	2			1B							14
1751 67% (39/ 58)	7		5B						1	8	1/E			1	1	1B		5				1/C			14
522 64% (38/ 59)		1	19						1			1		3	V			1B		6C					14
1758 64% (32/ 50)		Y	1						X			1		3	X		X	X	1						
P45 64% (7/ 11)	Z	Z	Z	Z	Z	3		1	Z	Z	Z	Z	Z	Z	Z	Z	Z	Z	Z	Z	Z	Z	Z	Z	Z
2298 63% (38/ 60)			1D		3				1					3	1	1					1				12
610 62% (34/ 55)					3				1		1/B	2	2		Z	2		Z	Z	Z		4			2
307 62% (37/ 60)					3				1		1/B	2	2		2	2				3		4			2
81 61% (27/ 44)			2		1/					Z	Z	Z	Z	Z	Z	Z	Z	Z	Z	Z	Z	Z			14
206 61% (25/ 41)		1	19	4					1			1		3				1B							14
2818 60% (36/ 60)					3				1		1/B	2	2		2	2				1		4			2
P74 59% (34/ 58)			3		1/							2	4	3	2	2			2B	2		1/			2
1509 59% (34/ 58)	1/K		1						1	1/F		1		1	1				X						14
1875 58% (31/ 53)			4		3G	5				1/F	7	1	12	3B	1	1				1		1/C			14
02 58% (35/ 60)			3		1/	4						2	4	3	2	2				2					14
453 58% (35/ 60)					3				1		1/B	2	2		2	2				3		4			2
2464 57% (12/ 21)	Z	Z	Z	Z	Z	Z	Z	Z	Z	Z	Z	Z	Z	Z	2B	1			1			4			2
1678 57% (34/ 60)					3				1		1/B	2	2		1	2				1		4			2
33 56% (27/ 48)			2		3	X	X			1/D	1/C	X	4	3	2	2				2	X				10
2344 56% (33/ 59)		1	2		3				1	1/E		2C	4	3	2					2					11
2778 56% (5/ 9)			1D		1/			1	1	Z	Z	Z	Z	Z	Z	Z	Z	Z	Z	Z	Z	Z	Z	Z	Z
180 55% (32/ 58)			2		3				1			2			2	2		Z	Z	1		1/			9
03 55% (33/ 60)			2	4	1/	1/B						2	2	3	2	2		2B		2		4			2
94 55% (33/ 60)					3				1		1/B	1		3		1			1	1	1	1/			1
181 55% (33/ 60)			10		3G	5						1	12	3B	1	1C				3		1/C			14
322 55% (33/ 60)		1	2		3F					1/C		1	1	1	1	1			1		1	1/			1

TESTSTELLE	48	49	50	52	53	55	56	57	59	65	66	67	68	69	72	75	76	77	79	80	83	84	87	88	89
UEBEREINST. ZEUGEN	452	162	16	452	33	422	459	104	20	333	365	7	20	10	5	18	467	181	31	16	46	23	476	471	3
BEZEUGTE VARIANTE	1/	2	2C	1/	8	1/	1/	2	2	1/	1/	2B	3	2C	3	3	1/	2	2	6	2	3	1/	1/	3
1831 54% (31/ 57)		1	19						1		6	1		2B	1			1B							
323 54% (32/ 59)		1	2		3					1/C		1	1	1	1	1			1		1	1/			1
431 54% (32/ 59)					3				1		1/B	2	2		2	2				1		4			2
04 54% (21/ 39)			2	1/D	4			Z	Z	Z	Z	Z	Z	Z	2	2				3			Z	Z	Z
01 53% (32/ 60)	3		2	4	1/	1/B				1/K		2	4	3	2	2			5	2					14
1490 53% (32/ 60)		1	19						1	1/F	6	1		3	1			1B							4
2718 52% (23/ 44)			2	4	3					1/F	6	1			Z	Z	Z	Z	Z	Z	Z	Z	Z	Z	Z
1175 52% (31/ 60)			2	4	3			2C			1/B	2	2	3		2				2		1/			14
1884 51% (29/ 57)	U	1	1		1/			1	1	6	3	1C	4		2	1				3					14
5 50% (30/ 60)			1		3				1			1	4	1	1	1			1B	7	1	1/			1
436 50% (30/ 60)			1		4C				1			1	4	1	2B	1			1	1		4			14
2805 50% (28/ 56)			1		3				1	1/F		1	4B	1B	1				1	4		1/			
1893 49% (23/ 47)	Z		1		3				1	Z	Z	Z	Z	Z	1	1			1B	1	1	Z			1
1642 48% (29/ 60)			3		3B				1			2	4	13	1	1		1B	5	1	1	1/			1C
623 48% (26/ 54)			1		3				1	1/F		1	4	1	2B	1			1B	7	1	4			1
2201 48% (26/ 54)			1		3				1			1	1	1	1	1			1	1	1	1/			1
636 47% (28/ 60)			19						1	1/F	1/F	1	1	1	1	1		1B	1	1E	1	1/		1/B	1
08 47% (27/ 58)	6	1	1		1/			1	1	1/F	3	1C	4	3B	2	1				3					14
314 46% (6/ 13)	Z	Z	Z	Z	Z	Z	Z	Z	Z	Z	Z	Z	Z	Z	Z	Z	Z	Z	Z	Z	Z	Z	Z	Z	Z
1894 46% (26/ 57)		1	1		1/			1	1			1C	1	1	Z	1		1	1	1				7	14
044 45% (27/ 60)		1	2		1/				4	1/F		1		3B	7	1			1	3		1/			2
104 45% (27/ 60)		1	1C		1/				1			1	1	1	1	1		3	1	1	1	1/			1
228 45% (27/ 60)			1		1/				1	1/F	11	1	7	1	8	1			1	5	1	1/			1
619 45% (27/ 60)			1		3				1			1	15	1	1B	1			1B	3B	1	1/			1
2737 45% (27/ 60)		1	1		3				1	1/F		1	15		1	1		1	1	1	1	1/			1
1745 44% (4/ 9)	Z	Z	Z	Z	Z	Z	Z	Z	Z	Z	Z	Z	Z	Z	Z	Z	Z	Z	Z	Z	Z	Z			1
1735 44% (26/ 59)			1		6				1			2	4	3	2				1	1	1	1/			1
35 43% (26/ 60)			1		1/			1				2	1	1	1	1			1	1	1	1/			1
88 43% (26/ 60)			1	4	3			1	1			1	6	1	1	1		1	1	2	1B	1/			1
467 43% (26/ 60)		1	1		3				1			1	7	1	1	1		1B	1	1	1	1/			1
489 43% (26/ 60)			1B		3D			1	1			1	1	1	1	1			1	1	1	1/			1
1162 43% (26/ 60)			1		3				1			1	15	1	1B	1			1B	3	1	1/			1
1595 43% (26/ 60)			1		3				1			1	15	1	1	1			1	1	1	1/			1

630 | 60 TS + 1 SL + 40 MT

TESTSTELLE	90	91	92	94	95	96	97	98	100	102
UEBEREINST. ZEUGEN	71	46	99	19	44	35	422	40	470	478
BEZEUGTE VARIANTE	2	3	2	2	2	2	1/	2	1/	1/
P8 100% (1/ 1)	Z	Z	Z	Z	Z	Z	Z	Z	Z	Z
P33 100% (1/ 1)	Z	Z	Z	Z	Z	Z	Z	Z	Z	Z
2200 93% (53/ 57)										
1891 87% (52/ 60)										
1739 83% (50/ 60)										
945 80% (48/ 60)										
1704 77% (46/ 60)	4									
429 68% (41/ 60)	1	4E	1	1	3	1		1D		
1751 67% (39/ 58)		3H				Z	Z			
522 64% (38/ 59)	1	4F	1	1	3	1		1D		
1758 64% (32/ 50)	1	4E	1	1	1	X	X	X		
P45 64% (7/ 11)	Z	Z	Z	Z	Z	Z	Z	Z	Z	Z
2298 63% (38/ 60)				5						
610 62% (34/ 55)				1	3	1	3			
307 62% (37/ 60)				1	3	1	3			
81 61% (27/ 44)		1/		2D						
206 61% (25/ 41)	1	4E	1	1	3	1		1D		
2818 60% (36/ 60)				1	3	1	3			
P74 59% (34/ 58)		1/			Z					
1509 59% (34/ 58)	1	4E	1	1	3	1		1		
1875 58% (31/ 53)		12								
02 58% (35/ 60)		1/	1							3
453 58% (35/ 60)	1	6B		1	3	1	3			
2464 57% (12/ 21)		4B						2C	3	4
1678 57% (34/ 60)				1	3	1	3			4
33 56% (27/ 48)			1					7		
2344 56% (33/ 59)		3G	1					7		
2778 56% (5/ 9)	Z	Z	Z	Z	Z	Z	Z	Z	Z	Z
180 55% (32/ 58)		4		1	3	1	3			
03 55% (33/ 60)		1/					4			3
94 55% (33/ 60)	1			1	3	1		2C		
181 55% (33/ 60)		12					4			
322 55% (33/ 60)		5		1	4			3		

630 60 TS + 1 SL + 40 MT

TESTSTELLE		90	91	92	94	95	96	97	98	100	102
UEBEREINST. ZEUGEN		71	46	99	19	44	35	422	40	470	478
BEZEUGTE VARIANTE		2	3	2	2	2	2	1/	2	1/	1/
1831	54% (31/ 57)	1	3D	1	1	1	1	1/C	3B		
323	54% (32/ 59)		5		1	4			3		
431	54% (32/ 59)		14		1	3	1	3	W		
04	54% (21/ 39)	Z	Z	Z				3		Z	
01	53% (32/ 60)		1/								3
1490	53% (32/ 60)	1	4E	1	1	1	1		1D		
2718	52% (23/ 44)	Z	Z	Z	Z	Z			2C		
1175	52% (31/ 60)		1/	1				1/B	2C		
1884	51% (29/ 57)		4		2B					Z	Z
5	50% (30/ 60)				1		1		2C		
436	50% (30/ 60)				11		1				
2805	50% (28/ 56)				4	3	1		2C		Z
1893	49% (23/ 47)		1/	1	1C	1	1		6		
1642	48% (29/ 60)	1	1/	1	1	1	1	4	3		
623	48% (26/ 54)				1		1		2C		3
2201	48% (26/ 54)		5		1	1	1		6		
636	47% (28/ 60)	1	5C		1	4	1		1		1/C
08	47% (27/ 58)		4						2C	Z	Z
314	46% (6/ 13)	Z	Z	1	1	1	1		1		
1894	46% (26/ 57)				1		1		1		
044	45% (27/ 60)				4	3			1		4
104	45% (27/ 60)	4	5		1						
228	45% (27/ 60)	1	5H		7	1	1				
619	45% (27/ 60)		1/	1	1	1	1		6B		
2737	45% (27/ 60)		11D		1	1	1		2B		
1745	44% (4/ 9)	1	1/	1	Z	Z	Z	Z	1		
1735	44% (26/ 59)	1	X	1	10	1	1		1		
35	43% (26/ 60)	1		1	1	1	1		1		
88	43% (26/ 60)			1	1	1	1		6		
467	43% (26/ 60)		4I	1	1	3	1		2C		
489	43% (26/ 60)		5		1	1	1		1		
1162	43% (26/ 60)		1/	1	1	1	1		6		
1595	43% (26/ 60)	1		1	1C	1	1		1		

634 33 TS + 0 SL + 71 MT

TESTSTELLE	10	11	18	19	20	28	29	35	36	39	41	42	44	45	48	49	52	53	55	56	65	66	68	76	77
UEBEREINST. ZEUGEN	392	351	355	110	441	416	439	452	339	1	467	53	451	473	452	162	452	338	422	459	333	365	87	467	181
BEZEUGTE VARIANTE	1/	1/	1/	2	1/	1/	1/	1/	1/	5	1/	4	1/	1/	1/	2	1/	1/	1/	1/	1/	1/	2	1/	2
P33 100% (1/ 1)	Z	Z	Z	Z	Z	Z	Z	Z	Z	Z	Z	Z	Z	Z	Z	Z		Z	Z	Z	Z	Z	Z	Z	Z
506 100% (7/ 7)	Z	Z	Z	Z	Z			Z	Z	Z	Z	Z	Z	Z			Z	Z			Z	Z	Z	Z	Z
1846 100% (7/ 7)	Z	Z	Z	Z	Z	Z	Z	Z	Z	Z	Z	Z	Z	Z	Z	Z	Z	Z	Z	Z	Z	Z	Z	Z	Z
2778 100% (6/ 6)	Z	Z	Z	Z	Z	Z	Z	Z	Z	Z	Z	Z	Z	Z							Z	Z	Z	Z	Z
2289 94% (16/ 17)	Z	Z	Z	Z	Z	Z	Z	Z	Z	Z	Z	Z	Z	Z	Z	Z									
386 94% (31/ 33)										1															
1100 94% (31/ 33)										1															
1733 94% (31/ 33)										1															
2554 94% (31/ 33)										1															
444 94% (30/ 32)										Z		6													
2218 94% (30/ 32)										1		V													
1856 93% (25/ 27)										1		8													
18 91% (30/ 33)										1													1		
141 91% (30/ 33)										1		8													
149 91% (30/ 33)										1		1/													
201 91% (30/ 33)										1		1/													
204 91% (30/ 33)										1		8													
394 91% (30/ 33)										1		8													
664 91% (30/ 33)										1		6													
824 91% (30/ 33)										1		1/													
928 91% (30/ 33)										1		8													
1058 91% (30/ 33)										1		6													
1072 91% (30/ 33)										1		1/													
1248 91% (30/ 33)										1		1/													
1482 91% (30/ 33)										1		8													
1503 91% (30/ 33)										1		1/													
1617 91% (30/ 33)										1		1/													
1628 91% (30/ 33)										1		1/													
1637 91% (30/ 33)										1		1/													
1656 91% (30/ 33)										1		1/													
1732 91% (30/ 33)										1		8													
1740 91% (30/ 33)										1		1/													
1744 91% (30/ 33)										1		1/													

TESTSTELLE	10	11	18	19	20	28	29	35	36	39	41	42	44	45	48	49	52	53	55	56	65	66	68	76	77
UEBEREINST. ZEUGEN	392	351	355	110	441	416	439	452	339	1	467	53	451	473	452	162	452	338	422	459	333	365	87	467	181
BEZEUGTE VARIANTE	1/	1/	1/	2	1/	1/	1/	1/	1/	5	1/	4	1/	1/	1/	2	1/	1/	1/	1/	1/	1/	2	1/	2
1749 91% (30/ 33)										1		8													
1855 91% (30/ 33)										1		8													
1865 91% (30/ 33)										1		1/													
1897 91% (30/ 33)										1		8													
2175 91% (10/ 11)										1		Z	Z	Z	Z	Z	Z	Z	Z	Z	Z	Z	Z	Z	Z
2255 91% (30/ 33)										1		8													
2261 91% (30/ 33)										1		8													
2352 91% (30/ 33)										1		1/													
2466 91% (30/ 33)										1		1/													
2723 91% (30/ 33)										1		1/													
1508 91% (29/ 32)										1		1/						Z							
986 90% (28/ 31)	Z	Z								1		8													
1864 90% (28/ 31)	Z	Z								1		1/													
1723 90% (27/ 30)	Z	Z								1		X									1/F				
2378 90% (18/ 20)	Z	Z	Z	Z	Z	Z	Z	Z	Z	Z	X	Y			Z					1/E					
1752 89% (25/ 28)	Z	Z	Z	Z	Z					1		6													
328 88% (29/ 33)										1		8				1									
432 88% (29/ 33)										1		5					3								
604 88% (29/ 33)				1B						1		5													
801 88% (29/ 33)										1		8													
1040 88% (29/ 33)				1						1		1/													
1075 88% (29/ 33)				1						1		1/													
1249 88% (29/ 33)										1		8					3								
1400 88% (29/ 33)										1		6									1/F				
1548 88% (29/ 33)										1		6				1									
1618 88% (29/ 33)										1		1/													
1619 88% (29/ 33)				1						1		1/													
1636 88% (29/ 33)				1						1		1/													
1737 88% (29/ 33)									1/F	1		1/													
1748 88% (29/ 33)										1		1/													
1876 88% (29/ 33)										1		8													
1892 88% (29/ 33)										1		1/													
2221 88% (29/ 33)										1		6				1									

634		33 TS + 0 SL + 71 MT							
	TESTSTELLE	84	87	88	91	92	97	100	102
UEBEREINST. ZEUGEN		402	476	471	279	99	422	470	478
BEZEUGTE VARIANTE		1/	1/	1/	1/	2	1/	1/	1/
P33	100% (1/ 1)	Z	Z	Z	Z	Z	Z	Z	Z
506	100% (7/ 7)		Z	Z	Z	Z	Z	Z	Z
1846	100% (7/ 7)				X				
2778	100% (6/ 6)	Z	Z	Z	Z	Z	Z	Z	Z
2289	94% (16/ 17)					1			
386	94% (31/ 33)					1			
1100	94% (31/ 33)					1			
1733	94% (31/ 33)					1			
2554	94% (31/ 33)					1			
444	94% (30/ 32)					1			
2218	94% (30/ 32)					1			
1856	93% (25/ 27)	Z	Z	Z	Z	Z	Z		
18	91% (30/ 33)					1			
141	91% (30/ 33)					1			
149	91% (30/ 33)					1			
201	91% (30/ 33)					1			
204	91% (30/ 33)					1			
394	91% (30/ 33)					1			
664	91% (30/ 33)					1			
824	91% (30/ 33)					1			
928	91% (30/ 33)					1			
1058	91% (30/ 33)					1			
1072	91% (30/ 33)					1			
1248	91% (30/ 33)					1			
1482	91% (30/ 33)					1			
1503	91% (30/ 33)					1			
1617	91% (30/ 33)					1			
1628	91% (30/ 33)					1			
1637	91% (30/ 33)					1			
1656	91% (30/ 33)					1			
1732	91% (30/ 33)					1			
1740	91% (30/ 33)					1			
1746	91% (30/ 33)					1			

634		33 TS + 0 SL + 71 MT							
	TESTSTELLE	84	87	88	91	92	97	100	102
UEBEREINST. ZEUGEN		402	476	471	279	99	422	470	478
BEZEUGTE VARIANTE		1/	1/	1/	1/	2	1/	1/	1/
1749	91% (30/ 33)					1			
1855	91% (30/ 33)					1			
1865	91% (30/ 33)					1			
1897	91% (30/ 33)					1			
2175	91% (10/ 11)	Z	Z	Z	Z	Z	Z	Z	Z
2255	91% (30/ 33)					1			
2261	91% (30/ 33)					1			
2352	91% (30/ 33)					1			
2466	91% (30/ 33)					1			
2723	91% (30/ 33)					1			
1508	91% (29/ 32)					1			
986	90% (28/ 31)					1			
1864	90% (28/ 31)					1			
1723	90% (27/ 30)					1			
2378	90% (18/ 20)					1			
1752	89% (25/ 28)					1			
328	88% (29/ 33)					1			
432	88% (29/ 33)					1			
604	88% (29/ 33)					1			
801	88% (29/ 33)				4E	1			
1040	88% (29/ 33)					1			
1075	88% (29/ 33)					1			
1249	88% (29/ 33)					1			
1400	88% (29/ 33)					1			
1548	88% (29/ 33)					1			
1618	88% (29/ 33)				13B	1			
1619	88% (29/ 33)					1			
1636	88% (29/ 33)					1			
1737	88% (29/ 33)					1			
1748	88% (29/ 33)					1	4		
1876	88% (29/ 33)				4E	1			
1892	88% (29/ 33)	4				1			

TESTSTELLE	10	11	14	18	20	21	23	28	29	30	32	34	35	36	38	39	41	42	44	45	46	47	48	49	50
UEBEREINST. ZEUGEN	392	351	1	355	441	15	91	1	439	21	51	19	452	38	1	33	467	60	451	473	76	92	452	162	7
BEZEUGTE VARIANTE	1/	1/	6	1/	1/	6	2	11	1/	5	2	2B	1/	1/F	5	4	1/	5	1/	1/	2	2	1/	2	19
P8 100% (2/ 2)	Z	Z	Z		Z	Z		Z	Z	Z	Z	Z	Z	Z	Z	Z	Z	Z	Z	Z	Z	Z	Z	Z	Z
P33 100% (1/ 1)	Z	Z	Z	Z	Z	Z	Z	Z	Z	Z	Z	Z	Z	Z	Z	Z	Z	Z	Z	Z	Z	Z	Z	Z	Z
P41 100% (1/ 1)	Z	Z	Z	Z	Z	Z	Z	Z	Z	Z	Z	Z	Z	Z	Z	Z	Z	Z	Z	Z	Z	Z	Z	Z	Z
1846 83% (5/ 6)	Z	Z	Z	Z	Z	Z	Z	Z	Z	Z	Z	Z	Z	Z	Z	Z	Z	Z	Z	Z	Z	Z	Z	Z	Z
630 70% (28/ 40)			2	Z		2		3D							1			6							2C
429 68% (28/ 41)		5	2	4		2		3D							1										
1751 68% (27/ 40)			2	4		2D		3D				9B			1								7		5B
2200 68% (27/ 40)			2	4		2		3D							1						1				2C
1101 67% (4/ 6)			1			1	Z	Z	Z	Z	Z	Z	Z	Z	Z	Z	Z	Z	Z	Z	Z	Z	Z	Z	Z
522 66% (27/ 41)		5	2	4		2					1				1									1	
206 64% (16/ 25)	Z	Z	Z	Z	Z	Z	Z	Z	Z	Z	Z	Z	Z	Z	Z	Z								1	
945 63% (26/ 41)			3	4		2		3D	5	1				1/	1										
1704 63% (26/ 41)			2	4		2		3D	5	1				1/	1										
1891 63% (26/ 41)			9	4		2		3D	5	4					1										2C
1730 63% (5/ 8)	Z	Z	Z	Z	Z	Z	Z	Z	Z	Z	Z	Z	Z	Z	Z	Z	Z	Z	Z	Z	Z	Z	Z	Z	Z
1893 63% (20/ 32)			X			1		1/		1	Z	Z	Z	Z	1	1		4					Z		1
2778 63% (5/ 8)	Z	Z	Z	Z	Z	Z	Z	Z	Z	Z	Z	Z	Z	Z	Z	Z	Z	Z	Z	Z	Z	Z			1D
1758 62% (21/ 34)		5	2	Y		1	1	X						1/K	1						X			Y	1
1490 61% (25/ 41)		5	2	4		1D	1	1/						1/K	1B						1			1	
1739 61% (25/ 41)			2	4		2		3D	5	1				1/	1										2C
1509 60% (24/ 40)		1/I	1	4		1		3D		X		1			1						1		1/K		1
5 59% (24/ 41)			4			1		1/		1	1	11		1/D	1	1		1/			3				1
228 59% (24/ 41)			1	4		2		1/		1	1	1		1/	1	1					3				1
322 59% (24/ 41)			1	4		1		8	5	1		11		1/	1			6						1	2
431 59% (24/ 41)			10			1		1/		1		3	3	1/	2			4							2C
941 59% (24/ 41)			1	8		1C		1/		2	1	1			1	1		4			1				1
1875 58% (21/ 36)	X	X				1		Z	Z	1			3	3	1	X		6				1			4
323 58% (23/ 40)	Z		1	4		1		3C	5	1		11		1/	1			6						1	2
886 57% (4/ 7)	4		8			1		Z	Z	Z	Z	Z	Z	Z	Z	Z	Z	Z	Z	Z	Z	Z	Z	Z	Z
2626 57% (4/ 7)	Z	Z	Z	Z	Z	Z	Z	Z	Z	Z	Z	Z	Z	Z	Z	Z	Z	Z	Z	Z	Z	Z	Z	Z	Z
2718 57% (20/ 35)			1B			1		1/		1	1	1		1/	2	1		4							2
623 57% (21/ 37)	Z	Z	Z	Z		1		1/		1	1	11		1/	1	1		4							1
2201 57% (21/ 37)	Z	Z	Z	Z		1		1/		1	1	11			1	1		1/				1			1

636 | 41 TS + 3 SL + 60 MT

TESTSTELLE	10	11	14	18	20	21	23	28	29	30	32	34	35	36	38	39	41	42	44	45	46	47	48	49	50
UEBEREINST. ZEUGEN	392	351	1	355	441	15	91	1	439	21	51	19	452	38	1	33	467	60	451	473	76	92	452	162	7
BEZEUGTE VARIANTE	1/	1/	6	1/	1/	6	2	11	1/	5	2	2B	1/	1/F	5	4	1/	5	1/	1/	2	2	1/	2	19
1831 56% (22/ 39)		8B	1B	6		1B	1	1/						1/K	Z	Z					3			1	
94 56% (23/ 41)	6	1/L	3	5B		2C		3D	5			11B	3		2			4							2C
180 56% (23/ 41)	6		3B	5B		2		3E	5	1		11C	3		1			4							2
619 56% (23/ 41)		1/L	1			1		1/		1	1	11		1/	1	1B		4							1
927 56% (23/ 41)		12	4			1		1/		1	1	1			1	1		1/			6	1			1E
2143 56% (23/ 41)		5	4			1		1/		3	1	1			1	1		1/				1		1	1
2737 56% (23/ 41)			4			1		10		1	1	1		1/	1	1		3			1			1	1
314 56% (5/ 9)	Z	Z	Z	Z	Z	Z	Z	Z	Z	Z	Z	Z	Z	Z	Z	Z		1/			1	Z	Z	Z	Z
610 55% (22/ 40)	6		3	5B		2		3E	5			Z	3		2			4							2C
1735 55% (22/ 40)			1			1	1	3D		1	3	1		1/K	1	1D		1/			2B				1
2344 55% (22/ 40)	11		X			1		1/		1		2		1/	1	1		3						1	2
P45 55% (6/ 11)	Z	Z	Z	Y	Y	X		1/		Z	4	Y		Z	2	Z		Z	Z		Z	Z	Z	Z	Z
506 55% (6/ 11)	Z	Z	Z	Z	Z	Z	Z	1/		1	1	1	Z	Z	Z	Z	Z	Z	Z	Z	Z	Z			Z
P74 54% (21/ 39)	3	1/I	2	Z		2		1/		2		2	3	1/	2	2		3	4						3
935 54% (21/ 39)			1			Z	1	1/		3	1	11		1/	1	1		6			5	1			X
307 54% (22/ 41)	6		2	5B		2		3E	5			11C	3		2			4							2C
437 54% (22/ 41)			1			1		1/		1	1	11		1/K	1	1		1/						1	1
453 54% (22/ 41)	6		2	5B		2		3E	5			11C	3		2			4							2C
489 54% (22/ 41)		12	4			1		1/		1	1	1			1	1		1/			6	1			1E
996 54% (22/ 41)			1	4		2B	1	1/		1	3	1		1/	1	1		6			3				1
1162 54% (22/ 41)		1/L	1	4		1		1/		1	1	11		1/	1	1		4							1
1297 54% (22/ 41)			1		1/B	1		1/		1	1	11		1/	1	1		4			6				1
1404 54% (22/ 41)			1			1	1	1/		1	1	11		1/	1	1		6				1			1D
1595 54% (22/ 41)			1			1		1/		1	1	11		1/	1	1		4			3				1
1868 54% (22/ 41)			1			1		1/		1	1	1			1	1		1/			6	1		1	1E
1896 54% (22/ 41)			1	6		2B	1	1/		1	1	1		1/	1	1					3			1	1
2483 54% (22/ 41)			1			1D	1	1/		1	1	11		1/	1	1		6			3	1			1
2818 54% (22/ 41)	6		3	5B		2		3E	5			11C	3		2			4							2C
33 53% (17/ 32)	11		4	X		X		1/	X	X	1	11		X	X	1		3			X				2
81 53% (17/ 32)	14	1/L	2	Z	Z	Z	Z	1/		3		2C	3	1/	2	2		1/							2
466 53% (10/ 19)	Z	Z	Z	Z	Z	Z	Z	Z	Z	Z	Z	Z	Z	Z	Z	Z	Z	Z	Z	Z	Z	Z		1	1
606 51% (19/ 37)			1	4		2		3D	5	1	Z	Z	Z	Z	1	2								1	2C

TESTSTELLE	52	53	55	56	57	61	65	66	76	84	87	91	92	95	97	100
UEBEREINST. ZEUGEN	452	33	422	459	104	36	71	1	467	402	476	6	99	13	422	470
BEZEUGTE VARIANTE	1/	8	1/	1/	2	2	1/F	1/F	1/	1/	1/	5C	2	4	1/	1/
P8 100% (2/ 2)	Z	Z	Z	Z	Z	Z	Z	Z	Z	Z	Z	Z	Z	Z	Z	Z
P33 100% (1/ 1)		Z	Z	Z	Z	Z	Z	Z	Z	Z	Z	Z	Z	Z	Z	Z
P41 100% (1/ 1)	Z	Z	Z	Z	Z	Z	Z	X		Z	Z	Z	Z	Z	Z	Z
1846 83% (5/ 6)	Z	Z	Z	Z	Z	Z	Z	Z	Z			X		3		
630 70% (28/ 40)						1	1/	1/		3		3		2		
429 68% (28/ 41)						1	1/	1/		3		4E	1	3		
1751 68% (27/ 40)							8	1/E		1/C		3H		2	Z	
2200 68% (27/ 40)						1	1/	1/	Z	3		3		2		
1101 67% (4/ 6)	Z	Z	Z	Z	Z	Z	Z	Z	Z	Z	Z	Z	Z	Z	Z	Z
522 66% (27/ 41)						1	1/	1/		3		4F	1	3		
206 64% (16/ 25)	4					1	1/	1/		3		4E	1	3		
945 63% (26/ 41)		8C				1	1/	1/		3		3		2		
1704 63% (26/ 41)					2B	1	1/	1/		3		3		2		
1891 63% (26/ 41)		3				1	1/	1/		3		3		2		
1730 63% (5/ 8)	Z	Z	Z	Z	Z	Z	Z	Z				1/	1	1		
1893 63% (20/ 32)		3				1	Z	Z		Z		1/	1	1		
2778 63% (5/ 8)		1/			1	Z	Z	Z	Z	Z	Z	Z	Z	Z	Z	Z
1758 62% (21/ 34)						X	1/	1/	X	3		4E	1	1	X	
1490 61% (25/ 41)						1		6		3		4E	1	1		
1739 61% (25/ 41)		3				1	1/	1/		3		3		2		
1509 60% (24/ 40)						1		1/		3		4E	1	3		
5 59% (24/ 41)		3					1/	1/				3		2		
228 59% (24/ 41)		1/				1		11				5H		1		
322 59% (24/ 41)		3F				1	1/C	1/				5				
431 59% (24/ 41)		3					1/	1/B		4		14		3	3	
941 59% (24/ 41)		3				1		1/		4		1/				
1875 58% (21/ 36)		3G	5			1		7		1/C		12		2		
323 58% (23/ 40)		3				1	1/C	1/				5				
886 57% (4/ 7)	Z	Z	Z	Z	Z	Z	Z	Z	Z	Z	Z	Z	Z	Z	Z	Z
2626 57% (4/ 7)	Z	Z	Z	Z	Z	Z	Z	Z	Z			4E	1	1		
2718 57% (20/ 35)	4	3				1		6	Z	Z	Z	Z	Z	Z		
623 57% (21/ 37)		3				1		1/		4		3		2		
2201 57% (21/ 37)		3				1	1/	1/				5		1		

636 41 TS + 3 SL + 60 MT

TESTSTELLE	52	53	55	56	57	61	65	66	76	84	87	91	92	95	97	100
UEBEREINST. ZEUGEN	452	33	422	459	104	36	71	1	467	402	476	6	99	13	422	470
BEZEUGTE VARIANTE	1/	8	1/	1/	2	2	1/F	1/F	1/	1/	1/	5C	2	4	1/	1/
1831 56% (22/ 39)						1	1/	6		3		3D	1	1	1/C	
94 56% (23/ 41)		3				1	1/	1/B				3		3		
180 56% (23/ 41)		3					1/	1/				4		3	3	
619 56% (23/ 41)		3					1/	1/				1/	1	1		
927 56% (23/ 41)		3D			1			1/				5		1		
2143 56% (23/ 41)		3				1		1/				5		1		
2737 56% (23/ 41)		3				1		1/				11D		1		
314 56% (5/ 9)	Z	Z	Z	Z	Z	Z	Z	Z	Z	Z	Z	Z	1	1		
610 55% (22/ 40)		3				1	1/	1/B		4		3		3	3	
1735 55% (22/ 40)		6					1/	1/				X	1	1		
2344 55% (22/ 40)		3					1/E	1/		3		3G	1	2		
P45 55% (6/ 11)	Z	Z	3		1	Z	Z	Z	Z	Z	Z	Z	Z	Z	Z	Z
506 55% (6/ 11)	Z	Z			1	Z	Z	Z	Z		Z	Z	Z	Z	Z	Z
P74 54% (21/ 39)		1/					1/	1/				1/		Z		
935 54% (21/ 39)		3			1	1	9	1/						2		
307 54% (22/ 41)		3				1	1/	1/B		4		3		3	3	
437 54% (22/ 41)		1/				1	1/	1/				1/	1	1		
453 54% (22/ 41)		3				1	1/	1/B		4		6B		3	3	
489 54% (22/ 41)		3D			1		1/	1/				5		1		
996 54% (22/ 41)	3	1/					1/	10				5H				
1162 54% (22/ 41)		3					1/	1/				1/	1	1		
1297 54% (22/ 41)		3				1		1/				3	1	1		
1404 54% (22/ 41)		3			1	1	1/	1/						1		
1595 54% (22/ 41)		3				1	1/	1/				3	1	1		
1868 54% (22/ 41)		3			1	1		1/				5		1		
1896 54% (22/ 41)	3				1	1		1/				3				
2483 54% (22/ 41)		3			1	1		1/						3B		
2818 54% (22/ 41)		3				1	1/	1/B		4		3		3	3	
33 53% (17/ 32)		3	X	X			1/D	1/C		3		3	1	2		
81 53% (17/ 32)		1/				Z	Z	Z	Z	Z		1/		2		
466 53% (10/ 19)		1/			1		1/	6				1/	1	1		
606 51% (19/ 37)		1/			1	1	5	10				1/	1	1		

641 | 35 TS + 0 SL + 65 MT

TESTSTELLE / UEBEREINST. ZEUGEN / BEZEUGTE VARIANTE	10 392 1/	11 351 1/	12 13 3	13 8 3D	18 73 4	20 441 1/	21 36 2	23 91 2	28 29 3D	29 30 5	35 452 1/	36 339 1/	39 14 2	41 467 1/	42 60 5	44 451 1/	45 473 1/	46 76 2	47 92 2	48 452 1/	50 16 2C	52 452 1/	53 338 1/	55 422 1/	56 459 1/
P33 100% (1/ 1)	Z	Z	Z	Z	Z	Z	Z	Z	Z	Z	Z	Z	Z	Z	Z	Z	Z	Z	Z	Z	Z		Z	Z	Z
P41 100% (1/ 1)	Z	Z	Z	Z	Z	Z	Z	Z	Z	Z	Z	Z	Z	Z	Z	Z	Z	Z	Z	Z	Z	Z	Z	Z	Z
606 97% (32/ 33)											Z	Z													
103 94% (33/ 35)							2C																		
2778 83% (5/ 6)	Z	Z	Z	Z	Z	Z	Z	Z	Z	Z	Z	Z	Z	Z	Z	Z	Z	Z	Z		1D				
1832 81% (22/ 27)	Z	Z	Z	Z	Z	Z	Z	Z											1						
1738 80% (4/ 5)	Z	Z	Z	Z	Z	Z	Z	Z	Z	Z	Z	Z	Z	Z	Z	Z	Z	Z	Z	Z	Z	Z	Z	Z	Z
1846 80% (4/ 5)	Z	Z	Z	Z	Z	Z	Z	Z	Z	Z	Z	Z	Z	Z	Z	Z	Z	Z	Z	Z	Z	Z	Z	Z	Z
1858 80% (4/ 5)	Z	Z	Z	Z	Z	Z	Z	Z	Z	Z	Z	Z	Z	Z	Z	Z	Z	Z	Z	Z	Z	Z	Z	Z	Z
2777 80% (4/ 5)	Z	Z	Z	Z	Z	Z	Z	Z	Z	Z	Z	Z	Z	Z	Z	Z	Z	Z	Z	Z	Z	Z	Z	Z	Z
624 78% (7/ 9)	Z	Z	Z	Z	Z	Z	Z	Z	Z	Z			Z	Z	Z	Z	Z	Z	Z	Z	Z	Z	Z	Z	Z
1739 77% (27/ 35)													4										3		
1765 77% (27/ 35)			1	3B	1/		1												1						
314 75% (6/ 8)	Z	Z	Z	Z	Z	Z	Z	Z	Z	Z	Z	Z	Z		1/			1	Z	Z	Z	Z	Z	Z	Z
1730 75% (6/ 8)	Z	Z	Z	Z	Z	Z	Z	Z	Z	Z	Z	Z	Z	Z	Z	Z	Z	Z	Z	Z	Z	Z	Z	Z	Z
1745 75% (3/ 4)	Z	Z	Z	Z	Z	Z	Z	Z	Z	Z	Z	Z	Z	Z	Z	Z	Z	Z	Z	Z	Z	Z	Z	Z	Z
1899 75% (3/ 4)	Z	Z	Z	Z	Z	Z	Z	Z	Z	Z	Z	Z	Z	Z	Z	Z	Z	Z	Z	Z	Z	Z	Z	Z	Z
876 74% (26/ 35)			1	3C	1/		1												1						
1891 74% (26/ 35)												1/F	4										3		
325 71% (10/ 14)	Z	Z	Z	Z	Z	Z	Z	Z	Z	Z	Z	Z	Z	Z	Z	Z	Z	Z	Z	Z	Z				
945 71% (25/ 35)				3E									4								19		8C		
2289 71% (10/ 14)	Z	Z	Z	Z	Z	Z	Z	Z	Z	Z	Z	Z	Z	Z	Z	Z	Z	Z	Z	Z	Z				
466 69% (11/ 16)	Z	Z	Z	Z	Z	Z	Z	Z	Z	Z	Z	Z	Z	Z	Z	Z	Z	Z	Z		1				
1704 69% (24/ 35)			2	5									4								19		8		
2200 68% (23/ 34)										1/		1/F	4					1					8		
506 67% (4/ 6)	Z	Z	Z	Z	Z	Z	Z	Z	1/	1/	Z	Z	Z	Z	Z	Z	Z	Z	Z		Z	Z	Z		
228 66% (23/ 35)			1	2C					1/	1/			1					3			1				
2494 66% (23/ 35)		6	1	1	1/		1	1										1	1		1				
630 65% (22/ 34)				4	Z					1/		1/F	4		6								8		
322 63% (22/ 35)			1	2C			1		8				4		6						2		3F		
429 63% (22/ 35)		5	8							1/		1/F	4								19		8		
467 63% (22/ 35)	4		1	1D			1		6B				4		1/						1		3		
522 63% (22/ 35)		5							11	1/		1/F	4								19		8		

641 — 35 TS + 0 SL + 65 MT

TESTSTELLE	10	11	12	13	18	20	21	23	28	29	35	36	39	41	42	44	45	46	47	48	50	52	53	55	56
UEBEREINST. ZEUGEN	392	351	13	8	73	441	36	91	29	30	452	339	14	467	60	451	473	76	92	452	16	452	338	422	459
BEZEUGTE VARIANTE	1/	1/	3	3D	4	1/	2	2	3D	5	1/	1/	2	1/	5	1/	1/	2	2	1/	2C	1/	1/	1/	1/
1162 63% (22/ 35)		1/L	1	7			1		1/	1/			1		4						1		3		
1853 63% (22/ 35)			1	1			1	1					1						1		1				1/D
P45 63% (5/ 8)	Z	Z	Z	Z	Y	Y	X		1/	1/		Z	Z		Z	Z		Z	Z	Z	Z	Z	Z	3	
309 62% (13/ 21)	Z	Z	Z	Z	Z	Z	Z	Z	Z	Z	Z	Z	Z		4			1	1	Z	1				
323 62% (21/ 34)	Z		1	2			1		3C				4		6						2		3		
81 62% (16/ 26)	14	1/L	2	2	Z	Z	Z	Z	1/	1/	3				1/						2				
1893 61% (17/ 28)			1	X	1/		1		1/	1/	Z	Z	1		4					Z	1		3		
62 60% (6/ 10)	Z	Z	Z	Z	Z	Z	Z	Z	1/	1/			1		1/	Z	Z	Z	Z	Z	Z	Z	Z	Z	Z
312 60% (21/ 35)			1	1	1/		1	1	1/	1/			1		1/			3	1		1				
437 60% (21/ 35)			1	1	1/		1		1/	1/		1/K	1		1/						1				
602 60% (9/ 15)	Z	Z	Z	Z	Z	Z	Z	Z	Z	Z	Z	Z	Z	Z	Z	Z	Z	1	1		1	Z			
996 60% (21/ 35)			1	2C			2B	1	1/	1/			1		6			3			1	3			
1244 60% (21/ 35)			1	1	1/		1	1	1/	1/			1		1/			1	1		1				
1642 60% (21/ 35)	3	14		2C					3G		3		1		1/						3		3B		
1717 60% (21/ 35)			1	1	1/		1	1	1/	1/			1		1/			1	1		1				
1852 60% (15/ 25)	Z	Z	Z	Z	Z	Z	Z	Z	Z	Z			1		1/			3	1		1				
1888 60% (21/ 35)			1	1	1/		1	1	1/	1/			1		1/			1	1		1				
2298 60% (21/ 35)		1/L	1	1D			1						4					3			1D		3		
2441 60% (9/ 15)	Z	Z	Z	Z	Z	Z	Z	Z	Z	Z	Z	Z	Z	Z	8	Z	Z	1	1		1				
2558 60% (21/ 35)			1	1	1/		1	1	1/	1/			1		1/			1	1		1				
2716 60% (15/ 25)	Z	Z	Z	Z	Z	Z	Z	Z	1/	1/	Z		1		1/			1	1		1D				
110 59% (19/ 32)			1	1	X		X	Z	1/	1/			1		8			1	1		1				
1837 59% (19/ 32)	7		1	1	Z	Z	Z		1/	1/					1/						1		3B		1/B
020 59% (16/ 27)	Z	Z	Z	Z	Z	Z	Z	Z	1/	1/			1		1/			3			1	3			
1094 59% (16/ 27)	Z	Z	Z	Z	Z	Z	Z	Z	1/	1/			1		1/			1	1		1				
1752 59% (16/ 27)	Z	Z	Z	Z	Z	Z	Z	Z	1/	1/			1		6			1	1		1				
172 59% (13/ 22)	Z	Z	Z	Z	1/		1	Z	1/	Z	Z		Z	Z	Z			1	1		1				
206 59% (13/ 22)	Z	Z	Z	Z	Z	Z	Z	Z	Z	Z	Z	Z	Z								19	4	8		
1731 59% (13/ 22)	Z	Z	Z	Z	Z	Z	Z	Z	Z	Z	Z	Z	Z		1/			1	1		1				
P74 59% (20/ 34)	3	1/I	2	2B	Z				1/	1/	3				3	4					3				
1599 59% (20/ 34)			1	1	1/		1	1	1/	1/			1		1/			1	1		1E				
2423 59% (20/ 34)			1	1			1	1	1/	1/			1		1/			3	1		1				

641 35 TS + 0 SL + 65 MT

TESTSTELLE UEBEREINST. ZEUGEN BEZEUGTE VARIANTE	65 21 5	66 29 10	76 467 1/	80 20 3	84 402 1/	86 24 4	91 279 1/	97 422 1/	100 470 1/	102 478 1/
P33 100% (1/ 1)	Z	Z	Z	Z	Z	Z	Z	Z	Z	Z
P41 100% (1/ 1)	Z	X		Z	Z	Z	Z	Z	Z	Z
606 97% (32/ 33)						1B				
103 94% (33/ 35)						1B				
2778 83% (5/ 6)	Z	Z	Z	Z	Z	Z	Z	Z	Z	Z
1832 81% (22/ 27)	4			1B		3	8			
1738 80% (4/ 5)	Z	Z	Z	Z	Z	1				
1846 80% (4/ 5)	Z	Z	Z	Z		1	X			
1858 80% (4/ 5)	Z	Z	Z	Z	Z	1B				
2777 80% (4/ 5)	Z	Z	Y	Z	Z	1B				
624 78% (7/ 9)	1/	1/		Z	Z	Z				
1739 77% (27/ 35)	1/	1/		6B	3	3	3			
1765 77% (27/ 35)				1		3	8			
314 75% (6/ 8)	Z	Z	Z	Z	Z	Z	Z			
1730 75% (6/ 8)	Z	Z		1		2B				
1745 75% (3/ 4)	Z	Z	Z	Z	Z	1B		Z		
1899 75% (3/ 4)	Z	Z	Z	Z		1B		Z	Z	
876 74% (26/ 35)	4			1		3	8B			
1891 74% (26/ 35)	1/	1/		6	3	2	3			
325 71% (10/ 14)	1/	1/		1		2B				
945 71% (25/ 35)	1/	1/		6B	3	3	3			
2289 71% (10/ 14)	1/	1/		1		1B				
466 69% (11/ 16)	1/	6		1		1				
1704 69% (24/ 35)	1/	1/		6B	3	3	3			
2200 68% (23/ 34)	1/	1/	Z	6	3	1	3			
506 67% (4/ 6)	Z	Z	Z	Z		Z	Z	Z	Z	Z
228 66% (23/ 35)	1/F	11		5		1	5H			
2494 66% (23/ 35)				1		3	8			
630 65% (22/ 34)	1/	1/		6	3	1B	3			
322 63% (22/ 35)	1/C	1/		6		1	5			
429 63% (22/ 35)	1/	1/		6	3	1	4E			
467 63% (22/ 35)	1/	1/		1			4I			
522 63% (22/ 35)	1/	1/		6C	3	1	4F			

641 35 TS + 0 SL + 65 MT

TESTSTELLE	65	66	76	80	84	86	91	97	100	102
UEBEREINST. ZEUGEN	21	29	467	20	402	24	279	422	470	478
BEZEUGTE VARIANTE	5	10	1/	3	1/	4	1/	1/	1/	1/
1162 63% (22/ 35)	1/	1/				1				
1853 63% (22/ 35)	1/	1/				3	8		4	
P45 63% (5/ 8)	Z	Z	Z	Z	Z	Z	Z	Z	Z	Z
309 62% (13/ 21)	1/O	1/		1		1				
323 62% (21/ 34)	1/C	1/		6		1	5			
81 62% (16/ 26)	Z	Z	Z	Z	Z	2B				
1893 61% (17/ 28)	Z	Z		1	Z	1B				
62 60% (6/ 10)	Z	Z	Z	Z	Z	Z	Z			
312 60% (21/ 35)		1/		1						
437 60% (21/ 35)	1/	1/		1		1				
602 60% (9/ 15)	1/	Z		1		3		Z		
996 60% (21/ 35)	1/			5			5H			
1244 60% (21/ 35)				1		2B				
1642 60% (21/ 35)	1/	1/		1		3		4		
1717 60% (21/ 35)				1		1				
1852 60% (15/ 25)	1/	1/		1		1	5			
1888 60% (21/ 35)				1		1				
2298 60% (21/ 35)	1/	1/		6	3	3	3			
2441 60% (9/ 15)	Z	Z		1	Z	1B			Z	
2558 60% (21/ 35)				1		1B				
2716 60% (15/ 25)	1/H	1/		1C					Z	
110 59% (19/ 32)	1/Q	1/		1		2				
1837 59% (19/ 32)	1/	14		1		1				
020 59% (16/ 27)	1/F	1/		1		1				
1094 59% (16/ 27)	1/	1/		1		2				
1752 59% (16/ 27)	1/	1/		1		1B				
172 59% (13/ 22)	1/	1/		1	Z	Z	Z			
206 59% (13/ 22)	1/	1/		6	3	1	4E			
1731 59% (13/ 22)	1/	1/		1		1B	4C			
P74 59% (20/ 34)	1/	1/		2		2B				
1599 59% (20/ 34)	Z			1		3				
2423 59% (20/ 34)	1/	1/		1		X				
642 58% (17/ 29)	Z	Z		1	Z	1B				

808 | 36 TS + 2 SL + 66 MT

TESTSTELLE	8	10	11	15	18	20	28	29	32	35	36	41	42	44	45	47	48	49	52	53	55	56	65	66	70
UEBEREINST. ZEUGEN	94	392	13	6	2	441	416	439	51	452	339	467	283	451	473	92	452	162	452	87	422	459	71	365	21
BEZEUGTE VARIANTE	3	1/	1/L	7	6	1/	1/	1/	2	1/	1/	1/	1/	1/	1/	2	1/	2	1/	3	1/	1/	1/F	1/	2
P33 100% (1/ 1)	Z	Z	Z	Z	Z	Z	Z	Z	Z	Z	Z	Z	Z	Z	Z	Z	Z	Z		Z	Z	Z	Z	Z	Z
P41 100% (1/ 1)	Z	Z	Z	Z	Z	Z	Z	Z	Z	Z	Z	Z	Z	Z	Z	Z	Z	Z	Z	Z	Z	Z	Z	X	Z
62 90% (9/ 10)	Z	Z	Z	Z	Z	Z			1					Z	Z	Z	Z	Z	Z	Z	Z	Z	Z	Z	Z
623 84% (26/ 31)	Z	Z	Z	Z	Z				1				4												1
2778 83% (5/ 6)	Z	Z	Z	Z	Z	Z	Z	Z	Z	Z	Z	Z	Z	Z	Z	Z				1/			Z	Z	Z
81 81% (22/ 27)	2	14		2	Z	Z				3										1/			Z	Z	Z
2201 81% (25/ 31)	Z	Z	Z	Z	Z				1		1/F					1							1/		1
5 81% (29/ 36)			1/	4	1/				1		1/D												1/		1
1745 80% (4/ 5)	Z	Z	Z	Z	Z	Z	Z	Z	Z	Z	Z	Z	Z	Z	Z	Z	Z	Z	Z	Z	Z	Z	Z	Z	Z
1899 80% (4/ 5)	Z	Z	Z	Z	Z	Z	Z	Z	Z	Z	Z	Z	Z	Z	Z	Z	Z	Z	Z	Z	Z	Z	Z	Z	Z
2627 80% (4/ 5)	Z	Z	Z	Z	Z	Z			3			Z	Z	Z	Z	Z	Z	Z	Z	Z	Z	Z	Z	Z	Z
642 79% (23/ 29)		Z	Z	1	1/								Z					1		1/			Z	Z	
2746 79% (19/ 24)	Z	Z	Z	Z	Z	Z			1				Z	Z	Z	Z	Z	Z							1
218 78% (28/ 36)	1		1/C	1	1/				1									1		1/					
314 78% (7/ 9)	Z	Z	Z	Z	Z	Z	Z	Z	Z	Z	Z					Z	Z	Z	Z	Z	Z	Z	Z	Z	Z
506 78% (7/ 9)	Z	Z	Z	Z	Z	Z			1	Z	Z	Z	Z	Z	Z	Z			Z	Z			Z	Z	Z
619 78% (28/ 36)				1	1/				1				4										1/		4B
1846 78% (7/ 9)	Z	Z	Z	Z	Z	Z	Z	Z	Z	Z	Z	Z	Z	Z	Z	Z	Z	Z	Z	Z	Z	Z	Z	Z	Z
400 77% (20/ 26)	1			1	1/				3	X			W	X						W			X	X	X
P45 75% (6/ 8)	Z	Z	Z	Z	Y	Y			4		Z		Z	Z		Z	Z	Z	Z	Z	3		Z	Z	Z
624 75% (9/ 12)	Z	Z	Z	Z	Z	Z	Z	Z	Z			Z	Z	Z	Z	Z	Z	Z	Z	Z	Z	Z	1/		Z
1162 75% (27/ 36)	3B			1	4				1				4										1/		1
1409 75% (27/ 36)	1	11	1/	1	5				1		1/K			4					3						
1595 75% (27/ 36)	1		1/		1/				1				4										1/		1
1739 75% (27/ 36)			1/	3	4		3D	5					5										1/		
1893 75% (21/ 28)	1		1/	X	1/				Z	Z	Z		4				Z						Z	Z	1
2777 75% (6/ 8)	Z	Z	Z	Z	Z	Z	Z	Z	Z	Z	Z	Z	Z	Z	Z	Z	Z	Z	Z	Z	Z	Z	Z	Z	Z
1723 74% (23/ 31)	Z	Z	Z	Z	1/				1				X			1				1/					1
2587 74% (23/ 31)	Z	Z	Z	Z	Z				1				6			1				1/					1
1526 74% (17/ 23)	Z	Z	Z	Z	1/				Z							1		1		1/					1
P74 73% (24/ 33)	Y	3	1/I	2	Z					3			3	4						1/			1/		3B
228 72% (26/ 36)			1/	1	4				1				5							1/				11	1
436 72% (26/ 36)	1			1	4				1				4							4C			1/		1

808 — 36 TS + 2 SL + 66 MT

TESTSTELLE UEBEREINST. ZEUGEN BEZEUGTE VARIANTE	8 94 3	10 392 1/	11 13 1/L	15 6 7	18 2 6	20 441 1/	28 416 1/	29 439 1/	32 51 2	35 452 1/	36 339 1/	41 467 1/	42 283 1/	44 451 1/	45 473 1/	47 92 2	48 452 1/	49 162 2	52 452 1/	53 87 3	55 422 1/	56 459 1/	65 71 1/F	66 365 1/	70 21 2
927 72% (26/ 36)			12	1	1/				1		1/F					1				3D					1
945 72% (26/ 36)			1/	3	4		3D	5					5							8C			1/		
1297 72% (26/ 36)	1		1/	6	1/	1/B			1				4												1
1359 72% (26/ 36)			1/	1	1/				1		1/D							1		1/	1/C				
1563 72% (26/ 36)	1		1/O	1	1/				1							1				1/			1/		4
1704 72% (26/ 36)			1/	5	4		3D	5					5							8			1/		
1868 72% (26/ 36)			1/	1	1/				1		1/F					1		1							1
1891 72% (26/ 36)			1/	3	4		3D	5			1/F		5										1/		
2298 72% (26/ 36)	1			3	4		3D	5	1				5										1/		
2344 72% (26/ 36)		11	1/	4	1/								3					1					1/E		3B
1729 72% (23/ 32)	Z	Z	Z	Z	1/				1		1/F					1					6		1/		1
630 71% (25/ 35)			1/	3	Z		3D				1/F		6							8			1/		1
1738 71% (5/ 7)	Z	Z	Z	Z	Z	Z	Z	Z	Z	Z	Z	Z	Z	Z	Z	Z	Z	Z	Z	Z	Z	Z	Z	Z	Z
1852 71% (20/ 28)	Z	Z	Z	Z	Z	Z	Z	Z	1							1		1		1/			1/		1
1858 71% (5/ 7)	Z	Z	Z	Z	Z	Z	Z	Z	Z	Z	Z	Z	Z	Z	Z	Z	Z	Z	Z	Z	Z	Z	Z	Z	Z
1873 71% (25/ 35)			1/	1	1/				1		1/K					1		1							1
2483 71% (25/ 35)	1		1/	1	1/				1				6			1									1
941 71% (24/ 34)	1		1/	1	8				1		1/F		4												Y
1508 71% (24/ 34)	1		1/	1	1/				1							1				Z			1/		Z
2303 71% (12/ 17)	Z	Z	Z	Z	Z	Z			1				4			1				Z	Z	Z	Z	Z	Z
2718 70% (19/ 27)	3B		1/	1	1/				1				4						4					6	Z
020 70% (21/ 30)	Z	Z	Z	Z	Z	Z			1									1	3	1/					1
441 70% (21/ 30)	Z	Z	Z	Z	Z	Z			1				4						3				1/K	8	3
1752 70% (21/ 30)	Z	Z	Z	Z	Z	Z			1				6			1				1/			1/		1
1839 70% (21/ 30)	Z	Z	Z	Z	Z	Z										1		1		1/			1/		1
1864 70% (23/ 33)	Z	Z	Z	1	1/				1							1				1/			1/		1
205 69% (25/ 36)	1		6	1	1/				1							1							1/		1
456 69% (25/ 36)	1		1/	6	1/				1														1/		1
489 69% (25/ 36)			12	1	1/				1		1/F					1				3D			1/		1
935 69% (25/ 36)	1		1/	1	1/				1				6			1							9		1
1058 69% (25/ 36)			1/	1	1/				1				6			1				1/			1/		1
1161 69% (25/ 36)	1		1/	1	1/				1											1/			1/		1
1270 69% (25/ 36)	1		1/	6	1/	1/B			1				4										1/		1

808 36 TS + 2 SL + 66 MT

TESTSTELLE	76	77	81	84	87	88	92	95	97	100	102
UEBEREINST. ZEUGEN	467	181	49	402	476	471	99	44	422	470	478
BEZEUGTE VARIANTE	1/	2	2	1/	1/	1/	2	2	1/	1/	1/
P33 100% (1/ 1)	Z	Z	Z	Z	Z	Z	Z	Z	Z	Z	Z
P41 100% (1/ 1)		Z	Z	Z	Z	Z	Z	Z	Z	Z	Z
62 90% (9/ 10)	Z	Z	Z	Z	Z	Z	Z	Z			
623 84% (26/ 31)				4							3
2778 83% (5/ 6)	Z	Z	Z	Z	Z	Z	Z	Z	Z	Z	Z
81 81% (22/ 27)	Z	Z	Z	Z							
2201 81% (25/ 31)								1			
5 81% (29/ 36)											
1745 80% (4/ 5)	Z	Z	Z	Z			1	Z	Z		
1899 80% (4/ 5)	Z	Z	Z				1	Z	Z	Z	
2627 80% (4/ 5)	Z	Z	Z	Z	Z	Z	Z	Z	Z	Z	Z
642 79% (23/ 29)		1	Z	Z			1				
2746 79% (19/ 24)			1				1	1			
218 78% (28/ 36)			1								
314 78% (7/ 9)	Z	Z	Z	Z	Z	Z	1	1			
506 78% (7/ 9)	Z	Z	1		Z	Z	Z	Z	Z	Z	Z
619 78% (28/ 36)							1	1			
1846 78% (7/ 9)	Z	Z	1					3			
400 77% (20/ 26)			X		X	X	1	1			
P45 75% (6/ 8)	Z	Z	Z	Z	Z	Z	Z	Z	Z	Z	Z
624 75% (9/ 12)		Z	Z	Z			1	1			
1162 75% (27/ 36)							1	1			
1409 75% (27/ 36)											
1595 75% (27/ 36)							1	1			
1739 75% (27/ 36)			1	3							
1893 75% (21/ 28)				Z			1	1			
2777 75% (6/ 8)	Y		Z	Z			1	1			
1723 74% (23/ 31)			1				1	1			
2587 74% (23/ 31)			1				1	1			
1526 74% (17/ 23)			1	Z	Z	Z	Z	Z	Z	Z	Z
P74 73% (24/ 33)								Z			
228 72% (26/ 36)			1					1			
436 72% (26/ 36)			1	4							

808 — 36 TS + 2 SL + 66 MT

TESTSTELLE	76	77	81	84	87	88	92	95	97	100	102
UEBEREINST. ZEUGEN	467	181	49	402	476	471	99	44	422	470	478
BEZEUGTE VARIANTE	1/	2	2	1/	1/	1/	2	2	1/	1/	1/
927 72% (26/ 36)			1					1			
945 72% (26/ 36)			1	3							
1297 72% (26/ 36)							1	1			
1359 72% (26/ 36)		1B	1								
1563 72% (26/ 36)			1								
1704 72% (26/ 36)			1	3							
1868 72% (26/ 36)			1					1			
1891 72% (26/ 36)			1	3							
2298 72% (26/ 36)			1	3							
2344 72% (26/ 36)				3			1				
1729 72% (23/ 32)			1					1			
630 71% (25/ 35)			1	3							
1738 71% (5/ 7)	Z	Z	Z	Z			1	1			
1852 71% (20/ 28)		1						3			
1858 71% (5/ 7)	Z	Z	Z	Z			1	1			
1873 71% (25/ 35)			1					1	Z		
2483 71% (25/ 35)		U	1					3B			
941 71% (24/ 34)		1B		4				4			Y
1508 71% (24/ 34)			1				1	1			
2303 71% (12/ 17)	Z	Z	Z	Z	Z	Z	1	1		Z	
2718 70% (19/ 27)	Z	Z	Z	Z	Z	Z	Z	Z			
020 70% (21/ 30)		1	1				1	1			
441 70% (21/ 30)			1				1	3			
1752 70% (21/ 30)			1				1	1			
1839 70% (21/ 30)		1	1				1	3			
1864 70% (23/ 33)			1				1	1			
205 69% (25/ 36)			1				1	1			
456 69% (25/ 36)		1	1				1	1			
489 69% (25/ 36)			1					1			
935 69% (25/ 36)		1B	1								
1058 69% (25/ 36)							1	1			
1161 69% (25/ 36)		1					1	1			
1270 69% (25/ 36)							1	1			

824 | 32 TS + 0 SL + 72 MT

TESTSTELLE UEBEREINST. ZEUGEN BEZEUGTE VARIANTE	10 392 1/	11 351 1/	18 355 1/	19 110 2	20 441 1/	28 416 1/	29 439 1/	35 452 1/	36 339 1/	41 467 1/	42 283 1/	44 451 1/	45 473 1/	48 452 1/	49 162 2	52 452 1/	53 338 1/	55 422 1/	56 459 1/	61 36 2	65 333 1/	66 365 1/	68 87 2	76 467 1/	77 181 2
P33 100% (1/ 1)	Z	Z	Z	Z	Z	Z	Z	Z	Z	Z	Z	Z	Z	Z	Z		Z	Z	Z	Z	Z	Z	Z	Z	Z
62 100% (9/ 9)	Z	Z	Z	Z	Z							Z	Z	Z	Z	Z	Z	Z	Z	Z	Z	Z	Z	Z	Z
314 100% (7/ 7)	Z	Z	Z	Z	Z	Z	Z	Z	Z					Z	Z	Z	Z	Z	Z	Z	Z	Z	Z	Z	Z
506 100% (7/ 7)	Z	Z	Z	Z	Z			Z	Z	Z	Z	Z	Z			Z	Z			Z	Z	Z	Z	Z	Z
1738 100% (6/ 6)	Z	Z	Z	Z	Z	Z	Z	Z	Z	Z	Z	Z	Z	Z	Z	Z	Z	Z	Z	Z	Z	Z	Z	Z	Z
1745 100% (5/ 5)	Z	Z	Z	Z	Z	Z	Z	Z	Z	Z	Z	Z	Z	Z	Z	Z	Z	Z	Z	Z	Z	Z	Z	Z	Z
1846 100% (6/ 6)	Z	Z	Z	Z	Z	Z	Z	Z	Z	Z	Z	Z	Z	Z	Z	Z	Z	Z	Z	Z	Z	Z	Z	Z	Z
1858 100% (6/ 6)	Z	Z	Z	Z	Z	Z	Z	Z	Z	Z	Z	Z	Z	Z	Z	Z	Z	Z	Z	Z	Z	Z	Z	Z	Z
1899 100% (5/ 5)	Z	Z	Z	Z	Z	Z	Z	Z	Z	Z	Z	Z	Z	Z	Z	Z	Z	Z	Z	Z	Z	Z	Z	Z	Z
2175 100% (10/ 10)											Z	Z	Z	Z	Z	Z	Z	Z	Z	Z	Z	Z	Z	Z	Z
2627 100% (4/ 4)	Z	Z	Z	Z	Z					Z	Z	Z	Z	Z	Z	Z	Z	Z	Z	Z	Z	Z	Z	Z	Z
2778 100% (6/ 6)	Z	Z	Z	Z	Z	Z	Z	Z	Z	Z	Z	Z	Z							Z	Z	Z	Z	Z	Z
149 97% (31/ 32)																				1					
201 97% (31/ 32)																				1					
1072 97% (31/ 32)																				1					
1248 97% (31/ 32)																				1					
1503 97% (31/ 32)																				1					
1617 97% (31/ 32)																				1					
1628 97% (31/ 32)																				1					
1637 97% (31/ 32)																				1					
1656 97% (31/ 32)																				1					
1740 97% (31/ 32)																				1					
1746 97% (31/ 32)																				1					
1865 97% (31/ 32)																				1					
2352 97% (31/ 32)																				1					
2466 97% (31/ 32)																				1					
2723 97% (31/ 32)																				1					
1508 97% (30/ 31)																	Z			1					
2218 97% (30/ 31)											V									1					
1864 97% (29/ 30)	Z	Z																		1					
2289 94% (16/ 17)	Z	Z	Z	Z	Z	Z	Z	Z	Z	Z	Z	Z	Z	Z	Z					1					
141 94% (30/ 32)											8									1					
204 94% (30/ 32)											8									1					

824 32 TS + 0 SL + 72 MT

TESTSTELLE	10	11	18	19	20	28	29	35	36	41	42	44	45	48	49	52	53	55	56	61	65	66	68	76	77
UEBEREINST. ZEUGEN	392	351	355	110	441	416	439	452	339	467	283	451	473	452	162	452	338	422	459	36	333	365	87	467	181
BEZEUGTE VARIANTE	1/	1/	1/	2	1/	1/	1/	1/	1/	1/	1/	1/	1/	1/	2	1/	1/	1/	1/	2	1/	1/	2	1/	2
386 94% (30/ 32)											4									1					
394 94% (30/ 32)											8									1					
444 94% (30/ 32)											6									1					
634 94% (30/ 32)											4									1					
664 94% (30/ 32)											6									1					
928 94% (30/ 32)											8									1					
1040 94% (30/ 32)				1																1					
1058 94% (30/ 32)											6									1					
1075 94% (30/ 32)				1																1					
1100 94% (30/ 32)											4									1					
1482 94% (30/ 32)											8									1					
1618 94% (30/ 32)																				1					
1619 94% (30/ 32)				1																1					
1636 94% (30/ 32)				1																1					
1732 94% (30/ 32)											8									1					
1733 94% (30/ 32)											4									1					
1737 94% (30/ 32)									1/F											1					
1748 94% (30/ 32)																				1					
1749 94% (30/ 32)											8									1					
1855 94% (30/ 32)											8									1					
1892 94% (30/ 32)																				1					
1897 94% (30/ 32)											8									1					
2255 94% (30/ 32)											8									1					
2261 94% (30/ 32)											8									1					
2554 94% (30/ 32)											4									1					
757 94% (29/ 31)												3								1					
986 93% (28/ 30)	Z	Z									8									1					
1723 93% (27/ 29)	Z	Z									X									1	1/F				
2441 93% (13/ 14)	Z	Z	Z	Z	Z	Z	Z	Z	Z	Z	8	Z	Z							Z	Z	Z	Z		
1752 93% (25/ 27)	Z	Z	Z	Z	Z						6									1					
1856 93% (25/ 27)											8									1					
2303 92% (12/ 13)	Z	Z	Z	Z	Z						4						Z	Z	Z	Z	Z	Z	Z	Z	Z

824 32 TS + 0 SL + 72 MT

TESTSTELLE UEBEREINST. ZEUGEN BEZEUGTE VARIANTE	84 402 1/	87 476 1/	88 471 1/	91 279 1/	97 422 1/	100 470 1/	102 478 1/
P33 100% (1/ 1)	Z	Z	Z	Z	Z	Z	Z
62 100% (9/ 9)	Z	Z	Z	Z			
314 100% (7/ 7)	Z	Z	Z	Z			
506 100% (7/ 7)		Z	Z	Z	Z	Z	Z
1738 100% (6/ 6)	Z						
1745 100% (5/ 5)	Z				Z		
1846 100% (6/ 6)				X			
1858 100% (6/ 6)	Z						
1899 100% (5/ 5)					Z	Z	
2175 100% (10/ 10)	Z	Z	Z	Z	Z	Z	Z
2627 100% (4/ 4)	Z	Z	Z	Z	Z	Z	Z
2778 100% (6/ 6)	Z	Z	Z	Z	Z	Z	Z
149 97% (31/ 32)							
201 97% (31/ 32)							
1072 97% (31/ 32)							
1248 97% (31/ 32)							
1503 97% (31/ 32)							
1617 97% (31/ 32)							
1628 97% (31/ 32)							
1637 97% (31/ 32)							
1656 97% (31/ 32)							
1740 97% (31/ 32)							
1746 97% (31/ 32)							
1865 97% (31/ 32)							
2352 97% (31/ 32)							
2466 97% (31/ 32)							
2723 97% (31/ 32)							
1508 97% (30/ 31)							
2218 97% (30/ 31)							
1864 97% (29/ 30)							
2289 94% (16/ 17)							
141 94% (30/ 32)							
204 94% (30/ 32)							

824 32 TS + 0 SL + 72 MT

TESTSTELLE UEBEREINST. ZEUGEN BEZEUGTE VARIANTE	84 402 1/	87 476 1/	88 471 1/	91 279 1/	97 422 1/	100 470 1/	102 478 1/
386 94% (30/ 32)							
394 94% (30/ 32)							
444 94% (30/ 32)							
634 94% (30/ 32)							
664 94% (30/ 32)							
928 94% (30/ 32)							
1040 94% (30/ 32)							
1058 94% (30/ 32)							
1075 94% (30/ 32)							
1100 94% (30/ 32)							
1482 94% (30/ 32)							
1618 94% (30/ 32)				13B			
1619 94% (30/ 32)							
1636 94% (30/ 32)							
1732 94% (30/ 32)							
1733 94% (30/ 32)							
1737 94% (30/ 32)							
1748 94% (30/ 32)					4		
1749 94% (30/ 32)							
1855 94% (30/ 32)							
1892 94% (30/ 32)	4						
1897 94% (30/ 32)							
2255 94% (30/ 32)							
2261 94% (30/ 32)							
2554 94% (30/ 32)							
757 94% (29/ 31)	Z						
986 93% (28/ 30)							
1723 93% (27/ 29)							
2441 93% (13/ 14)	Z					Z	
1752 93% (25/ 27)							
1856 93% (25/ 27)	Z	Z	Z	Z	Z		
2303 92% (12/ 13)	Z	Z	Z	Z		Z	
624 92% (11/ 12)	Z						

876 38 TS + 1 SL + 65 MT

TESTSTELLE	5	7	8	10	11	13	15	18	20	23	28	29	35	36	39	41	42	44	45	46	48	50	52	53	55
UEBEREINST. ZEUGEN	4	17	5	392	351	3	24	355	441	91	29	30	452	339	14	467	60	451	473	76	452	16	452	338	422
BEZEUGTE VARIANTE	5	5	6	1/	1/	3C	3	1/	1/	2	3D	5	1/	1/	2	1/	5	1/	1/	2	1/	2C	1/	1/	1/
P8 100% (2/ 2)	Z	Z	Z	Z	Z	Z	Z		Z		Z	Z	Z	Z	Z	Z	Z	Z	Z	Z	Z	Z	Z	Z	Z
P33 100% (1/ 1)	Z	Z	Z	Z	Z	Z	Z	Z	Z	Z	Z	Z	Z	Z	Z	Z	Z	Z	Z	Z	Z	Z		Z	Z
P41 100% (1/ 1)	Z	Z	Z	Z	Z	Z	Z	Z	Z	Z	Z	Z	Z	Z	Z	Z	Z	Z	Z	Z	Z	Z	Z	Z	Z
1832 100% (28/ 28)	Z	Z	Z	Z	Z	Z	Z	Z	Z	Z															
1765 95% (36/ 38)						3B																			
1846 88% (7/ 8)	Z	Z	Z	Z	Z	Z	Z	Z	Z	Z	Z	Z	Z	Z	Z	Z	Z	Z	Z	Z	Z	Z	Z	Z	Z
2778 83% (5/ 6)	Z	Z	Z	Z	Z	Z	Z	Z	Z	Z	Z	Z	Z	Z	Z	Z	Z	Z	Z	Z		1D			
1730 78% (7/ 9)	Z	Z	Z	Z	Z	Z	Z	Z	Z	Z	Z	Z	Z	Z	Z	Z	Z	Z	Z	Z	Z	Z	Z	Z	Z
2626 75% (6/ 8)	Z	Z	Z	Z	Z	Z	Z	Z	Z	Z	Z	Z	Z	Z	Z	Z	Z	Z	Z	Z	Z	Z	Z	Z	Z
103 74% (28/ 38)	1	1	1			3D	1	4																	
172 73% (16/ 22)	Z	Z	Z	Z	Z	Z	Z			Z	1/	Z	Z		Z	Z	Z			1		1			
606 72% (26/ 36)	1	1	1			3D	1	4					Z	Z											
641 72% (26/ 36)	1	1	1			3D	1	4																	
1738 71% (5/ 7)	Z	Z	Z	Z	Z	Z	Z	Z	Z	Z	Z	Z	Z	Z	Z	Z	Z	Z	Z	Z	Z	Z	Z	Z	Z
1858 71% (5/ 7)	Z	Z	Z	Z	Z	Z	Z	Z	Z	Z	Z	Z	Z	Z	Z	Z	Z	Z	Z	Z	Z	Z	Z	Z	Z
2777 71% (5/ 7)	Z	Z	Z	Z	Z	Z	Z	Z	Z	Z	Z	Z	Z	Z	Z	Z	Z	Z	Z	Z	Z	Z	Z	Z	Z
1739 71% (27/ 38)	1	16	3			3D		4							4									3	
2494 71% (27/ 38)	1	1	1		6	1	1			1										1		1			
1852 69% (18/ 26)	Z	Z	Z	Z	Z	Z	Z	Z	Z	Z	Z	Z			1		1/			3		1			
325 69% (11/ 16)	Z	Z	Z	Z	Z	Z	Z	Z	Z	Z	Z	Z	Z	Z	Z	Z	Z	Z	Z	Z	Z	Z			
602 69% (11/ 16)	Z	Z	Z	Z	Z	Z	Z	Z	Z	Z	Z	Z	Z	Z	Z	Z	Z	Z	Z	1		1	Z		
2289 69% (11/ 16)	Z	Z	Z	Z	Z	Z	Z	Z	Z	Z	Z	Z	Z	Z	Z	Z	Z	Z	Z	Z	Z	Z			
945 68% (26/ 38)	1	1	3			3E		4							4							19		8C	
314 67% (6/ 9)	Z	Z	Z	Z	Z	Z	Z	Z	Z	Z	Z	Z	Z	Z	Z		1/			1	Z	Z	Z	Z	Z
466 67% (12/ 18)	Z	Z	Z	Z	Z	Z	Z	Z	Z	Z	Z	Z	Z	Z	Z	Z	Z	Z	Z	Z		1			
506 67% (4/ 6)	Z	Z	Z	Z	Z	Z	Z	Z	Z	Z	1/	1/	Z	Z	Z	Z	Z	Z	Z	Z		Z	Z	Z	
624 67% (8/ 12)	Z	Z	Z	Z	Z	Z	Z	Z	Z	Z	Z	Z			Z	Z	Z	Z	Z	Z	Z	Z	Z	Z	Z
1745 67% (4/ 6)	Z	Z	Z	Z	Z	Z	Z	Z	Z	Z	Z	Z	Z	Z	Z	Z	Z	Z	Z	Z	Z	Z	Z	Z	Z
1899 67% (4/ 6)	Z	Z	Z	Z	Z	Z	Z	Z	Z	Z	Z	Z	Z	Z	Z	Z	Z	Z	Z	Z	Z	Z	Z	Z	Z
2441 67% (10/ 15)	Z	Z	Z	Z	Z	Z	Z	Z	Z	Z	Z	Z	Z	Z	Z	Z	8	Z	Z	1		1			
1704 66% (25/ 38)	1	1	3			5	5	4							4							19		8	
1891 66% (25/ 38)	1	16	3			3D		4						1/F	4									3	

TESTSTELLE		5	7	8	10	11	13	15	18	20	23	28	29	35	36	39	41	42	44	45	46	48	50	52	53	55
UEBEREINST. ZEUGEN		4	17	5	392	351	3	24	355	441	91	29	30	452	339	14	467	60	451	473	76	452	16	452	338	422
BEZEUGTE VARIANTE		5	5	6	1/	1/	3C	3	1/	1/	2	3D	5	1/	1/	2	1/	5	1/	1/	2	1/	2C	1/	1/	1/
1867	65% (20/ 31)	Z	Z	Z	Z	Z	Z	Z			1	1/	1/			1		1/			1		1			
2201	65% (20/ 31)	1	Z	Z	Z	Z	Z	Z	Z			1/	1/		1/F	1		1/					1		3	
1599	64% (23/ 36)	1	1	1			1	1			1	1/	1/			1		1/			1		1E			
206	64% (14/ 22)	Z	Z	Z	Z	Z	Z	Z	Z	Z	Z	Z	Z	Z	Z	Z							19	4	8	
309	64% (14/ 22)	Z	Z	Z	Z	Z	Z	Z	Z	Z	Z	Z	Z	Z	Z	Z		4			1	Z	1			
1723	63% (19/ 30)	Z	Z	Z	Z	Z	Z	Z			1	1/	1/			1		X			1		1			
142	63% (24/ 38)	1	1	1			1	1			1	1/	1/			1		4					1			
1611	63% (24/ 38)	1										1/	1/			1		4					1		3B	
1718	63% (24/ 38)	1					3				1	1/	1/		1/K	1		1/			1		2			
1853	63% (24/ 38)	1	1	1			1	1	4		1					1							1			
2243	63% (24/ 38)	1	1	1			1	1	1/D		6	1/	1/			1		1/					1			
2298	63% (24/ 38)	1	1	1		1/L	1D		4							4					3		1D		3	
P45	63% (5/ 8)	Z	Z	Z	Z	Z	Z	Z	Y	Y		1/	1/		Z	Z		Z	Z		Z	Z	Z	Z	Z	3
630	62% (23/ 37)	1	1	3			4		Z				1/		1/F	4		6							8	
498	62% (18/ 29)	Z	Z	Z	Z	Z	Z	Z	Z		Z	1/	1/		1/K	1		1/			1		1			
1893	62% (18/ 29)	1	1	1			X	X				1/	1/	Z	Z	1		4				Z	1		3	
2004	62% (8/ 13)	Z	Z	Z	Z	Z	Z	Z	Z	Z	Z	Z	Z	Z	Z	Z	Z	1/	Z	Z	Z	Z	Z	Z	Z	Z
2138	61% (22/ 36)	Z									1	1/	1/		1/B	Z		4					1			1/B
441	61% (17/ 28)	Z	Z	Z	Z	Z	Z	Z	Z	Z	Z	1/	1/			1		4					6	3	3	
1094	61% (17/ 28)	Z	Z	Z	Z	Z	Z	Z	Z	Z	Z	1/	1/			1		1/			1		1			
1752	61% (17/ 28)	Z	Z	Z	Z	Z	Z	Z	Z	Z	Z	1/	1/			1		6			1		1			
1839	61% (17/ 28)	Z	Z	Z	Z	Z	Z	Z	Z	Z	Z	1/	1/			1		1/			1		5			
044	61% (23/ 38)	3		1	4		2D				7	1/	1/			1		4	5				2			
104	61% (23/ 38)	1		3	11	1/M	1	1				1/	1/			1		7					1C			
228	61% (23/ 38)	1	3	3			2C	1	4			1/	1/			1					3		1			
322	61% (23/ 38)	1	17	3			2C	1	4			8				4		6					2		3F	
1103	61% (23/ 38)	1	1	1			1	1			1	1/	1/			1		1/			1		1			
62	60% (6/ 10)	Z	Z	Z	Z	Z	Z	Z	Z	Z	Z	1/	1/			1		1/	Z	Z	Z	Z	Z	Z	Z	Z
623	60% (18/ 30)	Z	Z	Z	Z	Z	Z	Z	Z			1/	1/			1		4					1		3	
920	60% (15/ 25)	Z	Z	Z	Z	Z	Z	Z	Z	Z	Z	1/	1/		1/L	1	Z	1/			1		Z	Z		
2378	60% (12/ 20)	Z	Z	Z	Z	Z	Z	Z	Z	Z	Z	Z	Z	Z	Z	Z	X	Y			1	Z	1			
2587	60% (18/ 30)	Z	Z	Z	Z	Z	Z	Z	Z		1	1/	1/			1		6			1		1			
323	59% (22/ 37)	1	18	3	Z		2	1	4			3C				4		6					2		3	

876 38 TS + 1 SL + 65 MT

TESTSTELLE	56	64	65	66	76	84	86	87	88	92	97	100	102
UEBEREINST. ZEUGEN	459	9	6	29	467	402	85	476	471	99	422	470	478
BEZEUGTE VARIANTE	1/	5	4	10	1/	1/	3	1/	1/	2	1/	1/	1/
P8 100% (2/ 2)	Z	Z	Z	Z	Z	Z	Z	Z	Z	Z	Z	Z	Z
P33 100% (1/ 1)	Z	Z	Z	Z	Z	Z	Z	Z	Z	Z	Z	Z	Z
P41 100% (1/ 1)	Z	Z	Z	X		Z	Z	Z	Z	Z	Z	Z	Z
1832 100% (28/ 28)													
1765 95% (36/ 38)			5										
1846 88% (7/ 8)	Z	Z	Z	Z	Z		1						
2778 83% (5/ 6)		Z	Z	Z	Z	Z	Z	Z	Z	Z	Z	Z	Z
1730 78% (7/ 9)	Z	Z	Z	Z			2B			1			
2626 75% (6/ 8)	Z	Z	Z	Z	Z		1B			1			
103 74% (28/ 38)		1	5				1B			1			
172 73% (16/ 22)		1	1/	1/		Z	Z			Z			
606 72% (26/ 36)		1	5				1B			1			
641 72% (26/ 36)		1	5				4	Z	Z	1			
1738 71% (5/ 7)	Z	Z	Z	Z	Z	Z	1			1			
1858 71% (5/ 7)	Z	Z	Z	Z	Z	Z	1B			1			
2777 71% (5/ 7)	Z	Z	Z	Z	Y	Z	1B			1			
1739 71% (27/ 38)		2	1/	1/		3							
2494 71% (27/ 38)			5							1			
1852 69% (18/ 26)		1	1/	1/			1						
325 69% (11/ 16)		1	1/	1/			2B			1			
602 69% (11/ 16)		1	1/	Z						1	Z		
2289 69% (11/ 16)		1	1/	1/			1B			1			
945 68% (26/ 38)		2	1/	1/		3							
314 67% (6/ 9)	Z	Z	Z	Z	Z	Z	Z	Z	Z	1			
466 67% (12/ 18)		1	1/	6			1			1			
506 67% (4/ 6)		Z	Z	Z	Z		Z	Z	Z	Z	Z	Z	Z
624 67% (8/ 12)	Z	1	1/	1/		Z	Z			1			
1745 67% (4/ 6)	Z	Z	Z	Z	Z	Z	1B			1	Z		
1899 67% (4/ 6)	Z	Z	Z	Z	Z		1B			1	Z	Z	
2441 67% (10/ 15)		Z	Z	Z		Z	1B			1		Z	
1704 66% (25/ 38)		2	1/	1/		3							
1891 66% (25/ 38)		2	1/	1/		3	2						

TESTSTELLE	56	64	65	66	76	84	86	87	88	92	97	100	102
UEBEREINST. ZEUGEN	459	9	6	29	467	402	85	476	471	99	422	470	478
BEZEUGTE VARIANTE	1/	5	4	10	1/	1/	3	1/	1/	2	1/	1/	1/
1867 65% (20/ 31)		1	1/	1/						1			
2201 65% (20/ 31)		1	1/	1/									
1599 64% (23/ 36)		Z	Z							1			
206 64% (14/ 22)		X	1/	1/		3	1			1			
309 64% (14/ 22)		1	1/0	1/			1			1			
1723 63% (19/ 30)		1	1/F	1/			1B			1			
142 63% (24/ 38)		1	1/	11									
1611 63% (24/ 38)	1/D	2	1/	1/		4					3	4	
1718 63% (24/ 38)		2	1/	1/G			1						
1853 63% (24/ 38)	1/D	1	1/	1/								4	
2243 63% (24/ 38)			5	1/									
2298 63% (24/ 38)		1	1/	1/		3							
P45 63% (5/ 8)		Z	Z	Z	Z	Z	Z	Z	Z	Z	Z	Z	Z
630 62% (23/ 37)		1	1/	1/		3	1B						
498 62% (18/ 29)			1/	1/			1			1			
1893 62% (18/ 29)		Z	Z	Z		Z	1B			1			
2004 62% (8/ 13)	Z	1	1/	1/						1			
2138 61% (22/ 36)	1/D	2	1/F	1/		4					3	4	
441 61% (17/ 28)		2	1/K	8						1			
1094 61% (17/ 28)		1	1/	1/			2			1			
1752 61% (17/ 28)		1	1/	1/			1B			1			
1839 61% (17/ 28)		7	1/	1/			2B			1			
044 61% (23/ 38)		2	1/F	1/									4
104 61% (23/ 38)		6	1/	1/			1						
228 61% (23/ 38)		1	1/F	11			1						
322 61% (23/ 38)		1	1/C	1/			1						
1103 61% (23/ 38)		1	1/	12									
62 60% (6/ 10)	Z	Z	Z	Z	Z	Z	Z	Z	Z	Z			
623 60% (18/ 30)		2	1/F	1/		4	2						3
920 60% (15/ 25)		1	1/F	11						1			
2378 60% (12/ 20)	1/E	1	1/	1/			1B			1			
2587 60% (18/ 30)		1	1/F	1/			1B			1			
323 59% (22/ 37)		1	1/C	1/			1						

886 — 9 TS + 1 SL + 15 MT

TESTSTELLE			9	10	11	12	14	15	18	20	23
UEBEREINST. ZEUGEN			6	4	351	1	5	17	355	441	91
BEZEUGTE VARIANTE			4	4	1/	11	8	2	1/	1/	2
P8	100%	(2/ 2)	Z	Z	Z	Z	Z	Z		Z	
P45	100%	(1/ 1)	Z	Z	Z	Z	Z	Z	Y	Y	
172	100%	(2/ 2)	Z	Z	Z	Z	Z	Z			Z
498	100%	(1/ 1)	Z	Z	Z	Z	Z	Z	Z		Z
623	100%	(2/ 2)	Z	Z	Z	Z	Z	Z	Z		
1729	100%	(3/ 3)	Z	Z	Z	Z	Z	Z			
2201	100%	(2/ 2)	Z	Z	Z	Z	Z	Z	Z		
1895	89%	(8/ 9)	1								
256	67%	(2/ 3)	Z	Z	Z	Z	Z	Z			1
1526	67%	(2/ 3)	Z	Z	Z	Z	Z	Z			1
1723	67%	(2/ 3)	Z	Z	Z	Z	Z	Z			1
1867	67%	(2/ 3)	Z	Z	Z	Z	Z	Z			1
1875	60%	(3/ 5)	X	X	X	X	6	1			
1893	57%	(4/ 7)	1	1/		1	X	X			
307	56%	(5/ 9)		6		1D	2		5B		
453	56%	(5/ 9)		6		1	2		5B		
467	56%	(5/ 9)	2			1		3	4		
610	56%	(5/ 9)		6		1	3		5B		
1678	56%	(5/ 9)		6		1	3		5B		
2818	56%	(5/ 9)		6		1C	3		5B		
1762	50%	(1/ 2)	Z	Z	Z	Z	Z	Z	Z		1
1861	50%	(1/ 2)	Z	Z	Z	Z	Z	Z	Z		1
2344	50%	(4/ 8)	1	11		1	X	4			
2587	50%	(1/ 2)	Z	Z	Z	Z	Z	Z	Z		1
01	44%	(4/ 9)	2	3		2	2		5		
02	44%	(4/ 9)	2	3		2	2		5		
03	44%	(4/ 9)	2	1/		2	2		3		
044	44%	(4/ 9)	1			1	1B	3			7
5	44%	(4/ 9)	1	1/		1	4	4			
61	44%	(4/ 9)	1	10		1	1	4			
88	44%	(4/ 9)	1	3		1	4	4			
180	44%	(4/ 9)	1	6		1	3B		5B		

886 — 9 TS + 1 SL + 15 MT

TESTSTELLE			9	10	11	12	14	15	18	20	23
UEBEREINST. ZEUGEN			6	4	351	1	5	17	355	441	91
BEZEUGTE VARIANTE			4	4	1/	11	8	2	1/	1/	2
431	44%	(4/ 9)	1	1/		13	10	1			
437	44%	(4/ 9)	1	1/		1	1	1			
460	44%	(4/ 9)	5	3		9	1	1			
614	44%	(4/ 9)	1	1/		1	10	1			
636	44%	(4/ 9)	1	1/		1C	6	1			
876	44%	(4/ 9)	1	1/		1	1B	3			
1127	44%	(4/ 9)	1	1/		1	1	6			
1175	44%	(4/ 9)		3	1/D	2	2		5		
1292	44%	(4/ 9)	1	1/		1	10	1			
1311	44%	(4/ 9)	1	1/		1	1	1			
1595	44%	(4/ 9)	1	1/		1	1	7			
1611	44%	(4/ 9)	1	1/		1	1B	3			
1765	44%	(4/ 9)	1	1/		1	1B	3			
1843	44%	(4/ 9)	1	1/		1	4	1			
1868	44%	(4/ 9)	1	1/		1	1	1			
1873	44%	(4/ 9)	1	1/		1	4	1			
2127	44%	(4/ 9)	1	3		10	1				1
2288	44%	(4/ 9)	1	1/		1	1	1			
2412	44%	(4/ 9)	1	1/		1	10	1			
2718	44%	(4/ 9)	1	1/		12	1B	1			
2737	44%	(4/ 9)	1	1/		1	4	4			
2774	44%	(4/ 9)	2	11		11B	1	1			
P74	43%	(3/ 7)	Z	3	1/I	2	2		Z		
33	43%	(3/ 7)	1	11		1	4	X	X		
312	43%	(3/ 7)	1	1/		1	Z	Z			1
323	43%	(3/ 7)	Z	Z		1	1	1	4		
1862	43%	(3/ 7)	1	1/		1	Z	Z			1
110	40%	(2/ 5)	1	1/		1	X	X	X		Z
986	40%	(2/ 5)	Z	Z	Z	Z	1	1			1
1759	40%	(2/ 5)	Z	Z	Z	Z	1	1			1
1864	40%	(2/ 5)	Z	Z	Z	Z	1	1			1
1890	40%	(2/ 5)	Z	Z	Z	Z	1B	8			1

TESTSTELLE	8	10	11	18	20	28	29	35	36	41	42	44	45	46	48	50	52	53	55	56	65	66	76	77	84
UEBEREINST. ZEUGEN	94	392	351	73	441	416	439	452	17	467	60	451	473	101	452	16	452	33	16	459	333	365	467	181	42
BEZEUGTE VARIANTE	3	1/	1/	4	1/	1/	1/	1/	1/M	1/	5	1/	1/	3	1/	17	1/	8	8	1/	1/	1/	1/	2	4
P33 100% (1/ 1)	Z	Z	Z	Z	Z	Z	Z	Z	Z	Z	Z	Z	Z	Z	Z	Z		Z	Z	Z	Z	Z	Z	Z	Z
P41 100% (1/ 1)	Z	Z	Z	Z	Z	Z	Z	Z	Z	Z	Z	Z	Z	Z	Z	Z	Z	Z	Z	Z	Z	X		Z	Z
1405 100% (31/ 31)																									
1745 100% (4/ 4)	Z	Z	Z	Z	Z	Z	Z	Z	Z	Z	Z	Z	Z	Z	Z	Z	Z	Z	Z	Z	Z	Z	Z	Z	Z
1863 100% (31/ 31)																									
2279 100% (31/ 31)																									
1594 97% (30/ 31)	1																								
1753 97% (30/ 31)									1/K																
2511 97% (30/ 31)																									1/
234 97% (29/ 30)																	X				1/F				
1861 96% (26/ 27)	Z	Z	Z	Z																					
390 94% (29/ 31)	3B			1/																					
1250 94% (29/ 31)				1/																					
1456 90% (19/ 21)									1/K						Z	Z	Z	Z	Z	Z	Z	Z	Z	Z	
1003 90% (28/ 31)	1		8	1/																					
51 87% (27/ 31)									1/F										1/			4			1/
2501 87% (27/ 31)									1/K																1/
42 87% (26/ 30)	Z																	9	1/					1	1/
P45 86% (6/ 7)	Z	Z	Z	Y	Y				Z		Z	Z		Z	Z	Z	Z	Z	3		Z	Z	Z	Z	Z
582 84% (26/ 31)			6	1/					1/K													6			
223 81% (25/ 31)									1/K										1/		1/F			1	1/
2675 77% (24/ 31)	1D		4								3					18					1/F	1/D			1/
1899 75% (3/ 4)	Z	Z	Z	Z	Z	Z	Z	Z	Z	Z	Z	Z	Z	Z	Z	Z	Z	Z	Z	Z	Z	Z	Z	Z	1/
2627 75% (3/ 4)	Z	Z	Z	Z	Z				1/	Z	Z	Z	Z	Z	Z	Z	Z	Z	Z	Z	Z	Z	Z	Z	Z
367 74% (23/ 31)				1/					1/I		1/					1		1/	1/					1B	
624 73% (8/ 11)	Z	Z	Z	Z	Z	Z	Z		1/	Z	Z	Z	Z	Z	Z	Z	Z	Z	Z	Z				Z	Z
1721 72% (21/ 29)				1/					1/		1/					Y	Y	1/	1/					1	
2200 72% (21/ 29)						3D			1/F					1		2C			1/				Z	Z	3
1758 72% (18/ 25)	1		5	Y		X			1/K					X		1			1/				X	X	3
1846 71% (5/ 7)	Z	Z	Z	Z	Z	Z	Z	Z	Z	Z	Z	Z	Z	Z	Z	Z	Z	Z	Z	Z	Z	Z	Z	Z	1/
2125 71% (5/ 7)				1/		Z	Z		Z	Z	Z	Z	Z	1	Z	Z	Z	Z	Z	Z	Z	Z	Z	Z	Z
2777 71% (5/ 7)	Z	Z	Z	Z	Z	Z	Z	Z	Z	Z	Z	Z	Z	Z	Z	Z	Z	Z	Z	Z	Z	Z	Y		Z
5 71% (22/ 31)				1/					1/D		1/					1		3	1/						1/

912 | 31 TS + 0 SL + 72 MT

TESTSTELLE		8	10	11	18	20	28	29	35	36	41	42	44	45	46	48	50	52	53	55	56	65	66	76	77	84
UEBEREINST. ZEUGEN		94	392	351	73	441	416	439	452	17	467	60	451	473	101	452	16	452	33	16	459	333	365	467	181	42
BEZEUGTE VARIANTE		3	1/	1/	4	1/	1/	1/	1/	1/M	1/	5	1/	1/	3	1/	17	1/	8	8	1/	1/	1/	1/	2	4
228	71% (22/ 31)									1/							1		1/	1/		1/F	11			1/
429	71% (22/ 31)			5			3D			1/F					2		19			1/					1B	3
522	71% (22/ 31)			5			11			1/F					2		19			1/					1B	3
1102	71% (22/ 31)	1								1/		1/					1D		3	1/					1	1/
1704	71% (22/ 31)						3D	5		1/					2		19			1/						3
2431	70% (19/ 27)	1			Y				Y	Y		1/			Y		1		1/	1/		1/G				1/
630	70% (21/ 30)				Z		3D			1/F		6			2		2C			1/						3
2175	70% (7/ 10)	1			1/					1/		Z	Z	Z	Z	Z	Z	Z	Z	Z	Z	Z	Z	Z	Z	Z
1856	69% (18/ 26)	1			1/					1/		8			1		1		1/	1/						Z
699	69% (20/ 29)	Z			Z					1/		1/					1		1/	1/					1	1/
1352	69% (20/ 29)	1			1/					1/		7					1		1/	X					U	1/
206	68% (15/ 22)	Z	Z	Z	Z	Z	Z	Z	Z	Z					2		19	4		1/					1B	3
102	68% (21/ 31)	1								1/		1/					1		3	1/	1/C				1	1/
189	68% (21/ 31)	1	8							1/		1/					1E		3	1/					1	1/
436	68% (21/ 31)	1		1/L						1/		4			2		1		4C	1/						
604	68% (21/ 31)	1			1/					1/					1		1		1/	1/						1/
608	68% (21/ 31)			1/M	1/							1/			1		1		1/	1/E					1B	1/
945	68% (21/ 31)						3D	5		1/					2		19		8C	1/						3
1058	68% (21/ 31)				1/					1/		6			1		1		1/	1/						1/
1106	68% (21/ 31)			5						1/K		1/					21		1/	1/					1	1/
1251	68% (21/ 31)			5						1/			3		1		1			1/					1	1/
1315	68% (21/ 31)	1			1/					1/		6					12		8C	1/						1/
1448	68% (21/ 31)	1			7					1/		1/			1		1		1/	1/						
1509	68% (21/ 31)			1/I			3D			1/F					1	1/K	1			1/		1/F				3
1595	68% (21/ 31)	1			1/					1/		4					1		3	1/						1/
1597	68% (21/ 31)	1	8							1/		1/					1		1/	1/					1	1/
1643	68% (21/ 31)	1	8							1/		1/					1		3	1/					1	1/
1739	68% (21/ 31)						3D	5		1/					2		2C		3	1/						3
1748	68% (21/ 31)	1			1/					1/		1/			1		1		1/	1/						1/
1749	68% (21/ 31)	1			1/					1/		8					1		1/	1/						1/
1768	68% (21/ 31)				1/					1/					1		1		3	1/			6			1/
1843	68% (21/ 31)				1/					1/K		1/			4		1		3	1/						1/

912 — 31 TS + 0 SL + 72 MT

TESTSTELLE UEBEREINST. ZEUGEN BEZEUGTE VARIANTE			87 476 1/	88 471 1/	95 68 3	97 33 4	100 470 1/	102 478 1/
P33	100%	(1/ 1)	Z	Z	Z	Z	Z	Z
P41	100%	(1/ 1)	Z	Z	Z	Z	Z	Z
1405	100%	(31/ 31)						
1745	100%	(4/ 4)			Z	Z		
1863	100%	(31/ 31)						
2279	100%	(31/ 31)						
1594	97%	(30/ 31)						
1753	97%	(30/ 31)						
2511	97%	(30/ 31)						
234	97%	(29/ 30)						
1861	96%	(26/ 27)				1/		
390	94%	(29/ 31)						
1250	94%	(29/ 31)				1/		
1456	90%	(19/ 21)				1/		
1003	90%	(28/ 31)						
51	87%	(27/ 31)						
2501	87%	(27/ 31)			1	1/		
42	87%	(26/ 30)						
P45	86%	(6/ 7)	Z	Z	Z	Z	Z	Z
582	84%	(26/ 31)				1/		
223	81%	(25/ 31)				1/		
2675	77%	(24/ 31)						
1899	75%	(3/ 4)			Z	Z	Z	
2627	75%	(3/ 4)	Z	Z	Z	Z	Z	Z
367	74%	(23/ 31)				1/		
624	73%	(8/ 11)			1	1/		
1721	72%	(21/ 29)			1	1/		
2200	72%	(21/ 29)			2	1/		
1758	72%	(18/ 25)			1	X		
1846	71%	(5/ 7)				1/		
2125	71%	(5/ 7)	Z	Z	Z	Z	Z	Z
2777	71%	(5/ 7)			1	1/		
5	71%	(22/ 31)			2	1/		

912 — 31 TS + 0 SL + 72 MT

TESTSTELLE UEBEREINST. ZEUGEN BEZEUGTE VARIANTE			87 476 1/	88 471 1/	95 68 3	97 33 4	100 470 1/	102 478 1/
228	71%	(22/ 31)			1	1/		
429	71%	(22/ 31)				1/		
522	71%	(22/ 31)				1/		
1102	71%	(22/ 31)				1/		
1704	71%	(22/ 31)			2	1/		
2431	70%	(19/ 27)			1			
630	70%	(21/ 30)			2	1/		
2175	70%	(7/ 10)	Z	Z	Z	Z	Z	Z
1856	69%	(18/ 26)	Z	Z	Z	Z		
699	69%	(20/ 29)			1	1/		
1352	69%	(20/ 29)			1	1/		
206	68%	(15/ 22)				1/		
102	68%	(21/ 31)				1/		
189	68%	(21/ 31)				1/		
436	68%	(21/ 31)			2	1/		
604	68%	(21/ 31)			1	1/		
608	68%	(21/ 31)				1/		
945	68%	(21/ 31)			2	1/		
1058	68%	(21/ 31)			1	1/		
1106	68%	(21/ 31)			1	1/		
1251	68%	(21/ 31)			1	1/		
1315	68%	(21/ 31)			2	1/		
1448	68%	(21/ 31)			2	1/		
1509	68%	(21/ 31)				1/		
1595	68%	(21/ 31)			1	1/		
1597	68%	(21/ 31)				1/		
1643	68%	(21/ 31)				1/		
1739	68%	(21/ 31)			2	1/		
1748	68%	(21/ 31)			1			
1749	68%	(21/ 31)			1	1/		
1768	68%	(21/ 31)			1	1/		
1843	68%	(21/ 31)			1	1/		
1854	68%	(21/ 31)			1	1/		

913 — 36 TS + 0 SL + 61 M⁻

TESTSTELLE	18	20	21	28	29	33	35	36	41	42	44	45	46	48	52	53	55	56	57	62	65	66	73	76	80
UEBEREINST. ZEUGEN	73	441	15	29	30	12	452	339	467	60	451	473	76	452	452	338	17	14	104	28	71	365	7	467	20
BEZEUGTE VARIANTE	4	1/	6	3D	5	8	1/	1/	1/	5	1/	1/	2	1/	1/	1/	1/B	1/D	2	2	1/F	1/	9	1/	3
P33 100% (1/ 1)	Z	Z	Z	Z	Z	Z	Z	Z	Z	Z	Z	Z	Z	Z		Z	Z	Z	Z	Z	Z	Z	Z	Z	Z
1610 87% (27/ 31)			1											Z	Z						Z	Z	10		3C
1830 86% (31/ 36)			1F																		1/		12		
1853 81% (29/ 36)			1			3											1/				1/		10		
2138 72% (26/ 36)	1/		1	1/	1/			1/B		4													1D		
1890 71% (25/ 35)	1/		1	1/	1/					4												6	1D		1
1611 64% (23/ 36)	1/		1	1/	1/	1				4						3B	1/				1/		1D		
2495 64% (23/ 36)				1/	1/	5		1/D		1/			1									6	1D		
044 61% (22/ 36)	1/		1	1/	1/					4	5						1/	1/					1D		
945 61% (22/ 36)			2			1										8C	1/	1/		1	1/		1D		6B
1739 61% (22/ 36)			2			1										3	1/	1/		1	1/		1D		6B
1832 61% (20/ 33)	Z	Z	Z			1											1/	1/	1	1	4	10	1		1B
2805 61% (20/ 33)		Z	Z	6	6	1				4						3	1/	1/					1		4
1162 58% (21/ 36)			1	1/	1/					4						3	1/	1/		1	1/				
1505 58% (21/ 36)	1/		7	1/	1/	5		1/D		1/			1								1/	6	1D		
1765 58% (21/ 36)	1/		1			1											1/	1/	1	1	5	10	1		1
2298 58% (21/ 36)			1			1							3			3	1/	1/		1	1/		1D		6
103 56% (20/ 36)			2C			1											1/	1/	1	1	5	10	1		
322 56% (20/ 36)			1	8		1				6						3F	1/	1/		1	1/C		1		6
323 56% (20/ 36)			1	3C		1				6						3	1/	1/		1	1/C		1		6
436 56% (20/ 36)			1	1/	1/	1				4						4C	1/	1/			1/		1D		1
876 56% (20/ 36)	1/		1			1											1/	1/	1	1	4	10	1		1
1704 56% (20/ 36)			2			1										8	1/	1/	2B	1	1/		1D		6B
1891 56% (20/ 36)			2			1		1/F								3	1/	1/		1	1/		1D		6
606 55% (18/ 33)			2			Z	Z	Z									1/	1/	1	1	5	10	1		
623 54% (19/ 35)	Z		1	1/	1/					4						3	1/	1/					1D		7
2201 54% (19/ 35)	Z		1	1/	1/			1/F		1/						3	1/	1/		1	1/		1E		1
81 54% (14/ 26)	Z	Z	Z	1/	1/	1	3			1/							1/	1/		Z	Z	Z	Z	Z	Z
08 53% (18/ 34)			4	5	1/	2				6				6			1/	1/	1			3	1B		
641 53% (18/ 34)			2			1											1/	1/	1	1	5	10	1		
1838 53% (18/ 34)	1/		1	1/	1/	3		1/P									1/	1/		Z	8		Z		1
228 53% (19/ 36)			2	1/	1/	1							3				1/	1/		1		11	1		5
467 53% (19/ 36)			1	6B		6				1/						3	1/	1/		1	1/		1		1

TESTSTELLE	18	20	21	28	29	33	35	36	41	42	44	45	46	48	52	53	55	56	57	62	65	66	73	76	80
UEBEREINST. ZEUGEN	73	441	15	29	30	12	452	339	467	60	451	473	76	452	452	338	17	14	104	28	71	365	7	467	20
BEZEUGTE VARIANTE	4	1/	6	3D	5	8	1/	1/	1/	5	1/	1/	2	1/	1/	1/	1/B	1/D	2	2	1/F	1/	9	1/	3
614 53% (19/ 36)	1/		1	1/	1/	1				4						3					11	15	1D	3	1
1292 53% (19/ 36)	1/		1	1/	1/	1				4			3			3				1	1/	4	1	3	1
1642 53% (19/ 36)			2	3G			3			1/						3B	1/	1/		1	1/		1		1
2243 53% (19/ 36)	1/D		1	1/	1/	1				1/							1/	1/	1	1	5		1		1
2412 53% (19/ 36)	1/		1G	1/	1/	1				4						3					11	4	1D	3	1
2494 53% (19/ 36)	1/		1			1							1				1/	1/	1	1	5	10	1		1
1852 52% (16/ 31)	Z	Z	Z	Z	Z	1				1/			3				1/	1/	1	1	1/		1		1
P74 51% (18/ 35)	Z		2	1/	1/	2	3			3	4						1/	1/			1/		6B		2
P41 50% (1/ 2)	Z	Z	Z	Z	Z	Z	Z	Z	Z	Z	Z	Z	Z	Z	Z	Z	Z	Z	Z	Z	Z	X	2		Z
104 50% (18/ 36)	1/		1	1/	1/	1				7							1/	1/		1	1/		1		1
180 50% (18/ 36)	5B		2	3E		1	3	1/F		4						3	1/	1/		1	1/		5		1
619 50% (18/ 36)	1/		1	1/	1/	1				4						3	1/	1/		1	1/				3B
1526 50% (12/ 24)	1/		1	1/	1/	Z				1/			1				1/	1/	1	1			1		1
1827 50% (18/ 36)	1/		1	1/	1/	3				4						3	1/	1/		1	1/				1D
1846 50% (5/ 10)	Z	Z	Z	Z	Z	Z	Z	Z	Z	Z	Z	Z	Z	Z	Z	Z	Z	Z	Z	Z	Z	Z	Z	Z	Z
2143 50% (18/ 36)	1/		1	1/	1/	1		1/F		1/						3	1/	1/		1			1D		1
2200 50% (17/ 34)			2		1/	1		1/F					1			8	1/	1/		1	1/		Z	Z	6
2303 50% (8/ 16)	Z	Z	Z	1/	1/	1				4			1			Z	Z	Z	Z	Z	Z	Z	Z	Z	Z
2737 50% (18/ 36)	1/		1	10	1/	1				3			1			3	1/	1/		1			1		1
2778 50% (3/ 6)	Z	Z	Z	Z	Z	Z	Z	Z	Z	Z	Z	Z	Z				1/	1/	1	Z	Z	Z	Z	Z	Z
630 49% (17/ 35)	Z		2		1/	1		1/F		6						8	1/	1/		1	1/		1		6
1597 49% (17/ 35)			1	1/	1/	1				1/			3				1/	1/		1	1/		10		1
1609 49% (17/ 35)	1/		1		1/	1				1/			3			3	1/	1/		1	5		1		1
1751 49% (17/ 35)			2D		1/	1		1/F						7		8	1/	1/		1	8	1/E	1		6
1873 49% (17/ 35)	1/		1	1/	1/	1		1/K		1/			6			3	1/	1/	1	1			10		1
1884 48% (16/ 33)	6B		4	5	1/	2				6				U			1/	1/	1		6	3	1		
33 48% (14/ 29)	X		X	1/	X	2		X		3			X			3	X	X			1/D	1/C	14		2
2718 48% (12/ 25)	1/		1	1/	1/	1				4					4	3	1/	1/				6	Z	Z	Z
3 47% (17/ 36)	1/		1	1/	1/	1				4			1				1/	1/	1	1			1		1
5 47% (17/ 36)	1/		1	1/	1/			1/D		1/			3			3	1/	1/		1	1/		1		7
6 47% (17/ 36)	1/		1	1/	1/	1	3			3			1			3	1/	1/		1	1/		1D		1
76 47% (17/ 36)	1/		1	1/	1/	1				4			3				1/	1/		1			10		1
94 47% (17/ 36)	5B		2C			1	3	1/F		4						3	1/	1/		1	1/	1/B	1D		1

913 — 36 TS + 0 SL + 61 MT

TESTSTELLE	84	86	87	88	90	91	92	94	97	100	102
UEBEREINST. ZEUGEN	402	85	476	471	71	18	99	1	2	11	478
BEZEUGTE VARIANTE	1/	3	1/	1/	2	8	2	3B	5	4	1/
P33 100% (1/ 1)	Z	Z	Z	Z	Z	Z	Z	Z	Z	Z	Z
1610 87% (27/ 31)	Z							3			
1830 86% (31/ 36)								3	1/		
1853 81% (29/ 36)								3	1/		
2138 72% (26/ 36)	4							3	3		
1890 71% (25/ 35)	4	Z							3		
1611 64% (23/ 36)	4							1	3		
2495 64% (23/ 36)	4						1	3	3	1/	
044 61% (22/ 36)						3		4	1/	1/	4
945 61% (22/ 36)	3					3		2	1/	1/	
1739 61% (22/ 36)	3					3		2	1/	1/	
1832 61% (20/ 33)					1			1	1/	1/	
2805 61% (20/ 33)						3		4	1/	1/	Z
1162 58% (21/ 36)		1				1/	1	1	1/	1/	
1505 58% (21/ 36)	4							3	3	1/	
1765 58% (21/ 36)					1			1	1/	1/	
2298 58% (21/ 36)	3					3		5	1/	1/	
103 56% (20/ 36)		1B			1	1/	1	1	1/	1/	
322 56% (20/ 36)		1				5		1	1/	1/	
323 56% (20/ 36)		1				5		1	1/	1/	
436 56% (20/ 36)	4					3		11	1/	1/	
876 56% (20/ 36)					1	8B		1	1/	1/	
1704 56% (20/ 36)	3				4	3		2	1/	1/	
1891 56% (20/ 36)	3	2				3		2	1/	1/	
606 55% (18/ 33)		1B			1	1/	1	1	1/	1/	
623 54% (19/ 35)	4	2				3		1	1/	1/	3
2201 54% (19/ 35)						5		1	1/	1/	
81 54% (14/ 26)	Z	2B				1/		2D	1/	1/	
08 53% (18/ 34)	3	2B				4		2	1/	Z	Z
641 53% (18/ 34)		4	Z	Z	1	1/	1	1	1/	1/	
1838 53% (18/ 34)		1			4	5E		1	4	1/	
228 53% (19/ 36)		1			1	5H		7	1/	1/	
467 53% (19/ 36)		4				4I	1	1	1/	1/	

913 36 TS + 0 SL + 61 MT

TESTSTELLE	84	86	87	88	90	91	92	94	97	100	102
UEBEREINST. ZEUGEN	402	85	476	471	71	18	99	1	2	11	478
BEZEUGTE VARIANTE	1/	3	1/	1/	2	8	2	3B	5	4	1/
614 53% (19/ 36)	4		5	9				1C	3		
1292 53% (19/ 36)	4							1C	3		
1642 53% (19/ 36)					1	1/	1	1	4	1/	
2243 53% (19/ 36)					1			1	1/	1/	
2412 53% (19/ 36)	4		5	9				1C	3		
2494 53% (19/ 36)					1		1	1	1/	1/	
1852 52% (16/ 31)		1				5		3	1/	1/	
P74 51% (18/ 35)		2B				1/		2	1/	1/	
P41 50% (1/ 2)	Z	Z	Z	Z	Z	Z	Z	Z	Z	Z	Z
104 50% (18/ 36)		1			4	5		1	1/	1/	
180 50% (18/ 36)						4		1	3	1/	
619 50% (18/ 36)		1				1/	1	1	1/	1/	
1526 50% (12/ 24)	Z	Z	Z	Z	Z	Z	Z	Z	Z	Z	Z
1827 50% (18/ 36)		1				1/	1	1C	1/	1/	
1846 50% (5/ 10)		1			1	X		9	1/	1/	
2143 50% (18/ 36)					4	5		1	1/	1/	
2200 50% (17/ 34)	3	1				3		2	1/	1/	
2303 50% (8/ 16)	Z	Z	Z	Z	Z	Z	1	1	1/	Z	
2737 50% (18/ 36)		1B				11D		1	1/	1/	
2778 50% (3/ 6)	Z	Z	Z	Z	Z	Z	Z	Z	Z	Z	Z
630 49% (17/ 35)	3	1B				3		2	1/	1/	
1597 49% (17/ 35)		1			1	X	1	1	1/	1/	
1609 49% (17/ 35)		2			1	5		1	Z	1/	
1751 49% (17/ 35)	1/C	1				3H		2	Z	1/	
1873 49% (17/ 35)						5		1	Z	1/	
1884 48% (16/ 33)	3	2B				4		2B	1/	Z	Z
33 48% (14/ 29)	3	2				3	1	2	1/	1/	
2718 48% (12/ 25)	Z	Z	Z	Z	Z	Z	Z	Z	1/	1/	
3 47% (17/ 36)					1	1/	1	1	4	1/	
5 47% (17/ 36)		5				3		1	1/	1/	
6 47% (17/ 36)						12B		1	1/	1/	
76 47% (17/ 36)		1B			1	3	1	1	1/	1/	
94 47% (17/ 36)					1	3		1	1/	1/	

915 48 TS + 4 SL + 52 MT

TESTSTELLE	5	7	8	10	14	15	17	18	20	21	23	24	28	29	30	31	32	33	34	35	36	40	41	42	44
UEBEREINST. ZEUGEN	6	9	16	14	11	10	23	355	441	36	91	17	416	439	12	36	51	19	2	452	3	34	467	283	451
BEZEUGTE VARIANTE	3	4	3B	3	4	4	2	1/	1/	2	2	2	1/	1/	3	2	2	2	7	1/	1/E	2	1/	1/	1/
P8 100% (2/ 2)	Z	Z	Z	Z	Z	Z	Z		Z	Z		Z	Z	Z	Z	Z	Z	Z	Z	Z	Z	Z	Z	Z	Z
88 92% (44/ 48)															2						1/				
314 78% (7/ 9)	Z	Z	Z	Z	Z	Z	Z	Z	Z	Z	Z	Z	Z	Z	Z	Z	Z	Z	Z	Z	Z	Z			
P45 75% (9/ 12)	Z	Z	Z	Z	Z	Z	Z	Y	Y	X					Z	Z	4	9	Y		Z			Z	Z
1846 75% (6/ 8)	Z	Z	Z	Z	Z	Z	Z	Z	Z	Z	Z	Z	Z	Z	Z	Z	Z	Z	Z	Z	Z	Z	Z	Z	Z
33 67% (24/ 36)	5		X	11		X		X		X		X		X	X	X	1		11		X	1		3	
1899 67% (4/ 6)	Z	Z	Z	Z	Z	Z	Z	Z	Z	Z	Z	Z	Z	Z	Z	Z	Z	Z	Z	Z	Z	Z	Z	Z	Z
1738 63% (5/ 8)	Z	Z	Z	Z	Z	Z	Z	Z	Z	Z	Z	Z	Z	Z	Z	Z	Z	Z	Z	Z	Z	Z	Z	Z	Z
1858 63% (5/ 8)	Z	Z	Z	Z	Z	Z	Z	Z	Z	Z	Z	Z	Z	Z	Z	Z	Z	Z	Z	Z	Z	Z	Z	Z	Z
P74 62% (28/ 45)	2	X	Y		2	2		Z							2				2	3	1/			3	4
5 60% (29/ 48)	1	1	3	1/			1			1		1			1		1	8	11		1/D	1			
2737 60% (29/ 48)			3	1/			7			1		1	10		1		1	1	1		1/			3	
2004 60% (9/ 15)	Z	Z	Z	Z	Z	Z	Z	Z	Z	Z	Z	Z	Z	Z	Z	Z	Z	Z	Z	Z	Z	Z	Z		Z
2626 60% (6/ 10)	Z	Z	Z	Z	Z	Z	Z	Z	Z	Z	Z	Z	Z	Z	Z	Z	Z	Z	Z	Z	Z	Z	Z	Z	Z
1175 58% (28/ 48)	2	2	2		2	2		5							1C				2	3	1/			6	6
1730 58% (7/ 12)	Z	Z	Z	Z	Z	Z	Z	Z	Z	Z	Z	Z	Z	Z	Z	Z	Z	Z	Z	Z	Z	Z	Z	Z	Z
1827 58% (28/ 48)	1	1		1/						1		1			1		1	3	11		1/	1		4	
206 58% (15/ 26)	Z	Z	Z	Z	Z	Z	Z	Z	Z	Z	Z	Z	Z	Z	Z	Z	Z	Z	Z	Z	Z	Z		5	
1731 58% (15/ 26)	Z	Z	Z	Z	Z	Z	Z	Z	Z	Z	Z	Z	Z	Z	Z	Z	Z	Z	Z	Z	Z	Z			
623 58% (23/ 40)	Z	Z	Z	Z	Z	Z	Z	Z		1		1			1		1	8	11		1/	1		4	
2344 57% (27/ 47)	5	1	3	11	X					1		1			1	1E		1	2		1/	1		3	
624 57% (8/ 14)	Z	Z	Z	Z	Z	Z	Z	Z	Z	Z	Z	Z	Z	Z	Z	Z	Z	Z	Z		1/	Z	Z	Z	Z
1729 57% (24/ 42)	Z	Z	Z	Z	Z	Z	1G			1		1			1	1	1	3	1		1/F	1			
1745 57% (4/ 7)	Z	Z	Z	Z	Z	Z	Z	Z	Z	Z	Z	Z	Z	Z	Z	Z	Z	Z	Z	Z	Z	Z	Z	Z	Z
2746 57% (17/ 30)	Z	Z	Z	Z	Z	Z	Z	Z	Z	Z	Z	Z			1	1	1	1	1		1/	1		Z	Z
01 56% (27/ 48)	2	2	2		2	2		5							2				2	3	1/				4
1162 56% (27/ 48)	5	1		1/	1	1	1	4		1		1			1		1	8	11		1/	1		4	
1843 56% (27/ 48)	1	3	3	1/		1	4			1		1			1	1	1	1	1		1/K	1			
1852 56% (18/ 32)	Z	Z	Z	Z	Z	Z	Z	Z	Z	Z	Z	Z	Z	Z	Z	Z	1	1	1		1/	1			
2201 56% (23/ 41)	1	Z	Z	Z	Z	Z	Z	Z		1		1			1	1	1	8	11		1/F	1			
020 56% (20/ 36)	Z	Z	Z	Z	Z	Z	Z	Z	Z	Z	Z	Z			1	1	1	1	1		1/	1			
81 56% (20/ 36)	2	2	2	14	2	2	Z	Z	Z	Z	Z	Z						1	2C	3	1/				
441 56% (20/ 36)	Z	Z	Z	Z	Z	Z	Z	Z	Z	Z	Z	Z			1		1	1	1		1/	3		4	

TESTSTELLE	5	7	8	10	14	15	17	18	20	21	23	24	28	29	30	31	32	33	34	35	36	40	41	42	44
UEBEREINST. ZEUGEN	6	9	16	14	11	10	23	355	441	36	91	17	416	439	12	36	51	19	2	452	3	34	467	283	451
BEZEUGTE VARIANTE	3	4	3B	3	4	4	2	1/	1/	2	2	2	1/	1/	3	2	2	2	7	1/	1/E	2	1/	1/	1/
2777 56% (5/ 9)	Z	Z	Z	Z	Z	Z	Z	Z	Z	Z	Z	Z	Z	Z	Z	Z	Z	Z	Z	Z	Z	Z	Z	Z	Z
2716 55% (16/ 29)	Z	Z	Z	Z	Z	Z	Z	Z	Z	Z	Z	Z			Z	Z	Z	Z	Z	Z	1/	1			
619 54% (26/ 48)	1	1	3	1/	1	1	1			1		1			1		1	1	11		1/	1		4	
917 54% (26/ 48)	1		1	1/	1	1	1				1	1			1				2B		1/	1			
1409 54% (26/ 48)	2	1	1	11	3	1		5							1	1	1	1	1		1/K	1			4
1595 54% (26/ 48)	1	1	1	1/	1	7	1			1		1			1	1	1	1	11		1/	1		4	
1874 54% (26/ 48)	1		3	1/	1	1	1				1	1							2B		1/	1			
2143 54% (26/ 48)	1	3	1	1/		1	11			1		1				1	1	1	1		1/F	1			
1893 54% (20/ 37)	1	1	1	1/	X	X	1			1		1			1	1	Z	Z	Z	Z	Z	1		4	
1873 53% (25/ 47)	1	1	3	1/		1	4			1		1			1	1	1	1	1		1/K	1			
1839 53% (19/ 36)	Z	Z	Z	Z	Z	Z	Z	Z	Z	Z	Z	Z			1	1		1	1		1/	1			
325 53% (10/ 19)	Z	Z	Z	Z	Z	Z	Z	Z	Z	Z	Z	Z	Z	Z	Z	Z	Z	Z	Z	Z	Z	Z	Z	Z	Z
2289 53% (10/ 19)	Z	Z	Z	Z	Z	Z	Z	Z	Z	Z	Z	Z	Z	Z	Z	Z	Z	Z	Z	Z	Z	Z	Z	Z	Z
1757 52% (22/ 42)	Z	1	1	1/	1	1	1			1	1	1			1	1	Z	Z	Z	Z	Z	1			
2805 52% (23/ 44)	1	1		4	2	3		4	Z	Z	Z		6	6	1	1	1	1	1		1/			4	
03 52% (25/ 48)	2	2	2	1/	2	2		3							2				2	4	1/				4
437 52% (25/ 48)	1	1	1	1/	1	1	1I			1		1			1	1	1		11		1/K	1			
927 52% (25/ 48)	1	3	3	1/		1	11			1		1			1	1	1	1	1		1/F	1			
1646 52% (25/ 48)	1	1	3	1/	1	1	1				1	1			2				2B		1/	1			
1739 52% (25/ 48)	1	16	3	1/	2	3		4				1B	3D	5	1			1	2B		1/			5	
1868 52% (25/ 48)	1	3B	3	1/	1	1	11			1		1			1	1	1	1	1		1/F	1			
1877 52% (25/ 48)	1		3	1/	1	1	1				1	1		4					2B		1/	1			
1891 52% (25/ 48)	1	16	3	1/	9	3		4				1B	3D	5	4			1	2B		1/F			5	
2288 52% (25/ 48)	1	1	1	1/	1	1	1			5		1			1	1	1	1	6		1/K	1			
2374 52% (25/ 48)	1	1	1	1/	1	6	1C				1	1			1	1		1	1		1/			4	
309 52% (13/ 25)	Z	Z	Z	Z	Z	Z	Z	Z	Z	Z	Z	Z	Z	Z	Z	Z	Z	Z	Z	Z	Z	Z		4	
1889 52% (13/ 25)	Z	Z	Z	Z	Z	Z	Z	Z	Z	Z	Z	Z	Z	Z	Z	Z	Z	Z	Z	Z	Z	Z	Z		
172 52% (15/ 29)	Z	Z	Z	Z	Z	Z	1			1	Z	1		Z	1	Z	Z	Z	Z	Z	1/	Z	Z	Z	
014 52% (16/ 31)	Z	Z	Z	Z	Z	Z	Z	Z	Z	Z	1	1			1	1	Z	Z	Z	Z	1/F	1			
1867 51% (21/ 41)	Z	Z	Z	Z	Z	Z	Z			1	1	1			1	1	1	1	1		1/	1			
460 51% (24/ 47)	1	5	3		1	1	1			8		1			1	1	3	1	1			1			
02 50% (24/ 48)	2	2	2		2	2		5							2	2B			2	3	1/			3	4
62 50% (8/ 16)	Z	Z	Z	Z	Z	Z	Z	Z	Z	Z	Z	Z			1	1	1	1	1		1/	1			Z

915 48 TS + 4 SL + 52 MT

TESTSTELLE	45	46	47	48	52	53	54	55	56	66	68	73	76	80	84	87	88	90	91	97	98	100	102
UEBEREINST. ZEUGEN	473	101	92	452	7	87	14	422	459	365	16	24	467	9	402	476	471	71	46	422	10	470	478
BEZEUGTE VARIANTE	1/	3	2	1/	4	3	4	1/	1/	1/	15	10	1/	2	1/	1/	1/	2	3	1/	6	1/	1/
P8 100% (2/ 2)	Z	Z	Z	Z	Z	Z	Z	Z	Z	Z	Z	Z	Z	Z	Z	Z	Z	Z	Z	Z	Z	Z	Z
88 92% (44/ 48)											6	9											
314 78% (7/ 9)		1	Z	Z	Z	Z	Z	Z	Z	Z	Z	Z	Z	Z	Z	Z	Z	Z	Z		1		
P45 75% (9/ 12)		Z	Z	Z	Z	Z	Z	3		Z	Z	Z	Z	Z	Z	Z	Z	Z	Z	Z	Z	Z	Z
1846 75% (6/ 8)	Z	Z	Z	Z	Z	Z	Z	Z	Z	Z	Z	Z	Z	Z				1	X		1		
33 67% (24/ 36)		X			1/			X	X	1/C	4	14			3						7		
1899 67% (4/ 6)	Z	Z	Z	Z	Z	Z	Z	Z	Z	Z	Z	Z	Z	Z				1	1/	Z	Z	Z	
1738 63% (5/ 8)	Z	Z	Z	Z	Z	Z	Z	Z	Z	Z	Z	Z	Z	Z	Z			1	1/		1		
1858 63% (5/ 8)	Z	Z	Z	Z	Z	Z	Z	Z	Z	Z	Z	Z	Z	Z	Z			1	1/		1		
P74 62% (28/ 45)		2			1/	1/	3				4	6B							1/		2		
5 60% (29/ 48)					1/		1				4	1		7							2C		
2737 60% (29/ 48)		1			1/		1					1		1					11D		2B		
2004 60% (9/ 15)	Z	Z	Z	Z	Z	Z	Z	Z	Z		1	1		1				1	1/		1		
2626 60% (6/ 10)	Z	Z	Z	Z	Z	Z	Z	Z	Z	Z	Z	Z	Z	1				1	4E		1		
1175 58% (28/ 48)		2					1			1/B	2	2							1/	1/B	2C		
1730 58% (7/ 12)	Z	Z	Z	Z	Z	Z	Z	Z	Z	Z	Z	1		1				1	1/		1		
1827 58% (28/ 48)		2	1		1/		1				7	9		1D					1/				
206 58% (15/ 26)		2				8	1				3	1		6	3			1	4E		1D		
1731 58% (15/ 26)		1	1		1/	1/	1				1	1		1				1	4C		1		
623 58% (23/ 40)		2			1/						4	1D		7	4						2C		3
2344 57% (27/ 47)		2			1/						4	6			3				3G		7		
624 57% (8/ 14)	Z	Z	Z	Z	Z	Z	Z	Z	Z		1	1		Z	Z			1	1/		1		
1729 57% (24/ 42)		7	1		1/		5	6						8					5		1		
1745 57% (4/ 7)	Z	Z	Z	Z	Z	Z	Z	Z	Z	Z	Z	Z	Z	Z	Z			1	1/	Z	1		
2746 57% (17/ 30)	Z	Z	Z	Z	1/		1				1			1				1			1		
01 56% (27/ 48)		2		3		1/		1/B			4	2			3				1/		2		3
1162 56% (27/ 48)		2			1/							9		3					1/				
1843 56% (27/ 48)		4	1		1/		1							1					5				
1852 56% (18/ 32)			1		1/	1/	1				1	1		1					5		1		
2201 56% (23/ 41)		2	1		1/		1				1	1E		1					5				
020 56% (20/ 36)					3	1/	1				1	1D		1				1	1/		1		
81 56% (20/ 36)		2			1/	1/	1			Z	Z	Z	Z	Z	Z				1/		2		
[illegible]	[illegible]	[illegible]	[illegible]	[illegible]	[illegible]	[illegible]	[illegible]	[illegible]	[illegible]	[illegible]	[illegible]	[illegible]	[illegible]	[illegible]	[illegible]	[illegible]	[illegible]	[illegible]	[illegible]	[illegible]	[illegible]	[illegible]	[illegible]

TESTSTELLE UEBEREINST. ZEUGEN BEZEUGTE VARIANTE	45 473 1/	46 101 3	47 92 2	48 452 1/	52 7 4	53 87 3	54 14 4	55 422 1/	56 459 1/	66 365 1/	68 16 15	73 24 10	76 467 1/	80 9 2	84 402 1/	87 476 1/	88 471 1/	90 71 2	91 46 3	97 422 1/	98 10 6	100 470 1/	102 478 1/
2777 56% (5/ 9)	Z	Z	Z	Z	Z	Z	Z	Z	Z	Z	Z	1	Y	Z	Z			1	1/		1		
2716 55% (16/ 29)		1	1		1/	1/	1				1	1		1C				1	1/		1D	Z	
619 54% (26/ 48)		2			1/							9		3B					1/		6B		
917 54% (26/ 48)			1		1/	1/	1				1	1D		1				1	1/		1		
1409 54% (26/ 48)					3		1				4	6C						1	4		3		
1595 54% (26/ 48)					1/		1							1				1			1		
1874 54% (26/ 48)			1		1/	1/	1	1/D			1	1D		1				1	1/		1		
2143 54% (26/ 48)		2	1		1/		1					1D		1				4	5				
1893 54% (20/ 37)		2		Z	1/		1			Z	Z	9		1	Z				1/				
1873 53% (25/ 47)		6	1		1/		1				4			1					5	Z			
1839 53% (19/ 36)		1	1		1/	1/	1				1	1C		1				1	18		1		
325 53% (10/ 19)	Z	Z	Z	Z	1/	1/	1				1	1		1				1	1/		1		
2289 53% (10/ 19)	Z	Z	Z	Z	1/	1/	1				2	1		1				1	1/		1		
1757 52% (22/ 42)		1			1/	1/					7	1		1				1			1		
2805 52% (23/ 44)		2			1/						4B	1		4							2C		Z
03 52% (25/ 48)		2				1/	7	1/B			2	2			4				1/	4	2		3
437 52% (25/ 48)		2			1/	1/	1					9		1				1	1/				
927 52% (25/ 48)		6	1		1/	3D	5							1					5		1		
1646 52% (25/ 48)			1		1/	1/	1				1	1D		1				1	1/		1		
1739 52% (25/ 48)		2			1/		1				3	1D		6B	3						2		
1868 52% (25/ 48)		6	1		1/		5							1					5		1		
1877 52% (25/ 48)			1		1/	1/	1	1/E			7	1		1				1	1/		1		
1891 52% (25/ 48)		2			1/		1				3	1D		6	3						2		
2288 52% (25/ 48)		6	1		1/		1				14			1					11E				
2374 52% (25/ 48)			2B		1/		1				4	1		1				1			2C		
309 52% (13/ 25)		1	1	Z	1/	1/	1				7	1		1				1	1/		1		
1889 52% (13/ 25)		1	1		1/	1/	1				1	1		1	4			1	1/		1		
172 52% (15/ 29)		1	1		1/	1/	1				7	1		1	Z			Z	Z		3		
014 52% (16/ 31)		Z	Z		3	1/	1				1	1		1				1	1/		3		Z
1867 51% (21/ 41)		1	1		1/	1/	1				1	1		1				5			2C		
460 51% (24/ 47)			1		1/	1/	1				1	4		1				1	1/		Z		
02 50% (24/ 48)		2			1/	1/	2	4			4	6			3				1/		2		3
62 50% (8/ 16)	Z	Z	Z	Z	Z	Z	Z	Z	Z	Z	Z	Z	Z	Z	Z	Z	Z	Z	Z		3		

917 34 TS + 2 SL + 68 MT

TESTSTELLE	7	10	11	18	20	21	28	29	31	32	33	34	35	36	41	42	44	45	46	48	52	53	55	56	65
UEBEREINST. ZEUGEN	9	392	351	355	441	36	416	439	36	51	19	19	452	339	467	283	451	473	101	452	452	338	422	459	333
BEZEUGTE VARIANTE	4	1/	1/	1/	1/	2	1/	1/	2	2	2	2B	1/	1/	1/	1/	1/	1/	3	1/	1/	1/	1/	1/	1/
P8 100% (1/ 1)	Z	Z	Z		Z	Z	Z	Z	Z	Z	Z	Z	Z	Z	Z	Z	Z	Z	Z	Z	Z	Z	Z	Z	Z
P33 100% (1/ 1)	Z	Z	Z	Z	Z	Z	Z	Z	Z	Z	Z	Z	Z	Z	Z	Z	Z	Z	Z	Z		Z	Z	Z	Z
P41 100% (1/ 1)	Z	Z	Z	Z	Z	Z	Z	Z	Z	Z	Z	Z	Z	Z	Z	Z	Z	Z	Z	Z	Z	Z	Z	Z	Z
325 100% (14/ 14)	Z	Z	Z	Z	Z	Z	Z	Z	Z	Z	Z	Z	Z	Z	Z	Z	Z	Z	Z	Z					
624 100% (11/ 11)	Z	Z	Z	Z	Z	Z	Z	Z	Z	Z	Z	Z			Z	Z	Z	Z	Z	Z	Z	Z	Z	Z	
1730 100% (8/ 8)	Z	Z	Z	Z	Z	Z	Z	Z	Z	Z	Z	Z	Z	Z	Z	Z	Z	Z	Z	Z	Z	Z	Z	Z	Z
1738 100% (6/ 6)	Z	Z	Z	Z	Z	Z	Z	Z	Z	Z	Z	Z	Z	Z	Z	Z	Z	Z	Z	Z	Z	Z	Z	Z	Z
1745 100% (5/ 5)	Z	Z	Z	Z	Z	Z	Z	Z	Z	Z	Z	Z	Z	Z	Z	Z	Z	Z	Z	Z	Z	Z	Z	Z	Z
1846 100% (6/ 6)	Z	Z	Z	Z	Z	Z	Z	Z	Z	Z	Z	Z	Z	Z	Z	Z	Z	Z	Z	Z	Z	Z	Z	Z	Z
1858 100% (6/ 6)	Z	Z	Z	Z	Z	Z	Z	Z	Z	Z	Z	Z	Z	Z	Z	Z	Z	Z	Z	Z	Z	Z	Z	Z	Z
1899 100% (5/ 5)	Z	Z	Z	Z	Z	Z	Z	Z	Z	Z	Z	Z	Z	Z	Z	Z	Z	Z	Z	Z	Z	Z	Z	Z	Z
2004 100% (11/ 11)	Z	Z	Z	Z	Z	Z	Z	Z	Z	Z	Z	Z	Z	Z	Z		Z	Z	Z	Z	Z	Z	Z	Z	
2289 100% (14/ 14)	Z	Z	Z	Z	Z	Z	Z	Z	Z	Z	Z	Z	Z	Z	Z	Z	Z	Z	Z	Z					
2777 100% (6/ 6)	Z	Z	Z	Z	Z	Z	Z	Z	Z	Z	Z	Z	Z	Z	Z	Z	Z	Z	Z	Z	Z	Z	Z	Z	Z
2778 100% (5/ 5)	Z	Z	Z	Z	Z	Z	Z	Z	Z	Z	Z	Z	Z	Z	Z	Z	Z	Z	Z						Z
1874 97% (33/ 34)																							1/D		
1646 94% (32/ 34)	1		1/B																						
466 93% (14/ 15)	Z	Z	Z	Z	Z	Z	Z	Z	Z	Z	Z	Z	Z	Z	Z	Z	Z	Z	Z						
602 92% (12/ 13)	Z	Z	Z	Z	Z	Z	Z	Z	Z	Z	Z	Z	Z	Z	Z	Z	Z	Z	1		Z				
1877 91% (31/ 34)								4															1/E		1/F
2716 91% (20/ 22)	Z	Z	Z	Z	Z	Z			Z	Z	Z	Z	Z						1						1/H
172 90% (19/ 21)	Z	Z	Z			1		Z	Z	Z	Z	Z	Z		Z	Z			1						
1731 90% (18/ 20)	Z	Z	Z	Z	Z	Z	Z	Z	Z	Z	Z	Z	Z	Z					1						
1889 89% (17/ 19)	Z	Z	Z	Z	Z	Z	Z	Z	Z	Z	Z	Z	Z	Z	Z				1						
2378 88% (15/ 17)	Z	Z	Z	Z	Z	Z	Z	Z	Z	Z	Z	Z	Z	Z	X	Y			1	Z				1/E	
314 88% (7/ 8)	Z	Z	Z	Z	Z	Z	Z	Z	Z	Z	Z	Z	Z	Z					1	Z	Z	Z	Z	Z	Z
2626 86% (6/ 7)	Z	Z	Z	Z	Z	Z	Z	Z	Z	Z	Z	Z	Z	Z	Z	Z	Z	Z	Z	Z	Z	Z	Z	Z	Z
88 85% (29/ 34)		3										7									4	3			
424 85% (28/ 33)	1					1			1		1	1							X						
2441 85% (11/ 13)	Z	Z	Z	Z	Z	Z	Z	Z	Z	Z	Z	Z	Z	Z	Z	8	Z	Z	1						Z
337 84% (27/ 32)	1				Z	Z			1	3	1	1													
699 84% (27/ 32)	Z			Z		1			1	3	1	1													

TESTSTELLE	7	10	11	18	20	21	28	29	31	32	33	34	35	36	41	42	44	45	46	48	52	53	55	56	65
UEBEREINST. ZEUGEN	9	392	351	355	441	36	416	439	36	51	19	19	452	339	467	283	451	473	101	452	452	338	422	459	333
BEZEUGTE VARIANTE	4	1/	1/	1/	1/	2	1/	1/	2	2	2	2B	1/	1/	1/	1/	1/	1/	3	1/	1/	1/	1/	1/	1/
1852 84% (21/ 25)	Z	Z	Z	Z	Z	Z	Z	Z	Z	1	1	1													
175 82% (28/ 34)	1					1			1		1	1							1						
203 82% (28/ 34)	1					1			1	1	1	1													
404 82% (28/ 34)	1					1			1		1	1							1						
1241 82% (28/ 34)	1					1			1	1	1	1													
2131 82% (28/ 34)	1		5						1	1	1	1													
2191 82% (28/ 34)	1					1			1	1	1	1													
1094 82% (23/ 28)	Z	Z	Z	Z	Z	Z			1	1	1	1							1						
1839 82% (23/ 28)	Z	Z	Z	Z	Z	Z			1		1	1							1						
014 82% (18/ 22)	Z	Z	Z	Z	Z	Z			1	Z	Z	Z	Z	1/F					Z		3				1/F
57 81% (22/ 27)	Y	Y	Y	Y	Y	Y			1	3	1	1							1						
2431 81% (22/ 27)	1			Y		1			1	Y	Y	Y	Y	Y					Y						1/G
43 81% (26/ 32)	1				Z	Z			1	1	1	1							1						
1526 81% (17/ 21)	Z	Z	Z			1			1	Z	Z	Z							1						1/F
1864 81% (25/ 31)	Z	Z	Z			1			1	1	1	1							1						
256 80% (20/ 25)	Z	Z	Z			1			1	Z	Z	Z	Z	Z		3			1	Z			1/B		
025 79% (27/ 34)	1					1			1		1	1							1						1/F
82 79% (27/ 34)	1					1			1	3	1	1							1						
105 79% (27/ 34)	1					1			1	1	1	1							1						
149 79% (27/ 34)	1					1			1	1	1	1							1						
201 79% (27/ 34)	1					1			1	1	1	1							1						
312 79% (27/ 34)	1					1			1	1	1	1													5
437 79% (27/ 34)	1					1			1	1		11		1/K					2						
444 79% (27/ 34)	1					1			1	1		1				6			1						
456 79% (27/ 34)	1					1			1	1	1	1										3			
462 79% (27/ 34)	1					1			7	3	1	1							1						
479 79% (27/ 34)	1					1			1	1	1	1							1						
618 79% (27/ 34)	1E				1/C	8			1	3	1	1													
625 79% (27/ 34)	1					1			1	1	1	1							1						
824 79% (27/ 34)	1					1			1	1	1	1							1						
1022 79% (27/ 34)	1					1			1	1	1	1							1						
1040 79% (27/ 34)	1					1			1	1	1	1							1						
1072 79% (27/ 34)	1					1			1	1	1	1							1						

917 34 TS + 2 SL + 68 MT

TESTSTELLE UEBEREINST. ZEUGEN BEZEUGTE VARIANTE	66 365 1/	76 467 1/	84 402 1/	87 476 1/	88 471 1/	91 279 1/	97 422 1/	100 470 1/	102 478 1/
P8 100% (1/ 1)	Z	Z	Z	Z	Z	Z	Z	Z	Z
P33 100% (1/ 1)	Z	Z	Z	Z	Z	Z	Z	Z	Z
P41 100% (1/ 1)	X		Z	Z	Z	Z	Z	Z	Z
325 100% (14/ 14)									
624 100% (11/ 11)			Z						
1730 100% (8/ 8)	Z								
1738 100% (6/ 6)	Z	Z	Z						
1745 100% (5/ 5)	Z	Z	Z				Z		
1846 100% (6/ 6)	Z	Z				X			
1858 100% (6/ 6)	Z	Z	Z						
1899 100% (5/ 5)	Z	Z					Z	Z	
2004 100% (11/ 11)									
2289 100% (14/ 14)									
2777 100% (6/ 6)	Z	Y	Z						
2778 100% (5/ 5)	Z	Z	Z	Z	Z	Z	Z	Z	Z
1874 97% (33/ 34)									
1646 94% (32/ 34)									
466 93% (14/ 15)	6								
602 92% (12/ 13)	Z						Z		
1877 91% (31/ 34)									
2716 91% (20/ 22)								Z	
172 90% (19/ 21)			Z			Z			
1731 90% (18/ 20)						4C			
1889 89% (17/ 19)			4						
2378 88% (15/ 17)									
314 88% (7/ 8)	Z	Z	Z	Z	Z	Z			
2626 86% (6/ 7)	Z	Z				4E			
88 85% (29/ 34)						3			
424 85% (28/ 33)									
2441 85% (11/ 13)	Z		Z					Z	
337 84% (27/ 32)									
699 84% (27/ 32)									
309 84% (16/ 19)									

917 34 TS + 2 SL + 68 MT

TESTSTELLE UEBEREINST. ZEUGEN BEZEUGTE VARIANTE	66 365 1/	76 467 1/	84 402 1/	87 476 1/	88 471 1/	91 279 1/	97 422 1/	100 470 1/	102 478 1/
1852 84% (21/ 25)						5			
175 82% (28/ 34)									
203 82% (28/ 34)									
404 82% (28/ 34)									
1241 82% (28/ 34)									
2131 82% (28/ 34)									
2191 82% (28/ 34)									
1094 82% (23/ 28)									
1839 82% (23/ 28)						18			
014 82% (18/ 22)									Z
57 81% (22/ 27)			Y						
2431 81% (22/ 27)							4		
43 81% (26/ 32)									
1526 81% (17/ 21)			Z	Z	Z	Z	Z	Z	Z
1864 81% (25/ 31)									
256 80% (20/ 25)									
025 79% (27/ 34)									
82 79% (27/ 34)									
105 79% (27/ 34)									
149 79% (27/ 34)									
201 79% (27/ 34)									
312 79% (27/ 34)									
437 79% (27/ 34)									
444 79% (27/ 34)									
456 79% (27/ 34)									
462 79% (27/ 34)									
479 79% (27/ 34)									
618 79% (27/ 34)									
625 79% (27/ 34)									
824 79% (27/ 34)									
1022 79% (27/ 34)									
1040 79% (27/ 34)									
[illegible]									

TESTSTELLE			7	8	10	11	14	17	18	20	23	28	29	35	36	41	42	44	45	46	48	49	52	53	54	55	56
UEBEREINST. ZEUGEN			23	94	392	1	11	6	355	441	91	416	439	452	38	467	283	451	473	9	452	162	452	1	16	422	459
BEZEUGTE VARIANTE			3	3	1/	12	4	11	1/	1/	2	1/	1/	1/	1/F	1/	1/	1/	1/	6	1/	2	1/	3D	5	1/	1/
P8	100%	(2/ 2)	Z	Z	Z	Z	Z	Z		Z		Z	Z	Z	Z	Z	Z	Z	Z	Z	Z	Z	Z	Z	Z	Z	Z
P33	100%	(1/ 1)	Z	Z	Z	Z	Z	Z	Z	Z	Z	Z	Z	Z	Z	Z	Z	Z	Z	Z	Z	Z		Z	Z	Z	Z
489	95%	(42/ 44)																									
62	89%	(8/ 9)	Z	Z	Z	Z	Z	Z	Z	Z	Z				1/			Z	Z	Z	Z	Z	Z	Z	Z	Z	Z
P45	88%	(7/ 8)	Z	Z	Z	Z	Z	Z	Y	Y					Z		Z	Z		Z	Z	Z	Z	Z	Z	3	
506	88%	(7/ 8)	Z	Z	Z	Z	Z	Z	Z	Z	Z			Z	Z	Z	Z	Z	Z	Z			Z	Z	1		
1729	82%	(32/ 39)	Z	Z	Z	Z	Z	1G												7				3		6	
2201	81%	(30/ 37)	Z	Z	Z	Z	Z	Z	Z											2				3	1		
1843	80%	(35/ 44)				1/		4							1/K					4		1		3	1		
1868	80%	(35/ 44)	3B			1/	1															1		3			
1873	79%	(34/ 43)	1			1/		4							1/K							1		3	1		
2143	77%	(34/ 44)		1		5														2		1		3	1		
2627	75%	(3/ 4)	Z	Z	Z	Z	Z	Z	Z	Z	Z				1/	Z	Z	Z	Z	Z	Z	Z	Z	Z	Z	Z	Z
2288	73%	(32/ 44)	1	1		1/	1	1							1/K							1		3	1		
2778	71%	(5/ 7)	Z	Z	Z	Z	Z	Z	Z	Z	Z	Z	Z	Z	Z	Z	Z	Z	Z	Z				1/	1		
314	70%	(7/ 10)	Z	Z	Z	Z	Z	Z	Z	Z	Z	Z	Z	Z	Z					1	Z	Z	Z	Z	Z	Z	Z
1846	70%	(7/ 10)	Z	Z	Z	Z	Z	Z	Z	Z	Z	Z	Z	Z	Z	Z	Z	Z	Z	Z	Z	Z	Z	Z	Z	Z	Z
2303	69%	(11/ 16)	Z	Z	Z	Z	Z	Z	Z	Z	Z				1/		4			1				Z	Z	Z	Z
5	68%	(30/ 44)	1			1/		1							1/D					3				3	1		
619	68%	(30/ 44)	1			1/L	1	1							1/		4			2				3	4		
400	64%	(21/ 33)	1	1		1/L	1	1			Y			X	1/		W	X						W	2		
1162	64%	(28/ 44)	1	3B		1/L	1	1	4						1/		4			2				3	4		
1852	64%	(21/ 33)	Z	Z	Z	Z	Z	Z	Z	Z	Z	Z	Z		1/					3		1		1/	1		
623	62%	(23/ 37)	Z	Z	Z	Z	Z	Z	Z						1/		4			2				3	4		
2746	62%	(18/ 29)	Z	Z	Z	Z	Z	Z	Z	Z	Z				1/		Z	Z	Z	Z	Z	Z		3	1		
1297	61%	(27/ 44)	1	1		1/	1	1		1/B					1/		4							3	1		
2737	61%	(27/ 44)	4			1/		7				10			1/		3			1		1		3	1		
81	61%	(19/ 31)	2	2	14	1/L	2	Z	Z	Z	Z			3	1/					2				1/	1		
1893	61%	(22/ 36)	1	1		1/	X	1						Z	Z		4			2	Z			3	1		
P74	61%	(25/ 41)	X	Y	3	1/I	2	2	Z					3	1/		3	4		2				1/	3		
1526	61%	(17/ 28)	Z	Z	Z	Z	Z	1			1				1/					1		1		1/	1		
1723	61%	(23/ 38)	Z	Z	Z	Z	Z	1			1				1/		X			1				1/	1		
2344	60%	(26/ 43)	1		11	1/	X	2							1/		3			2		1		3	4		

927 44 TS + 0 SL + 60 MT

TESTSTELLE		7	8	10	11	14	17	18	20	23	28	29	35	36	41	42	44	45	46	48	49	52	53	54	55	56
UEBEREINST. ZEUGEN		23	94	392	1	11	6	355	441	91	416	439	452	38	467	283	451	473	9	452	162	452	1	16	422	459
BEZEUGTE VARIANTE		3	3	1/	12	4	11	1/	1/	2	1/	1/	1/	1/F	1/	1/	1/	1/	6	1/	2	1/	3D	5	1/	1/
441	60% (21/ 35)	Z	Z	Z	Z	Z	Z	Z	Z	Z				1/		4			2			3	3	1		
630	60% (25/ 42)	1			1/	2	Z	Z			3D					6			2				8	1		
1735	60% (25/ 42)	1B	1B		1/	1	1			1	3D			1/K					2B				6	2B		
33	59% (22/ 37)	4	X	11	1/		2	X				X		X		3			X				3	4	X	X
2587	59% (22/ 37)	Z	Z	Z	Z	Z	Z	Z		1				1/		6			1				1/	1		
228	59% (26/ 44)				1/	1	1	4						1/		5			3				1/	1		
808	59% (26/ 44)	1			1/L	1	1H	6		1				1/					1				3	1		
945	59% (26/ 44)	1			1/	3		4			3D	5		1/		5			2				8C	1		
1270	59% (26/ 44)	1	1		1/	1	1		1/B					1/		4							3	1		
1595	59% (26/ 44)	1	1		1/	1	1							1/		4			3				3	1		
1598	59% (26/ 44)	1	1		1/	1	1		1/B					1/		4							3	1		
1827	59% (26/ 44)	1	3B		1/B		2							1/		4			2		1		3	1		
1842	59% (26/ 44)	1			1/O	1	1C			1				1/					2			3	3	1	1/F	
1867	58% (22/ 38)	Z	Z	Z	Z	Z	Z			1				1/					1		1		1/	1		
014	58% (19/ 33)	Z	Z	Z	Z	Z	Z	Z	Z	1			Z						Z		1	3	1/	1		
1864	58% (23/ 40)	Z	Z	Z	Z	1	1			1				1/					1				1/	1		
2200	58% (23/ 40)	1			1/	2	1C	4			3D					5			1				8	1		
172	57% (16/ 28)	Z	Z	Z	Z	Z	1			Z		Z	Z	1/	Z	Z			1		1		1/	1		
180	57% (24/ 42)	11		6	1/	3B	1	5B			3E	5	3			4			2				3			
1752	57% (20/ 35)	Z	Z	Z	Z	Z	Z	Z	Z	Z				1/		6			1				1/	1		
049	57% (25/ 44)	1	1		1/	1	1			1									3		1		1/	1		
218	57% (25/ 44)	1	1		1/C	1	1			1				1/					1		1		1/	1		
431	57% (25/ 44)	1	3B		1/	10	1C						3	1/		4			2				3			
436	57% (25/ 44)	1	1		1/L	1	1	4		1				1/		4			2				4C	1		
437	57% (25/ 44)	1	1		1/	1	1I							1/K					2		1		1/	1		
621	57% (25/ 44)	1			1/O	1	1		1/B	1				1/		4			2		1	3	3B	8		
824	57% (25/ 44)	1	1		1/	1	1			1				1/					1				1/	1		
915	57% (25/ 44)	4	3B	3	1/E		2							1/E					3		1	4	3	4		
1563	57% (25/ 44)	1	1		1/O	1	1C			1				1/					1				1/	1		
1646	57% (25/ 44)	1			1/B	1	1			1				1/					3		1		1/	1		
1704	57% (25/ 44)	1			1/	2		4			3D	5		1/		5			2				8	1		
1737	57% (25/ 44)	1	1		1/	1	1C			1									1				1/	1		
1739	57% (25/ 44)	[illegible]			[illegible]	[illegible]	[illegible]	[illegible]			[illegible]	[illegible]		[illegible]		[illegible]			[illegible]				[illegible]	[illegible]		

TESTSTELLE	61	65	66	68	73	76	77	78	84	86	87	88	90	91	92	93	97	100	102
UEBEREINST. ZEUGEN	36	71	365	16	24	467	181	67	402	85	476	471	71	28	99	31	422	470	478
BEZEUGTE VARIANTE	2	1/F	1/	15	10	1/	2	2	1/	3	1/	1/	2	5	2	2	1/	1/	1/
P8 100% (2/ 2)	Z	Z	Z	Z	Z	Z	Z	Z	Z	Z	Z	Z	Z	Z	Z	Z	Z	Z	Z
P33 100% (1/ 1)	Z	Z	Z	Z	Z	Z	Z	Z	Z	Z	Z	Z	Z	Z	Z	Z	Z	Z	Z
489 95% (42/ 44)		1/		1															
62 89% (8/ 9)	Z	Z	Z	Z	Z	Z	Z	Z	Z	Z	Z	Z	Z	Z	Z	Z			
P45 88% (7/ 8)	Z	Z	Z	Z	Z	Z	Z	Z	Z	Z	Z	Z	Z	Z	Z	Z	Z	Z	Z
506 88% (7/ 8)	Z	Z	Z	Z	Z	Z	Z	Z		Z	Z	Z	Z	Z	Z	Z	Z	Z	Z
1729 82% (32/ 39)	1	1/								3B									
2201 81% (30/ 37)	1	1/		1	1E														
1843 80% (35/ 44)	1	1/																	
1868 80% (35/ 44)	1							1		2						1			
1873 79% (34/ 43)	1			4													Z		
2143 77% (34/ 44)	1				1D								4			1			
2627 75% (3/ 4)	Z	Z	Z	Z	Z	Z	Z	Z	Z	Z	Z	Z	Z	Z	Z	Z	Z	Z	Z
2288 73% (32/ 44)	1			14										11E					
2778 71% (5/ 7)	Z	Z	Z	Z	Z	Z	Z	Z	Z	Z	Z	Z	Z	Z	Z	Z	Z	Z	Z
314 70% (7/ 10)	Z	Z	Z	Z	Z	Z	Z	Z	Z	Z	Z	Z	Z	Z	1	1			
1846 70% (7/ 10)	Z	Z	Z	Z	Z	Z	Z	Z		1			1	X		1			
2303 69% (11/ 16)	Z	Z	Z	Z	Z	Z	Z	Z	Z	Z	Z	Z	Z	Z	1	1		Z	
5 68% (30/ 44)		1/		4	1			1		5				3		3			
619 68% (30/ 44)		1/			9					1				1/	1				
400 64% (21/ 33)	1	X	X	X				1		1B	X	X	X		1	1			
1162 64% (28/ 44)		1/			9					1				1/	1				
1852 64% (21/ 33)	3	1/		1	1		1			1						1			
623 62% (23/ 37)	1			4	1D			1	4	2				3		3			3
2746 62% (18/ 29)	1			1				1		1B			1	3	1	1			
1297 61% (27/ 44)	1							1		1B			1	3	1	1			
2737 61% (27/ 44)	1				1		1	1		1B				11D		1			
81 61% (19/ 31)	Z	Z	Z	Z	Z	Z	Z	Z	Z	2B				1/					
1893 61% (22/ 36)	1	Z	Z	Z	9			1	Z	1B				1/	1				
P74 61% (25/ 41)		1/		4	6B					2B				1/					
1526 61% (17/ 28)	1			1	1			1	Z	Z	Z	Z	Z	Z	Z	Z	Z	Z	Z
1723 61% (23/ 38)	1			2	1			1		1B			1	1/	1	1			
2344 60% (26/ 43)		1/E		4	6				3	2				3G	1				

927 — 44 TS + 0 SL + 60 MT

TESTSTELLE	61	65	66	68	73	76	77	78	84	86	87	88	90	91	92	93	97	100	102
UEBEREINST. ZEUGEN	36	71	365	16	24	467	181	67	402	85	476	471	71	28	99	31	422	470	478
BEZEUGTE VARIANTE	2	1/F	1/	15	10	1/	2	2	1/	3	1/	1/	2	5	2	2	1/	1/	1/
441 60% (21/ 35)	1	1/K	8	2	6C			1						5D	1				
630 60% (25/ 42)	1	1/		3	1			1	3	1B				3		1			
1735 60% (25/ 42)		1/		4	X					1			1	X	1	1			
33 59% (22/ 37)		1/D	1/C	4	14				3	2				3	1				
2587 59% (22/ 37)	1			2	1			1		1B			1	1/	1	1			
228 59% (26/ 44)	1		11	7	1			1		1			1	5H		1			
808 59% (26/ 44)	1			1	1			1		1B			1	6		1			
945 59% (26/ 44)	1	1/		3	1D			1B	3					3					
1270 59% (26/ 44)	1	1/						1		1B			1	3	1	1			
1595 59% (26/ 44)	1	1/						1		1B			1	3	1	1			
1598 59% (26/ 44)	1	1/						1		1B			1	3	1	1			
1827 59% (26/ 44)	1	1/		7	9			1		1				1/	1				
1842 59% (26/ 44)	1	1/			7			1	1/C	4							5		
1867 58% (22/ 38)	1	1/		1	1		1	1					5	3	1	1			
014 58% (19/ 33)	1			1	1		1			1			1	1/	1	1			Z
1864 58% (23/ 40)	1	1/		2	1			1		1B			1	1/	1	1			
2200 58% (23/ 40)	1	1/		3	Z	Z	Z	Z	3	1				3		1			
172 57% (16/ 28)	1	1/		7	1		1B	1	Z	Z			Z	Z	Z	Z			
180 57% (24/ 42)		1/		3	5		Z	Z						4		1	3		
1752 57% (20/ 35)	1	1/		2	1			1		1B			1	1/	1	1			
049 57% (25/ 44)	1			1	1		1			1			1	1/	1	1			
218 57% (25/ 44)	1			7	11B			1		1			1	1/		1			
431 57% (25/ 44)		1/	1/B	2	2B			1	4					14		1	3		
436 57% (25/ 44)	1	1/		4	1D				4					3		3			
437 57% (25/ 44)	1	1/			9			1		1			1	1/	1	3			
621 57% (25/ 44)	1	1/	8	2	6C			1											
824 57% (25/ 44)		1/		2	1			1		1B			1	1/	1	1			
915 57% (25/ 44)	1	1/P					1	1		1				3	1	1			
1563 57% (25/ 44)	1	1/		1	11			1		1			1	1/		1			
1646 57% (25/ 44)		1/		1	1D		1	1		1			1	1/		1			
1704 57% (25/ 44)	1	1/		3	1D			1B	3				4	3					
1737 57% (25/ 44)	1	1/		2	1			1		1B			1	1/	1	1			
1739 57% (25/ 44)	1	1/		3	1D			1	3					3					

TESTSTELLE	10	11	18	20	28	29	30	34	35	36	41	42	44	45	48	49	52	53	54	55	56	66	76	84	86
UEBEREINST. ZEUGEN	392	351	355	441	416	439	12	29	452	339	467	41	451	473	452	162	452	87	14	422	459	365	467	402	35
BEZEUGTE VARIANTE	1/	1/	1/	1/	1/	1/	3	11	1/	1/	1/	6	1/	1/	1/	2	1/	3	4	1/	1/	1/	1/	1/	2
P8 100% (1/ 1)	Z	Z		Z	Z	Z	Z	Z	Z	Z	Z	Z	Z	Z	Z	Z	Z	Z	Z	Z	Z	Z	Z	Z	Z
P33 100% (1/ 1)	Z	Z	Z	Z	Z	Z	Z	Z	Z	Z	Z	Z	Z	Z	Z	Z		Z	Z	Z	Z	Z	Z	Z	Z
P41 100% (1/ 1)	Z	Z	Z	Z	Z	Z	Z	Z	Z	Z	Z	Z	Z	Z	Z	Z	Z	Z	Z	Z	Z	X		Z	Z
1101 100% (4/ 4)					Z	Z	Z	Z	Z	Z	Z	Z	Z	Z	Z	Z	Z	Z	Z	Z	Z	Z	Z	Z	Z
1404 88% (30/ 34)							1												1						1B
2483 88% (30/ 34)							1												1						2B
P45 86% (6/ 7)	Z	Z	Y	Y			Z	Y		Z		Z	Z		Z	Z	Z	Z	Z	3		Z	Z	Z	Z
440 85% (29/ 34)							1												1						2B
1315 85% (29/ 34)							1											8C	1						1
2774 85% (29/ 34)	11							1											1						
2125 83% (5/ 6)					Z	Z	Z	1		Z	Z	Z	Z	Z	Z	Z	Z	Z	Z	Z	Z	Z	Z	Z	Z
216 82% (28/ 34)							1C	1								1			1						
496 82% (28/ 34)							1												1						1
2175 82% (9/ 11)							1	1				Z	Z	Z	Z	Z	Z	Z	Z	Z	Z	Z	Z	Z	Z
623 81% (25/ 31)	Z	Z	Z				1					4												4	
916 80% (8/ 10)							1	1			Z	Z	Z	Z	Z	Z	Z	Z	Z	Z	Z	Z	Z	Z	Z
1856 80% (20/ 25)							1	1				8						1/	1					Z	Z
5 79% (27/ 34)							1			1/D		1/							1						5
2696 79% (27/ 34)							1			1/E								1/	1						1
172 78% (18/ 23)	Z	Z				Z	1	Z	Z		Z	Z				1		1/	1					Z	Z
1609 78% (25/ 32)					3D		1	1				1/				1			1						
619 76% (26/ 34)		1/L					1					4													1
1595 76% (26/ 34)							1					4							1						1B
2374 76% (26/ 34)							1	1				4							1						3
33 75% (21/ 28)	11		X			X	X			X		3								X	X	1/C		3	
62 75% (9/ 12)	Z	Z	Z	Z			1	1				1/	Z	Z	Z	Z	Z	Z	Z	Z	Z	Z	Z	Z	Z
886 75% (3/ 4)	4				Z	Z	Z	Z	Z	Z	Z	Z	Z	Z	Z	Z	Z	Z	Z	Z	Z	Z	Z	Z	Z
1526 75% (15/ 20)	Z	Z					1	Z				1/				1		1/	1					Z	Z
2201 74% (23/ 31)	Z	Z	Z				1			1/F		1/							1						3
6 74% (25/ 34)								8	3			3				1			1						3
142 74% (25/ 34)							1	1				4						1/	1			11			3
203 74% (25/ 34)							1	1				1/						1/	1						2B
444 74% (25/ 34)							1	1										1/	1						1B

935 | 34 TS + 2 SL + 65 MT

TESTSTELLE	10	11	18	20	28	29	30	34	35	36	41	42	44	45	48	49	52	53	54	55	56	66	76	84	86
UEBEREINST. ZEUGEN	392	351	355	441	416	439	12	29	452	339	467	41	451	473	452	162	452	87	14	422	459	365	467	402	35
BEZEUGTE VARIANTE	1/	1/	1/	1/	1/	1/	3	11	1/	1/	1/	6	1/	1/	1/	2	1/	3	4	1/	1/	1/	1/	1/	2
456 74% (25/ 34)							1	1				1/							1						2B
634 74% (25/ 34)							1	1				4						1/	1						1B
664 74% (25/ 34)							1	1										1/	1						1B
808 74% (25/ 34)		1/L	6				1	1				1/							1						1B
1058 74% (25/ 34)							1	1										1/	1						1B
1162 74% (25/ 34)		1/L	4				1					4													1
1270 74% (25/ 34)				1/B			1					4							1						1B
1297 74% (25/ 34)				1/B			1					4							1						1B
1400 74% (25/ 34)							1	1										1/	1						1B
1548 74% (25/ 34)								1								1		1/	1						1B
1563 74% (25/ 34)		1/O					1	1				1/						1/	1						1
1598 74% (25/ 34)				1/B			1					4							1						1B
1719 74% (25/ 34)		1/B					1B	1				1/				1			1						
1868 74% (25/ 34)							1	1		1/F		1/				1			5						
2085 74% (25/ 34)							1	1				1/						8	1						4
2344 74% (25/ 34)	11						1	2				3				1								3	
1752 73% (22/ 30)	Z	Z	Z	Z				1										1/	1						1B
2718 73% (19/ 26)							1	1				4					4		1			6	Z	Z	Z
323 73% (24/ 33)	Z		4		3C	5	1									1			1						1
1248 73% (24/ 33)							U	1				1/						1/	1						1B
1508 73% (24/ 33)							1	1				1/						Z	1						1B
1722 73% (24/ 33)	X			1/B			1	1				4				1		1/	1			6			
1768 73% (24/ 33)							Z	1				5							1			6			1B
2218 73% (24/ 33)							1	1				V						1/	1						1B
110 72% (23/ 32)			X				1	X				8				1		1/	1						
1893 71% (20/ 28)							1	Z	Z	Z		4			Z				1			Z		Z	1B
2778 71% (5/ 7)	Z	Z	Z	Z	Z	Z	Z	Z	Z	Z	Z	Z	Z	Z				1/	1			Z	Z	Z	Z
1723 71% (22/ 31)	Z	Z					1	1				X						1/	1						1B
1757 71% (22/ 31)							1	Z	Z	Z		1/				1		1/							4
1902 71% (22/ 31)					Z	Z	1	1								1			1			Z		4	1
2587 71% (22/ 31)	Z	Z	Z				1	1										1/	1						1B
18 71% (24/ 34)							1	1				4						1/	1						1B
35 71% (24/ 34)							1	1					[illegible]					1/	1						1B

TESTSTELLE	87	88	91	92	95	97	98	100	102
UEBEREINST. ZEUGEN	476	471	6	99	44	422	34	470	478
BEZEUGTE VARIANTE	1/	1/	5C	2	2	1/	3	1/	1/
P8 100% (1/ 1)	Z	Z	Z	Z	Z	Z	Z	Z	Z
P33 100% (1/ 1)	Z	Z	Z	Z	Z	Z	Z	Z	Z
P41 100% (1/ 1)	Z	Z	Z	Z	Z	Z	Z	Z	Z
1101 100% (4/ 4)	Z	Z	Z	Z	Z	Z	Z	Z	Z
1404 88% (30/ 34)					1				
2483 88% (30/ 34)					3B				
P45 86% (6/ 7)	Z	Z	Z	Z	Z	Z	Z	Z	Z
440 85% (29/ 34)			4K		4				
1315 85% (29/ 34)							1		
2774 85% (29/ 34)			1/		1				
2125 83% (5/ 6)	Z	Z	Z	Z	Z	Z	Z	Z	Z
216 82% (28/ 34)			4K		4				
496 82% (28/ 34)			4K		4		1		
2175 82% (9/ 11)	Z	Z	Z	Z	Z	Z	Z	Z	Z
623 81% (25/ 31)			3				2C		3
916 80% (8/ 10)	Z	Z	Z	Z	Z	Z	Z	Z	Z
1856 80% (20/ 25)	Z	Z	Z	Z	Z	Z	Z		
5 79% (27/ 34)			3				2C		
2696 79% (27/ 34)					1		1		
172 78% (18/ 23)			Z	Z	1				
1609 78% (25/ 32)			5		Z	Z			
619 76% (26/ 34)			1/	1	1		6B		
1595 76% (26/ 34)			3	1	1		1		
2374 76% (26/ 34)			3	1			2C		
33 75% (21/ 28)			3	1			7		
62 75% (9/ 12)	Z	Z	Z	Z	Z				
886 75% (3/ 4)	Z	Z	Z	Z	Z	Z	Z	Z	Z
1526 75% (15/ 20)	Z	Z	Z	Z	Z	Z	Z	Z	Z
2201 74% (23/ 31)			5		1		6		
6 74% (25/ 34)			12B		3		2C		
142 74% (25/ 34)			4K		1				
203 74% (25/ 34)			1/		4		1		
444 74% (25/ 34)			1/	1	1		1		

TESTSTELLE	87	88	91	92	95	97	98	100	102
UEBEREINST. ZEUGEN	476	471	6	99	44	422	34	470	478
BEZEUGTE VARIANTE	1/	1/	5C	2	2	1/	3	1/	1/
456 74% (25/ 34)			1/	1	1		1		
634 74% (25/ 34)			1/		1		1		
664 74% (25/ 34)			1/	1	1		1		
808 74% (25/ 34)			6				1		
1058 74% (25/ 34)			1/	1	1		1		
1162 74% (25/ 34)			1/	1	1		6		
1270 74% (25/ 34)			3	1	1		1		
1297 74% (25/ 34)			3	1	1		1		
1400 74% (25/ 34)			1/	1	1		1		
1548 74% (25/ 34)			1/	1	1		1		
1563 74% (25/ 34)			1/				2		
1598 74% (25/ 34)			3	1	1		1		
1719 74% (25/ 34)			1/	1			1		
1868 74% (25/ 34)			5		1		1		
2085 74% (25/ 34)			17	1	1				
2344 74% (25/ 34)			3G	1			7		
1752 73% (22/ 30)			1/	1	1		1		
2718 73% (19/ 26)	Z	Z	Z	Z	Z		2C		
323 73% (24/ 33)			5		4				
1248 73% (24/ 33)			1/	1	1		1		
1508 73% (24/ 33)			1/	1	1		1		
1722 73% (24/ 33)					4				
1768 73% (24/ 33)			1/	1	1		1		
2218 73% (24/ 33)			1/	1	1		1		
110 72% (23/ 32)			1/	1	1		2		
1893 71% (20/ 28)			1/	1	1		6		
2778 71% (5/ 7)	Z	Z	Z	Z	Z	Z	Z	Z	Z
1723 71% (22/ 31)			1/	1	1		1		
1757 71% (22/ 31)			3	1	1		1		
1902 71% (22/ 31)			1/	1			1		
2587 71% (22/ 31)			1/	1	1		1		
18 71% (24/ 34)			1/	1	1		1		
35 71% (24/ 34)			3	1	1		1		

941 36 TS + 1 SL + 63 MT

TESTSTELLE	4	10	11	20	23	24	28	29	30	35	36	41	42	44	45	47	48	49	52	53	55	56	57	65	66
UEBEREINST. ZEUGEN	23	392	351	441	91	17	416	439	9	452	38	467	53	451	473	92	452	162	452	87	422	459	104	71	365
BEZEUGTE VARIANTE	2	1/	1/	1/	2	2	1/	1/	2	1/	1/F	1/	4	1/	1/	2	1/	2	1/	3	1/	1/	2	1/F	1/
P8 100% (1/ 1)	Z	Z	Z	Z		Z	Z	Z	Z	Z	Z	Z	Z	Z	Z	Z	Z	Z	Z	Z	Z	Z	Z	Z	Z
P33 100% (1/ 1)	Z	Z	Z	Z	Z	Z	Z	Z	Z	Z	Z	Z	Z	Z	Z	Z	Z	Z		Z	Z	Z	Z	Z	Z
P41 100% (1/ 1)	Z	Z	Z	Z	Z	Z	Z	Z	Z	Z	Z	Z	Z	Z	Z	Z	Z	Z	Z	Z	Z	Z	Z	Z	X
623 82% (27/ 33)	Z	Z	Z			1			1		1/														
P45 80% (8/ 10)	Z	Z	Z	Y					Z		Z		Z	Z		Z	Z	Z	Z	Z	3		1	Z	Z
1893 80% (24/ 30)	1					1			1	Z	Z						Z							Z	Z
2718 78% (21/ 27)	1					1			1		1/								4						6
1101 75% (3/ 4)	1				Z	Z	Z	Z	Z	Z	Z	Z	Z	Z	Z	Z	Z	Z	Z	Z	Z	Z	Z	Z	Z
2201 74% (25/ 34)	1	Z	Z			1			1				1/			1								1/	
5 72% (26/ 36)	1					1			1		1/D		1/											1/	
619 72% (26/ 36)	1		1/L			1			1		1/													1/	
1162 72% (26/ 36)	1		1/L			1			1		1/													1/	
1297 72% (26/ 36)	1			1/B		1			1		1/														
1595 72% (26/ 36)	1					1			1		1/													1/	
1409 71% (25/ 35)	1	11							1		1/K		1/	4					3				Z		
2778 71% (5/ 7)	Z	Z	Z	Z	Z	Z	Z	Z	Z	Z	Z	Z	Z	Z	Z	Z				1/			1	Z	Z
P74 71% (24/ 34)	Z	3	1/I							3	1/		3	4						1/				1/	
03 69% (25/ 36)										4	1/		1/	4					4	1/	1/B			1/	
431 69% (25/ 36)	1					1			1	3	1/													1/	1/B
436 69% (25/ 36)	1		1/L		1	1			1		1/									4C				1/	
1270 69% (25/ 36)	1			1/B		1			1		1/													1/	
1598 69% (25/ 36)	1			1/B		1			1		1/													1/	
2143 69% (25/ 36)	1		5			1			3				1/			1		1							
2303 69% (11/ 16)	Z	Z	Z	Z	Z	Z			1		1/					1				Z	Z	Z	Z	Z	Z
2805 68% (23/ 34)	1	4	10	Z	Z		6	6	1		1/														
044 67% (24/ 36)	1	4			7				1		1/			5				1		1/					
33 67% (20/ 30)	1	11				X		X	X		X		3								X	X		1/D	1/C
62 67% (6/ 9)	Z	Z	Z	Z	Z	Z			1		1/		1/	Z	Z	Z	Z	Z	Z	Z	Z	Z	Z	Z	Z
228 67% (24/ 36)	1					1B			1		1/		5							1/					11
437 67% (24/ 36)	1					1			1		1/K		1/					1		1/				1/	
441 67% (20/ 30)	Z	Z	Z	Z	Z	Z			1		1/								3					1/K	8
624 67% (8/ 12)	Z	Z	Z	Z	Z	Z	Z	Z	Z		1/	Z	Z	Z	Z	Z	Z	Z	Z	Z	Z	Z	Z	1/	
630 67% (24/ 36)	1					1B	3D		5				6							8				1/	

941 56 TS + 1 SL + 63 MT

TESTSTELLE	4	10	11	20	23	24	28	29	30	35	36	41	42	44	45	47	48	49	52	53	55	56	57	65	66
UEBEREINST. ZEUGEN	23	392	351	441	91	17	416	439	9	452	38	467	53	451	473	92	452	162	452	87	422	459	104	71	365
BEZEUGTE VARIANTE	2	1/	1/	1/	2	2	1/	1/	2	1/	1/F	1/	4	1/	1/	2	1/	2	1/	3	1/	1/	2	1/F	1/
636 67% (24/ 36)	1					1	11		5				5							8					1/F
808 67% (24/ 36)	1		1/L		1	1			1		1/		1/										1		
927 67% (24/ 36)	1		12			1			1				1/			1				3D			1		
1127 67% (24/ 36)	1					1B			1		1/							1		1/				10D	
1739 67% (24/ 36)	1					1B	3D	5	1		1/		5											1/	
1745 67% (4/ 6)	Z	Z	Z	Z	Z	Z	Z	Z	Z	Z	Z	Z	Z	Z	Z	Z	Z	Z	Z	Z	Z	Z	Z	Z	Z
1868 67% (24/ 36)	1					1			1				1/			1		1					1		
1891 67% (24/ 36)	1					1B	3D	5	4				5											1/	
2125 67% (4/ 6)	1				Z	Z	Z	Z	Z		Z	Z	Z	Z	Z	1	Z	Z	Z	Z	Z	Z	Z	Z	Z
2288 67% (24/ 36)	1					1			1		1/K		1/			1		1					1		
2374 67% (24/ 36)	1				1	1			1		1/					2B								3	
2737 67% (24/ 36)	1					1	10		1		1/		3					1							
2746 67% (16/ 24)	Z	Z	Z	Z	Z	Z			1		1/		Z	Z	Z	Z	Z	Z							
2774 67% (24/ 36)	1	11				1			3		1/		6			1							1		
1873 66% (23/ 35)	1					1			1		1/K		1/			1		1					1		
2200 66% (23/ 35)	1					1B	3D		5				5							8				1/	
81 64% (18/ 28)	1	14	1/L	Z	Z	Z			3	3	1/		1/							1/				Z	Z
642 64% (18/ 28)	1	Z	Z		1	Z			1		1/		Z					1		1/			1	Z	Z
02 64% (23/ 36)	1	3								3	1/		3	4						1/	4			1/	
049 64% (23/ 36)	1				1	1			5				1/			1		1		1/			1		
3 64% (23/ 36)	1		6		1	1			1		1/					1				1/			1		
88 64% (23/ 36)	1	3									1/		1/						4				1	1/	
180 64% (23/ 36)	1	6				1	3E	5	1	3														1/	
203 64% (23/ 36)	1				1	1			1		1/		1/			1				1/			1	1/	
307 64% (23/ 36)	1	6				1	3E	5	5	3														1/	1/B
440 64% (23/ 36)	1				1	1			1		1/		6			1							1	1/	
456 64% (23/ 36)	1				1	1			1		1/		1/										1	1/	
489 64% (23/ 36)	1		12			1			1				1/			1				3D			1	1/	
496 64% (23/ 36)	1				1	1			1		1/		6			1							1	1/	
610 64% (23/ 36)	1	6				1	3E	5	5	3														1/	1/B
634 64% (23/ 36)	1				1	1			1		1/					1				1/			1	1/	
945 64% (23/ 36)	1					1B	3D	5	1		1/		5							8C				1/	
1103 64% (23/ 36)	1				1	1			1		1/		1/					1		1/			1	1/	12

941 — 36 TS + 1 SL + 63 MT

TESTSTELLE	76	81	84	86	87	88	91	92	95	97	100
UEBEREINST. ZEUGEN	467	49	42	85	476	471	279	99	13	422	470
BEZEUGTE VARIANTE	1/	2	4	3	1/	1/	1/	2	4	1/	1/
P8 100% (1/ 1)	Z	Z	Z	Z	Z	Z	Z	Z	Z	Z	Z
P33 100% (1/ 1)	Z	Z	Z	Z	Z	Z	Z	Z	Z	Z	Z
P41 100% (1/ 1)		Z	Z	Z	Z	Z	Z	Z	Z	Z	Z
623 82% (27/ 33)				2			3		2		
P45 80% (8/ 10)	Z	Z	Z	Z	Z	Z	Z	Z	Z	Z	Z
1893 80% (24/ 30)			Z	1B				1	1		
2718 78% (21/ 27)	Z	Z	Z	Z	Z	Z	Z	Z	Z		
1101 75% (3/ 4)	Z	Z	Z	Z	Z	Z	Z	Z	Z	Z	Z
2201 74% (25/ 34)			1/				5		1		
5 72% (26/ 36)			1/	5			3		2		
619 72% (26/ 36)			1/	1				1	1		
1162 72% (26/ 36)			1/	1				1	1		
1297 72% (26/ 36)			1/	1B			3	1	1		
1595 72% (26/ 36)			1/	1B			3	1	1		
1409 71% (25/ 35)			1/				4		2		
2778 71% (5/ 7)	Z	Z	Z	Z	Z	Z	Z	Z	Z	Z	Z
P74 71% (24/ 34)			1/	2B					Z		
03 69% (25/ 36)				2B					2	4	
431 69% (25/ 36)		1					14		3	3	
436 69% (25/ 36)		1					3		2		
1270 69% (25/ 36)			1/	1B			3	1	1		
1598 69% (25/ 36)			1/	1B			3	1	1		
2143 69% (25/ 36)		1	1/				5		1		
2303 69% (11/ 16)	Z	Z	Z	Z	Z	Z	Z	1	1		Z
2805 68% (23/ 34)		1	1/				3		3		
044 67% (24/ 36)		1	1/				3		3		
33 67% (20/ 30)			3	2			3	1	2		
62 67% (6/ 9)	Z	Z	Z	Z	Z	Z	Z	Z	Z		
228 67% (24/ 36)		1	1/	1			5H		1		
437 67% (24/ 36)			1/	1				1	1		
441 67% (20/ 30)		1	1/				5D	1	3		
624 67% (8/ 12)		Z	Z	Z				1	1		
630 67% (24/ 36)		1	3	1B			3		2		

941 36 TS + 1 SL + 63 MT

TESTSTELLE	76	81	84	86	87	88	91	92	95	97	100
UEBEREINST. ZEUGEN	467	49	42	85	476	471	279	99	13	422	470
BEZEUGTE VARIANTE	1/	2	4	3	1/	1/	1/	2	4	1/	1/
636 67% (24/ 36)		1	1/	1		1/B	5C				
808 67% (24/ 36)			1/	1B			6		2		
927 67% (24/ 36)		1	1/				5		1		
1127 67% (24/ 36)		1	1/	1B					1		5
1739 67% (24/ 36)		1	3				3		2		
1745 67% (4/ 6)	Z	Z	Z	1B				1	Z	Z	
1868 67% (24/ 36)		1	1/	2			5		1		
1891 67% (24/ 36)		1	3	2			3		2		
2125 67% (4/ 6)	Z	Z	Z	Z	Z	Z	Z	Z	Z	Z	Z
2288 67% (24/ 36)		1	1/				11E		1		
2374 67% (24/ 36)		1	1/				3	1	2		
2737 67% (24/ 36)		1	1/	1B			11D		1		
2746 67% (16/ 24)		1	1/	1B			3	1	1		
2774 67% (24/ 36)		1	1/	2					1		
1873 66% (23/ 35)		1	1/				5		1	Z	
2200 66% (23/ 35)	Z	1	3	1			3		2		
81 64% (18/ 28)	Z	Z	Z	2B					2		
642 64% (18/ 28)		Z	Z	1B				1	2		
02 64% (23/ 36)			3	2B				1	2		
049 64% (23/ 36)			1/	1				1	1B		
3 64% (23/ 36)			1/					1	1	4	
88 64% (23/ 36)		1	1/	4			3	1	1		
180 64% (23/ 36)		1	1/				4		3	3	
203 64% (23/ 36)		1	1/	2B							
307 64% (23/ 36)		3					3		3	3	
440 64% (23/ 36)		1	1/	2B			4K				
456 64% (23/ 36)		1	1/	2B				1	1		
489 64% (23/ 36)		1	1/				5		1		
496 64% (23/ 36)		1	1/	1			4K				
610 64% (23/ 36)		3					3		3	3	
634 64% (23/ 36)		1	1/	1B					1		
945 64% (23/ 36)		1	3				3		2		
1103 64% (23/ 36)		1	1/								

945 70 TS + 1 SL + 33 MT

TESTSTELLE	3	8	10	11	12	14	15	17	18	19	20	21	23	26	28	29	31	32	34	35	36	37	39	40	41
UEBEREINST. ZEUGEN	9	94	392	351	13	11	24	6	73	110	441	36	91	30	29	30	36	51	19	452	339	15	33	34	467
BEZEUGTE VARIANTE	2	3	1/	1/	3	3	3	11	4	2	1/	2	2	2	3D	5	2	2	2B	1/	1/	2	4	2	1/
P33 100% (1/ 1)	Z	Z	Z	Z	Z	Z	Z	Z	Z	Z	Z	Z	Z	Z	Z	Z	Z	Z	Z	Z	Z	Z	Z	Z	Z
1704 87% (61/ 70)					2	2	5										4								
1739 86% (60/ 70)	1					2		2																	
1891 80% (56/ 70)	1					9		2													1/F				
630 72% (48/ 67)	1					2		Z	Z	Z				1		1/	1				1/F				
2200 71% (47/ 66)	1					2		1C						1		1/	1				1/F				
2298 64% (45/ 70)	1	1		1/L	1	2		11B				1					6	1	11			1		4	
81 63% (30/ 48)		2	14	1/L	2	2	2	Z	Z	Z	Z	Z	Z		1/	1/			2C	3			2		
2778 63% (5/ 8)	Z	Z	Z	Z	Z	Z	Z	Z	Z	Z	Z	Z	Z	Z	Z	Z	Z	Z	Z	Z	Z	Z	Z	Z	Z
P74 60% (39/ 65)	Z	Y	3	1/I	2	2	2	2	Z						1/	1/			2	3			2		
610 58% (37/ 64)	1		6		1		2	2	5B					Z	3E				Z	3	1/F	1			
02 57% (40/ 70)		2	3		2	2	2	2	5						1/	1/	2B		2	3			2		
429 57% (40/ 70)	1			5	8	2		1C						1		1/	1				1/F	1		1	
04 57% (25/ 44)		2C	3	5	2	2	2	Z	Z	Z	Z	Z	Z		1/	1/			11	3B			Z	Z	Z
522 56% (38/ 68)	1			5		2		1C						1	11	1/	1	1			1/F	1		1	
03 56% (39/ 70)		2			2	2	2	2	3	3					1/	1/			2	4			2		
2818 56% (39/ 70)	1		6		1C		2	2	5B					1	3E				11C	3	1/F	1			
206 56% (25/ 45)	Z	Z	Z	Z	Z	Z	Z	Z	Z	Z	Z	Z	Z	Z	Z	Z	Z	Z	Z	Z	Z	Z	Z	Z	
2344 55% (38/ 69)	1		11		1	X	4	2	1/	1		1			1/	1/	1E		2			1	1	1	
1875 55% (34/ 62)	X	X	X	X	X	6	1	1	1/	1		1			Z	Z				3	3	4	X		
P45 55% (6/ 11)	Z	Z	Z	Z	Z	Z	Z	Z	Y	Y	Y	X		Z	1/	1/	Z	4	Y		Z	Z	Z		
33 54% (31/ 57)	1	X	11		1	4	X	2	X	1		X			1/	X	X	1	11		X	X	1	1	
01 54% (38/ 70)		2	3		2	2	2	2	5						1/	1/			2	3			2		
94 54% (38/ 70)			6	1/L	1		2	5	5B			2C		1					11B	3	1/F	1			
1678 54% (38/ 70)	1	1	6		1		2	8	5B					1					11C	3	1/F	1			
180 53% (36/ 68)	1		6		1	3B	2	1	5B					1	3E				11C	3	1/F	1		1	
1751 53% (36/ 68)	1B	3B			8	2		1C				2D		1		1/	1		9B		1/F	1		4	
307 53% (37/ 70)	1		6		1D	2	2	2	5B					1	3E				11C	3	1/F	1			
322 53% (37/ 70)					1	1	1	2				1			8				11					1	
323 52% (36/ 69)			Z		1	1	1	2				1			3C				11					1	
181 51% (36/ 70)	1	3B	11	11	4	1	1	1	1/	1		1H			1/	1/				3	3	4B			
623 50% (30/ 60)	Z	Z	Z	Z	Z	Z	Z	Z	Z	Z		1			1/	1/		1	11			1	1	1	
1175 50% (35/ 70)	[illegible]	[illegible]	[illegible]	[illegible]	[illegible]	[illegible]	[illegible]	[illegible]	[illegible]						[illegible]	[illegible]			[illegible]	[illegible]		[illegible]	[illegible]		

TESTSTELLE	3	8	10	11	12	14	15	17	18	19	20	21	23	26	28	29	31	32	34	35	36	37	39	40	41
UEBEREINST. ZEUGEN	9	94	392	351	13	11	24	6	73	110	441	36	91	30	29	30	36	51	19	452	339	15	33	34	467
BEZEUGTE VARIANTE	2	3	1/	1/	3	3	3	11	4	2	1/	2	2	2	3D	5	2	2	2B	1/	1/	2	4	2	1/
1642 50% (35/ 70)	1		3	14		2		2							3G					3			1	1B	
431 49% (34/ 69)	1	3B			13	10	1	1C	1/	1		1		3	1/	1/	1		3	3		1			
453 49% (34/ 70)	1		6		1	2	2	2	5B					1	3E				11C	3	1/F	1			
1509 49% (33/ 68)	1			1/I		1	1	1C				1		1		1/	1		1		1/F	1		1	
1758 47% (28/ 59)	1	1		5	1	2		1C	Y	1		1	1	1	X	1/	1				1/K	1		1	
436 47% (33/ 70)	1	1		1/L	1	1	1	1		1		1	1	1	1/	1/	1	1	1			1	1	1	
2805 47% (31/ 66)	1	3B	4	10	1	2		2			Z	Z	Z		6	6	1	1	1			1	1		
441 46% (26/ 56)	Z	Z	Z	Z	Z	Z	Z	Z	Z	Z	Z	Z	Z	Z	1/	1/		1	1			1	1	3	
2464 46% (12/ 26)	Z	Z	Z	Z	Z	Z	Z	Z	Z	Z	Z	Z	Z	Z	Z	Z	Z	Z	Z	Z	Z	Z	Z	Z	Z
467 46% (32/ 70)	1		4		1	8		13				1			6B		1	1	1			1		1	
1490 46% (32/ 70)	1			5	1	2	3B	1				1D	1	1	1/	1/	1				1/K	1		1	
1884 45% (30/ 66)	1		11		1		4	2B	6B	U		4	3		5	1/	1G	1	9C			6			
2718 45% (22/ 49)	1	3B			12	1B	1	1	1/	1		1		1	1/	1/	1	1	1			1	1	1	
5 44% (31/ 70)	1				1	4	4	1	1/	1		1			1/	1/		1	11		1/D	1	1	1	
619 44% (31/ 70)	1			1/L	1	1	1	1	1/	1		1			1/	1/		1	11			1	1B	1	
621 44% (31/ 70)	1			1/O	1	1	1	1	1/		1/B	1	1	1	1/	1/		1	1			1	1	3	
1162 44% (31/ 70)	1	3B		1/L	1	1	1	1		1		1			1/	1/		1	11			1	1	1	
08 44% (30/ 68)	1		11		1		5	2		1		4	3		5	1/	1G	1	9			6	6		
1831 43% (29/ 67)	1	3B		8B	1	1B		1C	6			1B	1	1	1/	1/	1				1/K	Z	Z	Z	
044 43% (30/ 70)	1	1	4		1	1B		2	1/	1		1	7	1	1/	1/	3	1	1			1	1	1	
228 43% (30/ 70)	1				1	1	1	1						1	1/	1/	1	1	1			1	1	1	
314 43% (6/ 14)	Z	Z	Z	Z	Z	Z	Z	Z	Z	Z	Z	Z	Z	Z	Z	Z	Z	Z	Z	Z	Z	Z	Z	Z	
1842 43% (30/ 70)	1			1/O	1	1	1	1C	1/	1		1	1	1	1/	1/		1	1			1	1	3	
2201 43% (26/ 61)	1	Z	Z	Z	Z	Z	Z	Z	Z	Z		1		1	1/	1/	1	1	11		1/F	1	1	1	
1409 42% (29/ 69)	1	1	11		12		1	2	5						1/	1/	1	1	1		1/K	7	1	1	
1893 42% (23/ 55)	1	1			1	X	X	1	1/	1		1		1	1/	1/	1	Z	Z	Z	Z	1	1	1	
1894 42% (28/ 67)	1	1			1	1	1	1	1/	1		1	1	1	1/	1/	1	3	11				Z	Z	
624 40% (10/ 25)	Z	Z	Z	Z	Z	Z	Z	Z	Z	Z	Z	Z	Z	Z	Z	Z	Z	Z	Z			1	Z	Z	Z
104 39% (27/ 69)	1		11	1/M	1	1	1	1	1/	1		1		1	1/	1/	1	1	1			1	1		
88 39% (27/ 70)	1	3B	3		1	4	4	2	1/	1				1	1/	1/			7			1	1		
489 39% (27/ 70)	1			12	1	4	1		1/	1		1		1	1/	1/	1	1	1		1/F	1	1	1	
1853 39% (27/ 70)	1	1			1	1B	1	1		1		1	1	3			1	1	1			1	1	1	
2374 39% (27/ 70)	1	1			1	1	6	1C	1/	1			1	1	1/	1/	1		1			1	1		

945 — 70 TS + 1 SL + 33 MT

TESTSTELLE	42	44	45	46	47	48	49	50	52	53	55	56	57	64	65	66	67	68	69	70	72	74	75	76	77
UEBEREINST. ZEUGEN	60	451	473	76	92	452	162	7	452	1	422	459	104	38	333	365	7	20	16	21	1	3	18	467	181
BEZEUGTE VARIANTE	5	1/	1/	2	2	1/	2	19	1/	8C	1/	1/	2	2	1/	1/	2B	3	3	2	6	3	3	1/	2
P33 100% (1/ 1)	Z	Z	Z	Z	Z	Z	Z	Z		Z	Z	Z	Z	Z	Z	Z	Z	Z	Z	Z	Z	Z	Z	Z	Z
1704 87% (61/ 70)										8			2B									1			
1739 86% (60/ 70)								2C		3									2		2	1	2		
1891 80% (56/ 70)								2C		3									2		3	1	2		
630 72% (48/ 67)	6							2C		8				1					2C	1	3	1			
2200 71% (47/ 66)				1				2C		8				1					2	1B	3	Z	Z	Z	Z
2298 64% (45/ 70)				3				1D		3				1							1	1	1		
81 63% (30/ 48)	1/							2		1/				Z	Z	Z	Z	Z	Z	Z	Z	Z	Z	Z	Z
2778 63% (5/ 8)	Z	Z	Z	Z	Z			1D		1/			1	Z	Z	Z	Z	Z	Z	Z	Z	Z	Z	Z	Z
P74 60% (39/ 65)	3	4						3		1/							2	4		3B	2	X	2		
610 58% (37/ 64)	4							2C		3						1/B	2	2	2C		Z	1	2		Z
02 57% (40/ 70)	3	4						3		1/	4						2	4		1	2	2	2		
429 57% (40/ 70)										8				1			1			1	2	1			1B
04 57% (25/ 44)	Z	4						2	1/D	4			Z	Z	Z	Z	Z	Z	Z	Z	2	1	2		
522 56% (38/ 68)							1			8				1			1			Z	V	1			1B
03 56% (39/ 70)	1/	4						2	4	1/	1/B						2	2			2	2	2		2B
2818 56% (39/ 70)	4							2C		3						1/B	2	2	2C		2	1	2		
206 56% (25/ 45)							1		4	8				X			1			1	3	1			1B
2344 55% (38/ 69)	3						1	2		3					1/E		2C	4		3B	2	2			
1875 55% (34/ 62)	6				1			4		3G	5				1/F	7	1	12	3B	1	1	1	1		
P45 55% (6/ 11)	Z	Z		Z	Z	Z	Z	Z	Z	Z	3		1	Z	Z	Z	Z	Z	Z	Z	Z	Z	Z	Z	Z
33 54% (31/ 57)	3			X				2		3	X	X			1/D	1/C	X	4		3B	2	2	2		
01 54% (38/ 70)	1/	4				3		2	4	1/	1/B				1/K		2	4		1	2	2	2		
94 54% (38/ 70)	4							2C		3						1/B	1				3	1	1		
1678 54% (38/ 70)	4							2C		3						1/B	2	2	2C		1	1	2		
180 53% (36/ 68)	4							2		3							2		2C		2	1	2		Z
1751 53% (36/ 68)						7		5B		8				1	8	1/E			1	1B	1	1	1B		5
307 53% (37/ 70)	4							2C		3						1/B	2	2	2C	3	2	1	2		
322 53% (37/ 70)	6						1	2		3F				1	1/C		1	1	1	1	1	1	1		
323 52% (36/ 69)	6						1	2		3				1	1/C		1	1	1	1	1	1	1		
181 51% (36/ 70)	4				1			10		3G	5						1	12	3B	1	1	2	1C		
623 50% (30/ 60)	4							1		3					1/F		1	4	1	1	2B	1	1		

TESTSTELLE			42	44	45	46	47	48	49	50	52	53	55	56	57	64	65	66	67	68	69	70	72	74	75	76	77
UEBEREINST. ZEUGEN			60	451	473	76	92	452	162	7	452	1	422	459	104	38	333	365	7	20	16	21	1	3	18	467	181
BEZEUGTE VARIANTE			5	1/	1/	2	2	1/	2	19	1/	8C	1/	1/	2	2	1/	1/	2B	3	3	2	6	3	3	1/	2
1642	50%	(35/ 70)	1/							3		3B							2	4	13	1	1	1	1		1B
431	49%	(34/ 69)	4							2C		3						1/B	2	2	2C		2		2		
453	49%	(34/ 70)	4							2C		3						1/B	2	2	2C	2B	2	1	2		
1509	49%	(33/ 68)				1		1/K		1		8				1	1/F		1		1	X	1	1			
1758	47%	(28/ 59)				X			Y	1		8				1			1			1	X	1		X	X
436	47%	(33/ 70)	4							1		4C							1	4	1	1	2B	1	1		
2805	47%	(31/ 66)	4							1		3				1	1/F		1	4B	1B	1	1	1			
441	46%	(26/ 56)	4							6	3	3					1/K	8	1	2	1	3	1	1			
2464	46%	(12/ 26)	Z	Z	Z	Z	Z	Z	Z	Z	Z	Z	Z	Z	Z	Z	Z	Z	Z	Z	Z	8	2B	1	1		
467	46%	(32/ 70)	1/						1	1		3				1			1	7	1	5	1	1	1		1B
1490	46%	(32/ 70)				1			1			8				1	1/F	6	1			1	1	1			1B
1884	45%	(30/ 66)	6				4B	U	1	1		1/			1	1	6	3	1C	4	2C	4	2	1	1		
2718	45%	(22/ 49)	4							2	4	3					1/F	6	1		2C	Z	Z	Z	Z	Z	Z
5	44%	(31/ 70)	1/			3				1		3				1			1	4	1	1	1	1	1		
619	44%	(31/ 70)	4							1		3				1			1	15	1	4B	1B	2	1		
621	44%	(31/ 70)	4						1	1	3	3B						8	1	2	1		1	1			
1162	44%	(31/ 70)	4							1		3				1			1	15	1	1	1B	2	1		
08	44%	(30/ 68)	6				4	6	1	1		1/			1	1	1/F	3	1C	4	3B	4	2	1	1		
1831	43%	(29/ 67)				3			1			8				1		6	1		2B	1	1	1			1B
044	43%	(30/ 70)	4	5					1	2		1/					1/F		1		3B	1	7	1	1		
228	43%	(30/ 70)				3				1		1/				1	1/F	11	1	7	1	1	8	1	1		
314	43%	(6/ 14)	1/			1	Z	Z	Z	Z	Z	Z	Z	Z	Z	Z	Z	Z	Z	Z	Z	Z	Z	Z	Z	Z	Z
1842	43%	(30/ 70)	1/							1	3	3	1/F		1				1	15	1		4	1			
2201	43%	(26/ 61)	1/				1			1		3				1			1	1	1	1	1	1	1		
1409	42%	(29/ 69)	1/	4		3				13B	3	3			Z	1	1/F		2	4	3B		1	2			
1893	42%	(23/ 55)	4					Z		1		3				Z	Z	Z	Z	Z	Z	1	1	2	1		
1894	42%	(28/ 67)				3	1		1	1		1/			1	1			1C	1	1	1	Z	1	1		1
624	40%	(10/ 25)	Z	Z	Z	Z	Z	Z	Z	Z	Z	Z	Z	Z	Z	1			1C	1	Z	Z	W	1	1		Z
104	39%	(27/ 69)	7				1		1	1C		1/				6			1	1	1	1	1	1	1		3
88	39%	(27/ 70)	1/			3				1	4	3			1	1			1	6	1	1	1	1	1		1
489	39%	(27/ 70)	1/			6	1			1B		3D			1	1			1	1	1	1	1	1	1		
1853	39%	(27/ 70)					1		1	1		1/		1/D		1			1	1	1	1	4	1	1		1
2374	39%	(27/ 70)	4			3	2B			2		3				1	3		1	4	1B	1	1	1	1		1B

945 — 70 TS + 1 SL + 33 MT

TESTSTELLE	79	80	83	84	85	86	87	88	89	90	91	92	93	94	95	96	97	98	100	102
UEBEREINST. ZEUGEN	31	2	46	23	20	85	476	471	2	71	46	99	31	19	44	35	422	40	470	478
BEZEUGTE VARIANTE	2	6B	2	3	2	3	1/	1/	5	2	3	2	2	2	2	2	1/	2	1/	1/
P33 100% (1/ 1)	Z	Z	Z	Z	Z	Z	Z	Z	Z	Z	Z	Z	Z	Z	Z	Z	Z	Z	Z	Z
1704 87% (61/ 70)					1					4										
1739 86% (60/ 70)									14											
1891 80% (56/ 70)		6			1	2			14											
630 72% (48/ 67)		6			1	1B			3				1							
2200 71% (47/ 66)		6			1	1			14				1							
2298 64% (45/ 70)		6	1		1				12				1	5						
81 63% (30/ 48)	Z	Z	Z	Z		2B			14		1/			2D						
2778 63% (5/ 8)	Z	Z	Z	Z	Z	Z	Z	Z	Z	Z	Z	Z	Z	Z	Z	Z	Z	Z	Z	Z
P74 60% (39/ 65)	2B	2		1/		2B			2		1/				Z					
610 58% (37/ 64)	Z	Z		4	1				2				1	1	3	1	3			
02 57% (40/ 70)		2				2B			14		1/	1								3
429 57% (40/ 70)		6			1	1			14	1	4E	1	1	1	3	1		1D		
04 57% (25/ 44)		3				Z	Z	Z	Z	Z	Z	Z					3		Z	
522 56% (38/ 68)		6C			1	1			14	1	4F	1	1	1	3	1		1D		
03 56% (39/ 70)		2		4		2B			2		1/						4			3
2818 56% (39/ 70)		1		4	1				2				1	1	3	1	3			
206 56% (25/ 45)		6			1	1			14	1	4E	1	1	1	3	1		1D		
2344 55% (38/ 69)		2				2			11		3G	1						7		
1875 55% (34/ 62)		1		1/C		2			14		12									
P45 55% (6/ 11)	Z	Z	Z	Z	Z	Z	Z	Z	Z	Z	Z	Z	Z	Z	Z	Z	Z	Z	Z	Z
33 54% (31/ 57)		2	X			2			10			1						7		
01 54% (38/ 70)	5	2				2			14		1/									3
94 54% (38/ 70)	1	1	1	1/	1				1	1			1	1	3	1		2C		
1678 54% (38/ 70)		1		4	1				2				1	1	3	1	3			4
180 53% (36/ 68)	Z	1		1/	1				9		4		1	1	3	1	3			
1751 53% (36/ 68)		6		1/C	1	1			14		3H		1			Z	Z			
307 53% (37/ 70)		3		4	1				2				1	1	3	1	3			
322 53% (37/ 70)	1	6	1	1/	1	1			1		5		1	1	4			3		
323 52% (36/ 69)	1	6	1	1/	1	1			1		5		1	1	4			3		
181 51% (36/ 70)		3		1/C		2			14		12						4			
623 50% (30/ 60)	1B	7	1	4		2			1				3	1		1		2C		3

TESTSTELLE	79	80	83	84	85	86	87	88	89	90	91	92	93	94	95	96	97	98	100	102
UEBEREINST. ZEUGEN	31	2	46	23	20	85	476	471	2	71	46	99	31	19	44	35	422	40	470	478
BEZEUGTE VARIANTE	2	6B	2	3	2	3	1/	1/	5	2	3	2	2	2	2	2	1/	2	1/	1/
1642 50% (35/ 70)	5	1	1	1/	1				1C	1	1/	1	1	1	1	1	4	3		
431 49% (34/ 69)		1		4	1				2		14		1	1	3	1	3	W		
453 49% (34/ 70)		3		4	1	2B			2	1	6B		1	1	3	1	3			
1509 49% (33/ 68)	X	6			1	1			14	1	4E	1	1	1	3	1		1		
1758 47% (28/ 59)	1	6			1	X			3	1	4E	1	1	1	1	X	X	X		
436 47% (33/ 70)	1	1		4	1				14				3	11		1				
2805 47% (31/ 66)	1	4		1/	1				3				1	4	3	1		2C		Z
441 46% (26/ 56)	1	1		1/	1				14		5D	1		2C	3	1		2C		
2464 46% (12/ 26)	1	6		4		3C			2		4B		3					2C	3	4
467 46% (32/ 70)	1	1	1	1/	1	4			1		4I	1		1	3	1		2C		
1490 46% (32/ 70)		6			1	1B			4	1	4E	1	1	1	1	1		1D		
1884 45% (30/ 66)		3				2B			14		4		1	2B					Z	Z
2718 45% (22/ 49)	Z	Z	Z	Z	Z	Z	Z	Z	Z	Z	Z	Z	Z	Z	Z			2C		
5 44% (31/ 70)	1B	7	1	1/	1	5			1				3	1		1		2C		
619 44% (31/ 70)	1B	3B	1	1/		1			1		1/	1		1	1	1		6B		
621 44% (31/ 70)	1	1		1/	1				14		5			2C	3	1		2C		
1162 44% (31/ 70)	1B	3	1	1/		1			1		1/	1		1	1	1		6		
08 44% (30/ 68)		3				2B			14		4		1					2C	Z	Z
1831 43% (29/ 67)		6			1	1B			3	1	3D	1	1	1	1	1	1/C	3B		
044 43% (30/ 70)	1	3		1/					2				1	4	3			1		4
228 43% (30/ 70)	1	5	1	1/	1	1			1	1	5H		1	7	1	1				
314 43% (6/ 14)	Z	Z	Z	Z	Z	Z	Z	Z	Z	Z	Z	1	1	1	1	1		1		
1842 43% (30/ 70)	1	5		1/C	1	4			14		5				3	1	5	2C		
2201 43% (26/ 61)	1	1	1	1/	1				1		5			1	1	1		6		
1409 42% (29/ 69)	5	2		1/	1				8	1	4		1	1		1		3		
1893 42% (23/ 55)	1B	1	1	Z	Z	1B			1		1/	1		1C	1	1		6		
1894 42% (28/ 67)	1	1			1			7	14				1	1		1		1		
624 40% (10/ 25)	Z	Z	Z	Z	Z	Z			1	1	1/	1	1	1	1	1		1		
104 39% (27/ 69)	1	1	1	1/	1	1			1	4	5		V1	1						
88 39% (27/ 70)	1	2	1B	1/	1	4			1			1	1	1	1	1		6		
489 39% (27/ 70)	1	1	1	1/	1				1		5			1	1	1		1		
1853 39% (27/ 70)	1	3	1	1/	1				1		8		1	3	1	1		1	4	
2374 39% (27/ 70)	1	1	1	1/	1				2	1		1	1	4		1		2C		

986 30 TS + 0 SL + 70 MT

TESTSTELLE	4	18	19	20	28	29	35	36	41	42	44	45	48	49	52	53	55	56	65	66	68	76	77	84	87
UEBEREINST. ZEUGEN	23	355	110	441	416	439	452	339	467	23	451	473	452	162	452	338	422	459	333	365	87	467	181	402	476
BEZEUGTE VARIANTE	2	1/	2	1/	1/	1/	1/	1/	1/	8	1/	1/	1/	2	1/	1/	1/	1/	1/	1/	2	1/	2	1/	1/
P33 100% (1/ 1)	Z	Z	Z	Z	Z	Z	Z	Z	Z	Z	Z	Z	Z	Z		Z	Z	Z	Z	Z	Z	Z	Z	Z	Z
506 100% (7/ 7)	Z	Z	Z	Z			Z	Z	Z	Z	Z	Z			Z	Z			Z	Z	Z	Z	Z		Z
1738 100% (6/ 6)	Z	Z	Z	Z	Z	Z	Z	Z	Z	Z	Z	Z	Z	Z	Z	Z	Z	Z	Z	Z	Z	Z	Z	Z	
1745 100% (5/ 5)	Z	Z	Z	Z	Z	Z	Z	Z	Z	Z	Z	Z	Z	Z	Z	Z	Z	Z	Z	Z	Z	Z	Z	Z	
1846 100% (6/ 6)	Z	Z	Z	Z	Z	Z	Z	Z	Z	Z	Z	Z	Z	Z	Z	Z	Z	Z	Z	Z	Z	Z	Z		
1858 100% (6/ 6)	Z	Z	Z	Z	Z	Z	Z	Z	Z	Z	Z	Z	Z	Z	Z	Z	Z	Z	Z	Z	Z	Z	Z	Z	
1899 100% (5/ 5)	Z	Z	Z	Z	Z	Z	Z	Z	Z	Z	Z	Z	Z	Z	Z	Z	Z	Z	Z	Z	Z	Z	Z		
2255 100% (30/ 30)																									
2289 100% (16/ 16)	Z	Z	Z	Z	Z	Z	Z	Z	Z	Z	Z	Z	Z	Z											
2441 100% (14/ 14)	Z	Z	Z	Z	Z	Z	Z	Z	Z		Z	Z							Z	Z	Z			Z	
2627 100% (4/ 4)	Z	Z	Z	Z					Z	Z	Z	Z	Z	Z	Z	Z	Z	Z	Z	Z	Z	Z	Z	Z	Z
2778 100% (6/ 6)	Z	Z	Z	Z	Z	Z	Z	Z	Z	Z	Z	Z							Z	Z	Z	Z	Z	Z	Z
141 97% (29/ 30)	1																								
204 97% (29/ 30)	1																								
394 97% (29/ 30)	1																								
928 97% (29/ 30)	1																								
1482 97% (29/ 30)	1																								
1732 97% (29/ 30)	1																								
1749 97% (29/ 30)	1																								
1855 97% (29/ 30)	1																								
1865 97% (29/ 30)										1/															
1897 97% (29/ 30)	1																								
2261 97% (29/ 30)	1																								
2723 97% (29/ 30)										1/															
1864 97% (28/ 29)	Z									1/															
2218 97% (28/ 29)	1									V															
1723 96% (27/ 28)	Z									X									1/F						
1752 96% (25/ 26)	Z	Z	Z	Z						6															
1856 96% (24/ 25)	1																							Z	Z
2378 95% (18/ 19)	Z	Z	Z	Z	Z	Z	Z	Z	X	Y			Z					1/E							
149 93% (28/ 30)	1									1/															
201 93% (28/ 30)	1									1/															
[illegible]	[illegible]									[illegible]				[illegible]											

TESTSTELLE		4	18	19	20	28	29	35	36	41	42	44	45	48	49	52	53	55	56	65	66	68	76	77	84	87
UEBEREINST. ZEUGEN		23	355	110	441	416	439	452	339	467	23	451	473	452	162	452	338	422	459	333	365	87	467	181	402	476
BEZEUGTE VARIANTE		2	1/	2	1/	1/	1/	1/	1/	1/	8	1/	1/	1/	2	1/	1/	1/	1/	1/	1/	2	1/	2	1/	1/
386	93% (28/ 30)	1									4															
444	93% (28/ 30)	1									6															
634	93% (28/ 30)	1									4															
664	93% (28/ 30)	1									6															
801	93% (28/ 30)	1																								
824	93% (28/ 30)	1									1/															
1040	93% (28/ 30)			1							1/															
1058	93% (28/ 30)	1									6															
1072	93% (28/ 30)	1									1/															
1100	93% (28/ 30)	1									4															
1248	93% (28/ 30)	1									1/															
1249	93% (28/ 30)	1														3										
1503	93% (28/ 30)	1									1/															
1617	93% (28/ 30)	1									1/															
1628	93% (28/ 30)	1									1/															
1637	93% (28/ 30)	1									1/															
1656	93% (28/ 30)	1									1/															
1733	93% (28/ 30)	1									4															
1740	93% (28/ 30)	1									1/															
1746	93% (28/ 30)	1									1/															
1876	93% (28/ 30)	1																								
2352	93% (28/ 30)	1									1/															
2466	93% (28/ 30)	1									1/															
2554	93% (28/ 30)	1									4															
432	93% (27/ 29)	V									5					3										
1075	93% (27/ 29)	Z		1							1/															
1508	93% (27/ 29)	1									1/						Z									
1652	93% (27/ 29)										Z				1											
2587	93% (25/ 27)	Z	Z	Z							6									1/F						
2303	92% (12/ 13)	Z	Z	Z	Z						4						Z	Z	Z	Z	Z	Z	Z	Z	Z	Z
624	92% (11/ 12)	Z	Z	Z	Z	Z	Z			Z	Z	Z	Z	Z	Z	Z	Z	Z	Z			1		Z	Z	
18	90% (27/ 30)	1									4											1				
400	90% (18/ 20)	Z		1				X			W	X					W			X	X	X				X

986 — 30 TS + 0 SL + 70 MT

TESTSTELLE UEBEREINST. ZEUGEN BEZEUGTE VARIANTE	88 471 1/	91 279 1/	97 422 1/	100 470 1/	102 478 1/
P33 100% (1/ 1)	Z	Z	Z	Z	Z
506 100% (7/ 7)	Z	Z	Z	Z	Z
1738 100% (6/ 6)					
1745 100% (5/ 5)			Z		
1846 100% (6/ 6)		X			
1858 100% (6/ 6)					
1899 100% (5/ 5)			Z	Z	
2255 100% (30/ 30)					
2289 100% (16/ 16)					
2441 100% (14/ 14)				Z	
2627 100% (4/ 4)	Z	Z	Z	Z	Z
2778 100% (6/ 6)	Z	Z	Z	Z	Z
141 97% (29/ 30)					
204 97% (29/ 30)					
394 97% (29/ 30)					
928 97% (29/ 30)					
1482 97% (29/ 30)					
1732 97% (29/ 30)					
1749 97% (29/ 30)					
1855 97% (29/ 30)					
1865 97% (29/ 30)					
1897 97% (29/ 30)					
2261 97% (29/ 30)					
2723 97% (29/ 30)					
1864 97% (28/ 29)					
2218 97% (28/ 29)					
1723 96% (27/ 28)					
1752 96% (25/ 26)					
1856 96% (24/ 25)	Z	Z	Z		
2378 95% (18/ 19)					
149 93% (28/ 30)					
201 93% (28/ 30)					
328 93% (28/ 30)					

986 — 30 TS + 0 SL + 70 MT

TESTSTELLE UEBEREINST. ZEUGEN BEZEUGTE VARIANTE	88 471 1/	91 279 1/	97 422 1/	100 470 1/	102 478 1/
386 93% (28/ 30)					
444 93% (28/ 30)					
634 93% (28/ 30)					
664 93% (28/ 30)					
801 93% (28/ 30)		4E			
824 93% (28/ 30)					
1040 93% (28/ 30)					
1058 93% (28/ 30)					
1072 93% (28/ 30)					
1100 93% (28/ 30)					
1248 93% (28/ 30)					
1249 93% (28/ 30)					
1503 93% (28/ 30)					
1617 93% (28/ 30)					
1628 93% (28/ 30)					
1637 93% (28/ 30)					
1656 93% (28/ 30)					
1733 93% (28/ 30)					
1740 93% (28/ 30)					
1746 93% (28/ 30)					
1876 93% (28/ 30)		4E			
2352 93% (28/ 30)					
2466 93% (28/ 30)					
2554 93% (28/ 30)					
432 93% (27/ 29)					
1075 93% (27/ 29)					
1508 93% (27/ 29)					
1652 93% (27/ 29)				3	
2587 93% (25/ 27)					
2303 92% (12/ 13)	Z	Z		Z	
624 92% (11/ 12)					
18 90% (27/ 30)					
400 90% (18/ 20)	X	5			

TESTSTELLE	7	8	10	11	13	18	19	20	21	28	29	32	35	36	41	42	44	45	46	47	48	49	52	53	55
UEBEREINST. ZEUGEN	23	94	392	351	5	73	110	441	1	416	439	48	452	339	467	41	451	473	101	92	452	162	15	338	422
BEZEUGTE VARIANTE	3	3	1/	1/	2C	4	2	1/	2B	1/	1/	3	1/	1/	1/	6	1/	1/	3	2	1/	2	3	1/	1/
2627 83% (5/ 6)	Z	Z	Z	Z	Z	Z	Z	Z	Z						Z	Z	Z	Z	Z	Z	Z	Z	Z	Z	Z
506 78% (7/ 9)	Z	Z	Z	Z	Z	Z	Z	Z	Z			1	Z	Z	Z	Z	Z	Z	Z	Z			Z	Z	
228 74% (35/ 47)									2			1				5							1/		
2778 71% (5/ 7)	Z	Z	Z	Z	Z	Z	Z	Z	Z	Z	Z	Z	Z	Z	Z	Z	Z	Z	Z	Z			1/		
P45 67% (6/ 9)	Z	Z	Z	Z	Z	Y	Y	Y	X			4		Z		Z	Z		Z	Z	Z	Z	Z	Z	3
62 67% (8/ 12)	Z	Z	Z	Z	Z	Z	Z	Z	Z			1				1/	Z	Z	Z	Z	Z	Z	Z	Z	Z
1846 64% (7/ 11)	Z	Z	Z	Z	Z	Z	Z	Z	Z	Z	Z	Z	Z	Z	Z	Z	Z	Z	Z	Z	Z	Z	Z	Z	Z
624 60% (9/ 15)	Z	Z	Z	Z	Z	Z	Z	Z	Z	Z	Z	Z			Z	Z	Z	Z	Z	Z	Z	Z	Z	Z	Z
2175 60% (9/ 15)	1	1			1	1/			1			1				Z	Z	Z	Z	Z	Z	Z	Z	Z	Z
81 59% (20/ 34)	2	2	14	1/L	2	Z	Z	Z	Z			2	3			1/			2				1/		
P74 58% (25/ 43)	X	Y	3	1/I	2B	Z			2			2	3			3	4		2				1/		
020 58% (22/ 38)	Z	Z	Z	Z	Z	Z	Z	Z	Z			1				1/						1			
2303 58% (11/ 19)	Z	Z	Z	Z	Z	Z	Z	Z	Z			1				4			1	1			1/	Z	Z
5 57% (27/ 47)	1				1	1/	1		1			1		1/D		1/							1/	3	
322 57% (27/ 47)	17								1	8	5	2							2			1	1/	3F	
633 56% (23/ 41)	1				1	1/	1		1			1		1/L	Z	Z	Z	Z	Z	Z			1/		
699 56% (24/ 43)	Z	Z			1	Z	Z		1							1/				1		1	1/		
630 56% (25/ 45)	1				4	Z	Z		2	3D		2		1/F					2				1/	8	
1597 56% (25/ 45)	1	1	8		1		1		1			1				1/				1		X	1/		
2200 56% (25/ 45)	1				3D				2	3D		2		1/F		5			1				1/	8	
203 55% (26/ 47)	1	1			1	1/	1		1			1				1/				1			1/		
440 55% (26/ 47)	1	1			1	1/	1		1			1								1			1/	3	
496 55% (26/ 47)	1	1			1	1/	1		1			1								1			1/	3	
945 55% (26/ 47)	1				3E				2	3D	5	2				5			2				1/	8C	
1058 55% (26/ 47)	1				1	1/			1			1							1	1			1/		
1247 55% (26/ 47)	1				1	1/			1			1				8			1	1					
1718 55% (26/ 47)	5	6			3	1/			6			1		1/K		1/			1			1	1/		
1739 55% (26/ 47)	16				3D				2	3D	5	2				5			2				1/	3	
1896 55% (26/ 47)	1	1			1	6	1					1				5						1		8	
441 55% (21/ 38)	Z	Z	Z	Z	Z	Z	Z	Z	Z			1				4			2					3	
1752 55% (21/ 38)	Z	Z	Z	Z	Z	Z	Z	Z	Z			1							1	1			1/		
337 55% (24/ 44)	1	1			Z	1/	1	Z	Z							1/				1			1/		
1456 55% (18/ 33)	1				1		1		1					1/K		5				1	Z	Z	Z	Z	Z

996 47 TS + 0 SL + 57 MT

TESTSTELLE	7	8	10	11	13	18	19	20	21	28	29	32	35	36	41	42	44	45	46	47	48	49	52	53	55
UEBEREINST. ZEUGEN	23	94	392	351	5	73	110	441	1	416	439	48	452	339	467	41	451	473	101	92	452	162	15	338	422
BEZEUGTE VARIANTE	3	3	1/	1/	2C	4	2	1/	2B	1/	1/	3	1/	1/	1/	6	1/	1/	3	2	1/	2	3	1/	1/
323 54% (25/ 46)	18		Z		2				1	3C	5	2							2			1	1/	3	
603 54% (25/ 46)	1	1			7	1/	1		1							1/				1		1			
1721 54% (25/ 46)	1				1	1/	1		1			1				1/						1	Y		
1735 53% (24/ 45)	1B	1B			1	1/	1		1	3D				1/K		1/			2B				1/	6	
104 53% (25/ 47)	5		11	1/M	1	1/	1		1			1				7			2	1		1	1/		
216 53% (25/ 47)	1	1			1	1/	1		1			1								1		1	1/	3	
218 53% (25/ 47)	1	1		1/C	1	1/			1			1				1/			1			1	1/		
432 53% (25/ 47)	1	3B			1	1/			1			1				5			1	1					
436 53% (25/ 47)	1	1		1/L	1		1		1			1				4			2				1/	4C	
444 53% (25/ 47)	1	1			1	1/			1			1							1	1			1/		
459 53% (25/ 47)	1		11	9	1	1/	1		1			1				3				1		1	1/		
467 53% (25/ 47)	5B		4		1D				1	6B	5	1				1/			2			1	1/	3	
619 53% (25/ 47)	1			1/L	1	1/	1		1			1				4			2				1/	3	
621 53% (25/ 47)	1			1/O	8	1/		1/B	1			1				4			2			1		3B	
634 53% (25/ 47)	1	1			1	1/			1			1				4			1	1			1/		
664 53% (25/ 47)	1	1			1	1/			1G			1							1	1			1/		
824 53% (25/ 47)	1	1			1	1/			1			1				1/			1	1			1/		
1103 53% (25/ 47)	1	1			1	1/	1		1			1				1/			1			1	1/		
1161 53% (25/ 47)	1	1			1	1/	1		1			1				1/			1				1/		
1162 53% (25/ 47)	1	3B		1/L	7		1		1			1				4			2				1/	3	
1249 53% (25/ 47)	1	1			1	1/			1			1				8			1	1					
1315 53% (25/ 47)	1	1			1	1/	1		1			1								1			1/	8C	
1359 53% (25/ 47)	1				1	1/			7			1		1/D		1/			1			1	1/		1/C
1595 53% (25/ 47)	1	1			1	1/	1		1			1				4							1/	3	
1646 53% (25/ 47)	1			1/B	1	1/	1		2			2				1/				1		1	1/		
1704 53% (25/ 47)	1				5				2	3D	5	2				5			2				1/	8	
1749 53% (25/ 47)	1	1			1	1/			1			1				8				1			1/		
1891 53% (25/ 47)	16				3D				2	3D	5	2		1/F		5			2				1/	3	
2298 53% (25/ 47)	1	1		1/L	1D				1	3D	5	1				5							1/	3	
2466 53% (25/ 47)	1	1			1	1/			1							1/			1	1			1/		
2554 53% (25/ 47)	1	1			1	1/			1			1				4				1			1/		
2696 53% (25/ 47)	1	1			1	1/	1		1			1		1/E						1			1/		
172 53% (17/ 32)	Z	Z	Z	Z	Z	1/	1		1		Z	Z	Z		Z	Z			1	1		1	1/		

TESTSTELLE	56	57	61	65	66	68	69	76	77	80	84	86	87	88	91	92	95	97	98	100	102	104
UEBEREINST. ZEUGEN	459	104	36	333	29	23	1	467	1	3	402	24	476	471	1	99	13	422	40	470	478	7
BEZEUGTE VARIANTE	1/	2	2	1/	10	7	9	1/	2B	5	1/	4	1/	1/	5H	2	4	1/	2	1/	1/	3D
2627 83% (5/ 6)	Z	Z	Z	Z	Z	Z	Z	Z	Z	Z	Z	Z	Z	Z	Z	Z	Z	Z	1	Z	Z	Z
506 78% (7/ 9)		1	Z	Z	Z	Z	Z	Z	Z	Z		Z	Z	Z	Z	Z	Z	Z	Z	Z	Z	Z
228 74% (35/ 47)			1	1/F	11		1		2			1					1					1
2778 71% (5/ 7)		1	Z	Z	Z	Z	Z	Z	Z	Z	Z	Z	Z	Z	Z	Z	Z	Z	Z	Z	Z	Z
P45 67% (6/ 9)		1	Z	Z	Z	Z	Z	Z	Z	Z	Z	Z	Z	Z	Z	Z	Z	Z	Z	Z	Z	Z
62 67% (8/ 12)	Z	Z	Z	Z	Z	Z	Z	Z	Z	Z	Z	Z	Z	Z	Z	Z	Z		3			1H
1846 64% (7/ 11)	Z	Z	Z	Z	Z	Z	Z	Z	Z	Z		1			X		3		1			1
624 60% (9/ 15)	Z	Z	Z		1/	1	Z		Z	Z	Z	Z			1/	1	1		1			Z
2175 60% (9/ 15)	Z	Z	Z	Z	Z	Z	Z	Z	Z	Z	Z	Z	Z	Z	Z	Z	Z	Z	Z	Z	Z	Z
81 59% (20/ 34)			Z	Z	Z	Z	Z	Z	Z	Z	Z	2B			1/		2					2
P74 58% (25/ 43)					1/	4	3		2	2		2B			1/		Z					2
020 58% (22/ 38)		1	1	1/F	1/	1			1	1		1			1/	1	1		1			1
2303 58% (11/ 19)	Z	Z	Z	Z	Z	Z	Z	Z	Z	Z	Z	Z	Z	Z	Z	1	1		Z	Z		1
5 57% (27/ 47)					1/	4	1		2	7		5			3		2		2C			1
322 57% (27/ 47)			1	1/C	1/	1	1		2	6		1			5				3			1
633 56% (23/ 41)		1				1	1		1	1		3			3F	1	1					1
699 56% (24/ 43)		1	1		1/	1	1		1	1		2			1/	1	1		1			1
630 56% (25/ 45)			1		1/	3	2C		2	6	3	1B			3		2					1
1597 56% (25/ 45)					1/	1	1		1	1		1			X	1	3		1			1
2200 56% (25/ 45)			1		1/	3	2	Z	Z	6	3	1			3		2					1
203 55% (26/ 47)		1	1		1/	1	1		1	1		2B			1/				1			1
440 55% (26/ 47)		1	1		1/	1	1		1B	1		2B			4K				3			1
496 55% (26/ 47)		1	1		1/	1	1		1B	1		1			4K				1			1
945 55% (26/ 47)			1		1/	3	3		2	6B	3	3			3		2					1E
1058 55% (26/ 47)		1	1		1/	2	1		2	1		1B			1/	1	1		1			1
1247 55% (26/ 47)		1	1		1/	1	1		1B	1		1B			1/	1	1		1			1
1718 55% (26/ 47)		1	1		1/G		1		1B	1		1			1/		2					1
1739 55% (26/ 47)			1		1/	3	2		2	6B	3	3			3		2					2
1896 55% (26/ 47)		1	1	1/F	1/	1	1		2	1		3			3				1			1
441 55% (21/ 38)			1	1/K	8	2	1		2	1		3			5D	1	3		2C			2
1752 55% (21/ 38)		1	1		1/	2	1		2	1		1B			1/	1	1		1			1
337 55% (24/ 44)		1	1		1/	1	1		1	1		1			1/	1	1		1			1
1456 55% (18/ 33)	Z	Z	Z	Z	Z	Z	Z	Z	Z	1	4	1B			11F	1	3		1			1

996 | 47 TS + 0 SL + 57 MT

TESTSTELLE		56	57	61	65	66	68	69	76	77	80	84	86	87	88	91	92	95	97	98	100	102	104
UEBEREINST. ZEUGEN		459	104	36	333	29	23	1	467	1	3	402	24	476	471	1	99	13	422	40	470	478	7
BEZEUGTE VARIANTE		1/	2	2	1/	10	7	9	1/	2B	5	1/	4	1/	1/	5H	2	4	1/	2	1/	1/	3D
323	54% (25/ 46)			1	1/C	1/	1	1		2	6		1			5				3			1
603	54% (25/ 46)		1	1		1/	1	1		1B	1		1B			X	1	1		1			1
1721	54% (25/ 46)		1	1		1/	1	1		1	1	4				3	1	1		1			1
1735	53% (24/ 45)					1/	4	3		2	1		1			X	1	1		1			Z
104	53% (25/ 47)			1		1/	1	1		3	1		1			5		2					
216	53% (25/ 47)		1	1		1/	1	1		1B	1		2			4K				3			1
218	53% (25/ 47)		1	1	1/F	1/		1		2	1		1			1/		2					1
432	53% (25/ 47)		1	1		1/	2	1		2	1		1B			1/	1	1		1			1
436	53% (25/ 47)			1		1/	4	1		2	1	4	3			3		2					1
444	53% (25/ 47)		1	1		1/	2	1		2	1		1B			1/	1	1		1			1
459	53% (25/ 47)			1		1/	1	1		3	1		1			5		2					3G
467	53% (25/ 47)			1		1/		1		1B	1					4I	1	3		2C			1
619	53% (25/ 47)					1/	15	1		2	3B		1			1/	1	1		6B			1
621	53% (25/ 47)			1		8	2	1		2	1		3			5		3		2C			2
634	53% (25/ 47)		1	1		1/	2	1		2	1		1B			1/		1		1			1
664	53% (25/ 47)		1	1		1/	2	1		2	1		1B			1/	1	1		1			1
824	53% (25/ 47)		1			1/	2	1		2	1		1B			1/	1	1		1			1
1103	53% (25/ 47)		1	1		12	1	1		2	1		3			1/				1			1
1161	53% (25/ 47)		1	1		1/		1		1	1		1B			4	1	1		1			1
1162	53% (25/ 47)					1/	15	1		2	3		1			1/	1	1		6			1
1249	53% (25/ 47)		1	1		1/	2	1		2	1		1B			1/	1	1		1			1
1315	53% (25/ 47)		1	1		1/	1	1		2	1		1			5C		2		1			1
1359	53% (25/ 47)		1	1	1/F	1/		1		1B	1		1			4G		2					1
1595	53% (25/ 47)			1		1/	15	1		2	1		1B			3	1	1		1			1
1646	53% (25/ 47)		1			1/	1	1		1	1		1			1/		1		1			1
1704	53% (25/ 47)		2B	1		1/	3	3		2	6B	3	3			3		2					1
1749	53% (25/ 47)		1	1		1/	2	1		2	1		1B			1/	1	1		1			1
1891	53% (25/ 47)			1		1/	3	2		2	6	3	2			3		2					1
2298	53% (25/ 47)			1		1/	3	3		2	6	3	3			3		2					1
2466	53% (25/ 47)		1	1		1/	2	1		2	1		1B			1/	1	1		1			1
2554	53% (25/ 47)		1	1		1/	2	1		2	1		1B			1/	1	1		1			1
2696	53% (25/ 47)		1	1		1/	1	1		1B	1		1			5C		1		1			1
172	53% (17/ 32)		1	1		1/		1		1B	1	Z	Z			Z	Z	1		Z			Z

1003 | 32 TS + 1 SL + 65 MT

TESTSTELLE	10	18	20	21	28	29	35	36	41	42	44	45	46	48	50	52	53	55	56	65	66	72	76	77	84
UEBEREINST. ZEUGEN	392	355	441	15	416	439	452	17	467	60	451	473	101	452	16	452	33	16	459	333	365	45	467	181	42
BEZEUGTE VARIANTE	1/	1/	1/	6	1/	1/	1/	1/M	1/	5	1/	1/	3	1/	17	1/	8	8	1/	1/	1/	4	1/	2	4
P8 100% (1/ 1)	Z		Z	Z	Z	Z	Z	Z	Z	Z	Z	Z	Z	Z	Z	Z	Z	Z	Z	Z	Z	Z	Z	Z	Z
P33 100% (1/ 1)	Z	Z	Z	Z	Z	Z	Z	Z	Z	Z	Z	Z	Z	Z	Z		Z	Z	Z	Z	Z	Z	Z	Z	Z
1405 94% (30/ 32)		4		1																					
1863 94% (30/ 32)		4																				1			
390 91% (29/ 32)				1																		1			
1250 91% (29/ 32)				1																		1			
1594 91% (29/ 32)		4		1																		1			
2279 91% (29/ 32)		4		1																		1			
912 90% (28/ 31)		4		1																		1			
1861 90% (27/ 30)	Z	Z		1																		1			
1753 88% (28/ 32)		4		1				1/K														1			
2511 88% (28/ 32)		4		1																		1			1/
234 87% (27/ 31)		4		1												X				1/F		1			
P45 86% (6/ 7)	Z	Y	Y	X				Z		Z	Z		Z	Z	Z	Z	Z	3		Z	Z	Z	Z	Z	Z
582 84% (27/ 32)				1				1/K													6				
1745 80% (4/ 5)	Z	Z	Z	Z	Z	Z	Z	Z	Z	Z	Z	Z	Z	Z	Z	Z	Z	Z	Z	Z	Z	Z	Z	Z	Z
42 78% (25/ 32)		4		1													9	1/				1		1	1/
51 78% (25/ 32)		4		1				1/F										1/			4	1			1/
2501 78% (25/ 32)		4		1				1/K																	1/
2175 78% (7/ 9)				1				1/		Z	Z	Z	Z	Z	Z	Z	Z	Z	Z	Z	Z	Z	Z	Z	Z
1456 76% (16/ 21)		4		1				1/K						Z	Z	Z	Z	Z	Z	Z	Z	Z	Z	Z	
916 75% (6/ 8)				1				1/	Z	Z	Z	Z	Z	Z	Z	Z	Z	Z	Z	Z	Z	Z	Z	Z	Z
1101 75% (3/ 4)				1	Z	Z	Z	Z	Z	Z	Z	Z	Z	Z	Z	Z	Z	Z	Z	Z	Z	Z	Z	Z	Z
2627 75% (3/ 4)	Z	Z	Z	Z				1/	Z	Z	Z	Z	Z	Z	Z	Z	Z	Z	Z	Z	Z	Z	Z	Z	Z
2675 75% (24/ 32)		4		1						3					18					1/F	1/D	1			1/
1758 72% (18/ 25)		Y		1	X			1/K					X		1			1/				X	X	X	3
223 72% (23/ 32)		4		1				1/K										1/		1/F		1		1	1/
1846 71% (5/ 7)	Z	Z	Z	Z	Z	Z	Z	Z	Z	Z	Z	Z	Z	Z	Z	Z	Z	Z	Z	Z	Z	Z	Z	Z	1/
1856 69% (18/ 26)				1				1/		8			1		1		1/	1/				1			Z
1390 69% (20/ 29)								1/		1/	Z	Z	Z		22B		1/	1/						1	1/
367 69% (22/ 32)				1				1/I		1/					1		1/	1/				1		1B	
1754 69% (22/ 32)				3				1/K						1/B	1E		1/	1/							1/
1845 68% (21/ 31)				1				1/		1/			1		1		1/							1	1/

1003 — 32 TS + 1 SL + 65 MT

TESTSTELLE	10	18	20	21	28	29	35	36	41	42	44	45	46	48	50	52	53	55	56	65	66	72	76	77	84
UEBEREINST. ZEUGEN	392	355	441	15	416	439	452	17	467	60	451	473	101	452	16	452	33	16	459	333	365	45	467	181	42
BEZEUGTE VARIANTE	1/	1/	1/	6	1/	1/	1/	1/M	1/	5	1/	1/	3	1/	17	1/	8	8	1/	1/	1/	4	1/	2	4
2218 68% (21/ 31)				1				1/		V			1		1		1/	1/							1/
62 67% (6/ 9)	Z	Z	Z	Z				1/		1/	Z	Z	Z	Z	Z	Z	Z	Z	Z	Z	Z	Z	Z	Z	Z
337 67% (20/ 30)			Z	Z				1/		1/					1		1/	1/						1	1/
506 67% (4/ 6)	Z	Z	Z	Z			Z	Z	Z	Z	Z	Z	Z		Z	Z	Z	1/		Z	Z	Z	Z	Z	1/
624 67% (8/ 12)	Z	Z	Z	Z	Z	Z		1/	Z	Z	Z	Z	Z	Z	Z	Z	Z	Z	Z			W		Z	Z
1352 67% (20/ 30)				1				1/		7					1		1/	X				1		U	1/
1508 67% (20/ 30)				1				1/		1/			1		1		Z	1/				Z			1/
1609 67% (20/ 30)				1	3D			1/		1/					1		3	1/		5					1/
1721 67% (20/ 30)				1				1/		1/					Y	Y	1/	1/				1		1	
2125 67% (4/ 6)				1	Z	Z		Z	Z	Z	Z	Z	1	Z	Z	Z	Z	Z	Z	Z	Z	Z	Z	Z	Z
5 66% (21/ 32)				1				1/D		1/					1		3	1/				1			1/
205 66% (21/ 32)				1				1/		1/			1		1		3	1/							1/
394 66% (21/ 32)								1/		8			1		1		1/	1/				1			1/
425 66% (21/ 32)								1/K		8			1		1		1/	1/						1	1/
456 66% (21/ 32)				1				1/		1/					1		3	1/						1	1/
604 66% (21/ 32)				1				1/					1		1		1/	1/				1			1/
608 66% (21/ 32)				1						1/			1		1		1/	1/E				1		1B	1/
664 66% (21/ 32)				1G				1/		6			1		1		1/	1/							1/
1315 66% (21/ 32)				1				1/		6					12		8C	1/				1			1/
1595 66% (21/ 32)				1				1/		4					1		3	1/				1			1/
1646 66% (21/ 32)				2				1/		1/					1		1/	1/						1	1/
1737 66% (21/ 32)				1				1/F		1/			1		1		1/	1/							1/
1748 66% (21/ 32)				1				1/		1/			1		1		1/	1/				1			1/
1749 66% (21/ 32)				1				1/		8					1		1/	1/				1			1/
1767 66% (21/ 32)				1				1/					1		1	1/C	1/	1/							1/
1842 66% (21/ 32)				1				1/		1/			2		1	3	3	1/F							1/C
1892 66% (21/ 32)				1				1/		1/			1		1		1/	1/				1			
2085 66% (21/ 32)								1/		1/					1			1/		1/B		1		1B	1/
2261 66% (21/ 32)				1				1/		8			1		1		1/	1/				1			1/
2554 66% (21/ 32)				1				1/		4					1		1/	1/				1			1/
522 65% (20/ 31)		4		2	11			1/F					2		19			1/				V		1B	3
1548 65% (20/ 31)				1				1/		6			1		1		1/	1/				Z			1/

1003 32 TS + 1 SL + 65 MT

TESTSTELLE	87	88	91	95	97	100	102
UEBEREINST. ZEUGEN	476	471	14	68	33	470	478
BEZEUGTE VARIANTE	1/	1/	11	3	4	1/	1/
P8 100% (1/ 1)	Z	Z	Z	Z	Z	Z	Z
P33 100% (1/ 1)	Z	Z	Z	Z	Z	Z	Z
1405 94% (30/ 32)							
1863 94% (30/ 32)							
390 91% (29/ 32)			1/				
1250 91% (29/ 32)					1/		
1594 91% (29/ 32)							
2279 91% (29/ 32)							
912 90% (28/ 31)			X				
1861 90% (27/ 30)					1/		
1753 88% (28/ 32)							
2511 88% (28/ 32)							
234 87% (27/ 31)							
P45 86% (6/ 7)	Z	Z	Z	Z	Z	Z	Z
582 84% (27/ 32)			11F		1/		
1745 80% (4/ 5)			1/	Z	Z		
42 78% (25/ 32)							
51 78% (25/ 32)							
2501 78% (25/ 32)			1/	1	1/		
2175 78% (7/ 9)	Z	Z	Z	Z	Z	Z	Z
1456 76% (16/ 21)			11F		1/		
916 75% (6/ 8)	Z	Z	Z	Z	Z	Z	Z
1101 75% (3/ 4)	Z	Z	Z	Z	Z	Z	Z
2627 75% (3/ 4)	Z	Z	Z	Z	Z	Z	Z
2675 75% (24/ 32)							
1758 72% (18/ 25)			4E	1	X		
223 72% (23/ 32)					1/		
1846 71% (5/ 7)			X		1/		
1856 69% (18/ 26)	Z	Z	Z	Z	Z		
1390 69% (20/ 29)			1/	1			
367 69% (22/ 32)			11B		1/		
1754 69% (22/ 32)			1/	1	1/		
1845 68% (21/ 31)			X	1	1/		

1003 32 TS + 1 SL + 65 MT

TESTSTELLE	87	88	91	95	97	100	102
UEBEREINST. ZEUGEN	476	471	14	68	33	470	478
BEZEUGTE VARIANTE	1/	1/	11	3	4	1/	1/
2218 68% (21/ 31)			1/	1	1/		
62 67% (6/ 9)	Z	Z	Z	Z	1/		
337 67% (20/ 30)			1/	1	1/		
506 67% (4/ 6)	Z	Z	Z	Z	Z	Z	Z
624 67% (8/ 12)			1/	1	1/		
1352 67% (20/ 30)			1/	1	1/		
1508 67% (20/ 30)			1/	1	1/		
1609 67% (20/ 30)			5	Z	Z		
1721 67% (20/ 30)			3	1	1/		
2125 67% (4/ 6)	Z	Z	Z	Z	Z	Z	Z
5 66% (21/ 32)			3	2	1/		
205 66% (21/ 32)			1/	1	1/		
394 66% (21/ 32)			1/	1	1/		
425 66% (21/ 32)			1/	1	1/		
456 66% (21/ 32)			1/	1	1/		
604 66% (21/ 32)			1/	1	1/		
608 66% (21/ 32)			3E		1/		
664 66% (21/ 32)			1/	1	1/		
1315 66% (21/ 32)			5C	2	1/		
1595 66% (21/ 32)			3	1	1/		
1646 66% (21/ 32)			1/	1	1/		
1737 66% (21/ 32)			1/	1	1/		
1748 66% (21/ 32)			1/	1			
1749 66% (21/ 32)			1/	1	1/		
1767 66% (21/ 32)			1/	1	1/		
1842 66% (21/ 32)			5		5		
1892 66% (21/ 32)			1/	1	1/		
2085 66% (21/ 32)			17	1	1/		
2261 66% (21/ 32)			1/		1/		
2554 66% (21/ 32)			1/	1	1/		
522 65% (20/ 31)			4F		1/		
1548 65% (20/ 31)			1/	1	1/		
1894 65% (20/ 31)		7	3	2	1/		

1058 33 TS + 0 SL + 71 MT

TESTSTELLE	8	10	11	18	19	20	28	29	35	36	41	42	44	45	48	49	52	53	55	56	65	66	68	76	77
UEBEREINST. ZEUGEN	94	392	351	355	110	441	416	439	452	339	467	41	451	473	452	162	452	338	422	459	333	365	87	467	181
BEZEUGTE VARIANTE	3	1/	1/	1/	2	1/	1/	1/	1/	1/	1/	6	1/	1/	1/	2	1/	1/	1/	1/	1/	1/	2	1/	2
P33 100% (1/ 1)	Z	Z	Z	Z	Z	Z	Z	Z	Z	Z	Z	Z	Z	Z	Z	Z		Z	Z	Z	Z	Z	Z	Z	Z
1738 100% (6/ 6)	Z	Z	Z	Z	Z	Z	Z	Z	Z	Z	Z	Z	Z	Z	Z	Z	Z	Z	Z	Z	Z	Z	Z	Z	Z
1745 100% (5/ 5)	Z	Z	Z	Z	Z	Z	Z	Z	Z	Z	Z	Z	Z	Z	Z	Z	Z	Z	Z	Z	Z	Z	Z	Z	Z
1858 100% (6/ 6)	Z	Z	Z	Z	Z	Z	Z	Z	Z	Z	Z	Z	Z	Z	Z	Z	Z	Z	Z	Z	Z	Z	Z	Z	Z
1899 100% (5/ 5)	Z	Z	Z	Z	Z	Z	Z	Z	Z	Z	Z	Z	Z	Z	Z	Z	Z	Z	Z	Z	Z	Z	Z	Z	Z
2627 100% (4/ 4)	Z	Z	Z	Z	Z	Z					Z	Z	Z	Z	Z	Z	Z	Z	Z	Z	Z	Z	Z	Z	Z
2778 100% (6/ 6)	Z	Z	Z	Z	Z	Z	Z	Z	Z	Z	Z	Z	Z	Z							Z	Z	Z	Z	Z
1752 96% (26/ 27)	Z	Z	Z	Z	Z	Z																			
2289 94% (16/ 17)	Z	Z	Z	Z	Z	Z	Z	Z	Z	Z	Z	Z	Z	Z	Z	Z									
444 94% (31/ 33)	1																								
664 94% (31/ 33)	1																								
1746 94% (30/ 32)	X											1/													
2218 94% (30/ 32)	1											V													
1864 93% (28/ 30)	Z	Z	Z									1/													
1723 93% (27/ 29)	Z	Z	Z									X									1/F				
2587 93% (26/ 28)	Z	Z	Z	Z	Z																1/F				
1856 93% (25/ 27)	1											8													
2303 92% (12/ 13)	Z	Z	Z	Z	Z	Z						4						Z	Z	Z	Z	Z	Z	Z	Z
624 92% (11/ 12)	Z	Z	Z	Z	Z	Z	Z	Z			Z	Z	Z	Z	Z	Z	Z	Z	Z	Z			1		Z
141 91% (30/ 33)	1											8													
149 91% (30/ 33)	1											1/													
201 91% (30/ 33)	1											1/													
204 91% (30/ 33)	1											8													
386 91% (30/ 33)	1											4													
394 91% (30/ 33)	1											8													
634 91% (30/ 33)	1											4													
824 91% (30/ 33)	1											1/													
928 91% (30/ 33)	1											8													
1072 91% (30/ 33)	1											1/													
1100 91% (30/ 33)	1											4													
1248 91% (30/ 33)	1											1/													
1400 91% (30/ 33)	1																				1/F				
1482 91% (30/ 33)	1											8													

TESTSTELLE	8	10	11	18	19	20	28	29	35	36	41	42	44	45	48	49	52	53	55	56	65	66	68	76	77
UEBEREINST. ZEUGEN	94	392	351	355	110	441	416	439	452	339	467	41	451	473	452	162	452	338	422	459	333	365	87	467	181
BEZEUGTE VARIANTE	3	1/	1/	1/	2	1/	1/	1/	1/	1/	1/	6	1/	1/	1/	2	1/	1/	1/	1/	1/	1/	2	1/	2
1503 91% (30/ 33)	1											1/													
1548 91% (30/ 33)	1															1									
1617 91% (30/ 33)	1											1/													
1628 91% (30/ 33)	1											1/													
1637 91% (30/ 33)	1											1/													
1656 91% (30/ 33)	1											1/													
1732 91% (30/ 33)	1											8													
1733 91% (30/ 33)	1											4													
1740 91% (30/ 33)	1											1/													
1749 91% (30/ 33)	1											8													
1855 91% (30/ 33)	1											8													
1865 91% (30/ 33)	1											1/													
1897 91% (30/ 33)	1											8													
2175 91% (10/ 11)	1											Z	Z	Z	Z	Z	Z	Z	Z	Z	Z	Z	Z	Z	Z
2221 91% (30/ 33)	1															1									
2255 91% (30/ 33)	1											8													
2261 91% (30/ 33)	1											8													
2352 91% (30/ 33)	1											1/													
2466 91% (30/ 33)	1											1/													
2554 91% (30/ 33)	1											4													
2723 91% (30/ 33)	1											1/													
1508 91% (29/ 32)	1											1/						Z							
986 90% (28/ 31)	1	Z	Z									8													
2378 90% (18/ 20)	Z	Z	Z	Z	Z	Z	Z	Z	Z	Z	X	Y			Z					1/E					
62 89% (8/ 9)	Z	Z	Z	Z	Z	Z						1/	Z	Z	Z	Z	Z	Z	Z	Z	Z	Z	Z	Z	Z
642 88% (22/ 25)		Z	Z		1							Z				1					Z	Z	Z		1
18 88% (29/ 33)	1											4											1		
328 88% (29/ 33)	1											8				1									
432 88% (29/ 33)	3B											5					3								
604 88% (29/ 33)	1				1B							5													
801 88% (29/ 33)	1											8													
1040 88% (29/ 33)	1				1							1/													
1075 88% (29/ 33)	1				1							1/													

1058 — 33 TS + 0 SL + 71 MT

TESTSTELLE			81	84	87	88	91	97	100	102
UEBEREINST. ZEUGEN			49	402	476	471	279	422	470	478
BEZEUGTE VARIANTE			2	1/	1/	1/	1/	1/	1/	1/
P33	100%	(1/ 1)	Z	Z	Z	Z	Z	Z	Z	Z
1738	100%	(6/ 6)	Z	Z						
1745	100%	(5/ 5)	Z	Z				Z		
1858	100%	(6/ 6)	Z	Z						
1899	100%	(5/ 5)	Z					Z	Z	
2627	100%	(4/ 4)	Z	Z	Z	Z	Z	Z	Z	Z
2778	100%	(6/ 6)	Z	Z	Z	Z	Z	Z	Z	Z
1752	96%	(26/ 27)	1							
2289	94%	(16/ 17)	1							
444	94%	(31/ 33)	1							
664	94%	(31/ 33)	1							
1746	94%	(30/ 32)	1							
2218	94%	(30/ 32)	1							
1864	93%	(28/ 30)	1							
1723	93%	(27/ 29)	1							
2587	93%	(26/ 28)	1							
1856	93%	(25/ 27)	Z	Z	Z	Z	Z	Z		
2303	92%	(12/ 13)	Z	Z	Z	Z	Z		Z	
624	92%	(11/ 12)	Z	Z						
141	91%	(30/ 33)	1							
149	91%	(30/ 33)	1							
201	91%	(30/ 33)	1							
204	91%	(30/ 33)	1							
386	91%	(30/ 33)	1							
394	91%	(30/ 33)	1							
634	91%	(30/ 33)	1							
824	91%	(30/ 33)	1							
928	91%	(30/ 33)	1							
1072	91%	(30/ 33)	1							
1100	91%	(30/ 33)	1							
1248	91%	(30/ 33)	1							
1400	91%	(30/ 33)	1							

1058 — 33 TS + 0 SL + 71 MT

TESTSTELLE			81	84	87	88	91	97	100	102
UEBEREINST. ZEUGEN			49	402	476	471	279	422	470	478
BEZEUGTE VARIANTE			2	1/	1/	1/	1/	1/	1/	1/
1503	91%	(30/ 33)	1							
1548	91%	(30/ 33)	1							
1617	91%	(30/ 33)	1							
1628	91%	(30/ 33)	1							
1637	91%	(30/ 33)	1							
1656	91%	(30/ 33)	1							
1732	91%	(30/ 33)	1							
1733	91%	(30/ 33)	1							
1740	91%	(30/ 33)	1							
1749	91%	(30/ 33)	1							
1855	91%	(30/ 33)	1							
1865	91%	(30/ 33)	1							
1897	91%	(30/ 33)	1							
2175	91%	(10/ 11)	Z	Z	Z	Z	Z	Z	Z	Z
2221	91%	(30/ 33)	1							
2255	91%	(30/ 33)	1							
2261	91%	(30/ 33)	1							
2352	91%	(30/ 33)	1							
2466	91%	(30/ 33)	1							
2554	91%	(30/ 33)	1							
2723	91%	(30/ 33)	1							
1508	91%	(29/ 32)	1							
986	90%	(28/ 31)	1							
2378	90%	(18/ 20)	1							
62	89%	(8/ 9)	Z	Z	Z	Z	Z			
642	88%	(22/ 25)	Z	Z						
18	88%	(29/ 33)	1							
328	88%	(29/ 33)	1							
432	88%	(29/ 33)	1							
604	88%	(29/ 33)	1							
801	88%	(29/ 33)	1				4E			
1040	88%	(29/ 33)	1							

TESTSTELLE	10	11	20	28	29	30	35	36	41	42	44	45	48	49	52	53	55	56	61	65	66	76	84	87	88
UEBEREINST. ZEUGEN	392	351	441	416	439	21	452	339	467	283	451	473	452	12	452	338	422	459	36	21	365	467	402	476	471
BEZEUGTE VARIANTE	1/	1/	1/	1/	1/	5	1/	1/	1/	1/	1/	1/	1/	4	1/	1/	1/	1/	2	5	1/	1/	1/	1/	1/
P33 100% (1/ 1)	Z	Z	Z	Z	Z	Z	Z	Z	Z	Z	Z	Z	Z	Z		Z	Z	Z	Z	Z	Z	Z	Z	Z	Z
P41 100% (1/ 1)	Z	Z	Z	Z	Z	Z	Z	Z	Z	Z	Z	Z	Z	Z	Z	Z	Z	Z	Z	Z	X		Z	Z	Z
314 100% (4/ 4)	Z	Z	Z	Z	Z	Z	Z	Z					Z	Z	Z	Z	Z	Z	Z	Z	Z	Z	Z	Z	Z
1101 100% (3/ 3)				Z	Z	Z	Z	Z	Z	Z	Z	Z	Z	Z	Z	Z	Z	Z	Z	Z	Z	Z	Z	Z	Z
1730 100% (4/ 4)	Z	Z	Z	Z	Z	Z	Z	Z	Z	Z	Z	Z	Z	Z	Z	Z	Z	Z	Z	Z	Z				
1738 100% (2/ 2)	Z	Z	Z	Z	Z	Z	Z	Z	Z	Z	Z	Z	Z	Z	Z	Z	Z	Z	Z	Z	Z	Z	Z		
1745 100% (2/ 2)	Z	Z	Z	Z	Z	Z	Z	Z	Z	Z	Z	Z	Z	Z	Z	Z	Z	Z	Z	Z	Z	Z	Z		
1846 100% (3/ 3)	Z	Z	Z	Z	Z	Z	Z	Z	Z	Z	Z	Z	Z	Z	Z	Z	Z	Z	Z	Z	Z	Z			
1858 100% (2/ 2)	Z	Z	Z	Z	Z	Z	Z	Z	Z	Z	Z	Z	Z	Z	Z	Z	Z	Z	Z	Z	Z	Z	Z		
1899 100% (3/ 3)	Z	Z	Z	Z	Z	Z	Z	Z	Z	Z	Z	Z	Z	Z	Z	Z	Z	Z	Z	Z	Z	Z			
2125 100% (4/ 4)				Z	Z	Z		Z	Z	Z	Z	Z	Z	Z	Z	Z	Z	Z	Z	Z	Z	Z	Z	Z	Z
2626 100% (3/ 3)	Z	Z	Z	Z	Z	Z	Z	Z	Z	Z	Z	Z	Z	Z	Z	Z	Z	Z	Z	Z	Z	Z			
2175 89% (8/ 9)						1				Z	Z	Z	Z	Z	Z	Z	Z	Z	Z	Z	Z	Z	Z	Z	Z
056 88% (22/ 25)						1													1	4					
221 88% (22/ 25)						1								1					1						
312 88% (22/ 25)						1								1					1						
824 88% (22/ 25)						1								2						1/					
1862 88% (22/ 25)						1								1					1						
2243 88% (22/ 25)						1								1					1						
916 88% (7/ 8)						1			Z	Z	Z	Z	Z	Z	Z	Z	Z	Z	Z	Z	Z	Z	Z	Z	Z
1248 88% (21/ 24)						U								2					1	1/					
1597 88% (21/ 24)	8					1								X						1/					
1717 88% (21/ 24)						1								1					X		10				
P45 86% (6/ 7)	Z	Z	Y			Z		Z		Z	Z		Z	Z	Z	Z	3		Z	Z	Z	Z	Z	Z	Z
62 86% (6/ 7)	Z	Z	Z			1					Z	Z	Z	Z	Z	Z	Z	Z	Z	Z	Z	Z	Z	Z	Z
624 86% (6/ 7)	Z	Z	Z	Z	Z	Z			Z	Z	Z	Z	Z	Z	Z	Z	Z	Z	Z	1/			Z		
2004 86% (6/ 7)	Z	Z	Z	Z	Z	Z	Z	Z	Z		Z	Z	Z	Z	Z	Z	Z	Z	Z	1/					
2716 85% (17/ 20)	Z	Z	Z			Z	Z							1					1	1/H					
642 84% (16/ 19)	Z	Z				1				Z				1					1	Z	Z		Z		
1852 84% (16/ 19)	Z	Z	Z	Z	Z	Z								1					3	1/					
025 84% (21/ 25)						1								1					1	1/F					
049 84% (21/ 25)								1/F						1					1	1/F					
0142 84% (21/ 25)						1													1	4	10C				

1066 25 TS + 2 SL + 64 MT

TESTSTELLE	10	11	20	28	29	30	35	36	41	42	44	45	48	49	52	53	55	56	61	65	66	76	84	87	88
UEBEREINST. ZEUGEN	392	351	441	416	439	21	452	339	467	283	451	473	452	12	452	338	422	459	36	21	365	467	402	476	471
BEZEUGTE VARIANTE	1/	1/	1/	1/	1/	5	1/	1/	1/	1/	1/	1/	1/	4	1/	1/	1/	1/	2	5	1/	1/	1/	1/	1/
1 84% (21/ 25)						1								1					1	1/F					
82 84% (21/ 25)						1								1					1	1/					
93 84% (21/ 25)						1								1					1	1/F					
105 84% (21/ 25)						1								1					1	1/					
133 84% (21/ 25)		1/O				1								1						1/					
149 84% (21/ 25)						1								2					1	1/					
175 84% (21/ 25)						1								1					1	1/					
201 84% (21/ 25)						1								2					1	1/					
203 84% (21/ 25)						1								2					1	1/					
226 84% (21/ 25)						1								2					1	1/F					
393 84% (21/ 25)		1/L				1								1					1						
398 84% (21/ 25)						1								1					1	1/					
404 84% (21/ 25)						1								1					1	1/					
424 84% (21/ 25)						1								1					1	1/					
454 84% (21/ 25)		1/O				1								1					1						
457 84% (21/ 25)						1								1					1	1/					
462 84% (21/ 25)						1								1					1	1/					
479 84% (21/ 25)						1								1					1	1/					
483 84% (21/ 25)						1								1					1	1/					
625 84% (21/ 25)						1								1					1	1/					
635 84% (21/ 25)						1								1					1	1/					
638 84% (21/ 25)						1								1					1	1/					
699 84% (21/ 25)						1								1					1	1/					
917 84% (21/ 25)						1								1					1	1/					
959 84% (21/ 25)						1D								1					1	1/					
1022 84% (21/ 25)						1								1					1	1/					
1040 84% (21/ 25)						1								2					1	1/					
1072 84% (21/ 25)						1								2					1	1/					
1073 84% (21/ 25)						1								1					1	1/					
1075 84% (21/ 25)						1								2					1	1/					
1107 84% (21/ 25)						1								1					1	1/					
1161 84% (21/ 25)						1								2					1	1/					

TESTSTELLE	10	11	15	18	20	28	29	35	36	41	42	44	45	46	48	49	52	53	55	56	57	65	66	73	76
UEBEREINST. ZEUGEN	392	351	17	73	441	416	439	452	339	467	283	451	473	101	452	6	452	87	422	459	104	333	365	24	467
BEZEUGTE VARIANTE	1/	1/	6	4	1/	1/	1/	1/	1/	1/	1/	1/	1/	3	1/	3	1/	3	1/	1/	2	1/	1/	10	1/
P33 100% (1/ 1)	Z	Z	Z	Z	Z	Z	Z	Z	Z	Z	Z	Z	Z	Z	Z	Z		Z	Z	Z	Z	Z	Z	Z	Z
62 100% (9/ 9)	Z	Z	Z	Z	Z							Z	Z	Z	Z	Z	Z	Z	Z	Z	Z	Z	Z	Z	Z
2627 100% (4/ 4)	Z	Z	Z	Z	Z					Z	Z	Z	Z	Z	Z	Z	Z	Z	Z	Z	Z	Z	Z	Z	Z
102 97% (33/ 34)																				1/C					
189 94% (32/ 34)	8																								
1597 91% (29/ 32)	8															X		1/							
1643 88% (30/ 34)	8		1													1									
1846 88% (7/ 8)	Z	Z	Z	Z	Z	Z	Z	Z	Z	Z	Z	Z	Z	Z	Z	Z	Z	Z	Z	Z	Z	Z	Z	Z	Z
2746 87% (20/ 23)	Z	Z	Z	Z	Z						Z	Z	Z	Z	Z	Z						1/F			
1595 85% (29/ 34)			7	1/							4					2									
5 82% (28/ 34)			4	1/					1/D							2								1	
1270 82% (28/ 34)				1/	1/B						4			6		2									
1598 82% (28/ 34)				1/	1/B						4			6		2									
1852 81% (22/ 27)	Z	Z	Z	Z	Z	Z	Z									1		1/			1			1	
1745 80% (4/ 5)	Z	Z	Z	Z	Z	Z	Z	Z	Z	Z	Z	Z	Z	Z	Z	Z	Z	Z	Z	Z	Z	Z	Z	Z	Z
1899 80% (4/ 5)	Z	Z	Z	Z	Z	Z	Z	Z	Z	Z	Z	Z	Z	Z	Z	Z	Z	Z	Z	Z	Z	Z	Z	Z	Z
2175 80% (8/ 10)			1	1/							Z	Z	Z	Z	Z	Z	Z	Z	Z	Z	Z	Z	Z	Z	Z
2201 80% (24/ 30)	Z	Z	Z	Z					1/F					2		2								1E	
456 79% (27/ 34)				1/												2					1			1D	
1297 79% (27/ 34)				1/	1/B						4			6		2						1/F			
1854 79% (27/ 34)			1													1		1/			1			1	
2374 79% (27/ 34)				1/							4					2						3		1	
2423 79% (27/ 34)			1													1		1/			1				
1241 79% (26/ 33)			1	1/												1		1/			Z			1	
1743 78% (25/ 32)	8		7	1/							4					1	Z	Z							
314 78% (7/ 9)	Z	Z	Z	Z	Z	Z	Z	Z	Z					1	Z	Z	Z	Z	Z	Z	Z	Z	Z	Z	Z
916 78% (7/ 9)			1	1/						Z	Z	Z	Z	Z	Z	Z	Z	Z	Z	Z	Z	Z	Z	Z	Z
624 77% (10/ 13)	Z	Z	Z	Z	Z	Z	Z			Z	Z	Z	Z	Z	Z	Z	Z	Z	Z	Z	Z			1	
1867 77% (23/ 30)	Z	Z	Z	1/										1		1		1/			1			1	
1162 76% (26/ 34)		1/L	1								4			2		2								9	
2492 76% (26/ 34)		1/M	1	1/														1/			1			1	
1839 76% (22/ 29)	Z	Z	Z	Z	Z									1		1		1/			1			1C	
699 76% (25/ 33)			1	Z												1		1/			1			1	

1102 | 34 TS + 0 SL + 69 MT

TESTSTELLE	10	11	15	18	20	28	29	35	36	41	42	44	45	46	48	49	52	53	55	56	57	65	66	73	76
UEBEREINST. ZEUGEN	392	351	17	73	441	416	439	452	339	467	283	451	473	101	452	6	452	87	422	459	104	333	365	24	467
BEZEUGTE VARIANTE	1/	1/	6	4	1/	1/	1/	1/	1/	1/	1/	1/	1/	3	1/	3	1/	3	1/	1/	2	1/	1/	10	1/
1721 76% (25/ 33)				1/												1	Y	1/			1			1D	
P45 75% (6/ 8)	Z	Z	Z	Y	Y				Z		Z	Z		Z	Z	Z	Z	Z	3		1	Z	Z	Z	Z
337 75% (24/ 32)			Z	1/	Z											2		1/			1			1	
921 75% (24/ 32)			1	Z					1/F							1	3	1/			1			1	
1609 75% (24/ 32)			1	1/		3D										1						5		1	
1893 74% (20/ 27)			X	1/				Z	Z		4			2	Z	2						Z	Z	9	
1456 74% (17/ 23)			1						1/K		5				Z	Z	Z	Z	Z	Z	Z	Z	Z	Z	Z
6 74% (25/ 34)			1	1/				3			3			1		1								1D	
76 74% (25/ 34)	8		7	1/							4					4		1/				1/F			
88 74% (25/ 34)	3		4	1/												2	4				1			9	
175 74% (25/ 34)				1/										1		1		1/			1			1	
203 74% (25/ 34)			1	1/												2		1/			1			1	
216 74% (25/ 34)			1	1/							6					1					1			1	
437 74% (25/ 34)			1	1/					1/K					2		1		1/						9	
440 74% (25/ 34)			1	1/							6					2					1			1	
467 74% (25/ 34)	4		3			6B	5							2		1								1	
496 74% (25/ 34)			1	1/							6					2					1			1	
619 74% (25/ 34)		1/L	1	1/							4			2		2								9	
635 74% (25/ 34)			1	1/										1		1		1/			1			1	
917 74% (25/ 34)			1	1/												1		1/			1			1D	
1161 74% (25/ 34)			1	1/										1		2		1/			1			1	
1315 74% (25/ 34)				1/							6					2		8C			1			1	
1626 74% (25/ 34)			1	1/												1		1/			1	1/F		1	
1720 74% (25/ 34)			1	1/										1		1		1/			1			1D	
1843 74% (25/ 34)			1	1/					1/K					4		1					1				
1903 74% (25/ 34)			1			9								1		1					1			1	
2085 74% (25/ 34)				1/												2		8			1	1/B		1	
2131 74% (25/ 34)		5		1/												1		1/			1			1	
2191 74% (25/ 34)			1	1/												1		1/			1			1D	
623 73% (22/ 30)	Z	Z	Z	Z							4			2		2						1/F		1D	
2303 73% (11/ 15)	Z	Z	Z	Z	Z						4			1		2		Z	Z	Z	Z	Z	Z	Z	Z
312 73% (24/ 33)			Z	1/												1		1/			1	5		1	

TESTSTELLE UEBEREINST. ZEUGEN BEZEUGTE VARIANTE	81 49 2	84 402 1/	87 476 1/	88 471 1/	91 46 3	95 68 3	97 422 1/	100 470 1/	102 478 1/
P33 100% (1/ 1)	Z	Z	Z	Z	Z	Z	Z	Z	Z
62 100% (9/ 9)	Z	Z	Z	Z	Z	Z			
2627 100% (4/ 4)	Z	Z	Z	Z	Z	Z	Z	Z	Z
102 97% (33/ 34)									
189 94% (32/ 34)	1								
1597 91% (29/ 32)	1				X				
1643 88% (30/ 34)	1								
1846 88% (7/ 8)	1				X				
2746 87% (20/ 23)	1					1			
1595 85% (29/ 34)						1			
5 82% (28/ 34)						2			
1270 82% (28/ 34)						1			
1598 82% (28/ 34)						1			
1852 81% (22/ 27)					5				
1745 80% (4/ 5)	Z	Z			1/	Z	Z		
1899 80% (4/ 5)	Z				1/	Z	Z	Z	
2175 80% (8/ 10)	Z	Z	Z	Z	Z	Z	Z	Z	Z
2201 80% (24/ 30)					5	1			
456 79% (27/ 34)	1				1/	1			
1297 79% (27/ 34)						1			
1854 79% (27/ 34)					1/	1			
2374 79% (27/ 34)	1					2			
2423 79% (27/ 34)	1				1/	1			
1241 79% (26/ 33)					1/	1			
1743 78% (25/ 32)	1					4			
314 78% (7/ 9)	Z	Z	Z	Z	Z	1			
916 78% (7/ 9)	Z	Z	Z	Z	Z	Z	Z	Z	Z
624 77% (10/ 13)	Z	Z			1/	1			
1867 77% (23/ 30)	1					Z			
1162 76% (26/ 34)					1/	1			
2492 76% (26/ 34)					1/	1			
1839 76% (22/ 29)	1				18				
699 76% (25/ 33)	1				1/	1			

TESTSTELLE UEBEREINST. ZEUGEN BEZEUGTE VARIANTE	81 49 2	84 402 1/	87 476 1/	88 471 1/	91 46 3	95 68 3	97 422 1/	100 470 1/	102 478 1/
1721 76% (25/ 33)	1	4				1			
P45 75% (6/ 8)	Z	Z	Z	Z	Z	Z	Z	Z	Z
337 75% (24/ 32)	1				1/	1			
921 75% (24/ 32)					Z	1			
1609 75% (24/ 32)	1				5	Z	Z		
1893 74% (20/ 27)		Z			1/	1			
1456 74% (17/ 23)	1	4			11F				
6 74% (25/ 34)	1				12B				
76 74% (25/ 34)	1					1			
88 74% (25/ 34)	1					1			
175 74% (25/ 34)	1				1/	2			
203 74% (25/ 34)	1				1/	4			
216 74% (25/ 34)	1				4K	4			
437 74% (25/ 34)					1/	1			
440 74% (25/ 34)	1				4K	4			
467 74% (25/ 34)	1				4I				
496 74% (25/ 34)	1				4K	4			
619 74% (25/ 34)					1/	1			
635 74% (25/ 34)					13C	1			
917 74% (25/ 34)	1				1/	1			
1161 74% (25/ 34)					4	1			
1315 74% (25/ 34)	1				5C	2			
1626 74% (25/ 34)					1/	1			
1720 74% (25/ 34)					1/	1			
1843 74% (25/ 34)	1				5	1			
1903 74% (25/ 34)	1				9	1			
2085 74% (25/ 34)	1				17	1			
2131 74% (25/ 34)	1				1/	1			
2191 74% (25/ 34)	1				1/	1			
623 73% (22/ 30)		4				2			3
2303 73% (11/ 15)	Z	Z	Z	Z	Z	1		Z	
312 73% (24/ 33)	1				1/	1			
424 73% (24/ 33)	1				1/	1			

1106 36 TS + 0 SL + 67 MT

TESTSTELLE	8	10	11	13	14	15	18	19	20	28	29	35	36	41	42	44	45	46	48	50	52	53	54	55	56
UEBEREINST. ZEUGEN	94	392	17	7	11	24	73	110	441	416	439	452	54	467	283	451	473	101	452	1	452	338	14	422	459
BEZEUGTE VARIANTE	3	1/	5	3	3	3	4	2	1/	1/	1/	1/	1/K	1/	1/	1/	1/	3	1/	21	1/	1/	4	1/	1/
P33 100% (1/ 1)	Z	Z	Z	Z	Z	Z	Z	Z	Z	Z	Z	Z	Z	Z	Z	Z	Z	Z	Z	Z		Z	Z	Z	Z
P41 100% (1/ 1)	Z	Z	Z	Z	Z	Z	Z	Z	Z	Z	Z	Z	Z	Z	Z	Z	Z	Z	Z	Z	Z	Z	Z	Z	Z
1730 100% (9/ 9)	Z	Z	Z	Z	Z	Z	Z	Z	Z	Z	Z	Z	Z	Z	Z	Z	Z	Z	Z	Z	Z	Z	Z	Z	Z
325 94% (15/ 16)	Z	Z	Z	Z	Z	Z	Z	Z	Z	Z	Z	Z	Z	Z	Z	Z	Z	Z	Z	Z			1		
2004 92% (11/ 12)	Z	Z	Z	Z	Z	Z	Z	Z	Z	Z	Z	Z	Z	Z		Z	Z	Z	Z	Z	Z	Z	Z	Z	Z
624 91% (10/ 11)	Z	Z	Z	Z	Z	Z	Z	Z	Z	Z	Z		1/	Z	Z	Z	Z	Z	Z	Z	Z	Z	Z	Z	Z
62 89% (8/ 9)	Z	Z	Z	Z	Z	Z	Z	Z	Z				1/			Z	Z	Z	Z	Z	Z	Z	Z	Z	Z
626 89% (24/ 27)	Z	Z	Z	Z	Z	Z	Z	Z	Z									1		1			1		
363 88% (30/ 34)	2		X																				1		
314 88% (7/ 8)	Z	Z	Z	Z	Z	Z	Z	Z	Z	Z	Z	Z	Z					1	Z	Z	Z	Z	Z	Z	Z
2289 88% (14/ 16)	Z	Z	Z	Z	Z	Z	Z	Z	Z	Z	Z	Z	Z	Z	Z	Z	Z	Z	Z	Z			1		
P45 86% (6/ 7)	Z	Z	Z	Z	Z	Z	Y	Y	Y				Z		Z	Z		Z	Z	Z	Z	Z	Z	3	
498 86% (24/ 28)	Z	Z	Z	Z	Z	Z	Z	Z										1		1			1		
506 86% (6/ 7)	Z	Z	Z	Z	Z	Z	Z	Z	Z			Z	Z	Z	Z	Z	Z	Z		Z	Z	Z	1		
1738 86% (6/ 7)	Z	Z	Z	Z	Z	Z	Z	Z	Z	Z	Z	Z	Z	Z	Z	Z	Z	Z	Z	Z	Z	Z	Z	Z	Z
1846 86% (6/ 7)	Z	Z	Z	Z	Z	Z	Z	Z	Z	Z	Z	Z	Z	Z	Z	Z	Z	Z	Z	Z	Z	Z	Z	Z	Z
1858 86% (6/ 7)	Z	Z	Z	Z	Z	Z	Z	Z	Z	Z	Z	Z	Z	Z	Z	Z	Z	Z	Z	Z	Z	Z	Z	Z	Z
1745 83% (5/ 6)	Z	Z	Z	Z	Z	Z	Z	Z	Z	Z	Z	Z	Z	Z	Z	Z	Z	Z	Z	Z	Z	Z	Z	Z	Z
1899 83% (5/ 6)	Z	Z	Z	Z	Z	Z	Z	Z	Z	Z	Z	Z	Z	Z	Z	Z	Z	Z	Z	Z	Z	Z	Z	Z	Z
1889 82% (18/ 22)	Z	Z	Z	Z	Z	Z	Z	Z	Z	Z	Z	Z	Z	Z				1		1			1		
1094 81% (22/ 27)	Z	Z	Z	Z	Z	Z	Z	Z	Z				1/					1		1			1		
1839 81% (22/ 27)	Z	Z	Z	Z	Z	Z	Z	Z	Z				1/					1		5			1		
1852 80% (20/ 25)	Z	Z	Z	Z	Z	Z	Z	Z	Z	Z	Z		1/							1			1		
1731 78% (18/ 23)	Z	Z	Z	Z	Z	Z	Z	Z	Z	Z	Z	Z	Z					1		1			1		
020 78% (21/ 27)	Z	Z	Z	Z	Z	Z	Z	Z	Z				1/							1	3		1		
466 78% (14/ 18)	Z	Z	Z	Z	Z	Z	Z	Z	Z	Z	Z	Z	Z	Z	Z	Z	Z	Z		1			1		
1251 78% (28/ 36)					2								1/		5	3		1		1		8	1		
1752 78% (21/ 27)	Z	Z	Z	Z	Z	Z	Z	Z	Z				1/		6			1		1			1		
2180 77% (23/ 30)	Z	Z	Z	Z	Z	Z		1										1		1			1	9	
2716 76% (19/ 25)	Z	Z	Z	Z	Z	Z	Z	Z	Z			Z	1/					1		1D			1		
1723 76% (22/ 29)	Z	Z	Z	Z	Z	Z	1/						1/		X			1		1			1		
699 76% (25/ 33)	Z		1/	1	1	1	Z	Z					1/							1			1		
014 75% (18/ 24)	Z	Z	Z	Z	Z	Z	Z	Z	Z			Z	1/F					Z		1	3		1		

TESTSTELLE	8	10	11	13	14	15	18	19	20	28	29	35	36	41	42	44	45	46	48	50	52	53	54	55	56
UEBEREINST. ZEUGEN	94	392	17	7	11	24	73	110	441	416	439	452	54	467	283	451	473	101	452	1	452	338	14	422	459
BEZEUGTE VARIANTE	3	1/	5	3	3	3	4	2	1/	1/	1/	1/	1/K	1/	1/	1/	1/	3	1/	21	1/	1/	4	1/	1/
302 75% (27/ 36)	1		1/	1	1	1		1										1		1			1		
337 75% (24/ 32)	1		1/	Z	Z	Z	1/	1	Z				1/							1			1		
602 75% (12/ 16)	Z	Z	Z	Z	Z	Z	Z	Z	Z	Z	Z	Z	Z	Z	Z	Z	Z	1		1	Z		1		
920 75% (18/ 24)	Z	Z	Z	Z	Z	Z	Z	Z	Z				1/L	Z				1		Z	Z		1		
1718 75% (27/ 36)	6		1/		1		1/											1		2			1		
1864 75% (24/ 32)	Z	Z	Z	Z	1	1	1/						1/					1		1			1		
2201 75% (21/ 28)	Z	Z	Z	Z	Z	Z	Z	Z					1/F					2		1		3	1		
2378 75% (15/ 20)	Z	Z	Z	Z	Z	Z	Z	Z	Z	Z	Z	Z	Z	X	Y			1	Z	1			1		1/E
2587 75% (21/ 28)	Z	Z	Z	Z	Z	Z	Z	Z					1/		6			1		1			1		
2626 75% (6/ 8)	Z	Z	Z	Z	Z	Z	Z	Z	Z	Z	Z	Z	Z	Z	Z	Z	Z	Z	Z	Z	Z	Z	Z	Z	Z
2627 75% (3/ 4)	Z	Z	Z	Z	Z	Z	Z	Z	Z				1/	Z	Z	Z	Z	Z	Z	Z	Z	Z	Z	Z	Z
2777 75% (6/ 8)	Z	Z	Z	Z	Z	Z	Z	1	Z	Z	Z	Z	Z	Z	Z	Z	Z	Z	Z	Z	Z	Z	Z	Z	Z
2423 74% (26/ 35)	1		1/	1	1	1		1					1/							1			1		
172 74% (17/ 23)	Z	Z	Z	Z	Z	Z	1/	1			Z	Z	1/	Z	Z			1		1			1		
1762 74% (17/ 23)	Z	Z	Z	Z	Z	Z	Z	Z					1/					1	1/H	1		8B	1		
1726 74% (25/ 34)	1			1	1	1	Z	Z							6					1			1		
1867 73% (22/ 30)	Z	Z	Z	Z	Z	Z	1/	1					1/					1		1			1		
2625 73% (22/ 30)	1		1/O	Z	Z	Z	1/	1		Z	Z							1		1			1	1/E	
309 73% (16/ 22)	Z	Z	Z	Z	Z	Z	Z	Z	Z	Z	Z	Z	Z		4			1	Z	1			1		
57 72% (21/ 29)	Y	Y	Y	1	1	1	Y	Y	Y				1/					1		1			1		
203 72% (26/ 36)	1		1/	1	1	1	1/	1					1/							1			1		
605 72% (26/ 36)	1		1/	1	1	1	1/	1										1		1			1		
1354 72% (26/ 36)	1		1/	1	1	1	1/	1										1		1			1		
1424 72% (26/ 36)	1B			1	1	1	1/	1										1		1			1		
1646 72% (26/ 36)			1/B	1	1	1	1/	1					1/							1			1		
1854 72% (26/ 36)	1		1/	1	1	1		1					1/							1			1		
2131 72% (26/ 36)	1			1	1	6	1/	1					1/							1			1		
424 71% (25/ 35)	1		1/	1	1	1	1/	1					1/					X		1			1		
1245 71% (25/ 35)	1			1	1	1	1/	1					1/					1		V2			1		
1746 71% (25/ 35)	X		1/	1	1	1	1/						1/					1		1			1		
1754 71% (25/ 35)	Z		7	1B	1	1	1/								5				1/B	1E			1		
2303 71% (10/ 14)	Z	Z	Z	Z	Z	Z	Z	Z	Z				1/		4			1		1		Z	Z	Z	Z
2746 71% (15/ 21)	Z	Z	Z	Z	Z	Z	Z	Z	Z				1/		Z	Z	Z	Z	Z	Z		3	1		

1106 36 TS + 0 SL + 67 MT

TESTSTELLE	65	66	76	84	86	87	88	91	97	100	102
UEBEREINST. ZEUGEN	333	365	467	402	44	476	471	279	422	470	478
BEZEUGTE VARIANTE	1/	1/	1/	1/	2B	1/	1/	1/	1/	1/	1/
P33 100% (1/ 1)	Z	Z	Z	Z	Z	Z	Z	Z	Z	Z	Z
P41 100% (1/ 1)	Z	X		Z	Z	Z	Z	Z	Z	Z	Z
1730 100% (9/ 9)	Z	Z									
325 94% (15/ 16)											
2004 92% (11/ 12)					3						
624 91% (10/ 11)				Z	Z						
62 89% (8/ 9)	Z	Z	Z	Z	Z	Z	Z	Z			
626 89% (24/ 27)											
363 88% (30/ 34)		4			X						3
314 88% (7/ 8)	Z	Z	Z	Z	Z	Z	Z	Z			
2289 88% (14/ 16)					1B						
P45 86% (6/ 7)	Z	Z	Z	Z	Z	Z	Z	Z	Z	Z	Z
498 86% (24/ 28)					1						
506 86% (6/ 7)	Z	Z	Z		Z	Z	Z	Z	Z	Z	Z
1738 86% (6/ 7)	Z	Z	Z	Z	1						
1846 86% (6/ 7)	Z	Z	Z		1			X			
1858 86% (6/ 7)	Z	Z	Z	Z	1B						
1745 83% (5/ 6)	Z	Z	Z	Z	1B				Z		
1899 83% (5/ 6)	Z	Z	Z		1B				Z	Z	
1889 82% (18/ 22)				4							
1094 81% (22/ 27)					2						
1839 81% (22/ 27)								1B			
1852 80% (20/ 25)					1			5			
1731 78% (18/ 23)					1B			4C			
020 78% (21/ 27)	1/F				1						
466 78% (14/ 18)		6			1						
1251 78% (28/ 36)											
1752 78% (21/ 27)					1B						
2180 77% (23/ 30)					1B			8C			
2716 76% (19/ 25)	1/H				4					Z	
1723 76% (22/ 29)	1/F				1B						
699 76% (25/ 33)					2						
014 75% (18/ 24)	1/F				1						Z

1106 — 36 TS + 0 SL + 67 MT

TESTSTELLE		65	66	76	84	86	87	88	91	97	100	102
UEBEREINST. ZEUGEN		333	365	467	402	44	476	471	279	422	470	478
BEZEUGTE VARIANTE		1/	1/	1/	1/	2B	1/	1/	1/	1/	1/	1/
302	75% (27/ 36)											
337	75% (24/ 32)					1						
602	75% (12/ 16)		Z			3				Z		
920	75% (18/ 24)	1/F	11			3						
1718	75% (27/ 36)		1/G			1						
1864	75% (24/ 32)					1B						
2201	75% (21/ 28)					3			5			
2378	75% (15/ 20)					1B						
2587	75% (21/ 28)	1/F				1B						
2626	75% (6/ 8)	Z	Z	Z		1B			4E			
2627	75% (3/ 4)	Z	Z	Z	Z	Z	Z	Z	Z	Z	Z	Z
2777	75% (6/ 8)	Z	Z	Y	Z	1B						
2423	74% (26/ 35)					X						
172	74% (17/ 23)				Z	Z			Z			
1762	74% (17/ 23)					Z	Z	Z	Z	Z		
1726	74% (25/ 34)	1/F				1B						
1867	73% (22/ 30)					3			3			
2625	73% (22/ 30)			Z								
309	73% (16/ 22)	1/O				1						
57	72% (21/ 29)				Y	2						
203	72% (26/ 36)											
605	72% (26/ 36)											
1354	72% (26/ 36)											
1424	72% (26/ 36)					1						
1646	72% (26/ 36)					1						
1854	72% (26/ 36)					1						
2131	72% (26/ 36)					3						
424	71% (25/ 35)											
1245	71% (25/ 35)					3						
1746	71% (25/ 35)					1B						
1754	71% (25/ 35)					1B						
2303	71% (10/ 14)	Z	Z	Z	Z	Z	Z	Z	Z		Z	
2746	71% (15/ 21)	1/F				1B			3			

1115 — 2 TS + 0 SL + 3 MT

TESTSTELLE		100	104
UEBEREINST. ZEUGEN		470	22
BEZEUGTE VARIANTE		1/	2
P74	100% (2/ 2)		
01	100% (2/ 2)		
02	100% (2/ 2)		
03	100% (2/ 2)		
08	100% (1/ 1)	Z	
014	100% (1/ 1)		Z
044	100% (2/ 2)		
33	100% (2/ 2)		
43	100% (2/ 2)		
81	100% (2/ 2)		
172	100% (1/ 1)		Z
181	100% (2/ 2)		
206	100% (1/ 1)		Z
441	100% (2/ 2)		
567	100% (1/ 1)		Z
602	100% (1/ 1)		Z
621	100% (2/ 2)		
624	100% (1/ 1)		Z
629	100% (2/ 2)		
1175	100% (2/ 2)		
1243	100% (2/ 2)		
1735	100% (1/ 1)		Z
1739	100% (2/ 2)		
1842	100% (2/ 2)		
1884	100% (1/ 1)	Z	
2344	100% (2/ 2)		
2718	100% (2/ 2)		
020	50% (1/ 2)		1
025	50% (1/ 2)		1
049	50% (1/ 2)		1
056	50% (1/ 2)		1
0142	50% (1/ 2)		1
1	50% (1/ 2)		1

1115 2 TS + 0 SL + 3 MT

TESTSTELLE		100	104
UEBEREINST. ZEUGEN		470	22
BEZEUGTE VARIANTE		1/	2
3	50% (1/ 2)		1
5	50% (1/ 2)		1
6	50% (1/ 2)		1
18	50% (1/ 2)		1
35	50% (1/ 2)		1
38	50% (1/ 2)		1
42	50% (1/ 2)		1
51	50% (1/ 2)		1
57	50% (1/ 2)		1
61	50% (1/ 2)		1
62	50% (1/ 2)		1H
69	50% (1/ 2)		1K
76	50% (1/ 2)		1
82	50% (1/ 2)		1
88	50% (1/ 2)		1
90	50% (1/ 2)		1N
93	50% (1/ 2)		1
94	50% (1/ 2)		1
97	50% (1/ 2)		1
102	50% (1/ 2)		1
103	50% (1/ 2)		1
104	50% (1/ 2)		3D
105	50% (1/ 2)		1
110	50% (1/ 2)		1
122	50% (1/ 2)		1
131	50% (1/ 2)		1
133	50% (1/ 2)		1
141	50% (1/ 2)		1
142	50% (1/ 2)		1
149	50% (1/ 2)		1
175	50% (1/ 2)		1
177	50% (1/ 2)		1
180	50% (1/ 2)		1

1127 | 32 TS + 2 SL + 70 MT

TESTSTELLE	10	11	15	18	20	23	28	29	35	36	41	42	44	45	46	47	48	52	53	55	56	57	66	70	76
UEBEREINST. ZEUGEN	392	351	17	355	441	91	416	439	452	339	467	53	451	473	9	92	452	452	338	422	459	104	365	21	467
BEZEUGTE VARIANTE	1/	1/	6	1/	1/	2	1/	1/	1/	1/	1/	4	1/	1/	6	2	1/	1/	1/	1/	1/	2	1/	2	1/
P8 100% (2/ 2)	Z	Z	Z		Z		Z	Z	Z	Z	Z	Z	Z	Z	Z	Z	Z	Z	Z	Z	Z	Z	Z	Z	Z
P33 100% (1/ 1)	Z	Z	Z	Z	Z	Z	Z	Z	Z	Z	Z	Z	Z	Z	Z	Z	Z		Z	Z	Z	Z	Z	Z	Z
P41 100% (1/ 1)	Z	Z	Z	Z	Z	Z	Z	Z	Z	Z	Z	Z	Z	Z	Z	Z	Z	Z	Z	Z	Z	Z	X	Z	
1846 100% (6/ 6)	Z	Z	Z	Z	Z	Z	Z	Z	Z	Z	Z	Z	Z	Z	Z	Z	Z	Z	Z	Z	Z	Z	Z	Z	Z
2627 100% (4/ 4)	Z	Z	Z	Z	Z	Z					Z	Z	Z	Z	Z	Z	Z	Z	Z	Z	Z	Z	Z	Z	Z
624 90% (9/ 10)	Z	Z	Z	Z	Z	Z	Z	Z			Z	Z	Z	Z	Z	Z	Z	Z	Z	Z	Z	Z		Z	
62 88% (7/ 8)	Z	Z	Z	Z	Z	Z						1/	Z	Z	Z	Z	Z	Z	Z	Z	Z	Z	Z	Z	Z
506 86% (6/ 7)	Z	Z	Z	Z	Z	Z			Z	Z	Z	Z	Z	Z	Z	Z		Z	Z			1	Z	Z	Z
1893 85% (22/ 26)			X						Z	Z					2		Z		3				Z	1	
1270 84% (27/ 32)					1/B														3					1	
1297 84% (27/ 32)					1/B														3					1	
1598 84% (27/ 32)					1/B														3					1	
1738 83% (5/ 6)	Z	Z	Z	Z	Z	Z	Z	Z	Z	Z	Z	Z	Z	Z	Z	Z	Z	Z	Z	Z	Z	Z	Z	Z	Z
1858 83% (5/ 6)	Z	Z	Z	Z	Z	Z	Z	Z	Z	Z	Z	Z	Z	Z	Z	Z	Z	Z	Z	Z	Z	Z	Z	Z	Z
1899 83% (5/ 6)	Z	Z	Z	Z	Z	Z	Z	Z	Z	Z	Z	Z	Z	Z	Z	Z	Z	Z	Z	Z	Z	Z	Z	Z	Z
2777 83% (5/ 6)	Z	Z	Z	Z	Z	Z	Z	Z	Z	Z	Z	Z	Z	Z	Z	Z	Z	Z	Z	Z	Z	Z	Z	Z	Y
2778 83% (5/ 6)	Z	Z	Z	Z	Z	Z	Z	Z	Z	Z	Z	Z	Z	Z	Z	Z						1	Z	Z	Z
2175 82% (9/ 11)			1			1						Z	Z	Z	Z	Z	Z	Z	Z	Z	Z	Z	Z	Z	Z
642 81% (22/ 27)	Z	Z	1			1						Z			1							1	Z		
218 81% (26/ 32)		1/C	1			1						1/			1							1			
437 81% (26/ 32)			1							1/K		1/			2									1	
619 81% (26/ 32)		1/L	1												2				3					4B	
634 81% (26/ 32)			1			1									1	1						1		1	
1595 81% (26/ 32)			7												3				3					1	
172 81% (17/ 21)	Z	Z	Z			Z		Z	Z		Z	Z			1	1						1		1	
325 80% (12/ 15)	Z	Z	Z	Z	Z	Z	Z	Z	Z	Z	Z	Z	Z	Z	Z	Z	Z					1		1	
916 80% (8/ 10)			1			1					Z	Z	Z	Z	Z	Z	Z	Z	Z	Z	Z	Z	Z	Z	Z
941 80% (24/ 30)			1	8						1/F					1				3					Y	
1101 80% (4/ 5)			1			Z	Z	Z	Z	Z	Z	Z	Z	Z	Z	Z	Z	Z	Z	Z	Z	Z	Z	Z	Z
1745 80% (4/ 5)	Z	Z	Z	Z	Z	Z	Z	Z	Z	Z	Z	Z	Z	Z	Z	Z	Z	Z	Z	Z	Z	Z	Z	Z	Z
2289 80% (12/ 15)	Z	Z	Z	Z	Z	Z	Z	Z	Z	Z	Z	Z	Z	Z	Z	Z	Z					1		1	
2303 80% (12/ 15)	Z	Z	Z	Z	Z	Z									1	1			Z	Z	Z	Z	Z	Z	Z
2718 80% (20/ 25)			1												2			4	3				6	Z	Z

1127 | 32 TS + 2 SL + 70 MT

TESTSTELLE	10	11	15	18	20	23	28	29	35	36	41	42	44	45	46	47	48	52	53	55	56	57	66	70	76
UEBEREINST. ZEUGEN	392	351	17	355	441	91	416	439	452	339	467	53	451	473	9	92	452	452	338	422	459	104	365	21	467
BEZEUGTE VARIANTE	1/	1/	6	1/	1/	2	1/	1/	1/	1/	1/	4	1/	1/	6	2	1/	1/	1/	1/	1/	2	1/	2	1/
2746 80% (16/ 20)	Z	Z	Z	Z	Z	Z						Z	Z	Z	Z	Z	Z		3					1	
110 79% (23/ 29)			X	X		Z						8			1	1						1		1	
623 79% (22/ 28)	Z	Z	Z	Z											2				3					1	
1723 79% (22/ 28)	Z	Z	Z			1						X			1	1						1		1	
400 78% (18/ 23)		1/L	1			Y			X			W	X						W			1	X	X	
5 78% (25/ 32)			4							1/D		1/			3				3					1	
18 78% (25/ 32)			1			1									1	1						1		1	
175 78% (25/ 32)						1						1/			1	1						1		1	
203 78% (25/ 32)			1			1						1/			3	1						1		1	
228 78% (25/ 32)			1	4								5			3								11	1	
386 78% (25/ 32)			1			1									1	1						1		1	
456 78% (25/ 32)						1						1/			3				3			1		1	
1100 78% (25/ 32)			1			1									1	1						1		1	
1103 78% (25/ 32)			1			1						1/			1							1	12	1	
1162 78% (25/ 32)		1/L	1	4											2				3					1	
1718 78% (25/ 32)			3			1				1/K		1/			1							1	1/G		
1733 78% (25/ 32)			1			1									1	1						1		1	
1827 78% (25/ 32)		1/B	4												2	1			3					1	
2191 78% (25/ 32)			1			1						1/			3							1		1	
2374 78% (25/ 32)						1									3	2B			3					1	
2554 78% (25/ 32)			1			1									3	1						1		1	
2737 78% (25/ 32)			4				10					3			1				3					1	
P45 78% (7/ 9)	Z	Z	Z	Y	Y					Z		Z	Z		Z	Z	Z	Z	Z	3		1	Z	Z	Z
1730 78% (7/ 9)	Z	Z	Z	Z	Z	Z	Z	Z	Z	Z	Z	Z	Z	Z	Z	Z	Z	Z	Z	Z	Z	Z	Z	1	
312 77% (24/ 31)			Z			1						1/			3	1						1		1	
424 77% (24/ 31)			1			1						1/			X	1						1		1	
1241 77% (24/ 31)			1			1						1/			3	1						Z		1	
1652 77% (24/ 31)			1			1						Z			1	1						1		1	
1835 77% (24/ 31)			1			1						Z			1	1						1		1	
1862 77% (24/ 31)			Z			1						1/			1	1						1		1	
2080 77% (24/ 31)			1			1						8			1	1								1	
2218 77% (24/ 31)			1			1						V			1	1						1		1	
2475 77% (24/ 31)			1			1						[illegible]			1	1						[illegible]		1	

1127 32 TS + 2 SL + 70 MT

TESTSTELLE / UEBEREINST. ZEUGEN / BEZEUGTE VARIANTE			84 402 1/	87 476 1/	88 471 1/	91 279 1/	92 99 2	97 422 1/	102 478 1/
P8	100%	(2/ 2)	Z	Z	Z	Z	Z	Z	Z
P33	100%	(1/ 1)	Z	Z	Z	Z	Z	Z	Z
P41	100%	(1/ 1)	Z	Z	Z	Z	Z	Z	Z
1846	100%	(6/ 6)				X			
2627	100%	(4/ 4)	Z	Z	Z	Z	Z	Z	Z
624	90%	(9/ 10)	Z				1		
62	88%	(7/ 8)	Z	Z	Z	Z	Z		
506	86%	(6/ 7)		Z	Z	Z	Z	Z	Z
1893	85%	(22/ 26)	Z				1		
1270	84%	(27/ 32)				3	1		
1297	84%	(27/ 32)				3	1		
1598	84%	(27/ 32)				3	1		
1738	83%	(5/ 6)	Z				1		
1858	83%	(5/ 6)	Z				1		
1899	83%	(5/ 6)					1	Z	
2777	83%	(5/ 6)	Z				1		
2778	83%	(5/ 6)	Z	Z	Z	Z	Z	Z	Z
2175	82%	(9/ 11)	Z	Z	Z	Z	Z	Z	Z
642	81%	(22/ 27)	Z				1		
218	81%	(26/ 32)							
437	81%	(26/ 32)					1		
619	81%	(26/ 32)					1		
634	81%	(26/ 32)							
1595	81%	(26/ 32)				3	1		
172	81%	(17/ 21)	Z			Z	Z		
325	80%	(12/ 15)					1		
916	80%	(8/ 10)	Z	Z	Z	Z	Z	Z	Z
941	80%	(24/ 30)	4						Y
1101	80%	(4/ 5)	Z	Z	Z	Z	Z	Z	Z
1745	80%	(4/ 5)	Z				1	Z	
2289	80%	(12/ 15)					1		
2303	80%	(12/ 15)	Z	Z	Z	Z	1		
2718	80%	(20/ 25)	Z	Z	Z	Z	Z		

1127 32 TS + 2 SL + 70 MT

TESTSTELLE / UEBEREINST. ZEUGEN / BEZEUGTE VARIANTE			84 402 1/	87 476 1/	88 471 1/	91 279 1/	92 99 2	97 422 1/	102 478 1/
2746	80%	(16/ 20)				3	1		
110	79%	(23/ 29)					1		
623	79%	(22/ 28)	4			3			3
1723	79%	(22/ 28)					1		
400	78%	(18/ 23)		X	X	5	1		
5	78%	(25/ 32)				3			
18	78%	(25/ 32)					1		
175	78%	(25/ 32)					1		
203	78%	(25/ 32)							
228	78%	(25/ 32)				5H			
386	78%	(25/ 32)					1		
456	78%	(25/ 32)					1		
1100	78%	(25/ 32)					1		
1103	78%	(25/ 32)							
1162	78%	(25/ 32)					1		
1718	78%	(25/ 32)							
1733	78%	(25/ 32)					1		
1827	78%	(25/ 32)					1		
2191	78%	(25/ 32)					1		
2374	78%	(25/ 32)				3	1		
2554	78%	(25/ 32)					1		
2737	78%	(25/ 32)				11D			
P45	78%	(7/ 9)	Z	Z	Z	Z	Z	Z	Z
1730	78%	(7/ 9)					1		
312	77%	(24/ 31)					1		
424	77%	(24/ 31)					1		
1241	77%	(24/ 31)					1		
1652	77%	(24/ 31)					1		
1835	77%	(24/ 31)					1		
1862	77%	(24/ 31)					1		
2080	77%	(24/ 31)				Y	1		
2218	77%	(24/ 31)					1		
2475	77%	(24/ 31)					1		

1162 52 TS + 0 SL + 52 MT

TESTSTELLE UEBEREINST. ZEUGEN BEZEUGTE VARIANTE	5 4 5	8 16 3B	10 392 1/	11 13 1/L	13 7 7	18 73 4	20 441 1/	23 91 2	26 30 2	28 416 1/	29 439 1/	31 36 2	33 12 8	34 29 11	35 452 1/	36 339 1/	41 467 1/	42 53 4	44 451 1/	45 473 1/	46 76 2	47 92 2	48 452 1/	49 162 2	52 452 1/
P33 100% (1/ 1)	Z	Z	Z	Z	Z	Z	Z	Z	Z	Z	Z	Z	Z	Z	Z	Z	Z	Z	Z	Z	Z	Z	Z	Z	
619 87% (45/ 52)	1	3			1	1/							1												
1893 76% (31/ 41)	1	1		1/	X	1/			1			1	Z	Z	Z	Z							Z		
623 74% (34/ 46)	Z	Z	Z	Z	Z	Z																			
1827 71% (37/ 52)	1			1/B	1	1/			1				3									1		1	
33 70% (31/ 44)		X	11	1/	1	X					X	X	2			X		3			X				
81 70% (26/ 37)	2	2	14		2	Z	Z	Z					1	2C	3			1/							
2201 70% (33/ 47)	1	Z	Z	Z	Z	Z			1			1				1/F		1/				1			
P45 70% (7/ 10)	Z	Z	Z	Z	Z	Y	Y		Z			Z	9	Y		Z		Z	Z		Z	Z	Z	Z	Z
P74 69% (34/ 49)	2	Y	3	1/I	2B	Z							2	2	3			3	4						
2303 68% (13/ 19)	Z	Z	Z	Z	Z	Z	Z	Z	Z			1	1	1							1	1			
2344 67% (35/ 52)		3	11	1/	1	1/						1E	1	2				3						1	
1738 67% (6/ 9)	Z	Z	Z	Z	Z	Z	Z	Z	Z	Z	Z	Z	Z	Z	Z	Z	Z	Z	Z	Z	Z	Z	Z	Z	Z
5 65% (34/ 52)	1	3		1/	1	1/										1/D		1/			3				
624 65% (11/ 17)	Z	Z	Z	Z	Z	Z	Z	Z	Z	Z	Z	Z	Z	Z			Z	Z	Z	Z	Z	Z	Z	Z	Z
441 63% (27/ 43)	Z	Z	Z	Z	Z	Z	Z	Z	Z				1	1											3
1745 63% (5/ 8)	Z	Z	Z	Z	Z	Z	Z	Z	Z	Z	Z	Z	Z	Z	Z	Z	Z	Z	Z	Z	Z	Z	Z	Z	Z
1899 63% (5/ 8)	Z	Z	Z	Z	Z	Z	Z	Z	Z	Z	Z	Z	Z	Z	Z	Z	Z	Z	Z	Z	Z	Z	Z	Z	Z
2778 63% (5/ 8)	Z	Z	Z	Z	Z	Z	Z	Z	Z	Z	Z	Z	Z	Z	Z	Z	Z	Z	Z	Z	Z	Z			
181 62% (32/ 52)	1		11	11	1	1/							2	2B	3	3						1			
437 62% (32/ 52)	1	1		1/	1	1/			1			1	2			1/K		1/						1	
1595 62% (32/ 52)	1	1		1/	1	1/			1			1	1								3				
1739 62% (32/ 52)	1	3		1/	3D					3D	5		1	2B				5							
1598 61% (31/ 51)	1	1		1/	1	1/	1/B		Z			1	1								6				
2718 61% (23/ 38)	1			1/	1C	1/			1			1	1	1											4
314 60% (6/ 10)	Z	Z	Z	Z	Z	Z	Z	Z	Z	Z	Z	Z	Z	Z	Z	Z		1/			1	Z	Z	Z	Z
1858 60% (6/ 10)	Z	Z	Z	Z	Z	Z	Z	Z	Z	Z	Z	Z	Z	Z	Z	Z	Z	Z	Z	Z	Z	Z	Z	Z	Z
02 60% (31/ 52)	2	2	3	1/	2B	5						2B	2	2	3			3	4						
436 60% (31/ 52)	1	1			1			1	1			1	1	1											
945 60% (31/ 52)	1	3		1/	3E					3D	5		1	2B				5							
1270 60% (31/ 52)	1	1		1/	1	1/	1/B		1			1	1								6				
04 58% (21/ 36)	2	2C	3	5	2B	Z	Z	Z					1		3B		Z	Z	4						1/D

TESTSTELLE	5	8	10	11	13	18	20	23	26	28	29	31	33	34	35	36	41	42	44	45	46	47	48	49	52
UEBEREINST. ZEUGEN	4	16	392	13	7	73	441	91	30	416	439	36	12	29	452	339	467	53	451	473	76	92	452	162	452
BEZEUGTE VARIANTE	5	3B	1/	1/L	7	4	1/	2	2	1/	1/	2	8	11	1/	1/	1/	4	1/	1/	2	2	1/	2	1/
88 58% (30/ 52)	3		3	1/	2	1/			1				2	7				1/			3				4
1175 58% (30/ 52)	2	2	3	1/D	2	5							2	2	3			6	6						4
1297 58% (30/ 52)	1	1		1/	1	1/	1/B		1			1	1								6				
1891 58% (30/ 52)	1	3		1/	3D					3D	5		1	2B		1/F		5							
2298 58% (30/ 52)	1	1			1D					3D	5	6	1					5			3				
1729 57% (27/ 47)	Z	Z	Z	Z	Z	1/			1			1	3	1		1/F		1/			7	1			
62 57% (8/ 14)	Z	Z	Z	Z	Z	Z	Z	Z	1			1	1	1				1/	Z	Z	Z	Z	Z	Z	Z
2805 57% (28/ 49)	1		4	10	3D		Z	Z		6	6	1	1	1											
323 57% (29/ 51)	1	3	Z	1/	2					3C	5		1					6						1	
431 57% (29/ 51)	1			1/	1	1/			3			1	2	3	3										
03 56% (29/ 52)	2	2		1/	2	3							2	2	4			1/	4						4
322 56% (29/ 52)	1	3		1/	2C					8	5		1					6						1	
1843 56% (29/ 52)	1	3		1/	1	1/			1			1	1	1		1/K		1/			4	1		1	
1846 55% (6/ 11)	Z	Z	Z	Z	Z	Z	Z	Z	Z	Z	Z	Z	Z	Z	Z	Z	Z	Z	Z	Z	Z	Z	Z	Z	Z
1735 54% (27/ 50)	1	1B		1/	1	1/		1	1	3D		1	1	1		1/K		1/			2B				
044 54% (28/ 52)	3	1	4	1/	2D	1/		7	1			3		1					5					1	
467 54% (28/ 52)	3	3	4	1/	1D					6B	5	1	6	1				1/						1	
489 54% (28/ 52)	1	3		12	1C	1/			1			1	1	1		1/F		1/			6	1			
621 54% (28/ 52)	1	3		1/O	8	1/	1/B	1	1					1										1	3
927 54% (28/ 52)	1	3		12	1	1/			1			1	1	1		1/F		1/			6	1			
1642 54% (28/ 52)	1	3	3	14	2C					3G	5			2B	3			1/							
1842 54% (28/ 52)	1	3		1/O	8	1/		1	1					1				1/							3
2143 54% (28/ 52)	1	1		5	1	1/			1			1	1	1		1/F		1/				1		1	
1875 53% (24/ 45)	X	X	X	X	X	1/				Z	Z		2	2B	3	3		6				1			
1852 53% (21/ 40)	Z	Z	Z	Z	Z	Z	Z	Z	Z	Z	Z	Z	1	1				1/			3	1		1	
1752 52% (23/ 44)	Z	Z	Z	Z	Z	Z	Z	Z	1			1	1	1				6			1	1			
180 52% (26/ 50)	1	3	6	1/	2	5B			1	3E	5		1	11C	3	1/F									
01 52% (27/ 52)	2	2	3	1/	2	5							2	2	3			1/	4				3		4
94 52% (27/ 52)	4	3	6		2C	5B			1	3D	5		1	11B	3	1/F									
808 52% (27/ 52)	1	3			1	6		1	1			1	1	1				1/			1				
915 52% (27/ 52)	3		3	1/E	10	1/			1				2	7		1/E		1/			3			1	4
1704 52% (27/ 52)	1	3		1/	5					3D	5	4	1	2B				5							
2288 52% (27/ 52)	1	1		1/	1	1/			1			1	1	6		1/K		1/			6	1		1	

1162 52 TS + 0 SL + 52 MT

TESTSTELLE	53	54	55	56	57	61	65	66	68	73	74	76	77	78	80	81	84	85	87	88	90	91	93	97	98
UEBEREINST. ZEUGEN	87	14	422	459	104	36	333	365	16	7	13	467	181	67	20	49	402	20	476	471	71	279	31	422	10
BEZEUGTE VARIANTE	3	4	1/	1/	2	2	1/	1/	15	9	2	1/	2	2	3	2	1/	2	1/	1/	2	1/	2	1/	6
P33 100% (1/ 1)	Z	Z	Z	Z	Z	Z	Z	Z	Z	Z	Z	Z	Z	Z	Z	Z	Z	Z	Z	Z	Z	Z	Z	Z	Z
619 87% (45/ 52)															3B										6B
1893 76% (31/ 41)		1				1	Z	Z	Z					1	1		Z	Z							
623 74% (34/ 46)						1	1/F		4	1D	1			1	7		4					3	3		2C
1827 71% (37/ 52)		1				1			7					1	1D	1		1							
33 70% (31/ 44)			X	X			1/D	1/C	4	14					2		3					3			7
81 70% (26/ 37)	1/	1				Z	Z	Z	Z	Z	Z	Z	Z	Z	Z	Z	Z								2
2201 70% (33/ 47)		1				1			1	1E	1				1			1				5			
P45 70% (7/ 10)	Z	Z	3		1	Z	Z	Z	Z	Z	Z	Z	Z	Z	Z	Z	Z	Z	Z	Z	Z	Z	Z	Z	Z
P74 69% (34/ 49)	1/	3							4	6B	X				2										2
2303 68% (13/ 19)	Z	Z	Z	Z	Z	Z	Z	Z	Z	Z	Z	Z	Z	Z	Z	Z	Z	Z	Z	Z	Z	Z	1		Z
2344 67% (35/ 52)							1/E		4	6					2		3					3G			7
1738 67% (6/ 9)	Z	Z	Z	Z	Z	Z	Z	Z	Z	Z	Z	Z	Z	Z	Z	Z	Z	Z			1		1		1
5 65% (34/ 52)		1							4	1	1			1	7			1				3	3		2C
624 65% (11/ 17)	Z	Z	Z	Z	Z	Z			1	1	1		Z	Z	Z	Z	Z	Z			1		1		1
441 63% (27/ 43)		1				1	1/K	8	2	6C	1			1	1	1		1				5D			2C
1745 63% (5/ 8)	Z	Z	Z	Z	Z	Z	Z	Z	Z	Z	Z	Z	Z	Z	Z	Z	Z	Z			1		1	Z	1
1899 63% (5/ 8)	Z	Z	Z	Z	Z	Z	Z	Z	Z	Z	Z	Z	Z	Z	Z	Z		1			1		1	Z	Z
2778 63% (5/ 8)	1/	1			1	Z	Z	Z	Z	Z	Z	Z	Z	Z	Z	Z	Z	Z	Z	Z	Z	Z	Z	Z	Z
181 62% (32/ 52)	3G	6	5						12	6				1			1/C					12		4	2
437 62% (32/ 52)	1/	1				1					1			1	1			1			1		3		
1595 62% (32/ 52)		1				1				10	1			1	1			1			1	3	1		1
1739 62% (32/ 52)		1				1			3	1D	1			1	6B	1	3					3			2
1598 61% (31/ 51)		1				1				10	1			1	1			1			1	3	1		1
2718 61% (23/ 38)		1				1	1/F	6	3	Z	Z	Z	Z	Z	Z	Z	Z	Z	Z	Z	Z	Z	Z		2C
314 60% (6/ 10)	Z	Z	Z	Z	Z	Z	Z	Z	Z	Z	Z	Z	Z	Z	Z	Z	Z	Z	Z	Z	Z	Z	1		1
1858 60% (6/ 10)	Z	Z	Z	Z	Z	Z	Z	Z	Z	Z	Z	Z	Z	Z	Z	Z	Z	1			1		1		1
02 60% (31/ 52)	1/	2	4						4	6					2		3								2
436 60% (31/ 52)	4C	1				1			4	1D	1				1	1	4	1				3	3		2
945 60% (31/ 52)	8C	1				1			3	1D	3			1B	6B	1	3					3			2
1270 60% (31/ 52)		1				1				10	1			1	1			1			1	3	1		1
04 58% (21/ 36)	4				Z	Z	Z	Z	Z	2	1					Z	3		Z	Z	Z	Z		3	2

TESTSTELLE	53	54	55	56	57	61	65	66	68	73	74	76	77	78	80	81	84	85	87	88	90	91	93	97	98
UEBEREINST. ZEUGEN	87	14	422	459	104	36	333	365	16	7	13	467	181	67	20	49	402	20	476	471	71	279	31	422	10
BEZEUGTE VARIANTE	3	4	1/	1/	2	2	1/	1/	15	9	2	1/	2	2	3	2	1/	2	1/	1/	2	1/	2	1/	6
88 58% (30/ 52)					1	1			6		1		1	1	2	1		1				3	1		
1175 58% (30/ 52)		1			2C			1/B	2	2	1			3	2									1/B	2C
1297 58% (30/ 52)		1				1	1/F			10	1			1	1			1			1	3	1		1
1891 58% (30/ 52)		1				1			3	1D	1			1	6	1	3	1				3			2
2298 58% (30/ 52)		1				1			3	1D	1			1	6	1	3	1				3	1		2
1729 57% (27/ 47)		5	6		1	1				10	1				8	1		1				5			1
62 57% (8/ 14)	Z	Z	Z	Z	Z	Z	Z	Z	Z	Z	Z	Z	Z	Z	Z	Z	Z	Z	Z	Z	Z	Z	Z		3
2805 57% (28/ 49)						1	1/F		4B	1	1			1	4	1		1				3	1		2C
323 57% (29/ 51)		1				1	1/C		1	1	1			1	6	1		1				5	1		3
431 57% (29/ 51)		5						1/B	2	2B	3			1	1	1	4	1				14	1	3	W
03 56% (29/ 52)	1/	7	1/B			4			2	2			2B		2		4							4	2
322 56% (29/ 52)	3F	1				1	1/C		1	1	1			1	6	1		1				5	1		3
1843 56% (29/ 52)		1			1	1				10	1				1	1		1				5			
1846 55% (6/ 11)	Z	Z	Z	Z	Z	Z	Z	Z	Z	Z	Z	Z	Z	Z	Z	1		1			1	X	1		1
1735 54% (27/ 50)	6	2B							4	X					1	1		1			1	X	1		1
044 54% (28/ 52)	1/	3				1	1/F		3	1D	1					1						3	1		1
467 54% (28/ 52)		1				1			7	1	1		1B	1	1	1		1				4I			2C
489 54% (28/ 52)	3D	5			1				1	10	1				1	1		1				5			1
621 54% (28/ 52)	3B	8				1		8	2	6C	1			1	1	1		1				5			2C
927 54% (28/ 52)	3D	5			1		1/F			10	1				1	1		1				5			1
1642 54% (28/ 52)	3B	1				1			4	1	1		1B	1	1			1			1		1	4	3
1842 54% (28/ 52)		1	1/F		1	1				7	1			1	5	1	1/C	1				5		5	2C
2143 54% (28/ 52)		1				1	1/F			1D	1				1	1		1			4	5	1		
1875 53% (24/ 45)	3G	2	5			1	1/F	7	12	6	1			1	1		1/C					12			2
1852 53% (21/ 40)	1/	1			1	3			1	1	1		1		1			1				5	1		1
1752 52% (23/ 44)	1/	1			1	1			2	1	1			1	1	1		1			1		1		1
180 52% (26/ 50)		5							3	5	1		Z	Z	1	1		1				4	1	3	2
01 52% (27/ 52)	1/		1/B			4	1/K		4	2				3	2	2B	3								2
94 52% (27/ 52)		5				1		1/B	3	1D	1				1	1		1			1	3	1		2C
808 52% (27/ 52)		1			1	1	1/F		1	1	1			1	1			1			1	6	1		1
915 52% (27/ 52)					1	1	1/P			10	1		1	1	2	1		1				3	1		
1704 52% (27/ 52)	8	1			2B	1			3	1D	1			1B	6B	1	3	1			4	3			2
2288 52% (27/ 52)		1			1	1	1/F		14	10	1				1	1		1				11E			

1162 52 TS + 0 SL + 52 MT

TESTSTELLE UEBEREINST. ZEUGEN BEZEUGTE VARIANTE			100 470 1/	102 478 1/
P33	100%	(1/ 1)	Z	Z
619	87%	(45/ 52)		
1893	76%	(31/ 41)		
623	74%	(34/ 46)		3
1827	71%	(37/ 52)		
33	70%	(31/ 44)		
81	70%	(26/ 37)		
2201	70%	(33/ 47)		
P45	70%	(7/ 10)	Z	Z
P74	69%	(34/ 49)		
2303	68%	(13/ 19)	Z	
2344	67%	(35/ 52)		
1738	67%	(6/ 9)		
5	65%	(34/ 52)		
624	65%	(11/ 17)		
441	63%	(27/ 43)		
1745	63%	(5/ 8)		
1899	63%	(5/ 8)	Z	
2778	63%	(5/ 8)	Z	Z
181	62%	(32/ 52)		
437	62%	(32/ 52)		
1595	62%	(32/ 52)		
1739	62%	(32/ 52)		
1598	61%	(31/ 51)		
2718	61%	(23/ 38)		
314	60%	(6/ 10)		
1858	60%	(6/ 10)		
02	60%	(31/ 52)		3
436	60%	(31/ 52)		
945	60%	(31/ 52)		
1270	60%	(31/ 52)		
04	58%	(21/ 36)	Z	

1162 52 TS + 0 SL + 52 MT

TESTSTELLE UEBEREINST. ZEUGEN BEZEUGTE VARIANTE			100 470 1/	102 478 1/
88	58%	(30/ 52)		
1175	58%	(30/ 52)		
1297	58%	(30/ 52)		
1891	58%	(30/ 52)		
2298	58%	(30/ 52)		
1729	57%	(27/ 47)		
62	57%	(8/ 14)		
2805	57%	(28/ 49)		Z
323	57%	(29/ 51)		
431	57%	(29/ 51)		
03	56%	(29/ 52)		3
322	56%	(29/ 52)		
1843	56%	(29/ 52)		
1846	55%	(6/ 11)		
1735	54%	(27/ 50)		
044	54%	(28/ 52)		4
467	54%	(28/ 52)		
489	54%	(28/ 52)		
621	54%	(28/ 52)		
927	54%	(28/ 52)		
1642	54%	(28/ 52)		
1842	54%	(28/ 52)		
2143	54%	(28/ 52)		
1875	53%	(24/ 45)		
1852	53%	(21/ 40)		
1752	52%	(23/ 44)		
180	52%	(26/ 50)		
01	52%	(27/ 52)		3
94	52%	(27/ 52)		
808	52%	(27/ 52)		
915	52%	(27/ 52)		
1704	52%	(27/ 52)		

TESTSTELLE UEBEREINST. ZEUGEN BEZEUGTE VARIANTE	2 16 2	5 11 2	7 10 2	8 6 2	9 6 4	10 14 3	12 10 2	13 12 2	14 23 2	15 17 2	16 7 2	17 23 2	18 3 5	19 110 2	20 441 1/	21 36 2	23 91 2	24 17 2	25 2 2B	26 30 2	28 416 1/	29 439 1/	31 36 2	32 51 2	33 19 2
01 78% (62/ 80)					2																				
P74 77% (58/ 75)			X	Y	Z			2B					Z						2						
81 76% (41/ 54)					2	14					Z	Z	Z	Z	Z	Z	Z	Z	1						1
02 75% (60/ 80)					2			2B											2				2B		
03 74% (59/ 80)					2	1/							3	3					2						
04 69% (35/ 51)				2C	3			2B			Z	Z	Z	Z	Z	Z	Z		2						1
P45 62% (8/ 13)	Z	Z	Z	Z	Z	Z	Z	Z	Z	Z	Z	Z	Y	Y	Y	X			3	Z			Z	4	9
33 55% (36/ 65)	1	5	4	X	1	11	1	1	4	X	1		X	1		X		X	X			X	X	1	
1739 53% (42/ 80)	1	1	16	3	1	1/	3	3D		3	1		4					1B	1		3D	5			1
2344 51% (40/ 79)	1	5	1	3	1	11	1	1	X	4	1		1/	1		1		1	1				1E		1
P41 50% (3/ 6)	Z	Z	Z	Z	Z	Z	Z	Z	Z	Z	Z	Z	Z	Z	Z	Z	Z	Z	Z	Z	Z	Z	Z	Z	Z
181 50% (40/ 80)	1	1	4	3B	2	11	4	1	1	1	1	1	1/	1		1H		1	1						
2778 50% (4/ 8)	Z	Z	Z	Z	Z	Z	Z	Z	Z	Z	Z	Z	Z	Z	Z	Z	Z	Z	Z	Z	Z	Z	Z	Z	Z
610 49% (36/ 73)	1	1	13	3		6	1		3		1		5B					1	2	Z	3E	5			Z
307 49% (39/ 80)	1	1	13	3		6	1D				1		5B					1	2	1	3E	5			1
1875 49% (34/ 70)	1	X	X	X	X	X	X	X	6	1	1	1	1/	1		1		1	1		Z	Z			
441 48% (29/ 60)	Z	Z	Z	Z	Z	Z	Z	Z	Z	Z	Z	Z	Z	Z	Z	Z	Z	Z	Z	Z				1	1
2464 48% (14/ 29)	Z	Z	Z	Z	Z	Z	Z	Z	Z	Z	Z	Z	Z	Z	Z	Z	Z	Z	Z	Z	Z	Z	Z	Z	Z
2818 48% (38/ 80)	1	1	13	3		6	1C		3		1		5B					1	2	1	3E	5			3
453 46% (37/ 80)	1	1	13	3		6	1				1		5B					1	2	1	3E	5			1
1891 46% (37/ 80)	1	1	16	3	1	1/	3	3D	9	3	1		4					1B	1		3D	5			1
431 46% (36/ 79)	1	1	1	3B	1	1/	13	1	10	1	1	1C	1/	1		1		1	1	3			1		
1678 45% (36/ 80)	1	1	10	1		6	1		3		1	8	5B					1	2	1	3D	5			1
1409 45% (35/ 78)			1	1	5	11	12	1	3	1									1				1	1	1
180 44% (34/ 77)	1	1	11	3	1	6	1		3B		1	1	5B					1	1	1	3E	5			1
506 44% (7/ 16)	Z	Z	Z	Z	Z	Z	Z	Z	Z	Z	Z	Z	Z	Z	Z	Z	Z	Z	Z	1			1	1	1
945 44% (35/ 80)	1	1	1	3	1	1/	3	3E	3	3	1	11	4					1B	1		3D	5			1
1642 44% (35/ 80)		1	10	3	6		3	2C		3	1		4						2		3G	5			8
1704 43% (34/ 80)	1	1	1	3	1	1/		5		5	1	11	4					1B	1		3D	5	4		1
2718 42% (25/ 59)	1	1	1	3B	1	1/	12	1C	1B	1	1	1	1/	1		1		1	1	1			1	1	1
623 41% (27/ 66)	Z	Z	Z	Z	Z	Z	Z	Z	Z	Z	Z	Z	Z	Z		1		1	1					1	8
88 41% (32/ 79)	1	3	4	3B	1		1		4	4	X		1/	1					1	1					
630 40% (31/ 77)	1	1	1	3	1	1/	3	4		3	1	Z	Z	Z				1B	1	1	3D		1		1

1175 80 TS + 5 SL + 19 MT

TESTSTELLE	2	5	7	8	9	10	12	13	14	15	16	17	18	19	20	21	23	24	25	26	28	29	31	32	33
UEBEREINST. ZEUGEN	16	11	10	6	6	14	10	12	23	17	7	23	3	110	441	36	91	17	2	30	416	439	36	51	19
BEZEUGTE VARIANTE	2	2	2	2	4	3	2	2	2	2	2	2	5	2	1/	2	2	2	2B	2	1/	1/	2	2	2
94 40% (32/ 80)	1	4	13	3	1	6	1	2C	3		1	5	5B			2C		1	1	1	3D	5			1
206 40% (19/ 48)	Z	Z	Z	Z	Z	Z	Z	Z	Z	Z	Z	Z	Z	Z	Z	Z	Z	Z	Z	Z	Z	Z	Z	Z	Z
2200 39% (29/ 75)	1	1	1	3	1	1/	3	3D		3	1	1C	4					1B	1	1	3D		1		1
1745 38% (5/ 13)	Z	Z	Z	Z	Z	Z	Z	Z	Z	Z	Z	Z	Z	Z	Z	Z	Z	Z	Z	Z	Z	Z	Z	Z	Z
08 38% (29/ 77)		1	15	3	1	11	1	3	3	5	1		4	1		4	3	1	3		5		1G	1	
619 38% (30/ 80)	1	1	1	3	1	1/	1	1	1	1	1	1	1/	1		1		1	1					1	1
1162 38% (30/ 80)	1	5	1	3B	1	1/	1	7	1	1	1	1	4	1		1		1	1					1	8
323 37% (29/ 78)	1	1	18	3	Z	Z	1		1	1	1		4			1		1	1		3C	5			1
044 36% (29/ 80)		3	5	1	1	4	1	2D	1B	3	1		1/	1		1	7		1	1			3	1	8
621 36% (29/ 80)	1	1	1	3	1	1/	1	8	1	1	1	1	1/		1/B	1	1	1	1	1				1	8
1899 36% (5/ 14)	Z	Z	Z	Z	Z	Z	Z	Z	Z	Z	Z	Z	Z	Z	Z	Z	Z	Z	Z	Z	Z	Z	Z	Z	Z
2201 35% (24/ 68)	1	1	Z	Z	Z	Z	Z	Z	Z	Z	Z	Z	Z	Z		1		1	1	1			1	1	8
915 35% (28/ 80)	1	3	4	3B	1		1	10	4	4	1		1/	1					1	1					
1842 35% (28/ 80)	1	1	1	3	1	1/	1	8	1	1	1	1C	1/	1		1	1	1	1	1				1	8
1893 35% (22/ 63)	1	1	1	1	1	1/	1	X	X	X	1	1	1/	1		1		1	1	1			1	Z	Z
1884 35% (26/ 75)		1	15	3	1	11	1	3	3	4	1	2B	6B	U		4	3	1	3		5		1G	1	
602 34% (13/ 38)	Z	Z	Z	Z	Z	Z	Z	Z	Z	Z	Z	Z	Z	Z	Z	Z	Z	Z	Z	Z	Z	Z	Z	Z	Z
2805 34% (26/ 76)	1	1	1	3B	1	4	1	3D		3	1		4		Z	Z	Z		1		6	6	1	1	1
5 34% (27/ 80)	1	1	1	3	1	1/	1	1	4	4	1	1	1/	1		1		1	1					1	8
322 34% (27/ 80)	1	1	17	3	1	1/	1	2C	1	1	1		4			1		1	1		8	5			1
2298 34% (27/ 80)	1	1	1	1	1	1/	1	1D		3	1	11B	4			1		1B	1		3D	5	6	1	1
P8 33% (1/ 3)	Z	Z	Z	Z	Z	Z	Z	Z	Z	Z	Z	Z	1/	1	Z	Z		Z	Z	Z	Z	Z	Z	Z	Z
624 33% (8/ 24)	Z	Z	Z	Z	Z	Z	Z	Z	Z	Z	Z	Z	Z	Z	Z	Z	Z	Z	Z	Z	Z	Z	Z	Z	Z
1852 33% (19/ 57)	Z	Z	Z	Z	Z	Z	Z	Z	Z	Z	Z	Z	Z	Z	Z	Z	Z	Z	Z	Z	Z	Z	Z	1	1
1752 33% (20/ 61)	Z	Z	Z	Z	Z	Z	Z	Z	Z	Z	Z	Z	Z	Z	Z	Z	Z	Z	Z	1			1	1	1
2374 33% (26/ 80)	1	1	1	1	1	1/	1	1	1	6	1	1C	1/	1			1	1	1	1			1		1
629 32% (24/ 74)	1	1		X	5	12		13	8			9	5B	1		1	1	1	1	1	7		1	1	X
1751 32% (25/ 78)	1	1	1B	3B	1	1/	8	1B		3	1	1C	4			2D		1B	1	1	3D		1		1
1827 32% (25/ 79)	Z	1	1	3B	1	1/	1	1	4	4	1		1/	1		1		1	1	1				1	3
429 31% (25/ 80)	1	1	5	3	1	1/	8	3D		3	1	1C	4					1	1	1	3D		1		1
436 31% (25/ 80)	1	1	1	1	1	1/	1	1	1	1	1	1	4	1		1	1	1	1	1			1	1	1
467 31% (25/ 80)		3	5B	3	2	4	1	1D	8	3	1	13	4			1		1B	1		6B	5	1	1	6

TESTSTELLE	34	35	36	40	41	42	43	44	45	46	47	48	49	50	52	53	55	56	59	61	64	65	66	67	68
UEBEREINST. ZEUGEN	6	17	339	34	467	41	24	5	473	76	92	452	162	17	7	87	422	459	20	36	38	333	10	16	87
BEZEUGTE VARIANTE	2	3	1/	2	1/	6	2	6	1/	2	2	1/	2	2	4	3	1/	1/	2	2	2	1/	1/B	2	2
01 78% (62/ 80)						1/		4				3				1/	1/B			4		1/K	1/		4
P74 77% (58/ 75)						3		4						3	1/	1/							1/		4
81 76% (41/ 54)	2C					1/		1/							1/	1/				Z	Z	Z	Z	Z	Z
02 75% (60/ 80)						3		4						3	1/	1/	4						1/		4
03 74% (59/ 80)		4				1/		4								1/	1/B			4			1/		
04 69% (35/ 51)	11	3B		Z	Z	Z		4							1/D	4			Z	Z	Z	Z	Z	Z	Z
P45 62% (8/ 13)	Y	1/	Z			Z	Z	Z		Z	Z	Z	Z	Z	Z	Z	3		Z	Z	Z	Z	Z	Z	Z
33 55% (36/ 65)	11	1/	X	1		3		1/		X					1/		X	X				1/D	1/C	X	4
1739 53% (42/ 80)	2B	1/				5	1	1/						2C	1/					1			1/	2B	3
2344 51% (40/ 79)		1/		1		3		1/					1		1/				1			1/E	1/	2C	4
P41 50% (3/ 6)	Z	Z	Z	Z	Z	Z	Z	Z	Z	Z	Z	Z	Z	Z	Z	Z	Z	Z	Z	Z	Z	Z	X	X	4
181 50% (40/ 80)	2B		3			4		1/			1			10	1/	3G	5						1/	1	12
2778 50% (4/ 8)	Z	Z	Z	Z	Z	Z	Z	Z	Z.	Z	Z			1D	1/	1/			1	Z	Z	Z	Z	Z	Z
610 49% (36/ 73)	Z		1/F			4		1/						2C	1/				1	1					
307 49% (39/ 80)	11C		1/F			4		1/						2C	1/				1	1					
1875 49% (34/ 70)	2B		3				Z	1/			1			4	1/	3G	5			1		1/F	7	1	12
441 48% (29/ 60)	1	1/		3		4	1	1/						6	3				1	1		1/K	8	1	
2464 48% (14/ 29)	Z	Z	Z	Z	Z	Z	Z	Z	Z	Z	Z	Z	Z	Z	Z	Z	Z	Z	Z	Z	Z	Z	Z	Z	Z
2818 48% (38/ 80)	11C		1/F			4		1/						2C	1/				1	1					
453 46% (37/ 80)	11C		1/F			4		1/						2C	1/				1	1					
1891 46% (37/ 80)	2B	1/	1/F			5	1	1/						2C	1/					1			1/	2B	3
431 46% (36/ 79)	3					4		1/						2C	1/				1						
1678 45% (36/ 80)	11C		1/F			4		1/						2C	1/				1	1					
1409 45% (35/ 78)	1	1/	1/K	1		1/		4		3				13B	3				Z	Z	1	1/F	1/		4
180 44% (34/ 77)	11C		1/F	1		4		1/							1/				1				1/		3
506 44% (7/ 16)	1	Z	Z	Z	Z	Z	Z	Z	Z	Z	Z			Z	Z	Z			1	Z	Z	Z	Z	Z	Z
945 44% (35/ 80)	2B	1/				5	1	1/						19	1/	8C			1	1			1/	2B	3
1642 44% (35/ 80)	2B			1B		1/		1/						3	1/	3B			1	1			1/		4
1704 43% (34/ 80)	2B	1/				5	1	1/						19	1/	8			1	1			1/	2B	3
2718 42% (25/ 59)	1	1/		1		4		1/												1		1/F	6	1	3
623 41% (27/ 66)	11	1/		1		4	1	1/						1	1/				1	1		1/F	1/	1	4
88 41% (32/ 79)	7	1/				1/	1	1/		3				1					1	1	1		1/	1	6
630 40% (31/ 77)	2B	1/	1/F				1	1/						2C	1/	8				1	1		1/	2B	3

1175 | 80 TS + 5 SL + 19 MT

TESTSTELLE UEBEREINST. ZEUGEN BEZEUGTE VARIANTE	34 6 2	35 17 3	36 339 1/	40 34 2	41 467 1/	42 41 6	43 24 2	44 5 6	45 473 1/	46 76 2	47 92 2	48 452 1/	49 162 2	50 17 2	52 7 4	53 87 3	55 422 1/	56 459 1/	59 20 2	61 36 2	64 38 2	65 333 1/	66 10 1/B	67 16 2	68 87 2
94 40% (32/ 80)	11B		1/F			4		1/						2C	1/				1	1				1	3
206 40% (19/ 48)	Z	Z	Z	Z		5	1	1/					1	19		8			1	1	X		1/	1	3
2200 39% (29/ 75)	2B	1/	1/F			5	1	1/		1				2C	1/	8				1	1		1/	2B	3
1745 38% (5/ 13)	Z	Z	Z	Z	Z	Z	Z	Z	Z	Z	Z	Z	Z	Z	Z	Z	Z	Z	Z	Z	Z	Z	Z	Z	Z
08 38% (29/ 77)	9	1/					1	1/			4	6	1	1	1/	1/			1		1	1/F	3	1C	4
619 38% (30/ 80)	11	1/		1		4	1	1/						1	1/				1		1		1/	1	15
1162 38% (30/ 80)	11	1/		1		4	1	1/						1	1/				1		1		1/	1	15
323 37% (29/ 78)	11	1/		1			1	1/					1		1/					1	1	1/C	1/	1	1
044 36% (29/ 80)	1	1/		1		4	1	5					1		1/	1/			4	1		1/F	1/	1	3
621 36% (29/ 80)	1	1/		3		4	1	1/					1	1	3	3B			1	1			8	1	
1899 36% (5/ 14)	Z	Z	Z	Z	Z	Z	Z	Z	Z	Z	Z	Z	Z	Z	Z	Z	Z	Z	Z	Z	Z	Z	Z	Z	Z
2201 35% (24/ 68)	11	1/	1/F	1		1/	1	1/			1			1	1/				1	1	1		1/	1	1
915 35% (28/ 80)	7	1/	1/E			1/	1	1/		3			1	9					1	1	1	1/P	1/	1	15
1842 35% (28/ 80)	1	1/		3		1/	1	1/						1	3		1/F		1	1			1/	1	15
1893 35% (22/ 63)	Z	Z	Z	1		4	1	1/				Z		1	1/				1	1	Z	Z	Z	Z	Z
1884 35% (26/ 75)	9C	1/					1	1/			4B	U	1	1	1/	1/			1		1	6	3	1C	4
602 34% (13/ 38)	Z	Z	Z	Z	Z	Z	Z	Z	Z	1	1		1	1	Z	1/			1		1		Z	Z	Z
2805 34% (26/ 76)	1	1/				4	1	1/						1	1/				1	1	1	1/F	1/	1	4B
5 34% (27/ 80)	11	1/	1/D	1		1/	1	1/		3				1	1/				1		1		1/	1	4
322 34% (27/ 80)	11	1/		1			1	1/					1		1/	3F				1	1	1/C	1/	1	1
2298 34% (27/ 80)	11	1/		4		5	1	1/		3				1D	1/				1	1	1		1/	2B	3
P8 33% (1/ 3)	Z	Z	Z	Z	Z	Z	Z	Z	Z	Z	Z	Z	Z	Z	Z	Z	Z	Z	Z	Z	Z	Z	Z	Z	Z
624 33% (8/ 24)	Z	1/		Z	Z	Z	Z	Z	Z	Z	Z	Z	Z	Z	Z	Z	Z	Z	Z	Z	1		1/	1C	1
1852 33% (19/ 57)	1	1/		1		1/	1	1/		3	1		1	1	1/	1/			1	3	1		1/	1	1
1752 33% (20/ 61)	1	1/		1			1	1/		1	1			1	1/	1/			1	1	1		1/	1	
2374 33% (26/ 80)	1	1/				4		1/		3	2B				1/				1	1	1	3	1/	1	4
629 32% (24/ 74)	1	1/		1I		1/	1					4	1	X	1/	1/	7			1			1/H	1	1
1751 32% (25/ 78)	9B	1/	1/F	4		5	1	1/				7		5B	1/	8			1		1	8	1/E	2B	3
1827 32% (25/ 79)	11	1/		1		4	1	1/			1		1	1	1/				1	1	1		1/	1	7
429 31% (25/ 80)	2B	1/	1/F	1		5	1	1/						19	1/	8			1	1	1		1/	1	3
436 31% (25/ 80)	1	1/		1		4	1	1/						1	1/	4C			1	1			1/	1	4
467 31% (25/ 80)	1	1/		1		1/		1/					1	1	1/				1	1	1		1/	1	7
2587 31% (20/ 64)	1	1/		1			1	1/		1	1			1	1/	1/			1	1	1	1/F	1/	1	

TESTSTELLE	69	72	73	75	76	77	78	79	80	81	83	84	85	86	87	88	89	90	91	93	94	95	96	97	98
UEBEREINST. ZEUGEN	16	5	5	19	467	181	1	31	9	49	46	402	20	85	476	471	25	71	279	31	19	44	35	2	22
BEZEUGTE VARIANTE	3	3	2	2	1/	2	3	2	2	2	2	1/	2	3	1/	1/	14	2	1/	2	2	2	2	1/B	2C
01 78% (62/ 80)		2						5		2B		3		2										1/	2
P74 77% (58/ 75)		2	6B				2	2B						2B			2					Z		1/	2
81 76% (41/ 54)	Z	Z	Z	Z	Z	Z	Z	Z	Z	Z	Z	Z		2B							2D			1/	2
02 75% (60/ 80)		2	6				2					3		2B										1/	2
03 74% (59/ 80)		2				2B	2					4		2B			2							4	2
04 69% (35/ 51)	Z	2					2		3	Z		3		Z	Z	Z	Z	Z	Z					3	2
P45 62% (8/ 13)	Z	Z	Z	Z	Z	Z	Z	Z	Z	Z	Z	Z	Z	Z	Z	Z	Z	Z	Z	Z	Z	Z	Z	Z	Z
33 55% (36/ 65)		2	14				2				X	3		2			10		3					1/	7
1739 53% (42/ 80)	2	2	1D				1		6B	1		3							3					1/	2
2344 51% (40/ 79)		2	6	3			2					3		2			11		3G					1/	7
P41 50% (3/ 6)	2	2				Z	Z	Z	Z	Z	Z	Z	Z	Z	Z	Z	Z	Z	Z	Z	Z	Z	Z	Z	Z
181 50% (40/ 80)	3B	1	6	1C			1		3			1/C		2					12					4	2
2778 50% (4/ 8)	Z	Z	Z	Z	Z	Z	Z	Z	Z	Z	Z	Z	Z	Z	Z	Z	Z	Z	Z	Z	Z	Z	Z	Z	Z
610 49% (36/ 73)	2C	Z	3			Z	1	Z	Z	3		4	1				2		3	1	1	3	1	3	2
307 49% (39/ 80)	2C	2	1D				2		3	3		4	1				2		3	1	1	3	1	3	2
1875 49% (34/ 70)	3B	1	6	1			1		1			1/C		2					12					1/	2
441 48% (29/ 60)	1	1	6C	3			1	1	1	1			1						5D		2C	3	1	1/	
2464 48% (14/ 29)	Z	2B	1	1			1	1	6			4		3C			2		4B	3				1/	
2818 48% (38/ 80)	2C	2	3				2		1	3		4	1				2		3	1	1	3	1	3	2
453 46% (37/ 80)	2C	2	1				2		3	3		4	1	2B			2	1	6B	1	1	3	1	3	2
1891 46% (37/ 80)	2		1D				1		6	1		3	1	2					3					1/	2
431 46% (36/ 79)	2C	2	2B				1		1	1		4	1				2		14	1	1	3	1	3	W
1678 45% (36/ 80)	2C	1	1D				2		1	3		4	1				2		3	1	1	3	1	3	2
1409 45% (35/ 78)	3B	1	6C	3			1	5					1				8	1	4	1	1		1	1/	3
180 44% (34/ 77)	2C	2	5			Z	Z	Z	1	1			1				9		4	1	1	3	1	3	2
506 44% (7/ 16)	Z	Z	Z	Z	Z	Z	Z	Z	Z	1	1		1	Z	Z	Z	Z	Z	Z	Z	Z	Z	Z	Z	Z
945 44% (35/ 80)		6	1D	3			1B		6B	1		3					5		3					1/	2
1642 44% (35/ 80)	13	1	1	1		1B	1	5	1		1		1				1C	1		1	1	1	1	4	3
1704 43% (34/ 80)		6	1D	3			1B		6B	1		3	1				5	4	3					1/	2
2718 42% (25/ 59)	2C	Z	Z	Z	Z	Z	Z	Z	Z	Z	Z	Z	Z	Z	Z	Z	Z	Z	Z	Z	Z	Z		1/	
623 41% (27/ 66)	1	2B	1D	1			1	1B	7		1	4		2			1		3	3	1		1	1/	
88 41% (32/ 79)	1	1	9	1		1	1	1		1	1B		1	4			1		3	1	1	1	1	1/	6
630 40% (31/ 77)	2C		1	3			1		6	1		3	1	1B			3		3	1				1/	2

1175 | 80 TS + 5 SL + 19 M⁻

TESTSTELLE	69	72	73	75	76	77	78	79	80	81	83	84	85	86	87	88	89	90	91	93	94	95	96	97	98
UEBEREINST. ZEUGEN	16	5	5	19	467	181	1	31	9	49	46	402	20	85	476	471	25	71	279	31	19	44	35	2	22
BEZEUGTE VARIANTE	3	3	2	2	1/	2	3	2	2	2	2	1/	2	3	1/	1/	14	2	1/	2	2	2	2	1/B	2C
94 40% (32/ 80)			1D	1			2	1	1	1	1		1				1	1	3	1	1	3	1	1/	
206 40% (19/ 48)			1	3		1B	1		6	1		3	1	1				1	4E	1	1	3	1	1/	1D
2200 39% (29/ 75)	2		Z	Z	Z	Z	Z		6	1		3	1	1					3	1				1/	2
1745 38% (5/ 13)	Z	Z	Z	Z	Z	Z	Z	Z	Z	Z	Z	Z	Z	1B			1	1		1	Z	Z	Z	Z	1
08 38% (29/ 77)	3B	2	1B	1			1		3	1B		3		2B					4	1				1/	
619 38% (30/ 80)	1	1B	9	1			2	1B	3B		1			1			1				1	1	1	1/	6B
1162 38% (30/ 80)	1	1B	9	1			2	1B	3		1			1			1				1	1	1	1/	6
323 37% (29/ 78)	1	1	1	1			1	1	6	1	1		1	1			1		5	1	1	4		1/	3
044 36% (29/ 80)	3B	7	1D	1			2	1	3	1							2		3	1	4	3		1/	1
621 36% (29/ 80)	1	1	6C	3			1	1	1	1			1						5		2C	3	1	1/	
1899 36% (5/ 14)	Z	Z	Z	Z	Z	Z	Z	Z	Z	Z	1		1	1B			1	1		1	1	Z	Z	Z	Z
2201 35% (24/ 68)	1	1	1E	1			2	1	1		1		1				1		5		1	1	1	1/	6
915 35% (28/ 80)	1	1	10	1		1	1	1		1	1		1	1			1		3	1	1	1	1	1/	6
1842 35% (28/ 80)	1	4	7	3			1	1	5	1		1/C	1	4					5			3	1	5	
1893 35% (22/ 63)	Z	1	9	1			1	1B	1		1	Z	Z	1B			1				1C	1	1	1/	6
1884 35% (26/ 75)	2C	2	1	1			1		3	1		3		2B					4	1	2B			1/	2
602 34% (13/ 38)	1	Z	1	1		1	1	1	1	1	1		1				1	1		1	1	1	Z	Z	1
2805 34% (26/ 76)	1B	1	1	3			1	1	4	1			1				3		3	1	4	3	1	1/	
5 34% (27/ 80)	1	1	1	1			1	1B	7		1		1	5			1		3	3	1		1	1/	
322 34% (27/ 80)	1	1	1	1			1	1	6	1	1		1	1			1		5	1	1	4		1/	3
2298 34% (27/ 80)		1	1D	1			1		6	1	1	3	1				12		3	1	5			1/	2
P8 33% (1/ 3)	Z	Z	Z	Z	Z	Z	Z	Z	Z	Z	Z	Z	Z	Z	Z	Z	Z	Z	Z	Z	Z	Z	Z	Z	Z
624 33% (8/ 24)	Z	W	1	1		Z	Z	Z	Z	Z	Z	Z	Z	Z			1	1		1	1	1	1	1/	1
1852 33% (19/ 57)	1	1	1	1		1	2	1	1		1		1	1					5	1	3	3		1/	1
1752 33% (20/ 61)	1	1	1	1			1	1	1	1	1		1	1B			1	1		1	1	1	1	1/	1
2374 33% (26/ 80)	1B	1	1	1		1B	1	1	1	1	1		1				2	1	3	1	4		1	1/	
629 32% (24/ 74)	3B	2B	15	3			2	1	1	X		3		X	X	6	1	3			14	1	1	1/	3
1751 32% (25/ 78)	1	1	1	1B		5	1		6	3		1/C	1	1					3H	1			Z	Z	2
1827 32% (25/ 79)	1	1	9	1			1	1B	1D	1	1		1	1			1				1C	1	1	1/	6
429 31% (25/ 80)		2	1	3		1B	1		6	1		3	1	1				1	4E	1	1	3	1	1/	1D
436 31% (25/ 80)	1	2B	1D	1			2	1	1	1		4	1						3	3	11		1	1/	2
467 31% (25/ 80)	1	1	1	1		1B	1	1	1	1	1		1	4			1		4I		1	3	1	1/	
2587 31% (20/ 64)	1	1	1	1			1	1	1	1	1		1	1B			1	1		1	1	1	1	1/	1

1175			80 TS + 5 SL + 19 MT				
TESTSTELLE			99	100	102	103	104
UEBEREINST. ZEUGEN			16	470	478	21	22
BEZEUGTE VARIANTE			2	1/	1/	2	2
01	78%	(62/ 80)			3		
P74	77%	(58/ 75)					
81	76%	(41/ 54)					
02	75%	(60/ 80)			3		
03	74%	(59/ 80)			3		
04	69%	(35/ 51)	Z	Z		Z	Z
P45	62%	(8/ 13)	Z	Z	Z	Z	Z
33	55%	(36/ 65)				X	
1739	53%	(42/ 80)	1				
2344	51%	(40/ 79)	1				
P41	50%	(3/ 6)	Z	Z	Z	Z	Z
181	50%	(40/ 80)					
2778	50%	(4/ 8)	Z	Z	Z	Z	Z
610	49%	(36/ 73)	1			1	1
307	49%	(39/ 80)	1			1	1
1875	49%	(34/ 70)				3B	1M
441	48%	(29/ 60)	1			3D	
2464	48%	(14/ 29)	1	3	4		
2818	48%	(38/ 80)	1			1	1
453	46%	(37/ 80)	1			1	1
1891	46%	(37/ 80)	1			1L	1
431	46%	(36/ 79)	1			1	1
1678	45%	(36/ 80)	1		4	1	1
1409	45%	(35/ 78)	1			1	1
180	44%	(34/ 77)	1			1	1
506	44%	(7/ 16)	Z	Z	Z	Z	Z
945	44%	(35/ 80)	1			1	1E
1642	44%	(35/ 80)	1			1	1
1704	43%	(34/ 80)	1			1	1
2718	42%	(25/ 59)	1				
623	41%	(27/ 66)	1		3	3B	1
88	41%	(32/ 79)	1			1F	1
630	40%	(31/ 77)	1			1	1

1175			80 TS + 5 SL + 19 MT				
TESTSTELLE			99	100	102	103	104
UEBEREINST. ZEUGEN			16	470	478	21	22
BEZEUGTE VARIANTE			2	1/	1/	2	2
94	40%	(32/ 80)	1			1	1
206	40%	(19/ 48)	1			Z	Z
2200	39%	(29/ 75)	1			1	1
1745	38%	(5/ 13)	1			1	1
08	38%	(29/ 77)	1	Z	Z	Z	
619	38%	(30/ 80)	1			1	1
1162	38%	(30/ 80)	1			1N	1
323	37%	(29/ 78)	1			1	1
044	36%	(29/ 80)	1		4		
621	36%	(29/ 80)	1			3C	
1899	36%	(5/ 14)	Z	Z		1	1
2201	35%	(24/ 68)	1			1	1
915	35%	(28/ 80)	1			1F	1
1842	35%	(28/ 80)	1			3B	
1893	35%	(22/ 63)	1			1	1
1884	35%	(26/ 75)	1	Z	Z	Z	
602	34%	(13/ 38)	1			1L	Z
2805	34%	(26/ 76)	1		Z	1L	1C
5	34%	(27/ 80)	1			3E	1
322	34%	(27/ 80)	1			1	1
2298	34%	(27/ 80)	1			3B	1
P8	33%	(1/ 3)	Z	Z	Z	Z	Z
624	33%	(8/ 24)	1			Z	Z
1852	33%	(19/ 57)					1
1752	33%	(20/ 61)	1			1	1
2374	33%	(26/ 80)	1				1
629	32%	(24/ 74)	1		6	2B	
1751	32%	(25/ 78)	1			1B	1
1827	32%	(25/ 79)	1			1	1
429	31%	(25/ 80)	1			1	1
436	31%	(25/ 80)	1			1	1
467	31%	(25/ 80)	1			1L	1
2587	31%	(20/ 64)	1			1	1

1243 35 TS + 6 SL + 63 MT

TESTSTELLE	10	11	18	20	28	29	32	35	36	41	42	43	44	45	52	53	55	56	61	65	66	76	84	86	87
UEBEREINST. ZEUGEN	392	1	355	441	416	439	48	452	339	467	283	2	451	473	452	338	17	459	36	333	1	467	402	35	476
BEZEUGTE VARIANTE	1/	3	1/	1/	1/	1/	3	1/	1/	1/	1/	6	1/	1/	1/	1/	1/B	1/	2	1/	1/C	1/	1/	2	1/
P8 100% (1/ 1)	Z	Z		Z	Z	Z	Z	Z	Z	Z	Z	Z	Z	Z	Z	Z	Z	Z	Z	Z	Z	Z	Z	Z	Z
P33 100% (1/ 1)	Z	Z	Z	Z	Z	Z	Z	Z	Z	Z	Z	Z	Z	Z		Z	Z	Z	Z	Z	Z	Z	Z	Z	Z
P41 100% (1/ 1)	Z	Z	Z	Z	Z	Z	Z	Z	Z	Z	Z	Z	Z	Z	Z	Z	Z	Z	Z	Z	X		Z	Z	Z
2627 83% (5/ 6)	Z	Z	Z	Z						Z	Z	Z	Z	Z	Z	Z	Z	Z	Z	Z	Z	Z	Z	Z	Z
2175 80% (8/ 10)		1/					1				Z	Z	Z	Z	Z	Z	Z	Z	Z	Z	Z	Z	Z	Z	Z
916 78% (7/ 9)		1/					1			Z	Z	Z	Z	Z	Z	Z	Z	Z	Z	Z	Z	Z	Z	Z	Z
P45 75% (6/ 8)	Z	Z	Y	Y			4		Z		Z	Z	Z		Z	Z	3		Z	Z	Z	Z	Z	Z	Z
1101 75% (3/ 4)		1/			Z	Z	Z	Z	Z	Z	Z	Z	Z	Z	Z	Z	Z	Z	Z	Z	Z	Z	Z	Z	Z
2778 75% (3/ 4)	Z	Z	Z	Z	Z	Z	Z	Z	Z	Z	Z	Z	Z	Z			1/		Z	Z	Z	Z	Z	Z	Z
1526 74% (14/ 19)	Z	Z					Z					1					1/		1	1/F	1/		Z	Z	Z
1094 68% (21/ 31)	Z	Z	Z	Z			1					1					1/		1		1/				
506 67% (4/ 6)	Z	Z	Z	Z			1	Z	Z	Z	Z	Z	Z	Z	Z	Z	1/		Z	Z	Z	Z		Z	Z
1066 67% (18/ 27)		1/	1/B				1					1					1/			5	1/			1	
1762 67% (16/ 24)	Z	Z	Z									1				8B	1/		1		1/			Z	Z
2125 67% (4/ 6)		1/			Z	Z	1		Z	Z	Z	Z	Z	Z	Z	Z	Z	Z	Z	Z	Z	Z	Z	Z	Z
133 66% (23/ 35)		1/O					1					1					1/				1/				
43 65% (22/ 34)		1/		Z			1					1					1/		1		1/			1	
632 65% (22/ 34)		1/									X	1					1/		1		6				
699 65% (22/ 34)		1/	Z									1					1/		1		1/				
81 64% (18/ 28)	14	1/L	Z	Z			2	3				2					1/		Z	Z	Z	Z	Z	2B	
2772 64% (18/ 28)		1/							1/K		3	1					1/		1	1/F	1/			1	
57 63% (19/ 30)	Y	Y	Y	Y								1					1/		1		1/		Y		
256 63% (19/ 30)	Z	Z					Z	Z	Z		3	1							1		1/				
03 63% (22/ 35)		1/	3				2	4				2	4		4				4		1/		4	2B	
82 63% (22/ 35)		1/										1					1/		1		1/			3	
93 63% (22/ 35)		1/					1					1					1/		1	1/F	1/			1	
330 63% (22/ 35)		1/M					1					1					1/G		1		1/			1	
451 63% (22/ 35)		1/M					1					1					10		1		1/			1	
462 63% (22/ 35)		1/										1					1/		1		1/			2B	
656 63% (22/ 35)		1/O					1					1					1/		1		1/				
665 63% (22/ 35)		1/		1/B			1					1					1/		1		1/			1	
680 63% (22/ 35)		1/					1					1					1/				5			1	
824 63% (22/ 35)		1/					1					1					1/				1/			1B	

1243 35 TS + 6 SL + 63 MT

TESTSTELLE	10	11	18	20	28	29	32	35	36	41	42	43	44	45	52	53	55	56	61	65	66	76	84	86	87
UEBEREINST. ZEUGEN	392	1	355	441	416	439	48	452	339	467	283	2	451	473	452	338	17	459	36	333	1	467	402	35	476
BEZEUGTE VARIANTE	1/	3	1/	1/	1/	1/	3	1/	1/	1/	1/	6	1/	1/	1/	1/	1/B	1/	2	1/	1/C	1/	1/	2	1/
1245 63% (22/ 35)		5					1					1					1/				1/			3	
1398 63% (22/ 35)							1					1					1/		1	1/F	1/				
1646 63% (22/ 35)		1/B					2					1					1/				1/			1	
1748 63% (22/ 35)		1/					1					1					1/		1		1/				
1829 63% (22/ 35)		1/H					1										1/		1		12			3	
1870 63% (22/ 35)		1/					1		1/E			1					1/				1/				
2466 63% (22/ 35)		1/										1					1/		1		1/			1B	
2492 63% (22/ 35)		1/M										1					1/		1		1/			1B	
2674 63% (22/ 35)		1/F	4				1					6B					1/				1/				
602 63% (10/ 16)	Z	Z	Z	Z	Z	Z	Z	Z	Z	Z	Z	Z	Z	Z	Z		1/				Z			3	
1852 62% (18/ 29)	Z	Z	Z	Z	Z	Z	1					1					1/		3		1/			1	
P74 62% (21/ 34)	3	1/I	Z				2	3			3	2	4				1/				1/			2B	
337 62% (21/ 34)		1/		Z								1					1/		1		1/			1	
491 62% (21/ 34)		1/O					1				W	1					1/		1	1/F	1/				
319 61% (20/ 33)		1/							1/K			1					1/		1	Z	Z			1	
363 61% (20/ 33)		X	4				1		1/K			1					1/		1		4			X	
1759 61% (20/ 33)	Z	Z							5			1					1/		1		1/			1	
1864 61% (20/ 33)	Z	Z					1					1					1/		1		1/			1B	
1867 61% (20/ 33)	Z	Z					1					1					1/		1		1/			3	
01 60% (21/ 35)	3	1/	5				2	3				2	4		4				4	1/K	1/		3		
02 60% (21/ 35)	3	1/	5				2	3			3	2	4				4				1/		3	2B	
105 60% (21/ 35)		1/					1					1					1/		1		1/			1B	
149 60% (21/ 35)		1/					1					1					1/		1		1/			1B	
175 60% (21/ 35)		1/					2					1					1/		1		1/			2B	
201 60% (21/ 35)		1/					1					1					1/		1		1/			1B	
203 60% (21/ 35)		1/					1					1					1/		1		1/			2B	
221 60% (21/ 35)		1/										1					1/		1	5	1/			1	
263 60% (21/ 35)		1/L					1		1/F			1					1/		1		6				
365 60% (15/ 25)	3	1/							1/K			1					1/		1		10	Z	Z	Z	Z
393 60% (21/ 35)		1/L										1					1/		1	5	1/			1	
404 60% (21/ 35)		1/					2					1					1/		1		1/			2B	
424 60% (21/ 35)		1/					2					1					1/		1		1/			2B	
450 60% (21/ 35)		1/							1/K			1					1/		1		1/			1	

1243 35 TS + 6 SL + 63 MT

TESTSTELLE			88	91	96	97	98	99	100	102	103	104
UEBEREINST. ZEUGEN			471	279	35	2	22	16	470	5	21	22
BEZEUGTE VARIANTE			1/	1/	2	1/B	2C	2	1/	3	2	2
P8	100%	(1/ 1)	Z	Z	Z	Z	Z	Z	Z	Z	Z	Z
P33	100%	(1/ 1)	Z	Z	Z	Z	Z	Z	Z	Z	Z	Z
P41	100%	(1/ 1)	Z	Z	Z	Z	Z	Z	Z	Z	Z	Z
2627	83%	(5/ 6)	Z	Z	Z	Z	1	Z	Z	Z	Z	Z
2175	80%	(8/ 10)	Z	Z	Z	Z	Z	Z	Z	Z	Z	Z
916	78%	(7/ 9)	Z	Z	Z	Z	Z	Z	Z	Z	Z	Z
P45	75%	(6/ 8)	Z	Z	Z	Z	Z	Z	Z	Z	Z	Z
1101	75%	(3/ 4)	Z	Z	Z	Z	Z	Z	Z	Z	Z	Z
2778	75%	(3/ 4)	Z	Z	Z	Z	Z	Z	Z	Z	Z	Z
1526	74%	(14/ 19)	Z	Z	Z	Z	Z	Z	Z	Z	Z	Z
1094	68%	(21/ 31)			1	1/				1/	1C	1
506	67%	(4/ 6)	Z	Z	Z	Z	Z	Z	Z	Z	Z	Z
1066	67%	(18/ 27)		5G	Z	Z	Z	Z	Z	Z	Z	Z
1762	67%	(16/ 24)	Z	Z	Z	Z	Z	Z		1/	1	1
2125	67%	(4/ 6)	Z	Z	Z	Z	Z	Z	Z	Z	Z	Z
133	66%	(23/ 35)			1	1/	1	1		1/	1L	1
43	65%	(22/ 34)			1	1/	1	1		1/		
632	65%	(22/ 34)			1	1/	1	1		1/	1L	1
699	65%	(22/ 34)			1	1/	1	1		1/	1L	1
81	64%	(18/ 28)				1/	2			1/		
2772	64%	(18/ 28)			Z	Z	Z	Z	Z	Z	Z	1
57	63%	(19/ 30)			1	1/	3	1		1/	1	1
256	63%	(19/ 30)			1	1/	1	1		1/	1L	3D
03	63%	(22/ 35)				4	2					
82	63%	(22/ 35)			1	1/	1	1		1/	1L	1
93	63%	(22/ 35)				1/	2			1/	1S	1
330	63%	(22/ 35)			1	1/		1		1/D	1D	1L
451	63%	(22/ 35)			1	1/		1		1/	1D	1L
462	63%	(22/ 35)			1	1/	1	1		1/	1N	1
656	63%	(22/ 35)			1	1/	1	1		1/	1L	1
665	63%	(22/ 35)				1/	2			1/	1	1
680	63%	(22/ 35)			1	1/	1	1		1/	1	1

1245 55 TS + 6 SL + 65 MT

TESTSTELLE	88	91	96	97	98	99	100	102	103	104
UEBEREINST. ZEUGEN	471	279	35	2	22	16	470	5	21	22
BEZEUGTE VARIANTE	1/	1/	2	1/B	2C	2	1/	3	2	2
1245 63% (22/ 35)			1	1/	1	1		1/	1	1G
1398 63% (22/ 35)			1B	1/	1	1		1/	1L	1
1646 63% (22/ 35)			1	1/	1	1		1/	1L	1
1748 63% (22/ 35)			1	4	1	1		1/	1L	1
1829 63% (22/ 35)			1	4	3	1		1/	1L	1
1870 63% (22/ 35)			1	1/	1	1		1/	1L	1
2466 63% (22/ 35)			1	1/	1	1		1/	1	1
2492 63% (22/ 35)			1	1/	1	1		1/	1	1
2674 63% (22/ 35)			1	1/	1	1		1/	1L	1
602 63% (10/ 16)			Z	Z	1	1		1/	1L	Z
1852 62% (18/ 29)		5		1/	1			1/		1
P74 62% (21/ 34)				1/	2			1/		
337 62% (21/ 34)			1	1/	1	1		1/	1	1
491 62% (21/ 34)			1	1/	1			1/	1L	1
319 61% (20/ 33)			1	1/	1	1		1/	1L	1
363 61% (20/ 33)			1	1/	1	1			1	1
1759 61% (20/ 33)			1	1/	1	1		5	1	1
1864 61% (20/ 33)			1	1/	1	1		1/	1	1
1867 61% (20/ 33)		3	1	1/		1		1/	1	1
01 60% (21/ 35)				1/	2					
02 60% (21/ 35)				1/	2					
105 60% (21/ 35)			1	1/	1	1		1/	1	1
149 60% (21/ 35)			1	1/	1	1		1/	1	1
175 60% (21/ 35)			1	1/	1	1		1/	1L	1
201 60% (21/ 35)			1	1/	1	1		1/	1	1
203 60% (21/ 35)			1	1/	1	1		1/	1	1
221 60% (21/ 35)			1	1/	1	1		1/	1L	1
263 60% (21/ 35)			1	1/	1	1		1/	1L	3
365 60% (15/ 25)	Z	Z	Z	Z	Z	Z		1/	1L	3D
393 60% (21/ 35)			1	1/	1	1		1/	1	1
404 60% (21/ 35)			1	1/	1	1		1/	1L	1
424 60% (21/ 35)			1	1/	1	1		1/	1L	1
450 60% (21/ 35)			1	1/	1	1		1/	1	1

1250 32 TS + 0 SL + 72 MT

TESTSTELLE		8	10	11	18	20	28	29	35	36	41	42	44	45	46	48	50	52	53	55	56	65	66	76	77	84
UEBEREINST. ZEUGEN		94	392	351	355	441	416	439	452	17	467	60	451	473	101	452	16	452	33	16	459	333	365	467	181	42
BEZEUGTE VARIANTE		3	1/	1/	1/	1/	1/	1/	1/	1/M	1/	5	1/	1/	3	1/	17	1/	8	8	1/	1/	1/	1/	2	4
P8	100% (1/ 1)	Z	Z	Z		Z	Z	Z	Z	Z	Z	Z	Z	Z	Z	Z	Z	Z	Z	Z	Z	Z	Z	Z	Z	Z
P33	100% (1/ 1)	Z	Z	Z	Z	Z	Z	Z	Z	Z	Z	Z	Z	Z	Z	Z	Z		Z	Z	Z	Z	Z	Z	Z	Z
P41	100% (1/ 1)	Z	Z	Z	Z	Z	Z	Z	Z	Z	Z	Z	Z	Z	Z	Z	Z	Z	Z	Z	Z	Z	X		Z	Z
1861	100% (28/ 28)	Z	Z	Z	Z																					
1405	94% (30/ 32)				4																					
1863	94% (30/ 32)				4																					
2279	94% (30/ 32)				4																					
912	94% (29/ 31)				4																					
390	91% (29/ 32)	3B																								
1003	91% (29/ 32)	1		8																						
1594	91% (29/ 32)	1			4																					
1753	91% (29/ 32)				4					1/K																
2511	91% (29/ 32)				4																					1/
234	90% (28/ 31)				4													X				1/F				
582	88% (28/ 32)			6						1/K													6			
1456	86% (19/ 22)				4					1/K						Z	Z	Z	Z	Z	Z	Z	Z	Z	Z	
P45	86% (6/ 7)	Z	Z	Z	Y	Y				Z		Z	Z		Z	Z	Z	Z	Z	3		Z	Z	Z	Z	Z
1846	86% (6/ 7)	Z	Z	Z	Z	Z	Z	Z	Z	Z	Z	Z	Z	Z	Z	Z	Z	Z	Z	Z	Z	Z	Z	Z	Z	1/
2125	86% (6/ 7)						Z	Z		Z	Z	Z	Z	Z	1	Z	Z	Z	Z	Z	Z	Z	Z	Z	Z	Z
2501	84% (27/ 32)				4					1/K																1/
51	81% (26/ 32)				4					1/F										1/			4			1/
223	81% (26/ 32)				4					1/K										1/		1/F			1	1/
42	81% (25/ 31)	Z			4														9	1/					1	1/
1101	80% (4/ 5)	1					Z	Z	Z	Z	Z	Z	Z	Z	Z	Z	Z	Z	Z	Z	Z	Z	Z	Z	Z	Z
1745	80% (4/ 5)	Z	Z	Z	Z	Z	Z	Z	Z	Z	Z	Z	Z	Z	Z	Z	Z	Z	Z	Z	Z	Z	Z	Z	Z	Z
2175	80% (8/ 10)	1								1/		Z	Z	Z	Z	Z	Z	Z	Z	Z	Z	Z	Z	Z	Z	Z
367	78% (25/ 32)									1/I		1/					1		1/	1/					1B	
62	78% (7/ 9)	Z	Z	Z	Z	Z				1/		1/	Z	Z	Z	Z	Z	Z	Z	Z	Z	Z	Z	Z	Z	Z
916	78% (7/ 9)	1								1/	Z	Z	Z	Z	Z	Z	Z	Z	Z	Z	Z	Z	Z	Z	Z	Z
1721	77% (23/ 30)									1/		1/					Y	Y	1/	1/					1	
5	75% (24/ 32)									1/D		1/					1		3	1/						1/
624	75% (9/ 12)	Z	Z	Z	Z	Z	Z	Z		1/	Z	Z	Z	Z	Z	Z	Z	Z	Z	Z	Z				Z	Z

TESTSTELLE	8	10	11	18	20	28	29	35	36	41	42	44	45	46	48	50	52	53	55	56	65	66	76	77	84
UEBEREINST. ZEUGEN	94	392	351	355	441	416	439	452	17	467	60	451	473	101	452	16	452	33	16	459	333	365	467	181	42
BEZEUGTE VARIANTE	3	1/	1/	1/	1/	1/	1/	1/	1/M	1/	5	1/	1/	3	1/	17	1/	8	8	1/	1/	1/	1/	2	4
2777 75% (6/ 8)	Z	Z	Z	Z	Z	Z	Z	Z	Z	Z	Z	Z	Z	Z	Z	Z	Z	Z	Z	Z	Z	Z	Y		Z
1352 73% (22/ 30)	1								1/		7					1		1/	X					U	1/
1856 73% (19/ 26)	1								1/		8			1		1		1/	1/						Z
604 72% (23/ 32)	1								1/					1		1		1/	1/						1/
608 72% (23/ 32)			1/M								1/			1		1		1/	1/E					1B	1/
1058 72% (23/ 32)									1/		6			1		1		1/	1/						1/
1315 72% (23/ 32)	1								1/		6					12		8C	1/						1/
1595 72% (23/ 32)	1								1/		4					1		3	1/						1/
1749 72% (23/ 32)	1								1/		8					1		1/	1/						1/
1768 72% (23/ 32)									1/					1		1		3	1/			6			1/
1843 72% (23/ 32)									1/K		1/			4		1		3	1/						1/
1874 72% (23/ 32)									1/		1/					11B		1/	1/D					1	1/
1892 72% (23/ 32)	1								1/		1/			1		1		1/	1/						
2261 72% (23/ 32)	1								1/		8			1		1		1/	1/						1/
2541 72% (23/ 32)									1/		1/			1		1		1/	1/					1	
2554 72% (23/ 32)	1								1/		4					1		1/	1/						1/
2675 72% (23/ 32)	1D		4	4							3					18					1/F	1/D			1/
1738 71% (5/ 7)	Z	Z	Z	Z	Z	Z	Z	Z	Z	Z	Z	Z	Z	Z	Z	Z	Z	Z	Z	Z	Z	Z	Z	Z	Z
1858 71% (5/ 7)	Z	Z	Z	Z	Z	Z	Z	Z	Z	Z	Z	Z	Z	Z	Z	Z	Z	Z	Z	Z	Z	Z	Z	Z	Z
630 71% (22/ 31)				Z		3D			1/F		6			2		2C			1/						3
1508 71% (22/ 31)	1								1/		1/			1		1		Z	1/						1/
1746 71% (22/ 31)	X								1/		1/			1		1		1/	1/						1/
1754 71% (22/ 31)	Z		7						1/K						1/B	1E		1/	1/						1/
1845 71% (22/ 31)			10						1/		1/			1		1		1/						1	1/
2218 71% (22/ 31)	1								1/		V			1		1		1/	1/						1/
699 70% (21/ 30)	Z			Z					1/		1/					1		1/	1/					1	1/
1743 70% (21/ 30)	1	8							1/		4					1	Z	Z	1/						1/
2200 70% (21/ 30)				4		3D			1/F					1		2C			1/				Z	Z	3
2401 70% (21/ 30)									1/		1/			1		V1		1/			X			1	1/
2502 70% (21/ 30)	1									Y	Y			1		1		1/	1/					1	1/C
172 70% (16/ 23)	Z	Z	Z				Z	Z	1/	Z	Z			1		1		1/	1/					1B	Z
206 70% (16/ 23)	Z	Z	Z	Z	Z	Z	Z	Z	Z					2		19	4		1/					1B	3
642 69% (18/ 26)		Z	Z						1/		Z			1		1		1/	1/		Z	Z		1	Z

1250							32 TS + 0 SL + 72 MT
TESTSTELLE	87	88	91	95	97	100	102
UEBEREINST. ZEUGEN	476	471	14	68	422	470	478
BEZEUGTE VARIANTE	1/	1/	11	3	1/	1/	1/
P8 100% (1/ 1)	Z	Z	Z	Z	Z	Z	Z
P33 100% (1/ 1)	Z	Z	Z	Z	Z	Z	Z
P41 100% (1/ 1)	Z	Z	Z	Z	Z	Z	Z
1861 100% (28/ 28)							
1405 94% (30/ 32)					4		
1863 94% (30/ 32)					4		
2279 94% (30/ 32)					4		
912 94% (29/ 31)			X		4		
390 91% (29/ 32)			1/		4		
1003 91% (29/ 32)					4		
1594 91% (29/ 32)					4		
1753 91% (29/ 32)					4		
2511 91% (29/ 32)					4		
234 90% (28/ 31)					4		
582 88% (28/ 32)			11F				
1456 86% (19/ 22)			11F				
P45 86% (6/ 7)	Z	Z	Z	Z	Z	Z	Z
1846 86% (6/ 7)			X				
2125 86% (6/ 7)	Z	Z	Z	Z	Z	Z	Z
2501 84% (27/ 32)			1/	1			
51 81% (26/ 32)					4		
223 81% (26/ 32)							
42 81% (25/ 31)					4		
1101 80% (4/ 5)	Z	Z	Z	Z	Z	Z	Z
1745 80% (4/ 5)			1/	Z	Z		
2175 80% (8/ 10)	Z	Z	Z	Z	Z	Z	Z
367 78% (25/ 32)			11B				
62 78% (7/ 9)	Z	Z	Z	Z			
916 78% (7/ 9)	Z	Z	Z	Z	Z	Z	Z
1721 77% (23/ 30)			3	1			
5 75% (24/ 32)			3	2			
624 75% (9/ 12)			1/	1			

1250							32 TS + 0 SL + 72 MT
TESTSTELLE	87	88	91	95	97	100	102
UEBEREINST. ZEUGEN	476	471	14	68	422	470	478
BEZEUGTE VARIANTE	1/	1/	11	3	1/	1/	1/
2777 75% (6/ 8)			1/	1			
1352 73% (22/ 30)			1/	1			
1856 73% (19/ 26)	Z	Z	Z	Z	Z		
604 72% (23/ 32)			1/	1			
608 72% (23/ 32)			3E				
1058 72% (23/ 32)			1/	1			
1315 72% (23/ 32)			5C	2			
1595 72% (23/ 32)			3	1			
1749 72% (23/ 32)			1/	1			
1768 72% (23/ 32)			1/	1			
1843 72% (23/ 32)			5	1			
1874 72% (23/ 32)			1/	1			
1892 72% (23/ 32)			1/	1			
2261 72% (23/ 32)			1/				
2541 72% (23/ 32)			4	2			
2554 72% (23/ 32)			1/	1			
2675 72% (23/ 32)					4		
1738 71% (5/ 7)			1/	1			
1858 71% (5/ 7)			1/	1			
630 71% (22/ 31)			3	2			
1508 71% (22/ 31)			1/	1			
1746 71% (22/ 31)			1/	1			
1754 71% (22/ 31)			1/	1			
1845 71% (22/ 31)			X	1			
2218 71% (22/ 31)			1/	1			
699 70% (21/ 30)			1/	1			
1743 70% (21/ 30)			3	4			
2200 70% (21/ 30)			3	2			
2401 70% (21/ 30)			7B	1		4	
2502 70% (21/ 30)			1/	1			
172 70% (16/ 23)			Z	1			
206 70% (16/ 23)			4E				

TESTSTELLE	7	8	10	11	13	14	15	18	19	20	28	29	31	35	36	41	42	44	45	48	52	53	55	56	65
UEBEREINST. ZEUGEN	17	94	392	17	7	23	24	73	110	441	416	439	2	452	339	467	60	4	473	452	452	33	422	459	333
BEZEUGTE VARIANTE	5	3	1/	5	3	2	3	4	2	1/	1/	1/	5	1/	1/	1/	5	3	1/	1/	1/	8	1/	1/	1/
P33 100% (1/ 1)	Z	Z	Z	Z	Z	Z	Z	Z	Z	Z	Z	Z	Z	Z	Z	Z	Z	Z	Z	Z		Z	Z	Z	Z
P41 100% (1/ 1)	Z	Z	Z	Z	Z	Z	Z	Z	Z	Z	Z	Z	Z	Z	Z	Z	Z	Z	Z	Z	Z	Z	Z	Z	Z
624 100% (11/ 11)	Z	Z	Z	Z	Z	Z	Z	Z	Z	Z	Z	Z	Z			Z	Z	Z	Z	Z	Z	Z	Z	Z	
1730 100% (9/ 9)	Z	Z	Z	Z	Z	Z	Z	Z	Z	Z	Z	Z	Z	Z	Z	Z	Z	Z	Z	Z	Z	Z	Z	Z	Z
325 93% (14/ 15)	Z	Z	Z	Z	Z	Z	Z	Z	Z	Z	Z	Z	Z	Z	Z	Z	Z	Z	Z	Z		1/			
2289 87% (13/ 15)	Z	Z	Z	Z	Z	Z	Z	Z	Z	Z	Z	Z	Z	Z	Z	Z	Z	Z	Z	Z		1/			
P45 86% (6/ 7)	Z	Z	Z	Z	Z	Z	Z	Y	Y	Y			Z		Z		Z	Z		Z	Z	Z	3		Z
506 86% (6/ 7)	Z	Z	Z	Z	Z	Z	Z	Z	Z	Z			1	Z	Z	Z	Z	Z	Z		Z	Z			Z
1738 86% (6/ 7)	Z	Z	Z	Z	Z	Z	Z	Z	Z	Z	Z	Z	Z	Z	Z	Z	Z	Z	Z	Z	Z	Z	Z	Z	Z
1846 86% (6/ 7)	Z	Z	Z	Z	Z	Z	Z	Z	Z	Z	Z	Z	Z	Z	Z	Z	Z	Z	Z	Z	Z	Z	Z	Z	Z
1858 86% (6/ 7)	Z	Z	Z	Z	Z	Z	Z	Z	Z	Z	Z	Z	Z	Z	Z	Z	Z	Z	Z	Z	Z	Z	Z	Z	Z
602 85% (11/ 13)	Z	Z	Z	Z	Z	Z	Z	Z	Z	Z	Z	Z	Z	Z	Z	Z	Z	Z	Z		Z	1/			
1745 83% (5/ 6)	Z	Z	Z	Z	Z	Z	Z	Z	Z	Z	Z	Z	Z	Z	Z	Z	Z	Z	Z	Z	Z	Z	Z	Z	Z
1899 83% (5/ 6)	Z	Z	Z	Z	Z	Z	Z	Z	Z	Z	Z	Z	Z	Z	Z	Z	Z	Z	Z	Z	Z	Z	Z	Z	Z
2004 83% (10/ 12)	Z	Z	Z	Z	Z	Z	Z	Z	Z	Z	Z	Z	Z	Z	Z	Z	1/	Z	Z	Z	Z	Z	Z	Z	
466 81% (13/ 16)	Z	Z	Z	Z	Z	Z	Z	Z	Z	Z	Z	Z	Z	Z	Z	Z	Z	Z	Z			1/			
62 80% (8/ 10)	Z	Z	Z	Z	Z	Z	Z	Z	Z	Z			1				1/	Z	Z	Z	Z	Z	Z	Z	Z
172 80% (16/ 20)	Z	Z	Z	Z	Z	Z	Z	1/	1			Z	Z	Z		Z	Z	1/				1/			
626 80% (20/ 25)	Z	Z	Z	Z	Z	Z	Z	Z	Z	Z			1		1/K		1/	1/				1/			
1094 80% (20/ 25)	Z	Z	Z	Z	Z	Z	Z	Z	Z	Z			1				1/	1/				1/			
1106 80% (28/ 35)	1					3							1		1/K		1/	1/				1/			
1752 80% (20/ 25)	Z	Z	Z	Z	Z	Z	Z	Z	Z	Z			1				6	1/				1/			
1839 80% (20/ 25)	Z	Z	Z	Z	Z	Z	Z	Z	Z	Z			1				1/	1/				1/			
2627 80% (4/ 5)	Z	Z	Z	Z	Z	Z	Z	Z	Z	Z			1			Z	Z	Z	Z	Z	Z	Z	Z	Z	Z
2778 80% (4/ 5)	Z	Z	Z	Z	Z	Z	Z	Z	Z	Z	Z	Z	Z	Z	Z	Z	Z	Z	Z			1/			Z
1889 79% (15/ 19)	Z	Z	Z	Z	Z	Z	Z	Z	Z	Z	Z	Z	Z	Z	Z	Z	1/	1/				1/			
1723 78% (21/ 27)	Z	Z	Z	Z	Z	Z	Z	1/					1				X	1/				1/			1/F
1852 77% (17/ 22)	Z	Z	Z	Z	Z	Z	Z	Z	Z	Z	Z	Z	Z				1/	1/				1/			
2716 77% (17/ 22)	Z	Z	Z	Z	Z	Z	Z	Z	Z	Z			Z	Z			1/	1/				1/			1/H
429 77% (27/ 35)					3D						3D		1		1/F			1/							
498 77% (20/ 26)	Z	Z	Z	Z	Z	Z	Z	Z	Z				1		1/K		1/	1/				1/			
2303 77% (10/ 13)	Z	Z	Z	Z	Z	Z	Z	Z	Z	Z			1				4	1/				Z	Z	Z	Z
2441 77% (10/ 13)	Z	Z	Z	Z	Z	Z	Z	Z	Z	Z	Z	Z	Z	Z	Z	Z	8	Z	Z			1/			Z

1251 35 TS + 0 SL + 69 MT

TESTSTELLE	7	8	10	11	13	14	15	18	19	20	28	29	31	35	36	41	42	44	45	48	52	53	55	56	65
UEBEREINST. ZEUGEN	17	94	392	17	7	23	24	73	110	441	416	439	2	452	339	467	60	4	473	452	452	33	422	459	333
BEZEUGTE VARIANTE	5	3	1/	5	3	2	3	4	2	1/	1/	1/	5	1/	1/	1/	5	3	1/	1/	1/	8	1/	1/	1/
2587 77% (20/ 26)	Z	Z	Z	Z	Z	Z	Z	Z	Z				1				6	1/				1/			1/F
1758 77% (23/ 30)		1						Y	1		X		1		1/K			1/							
2378 76% (13/ 17)	Z	Z	Z	Z	Z	Z	Z	Z	Z	Z	Z	Z	Z	Z	Z	X	Y	1/		Z		1/		1/E	
1762 76% (16/ 21)	Z	Z	Z	Z	Z	Z	Z	Z	Z				1				1/	1/		1/H		8B			
2746 76% (16/ 21)	Z	Z	Z	Z	Z	Z	Z	Z	Z	Z			1				Z	Z	Z	Z		3			1/F
206 75% (15/ 20)	Z	Z	Z	Z	Z	Z	Z	Z	Z	Z	Z	Z	Z	Z	Z			1/			4				
1731 75% (15/ 20)	Z	Z	Z	Z	Z	Z	Z	Z	Z	Z	Z	Z	Z	Z	Z		1/	1/				1/			
2626 75% (6/ 8)	Z	Z	Z	Z	Z	Z	Z	Z	Z	Z	Z	Z	Z	Z	Z	Z	Z	Z	Z	Z	Z	Z	Z	Z	Z
2777 75% (6/ 8)	Z	Z	Z	Z	Z	Z	Z	Z	1	Z	Z	Z	Z	Z	Z	Z	Z	Z	Z	Z	Z	Z	Z	Z	Z
522 74% (26/ 35)	7				3D						11		1		1/F			1/							
1490 74% (26/ 35)							3B						1		1/K			1/							1/F
309 74% (14/ 19)	Z	Z	Z	Z	Z	Z	Z	Z	Z	Z	Z	Z	Z	Z	Z		4	1/		Z		1/			1/O
1864 73% (22/ 30)	Z	Z	Z	Z	Z	1	1	1/					1				1/	1/				1/			
1861 73% (19/ 26)	Z	Z	Z	Z	Z	Z	Z	Z	Z				1		1/M			1/					8		
2201 73% (19/ 26)	Z	Z	Z	Z	Z	Z	Z	Z	Z				1		1/F		1/	1/				3			
020 72% (18/ 25)	Z	Z	Z	Z	Z	Z	Z	Z	Z	Z			1				1/	1/			3	1/			1/F
P74 72% (23/ 32)	X	Y	3	1/I	2B		2	Z					2	3			3	4				1/			
314 71% (5/ 7)	Z	Z	Z	Z	Z	Z	Z	Z	Z	Z	Z	Z	Z	Z	Z		1/	1/		Z	Z	Z	Z	Z	Z
1867 71% (20/ 28)	Z	Z	Z	Z	Z	Z	Z	1/	1				1				1/	1/				1/			
699 71% (22/ 31)	Z	Z		1/	1	1	1	Z	Z				1				1/	1/				1/			
1768 71% (24/ 34)	1			1/	1	1	1	1/					Z					1/				3			
2200 71% (24/ 34)	1			1/	3D						3D		1		1/F			1/							
57 70% (19/ 27)	Y	Y	Y	Y	1	1	1	Y	Y	Y			1				1/	1/				1/			
363 70% (23/ 33)	1	2		X		3							1		1/K		1/	1/				1/			
1058 69% (24/ 35)	1			1/	1	1	1	1/					1				6	1/				1/			
1702 69% (24/ 35)	1	1			1	1	1		1				1				6					1/			
1704 69% (24/ 35)	1			1/	5		5				3D	5	4					1/							
1718 69% (24/ 35)		6		1/		1		1/					1		1/K		1/	1/				1/			
1739 69% (24/ 35)	16			1/	3D						3D	5	2					1/				3			
2501 69% (24/ 35)	1			1/	1	1	1		1				1		1/K			1/					8		
256 68% (17/ 25)	Z	Z	Z	Z	Z	Z	Z	1/	1				1	Z	Z		3	1/		Z		1/	1/B		
2180 68% (19/ 28)	Z	Z	Z	Z	Z	Z	Z		1				1		1/K		1/	1/				1/	9		
337 68% (21/ 31)	1	1		1/	Z	Z	Z	1/	1	Z			1				1/	1/				1/			

TESTSTELLE	66	76	84	86	87	88	91	97	100	102
UEBEREINST. ZEUGEN	365	467	402	44	476	471	279	422	470	478
BEZEUGTE VARIANTE	1/	1/	1/	2B	1/	1/	1/	1/	1/	1/
P33 100% (1/ 1)	Z	Z	Z	Z	Z	Z	Z	Z	Z	Z
P41 100% (1/ 1)	X		Z	Z	Z	Z	Z	Z	Z	Z
624 100% (11/ 11)			Z	Z						
1730 100% (9/ 9)	Z									
325 93% (14/ 15)										
2289 87% (13/ 15)				1B						
P45 86% (6/ 7)	Z	Z	Z	Z	Z	Z	Z	Z	Z	Z
506 86% (6/ 7)	Z	Z		Z	Z	Z	Z	Z	Z	Z
1738 86% (6/ 7)	Z	Z	Z	1						
1846 86% (6/ 7)	Z	Z		1			X			
1858 86% (6/ 7)	Z	Z	Z	1B						
602 85% (11/ 13)	Z			3				Z		
1745 83% (5/ 6)	Z	Z	Z	1B				Z		
1899 83% (5/ 6)	Z	Z		1B				Z	Z	
2004 83% (10/ 12)				3						
466 81% (13/ 16)	6			1						
62 80% (8/ 10)	Z	Z	Z	Z	Z	Z	Z			
172 80% (16/ 20)			Z	Z			Z			
626 80% (20/ 25)										
1094 80% (20/ 25)				2						
1106 80% (28/ 35)										
1752 80% (20/ 25)				1B						
1839 80% (20/ 25)							18			
2627 80% (4/ 5)	Z	Z	Z	Z	Z	Z	Z	Z	Z	Z
2778 80% (4/ 5)	Z	Z	Z	Z	Z	Z	Z	Z	Z	Z
1889 79% (15/ 19)			4							
1723 78% (21/ 27)				1B						
1852 77% (17/ 22)				1			5			
2716 77% (17/ 22)				4					Z	
429 77% (27/ 35)			3	1			4E			
498 77% (20/ 26)				1						
2303 77% (10/ 13)	Z	Z	Z	Z	Z	Z	Z		Z	
2441 77% (10/ 13)	Z		Z	1B					Z	

1251 35 TS + 0 SL + 69 MT

TESTSTELLE UEBEREINST. ZEUGEN BEZEUGTE VARIANTE	66 365 1/	76 467 1/	84 402 1/	86 44 2B	87 476 1/	88 471 1/	91 279 1/	97 422 1/	100 470 1/	102 478 1/
2587 77% (20/ 26)				1B						
1758 77% (23/ 30)		X	3	X			4E	X		
2378 76% (13/ 17)				1B						
1762 76% (16/ 21)				Z	Z	Z	Z	Z		
2746 76% (16/ 21)				1B			3			
206 75% (15/ 20)			3	1			4E			
1731 75% (15/ 20)				1B			4C			
2626 75% (6/ 8)	Z	Z		1B			4E			
2777 75% (6/ 8)	Z	Y	Z	1B						
522 74% (26/ 35)			3	1			4F			
1490 74% (26/ 35)	6		3	1B			4E			
309 74% (14/ 19)				1						
1864 73% (22/ 30)				1B						
1861 73% (19/ 26)			4	1B			11			
2201 73% (19/ 26)				3			5			
020 72% (18/ 25)				1						
P74 72% (23/ 32)										
314 71% (5/ 7)	Z	Z	Z	Z	Z	Z	Z			
1867 71% (20/ 28)				3			3			
699 71% (22/ 31)				2						
1768 71% (24/ 34)	6			1B						
2200 71% (24/ 34)		Z	3	1			3			
57 70% (19/ 27)			Y	2						
363 70% (23/ 33)	4			X						3
1058 69% (24/ 35)				1B						
1702 69% (24/ 35)				1			5			
1704 69% (24/ 35)			3	3			3			
1718 69% (24/ 35)	1/G			1						
1739 69% (24/ 35)			3	3			3			
2501 69% (24/ 35)				1B						
256 68% (17/ 25)				2						
2180 68% (19/ 28)				1B			8C			

TESTSTELLE	10	11	15	18	20	23	28	29	34	35	36	41	42	44	45	46	47	48	49	52	53	55	56	57	65
UEBEREINST. ZEUGEN	392	351	17	355	13	91	416	439	29	452	339	467	53	451	473	9	92	452	162	452	87	422	459	104	333
BEZEUGTE VARIANTE	1/	1/	6	1/	1/B	2	1/	1/	11	1/	1/	1/	4	1/	1/	6	2	1/	2	1/	3	1/	1/	2	1/
P8 100% (2/ 2)	Z	Z	Z		Z		Z	Z	Z	Z	Z	Z	Z	Z	Z	Z	Z	Z	Z	Z	Z	Z	Z	Z	Z
P33 100% (1/ 1)	Z	Z	Z	Z	Z	Z	Z	Z	Z	Z	Z	Z	Z	Z	Z	Z	Z	Z	Z		Z	Z	Z	Z	Z
1297 97% (38/ 39)																									1/F
1598 97% (38/ 39)																									
1595 90% (35/ 39)			7		1/											3									
1893 83% (25/ 30)			X		1/				Z	Z	Z					2		Z							Z
619 82% (32/ 39)		1/L	1		1/											2									
2746 81% (21/ 26)	Z	Z	Z	Z	Z	Z			1				Z	Z	Z	Z	Z	Z	Z						1/F
2627 80% (4/ 5)	Z	Z	Z	Z	Z	Z			1			Z	Z	Z	Z	Z	Z	Z	Z	Z	Z	Z	Z	Z	Z
5 79% (31/ 39)			4		1/						1/D		1/			3									
1162 79% (31/ 39)		1/L	1	4	1/											2									
400 79% (22/ 28)		1/L	1		1/	Y				X			W	X							W			1	X
P45 78% (7/ 9)	Z	Z	Z	Y	Y				Y		Z		Z	Z		Z	Z	Z	Z	Z	Z	3		1	Z
623 77% (27/ 35)	Z	Z	Z	Z	1/											2									1/F
624 77% (10/ 13)	Z	Z	Z	Z	Z	Z	Z	Z	Z			Z	Z	Z	Z	Z	Z	Z	Z	Z	Z	Z	Z	Z	
2303 76% (13/ 17)	Z	Z	Z	Z	Z	Z			1							1	1				Z	Z	Z	Z	Z
1846 75% (6/ 8)	Z	Z	Z	Z	Z	Z	Z	Z	Z	Z	Z	Z	Z	Z	Z	Z	Z	Z	Z	Z	Z	Z	Z	Z	Z
437 74% (29/ 39)			1		1/						1/K		1/			2			1		1/				
2201 74% (26/ 35)	Z	Z	Z	Z	1/						1/F		1/			2	1								
33 74% (23/ 31)	11		X	X	1/			X			X		3			X						X	X		1/D
62 73% (8/ 11)	Z	Z	Z	Z	Z	Z			1				1/	Z	Z	Z	Z	Z	Z	Z	Z	Z	Z	Z	Z
1102 72% (28/ 39)				4	1/	1			1				1/			3	1		3						
1827 72% (28/ 39)		1/B	4		1/											2	1		1						
2374 72% (28/ 39)					1/	1			1							3	2B								3
1738 71% (5/ 7)	Z	Z	Z	Z	Z	Z	Z	Z	Z	Z	Z	Z	Z	Z	Z	Z	Z	Z	Z	Z	Z	Z	Z	Z	Z
1858 71% (5/ 7)	Z	Z	Z	Z	Z	Z	Z	Z	Z	Z	Z	Z	Z	Z	Z	Z	Z	Z	Z	Z	Z	Z	Z	Z	Z
2778 71% (5/ 7)	Z	Z	Z	Z	Z	Z	Z	Z	Z	Z	Z	Z	Z	Z	Z	Z	Z				1/			1	Z
2718 71% (22/ 31)			1		1/				1							2				4					1/F
1743 70% (26/ 37)	8		7		1/	1			1							3	1		1	Z	Z				
506 70% (7/ 10)	Z	Z	Z	Z	Z	Z			1	Z	Z	Z	Z	Z	Z	Z	Z			Z	Z			1	Z
441 70% (23/ 33)	Z	Z	Z	Z	Z	Z			1							2				3					1/K
1729 69% (25/ 36)	Z	Z	Z		1/				1		1/F		1/			7	1					6		1	
1735 69% (25/ 36)			1		1/	1	3D		1		1/K		1/			2B					6				

1270 39 TS + 0 SL + 65 MT

TESTSTELLE UEBEREINST. ZEUGEN BEZEUGTE VARIANTE	10 392 1/	11 351 1/	15 17 6	18 355 1/	20 13 1/B	23 91 2	28 416 1/	29 439 1/	34 29 11	35 452 1/	36 339 1/	41 467 1/	42 53 4	44 451 1/	45 473 1/	46 9 6	47 92 2	48 452 1/	49 162 2	52 452 1/	53 87 3	55 422 1/	56 459 1/	57 104 2	65 333 1/
102 69% (27/ 39)				4	1/	1			1				1/			3	1		3				1/C		
456 69% (27/ 39)					1/	1			1				1/			3								1	
1127 69% (27/ 39)					1/				1										1		1/				10D
1315 69% (27/ 39)					1/	1							6			3	1				8C			1	
1843 69% (27/ 39)			1		1/				1		1/K		1/			4	1		1					1	
1868 69% (27/ 39)			1		1/				1		1/F		1/				1		1					1	1/F
1597 68% (25/ 37)	8			4	1/	1							1/			3	1		X		1/				
18 67% (26/ 39)			1		1/	1			1							1	1				1/			1	
76 67% (26/ 39)	8		7		1/	1			1							3	1		4		1/				1/F
88 67% (26/ 39)	3		4		1/				7				1/			3				4				1	
189 67% (26/ 39)	8			4	1/	1			1				1/			3	1		3						
314 67% (6/ 9)	Z	Z	Z	Z	Z	Z	Z	Z	Z	Z	Z		1/			1	Z	Z	Z	Z	Z	Z	Z	Z	Z
386 67% (26/ 39)			1		1/	1			1							1	1				1/			1	
431 67% (26/ 39)			1		1/				3	3						2									
436 67% (26/ 39)		1/L	1	4	1/	1			1							2					4C				
440 67% (26/ 39)			1		1/	1							6			3	1							1	
489 67% (26/ 39)		12	1		1/				1		1/F		1/				1				3D			1	
496 67% (26/ 39)			1		1/	1							6			3	1							1	
634 67% (26/ 39)			1		1/	1			1							1	1				1/			1	
927 67% (26/ 39)		12	1		1/				1		1/F		1/				1				3D			1	1/F
1058 67% (26/ 39)			1		1/	1			1				6			1	1				1/			1	
1100 67% (26/ 39)			1		1/	1			1							1	1				1/			1	
1161 67% (26/ 39)			1		1/	1			13				1/			1					1/			1	
1404 67% (26/ 39)			1		1/	1							6			2	1							1	
1733 67% (26/ 39)			1		1/	1			1							1	1				1/			1	
1739 67% (26/ 39)			3	4	1/		3D	5	2B				5			2									
1745 67% (4/ 6)	Z	Z	Z	Z	Z	Z	Z	Z	Z	Z	Z	Z	Z	Z	Z	Z	Z	Z	Z	Z	Z	Z	Z	Z	Z
1752 67% (22/ 33)	Z	Z	Z	Z	Z	Z			1				6			1	1				1/			1	
1899 67% (4/ 6)	Z	Z	Z	Z	Z	Z	Z	Z	Z	Z	Z	Z	Z	Z	Z	Z	Z	Z	Z	Z	Z	Z	Z	Z	Z
2175 67% (8/ 12)			1		1/	1			1				Z	Z	Z	Z	Z	Z	Z	Z	Z	Z	Z	Z	Z
2288 67% (26/ 39)			1		1/				6		1/K		1/				1		1					1	1/F
2298 67% (26/ 39)		1/L	3	4	1/		3D	5					5			3									

TESTSTELLE	66	68	73	76	77	81	84	87	88	91	97	100	102	103
UEBEREINST. ZEUGEN	365	16	24	467	181	49	402	476	471	46	422	470	478	1
BEZEUGTE VARIANTE	1/	15	10	1/	2	2	1/	1/	1/	3	1/	1/	1/	7
P8 100% (2/ 2)	Z	Z	Z	Z	Z	Z	Z	Z	Z	Z	Z	Z	Z	Z
P33 100% (1/ 1)	Z	Z	Z	Z	Z	Z	Z	Z	Z	Z	Z	Z	Z	Z
1297 97% (38/ 39)														
1598 97% (38/ 39)														1I
1595 90% (35/ 39)														1
1893 83% (25/ 30)	Z	Z	9				Z			1/				1
619 82% (32/ 39)			9							1/				1
2746 81% (21/ 26)		1				1								1
2627 80% (4/ 5)	Z	Z	Z	Z	Z	Z	Z	Z	Z	Z	Z	Z	Z	Z
5 79% (31/ 39)		4	1											3E
1162 79% (31/ 39)			9							1/				1N
400 79% (22/ 28)	X	X				X		X	X	5				7B
P45 78% (7/ 9)	Z	Z	Z	Z	Z	Z	Z	Z	Z	Z	Z	Z	Z	Z
623 77% (27/ 35)		4	1D				4						3	3B
624 77% (10/ 13)		1	1		Z	Z	Z			1/				Z
2303 76% (13/ 17)	Z	Z	Z	Z	Z	Z	Z	Z	Z	Z		Z		1
1846 75% (6/ 8)	Z	Z	Z	Z	Z	1				X				1
437 74% (29/ 39)			9							1/				1
2201 74% (26/ 35)		1	1E							5				1
33 74% (23/ 31)	1/C	4	14				3							X
62 73% (8/ 11)	Z	Z	Z	Z	Z	Z	Z	Z	Z	Z				1L
1102 72% (28/ 39)		1			1									1
1827 72% (28/ 39)		7	9			1				1/				1
2374 72% (28/ 39)		4	1		1B	1								2
1738 71% (5/ 7)	Z	Z	Z	Z	Z	Z	Z			1/				1
1858 71% (5/ 7)	Z	Z	Z	Z	Z	Z	Z			1/				1
2778 71% (5/ 7)	Z	Z	Z	Z	Z	Z	Z	Z	Z	Z	Z	Z	Z	Z
2718 71% (22/ 31)	6	3	Z	Z	Z	Z	Z	Z	Z	Z				2
1743 70% (26/ 37)		1				1								1
506 70% (7/ 10)	Z	Z	Z	Z	Z	1		Z	Z	Z	Z	Z	Z	Z
441 70% (23/ 33)	8	2	6C			1				5D				3D
1729 69% (25/ 36)						1				5				1G
1735 69% (25/ 36)		4	X			1				X				Z

1270 39 TS + 0 SL + 65 MT

TESTSTELLE UEBEREINST. ZEUGEN BEZEUGTE VARIANTE	66 365 1/	68 16 15	73 24 10	76 467 1/	77 181 2	81 49 2	84 402 1/	87 476 1/	88 471 1/	91 46 3	97 422 1/	100 470 1/	102 478 1/	103 1 7
102 69% (27/ 39)		1			1									1L
456 69% (27/ 39)		1	1D		1	1				1/				1
1127 69% (27/ 39)		1	1		1B	1				1/		5		1
1315 69% (27/ 39)		1	1			1				5C				1
1843 69% (27/ 39)						1				5				1
1868 69% (27/ 39)						1				5				1
1597 68% (25/ 37)		1			1	1				X				1
18 67% (26/ 39)		1	1			1				1/				1
76 67% (26/ 39)		1				1								3
88 67% (26/ 39)		6	9		1	1								1F
189 67% (26/ 39)		1			1	1								1
314 67% (6/ 9)	Z	Z	Z	Z	Z	Z	Z	Z	Z	Z				1L
386 67% (26/ 39)		2	1			1				1/				1
431 67% (26/ 39)	1/B	2	2B			1	4			14	3			1
436 67% (26/ 39)		4	1D			1	4							1
440 67% (26/ 39)		1	1		1B	1				4K				1
489 67% (26/ 39)		1				1				5				1
496 67% (26/ 39)		1	1		1B	1				4K				1
634 67% (26/ 39)		2	1			1				1/				1
927 67% (26/ 39)						1				5				1
1058 67% (26/ 39)		2	1							1/				1
1100 67% (26/ 39)		2	1			1				1/				1
1161 67% (26/ 39)		7	1		1					4				1
1404 67% (26/ 39)		1	1		1B	1				5C				1
1733 67% (26/ 39)		2	1			1				1/				1
1739 67% (26/ 39)		3	1D			1	3							2
1745 67% (4/ 6)	Z	Z	Z	Z	Z	Z	Z			1/	Z			1
1752 67% (22/ 33)		2	1			1				1/				1
1899 67% (4/ 6)	Z	Z	Z	Z	Z	Z				1/	Z	Z		1
2175 67% (8/ 12)	Z	Z	Z	Z	Z	Z	Z	Z	Z	Z	Z	Z	Z	Z
2288 67% (26/ 39)		14				1				11E				1
2298 67% (26/ 39)		3	1D			1	3							3B
2344 67% (26/ 39)		4	[illegible]				3			3C				2

TESTSTELLE	8	10	11	14	18	20	23	26	28	29	35	36	41	42	43	44	45	46	48	51	52	53	55	56	57
UEBEREINST. ZEUGEN	16	392	351	4	355	441	91	8	416	439	452	339	467	53	2	451	473	101	452	5	452	87	17	14	104
BEZEUGTE VARIANTE	3B	1/	1/	10	1/	1/	2	3	1/	1/	1/	1/	1/	4	4B	1/	1/	3	1/	8	1/	3	1/B	1/D	2
P8 100% (2/ 2)	Z	Z	Z	Z		Z		Z	Z	Z	Z	Z	Z	Z	Z	Z	Z	Z	Z	Z	Z	Z	Z	Z	Z
P33 100% (1/ 1)	Z	Z	Z	Z	Z	Z	Z	Z	Z	Z	Z	Z	Z	Z	Z	Z	Z	Z	Z	Z		Z	Z	Z	Z
614 84% (37/ 44)																		2							
2412 84% (37/ 44)	3																	2							
916 83% (10/ 12)	1						1						Z	Z	Z	Z	Z	Z	Z	Z	Z	Z	Z	Z	Z
2627 80% (4/ 5)	Z	Z	Z	Z	Z	Z	Z	1					Z	Z	Z	Z	Z	Z	Z	Z	Z	Z	Z	Z	Z
1611 75% (33/ 44)	6			1B											4			2		1B		3B	1/		
431 70% (31/ 44)											3				2			2		1			1/	1/	
1890 69% (27/ 39)	Z	Z	Z	1B			1	Z							4			2		1		1/			
2175 69% (9/ 13)	1			1			1	1						Z	Z	Z	Z	Z	Z	Z	Z	Z	Z	Z	Z
2138 68% (30/ 44)	6			1B			1					1/B			4			2		1B		1/			
1101 67% (4/ 6)	1			1			Z	Z	Z	Z	Z	Z	Z	Z	Z	Z	Z	Z	Z	Z	Z	Z	Z	Z	Z
1505 64% (28/ 44)	1			1B			1	1				1/D		1/	1			1		1C		1/			
2125 63% (5/ 8)	3			1			Z	Z	Z	Z		Z	Z	Z	Z	Z	Z	1	Z	Z	Z	Z	Z	Z	Z
2303 61% (11/ 18)	Z	Z	Z	Z	Z	Z	Z	Z							1			1		1		Z	Z	Z	Z
P45 60% (6/ 10)	Z	Z	Z	Z	Y	Y		Z				Z		Z	Z	Z		Z	Z	2	Z	Z	3	1/	1
2652 59% (23/ 39)	Z	Z	Z	1			1	1						1/	1			1		Z	Z				
886 57% (4/ 7)	1	4		8				Z	Z	Z	Z	Z	Z	Z	Z	Z	Z	Z	Z	Z	Z	Z	Z	Z	Z
2495 57% (25/ 44)	7	7B		1	4			1				1/D		1/	1			1		1C		1/			
307 55% (24/ 44)	3	6		2	5B			1	3E	5	3	1/F			2			2		1			1/	1/	
2718 55% (18/ 33)				1B				1							2			2		1	4		1/	1/	
1893 53% (19/ 36)	1			X				1			Z	Z			1			2	Z	1			1/	1/	
610 52% (22/ 42)	3	6		3	5B			Z	3E	5	3	1/F			2			2		1			1/	1/	
5 52% (23/ 44)	3			4				2				1/D		1/	1					1			1/	1/	
1595 52% (23/ 44)	1			1				1							1					1			1/	1/	
1827 52% (23/ 44)			1/B	4				1							1			2		1			1/	1/	
2818 52% (23/ 44)	3	6		3	5B			1	3E	5	3	1/F			2			2		1			1/	1/	
623 51% (20/ 39)	Z	Z	Z	Z	Z			2							1			2		1			1/	1/	
2201 51% (20/ 39)	Z	Z	Z	Z	Z			1				1/F		1/	1			2		1			1/	1/	
6 50% (22/ 44)	1			1			1	1			3			3	2			1		1			1/	1/	
62 50% (6/ 12)	Z	Z	Z	Z	Z	Z	Z	1						1/	1	Z	Z	Z	Z	Z	Z	Z	Z	Z	Z
436 50% (22/ 44)	1		1/L	1	4		1	1							1			2		1		4C	1/	1/	
441 50% (18/ 36)	Z	Z	Z	Z	Z	Z	Z	Z							1			2		1	3		1/	1/	

1292 — 44 TS + 0 SL + 60 MT

TESTSTELLE		8	10	11	14	18	20	23	26	28	29	35	36	41	42	43	44	45	46	48	51	52	53	55	56	57
UEBEREINST. ZEUGEN		16	392	351	4	355	441	91	8	416	439	452	339	467	53	2	451	473	101	452	5	452	87	17	14	104
BEZEUGTE VARIANTE		3B	1/	1/	10	1/	1/	2	3	1/	1/	1/	1/	1/	4	4B	1/	1/	3	1/	8	1/	3	1/B	1/D	2
619	50% (22/ 44)	3		1/L	1				2							1			2		1			1/	1/	
1162	50% (22/ 44)			1/L	1	4			2							1			2		1			1/	1/	
1678	50% (22/ 44)	1	6		3	5B			1	3D	5	3	1/F			2			2		1			1/	1/	
1830	50% (22/ 44)	1		1/L	1B	4		1		3D	5				5	1			2		4		1/			
1843	50% (22/ 44)	3			4				1				1/K		1/	1			4		1			1/	1/	1
1853	50% (22/ 44)	1			1B	4		1		3D	5				5	1			2		1		1/	1/		
2374	50% (22/ 44)	1			1			1	1							2					7			1/	1/	
1598	49% (21/ 43)	1			1		1/B		Z							1			6		1			1/	1/	
1873	49% (21/ 43)	3			4				1				1/K		1/	1			6		1			1/	1/	1
1610	49% (18/ 37)	1		1/L	1B	4		1	1	3D	5				5	1			2	Z	Z	Z	1/			
1456	48% (15/ 31)	3			1B	4		1	1				1/K		5	1				Z	Z	Z	Z	Z	Z	Z
044	48% (21/ 44)	1	4		1B			7	1							1	5		2		9		1/	1/	1/	
383	48% (21/ 44)	1			1			1	1						1/	1			1						1/	
390	48% (21/ 44)				1			1	1				1/M		5	1					1		8	8	1/	1
453	48% (21/ 44)	3	6		2	5B			1	3E	5	3	1/F			2			2		1			1/	1/	
621	48% (21/ 44)	3		1/O	1		1/B	1	1							1			2		1	3	3B	1/	1/	
1270	48% (21/ 44)	1			1		1/B		1							1			6		1			1/	1/	
1739	48% (21/ 44)	3			2	4			2	3D	5				5	1			2		1			1/	1/	
2288	48% (21/ 44)	1			1				1				1/K		1/	1			6		1			1/	1/	1
2298	48% (21/ 44)	1		1/L	2	4			2	3D	5				5	1					1			1/	1/	
1609	48% (20/ 42)	1			1			1	1	3D					1/	1					1			1/	1/	
1729	48% (19/ 40)	Z	Z	Z	Z				1				1/F		1/	1			7		1			6	1/	1
33	47% (17/ 36)	X	11		4	X			2		X		X		3	2			X		1B			X	X	
1856	47% (16/ 34)	1			1			1	1						8	1			1		1		1/	1/	1/	1
2464	47% (7/ 15)	Z	Z	Z	Z	Z	Z	Z	Z	Z	Z	Z	Z	Z	Z	Z	Z	Z	Z	Z	Z	Z	Z	Z	Z	Z
180	47% (20/ 43)	3	6		3B	5B			1	3E	5	3	1/F			2			2		1			1/	1/	
941	47% (20/ 43)	1			1	8			1				1/F			1			1		1			1/	1/	
2344	47% (20/ 43)	3	11		X				2						3	2			2		1B			1/	1/	
P74	46% (19/ 41)	Y	3	1/I	2	Z			2			3			3	2	4		2		2		1/	1/	1/	
913	46% (19/ 41)	1	Z	Z	Z	4		1	1	3D	5				5	1			2		1		1/			
03	45% (20/ 44)	2			2	3			2			4			1/	2	4		2		2	4	1/		1/	
76	45% (20/ 44)	1	8		1			1	1							1					1		1/	1/	1/	
88	45% (20/ 44)		3		4				1						1/	1					1	4		1/	1/	1

1292 — 44 TS + 0 SL + 60 MT

TESTSTELLE	58	65	66	68	76	77	84	86	87	88	89	90	91	92	95	97	100	102	103
UEBEREINST. ZEUGEN	6	333	6	7	3	181	42	85	476	471	14	71	18	99	68	17	11	478	3
BEZEUGTE VARIANTE	2	1/	4	17	3	2	4	3	1/	1/	2	2	8	2	3	3	4	1/	3
P8 100% (2/ 2)	Z	Z	Z	Z	Z	Z	Z	Z	Z	Z	Z	Z	Z	Z	Z	Z	Z	Z	Z
P33 100% (1/ 1)	Z	Z	Z	Z	Z	Z	Z	Z	Z	Z	Z	Z	Z	Z	Z	Z	Z	Z	Z
614 84% (37/ 44)	1	11	15						5	9									1
2412 84% (37/ 44)	1	11							5	9									1
916 83% (10/ 12)	Z	Z	Z	Z	Z	Z	Z	Z	Z	Z	Z	Z	Z	Z	Z	Z	Z	Z	Z
2627 80% (4/ 5)	Z	Z	Z	Z	Z	Z	Z	Z	Z	Z	Z	Z	Z	Z	Z	Z	Z	Z	Z
1611 75% (33/ 44)	1		1/		1/						13								
431 70% (31/ 44)	1		1/B	2	1/								14				1/		1
1890 69% (27/ 39)	1	1/F	6		1/			Z			14								2
2175 69% (9/ 13)	Z	Z	Z	Z	Z	Z	Z	Z	Z	Z	Z	Z	Z	Z	Z	Z	Z	Z	Z
2138 68% (30/ 44)	1	1/F	1/		1/						14								2
1101 67% (4/ 6)	Z	Z	Z	Z	Z	Z	Z	Z	Z	Z	Z	Z	Z	Z	Z	Z	Z	Z	Z
1505 64% (28/ 44)	1		6		1/						14						1/		2
2125 63% (5/ 8)	Z	Z	Z	Z	Z	Z	Z	Z	Z	Z	Z	Z	Z	Z	Z	Z	Z	Z	Z
2303 61% (11/ 18)	Z	Z	Z	Z	Z	Z	Z	Z	Z	Z	Z	Z	Z	1	1	1/	Z		1
P45 60% (6/ 10)	Z	Z	Z	Z	Z	Z	Z	Z	Z	Z	Z	Z	Z	Z	Z	Z	Z	Z	Z
2652 59% (23/ 39)	1	10		1	4		1/	2B	4B	5	8								1H
886 57% (4/ 7)	Z	Z	Z	Z	Z	Z	Z	Z	Z	Z	Z	Z	Z	Z	Z	Z	Z	Z	Z
2495 57% (25/ 44)	1	1/F	6		1/						14			1			1/		2
307 55% (24/ 44)			1/B	2	1/								3				1/		1
2718 55% (18/ 33)	1	1/F	6	3	Z	Z	Z	Z	Z	Z	Z	Z	Z	Z	Z	1/	1/		2
1893 53% (19/ 36)	1	Z	Z	Z	1/		Z	1B			1		1/	1	1	1/	1/		1
610 52% (22/ 42)	1		1/B	2	1/	Z							3				1/		1
5 52% (23/ 44)	1		1/	4	1/		1/	5			1		3		2	1/	1/		3E
1595 52% (23/ 44)	1		1/	15	1/		1/	1B			1	1	3	1	1	1/	1/		1
1827 52% (23/ 44)	1		1/	7	1/		1/	1			1		1/	1	1	1/	1/		1
2818 52% (23/ 44)	1		1/B	2	1/								3				1/		1
623 51% (20/ 39)	1L	1/F	1/	4	1/			2			1		3		2	1/	1/	3	3B
2201 51% (20/ 39)	1		1/	1	1/		1/				1		5		1	1/	1/		1
6 50% (22/ 44)	1		1/	1	1/	1B	1/				8		12B			1/	1/		1G
62 50% (6/ 12)	Z	Z	Z	Z	Z	Z	Z	Z	Z	Z	Z	Z	Z	Z	Z	1/	1/		1L
436 50% (22/ 44)	1		1/	4	1/						14		3		2	1/	1/		1
441 50% (18/ 36)	1	1/K	8	2	1/		1/				14		5D	1		1/	1/		3D

1292 44 TS + 0 SL + 60 MT

TESTSTELLE	58	65	66	68	76	77	84	86	87	88	89	90	91	92	95	97	100	102	103
UEBEREINST. ZEUGEN	6	333	6	7	3	181	42	85	476	471	14	71	18	99	68	17	11	478	3
BEZEUGTE VARIANTE	2	1/	4	17	3	2	4	3	1/	1/	2	2	8	2	3	3	4	1/	3
619 50% (22/ 44)	1		1/	15	1/		1/	1			1		1/	1	1	1/	1/		1
1162 50% (22/ 44)	1		1/	15	1/		1/	1			1		1/	1	1	1/	1/		1N
1678 50% (22/ 44)	1		1/B	2	1/								3				1/	4	1
1830 50% (22/ 44)	1		1/	1	1/	1B	1/				1				1	1/			1
1843 50% (22/ 44)	1		1/	15	1/		1/				1		5		1	1/	1/		1
1853 50% (22/ 44)	1		1/	1	1/	1	1/				1				1	1/			1
2374 50% (22/ 44)	1	3	1/	4	1/	1B	1/					1	3	1	2	1/	1/		2
1598 49% (21/ 43)	1		1/	15	1/		1/	1B			1	1	3	1	1	1/	1/		1I
1873 49% (21/ 43)	1	1/F	1/	4	1/		1/				1		5		1	Z	1/		1
1610 49% (18/ 37)	1	Z	Z	Z	1/	1B	Z				1				1	5			1
1456 48% (15/ 31)	Z	Z	Z	Z	Z	Z		1B			1	1	11F	1		1/	1/		1
044 48% (21/ 44)	1	1/F	1/	3	1/		1/						3			1/	1/	4	2
383 48% (21/ 44)	1	10B	10B	1	4		1/	1			1	1	1/	1	1	1/	1/		1
390 48% (21/ 44)	1		1/	1	1/			1B			1	1	1/	1		4	1/		1
453 48% (21/ 44)	1		1/B	2	1/			2B				1	6B				1/		1
621 48% (21/ 44)	1		8	2	1/		1/				14		5			1/	1/		3C
1270 48% (21/ 44)	1		1/	15	1/		1/	1B			1	1	3	1	1	1/	1/		7
1739 48% (21/ 44)	1		1/	3	1/		3				14		3		2	1/	1/		2
2288 48% (21/ 44)	1	1/F	1/	14	1/		1/				1		11E		1	1/	1/		1
2298 48% (21/ 44)	1		1/	3	1/		3				12		3		2	1/	1/		3B
1609 48% (20/ 42)	1	5	1/	1	1/		1/	2			1	1	5		Z	Z	1/		1
1729 48% (19/ 40)	1		1/	15	1/		1/	3B			1		5		1	1/	1/		1G
33 47% (17/ 36)	1	1/D	1/C	4	1/		3	2			10		3	1	2	1/	1/		X
1856 47% (16/ 34)	1		1/	2	1/		Z	Z	Z	Z	Z	Z	Z	Z	Z	Z	1/		1
2464 47% (7/ 15)	Z	Z	Z	Z	1/			3C					4B		2	1/	3	4	2
180 47% (20/ 43)	1		1/	3	1/	Z	1/				9		4				1/		1
941 47% (20/ 43)	1	1/F	1/	1	1/	1B					1	1	1/		4	1/	1/	Y	1
2344 47% (20/ 43)	1	1/E	1/	4	1/		3	2			11		3G	1	2	1/	1/		2
P74 46% (19/ 41)			1/	4	1/		1/	2B					1/		Z	1/	1/		2
913 46% (19/ 41)	1	1/F	1/	1	1/	1B	1/				1				1	5			1
03 45% (20/ 44)			1/	2	1/	2B		2B					1/		2	4	1/	3	2
76 45% (20/ 44)	1	1/F	1/	1	1/		1/	1B			1	1	3	1	1	1/	1/		

TESTSTELLE	10	11	15	18	20	23	28	29	34	35	36	41	42	44	45	46	47	48	49	52	53	55	56	57	65
UEBEREINST. ZEUGEN	392	351	17	355	13	91	416	439	29	452	339	467	53	451	473	9	92	452	162	452	87	422	459	104	71
BEZEUGTE VARIANTE	1/	1/	6	1/	1/B	2	1/	1/	11	1/	1/	1/	4	1/	1/	6	2	1/	2	1/	3	1/	1/	2	1/F
P8 100% (2/ 2)	Z	Z	Z		Z		Z	Z	Z	Z	Z	Z	Z	Z	Z	Z	Z	Z	Z	Z	Z	Z	Z	Z	Z
P33 100% (1/ 1)	Z	Z	Z	Z	Z	Z	Z	Z	Z	Z	Z	Z	Z	Z	Z	Z	Z	Z	Z		Z	Z	Z	Z	Z
1270 97% (38/ 39)																									1/
1598 95% (37/ 39)																									1/
1595 87% (34/ 39)			7		1/											3									1/
2746 85% (22/ 26)	Z	Z	Z	Z	Z	Z			1				Z	Z	Z	Z	Z	Z	Z						
1893 83% (25/ 30)			X		1/				Z	Z	Z					2		Z							Z
623 80% (28/ 35)	Z	Z	Z	Z	1/											2									
2627 80% (4/ 5)	Z	Z	Z	Z	Z	Z			1			Z	Z	Z	Z	Z	Z	Z	Z	Z	Z	Z	Z	Z	Z
619 79% (31/ 39)		1/L	1		1/											2									1/
400 79% (22/ 28)		1/L	1		1/	Y				X			W	X							W			1	X
P45 78% (7/ 9)	Z	Z	Z	Y	Y				Y		Z		Z	Z		Z	Z	Z	Z	Z	Z	3		1	Z
5 77% (30/ 39)			4		1/						1/D		1/			3									1/
1162 77% (30/ 39)		1/L	1	4	1/											2									1/
2303 76% (13/ 17)	Z	Z	Z	Z	Z	Z			1							1	1				Z	Z	Z	Z	Z
1846 75% (6/ 8)	Z	Z	Z	Z	Z	Z	Z	Z	Z	Z	Z	Z	Z	Z	Z	Z	Z	Z	Z	Z	Z	Z	Z	Z	Z
33 74% (23/ 31)	11		X	X	1/			X			X		3			X						X	X		1/D
2718 74% (23/ 31)			1		1/				1							2				4					
62 73% (8/ 11)	Z	Z	Z	Z	Z	Z			1				1/	Z	Z	Z	Z	Z	Z	Z	Z	Z	Z	Z	Z
437 72% (28/ 39)			1		1/						1/K		1/			2			1		1/				1/
1868 72% (28/ 39)			1		1/				1		1/F		1/				1		1					1	
2374 72% (28/ 39)					1/	1			1							3	2B								3
1738 71% (5/ 7)	Z	Z	Z	Z	Z	Z	Z	Z	Z	Z	Z	Z	Z	Z	Z	Z	Z	Z	Z	Z	Z	Z	Z	Z	Z
1858 71% (5/ 7)	Z	Z	Z	Z	Z	Z	Z	Z	Z	Z	Z	Z	Z	Z	Z	Z	Z	Z	Z	Z	Z	Z	Z	Z	Z
2201 71% (25/ 35)	Z	Z	Z	Z	1/						1/F		1/			2	1								1/
2778 71% (5/ 7)	Z	Z	Z	Z	Z	Z	Z	Z	Z	Z	Z	Z	Z	Z	Z	Z	Z				1/			1	Z
506 70% (7/ 10)	Z	Z	Z	Z	Z	Z			1	Z	Z	Z	Z	Z	Z	Z	Z			Z	Z			1	Z
441 70% (23/ 33)	Z	Z	Z	Z	Z	Z			1							2				3					1/K
76 69% (27/ 39)	8		7		1/	1			1							3	1		4		1/				
624 69% (9/ 13)	Z	Z	Z	Z	Z	Z	Z	Z	Z			Z	Z	Z	Z	Z	Z	Z	Z	Z	Z	Z	Z	Z	1/
927 69% (27/ 39)		12	1		1/				1		1/F		1/				1				3D			1	
1102 69% (27/ 39)				4	1/	1			1				1/			3	1		3						1/
1127 69% (27/ 39)					1/				1										1		1/				10D

1297 39 TS + 0 SL + 65 MT

TESTSTELLE	10	11	15	18	20	23	28	29	34	35	36	41	42	44	45	46	47	48	49	52	53	55	56	57	65
UEBEREINST. ZEUGEN	392	351	17	355	13	91	416	439	29	452	339	467	53	451	473	9	92	452	162	452	87	422	459	104	71
BEZEUGTE VARIANTE	1/	1/	6	1/	1/B	2	1/	1/	11	1/	1/	1/	4	1/	1/	6	2	1/	2	1/	3	1/	1/	2	1/F
1827 69% (27/ 39)		1/B	4		1/											2	1		1						1/
2288 69% (27/ 39)			1		1/				6		1/K		1/				1		1					1	
2737 69% (27/ 39)			4		1/		10		1				3			1			1						
941 68% (26/ 38)			1	8	1/				1		1/F					1									
1873 68% (26/ 38)			1		1/				1		1/K		1/				1		1					1	
2483 68% (26/ 38)			1		1/	1							6			3	1							1	
1743 68% (25/ 37)	8		7		1/	1			1							3	1		1	Z	Z				1/
102 67% (26/ 39)				4	1/	1			1				1/			3	1		3				1/C		1/
228 67% (26/ 39)			1	4	1/				1				5			3					1/				
314 67% (6/ 9)	Z	Z	Z	Z	Z	Z	Z	Z	Z	Z	Z		1/			1	Z	Z	Z	Z	Z	Z	Z	Z	Z
456 67% (26/ 39)					1/	1			1				1/			3								1	1/
808 67% (26/ 39)		1/L	7	6	1/	1			1				1/			1								1	
1315 67% (26/ 39)					1/	1							6			3	1				8C			1	1/
1729 67% (24/ 36)	Z	Z	Z		1/				1		1/F		1/			7	1					6		1	1/
1735 67% (24/ 36)			1		1/	1	3D		1		1/K		1/			2B					6				1/
1745 67% (4/ 6)	Z	Z	Z	Z	Z	Z	Z	Z	Z	Z	Z	Z	Z	Z	Z	Z	Z	Z	Z	Z	Z	Z	Z	Z	Z
1843 67% (26/ 39)			1		1/				1		1/K		1/			4	1		1					1	1/
1899 67% (4/ 6)	Z	Z	Z	Z	Z	Z	Z	Z	Z	Z	Z	Z	Z	Z	Z	Z	Z	Z	Z	Z	Z	Z	Z	Z	Z
2143 67% (26/ 39)		5	1		1/				1		1/F		1/			2	1		1						
2175 67% (8/ 12)			1		1/	1			1				Z	Z	Z	Z	Z	Z	Z	Z	Z	Z	Z	Z	Z
2344 67% (26/ 39)	11		4		1/				2				3			2			1						1/E
2626 67% (6/ 9)	Z	Z	Z	Z	Z	Z	Z	Z	Z	Z	Z	Z	Z	Z	Z	Z	Z	Z	Z	Z	Z	Z	Z	Z	Z
2777 67% (6/ 9)	Z	Z	Z	Z	Z	Z	Z	Z	Z	Z	Z	Z	Z	Z	Z	Z	Z	Z	Z	Z	Z	Z	Z	Z	Z
2805 67% (24/ 36)	4	10	3	4	Z	Z	6	6	1							2									
1723 66% (23/ 35)	Z	Z	Z		1/	1			1				X			1	1				1/			1	
1597 65% (24/ 37)	8			4	1/	1							1/			3	1		X		1/				1/
81 64% (18/ 28)	14	1/L	2	Z	Z	Z			2C	3			1/			2					1/				Z
044 64% (25/ 39)	4		3		1/	7			1					5		2			1		1/				
18 64% (25/ 39)			1		1/	1			1							1	1				1/			1	1/
88 64% (25/ 39)	3		4		1/				7				1/			3				4				1	1/
189 64% (25/ 39)	8			4	1/	1			1				1/			3	1		3						1/
386 64% (25/ 39)			1		1/	1			1							1	1				1/			1	1/
431 64% (25/ 39)			[illegible]		[illegible]				[illegible]	[illegible]						[illegible]									

TESTSTELLE UEBEREINST. ZEUGEN BEZEUGTE VARIANTE	66 365 1/	68 16 15	73 24 10	76 467 1/	77 181 2	81 49 2	84 402 1/	87 476 1/	88 471 1/	91 46 3	97 422 1/	100 470 1/	102 478 1/	103 1 7
P8 100% (2/ 2)	Z	Z	Z	Z	Z	Z	Z	Z	Z	Z	Z	Z	Z	Z
P33 100% (1/ 1)	Z	Z	Z	Z	Z	Z	Z	Z	Z	Z	Z	Z	Z	Z
1270 97% (38/ 39)														
1598 95% (37/ 39)														1I
1595 87% (34/ 39)														1
2746 85% (22/ 26)		1				1								1
1893 83% (25/ 30)	Z	Z	9				Z			1/				1
623 80% (28/ 35)		4	1D				4						3	3B
2627 80% (4/ 5)	Z	Z	Z	Z	Z	Z	Z	Z	Z	Z	Z	Z	Z	Z
619 79% (31/ 39)			9							1/				1
400 79% (22/ 28)	X	X				X		X	X	5				7B
P45 78% (7/ 9)	Z	Z	Z	Z	Z	Z	Z	Z	Z	Z	Z	Z	Z	Z
5 77% (30/ 39)		4	1											3E
1162 77% (30/ 39)			9							1/				1N
2303 76% (13/ 17)	Z	Z	Z	Z	Z	Z	Z	Z	Z	Z		Z		1
1846 75% (6/ 8)	Z	Z	Z	Z	Z	1				X				1
33 74% (23/ 31)	1/C	4	14				3							X
2718 74% (23/ 31)	6	3	Z	Z	Z	Z	Z	Z	Z	Z				2
62 73% (8/ 11)	Z	Z	Z	Z	Z	Z	Z	Z	Z	Z				1L
437 72% (28/ 39)			9							1/				1
1868 72% (28/ 39)						1				5				1
2374 72% (28/ 39)		4	1		1B	1								2
1738 71% (5/ 7)	Z	Z	Z	Z	Z	Z	Z			1/				1
1858 71% (5/ 7)	Z	Z	Z	Z	Z	Z	Z			1/				1
2201 71% (25/ 35)		1	1E							5				1
2778 71% (5/ 7)	Z	Z	Z	Z	Z	Z	Z	Z	Z	Z	Z	Z	Z	Z
506 70% (7/ 10)	Z	Z	Z	Z	Z	1		Z	Z	Z	Z	Z	Z	Z
441 70% (23/ 33)	8	2	6C			1				5D				3D
76 69% (27/ 39)		1				1								3
624 69% (9/ 13)		1	1		Z	Z	Z			1/				Z
927 69% (27/ 39)						1				5				1
1102 69% (27/ 39)		1			1									1
1127 69% (27/ 39)		1	1		1B	1				1/		5		1

1297 39 TS + 0 SL + 65 MT

TESTSTELLE	66	68	73	76	77	81	84	87	88	91	97	100	102	103
UEBEREINST. ZEUGEN	365	16	24	467	181	49	402	476	471	46	422	470	478	1
BEZEUGTE VARIANTE	1/	15	10	1/	2	2	1/	1/	1/	3	1/	1/	1/	7
1827 69% (27/ 39)		7	9			1				1/				1
2288 69% (27/ 39)		14				1				11E				1
2737 69% (27/ 39)			1		1	1				11D				1
941 68% (26/ 38)		1	1		1B		4			1/			Y	1
1873 68% (26/ 38)		4				1				5	Z			1
2483 68% (26/ 38)		1	1		U	1				5C				1
1743 68% (25/ 37)		1				1								1
102 67% (26/ 39)		1			1									1L
228 67% (26/ 39)	11	7	1			1				5H				1
314 67% (6/ 9)	Z	Z	Z	Z	Z	Z	Z	Z	Z	Z				1L
456 67% (26/ 39)		1	1D		1	1				1/				1
808 67% (26/ 39)		1	1							6				1
1315 67% (26/ 39)		1	1			1				5C				1
1729 67% (24/ 36)						1				5				1G
1735 67% (24/ 36)		4	X			1				X				Z
1745 67% (4/ 6)	Z	Z	Z	Z	Z	Z	Z			1/	Z			1
1843 67% (26/ 39)						1				5				1
1899 67% (4/ 6)	Z	Z	Z	Z	Z	Z				1/	Z	Z		1
2143 67% (26/ 39)			1D			1				5				1
2175 67% (8/ 12)	Z	Z	Z	Z	Z	Z	Z	Z	Z	Z	Z	Z	Z	Z
2344 67% (26/ 39)		4	6				3			3G				2
2626 67% (6/ 9)	Z	Z	Z	Z	Z	1				4E				1
2777 67% (6/ 9)	Z	Z	1	Y		Z	Z			1/				1
2805 67% (24/ 36)		4B	1			1							Z	1L
1723 66% (23/ 35)		2	1			1				1/				1
1597 65% (24/ 37)		1			1	1				X				1
81 64% (18/ 28)	Z	Z	Z	Z	Z	Z	Z			1/				2
044 64% (25/ 39)		3	1D			1							4	2
18 64% (25/ 39)		1	1			1				1/				1
88 64% (25/ 39)		6	9		1	1								1F
189 64% (25/ 39)		1			1	1								1
386 64% (25/ 39)		2	1			1				1/				1

TESTSTELLE	10	11	12	16	18	20	28	29	32	35	36	41	42	44	45	48	50	52	53	76	84	86	87	88	91
UEBEREINST. ZEUGEN	14	1	3	1	355	441	416	439	48	452	54	467	15	451	473	1	5	452	338	467	402	24	476	471	279
BEZEUGTE VARIANTE	3	11	10	3	1/	1/	1/	1/	3	1/	1/K	1/	3	1/	1/	1/C	13	1/	1/	1/	1/	4	1/	1/	1/
P8 100% (1/ 1)	Z	Z	Z	Z		Z	Z	Z	Z	Z	Z	Z	Z	Z	Z	Z	Z	Z	Z	Z	Z	Z	Z	Z	Z
P33 100% (1/ 1)	Z	Z	Z	Z	Z	Z	Z	Z	Z	Z	Z	Z	Z	Z	Z	Z	Z		Z	Z	Z	Z	Z	Z	Z
P41 100% (1/ 1)	Z	Z	Z	Z	Z	Z	Z	Z	Z	Z	Z	Z	Z	Z	Z	Z	Z	Z	Z		Z	Z	Z	Z	Z
256 95% (19/ 20)	Z	Z	Z	Z					Z	Z	Z					Z						2			
325 91% (10/ 11)	Z	Z	Z	Z	Z	Z	Z	Z	Z	Z	Z	Z	Z	Z	Z	Z	Z					2B			
2289 91% (10/ 11)	Z	Z	Z	Z	Z	Z	Z	Z	Z	Z	Z	Z	Z	Z	Z	Z	Z					1B			
1573 89% (25/ 28)		1/		1					1																
624 89% (8/ 9)	Z	Z	Z	Z	Z	Z	Z	Z	Z		1/	Z	Z	Z	Z	Z	Z	Z	Z		Z	Z			
1730 89% (8/ 9)	Z	Z	Z	Z	Z	Z	Z	Z	Z	Z	Z	Z	Z	Z	Z	Z	Z	Z	Z			2B			
38 86% (24/ 28)		1/		1							1/					1/									
314 86% (6/ 7)	Z	Z	Z	Z	Z	Z	Z	Z	Z	Z	Z		1/			Z	Z	Z	Z	Z	Z	Z	Z	Z	Z
1738 86% (6/ 7)	Z	Z	Z	Z	Z	Z	Z	Z	Z	Z	Z	Z	Z	Z	Z	Z	Z	Z	Z	Z	Z	1			
1846 86% (6/ 7)	Z	Z	Z	Z	Z	Z	Z	Z	Z	Z	Z	Z	Z	Z	Z	Z	Z	Z	Z	Z		1			X
1858 86% (6/ 7)	Z	Z	Z	Z	Z	Z	Z	Z	Z	Z	Z	Z	Z	Z	Z	Z	Z	Z	Z	Z	Z	1B			
2127 86% (24/ 28)		1/		1												1/	23								
2378 86% (12/ 14)	Z	Z	Z	Z	Z	Z	Z	Z	Z	Z	Z	X	Y			Z	1					1B			
2777 86% (6/ 7)	Z	Z	Z	Z	Z	Z	Z	Z	Z	Z	Z	Z	Z	Z	Z	Z	Z	Z	Z	Y	Z	1B			
P45 83% (5/ 6)	Z	Z	Z	Z	Y	Y			4		Z		Z	Z		Z	Z	Z	Z	Z	Z	Z	Z	Z	Z
1745 83% (5/ 6)	Z	Z	Z	Z	Z	Z	Z	Z	Z	Z	Z	Z	Z	Z	Z	Z	Z	Z	Z	Z	Z	1B			
1899 83% (5/ 6)	Z	Z	Z	Z	Z	Z	Z	Z	Z	Z	Z	Z	Z	Z	Z	Z	Z	Z	Z	Z		1B			
172 81% (13/ 16)	Z	Z	Z	Z				Z	Z	Z	1/	Z	Z			1/	1				Z	Z			Z
309 81% (13/ 16)	Z	Z	Z	Z	Z	Z	Z	Z	Z	Z	Z		4			Z	1					1			
2004 80% (8/ 10)	Z	Z	Z	Z	Z	Z	Z	Z	Z	Z	Z	Z	1/	Z	Z	Z	Z	Z	Z			3			
2627 80% (4/ 5)	Z	Z	Z	Z	Z	Z					1/	Z	Z	Z	Z	Z	Z	Z	Z	Z	Z	Z	Z	Z	Z
2716 79% (15/ 19)	Z	Z	Z	Z	Z	Z			Z	Z	1/		1/			1/	1D								
498 78% (18/ 23)	Z	Z	Z	Z	Z				1				1/			1/	1					1			
1723 78% (18/ 23)	Z	Z	Z	Z					1		1/		X			1/	1					1B			
626 77% (17/ 22)	Z	Z	Z	Z	Z	Z			1				1/			1/	1					2B			
466 77% (10/ 13)	Z	Z	Z	Z	Z	Z	Z	Z	Z	Z	Z	Z	Z	Z	Z	1/	1					1			
57 76% (16/ 21)	Y	Y	Y	Y	Y	Y					1/		1/			1/	1				Y	2			
365 76% (16/ 21)		1/	12	1									1/			1/				Z	Z	Z	Z	Z	Z
2772 76% (19/ 25)	1/	1/	1	1												1/						1			
567 75% (9/ 12)	Z	Z	Z	Z	Z	Z		3	1		1/M	Z	Z	Z	Z	Z	Z	Z	Z	Z					X

1319 28 TS + 0 SL + 48 MT

TESTSTELLE	10	11	12	16	18	20	28	29	32	35	36	41	42	44	45	48	50	52	53	76	84	86	87	88	91
UEBEREINST. ZEUGEN	14	1	3	1	355	441	416	439	48	452	54	467	15	451	473	1	5	452	338	467	402	24	476	471	279
BEZEUGTE VARIANTE	3	11	10	3	1/	1/	1/	1/	3	1/	1/K	1/	3	1/	1/	1/C	13	1/	1/	1/	1/	4	1/	1/	1/
1759 75% (18/ 24)	Z	Z	Z	1							5		1/			4	X					1			
2626 75% (6/ 8)	Z	Z	Z	Z	Z	Z	Z	Z	Z	Z	Z	Z	Z	Z	Z	Z	Z	Z	Z	Z		1B			4E
2587 74% (17/ 23)	Z	Z	Z	Z	Z				1		1/		6			1/	1					1B			
920 74% (14/ 19)	Z	Z	Z	Z	Z	Z			1		1/L	Z	1/			1/	Z	Z				3			
1526 73% (11/ 15)	Z	Z	Z	Z					Z		1/		1/			1/	1				Z	Z	Z	Z	Z
602 73% (8/ 11)	Z	Z	Z	Z	Z	Z	Z	Z	Z	Z	Z	Z	Z	Z	Z	1/	1	Z				3			
1094 73% (16/ 22)	Z	Z	Z	Z	Z	Z			1		1/		1/			1/	1					2			
1752 73% (16/ 22)	Z	Z	Z	Z	Z	Z			1		1/		6			1/	1					1B			
1762 72% (13/ 18)	Z	Z	Z	Z	Z						1/		1/			1/H	1		8B			Z	Z	Z	Z
986 72% (18/ 25)	Z	Z	Z	1					1		1/		8			1/	1					1B			
1864 72% (18/ 25)	Z	Z	Z	1					1		1/		1/			1/	1					1B			
319 71% (20/ 28)	1/	1/	1	1									1/			1/	1					1			
450 71% (20/ 28)	1/	1/	1	1									1/			1/	1					1			
460 71% (20/ 28)		1/	9	1C							1/E		1/			1/	1					1			
469 71% (20/ 28)	1/	1/	1	1							1/M		1/			1/	1D								
1424 71% (20/ 28)	1/	5	1	1									1/			1/	1					1			
642 71% (17/ 24)	Z	Z	1	1					2		1/		Z			1/	1				Z	1B			
1867 71% (17/ 24)	Z	Z	Z	Z					1		1/		1/			1/	1					3			3
2180 71% (17/ 24)	Z	Z	Z	Z	4				1				1/			1/	1					1B			8C
1731 71% (12/ 17)	Z	Z	Z	Z	Z	Z	Z	Z	Z	Z	Z		1/			1/	1					1B			4C
2746 71% (12/ 17)	Z	Z	Z	Z	Z	Z			1		1/		Z	Z	Z	Z	Z		3			1B			3
632 70% (19/ 27)	1/	1/	1	1							1/		X			1/	1					2			
62 70% (7/ 10)	Z	Z	Z	Z	Z	Z			1		1/		1/	Z	Z	Z	Z	Z	Z	Z	Z	Z	Z	Z	Z
1726 69% (18/ 26)	1/	5	1	Z	Z				1				6			1/	1					1B			
1889 69% (11/ 16)	Z	Z	Z	Z	Z	Z	Z	Z	Z	Z	Z	Z	1/			1/	1				4	2B			
014 68% (13/ 19)	Z	Z	Z	Z	Z	Z			Z	Z	1/F		1/			1/	1	3				1			
020 68% (15/ 22)	Z	Z	Z	Z	Z	Z			1		1/		1/			1/	1	3				1			
1839 68% (15/ 22)	Z	Z	Z	Z	Z	Z			2		1/		1/			1/	5					2B			1B
1757 68% (17/ 25)	1/	1/	1	1					Z	Z	Z		1/			1/	1								3
2484 68% (17/ 25)	1/	1/	1	Z	Z	Z					1/		1/			1/	1					1B			
82 68% (19/ 28)	1/	1/	1	1							1/		1/			1/	1					3			
221 68% (19/ 28)	1/	1/	1	1							1/		1/			1/	1					1			

TESTSTELLE			97	100	102
UEBEREINST. ZEUGEN			422	470	478
BEZEUGTE VARIANTE			1/	1/	1/
P8	100%	(1/ 1)	Z	Z	Z
P33	100%	(1/ 1)	Z	Z	Z
P41	100%	(1/ 1)	Z	Z	Z
256	95%	(19/ 20)			
325	91%	(10/ 11)			
2289	91%	(10/ 11)			
1573	89%	(25/ 28)			
624	89%	(8/ 9)			
1730	89%	(8/ 9)			
38	86%	(24/ 28)			
314	86%	(6/ 7)			
1738	86%	(6/ 7)			
1846	86%	(6/ 7)			
1858	86%	(6/ 7)			
2127	86%	(24/ 28)			
2378	86%	(12/ 14)			
2777	86%	(6/ 7)			
P45	83%	(5/ 6)	Z	Z	Z
1745	83%	(5/ 6)	Z		
1899	83%	(5/ 6)	Z	Z	
172	81%	(13/ 16)			
309	81%	(13/ 16)			
2004	80%	(8/ 10)			
2627	80%	(4/ 5)	Z	Z	Z
2716	79%	(15/ 19)		Z	
498	78%	(18/ 23)			
1723	78%	(18/ 23)			
626	77%	(17/ 22)			
466	77%	(10/ 13)			
57	76%	(16/ 21)			
365	76%	(16/ 21)	Z		
2772	76%	(19/ 25)	Z	Z	Z
567	75%	(9/ 12)			

TESTSTELLE			97	100	102
UEBEREINST. ZEUGEN			422	470	478
BEZEUGTE VARIANTE			1/	1/	1/
1759	75%	(18/ 24)			5
2626	75%	(6/ 8)			
2587	74%	(17/ 23)			
920	74%	(14/ 19)			
1526	73%	(11/ 15)	Z	Z	Z
602	73%	(8/ 11)	Z		
1094	73%	(16/ 22)			
1752	73%	(16/ 22)			
1762	72%	(13/ 18)	Z		
986	72%	(18/ 25)			
1864	72%	(18/ 25)			
319	71%	(20/ 28)			
450	71%	(20/ 28)			
460	71%	(20/ 28)			
469	71%	(20/ 28)			
1424	71%	(20/ 28)			
642	71%	(17/ 24)			
1867	71%	(17/ 24)			
2180	71%	(17/ 24)			
1731	71%	(12/ 17)			
2746	71%	(12/ 17)			
632	70%	(19/ 27)			
62	70%	(7/ 10)			
1726	69%	(18/ 26)			
1889	69%	(11/ 16)			
014	68%	(13/ 19)			Z
020	68%	(15/ 22)			
1839	68%	(15/ 22)			
1757	68%	(17/ 25)			
2484	68%	(17/ 25)			
82	68%	(19/ 28)			
221	68%	(19/ 28)			
312	68%	(19/ 28)			

1359 38 TS + 2 SL + 64 MT

TESTSTELLE	8	10	11	12	18	19	20	21	28	29	35	36	41	42	44	45	47	48	50	52	53	56	64	65	66
UEBEREINST. ZEUGEN	94	392	351	5	355	110	441	2	416	439	452	7	467	283	451	473	92	452	17	452	338	459	38	71	365
BEZEUGTE VARIANTE	3	1/	1/	12	1/	2	1/	7	1/	1/	1/	1/D	1/	1/	1/	1/	2	1/	2	1/	1/	1/	2	1/F	1/
P33 100% (1/ 1)	Z	Z	Z	Z	Z	Z	Z	Z	Z	Z	Z	Z	Z	Z	Z	Z	Z	Z	Z		Z	Z	Z	Z	Z
P45 100% (6/ 6)	Z	Z	Z	Z	Y	Y	Y	X				Z		Z	Z		Z	Z	Z	Z	Z		Z	Z	Z
506 100% (5/ 5)	Z	Z	Z	Z	Z	Z	Z	Z			Z	Z	Z	Z	Z	Z	Z		Z	Z	Z		Z	Z	Z
218 87% (33/ 38)	1		1/C					1				1/													
1718 82% (31/ 38)	6			1				6				1/K												1/	1/G
62 80% (8/ 10)	Z	Z	Z	Z	Z	Z	Z	Z				1/			Z	Z	Z	Z	Z	Z	Z	Z	Z	Z	Z
1899 80% (4/ 5)	Z	Z	Z	Z	Z	Z	Z	Z	Z	Z	Z	Z	Z	Z	Z	Z	Z	Z	Z	Z	Z	Z	Z	Z	Z
2778 80% (4/ 5)	Z	Z	Z	Z	Z	Z	Z	Z	Z	Z	Z	Z	Z	Z	Z	Z	Z		1D				Z	Z	Z
1846 78% (7/ 9)	Z	Z	Z	Z	Z	Z	Z	Z	Z	Z	Z	Z	Z	Z	Z	Z	Z	Z	Z	Z	Z	Z	Z	Z	Z
81 77% (20/ 26)	2	14	1/L	2	Z	Z	Z	Z			3	1/											Z	Z	Z
642 73% (22/ 30)		Z	Z	1		1		1				1/		Z					1				Z	Z	Z
5 71% (27/ 38)				1		1		1											1		3		1	1/	
228 71% (27/ 38)				1	4			2				1/		5					1				1		11
1505 71% (27/ 38)	1																					1/D		1/	6
314 70% (7/ 10)	Z	Z	Z	Z	Z	Z	Z	Z	Z	Z	Z	Z					Z	Z	Z	Z	Z	Z	Z	Z	Z
2175 69% (9/ 13)	1			1				1				1/		Z	Z	Z	Z	Z	Z	Z	Z	Z	Z	Z	Z
93 68% (26/ 38)	1			1		1		1				1/					1		1				1		
808 68% (26/ 38)			1/L	1	6	1		1				1/							1		3		1		
1563 68% (26/ 38)	1		1/O	1		1		1				1/					1		1				1	1/	
2541 68% (26/ 38)				1		1		1				1/					1		1				1	1/	
020 67% (20/ 30)	Z	Z	Z	Z	Z	Z	Z	Z				1/							1	3			1		
319 67% (22/ 33)	1			1		1		1				1/K					1		1				Z	Z	Z
1723 67% (22/ 33)	Z	Z	Z	Z				1				1/		X			1		1				1		
1745 67% (4/ 6)	Z	Z	Z	Z	Z	Z	Z	Z	Z	Z	Z	Z	Z	Z	Z	Z	Z	Z	Z	Z	Z	Z	Z	Z	Z
1757 67% (24/ 36)	1			1		1		1			Z	Z							1				1	1/G	
2401 67% (24/ 36)				1		1		1				1/					1		V1				1	X	
2484 67% (22/ 33)	1			1	Z	Z	Z	Z				1/					1		1				1		
2626 67% (6/ 9)	Z	Z	Z	Z	Z	Z	Z	Z	Z	Z	Z	Z	Z	Z	Z	Z	Z	Z	Z	Z	Z	Z	Z	Z	Z
2718 67% (20/ 30)	3B					1		1				1/		4						4	3				6
945 66% (25/ 38)				3	4			2	3D	5		1/		5					19		8C			1/	
996 66% (25/ 38)				1	4			2B				1/		6					1	3			1	1/	10
1161 66% (25/ 38)	1			1		1		1				1/							1				1	1/	

TESTSTELLE			8	10	11	12	18	19	20	21	28	29	35	36	41	42	44	45	47	48	50	52	53	56	64	65	66
UEBEREINST. ZEUGEN			94	392	351	5	355	110	441	2	416	439	452	7	467	283	451	473	92	452	17	452	338	459	38	71	365
BEZEUGTE VARIANTE			3	1/	1/	12	1/	2	1/	7	1/	1/	1/	1/D	1/	1/	1/	1/	2	1/	2	1/	1/	1/	2	1/F	1/
1704	66%	(25/ 38)				2	4			2	3D	5		1/		5					19		8			1/	
1739	66%	(25/ 38)				3	4			2	3D	5		1/		5					2C		3			1/	
1847	66%	(25/ 38)	1			1		1		1				1/							1				1	1/	
1868	66%	(25/ 38)				1		1		1				1/F					1		1B		3		1		
1877	66%	(25/ 38)				1		1		2		4		1/					1		10				1		
1891	66%	(25/ 38)				3	4			2	3D	5		1/F		5					2C		3			1/	
623	66%	(21/ 32)	Z	Z	Z	Z	Z	Z		1				1/		4					1		3				
626	66%	(19/ 29)	Z	Z	Z	Z	Z	Z	Z	Z				1/K					1		1				1	1/	
226	65%	(24/ 37)	1			1		1		1				1/					1		1				3		
1746	65%	(24/ 37)	X			1				1				1/					1		1				1	1/	
1873	65%	(24/ 37)				1		1		1				1/K					1		1		3		1		
1864	65%	(22/ 34)	Z	Z	Z	Z				1				1/					1		1				1	1/	
1852	64%	(18/ 28)	Z	Z	Z	Z	Z	Z	Z	Z	Z	Z		1/					1		1				1	1/	
1526	64%	(16/ 25)	Z	Z	Z	Z		1		1				1/					1		1				1		
43	64%	(23/ 36)	1			1		1	Z	Z				1/					1		1				1	1/	
630	64%	(23/ 36)				3	Z	Z		2	3D			1/F		6					2C		8		1	1/	
935	64%	(23/ 36)	1			1		1		Z				1/		6			1		X		3		1	9	
1508	64%	(23/ 36)	1			1				1				1/					1		1		Z		1	1/	
1721	64%	(23/ 36)				1		1		1				1/							Y	Y			1	1/	
2200	64%	(23/ 36)				3	4			2	3D			1/F		5					2C		8		1	1/	
1729	64%	(21/ 33)	Z	Z	Z	Z		V		1				1/F					1		1B		3		1	1/	
1867	64%	(21/ 33)	Z	Z	Z	Z		1		1				1/					1		1				1	1/	
1094	63%	(19/ 30)	Z	Z	Z	Z	Z	Z	Z	Z				1/					1		1				1	1/	
1839	63%	(19/ 30)	Z	Z	Z	Z	Z	Z	Z	Z				1/					1		5				7	1/	
025	63%	(24/ 38)	1			1		1B		1				1/					1		1				1		
044	63%	(24/ 38)	1	4		1		1		1				1/		4	5										
049	63%	(24/ 38)	1			1		1		1				1/F					1		1				1		
1	63%	(24/ 38)	1			1		1		1				1/					1		1				1		
104	63%	(24/ 38)		11	1/M	1		1		1				1/		7			1		1C				6	1/	
122	63%	(24/ 38)				1		1		1				1/	1/D				1		1				1		
149	63%	(24/ 38)	1			1				1				1/					1		1				1	1/	
175	63%	(24/ 38)	1			1		1		1				1/					1		1				1	1/	
201	63%	(24/ 38)	1			1				1				1/					1		1				1	1/	

1359 38 TS + 2 SL + 64 MT

TESTSTELLE	68	70	73	76	84	87	88	92	95	97	98	100	102
UEBEREINST. ZEUGEN	23	21	1	467	402	476	471	99	44	422	40	470	478
BEZEUGTE VARIANTE	7	2	11	1/	1/	1/	1/	2	2	1/	2	1/	1/
P33 100% (1/ 1)	Z	Z	Z	Z	Z	Z	Z	Z	Z	Z	Z	Z	Z
P45 100% (6/ 6)	Z	Z	Z	Z	Z	Z	Z	Z	Z	Z	Z	Z	Z
506 100% (5/ 5)	Z	Z	Z	Z		Z	Z	Z	Z	Z	Z	Z	Z
218 87% (33/ 38)			11B										
1718 82% (31/ 38)			11C										
62 80% (8/ 10)	Z	Z	Z	Z	Z	Z	Z	Z	Z		3		
1899 80% (4/ 5)	Z	Z	Z	Z				1	Z	Z	Z	Z	
2778 80% (4/ 5)	Z	Z	Z	Z	Z	Z	Z	Z	Z	Z	Z	Z	Z
1846 78% (7/ 9)	Z	Z	Z	Z					3		1		
81 77% (20/ 26)	Z	Z	Z	Z	Z								
642 73% (22/ 30)	Z		1		Z			1			1		
5 71% (27/ 38)	4	1	1								2C		
228 71% (27/ 38)		1	1						1				
1505 71% (27/ 38)	17	1	1D		4				3	3	1		
314 70% (7/ 10)	Z	Z	Z	Z	Z	Z	Z	1	1		1		
2175 69% (9/ 13)	Z	Z	Z	Z	Z	Z	Z	Z	Z	Z	Z	Z	Z
93 68% (26/ 38)		1	1					1	1				
808 68% (26/ 38)	1		1								1		
1563 68% (26/ 38)	1	4											
2541 68% (26/ 38)	1	1	1		4								
020 67% (20/ 30)	1	1	1D					1	1		1		
319 67% (22/ 33)	Z	Z	1					1	1		1		
1723 67% (22/ 33)	2	1	1					1	1		1		
1745 67% (4/ 6)	Z	Z	Z	Z	Z			1	Z	Z	1		
1757 67% (24/ 36)		1	1					1	1		1		
2401 67% (24/ 36)		1	1					1	1		3	4	
2484 67% (22/ 33)	Z	1	1					1	1		1		
2626 67% (6/ 9)	Z	Z	Z	Z				1	1		1		
2718 67% (20/ 30)	3	Z	Z	Z	Z	Z	Z	Z	Z		2C		
945 66% (25/ 38)	3		1D		3								
996 66% (25/ 38)		1	1						4				
1161 66% (25/ 38)		1	1					1	1		1		

1359 38 TS + 2 SL + 64 MT

TESTSTELLE UEBEREINST. ZEUGEN BEZEUGTE VARIANTE	68 23 7	70 21 2	73 1 11	76 467 1/	84 402 1/	87 476 1/	88 471 1/	92 99 2	95 44 2	97 422 1/	98 40 2	100 470 1/	102 478 1/
1704 66% (25/ 38)	3		1D		3								
1739 66% (25/ 38)	3		1D		3								
1847 66% (25/ 38)		1	1					1	1		1		
1868 66% (25/ 38)	15	1	10						1		1		
1877 66% (25/ 38)		1	1					1	1		1		
1891 66% (25/ 38)	3		1D		3								
623 66% (21/ 32)	4	1	1D		4						2C		3
626 66% (19/ 29)	1	Z	1					1	1		1		
226 65% (24/ 37)	X	1	1					1	1		1		
1746 65% (24/ 37)	2	1	1					1	1		1		
1873 65% (24/ 37)	4	1	10						1	Z	6		
1864 65% (22/ 34)	2	1	1					1	1		1		
1852 64% (18/ 28)	1	1	1						3		1		
1526 64% (16/ 25)	1	1	1		Z	Z	Z	Z	Z	Z	Z	Z	Z
43 64% (23/ 36)		1	1					1	1		1		
630 64% (23/ 36)	3	1	1		3								
935 64% (23/ 36)	1	1	1								3		
1508 64% (23/ 36)	2	Z	1					1	1		1		
1721 64% (23/ 36)	1	1	1D		4			1	1		1		
2200 64% (23/ 36)	3	1B	Z	Z	3								
1729 64% (21/ 33)	15	1	10						1		1		
1867 64% (21/ 33)	1	1	1					1	Z		2C		
1094 63% (19/ 30)	1	1	1					1	1		2C		
1839 63% (19/ 30)	1	1	1C					1	3		1		
025 63% (24/ 38)	1	1	3					1	1		1		
044 63% (24/ 38)	3	1	1D						3		1		4
049 63% (24/ 38)	1	7	1					1	1B		3		
1 63% (24/ 38)	1	1	1					1	1		1		
104 63% (24/ 38)	1	1	1										
122 63% (24/ 38)	1	1	1					1	1		1		
149 63% (24/ 38)	2	1	1					1	1		1		
175 63% (24/ 38)	1	1	1					1			1		
201 63% (24/ 38)	2	1	1					1	1		1		

1404 32 TS + 0 SL + 72 MT

TESTSTELLE	10	11	18	20	28	29	34	35	36	41	42	44	45	46	48	49	52	53	55	56	65	66	76	84	87
UEBEREINST. ZEUGEN	392	351	355	441	416	439	29	452	339	467	41	451	473	76	452	162	452	87	422	459	333	365	467	402	476
BEZEUGTE VARIANTE	1/	1/	1/	1/	1/	1/	11	1/	1/	1/	6	1/	1/	2	1/	2	1/	3	1/	1/	1/	1/	1/	1/	1/
P8 100% (1/ 1)	Z	Z		Z	Z	Z	Z	Z	Z	Z	Z	Z	Z	Z	Z	Z	Z	Z	Z	Z	Z	Z	Z	Z	Z
P33 100% (1/ 1)	Z	Z	Z	Z	Z	Z	Z	Z	Z	Z	Z	Z	Z	Z	Z	Z		Z	Z	Z	Z	Z	Z	Z	Z
P41 100% (1/ 1)	Z	Z	Z	Z	Z	Z	Z	Z	Z	Z	Z	Z	Z	Z	Z	Z	Z	Z	Z	Z	Z	X		Z	Z
1101 100% (4/ 4)					Z	Z	Z	Z	Z	Z	Z	Z	Z	Z	Z	Z	Z	Z	Z	Z	Z	Z	Z	Z	Z
440 94% (30/ 32)														3											
935 94% (30/ 32)														5							9				
2483 94% (30/ 32)														3							1/F				
496 91% (29/ 32)														3											
1315 91% (29/ 32)														3				8C							
2175 90% (9/ 10)							1				Z	Z	Z	Z	Z	Z	Z	Z	Z	Z	Z	Z	Z	Z	Z
916 89% (8/ 9)							1			Z	Z	Z	Z	Z	Z	Z	Z	Z	Z	Z	Z	Z	Z	Z	Z
216 88% (28/ 32)							1							3		1									
506 88% (7/ 8)	Z	Z	Z	Z			1	Z	Z	Z	Z	Z	Z	Z			Z	Z			Z	Z	Z		Z
1846 88% (7/ 8)	Z	Z	Z	Z	Z	Z	Z	Z	Z	Z	Z	Z	Z	Z	Z	Z	Z	Z	Z	Z	Z	Z	Z		
2696 88% (28/ 32)									1/E					3				1/							
172 86% (19/ 22)	Z	Z				Z	Z	Z		Z	Z			1		1		1/						Z	
2201 86% (25/ 29)	Z	Z	Z						1/F		1/														
P45 86% (6/ 7)	Z	Z	Y	Y			Y		Z		Z	Z		Z	Z	Z	Z	Z	3		Z	Z	Z	Z	Z
5 84% (27/ 32)									1/D		1/			3											
142 84% (27/ 32)							1				4							1/				11			
619 84% (27/ 32)		1/L									4														
1595 84% (27/ 32)											4			3											
2774 84% (27/ 32)	11						1							3							1/F				
1856 84% (21/ 25)							1				8			1				1/						Z	Z
1893 84% (21/ 25)							Z	Z	Z		4				Z						Z	Z		Z	
2778 83% (5/ 6)	Z	Z	Z	Z	Z	Z	Z	Z	Z	Z	Z	Z	Z	Z				1/			Z	Z	Z	Z	Z
62 82% (9/ 11)	Z	Z	Z	Z			1				1/	Z	Z	Z	Z	Z	Z	Z	Z	Z	Z	Z	Z	Z	Z
35 81% (26/ 32)							1					6						1/							
203 81% (26/ 32)							1				1/			3				1/							
444 81% (26/ 32)							1							1				1/							
456 81% (26/ 32)							1				1/			3											
634 81% (26/ 32)							1				4			1				1/							
664 81% (26/ 32)							1							1				1/							

1404 32 TS + 0 SL + 72 MT

TESTSTELLE	10	11	18	20	28	29	34	35	36	41	42	44	45	46	48	49	52	53	55	56	65	66	76	84	87
UEBEREINST. ZEUGEN	392	351	355	441	416	439	29	452	339	467	41	451	473	76	452	162	452	87	422	459	333	365	467	402	476
BEZEUGTE VARIANTE	1/	1/	1/	1/	1/	1/	11	1/	1/	1/	6	1/	1/	2	1/	2	1/	3	1/	1/	1/	1/	1/	1/	1/
1058 81% (26/ 32)							1							1				1/							
1162 81% (26/ 32)		1/L	4								4														
1270 81% (26/ 32)				1/B							4			6											
1598 81% (26/ 32)				1/B							4			6											
1827 81% (26/ 32)		1/B									4					1									
323 81% (25/ 31)	Z		4		3C	5										1					1/C				
1508 81% (25/ 31)							1				1/			1				Z							
2218 81% (25/ 31)							1				V			1				1/							
623 79% (23/ 29)	Z	Z	Z								4										1/F			4	
400 79% (19/ 24)		1/L						X			W	X		6				W			X	X			X
1752 79% (22/ 28)	Z	Z	Z	Z			1							1				1/							
6 78% (25/ 32)							8	3			3			1		1									
18 78% (25/ 32)							1				4			1				1/							
141 78% (25/ 32)							1				8			1				1/							
149 78% (25/ 32)							1				1/			1				1/							
201 78% (25/ 32)							1				1/			1				1/							
204 78% (25/ 32)							1				8			1				1/							
205 78% (25/ 32)		6					1				1/			1											
322 78% (25/ 32)			4		8	5										1		3F			1/C				
386 78% (25/ 32)							1				4			1				1/							
394 78% (25/ 32)							1				8			1				1/							
437 78% (25/ 32)									1/K		1/					1		1/							
604 78% (25/ 32)							1				5			1				1/							
801 78% (25/ 32)							1				8			1				1/							
824 78% (25/ 32)							1				1/			1				1/							
928 78% (25/ 32)							1				8			1				1/							
1040 78% (25/ 32)							1				1/			1				1/							
1072 78% (25/ 32)							1				1/			1				1/							
1075 78% (25/ 32)							1				1/			1				1/							
1100 78% (25/ 32)							1				4			1				1/							
1161 78% (25/ 32)							13				1/			1				1/							
1248 78% (25/ 32)							1				1/			1				1/							
1297 78% (25/ 32)				1/B							4			6							1/F				

1404 32 TS + 0 SL + 72 MT

TESTSTELLE UEBEREINST. ZEUGEN BEZEUGTE VARIANTE	88 471 1/	91 6 5C	92 99 2	97 422 1/	98 34 3	100 470 1/	102 478 1/
P8 100% (1/ 1)	Z	Z	Z	Z	Z	Z	Z
P33 100% (1/ 1)	Z	Z	Z	Z	Z	Z	Z
P41 100% (1/ 1)	Z	Z	Z	Z	Z	Z	Z
1101 100% (4/ 4)	Z	Z	Z	Z	Z	Z	Z
440 94% (30/ 32)		4K					
935 94% (30/ 32)							
2483 94% (30/ 32)							
496 91% (29/ 32)		4K			1		
1315 91% (29/ 32)					1		
2175 90% (9/ 10)	Z	Z	Z	Z	Z	Z	Z
916 89% (8/ 9)	Z	Z	Z	Z	Z	Z	Z
216 88% (28/ 32)		4K					
506 88% (7/ 8)	Z	Z	Z	Z	Z	Z	Z
1846 88% (7/ 8)		X			1		
2696 88% (28/ 32)					1		
172 86% (19/ 22)		Z	Z				
2201 86% (25/ 29)		5			6		
P45 86% (6/ 7)	Z	Z	Z	Z	Z	Z	Z
5 84% (27/ 32)		3			2C		
142 84% (27/ 32)		4K					
619 84% (27/ 32)		1/	1		6B		
1595 84% (27/ 32)		3	1		1		
2774 84% (27/ 32)		1/					
1856 84% (21/ 25)	Z	Z	Z	Z	Z		
1893 84% (21/ 25)		1/	1		6		
2778 83% (5/ 6)	Z	Z	Z	Z	Z	Z	Z
62 82% (9/ 11)	Z	Z	Z				
35 81% (26/ 32)		3	1		1		
203 81% (26/ 32)		1/			1		
444 81% (26/ 32)		1/	1		1		
456 81% (26/ 32)		1/	1		1		
634 81% (26/ 32)		1/			1		
664 81% (26/ 32)		1/	1		1		

1404 32 TS + 0 SL + 72 MT

TESTSTELLE UEBEREINST. ZEUGEN BEZEUGTE VARIANTE	88 471 1/	91 6 5C	92 99 2	97 422 1/	98 34 3	100 470 1/	102 478 1/
1058 81% (26/ 32)		1/	1		1		
1162 81% (26/ 32)		1/	1		6		
1270 81% (26/ 32)		3	1		1		
1598 81% (26/ 32)		3	1		1		
1827 81% (26/ 32)		1/	1		6		
323 81% (25/ 31)		5					
1508 81% (25/ 31)		1/	1		1		
2218 81% (25/ 31)		1/	1		1		
623 79% (23/ 29)		3			2C		3
400 79% (19/ 24)	X	5	1		1		
1752 79% (22/ 28)		1/	1		1		
6 78% (25/ 32)		12B			2C		
18 78% (25/ 32)		1/	1		1		
141 78% (25/ 32)		1/	1		1		
149 78% (25/ 32)		1/	1		1		
201 78% (25/ 32)		1/	1		1		
204 78% (25/ 32)		1/	1		1		
205 78% (25/ 32)		1/	1		1		
322 78% (25/ 32)		5					
386 78% (25/ 32)		1/	1		1		
394 78% (25/ 32)		1/	1		1		
437 78% (25/ 32)		1/	1		6		
604 78% (25/ 32)		1/	1		1		
801 78% (25/ 32)		4E	1		1		
824 78% (25/ 32)		1/	1		1		
928 78% (25/ 32)		1/	1		1		
1040 78% (25/ 32)		1/	1		1		
1072 78% (25/ 32)		1/	1		1		
1075 78% (25/ 32)		1/	1		1		
1100 78% (25/ 32)		1/	1		1		
1161 78% (25/ 32)		4	1		1		
1248 78% (25/ 32)		1/	1		1		
1297 78% (25/ 32)		3	1		1		

TESTSTELLE	8	10	11	18	20	28	29	35	36	41	42	44	45	46	48	50	52	53	55	56	65	66	72	76	77
UEBEREINST. ZEUGEN	94	392	351	73	441	416	439	452	17	467	60	451	473	101	452	16	452	33	16	459	333	365	45	467	181
BEZEUGTE VARIANTE	3	1/	1/	4	1/	1/	1/	1/	1/M	1/	5	1/	1/	3	1/	17	1/	8	8	1/	1/	1/	4	1/	2
P33 100% (1/ 1)	Z	Z	Z	Z	Z	Z	Z	Z	Z	Z	Z	Z	Z	Z	Z	Z		Z	Z	Z	Z	Z	Z	Z	Z
1863 91% (32/ 35)																							1		
2279 91% (32/ 35)																							1		
912 91% (31/ 34)																							1		
1594 89% (31/ 35)	1																						1		
1753 89% (31/ 35)									1/K														1		
2511 89% (31/ 35)																							1		
234 88% (30/ 34)																	X				1/F		1		
1861 87% (27/ 31)	Z	Z	Z	Z																			1		
P45 86% (6/ 7)	Z	Z	Z	Y	Y				Z		Z	Z		Z	Z	Z	Z	Z	3		Z	Z	Z	Z	Z
1003 86% (30/ 35)	1		8	1/																					
1250 86% (30/ 35)				1/																			1		
390 83% (29/ 35)	3B			1/																			1		
51 80% (28/ 35)									1/F										1/			4	1		
2501 80% (28/ 35)									1/K																
42 79% (27/ 34)	Z																	9	1/				1		1
1456 79% (19/ 24)									1/K						Z	Z	Z	Z	Z	Z	Z	Z	Z	Z	Z
582 77% (27/ 35)			6	1/					1/K													6			
2627 75% (3/ 4)	Z	Z	Z	Z	Z				1/	Z	Z	Z	Z	Z	Z	Z	Z	Z	Z	Z	Z	Z	Z	Z	Z
223 74% (26/ 35)									1/K										1/		1/F		1		1
2125 71% (5/ 7)				1/		Z	Z		Z	Z	Z	Z	Z	1	Z	Z	Z	Z	Z	Z	Z	Z	Z	Z	Z
2675 71% (25/ 35)	1D		4								3					18					1/F	1/D	1		
2175 70% (7/ 10)	1			1/					1/		Z	Z	Z	Z	Z	Z	Z	Z	Z	Z	Z	Z	Z	Z	Z
506 67% (4/ 6)	Z	Z	Z	Z	Z			Z	Z	Z	Z	Z	Z	Z		Z	Z	Z	1/		Z	Z	Z	Z	Z
916 67% (6/ 9)	1			1/					1/	Z	Z	Z	Z	Z	Z	Z	Z	Z	Z	Z	Z	Z	Z	Z	Z
367 66% (23/ 35)				1/					1/I		1/					1		1/	1/				1		1B
522 65% (22/ 34)			5			11			1/F					2		19			1/				V		1B
1758 64% (18/ 28)	1		5	Y		X			1/K					X		1			1/				X	X	X
1721 64% (21/ 33)				1/					1/		1/					Y	Y	1/	1/				1		1
2200 64% (21/ 33)						3D			1/F					1		2C			1/				3	Z	Z
5 63% (22/ 35)				1/					1/D		1/					1		3	1/				1		
228 63% (22/ 35)									1/							1		1/	1/		1/F	11	8		
429 63% (22/ 35)			5			3D			1/F					2		19			1/				2		1B

1405 35 TS + 0 SL + 69 MT

TESTSTELLE	8	10	11	18	20	28	29	35	36	41	42	44	45	46	48	50	52	53	55	56	65	66	72	76	77
UEBEREINST. ZEUGEN	94	392	351	73	441	416	439	452	17	467	60	451	473	101	452	16	452	33	16	459	333	365	45	467	181
BEZEUGTE VARIANTE	3	1/	1/	4	1/	1/	1/	1/	1/M	1/	5	1/	1/	3	1/	17	1/	8	8	1/	1/	1/	4	1/	2
1102 63% (22/ 35)	1								1/		1/					1D		3	1/				1		1
1704 63% (22/ 35)						3D	5		1/					2		19			1/				6		
1856 62% (18/ 29)	1			1/					1/		8			1		1		1/	1/				1		
630 62% (21/ 34)				Z		3D			1/F		6			2		2C			1/				3		
1597 62% (21/ 34)	1	8							1/		1/					1		1/	1/				1		1
1754 62% (21/ 34)	Z		7	1/					1/K						1/B	1E		1/	1/						
1845 62% (21/ 34)			10	1/					1/		1/			1		1		1/							-
2218 62% (21/ 34)	1			1/					1/		V			1		1		1/	1/						
365 62% (16/ 26)	1	3		1/					1/K		1/			1		13		1/	1/			10	Z	Z	Z
624 62% (8/ 13)	Z	Z	Z	Z	Z	Z	Z		1/	Z	Z	Z	Z	Z	Z	Z	Z	Z	Z	Z			W		Z
2431 61% (19/ 31)	1			Y				Y	Y		1/			Y		1		1/	1/		1/G		1		
699 61% (20/ 33)	Z			Z					1/		1/					1		1/	1/				1		1
1352 61% (20/ 33)	1			1/					1/		7					1		1/	X				1		U
1508 61% (20/ 33)	1			1/					1/		1/			1		1		Z	1/				Z		
1609 61% (20/ 33)	1			1/		3D			1/		1/					1		3	1/		5				
102 60% (21/ 35)	1								1/		1/					1		3	1/	1/C			1		1
189 60% (21/ 35)	1	8							1/		1/					1E		3	1/				1		1
206 60% (15/ 25)	Z	Z	Z	Z	Z	Z	Z	Z	Z					2		19	4		1/				3		1B
436 60% (21/ 35)	1		1/L						1/		4			2		1		4C	1/				2B		
456 60% (21/ 35)	1			1/					1/		1/					1		3	1/						1
604 60% (21/ 35)	1			1/					1/					1		1		1/	1/				1		
608 60% (21/ 35)			1/M	1/							1/			1		1		1/	1/E				1		1B
664 60% (21/ 35)	1			1/					1/		6			1		1		1/	1/						
676 60% (21/ 35)	1			1/					1/K		1/			1		1B		1/	1/				1		1
945 60% (21/ 35)						3D	5		1/					2		19		8C	1/				6		
996 60% (21/ 35)									1/		6					1	3	1/	1/			10	1		2B
1058 60% (21/ 35)				1/					1/		6			1		1		1/	1/				1		
1101 60% (3/ 5)	1			1/		Z	Z	Z	Z	Z	Z	Z	Z	Z	Z	Z	Z	Z	Z	Z	Z	Z	Z	Z	Z
1106 60% (21/ 35)			5						1/K		1/					21		1/	1/				1		1
1251 60% (21/ 35)			5						1/			3		1		1			1/				1		1
1315 60% (21/ 35)	1			1/					1/		6					12		8C	1/				1		
1448 60% (21/ 35)	1			7					1/		1/			1		1		1/	1/				1		
1509 60% (21/ 35)			1/I			3D			1/F					1	1/K	1			1/		1/F		1		

1405 35 TS + 0 SL + 69 MT

TESTSTELLE	84	87	88	91	95	97	100	101	102	104
UEBEREINST. ZEUGEN	42	476	471	14	68	33	470	7	478	7
BEZEUGTE VARIANTE	4	1/	1/	11	3	4	1/	3	1/	3D
P33 100% (1/ 1)	Z	Z	Z	Z	Z	Z	Z	Z	Z	Z
1863 91% (32/ 35)								1		1
2279 91% (32/ 35)								1		1
912 91% (31/ 34)				X				1		1
1594 89% (31/ 35)								1		1
1753 89% (31/ 35)								1		1
2511 89% (31/ 35)	1/							1		1
234 88% (30/ 34)								1		1
1861 87% (27/ 31)						1/		1		1
P45 86% (6/ 7)	Z	Z	Z	Z	Z	Z	Z	Z	Z	Z
1003 86% (30/ 35)								1		1
1250 86% (30/ 35)						1/		1		1
390 83% (29/ 35)				1/				1		1
51 80% (28/ 35)	1/							1		1
2501 80% (28/ 35)	1/			1/	1	1/		1		1
42 79% (27/ 34)	1/							1		1
1456 79% (19/ 24)				11F		1/		1		1
582 77% (27/ 35)				11F		1/		1		1
2627 75% (3/ 4)	Z	Z	Z	Z	Z	Z	Z	Z	Z	Z
223 74% (26/ 35)	1/					1/		1		1
2125 71% (5/ 7)	Z	Z	Z	Z	Z	Z	Z	Z	Z	Z
2675 71% (25/ 35)	1/							1		1
2175 70% (7/ 10)	Z	Z	Z	Z	Z	Z	Z	Z	Z	Z
506 67% (4/ 6)	1/	Z	Z	Z	Z	Z	Z	Z	Z	Z
916 67% (6/ 9)	Z	Z	Z	Z	Z	Z	Z	Z	Z	Z
367 66% (23/ 35)				11B		1/		1		1
522 65% (22/ 34)	3			4F		1/		1		3E
1758 64% (18/ 28)	3			4E	1	X		1		1
1721 64% (21/ 33)				3	1	1/		1		1
2200 64% (21/ 33)	3			3	2	1/		1		1
5 63% (22/ 35)	1/			3	2	1/		1		1
228 63% (22/ 35)	1/			5H	1	1/		1		1
429 63% (22/ 35)	3			4E		1/		1		1

1405 35 TS + 0 SL + 69 MT

TESTSTELLE		84	87	88	91	95	97	100	101	102	104
UEBEREINST. ZEUGEN		42	476	471	14	68	33	470	7	478	7
BEZEUGTE VARIANTE		4	1/	1/	11	3	4	1/	3	1/	3D
1102	63% (22/ 35)	1/			3		1/		1		1
1704	63% (22/ 35)	3			3	2	1/		1		1
1856	62% (18/ 29)	Z	Z	Z	Z	Z	Z		1		1
630	62% (21/ 34)	3			3	2	1/		1		1
1597	62% (21/ 34)	1/			X		1/		1		1
1754	62% (21/ 34)	1/			1/	1	1/		1		1
1845	62% (21/ 34)	1/			X	1	1/		1		1
2218	62% (21/ 34)	1/			1/	1	1/		1		1
365	62% (16/ 26)	Z	Z	Z	Z	Z	Z				
624	62% (8/ 13)	Z			1/	1	1/		1		Z
2431	61% (19/ 31)	1/			1/	1			1		1
699	61% (20/ 33)	1/			1/	1	1/		1		1
1352	61% (20/ 33)	1/			1/	1	1/		1		1
1508	61% (20/ 33)	1/			1/	1	1/		1		1
1609	61% (20/ 33)	1/			5	Z	Z		1		1
102	60% (21/ 35)	1/			3		1/		1		1
189	60% (21/ 35)	1/			3		1/		1		1
206	60% (15/ 25)	3			4E		1/		1		Z
436	60% (21/ 35)				3	2	1/		1		1
456	60% (21/ 35)	1/			1/	1	1/		1		1
604	60% (21/ 35)	1/			1/	1	1/		1		1
608	60% (21/ 35)	1/			3E		1/		1		1
664	60% (21/ 35)	1/			1/	1	1/		1		1
676	60% (21/ 35)				1/	1	1/				1
945	60% (21/ 35)	3			3	2	1/		1		1E
996	60% (21/ 35)	1/			5H	4	1/		1		
1058	60% (21/ 35)	1/			1/	1	1/		1		1
1101	60% (3/ 5)	Z	Z	Z	Z	Z	Z	Z	Z	Z	Z
1106	60% (21/ 35)	1/			1/	1	1/		1		1
1251	60% (21/ 35)	1/			1/	1	1/		1		1
1315	60% (21/ 35)	1/			5C	2	1/		1		1
1448	60% (21/ 35)				13B	2	1/		1		1
[illegible]	[illegible]	[illegible]			[illegible]		[illegible]		[illegible]		[illegible]

TESTSTELLE	2	5	9	10	11	12	14	16	17	18	19	20	21	23	24	26	28	29	35	36	41	42	43	44	45
UEBEREINST. ZEUGEN	16	11	4	11	351	5	11	7	23	3	110	441	36	91	17	30	416	439	452	54	467	283	24	6	473
BEZEUGTE VARIANTE	2	2	5	11	1/	12	3	2	2	5	2	1/	2	2	2	2	1/	1/	1/	1/K	1/	1/	2	4	1/
P45 89% (8/ 9)	Z	Z	Z	Z	Z	Z	Z	Z	Z	Y	Y	Y	X			Z				Z		Z	Z	Z	
62 75% (9/ 12)	Z	Z	Z	Z	Z	Z	Z	Z	Z	Z	Z	Z	Z	Z	Z	1				1/			1	Z	Z
2778 67% (4/ 6)	Z	Z	Z	Z	Z	Z	Z	Z	Z	Z	Z	Z	Z	Z	Z	Z	Z	Z	Z	Z	Z	Z	Z	Z	Z
P74 65% (37/ 57)			Z	3	1/I	2	2			Z									3	1/		3			
506 64% (7/ 11)	Z	Z	Z	Z	Z	Z	Z	Z	Z	Z	Z	Z	Z	Z	Z	1			Z	Z	Z	Z	Z	Z	Z
01 62% (38/ 61)			2	3		2	2												3	1/					
02 61% (37/ 61)			2	3		2	2												3	1/		3			
81 58% (21/ 36)			2	14	1/L	2	2	Z	Z	Z	Z	Z	Z	Z	Z				3	1/				1/	
03 57% (35/ 61)			2	1/		2	2			3	3								4	1/					
1175 57% (35/ 61)			4	3	1/D	2	2												3	1/		6		6	
441 53% (24/ 45)	Z	Z	Z	Z	Z	Z	Z	Z	Z	Z	Z	Z	Z	Z	Z	Z				1/		4	1	1/	
2344 53% (32/ 60)	1	5	1			1	X	1		1/	1		1		1					1/		3		1/	
33 53% (27/ 51)	1	5	1			1	4	1		X	1		X		X			X		X		3		1/	
623 52% (26/ 50)	Z	Z	Z	Z	Z	Z	Z	Z	Z	Z	Z		1		1					1/		4	1	1/	
04 51% (19/ 37)			3	3	5	2	2	Z	Z	Z	Z	Z	Z	Z					3B	1/	Z	Z			
314 50% (6/ 12)	Z	Z	Z	Z	Z	Z	Z	Z	Z	Z	Z	Z	Z	Z	Z	Z	Z	Z	Z	Z			1	1/	
1846 50% (7/ 14)	Z	Z	Z	Z	Z	Z	Z	Z	Z	Z	Z	Z	Z	Z	Z	Z	Z	Z	Z	Z	Z	Z	Z	Z	Z
2303 50% (9/ 18)	Z	Z	Z	Z	Z	Z	Z	Z	Z	Z	Z	Z	Z	Z	Z	Z				1/		4	1	1/	
2627 50% (3/ 6)	Z	Z	Z	Z	Z	Z	Z	Z	Z	Z	Z	Z	Z	Z	Z	1				1/	Z	Z	Z	Z	Z
5 49% (30/ 61)	1	1	1	1/		1	4	1	1	1/	1		1		1					1/D			1	1/	
1642 49% (30/ 61)		1	6	3	14	3	2	1		4							3G	5	3	1/				1/	
2201 48% (25/ 52)	1	1	Z	Z	Z	Z	Z	Z	Z	Z	Z		1		1	1				1/F			1	1/	
2718 48% (20/ 42)	1	1	1	1/			1B	1	1	1/	1		1		1	1				1/		4		1/	
945 48% (29/ 61)	1	1	1	1/		3		1	11	4					1B		3D	5		1/		5	1	1/	
1739 48% (29/ 61)	1	1	1	1/		3	2	1		4					1B		3D	5		1/		5	1	1/	
88 47% (28/ 59)	1	3	1	3		1	4	X		1/	1					1				1/			1	1/	
1704 46% (28/ 61)	1	1	1	1/		2	2	1	11	4					1B		3D	5		1/		5	1	1/	
1891 46% (28/ 61)	1	1	1	1/		3	9	1		4					1B		3D	5		1/F		5	1	1/	
2774 46% (28/ 61)		1	2			11B	1	1	1C	1/	1				1	1				1/		6	1	1/	
180 46% (27/ 59)	1	1	1	6		1	3B	1	1	5B					1	1	3E	5	3	1/F		4		1/	
020 46% (21/ 46)	Z	Z	Z	Z	Z	Z	Z	Z	Z	Z	Z	Z	Z	Z	Z	1				1/			1	1/	
610 46% (26/ 57)	1	1	4	6		1		1		5B					1	Z	3E	5	3	1/F		4		1/	
2805 46% (26/ 57)	1	1	1	4	10	1	2	1		4		Z	Z	Z			6	6		1/		4	1	1/	

1409 61 TS + 2 SL + 35 MT

TESTSTELLE	2	5	9	10	11	12	14	16	17	18	19	20	21	23	24	26	28	29	35	36	41	42	43	44	45
UEBEREINST. ZEUGEN	16	11	4	11	351	5	11	7	23	3	110	441	36	91	17	30	416	439	452	54	467	283	24	6	473
BEZEUGTE VARIANTE	2	2	5	11	1/	12	3	2	2	5	2	1/	2	2	2	2	1/	1/	1/	1/K	1/	1/	2	4	1/
1738 45% (5/ 11)	Z	Z	Z	Z	Z	Z	Z	Z	Z	Z	Z	Z	Z	Z	Z	Z	Z	Z	Z	Z	Z	Z	Z	Z	Z
1858 45% (5/ 11)	Z	Z	Z	Z	Z	Z	Z	Z	Z	Z	Z	Z	Z	Z	Z	Z	Z	Z	Z	Z	Z	Z	Z	Z	Z
2746 45% (17/ 38)	Z	Z	Z	Z	Z	Z	Z	Z	Z	Z	Z	Z	Z	Z	Z	1				1/		Z	Z	Z	Z
1745 44% (4/ 9)	Z	Z	Z	Z	Z	Z	Z	Z	Z	Z	Z	Z	Z	Z	Z	Z	Z	Z	Z	Z	Z	Z	Z	Z	Z
1899 44% (4/ 9)	Z	Z	Z	Z	Z	Z	Z	Z	Z	Z	Z	Z	Z	Z	Z	Z	Z	Z	Z	Z	Z	Z	Z	Z	Z
044 44% (27/ 61)		3	1	4		1	1B	1		1/	1		1	7		1				1/		4	1	5	
808 44% (27/ 61)	1	1	1	1/	1/L	1	1	1	1H	6	1		1	1	1	1				1/			1	1/	
2818 44% (27/ 61)	1	1	4	6		1C		1		5B					1	1	3E	5	3	1/F		4		1/	
08 44% (26/ 59)		1	1			1		1		4	1		4	3	1		5			1/		6	1	1/	
1735 44% (26/ 59)	1	1	1	1/		1	1	1	1	1/	1		1	1	1	1	3D						3	1/	
1873 44% (26/ 59)	Z	1	1	1/		1	4	1	4	1/	1		1		1	1							1	1/	
014 43% (19/ 44)	Z	Z	Z	Z	Z	Z	Z	Z	Z	Z	Z	Z	Z	1	1	1			Z	1/F			1	1/	
630 43% (25/ 58)	1	1	1	1/		3	2	1	Z	Z	Z				1B	1	3D			1/F		6	1	1/	
181 43% (26/ 61)	1	1	2		11	4	1	1	1	1/	1		1H		1				3	3		4		1/	
218 43% (26/ 61)	1	1	1	1/	1/C		1	1	1	1/			1	1	1B	1				1/			1	1/	
228 43% (26/ 61)	1	1	1	1/		1	1	1	1	4					1B	1				1/		5	1	1/	
915 43% (26/ 61)	1	3	1	3	1/E	1	4	1		1/	1					1				1/E			1	1/	
2288 43% (26/ 61)	1	1	1	1/		1	1	1	1	1/	1		5		1	1							1	1/	
2298 43% (26/ 61)	1	1	1	1/	1/L	1	2	1	11B	4			1		1B		3D	5		1/		5	1	1/	
2374 43% (26/ 61)	1	1	1	1/		1	1	1	1C	1/	1			1	1	1				1/		4		1/	
323 42% (25/ 59)	1	1	Z	Z		1	1	1		4			1		1		3C	5		1/		6	1	1/	
941 42% (25/ 59)	1	1	1	1/		1	1	1	1	8	1		1C			1				1/F		4	1	1/	
1729 42% (22/ 52)	Z	Z	Z	Z	Z	Z	Z	Z	1G	1/	V		1		1	1				1/F			1	1/	
1852 42% (18/ 43)	Z	Z	Z	Z	Z	Z	Z	Z	Z	Z	Z	Z	Z	Z	Z	Z	Z	Z		1/			1	1/	
431 42% (25/ 60)	1	1	1	1/		13	10	1	1C	1/	1		1		1	3			3	1/		4		1/	
1875 42% (22/ 53)	1	X	X	X	X	X	6	1	1	1/	1		1		1		Z	Z	3	3		6	Z	1/	
1893 41% (21/ 51)	1	1	1	1/		1	X	1	1	1/	1		1		1	1			Z	Z		4	1	1/	
2200 41% (23/ 56)	1	1	1	1/		3	2	1	1C	4					1B	1	3D			1/F		5	1	1/	
307 41% (25/ 61)	1	1	4	6		1D	2	1		5B					1	1	3E	5	3	1/F		4		1/	
619 41% (25/ 61)	1	1	1	1/	1/L	1	1	1	1	1/	1		1		1					1/		4	1	1/	
621 41% (25/ 61)	1	1	1	1/	1/O	1	1	1	1	1/		1/B	1	1	1	1				1/		4	1	1/	
1162 41% (25/ 61)	1	5	1	1/	1/L	1	1	1	1	4	1		1		1					1/		4	1	1/	
1359 41% (25/ 61)																									

TESTSTELLE UEBEREINST. ZEUGEN BEZEUGTE VARIANTE	46 101 3	47 92 2	48 452 1/	49 162 2	52 15 3	53 87 3	55 422 1/	56 459 1/	65 71 1/F	66 365 1/	67 16 2	68 15 4	69 6 3B	70 21 2	73 2 6C	74 13 2	75 18 3	76 467 1/	77 181 2	79 9 5	80 9 2	81 49 2	82 10 2	83 46 2	84 402 1/
P45 89% (8/ 9)	Z	Z	Z	Z	Z	Z	3		Z	Z	Z	Z	Z	Z	Z	Z	Z	Z	Z	Z	Z	Z	Z	Z	Z
62 75% (9/ 12)	Z	Z	Z	Z	Z	Z	Z	Z	Z	Z	Z	Z	Z	Z	Z	Z	Z	Z	Z	Z	Z	Z	Z	Z	Z
2778 67% (4/ 6)	Z	Z			1/	1/			Z	Z	Z	Z	Z	Z	Z	Z	Z	Z	Z	Z	Z	Z	Z	Z	Z
P74 65% (37/ 57)	2				1/	1/			1/				3	3B	6B	X	2			2B					
506 64% (7/ 11)	Z	Z			Z	Z			Z	Z	Z	Z	Z	Z	Z	Z	Z	Z	Z	Z	Z	1	1	1	
01 62% (38/ 61)	2		3		4	1/	1/B		1/K				3	1	2		2					2B			3
02 61% (37/ 61)	2				1/	1/	4		1/				3	1	6		2			2					3
81 58% (21/ 36)	2				1/	1/			Z	Z	Z	Z	Z	Z	Z	Z	Z	Z	Z	Z	Z	Z	Z	Z	Z
03 57% (35/ 61)	2				4	1/	1/B		1/			2	3		2		2		2B	2					4
1175 57% (35/ 61)	2				4				1/	1/B		2	3	1	2	1	2			2			1		
441 53% (24/ 45)	2								1/K	8	1	2	1	3		1				1	1	1	1		
2344 53% (32/ 60)	2			1	1/				1/E		2C		3	3B	6					2			1D		3
33 53% (27/ 51)	X				1/		X	X	1/D	1/C	X		3	3B	14		2			2			1D	X	3
623 52% (26/ 50)	2				1/						1		1	1	1D	1	1			1B	7		1	1	4
04 51% (19/ 37)	2				1/D	4			Z	Z	Z	Z	[illegible]	Z	2	1	2			2	3	Z	Z		3
314 50% (6/ 12)	1	Z	Z	Z	Z	Z	Z	Z	Z	Z	Z	Z	Z	Z	Z	Z	Z	Z	Z	Z	Z	Z	Z	Z	Z
1846 50% (7/ 14)	Z	Z	Z	Z	Z	Z	Z	Z	Z	Z	Z	Z	Z	Z	Z	Z	Z	Z	Z	Z	Z	1	1	1	
2303 50% (9/ 18)	1	1			1/	Z	Z	Z	Z	Z	Z	Z	Z	Z	Z	Z	Z	Z	Z	Z	Z	Z	Z	Z	Z
2627 50% (3/ 6)	Z	Z	Z	Z	Z	Z	Z	Z	Z	Z	Z	Z	Z	Z	Z	Z	Z	Z	Z	Z	Z	Z	Z	Z	Z
5 49% (30/ 61)					1/				1/		1		1	1	1	1	1			1B	7		1	1	
1642 49% (30/ 61)	2				1/	3B			1/				13	1	1	1	1		1B		1		1	1	
2201 48% (25/ 52)	2	1			1/				1/		1	1	1	1	1E	1	1			1	1		1	1	
2718 48% (20/ 42)	2				4					6	1	3	2C	Z	Z	Z	Z	Z	Z	Z	Z	Z	Z	Z	Z
945 48% (29/ 61)	2				1/	8C			1/		2B	3	3		1D	3				2	6B	1	1		3
1739 48% (29/ 61)	2				1/				1/		2B	3	2		1D	1	2			2	6B	1	1		3
88 47% (28/ 59)					4				1/		1	6	1	1	9	1	1		1	1		1	X	1B	
1704 46% (28/ 61)	2				1/	8			1/		2B	3	3		1D	1				2	6B	1	1		3
1891 46% (28/ 61)	2				1/				1/		2B	3	2		1D	1	2			2	6	1	1		3
2774 46% (28/ 61)		1			1/						1	1	1	1	1	1	1		1B	1	1	1	1	1	
180 46% (27/ 59)	2				1/				1/			3	2C		5	1	2		Z	Z	1	1	1		
020 46% (21/ 46)				1		1/					1	1	9	1	1D	1	1		1	1	1	1	1	1	
610 46% (26/ 57)	2				1/				1/	1/B		2	2C		3	1	2		Z	Z	Z	3	1		4
2805 46% (26/ 57)	2				1/						1	4B	1B	1	1	1				1	4	1	1		

1409 61 TS + 2 SL + 35 MT

TESTSTELLE	46	47	48	49	52	53	55	56	65	66	67	68	69	70	73	74	75	76	77	79	80	81	82	83	84
UEBEREINST. ZEUGEN	101	92	452	162	15	87	422	459	71	365	16	15	6	21	2	13	18	467	181	9	9	49	10	46	402
BEZEUGTE VARIANTE	3	2	1/	2	3	3	1/	1/	1/F	1/	2	4	3B	2	6C	2	3	1/	2	5	2	2	2	2	1/
1738 45% (5/ 11)	Z	Z	Z	Z	Z	Z	Z	Z	Z	Z	Z	Z	Z	Z	Z	Z	Z	Z	Z	Z	Z	Z	Z	Z	Z
1858 45% (5/ 11)	Z	Z	Z	Z	Z	Z	Z	Z	Z	Z	Z	Z	Z	Z	Z	Z	Z	Z	Z	Z	Z	Z	Z	Z	Z
2746 45% (17/ 38)	Z	Z	Z	Z	1/						1	1	1	1	10	1	1			1	1	1	1	1	
1745 44% (4/ 9)	Z	Z	Z	Z	Z	Z	Z	Z	Z	Z	Z	Z	Z	Z	Z	Z	Z	Z	Z	Z	Z	Z	Z	Z	Z
1899 44% (4/ 9)	Z	Z	Z	Z	Z	Z	Z	Z	Z	Z	Z	Z	Z	Z	Z	Z	Z	Z	Z	Z	Z	Z	Z	1	
044 44% (27/ 61)	2			1	1/	1/					1	3		1	1D	1	1			1	3	1	1		
808 44% (27/ 61)	1				1/						1	1	1		1	1	1			1	1		1	1	
2818 44% (27/ 61)	2				1/				1/	1/B		2	2C		3	1	2			2	1	3	1		4
08 44% (26/ 59)	2	4	6	1	1/	1/				3	1C			4	1B	1	1			2	3	1B			3
1735 44% (26/ 59)	2B				1/	6			1/				3	1	X					1	1	1	1	1	
1873 44% (26/ 59)	6	1		1	1/						1		1	1	10	1	1			1	1	1	1	1	
014 43% (19/ 44)	Z	Z		1		1/					1	1	1	1	1	1	1		1	1	1		1	1	
630 43% (25/ 58)	2				1/	8			1/		2B	3	2C	1	1	1				2	6	1	1		3
181 43% (26/ 61)	2	1			1/	3G	5		1/		1	12		1	6		1C			2	3				1/C
218 43% (26/ 61)	1			1	1/	1/					1	7	1		11B	1	1			1	1	1	1	1	
228 43% (26/ 61)					1/	1/				11	1	7	1	1	1	1	1			1	5	1	1	1	
915 43% (26/ 61)				1	4				1/P		1	15	1	1	10	1	1		1	1		1	1	1	
2288 43% (26/ 61)	6	1		1	1/						1	14	1	1	10	1	1			1	1	1	1	1	
2298 43% (26/ 61)					1/				1/		2B	3	3		1D	1	1			2	6	1	1	1	3
2374 43% (26/ 61)		2B			1/				3		1		1B	1	1	1	1		1B	1	1	1	1	1	
323 42% (25/ 59)	2			1	1/				1/C		1	1	1	1	1	1	1			1	6	1	1	1	
941 42% (25/ 59)	1				1/						1	1	1	Y	1	1	1		1B	1	1		1	1	4
1729 42% (22/ 52)	7	1			1/		6		1/		1C	15	1	1	10	1	1			1	8	1	1	1	
1852 42% (18/ 43)		1		1	1/	1/			1/		1	1	1	1	1	1	1		1	1	1		1	1	
431 42% (25/ 60)	2				1/				1/	1/B		2	2C		2B	3	2			2	1	1	1		4
1875 42% (22/ 53)	2	1			1/	3G	5			7	1	12		1	6	1	1			2	1				1/C
1893 41% (21/ 51)	2		Z		1/				Z	Z	Z	Z	Z	1	9		1			1B	1		1	1	Z
2200 41% (23/ 56)	1				1/	8			1/		2B	3	2	1B	Z	Z	Z	Z	Z	2	6	1	1		3
307 41% (25/ 61)	2				1/				1/	1/B		2	2C	3	1D	1	2			2	3	3	1		4
619 41% (25/ 61)	2				1/				1/		1	15	1	4B	9		1			1B	3B		1	1	
621 41% (25/ 61)	2			1		3B			1/	8	1	2	1			1				1	1	1	1		
1162 41% (25/ 61)	2				1/				1/		1	15	1	1	9		1			1B	3		1	1	

TESTSTELLE	86	87	88	89	91	92	95	97	98	100	102
UEBEREINST. ZEUGEN	85	476	471	4	7	99	44	422	34	470	478
BEZEUGTE VARIANTE	3	1/	1/	8	4	2	2	1/	3	1/	1/
P45 89% (8/ 9)	Z	Z	Z	Z	Z	Z	Z	Z	Z	Z	Z
62 75% (9/ 12)	Z	Z	Z	Z	Z	Z	Z				
2778 67% (4/ 6)	Z	Z	Z	Z	Z	Z	Z	Z	Z	Z	Z
P74 65% (37/ 57)	2B			2	1/		Z		2		
506 64% (7/ 11)	Z	Z	Z	Z	Z	Z	Z	Z	Z	Z	Z
01 62% (38/ 61)	2			14	1/				2		3
02 61% (37/ 61)	2B			14	1/	1			2		3
81 58% (21/ 36)	2B			14	1/				2		
03 57% (35/ 61)	2B			2	1/			4	2		3
1175 57% (35/ 61)				14	1/	1		1/B	2C		
441 53% (24/ 45)				14	5D	1	3		2C		
2344 53% (32/ 60)	2			11	3G	1			7		
33 53% (27/ 51)	2			10	3	1			7		
623 52% (26/ 50)	2			1	3				2C		3
04 51% (19/ 37)	Z	Z	Z	Z	Z	Z		3	2	Z	
314 50% (6/ 12)	Z	Z	Z	Z	Z	1	1		1		
1846 50% (7/ 14)	1			1	X		3		1		
2303 50% (9/ 18)	Z	Z	Z	Z	Z	1	1		Z	Z	
2627 50% (3/ 6)	Z	Z	Z	Z	Z	Z	Z	Z	1	Z	Z
5 49% (30/ 61)	5			1	3				2C		
1642 49% (30/ 61)				1C	1/	1	1	4			
2201 48% (25/ 52)				1	5		1		6		
2718 48% (20/ 42)	Z	Z	Z	Z	Z	Z	Z		2C		
945 48% (29/ 61)				5	3				2		
1739 48% (29/ 61)				14	3				2		
88 47% (28/ 59)	4			1	3	1	1		6		
1704 46% (28/ 61)				5	3				2		
1891 46% (28/ 61)	2			14	3				2		
2774 46% (28/ 61)	2			1	1/		1				
180 46% (27/ 59)				9			3	3	2		
020 46% (21/ 46)	1			1	1/	1	1		1		
610 46% (26/ 57)				2	3		3	3	2		
2805 46% (26/ 57)				3	3		3		2C		Z

1409 — 61 TS + 2 SL + 35 MT

TESTSTELLE	86	87	88	89	91	92	95	97	98	100	102
UEBEREINST. ZEUGEN	85	476	471	4	7	99	44	422	34	470	478
BEZEUGTE VARIANTE	3	1/	1/	8	4	2	2	1/	3	1/	1/
1738 45% (5/ 11)	1			1	1/	1	1		1		
1858 45% (5/ 11)	1B			1	1/	1	1		1		
2746 45% (17/ 38)	1B			1	3	1	1		1		
1745 44% (4/ 9)	1B			1	1/	1	Z	Z	1		
1899 44% (4/ 9)	1B			1	1/	1	Z	Z	Z	Z	
044 44% (27/ 61)				2	3		3		1		4
808 44% (27/ 61)	1B			7	6				1		
2818 44% (27/ 61)				2	3		3	3	2		
08 44% (26/ 59)	2B			14					2C	Z	Z
1735 44% (26/ 59)	1			1	X	1	1		1		
1873 44% (26/ 59)				1	5		1	Z	6		
014 43% (19/ 44)	1			1	1/	1	1				Z
630 43% (25/ 58)	1B			3	3				2		
181 43% (26/ 61)	2			14	12			4	2		
218 43% (26/ 61)	1			1	1/				2		
228 43% (26/ 61)	1			1	5H		1		2		
915 43% (26/ 61)	1			1	3	1	1		6		
2288 43% (26/ 61)				1	11E		1		6		
2298 43% (26/ 61)				12	3				2		
2374 43% (26/ 61)				2	3	1			2C		
323 42% (25/ 59)	1			1	5		4				
941 42% (25/ 59)				1	1/		4		1		Y
1729 42% (22/ 52)	3B			1	5		1		1		
1852 42% (18/ 43)	1			14	5		3		1		
431 42% (25/ 60)				2	14		3	3	W		
1875 42% (22/ 53)	2			14	12				2		
1893 41% (21/ 51)	1B			1	1/	1	1		6		
2200 41% (23/ 56)	1			14	3				2		
307 41% (25/ 61)				2	3		3	3	2		
619 41% (25/ 61)	1			1	1/	1	1		6B		
621 41% (25/ 61)				14	5		3		2C		
1162 41% (25/ 61)	1			1	1/	1	1		6		

1448 31 TS + 1 SL + 71 MT

TESTSTELLE	10	11	15	18	20	28	29	35	36	41	42	44	45	48	52	53	55	56	65	66	76	77	84	86	87
UEBEREINST. ZEUGEN	392	351	17	2	441	416	439	452	339	467	283	451	473	452	452	338	422	459	333	365	467	181	42	85	476
BEZEUGTE VARIANTE	1/	1/	6	7	1/	1/	1/	1/	1/	1/	1/	1/	1/	1/	1/	1/	1/	1/	1/	1/	1/	2	4	3	1/
P33 100% (1/ 1)	Z	Z	Z	Z	Z	Z	Z	Z	Z	Z	Z	Z	Z	Z		Z	Z	Z	Z	Z	Z	Z	Z	Z	Z
P41 100% (1/ 1)	Z	Z	Z	Z	Z	Z	Z	Z	Z	Z	Z	Z	Z	Z	Z	Z	Z	Z	Z	X		Z	Z	Z	Z
62 100% (9/ 9)	Z	Z	Z	Z	Z							Z	Z	Z	Z	Z	Z	Z	Z	Z	Z	Z	Z	Z	Z
2627 100% (4/ 4)	Z	Z	Z	Z	Z					Z	Z	Z	Z	Z	Z	Z	Z	Z	Z	Z	Z	Z	Z	Z	Z
2778 100% (5/ 5)	Z	Z	Z	Z	Z	Z	Z	Z	Z	Z	Z	Z	Z						Z	Z	Z	Z	Z	Z	Z
1526 89% (17/ 19)	Z	Z	Z	1/															1/F				Z	Z	Z
314 88% (7/ 8)	Z	Z	Z	Z	Z	Z	Z	Z	Z					Z	Z	Z	Z	Z	Z	Z	Z	Z	Z	Z	Z
1856 88% (21/ 24)			1	1/							8												Z	Z	Z
P45 86% (6/ 7)	Z	Z	Z	Y	Y				Z		Z	Z		Z	Z	Z	3		Z	Z	Z	Z	Z	Z	Z
172 86% (18/ 21)	Z	Z	Z	1/			Z	Z		Z	Z											1B	Z	Z	
1867 85% (23/ 27)	Z	Z	Z	1/																		1	1/		
2303 85% (11/ 13)	Z	Z	Z	Z	Z						4					Z	Z	Z	Z	Z	Z	Z	Z	Z	Z
175 84% (26/ 31)				1/																		1	1/	2B	
1618 84% (26/ 31)			1	1/																			1/	1B	
1892 84% (26/ 31)			1	1/																				1B	
2541 84% (26/ 31)			1	1/																		1		2B	
506 83% (5/ 6)	Z	Z	Z	Z	Z			Z	Z	Z	Z	Z	Z		Z	Z			Z	Z	Z	Z	1/	Z	Z
624 83% (10/ 12)	Z	Z	Z	Z	Z	Z	Z			Z	Z	Z	Z	Z	Z	Z	Z	Z				Z	Z	Z	
1721 83% (25/ 30)				1/											Y							1		4	
2799 82% (23/ 28)				1/	Z	Z	Z									8							1/		
1747 82% (18/ 22)			1	1/						1/D										10	Z	Z	Z	Z	Z
2201 81% (22/ 27)	Z	Z	Z	Z					1/F							3							1/		
1762 81% (17/ 21)	Z	Z	Z	Z										1/H		8B						1	1/	Z	Z
1889 81% (17/ 21)	Z	Z	Z	Z	Z	Z	Z	Z	Z	Z												1		2B	
57 81% (21/ 26)	Y	Y	1	Y	Y																	1	Y	2	
1094 81% (21/ 26)	Z	Z	Z	Z	Z																	1	1/	2	
1752 81% (21/ 26)	Z	Z	Z	Z	Z						6												1/	1B	
1839 81% (21/ 26)	Z	Z	Z	Z	Z																	1	1/	2B	
82 81% (25/ 31)			1	1/																		1	1/		
149 81% (25/ 31)			1	1/																			1/	1B	
201 81% (25/ 31)			1	1/																			1/	1B	
367 81% (25/ 31)			1	1/					1/I													1B			
404 81% (25/ 31)			6B	1/																		1	1/	2B	

1448 31 TS + 1 SL + 71 MT

TESTSTELLE	10	11	15	18	20	28	29	35	36	41	42	44	45	48	52	53	55	56	65	66	76	77	84	86	87
UEBEREINST. ZEUGEN	392	351	17	2	441	416	439	452	339	467	283	451	473	452	452	338	422	459	333	365	467	181	42	85	476
BEZEUGTE VARIANTE	1/	1/	6	7	1/	1/	1/	1/	1/	1/	1/	1/	1/	1/	1/	1/	1/	1/	1/	1/	1/	2	4	3	1/
436 81% (25/ 31)		1/L	1	4							4					4C									
479 81% (25/ 31)			1	1/																		1	1/		
483 81% (25/ 31)			1	1/																		1B	1/		
824 81% (25/ 31)			1	1/																			1/	1B	
959 81% (25/ 31)			1	1/																		1	1/	1	
1022 81% (25/ 31)			1	1/																		1	1/		
1040 81% (25/ 31)			1	1/																			1/	1B	
1072 81% (25/ 31)			1	1/																			1/	1B	
1075 81% (25/ 31)			1	1/																			1/	1B	
1103 81% (25/ 31)			1	1/																12			1/		
1248 81% (25/ 31)			1	1/																			1/	1B	
1315 81% (25/ 31)				1/							6					8C							1/	1	
1503 81% (25/ 31)			1	1/																			1/	1B	
1563 81% (25/ 31)		1/O	1	1/																			1/	1	
1617 81% (25/ 31)			1	1/																			1/	1B	
1619 81% (25/ 31)			1	1/																			1/	1B	
1628 81% (25/ 31)			1	1/																			1/	1B	
1636 81% (25/ 31)			1	1/																			1/	1B	
1637 81% (25/ 31)			1	1/																			1/	1B	
1656 81% (25/ 31)			1	1/																			1/	1B	
1740 81% (25/ 31)			1	1/																			1/	1B	
1746 81% (25/ 31)			1	1/																			1/	1B	
1865 81% (25/ 31)			1	1/																			1/	1B	
2131 81% (25/ 31)		5		1/																		1	1/		
2352 81% (25/ 31)			1	1/																			1/	1B	
2466 81% (25/ 31)			1	1/																			1/	1B	
2691 81% (25/ 31)			1	1/																			1/	1B	
2723 81% (25/ 31)			1	1/																			1/	1B	
642 80% (20/ 25)	Z	Z	1	1/							Z								Z	Z		1	Z	1B	
699 80% (24/ 30)			1	Z																		1	1/	2	
757 80% (24/ 30)			1	1/								3											Z	1B	
1508 80% (24/ 30)			1	1/												Z							1/	1B	

1448		31 TS + 1 SL + 71 MT						
	TESTSTELLE		88	91	95	97	100	102
	UEBEREINST. ZEUGEN		471	10	44	422	470	478
	BEZEUGTE VARIANTE		1/	13B	2	1/	1/	1/
P33	100%	(1/ 1)	Z	Z	Z	Z	Z	Z
P41	100%	(1/ 1)	Z	Z	Z	Z	Z	Z
62	100%	(9/ 9)	Z	Z	Z			
2627	100%	(4/ 4)	Z	Z	Z	Z	Z	Z
2778	100%	(5/ 5)	Z	Z	Z	Z	Z	Z
1526	89%	(17/ 19)	Z	Z	Z	Z	Z	Z
314	88%	(7/ 8)	Z	Z	1			
1856	88%	(21/ 24)	Z	Z	Z	Z		
P45	86%	(6/ 7)	Z	Z	Z	Z	Z	Z
172	86%	(18/ 21)		Z	1			
1867	85%	(23/ 27)		3	Z			
2303	85%	(11/ 13)	Z	Z	1		Z	
175	84%	(26/ 31)		1/				
1618	84%	(26/ 31)			1			
1892	84%	(26/ 31)		1/	1			
2541	84%	(26/ 31)		4				
506	83%	(5/ 6)	Z	Z	Z	Z	Z	Z
624	83%	(10/ 12)		1/	1			
1721	83%	(25/ 30)		3	1			
2799	82%	(23/ 28)		17	1			
1747	82%	(18/ 22)	Z	Z	Z	Z		
2201	81%	(22/ 27)		5	1			
1762	81%	(17/ 21)	Z	Z	Z	Z		
1889	81%	(17/ 21)		1/	1			
57	81%	(21/ 26)		1/	1			
1094	81%	(21/ 26)		1/	1			
1752	81%	(21/ 26)		1/	1			
1839	81%	(21/ 26)		18	3			
82	81%	(25/ 31)		1/	1			
149	81%	(25/ 31)		1/	1			
201	81%	(25/ 31)		1/	1			
367	81%	(25/ 31)		11B	3			
404	81%	(25/ 31)		1/				

1448		31 TS + 1 SL + 71 MT						
	TESTSTELLE		88	91	95	97	100	102
	UEBEREINST. ZEUGEN		471	10	44	422	470	478
	BEZEUGTE VARIANTE		1/	13B	2	1/	1/	1/
436	81%	(25/ 31)		3				
479	81%	(25/ 31)		1/	1			
483	81%	(25/ 31)		17	1			
824	81%	(25/ 31)		1/	1			
959	81%	(25/ 31)			1			
1022	81%	(25/ 31)		1/	1			
1040	81%	(25/ 31)		1/	1			
1072	81%	(25/ 31)		1/	1			
1075	81%	(25/ 31)		1/	1			
1103	81%	(25/ 31)		1/	4			
1248	81%	(25/ 31)		1/	1			
1315	81%	(25/ 31)		5C				
1503	81%	(25/ 31)		1/	1			
1563	81%	(25/ 31)		1/				
1617	81%	(25/ 31)		1/	1			
1619	81%	(25/ 31)		1/	1			
1628	81%	(25/ 31)		1/	1			
1636	81%	(25/ 31)		1/	1			
1637	81%	(25/ 31)		1/	1			
1656	81%	(25/ 31)		1/	1			
1740	81%	(25/ 31)		1/	1			
1746	81%	(25/ 31)		1/	1			
1865	81%	(25/ 31)		1/	1			
2131	81%	(25/ 31)		1/	1			
2352	81%	(25/ 31)		1/	1			
2466	81%	(25/ 31)		1/	1			
2691	81%	(25/ 31)		1/	1			
2723	81%	(25/ 31)		1/	1			
642	80%	(20/ 25)		1/				
699	80%	(24/ 30)		1/	1			
757	80%	(24/ 30)		1/	1			
1508	80%	(24/ 30)		1/	1			
1597	80%	(24/ 30)		X	3			

1456 — 23 TS + 0 SL + 50 MT

TESTSTELLE	8	10	11	18	20	28	29	32	35	36	41	42	44	45	46	84	87	88	91	95	97	100	102
UEBEREINST. ZEUGEN	94	392	351	73	441	416	439	48	452	54	467	60	451	473	101	42	476	471	1	68	422	470	478
BEZEUGTE VARIANTE	3	1/	1/	4	1/	1/	1/	3	1/	1/K	1/	5	1/	1/	3	4	1/	1/	11F	3	1/	1/	1/
223 87% (20/ 23)								1								1/			11				
582 87% (20/ 23)			6	1/				1															
1753 87% (20/ 23)								1											11		4		
912 86% (19/ 22)								1		1/M									X		4		
1846 86% (6/ 7)	Z	Z	Z	Z	Z	Z	Z	Z	Z	Z	Z	Z	Z	Z	Z	1/			X				
1861 84% (16/ 19)	Z	Z	Z	Z				1		1/M									11				
P45 83% (5/ 6)	Z	Z	Z	Y	Y			4		Z		Z	Z		Z	Z	Z	Z	Z	Z	Z	Z	Z
234 83% (19/ 23)								1		1/M									11		4		
1250 83% (19/ 23)				1/				1		1/M									11				
1405 83% (19/ 23)								1		1/M									11		4		
1863 83% (19/ 23)								1		1/M									11		4		
2279 83% (19/ 23)								1		1/M									11		4		
2501 83% (19/ 23)								1								1/			1/	1			
1745 80% (4/ 5)	Z	Z	Z	Z	Z	Z	Z	Z	Z	Z	Z	Z	Z	Z	Z	Z			1/	Z	Z		
2627 80% (4/ 5)	Z	Z	Z	Z	Z					1/	Z	Z	Z	Z	Z	Z	Z	Z	Z	Z	Z	Z	Z
51 78% (18/ 23)								1		1/F						1/			11		4		
228 78% (18/ 23)								1		1/						1/			5H	1			
367 78% (18/ 23)				1/				1		1/I		1/							11B				
996 78% (18/ 23)										1/		6				1/			5H	4			
1594 78% (18/ 23)	1							1		1/M									11		4		
2511 78% (18/ 23)								1		1/M						1/			11		4		
42 77% (17/ 22)	Z							1		1/M						1/			11		4		
206 77% (10/ 13)	Z	Z	Z	Z	Z	Z	Z	Z	Z	Z					2	3			4E				
699 76% (16/ 21)	Z			Z						1/		1/				1/			1/	1			
102 74% (17/ 23)	1							1		1/		1/				1/			3				
390 74% (17/ 23)	3B			1/				1		1/M									1/		4		
1102 74% (17/ 23)	1							1		1/		1/				1/			3				
1106 74% (17/ 23)			5					1				1/				1/			1/	1			
1490 74% (17/ 23)			5					2							1	3			4E	1			
1721 74% (17/ 23)				1/				1		1/		1/							3	1			
603 73% (16/ 22)	1			1/						1/		1/				1/			X	1			
1597 73% (16/ 22)	1	8						1		1/		1/				1/			X				

1456 | 23 TS + 0 SL + 50 MT

TESTSTELLE			8	10	11	18	20	28	29	32	35	36	41	42	44	45	46	84	87	88	91	95	97	100	102
UEBEREINST. ZEUGEN			94	392	351	73	441	416	439	48	452	54	467	60	451	473	101	42	476	471	1	68	422	470	478
BEZEUGTE VARIANTE			3	1/	1/	4	1/	1/	1/	3	1/	1/K	1/	5	1/	1/	3	4	1/	1/	11F	3	1/	1/	1/
378	71%	(15/ 21)								1	Z	Z		1/			1	1/			1/	1			
921	71%	(15/ 21)	1			Z				1		1/F		1/				1/			Z	1			
1738	71%	(5/ 7)	Z	Z	Z	Z	Z	Z	Z	Z	Z	Z	Z	Z	Z	Z	Z	Z			1/	1			
1762	71%	(10/ 14)	Z	Z	Z	Z						1/		1/			1	1/	Z	Z	Z	Z	Z		
1858	71%	(5/ 7)	Z	Z	Z	Z	Z	Z	Z	Z	Z	Z	Z	Z	Z	Z	Z	Z			1/	1			
2777	71%	(5/ 7)	Z	Z	Z	Z	Z	Z	Z	Z	Z	Z	Z	Z	Z	Z	Z	Z			1/	1			
57	71%	(12/ 17)	Y	Y	Y	Y	Y					1/		1/			1	Y			1/	1			
365	71%	(12/ 17)	1	3		1/								1/			1	Z	Z	Z	Z	Z	Z		
62	70%	(7/ 10)	Z	Z	Z	Z	Z			1		1/		1/	Z	Z	Z	Z	Z	Z	Z	Z			
2180	70%	(14/ 20)	Z	Z	Z					1				1/			1	1/			8C	1			
2378	70%	(7/ 10)	Z	Z	Z	Z	Z	Z	Z	Z	Z	Z	X	Y			1	1/			1/	Z			
5	70%	(16/ 23)				1/				1		1/D		1/				1/			3	2			
90	70%	(16/ 23)								1		1/		1/			1	1/			1/	1			
189	70%	(16/ 23)	1	8						1		1/		1/				1/			3				
302	70%	(16/ 23)	1							1				1/			1	1/			1/	1			
319	70%	(16/ 23)	1			1/								1/			1	1/			1/	1			
429	70%	(16/ 23)			5			3D		2		1/F					2	3			4E				
450	70%	(16/ 23)	1			1/								1/			1	1/			1/	1			
460	70%	(16/ 23)		3		1/						1/E		1/				1/			1/	1			
468	70%	(16/ 23)				1/				1		1/		1/			1				4D	1			
522	70%	(16/ 23)			5			11		1		1/F					2	3			4F				
676	70%	(16/ 23)	1			1/				1				1/			1				1/	1			
1003	70%	(16/ 23)	1		8	1/				1		1/M									11		4		
1105	70%	(16/ 23)	1			1/				1				6				1/			5B	1			
1509	70%	(16/ 23)			1/I			3D		2		1/F					1	3			4E				
1643	70%	(16/ 23)	1	8						1		1/		1/				1/			3				
1724	70%	(16/ 23)	3D							1		1/D		1/			1				1/	1			
1768	70%	(16/ 23)				1/				1		1/					1	1/			1/	1			
1843	70%	(16/ 23)				1/				1				1/			4	1/			5	1			
1854	70%	(16/ 23)	1							1		1/		1/				1/			1/	1			
1874	70%	(16/ 23)				1/				2		1/		1/				1/			1/	1			
1894	70%	(16/ 23)	1			1/						1/						3		7	3	2			
1896	70%	(16/ 23)	1			6				1		1/						1/			3	4			

1490 — 45 TS + 2 SL + 57 MT

TESTSTELLE	7	8	10	11	13	14	18	19	20	28	29	30	32	34	35	36	39	41	42	44	45	47	48	50	52
UEBEREINST. ZEUGEN	17	94	392	17	7	23	73	110	441	416	439	21	51	19	452	54	33	467	60	451	473	92	452	7	452
BEZEUGTE VARIANTE	5	3	1/	5	3	2	4	2	1/	1/	1/	5	2	2B	1/	1/K	4	1/	5	1/	1/	2	1/	19	1/
P33 100% (1/ 1)	Z	Z	Z	Z	Z	Z	Z	Z	Z	Z	Z	Z	Z	Z	Z	Z	Z	Z	Z	Z	Z	Z	Z	Z	
206 89% (25/ 28)	Z	Z	Z	Z	Z	Z	Z	Z	Z	Z	Z	Z	Z	Z	Z	Z	Z								4
429 89% (40/ 45)					3D					3D						1/F									
314 86% (6/ 7)	Z	Z	Z	Z	Z	Z	Z	Z	Z	Z	Z	Z	Z	Z	Z	Z	Z		1/			Z	Z	Z	Z
1758 85% (35/ 41)		1					Y	1		X														1	
1738 83% (5/ 6)	Z	Z	Z	Z	Z	Z	Z	Z	Z	Z	Z	Z	Z	Z	Z	Z	Z	Z	Z	Z	Z	Z	Z	Z	Z
1858 83% (5/ 6)	Z	Z	Z	Z	Z	Z	Z	Z	Z	Z	Z	Z	Z	Z	Z	Z	Z	Z	Z	Z	Z	Z	Z	Z	Z
522 80% (36/ 45)	7				3D					11			1			1/F									
1745 80% (4/ 5)	Z	Z	Z	Z	Z	Z	Z	Z	Z	Z	Z	Z	Z	Z	Z	Z	Z	Z	Z	Z	Z	Z	Z	Z	Z
1831 77% (34/ 44)	3	3B		8B	1	1B	6										Z								
2200 77% (33/ 43)	1			1/	3D					3D						1/F								2C	
630 74% (32/ 43)	1			1/	4		Z	Z		3D						1/F			6					2C	
1509 74% (32/ 43)	1			1/I	8	1				3D		X		1		1/F							1/K	1	
1704 73% (33/ 45)	1			1/	5					3D	5	1				1/									
1846 71% (5/ 7)	Z	Z	Z	Z	Z	Z	Z	Z	Z	Z	Z	Z	Z	Z	Z	Z	Z	Z	Z	Z	Z	Z	Z	Z	Z
945 71% (32/ 45)	1			1/	3E	3				3D	5	1				1/									
P45 67% (6/ 9)	Z	Z	Z	Z	Z	Z	Y	Y	Y			Z	4	Y		Z	Z		Z	Z		Z	Z	Z	Z
1739 67% (30/ 45)	16			1/	3D					3D	5	1				1/								2C	
1891 67% (30/ 45)	16			1/	3D	9				3D	5	4				1/F								2C	
1751 66% (29/ 44)	1B	3B		1/	1B					3D				9B		1/F							7	5B	
2298 62% (28/ 45)	1	1		1/L	1D					3D	5	1	1	11		1/								1D	
2626 60% (6/ 10)	Z	Z	Z	Z	Z	Z	Z	Z	Z	Z	Z	Z	Z	Z	Z	Z	Z	Z	Z	Z	Z	Z	Z	Z	Z
2344 59% (26/ 44)	1		11	1/	1	X	1/	1				1		2		1/	1		3					2	
1251 58% (26/ 45)												1	1	1		1/	1			3		1		1	
2778 57% (4/ 7)	Z	Z	Z	Z	Z	Z	Z	Z	Z	Z	Z	Z	Z	Z	Z	Z	Z	Z	Z	Z	Z	Z		1D	
81 56% (18/ 32)	2	2	14	1/L	2		Z	Z	Z			3		2C	3	1/	2		1/					2	
228 56% (25/ 45)	3			1/	2C	1						1	1	1		1/	1							1	
636 56% (25/ 45)	1	1		1/	1	6	1/	1		11						1/F								1	
642 56% (20/ 36)	1		Z	Z	1	1	1/	1				1		1		1/	1		Z					1	
2303 56% (10/ 18)	Z	Z	Z	Z	Z	Z	Z	Z	Z			1	1	1		1/	1		4			1		1	
2777 56% (5/ 9)	Z	Z	Z	Z	Z	Z	Z	1	Z	Z	Z	Z	Z	Z	Z	Z	Z	Z	Z	Z	Z	Z	Z	Z	Z
1893 55% (18/ 33)	1	1		1/	X	X	1/	1				1	Z	Z	Z	Z	1		4				Z	1	
62 54% (7/ 13)	Z	Z	Z	Z	Z	Z	Z	Z	Z			1	1	1		1/	1		1/	Z	Z	Z	Z	Z	Z

1490 45 TS + 2 SL + 57 MT

TESTSTELLE	7	8	10	11	13	14	18	19	20	28	29	30	32	34	35	36	39	41	42	44	45	47	48	50	52
UEBEREINST. ZEUGEN	17	94	392	17	7	23	73	110	441	416	439	21	51	19	452	54	33	467	60	451	473	92	452	7	452
BEZEUGTE VARIANTE	5	3	1/	5	3	2	4	2	1/	1/	1/	5	2	2B	1/	1/K	4	1/	5	1/	1/	2	1/	19	1/
624 54% (7/ 13)	Z	Z	Z	Z	Z	Z	Z	Z	Z	Z	Z	Z	Z	Z		1/	Z	Z	Z	Z	Z	Z	Z	Z	Z
223 53% (24/ 45)	1			1/	1	1		1				1	1	1			1					1		17	
322 53% (24/ 45)	17			1/	2C	1				8	5	1		11		1/			6					2	
1106 53% (24/ 45)	1					3						1	1	1			1		1/			1		21	
1456 53% (17/ 32)	1			1/	1	1B		1				1	3	1			1					1	Z	Z	Z
441 53% (19/ 36)	Z	Z	Z	Z	Z	Z	Z	Z	Z			1	1	1		1/	1		4					6	3
2718 53% (19/ 36)	1	3B		1/	1C	1B	1/	1				1	1	1		1/	1		4					2	4
P74 52% (22/ 42)	X	Y	3	1/I	2B		Z					2		2	3	1/	2		3	4				3	
323 52% (23/ 44)	18		Z	1/	2	1				3C	5	1		11		1/			6					2	
33 51% (19/ 37)	4	X	11	1/	1	4	X	1			X	X	1	11		X	1		3					2	
623 51% (19/ 37)	Z	Z	Z	Z	Z	Z	Z	Z				1	1	11		1/	1		4					1	
1875 51% (19/ 37)	X	X	X	X	X	6	1/	1		Z	Z	1			3	3	X		6			1		4	
94 51% (23/ 45)	13		6	1/L	2C	3	5B			3D	5			11B	3	1/F			4					2C	
307 51% (23/ 45)	13		6	1/	2		5B			3E	5			11C	3	1/F			4					2C	
453 51% (23/ 45)	13		6	1/	2		5B			3E	5			11C	3	1/F			4					2C	
1718 51% (23/ 45)		6		1/		1	1/					1	1	1			1		1/					2	
04 50% (15/ 30)	2	2C	3		2B		Z	Z	Z			2		11	3B	1/	Z	Z	Z	4				2	1/D
610 50% (21/ 42)	13		6	1/	2	3	5B			3E	5			Z	3	1/F			4					2C	
1723 50% (19/ 38)	Z	Z	Z	Z	Z	Z	1/					1	1	1		1/	1		X			1		1	
1730 50% (6/ 12)	Z	Z	Z	Z	Z	Z	Z	Z	Z	Z	Z	Z	Z	Z	Z	Z	Z	Z	Z	Z	Z	Z	Z	Z	Z
1735 50% (22/ 44)	1B	1B		1/	1	1	1/	1		3D		1	3	1			1D		1/					1	
1768 50% (22/ 44)	1			1/	1	1	1/					Z	1	1		1/	1					1		1	
1899 50% (3/ 6)	Z	Z	Z	Z	Z	Z	Z	Z	Z	Z	Z	Z	Z	Z	Z	Z	Z	Z	Z	Z	Z	Z	Z	Z	Z
2441 50% (9/ 18)	Z	Z	Z	Z	Z	Z	Z	Z	Z	Z	Z	Z	Z	Z	Z	Z	Z	Z	8	Z	Z	1		1	
2464 50% (6/ 12)	Z	Z	Z	Z	Z	Z	Z	Z	Z	Z	Z	Z	Z	Z	Z	Z	Z	Z	Z	Z	Z	Z	Z	Z	Z
2746 50% (15/ 30)	Z	Z	Z	Z	Z	Z	Z	Z	Z			1	1	1		1/	1		Z	Z	Z	Z	Z	Z	
02 49% (22/ 45)	2	2	3	1/	2B		5					2		2	3	1/	2		3	4				3	
431 49% (22/ 45)	1	3B		1/	1	10	1/	1				1		3	3	1/			4					2C	
436 49% (22/ 45)	1	1		1/L	1	1		1				1	1	1		1/	1		4					1	
468 49% (22/ 45)	3			1/	1D		1/	1				3	1	11		1/			1/					1	
582 49% (22/ 45)	1			6	1	5	1/	1				1	1	1			1					1		17	
621 49% (22/ 45)	1			1/O	8	1	1/		1/B			1	1	1		1/	1		4					1	3
808 49% (22/ 45)	1			1/L	1	1	6	1				1		1		1/	1		1/					1	

1490 45 TS + 2 SL + 57 MT

TESTSTELLE		53	55	56	57	65	66	68	69	75	76	79	80	83	84	87	88	91	97	100	102
UEBEREINST. ZEUGEN		33	422	459	104	71	20	20	16	18	467	31	16	46	23	476	471	9	422	470	478
BEZEUGTE VARIANTE		8	1/	1/	2	1/F	6	3	3	3	1/	2	6	2	3	1/	1/	4E	1/	1/	1/
P33	100% (1/ 1)	Z	Z	Z	Z	Z	Z	Z	Z	Z	Z	Z	Z	Z	Z	Z	Z	Z	Z	Z	Z
206	89% (25/ 28)					1/	1/														
429	89% (40/ 45)					1/	1/														
314	86% (6/ 7)	Z	Z	Z	Z	Z	Z	Z	Z	Z	Z	Z	Z	Z	Z	Z	Z	Z			
1758	85% (35/ 41)					1/	1/				X	1							X		
1738	83% (5/ 6)	Z	Z	Z	Z	Z	Z	Z	Z	Z	Z	Z	Z	Z	Z			1/			
1858	83% (5/ 6)	Z	Z	Z	Z	Z	Z	Z	Z	Z	Z	Z	Z	Z	Z			1/			
522	80% (36/ 45)					1/	1/						6C					4F			
1745	80% (4/ 5)	Z	Z	Z	Z	Z	Z	Z	Z	Z	Z	Z	Z	Z	Z			1/	Z		
1831	77% (34/ 44)					1/			2B									3D	1/C		
2200	77% (33/ 43)					1/	1/		2	Z	Z							3			
630	74% (32/ 43)					1/	1/		2C									3			
1509	74% (32/ 43)						1/		1			X									
1704	73% (33/ 45)				2B	1/	1/						6B					3			
1846	71% (5/ 7)	Z	Z	Z	Z	Z	Z	Z	Z	Z	Z	Z	Z	1	1/			X			
945	71% (32/ 45)	8C				1/	1/						6B					3			
P45	67% (6/ 9)	Z	3		1	Z	Z	Z	Z	Z	Z	Z	Z	Z	Z	Z	Z	Z	Z	Z	Z
1739	67% (30/ 45)	3				1/	1/		2	2			6B					3			
1891	67% (30/ 45)	3				1/	1/		2	2								3			
1751	66% (29/ 44)					8	1/E		1	1B					1/C			3H	Z		
2298	62% (28/ 45)	3				1/	1/			1				1				3			
2626	60% (6/ 10)	Z	Z	Z	Z	Z	Z	Z	Z	Z	Z	1	1	1	1/						
2344	59% (26/ 44)	3				1/E	1/	4					2					3G			
1251	58% (26/ 45)				1	1/	1/	1	1	1		1	1	1	1/			1/			
2778	57% (4/ 7)	1/			1	Z	Z	Z	Z	Z	Z	Z	Z	Z	Z	Z	Z	Z	Z	Z	Z
81	56% (18/ 32)	1/				Z	Z	Z	Z	Z	Z	Z	Z	Z	Z			1/			
228	56% (25/ 45)	1/					11	7	1	1		1	5	1	1/			5H			
636	56% (25/ 45)						1/F	1	1	1		1	1E	1	1/		1/B	5C			1/C
642	56% (20/ 36)	1/			1	Z	Z	Z	Z	1		1	1	Z	Z			1/			
2303	56% (10/ 18)	Z	Z	Z	Z	Z	Z	Z	Z	Z	Z	Z	Z	Z	Z	Z	Z	Z		Z	
2777	56% (5/ 9)	Z	Z	Z	Z	Z	Z	Z	Z	1	Y	1	Z	Z	Z			1/			
1893	55% (18/ 33)	3				Z	Z	Z	Z	1		1B	1	1	Z			1/			
62	54% (7/ 13)	Z	Z	Z	Z	Z	Z	Z	Z	Z	Z	Z	Z	Z	Z	Z	Z	Z			

1490 45 TS + 2 SL + 57 MT

TESTSTELLE	53	55	56	57	65	66	68	69	75	76	79	80	83	84	87	88	91	97	100	102
UEBEREINST. ZEUGEN	33	422	459	104	71	20	20	16	18	467	31	16	46	23	476	471	9	422	470	478
BEZEUGTE VARIANTE	8	1/	1/	2	1/F	6	3	3	3	1/	2	6	2	3	1/	1/	4E	1/	1/	1/
624 54% (7/ 13)	Z	Z	Z	Z	1/	1/	1	Z	1		Z	Z	Z	Z			1/			
223 53% (24/ 45)				1		1/	1	1	1		1	1	1	1/			11			
322 53% (24/ 45)	3F				1/C	1/	1	1	1		1		1	1/			5			
1106 53% (24/ 45)	1/			1	1/	1/	1	1	1		1	1	1	1/			1/			
1456 53% (17/ 32)	Z	Z	Z	Z	Z	Z	Z	Z	Z	Z	1	1	1	4			11F			
441 53% (19/ 36)	3				1/K	8	2	1			1	1		1/			5D			
2718 53% (19/ 36)	3							2C	Z	Z	Z	Z	Z	Z	Z	Z	Z			
P74 52% (22/ 42)	1/				1/	1/	4		2		2B	2		1/			1/			
323 52% (23/ 44)	3				1/C	1/	1	1	1		1		1	1/			5			
33 51% (19/ 37)	3	X	X		1/D	1/C	4		2			2	X				3			
623 51% (19/ 37)	3					1/	4	1	1		1B	7	1	4			3			3
1875 51% (19/ 37)	3G	5				7	12	3B	1			1		1/C			12			
94 51% (23/ 45)	3				1/	1/B			1		1	1	1	1/			3			
307 51% (23/ 45)	3				1/	1/B	2	2C	2			3		4			3	3		
453 51% (23/ 45)	3				1/	1/B	2	2C	2			3		4			6B	3		
1718 51% (23/ 45)	1/			1	1/	1/G	7	1	1		1	1	1	1/			1/			
04 50% (15/ 30)	4			Z	Z	Z	Z	Z	2			3			Z	Z	Z	3	Z	
610 50% (21/ 42)	3				1/	1/B	2	2C	2		Z	Z		4			3	3		
1723 50% (19/ 38)	1/			1		1/	2	1	1		1	1	1	1/			1/			
1730 50% (6/ 12)	Z	Z	Z	Z	Z	Z	Z	Z	1		1	1	1	1/			1/			
1735 50% (22/ 44)	6				1/	1/	4				1	1	1	1/			X			
1768 50% (22/ 44)	3			1	1/		2	1	1		1	1	1	1/			1/			
1899 50% (3/ 6)	Z	Z	Z	Z	Z	Z	Z	Z	Z	Z	Z	Z	1	1/			1/	Z	Z	
2441 50% (9/ 18)	1/			1	Z	Z	Z	Z	1		1	1	Z	Z			1/		Z	
2464 50% (6/ 12)	Z	Z	Z	Z	Z	Z	Z	Z	1		1			4			4B		3	4
2746 50% (15/ 30)	3					1/	1	1	1		1	1	1	1/			3			
02 49% (22/ 45)	1/	4			1/	1/	4		2			2					1/			3
431 49% (22/ 45)	3				1/	1/B	2	2C	2			1		4			14	3		
436 49% (22/ 45)	4C				1/	1/	4	1	1		1	1		4			3			
468 49% (22/ 45)	1/			1	1/	1/B	1	1	1		1	1	1	4			4D			
582 49% (22/ 45)		8		1	1/		1	1	1		1	1	1	4			11F			
621 49% (22/ 45)	3B				1/	8	2	1			1	1		1/			5			
808 49% (22/ 45)	3			1		1/	1	1	1		1	1	1	1/			6			

1501 42 TS + 1 SL + 61 MT

TESTSTELLE	7	8	10	11	18	20	23	24	28	29	30	34	35	36	41	42	44	45	46	48	51	52	53	55	56
UEBEREINST. ZEUGEN	17	94	7	17	73	441	91	17	29	439	12	2	452	54	467	283	451	473	101	452	5	452	87	422	14
BEZEUGTE VARIANTE	5	3	6	5	4	1/	2	2	3D	1/	3	7	1/	1/K	1/	1/	1/	1/	3	1/	8	1/	3	1/	1/D
P33 100% (1/ 1)	Z	Z	Z	Z	Z	Z	Z	Z	Z	Z	Z	Z	Z	Z	Z	Z	Z	Z	Z	Z	Z		Z	Z	Z
1899 100% (5/ 5)	Z	Z	Z	Z	Z	Z	Z	Z	Z	Z	Z	Z	Z	Z	Z	Z	Z	Z	Z	Z	Z	Z	Z	Z	Z
1738 86% (6/ 7)	Z	Z	Z	Z	Z	Z	Z	Z	Z	Z	Z	Z	Z	Z	Z	Z	Z	Z	Z	Z	Z	Z	Z	Z	Z
1846 86% (6/ 7)	Z	Z	Z	Z	Z	Z	Z	Z	Z	Z	Z	Z	Z	Z	Z	Z	Z	Z	Z	Z	Z	Z	Z	Z	Z
1858 86% (6/ 7)	Z	Z	Z	Z	Z	Z	Z	Z	Z	Z	Z	Z	Z	Z	Z	Z	Z	Z	Z	Z	Z	Z	Z	Z	Z
1745 83% (5/ 6)	Z	Z	Z	Z	Z	Z	Z	Z	Z	Z	Z	Z	Z	Z	Z	Z	Z	Z	Z	Z	Z	Z	Z	Z	Z
1730 80% (8/ 10)	Z	Z	Z	Z	Z	Z	Z	Z	Z	Z	Z	Z	Z	Z	Z	Z	Z	Z	Z	Z	Z	Z	Z	Z	Z
314 78% (7/ 9)	Z	Z	Z	Z	Z	Z	Z	Z	Z	Z	Z	Z	Z	Z					1	Z	Z	Z	Z	Z	Z
2626 75% (6/ 8)	Z	Z	Z	Z	Z	Z	Z	Z	Z	Z	Z	Z	Z	Z	Z	Z	Z	Z	Z	Z	Z	Z	Z	Z	Z
2777 67% (6/ 9)	Z	Z	Z	Z	Z	Z	Z	Z	Z	Z	Z	Z	Z	Z	Z	Z	Z	Z	Z	Z	Z	Z	Z	Z	Z
62 58% (7/ 12)	Z	Z	Z	Z	Z	Z	Z	Z	1/		1	1		1/			Z	Z	Z	Z	Z	Z	Z	Z	Z
498 57% (20/ 35)	Z	Z	Z	Z	Z		Z	Z	1/		1	1							1		1		1/		1/
2201 57% (21/ 37)	Z	Z	Z	Z	Z			1	1/		1	11		1/F					2		1				1/
2004 56% (9/ 16)	Z	Z	Z	Z	Z	Z	Z	Z	Z	Z	Z	Z	Z	Z	Z		Z	Z	Z	Z	Z	Z	Z	Z	Z
2303 56% (9/ 16)	Z	Z	Z	Z	Z	Z	Z	Z	1/		1	1		1/		4			1		1		Z	Z	Z
1106 56% (23/ 41)	1		1/				Z	1	1/		1	1									1		1/		1/
1456 56% (15/ 27)	1		1/	1/			1	1	1/		1	1				5				Z	Z	Z	Z	Z	Z
81 55% (16/ 29)	2	2	14	1/L	Z	Z	Z	Z	1/			2C	3	1/					2		1		1/		1/
1852 55% (17/ 31)	Z	Z	Z	Z	Z	Z	Z	Z	Z	Z	Z	1		1/							1		1/		1/
5 55% (23/ 42)	1		1/	1/	1/			1	1/		1	11		1/D							1				1/
2143 55% (23/ 42)	3	1	1/		1/			1	1/			1		1/F					2		1				1/
P45 55% (6/ 11)	Z	Z	Z	Z	Y	Y			1/		Z	Y		Z		Z	Z		Z	Z	2	Z	Z	3	1/
33 55% (18/ 33)	4	X	11	1/	X			X	1/	X	X	11		X		3			X		1B			X	X
P74 54% (21/ 39)	X	Y	3	1/I	Z				1/		2	2	3	1/		3	4		2		2		1/		1/
460 54% (22/ 41)			3	1/	1/			1	1/		1	1		1/E							1		1/		1/
619 54% (22/ 41)	1		1/	1/L	1/			1	1/		1	11		1/		4			2		1				1/
1731 54% (15/ 28)	Z	Z	Z	Z	Z	Z	Z	Z	Z	Z	Z	Z	Z	Z					1		1		1/		1/
624 53% (8/ 15)	Z	Z	Z	Z	Z	Z	Z	Z	Z	Z	Z	Z		1/	Z	Z	Z	Z	Z	Z	1	Z	Z	Z	Z
1893 53% (17/ 32)	1	1	1/	1/	1/			1	1/		1	Z	Z	Z		4			2	Z	1				1/
1094 53% (18/ 34)	Z	Z	Z	Z	Z	Z	Z	Z	1/		1	1		1/					1		1		1/		1/
2441 53% (9/ 17)	Z	Z	Z	Z	Z	Z	Z	Z	Z	Z	Z	Z	Z	Z	Z	8	Z	Z	1		1		1/		1/
2180 53% (20/ 38)	Z	Z	Z	Z			1	1	1/		1	1							1		1		1/	9	1/

TESTSTELLE	7	8	10	11	18	20	23	24	28	29	30	34	35	36	41	42	44	45	46	48	51	52	53	55	56
UEBEREINST. ZEUGEN	17	94	7	17	73	441	91	17	29	439	12	2	452	54	467	283	451	473	101	452	5	452	87	422	14
BEZEUGTE VARIANTE	5	3	6	5	4	1/	2	2	3D	1/	3	7	1/	1/K	1/	1/	1/	1/	3	1/	8	1/	3	1/	1/D
429 52% (22/ 42)			1/					1			5	2B		1/F		5			2		1		8		1/
467 52% (22/ 42)	5B		4	1/				1B	6B	5	1	1		1/					2		1B				1/
915 52% (22/ 42)	4	3B	3	1/E	1/				1/					1/E							1	4			1/
1162 52% (22/ 42)	1	3B	1/	1/L				1	1/		1	11		1/		4			2		1				1/
1843 52% (22/ 42)	3		1/	1/	1/			1	1/		1	1							4		1				1/
466 52% (12/ 23)	Z	Z	Z	Z	Z	Z	Z	Z	Z	Z	Z	Z	Z	Z	Z	Z	Z	Z	Z		1		1/		1/
642 52% (17/ 33)	1		Z	Z	1/		1	Z	1/		1	1		1/		Z			1		1		1/		1/
623 51% (19/ 37)	Z	Z	Z	Z	Z			1	1/		1	11		1/		4			2		1				1/
363 51% (21/ 41)	1	2	1/	X			1	1	1/		1	1									1		1/		1/
1102 51% (21/ 41)	1	1	1/	1/			1	1	1/		1	1		1/							1				1/
1735 51% (21/ 41)	1B	1B	1/	1/	1/		1	1			1	1							2B		1		6		1/
1873 51% (21/ 41)	1		1/	1/	1/			1	1/		1	1							6		1				1/
P8 50% (1/ 2)	Z	Z	Z	Z	1/	Z		Z	Z	Z	Z	Z	Z	Z	Z	Z	Z	Z	Z	Z	Z	Z	Z	Z	Z
P41 50% (1/ 2)	Z	Z	Z	Z	Z	Z	Z	Z	Z	Z	Z	Z	Z	Z	Z	Z	Z	Z	Z	Z	Z	Z	Z	Z	Z
020 50% (17/ 34)	Z	Z	Z	Z	Z	Z	Z	Z	1/		1	1		1/							1	3	1/		1/
88 50% (21/ 42)	4	3B	3	1/	1/				1/		2			1/							1	4			1/
102 50% (21/ 42)	1	1	1/	1/			1	1	1/		1	1		1/							1				1/C
189 50% (21/ 42)	1	1	8	1/			1	1	1/		1	1		1/							1				1/
228 50% (21/ 42)	3		1/	1/				1B	1/		1	1		1/		5					1		1/		1/
319 50% (19/ 38)	1	1	1/	1/	1/		1	1	1/		1	1							1		1B		1/		1/
326 50% (21/ 42)	1		7	1/	1/			1	1/		1	4		1/					2		1		3B		1/B
437 50% (21/ 42)	1	1	1/	1/	1/			1	1/		1	11							2		1		1/		1/
441 50% (17/ 34)	Z	Z	Z	Z	Z	Z	Z	Z	1/		1	1		1/		4			2		1	3			1/
626 50% (18/ 36)	Z	Z	Z	Z	Z	Z	1	1	1/		1	1							1		1		1/		1/
1319 50% (16/ 32)	1	1	3	11	1/		1	1	1/		1	1				3			1	1/C	1B		1/	Z	Z
1409 50% (20/ 40)	1	1	11	1/	5				1/		1	1					4				1	3			1/
1490 50% (21/ 42)			1/				1	1	1/		5	2B				5			1		1		8		1/
1643 50% (21/ 42)	1	1	8	1/			1	1	1/		1	1		1/							1				1/
1718 50% (21/ 42)		6	1/	1/	1/		1	1B	1/		1	1							1		1C		1/		1/
1729 50% (19/ 38)	Z	Z	Z	Z	1/			1	1/		1	1		1/F					7		1			6	1/
1752 50% (17/ 34)	Z	Z	Z	Z	Z	Z	Z	Z	1/			1		1/		6			1		1		1/		1/
1854 50% (21/ 42)	1	1	1/	1/			1	1	1/		1	1		1/							1		1/		1/
2288 50% (21/ 42)	1	1	1/	1/	1/			1	1/		1	6							6		1				1/

1501 42 TS + 1 SL + 61 MT

TESTSTELLE	57	62	63	64	65	66	69	76	78	84	87	88	91	97	98	100	102
UEBEREINST. ZEUGEN	104	28	7	9	5	6	1	467	67	402	476	471	279	422	22	470	478
BEZEUGTE VARIANTE	2	2	2	5	10	4	4	1/	2	1/	1/	1/	1/	1/	2C	1/	1/
P33 100% (1/ 1)	Z	Z	Z	Z	Z	Z	Z	Z	Z	Z	Z	Z	Z	Z	Z	Z	Z
1899 100% (5/ 5)	Z	Z	Z	Z	Z	Z	Z	Z	Z					Z	Z	Z	
1738 86% (6/ 7)	Z	Z	Z	Z	Z	Z	Z	Z	Z	Z					1		
1846 86% (6/ 7)	Z	Z	Z	Z	Z	Z	Z	Z	Z				X		1		
1858 86% (6/ 7)	Z	Z	Z	Z	Z	Z	Z	Z	Z	Z					1		
1745 83% (5/ 6)	Z	Z	Z	Z	Z	Z	Z	Z	Z	Z				Z	1		
1730 80% (8/ 10)	Z	Z	Z	Z	Z	Z	Z		1						1		
314 78% (7/ 9)	Z	Z	Z	Z	Z	Z	Z	Z	Z	Z	Z	Z	Z		1		
2626 75% (6/ 8)	Z	Z	Z	Z	Z	Z	Z	Z	Z				4E		1		
2777 67% (6/ 9)	Z	1	Z	Z	Z	Z	Z	Y	1	Z					1		
62 58% (7/ 12)	Z	Z	Z	Z	Z	Z	Z	Z	Z	Z	Z	Z	Z		3		
498 57% (20/ 35)	1	1	1		1/	1/	1		1						1		
2201 57% (21/ 37)		1	1	1	1/	1/	1						5		6		
2004 56% (9/ 16)	Z	Z	1	1	1/	1/	1		1						1		
2303 56% (9/ 16)	Z	Z	Z	Z	Z	Z	Z	Z	Z	Z	Z	Z	Z		Z	Z	
1106 56% (23/ 41)	1	1	1	1	1/	1/	1		1						1		
1456 56% (15/ 27)	Z	Z	Z	Z	Z	Z	Z	Z	Z	4			11F		1		
81 55% (16/ 29)		Z	Z	Z	Z	Z	Z	Z	Z	Z					2		
1852 55% (17/ 31)	1	1	1	1	1/	1/	1						5		1		
5 55% (23/ 42)		1	1	1	1/	1/	1		1				3				
2143 55% (23/ 42)		1	1	1	1/F	1/	1						5		6		
P45 55% (6/ 11)	1	Z	Z	Z	Z	Z	Z	Z	Z	Z	Z	Z	Z	Z	Z	Z	Z
33 55% (18/ 33)			1	2	1/D	1/C	3			3			3		7		
P74 54% (21/ 39)				2	1/	1/	3								2		
460 54% (22/ 41)	1	1	1	1	1/R	1/	1		1						Z		
619 54% (22/ 41)		1	U	1	1/	1/	1								6B		
1731 54% (15/ 28)	1	1	1	1	1/	1/	1						4C		1		
624 53% (8/ 15)	Z	Z	1	1	1/	1/	Z		Z	Z					1		
1893 53% (17/ 32)		1	Z	Z	Z	Z	Z		1	Z					6		
1094 53% (18/ 34)	1	1	1	1	1/	1/	5		1								
2441 53% (9/ 17)	1	Z	Z	Z	Z	Z	Z		1	Z					1	Z	
2180 53% (20/ 38)		1	1	1	1/	1/	1						8C		1		

1501 42 TS + 1 SL + 61 MT

TESTSTELLE	57	62	63	64	65	66	69	76	78	84	87	88	91	97	98	100	102
UEBEREINST. ZEUGEN	104	28	7	9	5	6	1	467	67	402	476	471	279	422	22	470	478
BEZEUGTE VARIANTE	2	2	2	5	10	4	4	1/	2	1/	1/	1/	1/	1/	2C	1/	1/
429 52% (22/ 42)		1	1	1	1/	1/	3		1	3			4E		1D		
467 52% (22/ 42)		1	1	1	1/	1/	1		1				4I				
915 52% (22/ 42)	1	1	1	1	1/P	1/	1		1				3		6		
1162 52% (22/ 42)		1	1	1	1/	1/	1								6		
1843 52% (22/ 42)	1	1	1	1	1/	1/	1						5		6		
466 52% (12/ 23)	1	1	1	1	1/	6	1								1		
642 52% (17/ 33)	1	1	1	Z	Z	Z	Z		1	Z					1		
623 51% (19/ 37)			1	2	1/F	1/	1		1	4			3				3
363 51% (21/ 41)	1	1	1	1	1/		1		1						1		3
1102 51% (21/ 41)		1	1	1	1/	1/	Z		1				3		1		
1735 51% (21/ 41)		1	1	10	1/	1/	3						X		1		
1873 51% (21/ 41)	1	1	1	1	1/F	1/	1						5	Z	6		
P8 50% (1/ 2)	Z	Z	Z	Z	Z	Z	Z	Z	Z	Z	Z	Z	Z	Z	Z	Z	Z
P41 50% (1/ 2)	Z	Z	Z	Z	Z	X	2		Z	Z	Z	Z	Z	Z	Z	Z	Z
020 50% (17/ 34)	1	1	1	1	1/F	1/	9		1						1		
88 50% (21/ 42)	1	1	1	1	1/	1/	1		1				3		6		
102 50% (21/ 42)		1	1	1B	1/	1/	1		1				3		1		
189 50% (21/ 42)		1	1	1	1/	1/	1		1				3		1		
228 50% (21/ 42)		1	1	1	1/F	11	1		1				5H		2		
319 50% (19/ 38)	1	1	1	Z	Z	Z	Z		1						1		
326 50% (21/ 42)		1	1	1	1/	14	1		1						3		
437 50% (21/ 42)		1	1	1	1/	1/	1		1						6		
441 50% (17/ 34)		1	1	2	1/K	8	1		1				5D				
626 50% (18/ 36)	1	1	1	1	1/	1/	1		1						1		
1319 50% (16/ 32)	Z	Z	Z	Z	Z	Z	Z		Z						1		
1409 50% (20/ 40)	Z	Z	1	1	1/F	1/	3B		1				4		3		
1490 50% (21/ 42)		1	1	1	1/F	6	3		1	3			4E		1D		
1643 50% (21/ 42)		1	1	1	1/	1/	1		1				3		3		
1718 50% (21/ 42)	1	1	1	2	1/	1/G	1								2		
1729 50% (19/ 38)	1	1	1	1	1/	1/	1						5		1		
1752 50% (17/ 34)	1	1	1	1	1/	1/	1		1						1		
1854 50% (21/ 42)	1	1	1	1	1/	1/	1								1		
2288 50% (21/ 42)	1	1	1	1	1/F	1/	1						11E		6		

1505 — 49 TS + 0 SL + 55 MT

TESTSTELLE	10	11	12	18	19	20	21	28	29	33	35	36	41	42	44	45	47	48	50	52	53	55	56	57	62
UEBEREINST. ZEUGEN	392	351	5	355	110	441	2	416	439	3	452	7	467	283	451	473	92	452	17	452	338	17	14	104	28
BEZEUGTE VARIANTE	1/	1/	12	1/	2	1/	7	1/	1/	5	1/	1/D	1/	1/	1/	1/	2	1/	2	1/	1/	1/B	1/D	2	2
P33 100% (1/ 1)	Z	Z	Z	Z	Z	Z	Z	Z	Z	Z	Z	Z	Z	Z	Z	Z	Z	Z	Z		Z	Z	Z	Z	Z
2495 86% (42/ 49)	7B		5	4	1		6																		
2138 78% (38/ 49)			1		1		1			8		1/B		4			1		1						
1890 76% (34/ 45)	Z	Z	Z		1		1			8		1/		4			1		1						
2175 69% (9/ 13)			1				1			1		1/		Z	Z	Z	Z	Z	Z	Z	Z	Z	Z	Z	Z
2718 65% (22/ 34)					1		1			1		1/		4						4	3	1/	1/		
1611 63% (31/ 49)			1		1		1			1		1/		4			1		1		3B	1/			
81 62% (21/ 34)	14	1/L	2	Z	Z	Z	Z			1	3	1/										1/	1/		Z
044 61% (30/ 49)	4		1		1		1			8		1/		4	5							1/	1/		
2627 60% (3/ 5)	Z	Z	Z	Z	Z	Z	Z			1		1/	Z	Z	Z	Z	Z	Z	Z	Z	Z	Z	Z	Z	Z
62 58% (7/ 12)	Z	Z	Z	Z	Z	Z	Z			1		1/			Z	Z	Z	Z	Z	Z	Z	Z	Z	Z	Z
916 58% (7/ 12)			1		1		1			1		1/	Z	Z	Z	Z	Z	Z	Z	Z	Z	Z	Z	Z	Z
03 57% (28/ 49)			2	3	3		2			2	4	1/			4					4			1/		
431 57% (28/ 49)			13		1		1			2	3	1/		4					2C		3	1/	1/		1
436 57% (28/ 49)		1/L	1	4	1		1			1		1/		4					1		4C	1/	1/		
1101 57% (4/ 7)			1		1		1	Z	Z	Z	Z	Z	Z	Z	Z	Z	Z	Z	Z	Z	Z	Z	Z	Z	Z
1292 57% (28/ 49)			1		1		1			1		1/		4			1		1		3				1
33 56% (23/ 41)	11		1	X	1		X		X	2		X		3							3	X	X		
P45 56% (5/ 9)	Z	Z	Z	Y	Y	Y	X			9		Z		Z	Z		Z	Z	Z	Z	Z	3	1/	1	Z
P74 55% (26/ 47)	3	1/I	2	Z			2			2	3	1/		3	4				3			1/	1/		
307 55% (27/ 49)	6		1D	5B			2	3E	5	1	3	1/F		4					2C		3	1/	1/		1
1359 55% (27/ 49)										1												1/C	1/	1	1
1739 55% (27/ 49)			3	4			2	3D	5	1		1/		5					2C		3	1/	1/		1
2344 55% (27/ 49)	11		1		1		1			1		1/		3							3	1/	1/		
1852 55% (22/ 40)	Z	Z	Z	Z	Z	Z	Z	Z	Z	1		1/					1		1			1/	1/	1	1
365 53% (17/ 32)	3				1		1			1		1/K					1		13			1/	1/	1	1
01 53% (26/ 49)	3		2	5			2			2	3	1/			4			3		4			1/		
02 53% (26/ 49)	3		2	5			2			2	3	1/		3	4				3			4	1/		
181 53% (26/ 49)	11	11	4		1		1H			2	3	3		4			1		10		3G	5	1/		
614 53% (26/ 49)			1		1		1			1		1/		4			1		1		3				
621 53% (26/ 49)		1/O	1			1/B	1			8		1/		4					1	3	3B	1/	1/		1
1718 53% (26/ 49)			1				6			1		1/K										1/	1/	1	1

TESTSTELLE	10	11	12	18	19	20	21	28	29	33	35	36	41	42	44	45	47	48	50	52	53	55	56	57	62
UEBEREINST. ZEUGEN	392	351	5	355	110	441	2	416	439	3	452	7	467	283	451	473	92	452	17	452	338	17	14	104	28
BEZEUGTE VARIANTE	1/	1/	12	1/	2	1/	7	1/	1/	5	1/	1/D	1/	1/	1/	1/	2	1/	2	1/	1/	1/B	1/D	2	2
2818 53% (26/ 49)	6		1C	5B			2	3E	5	3	3	1/F		4					2C		3	1/	1/		1
1856 53% (19/ 36)			1				1			1		1/		8			1		1			1/	1/	1	1
610 52% (24/ 46)	6		1	5B			2	3E	5	Z	3	1/F		4					2C		3	1/	1/		1
180 51% (24/ 47)	6		1	5B			2	3E	5	1	3	1/F		4							3	1/	1/		1
5 51% (25/ 49)			1		1		1			8									1		3	1/	1/		1
218 51% (25/ 49)		1/C					1			1		1/										1/	1/	1	1
453 51% (25/ 49)	6		1	5B			2	3E	5	1	3	1/F		4					2C		3	1/	1/		1
945 51% (25/ 49)			3	4			2	3D	5	1		1/		5					19		8C	1/	1/		1
1678 51% (25/ 49)	6		1	5B			2	3D	5	1	3	1/F		4					2C		3	1/	1/		1
1842 51% (25/ 49)		1/O	1		1		1			8		1/							1	3	3	1/F	1/	1	1
1891 51% (25/ 49)			3	4			2	3D	5	1		1/F		5					2C		3	1/	1/		1
P8 50% (1/ 2)	Z	Z	Z		1	Z	Z	Z	Z	Z	Z	Z	Z	Z	Z	Z	Z	Z	Z	Z	Z	Z	Z	Z	Z
P41 50% (1/ 2)	Z	Z	Z	Z	Z	Z	Z	Z	Z	Z	Z	Z	Z	Z	Z	Z	Z	Z	Z	Z	Z	Z	Z	Z	Z
04 50% (14/ 28)	3	5	2	Z	Z	Z	Z			1	3B	1/	Z	Z	4					1/D	4	1/	1/	Z	Z
314 50% (6/ 12)	Z	Z	Z	Z	Z	Z	Z	Z	Z	Z	Z	Z					Z	Z	Z	Z	Z	Z	Z	Z	Z
441 50% (21/ 42)	Z	Z	Z	Z	Z	Z	Z			1		1/		4					6	3	3	1/	1/		1
1610 50% (20/ 40)		1/L	1	4	1		1	3D	5	8		1/		5			1	Z	Z	Z					
1747 50% (16/ 32)			1		1		1			1		1/	1/D				1		1			1/	1/	1	1
2125 50% (5/ 10)			1		1		1	Z	Z	1		Z	Z	Z	Z	Z	1	Z	Z	Z	Z	Z	Z	Z	Z
2200 50% (23/ 46)			3	4			2	3D		1		1/F		5					2C		8	1/	1/		1
2201 50% (22/ 44)	Z	Z	Z	Z	Z		1			8		1/F					1		1		3	1/	1/		1
2464 50% (10/ 20)	Z	Z	Z	Z	Z	Z	Z	Z	Z	Z	Z	Z	Z	Z	Z	Z	Z	Z	Z	Z	Z	Z	Z	Z	Z
1103 49% (24/ 49)			1		1		1			1		1/							1			1/	1/	1	1
1830 49% (24/ 49)		1/L	1	4	1		1F	3D	5	8		1/		5			1B		1						
1843 49% (24/ 49)			1		1		1			1		1/K					1		1		3	1/	1/	1	1
1853 49% (24/ 49)			1	4	1		1	3D	5	3		1/		5			1		1			1/			
630 49% (23/ 47)			3	Z	Z		2	3D		1		1/F		6					2C		8	1/	1/		1
1526 48% (14/ 29)	Z	Z	Z		1		1			Z		1/					1		1			1/	1/	1	1
1873 48% (23/ 48)			1		1		1			1		1/K					1		1		3	1/	1/	1	1
623 48% (21/ 44)	Z	Z	Z	Z	Z		1			8		1/		4					1		3	1/	1/		
1875 48% (21/ 44)	X	X	X		1		1	Z	Z	2	3	3		6			1		4		3G	5	1/		
1893 48% (19/ 40)			1		1		1			Z	Z	Z		4				Z	1		3	1/	1/		1
367 47% (23/ 49)			1		1		1			1		1/I					1		1			1/	1/	1	1

1505 49 TS + 0 SL + 55 MT

TESTSTELLE	64	65	66	68	76	77	78	80	83	84	86	87	88	89	90	91	92	94	95	96	97	100	102	103
UEBEREINST. ZEUGEN	38	333	20	7	467	181	67	20	46	42	85	476	471	25	71	18	99	6	68	35	17	470	478	21
BEZEUGTE VARIANTE	2	1/	6	17	1/	2	2	3	2	4	3	1/	1/	14	2	8	2	3	3	2	3	1/	1/	2
P33 100% (1/ 1)	Z	Z	Z	Z	Z	Z	Z	Z	Z	Z	Z	Z	Z	Z	Z	Z	Z	Z	Z	Z	Z	Z	Z	Z
2495 86% (42/ 49)		1/F															1							
2138 78% (38/ 49)		1/F	1/																			4		
1890 76% (34/ 45)		1/F						1			Z							3B				4		
2175 69% (9/ 13)	Z	Z	Z	Z	Z	Z	Z	Z	Z	Z	Z	Z	Z	Z	Z	Z	Z	Z	Z	Z	Z	Z	Z	Z
2718 65% (22/ 34)		1/F		3	Z	Z	Z	Z	Z	Z	Z	Z	Z	Z	Z	Z	Z	Z	Z		1/			
1611 63% (31/ 49)			1/				1		1					13				1		1		4		3
81 62% (21/ 34)	Z	Z	Z	Z	Z	Z	Z	Z	Z	Z	2B					1/		2D	2		1/			
044 61% (30/ 49)		1/F	1/	3						1/				2		3		4			1/		4	
2627 60% (3/ 5)	Z	Z	Z	Z	Z	Z	Z	Z	Z	Z	Z	Z	Z	Z	Z	Z	Z	Z	Z	Z	Z	Z	Z	Z
62 58% (7/ 12)	Z	Z	Z	Z	Z	Z	Z	Z	Z	Z	Z	Z	Z	Z	Z	Z	Z	Z	Z	1B	1/			1L
916 58% (7/ 12)	Z	Z	Z	Z	Z	Z	Z	Z	Z	Z	Z	Z	Z	Z	Z	Z	Z	Z	Z	Z	Z	Z	Z	Z
03 57% (28/ 49)			1/	2		2B		2			2B			2		1/		2	2		4		3	
431 57% (28/ 49)			1/B	2			1	1						2		14		1		1				1
436 57% (28/ 49)			1/	4				1								3		11	2	1	1/			1
1101 57% (4/ 7)	Z	Z	Z	Z	Z	Z	Z	Z	Z	Z	Z	Z	Z	Z	Z	Z	Z	Z	Z	Z	Z	Z	Z	Z
1292 57% (28/ 49)	1		4		3		1	1	1					2				1C		1		4		3
33 56% (23/ 41)		1/D	1/C	4				2	X	3	2			10		3	1	2	2		1/			X
P45 56% (5/ 9)	Z	Z	Z	Z	Z	Z	Z	Z	Z	Z	Z	Z	Z	Z	Z	Z	Z	Z	Z	Z	Z	Z	Z	Z
P74 55% (26/ 47)			1/	4				2		1/	2B			2		1/		2	Z		1/			
307 55% (27/ 49)			1/B	2										2		3		1		1				1
1359 55% (27/ 49)		1/F	1/	7		1B	1	1	1	1/	1			1	1	4G		1	2	1	1/			1
1739 55% (27/ 49)			1/	3			1	6B		3						3		2	2		1/			
2344 55% (27/ 49)		1/E	1/	4				2		3	2			11		3G	1	2	2		1/			
1852 55% (22/ 40)	1		1/	1		1		1	1	1/	1					5					1/			
365 53% (17/ 32)	1		10	1	Z	Z	Z	Z	Z	Z	Z	Z	Z	Z	Z	Z	Z	Z	Z	Z	Z			1L
01 53% (26/ 49)		1/K	1/	4			3	2		3	2					1/		2	2		1/		3	
02 53% (26/ 49)			1/	4				2		3	2B					1/	1	2	2		1/		3	
181 53% (26/ 49)			1/	12			1			1/C	2					12		2	2		4			
614 53% (26/ 49)	1	11	15		3		1	1	1			5	9	2				1C		1		4		1
621 53% (26/ 49)			8	2			1	1		1/						5		2C		1	1/			3C
1718 53% (26/ 49)			1/G	7		1B		1	1	1/	1			1	1	1/		1	2	1	1/			1

TESTSTELLE		64	65	66	68	76	77	78	80	83	84	86	87	88	89	90	91	92	94	95	96	97	100	102	103
UEBEREINST. ZEUGEN		38	333	20	7	467	181	67	20	46	42	85	476	471	25	71	18	99	6	68	35	17	470	478	21
BEZEUGTE VARIANTE		2	1/	6	17	1/	2	2	3	2	4	3	1/	1/	14	2	8	2	3	3	2	3	1/	1/	2
2818	53% (26/ 49)			1/B	2				1						2		3		1		1				1
1856	53% (19/ 36)	1		1/	2			1	1	Z	Z	Z	Z	Z	Z	Z	Z	Z	Z	Z	Z	Z			1
610	52% (24/ 46)			1/B	2		Z	1	Z						2		3		1		1				1
180	51% (24/ 47)			1/	3		Z	Z	1		1/				9		4		1		1				1
5	51% (25/ 49)	1		1/	4			1	7	1	1/	5			1		3		1	2	1	1/			3E
218	51% (25/ 49)		1/F	1/	7			1	1	1	1/	1			1	1	1/		1	2	1	1/			1
453	51% (25/ 49)			1/B	2							2B			2	1	6B		1		1				1
945	51% (25/ 49)			1/	3			1B	6B		3				5		3		2	2		1/			1
1678	51% (25/ 49)			1/B	2				1						2		3		1		1			4	1
1842	51% (25/ 49)			1/	15			1	5		1/C	4					5		2		1	5			3B
1891	51% (25/ 49)			1/	3			1	6		3	2					3		2	2		1/			1L
P8	50% (1/ 2)	Z	Z	Z	Z	Z	Z	Z	Z	Z	Z	Z	Z	Z	Z	Z	Z	Z	Z	Z	Z	Z	Z	Z	Z
P41	50% (1/ 2)	Z	Z	X	4		Z	Z	Z	Z	Z	Z	Z	Z	Z	Z	Z	Z	Z	Z	Z	Z	Z	Z	Z
04	50% (14/ 28)	Z	Z	Z	Z						3	Z	Z	Z	Z	Z	Z	Z	2	2			Z		Z
314	50% (6/ 12)	Z	Z	Z	Z	Z	Z	Z	Z	Z	Z	Z	Z	Z	Z	Z	Z	1	1	1	1	1/			1L
441	50% (21/ 42)		1/K	8	2			1	1		1/						5D	1	2C		1	1/			3D
1610	50% (20/ 40)	Z	Z	Z	Z		1B	1	3C	Z	Z				1					1	1	5	4		1
1747	50% (16/ 32)	1		10	1	Z	Z	Z	Z	Z	Z	Z	Z	Z	Z	Z	Z	Z	Z	Z	Z	Z			1
2125	50% (5/ 10)	Z	Z	Z	Z	Z	Z	Z	Z	Z	Z	Z	Z	Z	Z	Z	Z	Z	Z	Z	Z	Z	Z	Z	Z
2200	50% (23/ 46)	1		1/	3	Z	Z	Z	6		3	1					3		2	2		1/			1
2201	50% (22/ 44)	1		1/	1				1	1	1/				1		5		1	1	1	1/			1
2464	50% (10/ 20)	Z	Z	Z	Z			1	6			3C			2		4B		2	2		1/	3	4	
1103	49% (24/ 49)	1		12	1			1	1	1	1/				1	1	1/		1	4	1	1/			1
1830	49% (24/ 49)	1		1/	1		1B	1		1	1/				1					1	1	1/	4		1
1843	49% (24/ 49)	1		1/	15				1	1	1/				1		5		1	1	1	1/			1
1853	49% (24/ 49)	1		1/	1		1	1		1	1/				1					1	1	1/	4		1
630	49% (23/ 47)	1		1/	3			1	6		3	1B			3		3		2	2		1/			1
1526	48% (14/ 29)	1	1/F	1/	1			1	1	Z	Z	Z	Z	Z	Z	Z	Z	Z	Z	Z	Z	Z	Z	Z	Z
1873	48% (23/ 48)	1	1/F	1/	4				1	1	1/				1		5		1	1	1B	Z			1
623	48% (21/ 44)		1/F	1/	4			1	7	1		2			1		3		1	2	1	1/		3	3B
1875	48% (21/ 44)		1/F	7	12			1	1		1/C	2					12		2	2		1/			3B
1893	48% (19/ 40)	Z	Z	Z	Z			1	1	1	Z	1B			1		1/	1	1C	1	1	1/			1
367	47% (23/ 49)	1		1/	1		1B	1	1	1					1	1	11B	1	1		1	1/			1

1509 | 43 TS + 1 SL + 57 MT

TESTSTELLE	8	10	11	12	13	18	19	20	23	28	29	32	35	36	39	41	42	44	45	47	49	52	53	55	56
UEBEREINST. ZEUGEN	94	392	1	13	4	73	110	441	91	29	439	51	452	38	33	467	60	451	473	92	162	452	33	422	459
BEZEUGTE VARIANTE	3	1/	1/I	3	8	4	2	1/	2	3D	1/	2	1/	1/F	4	1/	5	1/	1/	2	2	1/	8	1/	1/
P33 100% (1/ 1)	Z	Z	Z	Z	Z	Z	Z	Z	Z	Z	Z	Z	Z	Z	Z	Z	Z	Z	Z	Z	Z		Z	Z	Z
429 88% (38/ 43)			5	8	3D																				
2200 88% (35/ 40)			1/		3D																				
206 86% (24/ 28)	Z	Z	Z	Z	Z	Z	Z	Z	Z	Z	Z	Z	Z	Z	Z						1	4			
630 83% (34/ 41)			1/		4	Z	Z										6								
1891 81% (35/ 43)			1/		3D						5												3		
522 79% (34/ 43)			5		3D					11		1									1				
945 77% (33/ 43)			1/		3E						5			1/									8C		
1739 77% (33/ 43)			1/		3D						5			1/									3		
314 75% (6/ 8)	Z	Z	Z	Z	Z	Z	Z	Z	Z	Z	Z	Z	Z	Z	Z		1/			Z	Z	Z	Z	Z	Z
1490 74% (32/ 43)			5	1	3				1	1/				1/K							1				
1704 74% (32/ 43)			1/	2	5						5			1/											
1751 74% (31/ 42)	3B		1/	8	1B																				
1758 73% (27/ 37)	1		5	1	3	Y	1		1	X				1/K							Y				
2298 67% (29/ 43)	1		1/L	1	1D						5	1		1/									3		
1745 67% (4/ 6)	Z	Z	Z	Z	Z	Z	Z	Z	Z	Z	Z	Z	Z	Z	Z	Z	Z	Z	Z	Z	Z	Z	Z	Z	Z
1846 67% (6/ 9)	Z	Z	Z	Z	Z	Z	Z	Z	Z	Z	Z	Z	Z	Z	Z	Z	Z	Z	Z	Z	Z	Z	Z	Z	Z
2778 67% (4/ 6)	Z	Z	Z	Z	Z	Z	Z	Z	Z	Z	Z	Z	Z	Z	Z	Z	Z	Z	Z	Z			1/		
1738 63% (5/ 8)	Z	Z	Z	Z	Z	Z	Z	Z	Z	Z	Z	Z	Z	Z	Z	Z	Z	Z	Z	Z	Z	Z	Z	Z	Z
1858 63% (5/ 8)	Z	Z	Z	Z	Z	Z	Z	Z	Z	Z	Z	Z	Z	Z	Z	Z	Z	Z	Z	Z	Z	Z	Z	Z	Z
1831 62% (26/ 42)	3B		8B	1	1	6			1	1/				1/K	Z						1				
441 62% (21/ 34)	Z	Z	Z	Z	Z	Z	Z	Z	Z	1/		1		1/	1		4					3	3		
94 60% (26/ 43)		6	1/L	1	2C	5B					5		3				4						3		
228 60% (26/ 43)			1/	1	2C					1/		1		1/	1								1/		
322 60% (26/ 43)			1/	1	2C					8	5			1/			6				1		3F		
P45 60% (6/ 10)	Z	Z	Z	Z	Z	Y	Y	Y		1/		4		Z	Z		Z	Z		Z	Z	Z	Z	3	
180 60% (25/ 42)		6	1/	1	2	5B				3E	5		3				4						3		
323 60% (25/ 42)		Z	1/	1	2					3C	5			1/			6				1		3		
623 58% (21/ 36)	Z	Z	Z	Z	Z	Z	Z			1/		1		1/	1		4						3		
2201 58% (21/ 36)	Z	Z	Z	Z	Z	Z	Z			1/		1			1		1/			1			3		
2344 58% (25/ 43)		11	1/	1	1	1/	1			1/				1/	1		3				1		3		
P74 58% (23/ 40)	Y	3		2	2B	Z				1/			3	1/	2		3	4					1/		

TESTSTELLE		8	10	11	12	13	18	19	20	23	28	29	32	35	36	39	41	42	44	45	47	49	52	53	55	56
UEBEREINST. ZEUGEN		94	392	1	13	4	73	110	441	91	29	439	51	452	38	33	467	60	451	473	92	162	452	33	422	459
BEZEUGTE VARIANTE		3	1/	1/I	3	8	4	2	1/	2	3D	1/	2	1/	1/F	4	1/	5	1/	1/	2	2	1/	8	1/	1/
1875	57% (20/ 35)	X	X	X	X	X	1/	1			Z	Z		3	3	X		6			1			3G	5	
1893	57% (20/ 35)	1		1/	1	X	1/	1			1/		Z	Z	Z	1		4						3		
81	57% (17/ 30)	2	14	1/L	2	2	Z	Z	Z	Z	1/			3	1/	2		1/						1/		
2303	56% (9/ 16)	Z	Z	Z	Z	Z	Z	Z	Z	Z	1/		1		1/	1		4			1			Z	Z	Z
2718	56% (18/ 32)	3B		1/	12	1C	1/	1			1/		1		1/	1		4					4	3		
610	56% (23/ 41)		6	1/	1	2	5B				3E	5		3				4						3		
307	56% (24/ 43)		6	1/	1D	2	5B				3E	5		3				4						3		
436	56% (24/ 43)	1		1/L	1	1		1		1	1/		1		1/	1		4						4C		
453	56% (24/ 43)		6	1/	1	2	5B				3E	5		3				4						3		
621	56% (24/ 43)			1/O	1		1/		1/B	1	1/		1		1/	1		4				1	3	3B		
636	56% (24/ 43)	1		1/	1C	1	1/	1			11															
2818	56% (24/ 43)		6	1/	1C	2	5B				3E	5		3				4						3		
2746	55% (16/ 29)	Z	Z	Z	Z	Z	Z	Z	Z	Z	1/		1		1/	1		Z	Z	Z	Z	Z		3		
1735	55% (23/ 42)	1B		1/	1	1	1/	1		1			3		1/K	1D		1/						6		
62	55% (6/ 11)	Z	Z	Z	Z	Z	Z	Z	Z	Z	1/		1		1/	1		1/	Z	Z	Z	Z	Z	Z	Z	Z
2626	55% (6/ 11)	Z	Z	Z	Z	Z	Z	Z	Z	Z	Z	Z	Z	Z	Z	Z	Z	Z	Z	Z	Z	Z	Z	Z	Z	Z
2777	55% (6/ 11)	Z	Z	Z	Z	Z	Z	1	Z	Z	Z	Z	Z	Z	Z	Z	Z	Z	Z	Z	Z	Z	Z	Z	Z	Z
2378	54% (13/ 24)	Z	Z	Z	Z	Z	Z	Z	Z	Z	Z	Z	Z	Z	Z	Z	X	Y			1			1/		1/E
1723	54% (20/ 37)	Z	Z	Z	Z	Z	1/			1	1/		1		1/	1		X			1			1/		
5	53% (23/ 43)			1/	1	1	1/	1			1/		1		1/D	1		1/						3		
223	53% (23/ 43)			1/	1	1		1		1	1/		1		1/K	1					1	1				
431	53% (23/ 43)	3B		1/	13	1	1/	1			1/			3	1/			4						3		
467	53% (23/ 43)		4	1/	1	1D					6B	5	1		1/			1/				1		3		
619	53% (23/ 43)			1/L	1	1	1/	1			1/		1		1/	1B		4						3		
808	53% (23/ 43)			1/L	1	1	6	1		1	1/				1/	1		1/						3		
927	53% (23/ 43)			12	1	1	1/	1			1/		1			1		1/			1			3D		
1162	53% (23/ 43)	3B		1/L	1	7		1			1/		1		1/	1		4						3		
1678	53% (23/ 43)	1	6	1/	1	2	5B					5		3				4						3		
1842	53% (23/ 43)			1/O	1		1/	1		1	1/		1		1/	1		1/					3	3	1/F	
624	53% (8/ 15)	Z	Z	Z	Z	Z	Z	Z	Z	Z	Z	Z	Z		1/	Z	Z	Z	Z	Z	Z	Z	Z	Z	Z	Z
1861	53% (19/ 36)	Z	Z	Z	Z	Z	Z	Z		1	1/		1		1/M	1					1	1			8	
2587	53% (19/ 36)	Z	Z	Z	Z	Z	Z	Z		1	1/		1		1/	1		6			1			1/		
2441	53% (10/ 19)	Z	Z	Z	Z	Z	Z	Z	Z	Z	Z	Z	Z	Z	Z	Z	Z	8	Z	Z	1			1/		

1509 43 TS + 1 SL + 57 MT

TESTSTELLE UEBEREINST. ZEUGEN BEZEUGTE VARIANTE	57 104 2	65 71 1/F	66 365 1/	68 20 3	75 18 3	76 467 1/	77 181 2	80 16 6	83 46 2	84 23 3	87 476 1/	88 471 1/	89 25 14	91 9 4E	95 68 3	97 422 1/	100 470 1/	102 478 1/
P33 100% (1/ 1)	Z	Z	Z	Z	Z	Z	Z	Z	Z	Z	Z	Z	Z	Z	Z	Z	Z	Z
429 88% (38/ 43)		1/					1B											
2200 88% (35/ 40)		1/			Z	Z	Z							3	2			
206 86% (24/ 28)		1/					1B											
630 83% (34/ 41)		1/											3	3	2			
1891 81% (35/ 43)		1/			2									3	2			
522 79% (34/ 43)		1/					1B	6C						4F				
945 77% (33/ 43)		1/						6B					5	3	2			
1739 77% (33/ 43)		1/			2			6B						3	2			
314 75% (6/ 8)	Z	Z	Z	Z	Z	Z	Z	Z	Z	Z	Z	Z	Z	Z	1			
1490 74% (32/ 43)			6				1B						4		1			
1704 74% (32/ 43)	2B	1/						6B					5	3	2			
1751 74% (31/ 42)		8	1/E		1B		5			1/C				3H	2	Z		
1758 73% (27/ 37)		1/				X	X						3		1	X		
2298 67% (29/ 43)		1/			1				1				12	3	2			
1745 67% (4/ 6)	Z	Z	Z	Z	Z	Z	Z	Z	Z	Z			1	1/	Z	Z		
1846 67% (6/ 9)	Z	Z	Z	Z	Z	Z	Z	Z	1	1/			1	X				
2778 67% (4/ 6)	1	Z	Z	Z	Z	Z	Z	Z	Z	Z	Z	Z	Z	Z	Z	Z	Z	Z
1738 63% (5/ 8)	Z	Z	Z	Z	Z	Z	Z	Z	Z	Z			1	1/	1			
1858 63% (5/ 8)	Z	Z	Z	Z	Z	Z	Z	Z	Z	Z			1	1/	1			
1831 62% (26/ 42)		1/	6				1B						3	3D	1	1/C		
441 62% (21/ 34)		1/K	8	2				1		1/				5D				
94 60% (26/ 43)		1/	1/B		1			1	1	1/			1	3				
228 60% (26/ 43)			11	7	1			5	1	1/			1	5H	1			
322 60% (26/ 43)		1/C		1	1				1	1/			1	5	4			
P45 60% (6/ 10)	1	Z	Z	Z	Z	Z	Z	Z	Z	Z	Z	Z	Z	Z	Z	Z	Z	Z
180 60% (25/ 42)		1/			2		Z	1		1/			9	4		3		
323 60% (25/ 42)		1/C		1	1				1	1/			1	5	4			
623 58% (21/ 36)				4	1			7	1	4			1	3	2			3
2201 58% (21/ 36)		1/		1	1			1	1	1/			1	5	1			
2344 58% (25/ 43)		1/E		4				2					11	3G	2			
P74 58% (23/ 40)		1/		4	2			2		1/			2	1/	Z			
2805 58% (23/ 40)				4B				4		1/			3	3				Z

TESTSTELLE	57	65	66	68	75	76	77	80	83	84	87	88	89	91	95	97	100	102
UEBEREINST. ZEUGEN	104	71	365	20	18	467	181	16	46	23	476	471	25	9	68	422	470	478
BEZEUGTE VARIANTE	2	1/F	1/	3	3	1/	2	6	2	3	1/	1/	14	4E	3	1/	1/	1/
1875 57% (20/ 35)			7	12	1			1		1/C				12	2			
1893 57% (20/ 35)		Z	Z	Z	1			1	1	Z			1	1/	1			
81 57% (17/ 30)		Z	Z	Z	Z	Z	Z	Z	Z	Z				1/	2			
2303 56% (9/ 16)	Z	Z	Z	Z	Z	Z	Z	Z	Z	Z	Z	Z	Z	Z	1		Z	
2718 56% (18/ 32)			6		Z	Z	Z	Z	Z	Z	Z	Z	Z	Z	Z			
610 56% (23/ 41)		1/	1/B	2	2		Z	Z		4			2	3		3		
307 56% (24/ 43)		1/	1/B	2	2			3		4			2	3		3		
436 56% (24/ 43)		1/		4	1			1		4				3	2			
453 56% (24/ 43)		1/	1/B	2	2			3		4			2	6B		3		
621 56% (24/ 43)		1/	8	2				1		1/				5				
636 56% (24/ 43)			1/F	1	1		1B	1E	1	1/		1/B	1	5C	4			1/C
2818 56% (24/ 43)		1/	1/B	2	2			1		4			2	3		3		
2746 55% (16/ 29)				1	1			1	1	1/			1	3	1			
1735 55% (23/ 42)		1/		4				1	1	1/			1	X	1			
62 55% (6/ 11)	Z	Z	Z	Z	Z	Z	Z	Z	Z	Z	Z	Z	Z	Z	Z			
2626 55% (6/ 11)	Z	Z	Z	Z	Z	Z	Z	1	1	1/			1		1			
2777 55% (6/ 11)	Z	Z	Z	Z	1	Y		Z	Z	Z			1	1/	1			
2378 54% (13/ 24)	Z	1/		2	1			1	1	1/			1	1/	Z			
1723 54% (20/ 37)	1			2	1			1	1	1/			1	1/	1			
5 53% (23/ 43)		1/		4	1			7	1	1/			1	3	2			
223 53% (23/ 43)	1			1	1		1	1	1	1/			1	11				
431 53% (23/ 43)		1/	1/B	2	2			1		4			2	14		3		
467 53% (23/ 43)		1/		7	1		1B	1	1	1/			1	4I				
619 53% (23/ 43)		1/		15	1			3B	1	1/			1	1/	1			
808 53% (23/ 43)	1			1	1			1	1	1/			7	6	2			
927 53% (23/ 43)	1			15	1			1	1	1/			1	5	1			
1162 53% (23/ 43)		1/		15	1			3	1	1/			1	1/	1			
1678 53% (23/ 43)		1/	1/B	2	2			1		4			2	3		3		4
1842 53% (23/ 43)	1	1/		15				5		1/C				5		5		
624 53% (8/ 15)	Z	1/		1	1		Z	Z	Z	Z			1	1/	1			
1861 53% (19/ 36)	1	1/		1	1			1	1	4			1	11				
2587 53% (19/ 36)	1			2	1			1	1	1/			1	1/	1			
2441 53% (10/ 19)	1	Z	Z	Z	1			1	Z	Z			1	1/	1		Z	

1524 33 TS + 0 SL + 71 MT

TESTSTELLE UEBEREINST. ZEUGEN BEZEUGTE VARIANTE	8 94 3	10 392 1/	11 351 1/	18 355 1/	20 441 1/	21 15 6	28 416 1/	29 439 1/	35 452 1/	36 339 1/	41 467 1/	42 283 1/	44 4 3	45 473 1/	48 452 1/	52 452 1/	53 338 1/	54 14 4	55 422 1/	56 459 1/	64 1 8	65 333 1/	66 365 1/	76 467 1/	84 402 1/
P8 100% (1/ 1)	Z	Z	Z		Z	Z	Z	Z	Z	Z	Z	Z	Z	Z	Z	Z	Z	Z	Z	Z	Z	Z	Z	Z	Z
P33 100% (1/ 1)	Z	Z	Z	Z	Z	Z	Z	Z	Z	Z	Z	Z	Z	Z	Z		Z	Z	Z	Z	Z	Z	Z	Z	Z
P41 100% (1/ 1)	Z	Z	Z	Z	Z	Z	Z	Z	Z	Z	Z	Z	Z	Z	Z	Z	Z	Z	Z	Z	Z	Z	X		Z
62 100% (9/ 9)	Z	Z	Z	Z	Z	Z							Z	Z	Z	Z	Z	Z	Z	Z	Z	Z	Z	Z	Z
2627 100% (4/ 4)	Z	Z	Z	Z	Z	Z					Z	Z	Z	Z	Z	Z	Z	Z	Z	Z	Z	Z	Z	Z	Z
254 97% (32/ 33)																		1							
P45 86% (6/ 7)	Z	Z	Z	Y	Y	X				Z		Z	Z		Z	Z	Z	Z	3		Z	Z	Z	Z	Z
314 86% (6/ 7)	Z	Z	Z	Z	Z	Z	Z	Z	Z	Z			1/		Z	Z	Z	Z	Z	Z	Z	Z	Z	Z	Z
506 86% (6/ 7)	Z	Z	Z	Z	Z	Z			Z	Z	Z	Z	Z	Z		Z	Z	1			Z	Z	Z	Z	
2125 86% (6/ 7)						1	Z	Z		Z	Z	Z	Z	Z	Z	Z	Z	Z	Z	Z	Z	Z	Z	Z	Z
1852 84% (21/ 25)	Z	Z	Z	Z	Z	Z	Z	Z					1/					1			1				
2303 83% (10/ 12)	Z	Z	Z	Z	Z	Z						4	1/				Z	Z	Z	Z	Z	Z	Z	Z	Z
2778 83% (5/ 6)	Z	Z	Z	Z	Z	Z	Z	Z	Z	Z	Z	Z	Z	Z				1			Z	Z	Z	Z	Z
172 82% (18/ 22)	Z	Z	Z			1		Z	Z		Z	Z	1/					1			1				Z
398 82% (27/ 33)	1												1/					1			1				
2175 82% (9/ 11)	1					1						Z	Z	Z	Z	Z	Z	Z	Z	Z	Z	Z	Z	Z	Z
916 80% (8/ 10)	1					1					Z	Z	Z	Z	Z	Z	Z	Z	Z	Z	Z	Z	Z	Z	Z
1828 79% (26/ 33)						1							1/					1			1				
1843 79% (26/ 33)						1				1/K			1/				3	1			1				
757 78% (25/ 32)	1					1												1			1				Z
1721 78% (25/ 32)						1							1/			Y		1			1				4
1746 78% (25/ 32)	X					1							1/					1			1				
1094 78% (21/ 27)	Z	Z	Z	Z	Z	Z							1/					1			1				
1839 78% (21/ 27)	Z	Z	Z	Z	Z	Z							1/					1			7				
43 77% (24/ 31)	1				Z	Z							1/					1			1				
337 77% (24/ 31)	1				Z	Z							1/					1			1				
699 77% (24/ 31)	Z			Z		1							1/					1			1				
1390 77% (24/ 31)	1												Z	Z				1			1				
1757 77% (24/ 31)	1					1			Z	Z			1/								1	1/G			
2080 77% (24/ 31)	1					1						8	1/					1			1				
57 77% (20/ 26)	Y	Y	Y	Y	Y	Y							1/					1			1				Y
624 77% (10/ 13)	Z	Z	Z	Z	Z	Z	Z	Z			Z	Z	Z	Z	Z	Z	Z	Z	Z	Z	1				Z
642 77% (20/ 26)		Z	Z			1						Z	1/					1			Z	Z	Z		Z

1524 33 TS + 0 SL + 71 MT

TESTSTELLE	8	10	11	18	20	21	28	29	35	36	41	42	44	45	48	52	53	54	55	56	64	65	66	76	84
UEBEREINST. ZEUGEN	94	392	351	355	441	15	416	439	452	339	467	283	4	473	452	452	338	14	422	459	1	333	365	467	402
BEZEUGTE VARIANTE	3	1/	1/	1/	1/	6	1/	1/	1/	1/	1/	1/	3	1/	1/	1/	1/	4	1/	1/	8	1/	1/	1/	1/
1856 77% (20/ 26)	1					1						8	1/					1			1				Z
1864 77% (23/ 30)	Z	Z	Z			1							1/					1			1				
1867 77% (23/ 30)	Z	Z	Z			1							1/					1			1				
1526 76% (16/ 21)	Z	Z	Z			1							1/					1			1	1/F			Z
2716 76% (19/ 25)	Z	Z	Z	Z	Z	Z			Z				1/					1			1	1/H			
2201 76% (22/ 29)	Z	Z	Z	Z		1				1/F			1/				3	1			1				
5 76% (25/ 33)						1				1/D			1/				3	1			1				
82 76% (25/ 33)	1					1							1/					1			1				
88 76% (25/ 33)	3B	3				2							1/			4	3				1				
105 76% (25/ 33)	1					1							1/					1			1				
149 76% (25/ 33)	1					1							1/					1			1				
175 76% (25/ 33)	1					1							1/					1			1				
201 76% (25/ 33)	1					1							1/					1			1				
203 76% (25/ 33)	1					1							1/					1			1				
312 76% (25/ 33)	1					1							1/					1			1	5			
394 76% (25/ 33)	1											8	1/					1			1				
404 76% (25/ 33)	1F					1							1/					9			1				
424 76% (25/ 33)	1					1							1/					1			1				
457 76% (25/ 33)	1					1							1/					1			1				
462 76% (25/ 33)	1					1							1/					1			1				
479 76% (25/ 33)	1					1							1/					1			1				
483 76% (25/ 33)	1					1							1/					1			1				
489 76% (25/ 33)			12			1				1/F			1/				3D	5			1				
619 76% (25/ 33)			1/L			1						4	1/				3				1				
625 76% (25/ 33)	1					1							1/					1			1				
635 76% (25/ 33)	1					1							1/					1			1				
638 76% (25/ 33)	1					1							1/					1			1				
824 76% (25/ 33)	1					1							1/					1			1				
917 76% (25/ 33)	1					2							1/					1			1				
959 76% (25/ 33)	1					1							1/					1			1				
1022 76% (25/ 33)	1					1							1/					1			1				
1040 76% (25/ 33)	1					1							1/					1			1				
1058 76% (25/ 33)						1						6	1/					1			1				

1524 — 33 TS + 0 SL + 71 MT

TESTSTELLE UEBEREINST. ZEUGEN BEZEUGTE VARIANTE	86 24 4	87 476 1/	88 471 1/	90 71 2	91 28 5	97 422 1/	100 470 1/	102 478 1/
P8 100% (1/ 1)	Z	Z	Z	Z	Z	Z	Z	Z
P33 100% (1/ 1)	Z	Z	Z	Z	Z	Z	Z	Z
P41 100% (1/ 1)	Z	Z	Z	Z	Z	Z	Z	Z
62 100% (9/ 9)	Z	Z	Z	Z	Z			
2627 100% (4/ 4)	Z	Z	Z	Z	Z	Z	Z	Z
254 97% (32/ 33)								
P45 86% (6/ 7)	Z	Z	Z	Z	Z	Z	Z	Z
314 86% (6/ 7)	Z	Z	Z	Z	Z			
506 86% (6/ 7)	Z	Z	Z	Z	Z	Z	Z	Z
2125 86% (6/ 7)	Z	Z	Z	Z	Z	Z	Z	Z
1852 84% (21/ 25)	1							
2303 83% (10/ 12)	Z	Z	Z	Z	Z		Z	
2778 83% (5/ 6)	Z	Z	Z	Z	Z	Z	Z	Z
172 82% (18/ 22)	Z			Z	Z			
398 82% (27/ 33)	1			1				
2175 82% (9/ 11)	Z	Z	Z	Z	Z	Z	Z	Z
916 80% (8/ 10)	Z	Z	Z	Z	Z	Z	Z	Z
1828 79% (26/ 33)	1B			1	1/			
1843 79% (26/ 33)	3							
757 78% (25/ 32)	1B			1	1/			
1721 78% (25/ 32)				1	3			
1746 78% (25/ 32)	1B			1	1/			
1094 78% (21/ 27)	2			1	1/			
1839 78% (21/ 27)	2B			1	18			
43 77% (24/ 31)	1			1	1/			
337 77% (24/ 31)	1			1	1/			
699 77% (24/ 31)	2			1	1/			
1390 77% (24/ 31)	1			1	1/	4		
1757 77% (24/ 31)				1	3			
2080 77% (24/ 31)	1B			Y	Y			
57 77% (20/ 26)	2			1	1/			
624 77% (10/ 13)	Z			1	1/			
642 77% (20/ 26)	1B			1	1/			

1524 — 33 TS + 0 SL + 71 MT

TESTSTELLE UEBEREINST. ZEUGEN BEZEUGTE VARIANTE	86 24 4	87 476 1/	88 471 1/	90 71 2	91 28 5	97 422 1/	100 470 1/	102 478 1/
1856 77% (20/ 26)	Z	Z	Z	Z	Z	Z		
1864 77% (23/ 30)	1B			1	1/			
1867 77% (23/ 30)	3			5	3			
1526 76% (16/ 21)	Z	Z	Z	Z	Z	Z	Z	Z
2716 76% (19/ 25)				1	1/		Z	
2201 76% (22/ 29)	3							
5 76% (25/ 33)	5				3			
82 76% (25/ 33)	3			1	1/			
88 76% (25/ 33)					3			
105 76% (25/ 33)	1B			1	1/			
149 76% (25/ 33)	1B			1	1/			
175 76% (25/ 33)	2B			1	1/			
201 76% (25/ 33)	1B			1	1/			
203 76% (25/ 33)	2B			1	1/			
312 76% (25/ 33)				1	1/			
394 76% (25/ 33)	1B			1	1/			
404 76% (25/ 33)	2B			1	1/			
424 76% (25/ 33)	2B			1	1/			
457 76% (25/ 33)	1			1	13E			
462 76% (25/ 33)	2B			1	1/			
479 76% (25/ 33)	3			1	1/			
483 76% (25/ 33)	3			1	17			
489 76% (25/ 33)	3							
619 76% (25/ 33)	1				1/			
625 76% (25/ 33)	1			1	1/			
635 76% (25/ 33)	2B			1	13C			
638 76% (25/ 33)	2			1	18			
824 76% (25/ 33)	1B			1	1/			
917 76% (25/ 33)	4B			1	1/			
959 76% (25/ 33)	1			1	13B			
1022 76% (25/ 33)	3			1	1/			
1040 76% (25/ 33)	1B			1	1/			
1058 76% (25/ 33)	1B			1	1/			

TESTSTELLE	10	11	18	20	28	29	35	36	41	42	44	45	48	49	52	53	55	56	62	65	66	70	73	76	77
UEBEREINST. ZEUGEN	392	10	355	441	416	439	452	339	467	283	451	473	452	162	452	338	422	459	1	333	365	2	1	467	181
BEZEUGTE VARIANTE	1/	1/0	1/	1/	1/	1/	1/	1/	1/	1/	1/	1/	1/	2	1/	1/	1/	1/	3	1/	1/	4	11	1/	2
P8 100% (1/ 1)	Z	Z		Z	Z	Z	Z	Z	Z	Z	Z	Z	Z	Z	Z	Z	Z	Z	Z	Z	Z	Z	Z	Z	Z
P33 100% (1/ 1)	Z	Z	Z	Z	Z	Z	Z	Z	Z	Z	Z	Z	Z	Z		Z	Z	Z	Z	Z	Z	Z	Z	Z	Z
506 100% (7/ 7)	Z	Z	Z	Z			Z	Z	Z	Z	Z	Z			Z	Z			Z	Z	Z	Z	Z	Z	Z
2778 100% (6/ 6)	Z	Z	Z	Z	Z	Z	Z	Z	Z	Z	Z	Z							Z	Z	Z	Z	Z	Z	Z
62 90% (9/ 10)	Z	Z	Z	Z							Z	Z	Z	Z	Z	Z	Z	Z	Z	Z	Z	Z	Z	Z	Z
2175 89% (8/ 9)		1/								Z	Z	Z	Z	Z	Z	Z	Z	Z	Z	Z	Z	Z	Z	Z	Z
81 88% (22/ 25)	14	1/L	Z	Z			3												Z	Z	Z	Z	Z	Z	Z
916 88% (7/ 8)		1/							Z	Z	Z	Z	Z	Z	Z	Z	Z	Z	Z	Z	Z	Z	Z	Z	Z
P45 86% (6/ 7)	Z	Z	Y	Y				Z		Z	Z		Z	Z	Z	Z	3		Z	Z	Z	Z	Z	Z	Z
1899 83% (5/ 6)	Z	Z	Z	Z	Z	Z	Z	Z	Z	Z	Z	Z	Z	Z	Z	Z	Z	Z	Z	Z	Z	Z	Z	Z	Z
218 83% (29/ 35)		1/C												1					1	1/F		2	11B		
1508 82% (27/ 33)		1/														Z			1			Z	1		
1864 82% (27/ 33)	Z	Z																	1			1	1		
1856 81% (22/ 27)		1/								8									1			1	1		
149 80% (28/ 35)		1/																	1			1	1		
201 80% (28/ 35)		1/																	1			1	1		
203 80% (28/ 35)		1/																	1			1	1		1
634 80% (28/ 35)		1/								4									1			1	1		
824 80% (28/ 35)		1/																	1			1	1		
1040 80% (28/ 35)		1/																	1			1	1		
1072 80% (28/ 35)		1/																	1			1	1		
1075 80% (28/ 35)		1/																	1			1	1		
1248 80% (28/ 35)		1/																	1			1	1		
1503 80% (28/ 35)		1/																	1			1	1		
1617 80% (28/ 35)		1/																	1			1	1		
1619 80% (28/ 35)		1/																	1			1	1		
1628 80% (28/ 35)		1/																	1			1	1		
1636 80% (28/ 35)		1/																	1			1	1		
1637 80% (28/ 35)		1/																	1			1	1		
1656 80% (28/ 35)		1/																	1			1	1		
1740 80% (28/ 35)		1/																	1			1	1		
1746 80% (28/ 35)		1/																	1			1	1		
1865 80% (28/ 35)		1/																	1			1	1		

1563 35 TS + 1 SL + 68 MT

TESTSTELLE	10	11	18	20	28	29	35	36	41	42	44	45	48	49	52	53	55	56	62	65	66	70	73	76	77
UEBEREINST. ZEUGEN	392	10	355	441	416	439	452	339	467	283	451	473	452	162	452	338	422	459	1	333	365	2	1	467	181
BEZEUGTE VARIANTE	1/	1/0	1/	1/	1/	1/	1/	1/	1/	1/	1/	1/	1/	2	1/	1/	1/	1/	3	1/	1/	4	11	1/	2
2125 80% (4/ 5)		1/			Z	Z		Z	Z	Z	Z	Z	Z	Z	Z	Z	Z	Z	Z	Z	Z	Z	Z	Z	Z
2303 80% (12/ 15)	Z	Z	Z	Z						4						Z	Z	Z	Z	Z	Z	Z	Z	Z	Z
2352 80% (28/ 35)		1/																	1			1	1		
2466 80% (28/ 35)		1/																	1			1	1		
2627 80% (4/ 5)	Z	Z	Z	Z					Z	Z	Z	Z	Z	Z	Z	Z	Z	Z	Z	Z	Z	Z	Z	Z	Z
2723 80% (28/ 35)		1/																	1			1	1		
2218 79% (27/ 34)		1/								V									1			1	1		
986 79% (26/ 33)	Z	Z								8									1			1	1		
1526 78% (18/ 23)	Z	Z												1					1	1/F		1	1		
1723 78% (25/ 32)	Z	Z								X									1	1/F		1	1		
1846 78% (7/ 9)	Z	Z	Z	Z	Z	Z	Z	Z	Z	Z	Z	Z	Z	Z	Z	Z	Z	Z	Z	Z	Z	Z	Z	Z	Z
1752 77% (24/ 31)	Z	Z	Z	Z						6									1			1	1		
5 77% (27/ 35)		1/						1/D								3			1			1	1		
18 77% (27/ 35)		1/								4									1			1	1		
133 77% (27/ 35)														1					1			1	1		1
141 77% (27/ 35)		1/								8									1			1	1		
175 77% (27/ 35)		1/												1					1			1	1		1
204 77% (27/ 35)		1/								8									1			1	1		
205 77% (27/ 35)		6														3			1			1	13		
386 77% (27/ 35)		1/								4									1			1	1		
394 77% (27/ 35)		1/								8									1			1	1		
404 77% (27/ 35)		1/												1					1			1	1		1
444 77% (27/ 35)		1/								6									1			1	1		
604 77% (27/ 35)		1/								5									1			1	1		
656 77% (27/ 35)														1					1			1	1		1
664 77% (27/ 35)		1/								6									1			1	1		
928 77% (27/ 35)		1/								8									1			1	1		
1058 77% (27/ 35)		1/								6									1			1	1		
1100 77% (27/ 35)		1/								4									1			1	1		
1103 77% (27/ 35)		1/												1					1		12	1	1		
1315 77% (27/ 35)		1/								6						8C			1			1	1		
1482 77% (27/ 35)		1/								8									1			1	1		

TESTSTELLE / UEBEREINST. ZEUGEN / BEZEUGTE VARIANTE		84 / 402 / 1/	87 / 476 / 1/	88 / 471 / 1/	91 / 279 / 1/	92 / 99 / 2	95 / 44 / 2	97 / 422 / 1/	98 / 40 / 2	100 / 470 / 1/	102 / 478 / 1/
P8	100% (1/ 1)	Z	Z	Z	Z	Z	Z	Z	Z	Z	Z
P33	100% (1/ 1)	Z	Z	Z	Z	Z	Z	Z	Z	Z	Z
506	100% (7/ 7)		Z	Z	Z	Z	Z	Z	Z	Z	Z
2778	100% (6/ 6)	Z	Z	Z	Z	Z	Z	Z	Z	Z	Z
62	90% (9/ 10)	Z	Z	Z	Z	Z	Z		3		
2175	89% (8/ 9)	Z	Z	Z	Z	Z	Z	Z	Z	Z	Z
81	88% (22/ 25)	Z									
916	88% (7/ 8)	Z	Z	Z	Z	Z	Z	Z	Z	Z	Z
P45	86% (6/ 7)	Z	Z	Z	Z	Z	Z	Z	Z	Z	Z
1899	83% (5/ 6)					1	Z	Z	Z	Z	
218	83% (29/ 35)										
1508	82% (27/ 33)					1	1		1		
1864	82% (27/ 33)					1	1		1		
1856	81% (22/ 27)	Z	Z	Z	Z	Z	Z	Z	Z		
149	80% (28/ 35)					1	1		1		
201	80% (28/ 35)					1	1		1		
203	80% (28/ 35)						4		1		
634	80% (28/ 35)						1		1		
824	80% (28/ 35)					1	1		1		
1040	80% (28/ 35)					1	1		1		
1072	80% (28/ 35)					1	1		1		
1075	80% (28/ 35)					1	1		1		
1248	80% (28/ 35)					1	1		1		
1503	80% (28/ 35)					1	1		1		
1617	80% (28/ 35)					1	1		1		
1619	80% (28/ 35)					1	1		1		
1628	80% (28/ 35)					1	1		1		
1636	80% (28/ 35)					1	1		1		
1637	80% (28/ 35)					1	1		1		
1656	80% (28/ 35)					1	1		1		
1740	80% (28/ 35)					1	1		1		
1746	80% (28/ 35)					1	1		1		
1865	80% (28/ 35)					1	1		1		

1563 35 TS + 1 SL + 68 MT

TESTSTELLE	84	87	88	91	92	95	97	98	100	102
UEBEREINST. ZEUGEN	402	476	471	279	99	44	422	40	470	478
BEZEUGTE VARIANTE	1/	1/	1/	1/	2	2	1/	2	1/	1/
2125 80% (4/ 5)	Z	Z	Z	Z	Z	Z	Z	Z	Z	Z
2303 80% (12/ 15)	Z	Z	Z	Z	1	1		Z	Z	
2352 80% (28/ 35)					1	1		1		
2466 80% (28/ 35)					1	1		1		
2627 80% (4/ 5)	Z	Z	Z	Z	Z	Z	Z	1	Z	Z
2723 80% (28/ 35)					1	1		1		
2218 79% (27/ 34)					1	1		1		
986 79% (26/ 33)					1	1		1		
1526 78% (18/ 23)	Z	Z	Z	Z	Z	Z	Z	Z	Z	Z
1723 78% (25/ 32)					1	1		1		
1846 78% (7/ 9)				X		3		1		
1752 77% (24/ 31)					1	1		1		
5 77% (27/ 35)				3				2C		
18 77% (27/ 35)					1	1		1		
133 77% (27/ 35)					1	1		1		
141 77% (27/ 35)					1	1		1		
175 77% (27/ 35)					1			1		
204 77% (27/ 35)					1	1		1		
205 77% (27/ 35)					1	1		1		
386 77% (27/ 35)					1	1		1		
394 77% (27/ 35)					1	1		1		
404 77% (27/ 35)					1			1		
444 77% (27/ 35)					1	1		1		
604 77% (27/ 35)					1	1		1		
656 77% (27/ 35)					1	1		1		
664 77% (27/ 35)					1	1		1		
928 77% (27/ 35)					1	1		1		
1058 77% (27/ 35)					1	1		1		
1100 77% (27/ 35)					1	1		1		
1103 77% (27/ 35)						4		1		
1315 77% (27/ 35)				5C				1		
1482 77% (27/ 35)					1	1		1		
1618 77% (27/ 35)				13B	1	1		1		

1594

TESTSTELLE UEBEREINST. ZEUGEN BEZEUGTE VARIANTE	10 392 1/	11 351 1/	18 73 4	20 441 1/	28 416 1/	29 439 1/	35 452 1/	36 17 1/M	41 467 1/	42 60 5	44 451 1/	45 473 1/	46 101 3	48 452 1/	50 16 17	52 452 1/	53 33 8	55 16 8	56 459 1/	65 333 1/	66 365 1/	76 467 1/	77 181 2	84 42 4	87 476 1/
P33 100% (1/ 1)	Z	Z	Z	Z	Z	Z	Z	Z	Z	Z	Z	Z	Z	Z	Z		Z	Z	Z	Z	Z	Z	Z	Z	Z
P41 100% (1/ 1)	Z	Z	Z	Z	Z	Z	Z	Z	Z	Z	Z	Z	Z	Z	Z	Z	Z	Z	Z	Z	X		Z	Z	Z
912 100% (30/ 30)																									
1405 100% (31/ 31)																									
1863 100% (31/ 31)																									
2279 100% (31/ 31)																									
1753 97% (30/ 31)								1/K																	
2511 97% (30/ 31)																								1/	
234 97% (29/ 30)																X				1/F					
1861 96% (27/ 28)	Z	Z	Z																						
390 94% (29/ 31)			1/																						
1003 94% (29/ 31)		8	1/																						
1250 94% (29/ 31)			1/																						
42 87% (27/ 31)																	9	1/					1	1/	
51 87% (27/ 31)								1/F										1/			4			1/	
P45 86% (6/ 7)	Z	Z	Y	Y				Z		Z	Z		Z	Z	Z	Z	Z	3		Z	Z	Z	Z	Z	Z
1456 86% (18/ 21)								1/K						Z	Z	Z	Z	Z	Z	Z	Z	Z	Z		
2501 84% (26/ 31)								1/K																1/	
223 81% (25/ 31)								1/K										1/		1/F			1	1/	
582 81% (25/ 31)		6	1/					1/K													6				
2675 81% (25/ 31)		4								3					18					1/F	1/D			1/	
1745 80% (4/ 5)	Z	Z	Z	Z	Z	Z	Z	Z	Z	Z	Z	Z	Z	Z	Z	Z	Z	Z	Z	Z	Z	Z	Z	Z	
2175 78% (7/ 9)			1/					1/		Z	Z	Z	Z	Z	Z	Z	Z	Z	Z	Z	Z	Z	Z	Z	Z
916 75% (6/ 8)			1/					1/	Z	Z	Z	Z	Z	Z	Z	Z	Z	Z	Z	Z	Z	Z	Z	Z	Z
1101 75% (3/ 4)			1/		Z	Z	Z	Z	Z	Z	Z	Z	Z	Z	Z	Z	Z	Z	Z	Z	Z	Z	Z	Z	Z
2627 75% (3/ 4)	Z	Z	Z	Z				1/	Z	Z	Z	Z	Z	Z	Z	Z	Z	Z	Z	Z	Z	Z	Z	Z	Z
1758 72% (18/ 25)		5	Y		X			1/K					X		1			1/				X	X	3	
1856 72% (18/ 25)			1/					1/		8			1		1		1/	1/						Z	Z
1846 71% (5/ 7)	Z	Z	Z	Z	Z	Z	Z	Z	Z	Z	Z	Z	Z	Z	Z	Z	Z	Z	Z	Z	Z	Z	Z	1/	
367 71% (22/ 31)			1/					1/I		1/					1		1/	1/					1B		
1102 71% (22/ 31)								1/		1/					1D		3	1/					1	1/	
2431 70% (19/ 27)			Y				Y	Y		1/			Y		1		1/	1/		1/G				1/	
1597 70% (21/ 30)	8							1/		1/					1		1/	1/					1	1/	

1594 31 TS + 0 SL + 72 MT

TESTSTELLE		10	11	18	20	28	29	35	36	41	42	44	45	46	48	50	52	53	55	56	65	66	76	77	84	87
UEBEREINST. ZEUGEN		392	351	73	441	416	439	452	17	467	60	451	473	101	452	16	452	33	16	459	333	365	467	181	42	476
BEZEUGTE VARIANTE		1/	1/	4	1/	1/	1/	1/	1/M	1/	5	1/	1/	3	1/	17	1/	8	8	1/	1/	1/	1/	2	4	1/
1352	69% (20/ 29)			1/					1/		7					1		1/	X					U	1/	
1721	69% (20/ 29)			1/					1/		1/					Y	Y	1/	1/					1		
2200	69% (20/ 29)					3D			1/F					1		2C			1/				Z	Z	3	
5	68% (21/ 31)			1/					1/D		1/					1		3	1/						1/	
102	68% (21/ 31)								1/		1/					1		3	1/	1/C				1	1/	
189	68% (21/ 31)	8							1/		1/					1E		3	1/					1	1/	
228	68% (21/ 31)								1/							1		1/	1/		1/F	11			1/	
429	68% (21/ 31)		5			3D			1/F					2		19			1/					1B	3	
436	68% (21/ 31)		1/L						1/		4			2		1		4C	1/							
522	68% (21/ 31)		5			11			1/F					2		19			1/					1B	3	
604	68% (21/ 31)			1/					1/					1		1		1/	1/						1/	
1315	68% (21/ 31)			1/					1/		6					12		8C	1/						1/	
1448	68% (21/ 31)			7					1/		1/			1		1		1/	1/							
1595	68% (21/ 31)			1/					1/		4					1		3	1/						1/	
1643	68% (21/ 31)	8							1/		1/					1		3	1/					1	1/	
1704	68% (21/ 31)					3D	5		1/					2		19			1/						3	
1748	68% (21/ 31)			1/					1/		1/			1		1		1/	1/						1/	
1749	68% (21/ 31)			1/					1/		8					1		1/	1/						1/	
1854	68% (21/ 31)								1/		1/					1		1/	1/					1	1/	
1892	68% (21/ 31)			1/					1/		1/			1		1		1/	1/							
1896	68% (21/ 31)			6					1/							1	3		1/		1/F				1/	
2261	68% (21/ 31)			1/					1/		8			1		1		1/	1/						1/	
2423	68% (21/ 31)								1/		1/					1		1/	1/					1B	1/	
2554	68% (21/ 31)			1/					1/		4					1		1/	1/						1/	
62	67% (6/ 9)	Z	Z	Z	Z				1/		1/	Z	Z	Z	Z	Z	Z	Z	Z	Z	Z	Z	Z	Z	Z	Z
506	67% (4/ 6)	Z	Z	Z	Z			Z	Z	Z	Z	Z	Z	Z		Z	Z	Z	1/		Z	Z	Z	Z	1/	Z
624	67% (8/ 12)	Z	Z	Z	Z	Z	Z		1/	Z	Z	Z	Z	Z	Z	Z	Z	Z	Z	Z				Z	Z	
630	67% (20/ 30)			Z		3D			1/F		6			2		2C			1/						3	
699	67% (20/ 30)			Z					1/		1/					1		1/	1/					1	1/	
1508	67% (20/ 30)			1/					1/		1/			1		1		Z	1/						1/	
2125	67% (4/ 6)			1/		Z	Z		Z	Z	Z	Z	Z	1	Z	Z	Z	Z	Z	Z	Z	Z	Z	Z	Z	Z
2218	67% (20/ 30)			1/					1/		V			1		1		1/	1/						1/	
821	66% (19/ 28)																									

TESTSTELLE UEBEREINST. ZEUGEN BEZEUGTE VARIANTE	88 471 1/	91 14 11	95 68 3	97 33 4	100 470 1/	102 478 1/
P33 100% (1/ 1)	Z	Z	Z	Z	Z	Z
P41 100% (1/ 1)	Z	Z	Z	Z	Z	Z
912 100% (30/ 30)		X				
1405 100% (31/ 31)						
1863 100% (31/ 31)						
2279 100% (31/ 31)						
1753 97% (30/ 31)						
2511 97% (30/ 31)						
234 97% (29/ 30)						
1861 96% (27/ 28)				1/		
390 94% (29/ 31)		1/				
1003 94% (29/ 31)						
1250 94% (29/ 31)				1/		
42 87% (27/ 31)						
51 87% (27/ 31)						
P45 86% (6/ 7)	Z	Z	Z	Z	Z	Z
1456 86% (18/ 21)		11F		1/		
2501 84% (26/ 31)		1/	1	1/		
223 81% (25/ 31)				1/		
582 81% (25/ 31)		11F		1/		
2675 81% (25/ 31)						
1745 80% (4/ 5)		1/	Z	Z		
2175 78% (7/ 9)	Z	Z	Z	Z	Z	Z
916 75% (6/ 8)	Z	Z	Z	Z	Z	Z
1101 75% (3/ 4)	Z	Z	Z	Z	Z	Z
2627 75% (3/ 4)	Z	Z	Z	Z	Z	Z
1758 72% (18/ 25)		4E	1	X		
1856 72% (18/ 25)	Z	Z	Z	Z		
1846 71% (5/ 7)		X		1/		
367 71% (22/ 31)		11B		1/		
1102 71% (22/ 31)		3		1/		
2431 70% (19/ 27)		1/	1			
1597 70% (21/ 30)		X		1/		

1594 51 TS + 0 SL + 72 MT

TESTSTELLE UEBEREINST. ZEUGEN BEZEUGTE VARIANTE	88 471 1/	91 14 11	95 68 3	97 33 4	100 470 1/	102 478 1/
1352 69% (20/ 29)		1/	1	1/		
1721 69% (20/ 29)		3	1	1/		
2200 69% (20/ 29)		3	2	1/		
5 68% (21/ 31)		3	2	1/		
102 68% (21/ 31)		3		1/		
189 68% (21/ 31)		3		1/		
228 68% (21/ 31)		5H	1	1/		
429 68% (21/ 31)		4E		1/		
436 68% (21/ 31)		3	2	1/		
522 68% (21/ 31)		4F		1/		
604 68% (21/ 31)		1/	1	1/		
1315 68% (21/ 31)		5C	2	1/		
1448 68% (21/ 31)		13B	2	1/		
1595 68% (21/ 31)		3	1	1/		
1643 68% (21/ 31)		3		1/		
1704 68% (21/ 31)		3	2	1/		
1748 68% (21/ 31)		1/	1			
1749 68% (21/ 31)		1/	1	1/		
1854 68% (21/ 31)		1/	1	1/		
1892 68% (21/ 31)		1/	1	1/		
1896 68% (21/ 31)		3	4	1/		
2261 68% (21/ 31)		1/		1/		
2423 68% (21/ 31)		1/	1	1/		
2554 68% (21/ 31)		1/	1	1/		
62 67% (6/ 9)	Z	Z	Z	1/		
506 67% (4/ 6)	Z	Z	Z	Z	Z	Z
624 67% (8/ 12)		1/	1	1/		
630 67% (20/ 30)		3	2	1/		
699 67% (20/ 30)		1/	1	1/		
1508 67% (20/ 30)		1/	1	1/		
2125 67% (4/ 6)	Z	Z	Z	Z	Z	Z
2218 67% (20/ 30)		1/	1	1/		
921 66% (19/ 29)		Z	1	1/		

1595 38 TS + 0 SL + 66 MT

TESTSTELLE	10	11	15	18	20	23	28	29	34	35	36	41	42	44	45	46	47	48	49	52	53	55	56	57	65
UEBEREINST. ZEUGEN	392	351	6	355	441	91	416	439	29	452	339	467	53	451	473	101	92	452	162	452	87	422	459	104	333
BEZEUGTE VARIANTE	1/	1/	7	1/	1/	2	1/	1/	11	1/	1/	1/	4	1/	1/	3	2	1/	2	1/	3	1/	1/	2	1/
P8 100% (2/ 2)	Z	Z	Z		Z		Z	Z	Z	Z	Z	Z	Z	Z	Z	Z	Z	Z	Z	Z	Z	Z	Z	Z	Z
P33 100% (1/ 1)	Z	Z	Z	Z	Z	Z	Z	Z	Z	Z	Z	Z	Z	Z	Z	Z	Z	Z	Z		Z	Z	Z	Z	Z
1270 92% (35/ 38)			6		1/B											6									
1598 92% (35/ 38)			6		1/B											6									
1893 90% (26/ 29)			X						Z	Z	Z					2		Z							Z
1297 89% (34/ 38)			6		1/B											6									1/F
5 87% (33/ 38)			4								1/D		1/												
619 87% (33/ 38)		1/L	1													2									
1846 86% (6/ 7)	Z	Z	Z	Z	Z	Z	Z	Z	Z	Z	Z	Z	Z	Z	Z	Z	Z	Z	Z	Z	Z	Z	Z	Z	Z
1162 84% (32/ 38)		1/L	1	4												2									
2746 84% (21/ 25)	Z	Z	Z	Z	Z	Z			1				Z	Z	Z	Z	Z	Z	Z						1/F
1738 83% (5/ 6)	Z	Z	Z	Z	Z	Z	Z	Z	Z	Z	Z	Z	Z	Z	Z	Z	Z	Z	Z	Z	Z	Z	Z	Z	Z
1858 83% (5/ 6)	Z	Z	Z	Z	Z	Z	Z	Z	Z	Z	Z	Z	Z	Z	Z	Z	Z	Z	Z	Z	Z	Z	Z	Z	Z
623 82% (28/ 34)	Z	Z	Z	Z												2									1/F
400 81% (22/ 27)		1/L	1			Y				X			W	X		6					W			1	X
2303 81% (13/ 16)	Z	Z	Z	Z	Z	Z			1							1	1				Z	Z	Z	Z	Z
1743 81% (29/ 36)	8					1			1								1		1	Z	Z				
62 80% (8/ 10)	Z	Z	Z	Z	Z	Z			1				1/	Z	Z	Z	Z	Z	Z	Z	Z	Z	Z	Z	Z
1101 80% (4/ 5)			1			Z	Z	Z	Z	Z	Z	Z	Z	Z	Z	Z	Z	Z	Z	Z	Z	Z	Z	Z	Z
1745 80% (4/ 5)	Z	Z	Z	Z	Z	Z	Z	Z	Z	Z	Z	Z	Z	Z	Z	Z	Z	Z	Z	Z	Z	Z	Z	Z	Z
1899 80% (4/ 5)	Z	Z	Z	Z	Z	Z	Z	Z	Z	Z	Z	Z	Z	Z	Z	Z	Z	Z	Z	Z	Z	Z	Z	Z	Z
2627 80% (4/ 5)	Z	Z	Z	Z	Z	Z			1			Z	Z	Z	Z	Z	Z	Z	Z	Z	Z	Z	Z	Z	Z
2201 79% (27/ 34)	Z	Z	Z	Z							1/F		1/			2	1								
437 79% (30/ 38)			1								1/K		1/			2			1		1/				
P45 78% (7/ 9)	Z	Z	Z	Y	Y				Y		Z		Z	Z		Z	Z	Z	Z	Z	Z	3		1	Z
33 77% (24/ 31)	11		X	X				X			X		3			X						X	X		1/D
624 77% (10/ 13)	Z	Z	Z	Z	Z	Z	Z	Z	Z			Z	Z	Z	Z	Z	Z	Z	Z	Z	Z	Z	Z	Z	
2718 77% (23/ 30)			1						1							2				4					1/F
76 76% (29/ 38)	8					1			1								1		4		1/				1/F
1102 76% (29/ 38)			6	4		1			1				1/				1		3						
1827 76% (29/ 38)		1/B	4													2	1		1						
2374 76% (29/ 38)			6			1			1								2B								3

1595 58 TS + 0 SL + 88 MT

TESTSTELLE	10	11	15	18	20	23	28	29	34	35	36	41	42	44	45	46	47	48	49	52	53	55	56	57	65
UEBEREINST. ZEUGEN	392	351	6	355	441	91	416	439	29	452	339	467	53	451	473	101	92	452	162	452	87	422	459	104	333
BEZEUGTE VARIANTE	1/	1/	7	1/	1/	2	1/	1/	11	1/	1/	1/	4	1/	1/	3	2	1/	2	1/	3	1/	1/	2	1/
2175 75% (9/ 12)			1			1			1				Z	Z	Z	Z	Z	Z	Z	Z	Z	Z	Z	Z	Z
2626 75% (6/ 8)	Z	Z	Z	Z	Z	Z	Z	Z	Z	Z	Z	Z	Z	Z	Z	Z	Z	Z	Z	Z	Z	Z	Z	Z	Z
2777 75% (6/ 8)	Z	Z	Z	Z	Z	Z	Z	Z	Z	Z	Z	Z	Z	Z	Z	Z	Z	Z	Z	Z	Z	Z	Z	Z	Z
1729 74% (26/ 35)	Z	Z	Z						1		1/F		1/			7	1					6		1	
88 74% (28/ 38)	3		4						7				1/							4				1	
102 74% (28/ 38)			6	4		1			1				1/				1		3				1/C		
440 74% (28/ 38)			1			1							6				1							1	
456 74% (28/ 38)			6			1			1				1/											1	
496 74% (28/ 38)			1			1							6				1							1	
1315 74% (28/ 38)			6			1							6				1				8C			1	
1843 74% (28/ 38)			1						1		1/K		1/			4	1		1					1	
2298 74% (28/ 38)		1/L	3	4			3D	5					5												
2554 74% (28/ 38)			1			1			1								1				1/			1	
2483 73% (27/ 37)			1			1							6				1							1	1/F
916 73% (8/ 11)			1			1			1			Z	Z	Z	Z	Z	Z	Z	Z	Z	Z	Z	Z	Z	Z
1597 72% (26/ 36)	8		6	4		1							1/				1		X		1/				
1735 72% (26/ 36)			1			1	3D		1		1/K		1/			2B					6				
441 72% (23/ 32)	Z	Z	Z	Z	Z	Z			1							2				3					1/K
2778 71% (5/ 7)	Z	Z	Z	Z	Z	Z	Z	Z	Z	Z	Z	Z	Z	Z	Z	Z	Z				1/			1	Z
18 71% (27/ 38)			1			1			1							1	1				1/			1	
189 71% (27/ 38)	8		6	4		1			1				1/				1		3						
228 71% (27/ 38)			1	4					1				5								1/				1/F
386 71% (27/ 38)			1			1			1							1	1				1/			1	
431 71% (27/ 38)			1						3	3						2									
436 71% (27/ 38)		1/L	1	4		1			1							2					4C				
634 71% (27/ 38)			1			1			1							1	1				1/			1	
808 71% (27/ 38)		1/L		6		1			1				1/			1								1	1/F
1058 71% (27/ 38)			1			1			1				6			1	1				1/			1	
1100 71% (27/ 38)			1			1			1							1	1				1/			1	
1161 71% (27/ 38)			1			1			13				1/			1					1/			1	
1404 71% (27/ 38)			1			1							6			2	1							1	
1643 71% (27/ 38)	8		1	4		1			1				1/				1		1						
1733 71% (27/ 38)			1			1			1							1	1				1/			1	

1595 38 TS + 0 SL + 66 MT

TESTSTELLE UEBEREINST. ZEUGEN BEZEUGTE VARIANTE	66 365 1/	68 16 15	73 24 10	76 467 1/	77 181 2	81 49 2	84 402 1/	87 476 1/	88 471 1/	91 46 3	97 422 1/	100 470 1/	102 478 1/
P8 100% (2/ 2)	Z	Z	Z	Z	Z	Z	Z	Z	Z	Z	Z	Z	Z
P33 100% (1/ 1)	Z	Z	Z	Z	Z	Z	Z	Z	Z	Z	Z	Z	Z
1270 92% (35/ 38)													
1598 92% (35/ 38)													
1893 90% (26/ 29)	Z	Z	9				Z			1/			
1297 89% (34/ 38)													
5 87% (33/ 38)		4	1										
619 87% (33/ 38)			9							1/			
1846 86% (6/ 7)	Z	Z	Z	Z	Z	1				X			
1162 84% (32/ 38)			9							1/			
2746 84% (21/ 25)		1				1							
1738 83% (5/ 6)	Z	Z	Z	Z	Z	Z	Z			1/			
1858 83% (5/ 6)	Z	Z	Z	Z	Z	Z	Z			1/			
623 82% (28/ 34)		4	1D				4						3
400 81% (22/ 27)	X	X				X		X	X	5			
2303 81% (13/ 16)	Z	Z	Z	Z	Z	Z	Z	Z	Z	Z		Z	
1743 81% (29/ 36)		1				1							
62 80% (8/ 10)	Z	Z	Z	Z	Z	Z	Z	Z	Z	Z			
1101 80% (4/ 5)	Z	Z	Z	Z	Z	Z	Z	Z	Z	Z	Z	Z	Z
1745 80% (4/ 5)	Z	Z	Z	Z	Z	Z	Z			1/	Z		
1899 80% (4/ 5)	Z	Z	Z	Z	Z	Z				1/	Z	Z	
2627 80% (4/ 5)	Z	Z	Z	Z	Z	Z	Z	Z	Z	Z	Z	Z	Z
2201 79% (27/ 34)		1	1E							5			
437 79% (30/ 38)			9							1/			
P45 78% (7/ 9)	Z	Z	Z	Z	Z	Z	Z	Z	Z	Z	Z	Z	Z
33 77% (24/ 31)	1/C	4	14				3						
624 77% (10/ 13)		1	1		Z	Z	Z			1/			
2718 77% (23/ 30)	6	3	Z	Z	Z	Z	Z	Z	Z	Z			
76 76% (29/ 38)		1				1							
1102 76% (29/ 38)		1			1								
1827 76% (29/ 38)		7	9			1				1/			
2374 76% (29/ 38)		4	1		1B	1							
314 75% (6/ 8)	Z	Z	Z	Z	Z	Z	Z	Z	Z	Z			

1595 38 TS + 0 SL + 66 MT

TESTSTELLE UEBEREINST. ZEUGEN BEZEUGTE VARIANTE	66 365 1/	68 16 15	73 24 10	76 467 1/	77 181 2	81 49 2	84 402 1/	87 476 1/	88 471 1/	91 46 3	97 422 1/	100 470 1/	102 478 1/
2175 75% (9/ 12)	Z	Z	Z	Z	Z	Z	Z	Z	Z	Z	Z	Z	Z
2626 75% (6/ 8)	Z	Z	Z	Z	Z	1				4E			
2777 75% (6/ 8)	Z	Z	1	Y		Z	Z			1/			
1729 74% (26/ 35)						1				5			
88 74% (28/ 38)		6	9		1	1							
102 74% (28/ 38)		1			1								
440 74% (28/ 38)		1	1		1B	1				4K			
456 74% (28/ 38)		1	1D		1	1				1/			
496 74% (28/ 38)		1	1		1B	1				4K			
1315 74% (28/ 38)		1	1			1				5C			
1843 74% (28/ 38)						1				5			
2298 74% (28/ 38)		3	1D			1	3						
2554 74% (28/ 38)		2	1			1				1/			
2483 73% (27/ 37)		1	1		U	1				5C			
916 73% (8/ 11)	Z	Z	Z	Z	Z	Z	Z	Z	Z	Z	Z	Z	Z
1597 72% (26/ 36)		1			1	1				X			
1735 72% (26/ 36)		4	X			1				X			
441 72% (23/ 32)	8	2	6C			1				5D			
2778 71% (5/ 7)	Z	Z	Z	Z	Z	Z	Z	Z	Z	Z	Z	Z	Z
18 71% (27/ 38)		1	1			1				1/			
189 71% (27/ 38)		1			1	1							
228 71% (27/ 38)	11	7	1			1				5H			
386 71% (27/ 38)		2	1			1				1/			
431 71% (27/ 38)	1/B	2	2B			1	4			14	3		
436 71% (27/ 38)		4	1D			1	4						
634 71% (27/ 38)		2	1			1				1/			
808 71% (27/ 38)		1	1							6			
1058 71% (27/ 38)		2	1							1/			
1100 71% (27/ 38)		2	1			1				1/			
1161 71% (27/ 38)		7	1		1					4			
1404 71% (27/ 38)		1	1		1B	1				5C			
1643 71% (27/ 38)		1			1	1							
1733 71% (27/ 38)		2	1			1				1/			

1598 38 TS + 0 SL + 65 MT

TESTSTELLE	10	11	15	18	20	23	28	29	34	35	36	41	42	44	45	46	47	48	49	52	53	55	56	57	65
UEBEREINST. ZEUGEN	392	351	17	355	13	91	416	439	29	452	339	467	53	451	473	9	92	452	162	452	87	422	459	104	333
BEZEUGTE VARIANTE	1/	1/	6	1/	1/B	2	1/	1/	11	1/	1/	1/	4	1/	1/	6	2	1/	2	1/	3	1/	1/	2	1/
P8 100% (2/ 2)	Z	Z	Z		Z		Z	Z	Z	Z	Z	Z	Z	Z	Z	Z	Z	Z	Z	Z	Z	Z	Z	Z	Z
P33 100% (1/ 1)	Z	Z	Z	Z	Z	Z	Z	Z	Z	Z	Z	Z	Z	Z	Z	Z	Z	Z	Z		Z	Z	Z	Z	Z
1270 100% (38/ 38)																									
1297 97% (37/ 38)																									1/F
1595 92% (35/ 38)			7		1/											3									
1893 86% (25/ 29)			X		1/				Z	Z	Z					2		Z							Z
1846 86% (6/ 7)	Z	Z	Z	Z	Z	Z	Z	Z	Z	Z	Z	Z	Z	Z	Z	Z	Z	Z	Z	Z	Z	Z	Z	Z	Z
619 84% (32/ 38)		1/L	1		1/											2									
2746 84% (21/ 25)	Z	Z	Z	Z	Z	Z			1				Z	Z	Z	Z	Z	Z	Z						1/F
1738 83% (5/ 6)	Z	Z	Z	Z	Z	Z	Z	Z	Z	Z	Z	Z	Z	Z	Z	Z	Z	Z	Z	Z	Z	Z	Z	Z	Z
1858 83% (5/ 6)	Z	Z	Z	Z	Z	Z	Z	Z	Z	Z	Z	Z	Z	Z	Z	Z	Z	Z	Z	Z	Z	Z	Z	Z	Z
5 82% (31/ 38)			4		1/						1/D		1/			3									
1162 82% (31/ 38)		1/L	1	4	1/											2									
400 81% (22/ 27)		1/L	1		1/	Y				X			W	X							W			1	X
2303 81% (13/ 16)	Z	Z	Z	Z	Z	Z			1							1	1				Z	Z	Z	Z	Z
62 80% (8/ 10)	Z	Z	Z	Z	Z	Z			1				1/	Z	Z	Z	Z	Z	Z	Z	Z	Z	Z	Z	Z
1745 80% (4/ 5)	Z	Z	Z	Z	Z	Z	Z	Z	Z	Z	Z	Z	Z	Z	Z	Z	Z	Z	Z	Z	Z	Z	Z	Z	Z
1899 80% (4/ 5)	Z	Z	Z	Z	Z	Z	Z	Z	Z	Z	Z	Z	Z	Z	Z	Z	Z	Z	Z	Z	Z	Z	Z	Z	Z
2627 80% (4/ 5)	Z	Z	Z	Z	Z	Z			1			Z	Z	Z	Z	Z	Z	Z	Z	Z	Z	Z	Z	Z	Z
623 79% (27/ 34)	Z	Z	Z	Z	1/											2									1/F
P45 78% (7/ 9)	Z	Z	Z	Y	Y				Y		Z		Z	Z		Z	Z	Z	Z	Z	Z	3		1	Z
624 77% (10/ 13)	Z	Z	Z	Z	Z	Z	Z	Z	Z			Z	Z	Z	Z	Z	Z	Z	Z	Z	Z	Z	Z	Z	
2201 76% (26/ 34)	Z	Z	Z	Z	1/						1/F		1/			2	1								
437 76% (29/ 38)			1		1/						1/K		1/			2			1		1/				
314 75% (6/ 8)	Z	Z	Z	Z	Z	Z	Z	Z	Z	Z	Z		1/			1	Z	Z	Z	Z	Z	Z	Z	Z	Z
2626 75% (6/ 8)	Z	Z	Z	Z	Z	Z	Z	Z	Z	Z	Z	Z	Z	Z	Z	Z	Z	Z	Z	Z	Z	Z	Z	Z	Z
2777 75% (6/ 8)	Z	Z	Z	Z	Z	Z	Z	Z	Z	Z	Z	Z	Z	Z	Z	Z	Z	Z	Z	Z	Z	Z	Z	Z	Z
33 74% (23/ 31)	11		X	X	1/			X			X		3			X						X	X		1/D
1102 74% (28/ 38)				4	1/	1			1				1/			3	1		3						
1827 74% (28/ 38)		1/B	4		1/											2	1		1						
2374 74% (28/ 38)					1/	1			1							3	2B								3
2718 73% (22/ 30)			1		1/				1							2				4					1/F
1743 72% (26/ 36)	8		7		1/	1			1							3	1		1	7	7				

TESTSTELLE	10	11	15	18	20	23	28	29	34	35	36	41	42	44	45	46	47	48	49	52	53	55	56	57	65
UEBEREINST. ZEUGEN	392	351	17	355	13	91	416	439	29	452	339	467	53	451	473	9	92	452	162	452	87	422	459	104	333
BEZEUGTE VARIANTE	1/	1/	6	1/	1/B	2	1/	1/	11	1/	1/	1/	4	1/	1/	6	2	1/	2	1/	3	1/	1/	2	1/
441 72% (23/ 32)	Z	Z	Z	Z	Z	Z			1							2				3					1/K
1729 71% (25/ 35)	Z	Z	Z		1/				1		1/F		1/			7	1					6		1	
2778 71% (5/ 7)	Z	Z	Z	Z	Z	Z	Z	Z	Z	Z	Z	Z	Z	Z	Z	Z	Z				1/			1	Z
102 71% (27/ 38)				4	1/	1			1				1/			3	1		3				1/C		
456 71% (27/ 38)					1/	1			1				1/			3								1	
1127 71% (27/ 38)					1/				1										1		1/				10D
1315 71% (27/ 38)					1/	1							6			3	1				8C			1	
1843 71% (27/ 38)			1		1/				1		1/K		1/			4	1		1					1	
1868 71% (27/ 38)			1		1/				1		1/F		1/				1		1					1	1/F
506 70% (7/ 10)	Z	Z	Z	Z	Z	Z			1	Z	Z	Z	Z	Z	Z	Z	Z			Z	Z			1	Z
1597 69% (25/ 36)	8			4	1/	1							1/			3	1		X		1/				
1735 69% (25/ 36)			1		1/	1	3D		1		1/K		1/			2B					6				
1752 69% (22/ 32)	Z	Z	Z	Z	Z	Z			1				6			1	1				1/			1	
18 68% (26/ 38)			1		1/	1			1							1	1				1/			1	
76 68% (26/ 38)	8		7		1/	1			1							3	1		4		1/				1/F
88 68% (26/ 38)	3		4		1/				7				1/			3				4				1	
189 68% (26/ 38)	8			4	1/	1			1				1/			3	1		3						
386 68% (26/ 38)			1		1/	1			1							1	1				1/			1	
431 68% (26/ 38)			1		1/				3	3						2									
436 68% (26/ 38)		1/L	1	4	1/	1			1							2					4C				
440 68% (26/ 38)			1		1/	1							6			3	1							1	
489 68% (26/ 38)		12	1		1/				1		1/F		1/				1				3D			1	
496 68% (26/ 38)			1		1/	1							6			3	1							1	
634 68% (26/ 38)			1		1/	1			1							1	1				1/			1	
927 68% (26/ 38)		12	1		1/				1		1/F		1/				1				3D			1	1/F
1058 68% (26/ 38)			1		1/	1			1				6			1	1				1/			1	
1100 68% (26/ 38)			1		1/	1			1							1	1				1/			1	
1161 68% (26/ 38)			1		1/	1			13				1/			1					1/			1	
1404 68% (26/ 38)			1		1/	1							6			2	1							1	
1733 68% (26/ 38)			1		1/	1			1							1	1				1/			1	
1739 68% (26/ 38)			3	4	1/		3D	5	2B				5			2									
2288 68% (26/ 38)			1		1/				6		1/K		1/				1		1					1	1/F
2289 68% (13/ 19)	Z	Z	Z	Z	Z	Z	Z	Z	Z	Z	Z	Z	Z	Z	Z	Z	Z	Z	Z		1/			1	

1598 38 TS + 0 SL + 65 MT

TESTSTELLE	66	68	73	76	77	81	84	87	88	91	97	100	102
UEBEREINST. ZEUGEN	365	16	24	467	181	49	402	476	471	46	422	470	478
BEZEUGTE VARIANTE	1/	15	10	1/	2	2	1/	1/	1/	3	1/	1/	1/
P8 100% (2/ 2)	Z	Z	Z	Z	Z	Z	Z	Z	Z	Z	Z	Z	Z
P33 100% (1/ 1)	Z	Z	Z	Z	Z	Z	Z	Z	Z	Z	Z	Z	Z
1270 100% (38/ 38)													
1297 97% (37/ 38)													
1595 92% (35/ 38)													
1893 86% (25/ 29)	Z	Z	9				Z			1/			
1846 86% (6/ 7)	Z	Z	Z	Z	Z	1				X			
619 84% (32/ 38)			9							1/			
2746 84% (21/ 25)		1				1							
1738 83% (5/ 6)	Z	Z	Z	Z	Z	Z	Z			1/			
1858 83% (5/ 6)	Z	Z	Z	Z	Z	Z	Z			1/			
5 82% (31/ 38)		4	1										
1162 82% (31/ 38)			9							1/			
400 81% (22/ 27)	X	X				X		X	X	5			
2303 81% (13/ 16)	Z	Z	Z	Z	Z	Z	Z	Z	Z	Z		Z	
62 80% (8/ 10)	Z	Z	Z	Z	Z	Z	Z	Z	Z	Z			
1745 80% (4/ 5)	Z	Z	Z	Z	Z	Z	Z			1/	Z		
1899 80% (4/ 5)	Z	Z	Z	Z	Z	Z				1/	Z	Z	
2627 80% (4/ 5)	Z	Z	Z	Z	Z	Z	Z	Z	Z	Z	Z	Z	Z
623 79% (27/ 34)		4	1D				4						3
P45 78% (7/ 9)	Z	Z	Z	Z	Z	Z	Z	Z	Z	Z	Z	Z	Z
624 77% (10/ 13)		1	1		Z	Z	Z			1/			
2201 76% (26/ 34)		1	1E							5			
437 76% (29/ 38)			9							1/			
314 75% (6/ 8)	Z	Z	Z	Z	Z	Z	Z	Z	Z	Z			
2626 75% (6/ 8)	Z	Z	Z	Z	Z	1				4E			
2777 75% (6/ 8)	Z	Z	1	Y		Z	Z			1/			
33 74% (23/ 31)	1/C	4	14				3						
1102 74% (28/ 38)		1			1								
1827 74% (28/ 38)		7	9			1				1/			
2374 74% (28/ 38)		4	1		1B	1							
2718 73% (22/ 30)	6	3	Z	Z	Z	Z	Z	Z	Z	Z			
1743 72% (26/ 36)		1				1							

1598 38 TS + 0 SL + 65 MT

TESTSTELLE	66	68	73	76	77	81	84	87	88	91	97	100	102
UEBEREINST. ZEUGEN	365	16	24	467	181	49	402	476	471	46	422	470	478
BEZEUGTE VARIANTE	1/	15	10	1/	2	2	1/	1/	1/	3	1/	1/	1/
441 72% (23/ 32)	8	2	6C			1				5D			
1729 71% (25/ 35)						1				5			
2778 71% (5/ 7)	Z	Z	Z	Z	Z	Z	Z	Z	Z	Z	Z	Z	Z
102 71% (27/ 38)		1			1								
456 71% (27/ 38)		1	1D		1	1				1/			
1127 71% (27/ 38)		1	1		1B	1				1/		5	
1315 71% (27/ 38)		1	1			1				5C			
1843 71% (27/ 38)						1				5			
1868 71% (27/ 38)						1				5			
506 70% (7/ 10)	Z	Z	Z	Z	Z	1		Z	Z	Z	Z	Z	Z
1597 69% (25/ 36)		1			1	1				X			
1735 69% (25/ 36)		4	X			1				X			
1752 69% (22/ 32)		2	1			1				1/			
18 68% (26/ 38)		1	1			1				1/			
76 68% (26/ 38)		1				1							
88 68% (26/ 38)		6	9		1	1							
189 68% (26/ 38)		1			1	1							
386 68% (26/ 38)		2	1			1				1/			
431 68% (26/ 38)	1/B	2	2B			1	4			14	3		
436 68% (26/ 38)		4	1D			1	4						
440 68% (26/ 38)		1	1		1B	1				4K			
489 68% (26/ 38)		1				1				5			
496 68% (26/ 38)		1	1		1B	1				4K			
634 68% (26/ 38)		2	1			1				1/			
927 68% (26/ 38)						1				5			
1058 68% (26/ 38)		2	1							1/			
1100 68% (26/ 38)		2	1			1				1/			
1161 68% (26/ 38)		7	1		1					4			
1404 68% (26/ 38)		1	1		1B	1				5C			
1733 68% (26/ 38)		2	1			1				1/			
1739 68% (26/ 38)		3	1D			1	3						
2288 68% (26/ 38)		14				1				11E			
2289 68% (13/ 19)		2	1			1				1/			

1609 33 TS + 0 SL + 68 MT

TESTSTELLE UEBEREINST. ZEUGEN BEZEUGTE VARIANTE	10 392 1/	11 351 1/	18 355 1/	20 441 1/	28 29 3D	29 439 1/	35 452 1/	36 339 1/	41 467 1/	42 283 1/	44 451 1/	45 473 1/	46 101 3	48 452 1/	52 452 1/	53 87 3	55 422 1/	56 459 1/	57 104 2	65 21 5	66 365 1/	72 45 4	76 467 1/	77 181 2	84 402 1/
P8 100% (1/ 1)	Z	Z		Z	Z	Z	Z	Z	Z	Z	Z	Z	Z	Z	Z	Z	Z	Z	Z	Z	Z	Z	Z	Z	Z
P33 100% (1/ 1)	Z	Z	Z	Z	Z	Z	Z	Z	Z	Z	Z	Z	Z	Z		Z	Z	Z	Z	Z	Z	Z	Z	Z	Z
1101 100% (4/ 4)					Z	Z	Z	Z	Z	Z	Z	Z	Z	Z	Z	Z	Z	Z	Z	Z	Z	Z	Z	Z	Z
62 89% (8/ 9)	Z	Z	Z	Z	1/						Z	Z	Z	Z	Z	Z	Z	Z	Z	Z	Z	Z	Z	Z	Z
2175 89% (8/ 9)					1/					Z	Z	Z	Z	Z	Z	Z	Z	Z	Z	Z	Z	Z	Z	Z	Z
916 88% (7/ 8)					1/				Z	Z	Z	Z	Z	Z	Z	Z	Z	Z	Z	Z	Z	Z	Z	Z	Z
2125 83% (5/ 6)					Z	Z		Z	Z	Z	Z	Z	1	Z	Z	Z	Z	Z	Z	Z	Z	Z	Z	Z	Z
5 79% (26/ 33)					1/			1/D												1/		1			
216 79% (26/ 33)					1/					6									1	1/		1		1B	
1868 79% (26/ 33)					1/			1/F					6						1	1/F		1			
2483 78% (25/ 32)					1/					6									1	1/F		1		U	
2201 77% (23/ 30)	Z	Z	Z		1/			1/F					2							1/		1			
440 76% (25/ 33)					1/					6									1	1/		1		1B	
456 76% (25/ 33)					1/														1	1/				1	
935 76% (25/ 33)					1/					6			5						1	9		1		1B	
1595 76% (25/ 33)					1/					4										1/		1			
1843 76% (25/ 33)					1/			1/K					4						1	1/		1			
1873 76% (25/ 33)					1/			1/K					6						1	1/F		1			
2143 76% (25/ 33)		5			1/			1/F					2							1/F		1			
2774 76% (25/ 33)	11				1/					6									1	1/F		1		1B	
323 75% (24/ 32)	Z		4		3C	5				6			2							1/C		1			
886 75% (3/ 4)	4				Z	Z	Z	Z	Z	Z	Z	Z	Z	Z	Z	Z	Z	Z	Z	Z	Z	Z	Z	Z	Z
1735 75% (24/ 32)								1/K					2B			6				1/		2			
1846 75% (6/ 8)	Z	Z	Z	Z	Z	Z	Z	Z	Z	Z	Z	Z	Z	Z	Z	Z	Z	Z	Z	Z	Z	Z	Z	Z	
1508 74% (23/ 31)					1/								1			Z			1	1/		Z			
1852 74% (20/ 27)	Z	Z	Z	Z	Z	Z										1/			1	1/		1		1	
2799 73% (22/ 30)				Z	Z	Z							1			8			1	1/		1			
1856 73% (19/ 26)					1/					8			1			1/			1	1/		1			Z
203 73% (24/ 33)					1/											1/			1	1/		1		1	
205 73% (24/ 33)		6			1/								1						1	1/					
312 73% (24/ 33)					1/											1/			1			1		1	
322 73% (24/ 33)			4		8	5				6			2			3F				1/C		1			
496 73% (24/ 33)					1/					6									1	1/		1		1B	

1609   33 TS + 0 SL + 68 MT

TESTSTELLE	10	11	18	20	28	29	35	36	41	42	44	45	46	48	52	53	55	56	57	65	66	72	76	77	84
UEBEREINST. ZEUGEN	392	351	355	441	29	439	452	339	467	283	451	473	101	452	452	87	422	459	104	21	365	45	467	181	402
BEZEUGTE VARIANTE	1/	1/	1/	1/	3D	1/	1/	1/	1/	1/	1/	1/	3	1/	1/	3	1/	1/	2	5	1/	4	1/	2	1/
1102 73% (24/ 33)			4		1/															1/		1		1	
1315 73% (24/ 33)					1/					6						8C			1	1/		1			
1404 73% (24/ 33)					1/					6			2						1	1/		1		1B	
1526 73% (16/ 22)	Z	Z			1/								1			1/			1	1/F		1			Z
1643 73% (24/ 33)	8		4		1/															1/		1		1	
1646 73% (24/ 33)		1/B			1/											1/			1	1/				1	
1748 73% (24/ 33)					1/								1			1/			1	1/		1			
2085 73% (24/ 33)					1/											8			1	1/B		1		1B	
2288 73% (24/ 33)					1/			1/K					6						1	1/F		1			
2374 73% (24/ 33)					1/					4										3		1		1B	
2737 73% (24/ 33)					10					3			1							1/F		1		1	
337 72% (23/ 32)				Z	1/											1/			1	1/				1	
699 72% (23/ 32)			Z		1/											1/			1	1/		1		1	
1241 72% (23/ 32)					1/											1/			Z	1/		1		1	
1722 72% (23/ 32)	X			1/B	1/					4						1/				1/Q	6	1		1B	
2218 72% (23/ 32)					1/					V			1			1/			1	1/					
506 71% (5/ 7)	Z	Z	Z	Z	1/		Z	Z	Z	Z	Z	Z	Z		Z	Z			1	Z	Z	Z	Z	Z	
1729 71% (22/ 31)	Z	Z			1/			1/F					7				6		1	1/		1			
1743 71% (22/ 31)	8				1/					4					Z	Z				1/		1			
2718 71% (17/ 24)					1/					4			2		4					1/F	6	Z	Z	Z	Z
2746 71% (17/ 24)	Z	Z	Z	Z	1/					Z	Z	Z	Z	Z						1/F		1			
1893 70% (19/ 27)					1/		Z	Z		4			2	Z						Z	Z	1			Z
623 70% (21/ 30)	Z	Z	Z		1/					4			2							1/F		2B			4
1390 70% (21/ 30)					1/						Z	Z	Z			1/			1	1/				1	
049 70% (23/ 33)					1/			1/F								1/			1	1/F		1		1	
6 70% (23/ 33)					1/		3			3			1							1/		1		1B	
76 70% (23/ 33)	8				1/					4						1/				1/F		1			
102 70% (23/ 33)			4		1/													1/C		1/		1		1	
149 70% (23/ 33)					1/								1			1/			1	1/		1			
189 70% (23/ 33)	8		4		1/															1/		1		1	
201 70% (23/ 33)					1/								1			1/			1	1/		1			
218 70% (23/ 33)		1/C			1/								1			1/			1	1/F		1			
221 70% (23/ 33)					1/								1			1/			1			1		1	

1609 33 TS + 0 SL + 68 MT

TESTSTELLE	86	87	88	91	92	98	100	102
UEBEREINST. ZEUGEN	35	476	471	28	99	34	470	478
BEZEUGTE VARIANTE	2	1/	1/	5	2	3	1/	1/
P8 100% (1/ 1)	Z	Z	Z	Z	Z	Z	Z	Z
P33 100% (1/ 1)	Z	Z	Z	Z	Z	Z	Z	Z
1101 100% (4/ 4)	Z	Z	Z	Z	Z	Z	Z	Z
62 89% (8/ 9)	Z	Z	Z	Z	Z			
2175 89% (8/ 9)	Z	Z	Z	Z	Z	Z	Z	Z
916 88% (7/ 8)	Z	Z	Z	Z	Z	Z	Z	Z
2125 83% (5/ 6)	Z	Z	Z	Z	Z	Z	Z	Z
5 79% (26/ 33)	5			3		2C		
216 79% (26/ 33)				4K				
1868 79% (26/ 33)						1		
2483 78% (25/ 32)	2B			5C				
2201 77% (23/ 30)	3					6		
440 76% (25/ 33)	2B			4K				
456 76% (25/ 33)	2B			1/	1	1		
935 76% (25/ 33)				5C				
1595 76% (25/ 33)	1B			3	1	1		
1843 76% (25/ 33)	3					6		
1873 76% (25/ 33)	3					6		
2143 76% (25/ 33)	3					6		
2774 76% (25/ 33)				1/				
323 75% (24/ 32)	1							
886 75% (3/ 4)	Z	Z	Z	Z	Z	Z	Z	Z
1735 75% (24/ 32)	1			X	1	1		
1846 75% (6/ 8)	1			X		1		
1508 74% (23/ 31)	1B			1/	1	1		
1852 74% (20/ 27)	1					1		
2799 73% (22/ 30)	3			17	1			
1856 73% (19/ 26)	Z	Z	Z	Z	Z	Z		
203 73% (24/ 33)	2B			1/		1		
205 73% (24/ 33)	4			1/	1	1		
312 73% (24/ 33)	4			1/	1	1		
322 73% (24/ 33)	1							
496 73% (24/ 33)	1			4K		1		

1609 33 TS + 0 SL + 68 MT

TESTSTELLE	86	87	88	91	92	98	100	102
UEBEREINST. ZEUGEN	35	476	471	28	99	34	470	478
BEZEUGTE VARIANTE	2	1/	1/	5	2	3	1/	1/
1102 73% (24/ 33)	1B			3	1	1		
1315 73% (24/ 33)	1			5C		1		
1404 73% (24/ 33)	1B			5C				
1526 73% (16/ 22)	Z	Z	Z	Z	Z	Z	Z	Z
1643 73% (24/ 33)	1			3	1			
1646 73% (24/ 33)	1			1/		1		
1748 73% (24/ 33)				1/	1	1		
2085 73% (24/ 33)	4			17	1			
2288 73% (24/ 33)	3			11E		6		
2374 73% (24/ 33)	3			3	1	2C		
2737 73% (24/ 33)	1B			11D		2B		
337 72% (23/ 32)	1			1/	1	1		
699 72% (23/ 32)				1/	1	1		
1241 72% (23/ 32)	1			1/	1	1		
1722 72% (23/ 32)				5C				
2218 72% (23/ 32)	1B			1/	1	1		
506 71% (5/ 7)	Z	Z	Z	Z	Z	Z	Z	Z
1729 71% (22/ 31)	3B					1		
1743 71% (22/ 31)	1B			3	1	1		
2718 71% (17/ 24)	Z	Z	Z	Z	Z	2C		
2746 71% (17/ 24)	1B			3	1	1		
1893 70% (19/ 27)	1B			1/	1	6		
623 70% (21/ 30)				3		2C		3
1390 70% (21/ 30)	1			1/	1	1		
049 70% (23/ 33)	1			1/	1			
6 70% (23/ 33)	3			12B		2C		
76 70% (23/ 33)	1B			3	1	1		
102 70% (23/ 33)	1B			3	1	1		
149 70% (23/ 33)	1B			1/	1	1		
189 70% (23/ 33)	1			3	1	1		
201 70% (23/ 33)	1B			1/	1	1		
218 70% (23/ 33)	1			1/		2		
221 70% (23/ 33)	1			1/	1	1		

TESTSTELLE		10	11	18	20	28	29	33	35	36	41	42	44	45	46	53	55	56	57	62	73	76	86	87	88	90
UEBEREINST. ZEUGEN		392	13	73	441	29	30	12	452	339	467	60	451	473	76	338	17	14	104	28	24	467	85	476	471	71
BEZEUGTE VARIANTE		1/	1/L	4	1/	3D	5	8	1/	1/	1/	5	1/	1/	2	1/	1/B	1/D	2	2	10	1/	3	1/	1/	2
1830	94% (29/ 31)																				12					
913	93% (27/ 29)	Z	Z																		9					
1853	87% (27/ 31)		1/					3									1/									
1890	75% (21/ 28)	Z	Z	1/		1/	1/					4									1D		Z			
2138	74% (23/ 31)		1/	1/		1/	1/			1/B		4									1D					
945	65% (20/ 31)		1/					1								8C	1/	1/		1	1D					
1505	65% (20/ 31)		1/	1/		1/	1/	5		1/D		1/			1						1D					
1611	65% (20/ 31)		1/	1/		1/	1/	1				4				3B	1/				1D					
1739	65% (20/ 31)		1/					1								3	1/	1/		1	1D					
2298	65% (20/ 31)							1							3	3	1/	1/		1	1D					
1832	63% (17/ 27)	Z	Z	Z	Z			1									1/	1/	1	1	1					1
436	61% (19/ 31)					1/	1/	1				4				4C	1/	1/			1D					
1765	61% (19/ 31)		1/	1/				1									1/	1/	1	1	1					1
2495	61% (19/ 31)	7B	1/			1/	1/	5		1/D		1/			1						1D					
614	58% (18/ 31)		1/	1/		1/	1/	1				4				3					1D	3		5	9	
876	58% (18/ 31)		1/	1/				1									1/	1/	1	1	1					1
1292	58% (18/ 31)		1/	1/		1/	1/	1				4			3	3				1	1	3				
1704	58% (18/ 31)		1/					1								8	1/	1/	2B	1	1D					4
1891	58% (18/ 31)		1/					1		1/F						3	1/	1/		1	1D		2			
2412	58% (18/ 31)		1/	1/		1/	1/	1				4				3					1D	3		5	9	
1751	57% (17/ 30)		1/				1/	1		1/F						8	1/	1/		1	1		1			
103	55% (17/ 31)		1/					1									1/	1/	1	1	1		1B			1
322	55% (17/ 31)		1/			8		1				6				3F	1/	1/		1	1		1			
1162	55% (17/ 31)					1/	1/					4				3	1/	1/		1	9		1			
2494	55% (17/ 31)		6	1/				1							1		1/	1/	1	1	1					1
606	54% (15/ 28)		1/					Z	Z	Z							1/	1/	1	1	1		1B			1
623	54% (15/ 28)	Z	Z	Z		1/	1/					4				3	1/	1/			1D		2			
2201	54% (15/ 28)	Z	Z	Z		1/	1/			1/F		1/				3	1/	1/		1	1E					
323	53% (16/ 30)	Z	1/			3C		1				6				3	1/	1/		1	1		1			
1852	52% (13/ 25)	Z	Z	Z	Z	Z	Z	1				1/			3		1/	1/	1	1	1		1			
08	52% (15/ 29)	11	1/			5	1/	2				6					1/	1/	1		1B		2B			
641	52% (15/ 29)		1/					1									1/	1/	1	1	1		4	Z	Z	1
2200	52% (15/ 29)		1/				1/	1		1/F					1	8	1/	1/		1	Z	Z	1			

1610 31 TS + 1 SL + 58 MT

TESTSTELLE UEBEREINST. ZEUGEN BEZEUGTE VARIANTE	10 392 1/	11 13 1/L	18 73 4	20 441 1/	28 29 3D	29 30 5	33 12 8	35 452 1/	36 339 1/	41 467 1/	42 60 5	44 451 1/	45 473 1/	46 76 2	53 338 1/	55 17 1/B	56 14 1/D	57 104 2	62 28 2	73 24 10	76 467 1/	86 85 3	87 476 1/	88 471 1/	90 71 2
2805 52% (15/ 29)	4	10		Z	6	6	1				4				3	1/	1/			1					
044 52% (16/ 31)	4	1/	1/		1/	1/					4	5				1/	1/			1D					
228 52% (16/ 31)		1/			1/	1/	1							3		1/	1/		1	1		1			1
621 52% (16/ 31)		1/O	1/	1/B	1/	1/					4				3B	1/	1/		1	6C					
1842 52% (16/ 31)		1/O	1/		1/	1/					1/				3	1/F	1/	1	1	7		4			
2243 52% (16/ 31)		1/	1/D		1/	1/	1				1/					1/	1/	1	1	1					1
P41 50% (1/ 2)	Z	Z	Z	Z	Z	Z	Z	Z	Z	Z	Z	Z	Z	Z	Z	Z	Z	Z	Z	2		Z	Z	Z	Z
81 50% (13/ 26)	14		Z	Z	1/	1/	1	3			1/					1/	1/		Z	Z	Z	2B			
630 50% (15/ 30)		1/	Z			1/	1		1/F		6				8	1/	1/		1	1		1B			
1101 50% (2/ 4)		1/	1/		Z	Z	Z	Z	Z	Z	Z	Z	Z	Z	Z	Z	Z	Z	Z	Z	Z	Z	Z	Z	Z
2175 50% (5/ 10)		1/	1/		1/	1/	1				Z	Z	Z	Z	Z	Z	Z	Z	Z	Z	Z	Z	Z	Z	Z
2718 50% (11/ 22)		1/	1/		1/	1/	1				4				3	1/	1/			Z	Z	Z	Z	Z	Z
03 48% (15/ 31)		1/	3		1/	1/	2	4			1/	4					1/			2		2B			
94 48% (15/ 31)	6		5B				1	3	1/F		4				3	1/	1/		1	1D					1
142 48% (15/ 31)		1/	1/		1/	1/	1				4					1/	1/	1	1	1					1
429 48% (15/ 31)		5				1/	1		1/F						8	1/	1/		1	1		1			1
431 48% (15/ 31)		1/	1/		1/	1/	2	3			4				3	1/	1/		1	2B					
467 48% (15/ 31)	4	1/			6B		6				1/				3	1/	1/		1	1		4			
619 48% (15/ 31)			1/		1/	1/	1				4				3	1/	1/		1	9		1			
996 48% (15/ 31)		1/			1/	1/	1				6			3		1/	1/		1	1		4			1
1642 48% (15/ 31)	3	14			3G			3			1/				3B	1/	1/		1	1					1
1894 48% (15/ 31)		1/	1/		1/	1/	1							3		1/	1/	1	1	1				7	
1838 48% (14/ 29)	11	1/N	1/		1/	1/	3		1/P							1/	1/		Z	Z		1			4
1884 48% (14/ 29)	11	1/	6B		5	1/	2				6					1/	1/	1		1		2B			
2652 48% (14/ 29)	Z	Z	1/		1/	1/	1				1/			1	3				1	1	4	2B	4B	5	
441 48% (13/ 27)	Z	Z	Z	Z	1/	1/	1				4				3	1/	1/		1	6C					
1875 48% (13/ 27)	X	X	1/		Z	Z	2	3	3		6				3G	5	1/			6		2			
33 48% (12/ 25)	11	1/	X		1/	X	2		X		3			X	3	X	X			14		2			
P74 47% (14/ 30)	3	1/I	Z		1/	1/	2	3			3	4				1/	1/			6B		2B			
610 47% (14/ 30)	6	1/	5B		3E		Z	3	1/F		4				3	1/	1/		1	3					
1597 47% (14/ 30)	8	1/			1/	1/	1				1/			3		1/	1/		1			1			1
1609 47% (14/ 30)		1/	1/			1/	1				1/			3	3	1/	1/		1	1		2			1

1610						31 TS + 1 SL + 58 MT
TESTSTELLE	91	92	94	97	100	102
UEBEREINST. ZEUGEN	18	99	6	2	11	478
BEZEUGTE VARIANTE	8	2	3	5	4	1/
1830 94% (29/ 31)				1/		
913 93% (27/ 29)			3B			
1853 87% (27/ 31)				1/		
1890 75% (21/ 28)			3B	3		
2138 74% (23/ 31)				3		
945 65% (20/ 31)	3		2	1/	1/	
1505 65% (20/ 31)				3	1/	
1611 65% (20/ 31)			1	3		
1739 65% (20/ 31)	3		2	1/	1/	
2298 65% (20/ 31)	3		5	1/	1/	
1832 63% (17/ 27)			1	1/	1/	
436 61% (19/ 31)	3		11	1/	1/	
1765 61% (19/ 31)			1	1/	1/	
2495 61% (19/ 31)		1		3	1/	
614 58% (18/ 31)			1C	3		
876 58% (18/ 31)	8B		1	1/	1/	
1292 58% (18/ 31)			1C	3		
1704 58% (18/ 31)	3		2	1/	1/	
1891 58% (18/ 31)	3		2	1/	1/	
2412 58% (18/ 31)			1C	3		
1751 57% (17/ 30)	3H		2	Z	1/	
103 55% (17/ 31)	1/	1	1	1/	1/	
322 55% (17/ 31)	5		1	1/	1/	
1162 55% (17/ 31)	1/	1	1	1/	1/	
2494 55% (17/ 31)		1	1	1/	1/	
606 54% (15/ 28)	1/	1	1	1/	1/	
623 54% (15/ 28)	3		1	1/	1/	3
2201 54% (15/ 28)	5		1	1/	1/	
323 53% (16/ 30)	5		1	1/	1/	
1852 52% (13/ 25)	5			1/	1/	
08 52% (15/ 29)	4		2	1/	Z	Z
641 52% (15/ 29)	1/	1	1	1/	1/	
2200 52% (15/ 29)	3		2	1/	1/	

1610						31 TS + 1 SL + 58 MT
TESTSTELLE	91	92	94	97	100	102
UEBEREINST. ZEUGEN	18	99	6	2	11	478
BEZEUGTE VARIANTE	8	2	3	5	4	1/
2805 52% (15/ 29)	3		4	1/	1/	Z
044 52% (16/ 31)	3		4	1/	1/	4
228 52% (16/ 31)	5H		7	1/	1/	
621 52% (16/ 31)	5		2C	1/	1/	
1842 52% (16/ 31)	5		2		1/	
2243 52% (16/ 31)			1	1/	1/	
P41 50% (1/ 2)	Z	Z	Z	Z	Z	Z
81 50% (13/ 26)	1/		2D	1/	1/	
630 50% (15/ 30)	3		2	1/	1/	
1101 50% (2/ 4)	Z	Z	Z	Z	Z	Z
2175 50% (5/ 10)	Z	Z	Z	Z	Z	Z
2718 50% (11/ 22)	Z	Z	Z	1/	1/	
03 48% (15/ 31)	1/		2	4	1/	3
94 48% (15/ 31)	3		1	1/	1/	
142 48% (15/ 31)	4K		1	1/	1/	
429 48% (15/ 31)	4E	1	1	1/	1/	
431 48% (15/ 31)	14		1	3	1/	
467 48% (15/ 31)	4I	1	1	1/	1/	
619 48% (15/ 31)	1/	1	1	1/	1/	
996 48% (15/ 31)	5H		1	1/	1/	
1642 48% (15/ 31)	1/	1	1	4	1/	
1894 48% (15/ 31)	3		1	1/	1/	
1838 48% (14/ 29)	5E		1	4	1/	
1884 48% (14/ 29)	4		2B	1/	Z	Z
2652 48% (14/ 29)			1	3		
441 48% (13/ 27)	5D	1	2C	1/	1/	
1875 48% (13/ 27)	12		2	1/	1/	
33 48% (12/ 25)	3	1	2	1/	1/	
P74 47% (14/ 30)	1/		2	1/	1/	
610 47% (14/ 30)	3		1	3	1/	
1597 47% (14/ 30)	X	1	1	1/	1/	
1609 47% (14/ 30)	5		1	Z	1/	
1873 47% (14/ 30)	5		1	Z	1/	

1611 46 TS + 1 SL + 56 MT

TESTSTELLE	7	8	10	11	13	15	18	20	23	26	28	29	35	36	41	42	43	44	45	46	48	52	53	55	56
UEBEREINST. ZEUGEN	17	5	392	351	3	24	355	441	91	8	416	439	452	339	467	53	2	451	473	76	452	452	5	422	14
BEZEUGTE VARIANTE	5	6	1/	1/	3C	3	1/	1/	2	3	1/	1/	1/	1/	1/	4	4	1/	1/	2	1/	1/	3B	1/	1/D
P8 100% (2/ 2)	Z	Z	Z	Z	Z	Z		Z		Z	Z	Z	Z	Z	Z	Z	Z	Z	Z	Z	Z	Z	Z	Z	Z
P33 100% (1/ 1)	Z	Z	Z	Z	Z	Z	Z	Z	Z	Z	Z	Z	Z	Z	Z	Z	Z	Z	Z	Z	Z		Z	Z	Z
2138 87% (40/ 46)									1					1/B									1/	1/B	
1890 80% (32/ 40)	Z	Z	Z	Z		8			1	Z													1/	1/B	
2627 80% (4/ 5)	Z	Z	Z	Z	Z	Z	Z	Z	Z	1					Z	Z	Z	Z	Z	Z	Z	Z	Z	Z	Z
1292 72% (33/ 46)	1	3B			1	1											4B			3			3	1/B	
431 67% (31/ 46)	1	3B			1	1							3				2						3		1/
614 67% (31/ 46)	1	3B			1	1											4B						3	1/B	
1505 67% (31/ 46)	1	1			1	1			1	1				1/D		1/	1			1			1/	1/B	
2412 67% (31/ 46)	1	3			1	1											4B						3	1/B	
P45 67% (6/ 9)	Z	Z	Z	Z	Z	Z	Y	Y		Z				Z		Z	Z	Z		Z	Z	Z	Z	3	1/
2303 65% (11/ 17)	Z	Z	Z	Z	Z	Z	Z	Z	Z	Z							1			1			Z	Z	Z
916 64% (9/ 14)	1	1			1	1			1						Z	Z	Z	Z	Z	Z	Z	Z	Z	Z	Z
623 64% (25/ 39)	Z	Z	Z	Z	Z	Z	Z			2							1						3		1/
044 63% (29/ 46)		1	4		2D				7	1							1	5					1/		1/
436 61% (28/ 46)	1	1		1/L	1	1	4		1	1							1						4C		1/
1853 61% (28/ 46)	1	1			1	1	4		1		3D	5				5	1						1/		
2495 61% (28/ 46)	1	7	7B		1	4B	4			1				1/D		1/	1			1			1/	1/B	
2175 60% (9/ 15)	1	1			1	1			1	1						Z	Z	Z	Z	Z	Z	Z	Z	Z	Z
2201 59% (23/ 39)	Z	Z	Z	Z	Z	Z	Z			1				1/F		1/	1						3		1/
441 58% (21/ 36)	Z	Z	Z	Z	Z	Z	Z	Z	Z	Z							1					3	3		1/
1893 58% (21/ 36)	1	1			X	X				1			Z	Z			1				Z		3		1/
2718 57% (20/ 35)	1	3B			1C	1				1							2					4	3		1/
307 57% (26/ 46)	13	3	6		2	2	5B			1	3E	5	3	1/F			2						3		1/
621 57% (26/ 46)	1	3		1/O	8	1		1/B	1	1							1					3			1/
945 57% (26/ 46)	1	3			3E		4			2	3D	5				5	1						8C		1/
1739 57% (26/ 46)	16	3			3D		4			2	3D	5				5	1						3		1/
1830 57% (26/ 46)	1	1		1/L	1D	1	4		1		3D	5				5	1						1/	1/B	
610 56% (24/ 43)	13	3	6		2	2	5B			Z	3E	5	3	1/F			2						3		1/
P74 55% (23/ 42)	X	Y	3	1/I	2B	2	Z			2			3			3	2	4					1/		1/
913 55% (23/ 42)	1	1	Z	Z	Z	Z	4		1	1	3D	5				5	1						1/	1/B	
181 54% (25/ 46)	4	3B	11	11	1	1				2			3	3			2						3G	5	1/

TESTSTELLE	7	8	10	11	13	15	18	20	23	26	28	29	35	36	41	42	43	44	45	46	48	52	53	55	56
UEBEREINST. ZEUGEN	17	5	392	351	3	24	355	441	91	8	416	439	452	339	467	53	2	451	473	76	452	452	5	422	14
BEZEUGTE VARIANTE	5	6	1/	1/	3C	3	1/	1/	2	3	1/	1/	1/	1/	1/	4	4	1/	1/	2	1/	1/	3B	1/	1/D
1162 54% (25/ 46)	1	3B		1/L	7	1	4			2							1						3		1/
1827 54% (25/ 46)	1	3B		1/B	1	4				1							1						3		1/
2344 54% (25/ 46)	1	3	11		1	4				2						3	2						3		1/
2818 54% (25/ 46)	13	3	6		2	2	5B			1	3E	5	3	1/F			2						3		1/
1526 54% (15/ 28)	Z	Z	Z	Z	Z	Z			1	1						1/	1			1			1/		1/
180 53% (24/ 45)	11	3	6		2	2	5B			1	3E	5	3	1/F			2						3		1/
630 53% (24/ 45)	1	3			4		Z			1	3D			1/F		6	1						8		1/
5 52% (24/ 46)	1	3			1	4				2				1/D		1/	1			3			3		1/
6 52% (24/ 46)	1	1			9	1			1	1			3			3	2			1			3		1/
453 52% (24/ 46)	13	3	6		2	2	5B			1	3E	5	3	1/F			2						3		1/
876 52% (24/ 46)										1	3D	5				5	1						1/		1/
1595 52% (24/ 46)	1	1			1	7				1							1			3			3		1/
1678 52% (24/ 46)	10	1	6		2	2	5B			1	3D	5	3	1/F			2						3		1/
1765 52% (24/ 46)					3B					1	3D	5				5	1						1/		1/
1843 52% (24/ 46)	3	3			1	1				1				1/K		1/	1			4			3		1/
1891 52% (24/ 46)	16	3			3D		4			2	3D	5		1/F		5	1						3		1/
33 51% (19/ 37)	4	X	11		1	X	X			2		X		X		3	2			X			3	X	X
1856 51% (19/ 37)	1	1			1	1			1	1						8	1			1			1/		1/
1610 51% (20/ 39)	1	1		1/L	1E	1	4		1	1	3D	5				5	1				Z	Z	1/	1/B	
2805 51% (22/ 43)	1	3B	4	10	3D		4	Z	Z	2	6	6					1						3		1/
1598 51% (23/ 45)	1	1			1	6		1/B		Z							1			6			3		1/
1873 51% (23/ 45)	1	3			1	1				1				1/K		1/	1			6			3		1/
P41 50% (1/ 2)	Z	Z	Z	Z	Z	Z	Z	Z	Z	Z	Z	Z	Z	Z	Z	Z	Z	Z	Z	Z	Z	Z	Z	Z	Z
62 50% (6/ 12)	Z	Z	Z	Z	Z	Z	Z	Z	Z	1						1/	1	Z	Z	Z	Z	Z	Z	Z	Z
104 50% (23/ 46)		3	11	1/M	1	1				1						7	1						1/		1/
142 50% (23/ 46)	1	1			1	1			1	1							1						1/		1/
172 50% (15/ 30)	Z	Z	Z	Z	Z	Z			Z	1		Z	Z		Z	Z	1			1			1/		1/
437 50% (23/ 46)	1	1			1	1				1				1/K		1/	1						1/		1/
489 50% (23/ 46)	3	3		12	1C	1				1				1/F		1/	1			6			3D		1/
506 50% (4/ 8)	Z	Z	Z	Z	Z	Z	Z	Z	Z	1			Z	Z	Z	Z	Z	Z	Z	Z		Z	Z		1/
624 50% (8/ 16)	Z	Z	Z	Z	Z	Z	Z	Z	Z	Z	Z	Z			Z	Z	Z	Z	Z	Z	Z	Z	Z	Z	Z
634 50% (23/ 46)	1	1			1	1			1	1							1			1			1/		1/
1101 50% (4/ 8)	1	1			1	1			Z	Z	Z	Z	Z	Z	Z	Z	Z	Z	Z	Z	Z	Z	Z	Z	Z

1611 46 TS + 1 SL + 56 MT

TESTSTELLE	57	62	64	65	66	68	76	77	80	84	86	87	88	90	91	92	95	97	100	102	103
UEBEREINST. ZEUGEN	104	28	38	333	365	7	467	181	20	42	85	476	471	71	18	99	68	17	11	478	3
BEZEUGTE VARIANTE	2	2	2	1/	1/	17	1/	2	3	4	3	1/	1/	2	8	2	3	3	4	1/	3
P8 100% (2/ 2)	Z	Z	Z	Z	Z	Z	Z	Z	Z	Z	Z	Z	Z	Z	Z	Z	Z	Z	Z	Z	Z
P33 100% (1/ 1)	Z	Z	Z	Z	Z	Z	Z	Z	Z	Z	Z	Z	Z	Z	Z	Z	Z	Z	Z	Z	Z
2138 87% (40/ 46)				1/F																	2
1890 80% (32/ 40)				1/F	6				1		Z										2
2627 80% (4/ 5)	Z	Z	Z	Z	Z	Z	Z	Z	Z	Z	Z	Z	Z	Z	Z	Z	Z	Z	Z	Z	Z
1292 72% (33/ 46)		1	1		4		3		1												
431 67% (31/ 46)		1			1/B	2			1						14				1/		1
614 67% (31/ 46)			1	11	15		3		1			5	9								1
1505 67% (31/ 46)					6														1/		2
2412 67% (31/ 46)			1	11	4		3		1			5	9								1
P45 67% (6/ 9)	1	Z	Z	Z	Z	Z	Z	Z	Z	Z	Z	Z	Z	Z	Z	Z	Z	Z	Z	Z	Z
2303 65% (11/ 17)	Z	Z	Z	Z	Z	Z	Z	Z	Z	Z	Z	Z	Z	Z	Z	1	1	1/	Z		1
916 64% (9/ 14)	Z	Z	Z	Z	Z	Z	Z	Z	Z	Z	Z	Z	Z	Z	Z	Z	Z	Z	Z	Z	Z
623 64% (25/ 39)				1/F		4			7		2				3		2	1/	1/	3	3B
044 63% (29/ 46)				1/F		3				1/					3			1/	1/	4	2
436 61% (28/ 46)						4			1						3		2	1/	1/		1
1853 61% (28/ 46)			1			1		1		1/							1	1/			1
2495 61% (28/ 46)				1/F	6											1			1/		2
2175 60% (9/ 15)	Z	Z	Z	Z	Z	Z	Z	Z	Z	Z	Z	Z	Z	Z	Z	Z	Z	Z	Z	Z	Z
2201 59% (23/ 39)		1	1			1			1	1/					5		1	1/	1/		1
441 58% (21/ 36)		1		1/K	8	2			1	1/					5D	1		1/	1/		3D
1893 58% (21/ 36)		1	Z	Z	Z	Z			1	Z	1B				1/	1	1	1/	1/		1
2718 57% (20/ 35)				1/F	6	3	Z	Z	Z	Z	Z	Z	Z	Z	Z	Z	Z	1/	1/		2
307 57% (26/ 46)		1			1/B	2									3				1/		1
621 57% (26/ 46)		1			8	2			1	1/					5			1/	1/		3C
945 57% (26/ 46)		1				3			6B	3					3		2	1/	1/		1
1739 57% (26/ 46)		1				3			6B	3					3		2	1/	1/		2
1830 57% (26/ 46)			1			1		1B		1/							1	1/			1
610 56% (24/ 43)		1			1/B	2		Z	Z						3				1/		1
P74 55% (23/ 42)						4			2	1/	2B				1/		Z	1/	1/		2
913 55% (23/ 42)			1	1/F		1		1B		1/							1	5			1
181 54% (25/ 46)						12				1/C	2				12		2	4	1/		2

1611 46 TS + 1 SL + 56 MT

TESTSTELLE UEBEREINST. ZEUGEN BEZEUGTE VARIANTE	57 104 2	62 28 2	64 38 2	65 333 1/	66 365 1/	68 7 17	76 467 1/	77 181 2	80 20 3	84 42 4	86 85 3	87 476 1/	88 471 1/	90 71 2	91 18 8	92 99 2	95 68 3	97 17 3	100 11 4	102 478 1/	103 3 3
1162 54% (25/ 46)		1	1			15				1/	1				1/	1	1	1/	1/		1N
1827 54% (25/ 46)		1	1			7			1D	1/	1				1/	1	1	1/	1/		1
2344 54% (25/ 46)				1/E		4			2	3	2				3G	1	2	1/	1/		2
2818 54% (25/ 46)		1			1/B	2			1						3				1/		1
1526 54% (15/ 28)	1	1	1	1/F		1			1	Z	Z	Z	Z	Z	Z	Z	Z	Z	Z	Z	Z
180 53% (24/ 45)		1				3		Z	1	1/					4				1/		1
630 53% (24/ 45)		1	1			3			6	3	1B				3		2	1/	1/		1
5 52% (24/ 46)		1	1			4			7	1/	5				3		2	1/	1/		3E
6 52% (24/ 46)		1	1			1		1B	1	1/					12B			1/	1/		1G
453 52% (24/ 46)		1			1/B	2					2B			1	6B				1/		1
876 52% (24/ 46)	1	1	5	4	10	1		1B	1	1/				1	8B		1	1/	1/		1
1595 52% (24/ 46)		1	1			15			1	1/	1B			1	3	1	1	1/	1/		1
1678 52% (24/ 46)		1			1/B	2			1						3				1/	4	1
1765 52% (24/ 46)	1	1	5	5	10	1		1B	1	1/				1			1	1/	1/		1G
1843 52% (24/ 46)	1	1	1			15			1	1/					5		1	1/	1/		1
1891 52% (24/ 46)		1				3			6	3	2				3		2	1/	1/		1L
33 51% (19/ 37)				1/D	1/C	4			2	3	2				3	1	2	1/	1/		X
1856 51% (19/ 37)	1	1	1			2			1	Z	Z	Z	Z	Z	Z	Z	Z	Z	1/		1
1610 51% (20/ 39)			Z	Z	Z	Z		1B	3C	Z							1	5			1
2805 51% (22/ 43)			1	1/F		4B			4	1/					3			1/	1/	Z	1L
1598 51% (23/ 45)		1	1			15			1	1/	1B			1	3	1	1	1/	1/		1I
1873 51% (23/ 45)	1	1	1	1/F		4			1	1/					5		1	Z	1/		1
P41 50% (1/ 2)	Z	Z	Z	Z	X	4		Z	Z	Z	Z	Z	Z	Z	Z	Z	Z	Z	Z	Z	Z
62 50% (6/ 12)	Z	Z	Z	Z	Z	Z	Z	Z	Z	Z	Z	Z	Z	Z	Z	Z	Z	1/	1/		1L
104 50% (23/ 46)		1	6			1		3	1	1/	1			4	5		2	1/	1/		1
142 50% (23/ 46)	1	1	1		11	1		1B	1	1/				1	4K		1	1/	1/		1
172 50% (15/ 30)	1	1	1			7		1B	1	Z	Z			Z	Z	Z	1	1/	1/		1L
437 50% (23/ 46)		1	1			15			1	1/	1			1	1/	1	1	1/	1/		1
489 50% (23/ 46)	1	1	1			1			1	1/					5		1	1/	1/		1
506 50% (4/ 8)	1	Z	Z	Z	Z	Z	Z	Z	Z	1/	Z	Z	Z	Z	Z	Z	Z	Z	Z	Z	Z
624 50% (8/ 16)	Z	Z	1			1		Z	Z	Z	Z			1	1/	1	1	1/	1/		Z
634 50% (23/ 46)	1	1	1			2			1	1/	1B			1	1/		1	1/	1/		1
1101 50% (4/ 8)	Z	Z	Z	Z	Z	Z	Z	Z	Z	Z	Z	Z	Z	Z	Z	Z	Z	Z	Z	Z	Z

1642 | 61 TS + 3 SL + 39 MT

TESTSTELLE	1	2	6	7	8	10	12	13	14	15	17	18	19	20	21	23	24	25	26	28	29	30	31	32	33
UEBEREINST. ZEUGEN	3	16	11	4	94	14	13	5	23	24	23	73	110	441	36	91	17	9	30	1	30	21	36	51	12
BEZEUGTE VARIANTE	2	2	2	10	3	3	3	2C	2	3	2	4	2	1/	2	2	2	2	2	3G	5	5	2	2	8
P33 100% (1/ 1)	Z	Z	Z	Z	Z	Z	Z	Z	Z	Z	Z	Z	Z	Z	Z	Z	Z	Z	Z	Z	Z	Z	Z	Z	Z
P41 100% (2/ 2)	Z	Z	Z	Z	Z	Z	Z	Z	Z	Z	Z	Z	Z	Z	Z	Z	Z	Z	Z	Z	Z	Z	Z	Z	Z
1899 83% (5/ 6)	Z	Z	Z	Z	Z	Z	Z	Z	Z	Z	Z	Z	Z	Z	Z	Z	Z	Z	Z	Z	Z	Z	Z	Z	Z
P74 72% (42/ 58)	1			X	Y		2	2B		2		Z								1/	1/	2			2
1745 71% (5/ 7)	Z	Z	Z	Z	Z	Z	Z	Z	Z	Z	Z	Z	Z	Z	Z	Z	Z	Z	Z	Z	Z	Z	Z	Z	Z
1738 63% (5/ 8)	Z	Z	Z	Z	Z	Z	Z	Z	Z	Z	Z	Z	Z	Z	Z	Z	Z	Z	Z	Z	Z	Z	Z	Z	Z
1858 63% (5/ 8)	Z	Z	Z	Z	Z	Z	Z	Z	Z	Z	Z	Z	Z	Z	Z	Z	Z	Z	Z	Z	Z	Z	Z	Z	Z
2778 63% (5/ 8)	Z	Z	Z	Z	Z	Z	Z	Z	Z	Z	Z	Z	Z	Z	Z	Z	Z	Z	Z	Z	Z	Z	Z	Z	Z
02 62% (38/ 61)	1			2	2		2	2B		2		5								1/	1/	2	2B		2
1739 62% (38/ 61)	1	1		16		1/		3D									1B	1		3D		1			1
81 62% (28/ 45)				2	2	14	2	2		2	Z	Z	Z	Z	Z	Z	Z	1		1/	1/	3			1
2004 61% (11/ 18)	Z	Z	Z	Z	Z	Z	Z	Z	Z	Z	Z	Z	Z	Z	Z	Z	Z	Z	Z	Z	Z	Z	Z	Z	Z
314 60% (6/ 10)	Z	Z	Z	Z	Z	Z	Z	Z	Z	Z	Z	Z	Z	Z	Z	Z	Z	Z	Z	Z	Z	Z	Z	Z	Z
01 59% (36/ 61)				2	2		2	2		2		5						2B		1/	1/	2			2
03 59% (36/ 61)				2	2	1/	2	2		2		3	3							1/	1/	2			2
1730 58% (7/ 12)	Z	Z	Z	Z	Z	Z	Z	Z	Z	Z	Z	Z	Z	Z	Z	Z	Z	Z	Z	Z	Z	Z	Z	Z	Z
610 58% (33/ 57)	1	1	1	13		6	1	2	3	2		5B					1		Z	3E					Z
945 57% (35/ 61)	1	1	1	1		1/		3E	3		11						1B	1		3D		1			1
1175 57% (35/ 61)	1B		1	2	2		2	2		2		5						2B		1/	1/	1C			2
1891 57% (35/ 61)	1	1		16		1/		3D	9								1B	1		3D		4			1
624 56% (9/ 16)	Z	Z	Z	Z	Z	Z	Z	Z	Z	Z	Z	Z	Z	Z	Z	Z	Z	Z	Z	Z	Z	Z	Z	Z	Z
307 56% (34/ 61)	1	1	1	13		6	1D	2		2		5B					1		1	3E					1
1846 56% (5/ 9)	Z	Z	Z	Z	Z	Z	Z	Z	Z	Z	Z	Z	Z	Z	Z	Z	Z	Z	Z	Z	Z	Z	Z	Z	Z
325 55% (12/ 22)	Z	Z	Z	Z	Z	Z	Z	Z	Z	Z	Z	Z	Z	Z	Z	Z	Z	Z	Z	Z	Z	Z	Z	Z	Z
602 55% (12/ 22)	Z	Z	Z	Z	Z	Z	Z	Z	Z	Z	Z	Z	Z	Z	Z	Z	Z	Z	Z	Z	Z	Z	Z	Z	Z
2289 55% (12/ 22)	Z	Z	Z	Z	Z	Z	Z	Z	Z	Z	Z	Z	Z	Z	Z	Z	Z	Z	Z	Z	Z	Z	Z	Z	Z
453 54% (33/ 61)	1	1	1	13		6	1	2		2		5B					1		1	3E					1
2818 54% (33/ 61)	1	1	1	13		6	1C	2	3	2		5B					1		1	3E					3
180 53% (32/ 60)	1	1	1	11		6	1	2	3B	2	1	5B					1	1	1	3E		1			1
322 52% (32/ 61)	1	1		17		1/	1		1	1					1		1	1		8		1			1
1704 52% (32/ 61)	1	1	1	1		1/	2	5		5	11						1B	1		3D		1	4		1
623 52% (25/ 48)	Z	Z	Z	Z	Z	Z	Z	Z	Z	Z	Z	Z	Z		1		1	1		1/	1/	1		1	

TESTSTELLE	1	2	6	7	8	10	12	13	14	15	17	18	19	20	21	23	24	25	26	28	29	30	31	32	33
UEBEREINST. ZEUGEN	3	16	11	4	94	14	13	5	23	24	23	73	110	441	36	91	17	9	30	1	30	21	36	51	12
BEZEUGTE VARIANTE	2	2	2	10	3	3	3	2C	2	3	2	4	2	1/	2	2	2	2	2	3G	5	5	2	2	8
206 52% (16/ 31)	Z	Z	Z	Z	Z	Z	Z	Z	Z	Z	Z	Z	Z	Z	Z	Z	Z	Z	Z	Z	Z	Z	Z	Z	Z
1731 52% (16/ 31)	Z	Z	Z	Z	Z	Z	Z	Z	Z	Z	Z	Z	Z	Z	Z	Z	Z	Z	Z	Z	Z	Z	Z	Z	Z
04 51% (21/ 41)	1			2	2C		2	2B		2	Z	Z	Z	Z	Z	Z				1/	1/	2			1
94 51% (31/ 61)	1	1	1	13		6	1		3	2	5	5B			2C		1	1	1	3D					1
630 50% (29/ 58)	1	1	1	1		1/		4			Z	Z	Z				1B	1	1	3D	1/		1		1
1409 50% (30/ 60)	1		1	1	1	11	12	1	3	1		5						1		1/	1/	1	1	1	1
2378 50% (14/ 28)	Z	Z	Z	Z	Z	Z	Z	Z	Z	Z	Z	Z	Z	Z	Z	Z	Z	Z	Z	Z	Z	Z	Z	Z	Z
2777 50% (5/ 10)	Z	Z	Z	Z	Z	Z	Z	Z	Z	Z	Z	Z	1	Z	Z	Z	Z	Z	Z	Z	Z	Z	Z	Z	Z
467 49% (30/ 61)	1B		1	5B		4	1	1D	8		13				1		1B	1		6B		1	1	1	6
1678 49% (30/ 61)	1	1	1		1	6	1	2	3	2	8	5					1		1	3D		1			1
1889 48% (15/ 31)	Z	Z	Z	Z	Z	Z	Z	Z	Z	Z	Z	Z	Z	Z	Z	Z	Z	Z	Z	Z	Z	Z	Z	Z	Z
2200 48% (29/ 60)	1	1	1	1		1/		3D			1C						1B	1	1	3D	1/		1		1
466 48% (12/ 25)	Z	Z	Z	Z	Z	Z	Z	Z	Z	Z	Z	Z	Z	Z	Z	Z	Z	Z	Z	Z	Z	Z	Z	Z	Z
2201 48% (24/ 50)	1	1	Z	Z	Z	Z	Z	Z	Z	Z	Z	Z	Z		1		1	1	1	1/	1/	1	1	1	
441 48% (20/ 42)	Z	Z	Z	Z	Z	Z	Z	Z	Z	Z	Z	Z	Z	Z	Z	Z	Z	Z	Z	1/	1/	1		1	1
429 48% (29/ 61)	1	1	1	5		1/	8	3D			1C						1	1	1	3D	1/		1		1
1852 47% (18/ 38)	Z	Z	Z	Z	Z	Z	Z	Z	Z	Z	Z	Z	Z	Z	Z	Z	Z	Z	Z	Z	Z	Z	Z	1	1
309 47% (14/ 30)	Z	Z	Z	Z	Z	Z	Z	Z	Z	Z	Z	Z	Z	Z	Z	Z	Z	Z	Z	Z	Z	Z	Z	Z	Z
522 46% (28/ 61)	1	1	1	7		1/		3D			1C						1	1	1	11	1/		1	1	1
1162 46% (28/ 61)	1	1	1	1	3B	1/	1	7	1	1	1		1		1		1	1		1/	1/	1		1	
33 46% (21/ 46)	1B	1	1	4	X	11	1	1	4	X		X	1		X		X	X		1/	X	X	X	1	2
2805 46% (26/ 57)	1	1	1	1	3B	4	1	3D						Z	Z	Z		1		6	6	1	1	1	1
2441 45% (10/ 22)	Z	Z	Z	Z	Z	Z	Z	Z	Z	Z	Z	Z	Z	Z	Z	Z	Z	Z	Z	Z	Z	Z	Z	Z	Z
2626 45% (5/ 11)	Z	Z	Z	Z	Z	Z	Z	Z	Z	Z	Z	Z	Z	Z	Z	Z	Z	Z	Z	Z	Z	Z	Z	Z	Z
2344 45% (27/ 60)	1B	1	1	1		11	1	1	X	4		1/	1		1		1	1		1/	1/	1	1E		1
2716 44% (16/ 36)	Z	Z	1	Z	Z	Z	Z	Z	Z	Z	Z	Z	Z	Z	Z	Z	Z	Z	Z	1/	1/	Z	Z	Z	Z
5 44% (27/ 61)	1	1	1	1		1/	1	1	4	4	1	1/	1		1		1	1		1/	1/	1		1	
181 44% (27/ 61)	1B	1	5	4	3B	11	4	1	1	1	1	1/	1		1H		1	1		1/	1/	1			2
619 44% (27/ 61)	1	1	1	1		1/	1	1	1	1	1	1/	1		1		1	1		1/	1/	1		1	1
2298 44% (27/ 61)	1	1	1	1	1	1/	1	1D			11B				1		1B	1		3D		1	6	1	1
1875 44% (23/ 52)	1	1	X	X	X	X	X	X	6	1	1	1/	1		1		1	1		Z	Z	1			2
431 43% (26/ 60)	1	1	1	1	3B	1/	13	1	10	1	1C	1/	1		1		1	1	3	1/	1/	1	1		2
1839 43% (18/ 42)	Z	Z	Z	Z	Z	Z	Z	Z	Z	Z	Z	Z	Z	Z	Z	Z	Z	Z	V1	1/	1/	1	1		1

1642 — 61 TS + 3 SL + 39 M

TESTSTELLE	34	35	36	37	41	42	43	44	45	46	47	48	49	50	52	53	55	56	57	64	65	66	67	68	76
UEBEREINST. ZEUGEN	19	17	339	15	467	283	24	451	473	76	92	452	162	2	452	5	422	459	104	38	333	365	16	15	467
BEZEUGTE VARIANTE	2B	3	1/	2	1/	1/	2	1/	1/	2	2	1/	2	3	1/	3B	1/	1/	2	2	1/	1/	2	4	1/
P33 100% (1/ 1)	Z	Z	Z	Z	Z	Z	Z	Z	Z	Z	Z	Z	Z	Z		Z	Z	Z	Z	Z	Z	Z	Z	Z	Z
P41 100% (2/ 2)	Z	Z	Z	Z	Z	Z	Z	Z	Z	Z	Z	Z	Z	Z	Z	Z	Z	Z	Z	Z	Z	X	X		
1899 83% (5/ 6)	Z	Z	Z	Z	Z	Z	Z	Z	Z	Z	Z	Z	Z	Z	Z	Z	Z	Z	Z	Z	Z	Z	Z	Z	Z
P74 72% (42/ 58)	2					3		4								1/									
1745 71% (5/ 7)	Z	Z	Z	Z	Z	Z	Z	Z	Z	Z	Z	Z	Z	Z	Z	Z	Z	Z	Z	Z	Z	Z	Z	Z	Z
1738 63% (5/ 8)	Z	Z	Z	Z	Z	Z	Z	Z	Z	Z	Z	Z	Z	Z	Z	Z	Z	Z	Z	Z	Z	Z	Z	Z	Z
1858 63% (5/ 8)	Z	Z	Z	Z	Z	Z	Z	Z	Z	Z	Z	Z	Z	Z	Z	Z	Z	Z	Z	Z	Z	Z	Z	Z	Z
2778 63% (5/ 8)	Z	Z	Z	Z	Z	Z	Z	Z	Z	Z	Z			1D		1/			1	Z	Z	Z	Z	Z	Z
02 62% (38/ 61)	2					3		4								1/	4								
1739 62% (38/ 61)		1/				5	1							2C		3							2B	3	
81 62% (28/ 45)	2C													2		1/				Z	Z	Z	Z	Z	Z
2004 61% (11/ 18)	Z	Z	Z	Z	Z		Z	Z	Z	Z	Z	Z	Z	Z	Z	Z	Z	Z	Z	1			1	1	
314 60% (6/ 10)	Z	Z	Z	Z			1			1	Z	Z	Z	Z	Z	Z	Z	Z	Z	Z	Z	Z	Z	Z	Z
01 59% (36/ 61)	2							4				3		2	4	1/	1/B				1/K				
03 59% (36/ 61)	2	4						4						2	4	1/	1/B							2	
1730 58% (7/ 12)	Z	Z	Z	Z	Z	Z	Z	Z	Z	Z	Z	Z	Z	Z	Z	Z	Z	Z	Z	Z	Z	Z	Z	Z	
610 58% (33/ 57)	Z		1/F	1		4								2C		3						1/B		2	
945 57% (35/ 61)		1/				5	1							19		8C							2B	3	
1175 57% (35/ 61)	2			1C		6		6						2	4	3			2C			1/B		2	
1891 57% (35/ 61)		1/	1/F			5	1							2C		3							2B	3	
624 56% (9/ 16)	Z	1/		1	Z	Z	Z	Z	Z	Z	Z	Z	Z	Z	Z	Z	Z	Z	Z	1			1C	1	
307 56% (34/ 61)	11C		1/F	1		4								2C		3						1/B		2	
1846 56% (5/ 9)	Z	Z	Z	Z	Z	Z	Z	Z	Z	Z	Z	Z	Z	Z	Z	Z	Z	Z	Z	Z	Z	Z	Z	Z	Z
325 55% (12/ 22)	Z	Z	Z	Z	Z	Z	Z	Z	Z	Z	Z	Z	Z	Z		1/			1	1			1	1	
602 55% (12/ 22)	Z	Z	Z	Z	Z	Z	Z	Z	Z	1	1		1	1	Z	1/			1	1		Z	Z	Z	
2289 55% (12/ 22)	Z	Z	Z	Z	Z	Z	Z	Z	Z	Z	Z	Z	Z	Z		1/			1	1			1	2	
453 54% (33/ 61)	11C		1/F	1		4								2C		3						1/B		2	
2818 54% (33/ 61)	11C		1/F	1		4								2C		3						1/B		2	
180 53% (32/ 60)	11C		1/F	1		4								2		3								3	
322 52% (32/ 61)	11	1/				6	1						1	2		3F				1	1/C		1	1	
1704 52% (32/ 61)		1/				5	1							19		8			2B				2B	3	
623 52% (25/ 48)	11	1/		1		4	1							1		3					1/F		1		
323 52% (31/ 60)	11	1/				6	1						1	2		3				1	1/C		1	1	

1642 61 TS + 3 SL + 39 MT

TESTSTELLE	34	35	36	37	41	42	43	44	45	46	47	48	49	50	52	53	55	56	57	64	65	66	67	68	76
UEBEREINST. ZEUGEN	19	17	339	15	467	283	24	451	473	76	92	452	162	2	452	5	422	459	104	38	333	365	16	15	467
BEZEUGTE VARIANTE	2B	3	1/	2	1/	1/	2	1/	1/	2	2	1/	2	3	1/	3B	1/	1/	2	2	1/	1/	2	4	1/
206 52% (16/ 31)	Z	Z	Z	Z		5	1						1	19	4	8				X			1	3	
1731 52% (16/ 31)	Z	Z	Z	Z			1			1	1		1	1		1/			1	1			1	1	
04 51% (21/ 41)	11	3B			Z	Z		4						2	1/D	4			Z	Z	Z	Z	Z	Z	
94 51% (31/ 61)	11B		1/F	1		4								2C		3						1/B	1	3	
630 50% (29/ 58)		1/	1/F			6	1							2C		8				1			2B	3	
1409 50% (30/ 60)	1	1/	1/K	7				4		3				13B	3	3			Z	1	1/F				
2378 50% (14/ 28)	Z	Z	Z	Z	X	Y	1			1	1	Z		1		1/		1/E	Z	1			1	2	
2777 50% (5/ 10)	Z	Z	Z	Z	Z	Z	Z	Z	Z	Z	Z	Z	Z	Z	Z	Z	Z	Z	Z	Z	Z	Z	Z	Z	Y
467 49% (30/ 61)	1	1/		1									1	1		3				1			1	7	
1678 49% (30/ 61)	11C		1/F	1		4								2C		3						1/B		2	
1889 48% (15/ 31)	Z	Z	Z	Z	Z		1			1	1		1	1		1/			1	1			1	1	
2200 48% (29/ 60)		1/	1/F			5	1			1				2C		8				1			2B	3	Z
466 48% (12/ 25)	Z	Z	Z	Z	Z	Z	Z	Z	Z	Z	Z		1	1		1/			1	1		6	1	1	
2201 48% (24/ 50)	11	1/	1/F	1			1				1			1		3				1			1	1	
441 48% (20/ 42)	1	1/		1		4	1							6	3	3					1/K	8	1	2	
429 48% (29/ 61)		1/	1/F	1		5	1							19		8				1			1	3	
1852 47% (18/ 38)	1	1/		1			1			3	1		1	1		1/			1	1			1	1	
309 47% (14/ 30)	Z	Z	Z	Z		4	1			1	1	Z	Z	1		1/			1	1	1/O		1	7	
522 46% (28/ 61)		1/	1/F	1		5	1						1	19		8				1			1	3	
1162 46% (28/ 61)	11	1/		1		4	1							1		3				1			1	15	
33 46% (21/ 46)	11	1/	X	X		3				X				2		3	X	X			1/D	1/C	X		
2805 46% (26/ 57)	1	1/		1		4	1							1		3				1	1/F		1	4B	
2441 45% (10/ 22)	Z	Z	Z	Z	Z	8	1	Z	Z	1	1			1		1/			1	Z	Z	Z	Z	Z	
2626 45% (5/ 11)	Z	Z	Z	Z	Z	Z	Z	Z	Z	Z	Z	Z	Z	Z	Z	Z	Z	Z	Z	Z	Z	Z	Z	Z	Z
2344 45% (27/ 60)	2	1/		1		3							1	2		3					1/E		2C		
2716 44% (16/ 36)	Z	Z		1B			1			1	1		1	1D		1/			1	1	1/H		1	1	
5 44% (27/ 61)	11	1/	1/D	1			1			3				1		3				1			1		
181 44% (27/ 61)			3	4B		4					1			10		3G	5						1	12	
619 44% (27/ 61)	11	1/		1		4	1							1		3				1			1	15	
2298 44% (27/ 61)	11	1/		1		5	1			3				1D		3				1			2B	3	
1875 44% (23/ 52)			3	4		6	Z				1			4		3G	5				1/F	7	1	12	
431 43% (26/ 60)	3			1		4								2C		3						1/B		2	
1839 43% (18/ 42)	1	1/		1			1			1	1		1	5		1/			1	7			3	1	

1642 61 TS + 3 SL + 39 MT

TESTSTELLE			79	81	84	86	87	88	91	97	98	100	102
UEBEREINST. ZEUGEN			9	49	402	85	476	471	279	33	34	470	478
BEZEUGTE VARIANTE			5	2	1/	3	1/	1/	1/	4	3	1/	1/
P33	100%	(1/ 1)	Z	Z	Z	Z	Z	Z	Z	Z	Z	Z	Z
P41	100%	(2/ 2)	Z	Z	Z	Z	Z	Z	Z	Z	Z	Z	Z
1899	83%	(5/ 6)	Z	Z		1B				Z	Z	Z	
P74	72%	(42/ 58)	2B			2B				1/	2		
1745	71%	(5/ 7)	Z	Z	Z	1B				Z	1		
1738	63%	(5/ 8)	Z	Z	Z	1				1/	1		
1858	63%	(5/ 8)	Z	Z	Z	1B				1/	1		
2778	63%	(5/ 8)	Z	Z	Z	Z	Z	Z	Z	Z	Z	Z	Z
02	62%	(38/ 61)	2		3	2B				1/	2		3
1739	62%	(38/ 61)	2	1	3				3	1/	2		
81	62%	(28/ 45)	Z	Z	Z	2B				1/	2		
2004	61%	(11/ 18)	1	1						1/	1		
314	60%	(6/ 10)	Z	Z	Z	Z	Z	Z	Z	1/	1		
01	59%	(36/ 61)		2B	3	2				1/	2		3
03	59%	(36/ 61)	2		4	2B					2		3
1730	58%	(7/ 12)	1	1		2B				1/	1		
610	58%	(33/ 57)	Z	3	4				3	3	2		
945	57%	(35/ 61)	2	1	3				3	1/	2		
1175	57%	(35/ 61)	2							1/B	2C		
1891	57%	(35/ 61)	2	1	3	2			3	1/	2		
624	56%	(9/ 16)	Z	Z	Z	Z				1/	1		
307	56%	(34/ 61)	2	3	4				3	3	2		
1846	56%	(5/ 9)	Z	1		1			X	1/	1		
325	55%	(12/ 22)	1	1		2B				1/	1		
602	55%	(12/ 22)	1	1						Z	1		
2289	55%	(12/ 22)	1	1		1B				1/	1		
453	54%	(33/ 61)	2	3	4	2B			6B	3	2		
2818	54%	(33/ 61)	2	3	4				3	3	2		
180	53%	(32/ 60)	Z	1					4	3	2		
322	52%	(32/ 61)	1	1		1			5	1/			
1704	52%	(32/ 61)	2	1	3				3	1/	2		
623	52%	(25/ 48)	1B		4	2			3	1/	2C		3
323	52%	(31/ 60)	1	1		1			5	1/			

1642 61 TS + 3 SL + 39 MT

TESTSTELLE			79	81	84	86	87	88	91	97	98	100	102
UEBEREINST. ZEUGEN			9	49	402	85	476	471	279	33	34	470	478
BEZEUGTE VARIANTE			5	2	1/	3	1/	1/	1/	4	3	1/	1/
206	52%	(16/ 31)	2	1	3	1			4E	1/	1D		
1731	52%	(16/ 31)	1	Y		1B			4C	1/	1		
04	51%	(21/ 41)	2	Z	3	Z	Z	Z	Z	3	2	Z	
94	51%	(31/ 61)	1	1					3	1/	2C		
630	50%	(29/ 58)	2	1	3	1B			3	1/	2		
1409	50%	(30/ 60)							4	1/			
2378	50%	(14/ 28)	1	1		1B				1/	1		
2777	50%	(5/ 10)	1	Z	Z	1B				1/	1		
467	49%	(30/ 61)	1	1		4			4I	1/	2C		
1678	49%	(30/ 61)	2	3	4				3	3	2		4
1889	48%	(15/ 31)	1	1	4	2B				1/	1		
2200	48%	(29/ 60)	2	1	3	1			3	1/	2		
466	48%	(12/ 25)	1	1		1				1/	1		
2201	48%	(24/ 50)	1						5	1/	6		
441	48%	(20/ 42)	1	1					5D	1/	2C		
429	48%	(29/ 61)	2	1	3	1			4E	1/	1D		
1852	47%	(18/ 38)	1			1			5	1/	1		
309	47%	(14/ 30)	1	1		1				1/	1		
522	46%	(28/ 61)	2	1	3	1			4F	1/	1D		
1162	46%	(28/ 61)	1B			1				1/	6		
33	46%	(21/ 46)	2		3	2			3	1/	7		
2805	46%	(26/ 57)	1	1					3	1/	2C		Z
2441	45%	(10/ 22)	1	1	Z	1B				1/	1	Z	
2626	45%	(5/ 11)	1	1		1B			4E	1/	1		
2344	45%	(27/ 60)	2		3	2			3G	1/	7		
2716	44%	(16/ 36)	1	1C		4				1/	1D	Z	
5	44%	(27/ 61)	1B			5			3	1/	2C		
181	44%	(27/ 61)	2		1/C	2			12		2		
619	44%	(27/ 61)	1B			1				1/	6B		
2298	44%	(27/ 61)	2	1	3				3	1/	2		
1875	44%	(23/ 52)	2		1/C	2			12	1/	2		
431	43%	(26/ 60)	2	1	4				14	3	W		
1839	43%	(18/ 42)	1	1		2B			18	1/	1		

1643 32 TS + 0 SL + 72 MT

TESTSTELLE	10	11	18	20	28	29	35	36	41	42	44	45	46	48	52	53	55	56	57	65	66	73	76	84	87
UEBEREINST. ZEUGEN	5	351	73	441	416	439	452	339	467	283	451	473	101	452	452	87	422	459	104	333	365	24	467	402	476
BEZEUGTE VARIANTE	8	1/	4	1/	1/	1/	1/	1/	1/	1/	1/	1/	3	1/	1/	3	1/	1/	2	1/	1/	10	1/	1/	1/
P33 100% (1/ 1)	Z	Z	Z	Z	Z	Z	Z	Z	Z	Z	Z	Z	Z	Z		Z	Z	Z	Z	Z	Z	Z	Z	Z	Z
62 100% (10/ 10)	Z	Z	Z	Z							Z	Z	Z	Z	Z	Z	Z	Z	Z	Z	Z	Z	Z	Z	Z
189 97% (31/ 32)																									
1102 94% (30/ 32)	1/																								
1597 94% (29/ 31)																1/									
102 91% (29/ 32)	1/																	1/C							
1846 88% (7/ 8)	Z	Z	Z	Z	Z	Z	Z	Z	Z	Z	Z	Z	Z	Z	Z	Z	Z	Z	Z	Z	Z	Z	Z		
2746 87% (20/ 23)	Z	Z	Z	Z						Z	Z	Z	Z	Z						1/F					
1743 87% (26/ 30)			1/							4					Z	Z									
506 86% (6/ 7)	Z	Z	Z	Z			Z	Z	Z	Z	Z	Z	Z		Z	Z			1	Z	Z	Z	Z		Z
1595 84% (27/ 32)	1/		1/							4															
5 81% (26/ 32)	1/		1/					1/D														1			
76 81% (26/ 32)			1/							4						1/				1/F					
2423 81% (26/ 32)	1/															1/			1						
1852 81% (21/ 26)	Z	Z	Z	Z	Z	Z										1/			1			1			
1609 80% (24/ 30)	1/		1/		3D															5		1			
1899 80% (4/ 5)	Z	Z	Z	Z	Z	Z	Z	Z	Z	Z	Z	Z	Z	Z	Z	Z	Z	Z	Z	Z	Z	Z	Z		
2627 80% (4/ 5)	Z	Z	Z	Z					Z	Z	Z	Z	Z	Z	Z	Z	Z	Z	Z	Z	Z	Z	Z	Z	Z
1867 79% (23/ 29)	Z	Z	1/										1			1/			1			1			
2201 79% (23/ 29)	Z	Z	Z					1/F					2									1E			
1839 79% (22/ 28)	Z	Z	Z	Z									1			1/			1			1C			
2303 79% (11/ 14)	Z	Z	Z	Z						4			1			Z	Z	Z	Z	Z	Z	Z	Z	Z	Z
1762 78% (18/ 23)	Z	Z	Z										1	1/H		8B			1			1			Z
88 78% (25/ 32)	3		1/												4				1			9			
216 78% (25/ 32)	1/		1/							6									1			1			
440 78% (25/ 32)	1/		1/							6									1			1			
456 78% (25/ 32)	1/		1/																1			1D			
467 78% (25/ 32)	4				6B	5							2									1			
1270 78% (25/ 32)	1/		1/	1/B						4			6												
1598 78% (25/ 32)	1/		1/	1/B						4			6												
1854 78% (25/ 32)	1/															1/			1			1			
2374 78% (25/ 32)	1/		1/							4										3		1			
57 78% (21/ 27)	Y	Y	Y	Y									1			1/			1			1		Y	

1643 | 32 TS + 0 SL + 72 MT

TESTSTELLE	10	11	18	20	28	29	35	36	41	42	44	45	46	48	52	53	55	56	57	65	66	73	76	84	87
UEBEREINST. ZEUGEN	5	351	73	441	416	439	452	339	467	283	451	473	101	452	452	87	422	459	104	333	365	24	467	402	476
BEZEUGTE VARIANTE	8	1/	4	1/	1/	1/	1/	1/	1/	1/	1/	1/	3	1/	1/	3	1/	1/	2	1/	1/	10	1/	1/	1/
2175 78% (7/ 9)	1/		1/							Z	Z	Z	Z	Z	Z	Z	Z	Z	Z	Z	Z	Z	Z	Z	Z
699 77% (24/ 31)	1/		Z													1/			1			1			
1241 77% (24/ 31)	1/		1/													1/			Z			1			
1277 76% (19/ 25)			1/					1/L					1			1/			1			1			Z
P45 75% (6/ 8)	Z	Z	Y	Y				Z		Z	Z		Z	Z	Z	Z	3		1	Z	Z	Z	Z	Z	Z
6 75% (24/ 32)	1/		1/				3			3			1									1D			
172 75% (18/ 24)	Z	Z	1/			Z	Z		Z	Z			1			1/			1			1		Z	
203 75% (24/ 32)	1/		1/													1/			1			1			
496 75% (24/ 32)	1/		1/							6									1			1			
916 75% (6/ 8)	1/		1/						Z	Z	Z	Z	Z	Z	Z	Z	Z	Z	Z	Z	Z	Z	Z	Z	Z
917 75% (24/ 32)	1/		1/													1/			1			1D			
1094 75% (21/ 28)	Z	Z	Z	Z									1			1/			1			1			
1162 75% (24/ 32)	1/	1/L								4			2									9			
1297 75% (24/ 32)	1/		1/	1/B						4			6							1/F					
1404 75% (24/ 32)	1/		1/							6			2						1			1			
1843 75% (24/ 32)	1/		1/					1/K					4						1						
1903 75% (24/ 32)	1/				9								1						1			1			
2085 75% (24/ 32)	1/		1/													8			1	1/B		1			
2191 75% (24/ 32)	1/		1/													1/			1			1D			
2483 75% (24/ 32)	1/		1/							6									1	1/F		1			
2774 75% (24/ 32)	11		1/							6									1	1/F		1			
323 74% (23/ 31)	Z				3C	5				6			2							1/C		1			
337 74% (23/ 31)	1/		1/	Z												1/			1			1			
424 74% (23/ 31)	1/		1/										X			1/			1			1			
603 74% (23/ 31)	1/		1/												3	1/			1			1			
1508 74% (23/ 31)	1/		1/										1			Z			1			1			
1721 74% (23/ 31)	1/		1/												Y	1/			1			1D		4	
2080 74% (23/ 31)	1/		1/							8			1			1/						1			
921 73% (22/ 30)	1/		Z					1/F							3	1/			1			1			
1727 73% (22/ 30)	1/	5			Z	Z				6						1/			1			1			
1729 73% (22/ 30)	Z	Z	1/					1/F					7				6		1						
1735 73% (22/ 30)	1/		1/		3D			1/K					2B			6						X			
1837 73% (22/ 30)	7		Z	Z									2			3B		1/B			14	1			

1643		32 TS + 0 SL + 72 MT						
TESTSTELLE		88	91	95	97	98	100	102
UEBEREINST. ZEUGEN		471	46	68	422	34	470	478
BEZEUGTE VARIANTE		1/	3	3	1/	3	1/	1/
P33	100% (1/ 1)	Z	Z	Z	Z	Z	Z	Z
62	100% (10/ 10)	Z	Z	Z				
189	97% (31/ 32)					1		
1102	94% (30/ 32)					1		
1597	94% (29/ 31)		X			1		
102	91% (29/ 32)					1		
1846	88% (7/ 8)		X			1		
2746	87% (20/ 23)			1		1		
1743	87% (26/ 30)			4		1		
506	86% (6/ 7)	Z	Z	Z	Z	Z	Z	Z
1595	84% (27/ 32)			1		1		
5	81% (26/ 32)			2		2C		
76	81% (26/ 32)			1		1		
2423	81% (26/ 32)		1/	1		1		
1852	81% (21/ 26)		5			1		
1609	80% (24/ 30)		5	Z	Z			
1899	80% (4/ 5)		1/	Z	Z	Z	Z	
2627	80% (4/ 5)	Z	Z	Z	Z	1	Z	Z
1867	79% (23/ 29)			Z		2C		
2201	79% (23/ 29)		5	1		6		
1839	79% (22/ 28)		18			1		
2303	79% (11/ 14)	Z	Z	1		Z	Z	
1762	78% (18/ 23)	Z	Z	Z	Z	Z		
88	78% (25/ 32)			1		6		
216	78% (25/ 32)		4K	4				
440	78% (25/ 32)		4K	4				
456	78% (25/ 32)		1/	1		1		
467	78% (25/ 32)		4I			2C		
1270	78% (25/ 32)			1		1		
1598	78% (25/ 32)			1		1		
1854	78% (25/ 32)		1/	1		1		
2374	78% (25/ 32)			2		2C		
57	78% (21/ 27)		1/	1				

1643		32 TS + 0 SL + 72 MT						
TESTSTELLE		88	91	95	97	98	100	102
UEBEREINST. ZEUGEN		471	46	68	422	34	470	478
BEZEUGTE VARIANTE		1/	3	3	1/	3	1/	1/
2175	78% (7/ 9)	Z	Z	Z	Z	Z	Z	Z
699	77% (24/ 31)		1/	1		1		
1241	77% (24/ 31)		1/	1		1		
1277	76% (19/ 25)	Z	Z	Z	Z	Z	Z	
P45	75% (6/ 8)	Z	Z	Z	Z	Z	Z	Z
6	75% (24/ 32)		12B			2C		
172	75% (18/ 24)		Z	1				
203	75% (24/ 32)		1/	4		1		
496	75% (24/ 32)		4K	4		1		
916	75% (6/ 8)	Z	Z	Z	Z	Z	Z	Z
917	75% (24/ 32)		1/	1		1		
1094	75% (21/ 28)		1/	1		2C		
1162	75% (24/ 32)		1/	1		6		
1297	75% (24/ 32)			1		1		
1404	75% (24/ 32)		5C	1				
1843	75% (24/ 32)		5	1		6		
1903	75% (24/ 32)		9	1		1		
2085	75% (24/ 32)		17	1				
2191	75% (24/ 32)		1/	1		1		
2483	75% (24/ 32)		5C	3B				
2774	75% (24/ 32)		1/	1				
323	74% (23/ 31)		5	4				
337	74% (23/ 31)		1/	1		1		
424	74% (23/ 31)		1/	1		1		
603	74% (23/ 31)		X	1		1		
1508	74% (23/ 31)		1/	1		1		
1721	74% (23/ 31)			1		1		
2080	74% (23/ 31)		Y	1		1		
921	73% (22/ 30)		Z	1		1		
1727	73% (22/ 30)		5	1				
1729	73% (22/ 30)		5	1		1		
1735	73% (22/ 30)		X	1		1		
1837	73% (22/ 30)		1/	1				

TESTSTELLE	8	10	11	18	20	21	26	28	29	30	31	32	33	34	35	36	41	42	44	45	46	48	52	53	55
UEBEREINST. ZEUGEN	94	392	5	355	441	36	30	416	439	9	36	51	19	19	452	339	467	283	451	473	101	452	452	338	422
BEZEUGTE VARIANTE	3	1/	1/B	1/	1/	2	2	1/	1/	2	2	2	2	2B	1/	1/	1/	1/	1/	1/	3	1/	1/	1/	1/
P8 100% (1/ 1)	Z	Z	Z		Z	Z	Z	Z	Z	Z	Z	Z	Z	Z	Z	Z	Z	Z	Z	Z	Z	Z	Z	Z	Z
P33 100% (1/ 1)	Z	Z	Z	Z	Z	Z	Z	Z	Z	Z	Z	Z	Z	Z	Z	Z	Z	Z	Z	Z	Z	Z		Z	Z
1846 100% (7/ 7)	Z	Z	Z	Z	Z	Z	Z	Z	Z	Z	Z	Z	Z	Z	Z	Z	Z	Z	Z	Z	Z	Z	Z	Z	Z
2778 100% (5/ 5)	Z	Z	Z	Z	Z	Z	Z	Z	Z	Z	Z	Z	Z	Z	Z	Z	Z	Z	Z	Z	Z				
624 92% (11/ 12)	Z	Z	Z	Z	Z	Z	Z	Z	Z	Z	Z	Z	Z	Z			Z	Z	Z	Z	Z	Z	Z	Z	Z
602 87% (13/ 15)	Z	Z	Z	Z	Z	Z	Z	Z	Z	Z	Z	Z	Z	Z	Z	Z	Z	Z	Z	Z	1		Z		
1738 86% (6/ 7)	Z	Z	Z	Z	Z	Z	Z	Z	Z	Z	Z	Z	Z	Z	Z	Z	Z	Z	Z	Z	Z	Z	Z	Z	Z
1858 86% (6/ 7)	Z	Z	Z	Z	Z	Z	Z	Z	Z	Z	Z	Z	Z	Z	Z	Z	Z	Z	Z	Z	Z	Z	Z	Z	Z
2004 85% (11/ 13)	Z	Z	Z	Z	Z	Z	Z	Z	Z	Z	Z	Z	Z	Z	Z	Z	Z		Z	Z	Z	Z	Z	Z	Z
466 83% (15/ 18)	Z	Z	Z	Z	Z	Z	Z	Z	Z	Z	Z	Z	Z	Z	Z	Z	Z	Z	Z	Z	Z				
1745 83% (5/ 6)	Z	Z	Z	Z	Z	Z	Z	Z	Z	Z	Z	Z	Z	Z	Z	Z	Z	Z	Z	Z	Z	Z	Z	Z	Z
1899 83% (5/ 6)	Z	Z	Z	Z	Z	Z	Z	Z	Z	Z	Z	Z	Z	Z	Z	Z	Z	Z	Z	Z	Z	Z	Z	Z	Z
1731 83% (19/ 23)	Z	Z	Z	Z	Z	Z	Z	Z	Z	Z	Z	Z	Z	Z	Z	Z					1				
325 82% (14/ 17)	Z	Z	Z	Z	Z	Z	Z	Z	Z	Z	Z	Z	Z	Z	Z	Z	Z	Z	Z	Z	Z	Z			
2289 82% (14/ 17)	Z	Z	Z	Z	Z	Z	Z	Z	Z	Z	Z	Z	Z	Z	Z	Z	Z	Z	Z	Z	Z	Z			
917 82% (32/ 39)	1		1/				1			1															
1874 82% (32/ 39)			1/				1			3															1/D
1730 80% (8/ 10)	Z	Z	Z	Z	Z	Z	Z	Z	Z	Z	Z	Z	Z	Z	Z	Z	Z	Z	Z	Z	Z	Z	Z	Z	Z
2716 80% (20/ 25)	Z	Z	Z	Z	Z	Z	Z			Z	Z	Z	Z	Z	Z						1				
1852 79% (22/ 28)	Z	Z	Z	Z	Z	Z	Z	Z	Z	Z	Z	1	1	1											
2441 79% (11/ 14)	Z	Z	Z	Z	Z	Z	Z	Z	Z	Z	Z	Z	Z	Z	Z	Z	Z	8	Z	Z	1				
P74 78% (29/ 37)	Y	3	1/I	Z										2	3			3	4		2				
314 78% (7/ 9)	Z	Z	Z	Z	Z	Z	Z	Z	Z	Z	Z	Z	Z	Z	Z	Z					1	Z	Z	Z	Z
1889 77% (17/ 22)	Z	Z	Z	Z	Z	Z	Z	Z	Z	Z	Z	Z	Z	Z	Z	Z	Z				1				
1877 77% (30/ 39)			1/				1		4	3															1/E
172 76% (19/ 25)	Z	Z	Z			1	1		Z	1	Z	Z	Z	Z	Z		Z	Z			1				
2378 75% (15/ 20)	Z	Z	Z	Z	Z	Z	Z	Z	Z	Z	Z	Z	Z	Z	Z	Z	X	Y			1	Z			
2626 75% (6/ 8)	Z	Z	Z	Z	Z	Z	Z	Z	Z	Z	Z	Z	Z	Z	Z	Z	Z	Z	Z	Z	Z	Z	Z	Z	Z
2777 75% (6/ 8)	Z	Z	Z	Z	Z	Z	Z	Z	Z	Z	Z	Z	Z	Z	Z	Z	Z	Z	Z	Z	Z	Z	Z	Z	Z
5 74% (29/ 39)			1/			1				1		1	8	11		1/D								3	
81 73% (22/ 30)	2	14	1/L	Z	Z	Z				3			1	2C	3						2				
337 73% (27/ 37)	1		1/		Z	Z	1			1	1	3	1	1											
309 73% (16/ 22)	Z	Z	Z	Z	Z	Z	Z	Z	Z	Z	Z	Z	Z	Z	Z	Z		4			1	Z			

1646 39 TS + 0 SL + 65 MT

TESTSTELLE	8	10	11	18	20	21	26	28	29	30	31	32	33	34	35	36	41	42	44	45	46	48	52	53	55
UEBEREINST. ZEUGEN	94	392	5	355	441	36	30	416	439	9	36	51	19	19	452	339	467	283	451	473	101	452	452	338	422
BEZEUGTE VARIANTE	3	1/	1/B	1/	1/	2	2	1/	1/	2	2	2	2	2B	1/	1/	1/	1/	1/	1/	3	1/	1/	1/	1/
1839 72% (23/ 32)	Z	Z	Z	Z	Z	Z	V1			1	1		1	1							1				
88 72% (28/ 39)	3B	3	1/				1							7									4	3	
203 72% (28/ 39)	1		1/			1	1			1	1	1	1	1											
619 72% (28/ 39)			1/L			1				1		1	1	11				4			2			3	
1828 72% (28/ 39)			1/			1	1			1	1	1	1	1							1				
2131 72% (28/ 39)	1		5				1			1	1	1	1	1											
175 71% (27/ 38)	1		1/			1	V1			1	1		1	1							1				
424 71% (27/ 38)	1		1/			1	1			1	1		1	1							X				
680 71% (27/ 38)			1/			1	1			1D	1	1	1	1							1	V			
699 70% (26/ 37)	Z		1/	Z		1	1			1	1	3	1	1											
642 70% (23/ 33)		Z	Z			1	1			1	1		1	1				Z			1				
1094 70% (23/ 33)	Z	Z	Z	Z	Z	Z	1			1	1	1	1	1							1				
43 69% (25/ 36)	1		1/		Z	Z	Z			1	1	1	1	1							1				
1864 69% (25/ 36)	Z	Z	Z			1	1			1	1	1	1	1							1				
133 69% (27/ 39)	1		1/O			1	1			1	1	1	1	1							1				
404 69% (27/ 39)	1F		1/			1	1			1	1		1	1							1				
456 69% (27/ 39)	1		1/			1	1			1	1	1	1	1										3	
460 69% (27/ 39)		3	1/			8				1	1	3	1	1		1/E									
618 69% (27/ 39)	1		1/		1/C	8	1			1	1	3	1	1											
824 69% (27/ 39)	1		1/			1	1			1	1	1	1	1							1				
1107 69% (27/ 39)	1		1/			3	1			1	1	1	1	1							1				
1241 69% (27/ 39)	1		1/			1	1			1	1	1	1	1											
1245 69% (27/ 39)	1		5			1	1			1	1	1	1	1							1				
1563 69% (27/ 39)	1		1/O			1	1			1	1	1	1	1							1				
2191 69% (27/ 39)	1		1/			1	1			1	1	1	1	1											
2492 69% (27/ 39)	1		1/M			1F	1			1	1	3	1	1											
2516 69% (27/ 39)	1					1	1			1C	1		6												1/E
57 69% (22/ 32)	Y	Y	Y	Y	Y	Y	1			1	1	3	1	1							1				
1248 68% (26/ 38)	1		1/			1	1			U	1	1	1	1							1				
1719 68% (26/ 38)	1					1	V2			1B	1		1	1							1			3	
1746 68% (26/ 38)	X		1/			1	1			1	1	1	1	1							1				
1845 68% (26/ 38)			10			1	1			1C	1	1	1	1							1				8
2218 68% (26/ 38)	1		1/			1	1			1	1	1	1	1				V			1				

1646 39 TS + 0 SL + 65 MT

TESTSTELLE	56	61	65	66	72	76	84	87	88	91	92	97	100	102
UEBEREINST. ZEUGEN	459	36	333	365	45	467	402	476	471	279	99	422	470	478
BEZEUGTE VARIANTE	1/	2	1/	1/	4	1/	1/	1/	1/	1/	2	1/	1/	1/
P8 100% (1/ 1)	Z	Z	Z	Z	Z	Z	Z	Z	Z	Z	Z	Z	Z	Z
P33 100% (1/ 1)	Z	Z	Z	Z	Z	Z	Z	Z	Z	Z	Z	Z	Z	Z
1846 100% (7/ 7)	Z	Z	Z	Z	Z	Z				X				
2778 100% (5/ 5)		Z	Z	Z	Z	Z	Z	Z	Z	Z	Z	Z	Z	Z
624 92% (11/ 12)	Z	Z			W		Z				1			
602 87% (13/ 15)				Z	Z						1	Z		
1738 86% (6/ 7)	Z	Z	Z	Z	Z	Z	Z				1			
1858 86% (6/ 7)	Z	Z	Z	Z	Z	Z	Z				1			
2004 85% (11/ 13)	Z	Z			1						1			
466 83% (15/ 18)				6	1						1			
1745 83% (5/ 6)	Z	Z	Z	Z	Z	Z	Z				1	Z		
1899 83% (5/ 6)	Z	Z	Z	Z	Z	Z					1	Z	Z	
1731 83% (19/ 23)		1								4C	1			
325 82% (14/ 17)		1			1						1			
2289 82% (14/ 17)		1			1						1			
917 82% (32/ 39)		1			1B						1			
1874 82% (32/ 39)		1			1						1			
1730 80% (8/ 10)	Z	Z	Z	Z	1						1			
2716 80% (20/ 25)		1	1/H		1						1		Z	
1852 79% (22/ 28)		3			1					5				
2441 79% (11/ 14)		Z	Z	Z	Z		Z				1		Z	
P74 78% (29/ 37)					2									
314 78% (7/ 9)	Z	Z	Z	Z	Z	Z	Z	Z	Z	Z	1			
1889 77% (17/ 22)		1			1		4				1			
1877 77% (30/ 39)		1	1/F		1						1			
172 76% (19/ 25)		1			1		Z			Z	Z			
2378 75% (15/ 20)	1/E	1			1						1			
2626 75% (6/ 8)	Z	Z	Z	Z	Z	Z				4E	1			
2777 75% (6/ 8)	Z	1	Z	Z	Z	Y	Z				1			
5 74% (29/ 39)					1					3				
81 73% (22/ 30)		Z	Z	Z	Z	Z	Z							
337 73% (27/ 37)		1									1			
309 73% (16/ 22)		1	1/O		1						1			

1646 — 39 TS + 0 SL + 65 MT

TESTSTELLE		56	61	65	66	72	76	84	87	88	91	92	97	100	102
UEBEREINST. ZEUGEN		459	36	333	365	45	467	402	476	471	279	99	422	470	478
BEZEUGTE VARIANTE		1/	2	1/	1/	4	1/	1/	1/	1/	1/	2	1/	1/	1/
1839	72% (23/ 32)		1			1					18	1			
88	72% (28/ 39)		1			1					3	1			
203	72% (28/ 39)		1			1									
619	72% (28/ 39)					1B						1			
1828	72% (28/ 39)		1									1			
2131	72% (28/ 39)		1			1						1			
175	71% (27/ 38)		1			1						1			
424	71% (27/ 38)		1			1						1			
680	71% (27/ 38)				5							1			
699	70% (26/ 37)		1			1						1			
642	70% (23/ 33)		1	Z	Z	1		Z				1			
1094	70% (23/ 33)		1			1						1			
43	69% (25/ 36)		1			1						1			
1864	69% (25/ 36)		1			1						1			
133	69% (27/ 39)					1						1			
404	69% (27/ 39)		1			1						1			
456	69% (27/ 39)		1									1			
460	69% (27/ 39)		1	1/R								1			
618	69% (27/ 39)		1									1			
824	69% (27/ 39)					1						1			
1107	69% (27/ 39)		1									1			
1241	69% (27/ 39)		1			1						1			
1245	69% (27/ 39)					1						1			
1563	69% (27/ 39)		1			1									
2191	69% (27/ 39)		1			1						1			
2492	69% (27/ 39)		1			1						1			
2516	69% (27/ 39)		1	1/F		1				3	10				
57	69% (22/ 32)		1			1		Y				1			
1248	68% (26/ 38)		1			1						1			
1719	68% (26/ 38)		1	1/B		1						1			
1746	68% (26/ 38)		1			1						1			
1845	68% (26/ 38)		1								X	1			
2218	68% (26/ 38)		1									1			

TESTSTELLE	7	9	10	11	13	14	15	18	19	20	21	23	25	28	29	31	32	34	35	36	38	39	40	41	42
UEBEREINST. ZEUGEN	4	6	7	351	12	11	17	7	110	441	36	91	9	29	30	36	51	4	17	38	21	33	34	467	53
BEZEUGTE VARIANTE	10	4	6	1/	2	3	2	5B	2	1/	2	2	2	3D	5	2	2	11C	3	1/F	2	4	2	1/	4
P33 100% (1/ 1)	Z	Z	Z	Z	Z	Z	Z	Z	Z	Z	Z	Z	Z	Z	Z	Z	Z	Z	Z	Z	Z	Z	Z	Z	Z
2818 96% (64/ 67)	13													3E											
610 94% (60/ 64)	13													3E				Z							
307 93% (62/ 67)	13					2								3E											
453 87% (58/ 67)	13					2								3E											
180 77% (49/ 64)	11	1				3B							1	3E							1		1		
431 71% (47/ 66)	1	1	1/		1	10	1	1/	1		1		1	1/	1/	1		3		1/					
94 70% (47/ 67)	13	1		1/L	2C						2C		1					11B							
1739 60% (40/ 67)	16	1	1/		3D	2	3	4					1					2B	1/	1/	1				5
1891 60% (40/ 67)	16	1	1/		3D	9	3	4					1					2B	1/		1				5
P74 59% (37/ 63)	X	Z	3	1/I	2B	2		Z						1/	1/			2		1/		2			3
03 57% (38/ 67)	2	2	1/			2		3	3					1/	1/			2	4	1/		2			1/
945 57% (38/ 67)	1	1	1/		3E		3	4					1					2B	1/	1/	1				5
2778 56% (5/ 9)	Z	Z	Z	Z	Z	Z	Z	Z	Z	Z	Z	Z	Z	Z	Z	Z	Z	Z	Z	Z	Z	Z	Z	Z	Z
81 54% (25/ 46)	2	2	14	1/L		2		Z	Z	Z	Z	Z	1	1/	1/			2C		1/		2			1/
1175 54% (36/ 67)	2		3	1/D		2		5					2B	1/	1/			2		1/	1	4B			6
630 52% (34/ 65)	1	1	1/		4	2	3	Z	Z				1		1/	1		2B	1/		1				6
02 52% (35/ 67)	2	2	3		2B	2		5						1/	1/	2B		2		1/		2			3
1704 51% (34/ 67)	1	1	1/		5	2	5	4					1			4		2B	1/	1/	1				5
P41 50% (2/ 4)	Z	Z	Z	Z	Z	Z	Z	Z	Z	Z	Z	Z	Z	Z	Z	Z	Z	Z	Z	Z	Z	Z	Z	Z	Z
04 50% (20/ 40)	2	3	3	5	2B	2		Z	Z	Z	Z	Z		1/	1/			11	3B	1/	1	Z	Z	Z	Z
2200 49% (31/ 63)	1	1	1/		3D	2	3	4					1		1/	1		2B	1/		1				5
01 48% (32/ 67)	2	2	3			2		5					2B	1/	1/			2		1/		2			1/
2464 48% (10/ 21)	Z	Z	Z	Z	Z	Z	Z	Z	Z	Z	Z	Z	Z	Z	Z	Z	Z	Z	Z	Z	Z	Z	Z	Z	Z
P45 46% (6/ 13)	Z	Z	Z	Z	Z	Z	Z	Y	Y	Y	X		3	1/	1/	Z	4	Y	1/	Z		Z			Z
1642 45% (30/ 66)		6	3	14	2C	2	3	4						3G				2B		1/	1	1	1B		1/
623 45% (26/ 58)	Z	Z	Z	Z	Z	Z	Z	Z	Z		1		1	1/	1/		1	11	1/	1/	1	1	1		
1875 45% (26/ 58)	X	X	X	X	X	6	1	1/	1		1		1	Z	Z			2B		3	1	X			6
181 45% (30/ 67)	4	2	11	11	1	1	1	1/	1		1H		1	1/	1/			2B		3	1				
2298 45% (30/ 67)	1	1	1/	1/L	1D	2	3	4			1		1			6	1	11	1/	1/	1		4		5
33 44% (24/ 54)	4	1	11		1	4	X	X	1		X		X	1/	X	X	1	11	1/	X	X	1	1		3
441 44% (24/ 54)	Z	Z	Z	Z	Z	Z	Z	Z	Z	Z	Z	Z	Z	1/	1/		1	1	1/	1/	1	1	3		
1751 42% (28/ 66)	1B	1	1/		1B	2	3	4			2D		1		1/	1		9B	1/		1		4		5

1678 67 TS + 1 SL + 36 MT

TESTSTELLE	7	9	10	11	13	14	15	18	19	20	21	23	25	28	29	31	32	34	35	36	38	39	40	41	42
UEBEREINST. ZEUGEN	4	6	7	351	12	11	17	7	110	441	36	91	9	29	30	36	51	4	17	38	21	33	34	467	53
BEZEUGTE VARIANTE	10	4	6	1/	2	3	2	5B	2	1/	2	2	2	3D	5	2	2	11C	3	1/F	2	4	2	1/	4
436 42% (28/ 67)	1	1	1/	1/L	1	1	1	4	1		1	1	1	1/	1/	1	1	1	1/	1/	1	1	1		
323 42% (27/ 65)	18	Z	Z			1	1	4			1		1	3C				11	1/	1/	1		1		6
2201 41% (24/ 58)	Z	Z	Z	Z	Z	Z	Z	Z	Z		1		1	1/	1/	1	1	11	1/		1	1	1		1/
2805 41% (26/ 63)	1	1	4	10	3D	2	3	4		Z	Z	Z	1	6	6	1	1	1	1/	1/	1	1			
1893 41% (21/ 51)	1	1	1/		X	X	X	1/	1		1		1	1/	1/	1	Z	Z	Z	Z	1	1	1		
044 40% (27/ 67)	5	1	4		2D	1B	3	1/	1		1	7	1	1/	1/	3	1	1	1/	1/	1	1	1		
429 40% (27/ 67)	5	1	1/	5	3D	2	3	4					1		1/	1		2B	1/		1		1		5
2718 40% (20/ 50)	1	1	1/		1C	1B	1	1/	1		1		1	1/	1/	1	1	1	1/	1/		1	1		
206 40% (17/ 43)	Z	Z	Z	Z	Z	Z	Z	Z	Z	Z	Z	Z	Z	Z	Z	Z	Z	Z	Z	Z	Z	Z	Z		5
2344 39% (26/ 66)	1	1	11		1	X	4	1/	1		1		1	1/	1/	1E		2	1/	1/	1	1	1		3
621 39% (26/ 67)	1	1	1/	1/O	8	1	1	1/		1/B	1	1	1	1/	1/		1	1	1/	1/	1	1	3		
886 38% (5/ 13)	1		4		1	8		1/	1		1		1	Z	Z	Z	Z	Z	Z	Z	Z	Z	Z	Z	Z
1409 38% (25/ 66)	1	5	11		1		1	5					1	1/	1/	1	1	1	1/	1/K	1	1	1		1/
322 37% (25/ 67)	17	1	1/		2C	1	1	4			1		1	8				11	1/	1/	1		1		6
467 37% (25/ 67)	5B	2	4		1D	8	3	4			1		1	6B		1	1	1	1/	1/	1		1		1/
1505 37% (25/ 67)	1	1	1/		1	1B	1	1/			7	1	1	1/	1/	1	1	1	1/	1/D	1	1	1		1/
941 37% (23/ 63)	1	1	1/		1	1	1	8	1		1C		1	1/	1/	1	1	1	1/		1	1	Y		
522 36% (24/ 66)	7	1	1/	5	3D	2	3	4					1	11	1/	1	1	2B	1/		1		1		5
619 36% (24/ 66)	1	1	1/	1/L	1	1	1	1/	1		1		1	1/	1/		1	11	1/	1/	1	1B	1		
5 36% (24/ 67)	1	1	1/		1	4	4	1/	1		1		1	1/	1/		1	11	1/	1/D	1	1	1		1/
88 36% (24/ 67)	4	1	3			4	4	1/	1				1	1/	1/			7	1/	1/	1	1			1/
1162 36% (24/ 67)	1	1	1/	1/L	7	1	1	4	1		1		1	1/	1/		1	11	1/	1/	1	1	1		
1611 36% (24/ 67)	5	1	1/		3C	1B	3	1/	1		1		1	1/	1/	1	1	1	1/	1/	1	1	1		
2374 36% (24/ 67)	1	1	1/		1	1	6	1/	1			1	1	1/	1/	1		1	1/	1/	1	1			
1846 36% (5/ 14)	Z	Z	Z	Z	Z	Z	Z	Z	Z	Z	Z	Z	Z	Z	Z	Z	Z	Z	Z	Z	Z	Z	Z	Z	Z
1729 36% (21/ 59)	Z	Z	Z	Z	Z	Z	Z	1/	V		1		1	1/	1/	1	1	1	1/		1	1	1		1/
1509 35% (23/ 65)	1	1	1/	1/I	8	1	1	4			1		1		1/	1		1	1/		1		1		5
1884 35% (22/ 63)	15	1	11		3		4	6B	U		4	3	3	5	1/	1G	1	9C	1/	1/	1				6
2138 35% (23/ 66)	5	1	1/		3C	1B	3	1/	1		1	1	1	1/	1/	1	1	1	1/	1/B	1	Z	1		
6 34% (23/ 67)	1	5	1/		9	1	1	1/	1		1	1	1	1/	1/	1	1	8		1/	1		1		3
1842 34% (23/ 67)	1	1	1/	1/O	8	1	1	1/	1		1	1	1	1/	1/		1	1	1/	1/	1	1	3		1/
2495 34% (23/ 67)	1	1	7B		1	1	4B	4	1		6		1	1/	1/	1	1	1	1/	1/D	1	1	1		1/

1678 67 TS + 1 SL + 36 MT

TESTSTELLE	43	44	45	46	47	48	49	50	52	53	54	55	56	57	63	64	65	66	67	68	69	70	75	76	77
UEBEREINST. ZEUGEN	24	451	473	76	92	452	162	16	452	87	16	422	459	104	8	38	333	10	16	87	10	21	19	467	181
BEZEUGTE VARIANTE	2	1/	1/	2	2	1/	2	2C	1/	3	5	1/	1/	2	4	2	1/	1/B	2	2	2C	2	2	1/	2
P33 100% (1/ 1)	Z	Z	Z	Z	Z	Z	Z	Z		Z	Z	Z	Z	Z	Z	Z	Z	Z	Z	Z	Z	Z	Z	Z	Z
2818 96% (64/ 67)																									
610 94% (60/ 64)																									Z
307 93% (62/ 67)																						3			
453 87% (58/ 67)											1											2B			
180 77% (49/ 64)								2										1/		3					Z
431 71% (47/ 66)																									
94 70% (47/ 67)																			1	3	3		1		
1739 60% (40/ 67)	1										1				1			1/	2B	3	2				
1891 60% (40/ 67)	1										1				1			1/	2B	3	2				
P74 59% (37/ 63)		4						3		1/	3				2			1/		4	3	3B			
03 57% (38/ 67)		4						2	4	1/	7	1/B			2			1/			3				2B
945 57% (38/ 67)	1							19		8C	1				1			1/	2B	3	3		3		
2778 56% (5/ 9)	Z	Z	Z	Z	Z			1D		1/	1			1	Z	Z	Z	Z	Z	Z	Z	Z	Z	Z	Z
81 54% (25/ 46)								2		1/	1				Z	Z	Z	Z	Z	Z	Z	Z	Z	Z	Z
1175 54% (36/ 67)		6						2	4		1			2C	1						3	1			
630 52% (34/ 65)	1									8	1				1	1		1/	2B	3		1	3		
02 52% (35/ 67)		4						3		1/	2	4			2			1/		4	3	1			
1704 51% (34/ 67)	1							19		8	1			2B	1			1/	2B	3	3		3		
P41 50% (2/ 4)	Z	Z	Z	Z	Z	Z	Z	Z	Z	Z	Z	Z	Z	Z	Z	Z	Z	X	X	4	2	Z			Z
04 50% (20/ 40)		4						2	1/D	4	4			Z	Z	Z	Z	Z	Z	Z	Z	Z			
2200 49% (31/ 63)	1			1						8	1				1	1		1/	2B	3	2	1B	Z	Z	Z
01 48% (32/ 67)		4				3		2	4	1/	4	1/B			2		1/K	1/		4	3	1			
2464 48% (10/ 21)	Z	Z	Z	Z	Z	Z	Z	Z	Z	Z	Z	Z	Z	Z	Z	Z	Z	Z	Z	Z	Z	8	1		
P45 46% (6/ 13)	Z	Z		Z	Z	Z	Z	Z	Z	Z	Z	3		1	Z	Z	Z	Z	Z	Z	Z	Z	Z	Z	Z
1642 45% (30/ 66)								3		3B	1				U			1/		4	13	1	1		1B
623 45% (26/ 58)	1							1			4				1		1/F	1/	1	4	1	1	1		
1875 45% (26/ 58)	Z				1			4		3G	2	5			1		1/F	7	1	12	3B	1	1		
181 45% (30/ 67)					1			10		3G	6	5			1			1/	1	12	3B	1	1C		
2298 45% (30/ 67)	1			3				1D			1				1	1		1/	2B	3	3		1		
33 44% (24/ 54)				X				2			4	X	X		1		1/D	1/C	X	4	3	3B			
441 44% (24/ 54)	1							6	3		1				1		1/K	8	1		1	3	3		
1751 42% (28/ 66)	1					7		5B		8	1				1	1	8	1/E	2B	3	1	1B	1B		5

1678 — 67 TS + 1 SL + 36 MT

TESTSTELLE	43	44	45	46	47	48	49	50	52	53	54	55	56	57	63	64	65	66	67	68	69	70	75	76	77
UEBEREINST. ZEUGEN	24	451	473	76	92	452	162	16	452	87	16	422	459	104	8	38	333	10	16	87	10	21	19	467	181
BEZEUGTE VARIANTE	2	1/	1/	2	2	1/	2	2C	1/	3	5	1/	1/	2	4	2	1/	1/B	2	2	2C	2	2	1/	2
436 42% (28/ 67)	1							1		4C	1				1			1/	1	4	1	1	1		
323 42% (27/ 65)	1						1	2			1				1	1	1/C	1/	1	1	1	1	1		
2201 41% (24/ 58)	1				1			1			1				1	1		1/	1	1	1	1	1		
2805 41% (26/ 63)	1							1			4				1	1	1/F	1/	1	4B	1B	1	3		
1893 41% (21/ 51)	1					Z		1			1				Z	Z	Z	Z	Z	Z	Z	1	1		
044 40% (27/ 67)	1	5					1	2		1/	3				1		1/F	1/	1	3	3B	1	1		
429 40% (27/ 67)	1							19		8	1				1	1		1/	1	3	3	1	3		1B
2718 40% (20/ 50)								2	4		1				1		1/F	6	1	3		Z	Z	Z	Z
206 40% (17/ 43)	1						1	19	4	8	1				1	X		1/	1	3	3	1	3		1B
2344 39% (26/ 66)							1	2			4				1		1/E	1/	2C	4	3	3B	3		
621 39% (26/ 67)	1						1	1	3	3B	8				1			8	1		1		3		
886 38% (5/ 13)	Z	Z	Z	Z	Z	Z	Z	Z	Z	Z	Z	Z	Z	Z	Z	Z	Z	Z	Z	Z	Z	Z	Z	Z	Z
1409 38% (25/ 66)		4		3				13B	3		1			Z	1	1	1/F	1/		4	3B		3		
322 37% (25/ 67)	1						1	2		3F	1				1	1	1/C	1/	1	1	1	1	1		
467 37% (25/ 67)							1	1			1				1	1		1/	1	7	1	5	1		1B
1505 37% (25/ 67)	1			1			1	2		1/	1	1/B	1/D		1			6	1	17	1	1	1		
941 37% (23/ 63)	1			1				1			1				Y	1	1/F	1/	1	1	1	Y	1		1B
522 36% (24/ 66)	1						1	19		8	1				1	1		1/	1	3	3	Z	3		1B
619 36% (24/ 66)	1							1			4				U	1		1/	1	15	1	4B	1		
5 36% (24/ 67)	1			3				1			1				1	1		1/	1	4	1	1	1		
88 36% (24/ 67)	1			3				1	4		4			1	1	1		1/	1	6	1	1	1		1
1162 36% (24/ 67)	1							1			4				1	1		1/	1	15	1	1	1		
1611 36% (24/ 67)	4				1		1	1		3B	1		1/D		1			1/	1	17	1	1	1		
2374 36% (24/ 67)				3	2B			2			1				2	1	3	1/	1	4	1B	1	1		1B
1846 36% (5/ 14)	Z	Z	Z	Z	Z	Z	Z	Z	Z	Z	Z	Z	Z	Z	Z	Z	Z	Z	Z	Z	Z	Z	Z	Z	Z
1729 36% (21/ 59)	1			7	1			1B				6		1	1	1		1/	1C	15	1	1	1		
1509 35% (23/ 65)	1			1		1/K		1		8	1				1	1	1/F	1/	1	3	1	X	3		
1884 35% (22/ 63)	1				4B	U	1	1		1/	1			1	1	1	6	3	1C	4		4	1		
2138 35% (23/ 66)	4				1		1	1		1/	1	1/B	1/D		1		1/F	1/	1	17	1	1	1		
6 34% (23/ 67)				1	1		1	1			1				1	1		1/	1	1	1	1	1		1E
1842 34% (23/ 67)	1							1	3		1	1/F		1	1			1/	1	15	1		3		
2495 34% (23/ 67)	1			1			1	2		1/	1	1/B	1/D		1		1/F	6	1	17	1	1	1		

1678 — 67 TS + 1 SL + 36 MT

TESTSTELLE	78	79	81	83	84	86	87	88	89	90	91	92	95	97	98	100	102
UEBEREINST. ZEUGEN	67	31	6	46	42	85	476	471	14	71	46	99	68	17	40	470	2
BEZEUGTE VARIANTE	2	2	3	2	4	3	1/	1/	2	2	3	2	3	3	2	1/	4
P33 100% (1/ 1)	Z	Z	Z	Z	Z	Z	Z	Z	Z	Z	Z	Z	Z	Z	Z	Z	Z
2818 96% (64/ 67)																	1/
610 94% (60/ 64)	1	Z															1/
307 93% (62/ 67)																	1/
453 87% (58/ 67)						2B				1	6B						1/
180 77% (49/ 64)	Z	Z	1		1/				9		4						1/
431 71% (47/ 66)	1		1								14				W		1/
94 70% (47/ 67)		1	1	1	1/				1	1				1/	2C		1/
1739 60% (40/ 67)	1		1		3				14				2	1/			1/
1891 60% (40/ 67)	1		1		3	2			14				2	1/			1/
P74 59% (37/ 63)		2B	2		1/	2B					1/		Z	1/			1/
03 57% (38/ 67)			2			2B					1/		2	4			3
945 57% (38/ 67)	1B		1		3				5				2	1/			1/
2778 56% (5/ 9)	Z	Z	Z	Z	Z	Z	Z	Z	Z	Z	Z	Z	Z	Z	Z	Z	Z
81 54% (25/ 46)	Z	Z	Z	Z	Z	2B			14		1/		2	1/			1/
1175 54% (36/ 67)	3		2		1/				14		1/	1	2	1/B	2C		1/
630 52% (34/ 65)	1		1		3	1B			3				2	1/			1/
02 52% (35/ 67)			2		3	2B			14		1/	1	2	1/			3
1704 51% (34/ 67)	1B		1		3				5	4			2	1/			1/
P41 50% (2/ 4)	Z	Z	Z	Z	Z	Z	Z	Z	Z	Z	Z	Z	Z	Z	Z	Z	Z
04 50% (20/ 40)			Z		3	Z	Z	Z	Z	Z	Z	Z	2			Z	1/
2200 49% (31/ 63)	Z		1		3	1			14				2	1/			1/
01 48% (32/ 67)	3	5	2B		3	2			14		1/		2	1/			3
2464 48% (10/ 21)	1	1	2			3C					4B		2	1/	2C	3	
P45 46% (6/ 13)	Z	Z	Z	Z	Z	Z	Z	Z	Z	Z	Z	Z	Z	Z	Z	Z	Z
1642 45% (30/ 66)	1	5	2	1	1/				1C	1	1/	1	1	4	3		1/
623 45% (26/ 58)	1	1B	2	1		2			1				2	1/	2C		3
1875 45% (26/ 58)	1		2		1/C	2			14		12		2	1/			1/
181 45% (30/ 67)	1		2		1/C	2			14		12		2	4			1/
2298 45% (30/ 67)	1		1	1	3				12				2	1/			1/
33 44% (24/ 54)			2	X	3	2			10			1	2	1/	7		1/
441 44% (24/ 54)	1	1	1		1/				14		5D	1		1/	2C		1/
1751 42% (28/ 66)	1				1/C	1			14		3H		2	Z			1/

1678 67 TS + 1 SL + 36 MT

TESTSTELLE UEBEREINST. ZEUGEN BEZEUGTE VARIANTE	78 67 2	79 31 2	81 6 3	83 46 2	84 42 4	86 85 3	87 476 1/	88 471 1/	89 14 2	90 71 2	91 46 3	92 99 2	95 68 3	97 17 3	98 40 2	100 470 1/	102 2 4
436 42% (28/ 67)		1	1						14				2	1/			1/
323 42% (27/ 65)	1	1	1	1	1/	1			1		5		4	1/	3		1/
2201 41% (24/ 58)		1	2	1	1/				1		5		1	1/	6		1/
2805 41% (26/ 63)	1	1	1		1/				3					1/	2C		Z
1893 41% (21/ 51)	1	1B	2	1	Z	1B			1		1/	1	1	1/	6		1/
044 40% (27/ 67)		1	1		1/									1/	1		
429 40% (27/ 67)	1		1		3	1			14	1	4E	1		1/	1D		1/
2718 40% (20/ 50)	Z	Z	Z	Z	Z	Z	Z	Z	Z	Z	Z	Z	Z	1/	2C		1/
206 40% (17/ 43)	1		1		3	1			14	1	4E	1		1/	1D		1/
2344 39% (26/ 66)			2		3	2			11		3G	1	2	1/	7		1/
621 39% (26/ 67)	1	1	1		1/				14		5			1/	2C		1/
886 38% (5/ 13)	Z	Z	Z	Z	Z	Z	Z	Z	Z	Z	Z	Z	Z	Z	Z	Z	Z
1409 38% (25/ 66)	1	5	2		1/				8	1	4		2	1/	3		1/
322 37% (25/ 67)	1	1	1	1	1/	1			1		5		4	1/	3		1/
467 37% (25/ 67)	1	1	1	1	1/	4			1		4I	1		1/	2C		1/
1505 37% (25/ 67)		1	1						14		8				1		1/
941 37% (23/ 63)	1	1	2	1					1	1	1/		4	1/	1		Y
522 36% (24/ 66)	1		1		3	1			14	1	4F	1		1/	1D		1/
619 36% (24/ 66)		1B	2	1	1/	1			1		1/	1	1	1/	6B		1/
5 36% (24/ 67)	1	1B	2	1	1/	5			1				2	1/	2C		1/
88 36% (24/ 67)	1	1	1	1B	1/	4			1			1	1	1/	6		1/
1162 36% (24/ 67)		1B	2	1	1/	1			1		1/	1	1	1/	6		1/
1611 36% (24/ 67)	1	1	1	1					13		8				1	4	1/
2374 36% (24/ 67)	1	1	1	1	1/					1		1	2	1/	2C		1/
1846 36% (5/ 14)	Z	Z	1	1	1/	1			1	1	X			1/	1		1/
1729 36% (21/ 59)		1	1	1	1/	3B			1		5		1	1/	1		1/
1509 35% (23/ 65)	1	X	1		3	1			14	1	4E	1		1/	1		1/
1884 35% (22/ 63)	1		1		3	2B			14		4		2	1/		Z	Z
2138 35% (23/ 66)		1	1						14		8				1	4	1/
6 34% (23/ 67)	1	1	1	1	1/				8		12B			1/	2C		1/
1842 34% (23/ 67)	1	1	1		1/C	4			14		5			5	2C		1/
2495 34% (23/ 67)		1	1						14		8	1			1		1/
1890 34% (21/ 62)		1	1			Z			14		8				1	4	1/

TESTSTELLE	3	8	10	11	12	14	15	17	18	19	20	21	23	26	28	29	32	34	35	36	37	39	40	41	42
UEBEREINST. ZEUGEN	9	94	392	351	10	23	1	6	73	110	441	36	91	30	29	30	51	19	452	339	15	33	34	467	60
BEZEUGTE VARIANTE	2	3	1/	1/	2	2	5	11	4	2	1/	2	2	2	3D	5	2	2B	1/	1/	2	4	2	1/	5
P33 100% (1/ 1)	Z	Z	Z	Z	Z	Z	Z	Z	Z	Z	Z	Z	Z	Z	Z	Z	Z	Z	Z	Z	Z	Z	Z	Z	Z
945 92% (61/ 66)					3	3	3																		
1739 83% (55/ 66)	1				3		3	2																	
1891 77% (51/ 66)	1				3	9	3	2												1/F					
630 73% (46/ 63)	1				3		3	Z	Z	Z				1		1/				1/F					6
2200 71% (45/ 63)	1				3		3	1C						1		1/				1/F					
2778 71% (5/ 7)	Z	Z	Z	Z	Z	Z	Z	Z	Z	Z	Z	Z	Z	Z	Z	Z	Z	Z	Z	Z	Z	Z	Z	Z	Z
2298 65% (43/ 66)	1	1		1/L	1		3	11B				1					1	11			1		4		
81 62% (28/ 45)		2	14	1/L			2	Z	Z	Z	Z	Z	Z		1/	1/		2C	3			2			1/
04 61% (25/ 41)		2C	3	5			2	Z	Z	Z	Z	Z	Z		1/	1/		11	3B			Z	Z	Z	Z
429 61% (40/ 66)	1			5	8		3	1C						1		1/				1/F	1		1		
P45 60% (6/ 10)	Z	Z	Z	Z	Z	Z	Z	Z	Y	Y	Y	X		Z	1/	1/	4	Y		Z	Z	Z			Z
P74 60% (37/ 62)	Z	Y	3	1/I			2	2	Z						1/	1/		2	3			2			3
206 60% (25/ 42)	Z	Z	Z	Z	Z	Z	Z	Z	Z	Z	Z	Z	Z	Z	Z	Z	Z	Z	Z	Z	Z	Z	Z		
02 59% (39/ 66)		2	3				2	2	5						1/	1/		2	3			2			3
522 58% (37/ 64)	1			5	3		3	1C						1	11	1/	1			1/F	1		1		
03 56% (37/ 66)		2					2	2	3	3					1/	1/		2	4			2			1/
610 55% (33/ 60)	1		6		1	3	2	2	5B					Z	3E			Z	3	1/F	1				4
1751 55% (35/ 64)	1B	3B			8		3	1C				2D		1		1/		9B		1/F	1		4		
01 55% (36/ 66)		2	3				2	2	5						1/	1/		2	3			2			1/
2344 54% (35/ 65)	1		11		1	X	4	2	1/	1		1			1/	1/		2			1	1	1		3
94 53% (35/ 66)			6	1/L	1	3	2	5	5B			2C		1				11B	3	1/F	1				4
307 53% (35/ 66)	1		6		1D		2	2	5B					1	3E			11C	3	1/F	1				4
2818 53% (35/ 66)	1		6		1C	3	2	2	5B					1	3E			11C	3	1/F	1				4
33 52% (28/ 54)	1	X	11		1	4	X	2	X	1		X			1/	X	1	11		X	X	1	1		3
1875 52% (30/ 58)	X	X	X	X	X	6	1	1	1/	1		1			Z	Z			3	3	4	X			6
180 52% (33/ 64)	1		6		1	3B	2	1	5B					1	3E			11C	3	1/F	1		1		4
322 52% (34/ 66)					1	1	1	2				1			8			11					1		6
1175 52% (34/ 66)	3	2	3	1/D			2	2	5						1/	1/		2	3		1C	4B			6
1678 52% (34/ 66)	1	1	6		1	3	2	8	5B					1				11C	3	1/F	1				4
1758 51% (28/ 55)	1	1		5	1		3	1C	Y	1		1	1	1	X	1/				1/K	1		1		
323 51% (33/ 65)			Z		1	1	1	2				1			3C			11					1		6
453 50% (33/ 66)	1		6		1		2	2	5B					1	3E			11C	3	1/F	1				4

1704 66 TS + 3 SL + 35 MT

TESTSTELLE	3	8	10	11	12	14	15	17	18	19	20	21	23	26	28	29	32	34	35	36	37	39	40	41	42
UEBEREINST. ZEUGEN	9	94	392	351	10	23	1	6	73	110	441	36	91	30	29	30	51	19	452	339	15	33	34	467	60
BEZEUGTE VARIANTE	2	3	1/	1/	2	2	5	11	4	2	1/	2	2	2	3D	5	2	2B	1/	1/	2	4	2	1/	5
1490 50% (33/ 66)	1			5	1		3B	1				1D	1	1	1/	1/				1/K	1		1		
1509 50% (32/ 64)	1			1/I	3	1	1	1C				1		1		1/		1		1/F	1		1		
181 48% (32/ 66)	1	3B	11	11	4	1	1	1	1/	1		1H			1/	1/			3	3	4B				4
1642 48% (32/ 66)	1		3	14	3		3	2							3G				3			1	1B		1/
431 48% (31/ 65)	1	3B			13	10	1	1C	1/	1		1		3	1/	1/		3	3		1				4
436 47% (31/ 66)	1	1		1/L	1	1	1	1		1		1	1	1	1/	1/	1	1			1	1	1		4
2805 47% (29/ 62)	1	3B	4	10	1		3	2			Z	Z	Z		6	6	1	1			1	1			4
623 46% (26/ 56)	Z	Z	Z	Z	Z	Z	Z	Z	Z	Z		1			1/	1/	1	11			1	1	1		4
2718 45% (21/ 47)	1	3B			12	1B	1	1	1/	1		1		1	1/	1/	1	1			1	1	1		4
1831 44% (28/ 63)	1	3B		8B	1	1B	3	1C	6			1B	1	1	1/	1/				1/K	Z	Z	Z		
441 44% (23/ 52)	Z	Z	Z	Z	Z	Z	Z	Z	Z	Z	Z	Z	Z	Z	1/	1/	1	1			1	1	3		4
228 44% (29/ 66)	1				1	1	1	1						1	1/	1/	1	1			1	1	1		
467 44% (29/ 66)	1		4		1	8	3	13				1			6B		1	1			1		1		1/
08 44% (28/ 64)	1		11		1	3		2		1		4	3		5	1/	1	9			6	6			6
1884 44% (27/ 62)	1		11		1	3	4	2B	6B	U		4	3		5	1/	1	9C			6				6
314 43% (6/ 14)	Z	Z	Z	Z	Z	Z	Z	Z	Z	Z	Z	Z	Z	Z	Z	Z	Z	Z	Z	Z	Z	Z	Z		1/
1894 43% (27/ 63)	1	1			1	1	1	1	1/	1		1	1	1	1/	1/	3	11				Z	Z		
5 42% (28/ 66)	1				1	4	4	1	1/	1		1			1/	1/	1	11		1/D	1	1	1		1/
621 42% (28/ 66)	1			1/O	1	1	1	1	1/		1/B	1	1	1	1/	1/	1	1			1	1	3		4
1409 42% (28/ 66)	1	1	11		12	3	1	2	5						1/	1/	1	1		1/K	7	1	1		1/
1842 42% (28/ 66)	1			1/O	1	1	1	1C	1/	1		1	1	1	1/	1/	1	1			1	1	3		1/
2201 42% (24/ 57)	1	Z	Z	Z	Z	Z	Z	Z	Z	Z		1		1	1/	1/	1	11		1/F	1	1	1		1/
624 42% (10/ 24)	Z	Z	Z	Z	Z	Z	Z	Z	Z	Z	Z	Z	Z	Z	Z	Z	Z	Z			1	Z	Z	Z	Z
2464 42% (10/ 24)	Z	Z	Z	Z	Z	Z	Z	Z	Z	Z	Z	Z	Z	Z	Z	Z	Z	Z	Z	Z	Z	Z	Z	Z	Z
104 42% (27/ 65)	1		11	1/M	1	1	1	1	1/	1		1		1	1/	1/	1	1			1	1			7
619 41% (27/ 66)	1			1/L	1	1	1	1	1/	1		1			1/	1/	1	11			1	1B	1		4
1162 41% (27/ 66)	1	3B		1/L	1	1	1	1		1		1			1/	1/	1	11			1	1	1		4
1893 40% (21/ 52)	1	1			1	X	X	1	1/	1		1		1	1/	1/	Z	Z	Z	Z	1	1	1		4
1832 40% (21/ 53)	Z	Z	Z	Z	Z	Z	Z	Z	Z	Z	Z	Z	Z	1			1	1			1	2	1		
044 39% (26/ 66)	1	1	4		1	1B	3	2	1/	1		1	7	1	1/	1/	1	1			1	1	1		4
218 39% (26/ 66)	1	1		1/C	12	1	1	1	1/			1	1	1	1/	1/	1	1			1	1	1		1/
489 39% (26/ 66)	1			12	1	4	1		1/	1		1		1	1/	1/	1	1		1/F	1	1	1		1/
636 39% (26/ 66)	1	1			1C	6	1	1C	1/	1		6		1	11	1/				1/F	1		1F		

TESTSTELLE			44	45	46	47	48	49	50	52	53	55	56	64	65	66	67	68	69	70	72	75	76	77	79	80	83
UEBEREINST. ZEUGEN			451	473	76	92	452	162	7	452	33	422	459	38	333	365	7	20	16	21	1	18	467	181	31	2	46
BEZEUGTE VARIANTE			1/	1/	2	2	1/	2	19	1/	8	1/	1/	2	1/	1/	2B	3	3	2	6	3	1/	2	2	6B	2
P33	100%	(1/ 1)	Z	Z	Z	Z	Z	Z	Z		Z	Z	Z	Z	Z	Z	Z	Z	Z	Z	Z	Z	Z	Z	Z	Z	Z
945	92%	(61/ 66)									8C																
1739	83%	(55/ 66)							2C		3								2		2	2					
1891	77%	(51/ 66)							2C		3								2		3	2				6	
630	73%	(46/ 63)							2C					1					2C	1	3					6	
2200	71%	(45/ 63)			1				2C					1					2	1B	3	Z	Z	Z		6	
2778	71%	(5/ 7)	Z	Z	Z	Z			1D		1/			Z	Z	Z	Z	Z	Z	Z	Z	Z	Z	Z	Z	Z	Z
2298	65%	(43/ 66)			3				1D		3			1							1	1				6	1
81	62%	(28/ 45)							2		1/			Z	Z	Z	Z	Z	Z	Z	Z	Z	Z	Z	Z	Z	Z
04	61%	(25/ 41)	4						2	1/D	4			Z	Z	Z	Z	Z	Z	Z	2	2				3	
429	61%	(40/ 66)												1			1			1	2			1B		6	
P45	60%	(6/ 10)	Z		Z	Z	Z	Z	Z	Z	Z	3		Z	Z	Z	Z	Z	Z	Z	Z	Z	Z	Z	Z	Z	Z
P74	60%	(37/ 62)	4						3		1/						2	4		3B	2	2			2B	2	
206	60%	(25/ 42)						1		4				X			1			1	3			1B		6	
02	59%	(39/ 66)	4						3		1/	4					2	4		1	2	2				2	
522	58%	(37/ 64)						1						1			1			Z	V			1B		6C	
03	56%	(37/ 66)	4						2	4	1/	1/B					2	2			2	2		2B		2	
610	55%	(33/ 60)							2C		3					1/B	2	2	2C		Z	2		Z	Z	Z	
1751	55%	(35/ 64)					7		5B					1	8	1/E			1	1B	1	1B		5		6	
01	55%	(36/ 66)	4				3		2	4	1/	1/B			1/K		2	4		1	2	2			5	2	
2344	54%	(35/ 65)						1	2		3				1/E		2C	4		3B	2					2	
94	53%	(35/ 66)							2C		3					1/B	1				3	1			1	1	1
307	53%	(35/ 66)							2C		3					1/B	2	2	2C	3	2	2				3	
2818	53%	(35/ 66)							2C		3					1/B	2	2	2C		2	2				1	
33	52%	(28/ 54)			X				2		3	X	X		1/D	1/C	X	4		3B	2	2				2	X
1875	52%	(30/ 58)				1			4		3G	5			1/F	7	1	12	3B	1	1	1				1	
180	52%	(33/ 64)							2		3						2		2C		2	2		Z	Z	1	
322	52%	(34/ 66)						1	2		3F			1	1/C		1	1	1	1	1	1			1	6	1
1175	52%	(34/ 66)	6						2	4	3					1/B	2	2		1	3	2				2	
1678	52%	(34/ 66)							2C		3					1/B	2	2	2C		1	2				1	
1758	51%	(28/ 55)			X			Y	1					1			1			1	X		X	X	1	6	
323	51%	(33/ 65)						1	2		3			1	1/C		1	1	1	1	1	1			1	6	1
453	50%	(33/ 66)							2C		3					1/B	2	2	2C	2B	2	2				3	

1704 66 TS + 3 SL + 35 MT

TESTSTELLE	44	45	46	47	48	49	50	52	53	55	56	64	65	66	67	68	69	70	72	75	76	77	79	80	83
UEBEREINST. ZEUGEN	451	473	76	92	452	162	7	452	33	422	459	38	333	365	7	20	16	21	1	18	467	181	31	2	46
BEZEUGTE VARIANTE	1/	1/	2	2	1/	2	19	1/	8	1/	1/	2	1/	1/	2B	3	3	2	6	3	1/	2	2	6B	2
1490 50% (33/ 66)			1			1						1	1/F	6	1			1	1			1B		6	
1509 50% (32/ 64)			1		1/K		1					1	1/F		1		1	X	1				X	6	
181 48% (32/ 66)				1			10		3G	5					1	12	3B	1	1	1C				3	
1642 48% (32/ 66)							3		3B						2	4	13	1	1	1		1B	5	1	1
431 48% (31/ 65)							2C		3					1/B	2	2	2C		2	2				1	
436 47% (31/ 66)							1		4C						1	4	1	1	2B	1			1	1	
2805 47% (29/ 62)							1		3			1	1/F		1	4B	1B	1	1				1	4	
623 46% (26/ 56)							1		3				1/F		1	4	1	1	2B	1			1B	7	1
2718 45% (21/ 47)							2	4	3				1/F	6	1		2C	Z	Z	Z	Z	Z	Z	Z	Z
1831 44% (28/ 63)			3			1						1		6	1		2B	1	1			1B		6	
441 44% (23/ 52)							6	3	3				1/K	8	1	2	1	3	1				1	1	
228 44% (29/ 66)			3				1		1/			1	1/F	11	1	7	1	1	8	1			1	5	1
467 44% (29/ 66)						1	1		3			1			1	7	1	5	1	1		1B	1	1	1
08 44% (28/ 64)				4	6	1	1		1/			1	1/F	3	1C	4	3B	4	2	1				3	
1884 44% (27/ 62)				4B	U	1	1		1/			1	6	3	1C	4	2C	4	2	1				3	
314 43% (6/ 14)			1	Z	Z	Z	Z	Z	Z	Z	Z	Z	Z	Z	Z	Z	Z	Z	Z	Z	Z	Z	Z	Z	Z
1894 43% (27/ 63)			3	1		1	1		1/			1			1C	1	1	1	Z	1		1	1	1	
5 42% (28/ 66)			3				1		3			1			1	4	1	1	1	1			1B	7	1
621 42% (28/ 66)						1	1	3	3B					8	1	2	1		1				1	1	
1409 42% (28/ 66)	4		3				13B	3	3			1	1/F		2	4	3B		1				5	2	
1842 42% (28/ 66)							1	3	3	1/F					1	15	1		4				1	5	
2201 42% (24/ 57)				1			1		3			1			1	1	1	1	1	1			1	1	1
624 42% (10/ 24)	Z	Z	Z	Z	Z	Z	Z	Z	Z	Z	Z	1			1C	1	Z	Z	W	1		Z	Z	Z	Z
2464 42% (10/ 24)	Z	Z	Z	Z	Z	Z	Z	Z	Z	Z	Z	Z	Z	Z	Z	Z	Z	8	2B	1			1	6	
104 42% (27/ 65)				1		1	1C		1/			6			1	1	1	1	1	1		3	1	1	1
619 41% (27/ 66)							1		3			1			1	15	1	4B	1B	1			1B	3B	1
1162 41% (27/ 66)							1		3			1			1	15	1	1	1B	1			1B	3	1
1893 40% (21/ 52)					Z		1		3			Z	Z	Z	Z	Z	Z	1	1	1			1B	1	1
1832 40% (21/ 53)				1		1	2C		1/			5	4	10	1	1	1	1	1	1		1B	1	1B	1
044 39% (26/ 66)	5					1	2		1/				1/F		1		3B	1	7	1			1	3	
218 39% (26/ 66)			1			1	2		1/				1/F		1	7	1		1	1			1	1	1
489 39% (26/ 66)			6	1			1B		3D			1			1	1	1	1	1	1			1	1	1
636 39% (26/ 66)												1	1/F	1/F	1	1	1	1	1	1		1B	1	1F	1

1704 | 66 TS + 3 SL + 35 MT

TESTSTELLE	84	86	87	88	89	90	91	92	93	94	95	96	97	98	100	102
UEBEREINST. ZEUGEN	23	85	476	471	2	5	46	99	31	19	44	35	422	40	470	478
BEZEUGTE VARIANTE	3	3	1/	1/	5	4	3	2	2	2	2	2	1/	2	1/	1/
P33 100% (1/ 1)	Z	Z	Z	Z	Z	Z	Z	Z	Z	Z	Z	Z	Z	Z	Z	Z
945 92% (61/ 66)						2										
1739 83% (55/ 66)					14	2										
1891 77% (51/ 66)		2			14	2										
630 73% (46/ 63)		1B			3	2			1							
2200 71% (45/ 63)		1			14	2			1							
2778 71% (5/ 7)	Z	Z	Z	Z	Z	Z	Z	Z	Z	Z	Z	Z	Z	Z	Z	Z
2298 65% (43/ 66)					12	2			1	5						
81 62% (28/ 45)	Z	2B			14	2	1/			2D						
04 61% (25/ 41)		Z	Z	Z	Z	Z	Z	Z					3		Z	
429 61% (40/ 66)		1			14	1	4E	1	1	1	3	1		1D		
P45 60% (6/ 10)	Z	Z	Z	Z	Z	Z	Z	Z	Z	Z	Z	Z	Z	Z	Z	Z
P74 60% (37/ 62)	1/	2B			2	2	1/				Z					
206 60% (25/ 42)		1			14	1	4E	1	1	1	3	1		1D		
02 59% (39/ 66)		2B			14	2	1/	1								3
522 58% (37/ 64)		1			14	1	4F	1	1	1	3	1		1D		
03 56% (37/ 66)	4	2B			2	2	1/						4			3
610 55% (33/ 60)	4				2	2			1	1	3	1	3			
1751 55% (35/ 64)	1/C	1			14	2	3H		1			Z	Z			
01 55% (36/ 66)		2			14	2	1/									3
2344 54% (35/ 65)		2			11	2	3G	1						7		
94 53% (35/ 66)	1/				1	1			1	1	3	1		2C		
307 53% (35/ 66)	4				2	2			1	1	3	1	3			
2818 53% (35/ 66)	4				2	2			1	1	3	1	3			
33 52% (28/ 54)		2			10	2		1						7		
1875 52% (30/ 58)	1/C	2			14	2	12									
180 52% (33/ 64)	1/				9	2	4		1	1	3	1	3			
322 52% (34/ 66)	1/	1			1	2	5		1	1	4			3		
1175 52% (34/ 66)	1/				14	2	1/	1					1/B	2C		
1678 52% (34/ 66)	4				2	2			1	1	3	1	3			4
1758 51% (28/ 55)		X			3	1	4E	1	1	1	1	X	X	X		
323 51% (33/ 65)	1/	1			1	2	5		1	1	4			3		
453 50% (33/ 66)	4	2B			2	1	6B		1	1	3	1	3			

1704 66 TS + 3 SL + 35 MT

TESTSTELLE UEBEREINST. ZEUGEN BEZEUGTE VARIANTE	84 23 3	86 85 3	87 476 1/	88 471 1/	89 2 5	90 5 4	91 46 3	92 99 2	93 31 2	94 19 2	95 44 2	96 35 2	97 422 1/	98 40 2	100 470 1/	102 478 1/
1490 50% (33/ 66)		1B			4	1	4E	1	1	1	1	1		1D		
1509 50% (32/ 64)		1			14	1	4E	1	1	1	3	1		1		
181 48% (32/ 66)	1/C	2			14	2	12						4			
1642 48% (32/ 66)	1/				1C	1	1/	1	1	1	1	1	4	3		
431 48% (31/ 65)	4				2	2	14		1	1	3	1	3	W		
436 47% (31/ 66)	4				14	2			3	11		1				
2805 47% (29/ 62)	1/				3	2			1	4	3	1		2C		Z
623 46% (26/ 56)	4	2			1	2			3	1		1		2C		3
2718 45% (21/ 47)	Z	Z	Z	Z	Z	Z	Z	Z	Z	Z	Z			2C		
1831 44% (28/ 63)		1B			3	1	3D	1	1	1	1	1	1/C	3B		
441 44% (23/ 52)	1/				14	2	5D	1		2C	3	1		2C		
228 44% (29/ 66)	1/	1			1	1	5H		1	7	1	1				
467 44% (29/ 66)	1/	4			1	2	4I	1		1	3	1		2C		
08 44% (28/ 64)		2B			14	2	4		1					2C	Z	Z
1884 44% (27/ 62)		2B			14	2	4		1	2B					Z	Z
314 43% (6/ 14)	Z	Z	Z	Z	Z	Z	Z	1	1	1	1	1		1		
1894 43% (27/ 63)				7	14	2			1	1		1		1		
5 42% (28/ 66)	1/	5			1	2			3	1		1		2C		
621 42% (28/ 66)	1/				14	2	5			2C	3	1		2C		
1409 42% (28/ 66)	1/				8	1	4		1	1		1		3		
1842 42% (28/ 66)	1/C	4			14	2	5				3	1	5	2C		
2201 42% (24/ 57)	1/				1	2	5			1	1	1		6		
624 42% (10/ 24)	Z	Z			1	1	1/	1	1	1	1	1		1		
2464 42% (10/ 24)	4	3C			2	2	4B		3					2C	3	4
104 42% (27/ 65)	1/	1			1		5		V1	1						
619 41% (27/ 66)	1/	1			1	2	1/	1		1	1	1		6B		
1162 41% (27/ 66)	1/	1			1	2	1/	1		1	1	1		6		
1893 40% (21/ 52)	Z	1B			1	2	1/	1		1C	1	1		6		
1832 40% (21/ 53)	1/				1	1	8		1	1	1	1		1		
044 39% (26/ 66)	1/				2	2			1	4	3			1		4
218 39% (26/ 66)	1/	1			1	1	1/		1	1		1				
489 39% (26/ 66)	1/				1	2	5			1	1	1		1		
636 39% (26/ 66)	1/	1		1/B	1	1	5C		1	1	4	1		1		1/C

TESTSTELLE	7	8	10	11	13	15	18	19	20	21	28	29	35	36	41	42	44	45	47	48	50	52	53	55	56
UEBEREINST. ZEUGEN	17	5	392	351	7	24	355	110	441	15	416	439	452	54	467	283	451	473	92	452	17	452	338	422	459
BEZEUGTE VARIANTE	5	6	1/	1/	3	3	1/	2	1/	6	1/	1/	1/	1/K	1/	1/	1/	1/	2	1/	2	1/	1/	1/	1/
P33 100% (1/ 1)	Z	Z	Z	Z	Z	Z	Z	Z	Z	Z	Z	Z	Z	Z	Z	Z	Z	Z	Z	Z	Z		Z	Z	Z
506 100% (6/ 6)	Z	Z	Z	Z	Z	Z	Z	Z	Z	Z			Z	Z	Z	Z	Z	Z	Z		Z	Z	Z		
P45 86% (6/ 7)	Z	Z	Z	Z	Z	Z	Y	Y	Y	X				Z		Z	Z		Z	Z	Z	Z	Z	3	
1899 83% (5/ 6)	Z	Z	Z	Z	Z	Z	Z	Z	Z	Z	Z	Z	Z	Z	Z	Z	Z	Z	Z	Z	Z	Z	Z	Z	Z
2778 83% (5/ 6)	Z	Z	Z	Z	Z	Z	Z	Z	Z	Z	Z	Z	Z	Z	Z	Z	Z	Z	Z		1D				
62 80% (8/ 10)	Z	Z	Z	Z	Z	Z	Z	Z	Z	Z				1/			Z	Z	Z	Z	Z	Z	Z	Z	Z
1846 78% (7/ 9)	Z	Z	Z	Z	Z	Z	Z	Z	Z	Z	Z	Z	Z	Z	Z	Z	Z	Z	Z	Z	Z	Z	Z	Z	Z
218 76% (32/ 42)	1	1		1/C	1	1				1				1/											
1359 74% (31/ 42)	1	3			1	1				7				1/D										1/C	
81 73% (22/ 30)	2	2	14	1/L	2	2	Z	Z	Z	Z			3	1/											
1745 71% (5/ 7)	Z	Z	Z	Z	Z	Z	Z	Z	Z	Z	Z	Z	Z	Z	Z	Z	Z	Z	Z	Z	Z	Z	Z	Z	Z
626 71% (22/ 31)	Z	Z	Z	Z	Z	Z	Z	Z	Z	Z									1		1				
314 70% (7/ 10)	Z	Z	Z	Z	Z	Z	Z	Z	Z	Z	Z	Z	Z	Z					Z	Z	Z	Z	Z	Z	Z
498 68% (23/ 34)	Z	Z	Z	Z	Z	Z	Z	Z		1									1		1				
642 68% (23/ 34)	1	3	Z	Z	1	1		1		1				1/		Z					1				
319 68% (25/ 37)	1	1			1	1		1		1									1		1				
1738 67% (6/ 9)	Z	Z	Z	Z	Z	Z	Z	Z	Z	Z	Z	Z	Z	Z	Z	Z	Z	Z	Z	Z	Z	Z	Z	Z	Z
1852 67% (20/ 30)	Z	Z	Z	Z	Z	Z	Z	Z	Z	Z	Z	Z		1/					1		1				
1858 67% (6/ 9)	Z	Z	Z	Z	Z	Z	Z	Z	Z	Z	Z	Z	Z	Z	Z	Z	Z	Z	Z	Z	Z	Z	Z	Z	Z
363 66% (27/ 41)	1	2		X			4												1		21				
P74 66% (25/ 38)	X	Y	3	1/I	2B	2	Z			2			3	1/		3	4				3				
1094 66% (21/ 32)	Z	Z	Z	Z	Z	Z	Z	Z	Z	Z				1/					1		1				
466 65% (15/ 23)	Z	Z	Z	Z	Z	Z	Z	Z	Z	Z	Z	Z	Z	Z	Z	Z	Z	Z	Z		1				
1864 65% (24/ 37)	Z	Z	Z	Z	Z	1				1				1/					1		1				
2201 65% (22/ 34)	Z	Z	Z	Z	Z	Z	Z	Z		1				1/F					1		1		3		
425 64% (27/ 42)	1	1			1	1		1B								8			1		1				
437 64% (27/ 42)	1	1			1	1		1		1											1				
1103 64% (27/ 42)	1	1			1	1		1		1				1/							1				
1106 64% (27/ 42)	1	3		5			4			1									1		21				
1563 64% (27/ 42)	1	1		1/O	1	1		1		1				1/					1		1				
1731 64% (18/ 28)	Z	Z	Z	Z	Z	Z	Z	Z	Z	Z	Z	Z	Z	Z					1		1				
1390 64% (25/ 39)	1	1			1	1		1						1/			Z	Z	Z		22B				
1746 63% (26/ 41)	1	X			1	1				1				1/					1		1				

1718 42 TS + 2 SL + 60 MT

TESTSTELLE	7	8	10	11	13	15	18	19	20	21	28	29	35	36	41	42	44	45	47	48	50	52	53	55	56
UEBEREINST. ZEUGEN	17	5	392	351	7	24	355	110	441	15	416	439	452	54	467	283	451	473	92	452	17	452	338	422	459
BEZEUGTE VARIANTE	5	6	1/	1/	3	3	1/	2	1/	6	1/	1/	1/	1/K	1/	1/	1/	1/	2	1/	2	1/	1/	1/	1/
337 63% (24/ 38)	1	1			Z	Z		1	Z	Z				1/					1		1				
699 63% (24/ 38)	Z	Z			1	1	Z	Z		1				1/					1		1				
1723 63% (22/ 35)	Z	Z	Z	Z	Z	Z				1				1/		X			1		1				
1729 63% (22/ 35)	Z	Z	Z	Z	Z	Z		V		1				1/F					1		1B		3	6	
1867 63% (22/ 35)	Z	Z	Z	Z	Z	Z		1		1				1/					1		1				
020 63% (20/ 32)	Z	Z	Z	Z	Z	Z	Z	Z	Z	Z				1/							1	3			
43 63% (25/ 40)	1	1			7	1		1	Z	Z				1/					1		1				
1508 63% (25/ 40)	1	1			1	1				1				1/					1		1		Z		
1752 63% (20/ 32)	Z	Z	Z	Z	Z	Z	Z	Z	Z	Z				1/		6			1		1				
1839 63% (20/ 32)	Z	Z	Z	Z	Z	Z	Z	Z	Z	Z				1/					1		5				
1893 63% (20/ 32)	1	1			X	X		1		1			Z	Z		4				Z	1		3		
2303 63% (10/ 16)	Z	Z	Z	Z	Z	Z	Z	Z	Z	Z				1/		4			1		1		Z	Z	Z
014 62% (18/ 29)	Z	Z	Z	Z	Z	Z	Z	Z	Z	Z			Z	1/F					Z		1	3			
172 62% (18/ 29)	Z	Z	Z	Z	Z	Z		1		1		Z	Z	1/	Z	Z			1		1				
920 62% (18/ 29)	Z	Z	Z	Z	Z	Z	Z	Z	Z	Z				1/L	Z				1		Z	Z			
044 62% (26/ 42)		1	4		2D			1		1				1/		4	5								
5 62% (26/ 42)	1	3			1	4		1		1				1/D							1		3		
93 62% (26/ 42)	1	1			1	1		1		1				1/					1		1				
149 62% (26/ 42)	1	1			1	1				1				1/					1		1				
175 62% (26/ 42)	1	1			1	6		1		1				1/					1		1				
201 62% (26/ 42)	1	1			1	1				1				1/					1		1				
203 62% (26/ 42)	1	1			1	1		1		1				1/					1		1				
228 62% (26/ 42)	3	3			2C	1	4			2				1/		5					1				
325 62% (13/ 21)	Z	Z	Z	Z	Z	Z	Z	Z	Z	Z	Z	Z	Z	Z	Z	Z	Z	Z	Z	Z	Z				
394 62% (26/ 42)	1	1			1	1								1/		8			1		1				
404 62% (26/ 42)	1	1F			1	6B		1		1				1/					1		1				
450 62% (26/ 42)	1	1			1	1		1		1									1		1				
605 62% (26/ 42)	1	1			1	1		1		1									1		1				
625 62% (26/ 42)	1	1			1	1		1		1				1/					1		1				
634 62% (26/ 42)	1	1			1	1				1				1/		4			1		1				
665 62% (26/ 42)	1	1			1	1		1	1/B	1				1/					1		1				
824 62% (26/ 42)	1	1			1	1				1				1/					1		1				
945 62% (26/ 42)	1	3			3E		4			2	3D	5		1/		5					[illegible]		[illegible]		

TESTSTELLE	64	65	66	68	70	76	78	84	87	88	91	92	95	97	98	100	102
UEBEREINST. ZEUGEN	38	333	1	23	21	467	67	402	476	471	279	99	44	422	40	470	478
BEZEUGTE VARIANTE	2	1/	1/G	7	2	1/	2	1/	1/	1/	1/	2	2	1/	2	1/	1/
P33 100% (1/ 1)	Z	Z	Z	Z	Z	Z	Z	Z	Z	Z	Z	Z	Z	Z	Z	Z	Z
506 100% (6/ 6)	Z	Z	Z	Z	Z	Z	Z		Z	Z	Z	Z	Z	Z	Z	Z	Z
P45 86% (6/ 7)	Z	Z	Z	Z	Z	Z	Z	Z	Z	Z	Z	Z	Z	Z	Z	Z	Z
1899 83% (5/ 6)	Z	Z	Z	Z	Z	Z	Z					1	Z	Z	Z	Z	
2778 83% (5/ 6)	Z	Z	Z	Z	Z	Z	Z	Z	Z	Z	Z	Z	Z	Z	Z	Z	Z
62 80% (8/ 10)	Z	Z	Z	Z	Z	Z	Z	Z	Z	Z	Z	Z	Z		3		
1846 78% (7/ 9)	Z	Z	Z	Z	Z	Z	Z				X		3		1		
218 76% (32/ 42)		1/F	1/				1										
1359 74% (31/ 42)		1/F	1/				1				4G						
81 73% (22/ 30)	Z	Z	Z	Z	Z	Z	Z	Z									
1745 71% (5/ 7)	Z	Z	Z	Z	Z	Z	Z	Z				1	Z	Z	1		
626 71% (22/ 31)	1		1/	1	Z		1					1	1		1		
314 70% (7/ 10)	Z	Z	Z	Z	Z	Z	Z	Z	Z	Z	Z	1	1		1		
498 68% (23/ 34)	5		1/	1	1		1					1	1		1		
642 68% (23/ 34)	Z	Z	Z	Z			1	Z				1			1		
319 68% (25/ 37)	Z	Z	Z	Z	Z		1					1	1		1		
1738 67% (6/ 9)	Z	Z	Z	Z	Z	Z	Z	Z				1	1		1		
1852 67% (20/ 30)	1		1/	1	1						5		3		1		
1858 67% (6/ 9)	Z	Z	Z	Z	Z	Z	Z	Z				1	1		1		
363 66% (27/ 41)	1		4	1	1		1					1	1		1		3
P74 66% (25/ 38)			1/	4	3B								Z				
1094 66% (21/ 32)	1		1/	1	1		1					1	1		2C		
466 65% (15/ 23)	1		6	1	1							1	1		1		
1864 65% (24/ 37)	1		1/	2	1		1					1	1		1		
2201 65% (22/ 34)	1		1/	1	1						5		1		6		
425 64% (27/ 42)	1		1/		1		1					1	1		1		
437 64% (27/ 42)	1		1/	15	1		1					1	1		6		
1103 64% (27/ 42)	1		12	1	1		1						4		1		
1106 64% (27/ 42)	1		1/	1	1		1					1	1		1		
1563 64% (27/ 42)	1		1/	1	4		1										
1731 64% (18/ 28)	1		1/	1	1						4C	1	1		1		
1390 64% (25/ 39)	1		1/		1							1	1	4	1		
1746 63% (26/ 41)	1		1/	2	1		1					1	1		1		

1718 — 42 TS + 2 SL + 60 MT

TESTSTELLE UEBEREINST. ZEUGEN BEZEUGTE VARIANTE	64 38 2	65 333 1/	66 1 1/G	68 23 7	70 21 2	76 467 1/	78 67 2	84 402 1/	87 476 1/	88 471 1/	91 279 1/	92 99 2	95 44 2	97 422 1/	98 40 2	100 470 1/	102 478 1/
337 63% (24/ 38)	1		1/	1	1		1					1	1		1		
699 63% (24/ 38)	1		1/	1	1		1					1	1		1		
1723 63% (22/ 35)	1	1/F	1/	2	1		1					1	1		1		
1729 63% (22/ 35)	1		1/	15	1						5		1		1		
1867 63% (22/ 35)	1		1/	1	1		1				3	1	Z		2C		
020 63% (20/ 32)	1	1/F	1/	1	1		1					1	1		1		
43 63% (25/ 40)	1		1/		1		1					1	1		1		
1508 63% (25/ 40)	1		1/	2	Z		1					1	1		1		
1752 63% (20/ 32)	1		1/	2	1		1					1	1		1		
1839 63% (20/ 32)	7		1/	1	1		1				18	1	3		1		
1893 63% (20/ 32)	Z	Z	Z	Z	1		1	Z				1	1		6		
2303 63% (10/ 16)	Z	Z	Z	Z	Z	Z	Z	Z	Z	Z	Z	1	1		Z	Z	
014 62% (18/ 29)	1	1/F	1/	1	1							1	1		3		Z
172 62% (18/ 29)	1		1/		1		1	Z			Z	Z	1		3		
920 62% (18/ 29)	1	1/F	11	1	1		1					1	1B		1		
044 62% (26/ 42)		1/F	1/	3	1						3		3		1		4
5 62% (26/ 42)	1		1/	4	1		1				3				2C		
93 62% (26/ 42)	1	1/F	1/		1		1					1	1				
149 62% (26/ 42)	1		1/	2	1		1					1	1		1		
175 62% (26/ 42)	1		1/	1	1		1					1			1		
201 62% (26/ 42)	1		1/	2	1		1					1	1		1		
203 62% (26/ 42)	1		1/	1	1		1						4		1		
228 62% (26/ 42)	1	1/F	11		1		1				5H		1				
325 62% (13/ 21)	1		1/	1	1		1					1	1		1		
394 62% (26/ 42)	1		1/	2	1		1					1	1		1		
404 62% (26/ 42)	1		1/	1	1		1					1			1		
450 62% (26/ 42)	1		1/	1	1		1					1	1		1		
605 62% (26/ 42)	1		1/	1	1		1					1	1		1		
625 62% (26/ 42)	1		1/	1	1							1	1		1		
634 62% (26/ 42)	1		1/	2	1		1						1		1		
665 62% (26/ 42)	1		1/		1		1					1	1				
824 62% (26/ 42)	1		1/	2	1		1					1	1		1		

TESTSTELLE	8	10	11	15	18	20	28	29	30	35	36	41	42	43	44	45	46	47	48	53	55	56	65	66	76
UEBEREINST. ZEUGEN	94	392	351	17	355	441	416	439	21	452	339	467	283	2	451	473	101	92	452	338	422	459	333	365	467
BEZEUGTE VARIANTE	3	1/	1/	6	1/	1/	1/	1/	5	1/	1/	1/	1/	6	1/	1/	3	2	1/	1/	1/	1/	1/	1/	1/
P8 100% (1/ 1)	Z	Z	Z	Z		Z	Z	Z	Z	Z	Z	Z	Z	Z	Z	Z	Z	Z	Z	Z	Z	Z	Z	Z	Z
P41 100% (1/ 1)	Z	Z	Z	Z	Z	Z	Z	Z	Z	Z	Z	Z	Z	Z	Z	Z	Z	Z	Z	Z	Z	Z	Z	X	
2778 100% (4/ 4)	Z	Z	Z	Z	Z	Z	Z	Z	Z	Z	Z	Z	Z	Z	Z	Z	Z	Z					Z	Z	Z
624 91% (10/ 11)	Z	Z	Z	Z	Z	Z	Z	Z	Z			Z	Z	Z	Z	Z	Z	Z	Z	Z	Z	Z			
P45 86% (6/ 7)	Z	Z	Z	Z	Y	Y			Z		Z		Z	Z	Z		Z	Z	Z	Z	3		Z	Z	Z
62 82% (9/ 11)	Z	Z	Z	Z	Z	Z			1					1	Z	Z	Z	Z	Z	Z	Z	Z	Z	Z	Z
2627 80% (4/ 5)	Z	Z	Z	Z	Z	Z			1			Z	Z	Z	Z	Z	Z	Z	Z	Z	Z	Z	Z	Z	Z
314 78% (7/ 9)	Z	Z	Z	Z	Z	Z	Z	Z	Z	Z	Z			1			1	Z	Z	Z	Z	Z	Z	Z	Z
1852 77% (20/ 26)	Z	Z	Z	Z	Z	Z	Z	Z	Z					1				1							
172 75% (18/ 24)	Z	Z	Z	Z				Z	1	Z		Z	Z	1			1	1							
2175 75% (9/ 12)	1			1					1				Z	Z	Z	Z	Z	Z	Z	Z	Z	Z	Z	Z	Z
5 74% (26/ 35)				4					1		1/D			1						3					
88 74% (26/ 35)	3B	3		4					2					1						3					
367 74% (26/ 35)				1					1		1/I			1				1							
456 74% (26/ 35)	1								1					1						3					
468 74% (26/ 35)				1					3					2			1							1/B	
2191 74% (26/ 35)	1			1					1					1											
2541 74% (26/ 35)				1					1D					1			1	1							
1867 74% (23/ 31)	Z	Z	Z	Z					1					1			1	1							
312 74% (25/ 34)	1			Z					1					1				1					5		
603 74% (25/ 34)	1			1					1					1				1							
337 73% (24/ 33)	1			Z		Z			1					1				1							
699 73% (24/ 33)	Z			1	Z				1					1				1							
916 73% (8/ 11)	1			1					1			Z	Z	Z	Z	Z	Z	Z	Z	Z	Z	Z	Z	Z	Z
921 73% (24/ 33)	1			1	Z				1		1/F			1				1							
1757 73% (24/ 33)	1			1					1	Z	Z			1			1						1/G		
020 72% (21/ 29)	Z	Z	Z	Z	Z	Z			1					1									1/F		
642 72% (21/ 29)		Z	Z	1					1				Z	1			1						Z	Z	
049 71% (25/ 35)	1			1							1/F			1				1					1/F		
175 71% (25/ 35)	1								1					1			1	1							
203 71% (25/ 35)	1			1					1					1				1							
254 71% (25/ 35)				1					1					1	3		1	1							
506 71% (5/ 7)	Z	Z	Z	Z	Z	Z			1	Z	Z	Z	Z	Z	Z	Z	Z	Z		Z			Z	Z	Z

1721 — 35 TS + 0 SL + 65 MT

TESTSTELLE	8	10	11	15	18	20	28	29	30	35	36	41	42	43	44	45	46	47	48	53	55	56	65	66	76
UEBEREINST. ZEUGEN	94	392	351	17	355	441	416	439	21	452	339	467	283	2	451	473	101	92	452	338	422	459	333	365	467
BEZEUGTE VARIANTE	3	1/	1/	6	1/	1/	1/	1/	5	1/	1/	1/	1/	6	1/	1/	3	2	1/	1/	1/	1/	1/	1/	1/
625 71% (25/ 35)	1			1					1					1			1	1							
917 71% (25/ 35)	1			1					1					1				1							
996 71% (25/ 35)				1	4				1				6	1										10	
1102 71% (25/ 35)	1				4				1					1				1		3					
1107 71% (25/ 35)	1			1					1					1			1	1							
1161 71% (25/ 35)	1			1					1					1			1								
1241 71% (25/ 35)	1			1					1					1				1							
1448 71% (25/ 35)	1				7				1					1			1	1							
1524 71% (25/ 35)				1					1					1	3		1	1							
1595 71% (25/ 35)	1			7					1				4	1						3					
1626 71% (25/ 35)	1			1					1					1				1					1/F		
1646 71% (25/ 35)			1/B	1					2					1				1							
1736 71% (25/ 35)				1					1					1			1								
1738 71% (5/ 7)	Z	Z	Z	Z	Z	Z	Z	Z	Z	Z	Z	Z	Z	Z	Z	Z	Z	Z	Z	Z	Z	Z	Z	Z	Z
1749 71% (25/ 35)	1			1									8	1				1							
1828 71% (25/ 35)				1					1					1			1	1							
1846 71% (5/ 7)	Z	Z	Z	Z	Z	Z	Z	Z	Z	Z	Z	Z	Z	Z	Z	Z	Z	Z	Z	Z	Z	Z	Z	Z	Z
1847 71% (25/ 35)	1			1					1					1			1								
1854 71% (25/ 35)	1			1	4				1					1				1							
1858 71% (5/ 7)	Z	Z	Z	Z	Z	Z	Z	Z	Z	Z	Z	Z	Z	Z	Z	Z	Z	Z	Z	Z	Z	Z	Z	Z	Z
1874 71% (25/ 35)				1					3					8				1			1/D				
1892 71% (25/ 35)	1			1					1					1			1	1							
2085 71% (25/ 35)	1								1					1				1		8			1/B		
2131 71% (25/ 35)	1		5						1					1				1							
1390 71% (22/ 31)	1			1					1D					1	Z	Z	Z	Z							
1731 71% (17/ 24)	Z	Z	Z	Z	Z	Z	Z	Z	Z	Z	Z			1			1	1							
424 71% (24/ 34)	1			1					1					1			X	1							
466 71% (12/ 17)	Z	Z	Z	Z	Z	Z	Z	Z	Z	Z	Z	Z	Z	Z	Z	Z	Z	Z						6	
1248 71% (24/ 34)	1			1					U					1			1	1							
1597 71% (24/ 34)	1	8			4				1					1				1							
1746 71% (24/ 34)	X			1					1					1			1	1							
1862 71% (24/ 34)	1			Z					1					1			1	1					5		

1721 35 TS + 0 SL + 65 MT

TESTSTELLE		78	79	84	86	87	88	91	97	100	102
UEBEREINST. ZEUGEN		67	3	42	24	476	471	46	422	470	478
BEZEUGTE VARIANTE		2	4	4	4	1/	1/	3	1/	1/	1/
P8	100% (1/ 1)	Z	Z	Z	Z	Z	Z	Z	Z	Z	Z
P41	100% (1/ 1)	Z	Z	Z	Z	Z	Z	Z	Z	Z	Z
2778	100% (4/ 4)	Z	Z	Z	Z	Z	Z	Z	Z	Z	Z
624	91% (10/ 11)	Z	Z	Z	Z			1/			
P45	86% (6/ 7)	Z	Z	Z	Z	Z	Z	Z	Z	Z	Z
62	82% (9/ 11)	Z	Z	Z	Z	Z	Z	Z			
2627	80% (4/ 5)	Z	Z	Z	Z	Z	Z	Z	Z	Z	Z
314	78% (7/ 9)	Z	Z	Z	Z	Z	Z	Z			
1852	77% (20/ 26)		1	1/	1			5			
172	75% (18/ 24)	1	1	Z	Z			Z			
2175	75% (9/ 12)	Z	Z	Z	Z	Z	Z	Z	Z	Z	Z
5	74% (26/ 35)	1	1B	1/	5						
88	74% (26/ 35)	1	1	1/							
367	74% (26/ 35)	1	1		3			11B			
456	74% (26/ 35)	1	1	1/	2B			1/			
468	74% (26/ 35)	1	1		1B			4D			
2191	74% (26/ 35)	1	1	1/	1			1/			
2541	74% (26/ 35)	1	1		2B			4			
1867	74% (23/ 31)	1	1	1/	3						
312	74% (25/ 34)	1	1	1/				1/			
603	74% (25/ 34)	1	1	1/	1B			X			
337	73% (24/ 33)	1	1B	1/	1			1/			
699	73% (24/ 33)	1	1	1/	2			1/			
916	73% (8/ 11)	Z	Z	Z	Z	Z	Z	Z	Z	Z	Z
921	73% (24/ 33)		1	1/	1			Z			
1757	73% (24/ 33)	1	1	1/							
020	72% (21/ 29)	1	1	1/	1			1/			
642	72% (21/ 29)	1	1	Z	1B			1/			
049	71% (25/ 35)		1	1/	1			1/			
175	71% (25/ 35)	1	1	1/	2B			1/			
203	71% (25/ 35)	1	1	1/	2B			1/			
254	71% (25/ 35)	1	1	1/				5			
506	71% (5/ 7)	Z	Z	1/	Z	Z	Z	Z	Z	Z	Z

1721 35 TS + 0 SL + 65 MT

TESTSTELLE		78	79	84	86	87	88	91	97	100	102
UEBEREINST. ZEUGEN		67	3	42	24	476	471	46	422	470	478
BEZEUGTE VARIANTE		2	4	4	4	1/	1/	3	1/	1/	1/
625	71% (25/ 35)		1	1/	1			1/			
917	71% (25/ 35)	1	1	1/	4B			1/			
996	71% (25/ 35)	1	1	1/				5H			
1102	71% (25/ 35)	1	1	1/	1B						
1107	71% (25/ 35)		1	1/	1			1/			
1161	71% (25/ 35)	1	1	1/	1B			4			
1241	71% (25/ 35)	1	1	1/	1			1/			
1448	71% (25/ 35)	1	1		3			13B			
1524	71% (25/ 35)	1	1	1/				5			
1595	71% (25/ 35)	1	1	1/	1B						
1626	71% (25/ 35)		1	1/	1			1/			
1646	71% (25/ 35)	1	1	1/	1			1/			
1736	71% (25/ 35)	1	1	1/	2B		3	1/			
1738	71% (5/ 7)	Z	Z	Z	1			1/			
1749	71% (25/ 35)	1	1	1/	1B			1/			
1828	71% (25/ 35)	1	1	1/	1B			1/			
1846	71% (5/ 7)	Z	Z	1/	1			X			
1847	71% (25/ 35)	1	1	1/	1B			4			
1854	71% (25/ 35)		1	1/	1			1/			
1858	71% (5/ 7)	Z	Z	Z	1B			1/			
1874	71% (25/ 35)	1	1	1/	1			1/			
1892	71% (25/ 35)	1	1		1B			1/			
2085	71% (25/ 35)	1	1	1/				17			
2131	71% (25/ 35)	1	1	1/	3			1/			
1390	71% (22/ 31)		1	1/	1			1/	4		
1731	71% (17/ 24)		1	1/	1B			4C			
424	71% (24/ 34)	1	1	1/	2B			1/			
466	71% (12/ 17)		1	1/	1			1/			
1248	71% (24/ 34)	1	1	1/	1B			1/			
1597	71% (24/ 34)	1	1	1/	1			X			
1746	71% (24/ 34)	1	1	1/	1B			1/			
1862	71% (24/ 34)		1	1/	1			1/			
2423	71% (24/ 34)	1	1	1/	X			1/			

1722 | 35 TS + 1 SL + 67 MT

TESTSTELLE	8	9	11	15	18	20	28	29	35	36	41	42	44	45	46	48	52	53	55	56	57	65	66	76	84
UEBEREINST. ZEUGEN	94	4	351	6	355	13	416	439	452	339	467	53	451	473	101	452	452	338	422	459	104	1	20	467	402
BEZEUGTE VARIANTE	3	5	1/	7	1/	1/B	1/	1/	1/	1/	1/	4	1/	1/	3	1/	1/	1/	1/	1/	2	1/Q	6	1/	1/
P8 100% (1/ 1)	Z	Z	Z	Z		Z	Z	Z	Z	Z	Z	Z	Z	Z	Z	Z	Z	Z	Z	Z	Z	Z	Z	Z	Z
P33 100% (1/ 1)	Z	Z	Z	Z	Z	Z	Z	Z	Z	Z	Z	Z	Z	Z	Z	Z		Z	Z	Z	Z	Z	Z	Z	Z
P41 100% (1/ 1)	Z	Z	Z	Z	Z	Z	Z	Z	Z	Z	Z	Z	Z	Z	Z	Z	Z	Z	Z	Z	Z	Z	X		Z
62 90% (9/ 10)	Z	Z	Z	Z	Z	Z						1/	Z	Z	Z	Z	Z	Z	Z	Z	Z	Z	Z	Z	Z
506 86% (6/ 7)	Z	Z	Z	Z	Z	Z			Z	Z	Z	Z	Z	Z	Z		Z	Z			1	Z	Z	Z	
2778 83% (5/ 6)	Z	Z	Z	Z	Z	Z	Z	Z	Z	Z	Z	Z	Z	Z	Z						1	Z	Z	Z	Z
2303 80% (12/ 15)	Z	Z	Z	Z	Z	Z									1			Z	Z	Z	Z	Z	Z	Z	Z
2627 80% (4/ 5)	Z	Z	Z	Z	Z	Z					Z	Z	Z	Z	Z	Z	Z	Z	Z	Z	Z	Z	Z	Z	Z
P45 75% (6/ 8)	Z	Z	Z	Z	Y	Y				Z		Z	Z		Z	Z	Z	Z	3		1	Z	Z	Z	Z
172 74% (17/ 23)	Z	Z	Z	Z		1/		Z	Z		Z	Z			1						1	1/	1/		Z
1743 73% (24/ 33)	1	1				1/											Z	Z				1/	1/		
76 71% (25/ 35)	1	1				1/																1/F	1/		
216 71% (25/ 35)	1	1		1		1/						6						3			1	1/	1/		
1852 70% (19/ 27)	Z	Z	Z	Z	Z	Z	Z	Z				1/									1	1/	1/		
1526 70% (14/ 20)	Z	Z	Z	Z		1/						1/			1						1	1/F	1/		Z
1846 70% (7/ 10)	Z	Z	Z	Z	Z	Z	Z	Z	Z	Z	Z	Z	Z	Z	Z	Z	Z	Z	Z	Z	Z	Z	Z	Z	
1609 70% (23/ 33)	1	1		1		1/	3D					1/						3				5	1/		
57 69% (20/ 29)	Y	Y	Y	1	Y	Y						1/			1						1	1/	1/		Y
642 69% (20/ 29)		Z	Z	1		1/						Z			1						1	Z	Z		Z
1094 69% (20/ 29)	Z	Z	Z	Z	Z	Z						1/			1						1	1/	1/		
142 69% (24/ 35)	1	1		1		1/									2						1	1/	11		
203 69% (24/ 35)	1	1		1		1/						1/									1	1/	1/		
228 69% (24/ 35)		1		1	4	1/						5										1/F	11		
440 69% (24/ 35)	1	1		1		1/						6						3			1	1/	1/		
459 69% (24/ 35)		1	9	1		1/						3										1/	1/		
935 69% (24/ 35)	1	1		1		1/						6			5			3			1	9	1/		
996 69% (24/ 35)		1		1	4	1/						6					3					1/	10		
1595 69% (24/ 35)	1	1				1/												3				1/	1/		
2483 69% (24/ 35)	1	1		1		1/						6						3			1	1/F	1/		
2774 69% (24/ 35)	1	2		1		1/						6						3			1	1/F	1/		
460 68% (23/ 34)				1		1/				1/E		1/									1	1/R	1/		
632 68% (23/ 34)	1	1		1		1/						X			1						1	1/			
110 67% (22/ 33)	1	1		X	X	1/						8			1						1		1/		

1722 35 TS + 1 SL + 67 MT

TESTSTELLE	8	9	11	15	18	20	28	29	35	36	41	42	44	45	46	48	52	53	55	56	57	65	66	76	84
UEBEREINST. ZEUGEN	94	4	351	6	355	13	416	439	452	339	467	53	451	473	101	452	452	338	422	459	104	1	20	467	402
BEZEUGTE VARIANTE	3	5	1/	7	1/	1/B	1/	1/	1/	1/	1/	4	1/	1/	3	1/	1/	1/	1/	1/	2	1/Q	6	1/	1/
337 67% (22/ 33)	1	1		Z		Z						1/									1	1/	1/		
623 67% (20/ 30)	Z	Z	Z	Z	Z	1/									2			3				1/F	1/		4
699 67% (22/ 33)	Z	1		1	Z	1/						1/									1	1/	1/		
1723 67% (20/ 30)	Z	Z	Z	Z		1/						X			1						1	1/F	1/		
1867 67% (20/ 30)	Z	Z	Z	Z		1/						1/			1						1	1/	1/		
2718 67% (18/ 27)	3B	1		1		1/									2		4	3				1/F		Z	Z
2746 67% (16/ 24)	Z	Z	Z	Z	Z	Z						Z	Z	Z	Z	Z		3				1/F	1/		
5 66% (23/ 35)		1		4		1/				1/D		1/						3				1/	1/		
104 66% (23/ 35)		1	1/M	1		1/						7			2							1/	1/		
250 66% (23/ 35)	1	1		1								1/									1	4	10		
496 66% (23/ 35)	1	1		1		1/						6						3			1	1/	1/		
621 66% (23/ 35)		1	1/O	1											2		3	3B				1/	8		
634 66% (23/ 35)	1	1		1		1/									1						1	1/	1/		
1103 66% (23/ 35)	1	1		1		1/						1/			1						1	1/	12		
1127 66% (23/ 35)	1	1		6		1/									6							10D	1/		
1270 66% (23/ 35)	1	1		6											6			3				1/	1/		
1297 66% (23/ 35)	1	1		6											6			3				1/F	1/		
1315 66% (23/ 35)	1	1		6		1/						6						8C			1	1/	1/		
1404 66% (23/ 35)	1	1		1		1/						6			2			3			1	1/	1/		
1598 66% (23/ 35)	1	1		6											6			3				1/	1/		
1646 66% (23/ 35)		1	1/B	1		1/						1/									1	1/	1/		
2374 66% (23/ 35)	1	1		6		1/												3				3	1/		
2554 66% (23/ 35)	1	1		1		1/															1	1/	1/		
2696 66% (23/ 35)	1	1		1		1/				1/E		6									1	1/	1/		
020 66% (19/ 29)	Z	Z	Z	Z	Z	Z						1/					3				1	1/F	1/		
441 66% (19/ 29)	Z	Z	Z	Z	Z	Z									2		3	3				1/K	8		
1752 66% (19/ 29)	Z	Z	Z	Z	Z	Z						6			1						1	1/	1/		
1839 66% (19/ 29)	Z	Z	Z	Z	Z	Z						1/			1						1	1/	1/		
1856 65% (17/ 26)	1	1		1		1/						8			1						1	1/	1/		Z
466 65% (13/ 20)	Z	Z	Z	Z	Z	Z	Z	Z	Z	Z	Z	Z	Z	Z	Z						1	1/			
312 65% (22/ 34)	1	1		Z		1/						1/									1	5	1/		
323 65% (22/ 34)		Z		1	4	1/	3C	5				6			2			3				1/C	1/		
1241 65% (22/ 34)	1	1		1		1/						1/									Z	1/	1/		

1722 35 TS + 1 SL + 67 MT

TESTSTELLE	86	87	88	91	92	95	97	98	100	102
UEBEREINST. ZEUGEN	35	476	471	6	99	13	422	34	470	478
BEZEUGTE VARIANTE	2	1/	1/	5C	2	4	1/	3	1/	1/
P8 100% (1/ 1)	Z	Z	Z	Z	Z	Z	Z	Z	Z	Z
P33 100% (1/ 1)	Z	Z	Z	Z	Z	Z	Z	Z	Z	Z
P41 100% (1/ 1)	Z	Z	Z	Z	Z	Z	Z	Z	Z	Z
62 90% (9/ 10)	Z	Z	Z	Z	Z	Z				
506 86% (6/ 7)	Z	Z	Z	Z	Z	Z	Z	Z	Z	Z
2778 83% (5/ 6)	Z	Z	Z	Z	Z	Z	Z	Z	Z	Z
2303 80% (12/ 15)	Z	Z	Z	Z	1	1		Z	Z	
2627 80% (4/ 5)	Z	Z	Z	Z	Z	Z	Z	1	Z	Z
P45 75% (6/ 8)	Z	Z	Z	Z	Z	Z	Z	Z	Z	Z
172 74% (17/ 23)	Z			Z	Z	1				
1743 73% (24/ 33)	1B			3	1			1		
76 71% (25/ 35)	1B			3	1	1		1		
216 71% (25/ 35)				4K						
1852 70% (19/ 27)	1			5		3		1		
1526 70% (14/ 20)	Z	Z	Z	Z	Z	Z	Z	Z	Z	Z
1846 70% (7/ 10)	1			X		3		1		
1609 70% (23/ 33)				5		Z	Z			
57 69% (20/ 29)				1/	1	1				
642 69% (20/ 29)	1B			1/	1	2		1		
1094 69% (20/ 29)				1/	1	1		2C		
142 69% (24/ 35)	3			4K		1				
203 69% (24/ 35)	2B			1/				1		
228 69% (24/ 35)	1			5H		1		2		
440 69% (24/ 35)	2B			4K						
459 69% (24/ 35)	1			5		2		2		
935 69% (24/ 35)						2				
996 69% (24/ 35)	4			5H				2		
1595 69% (24/ 35)	1B			3	1	1		1		
2483 69% (24/ 35)	2B					3B				
2774 69% (24/ 35)				1/		1				
460 68% (23/ 34)	1			1/	1	1		Z		
632 68% (23/ 34)				1/	1	1		1		
110 67% (22/ 33)				1/	1	1		2		

1722 35 TS + 1 SL + 67 MT

TESTSTELLE	86	87	88	91	92	95	97	98	100	102
UEBEREINST. ZEUGEN	35	476	471	6	99	13	422	34	470	478
BEZEUGTE VARIANTE	2	1/	1/	5C	2	4	1/	3	1/	1/
337 67% (22/ 33)	1			1/	1	1		1		
623 67% (20/ 30)				3		2		2C		3
699 67% (22/ 33)				1/	1	1		1		
1723 67% (20/ 30)	1B			1/	1	1		1		
1867 67% (20/ 30)	3			3	1	Z		2C		
2718 67% (18/ 27)	Z	Z	Z	Z	Z	Z		2C		
2746 67% (16/ 24)	1B			3	1	1		1		
5 66% (23/ 35)	5			3		2		2C		
104 66% (23/ 35)	1			5		2		2		
250 66% (23/ 35)	1			1/	1	1		1		
496 66% (23/ 35)	1			4K				1		
621 66% (23/ 35)	3			5		3		2C		
634 66% (23/ 35)	1B			1/		1		1		
1103 66% (23/ 35)	3			1/				1		
1127 66% (23/ 35)	1B			1/		1		1	5	
1270 66% (23/ 35)	1B			3	1	1		1		
1297 66% (23/ 35)	1B			3	1	1		1		
1315 66% (23/ 35)	1					2		1		
1404 66% (23/ 35)	1B					1				
1598 66% (23/ 35)	1B			3	1	1		1		
1646 66% (23/ 35)	1			1/		1		1		
2374 66% (23/ 35)	3			3	1	2		2C		
2554 66% (23/ 35)	1B			1/	1	1		1		
2696 66% (23/ 35)	1					1		1		
020 66% (19/ 29)	1			1/	1	1		1		
441 66% (19/ 29)	3			5D	1	3		2C		
1752 66% (19/ 29)	1B			1/	1	1		1		
1839 66% (19/ 29)	2B			18	1	3		1		
1856 65% (17/ 26)	Z	Z	Z	Z	Z	Z	Z	Z		
466 65% (13/ 20)	1			1/	1	1		1		
312 65% (22/ 34)	4			1/	1	1		1		
323 65% (22/ 34)	1			5						
1241 65% (22/ 34)	1			1/	1	1		1		

TESTSTELLE	18	20	23	28	29	33	35	36	41	42	44	45	48	49	52	53	54	56	65	66	68	73	76	77	78
UEBEREINST. ZEUGEN	355	441	91	416	439	4	452	38	467	283	451	473	452	162	452	87	16	459	333	365	16	24	467	181	67
BEZEUGTE VARIANTE	1/	1/	2	1/	1/	3	1/	1/F	1/	1/	1/	1/	1/	2	1/	3	5	1/	1/	1/	15	10	1/	2	2
P8 100% (2/ 2)		Z		Z	Z	Z	Z	Z	Z	Z	Z	Z	Z	Z	Z	Z	Z	Z	Z	Z	Z	Z	Z	Z	Z
P33 100% (1/ 1)	Z	Z	Z	Z	Z	Z	Z	Z	Z	Z	Z	Z	Z	Z		Z	Z	Z	Z	Z	Z	Z	Z	Z	Z
886 100% (3/ 3)				Z	Z	Z	Z	Z	Z	Z	Z	Z	Z	Z	Z	Z	Z	Z	Z	Z	Z	Z	Z	Z	Z
1101 100% (2/ 2)			Z	Z	Z	Z	Z	Z	Z	Z	Z	Z	Z	Z	Z	Z	Z	Z	Z	Z	Z	Z	Z	Z	Z
489 89% (32/ 36)						1										3D					1				
927 89% (32/ 36)						1										3D			1/F						
P45 88% (7/ 8)	Y	Y				9		Z		Z	Z		Z	Z	Z	Z	Z		Z	Z	Z	Z	Z	Z	Z
1843 86% (31/ 36)						1		1/K						1			1								
2201 86% (30/ 35)	Z					8											1				1	1E			
1868 83% (30/ 36)						1								1					1/F						1
62 80% (8/ 10)	Z	Z	Z			1		1/			Z	Z	Z	Z	Z	Z	Z	Z	Z	Z	Z	Z	Z	Z	Z
1873 80% (28/ 35)						1		1/K						1			1		1/F		4				
314 78% (7/ 9)	Z	Z	Z	Z	Z	Z	Z	Z					Z	Z	Z	Z	Z	Z	Z	Z	Z	Z	Z	Z	Z
619 78% (28/ 36)						1		1/		4							4					9			
2143 78% (28/ 36)						1								1			1		1/F			1D			
2288 78% (28/ 36)						1		1/K						1			1		1/F		14				
5 75% (27/ 36)						8		1/D									1				4	1			1
400 75% (18/ 24)			Y			X	X	1/		W	X					W	2		X	X	X				1
506 75% (6/ 8)	Z	Z	Z			1	Z	Z	Z	Z	Z	Z			Z	Z	1		Z	Z	Z	Z	Z	Z	Z
1162 75% (27/ 36)	4					8		1/		4							4					9			
1893 75% (21/ 28)						Z	Z	Z		4			Z				1		Z	Z	Z	9			1
2125 75% (3/ 4)			Z	Z	Z	1		Z	Z	Z	Z	Z	Z	Z	Z	Z	Z	Z	Z	Z	Z	Z	Z	Z	Z
1595 72% (26/ 36)						1		1/		4							1								1
1827 72% (26/ 36)								1/		4				1			1				7	9			1
1842 72% (26/ 36)			1			8		1/							3		1					7			1
81 72% (18/ 25)	Z	Z	Z			1	3	1/								1/	1		Z	Z	Z	Z	Z	Z	Z
1846 70% (7/ 10)	Z	Z	Z	Z	Z	Z	Z	Z	Z	Z	Z	Z	Z	Z	Z	Z	Z	Z	Z	Z	Z	Z	Z	Z	Z
1270 69% (25/ 36)		1/B				1		1/		4							1								1
1598 69% (25/ 36)		1/B				1		1/		4							1								1
2303 69% (11/ 16)	Z	Z	Z			1		1/		4						Z	Z	Z	Z	Z	Z	Z	Z	Z	Z
P74 69% (24/ 35)	Z					2	3	1/		3	4					1/	3				4	6B			
1852 68% (21/ 31)	Z	Z	Z	Z	Z	1		1/						1		1/	1				1	1		1	
1735 68% (23/ 34)			1	3D		1		1/K								6	2B				4	X			

1729 36 TS + 3 SL + 48 MT

TESTSTELLE	18	20	23	28	29	33	35	36	41	42	44	45	48	49	52	53	54	56	65	66	68	73	76	77	78
UEBEREINST. ZEUGEN	355	441	91	416	439	4	452	38	467	283	451	473	452	162	452	87	16	459	333	365	16	24	467	181	67
BEZEUGTE VARIANTE	1/	1/	2	1/	1/	3	1/	1/F	1/	1/	1/	1/	1/	2	1/	3	5	1/	1/	1/	15	10	1/	2	2
88 67% (24/ 36)						2		1/							4		4				6	9		1	1
172 67% (16/ 24)			Z		Z	Z	Z	1/	Z	Z				1		1/	1				7	1		1B	1
205 67% (24/ 36)			1			1		1/									1				1	13			1
437 67% (24/ 36)						2		1/K						1		1/	1					9			1
915 67% (24/ 36)						2		1/E						1	4		4		1/P					1	1
1297 67% (24/ 36)		1/B				1		1/		4							1		1/F						1
1563 67% (24/ 36)			1			1		1/								1/	1				1	11			1
1737 67% (24/ 36)			1			1										1/	1				2	1			1
1856 67% (18/ 27)			1			1		1/		8						1/	1				2	1			1
1891 67% (24/ 36)	4			3D	5	1				5							1				3	1D			1
2175 67% (6/ 9)			1			1		1/		Z	Z	Z	Z	Z	Z	Z	Z	Z	Z	Z	Z	Z	Z	Z	Z
2344 67% (24/ 36)						1		1/		3				1			4		1/E		4	6			
2718 67% (16/ 24)						1		1/		4					4		1		1/F	6	3	Z	Z	Z	Z
2778 67% (4/ 6)	Z	Z	Z	Z	Z	Z	Z	Z	Z	Z	Z	Z				1/	1		Z	Z	Z	Z	Z	Z	Z
104 66% (23/ 35)						1		1/		7				1		1/	1				1	1		3	1
459 66% (23/ 35)						1		1/		3				1		1/	1				1	1		3	1
630 66% (23/ 35)	Z			3D		1				6						8	1				3	1			1
1508 66% (23/ 35)			1			1		1/								Z	1				2	1			1
33 66% (21/ 32)	X				X	2		X		3							4	X	1/D	1/C	4	14			
2200 66% (21/ 32)	4			3D		1				5						8	1				3	Z	Z	Z	Z
365 65% (15/ 23)			1			1		1/K						1		1/	8			10	1	Z	Z	Z	Z
180 65% (22/ 34)	5B			3E	5	1	3			4											3	5		Z	Z
94 64% (23/ 36)	5B			3D	5	1	3			4										1/B	3	1D			
149 64% (23/ 36)			1			1		1/								1/	1				2	1			1
181 64% (23/ 36)						2	3	3		4						3G	6				12	6			1
201 64% (23/ 36)			1			1		1/								1/	1				2	1			1
203 64% (23/ 36)			1			1		1/								1/	1				1	1		1	1
431 64% (23/ 36)						2	3	1/		4										1/B	2	2B			1
436 64% (23/ 36)	4		1			1		1/		4						4C	1				4	1D			
440 64% (23/ 36)			1			1		1/		6							1				1	1		1B	1
456 64% (23/ 36)			1			1		1/									1				1	1D		1	1
496 64% (23/ 36)			1			1		1/		6							1				1	1		1B	1
634 64% (23/ 36)			1			1		1/		4						1/	1				2	1			1

1729 36 TS + 3 SL + 48 MT

TESTSTELLE UEBEREINST. ZEUGEN BEZEUGTE VARIANTE	84 402 1/	86 1 3B	87 476 1/	88 471 1/	90 71 2	91 28 5	92 99 2	93 31 2	97 422 1/	100 470 1/	102 478 1/
P8 100% (2/ 2)	Z	Z	Z	Z	Z	Z	Z	Z	Z	Z	Z
P33 100% (1/ 1)	Z	Z	Z	Z	Z	Z	Z	Z	Z	Z	Z
886 100% (3/ 3)	Z	Z	Z	Z	Z	Z	Z	Z	Z	Z	Z
1101 100% (2/ 2)	Z	Z	Z	Z	Z	Z	Z	Z	Z	Z	Z
489 89% (32/ 36)		3									
927 89% (32/ 36)		3									
P45 88% (7/ 8)	Z	Z	Z	Z	Z	Z	Z	Z	Z	Z	Z
1843 86% (31/ 36)		3									
2201 86% (30/ 35)		3									
1868 83% (30/ 36)		2						1			
62 80% (8/ 10)	Z	Z	Z	Z	Z	Z	Z	Z			
1873 80% (28/ 35)		3							Z		
314 78% (7/ 9)	Z	Z	Z	Z	Z	Z	1	1			
619 78% (28/ 36)		1				1/	1				
2143 78% (28/ 36)		3			4			1			
2288 78% (28/ 36)		3				11E					
5 75% (27/ 36)		5				3		3			
400 75% (18/ 24)		1B	X	X	X		1	1			
506 75% (6/ 8)		Z	Z	Z	Z	Z	Z	Z	Z	Z	Z
1162 75% (27/ 36)		1				1/	1				
1893 75% (21/ 28)	Z	1B				1/	1				
2125 75% (3/ 4)	Z	Z	Z	Z	Z	Z	Z	Z	Z	Z	Z
1595 72% (26/ 36)		1B			1	3	1	1			
1827 72% (26/ 36)		1				1/	1				
1842 72% (26/ 36)	1/C	4							5		
81 72% (18/ 25)	Z	2B				1/					
1846 70% (7/ 10)		1			1	X		1			
1270 69% (25/ 36)		1B			1	3	1	1			
1598 69% (25/ 36)		1B			1	3	1	1			
2303 69% (11/ 16)	Z	Z	Z	Z	Z	Z	1	1		Z	
P74 69% (24/ 35)		2B				1/					
1852 68% (21/ 31)		1						1			
1735 68% (23/ 34)		1			1	X	1	1			

1729 36 TS + 3 SL + 48 MT

TESTSTELLE	84	86	87	88	90	91	92	93	97	100	102
UEBEREINST. ZEUGEN	402	1	476	471	71	28	99	31	422	470	478
BEZEUGTE VARIANTE	1/	3B	1/	1/	2	5	2	2	1/	1/	1/
88 67% (24/ 36)		4				3	1	1			
172 67% (16/ 24)	Z	Z			Z	Z	Z	Z			
205 67% (24/ 36)		4			1	1/	1	1			
437 67% (24/ 36)		1			1	1/	1	3			
915 67% (24/ 36)		1				3	1	1			
1297 67% (24/ 36)		1B			1	3	1	1			
1563 67% (24/ 36)		1			1	1/		1			
1737 67% (24/ 36)		1B			1	1/	1	1			
1856 67% (18/ 27)	Z	Z	Z	Z	Z	Z	Z	Z	Z		
1891 67% (24/ 36)	3	2				3					
2175 67% (6/ 9)	Z	Z	Z	Z	Z	Z	Z	Z	Z	Z	Z
2344 67% (24/ 36)	3	2				3G	1				
2718 67% (16/ 24)	Z	Z	Z	Z	Z	Z	Z	Z			
2778 67% (4/ 6)	Z	Z	Z	Z	Z	Z	Z	Z	Z	Z	Z
104 66% (23/ 35)		1			4			V1			
459 66% (23/ 35)		1			4			V1			
630 66% (23/ 35)	3	1B				3		1			
1508 66% (23/ 35)		1B			1	1/	1	1			
33 66% (21/ 32)	3	2				3	1				
2200 66% (21/ 32)	3	1				3		1			
365 65% (15/ 23)	Z	Z	Z	Z	Z	Z	Z	Z	Z		
180 65% (22/ 34)		3				4		1	3		
94 64% (23/ 36)		3			1	3		1			
149 64% (23/ 36)		1B			1	1/	1	1			
181 64% (23/ 36)	1/C	2				12			4		
201 64% (23/ 36)		1B			1	1/	1	1			
203 64% (23/ 36)		2B			1	1/		1			
431 64% (23/ 36)	4	3				14		1	3		
436 64% (23/ 36)	4	3				3		3			
440 64% (23/ 36)		2B			1	4K		1			
456 64% (23/ 36)		2B			1	1/	1	1			
496 64% (23/ 36)		1			1	4K		1			
634 64% (23/ 36)		1B			1	1/		1			

1735 39 TS + 5 SL + 56 MT

TESTSTELLE	10	11	18	20	28	29	32	35	36	41	42	44	45	47	48	49	52	55	56	57	61	65	66	67	68
UEBEREINST. ZEUGEN	392	351	355	441	29	439	48	452	54	467	283	451	473	92	452	162	452	422	459	104	36	333	365	16	15
BEZEUGTE VARIANTE	1/	1/	1/	1/	3D	1/	3	1/	1/K	1/	1/	1/	1/	2	1/	2	1/	1/	1/	2	2	1/	1/	2	4
P8 100% (1/ 1)	Z	Z		Z	Z	Z	Z	Z	Z	Z	Z	Z	Z	Z	Z	Z	Z	Z	Z	Z	Z	Z	Z	Z	Z
P33 100% (1/ 1)	Z	Z	Z	Z	Z	Z	Z	Z	Z	Z	Z	Z	Z	Z	Z	Z		Z	Z	Z	Z	Z	Z	Z	Z
1101 100% (4/ 4)					Z	Z	Z	Z	Z	Z	Z	Z	Z	Z	Z	Z	Z	Z	Z	Z	Z	Z	Z	Z	Z
1745 100% (4/ 4)	Z	Z	Z	Z	Z	Z	Z	Z	Z	Z	Z	Z	Z	Z	Z	Z	Z	Z	Z	Z	Z	Z	Z	Z	Z
314 88% (7/ 8)	Z	Z	Z	Z	Z	Z	Z	Z	Z					Z	Z	Z	Z	Z	Z	Z	Z	Z	Z	Z	Z
1846 86% (6/ 7)	Z	Z	Z	Z	Z	Z	Z	Z	Z	Z	Z	Z	Z	Z	Z	Z	Z	Z	Z	Z	Z	Z	Z	Z	Z
2626 86% (6/ 7)	Z	Z	Z	Z	Z	Z	Z	Z	Z	Z	Z	Z	Z	Z	Z	Z	Z	Z	Z	Z	Z	Z	Z	Z	Z
1738 83% (5/ 6)	Z	Z	Z	Z	Z	Z	Z	Z	Z	Z	Z	Z	Z	Z	Z	Z	Z	Z	Z	Z	Z	Z	Z	Z	Z
1858 83% (5/ 6)	Z	Z	Z	Z	Z	Z	Z	Z	Z	Z	Z	Z	Z	Z	Z	Z	Z	Z	Z	Z	Z	Z	Z	Z	Z
2778 83% (5/ 6)	Z	Z	Z	Z	Z	Z	Z	Z	Z	Z	Z	Z	Z	Z						1	Z	Z	Z	Z	Z
1899 80% (4/ 5)	Z	Z	Z	Z	Z	Z	Z	Z	Z	Z	Z	Z	Z	Z	Z	Z	Z	Z	Z	Z	Z	Z	Z	Z	Z
1893 76% (22/ 29)					1/		Z	Z	Z		4				Z						1	Z	Z	Z	Z
886 75% (3/ 4)	4				Z	Z	Z	Z	Z	Z	Z	Z	Z	Z	Z	Z	Z	Z	Z	Z	Z	Z	Z	Z	Z
5 74% (29/ 39)					1/		1		1/D															1	
2344 74% (29/ 39)	11				1/		2		1/		3					1						1/E		2C	
P74 73% (27/ 37)	3	1/I	Z		1/		2	3	1/		3	4													
33 73% (24/ 33)	11		X		1/	X	1		X		3							X	X			1/D	1/C	X	
619 72% (28/ 39)		1/L			1/		1		1/		4													1	15
1456 71% (15/ 21)			4		1/						5			1	Z	Z	Z	Z	Z	Z	Z	Z	Z	Z	Z
2125 71% (5/ 7)					Z	Z	1		Z	Z	Z	Z	Z	1	Z	Z	Z	Z	Z	Z	Z	Z	Z	Z	Z
1758 71% (22/ 31)		5	Y		X		2				5					Y					X			1	3
81 71% (17/ 24)	14	1/L	Z	Z	1/		2	3	1/												Z	Z	Z	Z	Z
1409 70% (26/ 37)	11		5		1/		1					4					3			Z	Z	1/F			
62 70% (7/ 10)	Z	Z	Z	Z	1/		1		1/			Z	Z	Z	Z	Z	Z	Z	Z	Z	Z	Z	Z	Z	Z
2175 70% (7/ 10)					1/		1		1/		Z	Z	Z	Z	Z	Z	Z	Z	Z	Z	Z	Z	Z	Z	Z
437 69% (27/ 39)					1/		1									1					1			1	15
1162 69% (27/ 39)		1/L	4		1/		1		1/		4													1	15
2712 69% (11/ 16)					1/		1		1/F		Z	Z	Z	1	Z	Z	Z	Z	Z	Z	Z	Z	Z	Z	Z
630 68% (26/ 38)			Z				2		1/F		6										1			2B	3
1319 68% (17/ 25)	3	11			1/						3			1	1/C	1		Z	Z	Z	Z	Z	Z	Z	Z
319 68% (23/ 34)					1/									1		1				1	1	Z	Z	Z	Z
2200 68% (23/ 34)			4				2		1/F		5										1			2B	3
02 67% (26/ 39)	3		5		1/		2	3	1/		3	4						4							

1735 39 TS + 5 SL + 56 MT

TESTSTELLE	10	11	18	20	28	29	32	35	36	41	42	44	45	47	48	49	52	55	56	57	61	65	66	67	68
UEBEREINST. ZEUGEN	392	351	355	441	29	439	48	452	54	467	283	451	473	92	452	162	452	422	459	104	36	333	365	16	15
BEZEUGTE VARIANTE	1/	1/	1/	1/	3D	1/	3	1/	1/K	1/	1/	1/	1/	2	1/	2	1/	1/	1/	2	2	1/	1/	2	4
365 67% (18/ 27)	3				1/									1		1				1	1		10	1	1
429 67% (26/ 39)		5	4				2		1/F		5										1			1	3
489 67% (26/ 39)		12			1/		1		1/F					1						1				1	1
506 67% (6/ 9)	Z	Z	Z	Z	1/		1	Z	Z	Z	Z	Z	Z	Z			Z			1	Z	Z	Z	Z	Z
824 67% (26/ 39)					1/		1		1/					1						1				1	2
916 67% (6/ 9)					1/		1		1/	Z	Z	Z	Z	Z	Z	Z	Z	Z	Z	Z	Z	Z	Z	Z	Z
945 67% (26/ 39)			4			5	2		1/		5										1			2B	3
1595 67% (26/ 39)					1/		1		1/		4										1			1	15
1843 67% (26/ 39)					1/		1							1		1				1	1			1	15
2201 67% (24/ 36)	Z	Z	Z		1/		1		1/F					1							1			1	1
2466 67% (26/ 39)					1/				1/					1						1	1			1	2
1508 66% (25/ 38)					1/		1		1/					1						1	1			1	2
1873 66% (25/ 38)					1/		1							1		1				1	1	1/F		1	
400 66% (19/ 29)		1/L			1/			X	1/		W	X								1	1	X	X	X	X
18 64% (25/ 39)					1/		1		1/		4			1						1	1				1
149 64% (25/ 39)					1/		1		1/					1						1	1			1	2
201 64% (25/ 39)					1/		1		1/					1						1	1			1	2
431 64% (25/ 39)					1/		2	3	1/		4												1/B		2
436 64% (25/ 39)		1/L	4		1/		1		1/		4										1			1	
450 64% (25/ 39)					1/									1		1				1	1			1	1
456 64% (25/ 39)					1/		1		1/											1	1			1	1
927 64% (25/ 39)		12			1/		1		1/F					1						1		1/F		1	15
1040 64% (25/ 39)					1/		1		1/					1						1	1			1	2
1072 64% (25/ 39)					1/		1		1/					1						1	1			1	2
1075 64% (25/ 39)					1/		1		1/					1						1	1			1	2
1161 64% (25/ 39)					1/		1		1/											1	1			1	7
1248 64% (25/ 39)					1/		1		1/					1						1	1			1	2
1270 64% (25/ 39)				1/B	1/		1		1/		4										1			1	15
1503 64% (25/ 39)					1/		1		1/					1						1	1			1	2
1598 64% (25/ 39)				1/B	1/		1		1/		4										1			1	15
1617 64% (25/ 39)					1/		1		1/					1						1	1			1	2
1618 64% (25/ 39)					1/		1		1/					1						1	1			1	2
1619 64% (25/ 39)					1/		1		1/					1						1	1			1	2

TESTSTELLE	69	72	74	75	76	77	78	84	87	88	94	97	100	102
UEBEREINST. ZEUGEN	16	18	13	18	467	181	67	402	476	471	2	422	470	478
BEZEUGTE VARIANTE	3	2	2	3	1/	2	2	1/	1/	1/	10	1/	1/	1/
P8 100% (1/ 1)	Z	Z	Z	Z	Z	Z	Z	Z	Z	Z	Z	Z	Z	Z
P33 100% (1/ 1)	Z	Z	Z	Z	Z	Z	Z	Z	Z	Z	Z	Z	Z	Z
1101 100% (4/ 4)	Z	Z	Z	Z	Z	Z	Z	Z	Z	Z	Z	Z	Z	Z
1745 100% (4/ 4)	Z	Z	Z	Z	Z	Z	Z	Z			Z	Z		
314 88% (7/ 8)	Z	Z	Z	Z	Z	Z	Z	Z	Z	Z	1			
1846 86% (6/ 7)	Z	Z	Z	Z	Z	Z	Z				9			
2626 86% (6/ 7)	Z	Z	Z	Z	Z	Z	Z				1			
1738 83% (5/ 6)	Z	Z	Z	Z	Z	Z	Z	Z			1			
1858 83% (5/ 6)	Z	Z	Z	Z	Z	Z	Z	Z			1			
2778 83% (5/ 6)	Z	Z	Z	Z	Z	Z	Z	Z	Z	Z	Z	Z	Z	Z
1899 80% (4/ 5)	Z	Z	Z	Z	Z	Z	Z				1	Z	Z	
1893 76% (22/ 29)	Z	1		1			1	Z			1C			
886 75% (3/ 4)	Z	Z	Z	Z	Z	Z	Z	Z	Z	Z	Z	Z	Z	Z
5 74% (29/ 39)	1	1	1	1			1				1			
2344 74% (29/ 39)								3			2			
P74 73% (27/ 37)			X	2							2			
33 73% (24/ 33)				2				3			2			
619 72% (28/ 39)	1	1B		1							1			
1456 71% (15/ 21)	Z	Z	Z	Z	Z	Z	Z	4			1			
2125 71% (5/ 7)	Z	Z	Z	Z	Z	Z	Z	Z	Z	Z	Z	Z	Z	Z
1758 71% (22/ 31)		X	1		X	X	1	3			1	X		
81 71% (17/ 24)	Z	Z	Z	Z	Z	Z	Z	Z			2D			
1409 70% (26/ 37)	3B	1					1				1			
62 70% (7/ 10)	Z	Z	Z	Z	Z	Z	Z	Z	Z	Z	Z			
2175 70% (7/ 10)	Z	Z	Z	Z	Z	Z	Z	Z	Z	Z	Z	Z	Z	Z
437 69% (27/ 39)	1	5	1	1			1				1			
1162 69% (27/ 39)	1	1B		1							1			
2712 69% (11/ 16)	Z	Z	Z	Z	Z	Z	Z				1C		Z	Z
630 68% (26/ 38)	2C	3	1				1	3			2			
1319 68% (17/ 25)	Z	Z	Z	Z		Z	Z				1			
319 68% (23/ 34)	Z	1	1	1		1	1				1			
2200 68% (23/ 34)	2	3	Z	Z	Z	Z	Z	3			2			
02 67% (26/ 39)				2				3			2			3

1735 39 TS + 5 SL + 56 MT

TESTSTELLE		69	72	74	75	76	77	78	84	87	88	94	97	100	102
UEBEREINST. ZEUGEN		16	18	13	18	467	181	67	402	476	471	2	422	470	478
BEZEUGTE VARIANTE		3	2	2	3	1/	2	2	1/	1/	1/	10	1/	1/	1/
365	67% (18/ 27)	Z	Z	Z	Z	Z	Z	Z	Z	Z	Z	Z	Z		
429	67% (26/ 39)			1			1B	1	3			1			
489	67% (26/ 39)	1	1	1	1							1			
506	67% (6/ 9)	Z	Z	Z	Z	Z	Z	Z		Z	Z	Z	Z	Z	Z
824	67% (26/ 39)	1	1	1	1			1				1			
916	67% (6/ 9)	Z	Z	Z	Z	Z	Z	Z	Z	Z	Z	Z	Z	Z	Z
945	67% (26/ 39)		6	3				1B	3			2			
1595	67% (26/ 39)	1	1	1	1			1				1C			
1843	67% (26/ 39)	1	1	1	1							1			
2201	67% (24/ 36)	1	1	1	1							1			
2466	67% (26/ 39)	1	1	1	1			1				1			
1508	66% (25/ 38)	1	Z	1	1			1				1			
1873	66% (25/ 38)	1	1	1	1							1	Z		
400	66% (19/ 29)	X	1	1	1			1		X	X	1			
18	64% (25/ 39)	1	1	1	1			1				1			
149	64% (25/ 39)	1	1	1	1			1				1			
201	64% (25/ 39)	1	1	1	1			1				1			
431	64% (25/ 39)	2C		3	2			1	4			1	3		
436	64% (25/ 39)	1	2B	1	1				4			11			
450	64% (25/ 39)	1	1	1	1		1	1				1			
456	64% (25/ 39)	1	4	1	1		1	1				1			
927	64% (25/ 39)	1	1	1	1							1			
1040	64% (25/ 39)	1	1	1	1			1				1			
1072	64% (25/ 39)	1	1	1	1			1				1			
1075	64% (25/ 39)	1	1	1	1			1				1			
1161	64% (25/ 39)	1	1	1	1		1	1				1			
1248	64% (25/ 39)	1	1	1	1			1				1			
1270	64% (25/ 39)	1	1	1	1			1				1C			
1503	64% (25/ 39)	1	1	1	1			1				1			
1598	64% (25/ 39)	1	1	1	1			1				1C			
1617	64% (25/ 39)	1	1	1	1			1				1			
1618	64% (25/ 39)	1	1	1	1			1				1			
1619	64% (25/ 39)	1	1	1	1			1				1			

TESTSTELLE	6	7	8	10	11	12	13	14	15	17	18	19	20	21	23	26	28	29	31	32	34	35	36	37	39
UEBEREINST. ZEUGEN	11	2	94	392	351	13	8	23	24	23	73	110	441	36	91	30	29	30	36	51	19	452	339	15	33
BEZEUGTE VARIANTE	2	16	3	1/	1/	3	3D	2	3	2	4	2	1/	2	2	2	3D	5	2	2	2B	1/	1/	2	4
P33 100% (1/ 1)	Z	Z	Z	Z	Z	Z	Z	Z	Z	Z	Z	Z	Z	Z	Z	Z	Z	Z	Z	Z	Z	Z	Z	Z	Z
1891 89% (66/ 74)								9															1/F		
945 81% (60/ 74)	1	1					3E	3		11															
P41 80% (4/ 5)	Z	Z	Z	Z	Z	Z	Z	Z	Z	Z	Z	Z	Z	Z	Z	Z	Z	Z	Z	Z	Z	Z	Z	Z	Z
2200 75% (53/ 71)	1	1								1C						1		1/	1				1/F		
1704 74% (55/ 74)	1	1				2	5		5	11									4						
630 70% (50/ 71)	1	1					4			Z	Z	Z				1		1/	1				1/F		
81 66% (35/ 53)		2	2	14	1/L	2	2		2	Z	Z	Z	Z	Z	Z		1/	1/			2C	3			2
P74 66% (46/ 70)		X	Y	3	1/I	2	2B		2		Z						1/	1/			2	3			2
02 64% (47/ 74)		2	2	3		2	2B		2		5						1/	1/	2B		2	3			2
04 62% (28/ 45)		2	2C	3	5	2	2B		2	Z	Z	Z	Z	Z	Z		1/	1/			11	3B			Z
2298 62% (46/ 74)	1	1	1		1/L	1	1D			11B				1					6	1	11			1	
01 61% (45/ 74)		2	2	3		2	2		2		5						1/	1/			2	3			2
03 61% (45/ 74)		2	2			2	2		2		3	3					1/	1/			2	4			2
33 60% (36/ 60)	1	4	X	11		1	1	4	X		X	1		X			1/	X	X	1	11		X	X	1
610 59% (40/ 68)	1	13		6		1	2	3	2		5B					Z	3E				Z	3	1/F	1	
307 58% (43/ 74)	1	13		6		1D	2		2		5B					1	3E				11C	3	1/F	1	
2818 58% (43/ 74)	1	13		6		1C	2	3	2		5B					1	3E				11C	3	1/F	1	
1175 57% (42/ 74)	1	2	2	3	1/D	2	2		2		5						1/	1/			2	3		1C	4B
1875 56% (36/ 64)	X	X	X	X	X	X	X	6	1	1	1/	1		1			Z	Z				3	3	4	X
2344 56% (41/ 73)	1	1		11		1	1	X	4		1/	1		1			1/	1/	1E		2			1	1
2778 56% (5/ 9)	Z	Z	Z	Z	Z	Z	Z	Z	Z	Z	Z	Z	Z	Z	Z	Z	Z	Z	Z	Z	Z	Z	Z	Z	Z
429 55% (41/ 74)	1	5			5	8				1C						1		1/	1				1/F	1	
P45 55% (6/ 11)	Z	Z	Z	Z	Z	Z	Z	Z	Z	Z	Y	Y	Y	X		Z	1/	1/	Z	4	Y		Z	Z	Z
180 54% (39/ 72)	1	11		6		1	2	3B	2	1	5B					1	3E				11C	3	1/F	1	
181 54% (40/ 74)	5	4	3B	11	11	4	1	1	1	1	1/	1		1H			1/	1/				3	3	4B	
453 54% (40/ 74)	1	13		6		1	2		2		5B					1	3E				11C	3	1/F	1	
1678 54% (40/ 74)	1	10	1	6		1	2	3	2	8	5B					1					11C	3	1/F	1	
323 53% (39/ 73)		18		Z		1	2	1	1					1			3C				11				
522 53% (38/ 72)	1	7			5					1C						1	11	1/	1	1			1/F	1	
1751 53% (38/ 72)	1B	1B	3B			8	1B			1C				2D		1		1/	1		9B		1/F	1	
322 53% (39/ 74)		17				1	2C	1	1					1			8				11				
2464 52% (14/ 27)	Z	Z	Z	Z	Z	Z	Z	Z	Z	Z	Z	Z	Z	Z	Z	Z	Z	Z	Z	Z	Z	Z	Z	Z	Z

1739 74 TS + 0 SL + 30 MT

TESTSTELLE	6	7	8	10	11	12	13	14	15	17	18	19	20	21	23	26	28	29	31	32	34	35	36	37	39
UEBEREINST. ZEUGEN	11	2	94	392	351	13	8	23	24	23	73	110	441	36	91	30	29	30	36	51	19	452	339	15	33
BEZEUGTE VARIANTE	2	16	3	1/	1/	3	3D	2	3	2	4	2	1/	2	2	2	3D	5	2	2	2B	1/	1/	2	4
1642 51% (38/ 74)		10		3	14		2C										3G					3			1
206 51% (23/ 45)	Z	Z	Z	Z	Z	Z	Z	Z	Z	Z	Z	Z	Z	Z	Z	Z	Z	Z	Z	Z	Z	Z	Z	Z	Z
431 51% (37/ 73)	1	1	3B			13	1	10	1	1C	1/	1		1		3	1/	1/	1		3	3		1	
94 50% (37/ 74)	1	13		6	1/L	1	2C	3	2	5	5B			2C		1					11B	3	1/F	1	
623 50% (31/ 62)	Z	Z	Z	Z	Z	Z	Z	Z	Z	Z	Z	Z		1			1/	1/		1	11			1	1
2805 49% (34/ 70)	1	1	3B	4	10	1							Z	Z	Z		6	6	1	1	1			1	1
441 48% (28/ 58)	Z	Z	Z	Z	Z	Z	Z	Z	Z	Z	Z	Z	Z	Z	Z	Z	1/	1/		1	1			1	1
2718 48% (26/ 54)	1	1	3B			12	1C	1B	1	1	1/	1		1		1	1/	1/	1	1	1			1	1
08 46% (33/ 71)	1	15		11		1	3	3	5			1		4	3		5	1/	1G	1	9			6	6
1884 46% (32/ 69)	1	15		11		1	3	3	4	2B	6B	U		4	3		5	1/	1G	1	9C			6	
436 46% (34/ 74)	1	1	1		1/L	1	1	1	1	1		1		1	1	1	1/	1/	1	1	1			1	1
1509 46% (33/ 72)	1	1			1/I		8	1	1	1C				1		1		1/	1		1		1/F	1	
044 45% (33/ 74)	1	5	1	4		1	2D	1B			1/	1		1	7	1	1/	1/	3	1	1			1	1
467 45% (33/ 74)	1	5B		4		1	1D	8		13				1			6B		1	1	1			1	
1758 44% (27/ 62)	1	5	1		5	1	3			1C	Y	1		1	1	1	X	1/	1				1/K	1	
2201 44% (27/ 62)	Z	Z	Z	Z	Z	Z	Z	Z	Z	Z	Z	Z		1		1	1/	1/	1	1	11		1/F	1	1
5 43% (32/ 74)	1	1				1	1	4	4	1	1/	1		1			1/	1/		1	11		1/D	1	1
619 43% (32/ 74)	1	1			1/L	1	1	1	1	1	1/	1		1			1/	1/		1	11			1	1B
621 43% (32/ 74)	1	1			1/O	1	8	1	1	1	1/		1/B	1	1	1	1/	1/		1	1			1	1
1162 43% (32/ 74)	1	1	3B		1/L	1	7	1	1	1		1		1			1/	1/		1	11			1	1
1842 43% (32/ 74)	1	1			1/O	1	8	1	1	1C	1/	1		1	1	1	1/	1/		1	1			1	1
624 42% (10/ 24)	Z	Z	Z	Z	Z	Z	Z	Z	Z	Z	Z	Z	Z	Z	Z	Z	Z	Z	Z	Z	Z			1	Z
1893 41% (24/ 58)	1	1	1			1	X	X	X	1	1/	1		1		1	1/	1/	1	Z	Z	Z	Z	1	1
1894 41% (29/ 71)	1	1	1			1	1	1	1	1	1/	1		1	1	1	1/	1/	1	3	11				Z
228 41% (30/ 74)	1	3				1	2C	1	1	1						1	1/	1/	1	1	1			1	1
1490 41% (30/ 74)	1	5			5	1	3		3B	1				1D	1	1	1/	1/	1				1/K	1	
1409 40% (29/ 72)	1	1	1	11		12	1	3	1		5						1/	1/	1	1	1		1/K	7	1
1852 40% (22/ 55)	Z	Z	Z	Z	Z	Z	Z	Z	Z	Z	Z	Z	Z	Z	Z	Z	Z	Z	Z	1	1			1	1
88 39% (29/ 74)	1	4	3B	3		1	2	4	4		1/	1				1	1/	1/			7			1	1
2374 39% (29/ 74)	1	1	1			1	1	1	6	1C	1/	1			1	1	1/	1/	1		1			1	1
606 39% (27/ 69)	1	1	1					1	1	1		1				1			1	Z	Z	Z	Z	Z	2
641 39% (27/ 70)	1	1	1					1	1	Z		1				1			1	1	1			1	2

TESTSTELLE	40	41	42	44	45	46	47	48	49	50	52	53	55	56	57	59	64	65	66	67	68	69	70	72	75
UEBEREINST. ZEUGEN	34	467	60	451	473	76	92	452	162	16	452	87	422	459	104	20	38	333	365	7	20	3	21	18	19
BEZEUGTE VARIANTE	2	1/	5	1/	1/	2	2	1/	2	2C	1/	3	1/	1/	2	2	2	1/	1/	2B	3	2	2	2	2
P33 100% (1/ 1)	Z	Z	Z	Z	Z	Z	Z	Z	Z	Z		Z	Z	Z	Z	Z	Z	Z	Z	Z	Z	Z	Z	Z	Z
1891 89% (66/ 74)																								3	
945 81% (60/ 74)										19		8C				1						3		6	3
P41 80% (4/ 5)	Z	Z	Z	Z	Z	Z	Z	Z	Z	Z	Z	Z	Z	Z	Z	Z	Z	Z	X	X	4		Z		
2200 75% (53/ 71)						1						8					1						1B	3	Z
1704 74% (55/ 74)										19		8			2B	1						3		6	3
630 70% (50/ 71)			6									8					1					2C	1	3	3
81 66% (35/ 53)			1/							2		1/					Z	Z	Z	Z	Z	Z	Z	Z	Z
P74 66% (46/ 70)			3	4						3		1/								2	4	3	3B		
02 64% (47/ 74)			3	4						3		1/	4							2	4	3	1		
04 62% (28/ 45)	Z	Z	Z	4						2	1/D	4			Z	Z	Z	Z	Z	Z	Z	Z	Z		
2298 62% (46/ 74)	4					3				1D						1	1					3		1	1
01 61% (45/ 74)			1/	4				3		2	4	1/	1/B					1/K		2	4	3	1		
03 61% (45/ 74)			1/	4						2	4	1/	1/B							2	2	3			
33 60% (36/ 60)	1		3			X				2			X	X				1/D	1/C	X	4	3	3B		
610 59% (40/ 68)			4													1			1/B	2	2	2C		Z	
307 58% (43/ 74)			4													1			1/B	2	2	2C	3		
2818 58% (43/ 74)			4													1			1/B	2	2	2C			
1175 57% (42/ 74)			6	6						2	4				2C				1/B	2	2	3	1	3	
1875 56% (36/ 64)			6				1			4		3G	5					1/F	7	1	12	3B	1	1	1
2344 56% (41/ 73)	1		3						1	2						1		1/E		2C	4	3	3B		3
2778 56% (5/ 9)	Z	Z	Z	Z	Z	Z	Z			1D		1/			1	1	Z	Z	Z	Z	Z	Z	Z	Z	Z
429 55% (41/ 74)	1									19		8				1	1			1		3	1		3
P45 55% (6/ 11)			Z	Z		Z	Z	Z	Z	Z	Z	Z	3		1	Z	Z	Z	Z	Z	Z	Z	Z	Z	Z
180 54% (39/ 72)	1		4							2						1				2		2C			
181 54% (40/ 74)			4				1			10		3G	5							1	12	3B	1	1	1C
453 54% (40/ 74)			4													1			1/B	2	2	2C	2B		
1678 54% (40/ 74)			4													1			1/B	2	2	2C		1	
323 53% (39/ 73)	1		6						1	2							1	1/C		1	1	1	1	1	1
522 53% (38/ 72)	1								1	19		8				1	1			1		3	Z	V	3
1751 53% (38/ 72)	4							7		5B		8				1	1	8	1/E			1	1B	1	1B
322 53% (39/ 74)	1		6						1	2		3F					1	1/C		1	1	1	1	1	1
2464 52% (14/ 27)	Z	Z	Z	Z	Z	Z	Z	Z	Z	Z	Z	Z	Z	Z	Z	Z	Z	Z	Z	Z	Z	Z	8	2B	1

1739 74 TS + 0 SL + 30 MT

TESTSTELLE	40	41	42	44	45	46	47	48	49	50	52	53	55	56	57	59	64	65	66	67	68	69	70	72	75
UEBEREINST. ZEUGEN	34	467	60	451	473	76	92	452	162	16	452	87	422	459	104	20	38	333	365	7	20	3	21	18	19
BEZEUGTE VARIANTE	2	1/	5	1/	1/	2	2	1/	2	2C	1/	3	1/	1/	2	2	2	1/	1/	2B	3	2	2	2	2
1642 51% (38/ 74)	1B		1/							3		3B				1				2	4	13	1	1	1
206 51% (23/ 45)	Z								1	19	4	8				1	X			1		3	1	3	3
431 51% (37/ 73)			4													1			1/B	2	2	2C			
94 50% (37/ 74)			4													1			1/B	1		3		3	1
623 50% (31/ 62)	1		4							1						1		1/F		1	4	1	1	2B	1
2805 49% (34/ 70)			4							1						1	1	1/F		1	4B	1B	1	1	3
441 48% (28/ 58)	3		4							6	3					1		1/K	8	1	2	1	3	1	3
2718 48% (26/ 54)	1		4							2	4							1/F	6	1		2C	Z	Z	Z
08 46% (33/ 71)			6				4	6	1	1		1/			1	1	1	1/F	3	1C	4	3B	4		1
1884 46% (32/ 69)			6				4B	U	1	1		1/			1	1	1	6	3	1C	4	2C	4		1
436 46% (34/ 74)	1		4							1		4C				1				1	4	1	1	2B	1
1509 46% (33/ 72)	1					1		1/K		1		8				1	1	1/F		1		1	X	1	3
044 45% (33/ 74)	1		4	5					1	2		1/				4		1/F		1		3B	1	7	1
467 45% (33/ 74)	1		1/						1	1						1	1			1	7	1	5	1	1
1758 44% (27/ 62)	1					X			Y	1		8				X	1			1		3	1	X	3
2201 44% (27/ 62)	1		1/				1			1						1	1			1	1	1	1	1	1
5 43% (32/ 74)	1		1/			3				1						1	1			1	4	1	1	1	1
619 43% (32/ 74)	1		4							1						1	1			1	15	1	4B	1B	1
621 43% (32/ 74)	3		4						1	1	3	3B				1			8	1	2	1		1	3
1162 43% (32/ 74)	1		4							1						1	1			1	15	1	1	1B	1
1842 43% (32/ 74)	3		1/							1	3		1/F		1	1				1	15	1		4	3
624 42% (10/ 24)	Z	Z	Z	Z	Z	Z	Z	Z	Z	Z	Z	Z	Z	Z	Z	Z	1			1C	1	Z	Z	W	1
1893 41% (24/ 58)	1		4					Z		1						1	Z	Z	Z	Z	Z	Z	1	1	1
1894 41% (29/ 71)	Z					3	1		1	1		1/			1	1	1			1C	1	1	1	Z	1
228 41% (30/ 74)	1					3				1		1/				1	1	1/F	11	1	7	1	1	8	1
1490 41% (30/ 74)	1					1			1	19		8				1	1	1/F	6	1		3	1	1	3
1409 40% (29/ 72)	1		1/	4		3				13B	3				Z	Z	1	1/F		2	4	3B		1	3
1852 40% (22/ 55)	1		1/			3	1		1	1		1/			1	1	1			1	1	1	1	1	1
88 39% (29/ 74)			1/			3				1	4				1	1	1			1	6	1	1	1	1
2374 39% (29/ 74)			4			3	2B			2						1	1	3		1	4	1B	1	1	1
606 39% (27/ 69)	1								1			1/			1	1	1	5	10	1	1	1	1	1	1
641 39% (27/ 70)	1								1			1/			1	1	1	5	10	1	1	1	1	1	1
1831 38% (27/ 71)	Z					3			1	19		8				1	1		6	1		2B	1	1	3

1739 | 74 TS + 0 SL + 30 MT

TESTSTELLE	76	77	79	80	83	84	85	86	87	88	89	90	91	92	93	94	95	96	97	98	100	102	103	104
UEBEREINST. ZEUGEN	467	181	31	2	46	23	20	85	476	471	25	71	46	99	31	19	44	35	422	40	470	478	21	22
BEZEUGTE VARIANTE	1/	2	2	6B	2	3	2	3	1/	1/	14	2	3	2	2	2	2	2	1/	2	1/	1/	2	2
P33 100% (1/ 1)	Z	Z	Z	Z	Z	Z	Z	Z	Z	Z	Z	Z	Z	Z	Z	Z	Z	Z	Z	Z	Z	Z	Z	Z
1891 89% (66/ 74)				6			1	2															1L	1
945 81% (60/ 74)											5												1	1E
P41 80% (4/ 5)		Z	Z	Z	Z	Z	Z	Z	Z	Z	Z	Z	Z	Z	Z	Z	Z	Z	Z	Z	Z	Z	Z	Z
2200 75% (53/ 71)	Z	Z		6			1	1							1								1	1
1704 74% (55/ 74)							1				5	4											1	1
630 70% (50/ 71)				6			1	1B			3				1								1	1
81 66% (35/ 53)	Z	Z	Z	Z	Z	Z		2B					1/			2D								
P74 66% (46/ 70)			2B	2		1/		2B			2		1/				Z							
02 64% (47/ 74)				2				2B					1/	1								3		
04 62% (28/ 45)				3				Z	Z	Z	Z	Z	Z	Z					3		Z		Z	Z
2298 62% (46/ 74)				6	1		1				12				1	5							3B	1
01 61% (45/ 74)			5	2				2					1/									3		
03 61% (45/ 74)		2B		2		4		2B			2		1/						4			3		
33 60% (36/ 60)				2	X			2			10			1						7			X	
610 59% (40/ 68)		Z	Z	Z		4	1				2				1	1	3	1	3				1	1
307 58% (43/ 74)				3		4	1				2				1	1	3	1	3				1	1
2818 58% (43/ 74)				1		4	1				2				1	1	3	1	3				1	1
1175 57% (42/ 74)				2		1/							1/	1					1/B	2C				
1875 56% (36/ 64)				1		1/C		2					12										3B	1M
2344 56% (41/ 73)				2				2			11		3G	1						7				
2778 56% (5/ 9)	Z	Z	Z	Z	Z	Z	Z	Z	Z	Z	Z	Z	Z	Z	Z	Z	Z	Z	Z	Z	Z	Z	Z	Z
429 55% (41/ 74)		1B		6			1	1				1	4E	1	1	1	3	1		1D			1	1
P45 55% (6/ 11)	Z	Z	Z	Z	Z	Z	Z	Z	Z	Z	Z	Z	Z	Z	Z	Z	Z	Z	Z	Z	Z	Z	Z	Z
180 54% (39/ 72)		Z	Z	1		1/	1				9		4		1	1	3	1	3				1	1
181 54% (40/ 74)				3		1/C		2					12						4					
453 54% (40/ 74)				3		4	1	2B			2	1	6B		1	1	3	1	3				1	1
1678 54% (40/ 74)				1		4	1				2				1	1	3	1	3			4	1	1
323 53% (39/ 73)			1	6	1	1/	1	1			1		5		1	1	4			3			1	1
522 53% (38/ 72)		1B		6C			1	1				1	4F	1	1	1	3	1		1D			1	3E
1751 53% (38/ 72)		5		6		1/C	1	1					3H		1			Z	Z				1B	1
322 53% (39/ 74)			1	6	1	1/	1	1			1		5		1	1	4			3			1	1
2464 52% (14/ 27)			1	6		4		3C			2		4B		3					2C	3	4		

1739 — 74 TS + 0 SL + 30 MT

TESTSTELLE / UEBEREINST. ZEUGEN / BEZEUGTE VARIANTE	76 467 1/	77 181 2	79 31 2	80 2 6B	83 46 2	84 23 3	85 20 2	86 85 3	87 476 1/	88 471 1/	89 25 14	90 71 2	91 46 3	92 99 2	93 31 2	94 19 2	95 44 2	96 35 2	97 422 1/	98 40 2	100 470 1/	102 478 1/	103 21 2	104 22 2
1642 51% (38/ 74)		1B	5	1	1	1/	1				1C	1	1/	1	1	1	1	1	4	3			1	1
206 51% (23/ 45)		1B		6			1	1				1	4E	1	1	1	3	1		1D			Z	Z
431 51% (37/ 73)				1		4	1				2		14		1	1	3	1	3	W			1	1
94 50% (37/ 74)			1	1	1	1/	1				1	1			1	1	3	1		2C			1	1
623 50% (31/ 62)			1B	7	1	4		2			1				3	1		1		2C		3	3B	1
2805 49% (34/ 70)			1	4		1/	1				3				1	4	3	1		2C		Z	1L	1C
441 48% (28/ 58)			1	1		1/	1						5D	1		2C	3	1		2C			3D	
2718 48% (26/ 54)	Z	Z	Z	Z	Z	Z	Z	Z	Z	Z	Z	Z	Z	Z	Z	Z	Z			2C				
08 46% (33/ 71)				3				2B					4		1					2C	Z	Z	Z	
1884 46% (32/ 69)				3				2B					4		1	2B					Z	Z	Z	
436 46% (34/ 74)			1	1		4	1								3	11		1					1	1
1509 46% (33/ 72)			X	6			1	1				1	4E	1	1	1	3	1		1			1	1
044 45% (33/ 74)			1	3		1/					2				1	4	3			1		4		
467 45% (33/ 74)		1B	1	1	1	1/	1	4			1		4I	1		1	3	1		2C			1L	1
1758 44% (27/ 62)	X	X	1	6			1	X			3	1	4E	1	1	1	1	X	X	X			1	1
2201 44% (27/ 62)			1	1	1	1/	1				1		5			1	1	1		6			1	1
5 43% (32/ 74)			1B	7	1	1/	1	5			1				3	1		1		2C			3E	1
619 43% (32/ 74)			1B	3B	1	1/		1			1		1/	1		1	1	1		6B			1	1
621 43% (32/ 74)			1	1		1/	1						5			2C	3	1		2C			3C	
1162 43% (32/ 74)			1B	3	1	1/		1			1		1/	1		1	1	1		6			1N	1
1842 43% (32/ 74)			1	5		1/C	1	4					5				3	1	5	2C			3B	
624 42% (10/ 24)		Z	Z	Z	Z	Z	Z	Z			1	1	1/	1	1	1	1	1		1			Z	Z
1893 41% (24/ 58)			1B	1	1	Z	Z	1B			1		1/	1		1C	1	1		6			1	1
1894 41% (29/ 71)		1	1	1			1			7					1	1		1		1			1	1
228 41% (30/ 74)			1	5	1	1/	1	1			1	1	5H		1	7	1	1					1	1
1490 41% (30/ 74)		1B		6			1	1B			4	1	4E	1	1	1	1	1		1D			1	1
1409 40% (29/ 72)			5	2		1/	1				8	1	4		1	1		1		3			1	1
1852 40% (22/ 55)		1	1	1	1	1/	1	1					5		1	3	3			1				1
88 39% (29/ 74)		1	1	2	1B	1/	1	4			1			1	1	1	1	1		6			1F	1
2374 39% (29/ 74)		1B	1	1	1	1/	1				2	1		1	1	4		1		2C				1
606 39% (27/ 69)		1B	1	3	1	1/	1	1B			1	1	1/	1	1	1	1	1		1			1	1
641 39% (27/ 70)		1B	1	3	1	1/	1	4	Z	Z	Z	1	1/	1	1	1	1	1		1			1	1
1831 38% (27/ 71)		1B		6			1	1B			3	1	3D	1	1	1	1	1	1/C	3B			1	1

1748 — 32 TS + 0 SL + 71 MT

TESTSTELLE	10	11	18	19	20	28	29	35	36	41	42	44	45	48	49	52	53	55	56	65	66	68	76	77	84
UEBEREINST. ZEUGEN	392	351	355	110	441	416	439	452	339	467	283	451	473	452	162	452	338	422	459	333	365	87	467	181	402
BEZEUGTE VARIANTE	1/	1/	1/	2	1/	1/	1/	1/	1/	1/	1/	1/	1/	1/	2	1/	1/	1/	1/	1/	1/	2	1/	2	1/
P33 100% (1/ 1)	Z	Z	Z	Z	Z	Z	Z	Z	Z	Z	Z	Z	Z	Z	Z		Z	Z	Z	Z	Z	Z	Z	Z	Z
506 100% (7/ 7)	Z	Z	Z	Z	Z			Z	Z	Z	Z	Z	Z			Z	Z			Z	Z	Z	Z	Z	
2175 100% (10/ 10)											Z	Z	Z	Z	Z	Z	Z	Z	Z	Z	Z	Z	Z	Z	Z
2627 100% (4/ 4)	Z	Z	Z	Z	Z					Z	Z	Z	Z	Z	Z	Z	Z	Z	Z	Z	Z	Z	Z	Z	Z
2778 100% (6/ 6)	Z	Z	Z	Z	Z	Z	Z	Z	Z	Z	Z	Z	Z							Z	Z	Z	Z	Z	Z
1856 96% (25/ 26)											8														Z
149 94% (30/ 32)																									
201 94% (30/ 32)																									
824 94% (30/ 32)																									
1072 94% (30/ 32)																									
1248 94% (30/ 32)																									
1503 94% (30/ 32)																									
1617 94% (30/ 32)																									
1628 94% (30/ 32)																									
1637 94% (30/ 32)																									
1656 94% (30/ 32)																									
1740 94% (30/ 32)																									
1746 94% (30/ 32)																									
1865 94% (30/ 32)																									
2352 94% (30/ 32)																									
2466 94% (30/ 32)																									
2723 94% (30/ 32)																									
1508 94% (29/ 31)																	Z								
2218 94% (29/ 31)											V														
1864 93% (28/ 30)	Z	Z																							
2431 93% (26/ 28)			Y	Y				Y	Y											1/G					
141 91% (29/ 32)											8														
204 91% (29/ 32)											8														
386 91% (29/ 32)											4														
394 91% (29/ 32)											8														
444 91% (29/ 32)											6														
634 91% (29/ 32)											4														
664 91% (29/ 32)											6														

1748 32 TS + 0 SL + 71 MT

TESTSTELLE UEBEREINST. ZEUGEN BEZEUGTE VARIANTE	10 392 1/	11 351 1/	18 355 1/	19 110 2	20 441 1/	28 416 1/	29 439 1/	35 452 1/	36 339 1/	41 467 1/	42 283 1/	44 451 1/	45 473 1/	48 452 1/	49 162 2	52 452 1/	53 338 1/	55 422 1/	56 459 1/	65 333 1/	66 365 1/	68 87 2	76 467 1/	77 181 2	84 402 1/
928 91% (29/ 32)											8														
1040 91% (29/ 32)				1																					
1058 91% (29/ 32)											6														
1075 91% (29/ 32)				1																					
1100 91% (29/ 32)											4														
1482 91% (29/ 32)											8														
1618 91% (29/ 32)																									
1619 91% (29/ 32)				1																					
1636 91% (29/ 32)				1																					
1732 91% (29/ 32)											8														
1733 91% (29/ 32)											4														
1737 91% (29/ 32)									1/F																
1749 91% (29/ 32)											8														
1855 91% (29/ 32)											8														
1892 91% (29/ 32)																									4
1897 91% (29/ 32)											8														
2255 91% (29/ 32)											8														
2261 91% (29/ 32)											8														
2554 91% (29/ 32)											4														
757 90% (28/ 31)												3													Z
986 90% (27/ 30)	Z	Z									8														
1723 90% (26/ 29)	Z	Z									X									1/F					
62 89% (8/ 9)	Z	Z	Z	Z	Z							Z	Z	Z	Z	Z	Z	Z	Z	Z	Z	Z	Z	Z	Z
916 89% (8/ 9)				1						Z	Z	Z	Z	Z	Z	Z	Z	Z	Z	Z	Z	Z	Z	Z	Z
1752 89% (24/ 27)	Z	Z	Z	Z	Z						6														
2289 88% (15/ 17)	Z	Z	Z	Z	Z	Z	Z	Z	Z	Z	Z	Z	Z	Z	Z										
18 88% (28/ 32)											4											1			
328 88% (28/ 32)											8				1										
432 88% (28/ 32)											5					3									
604 88% (28/ 32)				1B							5														
801 88% (28/ 32)											8														
1249 88% (28/ 32)											8					3									
1400 88% (28/ 32)											6									1/F					

1748 32 TS + 0 SL + 71 MT

TESTSTELLE		86	87	88	91	97	100	102
UEBEREINST. ZEUGEN		35	476	471	279	33	470	478
BEZEUGTE VARIANTE		2	1/	1/	1/	4	1/	1/
P33	100% (1/ 1)	Z	Z	Z	Z	Z	Z	Z
506	100% (7/ 7)	Z	Z	Z	Z	Z	Z	Z
2175	100% (10/ 10)	Z	Z	Z	Z	Z	Z	Z
2627	100% (4/ 4)	Z	Z	Z	Z	Z	Z	Z
2778	100% (6/ 6)	Z	Z	Z	Z	Z	Z	Z
1856	96% (25/ 26)	Z	Z	Z	Z	Z		
149	94% (30/ 32)	1B				1/		
201	94% (30/ 32)	1B				1/		
824	94% (30/ 32)	1B				1/		
1072	94% (30/ 32)	1B				1/		
1248	94% (30/ 32)	1B				1/		
1503	94% (30/ 32)	1B				1/		
1617	94% (30/ 32)	1B				1/		
1628	94% (30/ 32)	1B				1/		
1637	94% (30/ 32)	1B				1/		
1656	94% (30/ 32)	1B				1/		
1740	94% (30/ 32)	1B				1/		
1746	94% (30/ 32)	1B				1/		
1865	94% (30/ 32)	1B				1/		
2352	94% (30/ 32)	1B				1/		
2466	94% (30/ 32)	1B				1/		
2723	94% (30/ 32)	1B				1/		
1508	94% (29/ 31)	1B				1/		
2218	94% (29/ 31)	1B				1/		
1864	93% (28/ 30)	1B				1/		
2431	93% (26/ 28)	1B						
141	91% (29/ 32)	1B				1/		
204	91% (29/ 32)	1B				1/		
386	91% (29/ 32)	1B				1/		
394	91% (29/ 32)	1B				1/		
444	91% (29/ 32)	1B				1/		
634	91% (29/ 32)	1B				1/		
664	91% (29/ 32)	1B				1/		

1748 32 TS + 0 SL + 71 MT

TESTSTELLE		86	87	88	91	97	100	102
UEBEREINST. ZEUGEN		35	476	471	279	33	470	478
BEZEUGTE VARIANTE		2	1/	1/	1/	4	1/	1/
928	91% (29/ 32)	1B				1/		
1040	91% (29/ 32)	1B				1/		
1058	91% (29/ 32)	1B				1/		
1075	91% (29/ 32)	1B				1/		
1100	91% (29/ 32)	1B				1/		
1482	91% (29/ 32)	1B				1/		
1618	91% (29/ 32)	1B			13B	1/		
1619	91% (29/ 32)	1B				1/		
1636	91% (29/ 32)	1B				1/		
1732	91% (29/ 32)	1B				1/		
1733	91% (29/ 32)	1B				1/		
1737	91% (29/ 32)	1B				1/		
1749	91% (29/ 32)	1B				1/		
1855	91% (29/ 32)	1B				1/		
1892	91% (29/ 32)	1B				1/		
1897	91% (29/ 32)	1B				1/		
2255	91% (29/ 32)	1B				1/		
2261	91% (29/ 32)	1B				1/		
2554	91% (29/ 32)	1B				1/		
757	90% (28/ 31)	1B				1/		
986	90% (27/ 30)	1B				1/		
1723	90% (26/ 29)	1B				1/		
62	89% (8/ 9)	Z	Z	Z	Z	1/		
916	89% (8/ 9)	Z	Z	Z	Z	Z	Z	Z
1752	89% (24/ 27)	1B				1/		
2289	88% (15/ 17)	1B				1/		
18	88% (28/ 32)	1B				1/		
328	88% (28/ 32)	1B				1/		
432	88% (28/ 32)	1B				1/		
604	88% (28/ 32)	1B				1/		
801	88% (28/ 32)	1B			4E	1/		
1249	88% (28/ 32)	1B				1/		
1400	88% (28/ 32)	1B				1/		

1751 51 TS + 7 SL + 44 MT

TESTSTELLE UEBEREINST. ZEUGEN BEZEUGTE VARIANTE	8 16 3B	10 392 1/	11 351 1/	12 1 8	14 23 2	15 24 3	18 73 4	19 110 2	20 441 1/	23 91 2	28 29 3D	29 439 1/	30 21 5	32 51 2	35 452 1/	36 38 1/F	39 33 4	40 1 4	41 467 1/	42 60 5	44 451 1/	45 473 1/	46 76 2	47 92 2	49 162 2
P33 100% (1/ 1)	Z	Z	Z	Z	Z	Z	Z	Z	Z	Z	Z	Z	Z	Z	Z	Z	Z	Z	Z	Z	Z	Z	Z	Z	Z
2200 84% (41/ 49)	3			3														2					1		
630 80% (39/ 49)	3			3			Z	Z										2		6					
1891 76% (39/ 51)	3			3	9							5	4					2							
1739 75% (38/ 51)	3			3								5	1			1/		2							
429 73% (37/ 51)	3		5															1							
945 71% (36/ 51)	3			3	3							5	1			1/		2							
1704 69% (35/ 51)	3			2		5						5	1			1/		2							
2298 67% (34/ 51)	1		1/L	1								5	1	1		1/							3		
2778 67% (4/ 6)	Z	Z	Z	Z	Z	Z	Z	Z	Z	Z	Z	Z	Z	Z	Z	Z	Z	Z	Z	Z	Z	Z	Z	Z	
1509 63% (31/ 49)	3		1/I	3	1	1							X					1					1		
522 63% (32/ 51)	3		5	3							11			1				1							1
81 61% (22/ 36)	2	14	1/L	2		2	Z	Z	Z	Z	1/		3		3	1/	2	2		1/					1
206 61% (20/ 33)	Z	Z	Z	Z	Z	Z	Z	Z	Z	Z	Z	Z	Z	Z	Z	Z	Z	Z							1
1758 60% (26/ 43)	1		5	1			Y	1		1	X					1/K		1					X		Y
307 59% (30/ 51)	3	6		1D		2	5B				3E	5			3			2		4					
610 58% (28/ 48)	3	6		1	3	2	5B				3E	5			3			2		4					
180 57% (28/ 49)	3	6		1	3B	2	5B				3E	5	1		3			1		4					
1831 57% (28/ 49)			8B	1	1B		6			1	1/					1/K	Z	Z					3		1
181 57% (29/ 51)		11	11	4	1	1	1/	1			1/		1		3	3		2		4				1	
453 57% (29/ 51)	3	6		1		2	5B				3E	5			3			2		4					
1490 57% (29/ 51)	3		5	1		3B				1	1/					1/K		1					1		1
1875 57% (25/ 44)	X	X	X	X	6	1	1/	1			Z	Z	1		3	3	X	2		6				1	
2818 57% (29/ 51)	3	6		1C	3	2	5B				3E	5			3			2		4					
431 56% (28/ 50)				13	10	1	1/	1			1/		1		3	1/		2		4					
1678 55% (28/ 51)	1	6		1	3	2	5B					5	1		3			2		4					
P45 55% (6/ 11)	Z	Z	Z	Z	Z	Z	Y	Y	Y		1/		Z	4		Z	Z	2		Z	Z		Z	Z	Z
P74 54% (26/ 48)	Y	3	1/I	2		2	Z				1/		2		3	1/	2	2		3	4				
02 53% (27/ 51)	2	3		2		2	5				1/		2		3	1/	2	2		3	4				
636 53% (27/ 51)	1			1C	6	1	1/	1			11							1F							
2464 53% (9/ 17)	Z	Z	Z	Z	Z	Z	Z	Z	Z	Z	Z	Z	Z	Z	Z	Z	Z	Z	Z	Z	Z	Z	Z	Z	Z
33 53% (21/ 40)	X	11		1	4	X	X	1			1/	X	X	1		X	1	1		3			X		
2344 52% (26/ 50)	3	11		1	X	4	1/	1			1/		1			1/	1	1		3					1

TESTSTELLE			8	10	11	12	14	15	18	19	20	23	28	29	30	32	35	36	39	40	41	42	44	45	46	47	49
UEBEREINST. ZEUGEN			16	392	351	1	23	24	73	110	441	91	29	439	21	51	452	38	33	1	467	60	451	473	76	92	162
BEZEUGTE VARIANTE			3B	1/	1/	8	2	3	4	2	1/	2	3D	1/	5	2	1/	1/F	4	4	1/	5	1/	1/	2	2	2
04	52%	(16/ 31)	2C	3	5	2		2	Z	Z	Z	Z	1/		2		3B	1/	Z	Z	Z	Z	4				
2718	51%	(19/ 37)				12	1B	1	1/	1			1/		1	1		1/	1	1		4					
322	51%	(26/ 51)	3			1	1	1					8	5	1			1/		1		6					1
436	51%	(26/ 51)	1		1/L	1	1	1		1		1	1/		1	1		1/	1	1		4					
P41	50%	(1/ 2)	Z	Z	Z	Z	Z	Z	Z	Z	Z	Z	Z	Z	Z	Z	Z	Z	Z	Z	Z	Z	Z	Z	Z	Z	Z
323	50%	(25/ 50)	3	Z		1	1	1					3C	5	1			1/		1		6					1
1745	50%	(4/ 8)	Z	Z	Z	Z	Z	Z	Z	Z	Z	Z	Z	Z	Z	Z	Z	Z	Z	Z	Z	Z	Z	Z	Z	Z	Z
1893	50%	(21/ 42)	1			1	X	X	1/	1			1/		1	Z	Z	Z	1	1		4					
01	49%	(25/ 51)	2	3		2		2	5				1/		2		3	1/	2	2		1/	4				
03	49%	(25/ 51)	2			2		2	3	3			1/		2		4	1/	2	2		1/	4				
94	49%	(25/ 51)	3	6	1/L	1	3	2	5B					5			3			2		4					
228	49%	(25/ 51)	3			1	1	1					1/		1	1		1/	1	1					3		
1175	49%	(25/ 51)	2	3	1/D	2		2	5				1/		1C		3	1/	4B	2		6	6				
623	49%	(21/ 43)	Z	Z	Z	Z	Z	Z	Z	Z			1/		1	1		1/	1	1		4					
2201	49%	(21/ 43)	Z	Z	Z	Z	Z	Z	Z	Z			1/		1	1			1	1		1/				1	
1884	48%	(23/ 48)	3	11		1	3	4	6B	U		3	5		1	1		1/		2		6				4B	1
2805	48%	(23/ 48)		4	10	1					Z	Z	6	6	1	1		1/	1	2		4					
5	47%	(24/ 51)	3			1	4	4	1/	1			1/		1	1		1/D	1	1		1/			3		
1162	47%	(24/ 51)			1/L	1	1	1		1			1/		1	1		1/	1	1		4					
08	47%	(23/ 49)	3	11		1	3	5		1		3	5		1	1		1/	6	2		6				4	1
441	46%	(19/ 41)	Z	Z	Z	Z	Z	Z	Z	Z	Z	Z	1/		1	1		1/	1	3		4					
1838	46%	(23/ 50)		11	1/N	1	1	1	1/	1			1/		1	1		1/P	1	2						1	1
314	45%	(5/ 11)	Z	Z	Z	Z	Z	Z	Z	Z	Z	Z	Z	Z	Z	Z	Z	Z	Z	Z		1/			1	Z	Z
467	45%	(23/ 51)	3	4		1	8						6B	5	1	1		1/		1		1/					1
996	45%	(23/ 51)	3			1	1	1				1	1/		1	3		1/	1	1		6			3		
1642	45%	(23/ 51)	3	3	14	3							3G	5			3	1/	1	1B		1/					
619	43%	(22/ 51)	3		1/L	1	1	1	1/	1			1/		1	1		1/	1B	1		4					
1718	43%	(22/ 51)	6			1	1		1/			1	1/		1	1		1/K	1	1		1/			1		1
1842	43%	(22/ 51)	3		1/O	1	1	1	1/	1		1	1/		1	1		1/	1	3		1/					
941	43%	(21/ 49)	1			1	1	1	8	1			1/		2	1			1	Y		4			1		
1894	43%	(21/ 49)	1			1	1	1	1/	1		1	1/		1	3		1/	Z	Z					3	1	1
606	42%	(20/ 48)	1			3	1	1		1				5	1	Z	Z	Z	2	1							1
044	41%	(21/ 51)	1	4		1	1B		1/	1		7	1/		1	1		1/	1	1		4	5				1

1751 — 51 TS + 7 SL + 44 MT

TESTSTELLE	52	53	55	56	57	61	65	67	68	76	77	79	80	81	83	84	87	88	89	90	92	94	95	98	100
UEBEREINST. ZEUGEN	452	33	422	459	104	36	2	7	20	467	2	31	16	6	46	4	476	471	25	71	99	19	44	40	470
BEZEUGTE VARIANTE	1/	8	1/	1/	2	2	8	2B	3	1/	5	2	6	3	2	1/C	1/	1/	14	2	2	2	2	2	1/
P33 100% (1/ 1)		Z	Z	Z	Z	Z	Z	Z	Z	Z	Z	Z	Z	Z	Z	Z	Z	Z	Z	Z	Z	Z	Z	Z	Z
2200 84% (41/ 49)						1	1/			Z	Z			1		3									
630 80% (39/ 49)						1	1/				2			1		3			3						
1891 76% (39/ 51)		3				1	1/				2			1		3									
1739 75% (38/ 51)		3				1	1/				2		6B	1		3									
429 73% (37/ 51)						1	1/	1			1B			1		3				1	1	1	3	1D	
945 71% (36/ 51)		8C				1	1/				2		6B	1		3			5						
1704 69% (35/ 51)					2B	1	1/				2		6B	1		3			5	4					
2298 67% (34/ 51)		3				1	1/				2			1	1	3			12			5			
2778 67% (4/ 6)		1/			1	Z	Z	Z	Z	Z	Z	Z	Z	Z	Z	Z	Z	Z	Z	Z	Z	Z	Z	Z	Z
1509 63% (31/ 49)						1	1/F	1			2	X		1		3				1	1	1	3	1	
522 63% (32/ 51)						1	1/	1			1B		6C	1		3				1	1	1	3	1D	
81 61% (22/ 36)		1/				Z	Z	Z	Z	Z	Z	Z	Z	Z	Z	Z						2D			
206 61% (20/ 33)	4					1	1/	1			1B			1		3				1	1	1	3	1D	
1758 60% (26/ 43)						X	1/	1		X	X	1		1		3			3	1	1	1	1	X	
307 59% (30/ 51)		3				1	1/	2	2		2		3			4			2			1	3		
610 58% (28/ 48)		3				1	1/	2	2		Z	Z	Z			4			2			1	3		
180 57% (28/ 49)		3					1/	2			Z	Z	1	1		1/			9			1	3		
1831 57% (28/ 49)						1	1/	1			1B			1		3			3	1	1	1	1	3B	
181 57% (29/ 51)		3G	5				1/	1	12		2		3	2											
453 57% (29/ 51)		3				1	1/	2	2		2		3			4			2	1		1	3		
1490 57% (29/ 51)						1	1/F	1			1B			1		3			4	1	1	1	1	1D	
1875 57% (25/ 44)		3G	5			1	1/F	1	12		2		1	2											
2818 57% (29/ 51)		3				1	1/	2	2		2		1			4			2			1	3		
431 56% (28/ 50)		3					1/	2	2		2		1	1		4			2			1	3	W	
1678 55% (28/ 51)		3				1	1/	2	2		2		1			4			2			1	3		
P45 55% (6/ 11)	Z	Z	3		1	Z	Z	Z	Z	Z	Z	Z	Z	Z	Z	Z	Z	Z	Z	Z	Z	Z	Z	Z	Z
P74 54% (26/ 48)		1/					1/	2	4		2	2B	2	2		1/			2				Z		
02 53% (27/ 51)		1/	4				1/	2	4		2		2	2		3					1				
636 53% (27/ 51)							1/F	1	1		1B	1	1E	1	1	1/		1/B	1	1		1	4	1	
2464 53% (9/ 17)	Z	Z	Z	Z	Z	Z	Z	Z	Z		2	1		2		4			2					2C	3
33 53% (21/ 40)		3	X	X			1/D	X	4		2		2	2	X	3			10		1			7	
2344 52% (26/ 50)		3					1/F	2C	4		2		2	2		3			11		1			7	

TESTSTELLE UEBEREINST. ZEUGEN BEZEUGTE VARIANTE	52 452 1/	53 33 8	55 422 1/	56 459 1/	57 104 2	61 36 2	65 2 8	67 7 2B	68 20 3	76 467 1/	77 2 5	79 31 2	80 16 6	81 6 3	83 46 2	84 4 1/C	87 476 1/	88 471 1/	89 25 14	90 71 2	92 99 2	94 19 2	95 44 2	98 40 2	100 470 1/
04 52% (16/ 31)	1/D	4			Z	Z	Z	Z	Z		2		3	Z		3	Z	Z	Z	Z	Z				Z
2718 51% (19/ 37)	4	3				1	1/F	1		Z	Z	Z	Z	Z	Z	Z	Z	Z	Z	Z	Z	Z	Z	2C	
322 51% (26/ 51)		3F				1	1/C	1	1		2	1		1	1	1/			1			1	4	3	
436 51% (26/ 51)		4C				1	1/	1	4		2	1	1	1		4						11			
P41 50% (1/ 2)	Z	Z	Z	Z	Z	Z	Z	X	4		Z	Z	Z	Z	Z	Z	Z	Z	Z	Z	Z	Z	Z	Z	Z
323 50% (25/ 50)		3				1	1/C	1	1		2	1		1	1	1/			1			1	4	3	
1745 50% (4/ 8)	Z	Z	Z	Z	Z	Z	Z	Z	Z	Z	Z	Z	Z	Z	Z	Z			1	1	1	Z	Z	1	
1893 50% (21/ 42)		3				1	Z	Z	Z		2	1B	1	2	1	Z			1		1	1C	1	6	
01 49% (25/ 51)	4	1/	1/B			4	1/K	2	4		2	5	2	2B		3									
03 49% (25/ 51)	4	1/	1/B			4	1/	2	2		2B		2	2		4			2						
94 49% (25/ 51)		3				1	1/	1			2	1	1	1	1	1/			1	1		1	3	2C	
228 49% (25/ 51)		1/				1	1/F	1	7		2	1	5	1	1	1/			1	1		7	1		
1175 49% (25/ 51)	4	3			2C		1/	2	2		2		2	2		1/					1			2C	
623 49% (21/ 43)		3				1	1/F	1	4		2	1B	7	2	1	4			1			1		2C	
2201 49% (21/ 43)		3				1	1/	1	1		2	1	1	2	1	1/			1			1	1	6	
1884 48% (23/ 48)		1/			1		6	1C	4		2		3	1		3						2B			Z
2805 48% (23/ 48)		3				1	1/F	1	4B		2	1	4	1		1/			3			4	3	2C	
5 47% (24/ 51)		3					1/	1	4		2	1B	7	2	1	1/			1			1		2C	
1162 47% (24/ 51)		3					1/	1	15		2	1B	3	2	1	1/			1		1	1	1	6	
08 47% (23/ 49)		1/			1		1/F	1C	4		2		3	1B		3								2C	Z
441 46% (19/ 41)	3	3				1	1/K	1	2		2	1	1	1		1/					1	2C	3	2C	
1838 46% (23/ 50)		1/				Z		1	1		6	1	1	1	1	1/			1	4		1			
314 45% (5/ 11)	Z	Z	Z	Z	Z	Z	Z	Z	Z	Z	Z	Z	Z	Z	Z	Z	Z	Z	Z	Z	1	1	1	1	
467 45% (23/ 51)		3				1	1/	1	7		1B	1	1	1	1	1/			1		1	1	3	2C	
996 45% (23/ 51)	3	1/					1/	1	7		2B	1	5	1	1	1/			1	1		1	4		
1642 45% (23/ 51)		3B				1	1/	2	4		1B	5	1	2	1	1/			1C	1	1	1	1	3	
619 43% (22/ 51)		3					1/	1	15		2	1B	3B	2	1	1/			1		1	1	1	6B	
1718 43% (22/ 51)		1/			1	1	1/	1	7		1B	1	1	1	1	1/			1	1		1			
1842 43% (22/ 51)	3	3	1/F		1	1	1/	1	15		2	1	5	1									3	2C	
941 43% (21/ 49)		3				1	1/F	1	1		1B	1	1	2	1	4			1	1		1C	4	1	
1894 43% (21/ 49)		1/			1	1	1/	1C	1		1	1	1	1		3		7				1		1	
606 42% (20/ 48)		1/			1	1	5	1	1		1B	1	3	1	1	1/			1	1	1	1	1	1	
044 41% (21/ 51)		1/				1	1/F	1			2	1	3	1		1/			2			4	3	1	

1751 51 TS + 7 SL + 44 MT			1751 51 TS + 7 SL + 44 MT		
TESTSTELLE		102	TESTSTELLE		102
UEBEREINST. ZEUGEN		478	UEBEREINST. ZEUGEN		478
BEZEUGTE VARIANTE		1/	BEZEUGTE VARIANTE		1/
P33	100% (1/ 1)	Z	04	52% (16/ 31)	
2200	84% (41/ 49)		2718	51% (19/ 37)	
630	80% (39/ 49)		322	51% (26/ 51)	
1891	76% (39/ 51)		436	51% (26/ 51)	
1739	75% (38/ 51)		P41	50% (1/ 2)	Z
429	73% (37/ 51)		323	50% (25/ 50)	
945	71% (36/ 51)		1745	50% (4/ 8)	
1704	69% (35/ 51)		1893	50% (21/ 42)	
2298	67% (34/ 51)		01	49% (25/ 51)	3
2778	67% (4/ 6)	Z	03	49% (25/ 51)	3
1509	63% (31/ 49)		94	49% (25/ 51)	
522	63% (32/ 51)		228	49% (25/ 51)	
81	61% (22/ 36)		1175	49% (25/ 51)	
206	61% (20/ 33)		623	49% (21/ 43)	3
1758	60% (26/ 43)		2201	49% (21/ 43)	
307	59% (30/ 51)		1884	48% (23/ 48)	Z
610	58% (28/ 48)		2805	48% (23/ 48)	Z
180	57% (28/ 49)		5	47% (24/ 51)	
1831	57% (28/ 49)		1162	47% (24/ 51)	
181	57% (29/ 51)		08	47% (23/ 49)	Z
453	57% (29/ 51)		441	46% (19/ 41)	
1490	57% (29/ 51)		1838	46% (23/ 50)	
1875	57% (25/ 44)		314	45% (5/ 11)	
2818	57% (29/ 51)		467	45% (23/ 51)	
431	56% (28/ 50)		996	45% (23/ 51)	
1678	55% (28/ 51)	4	1642	45% (23/ 51)	
P45	55% (6/ 11)	Z	619	43% (22/ 51)	
P74	54% (26/ 48)		1718	43% (22/ 51)	
02	53% (27/ 51)	3	1842	43% (22/ 51)	
636	53% (27/ 51)	1/C	941	43% (21/ 49)	Y
2464	53% (9/ 17)	4	1894	43% (21/ 49)	
33	53% (21/ 40)		606	42% (20/ 48)	
2344	52% (26/ 50)		044	41% (21/ 51)	4

1753 32 TS + 0 SL + 72 MT

TESTSTELLE UEBEREINST. ZEUGEN BEZEUGTE VARIANTE	8 94 3	10 392 1/	11 351 1/	18 73 4	20 441 1/	28 416 1/	29 439 1/	35 452 1/	36 54 1/K	41 467 1/	42 60 5	44 451 1/	45 473 1/	46 101 3	48 452 1/	50 16 17	52 452 1/	53 33 8	55 16 8	56 459 1/	65 333 1/	66 365 1/	76 467 1/	77 181 2	84 42 4
P33 100% (1/ 1)	Z	Z	Z	Z	Z	Z	Z	Z	Z	Z	Z	Z	Z	Z	Z	Z		Z	Z	Z	Z	Z	Z	Z	Z
P41 100% (1/ 1)	Z	Z	Z	Z	Z	Z	Z	Z	Z	Z	Z	Z	Z	Z	Z	Z	Z	Z	Z	Z	Z	X		Z	Z
1405 97% (31/ 32)									1/M																
1863 97% (31/ 32)									1/M																
2279 97% (31/ 32)									1/M																
912 97% (30/ 31)									1/M																
1594 94% (30/ 32)	1								1/M																
2511 94% (30/ 32)									1/M																1/
234 94% (29/ 31)									1/M								X				1/F				
1861 93% (26/ 28)	Z	Z	Z	Z					1/M																
1456 91% (20/ 22)															Z	Z	Z	Z	Z	Z	Z	Z	Z	Z	
1250 91% (29/ 32)				1/					1/M																
51 88% (28/ 32)									1/F										1/			4			1/
390 88% (28/ 32)	3B			1/					1/M																
1003 88% (28/ 32)	1		8	1/					1/M																
2501 88% (28/ 32)																									1/
P45 86% (6/ 7)	Z	Z	Z	Y	Y				Z		Z	Z		Z	Z	Z	Z	Z	3		Z	Z	Z	Z	Z
223 84% (27/ 32)																			1/		1/F			1	1/
582 84% (27/ 32)			6	1/																		6			
42 84% (26/ 31)	Z								1/M									9	1/					1	1/
1745 80% (4/ 5)	Z	Z	Z	Z	Z	Z	Z	Z	Z	Z	Z	Z	Z	Z	Z	Z	Z	Z	Z	Z	Z	Z	Z	Z	Z
2627 75% (3/ 4)	Z	Z	Z	Z	Z				1/	Z	Z	Z	Z	Z	Z	Z	Z	Z	Z	Z	Z	Z	Z	Z	Z
2675 75% (24/ 32)	1D		4						1/M		3					18					1/F	1/D			1/
1758 73% (19/ 26)	1		5	Y		X								X		1			1/				X	X	3
367 72% (23/ 32)				1/					1/I		1/					1		1/	1/					1B	
1846 71% (5/ 7)	Z	Z	Z	Z	Z	Z	Z	Z	Z	Z	Z	Z	Z	Z	Z	Z	Z	Z	Z	Z	Z	Z	Z	Z	1/
2125 71% (5/ 7)				1/		Z	Z		Z	Z	Z	Z	Z	1	Z	Z	Z	Z	Z	Z	Z	Z	Z	Z	Z
1721 70% (21/ 30)				1/					1/		1/					Y	Y	1/	1/					1	
2175 70% (7/ 10)	1			1/					1/		Z	Z	Z	Z	Z	Z	Z	Z	Z	Z	Z	Z	Z	Z	Z
2200 70% (21/ 30)						3D			1/F					1		2C			1/				Z	Z	3
1856 69% (18/ 26)	1			1/					1/		8			1		1		1/	1/						Z
5 69% (22/ 32)				1/					1/D		1/					1		3	1/						1/
228 69% (22/ 32)									1/							1		1/	1/		1/F	11			1/

1753 | 32 TS + 0 SL + 72 MT

TESTSTELLE	8	10	11	18	20	28	29	35	36	41	42	44	45	46	48	50	52	53	55	56	65	66	76	77	84
UEBEREINST. ZEUGEN	94	392	351	73	441	416	439	452	54	467	60	451	473	101	452	16	452	33	16	459	333	365	467	181	42
BEZEUGTE VARIANTE	3	1/	1/	4	1/	1/	1/	1/	1/K	1/	5	1/	1/	3	1/	17	1/	8	8	1/	1/	1/	1/	2	4
429 69% (22/ 32)			5			3D			1/F					2		19			1/					1B	3
522 69% (22/ 32)			5			11			1/F					2		19			1/					1B	3
1102 69% (22/ 32)	1								1/		1/					1D		3	1/					1	1/
1106 69% (22/ 32)			5								1/					21		1/	1/					1	1/
1704 69% (22/ 32)						3D	5		1/					2		19			1/						3
1843 69% (22/ 32)				1/							1/			4		1		3	1/						1/
2431 68% (19/ 28)	1			Y				Y	Y		1/			Y		1		1/	1/		1/G				1/
630 68% (21/ 31)				Z		3D			1/F		6			2		2C			1/						3
1597 68% (21/ 31)	1	8							1/		1/					1		1/	1/					1	1/
1754 68% (21/ 31)	Z		7	1/											1/B	1E		1/	1/						1/
1873 68% (21/ 31)				1/							1/			6		1		3	1/		1/F				1/
62 67% (6/ 9)	Z	Z	Z	Z	Z				1/		1/	Z	Z	Z	Z	Z	Z	Z	Z	Z	Z	Z	Z	Z	Z
506 67% (4/ 6)	Z	Z	Z	Z	Z			Z	Z	Z	Z	Z	Z	Z		Z	Z	Z	1/		Z	Z	Z	Z	1/
624 67% (8/ 12)	Z	Z	Z	Z	Z	Z	Z		1/	Z	Z	Z	Z	Z	Z	Z	Z	Z	Z	Z				Z	Z
699 67% (20/ 30)	Z			Z					1/		1/					1		1/	1/					1	1/
916 67% (6/ 9)	1			1/					1/	Z	Z	Z	Z	Z	Z	Z	Z	Z	Z	Z	Z	Z	Z	Z	Z
1352 67% (20/ 30)	1			1/					1/		7					1		1/	X					U	1/
102 66% (21/ 32)	1								1/		1/					1		3	1/	1/C				1	1/
189 66% (21/ 32)	1	8							1/		1/					1E		3	1/					1	1/
302 66% (21/ 32)	1										1/			1		1		1/	1/					1	1/
436 66% (21/ 32)	1		1/L						1/		4			2		1		4C	1/						
437 66% (21/ 32)	1			1/							1/			2		1		1/	1/						1/
604 66% (21/ 32)	1			1/					1/					1		1		1/	1/						1/
676 66% (21/ 32)	1			1/							1/			1		1B		1/	1/					1	
945 66% (21/ 32)						3D	5		1/					2		19		8C	1/						3
1058 66% (21/ 32)				1/					1/		6			1		1		1/	1/						1/
1105 66% (21/ 32)	1			1/							6					1		1/	1/					1	1/
1251 66% (21/ 32)			5						1/			3		1		1			1/					1	1/
1315 66% (21/ 32)	1			1/					1/		6					12		8C	1/						1/
1448 66% (21/ 32)	1			7					1/		1/			1		1		1/	1/						
1490 66% (21/ 32)			5											1		19			1/		1/F	6		1B	3
1509 66% (21/ 32)			1/I			3D			1/F					1	1/K	1			1/		1/F				3
1595 66% (21/ 32)	1			1/					1/		4					1		[illegible]	1/						1/

1753 32 TS + 0 SL + 72 MT

TESTSTELLE UEBEREINST. ZEUGEN BEZEUGTE VARIANTE			87 476 1/	88 471 1/	91 14 11	95 68 3	97 33 4	100 470 1/	102 478 1/
P33	100%	(1/ 1)	Z	Z	Z	Z	Z	Z	Z
P41	100%	(1/ 1)	Z	Z	Z	Z	Z	Z	Z
1405	97%	(31/ 32)							
1863	97%	(31/ 32)							
2279	97%	(31/ 32)							
912	97%	(30/ 31)			X				
1594	94%	(30/ 32)							
2511	94%	(30/ 32)							
234	94%	(29/ 31)							
1861	93%	(26/ 28)					1/		
1456	91%	(20/ 22)			11F		1/		
1250	91%	(29/ 32)					1/		
51	88%	(28/ 32)							
390	88%	(28/ 32)			1/				
1003	88%	(28/ 32)							
2501	88%	(28/ 32)			1/	1	1/		
P45	86%	(6/ 7)	Z	Z	Z	Z	Z	Z	Z
223	84%	(27/ 32)					1/		
582	84%	(27/ 32)			11F		1/		
42	84%	(26/ 31)							
1745	80%	(4/ 5)			1/	Z	Z		
2627	75%	(3/ 4)	Z	Z	Z	Z	Z	Z	Z
2675	75%	(24/ 32)							
1758	73%	(19/ 26)			4E	1	X		
367	72%	(23/ 32)			11B		1/		
1846	71%	(5/ 7)			X		1/		
2125	71%	(5/ 7)	Z	Z	Z	Z	Z	Z	Z
1721	70%	(21/ 30)			3	1	1/		
2175	70%	(7/ 10)	Z	Z	Z	Z	Z	Z	Z
2200	70%	(21/ 30)			3	2	1/		
1856	69%	(18/ 26)	Z	Z	Z	Z	Z		
5	69%	(22/ 32)			3	2	1/		
228	69%	(22/ 32)			5H	1	1/		

1753 32 TS + 0 SL + 72 MT

TESTSTELLE UEBEREINST. ZEUGEN BEZEUGTE VARIANTE			87 476 1/	88 471 1/	91 14 11	95 68 3	97 33 4	100 470 1/	102 478 1/
429	69%	(22/ 32)			4E		1/		
522	69%	(22/ 32)			4F		1/		
1102	69%	(22/ 32)			3		1/		
1106	69%	(22/ 32)			1/	1	1/		
1704	69%	(22/ 32)			3	2	1/		
1843	69%	(22/ 32)			5	1	1/		
2431	68%	(19/ 28)			1/	1			
630	68%	(21/ 31)			3	2	1/		
1597	68%	(21/ 31)			X		1/		
1754	68%	(21/ 31)			1/	1	1/		
1873	68%	(21/ 31)			5	1	Z		
62	67%	(6/ 9)	Z	Z	Z	Z	1/		
506	67%	(4/ 6)	Z	Z	Z	Z	Z	Z	Z
624	67%	(8/ 12)			1/	1	1/		
699	67%	(20/ 30)			1/	1	1/		
916	67%	(6/ 9)	Z	Z	Z	Z	Z	Z	Z
1352	67%	(20/ 30)			1/	1	1/		
102	66%	(21/ 32)			3		1/		
189	66%	(21/ 32)			3		1/		
302	66%	(21/ 32)			1/	1	1/		
436	66%	(21/ 32)			3	2	1/		
437	66%	(21/ 32)			1/	1	1/		
604	66%	(21/ 32)			1/	1	1/		
676	66%	(21/ 32)			1/	1	1/		
945	66%	(21/ 32)			3	2	1/		
1058	66%	(21/ 32)			1/	1	1/		
1105	66%	(21/ 32)			5B	1	1/		
1251	66%	(21/ 32)			1/	1	1/		
1315	66%	(21/ 32)			5C	2	1/		
1448	66%	(21/ 32)			13B	2	1/		
1490	66%	(21/ 32)			4E	1	1/		
1509	66%	(21/ 32)			4E		1/		
1595	66%	(21/ 32)			3	1	1/		

1758 | 39 TS + 0 SL + 48 MT

TESTSTELLE	7	10	11	13	14	15	20	29	30	32	34	35	36	39	41	42	44	45	47	48	52	53	55	56	57
UEBEREINST. ZEUGEN	17	392	17	7	23	24	441	439	21	51	19	452	54	33	467	60	451	473	92	452	452	33	422	459	104
BEZEUGTE VARIANTE	5	1/	5	3	2	3	1/	1/	5	2	2B	1/	1/K	4	1/	5	1/	1/	2	1/	1/	8	1/	1/	2
P33 100% (1/ 1)	Z	Z	Z	Z	Z	Z	Z	Z	Z	Z	Z	Z	Z	Z	Z	Z	Z	Z	Z	Z		Z	Z	Z	Z
429 92% (36/ 39)				3D									1/F												
206 92% (23/ 25)	Z	Z	Z	Z	Z	Z	Z	Z	Z	Z	Z	Z	Z	Z							4				
1490 90% (35/ 39)						3B																			
314 83% (5/ 6)	Z	Z	Z	Z	Z	Z	Z	Z	Z	Z	Z	Z	Z	Z		1/			Z	Z	Z	Z	Z	Z	Z
522 82% (32/ 39)	7			3D						1			1/F												
630 82% (32/ 39)	1		1/	4									1/F			6									
1831 82% (31/ 38)	3		8B	1	1B									Z											
2200 82% (31/ 38)	1		1/	3D									1/F												
945 72% (28/ 39)	1		1/	3E	3			5	1				1/									8C			
1704 72% (28/ 39)	1		1/	5		5		5	1				1/												2E
1509 71% (27/ 38)	1		1/I	8	1	1			X		1		1/F							1/K					
1739 69% (27/ 39)	16		1/	3D				5	1				1/									3			
1891 69% (27/ 39)	16		1/	3D	9			5	4				1/F									3			
1738 67% (4/ 6)	Z	Z	Z	Z	Z	Z	Z	Z	Z	Z	Z	Z	Z	Z	Z	Z	Z	Z	Z	Z	Z	Z	Z	Z	Z
1745 67% (4/ 6)	Z	Z	Z	Z	Z	Z	Z	Z	Z	Z	Z	Z	Z	Z	Z	Z	Z	Z	Z	Z	Z	Z	Z	Z	Z
1751 67% (26/ 39)	1B		1/	1B							9B		1/F							7					
1858 67% (4/ 6)	Z	Z	Z	Z	Z	Z	Z	Z	Z	Z	Z	Z	Z	Z	Z	Z	Z	Z	Z	Z	Z	Z	Z	Z	Z
2298 67% (26/ 39)	1		1/L	1D				5	1	1	11		1/									3			
2778 67% (4/ 6)	Z	Z	Z	Z	Z	Z	Z	Z	Z	Z	Z	Z	Z	Z	Z	Z	Z	Z	Z			1/			1
P45 63% (5/ 8)	Z	Z	Z	Z	Z	Z	Y		Z	4	Y		Z	Z		Z	Z		Z	Z	Z	Z	3		1
1251 59% (23/ 39)									1	1	1		1/	1			3		1						1
624 58% (7/ 12)	Z	Z	Z	Z	Z	Z	Z	Z	Z	Z	Z		1/	Z	Z	Z	Z	Z	Z	Z	Z	Z	Z	Z	Z
1735 58% (22/ 38)	1B		1/	1	1	1			1	3	1			1D		1/						6			
2344 58% (22/ 38)	1	11	1/	1	X	4			1		2		1/	1		3						3			
1893 58% (15/ 26)	1		1/	X	X	X			1	Z	Z	Z	Z	1		4				Z		3			
1846 57% (4/ 7)	Z	Z	Z	Z	Z	Z	Z	Z	Z	Z	Z	Z	Z	Z	Z	Z	Z	Z	Z	Z	Z	Z	Z	Z	Z
2777 57% (4/ 7)	Z	Z	Z	Z	Z	Z	Z	Z	Z	Z	Z	Z	Z	Z	Z	Z	Z	Z	Z	Z	Z	Z	Z	Z	Z
172 57% (13/ 23)	Z	Z	Z	Z	Z	Z		Z	1	Z	Z	Z	1/	Z	Z	Z			1			1/			1
2626 56% (5/ 9)	Z	Z	Z	Z	Z	Z	Z	Z	Z	Z	Z	Z	Z	Z	Z	Z	Z	Z	Z	Z	Z	Z	Z	Z	Z
636 54% (21/ 39)	1		1/	1	6	1							1/F												
1106 54% (21/ 39)	1				3				1	1	1			1		1/			1			1/			1
1642 54% (21/ 39)	10	3	1/	2C				5				3	1/	1		1/						3B			

TESTSTELLE	7	10	11	13	14	15	20	29	30	32	34	35	36	39	41	42	44	45	47	48	52	53	55	56	57
UEBEREINST. ZEUGEN	17	392	17	7	23	24	441	439	21	51	19	452	54	33	467	60	451	473	92	452	452	33	422	459	104
BEZEUGTE VARIANTE	5	1/	5	3	2	3	1/	1/	5	2	2B	1/	1/K	4	1/	5	1/	1/	2	1/	1/	8	1/	1/	2
1718 54% (21/ 39)			1/		1				1	1	1			1		1/						1/			1
81 53% (16/ 30)	2	14	1/L	2		2	Z		3		2C	3	1/	2		1/						1/			
642 53% (16/ 30)	1	Z	Z	1	1	1			1		1		1/	1		Z						1/			1
2303 53% (8/ 15)	Z	Z	Z	Z	Z	Z	Z		1	1	1		1/	1		4			1			Z	Z	Z	Z
P74 53% (20/ 38)	X	3	1/I	2B		2			2		2	3	1/	2		3	4					1/			
1526 52% (12/ 23)	Z	Z	Z	Z	Z	Z			1	Z	Z		1/			1/			1			1/			1
1731 52% (13/ 25)	Z	Z	Z	Z	Z	Z	Z	Z	Z	Z	Z	Z	Z	Z		1/			1			1/			1
498 52% (17/ 33)	Z	Z	Z	Z	Z	Z			1	1	1			1		1/			1			1/			1
1861 52% (17/ 33)	Z	Z	Z	Z	Z	Z			1	1	1		1/M	1					1				8		1
2180 52% (17/ 33)	Z	Z	Z	Z	Z	Z			1	1	1			1		1/			1			1/	9		
2201 52% (17/ 33)	Z	Z	Z	Z	Z	Z			1	1	11		1/F	1		1/			1			3			
610 51% (19/ 37)	13	6	1/	2	3	2		5			Z	3	1/F			4						3			
2805 51% (19/ 37)	1	4	10	3D			Z	6	1	1	1		1/	1		4						3			
94 51% (20/ 39)	13	6	1/L	2C	3	2		5			11B	3	1/F			4						3			
180 51% (20/ 39)	11	6	1/	2	3B	2		5	1		11C	3	1/F			4						3			
307 51% (20/ 39)	13	6	1/	2		2		5			11C	3	1/F			4						3			
322 51% (20/ 39)	17		1/	2C	1	1		5	1		11		1/			6						3F			
431 51% (20/ 39)	1		1/	1	10	1			1		3	3	1/			4						3			
436 51% (20/ 39)	1		1/L	1	1	1			1	1	1		1/	1		4						4C			
437 51% (20/ 39)	1		1/	1	1	1			1	1	11			1		1/						1/			
453 51% (20/ 39)	13	6	1/	2		2		5			11C	3	1/F			4						3			
2086 51% (20/ 39)	1			1	1	1			1	1	1			1		1/						1/			1
323 50% (19/ 38)	18	Z	1/	2	1	1		5	1		11		1/			6						3			
441 50% (16/ 32)	Z	Z	Z	Z	Z	Z	Z		1	1	1		1/	1		4					3	3			
626 50% (16/ 32)	Z	Z	Z	Z	Z	Z	Z		1	1	1			1		1/			1			1/			1
1839 50% (16/ 32)	Z	Z	Z	Z	Z	Z	Z		1		1		1/	1		1/			1			1/			1
1889 50% (12/ 24)	Z	Z	Z	Z	Z	Z	Z	Z	Z	Z	Z	Z	Z	Z	Z	1/			1			1/			1
1894 50% (19/ 38)	1		1/	1	1	1			1	3	11		1/	Z					1			1/			1
2080 50% (19/ 38)	1		1/	1	1	1			1	1	1		1/	1		8			1			1/			
02 49% (19/ 39)	2	3	1/	2B		2			2		2	3	1/	2		3	4					1/	4		
044 49% (19/ 39)		4	1/	2D	1B				1	1	1		1/	1		4	5					1/			
5 49% (19/ 39)	1		1/	1	4	4			1	1	11		1/D	1		1/						3			
181 49% (19/ 39)	4	11	11	1	1	1			1			3	3			4			1			3G	5		

1758 | 39 TS + 0 SL + 48 MT

TESTSTELLE	65	66	68	69	75	80	83	84	87	88	89	91	100	102
UEBEREINST. ZEUGEN	333	365	20	16	18	16	46	23	476	471	3	9	470	478
BEZEUGTE VARIANTE	1/	1/	3	3	3	6	2	3	1/	1/	3	4E	1/	1/
P33 100% (1/ 1)	Z	Z	Z	Z	Z	Z	Z	Z	Z	Z	Z	Z	Z	Z
429 92% (36/ 39)											14			
206 92% (23/ 25)											14			
1490 90% (35/ 39)	1/F	6									4			
314 83% (5/ 6)	Z	Z	Z	Z	Z	Z	Z	Z	Z	Z	Z	Z		
522 82% (32/ 39)						6C					14	4F		
630 82% (32/ 39)				2C								3		
1831 82% (31/ 38)		6		2B								3D		
2200 82% (31/ 38)				2	Z						14	3		
945 72% (28/ 39)						6B					5	3		
1704 72% (28/ 39)						6B					5	3		
1509 71% (27/ 38)	1/F			1							14			
1739 69% (27/ 39)				2	2	6B					14	3		
1891 69% (27/ 39)				2	2						14	3		
1738 67% (4/ 6)	Z	Z	Z	Z	Z	Z	Z	Z			1	1/		
1745 67% (4/ 6)	Z	Z	Z	Z	Z	Z	Z	Z			1	1/		
1751 67% (26/ 39)	8	1/E		1	1B			1/C			14	3H		
1858 67% (4/ 6)	Z	Z	Z	Z	Z	Z	Z	Z			1	1/		
2298 67% (26/ 39)					1		1				12	3		
2778 67% (4/ 6)	Z	Z	Z	Z	Z	Z	Z	Z	Z	Z	Z	Z	Z	Z
P45 63% (5/ 8)	Z	Z	Z	Z	Z	Z	Z	Z	Z	Z	Z	Z	Z	Z
1251 59% (23/ 39)			1	1	1	1	1	1/			1	1/		
624 58% (7/ 12)			1	Z	1	Z	Z	Z			1	1/		
1735 58% (22/ 38)			4			1	1	1/			1	X		
2344 58% (22/ 38)	1/E		4			2					11	3G		
1893 58% (15/ 26)	Z	Z	Z	Z	1	1	1	Z			1	1/		
1846 57% (4/ 7)	Z	Z	Z	Z	Z	Z	1	1/			1	X		
2777 57% (4/ 7)	Z	Z	Z	Z	1	Z	Z	Z			1	1/		
172 57% (13/ 23)			7	1	1	1	Z	Z			1	Z		
2626 56% (5/ 9)	Z	Z	Z	Z	Z	1	1	1/			1			
636 54% (21/ 39)	1/F	1/F	1	1	1	1E	1	1/		1/B	1	5C		1/C
1106 54% (21/ 39)			1	1	1	1	1	1/			1	1/		
1642 54% (21/ 39)			4	13	1	1	1	1/			1C	1/		

1758 39 TS + 0 SL + 48 MT

TESTSTELLE			65	66	68	69	75	80	83	84	87	88	89	91	100	102
UEBEREINST. ZEUGEN			333	365	20	16	18	16	46	23	476	471	3	9	470	478
BEZEUGTE VARIANTE			1/	1/	3	3	3	6	2	3	1/	1/	3	4E	1/	1/
1718	54%	(21/ 39)		1/G	7	1	1	1	1	1/			1	1/		
81	53%	(16/ 30)	Z	Z	Z	Z	Z	Z	Z	Z			14	1/		
642	53%	(16/ 30)	Z	Z	Z	Z	1	1	Z	Z			1	1/		
2303	53%	(8/ 15)	Z	Z	Z	Z	Z	Z	Z	Z	Z	Z	Z	Z	Z	
P74	53%	(20/ 38)			4		2	2		1/			2	1/		
1526	52%	(12/ 23)	1/F		1	1	1	1	Z	Z	Z	Z	Z	Z	Z	Z
1731	52%	(13/ 25)			1	1	1	1	1	1/			1	4C		
498	52%	(17/ 33)			1	1	1	1	1	1/			1	1/		
1861	52%	(17/ 33)			1	1	1	1	1	4			1	11		
2180	52%	(17/ 33)			1	1	1	1	1	1/			1	8C		
2201	52%	(17/ 33)			1	1	1	1	1	1/			1	5		
610	51%	(19/ 37)		1/B	2	2C	2	Z		4			2	3		
2805	51%	(19/ 37)	1/F		4B	1B		4		1/				3		Z
94	51%	(20/ 39)		1/B			1	1	1	1/			1	3		
180	51%	(20/ 39)				2C	2	1		1/			9	4		
307	51%	(20/ 39)		1/B	2	2C	2	3		4			2	3		
322	51%	(20/ 39)	1/C		1	1	1		1	1/			1	5		
431	51%	(20/ 39)		1/B	2	2C	2	1		4			2	14		
436	51%	(20/ 39)			4	1	1	1		4			14	3		
437	51%	(20/ 39)			15	1	1	1	1C	1/			1	1/		
453	51%	(20/ 39)		1/B	2	2C	2	3		4			2	6B		
2086	51%	(20/ 39)			1	1	1	1	1	1/			1	5		
323	50%	(19/ 38)	1/C		1	1	1		1	1/			1	5		
441	50%	(16/ 32)	1/K	8	2	1		1		1/			14	5D		
626	50%	(16/ 32)			1	1	1	1	1	1/			1	1/		
1839	50%	(16/ 32)			1	1	1	1	1	1/			1	18		
1889	50%	(12/ 24)			1	1	1	1	1	4			1	1/		
1894	50%	(19/ 38)			1	1	1	1				7	14	3		
2080	50%	(19/ 38)				1	1	1	1	1/			1	Y		
02	49%	(19/ 39)			4		2	2					14	1/		3
044	49%	(19/ 39)	1/F			3B	1	3		1/			2	3		4
5	49%	(19/ 39)			4	1	1	7	1	1/			1	3		
181	49%	(19/ 39)			12	3B	1C	3		1/C			14	12		

1765 38 TS + 1 SL + 65 MT

TESTSTELLE	5	7	8	10	11	15	18	20	23	28	29	35	36	39	41	42	44	45	46	48	50	52	53	55	56
UEBEREINST. ZEUGEN	4	17	5	392	351	24	355	441	91	29	30	452	339	14	467	60	451	473	76	452	16	452	338	422	459
BEZEUGTE VARIANTE	5	5	6	1/	1/	3	1/	1/	2	3D	5	1/	1/	2	1/	5	1/	1/	2	1/	2C	1/	1/	1/	1/
P8 100% (2/ 2)	Z	Z	Z	Z	Z	Z		Z		Z	Z	Z	Z	Z	Z	Z	Z	Z	Z	Z	Z	Z	Z	Z	Z
P33 100% (1/ 1)	Z	Z	Z	Z	Z	Z	Z	Z	Z	Z	Z	Z	Z	Z	Z	Z	Z	Z	Z	Z	Z		Z	Z	Z
P41 100% (1/ 1)	Z	Z	Z	Z	Z	Z	Z	Z	Z	Z	Z	Z	Z	Z	Z	Z	Z	Z	Z	Z	Z	Z	Z	Z	Z
1832 97% (28/ 29)	Z	Z	Z	Z	Z	Z	Z	Z	Z																
876 95% (36/ 38)																									
1846 88% (7/ 8)	Z	Z	Z	Z	Z	Z	Z	Z	Z	Z	Z	Z	Z	Z	Z	Z	Z	Z	Z	Z	Z	Z	Z	Z	Z
2778 83% (5/ 6)	Z	Z	Z	Z	Z	Z	Z	Z	Z	Z	Z	Z	Z	Z	Z	Z	Z	Z	Z		1D				
103 76% (29/ 38)	1	1	1			1	4																		
2494 76% (29/ 38)	1	1	1		6	1			1										1		1				
606 75% (27/ 36)	1	1	1			1	4					Z	Z												
641 75% (27/ 36)	1	1	1			1	4																		
172 73% (16/ 22)	Z	Z	Z	Z	Z	Z			Z	1/	Z	Z		Z	Z	Z			1		1				
1739 71% (27/ 38)	1	16	3				4							4									3		
1730 70% (7/ 10)	Z	Z	Z	Z	Z	Z	Z	Z	Z	Z	Z	Z	Z	Z	Z	Z	Z	Z	Z	Z	Z	Z	Z	Z	Z
945 68% (26/ 38)	1	1	3				4							4							19		8C		
2243 68% (26/ 38)	1	1	1			1	1/D		6	1/	1/			1		1/					1				
314 67% (6/ 9)	Z	Z	Z	Z	Z	Z	Z	Z	Z	Z	Z	Z	Z	Z		1/			1	Z	Z	Z	Z	Z	Z
506 67% (4/ 6)	Z	Z	Z	Z	Z	Z	Z	Z	Z	1/	1/	Z	Z	Z	Z	Z	Z	Z	Z		Z	Z	Z		
1852 67% (18/ 27)	Z	Z	Z	Z	Z	Z	Z	Z	Z	Z	Z			1		1/			3		1				
2626 67% (6/ 9)	Z	Z	Z	Z	Z	Z	Z	Z	Z	Z	Z	Z	Z	Z	Z	Z	Z	Z	Z	Z	Z	Z	Z	Z	Z
1704 66% (25/ 38)	1	1	3			5	4							4							19		8		
1853 66% (25/ 38)	1	1	1			1	4		1					1							1				1/D
1891 66% (25/ 38)	1	16	3				4						1/F	4									3		
325 65% (11/ 17)	Z	Z	Z	Z	Z	Z	Z	Z	Z	Z	Z	Z	Z	Z	Z	Z	Z	Z	Z	Z	Z				
602 65% (11/ 17)	Z	Z	Z	Z	Z	Z	Z	Z	Z	Z	Z	Z	Z	Z	Z	Z	Z	Z	1		1	Z			
2289 65% (11/ 17)	Z	Z	Z	Z	Z	Z	Z	Z	Z	Z	Z	Z	Z	Z	Z	Z	Z	Z	Z	Z	Z				
1599 64% (23/ 36)	1	1	1			1			1	1/	1/			1		1/			1		1E				
142 63% (24/ 38)	1	1	1			1			1	1/	1/			1		4					1				
466 63% (12/ 19)	Z	Z	Z	Z	Z	Z	Z	Z	Z	Z	Z	Z	Z	Z	Z	Z	Z	Z	Z		1				
1611 63% (24/ 38)	1									1/	1/			1		4					1		3B		1/D
1718 63% (24/ 38)	1								1	1/	1/		1/K	1		1/			1		2				
2298 63% (24/ 38)	1	1	1		1/L		4							4					3		1D		3		
P45 63% (5/ 8)	Z	Z	Z	Z	Z	Z	Y	Y		1/	1/		Z	Z		Z	Z		Z	Z	Z	Z	Z	3	

1765 38 TS + 1 SL + 65 MT

TESTSTELLE			5	7	8	10	11	15	18	20	23	28	29	35	36	39	41	42	44	45	46	48	50	52	53	55	56
UEBEREINST. ZEUGEN			4	17	5	392	351	24	355	441	91	29	30	452	339	14	467	60	451	473	76	452	16	452	338	422	459
BEZEUGTE VARIANTE			5	5	6	1/	1/	3	1/	1/	2	3D	5	1/	1/	2	1/	5	1/	1/	2	1/	2C	1/	1/	1/	1/
1731	63%	(15/ 24)	Z	Z	Z	Z	Z	Z	Z	Z	Z	Z	Z	Z	Z	Z		1/			1		1				
1738	63%	(5/ 8)	Z	Z	Z	Z	Z	Z	Z	Z	Z	Z	Z	Z	Z	Z	Z	Z	Z	Z	Z	Z	Z	Z	Z	Z	Z
1858	63%	(5/ 8)	Z	Z	Z	Z	Z	Z	Z	Z	Z	Z	Z	Z	Z	Z	Z	Z	Z	Z	Z	Z	Z	Z	Z	Z	Z
1867	63%	(20/ 32)	Z	Z	Z	Z	Z	Z			1	1/	1/			1		1/			1		1				
2201	63%	(20/ 32)	1	Z	Z	Z	Z	Z	Z			1/	1/		1/F	1		1/					1		3		
2441	63%	(10/ 16)	Z	Z	Z	Z	Z	Z	Z	Z	Z	Z	Z	Z	Z	Z	Z	8	Z	Z	1		1				
2777	63%	(5/ 8)	Z	Z	Z	Z	Z	Z	Z	Z	Z	Z	Z	Z	Z	Z	Z	Z	Z	Z	Z	Z	Z	Z	Z	Z	Z
630	62%	(23/ 37)	1	1	3				Z				1/		1/F	4		6							8		
624	62%	(8/ 13)	Z	Z	Z	Z	Z	Z	Z	Z	Z	Z	Z			Z	Z	Z	Z	Z	Z	Z	Z	Z	Z	Z	Z
1610	61%	(19/ 31)	1	1	1		1/L	1	4		1					1						Z	Z	Z		1/B	1/D
1723	61%	(19/ 31)	Z	Z	Z	Z	Z	Z			1	1/	1/			1		X			1		1				
2138	61%	(22/ 36)	Z								1	1/	1/		1/B	Z		4					1			1/B	1/D
206	61%	(14/ 23)	Z	Z	Z	Z	Z	Z	Z	Z	Z	Z	Z	Z	Z	Z							19	4	8		
309	61%	(14/ 23)	Z	Z	Z	Z	Z	Z	Z	Z	Z	Z	Z	Z	Z	Z		4			1	Z	1				
044	61%	(23/ 38)	3		1	4					7	1/	1/			1		4	5				2				
104	61%	(23/ 38)	1		3	11	1/M	1				1/	1/			1		7					1C				
228	61%	(23/ 38)	1	3	3			1	4			1/	1/			1					3		1				
322	61%	(23/ 38)	1	17	3			1	4			8				4		6					2		3F		
1103	61%	(23/ 38)	1	1	1			1			1	1/	1/			1		1/			1		1				
1244	61%	(23/ 38)	1	1	1			1			1	1/	1/			1		1/			1		1				
1717	61%	(23/ 38)	1	1	1			1			1	1/	1/			1		1/			1		1				
1830	61%	(23/ 38)	1	1	1		1/L	1	4		1					1							1			1/B	1/D
1888	61%	(23/ 38)	1	1	1			1			1	1/	1/			1		1/			1		1				
2558	61%	(23/ 38)	1	3	1			1			1	1/	1/			1		1/			1		1				
62	60%	(6/ 10)	Z	Z	Z	Z	Z	Z	Z	Z	Z	1/	1/			1		1/	Z	Z	Z	Z	Z	Z	Z	Z	Z
498	60%	(18/ 30)	Z	Z	Z	Z	Z	Z	Z		Z	1/	1/		1/K	1		1/			1		1				
913	60%	(21/ 35)	1	1	1	Z	Z	Z	4		1					1							1			1/B	1/D
1893	60%	(18/ 30)	1	1	1			X				1/	1/	Z	Z	1		4				Z	1		3		
312	59%	(22/ 37)	1	1	1			Z			1	1/	1/			1		1/			3		1				
323	59%	(22/ 37)	1	18	3	Z		1	4			3C				4		6					2		3		
1022	59%	(22/ 37)	1	1	1			1			1	1/	1/			1		1/			1		V2				
1609	59%	(22/ 37)	1	1	1			1			1		1/			1		1/			3		1		3		
1862	59%	(22/ 37)	1	1	1			Z			1	1/	1/			1		1/			1		1B				

1765 38 TS + 1 SL + 65 MT

TESTSTELLE	64	65	66	76	84	86	87	88	91	92	97	100	102
UEBEREINST. ZEUGEN	9	21	29	467	402	85	476	471	18	99	422	470	478
BEZEUGTE VARIANTE	5	5	10	1/	1/	3	1/	1/	8	2	1/	1/	1/
P8 100% (2/ 2)	Z	Z	Z	Z	Z	Z	Z	Z	Z	Z	Z	Z	Z
P33 100% (1/ 1)	Z	Z	Z	Z	Z	Z	Z	Z	Z	Z	Z	Z	Z
P41 100% (1/ 1)	Z	Z	X		Z	Z	Z	Z	Z	Z	Z	Z	Z
1832 97% (28/ 29)		4											
876 95% (36/ 38)		4							8B				
1846 88% (7/ 8)	Z	Z	Z	Z		1			X				
2778 83% (5/ 6)	Z	Z	Z	Z	Z	Z	Z	Z	Z	Z	Z	Z	Z
103 76% (29/ 38)	1					1B			1/	1			
2494 76% (29/ 38)										1			
606 75% (27/ 36)	1					1B			1/	1			
641 75% (27/ 36)	1					4	Z	Z	1/	1			
172 73% (16/ 22)	1	1/	1/		Z	Z			Z	Z			
1739 71% (27/ 38)	2	1/	1/		3				3				
1730 70% (7/ 10)	Z	Z	Z			2B			1/	1			
945 68% (26/ 38)	2	1/	1/		3				3				
2243 68% (26/ 38)			1/										
314 67% (6/ 9)	Z	Z	Z	Z	Z	Z	Z	Z	Z	1			
506 67% (4/ 6)	Z	Z	Z	Z		Z	Z	Z	Z	Z	Z	Z	Z
1852 67% (18/ 27)	1	1/	1/			1			5				
2626 67% (6/ 9)	Z	Z	Z	Z		1B			4E	1			
1704 66% (25/ 38)	2	1/	1/		3				3				
1853 66% (25/ 38)	1	1/	1/									4	
1891 66% (25/ 38)	2	1/	1/		3	2			3				
325 65% (11/ 17)	1	1/	1/			2B			1/	1			
602 65% (11/ 17)	1	1/	Z						1/	1	Z		
2289 65% (11/ 17)	1	1/	1/			1B			1/	1			
1599 64% (23/ 36)	Z	Z							1/	1			
142 63% (24/ 38)	1	1/	11						4K				
466 63% (12/ 19)	1	1/	6			1			1/	1			
1611 63% (24/ 38)	2	1/	1/		4						3	4	
1718 63% (24/ 38)	2	1/	1/G			1			1/				
2298 63% (24/ 38)	1	1/	1/		3				3				
P45 63% (5/ 8)	Z	Z	Z	Z	Z	Z	Z	Z	Z	Z	Z	Z	Z

1765 38 TS + 1 SL + 65 MT

TESTSTELLE	64	65	66	76	84	86	87	88	91	92	97	100	102
UEBEREINST. ZEUGEN	9	21	29	467	402	85	476	471	18	99	422	470	478
BEZEUGTE VARIANTE	5	5	10	1/	1/	3	1/	1/	8	2	1/	1/	1/
1731 63% (15/ 24)	1	1/	1/			1B			4C	1			
1738 63% (5/ 8)	Z	Z	Z	Z	Z	1			1/	1			
1858 63% (5/ 8)	Z	Z	Z	Z	Z	1B			1/	1			
1867 63% (20/ 32)	1	1/	1/						3	1			
2201 63% (20/ 32)	1	1/	1/						5				
2441 63% (10/ 16)	Z	Z	Z		Z	1B			1/	1		Z	
2777 63% (5/ 8)	Z	Z	Z	Y	Z	1B			1/	1			
630 62% (23/ 37)	1	1/	1/		3	1B			3				
624 62% (8/ 13)	1	1/	1/		Z	Z			1/	1			
1610 61% (19/ 31)	Z	Z	Z		Z						5	4	
1723 61% (19/ 31)	1	1/F	1/			1B			1/	1			
2138 61% (22/ 36)	2	1/F	1/		4						3	4	
206 61% (14/ 23)	X	1/	1/		3	1			4E	1			
309 61% (14/ 23)	1	1/O	1/			1			1/	1			
044 61% (23/ 38)	2	1/F	1/						3				4
104 61% (23/ 38)	6	1/	1/			1			5				
228 61% (23/ 38)	1	1/F	11			1			5H				
322 61% (23/ 38)	1	1/C	1/			1			5				
1103 61% (23/ 38)	1	1/	12						1/				
1244 61% (23/ 38)	1					2B			1/	1			
1717 61% (23/ 38)	1					1			1/	1			
1830 61% (23/ 38)	1	1/	1/									4	
1888 61% (23/ 38)	1					1			1/	1			
2558 61% (23/ 38)	1					1B			1/	1			
62 60% (6/ 10)	Z	Z	Z	Z	Z	Z	Z	Z	Z	Z			
498 60% (18/ 30)		1/	1/			1			1/	1			
913 60% (21/ 35)	1	1/F	1/								5	4	
1893 60% (18/ 30)	Z	Z	Z		Z	1B			1/	1			
312 59% (22/ 37)	1		1/			4			1/	1			
323 59% (22/ 37)	1	1/C	1/			1			5				
1022 59% (22/ 37)	1	1/	1/						1/	1			
1609 59% (22/ 37)	1		1/			2			5		Z		
1862 59% (22/ 37)	1		1/			1			1/	1			

1827 44 TS + 0 SL + 58 MT

TESTSTELLE	8	10	11	14	15	17	18	20	23	28	29	31	33	34	35	36	41	42	44	45	46	48	52	53	55
UEBEREINST. ZEUGEN	16	392	5	11	10	23	355	441	91	416	439	36	4	29	452	339	467	53	451	473	76	452	452	87	422
BEZEUGTE VARIANTE	3B	1/	1/B	4	4	2	1/	1/	2	1/	1/	2	3	11	1/	1/	1/	4	1/	1/	2	1/	1/	3	1/
P8 100% (2/ 2)	Z	Z	Z	Z	Z	Z		Z		Z	Z	Z	Z	Z	Z	Z	Z	Z	Z	Z	Z	Z	Z	Z	Z
P33 100% (1/ 1)	Z	Z	Z	Z	Z	Z	Z	Z	Z	Z	Z	Z	Z	Z	Z	Z	Z	Z	Z	Z	Z	Z		Z	Z
1893 88% (29/ 33)	1		1/	X	X	1						1	Z	Z	Z	Z						Z			
1162 84% (37/ 44)			1/L	1	1	1	4						8												
619 82% (36/ 44)	3		1/L	1	1	1							1												
2201 78% (29/ 37)	Z	Z	Z	Z	Z	Z	Z					1	8			1/F		1/							
623 73% (27/ 37)	Z	Z	Z	Z	Z	Z	Z						8												
441 71% (25/ 35)	Z	Z	Z	Z	Z	Z	Z	Z	Z				1	1									3		
1899 71% (5/ 7)	Z	Z	Z	Z	Z	Z	Z	Z	Z	Z	Z	Z	Z	Z	Z	Z	Z	Z	Z	Z	Z	Z	Z	Z	Z
2303 71% (12/ 17)	Z	Z	Z	Z	Z	Z	Z	Z	Z			1	1	1							1			Z	Z
5 70% (31/ 44)	3		1/			1							8			1/D		1/			3				
88 70% (31/ 44)		3	1/										2	7				1/			3		4		
172 70% (19/ 27)	Z	Z	Z	Z	Z	1			Z		Z	Z	Z	Z	Z		Z	Z			1			1/	
P45 70% (7/ 10)	Z	Z	Z	Z	Z	Z	Y	Y				Z	9	Y		Z		Z	Z		Z	Z	Z	Z	3
2344 70% (30/ 43)	3	11	1/	X								1E	1	2				3							
33 69% (24/ 35)	X	11	1/		X		X				X	X	2			X		3			X				X
P74 68% (28/ 41)	Y	3	1/I	2	2		Z						2	2	3			3	4					1/	
437 68% (30/ 44)	1		1/	1	1	1I						1	2			1/K		1/						1/	
1729 67% (26/ 39)	Z	Z	Z	Z	Z	1G						1		1		1/F		1/			7				6
1738 67% (6/ 9)	Z	Z	Z	Z	Z	Z	Z	Z	Z	Z	Z	Z	Z	Z	Z	Z	Z	Z	Z	Z	Z	Z	Z	Z	Z
1846 67% (6/ 9)	Z	Z	Z	Z	Z	Z	Z	Z	Z	Z	Z	Z	Z	Z	Z	Z	Z	Z	Z	Z	Z	Z	Z	Z	Z
1858 67% (6/ 9)	Z	Z	Z	Z	Z	Z	Z	Z	Z	Z	Z	Z	Z	Z	Z	Z	Z	Z	Z	Z	Z	Z	Z	Z	Z
2778 67% (4/ 6)	Z	Z	Z	Z	Z	Z	Z	Z	Z	Z	Z	Z	Z	Z	Z	Z	Z	Z	Z	Z	Z			1/	
1595 66% (29/ 44)	1		1/	1	7	1						1	1								3				
1843 66% (29/ 44)	3		1/		1	4						1	1	1		1/K		1/			4				
81 66% (21/ 32)	2	14	1/L	2	2	Z	Z	Z	Z				1	2C	3			1/						1/	
624 65% (11/ 17)	Z	Z	Z	Z	Z	Z	Z	Z	Z	Z	Z	Z	Z	Z			Z	Z	Z	Z	Z	Z	Z	Z	Z
2718 65% (22/ 34)			1/	1B	1	1						1	1	1									4		
915 64% (28/ 44)		3	1/E										2	7		1/E		1/			3		4		
1270 64% (28/ 44)	1		1/	1	6	1		1/B				1	1								6				
1598 64% (28/ 44)	1		1/	1	6	1		1/B				1	1								6				
1739 64% (28/ 44)	3		1/	2	3		4			3D	5		1	2B				5							
2143 64% (28/ 44)	1		5		1	11						1	1	1		1/F		1/							

1827 44 TS + 0 SL + 58 MT

TESTSTELLE	8	10	11	14	15	17	18	20	23	28	29	31	33	34	35	36	41	42	44	45	46	48	52	53	55
UEBEREINST. ZEUGEN	16	392	5	11	10	23	355	441	91	416	439	36	4	29	452	339	467	53	451	473	76	452	452	87	422
BEZEUGTE VARIANTE	3B	1/	1/B	4	4	2	1/	1/	2	1/	1/	2	3	11	1/	1/	1/	4	1/	1/	2	1/	1/	3	1/
2289 64% (14/ 22)	Z	Z	Z	Z	Z	Z	Z	Z	Z	Z	Z	Z	Z	Z	Z	Z	Z	Z	Z	Z	Z	Z		1/	
2737 64% (28/ 44)	3		1/			7				10			1	1				3			1				
2746 63% (19/ 30)	Z	Z	Z	Z	Z	Z	Z	Z	Z			1	1	1				Z	Z	Z	Z	Z			
309 63% (17/ 27)	Z	Z	Z	Z	Z	Z	Z	Z	Z	Z	Z	Z	Z	Z	Z	Z					1	Z		1/	
1752 63% (22/ 35)	Z	Z	Z	Z	Z	Z	Z	Z	Z			1	1	1				6			1			1/	
323 63% (27/ 43)	3	Z	1/	1	1		4			3C	5		1					6							
431 63% (27/ 43)			1/	10	1	1C						1	2	3	3										
1873 63% (27/ 43)	3		1/		1	4						1	1	1		1/K		1/			6				
1745 63% (5/ 8)	Z	Z	Z	Z	Z	Z	Z	Z	Z	Z	Z	Z	Z	Z	Z	Z	Z	Z	Z	Z	Z	Z	Z	Z	Z
2378 63% (15/ 24)	Z	Z	Z	Z	Z	Z	Z	Z	Z	Z	Z	Z	Z	Z	Z	Z	X	Y			1	Z		1/	
62 62% (8/ 13)	Z	Z	Z	Z	Z	Z	Z	Z	Z			1	1	1				1/	Z	Z	Z	Z	Z	Z	Z
181 61% (27/ 44)		11	11	1	1	1							2	2B	3	3								3G	5
322 61% (27/ 44)	3		1/	1	1		4			8	5		1					6						3F	
489 61% (27/ 44)	3		12		1	11						1	1	1		1/F		1/			6			3D	
621 61% (27/ 44)	3		1/O	1	1	1		1/B	1				8	1									3	3B	
1297 61% (27/ 44)	1		1/	1	6	1		1/B				1	1								6				
1891 61% (27/ 44)	3		1/	9	3		4			3D	5		1	2B		1/F		5							
2288 61% (27/ 44)	1		1/	1	1	1						1	1	6		1/K		1/			6				
1723 61% (23/ 38)	Z	Z	Z	Z	Z	1			1			1	1	1				X			1			1/	
314 60% (6/ 10)	Z	Z	Z	Z	Z	Z	Z	Z	Z	Z	Z	Z	Z	Z	Z	Z		1/			1	Z	Z	Z	Z
506 60% (6/ 10)	Z	Z	Z	Z	Z	Z	Z	Z	Z			1	1	1	Z	Z	Z	Z	Z	Z	Z		Z	Z	
1094 60% (21/ 35)	Z	Z	Z	Z	Z	Z	Z	Z	Z			1	1	1				1/			1			1/	
2626 60% (6/ 10)	Z	Z	Z	Z	Z	Z	Z	Z	Z	Z	Z	Z	Z	Z	Z	Z	Z	Z	Z	Z	Z	Z	Z	Z	Z
2716 60% (18/ 30)	Z	Z	Z	Z	Z	Z	Z	Z	Z			Z	Z	Z	Z			1/			1			1/	
1548 60% (25/ 42)	1		1/	1	1	1			1			1	1	1				6			1			1/	
2587 59% (22/ 37)	Z	Z	Z	Z	Z	Z	Z		1			1	1	1				6			1			1/	
400 59% (19/ 32)	1		1/L	1	1	1			Y			1	X		X			W	X		6			W	
1852 59% (19/ 32)	Z	Z	Z	Z	Z	Z	Z	Z	Z	Z	Z	Z	1	1				1/			3			1/	
1526 59% (16/ 27)	Z	Z	Z	Z	Z	1			1			1	Z	Z				1/			1			1/	
18 59% (26/ 44)	1		1/	1	1	1C			1			1	1	1							1			1/	
205 59% (26/ 44)	1		6	5	1	1			1			1	1	1				1/			1				
325 59% (13/ 22)	Z	Z	Z	Z	Z	Z	Z	Z	Z	Z	Z	Z	Z	Z	Z	Z	Z	Z	Z	Z	Z	Z		1/	
386 59% (26/ 44)	1		1/	1	1	1			1			1	1	1							1			1/	

1827 44 TS + 0 SL + 58 MT

TESTSTELLE	56	57	65	66	68	73	74	76	77	84	87	88	90	91	93	97	98	100	102
UEBEREINST. ZEUGEN	459	104	333	365	23	7	13	467	181	402	476	471	71	279	31	422	10	470	478
BEZEUGTE VARIANTE	1/	2	1/	1/	7	9	2	1/	2	1/	1/	1/	2	1/	2	1/	6	1/	1/
P8 100% (2/ 2)	Z	Z	Z	Z	Z	Z	Z	Z	Z	Z	Z	Z	Z	Z	Z	Z	Z	Z	Z
P33 100% (1/ 1)	Z	Z	Z	Z	Z	Z	Z	Z	Z	Z	Z	Z	Z	Z	Z	Z	Z	Z	Z
1893 88% (29/ 33)			Z	Z	Z					Z									
1162 84% (37/ 44)					15														
619 82% (36/ 44)					15												6B		
2201 78% (29/ 37)					1	1E	1							5					
623 73% (27/ 37)			1/F		4	1D	1			4				3	3		2C		3
441 71% (25/ 35)			1/K	8	2	6C	1							5D			2C		
1899 71% (5/ 7)	Z	Z	Z	Z	Z	Z	Z	Z	Z				1		1	Z	Z	Z	
2303 71% (12/ 17)	Z	Z	Z	Z	Z	Z	Z	Z	Z	Z	Z	Z	Z	Z	1		Z	Z	
5 70% (31/ 44)					4	1	1							3	3		2C		
88 70% (31/ 44)		1			6		1		1					3	1				
172 70% (19/ 27)		1				1	1		1B	Z			Z	Z	Z		3		
P45 70% (7/ 10)		1	Z	Z	Z	Z	Z	Z	Z	Z	Z	Z	Z	Z	Z	Z	Z	Z	Z
2344 70% (30/ 43)			1/E		4	6				3				3G			7		
33 69% (24/ 35)	X		1/D	1/C	4	14				3				3			7		
P74 68% (28/ 41)					4	6B	X										2		
437 68% (30/ 44)					15		1						1		3				
1729 67% (26/ 39)		1			15	10	1							5			1		
1738 67% (6/ 9)	Z	Z	Z	Z	Z	Z	Z	Z	Z	Z			1		1		1		
1846 67% (6/ 9)	Z	Z	Z	Z	Z	Z	Z	Z	Z				1	X	1		1		
1858 67% (6/ 9)	Z	Z	Z	Z	Z	Z	Z	Z	Z	Z			1		1		1		
2778 67% (4/ 6)		1	Z	Z	Z	Z	Z	Z	Z	Z	Z	Z	Z	Z	Z	Z	Z	Z	Z
1595 66% (29/ 44)					15	10	1						1	3	1		1		
1843 66% (29/ 44)		1			15	10	1							5					
81 66% (21/ 32)			Z	Z	Z	Z	Z	Z	Z	Z							2		
624 65% (11/ 17)	Z	Z			1	1	1		Z	Z			1		1		1		
2718 65% (22/ 34)			1/F	6	3	Z	Z	Z	Z	Z	Z	Z	Z	Z	Z		2C		
915 64% (28/ 44)		1	1/P		15	10	1		1					3	1				
1270 64% (28/ 44)					15	10	1						1	3	1		1		
1598 64% (28/ 44)					15	10	1						1	3	1		1		
1739 64% (28/ 44)					3	1D	1			3				3			2		
2143 64% (28/ 44)			1/F		15	1D	1						4	5	1				

1827 44 TS + 0 SL + 58 MT

TESTSTELLE	56	57	65	66	68	73	74	76	77	84	87	88	90	91	93	97	98	100	102
UEBEREINST. ZEUGEN	459	104	333	365	23	7	13	467	181	402	476	471	71	279	31	422	10	470	478
BEZEUGTE VARIANTE	1/	2	1/	1/	7	9	2	1/	2	1/	1/	1/	2	1/	2	1/	6	1/	1/
2289 64% (14/ 22)		1			2	1	1						1		1		1		
2737 64% (28/ 44)			1/F		15	1	1		1					11D	1		2B		
2746 63% (19/ 30)			1/F		1	10	1						1	3	1		1		
309 63% (17/ 27)		1	1/O			1	1		1				1		1		1		
1752 63% (22/ 35)		1			2	1	1						1		1		1		
323 63% (27/ 43)			1/C		1	1	1							5	1		3		
431 63% (27/ 43)				1/B	2	2B	3			4				14	1	3	W		
1873 63% (27/ 43)		1	1/F		4	10	1							5		Z			
1745 63% (5/ 8)	Z	Z	Z	Z	Z	Z	Z	Z	Z	Z			1		1	Z	1		
2378 63% (15/ 24)	1/E	Z			2	1	1						1		1		1		
62 62% (8/ 13)	Z	Z	Z	Z	Z	Z	Z	Z	Z	Z	Z	Z	Z	Z	Z		3		
181 61% (27/ 44)					12	6				1/C				12		4	2		
322 61% (27/ 44)			1/C		1	1	1							5	1		3		
489 61% (27/ 44)		1			1	10	1							5			1		
621 61% (27/ 44)				8	2	6C	1							5			2C		
1297 61% (27/ 44)			1/F		15	10	1						1	3	1		1		
1891 61% (27/ 44)					3	1D	1			3				3			2		
2288 61% (27/ 44)		1	1/F		14	10	1							11E					
1723 61% (23/ 38)		1	1/F		2	1	1						1		1		1		
314 60% (6/ 10)	Z	Z	Z	Z	Z	Z	Z	Z	Z	Z	Z	Z	Z	Z	1		1		
506 60% (6/ 10)		1	Z	Z	Z	Z	Z	Z	Z		Z	Z	Z	Z	Z	Z	Z	Z	Z
1094 60% (21/ 35)		1			1	1	1		1				1		1		2C		
2626 60% (6/ 10)	Z	Z	Z	Z	Z	Z	Z	Z	Z				1	4E	1		1		
2716 60% (18/ 30)		1	1/H		1	1	1		1				1		1		1D	Z	
1548 60% (25/ 42)		1			2	Z	Z						1		1		1		
2587 59% (22/ 37)		1	1/F		2	1	1						1		1		1		
400 59% (19/ 32)		1	X	X	X	10	1				X	X	X	5	1		1		
1852 59% (19/ 32)		1			1	1	1		1					5	1		1		
1526 59% (16/ 27)		1	1/F		1	1	1			Z	Z	Z	Z	Z	Z	Z	Z	Z	Z
18 59% (26/ 44)		1			1	1	1						1		1		1		
205 59% (26/ 44)		1			1	13	1						1		1		1		
325 59% (13/ 22)		1			1	1	1		1				1		1		1		
386 59% (26/ 44)		1			2	1	1						1		1		1		

1829 — 35 TS + 2 SL + 66 MT

TESTSTELLE	8	10	18	20	28	29	35	36	41	42	43	44	45	48	49	50	52	53	55	56	62	65	66	72	76
UEBEREINST. ZEUGEN	94	392	355	441	416	439	452	339	467	283	2	451	473	452	12	2	452	338	422	459	1	333	2	45	467
BEZEUGTE VARIANTE	3	1/	1/	1/	1/	1/	1/	1/	1/	1/	6	1/	1/	1/	4	6B	1/	1/	1/	1/	3	1/	12	4	1/
P8 100% (1/ 1)	Z	Z		Z	Z	Z	Z	Z	Z	Z	Z	Z	Z	Z	Z	Z	Z	Z	Z	Z	Z	Z	Z	Z	Z
P33 100% (1/ 1)	Z	Z	Z	Z	Z	Z	Z	Z	Z	Z	Z	Z	Z	Z	Z	Z		Z	Z	Z	Z	Z	Z	Z	Z
2125 100% (5/ 5)					Z	Z		Z	Z	Z	Z	Z	Z	Z	Z	Z	Z	Z	Z	Z	Z	Z	Z	Z	Z
2175 89% (8/ 9)	1									Z	Z	Z	Z	Z	Z	Z	Z	Z	Z	Z	Z	Z	Z	Z	Z
916 88% (7/ 8)	1								Z	Z	Z	Z	Z	Z	Z	Z	Z	Z	Z	Z	Z	Z	Z	Z	Z
P45 86% (6/ 7)	Z	Z	Y	Y				Z		Z	Z	Z		Z	Z	Z	Z	Z	3		Z	Z	Z	Z	Z
506 86% (6/ 7)	Z	Z	Z	Z			Z	Z	Z	Z	Z	Z	Z		2	Z	Z	Z			Z	Z	Z	Z	Z
2627 80% (4/ 5)	Z	Z	Z	Z					Z	Z	Z	Z	Z	Z	Z	Z	Z	Z	Z	Z	Z	Z	Z	Z	Z
602 76% (13/ 17)	Z	Z	Z	Z	Z	Z	Z	Z	Z	Z	Z	Z	Z		1	1	Z				1		Z	Z	
62 75% (9/ 12)	Z	Z	Z	Z							1	Z	Z	Z	Z	Z	Z	Z	Z	Z	Z	Z	Z	Z	Z
1101 75% (3/ 4)	1				Z	Z	Z	Z	Z	Z	Z	Z	Z	Z	Z	Z	Z	Z	Z	Z	Z	Z	Z	Z	Z
1103 74% (26/ 35)	1										1				1	1					1			1	
1646 74% (26/ 35)											1				1	1					1		1/		
1828 74% (26/ 35)											1				1	1					1		1/		
680 74% (25/ 34)											1			V	1	1					1		5		
1022 74% (25/ 34)	1										1				1	V2					1		1/	1	
1245 74% (25/ 34)	1										1				1	V2					1		1/	1	
2712 73% (11/ 15)	1							1/F		Z	Z	Z	Z	Z	Z	Z	Z	Z	Z	Z	Z	Z	Z	Z	Z
1390 73% (24/ 33)	1										1	Z	Z		1	22B					1		1/		
1599 73% (24/ 33)	1										1				1	1E					Z	Z	10	1	
82 71% (25/ 35)	1										1				1	1					1		1/	1	
479 71% (25/ 35)	1										1				1	1E					1		1/	1	
794 71% (25/ 35)											1				1	1					1		6	1	
1107 71% (25/ 35)	1										1				1	1					1		1/		
1240 71% (25/ 35)	1										1				1	1					1		6	1	
1277 71% (20/ 28)	1	8						1/L			1				1						1		1/	1	
1563 71% (25/ 35)	1										1				2	1							1/	1	
1748 71% (25/ 35)	1										1				2	1					1		1/	1	
1859 71% (25/ 35)	1							1/F			1				1						1		11	1	
1899 71% (5/ 7)	Z	Z	Z	Z	Z	Z	Z	Z	Z	Z	Z	Z	Z	Z	Z	Z	Z	Z	Z	Z	Z	Z	Z	Z	Z
2131 71% (25/ 35)	1										1				1	1					1		1/	1	
2778 71% (5/ 7)	Z	Z	Z	Z	Z	Z	Z	Z	Z	Z	Z	Z	Z		2	1D					Z	Z	Z	Z	Z
337 71% (24/ 34)	1			Z							1				2	1					1		1/		

TESTSTELLE	8	10	18	20	28	29	35	36	41	42	43	44	45	48	49	50	52	53	55	56	62	65	66	72	76
UEBEREINST. ZEUGEN	94	392	355	441	416	439	452	339	467	283	2	451	473	452	12	2	452	338	422	459	1	333	2	45	467
BEZEUGTE VARIANTE	3	1/	1/	1/	1/	1/	1/	1/	1/	1/	6	1/	1/	1/	4	6B	1/	1/	1/	1/	3	1/	12	4	1/
1746 71% (24/ 34)	X										1				2	1					1		1/	1	
1845 71% (24/ 34)											1				1	1			8		1		1/		
2218 71% (24/ 34)	1									V	1				2	1					1		1/		
57 70% (21/ 30)	Y	Y	Y	Y							1				1	1					1		1/	1	
633 70% (21/ 30)								1/L	Z	Z	Z	Z	Z		2	1D					1		10		
642 70% (21/ 30)		Z								Z	1				1	1					1	Z	Z	1	
699 70% (23/ 33)	Z		Z								1				1	1					1		1/	1	
1508 70% (23/ 33)	1										1				2	1		Z			1		1/	Z	
1721 70% (23/ 33)															1	Y	Y				1		1/	1	
1864 70% (23/ 33)	Z	Z									1				2	1					1		1/	1	
1867 70% (23/ 33)	Z	Z									1				1	1					1		1/	1	
1526 70% (16/ 23)	Z	Z									1				1	1					1	1/F	1/	1	
172 69% (18/ 26)	Z	Z				Z	Z		Z	Z	1				1	1					1		1/	1	
365 69% (18/ 26)	1	3						1/K			1				1	13					1		10	Z	Z
624 69% (9/ 13)	Z	Z	Z	Z	Z	Z			Z	Z	Z	Z	Z	Z	Z	Z	Z	Z	Z	Z	Z		1/	W	
1762 69% (18/ 26)	Z	Z	Z								1			1/H		1		8B			1		1/	1	
3 69% (24/ 35)	1									4	1				2	1					1	1/F	1/	1	
97 69% (24/ 35)	1										1				1	1					1	10	6	1	
105 69% (24/ 35)	1										1				1	1					1		1/	1	
133 69% (24/ 35)	1										1				1	1					1		1/	1	
142 69% (24/ 35)	1									4	1				2	1					1		11	1	
149 69% (24/ 35)	1										1				2	1					1		1/	1	
175 69% (24/ 35)	1										1				1	1					1		1/	1	
201 69% (24/ 35)	1										1				2	1					1		1/	1	
203 69% (24/ 35)	1										1				2	1					1		1/	1	
205 69% (24/ 35)	1										1				2	1		3			1		1/		
209 69% (24/ 35)	1										1				2	1		3			1		1/	1	
384 69% (24/ 35)											1			9	1	1D					1	8	1/		
404 69% (24/ 35)	1F										1				1	1					1		1/	1	
424 69% (24/ 35)	1										1				1	1					1		1/	1	
452 69% (24/ 35)	1										1				1	1					1		10	1	
456 69% (24/ 35)	1										1				2	1		3			1		1/		
458 69% (24/ 35)	1			1/D							1				1	1					1		1/	1	

1829 35 TS + 2 SL + 66 MT

TESTSTELLE			84	86	87	88	91	97	98	100	101	102
UEBEREINST. ZEUGEN			402	85	476	471	279	33	34	470	7	478
BEZEUGTE VARIANTE			1/	3	1/	1/	1/	4	3	1/	3	1/
P8	100%	(1/ 1)	Z	Z	Z	Z	Z	Z	Z	Z	Z	Z
P33	100%	(1/ 1)	Z	Z	Z	Z	Z	Z	Z	Z	Z	Z
2125	100%	(5/ 5)	Z	Z	Z	Z	Z	Z	Z	Z	Z	Z
2175	89%	(8/ 9)	Z	Z	Z	Z	Z	Z	Z	Z	Z	Z
916	88%	(7/ 8)	Z	Z	Z	Z	Z	Z	Z	Z	Z	Z
P45	86%	(6/ 7)	Z	Z	Z	Z	Z	Z	Z	Z	Z	Z
506	86%	(6/ 7)		Z	Z	Z	Z	Z	Z	Z	Z	Z
2627	80%	(4/ 5)	Z	Z	Z	Z	Z	Z	1	Z	Z	Z
602	76%	(13/ 17)						Z	1		Z	
62	75%	(9/ 12)	Z	Z	Z	Z	Z	1/			1	
1101	75%	(3/ 4)	Z	Z	Z	Z	Z	Z	Z	Z	Z	Z
1103	74%	(26/ 35)						1/	1		1	
1646	74%	(26/ 35)		1				1/	1		1	
1828	74%	(26/ 35)		1B				1/	1		1	
680	74%	(25/ 34)		1				1/	1		1	
1022	74%	(25/ 34)						1/	1		1	
1245	74%	(25/ 34)						1/	1		1	
2712	73%	(11/ 15)		4				1/	Z	Z	Z	Z
1390	73%	(24/ 33)		1					1		1	
1599	73%	(24/ 33)						1/	1		1	
82	71%	(25/ 35)						1/	1		1	
479	71%	(25/ 35)						1/	1		1	
794	71%	(25/ 35)		1				7	1		1	
1107	71%	(25/ 35)		1				1/	1		1	
1240	71%	(25/ 35)		4					1		1	
1277	71%	(20/ 28)			Z	Z	Z	Z	Z	Z	Z	
1563	71%	(25/ 35)		1				1/	2		1	
1748	71%	(25/ 35)		2					1		1	
1859	71%	(25/ 35)						1/	1		1	
1899	71%	(5/ 7)		1B				Z	Z	Z	1	
2131	71%	(25/ 35)						1/	1		1	
2778	71%	(5/ 7)	Z	Z	Z	Z	Z	Z	Z	Z	Z	Z
333	71%	(24/ 34)		1				1/	1		1	

1829 33 TS + 2 SL + 66 MT

TESTSTELLE			84	86	87	88	91	97	98	100	101	102
UEBEREINST. ZEUGEN			402	85	476	471	279	33	34	470	7	478
BEZEUGTE VARIANTE			1/	3	1/	1/	1/	4	3	1/	3	1/
1746	71%	(24/ 34)		1B				1/	1		1	
1845	71%	(24/ 34)		1			X	1/	1		1	
2218	71%	(24/ 34)		1B				1/	1		1	
57	70%	(21/ 30)	Y	2				1/			1	
633	70%	(21/ 30)					3F	1/	2		1	
642	70%	(21/ 30)	Z	1B				1/	1		1	
699	70%	(23/ 33)		2				1/	1		1	
1508	70%	(23/ 33)		1B				1/	1		1	
1721	70%	(23/ 33)	4	4			3	1/	1		1	
1864	70%	(23/ 33)		1B				1/	1		1	
1867	70%	(23/ 33)					3	1/	2C		1	
1526	70%	(16/ 23)	Z	Z	Z	Z	Z	Z	Z	Z	Z	Z
172	69%	(18/ 26)	Z	Z			Z	1/			1	
365	69%	(18/ 26)	Z	Z	Z	Z	Z	Z	Z			
624	69%	(9/ 13)	Z	Z				1/	1		1	
1762	69%	(18/ 26)		Z	Z	Z	Z	Z	Z		1	
3	69%	(24/ 35)							1		1	
97	69%	(24/ 35)		2B					1		1	
105	69%	(24/ 35)		1B				1/	1		1	
133	69%	(24/ 35)		2				1/	1		1	
142	69%	(24/ 35)					4K	1/			1	
149	69%	(24/ 35)		1B				1/	1		1	
175	69%	(24/ 35)		2B				1/	1		1	
201	69%	(24/ 35)		1B				1/	1		1	
203	69%	(24/ 35)		2B				1/	1		1	
205	69%	(24/ 35)		4				1/	1		1	
209	69%	(24/ 35)		1B					1		1	
384	69%	(24/ 35)		1				1/	1		1	
404	69%	(24/ 35)		2B				1/	1		1	
424	69%	(24/ 35)		2B				1/	1		1	
452	69%	(24/ 35)		2B				1/	1		1	
456	69%	(24/ 35)		2B				1/	1		1	
458	69%	(24/ 35)		1					1		1	

1830 — 38 TS + 2 SL + 64 MT

TESTSTELLE	10	11	18	20	26	28	29	31	33	35	36	41	42	44	45	46	48	52	53	55	56	57	62	65	66
UEBEREINST. ZEUGEN	392	13	73	441	8	29	30	3	12	452	339	467	60	451	473	76	452	452	338	17	14	104	28	333	365
BEZEUGTE VARIANTE	1/	1/L	4	1/	3	3D	5	6	8	1/	1/	1/	5	1/	1/	2	1/	1/	1/	1/B	1/D	2	2	1/	1/
P33 100% (1/ 1)	Z	Z	Z	Z	Z	Z	Z	Z	Z	Z	Z	Z	Z	Z	Z	Z	Z		Z	Z	Z	Z	Z	Z	Z
P41 100% (1/ 1)	Z	Z	Z	Z	Z	Z	Z	Z	Z	Z	Z	Z	Z	Z	Z	Z	Z	Z	Z	Z	Z	Z	Z	Z	X
1853 89% (34/ 38)		1/						1	3											1/					
1610 88% (29/ 33)					1			1									Z	Z						Z	Z
913 86% (31/ 36)	Z	Z			1			1																1/F	
2138 74% (28/ 38)		1/	1/			1/	1/	1			1/B		4											1/F	
1611 68% (26/ 38)		1/	1/			1/	1/	1	1				4						3B	1/					
2298 68% (26/ 38)					2				1							3			3	1/	1/		1		
1890 68% (23/ 34)	Z	Z	1/		Z	1/	1/	1					4											1/F	6
945 66% (25/ 38)		1/			2			2	1										8C	1/	1/		1		
1739 66% (25/ 38)		1/			2			2	1										3	1/	1/		1		
624 64% (9/ 14)	Z	Z	Z	Z	Z	Z	Z	Z	Z			Z	Z	Z	Z	Z	Z	Z	Z	Z	Z	Z	Z		
1852 63% (19/ 30)	Z	Z	Z	Z	Z	Z	Z	Z	1				1/			3				1/	1/	1	1		
436 63% (24/ 38)					1	1/	1/	1	1				4						4C	1/	1/				
1162 63% (24/ 38)					2	1/	1/	2					4						3	1/	1/		1		
1505 63% (24/ 38)		1/	1/		1	1/	1/	1	5		1/D		1/			1									6
1832 62% (21/ 34)	Z	Z	Z	Z	1			1	1											1/	1/	1	1	4	10
1704 61% (23/ 38)		1/			2			4	1										8	1/	1/	2B	1		
1765 61% (23/ 38)		1/	1/		1			1	1											1/	1/	1	1	5	1C
1891 61% (23/ 38)		1/			2			2	1		1/F								3	1/	1/		1		
1846 60% (6/ 10)	Z	Z	Z	Z	Z	Z	Z	Z	Z	Z	Z	Z	Z	Z	Z	Z	Z	Z	Z	Z	Z	Z	Z	Z	Z
2201 60% (21/ 35)	Z	Z	Z		1	1/	1/	1			1/F		1/						3	1/	1/		1		
044 58% (22/ 38)	4	1/	1/		1	1/	1/	3					4	5						1/	1/			1/F	
103 58% (22/ 38)		1/			1			1	1											1/	1/	1	1	5	10
322 58% (22/ 38)		1/			2	8		2	1				6						3F	1/	1/		1	1/C	
876 58% (22/ 38)		1/	1/		1			1	1											1/	1/	1	1	4	10
1292 58% (22/ 38)		1/	1/			1/	1/	1	1				4			3			3				1		4
2495 58% (22/ 38)	7B	1/			1	1/	1/	1	5		1/D		1/			1								1/F	6
606 57% (20/ 35)		1/			1			1	Z	Z	Z									1/	1/	1	1	5	10
323 57% (21/ 37)	Z	1/			2	3C		2	1				6						3	1/	1/		1	1/C	
2004 56% (9/ 16)	Z	Z	Z	Z	Z	Z	Z	Z	Z	Z	Z	Z	1/	Z	Z	Z	Z	Z	Z	Z	Z	Z	Z		
172 56% (14/ 25)	Z	Z	1/		1	1/	Z	Z	Z	Z		Z	Z			1				1/	1/	1	1		
1727 56% (19/ 34)		5			Z	Z	Z	Z	1				6			3				1/	1/	1	1		

TESTSTELLE	10	11	18	20	26	28	29	31	33	35	36	41	42	44	45	46	48	52	53	55	56	57	62	65	66
UEBEREINST. ZEUGEN	392	13	73	441	8	29	30	3	12	452	339	467	60	451	473	76	452	452	338	17	14	104	28	333	365
BEZEUGTE VARIANTE	1/	1/L	4	1/	3	3D	5	6	8	1/	1/	1/	5	1/	1/	2	1/	1/	1/	1/B	1/D	2	2	1/	1/
641 56% (20/ 36)		1/			1			1	1											1/	1/	1	1	5	10
2805 56% (20/ 36)	4	10		Z	2	6	6	1	1				4						3	1/	1/			1/F	
467 55% (21/ 38)	4	1/			2	6B		1	6				1/						3	1/	1/		1		
614 55% (21/ 38)		1/	1/			1/	1/	1	1				4						3					11	15
619 55% (21/ 38)			1/		2	1/	1/	2	1				4						3	1/	1/		1		
2243 55% (21/ 38)		1/	1/D		1	1/	1/	1	1				1/							1/	1/	1	1	5	
2412 55% (21/ 38)		1/	1/			1/	1/	1	1				4						3					11	4
2494 55% (21/ 38)		6	1/		1			1	1							1				1/	1/	1	1	5	10
623 54% (19/ 35)	Z	Z	Z		2	1/	1/	2					4						3	1/	1/			1/[illegible]	
P74 54% (20/ 37)	3	1/I	Z		2	1/	1/	2	2	3			3	4						1/	1/				
630 54% (20/ 37)		1/	Z		1		1/	1	1		1/F		6						8	1/	1/		1		
2200 54% (20/ 37)		1/			1		1/	1	1		1/F					1			8	1/	1/		1		
81 53% (16/ 30)	14		Z	Z	2	1/	1/	2	1	3			1/							1/	1/		Z	Z	Z
69 53% (17/ 32)		1/	7		1	1/	1/	1	1B	3		Z	Z	Z	Z	Z				10	Y		1		
2303 53% (9/ 17)	Z	Z	Z	Z	Z	1/	1/	1	1				4			1			Z	Z	Z	Z	Z	Z	Z
2080 53% (19/ 36)		1/	1/		1	1/	1/	1	1				8			1				1/	1/		1		
5 53% (20/ 38)		1/	1/		2	1/	1/	2			1/D		1/			3			3	1/	1/		1		
6 53% (20/ 38)		1/	1/		1	1/	1/	1	1	3			3			1			3	1/	1/		1		
94 53% (20/ 38)	6		5B		1			2	1	3	1/F		4						3	1/	1/		1		1/B
104 53% (20/ 38)	11	1/M	1/		1	1/	1/	1	1				7							1/	1/		1		
142 53% (20/ 38)		1/	1/		1	1/	1/	1	1				4							1/	1/	1	1		11
228 53% (20/ 38)		1/			1	1/	1/	1	1							3				1/	1/		1	1/F	11
429 53% (20/ 38)		5			1		1/	1	1		1/F								8	1/	1/		1		
621 53% (20/ 38)		1/O	1/	1/B	1	1/	1/	2					4					3	3B	1/	1/		1		8
1642 53% (20/ 38)	3	14			2	3G		2		3			1/						3B	1/	1/		1		
1827 53% (20/ 38)		1/B	1/		1	1/	1/	2	3				4						3	1/	1/		1		
1894 53% (20/ 38)		1/	1/		1	1/	1/	1	1							3				1/	1/	1	1		
2378 52% (12/ 23)	Z	Z	Z	Z	Z	Z	Z	Z	Z	Z	Z	X	Y			1	Z			1/	1/E	Z	1		
206 52% (14/ 27)	Z	Z	Z	Z	Z	Z	Z	Z	Z	Z	Z							4	8	1/	1/		1		
1731 52% (14/ 27)	Z	Z	Z	Z	Z	Z	Z	Z	Z	Z	Z		1/			1				1/	1/	1	1		
1867 51% (18/ 35)	Z	Z	1/		1	1/	1/	1	1				1/			1				1/	1/	1	1		
1597 51% (19/ 37)	8	1/			1	1/	1/	1	1				1/			3				1/	1/		1		
2423 51% (19/ 37)		1/			1	1/	1/	1	1				1/			3				1/	1/	1	1		

1830 — 38 TS + 2 SL + 64 MT

TESTSTELLE	76	80	84	86	87	88	90	91	92	94	97	100	102
UEBEREINST. ZEUGEN	467	20	402	85	476	471	71	18	99	6	422	11	478
BEZEUGTE VARIANTE	1/	3	1/	3	1/	1/	2	8	2	3	1/	4	1/
P33 100% (1/ 1)	Z	Z	Z	Z	Z	Z	Z	Z	Z	Z	Z	Z	Z
P41 100% (1/ 1)		Z	Z	Z	Z	Z	Z	Z	Z	Z	Z	Z	Z
1853 89% (34/ 38)													
1610 88% (29/ 33)		3C	Z								5		
913 86% (31/ 36)										3B	5		
2138 74% (28/ 38)			4								3		
1611 68% (26/ 38)			4							1	3		
2298 68% (26/ 38)		6	3					3		5		1/	
1890 68% (23/ 34)		1	4	Z						3B	3		
945 66% (25/ 38)		6B	3					3		2		1/	
1739 66% (25/ 38)		6B	3					3		2		1/	
624 64% (9/ 14)		Z	Z	Z			1	1/	1	1		1/	
1852 63% (19/ 30)		1		1				5				1/	
436 63% (24/ 38)		1	4					3		11		1/	
1162 63% (24/ 38)				1				1/	1	1		1/	
1505 63% (24/ 38)			4								3	1/	
1832 62% (21/ 34)		1B					1			1		1/	
1704 61% (23/ 38)		6B	3				4	3		2		1/	
1765 61% (23/ 38)		1					1			1		1/	
1891 61% (23/ 38)		6	3	2				3		2		1/	
1846 60% (6/ 10)	Z	Z		1			1	X		9		1/	
2201 60% (21/ 35)		1						5		1		1/	
044 58% (22/ 38)								3		4		1/	4
103 58% (22/ 38)				1B			1	1/	1	1		1/	
322 58% (22/ 38)		6		1				5		1		1/	
876 58% (22/ 38)		1					1	8B		1		1/	
1292 58% (22/ 38)	3	1	4							1C	3		
2495 58% (22/ 38)			4						1		3	1/	
606 57% (20/ 35)				1B			1	1/	1	1		1/	
323 57% (21/ 37)		6		1				5		1		1/	
2004 56% (9/ 16)		1					1	1/	1	1		1/	
172 56% (14/ 25)		1	Z	Z			Z	Z	Z	1		1/	
1727 56% (19/ 34)		1		1			1	5	1	1		1/	

TESTSTELLE UEBEREINST. ZEUGEN BEZEUGTE VARIANTE	76 467 1/	80 20 3	84 402 1/	86 85 3	87 476 1/	88 471 1/	90 71 2	91 18 8	92 99 2	94 6 3	97 422 1/	100 11 4	102 478 1/
641 56% (20/ 36)				4	Z	Z	1	1/	1	1		1/	
2805 56% (20/ 36)		4						3		4		1/	Z
467 55% (21/ 38)		1		4				4I	1	1		1/	
614 55% (21/ 38)	3	1	4		5	9				1C	3		
619 55% (21/ 38)		3B		1				1/	1	1		1/	
2243 55% (21/ 38)		1					1			1		1/	
2412 55% (21/ 38)	3	1	4		5	9				1C	3		
2494 55% (21/ 38)		1					1		1	1		1/	
623 54% (19/ 35)		7	4	2				3		1		1/	3
P74 54% (20/ 37)		2		2B				1/		2		1/	
630 54% (20/ 37)		6	3	1B				3		2		1/	
2200 54% (20/ 37)	Z	6	3	1				3		2		1/	
81 53% (16/ 30)	Z	Z	Z	2B				1/		2D		1/	
69 53% (17/ 32)		1		1				12B		1		1/	
2303 53% (9/ 17)	Z	Z	Z	Z	Z	Z	Z	Z	1	1		Z	
2080 53% (19/ 36)		1		1B			Y	Y	1	1		1/	
5 53% (20/ 38)		7		5				3		1		1/	
6 53% (20/ 38)		1						12B		1		1/	
94 53% (20/ 38)		1					1	3		1		1/	
104 53% (20/ 38)		1		1			4	5		1		1/	
142 53% (20/ 38)		1					1	4K		1		1/	
228 53% (20/ 38)		5		1			1	5H		7		1/	
429 53% (20/ 38)		6	3	1			1	4E	1	1		1/	
621 53% (20/ 38)		1						5		2C		1/	
1642 53% (20/ 38)		1					1	1/	1	1	4	1/	
1827 53% (20/ 38)		1D		1				1/	1	1C		1/	
1894 53% (20/ 38)		1	3			7		3		1		1/	
2378 52% (12/ 23)		1		1B			1	1/	1	1		1/	
206 52% (14/ 27)		6	3	1			1	4E	1	1		1/	
1731 52% (14/ 27)		1		1B			1	4C	1	1		1/	
1867 51% (18/ 35)		1					5	3	1	Z		1/	
1597 51% (19/ 37)		1		1			1	X	1	1		1/	
2423 51% (19/ 37)		1		X			1	1/	1	1		1/	

1831 41 TS + 5 SL + 54 MT

TESTSTELLE	7	8	10	15	18	19	20	28	29	30	32	34	35	36	41	42	44	45	46	47	48	50	52	53	55
UEBEREINST. ZEUGEN	23	16	392	24	2	110	441	416	439	21	51	19	452	54	467	60	451	473	101	92	452	7	452	33	422
BEZEUGTE VARIANTE	3	3B	1/	3	6	2	1/	1/	1/	5	2	2B	1/	1/K	1/	5	1/	1/	3	2	1/	19	1/	8	1/
P33 100% (1/ 1)	Z	Z	Z	Z	Z	Z	Z	Z	Z	Z	Z	Z	Z	Z	Z	Z	Z	Z	Z	Z	Z	Z		Z	Z
206 85% (23/ 27)	Z	Z	Z	Z	Z	Z	Z	Z	Z	Z	Z	Z	Z	Z					2				4		
1758 84% (31/ 37)	5	1			Y	1		X											X			1			
1490 83% (34/ 41)	5	3		3B	4														1						
429 80% (33/ 41)	5	3			4			3D						1/F					2						
1738 80% (4/ 5)	Z	Z	Z	Z	Z	Z	Z	Z	Z	Z	Z	Z	Z	Z	Z	Z	Z	Z	Z	Z	Z	Z	Z	Z	Z
1745 80% (4/ 5)	Z	Z	Z	Z	Z	Z	Z	Z	Z	Z	Z	Z	Z	Z	Z	Z	Z	Z	Z	Z	Z	Z	Z	Z	Z
1858 80% (4/ 5)	Z	Z	Z	Z	Z	Z	Z	Z	Z	Z	Z	Z	Z	Z	Z	Z	Z	Z	Z	Z	Z	Z	Z	Z	Z
630 79% (31/ 39)	1	3			Z	Z		3D						1/F		6			2			2C			
2200 77% (30/ 39)	1	3			4			3D						1/F					1			2C			
522 76% (31/ 41)	7	3			4			11			1			1/F					2						
314 71% (5/ 7)	Z	Z	Z	Z	Z	Z	Z	Z	Z	Z	Z	Z	Z	Z		1/			1	Z	Z	Z	Z	Z	Z
945 71% (29/ 41)	1	3			4			3D	5	1				1/					2					8C	
1704 68% (28/ 41)	1	3		5	4			3D	5	1				1/					2						
1751 68% (28/ 41)	1B				4			3D				9B		1/F					2		7	5B			
1891 68% (28/ 41)	16	3			4			3D	5	4				1/F					2			2C		3	
P45 67% (6/ 9)	Z	Z	Z	Z	Y	Y	Y			Z	4	Y		Z		Z	Z		Z	Z	Z	Z	Z	Z	3
1509 67% (26/ 39)	1	3		1	4			3D		X		1		1/F					1		1/K	1			
1739 66% (27/ 41)	16	3			4			3D	5	1				1/					2			2C		3	
2298 63% (26/ 41)	1	1			4			3D	5	1	1	11		1/								1D		3	
624 58% (7/ 12)	Z	Z	Z	Z	Z	Z	Z	Z	Z	Z	Z	Z		1/	Z	Z	Z	Z	Z	Z	Z	Z	Z	Z	Z
1846 57% (4/ 7)	Z	Z	Z	Z	Z	Z	Z	Z	Z	Z	Z	Z	Z	Z	Z	Z	Z	Z	Z	Z	Z	Z	Z	Z	Z
2778 57% (4/ 7)	Z	Z	Z	Z	Z	Z	Z	Z	Z	Z	Z	Z	Z	Z	Z	Z	Z	Z	Z	Z		1D		1/	
2718 56% (18/ 32)	1			1	1/	1				1	1	1		1/		4			2			2	4	3	
228 56% (23/ 41)		3		1	4					1	1	1		1/								1		1/	
431 56% (23/ 41)	1			1	1/	1				1		3	3	1/		4			2			2C		3	
2344 56% (23/ 41)	1	3	11	4	1/	1				1		2		1/		3			2			2		3	
81 55% (16/ 29)	2	2	14	2	Z	Z	Z			3		2C	3	1/		1/			2			2		1/	
33 55% (17/ 31)	4	X	11	X	X	1			X	X	1	11		X		3			X			2		3	X
1893 55% (17/ 31)	1	1		X	1/	1				1	Z	Z	Z	Z		4			2		Z	1		3	
62 55% (6/ 11)	Z	Z	Z	Z	Z	Z	Z			1	1	1		1/		1/	Z	Z	Z	Z	Z	Z	Z	Z	Z
1861 54% (19/ 35)	Z	Z	Z	Z	Z	Z				1	1	1		1/M						1		17			8
1754 54% (21/ 39)	Z	Z		1	1/					1	1	1								1	1/B	1E		1/	

1831 — 41 TS + 5 SL + 54 MT

TESTSTELLE	7	8	10	15	18	19	20	28	29	30	32	34	35	36	41	42	44	45	46	47	48	50	52	53	55
UEBEREINST. ZEUGEN	23	16	392	24	2	110	441	416	439	21	51	19	452	54	467	60	451	473	101	92	452	7	452	33	422
BEZEUGTE VARIANTE	3	3B	1/	3	6	2	1/	1/	1/	5	2	2B	1/	1/K	1/	5	1/	1/	3	2	1/	19	1/	8	1/
582 54% (22/ 41)	1	3		1	1/	1				1	1	1								1		17			8
636 54% (22/ 41)	1	1		1	1/	1		11						1/F					2						
996 54% (22/ 41)		3		1	4					1	3	1		1/		6						1	3	1/	
1106 54% (22/ 41)	1	3			4					1	1	1				1/				1		21		1/	
1718 54% (22/ 41)	5	6			1/					1	1	1				1/			1			2		1/	
441 53% (18/ 34)	Z	Z	Z	Z	Z	Z	Z			1	1	1		1/		4			2			6	3	3	
642 53% (18/ 34)	1	3	Z	1	1/	1				1		1		1/		Z			1			1		1/	
2303 53% (9/ 17)	Z	Z	Z	Z	Z	Z	Z			1	1	1		1/		4			1	1		1		Z	Z
P74 53% (20/ 38)	X	Y	3	2	Z					2		2	3	1/		3	4		2			3		1/	
610 53% (20/ 38)	13	3	6	2	5B			3E	5			Z	3	1/F		4			2			2C		3	
1721 53% (20/ 38)	1	3		6	1/	1					1	Y		1/		1/						Y	Y	1/	
1768 53% (21/ 40)	1	3		1	1/					Z	1	1		1/					1	1		1		3	
466 52% (11/ 21)	Z	Z	Z	Z	Z	Z	Z	Z	Z	Z	Z	Z	Z	Z	Z	Z	Z	Z	Z	Z		1		1/	
1456 52% (15/ 29)	1	3		1	4	1				1	3	1								1	Z	Z	Z	Z	Z
498 51% (18/ 35)	Z	Z	Z	Z	Z	Z				1	1	1				1/			1	1		1		1/	
2201 51% (18/ 35)	Z	Z	Z	Z	Z	Z				1	1	11		1/F		1/			2	1		1		3	
699 51% (19/ 37)	Z	Z		1	Z	Z				1	3	1		1/		1/				1		1		1/	
42 51% (20/ 39)	Z	Z		1	4	1				1	1	1		1/M						1		17		9	
1003 51% (20/ 39)	1	1		1	1/	1				1	1	X		1/M						1		17			8
2805 51% (20/ 39)	1		4		4		Z	6	6	1	1	1		1/		4			2			1		3	
5 51% (21/ 41)	1	3		4	1/	1				1	1	11		1/D		1/						1		3	
51 51% (21/ 41)	1	3		1	4	1				1	1	1		1/F						1		17			
181 51% (21/ 41)	4		11	1	1/	1				1			3	3		4			2	1		10		3G	5
223 51% (21/ 41)	1	3		1	4	1				1	1	1								1		17			
307 51% (21/ 41)	13	3	6	2	5B			3E	5			11C	3	1/F		4			2			2C		3	
363 51% (21/ 41)	1	2			4					1	1	1				1/				1		21		1/	
390 51% (21/ 41)	1			1	1/	1				1	1	1		1/M						1		17			8
436 51% (21/ 41)	1	1		1	4	1				1	1	1		1/		4			2			1		4C	
437 51% (21/ 41)	1	1		1	1/	1				1	1	11				1/			2			1		1/	
453 51% (21/ 41)	13	3	6	2	5B			3E	5			11C	3	1/F		4			2			2C		3	
621 51% (21/ 41)	1	3		1	1/		1/B			1	1	1		1/		4			2			1	3	3B	
917 51% (21/ 41)	4	1		1	1/	1				1				1/		1/				1		11		1/	
1162 51% (21/ 41)	1			1	4	1				1	1	11		1/		4			2			1		3	

1831 41 TS + 5 SL + 54 MT

TESTSTELLE	56	57	65	66	68	75	76	79	80	83	84	87	88	89	100	102
UEBEREINST. ZEUGEN	459	104	333	20	20	18	467	31	16	46	23	476	471	3	470	478
BEZEUGTE VARIANTE	1/	2	1/	6	3	3	1/	2	6	2	3	1/	1/	3	1/	1/
P33 100% (1/ 1)	Z	Z	Z	Z	Z	Z	Z	Z	Z	Z	Z	Z	Z	Z	Z	Z
206 85% (23/ 27)				1/										14		
1758 84% (31/ 37)				1/			X	1								
1490 83% (34/ 41)			1/F											4		
429 80% (33/ 41)				1/										14		
1738 80% (4/ 5)	Z	Z	Z	Z	Z	Z	Z	Z	Z	Z	Z			1		
1745 80% (4/ 5)	Z	Z	Z	Z	Z	Z	Z	Z	Z	Z	Z			1		
1858 80% (4/ 5)	Z	Z	Z	Z	Z	Z	Z	Z	Z	Z	Z			1		
630 79% (31/ 39)				1/												
2200 77% (30/ 39)				1/		Z	Z							14		
522 76% (31/ 41)				1/					6C					14		
314 71% (5/ 7)	Z	Z	Z	Z	Z	Z	Z	Z	Z	Z	Z	Z	Z	Z		
945 71% (29/ 41)				1/					6B					5		
1704 68% (28/ 41)		2B		1/					6B					5		
1751 68% (28/ 41)			8	1/E		1B					1/C			14		
1891 68% (28/ 41)				1/		2								14		
P45 67% (6/ 9)		1	Z	Z	Z	Z	Z	Z	Z	Z	Z	Z	Z	Z	Z	Z
1509 67% (26/ 39)			1/F	1/				X						14		
1739 66% (27/ 41)				1/		2			6B					14		
2298 63% (26/ 41)				1/		1				1				12		
624 58% (7/ 12)	Z	Z		1/	1	1		Z	Z	Z	Z			1		
1846 57% (4/ 7)	Z	Z	Z	Z	Z	Z	Z	Z	Z	1	1/			1		
2778 57% (4/ 7)		1	Z	Z	Z	Z	Z	Z	Z	Z	Z	Z	Z	Z	Z	Z
2718 56% (18/ 32)			1/F			Z	Z	Z	Z	Z	Z	Z	Z	Z		
228 56% (23/ 41)			1/F	11	7	1		1	5	1	1/			1		
431 56% (23/ 41)				1/B	2	2			1		4			2		
2344 56% (23/ 41)			1/E	1/	4				2					11		
81 55% (16/ 29)			Z	Z	Z	Z	Z	Z	Z	Z	Z			14		
33 55% (17/ 31)	X		1/D	1/C	4	2			2	X				10		
1893 55% (17/ 31)			Z	Z	Z	1		1B	1	1	Z			1		
62 55% (6/ 11)	Z	Z	Z	Z	Z	Z	Z	Z	Z	Z	Z	Z	Z	Z		
1861 54% (19/ 35)		1		1/	1	1		1	1	1	4			1		
1754 54% (21/ 39)		1		1/	2	1		1	1	1	1/			1		

TESTSTELLE	56	57	65	66	68	75	76	79	80	83	84	87	88	89	100	102
UEBEREINST. ZEUGEN	459	104	333	20	20	18	467	31	16	46	23	476	471	3	470	478
BEZEUGTE VARIANTE	1/	2	1/	6	3	3	1/	2	6	2	3	1/	1/	3	1/	1/
582 54% (22/ 41)		1			1	1		1	1	1	4			1C		
636 54% (22/ 41)			1/F	1/F	1	1		1	1E	1	1/		1/B	1		1/C
996 54% (22/ 41)				10	7	1		1	5	1	1/			1		
1106 54% (22/ 41)		1		1/	1	1		1	1	1	1/			1		
1718 54% (22/ 41)		1		1/G	7	1		1	1	1	1/			1		
441 53% (18/ 34)			1/K	8	2			1	1		1/			14		
642 53% (18/ 34)		1	Z	Z	Z	1		1	1	Z	Z			1		
2303 53% (9/ 17)	Z	Z	Z	Z	Z	Z	Z	Z	Z	Z	Z	Z	Z	Z	Z	
P74 53% (20/ 38)				1/	4	2		2B	2		1/			2		
610 53% (20/ 38)				1/B	2	2		Z	Z		4			2		
1721 53% (20/ 38)		1		1/	1	1		4	1	1	4			1		
1768 53% (21/ 40)		1			2	1		1	1	1	1/			1		
466 52% (11/ 21)		1			1	1		1	1	1	1/			1		
1456 52% (15/ 29)	Z	Z	Z	Z	Z	Z	Z	1	1	1	4			1		
498 51% (18/ 35)		1		1/	1	1		1	1	1	1/			1		
2201 51% (18/ 35)				1/	1	1		1	1	1	1/			1		
699 51% (19/ 37)		1		1/	1	1		1	1	1	1/			1B		
42 51% (20/ 39)		1		1/	1	1		1	1	1	1/			1		
1003 51% (20/ 39)		Z		1/	1	1		1	1	1	4			1		
2805 51% (20/ 39)			1/F	1/	4B			1	4		1/					Z
5 51% (21/ 41)				1/	4	1		1B	7	1	1/			1		
51 51% (21/ 41)		1		4	1	1		1	1	1	1/			1		
181 51% (21/ 41)				1/	12	1C			3		1/C			14		
223 51% (21/ 41)		1	1/F	1/	1	1		1	1	1	1/			1		
307 51% (21/ 41)				1/B	2	2			3		4			2		
363 51% (21/ 41)		1		4	1	1		1	1	1	1/			1		3
390 51% (21/ 41)		1		1/	1	1		1	1	1	4			1		
436 51% (21/ 41)				1/	4	1		1	1		4			14		
437 51% (21/ 41)				1/	15	1		1	1	1C	1/			1		
453 51% (21/ 41)				1/B	2	2			3		4			2		
621 51% (21/ 41)				8	2			1	1		1/			14		
917 51% (21/ 41)		1		1/	1	1		1	1	1	1/			1		
1162 51% (21/ 41)				1/	15	1		1B	3	1	1/			1		

1832 29 TS + 0 SL + 49 MT

TESTSTELLE	28	29	35	36	39	41	42	44	45	46	48	50	52	53	55	56	64	65	66	76	84	86	87	88	91
UEBEREINST. ZEUGEN	29	30	452	339	14	467	60	451	473	76	452	16	452	338	422	459	9	6	29	467	402	85	476	471	18
BEZEUGTE VARIANTE	3D	5	1/	1/	2	1/	5	1/	1/	2	1/	2C	1/	1/	1/	1/	5	4	10	1/	1/	3	1/	1/	8
P33 100% (1/ 1)	Z	Z	Z	Z	Z	Z	Z	Z	Z	Z	Z	Z		Z	Z	Z	Z	Z	Z	Z	Z	Z	Z	Z	Z
P41 100% (1/ 1)	Z	Z	Z	Z	Z	Z	Z	Z	Z	Z	Z	Z	Z	Z	Z	Z	Z	Z	X		Z	Z	Z	Z	Z
876 97% (28/ 29)																									8B
1765 97% (28/ 29)																		5							
1846 88% (7/ 8)	Z	Z	Z	Z	Z	Z	Z	Z	Z	Z	Z	Z	Z	Z	Z	Z	Z	Z	Z	Z		1			X
2494 86% (25/ 29)										1		1						5							
2778 83% (5/ 6)	Z	Z	Z	Z	Z	Z	Z	Z	Z	Z		1D					Z	Z	Z	Z	Z	Z	Z	Z	Z
103 83% (24/ 29)																	1	5				1B			1/
606 81% (22/ 27)			Z	Z													1	5				1B			1/
641 81% (22/ 27)																	1	5				4	Z	Z	1/
1610 77% (17/ 22)					1						Z	Z	Z		1/B	1/D	Z	Z	Z		Z				
1739 76% (22/ 29)					4									3			2	1/	1/		3				3
1853 76% (22/ 29)					1							1				1/D	1	1/	1/						
2243 76% (22/ 29)	1/	1/			1		1/					1						5	1/						
945 72% (21/ 29)					4							19		8C			2	1/	1/		3				3
1704 72% (21/ 29)					4							19		8			2	1/	1/		3				3
1830 72% (21/ 29)					1							1			1/B	1/D	1	1/	1/						
81 71% (17/ 24)	1/	1/	3				1/					2					Z	Z	Z	Z	Z	2B			1/
1599 70% (19/ 27)	1/	1/			1		1/			1		1E					Z	Z							1/
172 70% (14/ 20)	1/	Z	Z		Z	Z	Z			1		1					1	1/	1/		Z	Z			Z
1730 70% (7/ 10)	Z	Z	Z	Z	Z	Z	Z	Z	Z	Z	Z	Z	Z	Z	Z	Z	Z	Z	Z			2B			1/
94 69% (20/ 29)			3	1/F	4		4							3			2	1/	1/B						3
142 69% (20/ 29)	1/	1/			1		4					1					1	1/	11						4K
913 69% (20/ 29)					1							1			1/B	1/D	1	1/F	1/						
1891 69% (20/ 29)				1/F	4									3			2	1/	1/		3	2			3
2298 69% (20/ 29)					4					3		1D		3			1	1/	1/		3				3
314 67% (6/ 9)	Z	Z	Z	Z	Z		1/			1	Z	Z	Z	Z	Z	Z	Z	Z	Z	Z	Z	Z	Z	Z	Z
506 67% (4/ 6)	1/	1/	Z	Z	Z	Z	Z	Z	Z	Z		Z	Z	Z			Z	Z	Z	Z		Z	Z	Z	Z
642 67% (16/ 24)	1/	1/			1		Z			1		1					Z	Z	Z		Z	1B			1/
1852 67% (18/ 27)	Z	Z			1		1/			3		1					1	1/	1/			1			5
2626 67% (6/ 9)	Z	Z	Z	Z	Z	Z	Z	Z	Z	Z	Z	Z	Z	Z	Z	Z	Z	Z	Z	Z		1B			4E
104 66% (19/ 29)	1/	1/			1		7					1C					6	1/	1/			1			5
228 66% (19/ 29)	1/	1/			1					3		1					1	1/F	11			1			5H

TESTSTELLE UEBEREINST. ZEUGEN BEZEUGTE VARIANTE	28 29 3D	29 30 5	35 452 1/	36 339 1/	39 14 2	41 467 1/	42 60 5	44 451 1/	45 473 1/	46 76 2	48 452 1/	50 16 2C	52 452 1/	53 338 1/	55 422 1/	56 459 1/	64 9 5	65 6 4	66 29 10	76 467 1/	84 402 1/	86 85 3	87 476 1/	88 471 1/	91 18 8
250 66% (19/ 29)	1/	1/			1		1/			3		1					1					1			1/
322 66% (19/ 29)	8				4		6					2		3F			1	1/C	1/			1			5
323 66% (19/ 29)	3C				4		6					2		3			1	1/C	1/			1			5
1103 66% (19/ 29)	1/	1/			1		1/			1		1					1	1/	12						1/
633 65% (15/ 23)	1/	1/		1/L	Z	Z	Z	Z	Z	Z		1D					1	1/							3F
325 65% (11/ 17)	Z	Z	Z	Z	Z	Z	Z	Z	Z	Z	Z	Z					1	1/	1/			2B			1/
602 65% (11/ 17)	Z	Z	Z	Z	Z	Z	Z	Z	Z	1		1	Z				1	1/	Z						1/
2289 65% (11/ 17)	Z	Z	Z	Z	Z	Z	Z	Z	Z	Z	Z	Z					1	1/	1/			1B			1/
1022 64% (18/ 28)	1/	1/			1		1/			1		V2					1	1/	1/						1/
1245 64% (18/ 28)	1/	1/			1		1/			1		V2					1	1/	1/						1/
1894 64% (18/ 28)	1/	1/			Z					3		1					1	1/	1/		3			7	3
2805 64% (18/ 28)	6	6			1		4					1		3			1	1/F	1/						3
466 63% (12/ 19)	Z	Z	Z	Z	Z	Z	Z	Z	Z	Z		1					1	1/	6			1			1/
1727 63% (17/ 27)	Z	Z			1		6			3		1					1	1/	1/			1			5
2799 63% (17/ 27)	Z	Z			1		1/			1		1		8			1	1/	1/						17
1731 63% (15/ 24)	Z	Z	Z	Z	Z		1/			1		1					1	1/	1/			1B			4C
1738 63% (5/ 8)	Z	Z	Z	Z	Z	Z	Z	Z	Z	Z	Z	Z	Z	Z	Z	Z	Z	Z	Z	Z	Z	1			1/
1858 63% (5/ 8)	Z	Z	Z	Z	Z	Z	Z	Z	Z	Z	Z	Z	Z	Z	Z	Z	Z	Z	Z	Z	Z	1B			1/
1902 63% (15/ 24)	Z	Z			1		6			3		1		3			Z	Z	Z		4	1			1/
2441 63% (10/ 16)	Z	Z	Z	Z	Z	Z	8	Z	Z	1		1					Z	Z	Z		Z	1B			1/
2777 63% (5/ 8)	Z	Z	Z	Z	Z	Z	Z	Z	Z	Z	Z	Z	Z	Z	Z	Z	Z	Z	Z	Y	Z	1B			1/
P74 62% (18/ 29)	1/	1/	3				3	4				3					2	1/	1/			2B			1/
044 62% (18/ 29)	1/	1/			1		4	5				2					2	1/F	1/						3
82 62% (18/ 29)	1/	1/			1		1/			1		1					1	1/	1/						1/
203 62% (18/ 29)	1/	1/			1		1/			3		1					1	1/	1/			2B			1/
218 62% (18/ 29)	1/	1/			1		1/			1		2					2	1/F	1/			1			1/
385 62% (18/ 29)					1					1		1		3	1/F		1	1/	6			4			3
436 62% (18/ 29)	1/	1/			1		4					1		4C			2	1/	1/		4				3
452 62% (18/ 29)	1/	1/			1		1/			1		1					1	1/				2B			1/
459 62% (18/ 29)	1/	1/			1		3			3		2B					6	1/	1/			1			5
467 62% (18/ 29)	6B				4		1/					1		3			1	1/	1/			4			4I
479 62% (18/ 29)	1/	1/			1		1/			1		1E					1	1/	1/						1/
483 62% (18/ 29)	1/	1/			1		1/			1		1					1	1/	1/						17

1832 29 TS + 0 SL + 49 MT

TESTSTELLE UEBEREINST. ZEUGEN BEZEUGTE VARIANTE		92 99 2	97 422 1/	100 470 1/	102 478 1/
P33	100% (1/ 1)	Z	Z	Z	Z
P41	100% (1/ 1)	Z	Z	Z	Z
876	97% (28/ 29)				
1765	97% (28/ 29)				
1846	88% (7/ 8)				
2494	86% (25/ 29)	1			
2778	83% (5/ 6)	Z	Z	Z	Z
103	83% (24/ 29)	1			
606	81% (22/ 27)	1			
641	81% (22/ 27)	1			
1610	77% (17/ 22)		5	4	
1739	76% (22/ 29)				
1853	76% (22/ 29)			4	
2243	76% (22/ 29)				
945	72% (21/ 29)				
1704	72% (21/ 29)				
1830	72% (21/ 29)			4	
81	71% (17/ 24)				
1599	70% (19/ 27)	1			
172	70% (14/ 20)	Z			
1730	70% (7/ 10)	1			
94	69% (20/ 29)				
142	69% (20/ 29)				
913	69% (20/ 29)		5	4	
1891	69% (20/ 29)				
2298	69% (20/ 29)				
314	67% (6/ 9)	1			
506	67% (4/ 6)	Z	Z	Z	Z
642	67% (16/ 24)	1			
1852	67% (18/ 27)				
2626	67% (6/ 9)	1			
104	66% (19/ 29)				

1832 29 TS + 0 SL + 49 MT

TESTSTELLE UEBEREINST. ZEUGEN BEZEUGTE VARIANTE		92 99 2	97 422 1/	100 470 1/	102 478 1/
250	66% (19/ 29)	1			
322	66% (19/ 29)				
323	66% (19/ 29)				
1103	66% (19/ 29)				
633	65% (15/ 23)	1			
325	65% (11/ 17)	1			
602	65% (11/ 17)	1	Z		
2289	65% (11/ 17)	1			
1022	64% (18/ 28)	1			
1245	64% (18/ 28)	1			
1894	64% (18/ 28)				
2805	64% (18/ 28)				Z
466	63% (12/ 19)	1			
1727	63% (17/ 27)	1			
2799	63% (17/ 27)	1			
1731	63% (15/ 24)	1			
1738	63% (5/ 8)	1			
1858	63% (5/ 8)	1			
1902	63% (15/ 24)	1			
2441	63% (10/ 16)	1		Z	
2777	63% (5/ 8)	1			
P74	62% (18/ 29)				
044	62% (18/ 29)				4
82	62% (18/ 29)	1			
203	62% (18/ 29)				
218	62% (18/ 29)				
385	62% (18/ 29)	1			
436	62% (18/ 29)				
452	62% (18/ 29)	1			
459	62% (18/ 29)				
467	62% (18/ 29)	1			
479	62% (18/ 29)	1			

TESTSTELLE	8	10	11	15	23	28	29	34	35	36	39	41	42	44	45	46	47	48	52	53	55	56	57	65	66
UEBEREINST. ZEUGEN	1	1	351	10	91	416	439	2	452	339	14	467	283	451	473	76	92	452	452	5	422	2	104	333	2
BEZEUGTE VARIANTE	7	7	1/	4	2	1/	1/	4	1/	1/	2	1/	1/	1/	1/	2	2	1/	1/	3B	1/	1/B	2	1/	14
P8 100% (1/ 1)	Z	Z	Z	Z		Z	Z	Z	Z	Z	Z	Z	Z	Z	Z	Z	Z	Z	Z	Z	Z	Z	Z	Z	Z
P33 100% (1/ 1)	Z	Z	Z	Z	Z	Z	Z	Z	Z	Z	Z	Z	Z	Z	Z	Z	Z	Z		Z	Z	Z	Z	Z	Z
1899 100% (5/ 5)	Z	Z	Z	Z	Z	Z	Z	Z	Z	Z	Z	Z	Z	Z	Z	Z	Z	Z	Z	Z	Z	Z	Z	Z	Z
326 97% (36/ 37)	3																								
1738 86% (6/ 7)	Z	Z	Z	Z	Z	Z	Z	Z	Z	Z	Z	Z	Z	Z	Z	Z	Z	Z	Z	Z	Z	Z	Z	Z	Z
1858 86% (6/ 7)	Z	Z	Z	Z	Z	Z	Z	Z	Z	Z	Z	Z	Z	Z	Z	Z	Z	Z	Z	Z	Z	Z	Z	Z	Z
62 83% (10/ 12)	Z	Z	Z	Z	Z			1			1			Z	Z	Z	Z	Z	Z	Z	Z	Z	Z	Z	Z
1745 83% (5/ 6)	Z	Z	Z	Z	Z	Z	Z	Z	Z	Z	Z	Z	Z	Z	Z	Z	Z	Z	Z	Z	Z	Z	Z	Z	Z
61 80% (28/ 35)	6	10								1/G		1/B								1/				7	
314 78% (7/ 9)	Z	Z	Z	Z	Z	Z	Z	Z	Z	Z	Z					1	Z	Z	Z	Z	Z	Z	Z	Z	Z
624 77% (10/ 13)	Z	Z	Z	Z	Z	Z	Z	Z			Z	Z	Z	Z	Z	Z	Z	Z	Z	Z	Z	Z	Z		1/
1846 75% (6/ 8)	Z	Z	Z	Z	Z	Z	Z	Z	Z	Z	Z	Z	Z	Z	Z	Z	Z	Z	Z	Z	Z	Z	Z	Z	Z
2777 75% (6/ 8)	Z	Z	Z	Z	Z	Z	Z	Z	Z	Z	Z	Z	Z	Z	Z	Z	Z	Z	Z	Z	Z	Z	Z	Z	Z
1730 73% (8/ 11)	Z	Z	Z	Z	Z	Z	Z	Z	Z	Z	Z	Z	Z	Z	Z	Z	Z	Z	Z	Z	Z	Z	Z	Z	Z
1893 71% (20/ 28)	1	1/		X				Z	Z	Z	1		4					Z		3		1/		Z	Z
81 69% (20/ 29)	2	14	1/L	2	Z			2C	3											1/		1/		Z	Z
2303 69% (11/ 16)	Z	Z	Z	Z	Z			1			1		4			1	1			Z	Z	Z	Z	Z	Z
437 68% (25/ 37)	1	1/		1				11		1/K	1									1/		1/			1/
P45 67% (6/ 9)	Z	Z	Z	Z				Y		Z	Z		Z	Z		Z	Z	Z	Z	Z	3	1/	1	Z	Z
2004 67% (10/ 15)	Z	Z	Z	Z	Z	Z	Z	Z	Z	Z	Z	Z		Z	Z	Z	Z	Z	Z	Z	Z	Z	Z		1/
2201 67% (22/ 33)	Z	Z	Z	Z				11		1/F	1						1			3		1/			1/
5 65% (24/ 37)	3	1/						11		1/D	1					3				3		1/			1/
619 65% (24/ 37)	3	1/	1/L	1				11			1B		4							3		1/			1/
1162 65% (24/ 37)	3B	1/	1/L	1				11			1		4							3		1/			1/
2344 65% (24/ 37)	3	11						2			1		3							3		1/		1/E	1/
P74 64% (23/ 36)	Y	3	1/I	2				2	3				3	4						1/		1/			1/
33 63% (19/ 30)	X	11		X			X	11		X	1		3			X				3	X	X		1/D	1/C
172 63% (15/ 24)	Z	Z	Z	Z	Z		Z	Z	Z		Z	Z	Z			1	1			1/		1/	1		1/
1094 63% (20/ 32)	Z	Z	Z	Z	Z			1			1					1	1			1/		1/	1		1/
1270 62% (23/ 37)	1	1/		6				11			1		4			6				3		1/			1/
1595 62% (23/ 37)	1	1/		7				11			1		4			3				3		1/			1/
1598 62% (23/ 37)	1	1/		6				11			1		4			6				3		1/			1/
1642 62% (23/ 37)	3	3	14	3		3G	5	2B	3		1											1/			1/

1837 — 37 TS + 0 SL + 63 MT

TESTSTELLE UEBEREINST. ZEUGEN BEZEUGTE VARIANTE	8 1 7	10 1 7	11 351 1/	15 10 4	23 91 2	28 416 1/	29 439 1/	34 2 4	35 452 1/	36 339 1/	39 14 2	41 467 1/	42 283 1/	44 451 1/	45 473 1/	46 76 2	47 92 2	48 452 1/	52 452 1/	53 5 3B	55 422 1/	56 2 1/B	57 104 2	65 333 1/	66 2 14
1827 62% (23/ 37)	3B	1/	1/B					11			1		4				1			3		1/			1/
642 62% (18/ 29)	3	Z	Z	1	1			1			1		Z			1				1/		1/	1	Z	Z
206 62% (16/ 26)	Z	Z	Z	Z	Z	Z	Z	Z	Z	Z	Z		5						4	8		1/			1/
1241 61% (22/ 36)	1	1/		1	1			1			1					3	1			1/		1/	Z		1/
014 61% (17/ 28)	Z	Z	Z	Z	1			Z	Z	1/F	1B					Z	Z		3	1/		1/	1	1/F	1/
57 61% (20/ 33)	Y	Y	Y	1	1			1			1					1	1			1/		1/	1		1/
623 61% (20/ 33)	Z	Z	Z	Z				11			1		4							3		1/		1/F	1/
466 60% (12/ 20)	Z	Z	Z	Z	Z	Z	Z	Z	Z	Z	Z	Z	Z	Z	Z	Z	Z			1/		1/	1		6
567 60% (9/ 15)	Z	Z	Z	Z	Z		3	1		1/M	Z	Z	Z	Z	Z	1	Z	Z	Z	Z	Z	Z	Z	Z	Z
1731 60% (15/ 25)	Z	Z	Z	Z	Z	Z	Z	Z	Z	Z	Z					1	1			1/		1/	1		1/
1852 60% (18/ 30)	Z	Z	Z	Z	Z	Z	Z	1			1					3	1			1/		1/	1		1/
2626 60% (6/ 10)	Z	Z	Z	Z	Z	Z	Z	Z	Z	Z	Z	Z	Z	Z	Z	Z	Z	Z	Z	Z	Z	Z	Z	Z	Z
02 59% (22/ 37)	2	3		2				2	3				3	4						1/	4	1/			1/
88 59% (22/ 37)	3B	3						7			1					3			4	3		1/	1		1/
102 59% (22/ 37)	1	1/		6	1			1			1					3	1			3		1/C			1/
456 59% (22/ 37)	1	1/		6	1			1			1					3				3		1/	1		1/
467 59% (22/ 37)	3	4		3		6B	5	1			4									3		1/			1/
1102 59% (22/ 37)	1	1/		6	1			1			1					3	1			3		1/			1/
1103 59% (22/ 37)	1	1/		1	1			1			1					1				1/		1/	1		12
1161 59% (22/ 37)	1	1/		1	1			13			1					1				1/		1/	1		1/
1297 59% (22/ 37)	1	1/		6				11			1		4			6				3		1/		1/F	1/
1643 59% (22/ 37)	1	8		1	1			1			1					3	1			3		1/			1/
1720 59% (22/ 37)	1	1/		1	1			1			1					1	1			1/		1/	1		1/
1854 59% (22/ 37)	1	1/		1	1			1			1					3	1			1/		1/	1		1/
1895 59% (22/ 37)	1	4		2				1			1					1	1			1/		1/	1		1/
2191 59% (22/ 37)	1	1/		1	1			1			1					3				1/		1/	1		1/
020 59% (19/ 32)	Z	Z	Z	Z	Z			1			1					3			3	1/		1/	1	1/F	1/
441 59% (19/ 32)	Z	Z	Z	Z	Z			1			1		4						3	3		1/		1/K	8
498 59% (19/ 32)	Z	Z	Z	Z	Z			1		1/K	1					1	1			1/		1/	1		1/
1752 59% (19/ 32)	Z	Z	Z	Z	Z			1			1		6			1	1			1/		1/	1		1/
1839 59% (19/ 32)	Z	Z	Z	Z	Z			1			1					1	1			1/		1/	1		1/
2378 59% (13/ 22)	Z	Z	Z	Z	Z	Z	Z	Z	Z	Z	Z	X	Y			1	1	Z		1/		1/E	Z		1/
1864 59% (20/ 34)	Z	Z	Z	1	1			1			1					1	1			1/		1/	1		1/

1837 37 TS + 0 SL + 63 MT

TESTSTELLE UEBEREINST. ZEUGEN BEZEUGTE VARIANTE	68 1 5	76 467 1/	79 31 2	81 49 2	84 402 1/	87 476 1/	88 471 1/	91 279 1/	97 422 1/	98 34 3	100 470 1/	102 478 1/
P8 100% (1/ 1)	Z	Z	Z	Z	Z	Z	Z	Z	Z	Z	Z	Z
P33 100% (1/ 1)	Z	Z	Z	Z	Z	Z	Z	Z	Z	Z	Z	Z
1899 100% (5/ 5)	Z	Z	Z	Z					Z	Z	Z	
326 97% (36/ 37)												
1738 86% (6/ 7)	Z	Z	Z	Z	Z					1		
1858 86% (6/ 7)	Z	Z	Z	Z	Z					1		
62 83% (10/ 12)	Z	Z	Z	Z	Z	Z	Z	Z				
1745 83% (5/ 6)	Z	Z	Z	Z	Z				Z	1		
61 80% (28/ 35)	1					Y	Y					
314 78% (7/ 9)	Z	Z	Z	Z	Z	Z	Z	Z		1		
624 77% (10/ 13)	1		Z	Z	Z					1		
1846 75% (6/ 8)	Z	Z	Z	1				X		1		
2777 75% (6/ 8)	Z	Y	1	Z	Z					1		
1730 73% (8/ 11)	Z		1	1						1		
1893 71% (20/ 28)	Z		1B		Z					6		
81 69% (20/ 29)	Z	Z	Z	Z	Z					2		
2303 69% (11/ 16)	Z	Z	Z	Z	Z	Z	Z	Z		Z	Z	
437 68% (25/ 37)	15		1							6		
P45 67% (6/ 9)	Z	Z	Z	Z	Z	Z	Z	Z	Z	Z	Z	Z
2004 67% (10/ 15)	1		1	1						1		
2201 67% (22/ 33)	1		1					5		6		
5 65% (24/ 37)	4		1B					3		2C		
619 65% (24/ 37)	15		1B							6B		
1162 65% (24/ 37)	15		1B							6		
2344 65% (24/ 37)	4				3			3G		7		
P74 64% (23/ 36)	4		2B							2		
33 63% (19/ 30)	4				3			3		7		
172 63% (15/ 24)	7		1	1	Z			Z				
1094 63% (20/ 32)	1		1	1						2C		
1270 62% (23/ 37)	15		1					3		1		
1595 62% (23/ 37)	15		1					3		1		
1598 62% (23/ 37)	15		1					3		1		
1642 62% (23/ 37)	4		5						4			

1837 37 TS + 0 SL + 63 MT

TESTSTELLE UEBEREINST. ZEUGEN BEZEUGTE VARIANTE	68 1 5	76 467 1/	79 31 2	81 49 2	84 402 1/	87 476 1/	88 471 1/	91 279 1/	97 422 1/	98 34 3	100 470 1/	102 478 1/
1827 62% (23/ 37)	7		1B	1						6		
642 62% (18/ 29)	Z		1	Z	Z					1		
206 62% (16/ 26)	3			1	3			4E		1D		
1241 61% (22/ 36)	1		1							1		
014 61% (17/ 28)	1		1									Z
57 61% (20/ 33)	1		1	1	Y							
623 61% (20/ 33)	4		1B		4			3		2C		3
466 60% (12/ 20)	1		1	1						1		
567 60% (9/ 15)	Z	Z	1	1				X				
1731 60% (15/ 25)	1		1	Y				4C		1		
1852 60% (18/ 30)	1		1					5		1		
2626 60% (6/ 10)	Z	Z	1	1				4E		1		
02 59% (22/ 37)	4				3					2		3
88 59% (22/ 37)	6		1	1				3		6		
102 59% (22/ 37)	1		1					3		1		
456 59% (22/ 37)	1		1	1						1		
467 59% (22/ 37)	7		1	1				4I		2C		
1102 59% (22/ 37)	1		1					3		1		
1103 59% (22/ 37)	1		1	1						1		
1161 59% (22/ 37)	7		1					4		1		
1297 59% (22/ 37)	15		1					3		1		
1643 59% (22/ 37)	1		1	1				3				
1720 59% (22/ 37)	1		1							1		
1854 59% (22/ 37)	1		1							1		
1895 59% (22/ 37)	1		1	1						1		
2191 59% (22/ 37)	1		1	1						1		
020 59% (19/ 32)	1		1	1						1		
441 59% (19/ 32)	2		1	1				5D		2C		
498 59% (19/ 32)	1		1	1						1		
1752 59% (19/ 32)	2		1	1						1		
1839 59% (19/ 32)	1		1	1				18		1		
2378 59% (13/ 22)	2		1	1						1		
1864 59% (20/ 34)	2		1	1						1		

TESTSTELLE	8	10	18	20	23	28	29	33	35	40	41	42	44	45	46	48	52	53	55	56	57	64	65	66	71
UEBEREINST. ZEUGEN	16	11	355	441	91	416	439	4	452	34	467	60	451	473	76	452	452	338	422	459	104	2	2	365	2
BEZEUGTE VARIANTE	3B	11	1/	1/	2	1/	1/	3	1/	2	1/	5	1/	1/	2	1/	1/	1/	1/	1/	2	6	8	1/	3
P8 100% (2/ 2)	Z	Z		Z		Z	Z	Z	Z	Z	Z	Z	Z	Z	Z	Z	Z	Z	Z	Z	Z	Z	Z	Z	Z
P33 100% (1/ 1)	Z	Z	Z	Z	Z	Z	Z	Z	Z	Z	Z	Z	Z	Z	Z	Z		Z	Z	Z	Z	Z	Z	Z	Z
P41 100% (1/ 1)	Z	Z	Z	Z	Z	Z	Z	Z	Z	Z	Z	Z	Z	Z	Z	Z	Z	Z	Z	Z	Z	Z	Z	X	Z
104 86% (31/ 36)	3							1				7											1/		
2778 83% (5/ 6)	Z	Z	Z	Z	Z	Z	Z	Z	Z	Z	Z	Z	Z	Z	Z						1	Z	Z	Z	Z
459 78% (28/ 36)	3							1		1		3			3								1/		1
506 75% (6/ 8)	Z	Z	Z	Z	Z			1	Z	Z	Z	Z	Z	Z	Z		Z	Z			1	Z	Z	Z	Z
81 74% (20/ 27)	2	14	Z	Z	Z			1	3			1/										Z	Z	Z	Z
P45 73% (8/ 11)	Z	Z	Y	Y				9				Z	Z		Z	Z	Z	Z	3		1	Z	Z	Z	Z
181 72% (26/ 36)								2	3			4						3G	5			2	1/		1
P74 70% (23/ 33)	Y	3	Z					2	3			3	4									2	1/		2
172 67% (16/ 24)	Z	Z			Z		Z	Z	Z	Z	Z	Z			1						1	1	1/		1
1827 67% (24/ 36)		1/								1		4						3				1	1/		1
1899 67% (4/ 6)	Z	Z	Z	Z	Z	Z	Z	Z	Z	Z	Z	Z	Z	Z	Z	Z	Z	Z	Z	Z	Z	Z	Z	Z	Z
2143 67% (24/ 36)	1	1/						1		1		1/						3				1	1/F		1
2201 67% (22/ 33)	Z	Z	Z					8		1		1/						3				1	1/		1
630 66% (23/ 35)	3	1/	Z			3D		1				6						8				1	1/		1
1751 66% (23/ 35)		1/	4			3D		1		4						7		8				1		1/E	1
1526 65% (15/ 23)	Z	Z			1			Z		1		1/			1						1	1	1/F		1
5 64% (23/ 36)	3	1/						8		1		1/			3			3				1	1/		1
218 64% (23/ 36)	1	1/			1			1		1		1/			1						1	2	1/F		1
228 64% (23/ 36)	3	1/	4					1		1					3							1	1/F	11	1
437 64% (23/ 36)	1	1/						2		1		1/										1	1/		1
945 64% (23/ 36)	3	1/	4			3D	5	1										8C				2	1/		1
1563 64% (23/ 36)	1	1/			1			1		1		1/			1						1	1	1/		1
1704 64% (23/ 36)	3	1/	4			3D	5	1										8			2B	2	1/		1
1739 64% (23/ 36)	3	1/	4			3D	5	1										3				2	1/		1
1891 64% (23/ 36)	3	1/	4			3D	5	1										3				2	1/		1
2344 64% (23/ 36)	3							1		1		3						3				2	1/E		1
623 64% (21/ 33)	Z	Z	Z					8		1		4						3				2	1/F		1
642 63% (19/ 30)	3	Z			1			1		1		Z			1						1	Z	Z	Z	1
431 63% (22/ 35)		1/						2	3			4						3				2	1/	1/B	1
2200 63% (22/ 35)	3	1/	4			3D		1							1			8				1	1/		1

1838 36 TS + 6 SL + 56 MT

TESTSTELLE	8	10	18	20	23	28	29	33	35	40	41	42	44	45	46	48	52	53	55	56	57	64	65	66	71
UEBEREINST. ZEUGEN	16	11	355	441	91	416	439	4	452	34	467	60	451	473	76	452	452	338	422	459	104	2	2	365	2
BEZEUGTE VARIANTE	3B	11	1/	1/	2	1/	1/	3	1/	2	1/	5	1/	1/	2	1/	1/	1/	1/	1/	2	6	8	1/	3
1875 63% (20/ 32)	X	X				Z	Z	2	3			6						3G	5			2	1/F	7	1
1893 62% (18/ 29)	1	1/						Z	Z	1		4				Z		3				Z	Z	Z	1
1729 62% (21/ 34)	Z	Z								1		1/			7			3	6		1	1	1/		1
1894 62% (21/ 34)	1	1/			1			1		Z					3						1	1	1/		Z
436 61% (22/ 36)	1	1/	4		1			1		1		4						4C				2	1/		1
619 61% (22/ 36)	3	1/						1		1		4						3				1	1/		1
1127 61% (22/ 36)	1	1/						1		1		4			6							1	10D		1
1162 61% (22/ 36)		1/	4					8		1		4						3				1	1/		1
1359 61% (22/ 36)	3	1/			1			1		1		1/			1				1/C		1	2	1/F		1
1718 61% (22/ 36)	6	1/			1			1		1		1/			1						1	2	1/	1/G	1
2374 61% (22/ 36)	1	1/			1			1				4			3			3				1	3		1
2541 61% (22/ 36)	3	1/			1			1		1		1/			1						1	1	1/		4
2737 61% (22/ 36)	3	1/				10		1				3			1			3				1	1/F		1
2774 61% (22/ 36)	1							1		1		6			3			3			1	1	1/F		1
1277 61% (17/ 28)	1	8			1			1		1		1/			1						1	1	1/		1
1856 61% (17/ 28)	1	1/			1			1		1		8			1						1	1	1/		1
2718 61% (17/ 28)		1/						1		1		4					4	3				2	1/F	6	Z
1723 61% (20/ 33)	Z	Z			1			1		1		X			1						1	1	1/F		1
1867 61% (20/ 33)	Z	Z			1			1		1		1/			1						1	1	1/		1
206 60% (15/ 25)	Z	Z	Z	Z	Z	Z	Z	Z	Z	Z							4	8				X	1/		1
460 60% (21/ 35)	3	3						1		1		1/			3						1	1	1/R		1
886 60% (3/ 5)	1	4				Z	Z	Z	Z	Z	Z	Z	Z	Z	Z	Z	Z	Z	Z	Z	Z	Z	Z	Z	Z
1832 60% (18/ 30)	Z	Z	Z	Z	Z	3D	5	1		1											1	5	4	10	U
1846 60% (6/ 10)	Z	Z	Z	Z	Z	Z	Z	Z	Z	Z	Z	Z	Z	Z	Z	Z	Z	Z	Z	Z	Z	Z	Z	Z	Z
1873 60% (21/ 35)	3	1/						1		1		1/			6			3			1	1	1/F		1
2080 60% (21/ 35)	1	1/			1			1		1		8			1							1	1/		1
319 59% (19/ 32)	1	1/			1			1		1		1/			1						1	Z	Z	Z	Z
498 59% (19/ 32)	Z	Z	Z		Z			1		1		1/			1						1	5	1/		1
2431 59% (19/ 32)	1	1/	Y		1			Y	Y	1		1/			Y						1	1	1/G		1
110 59% (20/ 34)	1	1/	X		Z			1		1		8			1						1	1	1/Q		1
1105 59% (20/ 34)	1	1/			1			1		1		6			3						Z	1	1/		Z
1609 59% (20/ 34)	1	1/			1	3D		1		1		1/			3			3				1	5		1

1838 36 TS + 6 SL + 56 MT

TESTSTELLE	76	84	87	88	90	92	95	97	98	100	102
UEBEREINST. ZEUGEN	467	402	476	471	5	99	44	33	40	470	478
BEZEUGTE VARIANTE	1/	1/	1/	1/	4	2	2	4	2	1/	1/
P8 100% (2/ 2)	Z	Z	Z	Z	Z	Z	Z	Z	Z	Z	Z
P33 100% (1/ 1)	Z	Z	Z	Z	Z	Z	Z	Z	Z	Z	Z
P41 100% (1/ 1)		Z	Z	Z	Z	Z	Z	Z	Z	Z	Z
104 86% (31/ 36)								1/			
2778 83% (5/ 6)	Z	Z	Z	Z	Z	Z	Z	Z	Z	Z	Z
459 78% (28/ 36)								1/			
506 75% (6/ 8)	Z		Z	Z	Z	Z	Z	Z	Z	Z	Z
81 74% (20/ 27)	Z	Z			2			1/			
P45 73% (8/ 11)	Z	Z	Z	Z	Z	Z	Z	Z	Z	Z	Z
181 72% (26/ 36)		1/C			2						
P74 70% (23/ 33)					2		Z	1/			
172 67% (16/ 24)		Z			Z	Z	1	1/	3		
1827 67% (24/ 36)					2	1	1	1/	6		
1899 67% (4/ 6)	Z				1	1	Z	Z	Z	Z	
2143 67% (24/ 36)							1	1/	6		
2201 67% (22/ 33)					2		1	1/	6		
630 66% (23/ 35)		3			2			1/			
1751 66% (23/ 35)		1/C			2			Z			
1526 65% (15/ 23)		Z	Z	Z	Z	Z	Z	Z	Z	Z	Z
5 64% (23/ 36)					2			1/	2C		
218 64% (23/ 36)					1			1/			
228 64% (23/ 36)					1		1	1/			
437 64% (23/ 36)					1	1	1	1/	6		
945 64% (23/ 36)		3			2			1/			
1563 64% (23/ 36)					1			1/			
1704 64% (23/ 36)		3						1/			
1739 64% (23/ 36)		3			2			1/			
1891 64% (23/ 36)		3			2			1/			
2344 64% (23/ 36)		3			2	1		1/	7		
623 64% (21/ 33)		4			2			1/	2C		3
642 63% (19/ 30)		Z			1	1		1/	1		
431 63% (22/ 35)		4			2		3	3	W		
2200 63% (22/ 35)	Z	3			2			1/			

1838 36 TS + 6 SL + 56 MT

TESTSTELLE	76	84	87	88	90	92	95	97	98	100	102
UEBEREINST. ZEUGEN	467	402	476	471	5	99	44	33	40	470	478
BEZEUGTE VARIANTE	1/	1/	1/	1/	4	2	2	4	2	1/	1/
1875 63% (20/ 32)		1/C			2			1/			
1893 62% (18/ 29)		Z			2	1	1	1/	6		
1729 62% (21/ 34)					2		1	1/	1		
1894 62% (21/ 34)		3		7	2			1/	1		
436 61% (22/ 36)		4			2			1/			
619 61% (22/ 36)					2	1	1	1/	6B		
1127 61% (22/ 36)					1		1	1/	1	5	
1162 61% (22/ 36)					2	1	1	1/	6		
1359 61% (22/ 36)					1			1/			
1718 61% (22/ 36)					1			1/			
2374 61% (22/ 36)					1	1		1/	2C		
2541 61% (22/ 36)		4			1			1/			
2737 61% (22/ 36)					2		1	1/	2B		
2774 61% (22/ 36)					1		1	1/	3		
1277 61% (17/ 28)			Z	Z	Z	Z	Z	Z	Z	Z	
1856 61% (17/ 28)		Z	Z	Z	Z	Z	Z	Z	Z		
2718 61% (17/ 28)	Z	Z	Z	Z	Z	Z	Z	1/	2C		
1723 61% (20/ 33)					1	1	1	1/	1		
1867 61% (20/ 33)					5	1	Z	1/	2C		
206 60% (15/ 25)		3			1	1	3	1/	1D		
460 60% (21/ 35)					1	1	1	1/	Z		
886 60% (3/ 5)	Z	Z	Z	Z	Z	Z	Z	Z	Z	Z	Z
1832 60% (18/ 30)					1		1	1/	1		
1846 60% (6/ 10)	Z				1		3	1/	1		
1873 60% (21/ 35)					2		1	Z	6		
2080 60% (21/ 35)					Y	1	1	1/	1		
319 59% (19/ 32)					1	1	1	1/	1		
498 59% (19/ 32)					1	1	1	1/	1		
2431 59% (19/ 32)					1	1	1		1		
110 59% (20/ 34)					1	1	1	1/			
1105 59% (20/ 34)					1	1	1	1/	1		
1609 59% (20/ 34)					1		Z	Z	3		
1864 59% (20/ 34)					1	1	1	1/	1		

1839 27 TS + 3 SL + 48 MT

TESTSTELLE	28	29	32	35	36	41	42	44	45	48	52	53	55	56	60	65	66	76	84	86	87	88	91	95	97
UEBEREINST. ZEUGEN	416	439	51	452	339	467	283	451	473	452	452	338	422	459	2	333	365	467	402	44	476	471	2	68	422
BEZEUGTE VARIANTE	1/	1/	2	1/	1/	1/	1/	1/	1/	1/	1/	1/	1/	1/	5	1/	1/	1/	1/	2B	1/	1/	18	3	1/
P33 100% (1/ 1)	Z	Z	Z	Z	Z	Z	Z	Z	Z	Z		Z	Z	Z	Z	Z	Z	Z	Z	Z	Z	Z	Z	Z	Z
2778 100% (5/ 5)	Z	Z	Z	Z	Z	Z	Z	Z	Z						Z	Z	Z	Z	Z	Z	Z	Z	Z	Z	Z
62 90% (9/ 10)			1					Z	Z	Z	Z	Z	Z	Z	Z	Z	Z	Z	Z	Z	Z	Z	Z	Z	
172 89% (17/ 19)		Z	Z	Z		Z	Z								1				Z	Z			Z	1	
175 89% (24/ 27)															1								1/	2	
404 89% (24/ 27)															1								1/	2	
424 89% (24/ 27)															1								1/	1	
1597 88% (23/ 26)			1												1					1			X		
1526 88% (15/ 17)			Z												1	1/F			Z	Z	Z	Z	Z	Z	Z
314 88% (7/ 8)	Z	Z	Z	Z	Z					Z	Z	Z	Z	Z	Z	Z	Z	Z	Z	Z	Z	Z	Z	1	
1846 88% (7/ 8)	Z	Z	Z	Z	Z	Z	Z	Z	Z	Z	Z	Z	Z	Z	Z	Z	Z	Z		1			X		
81 86% (19/ 22)				3											Z	Z	Z	Z	Z				1/	2	
506 86% (6/ 7)			1	Z	Z	Z	Z	Z	Z		Z	Z			Z	Z	Z	Z		Z	Z	Z	Z	Z	Z
203 85% (23/ 27)			1												1								1/	4	
462 85% (23/ 27)			3												1								1/	1	
635 85% (23/ 27)			3												1								13C	1	
638 85% (23/ 27)			1												1					2				1	
917 85% (23/ 27)															1					4B			1/	1	
1646 85% (23/ 27)															1					1			1/	1	
1895 85% (23/ 27)															1					1			1/	1	
1856 85% (17/ 20)			1				8								1				Z	Z	Z	Z	Z	Z	Z
1867 85% (22/ 26)			1												1					3			3	Z	
2423 85% (22/ 26)			1												1					X			1/	1	
1852 84% (21/ 25)	Z	Z	1												1					1			5		
624 83% (10/ 12)	Z	Z	Z			Z	Z	Z	Z	Z	Z	Z	Z	Z	Z				Z	Z			1/	1	
2175 83% (5/ 6)			1				Z	Z	Z	Z	Z	Z	Z	Z	Z	Z	Z	Z	Z	Z	Z	Z	Z	Z	Z
642 83% (19/ 23)							Z								1	Z	Z		Z	1B			1/	2	
325 82% (14/ 17)	Z	Z	Z	Z	Z	Z	Z	Z	Z	Z					1								1/	1	
1731 82% (18/ 22)	Z	Z	Z	Z	Z										1					1B			4C	1	
025 81% (22/ 27)															1	1/F				1			1/	1	
43 81% (22/ 27)			1												1					1			1/	1	
82 81% (22/ 27)			3												1					3			1/	1	
97 81% (22/ 27)															1	10	6						1/		4

1839 — 27 TS + 3 SL + 48 MT

TESTSTELLE	28	29	32	35	36	41	42	44	45	48	52	53	55	56	60	65	66	76	84	86	87	88	91	95	97
UEBEREINST. ZEUGEN	416	439	51	452	339	467	283	451	473	452	452	338	422	459	2	333	365	467	402	44	476	471	2	68	422
BEZEUGTE VARIANTE	1/	1/	2	1/	1/	1/	1/	1/	1/	1/	1/	1/	1/	1/	5	1/	1/	1/	1/	2B	1/	1/	18	3	1/
105 81% (22/ 27)			1												1					1B			1/	1	
133 81% (22/ 27)			1												1					2			1/	1	
149 81% (22/ 27)			1												1					1B			1/	1	
189 81% (22/ 27)			1									3			1					1			3		
201 81% (22/ 27)			1												1					1B			1/	1	
302 81% (22/ 27)			1		1/K										1								1/	1	
337 81% (22/ 27)			3												1					1			1/	1	
398 81% (22/ 27)			1												1					1			5	1	
452 81% (22/ 27)			1												1		10						1/	1	
456 81% (22/ 27)			1									3			1								1/	1	
457 81% (22/ 27)			1												1					1			13E	1	
479 81% (22/ 27)			1												1					3			1/	1	
483 81% (22/ 27)			1												1					3			17	1	
605 81% (22/ 27)			1		1/K										1								1/	1	
618 81% (22/ 27)			3												1					1			1/	1B	
625 81% (22/ 27)			1												1					1			1/	1	
626 81% (22/ 27)			1		1/K										1								1/	1	
637 81% (22/ 27)			1		1/K										1								3	1	
656 81% (22/ 27)			1												1					2			1/	1	
665 81% (22/ 27)			1												1					1			1/	1	
699 81% (22/ 27)			3												1					2			1/	1	
824 81% (22/ 27)			1												1					1B			1/	1	
959 81% (22/ 27)			1												1					1			13B	1	
997 81% (22/ 27)			1												1					1			1/	1	
1022 81% (22/ 27)			1												1					3			1/	1	
1040 81% (22/ 27)			1												1					1B			1/	1	
1072 81% (22/ 27)			1												1					1B			1/	1	
1073 81% (22/ 27)			1												1					1			1/	1	
1075 81% (22/ 27)			1												1					1B			1/	1	
1094 81% (22/ 27)			1												1					1B			1/	1	
1102 81% (22/ 27)			1												1					2			1/	1	
1106 81% (22/ 27)			1									3			1					1B			3		
1107 81% (22/ 27)			1		1/K										1								1/	1	

1839 27 TS + 3 SL + 48 MT

TESTSTELLE UEBEREINST. ZEUGEN BEZEUGTE VARIANTE			100 470 1/	102 478 1/
P33	100%	(1/ 1)	Z	Z
2778	100%	(5/ 5)	Z	Z
62	90%	(9/ 10)		
172	89%	(17/ 19)		
175	89%	(24/ 27)		
404	89%	(24/ 27)		
424	89%	(24/ 27)		
1597	88%	(23/ 26)		
1526	88%	(15/ 17)	Z	Z
314	88%	(7/ 8)		
1846	88%	(7/ 8)		
81	86%	(19/ 22)		
506	86%	(6/ 7)	Z	Z
203	85%	(23/ 27)		
462	85%	(23/ 27)		
635	85%	(23/ 27)		
638	85%	(23/ 27)		
917	85%	(23/ 27)		
1646	85%	(23/ 27)		
1895	85%	(23/ 27)		
1856	85%	(17/ 20)		
1867	85%	(22/ 26)		
2423	85%	(22/ 26)		
1852	84%	(21/ 25)		
624	83%	(10/ 12)		
2175	83%	(5/ 6)	Z	Z
642	83%	(19/ 23)		
325	82%	(14/ 17)		
1731	82%	(18/ 22)		
025	81%	(22/ 27)		
43	81%	(22/ 27)		
82	81%	(22/ 27)		
97	81%	(22/ 27)		

1839 27 TS + 3 SL + 48 MT

TESTSTELLE UEBEREINST. ZEUGEN BEZEUGTE VARIANTE			100 470 1/	102 478 1/
105	81%	(22/ 27)		
133	81%	(22/ 27)		
149	81%	(22/ 27)		
189	81%	(22/ 27)		
201	81%	(22/ 27)		
302	81%	(22/ 27)		
337	81%	(22/ 27)		
398	81%	(22/ 27)		
452	81%	(22/ 27)		
456	81%	(22/ 27)		
457	81%	(22/ 27)		
479	81%	(22/ 27)		
483	81%	(22/ 27)		
605	81%	(22/ 27)		
618	81%	(22/ 27)		
625	81%	(22/ 27)		
626	81%	(22/ 27)		
637	81%	(22/ 27)		
656	81%	(22/ 27)		
665	81%	(22/ 27)		
699	81%	(22/ 27)		
824	81%	(22/ 27)		
959	81%	(22/ 27)		
997	81%	(22/ 27)		
1022	81%	(22/ 27)		
1040	81%	(22/ 27)		
1072	81%	(22/ 27)		
1073	81%	(22/ 27)		
1075	81%	(22/ 27)		
1094	81%	(22/ 27)		
1102	81%	(22/ 27)		
1106	81%	(22/ 27)		
1107	81%	(22/ 27)		

1842 53 TS + 1 SL + 50 MT

TESTSTELLE		8	10	11	13	18	20	28	29	31	33	35	36	40	41	42	44	45	46	47	48	49	52	53	55	56
UEBEREINST. ZEUGEN		94	392	10	4	355	441	416	439	36	12	452	339	2	467	283	451	473	76	92	452	162	15	87	3	459
BEZEUGTE VARIANTE		3	1/	1/0	8	1/	1/	1/	1/	2	8	1/	1/	3	1/	1/	1/	1/	2	2	1/	2	3	3	1/F	1/
P8	100% (1/ 1)	Z	Z	Z	Z		Z	Z	Z	Z	Z	Z	Z	Z	Z	Z	Z	Z	Z	Z	Z	Z	Z	Z	Z	Z
621	74% (39/ 53)						1/B									4						1		3B	1/	
P45	67% (6/ 9)	Z	Z	Z	Z	Y	Y			Z	9		Z	2		Z	Z		Z	Z	Z	Z	Z	Z	3	
441	66% (31/ 47)	Z	Z	Z	Z	Z	Z				1					4									1/	
1739	60% (32/ 53)			1/	3D	4		3D	5		1			2		5							1/		1/	
2718	60% (21/ 35)	3B		1/	1C					1	1			1		4							4		1/	
916	58% (7/ 12)	1		1/	1					1	1			Z	Z	Z	Z	Z	Z	Z	Z	Z	Z	Z	Z	Z
2175	57% (8/ 14)	1		1/	1					1	1			1		Z	Z	Z	Z	Z	Z	Z	Z	Z	Z	Z
945	57% (30/ 53)			1/	3E	4		3D	5		1			2		5							1/	8C	1/	
1891	57% (30/ 53)			1/	3D	4		3D	5		1		1/F	2		5							1/		1/	
81	56% (22/ 39)	2	14	1/L	2	Z	Z				1	3		2									1/	1/	1/	
623	56% (27/ 48)	Z	Z	Z	Z	Z								1		4							1/		1/	
5	55% (29/ 53)			1/	1								1/D	1					3				1/		1/	
181	55% (29/ 53)	3B	11	11	1						2	3	3	2		4				1			1/	3G	5	
619	55% (29/ 53)			1/L	1						1			1		4							1/		1/	
2344	55% (29/ 53)		11	1/	1					1E	1			1		3						1	1/		1/	
2201	54% (26/ 48)	Z	Z	Z	Z	Z				1			1/F	1						1			1/		1/	
P74	54% (27/ 50)	Y	3	1/I	2B	Z					2	3		2		3	4						1/	1/	1/	
431	54% (28/ 52)	3B		1/	1					1	2	3		2		4							1/		1/	
62	53% (8/ 15)	Z	Z	Z	Z	Z	Z			1	1			1			Z	Z	Z	Z	Z	Z	Z	Z	Z	Z
1875	53% (25/ 47)	X	X	X	X			Z	Z		2	3	3	2		6				1			1/	3G	5	
1729	53% (26/ 49)	Z	Z	Z	Z					1	3		1/F	1					7	1			1/		6	
03	53% (28/ 53)	2		1/	2	3					2	4		2			4						4	1/	1/B	
1162	53% (28/ 53)	3B		1/L	7	4								1		4							1/		1/	
1175	53% (28/ 53)	2	3	1/D	2	5					2	3		2		6	6						4		1/	
1704	53% (28/ 53)			1/	5	4		3D	5	4	1			2		5							1/	8	1/	
436	51% (27/ 53)	1		1/L	1	4				1	1			1		4							1/	4C	1/	
1843	51% (27/ 53)			1/	1					1	1		1/K	1					4	1		1	1/		1/	
506	50% (5/ 10)	Z	Z	Z	Z	Z	Z			1	1	Z	Z	Z	Z	Z	Z	Z	Z	Z			Z	Z	1/	
630	50% (26/ 52)			1/	4	Z		3D		1	1		1/F	2		6							1/	8	1/	
1101	50% (3/ 6)	1		1/	1			Z	Z	Z	Z	Z	Z	Z	Z	Z	Z	Z	Z	Z	Z	Z	Z	Z	Z	Z
1526	50% (15/ 30)	Z	Z	Z	Z					1	Z			1					1	1		1	1/	1/	1/	
2125	50% (5/ 10)			1/	11			Z	Z	Z	1		Z	Z	Z	Z	Z	Z	1	1	Z	Z	Z	Z	Z	Z

1842 53 TS + 1 SL + 50 MT

TESTSTELLE		8	10	11	13	18	20	28	29	31	33	35	36	40	41	42	44	45	46	47	48	49	52	53	55	56
UEBEREINST. ZEUGEN		94	392	10	4	355	441	416	439	36	12	452	339	2	467	283	451	473	76	92	452	162	15	87	3	459
BEZEUGTE VARIANTE		3	1/	1/0	8	1/	1/	1/	1/	2	8	1/	1/	3	1/	1/	1/	1/	2	2	1/	2	3	3	1/F	1/
2627	50% (4/ 8)	Z	Z	Z	Z	Z	Z			1	1			1	Z	Z	Z	Z	Z	Z	Z	Z	Z	Z	Z	Z
2778	50% (3/ 6)	Z	Z	Z	Z	Z	Z	Z	Z	Z	Z	Z	Z	Z	Z	Z	Z	Z	Z	Z			1/	1/	1/	
01	49% (26/ 53)	2	3	1/	2	5					2	3		2			4				3		4	1/	1/B	
489	49% (26/ 53)			12	1C					1	1		1/F	1					6	1			1/	3D	1/	
927	49% (26/ 53)			12	1					1	1		1/F	1					6	1			1/	3D	1/	
610	49% (24/ 49)		6	1/	2	5B		3E	5		Z	3	1/F	2		4							1/		1/	
33	49% (21/ 43)	X	11	1/	1	X			X	X	2		X	1		3			X				1/		X	X
1893	49% (21/ 43)	1		1/	X					1	Z	Z	Z	1		4					Z		1/		1/	
1856	49% (19/ 39)	1		1/	1					1	1			1		8			1	1			1/	1/	1/	
206	49% (18/ 37)	Z	Z	Z	Z	Z	Z	Z	Z	Z	Z	Z	Z	Z		5						1	4	8	1/	
04	48% (16/ 33)	2C	3	5	2B	Z	Z				1	3B		Z	Z	Z	4						1/D	4	1/	
180	48% (25/ 52)		6	1/	2	5B		3E	5		1	3	1/F	1		4							1/		1/	
1873	48% (25/ 52)			1/	1					1	1		1/K	1					6	1		1	1/		1/	
02	47% (25/ 53)	2	3	1/	2B	5				2B	2	3		2		3	4						1/	1/	4	
044	47% (25/ 53)	1	4	1/	2D					3				1		4	5					1	1/	1/	1/	
88	47% (25/ 53)	3B	3	1/	2						2			2					3				4		1/	
205	47% (25/ 53)	1		6	1					1	1			1					1	1			1/		1/	
467	47% (25/ 53)		4	1/	1D	4		6B	5	1	6			1								1	1/		1/	
808	47% (25/ 53)			1/L	1	6				1	1			1					1				1/		1/	
1505	47% (25/ 53)	1		1/	1					1	5		1/D	1					1			1	1/	1/	1/B	1/D
1827	47% (25/ 53)	3B		1/B	1						3			1		4				1		1	1/		1/	
1868	47% (25/ 53)			1/	1					1	1		1/F	1					6	1		1	1/		1/	
2818	47% (25/ 53)		6	1/	2	5B		3E	5		3	3	1/F	2		4							1/		1/	
1890	47% (23/ 49)	Z	Z	Z	3C					1				1		4				1		1	1/	1/	1/B	1/D
2200	46% (23/ 50)			1/	3D	4		3D		1	1		1/F	2		5			1				1/	8	1/	
1852	45% (20/ 44)	Z	Z	Z	Z	Z	Z	Z	Z	Z	1			1					3	1		1	1/	1/	1/	
94	45% (24/ 53)		6	1/L	2C	5B		3D	5		1	3	1/F	2		4							1/		1/	
218	45% (24/ 53)	1		1/C	1					1	1			1					1			1	1/	1/	1/	
307	45% (24/ 53)		6	1/	2	5B		3E	5		1	3	1/F	2		4							1/		1/	
429	45% (24/ 53)			5	3D	4		3D		1	1		1/F	1		5							1/	8	1/	
456	45% (24/ 53)	1		1/	1					1	1			1					3				1/		1/	
996	45% (24/ 53)			1/	2C	4				1	1			1		6			3					1/	1/	
1409	45% (24/ 53)	1	11	1/	1	5				1	1		1/K	1			4		3						1/	

1842 53 TS + 1 SL + 50 MT

TESTSTELLE	64	65	66	68	70	72	75	76	77	80	83	84	86	87	88	89	90	91	92	93	94	95	97	98	100
UEBEREINST. ZEUGEN	38	333	365	16	21	45	18	467	181	3	46	4	24	476	471	25	71	28	99	31	19	68	2	22	470
BEZEUGTE VARIANTE	2	1/	1/	15	2	4	3	1/	2	5	2	1/C	4	1/	1/	14	2	5	2	2	2	3	5	2C	1/
P8 100% (1/ 1)	Z	Z	Z	Z	Z	Z	Z	Z	Z	Z	Z	Z	Z	Z	Z	Z	Z	Z	Z	Z	Z	Z	Z	Z	Z
621 74% (39/ 53)			8	2		1				1		1/	3								2C		1/		
P45 67% (6/ 9)	Z	Z	Z	Z	Z	Z	Z	Z	Z	Z	Z	Z	Z	Z	Z	Z	Z	Z	Z	Z	Z	Z	Z	Z	Z
441 66% (31/ 47)		1/K	8	2	3	1				1		1/	3					5D	1		2C		1/		
1739 60% (32/ 53)				3		2	2			6B		3	3					3				2	1/	2	
2718 60% (21/ 35)		1/F	6	3	Z	Z	Z	Z	Z	Z	Z	Z	Z	Z	Z	Z	Z	Z	Z	Z	Z	Z	1/		
916 58% (7/ 12)	Z	Z	Z	Z	Z	Z	Z	Z	Z	Z	Z	Z	Z	Z	Z	Z	Z	Z	Z	Z	Z	Z	Z	Z	Z
2175 57% (8/ 14)	Z	Z	Z	Z	Z	Z	Z	Z	Z	Z	Z	Z	Z	Z	Z	Z	Z	Z	Z	Z	Z	Z	Z	Z	Z
945 57% (30/ 53)				3		6				6B		3	3			5		3				2	1/	2	
1891 57% (30/ 53)				3		3	2			6		3	2					3				2	1/	2	
81 56% (22/ 39)	Z	Z	Z	Z	Z	Z	Z	Z	Z	Z	Z	Z	2B					1/			2D	2	1/	2	
623 56% (27/ 48)		1/F		4	1	2B	1			7	1	4	2			1		3		3	1	2	1/		
5 55% (29/ 53)	1			4	1	1	1			7	1	1/	5			1		3		3	1	2	1/		
181 55% (29/ 53)				12	1	1	1C			3			2					12				2	4	2	
619 55% (29/ 53)	1				4B	1B	1			3B	1	1/	1			1		1/	1		1	1	1/	6B	
2344 55% (29/ 53)		1/E		4	3B	2				2		3	2			11		3G	1			2	1/	7	
2201 54% (26/ 48)	1			1	1	1	1			1	1	1/	3			1					1	1	1/	6	
P74 54% (27/ 50)				4	3B	2	2			2		1/	2B			2		1/				Z	1/	2	
431 54% (28/ 52)			1/B	2		2	2			1		4	3			2		14		1	1		3	W	
62 53% (8/ 15)	Z	Z	Z	Z	Z	Z	Z	Z	Z	Z	Z	Z	Z	Z	Z	Z	Z	Z	Z	Z	Z	Z	1/	3	
1875 53% (25/ 47)		1/F	7	12	1	1	1			1			2					12				2	1/	2	
1729 53% (26/ 49)	1				1	1	1			8	1	1/	3B			1					1	1	1/	1	
03 53% (28/ 53)				2		2	2		2B	2		4	2B			2		1/				2	4	2	
1162 53% (28/ 53)	1				1	1B	1			3	1	1/	1			1		1/	1		1	1	1/	6	
1175 53% (28/ 53)			1/B	2	1	3	2			2		1/	3					1/	1			2	1/B		
1704 53% (28/ 53)				3		6				6B		3	3			5	4	3				2	1/	2	
436 51% (27/ 53)				4	1	2B	1			1		4	3					3		3	11	2	1/	2	
1843 51% (27/ 53)	1				1	1	1			1	1	1/	3			1					1	1	1/	6	
506 50% (5/ 10)	Z	Z	Z	Z	Z	Z	Z	Z	Z	Z	1	1/	Z	Z	Z	Z	Z	Z	Z	Z	Z	Z	Z	Z	Z
630 50% (26/ 52)	1			3	1	3				6		3	1B			3		3		1		2	1/	2	
1101 50% (3/ 6)	Z	Z	Z	Z	Z	Z	Z	Z	Z	Z	Z	Z	Z	Z	Z	Z	Z	Z	Z	Z	Z	Z	Z	Z	Z
1526 50% (15/ 30)	1	1/F		1	1	1	1			1	Z	Z	Z	Z	Z	Z	Z	Z	Z	Z	Z	Z	Z	Z	Z
2125 50% (5/ 10)	Z	Z	Z	Z	Z	Z	Z	Z	Z	Z	Z	Z	Z	Z	Z	Z	Z	Z	Z	Z	Z	Z	Z	Z	Z

TESTSTELLE	64	65	66	68	70	72	75	76	77	80	83	84	86	87	88	89	90	91	92	93	94	95	97	98	100
UEBEREINST. ZEUGEN	38	333	365	16	21	45	18	467	181	3	46	4	24	476	471	25	71	28	99	31	19	68	2	22	470
BEZEUGTE VARIANTE	2	1/	1/	15	2	4	3	1/	2	5	2	1/C	4	1/	1/	14	2	5	2	2	2	3	5	2C	1/
2627 50% (4/ 8)	Z	Z	Z	Z	Z	Z	Z	Z	Z	Z	Z	Z	Z	Z	Z	Z	Z	Z	Z	Z	Z	Z	Z	1	Z
2778 50% (3/ 6)	Z	Z	Z	Z	Z	Z	Z	Z	Z	Z	Z	Z	Z	Z	Z	Z	Z	Z	Z	Z	Z	Z	Z	Z	Z
01 49% (26/ 53)		1/K		4	1	2	2			2		3	2					1/				2	1/	2	
489 49% (26/ 53)	1			1	1	1	1			1	1	1/	3			1					1	1	1/	1	
927 49% (26/ 53)	1	1/F			1	1	1			1	1	1/	3			1					1	1	1/	1	
610 49% (24/ 49)			1/B	2		Z	2		Z	Z		4	3			2		3		1	1		3	2	
33 49% (21/ 43)		1/D	1/C	4	3B	2	2			2	X	3	2			10		3	1			2	1/	7	
1893 49% (21/ 43)	Z	Z	Z	Z	1	1	1			1	1	Z	1B			1		1/	1		1C	1	1/	6	
1856 49% (19/ 39)	1			2	1	1	1			1	Z	Z	Z	Z	Z	Z	Z	Z	Z	Z	Z	Z	Z	Z	
206 49% (18/ 37)	X			3	1	3			1B	6		3	1				1	4E	1	1	1		1/	1D	
04 48% (16/ 33)	Z	Z	Z	Z	Z	2	2			3		3	Z	Z	Z	Z	Z	Z	Z			2	3	2	Z
180 48% (25/ 52)				3		2	2		Z	1		1/	3			9		4		1	1		3	2	
1873 48% (25/ 52)	1	1/F		4	1	1	1			1	1	1/	3			1					1	1	Z	6	
02 47% (25/ 53)				4	1	2	2			2		3	2B					1/	1			2	1/	2	
044 47% (25/ 53)		1/F		3	1	7	1			3		1/	3			2		3		1	4		1/	1	
88 47% (25/ 53)	1			6	1	1	1		1	2	1B	1/				1		3	1	1	1	1	1/	6	
205 47% (25/ 53)	1			1	1		1			1	1	1/				1	1	1/	1	1	1	1	1/	1	
467 47% (25/ 53)	1			7	5	1	1		1B	1	1	1/				1		4I	1		1		1/		
808 47% (25/ 53)	1	1/F		1		1	1			1	1	1/	1B			7	1	6		1	1	2	1/	1	
1505 47% (25/ 53)			6	17	1	1	1			3		4	3					8		1	3		3	1	
1827 47% (25/ 53)	1			7	1	1	1			1D	1	1/	1			1		1/	1		1C	1	1/	6	
1868 47% (25/ 53)	1	1/F			1	1	1			1	1	1/	2			1				1	1C	1	1/	1	
2818 47% (25/ 53)			1/B	2		2	2			1		4	3			2		3		1	1		3	2	
1890 47% (23/ 49)		1/F	6	17	1	1	1			1		4	Z					8		1	3B		3	1	4
2200 46% (23/ 50)	1			3	1B	3	Z	Z	Z	6		3	1					3		1		2	1/	2	
1852 45% (20/ 44)	1			1	1	1	1		1	1	1	1/	1							1	3		1/	1	
94 45% (24/ 53)			1/B	3		3	1			1	1	1/	3			1	1	3		1	1		1/		
218 45% (24/ 53)		1/F		7		1	1			1	1	1/	1			1	1	1/		1	1	2	1/	2	
307 45% (24/ 53)			1/B	2	3	2	2			3		4	3			2		3		1	1		3	2	
429 45% (24/ 53)	1			3	1	2			1B	6		3	1				1	4E	1	1	1		1/	1D	
456 45% (24/ 53)	1			1	1		1		1	1	1	1/	2B			1	1	1/	1	1	1	1	1/	1	
996 45% (24/ 53)	1		10	7	1	1	1		2B		1	1/				1	1	5H		1	1	4	1/	2	
1409 45% (24/ 53)	1	1/F		4		1				2		1/	3			8	1	4		1	1	2	1/	3	

1842	53 TS + 1 SL + 50 MT			
TESTSTELLE		102	103	104
UEBEREINST. ZEUGEN		478	3	22
BEZEUGTE VARIANTE		1/	3B	2
P8	100% (1/ 1)	Z	Z	Z
621	74% (39/ 53)		3C	
P45	67% (6/ 9)	Z	Z	Z
441	66% (31/ 47)		3D	
1739	60% (32/ 53)		2	
2718	60% (21/ 35)		2	
916	58% (7/ 12)	Z	Z	Z
2175	57% (8/ 14)	Z	Z	Z
945	57% (30/ 53)		1	1E
1891	57% (30/ 53)		1L	1
81	56% (22/ 39)		2	
623	56% (27/ 48)	3		1
5	55% (29/ 53)		3E	1
181	55% (29/ 53)		2	
619	55% (29/ 53)		1	1
2344	55% (29/ 53)		2	
2201	54% (26/ 48)		1	1
P74	54% (27/ 50)		2	
431	54% (28/ 52)		1	1
62	53% (8/ 15)		1L	1H
1875	53% (25/ 47)			1M
1729	53% (26/ 49)		1G	1
03	53% (28/ 53)	3	2	
1162	53% (28/ 53)		1N	1
1175	53% (28/ 53)		2	
1704	53% (28/ 53)		1	1
436	51% (27/ 53)		1	1
1843	51% (27/ 53)		1	1
506	50% (5/ 10)	Z	Z	Z
630	50% (26/ 52)		1	1
1101	50% (3/ 6)	Z	Z	Z
1526	50% (15/ 30)	Z	Z	Z
2125	50% (5/ 10)	Z	Z	Z

1842	53 TS + 1 SL + 50 MT			
TESTSTELLE		102	103	104
UEBEREINST. ZEUGEN		478	3	22
BEZEUGTE VARIANTE		1/	3B	2
2627	50% (4/ 8)	Z	Z	Z
2778	50% (3/ 6)	Z	Z	Z
01	49% (26/ 53)	3	2	
489	49% (26/ 53)		1	1
927	49% (26/ 53)		1	1
610	49% (24/ 49)		1	1
33	49% (21/ 43)		X	
1893	49% (21/ 43)		1	1
1856	49% (19/ 39)		1	1
206	49% (18/ 37)		Z	Z
04	48% (16/ 33)		Z	Z
180	48% (25/ 52)		1	1
1873	48% (25/ 52)		1	1
02	47% (25/ 53)	3	2	
044	47% (25/ 53)	4	2	
88	47% (25/ 53)		1F	1
205	47% (25/ 53)		1	1
467	47% (25/ 53)		1L	1
808	47% (25/ 53)		1	1
1505	47% (25/ 53)		2	1E
1827	47% (25/ 53)		1	1
1868	47% (25/ 53)		1	1
2818	47% (25/ 53)		1	1
1890	47% (23/ 49)		2	1
2200	46% (23/ 50)		1	1
1852	45% (20/ 44)		2	1
94	45% (24/ 53)		1	1
218	45% (24/ 53)		1	1
307	45% (24/ 53)		1	1
429	45% (24/ 53)		1	1
456	45% (24/ 53)		1	1
996	45% (24/ 53)		1K	3D
1409	45% (24/ 53)		1	1

1843 41 TS + 1 SL + 62 MT

TESTSTELLE	7	8	10	11	14	17	18	20	23	28	29	35	36	41	42	44	45	48	52	53	55	56	65	66	68
UEBEREINST. ZEUGEN	23	94	392	351	11	1	355	441	91	416	439	452	54	467	283	451	473	452	452	87	422	459	333	365	16
BEZEUGTE VARIANTE	3	3	1/	1/	4	4	1/	1/	2	1/	1/	1/	1/K	1/	1/	1/	1/	1/	1/	3	1/	1/	1/	1/	15
P8 100% (2/ 2)	Z	Z	Z	Z	Z	Z		Z		Z	Z	Z	Z	Z	Z	Z	Z	Z	Z	Z	Z	Z	Z	Z	Z
P33 100% (1/ 1)	Z	Z	Z	Z	Z	Z	Z	Z	Z	Z	Z	Z	Z	Z	Z	Z	Z	Z		Z	Z	Z	Z	Z	Z
506 100% (6/ 6)	Z	Z	Z	Z	Z	Z	Z	Z	Z			Z	Z	Z	Z	Z	Z		Z	Z			Z	Z	Z
1873 93% (37/ 40)	1																						1/F		4
2201 91% (31/ 34)	Z	Z	Z	Z	Z	Z	Z						1/F												1
P45 88% (7/ 8)	Z	Z	Z	Z	Z	Z	Y	Y					Z		Z	Z		Z	Z	Z	3		Z	Z	Z
1729 86% (31/ 36)	Z	Z	Z	Z	Z	1G							1/F								6				
489 85% (35/ 41)				12		11							1/F							3D					1
927 85% (35/ 41)				12		11							1/F							3D			1/F		
2288 83% (34/ 41)	1	1			1	1																	1/F		14
2143 80% (33/ 41)		1		5		11							1/F										1/F		
62 80% (8/ 10)	Z	Z	Z	Z	Z	Z	Z	Z	Z				1/			Z	Z	Z	Z	Z	Z	Z	Z	Z	Z
2778 80% (4/ 5)	Z	Z	Z	Z	Z	Z	Z	Z	Z	Z	Z	Z	Z	Z	Z	Z	Z			1/			Z	Z	Z
1868 78% (32/ 41)	3B				1	11							1/F										1/F		
5 76% (31/ 41)	1					1							1/D												4
1852 73% (22/ 30)	Z	Z	Z	Z	Z	Z	Z	Z	Z	Z	Z		1/							1/					1
619 73% (30/ 41)	1			1/L	1	1							1/		4										
1893 73% (24/ 33)	1	1			X	1						Z	Z		4			Z					Z	Z	Z
2303 71% (10/ 14)	Z	Z	Z	Z	Z	Z	Z	Z	Z				1/		4					Z	Z	Z	Z	Z	Z
437 71% (29/ 41)	1	1			1	1I														1/					
1162 71% (29/ 41)	1	3B		1/L	1	1	4						1/		4										
1827 71% (29/ 41)	1	3B		1/B		2							1/		4										7
314 70% (7/ 10)	Z	Z	Z	Z	Z	Z	Z	Z	Z	Z	Z	Z	Z					Z	Z	Z	Z	Z	Z	Z	Z
1595 68% (28/ 41)	1	1			1	1							1/		4										
2737 68% (28/ 41)	4					7				10			1/		3								1/F		
172 68% (17/ 25)	Z	Z	Z	Z	Z	1			Z		Z	Z	1/	Z	Z					1/					7
1762 68% (17/ 25)	Z	Z	Z	Z	Z	Z	Z		1				1/					1/H		8B					1
2344 68% (27/ 40)	1		11		X	2							1/		3								1/E		4
365 67% (18/ 27)	1	1	3		1	1			1											1/				10	1
498 67% (22/ 33)	Z	Z	Z	Z	Z	Z	Z		Z											1/					1
1526 67% (16/ 24)	Z	Z	Z	Z	Z	1			1				1/							1/			1/F		1
1735 67% (26/ 39)	1B	1B			1	1			1	3D										6					4
2125 67% (6/ 9)	1				1	1			Z	Z	Z		Z	Z	Z	Z	Z	Z	Z	Z	Z	Z	Z	Z	Z

1843 41 TS + 1 SL + 62 MT

TESTSTELLE		7	8	10	11	14	17	18	20	23	28	29	35	36	41	42	44	45	48	52	53	55	56	65	66	68
UEBEREINST. ZEUGEN		23	94	392	351	11	1	355	441	91	416	439	452	54	467	283	451	473	452	452	87	422	459	333	365	16
BEZEUGTE VARIANTE		3	3	1/	1/	4	4	1/	1/	2	1/	1/	1/	1/K	1/	1/	1/	1/	1/	1/	3	1/	1/	1/	1/	15
88	66% (27/ 41)	4	3B	3			2							1/						4						6
915	66% (27/ 41)	4	3B	3	1/E		2							1/E						4				1/P		
1270	66% (27/ 41)	1	1			1	1		1/B					1/		4										
1598	66% (27/ 41)	1	1			1	1		1/B					1/		4										
1739	66% (27/ 41)	16				2	2	4			3D	5		1/		5										3
1842	66% (27/ 41)	1			1/O	1	1C			1				1/						3		1/F				
1867	66% (23/ 35)	Z	Z	Z	Z	Z	Z			1				1/							1/					1
441	66% (21/ 32)	Z	Z	Z	Z	Z	Z	Z	Z	Z				1/		4				3				1/K	8	2
1069	65% (26/ 40)	1	1			1	1C			Z											1/					1
623	65% (22/ 34)	Z	Z	Z	Z	Z	Z	Z						1/		4								1/F		4
1856	65% (20/ 31)	1	1			1	1			1				1/		8					1/					2
1731	64% (18/ 28)	Z	Z	Z	Z	Z	Z	Z	Z	Z	Z	Z	Z	Z							1/					1
1747	64% (18/ 28)		1			1	1C			1				1/	1/D						1/				10	1
2746	64% (18/ 28)	Z	Z	Z	Z	Z	Z	Z	Z	Z				1/		Z	Z	Z	Z					1/F		1
630	64% (25/ 39)	1				2	Z	Z			3D			1/F		6					8					3
626	64% (21/ 33)	Z	Z	Z	Z	Z	Z	Z	Z	1											1/					1
1846	64% (7/ 11)	Z	Z	Z	Z	Z	Z	Z	Z	Z	Z	Z	Z	Z	Z	Z	Z	Z	Z	Z	Z	Z	Z	Z	Z	Z
6	63% (26/ 41)	1	1			1	1			1			3	1/		3										1
254	63% (26/ 41)	1				1	1			1				1/			3				1/					1
621	63% (26/ 41)	1			1/O	1	1		1/B	1				1/		4				3	3B				8	2
945	63% (26/ 41)	1				3	11	4			3D	5		1/		5					8C					3
1103	63% (26/ 41)	1	1			1	1			1				1/							1/				12	1
1297	63% (26/ 41)	1	1			1	1		1/B					1/		4								1/F		
1524	63% (26/ 41)	1				1	1			1				1/			3				1/					1
1718	63% (26/ 41)	5	6			1	12B			1											1/				1/G	7
1849	63% (26/ 41)	1	1			1	1			1											1/					1
1891	63% (26/ 41)	16				9	2	4			3D	5		1/F		5										3
400	63% (19/ 30)	1	1		1/L	1	1			Y			X	1/		W	X				W			X	X	X
P74	63% (24/ 38)	X	Y	3	1/I	2	2	Z					3	1/		3	4				1/					4
33	63% (22/ 35)	4	X	11			2	X				X		X		3						X	X	1/D	1/C	4
104	63% (25/ 40)	5		11	1/M	1	1							1/		7					1/					1
323	63% (25/ 40)	18		Z		1	2	4			3C	5		1/		6								1/C		1
431	63% (25/ 40)	1	3B			10	1C						3	1/		4									1/B	2

TESTSTELLE	73	76	77	78	84	86	87	88	90	91	92	93	97	98	100	102
UEBEREINST. ZEUGEN	24	467	181	67	402	85	476	471	71	28	99	31	422	10	470	478
BEZEUGTE VARIANTE	10	1/	2	2	1/	3	1/	1/	2	5	2	2	1/	6	1/	1/
P8 100% (2/ 2)	Z	Z	Z	Z	Z	Z	Z	Z	Z	Z	Z	Z	Z	Z	Z	Z
P33 100% (1/ 1)	Z	Z	Z	Z	Z	Z	Z	Z	Z	Z	Z	Z	Z	Z	Z	Z
506 100% (6/ 6)	Z	Z	Z	Z		Z	Z	Z	Z	Z	Z	Z	Z	Z	Z	Z
1873 93% (37/ 40)													Z			
2201 91% (31/ 34)	1E															
P45 88% (7/ 8)	Z	Z	Z	Z	Z	Z	Z	Z	Z	Z	Z	Z	Z	Z	Z	Z
1729 86% (31/ 36)						3B								1		
489 85% (35/ 41)														1		
927 85% (35/ 41)														1		
2288 83% (34/ 41)										11E						
2143 80% (33/ 41)	1D								4			1				
62 80% (8/ 10)	Z	Z	Z	Z	Z	Z	Z	Z	Z	Z	Z	Z		3		
2778 80% (4/ 5)	Z	Z	Z	Z	Z	Z	Z	Z	Z	Z	Z	Z	Z	Z	Z	Z
1868 78% (32/ 41)				1		2						1		1		
5 76% (31/ 41)	1			1		5				3		3		2C		
1852 73% (22/ 30)	1		1			1						1		1		
619 73% (30/ 41)	9					1				1/	1			6B		
1893 73% (24/ 33)	9			1	Z	1B				1/	1					
2303 71% (10/ 14)	Z	Z	Z	Z	Z	Z	Z	Z	Z	Z	1	1		Z	Z	
437 71% (29/ 41)	9			1		1			1	1/	1	3				
1162 71% (29/ 41)	9					1				1/	1					
1827 71% (29/ 41)	9			1		1				1/	1					
314 70% (7/ 10)	Z	Z	Z	Z	Z	Z	Z	Z	Z	Z	1	1		1		
1595 68% (28/ 41)				1		1B			1	3	1	1		1		
2737 68% (28/ 41)	1		1	1		1B				11D		1		2B		
172 68% (17/ 25)	1		1B	1	Z	Z			Z	Z	Z	Z		3		
1762 68% (17/ 25)	1		1	1		Z	Z	Z	Z	Z	Z	Z	Z	Z		
2344 68% (27/ 40)	6				3	2				3G	1			7		
365 67% (18/ 27)	Z	Z	Z	Z	Z	Z	Z	Z	Z	Z	Z	Z	Z	Z		
498 67% (22/ 33)	1		1	1		1			1	1/	1	1		1		
1526 67% (16/ 24)	1			1	Z	Z	Z	Z	Z	Z	Z	Z	Z	Z	Z	Z
1735 67% (26/ 39)	X					1			1	X	1	1		1		
2125 67% (6/ 9)	Z	Z	Z	Z	Z	Z	Z	Z	Z	Z	Z	Z	Z	Z	Z	Z

1843 41 TS + 1 SL + 62 MT

TESTSTELLE	73	76	77	78	84	86	87	88	90	91	92	93	97	98	100	102
UEBEREINST. ZEUGEN	24	467	181	67	402	85	476	471	71	28	99	31	422	10	470	478
BEZEUGTE VARIANTE	10	1/	2	2	1/	3	1/	1/	2	5	2	2	1/	6	1/	1/
88 66% (27/ 41)	9		1	1		4				3	1	1				
915 66% (27/ 41)			1	1		1				3	1	1				
1270 66% (27/ 41)				1		1B			1	3	1	1		1		
1598 66% (27/ 41)				1		1B			1	3	1	1		1		
1739 66% (27/ 41)	1D			1	3					3				2		
1842 66% (27/ 41)	7			1	1/C	4							5	2C		
1867 66% (23/ 35)	1		1	1					5	3	1	1		2C		
441 66% (21/ 32)	6C			1						5D	1			2C		
1069 65% (26/ 40)	1		1	1					1	1/	1	1		1		
623 65% (22/ 34)	1D			1	4	2				3		3		2C		3
1856 65% (20/ 31)	1			1	Z	Z	Z	Z	Z	Z	Z	Z	Z	Z		
1731 64% (18/ 28)	1		1			1B			1	4C	1	1		1		
1747 64% (18/ 28)	Z	Z	Z	Z	Z	Z	Z	Z	Z	Z	Z	Z	Z	1		
2746 64% (18/ 28)				1		1B			1	3	1	1		1		
630 64% (25/ 39)	1			1	3	1B				3		1		2		
626 64% (21/ 33)	1		1	1		2B			1	1/	1	1		1		
1846 64% (7/ 11)	Z	Z	Z	Z		1			1	X		1		1		
6 63% (26/ 41)	1D		1B	1						12B		1		2C		
254 63% (26/ 41)	1		1	1		4					1	1		1		
621 63% (26/ 41)	6C			1										2C		
945 63% (26/ 41)	1D			1B	3					3				2		
1103 63% (26/ 41)	1			1					1	1/		1		1		
1297 63% (26/ 41)				1		1B			1	3	1	1		1		
1524 63% (26/ 41)	1		1	1		4					1	1		1		
1718 63% (26/ 41)	11C		1B			1			1	1/		1		2		
1849 63% (26/ 41)	1		1	1					1	1/	1	1		1		
1891 63% (26/ 41)	1D			1	3	2				3				2		
400 63% (19/ 30)				1		1B	X	X	X		1	1		1		
P74 63% (24/ 38)	6B					2B				1/				2		
33 63% (22/ 35)	14				3	2				3	1			7		
104 63% (25/ 40)	1		3	1		1			4			V1		2		
323 63% (25/ 40)	1			1		1						1		3		
431 63% (25/ 40)	2B			1	4					1/		1	3	W		

1846 8 TS + 1 SL + 14 MT

TESTSTELLE / UEBEREINST. ZEUGEN / BEZEUGTE VARIANTE	84 402 1/	87 476 1/	88 471 1/	92 99 2	95 68 3	97 422 1/	100 470 1/	102 478 1/
P74 100% (7/ 7)					Z			
6 100% (8/ 8)								
62 100% (3/ 3)	Z	Z	Z	Z	Z			
69 100% (8/ 8)								
94 100% (8/ 8)								
365 100% (2/ 2)	Z	Z	Z	Z	Z	Z		
506 100% (1/ 1)		Z	Z	Z	Z	Z	Z	Z
621 100% (8/ 8)								
1277 100% (2/ 2)		Z	Z	Z	Z	Z	Z	
1609 100% (6/ 6)					Z	Z		
1747 100% (2/ 2)	Z	Z	Z	Z	Z	Z		
1762 100% (3/ 3)		Z	Z	Z	Z	Z		
1852 100% (8/ 8)								
1856 100% (2/ 2)	Z	Z	Z	Z	Z	Z		
2718 100% (3/ 3)	Z	Z	Z	Z	Z			
2805 100% (7/ 7)								Z
044 88% (7/ 8)								4
5 88% (7/ 8)					2			
102 88% (7/ 8)				1				
104 88% (7/ 8)					2			
142 88% (7/ 8)					1			
180 88% (7/ 8)						3		
189 88% (7/ 8)				1				
203 88% (7/ 8)					4			
216 88% (7/ 8)					4			
218 88% (7/ 8)					2			
223 88% (7/ 8)				1				
228 88% (7/ 8)					1			
322 88% (7/ 8)					4			
323 88% (7/ 8)					4			
421 88% (7/ 8)				1				
440 88% (7/ 8)					4			
441 88% (7/ 8)				1				

1846 8 TS + 1 SL + 14 MT

TESTSTELLE / UEBEREINST. ZEUGEN / BEZEUGTE VARIANTE	84 402 1/	87 476 1/	88 471 1/	92 99 2	95 68 3	97 422 1/	100 470 1/	102 478 1/
459 88% (7/ 8)					2			
467 88% (7/ 8)				1				
489 88% (7/ 8)					1			
496 88% (7/ 8)					4			
608 88% (7/ 8)				1				
634 88% (7/ 8)					1			
808 88% (7/ 8)					2			
876 88% (7/ 8)					1			
927 88% (7/ 8)					1			
935 88% (7/ 8)					2			
996 88% (7/ 8)					4			
1102 88% (7/ 8)				1				
1103 88% (7/ 8)					4			
1315 88% (7/ 8)					2			
1359 88% (7/ 8)					2			
1404 88% (7/ 8)					1			
1409 88% (7/ 8)					2			
1563 88% (7/ 8)					2			
1597 88% (7/ 8)				1				
1643 88% (7/ 8)				1				
1646 88% (7/ 8)					1			
1718 88% (7/ 8)					2			
1722 88% (7/ 8)					4			
1729 88% (7/ 8)					1			
1765 88% (7/ 8)					1			
1832 88% (7/ 8)					1			
1839 88% (7/ 8)				1				
1843 88% (7/ 8)					1			
1868 88% (7/ 8)					1			
1896 88% (7/ 8)					4			
2143 88% (7/ 8)					1			
2201 88% (7/ 8)					1			
2243 88% (7/ 8)					1			

1852 32 TS + 1 SL + 40 MT

TESTSTELLE	35	36	41	42	44	45	46	48	52	53	55	56	65	66	76	78	81	84	87	88	89	90	91	92	94
UEBEREINST. ZEUGEN	452	339	467	283	451	473	101	452	452	338	422	459	333	365	467	67	49	402	476	471	25	71	28	99	6
BEZEUGTE VARIANTE	1/	1/	1/	1/	1/	1/	3	1/	1/	1/	1/	1/	1/	1/	1/	2	2	1/	1/	1/	14	2	5	2	3
P33 100% (1/ 1)	Z	Z	Z	Z	Z	Z	Z	Z		Z	Z	Z	Z	Z	Z	Z	Z	Z	Z	Z	Z	Z	Z	Z	Z
P41 100% (1/ 1)	Z	Z	Z	Z	Z	Z	Z	Z	Z	Z	Z	Z	Z	X		Z	Z	Z	Z	Z	Z	Z	Z	Z	Z
916 100% (2/ 2)			Z	Z	Z	Z	Z	Z	Z	Z	Z	Z	Z	Z	Z	Z	Z	Z	Z	Z	Z	Z	Z	Z	Z
2175 100% (3/ 3)				Z	Z	Z	Z	Z	Z	Z	Z	Z	Z	Z	Z	Z	Z	Z	Z	Z	Z	Z	Z	Z	Z
2627 100% (2/ 2)			Z	Z	Z	Z	Z	Z	Z	Z	Z	Z	Z	Z	Z	Z	Z	Z	Z	Z	Z	Z	Z	Z	Z
2778 100% (5/ 5)	Z	Z	Z	Z	Z	Z	Z						Z	Z	Z	Z	Z	Z	Z	Z	Z	Z	Z	Z	Z
81 81% (21/ 26)	3						2						Z	Z	Z	Z	Z	Z					1/		2D
P45 80% (4/ 5)		Z		Z	Z		Z	Z	Z	Z	3		Z	Z	Z	Z	Z	Z	Z	Z	Z	Z	Z	Z	Z
506 80% (4/ 5)	Z	Z	Z	Z	Z	Z	Z		Z	Z			Z	Z	Z	Z	1		Z	Z	Z	Z	Z	Z	Z
1277 79% (15/ 19)		1/L					1									1	Z		Z	Z	Z	Z	Z	Z	Z
P74 77% (24/ 31)	3			3	4		2														2		1/		2
365 76% (13/ 17)		1/K					1							10	Z	Z	Z	Z	Z	Z	Z	Z	Z	Z	Z
1526 76% (13/ 17)							1						1/F			1	1	Z	Z	Z	Z	Z	Z	Z	Z
1856 75% (15/ 20)				8			1									1	Z	Z	Z	Z	Z	Z	Z	Z	Z
1747 72% (13/ 18)			1/D				1							10	Z	Z	Z	Z	Z	Z	Z	Z	Z	Z	Z
459 72% (23/ 32)				3												1	1				1	4			1
1854 72% (23/ 32)																					1	1	1/	1	1
2201 72% (23/ 32)		1/F					2			3											1				1
1762 71% (15/ 21)							1	1/H		8B						1	1		Z	Z	Z	Z	Z	Z	Z
1597 71% (22/ 31)																1	1				1	1	X	1	1
62 70% (7/ 10)					Z	Z	Z	Z	Z	Z	Z	Z	Z	Z	Z	Z	Z	Z	Z	Z	Z	Z	Z	Z	Z
1609 69% (20/ 29)										3			5			1	1				1	1			1
044 69% (22/ 32)				4	5		2						1/F				1				2		3		4
5 69% (22/ 32)		1/D								3						1					1		3		1
104 69% (22/ 32)				7			2									1	1				1	4			1
203 69% (22/ 32)																1	1				1	1	1/		1
489 69% (22/ 32)		1/F					6			3D							1				1				1
665 69% (22/ 32)							1									1	1				1	1	1/	1	1
1102 69% (22/ 32)										3						1					1	1	3	1	1
1241 69% (22/ 32)																1					1	1	1/	1	1
1505 69% (22/ 32)		1/D					1				1/B	1/D		6			1	4					8		
1626 69% (22/ 32)													1/F								1	1	1/	1	1
1646 69% (22/ 32)																1	1				1	1	1/		1

1852 32 TS + 1 SL + 40 MT

TESTSTELLE	35	36	41	42	44	45	46	48	52	53	55	56	65	66	76	78	81	84	87	88	89	90	91	92	94
UEBEREINST. ZEUGEN	452	339	467	283	451	473	101	452	452	338	422	459	333	365	467	67	49	402	476	471	25	71	28	99	6
BEZEUGTE VARIANTE	1/	1/	1/	1/	1/	1/	3	1/	1/	1/	1/	1/	1/	1/	1/	2	2	1/	1/	1/	14	2	5	2	3
1739 69% (22/ 32)				5			2			3						1	1	3					3		2
1843 69% (22/ 32)		1/K					4			3							1				1				1
2492 69% (22/ 32)																1					1	1	1/	1	12
921 68% (21/ 31)		1/F							3												1	1	Z	1	1
1066 67% (16/ 24)							1						5			1	1				1	1	5G	1	Z
1867 67% (20/ 30)							1									1	1				1E	5	3	1	Z
02 66% (21/ 32)	3			3	4		2				4							3					1/	1	2
049 66% (21/ 32)		1/F											1/F								1	1	1/	1	10
43 66% (21/ 32)							1									1	1				1	1	1/	1	1
93 66% (21/ 32)							1						1/F			1	1				1	1	1/	1	1
102 66% (21/ 32)										3		1/C				1					1	1	3	1	1
189 66% (21/ 32)										3						1	1				1	1	3	1	1
254 66% (21/ 32)					3		1									1	1				1			1	1
322 66% (21/ 32)				6			2			3F			1/C			1	1				1				1
323 66% (21/ 32)				6			2			3			1/C			1	1				1				1
337 66% (21/ 32)																1	1				1	1	1/	1	1
398 66% (21/ 32)							1									1	1				1	1		1	1
436 66% (21/ 32)				4			2			4C							1	4					3		11
467 66% (21/ 32)							2			3						1	1				1		4I	1	1
592 66% (21/ 32)				6												1	1				1	1		1	1
618 66% (21/ 32)																1	1				1	1	1/	1	1
619 66% (21/ 32)				4			2			3											1		1/	1	1
621 66% (21/ 32)				4			2		3	3B				8		1	1								2C
625 66% (21/ 32)							1										1				1	1	1/	1	1C
635 66% (21/ 32)							1									1					1	1	13C	1	1
699 66% (21/ 32)																1	1				1B	1	1/	1	1
917 66% (21/ 32)																1	1				1	1	1/	1	1
927 66% (21/ 32)		1/F					6			3D			1/F				1				1				1
1094 66% (21/ 32)							1									1	1				1	1	1/	1	1
1107 66% (21/ 32)							1										1				1	1	1/	1	1
1161 66% (21/ 32)							1									1					1	1	4	1	1
1162 66% (21/ 32)				4			2			3											1		1/	1	1
1524 66% (21/ 32)					3		1									1	1				1			1	1

1852 — 32 TS + 1 SL + 40 MT

TESTSTELLE UEBEREINST. ZEUGEN BEZEUGTE VARIANTE	95 68 3	96 35 2	97 422 1/	99 16 2	100 470 1/	102 478 1/	103 21 2
P33 100% (1/ 1)	Z	Z	Z	Z	Z	Z	Z
P41 100% (1/ 1)	Z	Z	Z	Z	Z	Z	Z
916 100% (2/ 2)	Z	Z	Z	Z	Z	Z	Z
2175 100% (3/ 3)	Z	Z	Z	Z	Z	Z	Z
2627 100% (2/ 2)	Z	Z	Z	Z	Z	Z	Z
2778 100% (5/ 5)	Z	Z	Z	Z	Z	Z	Z
81 81% (21/ 26)	2						
P45 80% (4/ 5)	Z	Z	Z	Z	Z	Z	Z
506 80% (4/ 5)	Z	Z	Z	Z	Z	Z	Z
1277 79% (15/ 19)	Z	Z	Z	Z	Z		1L
P74 77% (24/ 31)	Z						
365 76% (13/ 17)	Z	Z	Z	Z			1L
1526 76% (13/ 17)	Z	Z	Z	Z	Z	Z	Z
1856 75% (15/ 20)	Z	Z	Z	1			1
1747 72% (13/ 18)	Z	Z	Z	1			1
459 72% (23/ 32)	2			1			1
1854 72% (23/ 32)	1	1		1			1L
2201 72% (23/ 32)	1	1		1			1
1762 71% (15/ 21)	Z	Z	Z	Z			1
1597 71% (22/ 31)		1		1			1
62 70% (7/ 10)	Z	1B		1			1L
1609 69% (20/ 29)	Z	Z	Z	1			1
044 69% (22/ 32)				1		4	
5 69% (22/ 32)	2	1		1			3E
104 69% (22/ 32)	2			1			1
203 69% (22/ 32)	4	1		1			1
489 69% (22/ 32)	1	1		1			1
665 69% (22/ 32)	1						1
1102 69% (22/ 32)		1		1			1
1241 69% (22/ 32)	1	1		1			1L
1505 69% (22/ 32)			3	1			
1626 69% (22/ 32)	1	1		1			1
1646 69% (22/ 32)	1	1		1			1L

1852 — 32 TS + 1 SL + 40 MT

TESTSTELLE UEBEREINST. ZEUGEN BEZEUGTE VARIANTE	95 68 3	96 35 2	97 422 1/	99 16 2	100 470 1/	102 478 1/	103 21 2
1739 69% (22/ 32)	2			1			
1843 69% (22/ 32)	1	1		1			1
2492 69% (22/ 32)	1	1		1			1
921 68% (21/ 31)	1	1		1			1L
1066 67% (16/ 24)	Z	Z	Z	Z	Z	Z	Z
1867 67% (20/ 30)	Z	1		1			1
02 66% (21/ 32)	2					3	
049 66% (21/ 32)	1B	1B		1			1
43 66% (21/ 32)	1	1		1			
93 66% (21/ 32)	1						1S
102 66% (21/ 32)		1		1			1L
189 66% (21/ 32)		1		1			1
254 66% (21/ 32)	1	1		1			1G
322 66% (21/ 32)	4			1			1
323 66% (21/ 32)	4			1			1
337 66% (21/ 32)	1	1		1			1
398 66% (21/ 32)	1	1		1			1
436 66% (21/ 32)	2	1		1			1
467 66% (21/ 32)		1		1			1L
592 66% (21/ 32)	1	1		1			1
618 66% (21/ 32)	1B	1		1			1
619 66% (21/ 32)	1	1		1			1
621 66% (21/ 32)		1		1			3C
625 66% (21/ 32)	1	1		1			1
635 66% (21/ 32)	1	1		1			1
699 66% (21/ 32)	1	1		1			1L
917 66% (21/ 32)	1	1B		1			1N
927 66% (21/ 32)	1	1		1			1
1094 66% (21/ 32)	1	1					1C
1107 66% (21/ 32)	1	1		1			1L
1161 66% (21/ 32)	1	1		1			1
1162 66% (21/ 32)	1	1		1			1N
1524 66% (21/ 32)	1	1		1			1

TESTSTELLE	4	10	11	18	20	26	28	29	33	35	36	41	42	44	45	46	48	52	53	55	56	57	62	65	66
UEBEREINST. ZEUGEN	23	392	351	73	441	8	29	30	4	452	339	467	60	451	473	76	452	452	338	422	14	104	28	333	365
BEZEUGTE VARIANTE	2	1/	1/	4	1/	3	3D	5	3	1/	1/	1/	5	1/	1/	2	1/	1/	1/	1/	1/D	2	2	1/	1/
P33 100% (1/ 1)	Z	Z	Z	Z	Z	Z	Z	Z	Z	Z	Z	Z	Z	Z	Z	Z	Z		Z	Z	Z	Z	Z	Z	Z
1830 85% (34/ 40)	1		1/L						8											1/B					
1610 77% (27/ 35)	1		1/L			1			8								Z	Z		1/B				Z	Z
913 76% (29/ 38)	1	Z	Z			1			8											1/B				1/F	
1611 70% (28/ 40)	1			1/			1/	1/	1				4						3B						
2138 69% (27/ 39)	Z			1/			1/	1/	8		1/B		4							1/B				1/F	
945 68% (27/ 40)	1					2			1										8C		1/		1		
1739 68% (27/ 40)	1					2			1										3		1/		1		
2778 67% (4/ 6)	Z	Z	Z	Z	Z	Z	Z	Z	Z	Z	Z	Z	Z	Z	Z	Z					1/	1	Z	Z	Z
1832 63% (22/ 35)	Z	Z	Z	Z	Z	1			1												1/	1	1	4	10
1704 63% (25/ 40)	1					2			1										8		1/	2B	1		
1765 63% (25/ 40)	1			1/		1			1												1/	1	1	5	10
1852 63% (20/ 32)	Z	Z	Z	Z	Z	Z	Z	Z	1				1/			3					1/	1	1		
1891 63% (25/ 40)	1					2			1		1/F								3		1/		1		
2298 63% (25/ 40)	1		1/L			2			1							3			3		1/		1		
103 60% (24/ 40)	1					1			1												1/	1	1	5	10
322 60% (24/ 40)	1					2	8		1				6						3F		1/		1	1/C	
436 60% (24/ 40)	1		1/L			1	1/	1/	1				4						4C		1/				
624 60% (9/ 15)	Z	Z	Z	Z	Z	Z	Z	Z	Z			Z	Z	Z	Z	Z	Z	Z	Z	Z	Z	Z	Z		
876 60% (24/ 40)	1			1/		1			1												1/	1	1	4	10
1101 60% (3/ 5)	1			1/		Z	Z	Z	Z	Z	Z	Z	Z	Z	Z	Z	Z	Z	Z	Z	Z	Z	Z	Z	Z
1505 60% (24/ 40)	1			1/		1	1/	1/	5		1/D		1/			1				1/B					6
1846 60% (6/ 10)	Z	Z	Z	Z	Z	Z	Z	Z	Z	Z	Z	Z	Z	Z	Z	Z	Z	Z	Z	Z	Z	Z	Z	Z	Z
1890 60% (21/ 35)	Z	Z	Z	1/		Z	1/	1/	8				4							1/B				1/F	6
606 59% (22/ 37)	1					1			Z	Z	Z										1/	1	1	5	10
323 59% (23/ 39)	1	Z				2	3C		1				6						3		1/		1	1/C	
1597 59% (23/ 39)		8				1	1/	1/	1				1/			3					1/		1		
641 58% (22/ 38)	1					1			1												1/	1	1	5	10
2200 58% (22/ 38)	1					1		1/	1		1/F					1			8		1/		1		
044 58% (23/ 40)	1	4		1/		1	1/	1/	8				4	5							1/			1/F	
467 58% (23/ 40)	1	4				2	6B		6				1/						3		1/		1		
1162 58% (23/ 40)	1		1/L			2	1/	1/	8				4						3		1/		1		
2243 58% (23/ 40)	1			1/D		1	1/	1/	1				1/								1/	1	1	5	

1853 — 40 TS + 0 SL + 64 MT

TESTSTELLE	4	10	11	18	20	26	28	29	33	35	36	41	42	44	45	46	48	52	53	55	56	57	62	65	66
UEBEREINST. ZEUGEN	23	392	351	73	441	8	29	30	4	452	339	467	60	451	473	76	452	452	338	422	14	104	28	333	365
BEZEUGTE VARIANTE	2	1/	1/	4	1/	3	3D	5	3	1/	1/	1/	5	1/	1/	2	1/	1/	1/	1/	1/D	2	2	1/	1/
2201 57% (21/ 37)	1	Z	Z	Z		1	1/	1/	8		1/F		1/						3		1/		1		
630 56% (22/ 39)	1			Z		1		1/	1		1/F		6						8		1/		1		
1894 56% (22/ 39)	1			1/		1	1/	1/	1							3					1/	1	1		
2423 56% (22/ 39)	1					1	1/	1/	1				1/			3					1/	1	1		
2303 56% (9/ 16)	Z	Z	Z	Z	Z	Z	1/	1/	1				4			1			Z	Z	Z	Z	Z	Z	Z
69 56% (19/ 34)	1			7		1	1/	1/	1B	3		Z	Z	Z	Z	Z				10	Y		1		
172 56% (15/ 27)	Z	Z	Z	1/		1	1/	Z	Z	Z		Z	Z			1					1/	1	1		
P74 55% (21/ 38)	Z	3	1/I	Z		2	1/	1/	2	3			3	4							1/				
2080 55% (21/ 38)	1			1/		1	1/	1/	1				8			1					1/		1		
2805 55% (21/ 38)	1	4	10		Z	2	6	6	1				4						3		1/			1/F	
1731 55% (16/ 29)	Z	Z	Z	Z	Z	Z	Z	Z	Z	Z	Z		1/			1					1/	1	1		
6 55% (22/ 40)	1			1/		1	1/	1/	1	3			3			1			3		1/		1		
102 55% (22/ 40)	1					1	1/	1/	1				1/			3			3		1/C		1		
142 55% (22/ 40)	1			1/		1	1/	1/	1				4								1/	1	1		11
228 55% (22/ 40)	1					1	1/	1/	1							3					1/		1	1/F	11
1102 55% (22/ 40)	1					1	1/	1/	1				1/			3			3		1/		1		
1292 55% (22/ 40)	1			1/			1/	1/	1				4			3			3	1/B			1		4
1827 55% (22/ 40)	1		1/B	1/		1	1/	1/					4						3		1/		1		
1843 55% (22/ 40)	1			1/		1	1/	1/	1		1/K		1/			4			3		1/	1	1		
2412 55% (22/ 40)	1			1/			1/	1/	1				4						3	1/B				11	4
2494 55% (22/ 40)	1		6	1/		1			1							1					1/	1	1	5	10
2495 55% (22/ 40)	1	7B				1	1/	1/	5		1/D		1/			1				1/B				1/F	6
916 55% (6/ 11)	1			1/			1/	1/	1			Z	Z	Z	Z	Z	Z	Z	Z	Z	Z	Z	Z	Z	Z
1727 54% (20/ 37)	1		5			Z	Z	Z	1				6			3					1/	1	1		
337 54% (21/ 39)				1/	Z	1	1/	1/	1				1/			3					1/	1	1		
1609 54% (21/ 39)	1			1/		1		1/	1				1/			3			3		1/		1	5	
1652 54% (21/ 39)				1/		1	1/	1/	1				Z			1					1/	1	1		
2218 54% (21/ 39)	1			1/		1	1/	1/	1				V			1					1/	1	1		
2718 54% (15/ 28)	1			1/		1	1/	1/	1				4					4	3		1/			1/F	6
81 53% (16/ 30)	1	14	1/L	Z	Z	2	1/	1/	1	3			1/								1/		Z	Z	Z
610 53% (19/ 36)	1	6		5B		Z	3E		Z	3	1/F		4						3		1/		1		1/B
623 53% (19/ 36)	Z	Z	Z	Z		2	1/	1/	8				4						3		1/			1/F	

1853 40 TS + 0 SL + 64 MT

TESTSTELLE	72	73	76	80	84	86	87	88	90	91	92	94	97	100	102
UEBEREINST. ZEUGEN	45	24	467	20	402	85	476	471	71	18	99	6	422	11	478
BEZEUGTE VARIANTE	4	10	1/	3	1/	3	1/	1/	2	8	2	3	1/	4	1/
P33 100% (1/ 1)	Z	Z	Z	Z	Z	Z	Z	Z	Z	Z	Z	Z	Z	Z	Z
1830 85% (34/ 40)	1	12													
1610 77% (27/ 35)	1			3C	Z								5		
913 76% (29/ 38)	1	9										3B	5		
1611 70% (28/ 40)	1	1D			4							1	3		
2138 69% (27/ 39)	1	1D			4								3		
945 68% (27/ 40)	6	1D		6B	3					3		2		1/	
1739 68% (27/ 40)	2	1D		6B	3					3		2		1/	
2778 67% (4/ 6)	Z	Z	Z	Z	Z	Z	Z	Z	Z	Z	Z	Z	Z	Z	Z
1832 63% (22/ 35)	1	1		1B					1			1		1/	
1704 63% (25/ 40)	6	1D		6B	3				4	3		2		1/	
1765 63% (25/ 40)	1	1		1					1			1		1/	
1852 63% (20/ 32)	1	1		1		1				5				1/	
1891 63% (25/ 40)	3	1D		6	3	2				3		2		1/	
2298 63% (25/ 40)	1	1D		6	3					3		5		1/	
103 60% (24/ 40)	1	1				1B			1	1/	1	1		1/	
322 60% (24/ 40)	1	1		6		1				5		1		1/	
436 60% (24/ 40)	2B	1D		1	4					3		11		1/	
624 60% (9/ 15)	W	1		Z	Z	Z			1	1/	1	1		1/	
876 60% (24/ 40)	1	1		1					1	8B		1		1/	
1101 60% (3/ 5)	Z	Z	Z	Z	Z	Z	Z	Z	Z	Z	Z	Z	Z	Z	Z
1505 60% (24/ 40)	1	1D			4								3	1/	
1846 60% (6/ 10)	Z	Z	Z	Z		1			1	X		9		1/	
1890 60% (21/ 35)	1	1D		1	4	Z						3B	3		
606 59% (22/ 37)	1	1				1B			1	1/	1	1		1/	
323 59% (23/ 39)	1	1		6		1				5		1		1/	
1597 59% (23/ 39)	1			1		1			1	X	1	1		1/	
641 58% (22/ 38)	1	1				4	Z	Z	1	1/	1	1		1/	
2200 58% (22/ 38)	3	Z	Z	6	3	1				3		2		1/	
044 58% (23/ 40)	7	1D								3		4		1/	4
467 58% (23/ 40)	1	1		1		4				4I	1	1		1/	
1162 58% (23/ 40)	1B	9				1				1/	1	1		1/	
2243 58% (23/ 40)	1	1		1					1			1		1/	

1853 40 TS + 0 SL + 64 MT

TESTSTELLE	72	73	76	80	84	86	87	88	90	91	92	94	97	100	102
UEBEREINST. ZEUGEN	45	24	467	20	402	85	476	471	71	18	99	6	422	11	478
BEZEUGTE VARIANTE	4	10	1/	3	1/	3	1/	1/	2	8	2	3	1/	4	1/
2201 57% (21/ 37)	1	1E		1						5		1		1/	
630 56% (22/ 39)	3	1		6	3	1B				3		2		1/	
1894 56% (22/ 39)	Z	1		1	3			7		3		1		1/	
2423 56% (22/ 39)	1			1		X			1	1/	1	1		1/	
2303 56% (9/ 16)	Z	Z	Z	Z	Z	Z	Z	Z	Z	Z	1	1		Z	
69 56% (19/ 34)		1		1		1				12B		1		1/	
172 56% (15/ 27)	1	1		1	Z	Z			Z	Z	Z	1		1/	
P74 55% (21/ 38)	2	6B		2		2B				1/		2		1/	
2080 55% (21/ 38)	1	1		1		1B			Y	Y	1	1		1/	
2805 55% (21/ 38)	1	1		4						3		4		1/	Z
1731 55% (16/ 29)		1		1		1B			1	4C	1	1		1/	
6 55% (22/ 40)	1	1D		1						12B		1		1/	
102 55% (22/ 40)	1			1		1B			1	3	1	1		1/	
142 55% (22/ 40)	1	1		1					1	4K		1		1/	
228 55% (22/ 40)	8	1		5		1			1	5H		7		1/	
1102 55% (22/ 40)	1			1		1B			1	3	1	1		1/	
1292 55% (22/ 40)	1	1	3	1	4							1C	3		
1827 55% (22/ 40)	1	9		1D		1				1/	1	1C		1/	
1843 55% (22/ 40)	1			1						5		1		1/	
2412 55% (22/ 40)		1D	3	1	4		5	9				1C	3		
2494 55% (22/ 40)	1	1		1					1		1	1		1/	
2495 55% (22/ 40)	1	1D			4						1		3	1/	
916 55% (6/ 11)	Z	Z	Z	Z	Z	Z	Z	Z	Z	Z	Z	Z	Z	Z	Z
1727 54% (20/ 37)	1	1		1		1			1	5	1	1		1/	
337 54% (21/ 39)		1		1		1			1	1/	1	1		1/	
1609 54% (21/ 39)		1		1		2			1	5		1	Z	1/	
1652 54% (21/ 39)	1	1		1		1B			1	1/	1	1		3	
2218 54% (21/ 39)		1		1		1B			1	1/	1	1		1/	
2718 54% (15/ 28)	Z	Z	Z	Z	Z	Z	Z	Z	Z	Z	Z	Z		1/	
81 53% (16/ 30)	Z	Z	Z	Z	Z	2B				1/		2D		1/	
610 53% (19/ 36)	Z	3		Z	4					3		1	3	1/	
623 53% (19/ 36)	2B	1D		7	4	2				3		1		1/	3
1867 53% (19/ 36)	1	1		1					5	3	1	Z		1/	

TESTSTELLE	20	28	29	35	36	41	42	44	45	46	48	50	52	53	55	56	65	66	76	77	84	87	88	91	95
UEBEREINST. ZEUGEN	441	416	439	452	17	467	60	451	473	101	452	16	452	33	16	459	333	365	467	181	42	476	471	14	68
BEZEUGTE VARIANTE	1/	1/	1/	1/	1/M	1/	5	1/	1/	3	1/	17	1/	8	8	1/	1/	1/	1/	2	4	1/	1/	11	3
P33 100% (1/ 1)	Z	Z	Z	Z	Z	Z	Z	Z	Z	Z	Z	Z		Z	Z	Z	Z	Z	Z	Z	Z	Z	Z	Z	Z
P41 100% (1/ 1)	Z	Z	Z	Z	Z	Z	Z	Z	Z	Z	Z	Z	Z	Z	Z	Z	Z	X		Z	Z	Z	Z	Z	Z
886 100% (1/ 1)		Z	Z	Z	Z	Z	Z	Z	Z	Z	Z	Z	Z	Z	Z	Z	Z	Z	Z	Z	Z	Z	Z	Z	Z
1101 100% (1/ 1)		Z	Z	Z	Z	Z	Z	Z	Z	Z	Z	Z	Z	Z	Z	Z	Z	Z	Z	Z	Z	Z	Z	Z	Z
1250 100% (28/ 28)																									
1003 96% (27/ 28)																									
1405 96% (27/ 28)																									
1594 96% (27/ 28)																									
1863 96% (27/ 28)																									
2279 96% (27/ 28)																									
912 96% (26/ 27)																								X	
390 93% (26/ 28)																								1/	
1753 93% (26/ 28)					1/K																				
2511 93% (26/ 28)																					1/				
234 93% (25/ 27)													X				1/F								
582 89% (25/ 28)					1/K													6						11F	
1456 89% (16/ 18)					1/K						Z	Z	Z	Z	Z	Z	Z	Z	Z	Z				11F	
P45 86% (6/ 7)	Y				Z		Z	Z		Z	Z	Z	Z	Z	3		Z	Z	Z	Z	Z	Z	Z	Z	Z
1846 86% (6/ 7)	Z	Z	Z	Z	Z	Z	Z	Z	Z	Z	Z	Z	Z	Z	Z	Z	Z	Z	Z	Z	1/			X	
2501 86% (24/ 28)					1/K																1/			1/	1
2175 83% (5/ 6)					1/		Z	Z	Z	Z	Z	Z	Z	Z	Z	Z	Z	Z	Z	Z	Z	Z	Z	Z	Z
42 82% (23/ 28)														9	1/					1	1/				
51 82% (23/ 28)					1/F										1/			4			1/				
223 82% (23/ 28)					1/K										1/		1/F			1	1/				
916 80% (4/ 5)					1/	Z	Z	Z	Z	Z	Z	Z	Z	Z	Z	Z	Z	Z	Z	Z	Z	Z	Z	Z	Z
1745 80% (4/ 5)	Z	Z	Z	Z	Z	Z	Z	Z	Z	Z	Z	Z	Z	Z	Z	Z	Z	Z	Z	Z	Z			1/	Z
2675 79% (22/ 28)							3					18					1/F	1/D			1/				
62 78% (7/ 9)	Z				1/		1/	Z	Z	Z	Z	Z	Z	Z	Z	Z	Z	Z	Z	Z	Z	Z	Z	Z	Z
367 75% (21/ 28)					1/I		1/					1		1/	1/					1B				11B	
624 75% (9/ 12)	Z	Z	Z		1/	Z	Z	Z	Z	Z	Z	Z	Z	Z	Z	Z				Z	Z			1/	1
2627 75% (3/ 4)	Z				1/	Z	Z	Z	Z	Z	Z	Z	Z	Z	Z	Z	Z	Z	Z	Z	Z	Z	Z	Z	Z
2777 75% (6/ 8)	Z	Z	Z	Z	Z	Z	Z	Z	Z	Z	Z	Z	Z	Z	Z	Z	Z	Z	Y		Z			1/	1
1597 74% (20/ 27)					1/		1/					1		1/	1/					1	1/			X	

1861 — 28 TS + 0 SL + 57 MT

TESTSTELLE		20	28	29	35	36	41	42	44	45	46	48	50	52	53	55	56	65	66	76	77	84	87	88	91	95
UEBEREINST. ZEUGEN		441	416	439	452	17	467	60	451	473	101	452	16	452	33	16	459	333	365	467	181	42	476	471	14	68
BEZEUGTE VARIANTE		1/	1/	1/	1/	1/M	1/	5	1/	1/	3	1/	17	1/	8	8	1/	1/	1/	1/	2	4	1/	1/	11	3
1758	74% (17/ 23)		X			1/K					X		1			1/				X	X	3			4E	1
1352	73% (19/ 26)					1/		7					1		1/	X					U	1/			1/	1
1721	73% (19/ 26)					1/		1/					Y	Y	1/	1/					1				3	1
1743	73% (19/ 26)					1/		4					1	Z	Z	1/						1/			3	4
1856	73% (16/ 22)					1/		8			1		1		1/	1/						Z	Z	Z	Z	Z
5	71% (20/ 28)					1/D		1/					1		3	1/						1/			3	2
189	71% (20/ 28)					1/		1/					1E		3	1/					1	1/			3	
429	71% (20/ 28)		3D			1/F					2		19			1/					1B	3			4E	
436	71% (20/ 28)					1/		4			2		1		4C	1/									3	2
522	71% (20/ 28)		11			1/F					2		19			1/					1B	3			4F	
604	71% (20/ 28)					1/					1		1		1/	1/						1/			1/	1
608	71% (20/ 28)							1/			1		1		1/	1/E					1B	1/			3E	
1102	71% (20/ 28)					1/		1/					1D		3	1/					1	1/			3	
1315	71% (20/ 28)					1/		6					12		8C	1/						1/			5C	2
1448	71% (20/ 28)					1/		1/			1		1		1/	1/									13B	2
1595	71% (20/ 28)					1/		4					1		3	1/						1/			3	1
1643	71% (20/ 28)					1/		1/					1		3	1/					1	1/			3	
1738	71% (5/ 7)	Z	Z	Z	Z	Z	Z	Z	Z	Z	Z	Z	Z	Z	Z	Z	Z	Z	Z	Z	Z	Z			1/	1
1749	71% (20/ 28)					1/		8					1		1/	1/						1/			1/	1
1754	71% (20/ 28)					1/K						1/B	1E		1/	1/						1/			1/	1
1858	71% (5/ 7)	Z	Z	Z	Z	Z	Z	Z	Z	Z	Z	Z	Z	Z	Z	Z	Z	Z	Z	Z	Z	Z			1/	1
1892	71% (20/ 28)					1/		1/			1		1		1/	1/									1/	1
1896	71% (20/ 28)					1/							1	3		1/		1/F				1/			3	4
2261	71% (20/ 28)					1/		8			1		1		1/	1/						1/			1/	
2554	71% (20/ 28)					1/		4					1		1/	1/						1/			1/	1
1508	70% (19/ 27)					1/		1/			1		1		Z	1/						1/			1/	1
1845	70% (19/ 27)					1/		1/			1		1		1/						1	1/			X	1
2218	70% (19/ 27)					1/		V			1		1		1/	1/						1/			1/	1
206	70% (16/ 23)	Z	Z	Z	Z	Z					2		19	4		1/					1B	3			4E	
2200	69% (18/ 26)		3D			1/F					1		2C			1/				Z	Z	3			3	2
2502	69% (18/ 26)						Y	Y			1		1		1/	1/					1	1/C			1/	1
2289	69% (11/ 16)	Z	Z	Z	Z	Z	Z	Z	Z	Z	Z	Z	Z		1/	1/						1/			1/	1
172	68% (15/ 22)			Z	Z	1/	Z	Z			1		1		1/	1/					1B	Z			Z	1

1861 28 TS + 0 SL + 57 MT

TESTSTELLE UEBEREINST. ZEUGEN BEZEUGTE VARIANTE			97 422 1/	100 470 1/	102 478 1/
P33	100%	(1/ 1)	Z	Z	Z
P41	100%	(1/ 1)	Z	Z	Z
886	100%	(1/ 1)	Z	Z	Z
1101	100%	(1/ 1)	Z	Z	Z
1250	100%	(28/ 28)			
1003	96%	(27/ 28)	4		
1405	96%	(27/ 28)	4		
1594	96%	(27/ 28)	4		
1863	96%	(27/ 28)	4		
2279	96%	(27/ 28)	4		
912	96%	(26/ 27)	4		
390	93%	(26/ 28)	4		
1753	93%	(26/ 28)	4		
2511	93%	(26/ 28)	4		
234	93%	(25/ 27)	4		
582	89%	(25/ 28)			
1456	89%	(16/ 18)			
P45	86%	(6/ 7)	Z	Z	Z
1846	86%	(6/ 7)			
2501	86%	(24/ 28)			
2175	83%	(5/ 6)	Z	Z	Z
42	82%	(23/ 28)	4		
51	82%	(23/ 28)	4		
223	82%	(23/ 28)			
916	80%	(4/ 5)	Z	Z	Z
1745	80%	(4/ 5)	Z		
2675	79%	(22/ 28)	4		
62	78%	(7/ 9)			
367	75%	(21/ 28)			
624	75%	(9/ 12)			
2627	75%	(3/ 4)	Z	Z	Z
2777	75%	(6/ 8)			
1597	74%	(20/ 27)			

1861 28 TS + 0 SL + 57 MT

TESTSTELLE UEBEREINST. ZEUGEN BEZEUGTE VARIANTE			97 422 1/	100 470 1/	102 478 1/
1758	74%	(17/ 23)	X		
1352	73%	(19/ 26)			
1721	73%	(19/ 26)			
1743	73%	(19/ 26)			
1856	73%	(16/ 22)	Z		
5	71%	(20/ 28)			
189	71%	(20/ 28)			
429	71%	(20/ 28)			
436	71%	(20/ 28)			
522	71%	(20/ 28)			
604	71%	(20/ 28)			
608	71%	(20/ 28)			
1102	71%	(20/ 28)			
1315	71%	(20/ 28)			
1448	71%	(20/ 28)			
1595	71%	(20/ 28)			
1643	71%	(20/ 28)			
1738	71%	(5/ 7)			
1749	71%	(20/ 28)			
1754	71%	(20/ 28)			
1858	71%	(5/ 7)			
1892	71%	(20/ 28)			
1896	71%	(20/ 28)			
2261	71%	(20/ 28)			
2554	71%	(20/ 28)			
1508	70%	(19/ 27)			
1845	70%	(19/ 27)			
2218	70%	(19/ 27)			
206	70%	(16/ 23)			
2200	69%	(18/ 26)			
2502	69%	(18/ 26)			
2289	69%	(11/ 16)			
172	68%	(15/ 22)			

1863 34 TS + 0 SL + 70 MT

TESTSTELLE	8	10	11	18	20	21	28	29	35	36	41	42	44	45	46	48	50	52	53	55	56	65	66	76	77
UEBEREINST. ZEUGEN	94	392	351	73	441	15	416	439	452	17	467	60	451	473	101	452	16	452	33	16	459	333	365	467	181
BEZEUGTE VARIANTE	3	1/	1/	4	1/	6	1/	1/	1/	1/M	1/	5	1/	1/	3	1/	17	1/	8	8	1/	1/	1/	1/	2
P33 100% (1/ 1)	Z	Z	Z	Z	Z	Z	Z	Z	Z	Z	Z	Z	Z	Z	Z	Z	Z		Z	Z	Z	Z	Z	Z	Z
P41 100% (1/ 1)	Z	Z	Z	Z	Z	Z	Z	Z	Z	Z	Z	Z	Z	Z	Z	Z	Z	Z	Z	Z	Z	Z	X		Z
1405 94% (32/ 34)						1																			
2279 94% (32/ 34)						1																			
912 94% (31/ 33)						1																			
1594 91% (31/ 34)	1					1																			
1753 91% (31/ 34)						1				1/K															
2511 91% (31/ 34)						1																			
234 91% (30/ 33)						1												X				1/F			
1861 90% (27/ 30)	Z	Z	Z	Z		1																			
1003 88% (30/ 34)	1		8	1/																					
1250 88% (30/ 34)				1/		1																			
P45 86% (6/ 7)	Z	Z	Z	Y	Y	X				Z		Z	Z		Z	Z	Z	Z·	Z	3		Z	Z	Z	Z
390 85% (29/ 34)	3B			1/		1																			
51 82% (28/ 34)						1				1/F										1/			4		
42 82% (27/ 33)	Z					1													9	1/					1
2501 79% (27/ 34)						1				1/K															
1456 79% (19/ 24)						1				1/K						Z	Z	Z	Z	Z	Z	Z	Z	Z	Z
223 76% (26/ 34)						1				1/K										1/		1/F			1
582 76% (26/ 34)			6	1/		1				1/K													6		
2627 75% (3/ 4)	Z	Z	Z	Z	Z	Z				1/	Z	Z	Z	Z	Z	Z	Z	Z	Z	Z	Z	Z	Z	Z	Z
2675 74% (25/ 34)	1D		4			1						3					18					1/F	1/D		
367 68% (23/ 34)				1/		1				1/I		1/					1		1/	1/					1B
62 67% (6/ 9)	Z	Z	Z	Z	Z	Z				1/		1/	Z	Z	Z	Z	Z	Z	Z	Z	Z	Z	Z	Z	Z
506 67% (4/ 6)	Z	Z	Z	Z	Z	Z			Z	Z	Z	Z	Z	Z	Z		Z	Z	Z	1/		Z	Z	Z	Z
1745 67% (4/ 6)	Z	Z	Z	Z	Z	Z	Z	Z	Z	Z	Z	Z	Z	Z	Z	Z	Z	Z	Z	Z	Z	Z	Z	Z	Z
1856 67% (18/ 27)	1			1/		1				1/		8			1		1		1/	1/					
1721 66% (21/ 32)				1/		1				1/		1/					Y	Y	1/	1/					1
2200 66% (21/ 32)						2	3D			1/F					1		2C			1/				Z	Z
5 65% (22/ 34)				1/		1				1/D		1/					1		3	1/					
228 65% (22/ 34)						2				1/							1		1/	1/		1/F	11		
429 65% (22/ 34)			5			2	3D			1/F					2		19			1/					1B
522 65% (22/ 34)			5			2	11			1/F					2		19			1/					1B

TESTSTELLE	8	10	11	18	20	21	28	29	35	36	41	42	44	45	46	48	50	52	53	55	56	65	66	76	77
UEBEREINST. ZEUGEN	94	392	351	73	441	15	416	439	452	17	467	60	451	473	101	452	16	452	33	16	459	333	365	467	181
BEZEUGTE VARIANTE	3	1/	1/	4	1/	6	1/	1/	1/	1/M	1/	5	1/	1/	3	1/	17	1/	8	8	1/	1/	1/	1/	2
1102 65% (22/ 34)	1					1				1/		1/					1D		3	1/					1
1704 65% (22/ 34)						2	3D	5		1/					2		19			1/					
1758 64% (18/ 28)	1		5	Y		1	X			1/K					X		1			1/				X	X
630 64% (21/ 33)				Z		2	3D			1/F		6			2		2C			1/					
1597 64% (21/ 33)	1	8				1				1/		1/					1		1/	1/					1
2175 64% (7/ 11)	1			1/		1				1/		Z	Z	Z	Z	Z	Z	Z	Z	Z	Z	Z	Z	Z	Z
2431 63% (19/ 30)	1			Y		1			Y	Y		1/			Y		1		1/	1/		1/G			
206 63% (15/ 24)	Z	Z	Z	Z	Z	Z	Z	Z	Z	Z					2		19	4		1/					1B
699 63% (20/ 32)	Z			Z		1				1/		1/					1		1/	1/					1
1352 63% (20/ 32)	1			1/		1				1/		7					1		1/	X					U
1846 63% (5/ 8)	Z	Z	Z	Z	Z	Z	Z	Z	Z	Z	Z	Z	Z	Z	Z	Z	Z	Z	Z	Z	Z	Z	Z	Z	Z
2125 63% (5/ 8)				1/		1	Z	Z		Z	Z	Z	Z	Z	1	Z	Z	Z	Z	Z	Z	Z	Z	Z	Z
102 62% (21/ 34)	1					1				1/		1/					1		3	1/	1/C				1
189 62% (21/ 34)	1	8				1				1/		1/					1E		3	1/					1
394 62% (21/ 34)	1			1/						1/		8			1		1		1/	1/					
436 62% (21/ 34)	1		1/L			1				1/		4			2		1		4C	1/					
604 62% (21/ 34)	1			1/		1				1/					1		1		1/	1/					
608 62% (21/ 34)			1/M	1/		1						1/			1		1		1/	1/E					1B
945 62% (21/ 34)						2	3D	5		1/					2		19		8C	1/					
1058 62% (21/ 34)				1/		1				1/		6			1		1		1/	1/					
1106 62% (21/ 34)			5			1				1/K		1/					21		1/	1/					1
1251 62% (21/ 34)			5			1				1/			3		1		1			1/					1
1315 62% (21/ 34)	1			1/		1				1/		6					12		8C	1/					
1448 62% (21/ 34)	1			7		1				1/		1/			1		1		1/	1/					
1509 62% (21/ 34)			1/I			1	3D			1/F					1	1/K	1			1/		1/F			
1595 62% (21/ 34)	1			1/		1				1/		4					1		3	1/					
1643 62% (21/ 34)	1	8				1				1/		1/					1		3	1/					1
1739 62% (21/ 34)						2	3D	5		1/					2		2C		3	1/					
1748 62% (21/ 34)	1			1/		1				1/		1/			1		1		1/	1/					
1749 62% (21/ 34)	1			1/		1				1/		8					1		1/	1/					
1768 62% (21/ 34)				1/		1				1/					1		1		3	1/			6		
1843 62% (21/ 34)				1/		1				1/K		1/			4		1		3	1/					
1854 62% (21/ 34)	1					1				1/		1/					1		1/	1/					1

1863 — 34 TS + 0 SL + 70 MT

TESTSTELLE / UEBEREINST. ZEUGEN / BEZEUGTE VARIANTE	84 42 4	87 476 1/	88 471 1/	91 14 11	92 3 3	95 68 3	97 33 4	100 470 1/	102 478 1/
P33 100% (1/ 1)	Z	Z	Z	Z	Z	Z	Z	Z	Z
P41 100% (1/ 1)	Z	Z	Z	Z	Z	Z	Z	Z	Z
1405 94% (32/ 34)					1				
2279 94% (32/ 34)					1				
912 94% (31/ 33)				X	1				
1594 91% (31/ 34)					1				
1753 91% (31/ 34)					1				
2511 91% (31/ 34)	1/				1				
234 91% (30/ 33)					1				
1861 90% (27/ 30)					1		1/		
1003 88% (30/ 34)					1				
1250 88% (30/ 34)					1		1/		
P45 86% (6/ 7)	Z	Z	Z	Z	Z	Z	Z	Z	Z
390 85% (29/ 34)				1/	1				
51 82% (28/ 34)	1/				1				
42 82% (27/ 33)	1/				1				
2501 79% (27/ 34)	1/			1/	1	1	1/		
1456 79% (19/ 24)				11F	1		1/		
223 76% (26/ 34)	1/				1		1/		
582 76% (26/ 34)				11F	1		1/		
2627 75% (3/ 4)	Z	Z	Z	Z	Z	Z	Z	Z	Z
2675 74% (25/ 34)	1/				1				
367 68% (23/ 34)				11B	1		1/		
62 67% (6/ 9)	Z	Z	Z	Z	Z	Z	1/		
506 67% (4/ 6)	1/	Z	Z	Z	Z	Z	Z	Z	Z
1745 67% (4/ 6)	Z			1/	1	Z	Z		
1856 67% (18/ 27)	Z	Z	Z	Z	Z	Z	Z		
1721 66% (21/ 32)				3	1	1	1/		
2200 66% (21/ 32)	3			3	2	2	1/		
5 65% (22/ 34)	1/			3	2	2	1/		
228 65% (22/ 34)	1/			5H	2	1	1/		
429 65% (22/ 34)	3			4E	1		1/		
522 65% (22/ 34)	3			4F	1		1/		

1863 — 34 TS + 0 SL + 70 MT

TESTSTELLE / UEBEREINST. ZEUGEN / BEZEUGTE VARIANTE	84 42 4	87 476 1/	88 471 1/	91 14 11	92 3 3	95 68 3	97 33 4	100 470 1/	102 478 1/
1102 65% (22/ 34)	1/			3	1		1/		
1704 65% (22/ 34)	3			3	2	2	1/		
1758 64% (18/ 28)	3			4E	1	1	X		
630 64% (21/ 33)	3			3	2	2	1/		
1597 64% (21/ 33)	1/			X	1		1/		
2175 64% (7/ 11)	Z	Z	Z	Z	Z	Z	Z	Z	Z
2431 63% (19/ 30)	1/			1/	1	1			
206 63% (15/ 24)	3			4E	1		1/		
699 63% (20/ 32)	1/			1/	1	1	1/		
1352 63% (20/ 32)	1/			1/	1	1	1/		
1846 63% (5/ 8)	1/			X	2		1/		
2125 63% (5/ 8)	Z	Z	Z	Z	Z	Z	Z	Z	Z
102 62% (21/ 34)	1/			3	1		1/		
189 62% (21/ 34)	1/			3	1		1/		
394 62% (21/ 34)	1/			1/	1	1	1/		
436 62% (21/ 34)				3	2	2	1/		
604 62% (21/ 34)	1/			1/	1	1	1/		
608 62% (21/ 34)	1/			3E	1		1/		
945 62% (21/ 34)	3			3	2	2	1/		
1058 62% (21/ 34)	1/			1/	1	1	1/		
1106 62% (21/ 34)	1/			1/	1	1	1/		
1251 62% (21/ 34)	1/			1/	1	1	1/		
1315 62% (21/ 34)	1/			5C	2	2	1/		
1448 62% (21/ 34)				13B	1	2	1/		
1509 62% (21/ 34)	3			4E	1		1/		
1595 62% (21/ 34)	1/			3	1	1	1/		
1643 62% (21/ 34)	1/			3	1		1/		
1739 62% (21/ 34)	3			3	2	2	1/		
1748 62% (21/ 34)	1/			1/	1	1			
1749 62% (21/ 34)	1/			1/	1	1	1/		
1768 62% (21/ 34)	1/			1/	1	1	1/		
1843 62% (21/ 34)	1/			5	2	1	1/		
1854 62% (21/ 34)	1/			1/	1	1	1/		

TESTSTELLE	4	10	11	18	19	20	28	29	35	36	41	42	44	45	48	49	52	53	55	56	65	66	68	76	77
UEBEREINST. ZEUGEN	23	392	351	355	110	441	416	439	452	339	467	283	451	473	452	162	452	338	422	459	333	365	87	467	181
BEZEUGTE VARIANTE	2	1/	1/	1/	2	1/	1/	1/	1/	1/	1/	1/	1/	1/	1/	2	1/	1/	1/	1/	1/	1/	2	1/	2
P33 100% (1/ 1)	Z	Z	Z	Z	Z	Z	Z	Z	Z	Z	Z	Z	Z	Z	Z	Z		Z	Z	Z	Z	Z	Z	Z	Z
62 100% (9/ 9)	Z	Z	Z	Z	Z	Z							Z	Z	Z	Z	Z	Z	Z	Z	Z	Z	Z	Z	Z
314 100% (7/ 7)	Z	Z	Z	Z	Z	Z	Z	Z	Z	Z					Z	Z	Z	Z	Z	Z	Z	Z	Z	Z	Z
506 100% (7/ 7)	Z	Z	Z	Z	Z	Z			Z	Z	Z	Z	Z	Z			Z	Z			Z	Z	Z	Z	Z
1738 100% (6/ 6)	Z	Z	Z	Z	Z	Z	Z	Z	Z	Z	Z	Z	Z	Z	Z	Z	Z	Z	Z	Z	Z	Z	Z	Z	Z
1745 100% (5/ 5)	Z	Z	Z	Z	Z	Z	Z	Z	Z	Z	Z	Z	Z	Z	Z	Z	Z	Z	Z	Z	Z	Z	Z	Z	Z
1846 100% (6/ 6)	Z	Z	Z	Z	Z	Z	Z	Z	Z	Z	Z	Z	Z	Z	Z	Z	Z	Z	Z	Z	Z	Z	Z	Z	Z
1858 100% (6/ 6)	Z	Z	Z	Z	Z	Z	Z	Z	Z	Z	Z	Z	Z	Z	Z	Z	Z	Z	Z	Z	Z	Z	Z	Z	Z
1864 100% (29/ 29)	Z	Z	Z																						
1899 100% (5/ 5)	Z	Z	Z	Z	Z	Z	Z	Z	Z	Z	Z	Z	Z	Z	Z	Z	Z	Z	Z	Z	Z	Z	Z	Z	Z
2289 100% (16/ 16)	Z	Z	Z	Z	Z	Z	Z	Z	Z	Z	Z	Z	Z	Z	Z	Z									
2627 100% (4/ 4)	Z	Z	Z	Z	Z	Z					Z	Z	Z	Z	Z	Z	Z	Z	Z	Z	Z	Z	Z	Z	Z
2723 100% (32/ 32)																									
2778 100% (6/ 6)	Z	Z	Z	Z	Z	Z	Z	Z	Z	Z	Z	Z	Z	Z							Z	Z	Z	Z	Z
149 97% (31/ 32)	1																								
201 97% (31/ 32)	1																								
824 97% (31/ 32)	1																								
1040 97% (31/ 32)					1																				
1072 97% (31/ 32)	1																								
1248 97% (31/ 32)	1																								
1503 97% (31/ 32)	1																								
1617 97% (31/ 32)	1																								
1628 97% (31/ 32)	1																								
1637 97% (31/ 32)	1																								
1656 97% (31/ 32)	1																								
1740 97% (31/ 32)	1																								
1746 97% (31/ 32)	1																								
2255 97% (31/ 32)												8													
2352 97% (31/ 32)	1																								
2466 97% (31/ 32)	1																								
1075 97% (30/ 31)	Z				1																				
1508 97% (30/ 31)	1																	Z							
2218 97% (30/ 31)	1											V													

1865 32 TS + 0 SL + 72 MT

TESTSTELLE	4	10	11	18	19	20	28	29	35	36	41	42	44	45	48	49	52	53	55	56	65	66	68	76	77
UEBEREINST. ZEUGEN	23	392	351	355	110	441	416	439	452	339	467	283	451	473	452	162	452	338	422	459	333	365	87	467	181
BEZEUGTE VARIANTE	2	1/	1/	1/	2	1/	1/	1/	1/	1/	1/	1/	1/	1/	1/	2	1/	1/	1/	1/	1/	1/	2	1/	2
986 97% (29/ 30)		Z	Z									8													
1723 96% (27/ 28)	Z	Z	Z									X									1/F				
1752 96% (25/ 26)	Z	Z	Z	Z	Z	Z						6													
2378 95% (18/ 19)	Z	Z	Z	Z	Z	Z	Z	Z	Z	Z	X	Y			Z					1/E					
141 94% (30/ 32)	1											8													
204 94% (30/ 32)	1											8													
386 94% (30/ 32)	1											4													
394 94% (30/ 32)	1											8													
444 94% (30/ 32)	1											6													
634 94% (30/ 32)	1											4													
664 94% (30/ 32)	1											6													
928 94% (30/ 32)	1											8													
1058 94% (30/ 32)	1											6													
1100 94% (30/ 32)	1											4													
1482 94% (30/ 32)	1											8													
1618 94% (30/ 32)	1																								
1619 94% (30/ 32)	1				1																				
1636 94% (30/ 32)	1				1																				
1732 94% (30/ 32)	1											8													
1733 94% (30/ 32)	1											4													
1737 94% (30/ 32)	1									1/F															
1748 94% (30/ 32)	1																								
1749 94% (30/ 32)	1											8													
1855 94% (30/ 32)	1											8													
1892 94% (30/ 32)	1																								
1897 94% (30/ 32)	1											8													
2261 94% (30/ 32)	1											8													
2554 94% (30/ 32)	1											4													
432 94% (29/ 31)	V											5					3								
757 94% (29/ 31)	1												3												
1652 94% (29/ 31)												Z				1									
2441 93% (13/ 14)	Z	Z	Z	Z	Z	Z	Z	Z	Z	Z	Z	8	Z	Z							Z	Z	Z		
1856 93% (25/ 27)	1											8													

1865 — 32 TS + 0 SL + 72 MT

TESTSTELLE UEBEREINST. ZEUGEN BEZEUGTE VARIANTE	84 402 1/	87 476 1/	88 471 1/	91 279 1/	97 422 1/	100 470 1/	102 478 1/
P33 100% (1/ 1)	Z	Z	Z	Z	Z	Z	Z
62 100% (9/ 9)	Z	Z	Z	Z			
314 100% (7/ 7)	Z	Z	Z	Z			
506 100% (7/ 7)		Z	Z	Z	Z	Z	Z
1738 100% (6/ 6)	Z						
1745 100% (5/ 5)	Z				Z		
1846 100% (6/ 6)				X			
1858 100% (6/ 6)	Z						
1864 100% (29/ 29)							
1899 100% (5/ 5)					Z	Z	
2289 100% (16/ 16)							
2627 100% (4/ 4)	Z	Z	Z	Z	Z	Z	Z
2723 100% (32/ 32)							
2778 100% (6/ 6)	Z	Z	Z	Z	Z	Z	Z
149 97% (31/ 32)							
201 97% (31/ 32)							
824 97% (31/ 32)							
1040 97% (31/ 32)							
1072 97% (31/ 32)							
1248 97% (31/ 32)							
1503 97% (31/ 32)							
1617 97% (31/ 32)							
1628 97% (31/ 32)							
1637 97% (31/ 32)							
1656 97% (31/ 32)							
1740 97% (31/ 32)							
1746 97% (31/ 32)							
2255 97% (31/ 32)							
2352 97% (31/ 32)							
2466 97% (31/ 32)							
1075 97% (30/ 31)							
1508 97% (30/ 31)							
2218 97% (30/ 31)							

1865 — 32 TS + 0 SL + 72 MT

TESTSTELLE UEBEREINST. ZEUGEN BEZEUGTE VARIANTE	84 402 1/	87 476 1/	88 471 1/	91 279 1/	97 422 1/	100 470 1/	102 478 1/
986 97% (29/ 30)							
1723 96% (27/ 28)							
1752 96% (25/ 26)							
2378 95% (18/ 19)							
141 94% (30/ 32)							
204 94% (30/ 32)							
386 94% (30/ 32)							
394 94% (30/ 32)							
444 94% (30/ 32)							
634 94% (30/ 32)							
664 94% (30/ 32)							
928 94% (30/ 32)							
1058 94% (30/ 32)							
1100 94% (30/ 32)							
1482 94% (30/ 32)							
1618 94% (30/ 32)				13B			
1619 94% (30/ 32)							
1636 94% (30/ 32)							
1732 94% (30/ 32)							
1733 94% (30/ 32)							
1737 94% (30/ 32)							
1748 94% (30/ 32)					4		
1749 94% (30/ 32)							
1855 94% (30/ 32)							
1892 94% (30/ 32)	4						
1897 94% (30/ 32)							
2261 94% (30/ 32)							
2554 94% (30/ 32)							
432 94% (29/ 31)							
757 94% (29/ 31)	Z						
1652 94% (29/ 31)						3	
2441 93% (13/ 14)	Z					Z	
1856 93% (25/ 27)	Z	Z	Z	Z	Z		

1868 — 38 TS + 1 SL + 65 MT

TESTSTELLE	8	10	11	17	18	20	23	28	29	35	36	41	42	44	45	46	48	52	53	54	55	56	65	66	68
UEBEREINST. ZEUGEN	94	392	351	6	355	441	91	416	439	452	38	467	283	451	473	9	452	452	87	16	422	459	71	365	16
BEZEUGTE VARIANTE	3	1/	1/	11	1/	1/	2	1/	1/	1/	1/F	1/	1/	1/	1/	6	1/	1/	3	5	1/	1/	1/F	1/	15
P8 100% (2/ 2)	Z	Z	Z	Z		Z		Z	Z	Z	Z	Z	Z	Z	Z	Z	Z	Z	Z	Z	Z	Z	Z	Z	Z
P33 100% (1/ 1)	Z	Z	Z	Z	Z	Z	Z	Z	Z	Z	Z	Z	Z	Z	Z	Z	Z		Z	Z	Z	Z	Z	Z	Z
927 92% (35/ 38)			12																3D						
62 89% (8/ 9)	Z	Z	Z	Z	Z	Z	Z				1/			Z	Z	Z	Z	Z	Z	Z	Z	Z	Z	Z	Z
P45 88% (7/ 8)	Z	Z	Z	Z	Y	Y					Z		Z	Z		Z	Z	Z	Z	Z	3		Z	Z	Z
489 87% (33/ 38)			12																3D				1/		1
1873 86% (32/ 37)				4							1/K									1					4
506 86% (6/ 7)	Z	Z	Z	Z	Z	Z	Z			Z	Z	Z	Z	Z	Z	Z		Z	Z	1			Z	Z	Z
1729 86% (30/ 35)	Z	Z	Z	1G												7					6		1/		
1843 84% (32/ 38)				4							1/K					4				1			1/		
2201 82% (27/ 33)	Z	Z	Z	Z	Z											2				1			1/		1
2143 82% (31/ 38)	1		5													2				1					
2288 82% (31/ 38)	1			1							1/K									1					14
314 78% (7/ 9)	Z	Z	Z	Z	Z	Z	Z	Z	Z	Z	Z					1	Z	Z	Z	Z	Z	Z	Z	Z	Z
1846 78% (7/ 9)	Z	Z	Z	Z	Z	Z	Z	Z	Z	Z	Z	Z	Z	Z	Z	Z	Z	Z	Z	Z	Z	Z	Z	Z	Z
5 76% (29/ 38)				1							1/D					3				1			1/		4
2125 75% (6/ 8)				1			Z	Z	Z		Z	Z	Z	Z	Z	1	Z	Z	Z	Z	Z	Z	Z	Z	Z
2627 75% (3/ 4)	Z	Z	Z	Z	Z	Z	Z				1/	Z	Z	Z	Z	Z	Z	Z	Z	Z	Z	Z	Z	Z	Z
400 74% (20/ 27)	1		1/L	1			Y			X	1/		W	X					W	2			X	X	X
1297 74% (28/ 38)	1			1		1/B					1/		4							1					
2737 74% (28/ 38)				7				10			1/		3			1				1					
2746 73% (19/ 26)	Z	Z	Z	Z	Z	Z	Z				1/		Z	Z	Z	Z	Z			1					1
623 73% (24/ 33)	Z	Z	Z	Z	Z						1/		4			2				4					4
2303 71% (10/ 14)	Z	Z	Z	Z	Z	Z	Z				1/		4			1			Z	Z	Z	Z	Z	Z	Z
619 71% (27/ 38)			1/L	1							1/		4			2				4			1/		
1270 71% (27/ 38)	1			1		1/B					1/		4							1			1/		
1595 71% (27/ 38)	1			1							1/		4			3				1			1/		
1598 71% (27/ 38)	1			1		1/B					1/		4							1			1/		
1893 71% (22/ 31)	1			1						Z	Z		4			2	Z			1			Z	Z	Z
1609 70% (26/ 37)	1			1			1	3D			1/					3				1			5		1
630 69% (25/ 36)				Z	Z			3D					6			2			8	1			1/		3
1852 69% (20/ 29)	Z	Z	Z	Z	Z	Z	Z	Z	Z		1/					3			1/	1			1/		1
437 68% (26/ 38)	1			1I							1/K					2			1/	1			1/		

TESTSTELLE UEBEREINST. ZEUGEN BEZEUGTE VARIANTE	8 94 3	10 392 1/	11 351 1/	17 6 11	18 355 1/	20 441 1/	23 91 2	28 416 1/	29 439 1/	35 452 1/	36 38 1/F	41 467 1/	42 283 1/	44 451 1/	45 473 1/	46 9 6	48 452 1/	52 452 1/	53 87 3	54 16 5	55 422 1/	56 459 1/	65 71 1/F	66 365 1/	68 16 15
808 68% (26/ 38)			1/L	1H	6		1				1/					1				1					1
1891 68% (26/ 38)				2	4			3D	5				5			2				1			1/		3
2344 68% (26/ 38)		11		2							1/		3			2				4			1/E		4
2774 68% (26/ 38)	1	11		1C							1/		6			3				1					1
1526 68% (17/ 25)	Z	Z	Z	1			1				1/					1			1/	1					1
2718 68% (19/ 28)	3B			1							1/		4			2		4		1				6	3
323 68% (25/ 37)		Z		2	4			3C	5		1/		6			2				1			1/C		1
2483 68% (25/ 37)	1			1C			1				1/		6			3				1					1
1101 67% (4/ 6)	1			1			Z	Z	Z	Z	Z	Z	Z	Z	Z	Z	Z	Z	Z	Z	Z	Z	Z	Z	Z
2175 67% (8/ 12)	1			1			1				1/		Z	Z	Z	Z	Z	Z	Z	Z	Z	Z	Z	Z	Z
2484 67% (22/ 33)	1			Z	Z	Z	Z				1/					1			1/	1					Z
2778 67% (4/ 6)	Z	Z	Z	Z	Z	Z	Z	Z	Z	Z	Z	Z	Z	Z	Z	Z			1/	1			Z	Z	Z
049 66% (25/ 38)	1			1			1									3			1/	1					1
216 66% (25/ 38)	1			1C			1				1/		6			3				1			1/		1
218 66% (25/ 38)	1		1/C	1			1				1/					1			1/	1					7
228 66% (25/ 38)				1	4						1/		5			3			1/	1				11	7
254 66% (25/ 38)				1			1				1/			3		1			1/	1			1/		1
322 66% (25/ 38)				2	4			8	5		1/		6			2			3F	1			1/C		1
915 66% (25/ 38)	3B	3	1/E	2							1/E					3		4		4			1/P		
935 66% (25/ 38)	1			1			1				1/		6			5				4			9		1
1162 66% (25/ 38)	3B		1/L	1	4						1/		4			2				4			1/		
1359 66% (25/ 38)				1			1				1/D					1			1/	1	1/C				7
1524 66% (25/ 38)				1			1				1/			3		1			1/	4			1/		1
1737 66% (25/ 38)	1			1C			1									1			1/	1			1/		2
1827 66% (25/ 38)	3B		1/B	2							1/		4			2				1			1/		7
1842 66% (25/ 38)			1/O	1C			1				1/					2		3		1	1/F		1/		
1869 66% (25/ 38)				1C	4		1	3B								1				1			1/		
699 66% (23/ 35)	Z			Z	Z		1				1/					3			1/	1			1/		1
2200 66% (23/ 35)				1C	4			3D					5			1			8	1			1/		3
2712 65% (13/ 20)	1			1			1						Z	Z	Z	Z	Z	Z	Z	Z	Z	Z	Z	Z	Z
226 65% (24/ 37)	1			1			1				1/					1			1/	1					X
941 65% (24/ 37)	1			1	8								4			1				1					1
1508 65% (24/ 37)	1			1			1				1/					1			Z	1			1/		2

1868 38 TS + 1 SL + 65 MT

TESTSTELLE	73	76	77	84	86	87	88	90	91	92	97	100	102
UEBEREINST. ZEUGEN	24	467	181	402	35	476	471	71	28	99	422	470	478
BEZEUGTE VARIANTE	10	1/	2	1/	2	1/	1/	2	5	2	1/	1/	1/
P8 100% (2/ 2)	Z	Z	Z	Z	Z	Z	Z	Z	Z	Z	Z	Z	Z
P33 100% (1/ 1)	Z	Z	Z	Z	Z	Z	Z	Z	Z	Z	Z	Z	Z
927 92% (35/ 38)					3								
62 89% (8/ 9)	Z	Z	Z	Z	Z	Z	Z	Z	Z	Z			
P45 88% (7/ 8)	Z	Z	Z	Z	Z	Z	Z	Z	Z	Z	Z	Z	Z
489 87% (33/ 38)					3								
1873 86% (32/ 37)					3						Z		
506 86% (6/ 7)	Z	Z	Z		Z	Z	Z	Z	Z	Z	Z	Z	Z
1729 86% (30/ 35)					3B								
1843 84% (32/ 38)					3								
2201 82% (27/ 33)	1E				3								
2143 82% (31/ 38)	1D				3			4					
2288 82% (31/ 38)					3				11E				
314 78% (7/ 9)	Z	Z	Z	Z	Z	Z	Z	Z	Z	1			
1846 78% (7/ 9)	Z	Z	Z		1			1	X				
5 76% (29/ 38)	1				5				3				
2125 75% (6/ 8)	Z	Z	Z	Z	Z	Z	Z	Z	Z	Z	Z	Z	Z
2627 75% (3/ 4)	Z	Z	Z	Z	Z	Z	Z	Z	Z	Z	Z	Z	Z
400 74% (20/ 27)					1B	X	X	X		1			
1297 74% (28/ 38)					1B			1	3	1			
2737 74% (28/ 38)	1		1		1B				11D				
2746 73% (19/ 26)					1B			1	3	1			
623 73% (24/ 33)	1D			4					3				3
2303 71% (10/ 14)	Z	Z	Z	Z	Z	Z	Z	Z	Z	1		Z	
619 71% (27/ 38)	9				1				1/	1			
1270 71% (27/ 38)					1B			1	3	1			
1595 71% (27/ 38)					1B			1	3	1			
1598 71% (27/ 38)					1B			1	3	1			
1893 71% (22/ 31)	9			Z	1B				1/	1			
1609 70% (26/ 37)	1							1			Z		
630 69% (25/ 36)	1			3	1B				3				
1852 69% (20/ 29)	1		1		1								
437 68% (26/ 38)	9				1			1	1/	1			

TESTSTELLE UEBEREINST. ZEUGEN BEZEUGTE VARIANTE	73 24 10	76 467 1/	77 181 2	84 402 1/	86 35 2	87 476 1/	88 471 1/	90 71 2	91 28 5	92 99 2	97 422 1/	100 470 1/	102 478 1/
808 68% (26/ 38)	1				1B			1	6				
1891 68% (26/ 38)	1D			3					3				
2344 68% (26/ 38)	6			3					3G	1			
2774 68% (26/ 38)	1		1B					1	1/				
1526 68% (17/ 25)	1			Z	Z	Z	Z	Z	Z	Z	Z	Z	Z
2718 68% (19/ 28)	Z	Z	Z	Z	Z	Z	Z	Z	Z	Z			
323 68% (25/ 37)	1				1								
2483 68% (25/ 37)	1		U		2B			1	5C				
1101 67% (4/ 6)	Z	Z	Z	Z	Z	Z	Z	Z	Z	Z	Z	Z	Z
2175 67% (8/ 12)	Z	Z	Z	Z	Z	Z	Z	Z	Z	Z	Z	Z	Z
2484 67% (22/ 33)	1		1		1B			1	1/	1			
2778 67% (4/ 6)	Z	Z	Z	Z	Z	Z	Z	Z	Z	Z	Z	Z	Z
049 66% (25/ 38)	1		1		1			1	1/	1			
216 66% (25/ 38)	1		1B					1	4K				
218 66% (25/ 38)	11B				1			1	1/				
228 66% (25/ 38)	1				1			1	5H				
254 66% (25/ 38)	1		1		4					1			
322 66% (25/ 38)	1				1								
915 66% (25/ 38)			1		1				3	1			
935 66% (25/ 38)	1		1B					1	5C				
1162 66% (25/ 38)	9				1				1/	1			
1359 66% (25/ 38)	11		1B		1			1	4G				
1524 66% (25/ 38)	1		1		4					1			
1737 66% (25/ 38)	1				1B			1	1/	1			
1827 66% (25/ 38)	9				1				1/	1			
1842 66% (25/ 38)	7			1/C	4						5		
1869 66% (25/ 38)	1		1		1B			1	9C	3			
699 66% (23/ 35)	1		1					1	1/	1			
2200 66% (23/ 35)	Z	Z	Z	3	1				3				
2712 65% (13/ 20)	Z	Z	Z		4			1	1/	1		Z	Z
226 65% (24/ 37)	1		1		1B			1	13B	1			
941 65% (24/ 37)	1		1B	4	3			1	1/				Y
1508 65% (24/ 37)	1				1B			1	1/	1			

1869 — 29 TS + 2 SL + 73 MT

TESTSTELLE	8	10	11	18	20	29	35	36	41	42	44	45	48	52	53	55	56	65	66	68	76	84	87	88	91
UEBEREINST. ZEUGEN	94	392	351	73	441	439	452	38	467	283	451	473	452	452	87	422	459	333	365	16	467	402	476	471	3
BEZEUGTE VARIANTE	3	1/	1/	4	1/	1/	1/	1/F	1/	1/	1/	1/	1/	1/	3	1/	1/	1/	1/	15	1/	1/	1/	1/	5C
P33 100% (1/ 1)	Z	Z	Z	Z	Z	Z	Z	Z	Z	Z	Z	Z	Z		Z	Z	Z	Z	Z	Z	Z	Z	Z	Z	Z
506 100% (5/ 5)	Z	Z	Z	Z	Z		Z	Z	Z	Z	Z	Z		Z	Z			Z	Z	Z	Z		Z	Z	Z
2201 88% (22/ 25)	Z	Z	Z	Z																1					5
62 88% (7/ 8)	Z	Z	Z	Z	Z			1/			Z	Z	Z	Z	Z	Z	Z	Z	Z	Z	Z	Z	Z	Z	Z
314 88% (7/ 8)	Z	Z	Z	Z	Z	Z	Z	Z					Z	Z	Z	Z	Z	Z	Z	Z	Z	Z	Z	Z	Z
1843 86% (25/ 29)				1/				1/K																	5
1868 86% (25/ 29)				1/														1/F							5
1903 86% (25/ 29)								1/												1					9
2488 86% (25/ 29)				1/				1/N												1					
2619 86% (25/ 29)				1/				1/N												1					
1846 86% (6/ 7)	Z	Z	Z	Z	Z	Z	Z	Z	Z	Z	Z	Z	Z	Z	Z	Z	Z	Z	Z	Z	Z				X
1729 85% (22/ 26)	Z	Z	Z	1/												6									5
P45 83% (5/ 6)	Z	Z	Z	Y	Y			Z		Z	Z		Z	Z	Z	3		Z	Z	Z	Z	Z	Z	Z	Z
2125 83% (5/ 6)				1/		Z		Z	Z	Z	Z	Z	Z	Z	Z	Z	Z	Z	Z	Z	Z	Z	Z	Z	Z
5 83% (24/ 29)				1/				1/D												4					3
1102 83% (24/ 29)	1							1/												1					3
699 81% (22/ 27)	Z			Z				1/							1/					1					1/
921 81% (22/ 27)	1			Z										3	1/					1					Z
1731 81% (17/ 21)	Z	Z	Z	Z	Z	Z	Z	Z							1/					1					4C
498 80% (20/ 25)	Z	Z	Z	Z				1/K							1/					1					1/
1762 80% (16/ 20)	Z	Z	Z	Z				1/					1/H		8B					1			Z	Z	Z
2778 80% (4/ 5)	Z	Z	Z	Z	Z	Z	Z	Z	Z	Z	Z	Z			1/			Z	Z	Z	Z	Z	Z	Z	Z
102 79% (23/ 29)	1							1/									1/C			1					3
189 79% (23/ 29)	1	8						1/												1					3
296 79% (23/ 29)	3B			1/											4					1					9
302 79% (23/ 29)	1							1/K							1/					1					1/
437 79% (23/ 29)	1			1/				1/K							1/										1/
456 79% (23/ 29)	1			1/				1/												1					1/
467 79% (23/ 29)		4				5		1/												7					4I
489 79% (23/ 29)			12	1/											3D					1					5
619 79% (23/ 29)			1/L	1/				1/		4															1/
927 79% (23/ 29)			12	1/											3D			1/F							5
1104 79% (23/ 29)				1/				1/								1/F			11B	1					

TESTSTELLE	8	10	11	18	20	29	35	36	41	42	44	45	48	52	53	55	56	65	66	68	76	84	87	88	91
UEBEREINST. ZEUGEN	94	392	351	73	441	439	452	38	467	283	451	473	452	452	87	422	459	333	365	16	467	402	476	471	3
BEZEUGTE VARIANTE	3	1/	1/	4	1/	1/	1/	1/F	1/	1/	1/	1/	1/	1/	3	1/	1/	1/	1/	15	1/	1/	1/	1/	9C
1106 79% (23/ 29)			5					1/K							1/					1					1/
1162 79% (23/ 29)	3B		1/L					1/		4															1/
1595 79% (23/ 29)	1			1/				1/		4															3
1643 79% (23/ 29)	1	8						1/												1					3
1737 79% (23/ 29)	1			1/											1/					2					1/
1741 79% (23/ 29)	1			1/											1/					1					13B
1828 79% (23/ 29)				1/				1/							1/					1					1/
1854 79% (23/ 29)	1							1/							1/					1					1/
1883 79% (23/ 29)	1									5									1/I	1					9B
1891 79% (23/ 29)						5				5										3		3			3
2143 79% (23/ 29)	1		5	1/														1/F							5
2423 79% (23/ 29)	1							1/							1/					1					1/
2473 79% (23/ 29)	1			1/						5										1C					9
2737 79% (23/ 29)				1/				1/		3								1/F							11D
626 79% (19/ 24)	Z	Z	Z	Z	Z			1/K							1/					1					1/
1094 79% (19/ 24)	Z	Z	Z	Z	Z			1/							1/					1					1/
1839 79% (19/ 24)	Z	Z	Z	Z	Z			1/							1/					1					18
172 79% (15/ 19)	Z	Z	Z	1/		Z	Z	1/	Z	Z					1/					7		Z			Z
630 79% (22/ 28)				Z						6					8					3		3			3
1508 79% (22/ 28)	1			1/				1/							Z					2					1/
1597 79% (22/ 28)	1	8						1/							1/					1					X
1735 79% (22/ 28)	1B			1/				1/K							6					4					X
1746 79% (22/ 28)	X			1/				1/							1/					2					1/
1873 79% (22/ 28)				1/				1/K										1/F		4					5
1880 79% (22/ 28)	1			1/				X							1/					1					1/
2194 79% (22/ 28)	1			1/				1/K							1/					1					V
2200 79% (22/ 28)										5					8					3	Z	3			3
57 78% (18/ 23)	Y	Y	Y	Y	Y			1/							1/					1		Y			1/
1852 78% (18/ 23)	Z	Z	Z	Z	Z	Z		1/							1/					1					5
378 78% (21/ 27)							Z	Z						4	1/	1/E				1					1/
1730 78% (7/ 9)	Z	Z	Z	Z	Z	Z	Z	Z	Z	Z	Z	Z	Z	Z	Z	Z	Z	Z	Z	Z					1/
642 77% (17/ 22)		Z	Z	1/				1/		Z					1/			Z	Z	Z		Z			1/
1893 77% (17/ 22)	1			1/			Z	Z		4			Z					Z	Z	Z		Z			1/

1869 — 29 TS + 2 SL + 73 MT

TESTSTELLE UEBEREINST. ZEUGEN BEZEUGTE VARIANTE			92 3 3	97 422 1/	100 470 1/	102 478 1/
P33	100%	(1/ 1)	Z	Z	Z	Z
506	100%	(5/ 5)	Z	Z	Z	Z
2201	88%	(22/ 25)	2			
62	88%	(7/ 8)	Z			
314	88%	(7/ 8)	1			
1843	86%	(25/ 29)	2			
1868	86%	(25/ 29)	2			
1903	86%	(25/ 29)	1			
2488	86%	(25/ 29)	1			
2619	86%	(25/ 29)	1			
1846	86%	(6/ 7)	2			
1729	85%	(22/ 26)	2			
P45	83%	(5/ 6)	Z	Z	Z	Z
2125	83%	(5/ 6)	Z	Z	Z	Z
5	83%	(24/ 29)	2			
1102	83%	(24/ 29)	1			
699	81%	(22/ 27)	1			
921	81%	(22/ 27)	1			
1731	81%	(17/ 21)	1			
498	80%	(20/ 25)	1			
1762	80%	(16/ 20)	Z	Z		
2778	80%	(4/ 5)	Z	Z	Z	Z
102	79%	(23/ 29)	1			
189	79%	(23/ 29)	1			
296	79%	(23/ 29)	1			
302	79%	(23/ 29)	1			
437	79%	(23/ 29)	1			
456	79%	(23/ 29)	1			
467	79%	(23/ 29)	1			
489	79%	(23/ 29)	2			
619	79%	(23/ 29)	1			
927	79%	(23/ 29)	2			
1104	79%	(23/ 29)	1			

1869 — 29 TS + 2 SL + 73 MT

TESTSTELLE UEBEREINST. ZEUGEN BEZEUGTE VARIANTE			92 3 3	97 422 1/	100 470 1/	102 478 1/
1106	79%	(23/ 29)	1			
1162	79%	(23/ 29)	1			
1595	79%	(23/ 29)	1			
1643	79%	(23/ 29)	1			
1737	79%	(23/ 29)	1			
1741	79%	(23/ 29)	1			
1828	79%	(23/ 29)	1			
1854	79%	(23/ 29)	1			
1883	79%	(23/ 29)	1			
1891	79%	(23/ 29)	2			
2143	79%	(23/ 29)	2			
2423	79%	(23/ 29)	1			
2473	79%	(23/ 29)	1			
2737	79%	(23/ 29)	2			
626	79%	(19/ 24)	1			
1094	79%	(19/ 24)	1			
1839	79%	(19/ 24)	1			
172	79%	(15/ 19)	Z			
630	79%	(22/ 28)	2			
1508	79%	(22/ 28)	1			
1597	79%	(22/ 28)	1			
1735	79%	(22/ 28)	1			
1746	79%	(22/ 28)	1			
1873	79%	(22/ 28)	2	Z		
1880	79%	(22/ 28)	1			
2194	79%	(22/ 28)	1			
2200	79%	(22/ 28)	2			
57	78%	(18/ 23)	1			
1852	78%	(18/ 23)	2			
378	78%	(21/ 27)	1			
1730	78%	(7/ 9)	1			
642	77%	(17/ 22)	1			
1893	77%	(17/ 22)	1			

1871 — 4 TS + 0 SL + 5 MT

TESTSTELLE UEBEREINST. ZEUGEN BEZEUGTE VARIANTE			97 422 1/	98 34 3	100 470 1/	102 478 1/
014	100%	(3/ 3)				Z
049	100%	(4/ 4)				
57	100%	(4/ 4)				
61	100%	(4/ 4)				
62	100%	(4/ 4)				
142	100%	(4/ 4)				
172	100%	(4/ 4)				
216	100%	(4/ 4)				
322	100%	(4/ 4)				
323	100%	(4/ 4)				
326	100%	(4/ 4)				
365	100%	(2/ 2)	Z	Z		
440	100%	(4/ 4)				
460	100%	(3/ 3)		Z		
567	100%	(4/ 4)				
935	100%	(4/ 4)				
1277	100%	(1/ 1)	Z	Z	Z	
1311	100%	(4/ 4)				
1404	100%	(4/ 4)				
1409	100%	(4/ 4)				
1609	100%	(3/ 3)	Z			
1643	100%	(4/ 4)				
1702	100%	(4/ 4)				
1722	100%	(4/ 4)				
1727	100%	(4/ 4)				
1758	100%	(2/ 2)	X	X		
1762	100%	(2/ 2)	Z	Z		
1837	100%	(4/ 4)				
1850	100%	(4/ 4)				
1856	100%	(2/ 2)	Z	Z		
1899	100%	(1/ 1)	Z	Z	Z	
2085	100%	(4/ 4)				
2086	100%	(4/ 4)				

1871 4 TS + 0 SL + 5 MT

TESTSTELLE	97	98	100	102
UEBEREINST. ZEUGEN	422	34	470	478
BEZEUGTE VARIANTE	1/	3	1/	1/
2303 100% (2/ 2)		Z	Z	
2483 100% (4/ 4)				
2712 100% (1/ 1)		Z	Z	Z
2774 100% (4/ 4)				
2799 100% (4/ 4)				
P74 75% (3/ 4)		2		
020 75% (3/ 4)		1		
025 75% (3/ 4)		1		
1 75% (3/ 4)		1		
5 75% (3/ 4)		2C		
6 75% (3/ 4)		2C		
18 75% (3/ 4)		1		
33 75% (3/ 4)		7		
35 75% (3/ 4)		1		
38 75% (3/ 4)		1		
43 75% (3/ 4)		1		
69 75% (3/ 4)		2C		
76 75% (3/ 4)		1		
81 75% (3/ 4)		2		
82 75% (3/ 4)		1		
88 75% (3/ 4)		6		
90 75% (3/ 4)		1		
93 75% (3/ 4)		2		
94 75% (3/ 4)		2C		
102 75% (3/ 4)		1		
103 75% (3/ 4)		1		
104 75% (3/ 4)		2		
105 75% (3/ 4)		1		
110 75% (3/ 4)		2		
122 75% (3/ 4)		1		
131 75% (3/ 4)		1		
133 75% (3/ 4)		1		
141 75% (3/ 4)		1		

1873 40 TS + 0 SL + 62 MT

TESTSTELLE	8	10	11	14	17	18	20	23	28	29	35	36	41	42	44	45	46	48	52	53	55	56	65	66	68
UEBEREINST. ZEUGEN	94	392	351	11	1	355	441	91	416	439	452	54	467	283	451	473	9	452	452	87	422	459	71	365	15
BEZEUGTE VARIANTE	3	1/	1/	4	4	1/	1/	2	1/	1/	1/	1/K	1/	1/	1/	1/	6	1/	1/	3	1/	1/	1/F	1/	4
P8 100% (2/ 2)	Z	Z	Z	Z	Z		Z		Z	Z	Z	Z	Z	Z	Z	Z	Z	Z	Z	Z	Z	Z	Z	Z	Z
P33 100% (1/ 1)	Z	Z	Z	Z	Z	Z	Z	Z	Z	Z	Z	Z	Z	Z	Z	Z	Z	Z		Z	Z	Z	Z	Z	Z
506 100% (6/ 6)	Z	Z	Z	Z	Z	Z	Z	Z			Z	Z	Z	Z	Z	Z	Z		Z	Z			Z	Z	Z
1843 93% (37/ 40)																	4						1/		15
P45 88% (7/ 8)	Z	Z	Z	Z	Z	Y	Y					Z		Z	Z		Z	Z	Z	Z	3		Z	Z	Z
2288 88% (35/ 40)	1			1	1																				14
2201 85% (29/ 34)	Z	Z	Z	Z	Z	Z						1/F					2						1/		1
927 85% (34/ 40)			12		11							1/F								3D					15
489 83% (33/ 40)			12		11							1/F								3D			1/		1
1868 80% (32/ 40)				1	11							1/F													15
2778 80% (4/ 5)	Z	Z	Z	Z	Z	Z	Z	Z	Z	Z	Z	Z	Z	Z	Z	Z	Z			1/			Z	Z	Z
62 78% (7/ 9)	Z	Z	Z	Z	Z	Z	Z	Z				1/			Z	Z	Z	Z	Z	Z	Z	Z	Z	Z	Z
1729 78% (28/ 36)	Z	Z	Z	Z	1G							1/F					7				6		1/		15
2143 78% (31/ 40)	1		5		11							1/F					2								15
5 75% (30/ 40)					1							1/D					3						1/		
1893 72% (23/ 32)	1			X	1						Z	Z		4			2	Z					Z	Z	Z
2344 69% (27/ 39)		11		X	2							1/		3			2						1/E		
1526 68% (17/ 25)	Z	Z	Z	Z	1			1				1/					1			1/					1
623 68% (23/ 34)	Z	Z	Z	Z	Z	Z						1/		4			2								
619 68% (27/ 40)			1/L	1	1							1/		4			2						1/		15
1827 68% (27/ 40)	3B		1/B		2							1/		4			2						1/		7
2737 68% (27/ 40)					7				10			1/		3			1								15
P41 67% (2/ 3)	Z	Z	Z	Z	Z	Z	Z	Z	Z	Z	Z	Z	Z	Z	Z	Z	Z	Z	Z	Z	Z	Z	Z	X	
33 67% (22/ 33)	X	11			2	X				X		X		3			X				X	X	1/D	1/C	
1852 67% (20/ 30)	Z	Z	Z	Z	Z	Z	Z	Z	Z	Z		1/					3			1/			1/		1
2125 67% (6/ 9)				1	1			Z	Z	Z		Z	Z	Z	Z	Z	1	Z	Z	Z	Z	Z	Z	Z	Z
2746 67% (18/ 27)	Z	Z	Z	Z	Z	Z	Z	Z				1/		Z	Z	Z	Z	Z							1
1735 66% (25/ 38)	1B			1	1			1	3D								2B			6			1/		
400 66% (19/ 29)	1		1/L	1	1			Y			X	1/		W	X					W			X	X	X
437 65% (26/ 40)	1			1	1I												2			1/			1/		15
1162 65% (26/ 40)	3B		1/L	1	1	4						1/		4			2						1/		15
1297 65% (26/ 40)	1			1	1		1/B					1/		4											15
1409 65% (26/ 40)	1	11		3	2	5									4		3		3						

1873 | 40 TS + 0 SL + 62 MT

TESTSTELLE	8	10	11	14	17	18	20	23	28	29	35	36	41	42	44	45	46	48	52	53	55	56	65	66	68
UEBEREINST. ZEUGEN	94	392	351	11	1	355	441	91	416	439	452	54	467	283	451	473	9	452	452	87	422	459	71	365	15
BEZEUGTE VARIANTE	3	1/	1/	4	4	1/	1/	2	1/	1/	1/	1/K	1/	1/	1/	1/	6	1/	1/	3	1/	1/	1/F	1/	4
2303 64% (9/ 14)	Z	Z	Z	Z	Z	Z	Z	Z				1/		4			1			Z	Z	Z	Z	Z	Z
2718 64% (18/ 28)	3B			1B	1							1/		4			2		4					6	3
365 63% (17/ 27)	1	3		1	1			1									1			1/			1/	10	1
88 63% (25/ 40)	3B	3			2							1/					3		4				1/		6
441 63% (20/ 32)	Z	Z	Z	Z	Z	Z	Z	Z				1/		4			2		3				1/K	8	2
808 63% (25/ 40)			1/L	1	1H	6		1				1/					1								1
915 63% (25/ 40)	3B	3	1/E		2							1/E					3		4				1/P		15
1270 63% (25/ 40)	1			1	1		1/B					1/		4									1/		15
1595 63% (25/ 40)	1			1	1							1/		4			3						1/		15
1598 63% (25/ 40)	1			1	1		1/B					1/		4									1/		15
1609 63% (25/ 40)	1			1	1			1	3D			1/					3						5		1
1739 63% (25/ 40)				2	2	4			3D	5		1/		5			2						1/		3
1842 63% (25/ 40)			1/O	1	1C			1				1/					2		3		1/F		1/		15
2404 63% (25/ 40)	1			1	1			1									1			1/					1
323 62% (24/ 39)		Z		1	2	4			3C	5		1/		6			2						1/C		1
431 62% (24/ 39)	3B			10	1C						3	1/		4			2						1/	1/B	2
1069 62% (24/ 39)	1			1	1C			Z									1			1/			1/		1
1762 62% (16/ 26)	Z	Z	Z	Z	Z	Z		1				1/					1	1/H		8B			1/		1
2175 62% (8/ 13)	1			1	1			1				1/		Z	Z	Z	Z	Z	Z	Z	Z	Z	Z	Z	Z
2483 62% (24/ 39)	1			1	1C			1				1/		6			3								1
1856 61% (19/ 31)	1			1	1			1				1/		8			1			1/			1/		2
81 61% (17/ 28)	2	14	1/L	2	Z	Z	Z	Z			3	1/					2			1/			Z	Z	Z
498 61% (20/ 33)	Z	Z	Z	Z	Z	Z		Z									1			1/			1/		1
P74 61% (23/ 38)	Y	3	1/I	2	2	Z					3	1/		3	4		2			1/			1/		
630 61% (23/ 38)				2	Z	Z			3D			1/F		6			2			8			1/		3
044 60% (24/ 40)	1	4		1B	2			7				1/		4	5		2			1/					3
049 60% (24/ 40)	1			1	1			1				1/F					3			1/					1
1 60% (24/ 40)	1			1	1			1				1/					1			1/					1
6 60% (24/ 40)	1			1	1			1			3	1/		3			1						1/		1
172 60% (15/ 25)	Z	Z	Z	Z	1			Z		Z	Z	1/	Z	Z			1			1/			1/		7
218 60% (24/ 40)	1		1/C	1	1			1				1/					1			1/					7
228 60% (24/ 40)				1	1	4						1/		5			3			1/				11	7
254 60% (24/ 40)				1	1			1				1/			3		1			1/			1/		1

1873 40 TS + 0 SL + 62 MT

TESTSTELLE	73	76	77	78	84	86	87	88	90	91	92	93	98	100	102
UEBEREINST. ZEUGEN	24	467	181	67	402	85	476	471	71	28	99	31	10	470	478
BEZEUGTE VARIANTE	10	1/	2	2	1/	3	1/	1/	2	5	2	2	6	1/	1/
P8 100% (2/ 2)	Z	Z	Z	Z	Z	Z	Z	Z	Z	Z	Z	Z	Z	Z	Z
P33 100% (1/ 1)	Z	Z	Z	Z	Z	Z	Z	Z	Z	Z	Z	Z	Z	Z	Z
506 100% (6/ 6)	Z	Z	Z	Z		Z	Z	Z	Z	Z	Z	Z	Z	Z	Z
1843 93% (37/ 40)															
P45 88% (7/ 8)	Z	Z	Z	Z	Z	Z	Z	Z	Z	Z	Z	Z	Z	Z	Z
2288 88% (35/ 40)										11E					
2201 85% (29/ 34)	1E														
927 85% (34/ 40)													1		
489 83% (33/ 40)													1		
1868 80% (32/ 40)				1		2						1	1		
2778 80% (4/ 5)	Z	Z	Z	Z	Z	Z	Z	Z	Z	Z	Z	Z	Z	Z	Z
62 78% (7/ 9)	Z	Z	Z	Z	Z	Z	Z	Z	Z	Z	Z	Z	3		
1729 78% (28/ 36)						3B							1		
2143 78% (31/ 40)	1D								4			1			
5 75% (30/ 40)	1			1		5				3		3	2C		
1893 72% (23/ 32)	9			1	Z	1B				1/	1				
2344 69% (27/ 39)	6				3	2				3G	1		7		
1526 68% (17/ 25)	1			1	Z	Z	Z	Z	Z	Z	Z	Z	Z	Z	Z
623 68% (23/ 34)	1D			1	4	2				3		3	2C		3
619 68% (27/ 40)	9					1				1/	1		6B		
1827 68% (27/ 40)	9			1		1				1/	1				
2737 68% (27/ 40)	1		1	1		1B				11D		1	2B		
P41 67% (2/ 3)	2		Z	Z	Z	Z	Z	Z	Z	Z	Z	Z	Z	Z	Z
33 67% (22/ 33)	14				3	2				3	1		7		
1852 67% (20/ 30)	1		1			1						1	1		
2125 67% (6/ 9)	Z	Z	Z	Z	Z	Z	Z	Z	Z	Z	Z	Z	Z	Z	Z
2746 67% (18/ 27)				1		1B			1	3	1	1	1		
1735 66% (25/ 38)	X					1			1	X	1	1	1		
400 66% (19/ 29)				1		1B	X	X	X		1	1	1		
437 65% (26/ 40)	9			1		1			1	1/	1	3			
1162 65% (26/ 40)	9					1				1/	1				
1297 65% (26/ 40)				1		1B			1	3	1	1	1		
1409 65% (26/ 40)	6C			1					1	4		1	3		

1873 40 TS + 0 SL + 62 MT

TESTSTELLE	73	76	77	78	84	86	87	88	90	91	92	93	98	100	102
UEBEREINST. ZEUGEN	24	467	181	67	402	85	476	471	71	28	99	31	10	470	478
BEZEUGTE VARIANTE	10	1/	2	2	1/	3	1/	1/	2	5	2	2	6	1/	1/
2303 64% (9/ 14)	Z	Z	Z	Z	Z	Z	Z	Z	Z	Z	1	1	Z	Z	
2718 64% (18/ 28)	Z	Z	Z	Z	Z	Z	Z	Z	Z	Z	Z	Z	2C		
365 63% (17/ 27)	Z	Z	Z	Z	Z	Z	Z	Z	Z	Z	Z	Z	Z		
88 63% (25/ 40)	9		1	1		4				3	1	1			
441 63% (20/ 32)	6C			1						5D	1		2C		
808 63% (25/ 40)	1			1		1B			1	6		1	1		
915 63% (25/ 40)			1	1		1				3	1	1			
1270 63% (25/ 40)				1		1B			1	3	1	1	1		
1595 63% (25/ 40)				1		1B			1	3	1	1	1		
1598 63% (25/ 40)				1		1B			1	3	1	1	1		
1609 63% (25/ 40)	1			1		2			1			1	3		
1739 63% (25/ 40)	1D			1	3					3			2		
1842 63% (25/ 40)	7			1	1/C	4							2C		
2404 63% (25/ 40)	1		1	1					1	1/	1	1	1		
323 62% (24/ 39)	1			1		1						1	3		
431 62% (24/ 39)	2B			1	4					14		1	W		
1069 62% (24/ 39)	1		1	1					1	1/	1	1	1		
1762 62% (16/ 26)	1		1	1		Z	Z	Z	Z	Z	Z	Z	Z		
2175 62% (8/ 13)	Z	Z	Z	Z	Z	Z	Z	Z	Z	Z	Z	Z	Z	Z	Z
2483 62% (24/ 39)	1		U	1		2B			1	5C		1	3		
1856 61% (19/ 31)	1			1	Z	Z	Z	Z	Z	Z	Z	Z	Z		
81 61% (17/ 28)	Z	Z	Z	Z	Z	2B				1/			2		
498 61% (20/ 33)	1		1	1		1			1	1/	1	1	1		
P74 61% (23/ 38)	6B					2B				1/			2		
630 61% (23/ 38)	1			1	3	1B				3		1	2		
044 60% (24/ 40)	1D									3		1	1		4
049 60% (24/ 40)	1		1			1			1	1/	1	1	3		
1 60% (24/ 40)	1		1			1			1	1/	1	1	1		
6 60% (24/ 40)	1D		1B	1						12B		1	2C		
172 60% (15/ 25)	1		1B	1	Z	Z			Z	Z	Z	Z	3		
218 60% (24/ 40)	11B			1		1			1	1/		1	2		
228 60% (24/ 40)	1			1		1			1	5H		1	2		
254 60% (24/ 40)	1		1	1		4					1	1	1		

1874 36 TS + 3 SL + 65 MT

TESTSTELLE	7	8	10	11	18	20	21	28	29	30	31	32	33	34	35	36	41	42	43	44	45	46	48	52	53
UEBEREINST. ZEUGEN	9	94	392	351	355	441	36	416	439	12	36	51	19	19	452	339	467	283	1	451	473	101	452	452	338
BEZEUGTE VARIANTE	4	3	1/	1/	1/	1/	2	1/	1/	3	2	2	2	2B	1/	1/	1/	1/	8	1/	1/	3	1/	1/	1/
P8 100% (1/ 1)	Z	Z	Z	Z		Z	Z	Z	Z	Z	Z	Z	Z	Z	Z	Z	Z	Z	Z	Z	Z	Z	Z	Z	Z
P33 100% (1/ 1)	Z	Z	Z	Z	Z	Z	Z	Z	Z	Z	Z	Z	Z	Z	Z	Z	Z	Z	Z	Z	Z	Z	Z		Z
P41 100% (1/ 1)	Z	Z	Z	Z	Z	Z	Z	Z	Z	Z	Z	Z	Z	Z	Z	Z	Z	Z	Z	Z	Z	Z	Z	Z	Z
325 100% (13/ 13)	Z	Z	Z	Z	Z	Z	Z	Z	Z	Z	Z	Z	Z	Z	Z	Z	Z	Z	Z	Z	Z	Z	Z		
624 100% (11/ 11)	Z	Z	Z	Z	Z	Z	Z	Z	Z	Z	Z	Z	Z	Z			Z	Z	Z	Z	Z	Z	Z	Z	Z
1730 100% (8/ 8)	Z	Z	Z	Z	Z	Z	Z	Z	Z	Z	Z	Z	Z	Z	Z	Z	Z	Z	Z	Z	Z	Z	Z	Z	Z
1738 100% (6/ 6)	Z	Z	Z	Z	Z	Z	Z	Z	Z	Z	Z	Z	Z	Z	Z	Z	Z	Z	Z	Z	Z	Z	Z	Z	Z
1745 100% (5/ 5)	Z	Z	Z	Z	Z	Z	Z	Z	Z	Z	Z	Z	Z	Z	Z	Z	Z	Z	Z	Z	Z	Z	Z	Z	Z
1846 100% (6/ 6)	Z	Z	Z	Z	Z	Z	Z	Z	Z	Z	Z	Z	Z	Z	Z	Z	Z	Z	Z	Z	Z	Z	Z	Z	Z
1858 100% (6/ 6)	Z	Z	Z	Z	Z	Z	Z	Z	Z	Z	Z	Z	Z	Z	Z	Z	Z	Z	Z	Z	Z	Z	Z	Z	Z
1899 100% (5/ 5)	Z	Z	Z	Z	Z	Z	Z	Z	Z	Z	Z	Z	Z	Z	Z	Z	Z	Z	Z	Z	Z	Z	Z	Z	Z
2004 100% (11/ 11)	Z	Z	Z	Z	Z	Z	Z	Z	Z	Z	Z	Z	Z	Z	Z	Z	Z		Z	Z	Z	Z	Z	Z	Z
2289 100% (13/ 13)	Z	Z	Z	Z	Z	Z	Z	Z	Z	Z	Z	Z	Z	Z	Z	Z	Z	Z	Z	Z	Z	Z	Z		
2777 100% (6/ 6)	Z	Z	Z	Z	Z	Z	Z	Z	Z	Z	Z	Z	Z	Z	Z	Z	Z	Z	Z	Z	Z	Z	Z	Z	Z
2778 100% (4/ 4)	Z	Z	Z	Z	Z	Z	Z	Z	Z	Z	Z	Z	Z	Z	Z	Z	Z	Z	Z	Z	Z	Z			
1877 94% (34/ 36)									4																
466 93% (13/ 14)	Z	Z	Z	Z	Z	Z	Z	Z	Z	Z	Z	Z	Z	Z	Z	Z	Z	Z	Z	Z	Z	Z			
602 92% (11/ 12)	Z	Z	Z	Z	Z	Z	Z	Z	Z	Z	Z	Z	Z	Z	Z	Z	Z	Z	Z	Z	Z	1		Z	
917 92% (33/ 36)		1								1									1						
1646 89% (32/ 36)	1			1/B						2									1						
2716 86% (19/ 22)	Z	Z	Z	Z	Z	Z	Z			Z	Z	Z	Z	Z	Z				1			1			
2626 86% (6/ 7)	Z	Z	Z	Z	Z	Z	Z	Z	Z	Z	Z	Z	Z	Z	Z	Z	Z	Z	Z	Z	Z	Z	Z	Z	Z
1731 85% (17/ 20)	Z	Z	Z	Z	Z	Z	Z	Z	Z	Z	Z	Z	Z	Z	Z	Z			1			1			
1889 84% (16/ 19)	Z	Z	Z	Z	Z	Z	Z	Z	Z	Z	Z	Z	Z	Z	Z	Z	Z		1			1			
2378 82% (14/ 17)	Z	Z	Z	Z	Z	Z	Z	Z	Z	Z	Z	Z	Z	Z	Z	Z	X	Y	1			1	Z		
172 82% (18/ 22)	Z	Z	Z	Z			1		Z	1	Z	Z	Z	Z	Z		Z	Z	1			1			
1852 80% (20/ 25)	Z	Z	Z	Z	Z	Z	Z	Z	Z	Z	Z	1	1	1					1						
309 79% (15/ 19)	Z	Z	Z	Z	Z	Z	Z	Z	Z	Z	Z	Z	Z	Z	Z	Z		4	1			1	Z		
699 79% (26/ 33)	Z	Z			Z		1			1	1	3	1	1					1						
88 78% (28/ 36)		3B	3							2				7					1					4	3
314 78% (7/ 9)	Z	Z	Z	Z	Z	Z	Z	Z	Z	Z	Z	Z	Z	Z	Z	Z			1			1	Z	Z	Z
424 77% (27/ 35)	1	1					1			1	1		1	1					1			X			
256 77% (20/ 26)	Z	Z	Z	Z			1			1	1	Z	Z	Z	Z	Z		3	1			1	Z		

TESTSTELLE	7	8	10	11	18	20	21	28	29	30	31	32	33	34	35	36	41	42	43	44	45	46	48	52	53
UEBEREINST. ZEUGEN	9	94	392	351	355	441	36	416	439	12	36	51	19	19	452	339	467	283	1	451	473	101	452	452	338
BEZEUGTE VARIANTE	4	3	1/	1/	1/	1/	2	1/	1/	3	2	2	2	2B	1/	1/	1/	1/	8	1/	1/	3	1/	1/	1/
2441 77% (10/ 13)	Z	Z	Z	Z	Z	Z	Z	Z	Z	Z	Z	Z	Z	Z	Z	Z	Z	8	1	Z	Z	1			
337 76% (26/ 34)	1	1				Z	Z			1	1	3	1	1					1						
1094 76% (22/ 29)	Z	Z	Z	Z	Z	Z	Z			1	1	1	1	1					1			1			
1752 76% (22/ 29)	Z	Z	Z	Z	Z	Z	Z				1	1	1	1				6	1			1			
1839 76% (22/ 29)	Z	Z	Z	Z	Z	Z	Z			1	1		1	1					1			1			
P45 75% (6/ 8)	Z	Z	Z	Z	Y	Y	X			Z	Z	4	9	Y		Z		Z	Z	Z		Z	Z	Z	Z
57 75% (21/ 28)	Y	Y	Y	Y	Y	Y	Y			1	1	3	1	1					1			1			
175 75% (27/ 36)	1	1					1			1	1		1	1					1			1			
203 75% (27/ 36)	1	1					1			1	1	1	1	1					1						
404 75% (27/ 36)	1	1F					1			1	1		1	1					1			1			
1241 75% (27/ 36)	1	1					1			1	1	1	1	1					1						
1828 75% (27/ 36)	1						1			1	1	1	1	1					1			1			
1864 75% (24/ 32)	Z	Z	Z	Z			1			1	1	1	1	1					1			1			
2131 75% (27/ 36)	1	1		5						1	1	1	1	1					1						
2191 75% (27/ 36)	1	1					1			1	1	1	1	1					1						
1248 74% (26/ 35)	1	1					1			U	1	1	1	1					1			1			
1746 74% (26/ 35)	1	X					1			1	1	1	1	1					1			1			
014 74% (17/ 23)	Z	Z	Z	Z	Z	Z	Z			1	1	Z	Z	Z	Z	1/F			1			Z		3	
43 74% (25/ 34)	1	1				Z	Z			1	1	1	1	1					1			1			
1721 74% (25/ 34)	1						1			5	1D	1	1D	Y					6					Y	
642 73% (22/ 30)	1		Z	Z			1			1	1		1	1				Z	1			1			
P74 73% (24/ 33)	X	Y	3	1/I	Z					2				2	3			3	2	4		2			
1526 73% (16/ 22)	Z	Z	Z	Z			1			1	1	Z	7	Z					1			1			
020 72% (21/ 29)	Z	Z	Z	Z	Z	Z	Z			1	1	1	1	1					1					3	
626 72% (21/ 29)	Z	Z	Z	Z	Z	Z	Z			1	1	1	1	1		1/K			1			1			
2431 72% (21/ 29)	1	1			Y		1			1	1	Y	Y	Y	Y	Y			1			Y			
025 72% (26/ 36)	1	1					1			1	1		1	1					1			1			
5 72% (26/ 36)	1						1			1		1	8	11		1/D			1						3
82 72% (26/ 36)	1	1					1			1	1	3	1	1					1			1			
105 72% (26/ 36)	1	1					1			1	1	1	1	1					1			1			
149 72% (26/ 36)	1	1					1			1	1	1	1	1					1			1			
201 72% (26/ 36)	1	1					1			1	1	1	1	1					1			1			
312 72% (26/ 36)	1	1					1			1	1	1	1	1					1						

1874 36 TS + 3 SL + 65 MT

TESTSTELLE	56	65	66	76	84	87	88	91	97	100	102
UEBEREINST. ZEUGEN	459	333	365	467	402	476	471	279	422	470	478
BEZEUGTE VARIANTE	1/	1/	1/	1/	1/	1/	1/	1/	1/	1/	1/
P8 100% (1/ 1)	Z	Z	Z	Z	Z	Z	Z	Z	Z	Z	Z
P33 100% (1/ 1)	Z	Z	Z	Z	Z	Z	Z	Z	Z	Z	Z
P41 100% (1/ 1)	Z	Z	X		Z	Z	Z	Z	Z	Z	Z
325 100% (13/ 13)											
624 100% (11/ 11)	Z				Z						
1730 100% (8/ 8)	Z	Z	Z								
1738 100% (6/ 6)	Z	Z	Z	Z	Z						
1745 100% (5/ 5)	Z	Z	Z	Z	Z				Z		
1846 100% (6/ 6)	Z	Z	Z	Z				X			
1858 100% (6/ 6)	Z	Z	Z	Z	Z						
1899 100% (5/ 5)	Z	Z	Z	Z					Z	Z	
2004 100% (11/ 11)	Z										
2289 100% (13/ 13)											
2777 100% (6/ 6)	Z	Z	Z	Y	Z						
2778 100% (4/ 4)		Z	Z	Z	Z	Z	Z	Z	Z	Z	Z
1877 94% (34/ 36)		1/F									
466 93% (13/ 14)			6								
602 92% (11/ 12)			Z						Z		
917 92% (33/ 36)											
1646 89% (32/ 36)											
2716 86% (19/ 22)		1/H								Z	
2626 86% (6/ 7)	Z	Z	Z	Z				4E			
1731 85% (17/ 20)								4C			
1889 84% (16/ 19)					4						
2378 82% (14/ 17)	1/E										
172 82% (18/ 22)					Z			Z			
1852 80% (20/ 25)								5			
309 79% (15/ 19)		1/O									
699 79% (26/ 33)											
88 78% (28/ 36)								3			
314 78% (7/ 9)	Z	Z	Z	Z	Z	Z	Z	Z			
424 77% (27/ 35)											
256 77% (20/ 26)											

1874 36 TS + 3 SL + 65 MT

TESTSTELLE		56	65	66	76	84	87	88	91	97	100	102
UEBEREINST. ZEUGEN		459	333	365	467	402	476	471	279	422	470	478
BEZEUGTE VARIANTE		1/	1/	1/	1/	1/	1/	1/	1/	1/	1/	1/
2441	77% (10/ 13)		Z	Z		Z					Z	
337	76% (26/ 34)											
1094	76% (22/ 29)											
1752	76% (22/ 29)											
1839	76% (22/ 29)								18			
P45	75% (6/ 8)		Z	Z	Z	Z	Z	Z	Z	Z	Z	Z
57	75% (21/ 28)					Y						
175	75% (27/ 36)											
203	75% (27/ 36)											
404	75% (27/ 36)											
1241	75% (27/ 36)											
1828	75% (27/ 36)											
1864	75% (24/ 32)											
2131	75% (27/ 36)											
2191	75% (27/ 36)											
1248	74% (26/ 35)											
1746	74% (26/ 35)											
014	74% (17/ 23)		1/F									Z
43	74% (25/ 34)											
1721	74% (25/ 34)					4			3			
642	73% (22/ 30)		Z	Z		Z						
P74	73% (24/ 33)											
1526	73% (16/ 22)		1/F			Z	Z	Z	Z	Z	Z	Z
020	72% (21/ 29)		1/F									
626	72% (21/ 29)											
2431	72% (21/ 29)		1/G							4		
025	72% (26/ 36)		1/F									
5	72% (26/ 36)								3			
82	72% (26/ 36)											
105	72% (26/ 36)											
149	72% (26/ 36)											
201	72% (26/ 36)											
312	72% (26/ 36)		5									

1875 — 58 TS + 3 SL + 28 M⁻

TESTSTELLE	14	18	20	23	26	31	32	33	34	35	36	40	41	42	44	45	46	48	49	52	53	54	55	56	57
UEBEREINST. ZEUGEN	1	355	441	91	30	36	51	19	19	17	1	34	467	41	451	473	76	452	162	452	1	2	1	459	104
BEZEUGTE VARIANTE	6	1/	1/	2	2	2	2	2	2B	3	3	2	1/	6	1/	1/	2	1/	2	1/	3G	2	5	1/	2
P8 100% (2/ 2)	Z		Z		Z	Z	Z	Z	Z	Z	Z	Z	Z	Z	Z	Z	Z	Z	Z	Z	Z	Z	Z	Z	Z
P33 100% (1/ 1)	Z	Z	Z	Z	Z	Z	Z	Z	Z	Z	Z	Z	Z	Z	Z	Z	Z	Z	Z		Z	Z	Z	Z	Z
181 90% (52/ 58)	1													4								6			
886 75% (3/ 4)	8				Z	Z	Z	Z	Z	Z	Z	Z	Z	Z	Z	Z	Z	Z	Z	Z	Z	Z	Z	Z	Z
81 69% (29/ 42)	2	Z	Z	Z				1	2C		1/			1/							1/	1	1/		
02 67% (39/ 58)	2	5				2B			2		1/			3	4						1/		4		
1101 67% (2/ 3)	1			Z	Z	Z	Z	Z	Z	Z	Z	Z	Z	Z	Z	Z	Z	Z	Z	Z	Z	Z	Z	Z	Z
P74 66% (37/ 56)	2	Z							2		1/			3	4						1/	3	1/		
01 62% (36/ 58)	2	5							2		1/			1/	4			3		4	1/	4	1/B		
1739 62% (36/ 58)	2	4						1		1/	1/			5							3	1	1/		
1891 62% (36/ 58)	9	4						1		1/	1/F			5							3	1	1/		
33 62% (31/ 50)	4	X				X	1		11	1/	X	1		3			X				3	4	X	X	
04 59% (19/ 32)	2	Z	Z	Z				1	11	3B	1/	Z	Z	Z	4					1/D	4	4	1/		Z
03 59% (34/ 58)	2	3							2	4	1/			1/	4					4	1/	7	1/B		
945 59% (34/ 58)	3	4						1		1/	1/			5							8C	1	1/		
1175 59% (34/ 58)	2	5							2		1/				6					4	3	1	1/		2C
2344 58% (33/ 57)	X					1E		1	2	1/	1/	1		3					1		3	4	1/		
630 54% (31/ 57)	2	Z			1	1		1		1/	1/F										8	1	1/		
08 54% (29/ 54)	3	4		3		1G	1		9	1/	1/							6	1		1/	1	1/		1
623 52% (29/ 56)	Z	Z					1	8	11	1/	1/	1		4							3	4	1/		
1704 52% (30/ 58)	2	4				4		1		1/	1/			5							8	1	1/		2B
1884 51% (27/ 53)	3	6B		3		1G	1		9C	1/	1/							U	1		1/	1	1/		1
2200 51% (28/ 55)	2	4			1	1		1		1/	1/F			5			1				8	1	1/		
P45 50% (5/ 10)	Z	Y	Y		Z	Z	4	9	Y	1/	Z			Z	Z		Z	Z	Z	Z	Z	Z	3		1
2718 49% (19/ 39)	1B				1	1	1	1	1	1/	1/	1		4						4	3	1	1/		
2464 48% (13/ 27)	Z	Z	Z	Z	Z	Z	Z	Z	Z	Z	Z	Z	Z	Z	Z	Z	Z	Z	Z	Z	Z	Z	Z	Z	Z
431 47% (27/ 57)	10				3	1			3		1/			4							3	5	1/		
610 47% (25/ 53)	3	5B			Z			Z	Z		1/F			4							3	5	1/		
1893 47% (21/ 45)	X				1	1	Z	Z	Z	Z	Z	1		4				Z			3	1	1/		
307 47% (27/ 58)	2	5B			1			1	11C		1/F			4							3	5	1/		
2818 47% (27/ 58)	3	5B			1			3	11C		1/F			4							3	5	1/		
453 45% (26/ 58)	2	5B			1			1	11C		1/F			4							3	1	1/		
1678 45% (26/ 58)	3	5B			1			1	11C		1/F			4							3	5	1/		

TESTSTELLE	14	18	20	23	26	31	32	33	34	35	36	40	41	42	44	45	46	48	49	52	53	54	55	56	57
UEBEREINST. ZEUGEN	1	355	441	91	30	36	51	19	19	17	1	34	467	41	451	473	76	452	162	452	1	2	1	459	104
BEZEUGTE VARIANTE	6	1/	1/	2	2	2	2	2	2B	3	3	2	1/	6	1/	1/	2	1/	2	1/	3G	2	5	1/	2
1751 45% (25/ 56)	2	4			1	1		1	9B	1/	1/F	4		5				7			8	1	1/		
2778 44% (4/ 9)	Z	Z	Z	Z	Z	Z	Z	Z	Z	Z	Z	Z	Z	Z	Z	Z	Z				1/	1	1/		1
322 43% (25/ 58)	1	4						1	11	1/	1/	1							1		3F	1	1/		
323 43% (25/ 58)	1	4						1	11	1/	1/	1							1		3	1	1/		
436 43% (25/ 58)	1	4		1	1	1	1	1	1	1/	1/	1		4							4C	1	1/		
619 43% (25/ 58)	1						1	1	11	1/	1/	1		4							3	4	1/		
1842 43% (25/ 58)	1			1	1		1	8	1	1/	1/	3		1/						3	3	1	1/F		1
2298 43% (25/ 58)	2	4				6	1	1	11	1/	1/	4		5			3				3	1	1/		
180 43% (24/ 56)	3B	5B			1			1	11C		1/F	1		4							3	5	1/		
044 41% (24/ 58)	1B			7	1	3	1	8	1	1/	1/	1		4	5				1		1/	3	1/		
5 41% (24/ 58)	4						1	8	11	1/	1/D	1		1/			3				3	1	1/		
94 41% (24/ 58)	3	5B			1			1	11B		1/F			4							3	5	1/		
1162 41% (24/ 58)	1	4					1	8	11	1/	1/	1		4							3	4	1/		
1409 40% (22/ 55)	3	5				1	1	1	1	1/	1/K	1		1/	4		3			3	3	1	1/		Z
2805 40% (22/ 55)	2	4	Z	Z		1	1	1	1	1/	1/			4							3	4	1/		
1642 40% (23/ 58)	2	4						8			1/	1B		1/							3B	1	1/		
441 40% (21/ 53)	Z	Z	Z	Z	Z		1	1	1	1/	1/	3		4						3	3	1	1/		
1890 39% (22/ 56)	1B			1	Z	1	1	8	1	1/	1/	1		4					1		1/	1	1/B	1/D	
2201 39% (22/ 56)	Z	Z			1	1	1	8	11	1/	1/F	1		1/							3	1	1/		
104 39% (22/ 57)	1				1	1	1	1	1	1/	1/			7					1		1/	1	1/		
429 38% (22/ 58)	2	4			1	1		1		1/	1/F	1		5							8	1	1/		
621 38% (22/ 58)	1		1/B	1	1		1	8	1	1/	1/	3		4					1	3	3B	8	1/		
2138 38% (22/ 58)	1B			1	3	1	1	8	1	1/	1/B	1		4					1		1/	1	1/B	1/D	
206 36% (16/ 44)	Z	Z	Z	Z	Z	Z	Z	Z	Z	Z	Z	Z		5					1	4	8	1	1/		
1838 36% (20/ 55)	1				1	1	1	3	1E	1/	1/P			5					1		1/	1	1/		
218 36% (21/ 58)	1			1	1	1	1	1	1	1/	1/	1		1/			1		1		1/	1	1/		1
636 36% (21/ 58)					1	1		1		1/	1/F	1F		5							8	1	1/		
927 36% (21/ 58)	4				1	1	1	1	1	1/	1/F	1		1/			6				3D	5	1/		1
1505 36% (21/ 58)	1B			1	1	1	1	5	1	1/	1/D	1		1/			1		1		1/	1	1/B	1/D	
1827 36% (21/ 58)	4				1		1	3	11	1/	1/	1		4					1		3	1	1/		
2495 36% (21/ 58)	1	4			1	1	1	5	1	1/	1/D	1		1/			1		1		1/	1	1/B	1/D	
2737 36% (21/ 58)	4				1		1	1	1	1/	1/			3			1		1		3	1	1/		
314 35% (6/ 17)	Z	Z	Z	Z	Z	Z	Z	Z	Z	Z	Z	Z		1/			1	Z	Z	Z	Z	Z	Z	Z	Z

1875 58 TS + 3 SL + 28 MT

TESTSTELLE	59	62	64	65	68	69	73	76	77	79	81	82	83	84	85	86	87	88	89	90	91	92	93	94	95
UEBEREINST. ZEUGEN	20	28	38	71	1	6	5	467	181	31	49	10	46	4	20	35	476	471	25	71	1	99	31	19	44
BEZEUGTE VARIANTE	2	2	2	1/F	12	3B	6	1/	2	2	2	2	2	1/C	2	2	1/	1/	14	2	12	2	2	2	2
P8 100% (2/ 2)	Z	Z	Z	Z	Z	Z	Z	Z	Z	Z	Z	Z	Z	Z	Z	Z	Z	Z	Z	Z	Z	Z	Z	Z	Z
P33 100% (1/ 1)	Z	Z	Z	Z	Z	Z	Z	Z	Z	Z	Z	Z	Z	Z	Z	Z	Z	Z	Z	Z	Z	Z	Z	Z	Z
181 90% (52/ 58)				1/																					
886 75% (3/ 4)	Z	Z	Z	Z	Z	Z	Z	Z	Z	Z	Z	Z	Z	Z	Z	Z	Z	Z	Z	Z	Z	Z	Z	Z	Z
81 69% (29/ 42)		Z	Z	Z	Z	Z	Z	Z	Z	Z	Z	Z	Z	Z		2B					1/			2D	
02 67% (39/ 58)				1/	4	3								3		2B					1/	1			
1101 67% (2/ 3)	Z	Z	Z	Z	Z	Z	Z	Z	Z	Z	Z	Z	Z	Z	Z	Z	Z	Z	Z	Z	Z	Z	Z	Z	Z
P74 66% (37/ 56)				1/	4	3	6B			2B				1/		2B			2		1/				Z
01 62% (36/ 58)				1/K	4	3	2			5	2B			3							1/				
1739 62% (36/ 58)		1		1/	3	2	1D				1	1		3		3					3				
1891 62% (36/ 58)		1		1/	3	2	1D				1	1		3	1						3				
33 62% (31/ 50)				1/D	4	3	14					1D	X	3					10		3	1			
04 59% (19/ 32)	Z	Z	Z	Z	Z	Z	2				Z	Z		3		Z	Z	Z	Z	Z	Z	Z			
03 59% (34/ 58)				1/	2	3	2		2B					4		2B			2		1/				
945 59% (34/ 58)	1	1		1/	3	3	1D				1	1		3		3			5		3				
1175 59% (34/ 58)		1		1/	2	3	2					1		1/		3					1/	1			
2344 58% (33/ 57)	1			1/E	4	3						1D		3					11		3G	1			
630 54% (31/ 57)		1	1	1/	3	2C	1				1	1		3	1	1B			3		3		1		
08 54% (29/ 54)	1		1		4		1B				1B			3		2B					4		1		
623 52% (29/ 56)	1				4	1	1D			1B		1	1	4					1		3		3	1	
1704 52% (30/ 58)	1	1		1/	3	3	1D				1	1		3	1	3			5	4	3				
1884 51% (27/ 53)	1		1	6	4	2C	1				1			3		2B					4		1	2B	
2200 51% (28/ 55)		1	1	1/	3	2	Z	Z	Z		1	1		3	1	1					3		1		
P45 50% (5/ 10)	Z	Z	Z	Z	Z	Z	Z	Z	Z	Z	Z	Z	Z	Z	Z	Z	Z	Z	Z	Z	Z	Z	Z	Z	Z
2718 49% (19/ 39)					3	2C	Z	Z	Z	Z	Z	Z	Z	Z	Z	Z	Z	Z	Z	Z	Z	Z	Z	Z	Z
2464 48% (13/ 27)	Z	Z	Z	Z	Z	Z	1			1		1		4		3C			2		4B		3		
431 47% (27/ 57)	1	1		1/	2	2C	2B				1	1		4	1	3			2		14		1	1	3
610 47% (25/ 53)	1	1		1/	2	2C	3		Z	Z	3	1		4	1	3			2		3		1	1	3
1893 47% (21/ 45)	1	1	Z	Z	Z	Z	9			1B		1	1	Z	Z	1B			1		1/	1		1C	1
307 47% (27/ 58)	1	1		1/	2	2C	1D				3	1		4	1	3			2		3		1	1	3
2818 47% (27/ 58)	1	1		1/	2	2C	3				3	1		4	1	3			2		3		1	1	3
453 45% (26/ 58)	1	1		1/	2	2C	1				3	1		4	1	2B			2	1	6B		1	1	3
1678 45% (26/ 58)	1	1		1/	2	2C	1D				3	1		4	1	3			2		3		1	1	3

TESTSTELLE	59	62	64	65	68	69	73	76	77	79	81	82	83	84	85	86	87	88	89	90	91	92	93	94	95
UEBEREINST. ZEUGEN	20	28	38	71	1	6	5	467	181	31	49	10	46	4	20	35	476	471	25	71	1	99	31	19	44
BEZEUGTE VARIANTE	2	2	2	1/F	12	3B	6	1/	2	2	2	2	2	1/C	2	2	1/	1/	14	2	12	2	2	2	2
1751 45% (25/ 56)	1	1	1	8	3	1	1		5		3	1			1	1					3H		1		
2778 44% (4/ 9)	1	Z	Z	Z	Z	Z	Z	Z	Z	Z	Z	Z	Z	Z	Z	Z	Z	Z	Z	Z	Z	Z	Z	Z	Z
322 43% (25/ 58)		1	1	1/C	1	1	1			1	1	1	1	1/	1	1			1		5		1	1	4
323 43% (25/ 58)		1	1	1/C	1	1	1			1	1	1	1	1/	1	1			1		5		1	1	4
436 43% (25/ 58)	1			1/	4	1	1D			1	1	1		4	1	3					3		3	11	
619 43% (25/ 58)	1	1	1	1/	15	1	9			1B		1	1	1/		1			1		1/	1		1	1
1842 43% (25/ 58)	1	1		1/	15	1	7			1	1	1			1	4					5				3
2298 43% (25/ 58)	1	1	1	1/	3	3	1D				1	1	1	3	1	3			12		3		1	5	
180 43% (24/ 56)	1	1		1/	3	2C	5		Z	Z	1	1		1/	1	3			9		4		1	1	3
044 41% (24/ 58)	4				3		1D			1	1	1		1/		3			2		3		1	4	3
5 41% (24/ 58)	1	1	1	1/	4	1	1			1B		1	1	1/	1	5			1		3		3	1	
94 41% (24/ 58)	1	1		1/	3	3	1D			1	1	1	1	1/	1	3			1	1	3		1	1	3
1162 41% (24/ 58)	1	1	1	1/	15	1	9			1B		1	1	1/		1			1		1/	1		1	1
1409 40% (22/ 55)	Z	Z	1		4		6C			5				1/	1	3			8	1	4		1	1	
2805 40% (22/ 55)	1		1		4B	1B	1			1	1	1		1/	1	3			3		3		1	4	3
1642 40% (23/ 58)	1	1		1/	4	13	1		1B	5		1	1	1/	1	3			1C	1	1/	1	1	1	1
441 40% (21/ 53)	1	1		1/K	2	1	6C			1	1	1		1/	1	3					5D	1		2C	3
1890 39% (22/ 56)	1				17	1	1D			1	1	1		4	1	Z					8		1	3B	3
2201 39% (22/ 56)	1	1	1	1/	1	1	1E			1		1	1	1/	1	3			1		5			1	1
104 39% (22/ 57)	1	1	6	1/	1	1	1		3	1	1	1	1	1/	1	1			1	4	5		V1	1	
429 38% (22/ 58)	1	1	1	1/	3	3	1		1B		1	1		3	1	1				1	4E	1	1	1	3
621 38% (22/ 58)	1	1		1/	2	1	6C			1	1	1		1/	1	3					5			2C	3
2138 38% (22/ 58)	1				17	1	1D			1	1	1		4	1	3					8		1	3	3
206 36% (16/ 44)	1	1	X	1/	3	3	1		1B		1	1		3	1	1				1	4E	1	1	1	3
1838 36% (20/ 55)	1	Z	6	8	1	1	Z		6	1	1	1	1	1/	1	1			1	4	5E		V1	1	
218 36% (21/ 58)		1			7	1	11B			1	1	1	1	1/	1	1			1	1	1/		1	1	
636 36% (21/ 58)	1	1	1		1	1	1		1B	1	1	1	1	1/	1	1		1/B	1	1	5C		1	1	4
927 36% (21/ 58)	1	1	1		15	1	10			1	1	1	1	1/	1	3			1		5			1	1
1505 36% (21/ 58)	1			1/	17	1	1D			1	1	1		4	1	3					8		1	3	3
1827 36% (21/ 58)	1	1	1	1/	7	1	9			1B	1	1	1	1/	1	1			1		1/	1		1C	1
2495 36% (21/ 58)	1				17	1	1D			1	1	1		4	1	3					8	1	1	3	3
2737 36% (21/ 58)	1	1	1		15	2C	1		1	1	1	1	1	1/	1	1B			1		11D		1	1	1
314 35% (6/ 17)	Z	Z	Z	Z	Z	Z	Z	Z	Z	Z	Z	Z	Z	Z	Z	Z	Z	Z	Z	Z	Z	1	1	1	1

1875			58 TS + 3 SL + 28 MT							
		TESTSTELLE	96	97	98	99	100	101	102	103
UEBEREINST. ZEUGEN			35	422	40	16	470	7	478	3
BEZEUGTE VARIANTE			2	1/	2	2	1/	3	1/	3B
P8	100%	(2/ 2)	Z	Z	Z	Z	Z	Z	Z	Z
P33	100%	(1/ 1)	Z	Z	Z	Z	Z	Z	Z	Z
181	90%	(52/ 58)		4						2
886	75%	(3/ 4)	Z	Z	Z	Z	Z	Z	Z	Z
81	69%	(29/ 42)						1		2
02	67%	(39/ 58)						2	3	2
1101	67%	(2/ 3)	Z	Z	Z	Z	Z	Z	Z	Z
P74	66%	(37/ 56)						2		2
01	62%	(36/ 58)						2	3	2
1739	62%	(36/ 58)				1		1		2
1891	62%	(36/ 58)				1		1		1L
33	62%	(31/ 50)			7			1H		X
04	59%	(19/ 32)		3		Z	Z	Z		Z
03	59%	(34/ 58)		4				2	3	2
945	59%	(34/ 58)				1		1		1
1175	59%	(34/ 58)		1/B	2C			1		2
2344	58%	(33/ 57)			7	1		1		2
630	54%	(31/ 57)				1		1		1
08	54%	(29/ 54)			2C	1	Z	Z	Z	Z
623	52%	(29/ 56)	1		2C	1		1	3	
1704	52%	(30/ 58)				1		1		1
1884	51%	(27/ 53)				1	Z	Z	Z	Z
2200	51%	(28/ 55)				1		1		1
P45	50%	(5/ 10)	Z	Z	Z	Z	Z	Z	Z	Z
2718	49%	(19/ 39)			2C	1		1		2
2464	48%	(13/ 27)			2C	1	3	1	4	2
431	47%	(27/ 57)	1	3	W	1		1		1
610	47%	(25/ 53)	1	3		1		1		1
1893	47%	(21/ 45)	1		6	1		1		1
307	47%	(27/ 58)	1	3		1		1		1
2818	47%	(27/ 58)	1	3		1		1		1
453	45%	(26/ 58)	1	3		1		1		1
1678	45%	(26/ 58)	1	3		1		1	4	1

1875			58 TS + 3 SL + 28 MT							
		TESTSTELLE	96	97	98	99	100	101	102	103
UEBEREINST. ZEUGEN			35	422	40	16	470	7	478	3
BEZEUGTE VARIANTE			2	1/	2	2	1/	3	1/	3B
1751	45%	(25/ 56)	Z	Z		1		1F		1B
2778	44%	(4/ 9)	Z	Z	Z	Z	Z	Z	Z	Z
322	43%	(25/ 58)			3	1		1		1
323	43%	(25/ 58)			3	1		1		1
436	43%	(25/ 58)	1			1		1		1
619	43%	(25/ 58)	1		6B	1		1		1
1842	43%	(25/ 58)	1	5	2C	1		1		
2298	43%	(25/ 58)				1		1		
180	43%	(24/ 56)	1	3		1		1		1
044	41%	(24/ 58)			1	1		1	4	2
5	41%	(24/ 58)	1		2C	1		1		3E
94	41%	(24/ 58)	1		2C	1		1		1
1162	41%	(24/ 58)	1		6	1		1		1N
1409	40%	(22/ 55)	1		3	1		1		1
2805	40%	(22/ 55)	1		2C	1		1E	Z	1L
1642	40%	(23/ 58)	1	4	3	1		1		1
441	40%	(21/ 53)	1		2C	1		1		3D
1890	39%	(22/ 56)		3	1	1	4	1		2
2201	39%	(22/ 56)	1		6	1		1		1
104	39%	(22/ 57)				1		1		1
429	38%	(22/ 58)	1		1D	1		1		1
621	38%	(22/ 58)	1		2C	1		1		3C
2138	38%	(22/ 58)		3	1	1	4	1		2
206	36%	(16/ 44)	1		1D	1		1		Z
1838	36%	(20/ 55)	1	4		1		1		1
218	36%	(21/ 58)	1			1		1		1
636	36%	(21/ 58)	1		1	1		1	1/C	1
927	36%	(21/ 58)	1		1	1		1		1
1505	36%	(21/ 58)		3	1	1		1		2
1827	36%	(21/ 58)	1		6	1		1		1
2495	36%	(21/ 58)		3	1	1		1		2
2737	36%	(21/ 58)	1		2B	1		1		1
314	35%	(6/ 17)	1		1	1		1		1L

TESTSTELLE	7	8	10	11	18	20	21	28	30	31	32	33	34	35	36	41	42	43	44	45	46	48	50	52	53
UEBEREINST. ZEUGEN	9	94	392	351	355	441	36	416	12	36	51	19	19	452	339	467	283	1	451	473	101	452	1	452	338
BEZEUGTE VARIANTE	4	3	1/	1/	1/	1/	2	1/	3	2	2	2	2B	1/	1/	1/	1/	8	1/	1/	3	1/	10	1/	1/
P8 100% (1/ 1)	Z	Z	Z	Z		Z	Z	Z	Z	Z	Z	Z	Z	Z	Z	Z	Z	Z	Z	Z	Z	Z	Z	Z	Z
P33 100% (1/ 1)	Z	Z	Z	Z	Z	Z	Z	Z	Z	Z	Z	Z	Z	Z	Z	Z	Z	Z	Z	Z	Z	Z	Z		Z
1730 89% (8/ 9)	Z	Z	Z	Z	Z	Z	Z	Z	Z	Z	Z	Z	Z	Z	Z	Z	Z	Z	Z	Z	Z	Z	Z	Z	Z
1874 87% (34/ 39)																							11B		
1738 86% (6/ 7)	Z	Z	Z	Z	Z	Z	Z	Z	Z	Z	Z	Z	Z	Z	Z	Z	Z	Z	Z	Z	Z	Z	Z	Z	Z
1846 86% (6/ 7)	Z	Z	Z	Z	Z	Z	Z	Z	Z	Z	Z	Z	Z	Z	Z	Z	Z	Z	Z	Z	Z	Z	Z	Z	Z
1858 86% (6/ 7)	Z	Z	Z	Z	Z	Z	Z	Z	Z	Z	Z	Z	Z	Z	Z	Z	Z	Z	Z	Z	Z	Z	Z	Z	Z
2777 86% (6/ 7)	Z	Z	Z	Z	Z	Z	Z	Z	Z	Z	Z	Z	Z	Z	Z	Z	Z	Z	Z	Z	Z	Z	Z	Z	Z
624 83% (10/ 12)	Z	Z	Z	Z	Z	Z	Z	Z	Z	Z	Z	Z	Z			Z	Z	Z	Z	Z	Z	Z	Z	Z	Z
1745 83% (5/ 6)	Z	Z	Z	Z	Z	Z	Z	Z	Z	Z	Z	Z	Z	Z	Z	Z	Z	Z	Z	Z	Z	Z	Z	Z	Z
1899 83% (5/ 6)	Z	Z	Z	Z	Z	Z	Z	Z	Z	Z	Z	Z	Z	Z	Z	Z	Z	Z	Z	Z	Z	Z	Z	Z	Z
917 79% (31/ 39)		1							1									1					11		
1646 77% (30/ 39)	1			1/B					2									1					1		
2004 77% (10/ 13)	Z	Z	Z	Z	Z	Z	Z	Z	Z	Z	Z	Z	Z	Z	Z	Z		Z	Z	Z	Z	Z	Z	Z	Z
325 75% (12/ 16)	Z	Z	Z	Z	Z	Z	Z	Z	Z	Z	Z	Z	Z	Z	Z	Z	Z	Z	Z	Z	Z	Z	Z		
2289 75% (12/ 16)	Z	Z	Z	Z	Z	Z	Z	Z	Z	Z	Z	Z	Z	Z	Z	Z	Z	Z	Z	Z	Z	Z	Z		
2626 75% (6/ 8)	Z	Z	Z	Z	Z	Z	Z	Z	Z	Z	Z	Z	Z	Z	Z	Z	Z	Z	Z	Z	Z	Z	Z	Z	Z
172 72% (18/ 25)	Z	Z	Z	Z			1		1	Z	Z	Z	Z	Z		Z	Z	1			1		1		
2716 72% (18/ 25)	Z	Z	Z	Z	Z	Z	Z		Z	Z	Z	Z	Z	Z				1			1		1D		
602 71% (10/ 14)	Z	Z	Z	Z	Z	Z	Z	Z	Z	Z	Z	Z	Z	Z	Z	Z	Z	Z	Z	Z	1		1	Z	
314 70% (7/ 10)	Z	Z	Z	Z	Z	Z	Z	Z	Z	Z	Z	Z	Z	Z	Z			1			1	Z	Z	Z	Z
309 70% (16/ 23)	Z	Z	Z	Z	Z	Z	Z	Z	Z	Z	Z	Z	Z	Z	Z		4	1			1	Z	1		
2516 69% (27/ 39)	1	1		1/B			1		1C	1		6						1					10B		
014 68% (17/ 25)	Z	Z	Z	Z	Z	Z	Z		1	1	Z	Z	Z	Z	1/F			1			Z		1	3	
025 67% (26/ 39)	1	1					1		1	1		1	1					1			1		1		
88 67% (26/ 39)		3B	3						2				7					1					1	4	3
93 67% (26/ 39)	1	1					1		1	1	1	1	1					1			1		1		
466 67% (12/ 18)	Z	Z	Z	Z	Z	Z	Z	Z	Z	Z	Z	Z	Z	Z	Z	Z	Z	Z	Z	Z	Z		1		
699 67% (24/ 36)	Z	Z			Z		1		1	1	3	1	1					1					1		
1526 67% (16/ 24)	Z	Z	Z	Z			1		1	1	Z	Z	Z					1			1		1		
1626 67% (26/ 39)	1	1					1		1	5B	1	1	1					1					1		
1731 67% (16/ 24)	Z	Z	Z	Z	Z	Z	Z	Z	Z	Z	Z	Z	Z	Z	Z			1			1		1		
2778 67% (4/ 6)	Z	Z	Z	Z	Z	Z	Z	Z	Z	Z	Z	Z	Z	Z	Z	Z	Z	Z	Z	Z	Z		1D		

1877 39 TS + 1 SL + 64 MT

TESTSTELLE	7	8	10	11	18	20	21	28	30	31	32	33	34	35	36	41	42	43	44	45	46	48	50	52	53
UEBEREINST. ZEUGEN	9	94	392	351	355	441	36	416	12	36	51	19	19	452	339	467	283	1	451	473	101	452	1	452	338
BEZEUGTE VARIANTE	4	3	1/	1/	1/	1/	2	1/	3	2	2	2	2B	1/	1/	1/	1/	8	1/	1/	3	1/	10	1/	1/
424 66% (25/ 38)	1	1					1		1	1		1	1					1			X		1		
2484 66% (23/ 35)	1	1			Z	Z	Z		1	1	3	1	1					1			1		1		
020 66% (21/ 32)	Z	Z	Z	Z	Z	Z	Z		1	1	1	1	1					1					1	3	
642 66% (21/ 32)	1		Z	Z			1		1	1		1	1				Z	1			1		1		
1852 66% (19/ 29)	Z	Z	Z	Z	Z	Z	Z	Z	Z	Z	1	1	1					1					1		
1889 65% (15/ 23)	Z	Z	Z	Z	Z	Z	Z	Z	Z	Z	Z	Z	Z	Z	Z	Z		1			1		1		
43 65% (24/ 37)	1	1				Z	Z		1	1	1	1	1					1			1		1		
337 65% (24/ 37)	1	1				Z	Z		1	1	3	1	1					1					1		
2401 65% (24/ 37)	1						1		1	1	1	1	1					1			1		V1		
1723 65% (22/ 34)	Z	Z	Z	Z			1		1	1	1	1	1				X	1			1		1		
1757 65% (22/ 34)	1	1					1		1	1	Z	Z	Z	Z	Z			1			1		1		
049 64% (25/ 39)	1	1					1		5	1	1	1	1		1/F			1					1		
1 64% (25/ 39)	1	1					1		1	1	1	1	1					1			1		1		
122 64% (25/ 39)	3						1		1D	1	1	1	1			1/D		1			1		1		
175 64% (25/ 39)	1	1					1		1	1		1	1					1			1		1		
203 64% (25/ 39)	1	1					1		1	1	1	1	1					1					1		
218 64% (25/ 39)	1	1		1/C			1		1	1	1	1	1					1			1		2		
228 64% (25/ 39)	3				4				1	1	1	1	1				5	1					1		
312 64% (25/ 39)	1	1					1		1	1	1	1	1					1					1		
404 64% (25/ 39)	1	1F					1		1	1		1	1					1			1		1		
915 64% (25/ 39)		3B	3	1/E									7		1/E			1					9	4	3
1241 64% (25/ 39)	1	1					1		1	1	1	1	1					1					1		
1359 64% (25/ 39)	1						7		1	1	1	1	1		1/D			1			1		2		
1668 64% (25/ 39)	1	1					1		1	1	3	1	1					1			1		1		
1828 64% (25/ 39)	1						1		1	1	1	1	1					1			1		1		
1841 64% (25/ 39)	1	1				1/B	1		1	1	1	1	1F		1/D			1					1		
1885 64% (25/ 39)	1	1					1		1	1	1	1	1					1					1		
2131 64% (25/ 39)	1	1		5					1	1	1	1	1					1					1		
2191 64% (25/ 39)	1	1					1		1	1	1	1	1					1					1		
2705 64% (25/ 39)	1	1B					1		1	5	1	1	1					1	6				1		
2774 64% (25/ 39)	1	1	11							1	1	1	1				6	1					1		3
1721 64% (23/ 36)	1						1		5	1D	1	1D	Y					6					Y	Y	
226 63% (24/ 38)	1	1					1		1	1	1	1	1					1			1		1		

1877 39 TS + 1 SL + 64 MT

TESTSTELLE UEBEREINST. ZEUGEN BEZEUGTE VARIANTE	55 8 1/E	56 459 1/	65 71 1/F	66 365 1/	68 23 7	76 467 1/	84 402 1/	87 476 1/	88 471 1/	91 279 1/	97 422 1/	100 470 1/	102 478 1/	104 1 3C
P8 100% (1/ 1)	Z	Z	Z	Z	Z	Z	Z	Z	Z	Z	Z	Z	Z	Z
P33 100% (1/ 1)	Z	Z	Z	Z	Z	Z	Z	Z	Z	Z	Z	Z	Z	Z
1730 89% (8/ 9)	Z	Z	Z	Z	Z									1
1874 87% (34/ 39)	1/D		1/		1									3B
1738 86% (6/ 7)	Z	Z	Z	Z	Z	Z	Z							1
1846 86% (6/ 7)	Z	Z	Z	Z	Z	Z				X				1
1858 86% (6/ 7)	Z	Z	Z	Z	Z	Z	Z							1
2777 86% (6/ 7)	Z	Z	Z	Z	Z	Y	Z							1
624 83% (10/ 12)	Z	Z	1/		1		Z							Z
1745 83% (5/ 6)	Z	Z	Z	Z	Z	Z	Z				Z			1
1899 83% (5/ 6)	Z	Z	Z	Z	Z	Z					Z	Z		1
917 79% (31/ 39)	1/		1/		1									1
1646 77% (30/ 39)	1/		1/		1									1
2004 77% (10/ 13)	Z	Z	1/		1									1
325 75% (12/ 16)	1/		1/		1									1
2289 75% (12/ 16)	1/		1/		2									1
2626 75% (6/ 8)	Z	Z	Z	Z	Z	Z				4E				1
172 72% (18/ 25)	1/		1/				Z			Z				Z
2716 72% (18/ 25)	1/		1/H		1							Z		1
602 71% (10/ 14)	1/		1/	Z	Z						Z			Z
314 70% (7/ 10)	Z	Z	Z	Z	Z	Z	Z	Z	Z	Z				1
309 70% (16/ 23)	1/		1/O											1
2516 69% (27/ 39)									3	10				1
014 68% (17/ 25)	1/				1								Z	Z
025 67% (26/ 39)	1/				1									1
88 67% (26/ 39)	1/		1/		6					3				1
93 67% (26/ 39)	1/													1
466 67% (12/ 18)	1/		1/	6	1									1
699 67% (24/ 36)	1/		1/		1									1
1526 67% (16/ 24)	1/				1		Z	Z	Z	Z	Z	Z	Z	Z
1626 67% (26/ 39)	1/				1									1
1731 67% (16/ 24)	1/		1/		1					4C				1
2778 67% (4/ 6)	1/		Z	Z	Z	Z	Z	Z	Z	Z	Z	Z	Z	Z

1877 39 TS + 1 SL + 64 MT

TESTSTELLE	55	56	65	66	68	76	84	87	88	91	97	100	102	104
UEBEREINST. ZEUGEN	8	459	71	365	23	467	402	476	471	279	422	470	478	1
BEZEUGTE VARIANTE	1/E	1/	1/F	1/	7	1/	1/	1/	1/	1/	1/	1/	1/	3C
424 66% (25/ 38)	1/		1/		1									1
2484 66% (23/ 35)	1/				Z									1
020 66% (21/ 32)	1/				1									1
642 66% (21/ 32)	1/		Z	Z	Z		Z							1
1852 66% (19/ 29)	1/		1/		1					5				1
1889 65% (15/ 23)	1/		1/		1		4							1
43 65% (24/ 37)	1/		1/											2
337 65% (24/ 37)	1/		1/		1									1
2401 65% (24/ 37)	8		X							7B		4		10
1723 65% (22/ 34)	1/				2									1
1757 65% (22/ 34)	1/		1/G							3				1
049 64% (25/ 39)	1/				1									1
1 64% (25/ 39)	1/				1									1
122 64% (25/ 39)	1/				1									1
175 64% (25/ 39)	1/		1/		1									1
203 64% (25/ 39)	1/		1/		1									1
218 64% (25/ 39)	1/													1
228 64% (25/ 39)	1/			11						5H				1
312 64% (25/ 39)	1/		5		1									1
404 64% (25/ 39)	1/		1/		1									1
915 64% (25/ 39)	1/		1/P		15					3				1
1241 64% (25/ 39)	1/		1/		1									1
1359 64% (25/ 39)	1/C									4G				1
1668 64% (25/ 39)	1/				1									1
1828 64% (25/ 39)	1/		1/		1									1
1841 64% (25/ 39)					1									1
1885 64% (25/ 39)	1/		1/	1/F										1
2131 64% (25/ 39)	1/		1/		1									1
2191 64% (25/ 39)	1/		1/		1									1
2705 64% (25/ 39)	1/				1									1
2774 64% (25/ 39)	1/				1									1
1721 64% (23/ 36)	1/		1/		1		4			3				1
226 63% (24/ 38)	1/				X					13B				1

TESTSTELLE	2	7	8	10	11	13	14	15	20	21	23	25	26	28	29	33	35	36	37	39	40	41	42	44	45
UEBEREINST. ZEUGEN	16	1	94	11	351	7	11	10	441	1	1	3	30	1	439	19	452	339	1	33	34	467	41	451	473
BEZEUGTE VARIANTE	2	15	3	11	1/	3	3	4	1/	4	3	3	2	5	1/	2	1/	1/	6	4	2	1/	6	1/	1/
P33 100% (1/ 1)	Z	Z	Z	Z	Z	Z	Z	Z	Z	Z	Z	Z	Z	Z	Z	Z	Z	Z	Z	Z	Z	Z	Z	Z	Z
2778 100% (4/ 4)	Z	Z	Z	Z	Z	Z	Z	Z	Z	Z	Z	Z	Z	Z	Z	Z	Z	Z	Z	Z	Z	Z	Z	Z	Z
08 93% (53/ 57)								5												6					
P41 75% (3/ 4)	Z	Z	Z	Z	Z	Z	Z	Z	Z	Z	Z	Z	Z	Z	Z	Z	Z	Z	Z	Z	Z	Z	Z	Z	Z
P45 64% (7/ 11)	Z	Z	Z	Z	Z	Z	Z	Z	Y	X	2		Z	1/		9		Z	Z	Z			Z	Z	
81 63% (25/ 40)		2	2	14	1/L	2	2	2	Z	Z	Z	1		1/		1	3		2	2			1/		
02 61% (35/ 57)		2	2	3		2B	2	2		2	2	2		1/			3		2	2			3	4	
P74 59% (32/ 54)		X	Y	3	1/I	2B	2	2		2	2	2		1/			3		2	2			3	4	
2344 59% (33/ 56)	1	1				1	X			1	2	1		1/		1			1	1	1		3		
33 57% (26/ 46)	1	4	X			1	4	X		X	2	X		1/	X			X	X	1	1		3		
01 56% (32/ 57)		2	2	3		2	2	2		2	2	2B		1/			3		2	2			1/	4	
1739 56% (32/ 57)	1	16		1/		3D	2	3		2	2	1		3D	5	1			2				5		
1875 55% (27/ 49)	1	X	X	X	X	X	6	1		1	2	1		Z	Z		3	3	4	X					
2464 55% (12/ 22)	Z	Z	Z	Z	Z	Z	Z	Z	Z	Z	Z	Z	Z	Z	Z	Z	Z	Z	Z	Z	Z	Z	Z	Z	Z
181 54% (31/ 57)	1	4	3B		11	1	1	1		1H	2	1		1/			3	3	4B				4		
04 54% (19/ 35)		2	2C	3	5	2B	2	2	Z	Z	Z	2		1/		1	3B		2	Z	Z	Z	Z	4	
945 53% (30/ 57)	1	1		1/		3E		3		2	2	1		3D	5	1			2				5		
03 51% (29/ 57)		2	2	1/		2	2	2		2	2	2		1/			4		2	2			1/	4	
630 51% (29/ 57)	1	1		1/		4	2	3		2	2	1	1	3D		1		1/F	2						
1891 49% (28/ 57)	1	16		1/		3D	9	3		2	2	1		3D	5	1		1/F	2				5		
1704 47% (27/ 57)	1	1		1/		5	2	5		2	2	1		3D	5	1			2				5		
623 47% (23/ 49)	Z	Z	Z	Z	Z	Z	Z	Z		1	2	1		1/		8			1	1	1		4		
044 46% (26/ 57)		5	1	4		2D	1B	3		1	7	1	1	1/		8			1	1	1		4	5	
1175 46% (26/ 57)		2	2	3	1/D	2	2	2		2	2	2B		1/			3		1C	4B				6	
2200 45% (25/ 55)	1	1		1/		3D	2	3		2	2	1	1	3D		1		1/F	2				5		
431 45% (25/ 56)	1	1	3B	1/		1	10	1		1	2	1	3	1/			3		1				4		
1526 42% (14/ 33)	1	Z	Z	Z	Z	Z	Z	Z		1	1	1	1	1/		Z			1		1		1/		
307 42% (24/ 57)	1	13		6		2	2	2		2	2	2	1	3E	5	1	3	1/F	1				4		
436 42% (24/ 57)	1	1	1	1/	1/L	1	1	1		1	1	1	1	1/		1			1	1	1		4		
453 42% (24/ 57)	1	13		6		2	2	2		2	2	2	1	3E	5	1	3	1/F	1				4		
2303 42% (8/ 19)	Z	Z	Z	Z	Z	Z	Z	Z	Z	Z	Z	Z	Z	1/		1			1	1	1		4		
2818 42% (24/ 57)	1	13		6		2		2		2	2	2	1	3E	5	3	3	1/F	1				4		
1409 42% (23/ 55)		1	1			1		1		2	2	1		1/		1		1/K	7	1	1		1/	4	

1884 — 57 TS + 6 SL + 35 MT

TESTSTELLE		2	7	8	10	11	13	14	15	20	21	23	25	26	28	29	33	35	36	37	39	40	41	42	44	45
UEBEREINST. ZEUGEN		16	1	94	11	351	7	11	10	441	1	1	3	30	1	439	19	452	339	1	33	34	467	41	451	473
BEZEUGTE VARIANTE		2	15	3	11	1/	3	3	4	1/	4	3	3	2	5	1/	2	1/	1/	6	4	2	1/	6	1/	1/
1751	42% (23/ 55)	1	1B	3B	1/		1B	2	3		2D	2	1	1	3D		1		1/F	1		4		5		
610	41% (21/ 51)	1	13		6		2		2		2	2	2	Z	3E	5	Z	3	1/F	1				4		
323	41% (23/ 56)	1	18		Z		2	1	1		1	2	1		3C	5	1			2		1				
2718	41% (16/ 39)	1	1	3B	1/		1C	1B	1		1	2	1	1	1/		1			1	1	1		4		
441	41% (18/ 44)	Z	Z	Z	Z	Z	Z	Z	Z	Z	Z	Z	Z	Z	1/		1			1	1	3		4		
1852	40% (17/ 42)	Z	Z	Z	Z	Z	Z	Z	Z	Z	Z	Z	Z	Z	Z	Z	1			1	1	1		1/		
5	40% (23/ 57)	1	1		1/		1	4			1	2	1		1/		8		1/D	1	1	1		1/		
104	40% (23/ 57)	1	5			1/M	1	1	1		1	2	1	1	1/		1			1	1			7		
322	40% (23/ 57)	1	17		1/		2C	1	1		1	2	1		8	5	1			2		1				
2298	40% (23/ 57)	1	1	1	1/	1/L	1D	2	3		1	2	1		3D	5	1			1		4		5		
2541	40% (23/ 57)	1	1		1/		1	1	1		1	1	1	1	1/		1			1	1	1		1/		
180	40% (22/ 55)	1	11		6		2	3B	2		2	2	1	1	3E	5	1	3	1/F	1		1		4		
206	40% (14/ 35)	Z	Z	Z	Z	Z	Z	Z	Z	Z	Z	Z	Z	Z	Z	Z	Z	Z	Z	Z	Z	Z		5		
1890	39% (20/ 51)	1	Z	Z	Z	Z	3C	1B	8		1	1	1	Z	1/		8			1	1	1		4		
2441	39% (9/ 23)	Z	Z	Z	Z	Z	Z	Z	Z	Z	Z	Z	Z	Z	Z	Z	Z	Z	Z	Z	Z	Z	Z	8	Z	Z
1894	39% (21/ 54)	1	1	1	1/		1	1	1		1	1	1	1	1/		1			2	Z	Z		5		
1678	39% (22/ 57)	1	10	1	6		2		2		2	2	2	1	3D	5	1	3	1/F	1				4		
172	38% (12/ 32)	Z	Z	Z	Z	Z	Z	Z	Z		1	Z	Z	1	1/	Z	Z	Z		1	Z	Z	Z	Z		
624	38% (6/ 16)	Z	Z	Z	Z	Z	Z	Z	Z	Z	Z	Z	Z	Z	Z	Z	Z			1	Z	Z	Z	Z	Z	Z
2138	38% (21/ 56)	1	5	6	1/		3C	1B	3		1	1	1	3	1/		8		1/B	1	Z	1		4		
2805	37% (20/ 54)	1	1	3B	4	10	3D	2	3	Z	Z	Z	1		6	6	1			1	1			4		
642	37% (17/ 46)	1	1		Z	Z	1	1	1		1	1	Z	1	1/		1			1	1	1		Z		
429	37% (21/ 57)	1	5		1/	5	3D	2	3		2	2	1	1	3D		1		1/F	1		1		5		
459	37% (21/ 57)	1	1			9	1	1	1		1	2	1	1	1/		1			1	1	1		3		
619	37% (21/ 57)	1	1		1/	1/L	1	1	1		1	2	1		1/		1			1	1B	1		4		
1162	37% (21/ 57)	1	1	3B	1/	1/L	7	1	1		1	2	1		1/		8			1	1	1		4		
2737	37% (21/ 57)	1	4		1/		1	4			1	2	1	1	10		1			1	1			3		
314	36% (4/ 11)	Z	Z	Z	Z	Z	Z	Z	Z	Z	Z	Z	Z	Z	Z	Z	Z	Z	Z	Z	Z	Z		1/		
522	36% (20/ 55)	1	7		1/	5	3D	2	3		2	2	1	1	11		1		1/F	1		1		5		
629	36% (19/ 53)	1	2	X	12	1/L	13	8	2		1	1	1	1	7		X			1	1	1I		1/	6	
1752	36% (16/ 45)	Z	Z	Z	Z	Z	Z	Z	Z	Z	Z	Z	Z	1	1/		1			1	1	1				
2587	35% (17/ 48)	Z	Z	Z	Z	Z	Z	Z	Z		1	1	Z	1	1/		1			1	1	1				
228	35% (20/ 57)	1	3		1/		2C	1	1		2	2	1	1	1/		1			1	1	1		5		

1884 — 57 TS + 6 SL + 35 MT

TESTSTELLE			46	52	53	55	56	61	62	66	68	69	70	72	76	77	79	80	82	83	84	85	86	87	88	89	90
UEBEREINST. ZEUGEN			76	452	338	422	459	36	28	1	15	10	2	18	467	181	31	20	10	46	23	20	44	476	471	25	71
BEZEUGTE VARIANTE			2	1/	1/	1/	1/	2	2	3	4	2C	4	2	1/	2	2	3	2	2	3	2	2B	1/	1/	14	2
P33	100%	(1/ 1)	Z		Z	Z	Z	Z	Z	Z	Z	Z	Z	Z	Z	Z	Z	Z	Z	Z	Z	Z	Z	Z	Z	Z	Z
2778	100%	(4/ 4)	Z					Z	Z	Z	Z	Z	Z	Z	Z	Z	Z	Z	Z	Z	Z	Z	Z	Z	Z	Z	Z
08	93%	(53/ 57)										3B															
P41	75%	(3/ 4)	Z	Z	Z	Z	Z	Z	Z	X		2	Z			Z	Z	Z	Z	Z	Z	Z	Z	Z	Z	Z	Z
P45	64%	(7/ 11)	Z	Z	Z	3		Z	Z	Z	Z	Z	Z	Z	Z	Z	Z	Z	Z	Z	Z	Z	Z	Z	Z	Z	Z
81	63%	(25/ 40)						Z	Z	Z	Z	Z	Z	Z	Z	Z	Z	Z	Z	Z	Z						
02	61%	(35/ 57)				4				1/		3	1					2									
P74	59%	(32/ 54)								1/		3	3B				2B	2			1/					2	
2344	59%	(33/ 56)			3					1/		3	3B					2	1D				2			11	
33	57%	(26/ 46)	X		3	X	X			1/C		3	3B					2	1D	X			2			10	
01	56%	(32/ 57)		4		1/B		4		1/		3	1				5	2					2				
1739	56%	(32/ 57)			3			1	1	1/	3	2	2					6B	1				3				
1875	55%	(27/ 49)			3G	5		1		7	12	3B	1	1				1			1/C		2				
2464	55%	(12/ 22)	Z	Z	Z	Z	Z	Z	Z	Z	Z	Z	8	2B			1	6	1		4		3C			2	
181	54%	(31/ 57)			3G	5				1/	12	3B	1	1							1/C		2				
04	54%	(19/ 35)		1/D	4			Z	Z	Z	Z	Z	Z						Z				Z	Z	Z	Z	Z
945	53%	(30/ 57)			8C			1	1	1/	3	3	2	6				6B	1				3			5	
03	51%	(29/ 57)		4		1/B		4		1/	2	3	2			2B		2			4					2	
630	51%	(29/ 57)			8			1	1	1/	3		1	3				6	1			1	1B			3	
1891	49%	(28/ 57)			3			1	1	1/	3	2	2	3				6	1			1	2				
1704	47%	(27/ 57)			8			1	1	1/	3	3	2	6				6B	1			1	3			5	4
623	47%	(23/ 49)			3			1		1/		1	1	2B			1B	7	1	1	4		2			1	
044	46%	(26/ 57)						1		1/	3	3B	1	7			1		1		1/		3			2	
1175	46%	(26/ 57)		4	3				1	1/B	2	3	1	3				2	1		1/		3				
2200	45%	(25/ 55)	1		8			1	1	1/	3	2	1B	3	Z	Z		6	1			1	1				
431	45%	(25/ 56)			3				1	1/B	2		2					1	1		4	1	3			2	
1526	42%	(14/ 33)	1					1	1	1/	1	1	1	1			1	1	Z	Z	Z	Z	Z	Z	Z	Z	Z
307	42%	(24/ 57)			3			1	1	1/B	2		3						1		4	1	3			2	
436	42%	(24/ 57)			4C			1		1/		1	1	2B			1	1	1		4	1	3				
453	42%	(24/ 57)			3			1	1	1/B	2		2B						1		4	1				2	1
2303	42%	(8/ 19)	1		Z	Z	Z	Z	Z	Z	Z	Z	Z	Z	Z	Z	Z	Z	Z	Z	Z	Z	Z	Z	Z	Z	Z
2818	42%	(24/ 57)			3			1	1	1/B	2		2					1	1		4	1	3			2	
1409	42%	(23/ 55)	3	3	3			Z	Z	1/		3B	2	1			5	2			1/	1	3			8	1

1884 57 TS + 6 SL + 35 MT

TESTSTELLE	46	52	53	55	56	61	62	66	68	69	70	72	76	77	79	80	82	83	84	85	86	87	88	89	90
UEBEREINST. ZEUGEN	76	452	338	422	459	36	28	1	15	10	2	18	467	181	31	20	10	46	23	20	44	476	471	25	71
BEZEUGTE VARIANTE	2	1/	1/	1/	1/	2	2	3	4	2C	4	2	1/	2	2	3	2	2	3	2	2B	1/	1/	14	2
1751 42% (23/ 55)			8				1	1/E	3	1	1B	1		5		6	1		1/C	1	1				
610 41% (21/ 51)			3			1	1	1/B	2		2	Z		Z	Z	Z	1		4	1	3			2	
323 41% (23/ 56)			3			1	1	1/	1	1	1	1			1	6	1	1	1/	1	1			1	
2718 41% (16/ 39)		4	3			1		6	3		Z	Z	Z	Z	Z	Z	Z	Z	Z	Z	Z	Z	Z	Z	Z
441 41% (18/ 44)		3	3			1	1	8	2	1	3	1			1	1	1		1/	1	3				
1852 40% (17/ 42)	3					3	1	1/	1	1	1	1		1	1	1	1	1	1/	1	1				
5 40% (23/ 57)	3		3				1	1/		1	1	1			1B	7	1	1	1/	1	5			1	
104 40% (23/ 57)						1	1	1/	1	1	1	1		3	1	1	1	1	1/	1	1			1	4
322 40% (23/ 57)			3F			1	1	1/	1	1	1	1			1	6	1	1	1/	1	1			1	
2298 40% (23/ 57)	3		3			1	1	1/	3	3	2	1				6	1	1		1	3			12	
2541 40% (23/ 57)	1					1	1	1/	1	1	1	1		1	1	1	1		4	1				8	1
180 40% (22/ 55)			3				1	1/	3		2			Z	Z	1	1		1/	1	3			9	
206 40% (14/ 35)		4	8			1	1	1/	3	3	1	3		1B		6	1			1	1				1
1890 39% (20/ 51)				1/B	1/D	1		6	17	1	1	1			1	1	1		4	1	Z				
2441 39% (9/ 23)	1					Z	Z	Z	Z	Z	Z	Z			1	l	1	Z	Z	Z	1B			1	1
1894 39% (21/ 54)	3					1	1	1/	1	1	1	Z		1	1	1	1			1	3		7		
1678 39% (22/ 57)			3			1	1	1/B	2		2	1				1	1		4	1	3			2	
172 38% (12/ 32)	1					1	1	1/	7	1	1	1		1B	1	1	1	Z	Z	Z	Z			1	Z
624 38% (6/ 16)	Z	Z	Z	Z	Z	Z	Z	1/	1	Z	Z	W		Z	Z	Z	Z	Z	Z	Z	Z			1	1
2138 38% (21/ 56)				1/B	1/D	1		1/	17	1	1	1			1		1		4	1	3				
2805 37% (20/ 54)			3			1		1/	4B	1B	1	1			1	4	1		1/	1	3			3	
642 37% (17/ 46)	1					1	1	Z	Z	Z	2	1		1	1	1	Z	Z	Z	Z	1B			1	1
429 37% (21/ 57)			8			1	1	1/	3	3	1			1B		6	1			1	1				1
459 37% (21/ 57)	3					1	1	1/	1	1	1	1		3	4	1	1	1	1/	1	1			1	4
619 37% (21/ 57)			3				1	1/	15	1	4B	1B			1B	3B	1	1	1/		1			1	
1162 37% (21/ 57)			3				1	1/	15	1	1	1B			1B		1	1	1/		1			1	
2737 37% (21/ 57)	1		3			1	1	1/	15		1	1		1	1	1	1	1	1/	1	1B			1	
314 36% (4/ 11)	1	Z	Z	Z	Z	Z	Z	Z	Z	Z	Z	Z	Z	Z	Z	Z	Z	Z	Z	Z	Z	Z	Z	Z	Z
522 36% (20/ 55)			8			1	1	1/	3	3	Z	V		1B		6C	1			1	1				1
629 36% (19/ 53)				7		1		1/H	1	3B	1	2B			1	1					X	X	6	1	3
1752 36% (16/ 45)	1					1	1	1/	2	1	1	1			1	1	1	1	1/	1	1B			1	1
2587 35% (17/ 48)	1					1	1	1/	2	1	1	1			1	1	1	1	1/	1	1B			1	1
228 35% (20/ 57)	3					1	1	11	7	1	1	8			1	5	1	1	1/	1	1			1	1

1884 57 TS + 6 SL + 35 MT

TESTSTELLE UEBEREINST. ZEUGEN BEZEUGTE VARIANTE			91 7 4	92 99 2	95 44 2	96 35 2	97 422 1/	98 40 2	104 22 2
P33	100%	(1/ 1)	Z	Z	Z	Z	Z	Z	Z
2778	100%	(4/ 4)	Z	Z	Z	Z	Z	Z	Z
08	93%	(53/ 57)						2C	
P41	75%	(3/ 4)	Z	Z	Z	Z	Z	Z	Z
P45	64%	(7/ 11)	Z	Z	Z	Z	Z	Z	Z
81	63%	(25/ 40)	1/						
02	61%	(35/ 57)	1/	1					
P74	59%	(32/ 54)	1/		Z				
2344	59%	(33/ 56)	3G	1				7	
33	57%	(26/ 46)	3	1				7	
01	56%	(32/ 57)	1/						
1739	56%	(32/ 57)	3						
1875	55%	(27/ 49)	12						1M
2464	55%	(12/ 22)	4B					2C	
181	54%	(31/ 57)	12				4		
04	54%	(19/ 35)	Z	Z			3		Z
945	53%	(30/ 57)	3						1E
03	51%	(29/ 57)	1/				4		
630	51%	(29/ 57)	3						1
1891	49%	(28/ 57)	3						1
1704	47%	(27/ 57)	3						1
623	47%	(23/ 49)	3			1		2C	1
044	46%	(26/ 57)	3		3			1	
1175	46%	(26/ 57)	1/	1			1/B	2C	
2200	45%	(25/ 55)	3						1
431	45%	(25/ 56)	14		3	1	3	W	1
1526	42%	(14/ 33)	Z	Z	Z	Z	Z	Z	Z
307	42%	(24/ 57)	3		3	1	3		1
436	42%	(24/ 57)	3			1			1
453	42%	(24/ 57)	6B		3	1	3		1
2303	42%	(8/ 19)	Z	1	1	1		Z	1
2818	42%	(24/ 57)	3		3	1	3		1
1409	42%	(23/ 55)				1		3	1

1884 57 TS + 6 SL + 35 MT

TESTSTELLE UEBEREINST. ZEUGEN BEZEUGTE VARIANTE			91 7 4	92 99 2	95 44 2	96 35 2	97 422 1/	98 40 2	104 22 2
1751	42%	(23/ 55)	3H			Z	Z		1
610	41%	(21/ 51)	3		3	1	3		1
323	41%	(23/ 56)	5		4			3	1
2718	41%	(16/ 39)	Z	Z	Z			2C	
441	41%	(18/ 44)	5D	1	3	1		2C	
1852	40%	(17/ 42)	5		3			1	1
5	40%	(23/ 57)	3			1		2C	1
104	40%	(23/ 57)	5						3D
322	40%	(23/ 57)	5		4			3	1
2298	40%	(23/ 57)	3						1
2541	40%	(23/ 57)				1			1
180	40%	(22/ 55)			3	1	3		1
206	40%	(14/ 35)	4E	1	3	1		1D	Z
1890	39%	(20/ 51)	8		3		3	1	1
2441	39%	(9/ 23)	1/	1	1	1		1	1
1894	39%	(21/ 54)	3			1		1	1
1678	39%	(22/ 57)	3		3	1	3		1
172	38%	(12/ 32)	Z	Z	1	1		3	Z
624	38%	(6/ 16)	1/	1	1	1		1	Z
2138	38%	(21/ 56)	8		3		3	1	1B
2805	37%	(20/ 54)	3		3	1		2C	1C
642	37%	(17/ 46)	1/	1		1		1	1
429	37%	(21/ 57)	4E	1	3	1		1D	1
459	37%	(21/ 57)	5						3G
619	37%	(21/ 57)	1/	1	1	1		6B	1
1162	37%	(21/ 57)	1/	1	1	1		6	1
2737	37%	(21/ 57)	11D		1	1		2B	1
314	36%	(4/ 11)	Z	1	1	1		1	1
522	36%	(20/ 55)	4F	1	3	1		1D	3E
629	36%	(19/ 53)	1/	1	1	1		3	
1752	36%	(16/ 45)	1/	1	1	1		1	1
2587	35%	(17/ 48)	1/	1	1	1		1	1
228	35%	(20/ 57)	5H		1	1			1

1886 31 TS + 3 SL + 69 MT

TESTSTELLE	7	10	11	14	18	20	28	29	33	35	36	41	42	44	45	52	53	55	56	65	69	76	84	86	87
UEBEREINST. ZEUGEN	4	392	351	8	355	441	416	439	5	452	339	467	283	451	473	452	338	422	459	333	1	467	402	24	476
BEZEUGTE VARIANTE	10	1/	1/	5	1/	1/	1/	1/	6	1/	1/	1/	1/	1/	1/	1/	1/	1/	1/	1/	10	1/	1/	4	1/
P8 100% (1/ 1)	Z	Z	Z	Z		Z	Z	Z	Z	Z	Z	Z	Z	Z	Z	Z	Z	Z	Z	Z	Z	Z	Z	Z	Z
P33 100% (1/ 1)	Z	Z	Z	Z	Z	Z	Z	Z	Z	Z	Z	Z	Z	Z	Z		Z	Z	Z	Z	Z	Z	Z	Z	Z
2778 100% (4/ 4)	Z	Z	Z	Z	Z	Z	Z	Z	Z	Z	Z	Z	Z	Z	Z					Z	Z	Z	Z	Z	Z
172 89% (16/ 18)	Z	Z	Z	Z				Z	Z	Z		Z	Z								1		Z	Z	
1526 88% (15/ 17)	Z	Z	Z	Z					Z											1/F	1		Z	Z	Z
1240 87% (27/ 31)			6						1												1				
1762 85% (17/ 20)	Z	Z	Z	Z	Z				1								8B				1			Z	Z
506 83% (5/ 6)	Z	Z	Z	Z	Z	Z			1	Z	Z	Z	Z	Z	Z	Z	Z			Z	Z	Z		Z	Z
624 82% (9/ 11)	Z	Z	Z	Z	Z	Z	Z	Z	Z			Z	Z	Z	Z	Z	Z	Z	Z		Z		Z	Z	
2716 82% (18/ 22)	Z	Z	Z	Z	Z	Z			Z	Z										1/H	1				
1748 81% (25/ 31)	1			1					1												1			2	
62 80% (8/ 10)	Z	Z	Z	Z	Z	Z			1					Z	Z	Z	Z	Z	Z	Z	Z	Z	Z	Z	Z
312 80% (24/ 30)	1			Z					1											5	1				
1094 80% (20/ 25)	Z	Z	Z	Z	Z	Z			1												5			2	
2627 80% (4/ 5)	Z	Z	Z	Z	Z	Z			1			Z	Z	Z	Z	Z	Z	Z	Z	Z	Z	Z	Z	Z	Z
337 79% (23/ 29)	1			Z		Z			1												1			1	
699 79% (23/ 29)	Z			1	Z				1												1			2	
1390 79% (23/ 29)	1			1					1					Z	Z						1			1	
1856 79% (19/ 24)	1			1					1				8								1		Z	Z	Z
602 79% (11/ 14)	Z	Z	Z	Z	Z	Z	Z	Z	Z	Z	Z	Z	Z	Z	Z	Z					1			3	
1864 79% (22/ 28)	Z	Z	Z	1					1												1			1B	
1747 78% (18/ 23)	3			1					1			1/D									1	Z	Z	Z	Z
1867 78% (21/ 27)	Z	Z	Z	Z					1												1			3	
2431 78% (21/ 27)	1			1	Y				Y	Y	Y									1/G	1			1B	
82 77% (24/ 31)	1			1					1												1			3	
97 77% (24/ 31)	1			1					1											10	1			2B	
105 77% (24/ 31)	1			1					1												1			1B	
149 77% (24/ 31)	1			1					1												1			1B	
175 77% (24/ 31)	1			1					1												1			2B	
201 77% (24/ 31)	1			1					1												1			1B	
203 77% (24/ 31)	1			1					1												1			2B	
205 77% (24/ 31)	1		6						1								3				1				
209 77% (24/ 31)	1		6						1								3				1			1B	

1886 | 31 TS + 3 SL + 69 MT

TESTSTELLE	7	10	11	14	18	20	28	29	33	35	36	41	42	44	45	52	53	55	56	65	69	76	84	86	87
UEBEREINST. ZEUGEN	4	392	351	8	355	441	416	439	5	452	339	467	283	451	473	452	338	422	459	333	1	467	402	24	476
BEZEUGTE VARIANTE	10	1/	1/	5	1/	1/	1/	1/	6	1/	1/	1/	1/	1/	1/	1/	1/	1/	1/	1/	10	1/	1/	4	1/
404 77% (24/ 31)	1			1					1												1			2B	
424 77% (24/ 31)	1			1					1												1			2B	
450 77% (24/ 31)	1								1		1/K										1			1	
452 77% (24/ 31)	1			1					1												1			2B	
458 77% (24/ 31)	1			1		1/D			1												8			1	
462 77% (24/ 31)	1			1					1												1			2B	
479 77% (24/ 31)	1			1					1												1			3	
625 77% (24/ 31)	1			1					1												1			1	
680 77% (24/ 31)	1B			1					1												6			1	
794 77% (24/ 31)	1			1					1												1			1	
824 77% (24/ 31)	1			1					1												1			1B	
914 77% (24/ 31)	1		6						4											1/F	1				
917 77% (24/ 31)	4			1					2												1			4B	
1022 77% (24/ 31)	1			1					1												1			3	
1040 77% (24/ 31)	1			1					1												1			1B	
1072 77% (24/ 31)	1			1					1												1			1B	
1073 77% (24/ 31)	1			1					1												1			1	
1075 77% (24/ 31)	1			1					1												1			1B	
1103 77% (24/ 31)	1			1					1												1			3	
1107 77% (24/ 31)	1			1					1												1			1	
1241 77% (24/ 31)	1			1					1												1			1	
1248 77% (24/ 31)	1			1					1												1			1B	
1503 77% (24/ 31)	1			1					1												1			1B	
1617 77% (24/ 31)	1			1					1												1			1B	
1619 77% (24/ 31)	1			1					1												1			1B	
1628 77% (24/ 31)	1			1					1												1			1B	
1636 77% (24/ 31)	1			1					1												1			1B	
1637 77% (24/ 31)	1			1					1												1			1B	
1656 77% (24/ 31)	1			1					1												1			1B	
1720 77% (24/ 31)	1			1					1												1			1	
1740 77% (24/ 31)	1			1					1												1			1B	
1746 77% (24/ 31)	1			1					1												1			1B	
1828 77% (24/ 31)	1			1					1												1			1B	

1886		31 TS + 3 SL + 69 MT					
TESTSTELLE		88	91	92	97	100	102
UEBEREINST. ZEUGEN		471	279	3	33	470	478
BEZEUGTE VARIANTE		1/	1/	3	4	1/	1/
P8	100% (1/ 1)	Z	Z	Z	Z	Z	Z
P33	100% (1/ 1)	Z	Z	Z	Z	Z	Z
2778	100% (4/ 4)	Z	Z	Z	Z	Z	Z
172	89% (16/ 18)		Z	Z	1/		
1526	88% (15/ 17)	Z	Z	Z	Z	Z	Z
1240	87% (27/ 31)			1			
1762	85% (17/ 20)	Z	Z	Z	Z		
506	83% (5/ 6)	Z	Z	Z	Z	Z	Z
624	82% (9/ 11)			1	1/		
2716	82% (18/ 22)			1	1/	Z	
1748	81% (25/ 31)			1			
62	80% (8/ 10)	Z	Z	Z	1/		
312	80% (24/ 30)			1	1/		
1094	80% (20/ 25)			1	1/		
2627	80% (4/ 5)	Z	Z	Z	Z	Z	Z
337	79% (23/ 29)			1	1/		
699	79% (23/ 29)			1	1/		
1390	79% (23/ 29)			1			
1856	79% (19/ 24)	Z	Z	Z	Z		
602	79% (11/ 14)			1	Z		
1864	79% (22/ 28)			1	1/		
1747	78% (18/ 23)	Z	Z	Z	Z		
1867	78% (21/ 27)		3	1	1/		
2431	78% (21/ 27)			1			
82	77% (24/ 31)			1	1/		
97	77% (24/ 31)			1			
105	77% (24/ 31)			1	1/		
149	77% (24/ 31)			1	1/		
175	77% (24/ 31)			1	1/		
201	77% (24/ 31)			1	1/		
203	77% (24/ 31)			2	1/		
205	77% (24/ 31)			1	1/		
209	77% (24/ 31)			1			

1886		31 TS + 3 SL + 69 MT					
TESTSTELLE		88	91	92	97	100	102
UEBEREINST. ZEUGEN		471	279	3	33	470	478
BEZEUGTE VARIANTE		1/	1/	3	4	1/	1/
404	77% (24/ 31)			1	1/		
424	77% (24/ 31)			1	1/		
450	77% (24/ 31)			1	1/		
452	77% (24/ 31)			1	1/		
458	77% (24/ 31)			1			
462	77% (24/ 31)			1	1/		
479	77% (24/ 31)			1	1/		
625	77% (24/ 31)			1	1/		
680	77% (24/ 31)			1	1/		
794	77% (24/ 31)			1	7		
824	77% (24/ 31)			1	1/		
914	77% (24/ 31)			1	1/		
917	77% (24/ 31)			1	1/		
1022	77% (24/ 31)			1	1/		
1040	77% (24/ 31)			1	1/		
1072	77% (24/ 31)			1	1/		
1073	77% (24/ 31)			1	1/		
1075	77% (24/ 31)			1	1/		
1103	77% (24/ 31)			2	1/		
1107	77% (24/ 31)			1	1/		
1241	77% (24/ 31)			1	1/		
1248	77% (24/ 31)			1	1/		
1503	77% (24/ 31)			1	1/		
1617	77% (24/ 31)			1	1/		
1619	77% (24/ 31)			1	1/		
1628	77% (24/ 31)			1	1/		
1636	77% (24/ 31)			1	1/		
1637	77% (24/ 31)			1	1/		
1656	77% (24/ 31)			1	1/		
1720	77% (24/ 31)			1	1/		
1740	77% (24/ 31)			1	1/		
1746	77% (24/ 31)			1	1/		
1828	77% (24/ 31)			1	1/		

1890 43 TS + 1 SL + 47 MT

TESTSTELLE	13	18	20	28	29	33	35	36	41	42	43	44	45	46	48	52	53	55	56	57	62	64	65	66	68
UEBEREINST. ZEUGEN	3	355	441	416	439	12	452	339	467	53	2	451	473	76	452	452	338	17	14	104	28	38	71	20	7
BEZEUGTE VARIANTE	3C	1/	1/	1/	1/	8	1/	1/	1/	4	4	1/	1/	2	1/	1/	1/	1/B	1/D	2	2	2	1/F	6	17
P8 100% (1/ 1)	Z		Z	Z	Z	Z	Z	Z	Z	Z	Z	Z	Z	Z	Z	Z	Z	Z	Z	Z	Z	Z	Z	Z	Z
P33 100% (1/ 1)	Z	Z	Z	Z	Z	Z	Z	Z	Z	Z	Z	Z	Z	Z	Z		Z	Z	Z	Z	Z	Z	Z	Z	Z
2138 93% (40/ 43)								1/B																1/	
2627 80% (4/ 5)	Z	Z	Z			1			Z	Z	Z	Z	Z	Z	Z	Z	Z	Z	Z	Z	Z	Z	Z	Z	Z
1505 79% (34/ 43)	1					5		1/D		1/	1			1									1/		
2175 78% (7/ 9)	1					1				Z	Z	Z	Z	Z	Z	Z	Z	Z	Z	Z	Z	Z	Z	Z	Z
2495 77% (33/ 43)	1	4				5		1/D		1/	1			1											
916 75% (6/ 8)	1					1			Z	Z	Z	Z	Z	Z	Z	Z	Z	Z	Z	Z	Z	Z	Z	Z	Z
1611 74% (32/ 43)						1											3B	1/					1/	1/	
044 67% (29/ 43)	2D										1	5						1/	1/					1/	3
886 67% (2/ 3)	1			Z	Z	Z	Z	Z	Z	Z	Z	Z	Z	Z	Z	Z	Z	Z	Z	Z	Z	Z	Z	Z	Z
1101 67% (2/ 3)	1			Z	Z	Z	Z	Z	Z	Z	Z	Z	Z	Z	Z	Z	Z	Z	Z	Z	Z	Z	Z	Z	Z
2718 67% (20/ 30)	1C					1					2					4	3	1/	1/						3
614 63% (27/ 43)	1					1					4B						3					1	11	15	
1292 63% (27/ 43)	1					1					4B			3			3				1	1	1/	4	
2412 63% (27/ 43)	1					1					4B						3					1	11	4	
81 61% (19/ 31)	2	Z	Z			1	3			1/	2							1/	1/		Z	Z	Z	Z	Z
436 60% (26/ 43)	1	4				1					1						4C	1/	1/				1/	1/	4
1610 60% (21/ 35)	1E	4		3D	5					5	1				Z	Z						Z	Z	Z	Z
913 60% (25/ 42)	Z	4		3D	5					5	1											1		1/	1
P74 59% (24/ 41)	2B	Z				2	3			3	2	4						1/	1/				1/	1/	4
623 59% (24/ 41)	Z	Z									1						3	1/	1/					1/	4
181 58% (25/ 43)	1					2	3	3			2						3G	5	1/				1/	1/	12
431 58% (25/ 43)	1					2	3				2						3	1/	1/		1		1/	1/B	2
2344 58% (25/ 43)	1					1				3	2						3	1/	1/				1/E	1/	4
1526 58% (15/ 26)	Z					Z				1/	1			1				1/	1/	1	1	1		1/	1
1875 56% (22/ 39)	X			Z	Z	2	3	3		6	Z						3G	5	1/					7	12
621 56% (24/ 43)	8		1/B								1					3	3B	1/	1/		1		1/	8	2
P45 56% (5/ 9)	Z	Y	Y			9		Z		Z	Z	Z		Z	Z	Z	Z	3	1/	1	Z	Z	Z	Z	Z
2464 56% (10/ 18)	Z	Z	Z	Z	Z	Z	Z	Z	Z	Z	Z	Z	Z	Z	Z	Z	Z	Z	Z	Z	Z	Z	Z	Z	Z
2303 55% (11/ 20)	Z	Z	Z			1					1			1			Z	Z	Z	Z	Z	Z	Z	Z	Z
33 54% (19/ 35)	1	X			X	2		X		3	2			X			3	X	X				1/D	1/C	4
02 53% (23/ 43)	2B	5				2	3			3	2	4						4	1/				1/	1/	4

1890 — 43 TS + 1 SL + 47 MT

TESTSTELLE		13	18	20	28	29	33	35	36	41	42	43	44	45	46	48	52	53	55	56	57	62	64	65	66	68
UEBEREINST. ZEUGEN		3	355	441	416	439	12	452	339	467	53	2	451	473	76	452	452	338	17	14	104	28	38	71	20	7
BEZEUGTE VARIANTE		3C	1/	1/	1/	1/	8	1/	1/	1/	4	4	1/	1/	2	1/	1/	1/	1/B	1/D	2	2	2	1/F	6	17
03	53% (23/ 43)	2	3				2	4			1/	2	4				4			1/				1/	1/	2
1830	53% (23/ 43)	1D	4		3D	5					5	1											1	1/	1/	1
1842	53% (23/ 43)	8									1/	1					3	3	1/F	1/	1	1		1/	1/	15
08	53% (21/ 40)	3	4		5		2				6	1				6			1/	1/	1		1		3	4
441	53% (21/ 40)	Z	Z	Z			1					1					3	3	1/	1/		1		1/K	8	2
04	52% (13/ 25)	2B	Z	Z			1	3B		Z	Z	2	4				1/D	4	1/	1/	Z	Z	Z	Z	Z	Z
1893	52% (17/ 33)	X					Z	Z	Z			1				Z		3	1/	1/		1	Z	Z	Z	Z
1884	51% (20/ 39)	3	6B		5		2				6	1				U			1/	1/	1		1	6	3	4
2652	51% (21/ 41)	Z					1				1/	1			1		Z	3				1	1	10	4	1
01	51% (22/ 43)	2	5				2	3			1/	2	4			3	4			1/				1/K	1/	4
307	51% (22/ 43)	2	5B		3E	5	1	3	1/F			2						3	1/	1/		1		1/	1/B	2
1739	51% (22/ 43)	3D	4		3D	5	1				5	1						3	1/	1/		1		1/	1/	3
2818	51% (22/ 43)	2	5B		3E	5	3	3	1/F			2						3	1/	1/		1		1/	1/B	2
P41	50% (1/ 2)	Z	Z	Z	Z	Z	Z	Z	Z	Z	Z	Z	Z	Z	Z	Z	Z	Z	Z	Z	Z	Z	Z	Z	X	4
1852	50% (19/ 38)	Z	Z	Z	Z	Z	1				1/	1			3				1/	1/	1	1	1	1/	1/	1
2125	50% (3/ 6)	11			Z	Z	1		Z	Z	Z	Z	Z	Z	1	Z	Z	Z	Z	Z	Z	Z	Z	Z	Z	Z
2778	50% (3/ 6)	Z	Z	Z	Z	Z	Z	Z	Z	Z	Z	Z	Z	Z	Z				1/	1/	1	Z	Z	Z	Z	Z
453	49% (21/ 43)	2	5B		3E	5	1	3	1/F			2						3	1/	1/		1		1/	1/B	2
619	49% (21/ 43)	1					1					1						3	1/	1/		1	1	1/	1/	15
1162	49% (21/ 43)	7	4									1						3	1/	1/		1	1	1/	1/	15
1678	49% (21/ 43)	2	5B		3D	5	1	3	1/F			2						3	1/	1/		1		1/	1/B	2
1853	49% (21/ 43)	1	4		3D	5	3				5	1							1/				1	1/	1/	1
610	49% (20/ 41)	2	5B		3E	5	Z	3	1/F			2						3	1/	1/		1		1/	1/B	2
2201	49% (20/ 41)	Z	Z						1/F		1/	1						3	1/	1/		1	1	1/	1/	1
2805	49% (20/ 41)	3D	4	Z	6	6	1					1						3	1/	1/			1		1/	4B
1856	48% (15/ 31)	1					1				8	1			1				1/	1/	1	1	1	1/	1/	2
76	47% (20/ 43)	1					1					1			3				1/	1/		1	1		1/	1
104	47% (20/ 43)	1					1				7	1							1/	1/		1	6	1/	1/	1
218	47% (20/ 43)	1					1				1/	1			1				1/	1/	1	1			1/	7
945	47% (20/ 43)	3E	4		3D	5	1				5	1						8C	1/	1/		1		1/	1/	3
1827	47% (20/ 43)	1					3					1						3	1/	1/		1	1	1/	1/	7
1891	47% (20/ 43)	3D	4		3D	5	1		1/F		5	1						3	1/	1/		1		1/	1/	3
2143	47% (20/ 43)	1					1		1/F		1/	1						3	1/	1/		1	1		1/	15

1890 | 43 TS + 1 SL + 47 MT

TESTSTELLE	76	77	78	83	84	87	88	89	90	91	92	94	95	96	97	100	102	103
UEBEREINST. ZEUGEN	467	181	67	46	42	476	471	25	71	18	99	1	68	35	17	11	478	21
BEZEUGTE VARIANTE	1/	2	2	2	4	1/	1/	14	2	8	2	3B	3	2	3	4	1/	2
P8 100% (1/ 1)	Z	Z	Z	Z	Z	Z	Z	Z	Z	Z	Z	Z	Z	Z	Z	Z	Z	Z
P33 100% (1/ 1)	Z	Z	Z	Z	Z	Z	Z	Z	Z	Z	Z	Z	Z	Z	Z	Z	Z	Z
2138 93% (40/ 43)												3						
2627 80% (4/ 5)	Z	Z	Z	Z	Z	Z	Z	Z	Z	Z	Z	Z	Z	Z	Z	Z	Z	Z
1505 79% (34/ 43)												3				1/		
2175 78% (7/ 9)	Z	Z	Z	Z	Z	Z	Z	Z	Z	Z	Z	Z	Z	Z	Z	Z	Z	Z
2495 77% (33/ 43)											1	3				1/		
916 75% (6/ 8)	Z	Z	Z	Z	Z	Z	Z	Z	Z	Z	Z	Z	Z	Z	Z	Z	Z	Z
1611 74% (32/ 43)			1	1				13				1		1				3
044 67% (29/ 43)					1/			2		3		4			1/	1/	4	
886 67% (2/ 3)	Z	Z	Z	Z	Z	Z	Z	Z	Z	Z	Z	Z	Z	Z	Z	Z	Z	Z
1101 67% (2/ 3)	Z	Z	Z	Z	Z	Z	Z	Z	Z	Z	Z	Z	Z	Z	Z	Z	Z	Z
2718 67% (20/ 30)	Z	Z	Z	Z	Z	Z	Z	Z	Z	Z	Z	Z	Z		1/	1/		
614 63% (27/ 43)	3		1	1		5	9	2				1C		1				1
1292 63% (27/ 43)	3		1	1				2				1C		1				3
2412 63% (27/ 43)	3		1	1		5	9	2				1C		1				1
81 61% (19/ 31)	Z	Z	Z	Z	Z					1/		2D	2		1/	1/		
436 60% (26/ 43)										3		11	2	1	1/	1/		1
1610 60% (21/ 35)		1B	1	Z	Z			1				3	1	1	5			1
913 60% (25/ 42)		1B	1	1	1/			1					1	1	5			1
P74 59% (24/ 41)					1/			2		1/		2	Z		1/	1/		
623 59% (24/ 41)			1	1				1		3		1	2	1	1/	1/	3	3B
181 58% (25/ 43)			1		1/C					12		2	2		4	1/		
431 58% (25/ 43)			1					2		14		1		1		1/		1
2344 58% (25/ 43)					3			11		3G	1	2	2		1/	1/		
1526 58% (15/ 26)			1	Z	Z	Z	Z	Z	Z	Z	Z	Z	Z	Z	Z	Z	Z	Z
1875 56% (22/ 39)			1		1/C					12		2	2		1/	1/		3B
621 56% (24/ 43)			1		1/					5		2C		1	1/	1/		3C
P45 56% (5/ 9)	Z	Z	Z	Z	Z	Z	Z	Z	Z	Z	Z	Z	Z	Z	Z	Z	Z	Z
2464 56% (10/ 18)			1					2		4B		2	2		1/	3	4	
2303 55% (11/ 20)	Z	Z	Z	Z	Z	Z	Z	Z	Z	Z	1	1	1	1	1/	Z		1
33 54% (19/ 35)				X	3			10		3	1	2	2		1/	1/		X
02 53% (23/ 43)					3					1/	1	2	2		1/	1/	3	

1890 43 TS + 1 SL + 47 MT

TESTSTELLE	76	77	78	83	84	87	88	89	90	91	92	94	95	96	97	100	102	103
UEBEREINST. ZEUGEN	467	181	67	46	42	476	471	25	71	18	99	1	68	35	17	11	478	21
BEZEUGTE VARIANTE	1/	2	2	2	4	1/	1/	14	2	8	2	3B	3	2	3	4	1/	2
03 53% (23/ 43)		2B						2		1/		2	2		4	1/	3	
1830 53% (23/ 43)		1B	1	1	1/			1				3	1	1	1/			1
1842 53% (23/ 43)			1		1/C					5		2		1	5	1/		3B
08 53% (21/ 40)			1		3					4		2	2		1/	Z	Z	Z
441 53% (21/ 40)			1		1/					5D	1	2C		1	1/	1/		3D
04 52% (13/ 25)					3	Z	Z	Z	Z	Z	Z	2	2			Z		Z
1893 52% (17/ 33)			1	1	Z			1		1/	1	1C	1	1	1/	1/		1
1884 51% (20/ 39)			1		3					4		2B	2		1/	Z	Z	Z
2652 51% (21/ 41)	4		1	1	1/	4B	5	8				1		1				1H
01 51% (22/ 43)			3		3					1/		2	2		1/	1/	3	
307 51% (22/ 43)								2		3		1		1		1/		1
1739 51% (22/ 43)			1		3					3		2	2		1/	1/		
2818 51% (22/ 43)								2		3		1		1		1/		1
P41 50% (1/ 2)		Z	Z	Z	Z	Z	Z	Z	Z	Z	Z	Z	Z	Z	Z	Z	Z	Z
1852 50% (19/ 38)		1		1	1/					5		3			1/	1/		
2125 50% (3/ 6)	Z	Z	Z	Z	Z	Z	Z	Z	Z	Z	Z	Z	Z	Z	Z	Z	Z	Z
2778 50% (3/ 6)	Z	Z	Z	Z	Z	Z	Z	Z	Z	Z	Z	Z	Z	Z	Z	Z	Z	Z
453 49% (21/ 43)								2	1	6B		1		1		1/		1
619 49% (21/ 43)				1	1/			1		1/	1	1	1	1	1/	1/		1
1162 49% (21/ 43)				1	1/			1		1/	1	1	1	1	1/	1/		1N
1678 49% (21/ 43)								2		3		1		1		1/	4	1
1853 49% (21/ 43)		1	1	1	1/			1				3	1	1	1/			1
610 49% (20/ 41)		Z	1					2		3		1		1		1/		1
2201 49% (20/ 41)				1	1/			1		5		1	1	1	1/	1/		1
2805 49% (20/ 41)			1		1/			3		3		4		1	1/	1/	Z	1L
1856 48% (15/ 31)			1	Z	Z	Z	Z	Z	Z	Z	Z	Z	Z	Z	Z	1/		1
76 47% (20/ 43)			1	1	1/			1	1	3	1	1	1	1	1/	1/		3
104 47% (20/ 43)		3	1	1	1/			1	4	5		1	2		1/	1/		1
218 47% (20/ 43)			1	1	1/			1	1	1/		1	2	1	1/	1/		1
945 47% (20/ 43)			1B		3			5		3		2	2		1/	1/		1
1827 47% (20/ 43)			1	1	1/			1		1/	1	1C	1	1	1/	1/		1
1891 47% (20/ 43)			1		3					3		2	2		1/	1/		1L
2143 47% (20/ 43)				1	1/			1	4	5		1	1	1	1/	1/		1

1891 70 TS + 2 SL + 32 MT

TESTSTELLE	6	7	8	10	11	12	13	15	17	18	19	20	21	23	26	28	29	31	32	34	35	36	37	39	40
UEBEREINST. ZEUGEN	11	2	94	392	351	13	8	24	23	73	110	441	36	91	30	29	30	36	51	19	452	38	15	33	34
BEZEUGTE VARIANTE	2	16	3	1/	1/	3	3D	3	2	4	2	1/	2	2	2	3D	5	2	2	2B	1/	1/F	2	4	2
P33 100% (1/ 1)	Z	Z	Z	Z	Z	Z	Z	Z	Z	Z	Z	Z	Z	Z	Z	Z	Z	Z	Z	Z	Z	Z	Z	Z	Z
1739 94% (66/ 70)																						1/			
2200 82% (55/ 67)	1	1							1C						1		1/	1							
945 80% (56/ 70)	1	1					3E		11													1/			
630 78% (52/ 67)	1	1					4		Z	Z	Z				1		1/	1							
1704 73% (51/ 70)	1	1				2	5	5	11									4				1/			
2298 63% (44/ 70)	1	1	1		1/L	1	1D		11B				1					6	1	11		1/	1		4
610 63% (40/ 64)	1	13		6		1	2	2		5B					Z	3E				Z	3		1		
81 61% (30/ 49)		2	2	14	1/L	2	2	2	Z	Z	Z	Z	Z	Z		1/	1/			2C	3	1/		2	
P74 61% (40/ 66)		X	Y	3	1/I	2	2B	2		Z						1/	1/			2	3	1/		2	
P41 60% (3/ 5)	Z	Z	Z	Z	Z	Z	Z	Z	Z	Z	Z	Z	Z	Z	Z	Z	Z	Z	Z	Z	Z	Z	Z	Z	Z
1875 60% (36/ 60)	X	X	X	X	X	X	X	1	1	1/	1		1			Z	Z				3	3	4	X	
2818 60% (42/ 70)	1	13		6		1C	2	2		5B					1	3E				11C	3		1		
33 60% (34/ 57)	1	4	X	11		1	1	X		X	1		X			1/	X	X	1	11		X	X	1	1
02 59% (41/ 70)		2	2	3		2	2B	2		5						1/	1/	2B		2	3	1/		2	
307 59% (41/ 70)	1	13		6		1D	2	2		5B					1	3E				11C	3		1		
429 59% (41/ 70)	1	5			5	8			1C						1		1/	1					1		1
1751 57% (39/ 68)	1B	1B	3B			8	1B		1C				2D		1		1/	1		9B			1		4
01 57% (40/ 70)		2	2	3		2	2	2		5						1/	1/			2	3	1/		2	
1678 57% (40/ 70)	1	10	1	6		1	2	2	8	5B					1					11C	3		1		
206 57% (25/ 44)	Z	Z	Z	Z	Z	Z	Z	Z	Z	Z	Z	Z	Z	Z	Z	Z	Z	Z	Z	Z	Z	Z	Z	Z	Z
323 57% (39/ 69)		18		Z		1	2	1					1			3C				11		1/			1
180 56% (38/ 68)	1	11		6		1	2	2	1	5B					1	3E				11C	3		1		1
522 56% (38/ 68)	1	7			5				1C						1	11	1/	1	1				1		1
04 56% (24/ 43)		2	2C	3	5	2	2B	2	Z	Z	Z	Z	Z	Z		1/	1/			11	3B	1/		Z	Z
03 56% (39/ 70)		2	2			2	2	2		3	3					1/	1/			2	4	1/		2	
322 56% (39/ 70)		17				1	2C	1					1			8				11		1/			1
453 56% (39/ 70)	1	13		6		1	2	2		5B					1	3E				11C	3		1		
2778 56% (5/ 9)	Z	Z	Z	Z	Z	Z	Z	Z	Z	Z	Z	Z	Z	Z	Z	Z	Z	Z	Z	Z	Z	Z	Z	Z	Z
P45 55% (6/ 11)	Z	Z	Z	Z	Z	Z	Z	Z	Z	Y	Y	Y	X		Z	1/	1/	Z	4	Y		Z	Z	Z	
94 54% (38/ 70)	1	13		6	1/L	1	2C	2	5	5B			2C		1					11B	3		1		
181 54% (38/ 70)	5	4	3B	11	11	4	1	1	1	1/	1		1H			1/	1/				3	3	4B		
1175 53% (37/ 70)	1	2	2	3	1/D	2	2	2		5						1/	1/			2	3	1/	1C	4B	

1891 70 TS + 2 SL + 32 MT

TESTSTELLE		6	7	8	10	11	12	13	15	17	18	19	20	21	23	26	28	29	31	32	34	35	36	37	39	40
UEBEREINST. ZEUGEN		11	2	94	392	351	13	8	24	23	73	110	441	36	91	30	29	30	36	51	19	452	38	15	33	34
BEZEUGTE VARIANTE		2	16	3	1/	1/	3	3D	3	2	4	2	1/	2	2	2	3D	5	2	2	2B	1/	1/F	2	4	2
2344	53% (37/ 70)	1	1		11		1	1	4		1/	1		1			1/	1/	1E		2		1/	1	1	1
1509	51% (35/ 68)	1	1			1/I		8	1	1C				1		1		1/	1		1			1		1
623	51% (30/ 59)	Z	Z	Z	Z	Z	Z	Z	Z	Z	Z	Z		1			1/	1/		1	11		1/	1	1	1
1642	50% (35/ 70)		10		3	14		2C									3G					3	1/		1	1B
2464	50% (12/ 24)	Z	Z	Z	Z	Z	Z	Z	Z	Z	Z	Z	Z	Z	Z	Z	Z	Z	Z	Z	Z	Z	Z	Z	Z	Z
431	49% (34/ 69)	1	1	3B			13	1	1	1C	1/	1		1		3	1/	1/	1		3	3	1/	1		
2805	47% (31/ 66)	1	1	3B	4	10	1						Z	Z	Z		6	6	1	1	1		1/	1	1	
1758	47% (27/ 58)	1	5	1		5	1	3		1C	Y	1		1	1	1	X	1/	1				1/K	1		1
2201	46% (27/ 59)	Z	Z	Z	Z	Z	Z	Z	Z	Z	Z	Z		1		1	1/	1/	1	1	11			1	1	1
5	46% (32/ 70)	1	1				1	1	4	1	1/	1		1			1/	1/		1	11		1/D	1	1	1
436	46% (32/ 70)	1	1	1		1/L	1	1	1	1		1		1	1	1	1/	1/	1	1	1		1/	1	1	1
467	46% (32/ 70)	1	5B		4		1	1D		13				1			6B		1	1	1		1/	1		1
441	45% (25/ 55)	Z	Z	Z	Z	Z	Z	Z	Z	Z	Z	Z	Z	Z	Z	Z	1/	1/		1	1		1/	1	1	3
2718	45% (23/ 51)	1	1	3B			12	1C	1	1	1/	1		1		1	1/	1/	1	1	1		1/	1	1	1
314	43% (6/ 14)	Z	Z	Z	Z	Z	Z	Z	Z	Z	Z	Z	Z	Z	Z	Z	Z	Z	Z	Z	Z	Z	Z	Z	Z	Z
619	43% (30/ 70)	1	1			1/L	1	1	1	1	1/	1		1			1/	1/		1	11		1/	1	1B	1
1162	43% (30/ 70)	1	1	3B		1/L	1	7	1	1		1		1			1/	1/		1	11		1/	1	1	1
1490	43% (30/ 70)	1	5			5	1	3	3B	1				1D	1	1	1/	1/	1				1/K	1		1
1842	43% (30/ 70)	1	1			1/O	1	8	1	1C	1/	1		1	1	1	1/	1/		1	1		1/	1	1	3
1893	43% (24/ 56)	1	1	1			1	X	X	1	1/	1		1		1	1/	1/	1	Z	Z	Z	Z	1	1	1
08	43% (29/ 68)	1	15		11		1	3	5			1		4	3		5	1/	1G	1	9		1/	6	6	
1884	42% (28/ 66)	1	15		11		1	3	4	2B	6B	U		4	3		5	1/	1G	1	9C		1/	6		
1831	42% (28/ 67)	1	3	3B		8B	1	1		1C	6			1B	1	1	1/	1/	1				1/K	Z	Z	Z
606	42% (27/ 65)	1	1	1					1	1		1				1			1	Z	Z	Z	Z	Z	2	1
228	41% (29/ 70)	1	3				1	2C	1	1						1	1/	1/	1	1	1		1/	1	1	1
621	41% (29/ 70)	1	1			1/O	1	8	1	1	1/		1/B	1	1	1	1/	1/		1	1		1/	1	1	3
1409	41% (28/ 68)	1	1	1	11		12	1	1		5						1/	1/	1	1	1		1/K	7	1	1
1894	40% (27/ 67)	1	1	1			1	1	1	1	1/	1		1	1	1	1/	1/	1	3	11		1/		Z	Z
044	40% (28/ 70)	1	5	1	4		1	2D			1/	1		1	7	1	1/	1/	3	1	1		1/	1	1	1
88	40% (28/ 70)	1	4	3B	3		1	2	4		1/	1				1	1/	1/			7		1/	1	1	
641	39% (26/ 66)	1	1	1					1	Z		1				1			1	1	1		1/	1	2	1
1729	39% (24/ 61)	Z	Z	Z	Z	Z	Z	Z	Z	1G	1/	V		1		1	1/	1/	1	1	1			1	1	1
103	39% (27/ 70)	1	1	1					1	1		1		2C		1			1	1	1		1/	1D	2	1

TESTSTELLE	41	42	44	45	46	47	48	49	50	52	53	55	56	57	59	64	65	66	67	68	69	70	72	75	76
UEBEREINST. ZEUGEN	467	60	451	473	76	92	452	162	16	452	87	422	459	104	20	38	333	365	7	20	3	21	5	19	467
BEZEUGTE VARIANTE	1/	5	1/	1/	2	2	1/	2	2C	1/	3	1/	1/	2	2	2	1/	1/	2B	3	2	2	3	2	1/
P33 100% (1/ 1)	Z	Z	Z	Z	Z	Z	Z	Z	Z		Z	Z	Z	Z	Z	Z	Z	Z	Z	Z	Z	Z	Z	Z	Z
1739 94% (66/ 70)																							2		
2200 82% (55/ 67)					1						8					1						1B		Z	Z
945 80% (56/ 70)									19		8C				1						3		6	3	
630 78% (52/ 67)		6									8					1					2C	1		3	
1704 73% (51/ 70)									19		8			2B	1						3		6	3	
2298 63% (44/ 70)					3				1D						1	1					3		1	1	
610 63% (40/ 64)		4													1			1/B	2	2	2C		Z		
81 61% (30/ 49)		1/							2		1/					Z	Z	Z	Z	Z	Z	Z	Z	Z	Z
P74 61% (40/ 66)		3	4						3		1/								2	4	3	3B	2		
P41 60% (3/ 5)	Z	Z	Z	Z	Z	Z	Z	Z	Z	Z	Z	Z	Z	Z	Z	Z	Z	X	X	4		Z	2		
1875 60% (36/ 60)		6				1			4		3G	5					1/F	7	1	12	3B	1	1	1	
2818 60% (42/ 70)		4													1			1/B	2	2	2C		2		
33 60% (34/ 57)		3			X				2			X	X				1/D	1/C	X	4	3	3B	2		
02 59% (41/ 70)		3	4						3		1/	4							2	4	3	1	2		
307 59% (41/ 70)		4													1			1/B	2	2	2C	3	2		
429 59% (41/ 70)									19		8				1	1			1		3	1	2	3	
1751 57% (39/ 68)							7		5B		8				1	1	8	1/E			1	1B	1	1B	
01 57% (40/ 70)		1/	4				3		2	4	1/	1/B					1/K		2	4	3	1	2		
1678 57% (40/ 70)		4													1			1/B	2	2	2C		1		
206 57% (25/ 44)								1	19	4	8				1	X			1		3	1		3	
323 57% (39/ 69)		6						1	2							1	1/C		1	1	1	1	1	1	
180 56% (38/ 68)		4							2						1				2		2C		2		
522 56% (38/ 68)								1	19		8				1	1			1		3	Z	V	3	
04 56% (24/ 43)	Z	Z	4						2	1/D	4			Z	Z	Z	Z	Z	Z	Z	Z	Z	2		
03 56% (39/ 70)		1/	4						2	4	1/	1/B							2	2	3		2		
322 56% (39/ 70)		6						1	2		3F					1	1/C		1	1	1	1	1	1	
453 56% (39/ 70)		4													1			1/B	2	2	2C	2B	2		
2778 56% (5/ 9)	Z	Z	Z	Z	Z	Z			1D		1/			1	1	Z	Z	Z	Z	Z	Z	Z	Z	Z	Z
P45 55% (6/ 11)		Z	Z		Z	Z	Z	Z	Z	Z	Z	3		1	Z	Z	Z	Z	Z	Z	Z	Z	Z	Z	Z
94 54% (38/ 70)		4													1			1/B	1		3			1	
181 54% (38/ 70)		4				1			10		3G	5							1	12	3B	1	1	1C	
1175 53% (37/ 70)		6	6						2	4				2C				1/B	2	2	3	1			

1891 — 70 TS + 2 SL + 32 MT

TESTSTELLE	41	42	44	45	46	47	48	49	50	52	53	55	56	57	59	64	65	66	67	68	69	70	72	75	76
UEBEREINST. ZEUGEN	467	60	451	473	76	92	452	162	16	452	87	422	459	104	20	38	333	365	7	20	3	21	5	19	467
BEZEUGTE VARIANTE	1/	5	1/	1/	2	2	1/	2	2C	1/	3	1/	1/	2	2	2	1/	1/	2B	3	2	2	3	2	1/
2344 53% (37/ 70)		3						1	2						1		1/E		2C	4	3	3B	2	3	
1509 51% (35/ 68)					1		1/K		1		8				1	1	1/F		1		1	X	1	3	
623 51% (30/ 59)		4							1						1		1/F		1	4	1	1	2B	1	
1642 50% (35/ 70)		1/							3		3B				1				2	4	13	1	1	1	
2464 50% (12/ 24)	Z	Z	Z	Z	Z	Z	Z	Z	Z	Z	Z	Z	Z	Z	Z	Z	Z	Z	Z	Z	Z	8	2B	1	
431 49% (34/ 69)		4													1			1/B	2	2	2C		2		
2805 47% (31/ 66)		4							1						1	1	1/F		1	4B	1B	1	1	3	
1758 47% (27/ 58)					X			Y	1		8				X	1			1		3	1	X	3	X
2201 46% (27/ 59)		1/				1			1						1	1			1	1	1	1	1	1	
5 46% (32/ 70)		1/			3				1						1	1			1	4	1	1	1	1	
436 46% (32/ 70)		4							1		4C				1				1	4	1	1	2B	1	
467 46% (32/ 70)		1/						1	1						1	1			1	7	1	5	1	1	
441 45% (25/ 55)		4							6	3					1		1/K	8	1	2	1	3	1	3	
2718 45% (23/ 51)		4							2	4							1/F	6	1		2C	Z	Z	Z	Z
314 43% (6/ 14)		1/			1	Z	Z	Z	Z	Z	Z	Z	Z	Z	Z	Z	Z	Z	Z	Z	Z	Z	Z	Z	Z
619 43% (30/ 70)		4							1						1	1			1	15	1	4B	1B	1	
1162 43% (30/ 70)		4							1						1	1			1	15	1	1	1B	1	
1490 43% (30/ 70)					1			1	19		8				1	1	1/F	6	1		3	1	1	3	
1842 43% (30/ 70)		1/							1	3		1/F		1	1				1	15	1		4	3	
1893 43% (24/ 56)		4					Z		1						1	Z	Z	Z	Z	Z	Z	1	1	1	
08 43% (29/ 68)		6				4	6	1	1		1/			1	1	1	1/F	3	1C	4	3B	4	2	1	
1884 42% (28/ 66)		6				4B	U	1	1		1/			1	1	1	6	3	1C	4	2C	4	2	1	
1831 42% (28/ 67)					3			1	19		8				1	1		6	1		2B	1	1	3	
606 42% (27/ 65)								1			1/			1	1	1	5	10	1	1	1	1	1	1	
228 41% (29/ 70)					3				1		1/				1	1	1/F	11	1	7	1	1	8	1	
621 41% (29/ 70)		4						1	1	3	3B				1			8	1	2	1		1	3	
1409 41% (28/ 68)		1/	4		3				13B	3				Z	Z	1	1/F		2	4	3B		1	3	
1894 40% (27/ 67)					3	1		1	1		1/			1	1	1			1C	1	1	1	Z	1	
044 40% (28/ 70)		4	5					1	2		1/				4		1/F		1		3B	1	7	1	
88 40% (28/ 70)		1/			3				1	4				1	1	1			1	6	1	1	1	1	
641 39% (26/ 66)								1			1/			1	1	1	5	10	1	1	1	1	1	1	
1729 39% (24/ 61)		1/			7	1			1B			6		1	1	1			1C	15	1	1	1	1	
103 39% (27/ 70)								1			1/			1	1	1	5	10	1	1	1	1	1	1	

1891 70 TS + 2 SL + 32 MT

TESTSTELLE	77	79	80	83	84	86	87	88	89	90	91	92	93	94	95	96	97	98	100	102
UEBEREINST. ZEUGEN	181	31	16	46	23	35	476	471	25	71	46	99	31	19	44	35	422	40	470	478
BEZEUGTE VARIANTE	2	2	6	2	3	2	1/	1/	14	2	3	2	2	2	2	2	1/	2	1/	1/
P33 100% (1/ 1)	Z	Z	Z	Z	Z	Z	Z	Z	Z	Z	Z	Z	Z	Z	Z	Z	Z	Z	Z	Z
1739 94% (66/ 70)			6B			3														
2200 82% (55/ 67)	Z					1							1							
945 80% (56/ 70)			6B			3			5											
630 78% (52/ 67)						1B			3				1							
1704 73% (51/ 70)			6B			3			5	4										
2298 63% (44/ 70)				1		3			12				1	5						
610 63% (40/ 64)	Z	Z	Z		4	3			2				1	1	3	1	3			
81 61% (30/ 49)	Z	Z	Z	Z	Z	2B					1/			2D						
P74 61% (40/ 66)		2B	2		1/	2B			2		1/				Z					
P41 60% (3/ 5)	Z	Z	Z	Z	Z	Z	Z	Z	Z	Z	Z	Z	Z	Z	Z	Z	Z	Z	Z	Z
1875 60% (36/ 60)			1		1/C						12									
2818 60% (42/ 70)			1		4	3			2				1	1	3	1	3			
33 60% (34/ 57)			2	X					10			1						7		
02 59% (41/ 70)			2			2B					1/	1								3
307 59% (41/ 70)			3		4	3			2				1	1	3	1	3			
429 59% (41/ 70)	1B					1				1	4E	1	1	1	3	1		1D		
1751 57% (39/ 68)	5				1/C	1					3H		1			Z	Z			
01 57% (40/ 70)		5	2								1/									3
1678 57% (40/ 70)			1		4	3			2				1	1	3	1	3			4
206 57% (25/ 44)	1B					1				1	4E	1	1	1	3	1		1D		
323 57% (39/ 69)		1		1	1/	1			1		5		1	1	4			3		
180 56% (38/ 68)	Z	Z	1		1/	3			9		4		1	1	3	1	3			
522 56% (38/ 68)	1B		6C			1				1	4F	1	1	1	3	1		1D		
04 56% (24/ 43)			3			Z	Z	Z	Z	Z	Z	Z					3		Z	
03 56% (39/ 70)	2B		2		4	2B			2		1/						4			3
322 56% (39/ 70)		1		1	1/	1			1		5		1	1	4			3		
453 56% (39/ 70)			3		4	2B			2	1	6B		1	1	3	1	3			
2778 56% (5/ 9)	Z	Z	Z	Z	Z	Z	Z	Z	Z	Z	Z	Z	Z	Z	Z	Z	Z	Z	Z	Z
P45 55% (6/ 11)	Z	Z	Z	Z	Z	Z	Z	Z	Z	Z	Z	Z	Z	Z	Z	Z	Z	Z	Z	Z
94 54% (38/ 70)		1	1	1	1/	3			1	1			1	1	3	1		2C		
181 54% (38/ 70)			3		1/C						12						4			
1175 53% (37/ 70)			2		1/	3					1/	1					1/B	2C		

1891 | 70 TS + 2 SL + 32 MT

TESTSTELLE	77	79	80	83	84	86	87	88	89	90	91	92	93	94	95	96	97	98	100	102
UEBEREINST. ZEUGEN	181	31	16	46	23	35	476	471	25	71	46	99	31	19	44	35	422	40	470	478
BEZEUGTE VARIANTE	2	2	6	2	3	2	1/	1/	14	2	3	2	2	2	2	2	1/	2	1/	1/
2344 53% (37/ 70)			2						11		3G	1						7		
1509 51% (35/ 68)		X				1				1	4E	1	1	1	3	1		1		
623 51% (30/ 59)		1B	7	1	4				1				3	1		1		2C		3
1642 50% (35/ 70)	1B	5	1	1	1/	3			1C	1	1/	1	1	1	1	1	4	3		
2464 50% (12/ 24)		1			4	3C			2		4B		3					2C	3	4
431 49% (34/ 69)			1		4	3			2		14		1	1	3	1	3	W		
2805 47% (31/ 66)		1	4		1/	3			3				1	4	3	1		2C		Z
1758 47% (27/ 58)	X	1				X			3	1	4E	1	1	1	1	X	X	X		
2201 46% (27/ 59)		1	1	1	1/	3			1		5			1	1	1		6		
5 46% (32/ 70)		1B	7	1	1/	5			1				3	1		1		2C		
436 46% (32/ 70)		1	1		4	3							3	11		1				
467 46% (32/ 70)	1B	1	1	1	1/	4			1		4I	1		1	3	1		2C		
441 45% (25/ 55)		1	1		1/	3					5D	1		2C	3	1		2C		
2718 45% (23/ 51)	Z	Z	Z	Z	Z	Z	Z	Z	Z	Z	Z	Z	Z	Z	Z			2C		
314 43% (6/ 14)	Z	Z	Z	Z	Z	Z	Z	Z	Z	Z	Z	1	1	1	1	1		1		
619 43% (30/ 70)		1B	3B	1	1/	1			1		1/	1		1	1	1		6B		
1162 43% (30/ 70)		1B	3	1	1/	1			1		1/	1		1	1	1		6		
1490 43% (30/ 70)	1B					1B			4	1	4E	1	1	1	1	1		1D		
1842 43% (30/ 70)		1	5		1/C	4					5				3	1	5	2C		
1893 43% (24/ 56)		1B	1	1	Z	1B			1		1/	1		1C	1	1		6		
08 43% (29/ 68)			3			2B					4		1					2C	Z	Z
1884 42% (28/ 66)			3			2B					4		1	2B					Z	Z
1831 42% (28/ 67)	1B					1B			3	1	3D	1	1	1	1	1	1/C	3B		
606 42% (27/ 65)	1B	1	3	1	1/	1B			1	1	1/	1	1	1	1	1		1		
228 41% (29/ 70)		1	5	1	1/	1			1	1	5H		1	7	1	1				
621 41% (29/ 70)		1	1		1/	3					5			2C	3	1		2C		
1409 41% (28/ 68)		5	2		1/	3			8	1	4		1	1		1		3		
1894 40% (27/ 67)	1	1	1			3		7					1	1		1		1		
044 40% (28/ 70)		1	3		1/	3			2				1	4	3			1		4
88 40% (28/ 70)	1	1	2	1B	1/	4			1			1	1	1	1	1		6		
641 39% (26/ 66)	1B	1	3	1	1/	4	Z	Z	Z	1	1/	1	1	1	1	1		1		
1729 39% (24/ 61)		1	8	1	1/	3B			1		5			1	1	1		1		
103 39% (27/ 70)	1B	1	3	1	1/	1B			1	1	1/	1	1	1	1	1		1		

TESTSTELLE	10	11	12	18	19	20	28	29	35	36	41	42	44	45	48	49	52	53	55	56	65	66	68	76	77
UEBEREINST. ZEUGEN	392	351	10	355	110	441	416	439	452	339	467	283	451	473	452	162	452	338	422	459	333	365	87	467	181
BEZEUGTE VARIANTE	1/	1/	2	1/	2	1/	1/	1/	1/	1/	1/	1/	1/	1/	1/	2	1/	1/	1/	1/	1/	1/	2	1/	2
P33 100% (1/ 1)	Z	Z	Z	Z	Z	Z	Z	Z	Z	Z	Z	Z	Z	Z	Z	Z		Z	Z	Z	Z	Z	Z	Z	Z
62 100% (9/ 9)	Z	Z	Z	Z	Z	Z							Z	Z	Z	Z	Z	Z	Z	Z	Z	Z	Z	Z	Z
314 100% (7/ 7)	Z	Z	Z	Z	Z	Z	Z	Z	Z	Z					Z	Z	Z	Z	Z	Z	Z	Z	Z	Z	Z
1738 100% (6/ 6)	Z	Z	Z	Z	Z	Z	Z	Z	Z	Z	Z	Z	Z	Z	Z	Z	Z	Z	Z	Z	Z	Z	Z	Z	Z
1745 100% (5/ 5)	Z	Z	Z	Z	Z	Z	Z	Z	Z	Z	Z	Z	Z	Z	Z	Z	Z	Z	Z	Z	Z	Z	Z	Z	Z
1858 100% (6/ 6)	Z	Z	Z	Z	Z	Z	Z	Z	Z	Z	Z	Z	Z	Z	Z	Z	Z	Z	Z	Z	Z	Z	Z	Z	Z
2627 100% (4/ 4)	Z	Z	Z	Z	Z	Z					Z	Z	Z	Z	Z	Z	Z	Z	Z	Z	Z	Z	Z	Z	Z
2778 100% (6/ 6)	Z	Z	Z	Z	Z	Z	Z	Z	Z	Z	Z	Z	Z	Z							Z	Z	Z	Z	Z
1864 97% (28/ 29)	Z	Z	Z																						
149 94% (30/ 32)			1																						
201 94% (30/ 32)			1																						
824 94% (30/ 32)			1																						
1072 94% (30/ 32)			1																						
1248 94% (30/ 32)			1																						
1503 94% (30/ 32)			1																						
1617 94% (30/ 32)			1																						
1628 94% (30/ 32)			1																						
1637 94% (30/ 32)			1																						
1656 94% (30/ 32)			1																						
1740 94% (30/ 32)			1																						
1746 94% (30/ 32)			1																						
1865 94% (30/ 32)			1																						
2289 94% (15/ 16)	Z	Z	Z	Z	Z	Z	Z	Z	Z	Z	Z	Z	Z	Z	Z	Z									
2352 94% (30/ 32)			1																						
2466 94% (30/ 32)			1																						
2723 94% (30/ 32)			1																						
757 94% (29/ 31)			1										3												
1508 94% (29/ 31)			1															Z							
2218 94% (29/ 31)			1									V													
986 93% (27/ 29)	Z	Z	Z									8													
1723 93% (26/ 28)	Z	Z	Z									X									1/F				
2441 93% (13/ 14)	Z	Z	Z	Z	Z	Z	Z	Z	Z	Z	Z	8	Z	Z							Z	Z	Z		
1856 93% (25/ 27)			1									8													

1892 32 TS + 0 SL + 72 MT

TESTSTELLE	10	11	12	18	19	20	28	29	35	36	41	42	44	45	48	49	52	53	55	56	65	66	68	76	77
UEBEREINST. ZEUGEN	392	351	10	355	110	441	416	439	452	339	467	283	451	473	452	162	452	338	422	459	333	365	87	467	181
BEZEUGTE VARIANTE	1/	1/	2	1/	2	1/	1/	1/	1/	1/	1/	1/	1/	1/	1/	2	1/	1/	1/	1/	1/	1/	2	1/	2
1752 92% (24/ 26)	Z	Z	Z	Z	Z	Z						6													
2303 92% (12/ 13)	Z	Z	Z	Z	Z	Z						4						Z	Z	Z	Z	Z	Z	Z	Z
624 92% (11/ 12)	Z	Z	Z	Z	Z	Z	Z	Z			Z	Z	Z	Z	Z	Z	Z	Z	Z	Z			1		Z
2175 91% (10/ 11)			1									Z	Z	Z	Z	Z	Z	Z	Z	Z	Z	Z	Z	Z	Z
141 91% (29/ 32)			1									8													
204 91% (29/ 32)			1									8													
386 91% (29/ 32)			1									4													
394 91% (29/ 32)			1									8													
444 91% (29/ 32)			1									6													
634 91% (29/ 32)			1									4													
664 91% (29/ 32)			1									6													
928 91% (29/ 32)			1									8													
1040 91% (29/ 32)			1		1																				
1058 91% (29/ 32)			1									6													
1075 91% (29/ 32)			1		1																				
1100 91% (29/ 32)			1									4													
1482 91% (29/ 32)			1									8													
1618 91% (29/ 32)			1																						
1619 91% (29/ 32)			1		1																				
1636 91% (29/ 32)			1		1																				
1732 91% (29/ 32)			1									8													
1733 91% (29/ 32)			1									4													
1737 91% (29/ 32)			1							1/F															
1748 91% (29/ 32)			1																						
1749 91% (29/ 32)			1									8													
1855 91% (29/ 32)			1									8													
1897 91% (29/ 32)			1									8													
2255 91% (29/ 32)			1									8													
2261 91% (29/ 32)			1									8													
2554 91% (29/ 32)			1									4													
2378 89% (17/ 19)	Z	Z	Z	Z	Z	Z	Z	Z	Z	Z	X	Y			Z					1/E					
2587 89% (24/ 27)	Z	Z	Z	Z	Z							6									1/F				
57 88% (22/ 25)	Y	Y	Y	Y	Y	Y										1							1		1

1892 32 TS + 0 SL + 72 MT

TESTSTELLE	84	87	88	91	97	100	102
UEBEREINST. ZEUGEN	42	476	471	279	422	470	478
BEZEUGTE VARIANTE	4	1/	1/	1/	1/	1/	1/
P33 100% (1/ 1)	Z	Z	Z	Z	Z	Z	Z
62 100% (9/ 9)	Z	Z	Z	Z			
314 100% (7/ 7)	Z	Z	Z	Z			
1738 100% (6/ 6)	Z						
1745 100% (5/ 5)	Z				Z		
1858 100% (6/ 6)	Z						
2627 100% (4/ 4)	Z	Z	Z	Z	Z	Z	Z
2778 100% (6/ 6)	Z	Z	Z	Z	Z	Z	Z
1864 97% (28/ 29)	1/						
149 94% (30/ 32)	1/						
201 94% (30/ 32)	1/						
824 94% (30/ 32)	1/						
1072 94% (30/ 32)	1/						
1248 94% (30/ 32)	1/						
1503 94% (30/ 32)	1/						
1617 94% (30/ 32)	1/						
1628 94% (30/ 32)	1/						
1637 94% (30/ 32)	1/						
1656 94% (30/ 32)	1/						
1740 94% (30/ 32)	1/						
1746 94% (30/ 32)	1/						
1865 94% (30/ 32)	1/						
2289 94% (15/ 16)	1/						
2352 94% (30/ 32)	1/						
2466 94% (30/ 32)	1/						
2723 94% (30/ 32)	1/						
757 94% (29/ 31)	Z						
1508 94% (29/ 31)	1/						
2218 94% (29/ 31)	1/						
986 93% (27/ 29)	1/						
1723 93% (26/ 28)	1/						
2441 93% (13/ 14)	Z					Z	
1856 93% (25/ 27)	Z	Z	Z	Z	Z		

1892 32 TS + 0 SL + 72 MT

TESTSTELLE	84	87	88	91	97	100	102
UEBEREINST. ZEUGEN	42	476	471	279	422	470	478
BEZEUGTE VARIANTE	4	1/	1/	1/	1/	1/	1/
1752 92% (24/ 26)	1/						
2303 92% (12/ 13)	Z	Z	Z	Z		Z	
624 92% (11/ 12)	Z						
2175 91% (10/ 11)	Z	Z	Z	Z	Z	Z	Z
141 91% (29/ 32)	1/						
204 91% (29/ 32)	1/						
386 91% (29/ 32)	1/						
394 91% (29/ 32)	1/						
444 91% (29/ 32)	1/						
634 91% (29/ 32)	1/						
664 91% (29/ 32)	1/						
928 91% (29/ 32)	1/						
1040 91% (29/ 32)	1/						
1058 91% (29/ 32)	1/						
1075 91% (29/ 32)	1/						
1100 91% (29/ 32)	1/						
1482 91% (29/ 32)	1/						
1618 91% (29/ 32)	1/			13B			
1619 91% (29/ 32)	1/						
1636 91% (29/ 32)	1/						
1732 91% (29/ 32)	1/						
1733 91% (29/ 32)	1/						
1737 91% (29/ 32)	1/						
1748 91% (29/ 32)	1/				4		
1749 91% (29/ 32)	1/						
1855 91% (29/ 32)	1/						
1897 91% (29/ 32)	1/						
2255 91% (29/ 32)	1/						
2261 91% (29/ 32)	1/						
2554 91% (29/ 32)	1/						
2378 89% (17/ 19)	1/						
2587 89% (24/ 27)	1/						
57 88% (22/ 25)	Y						

TESTSTELLE	10	11	18	20	23	28	29	41	42	44	45	46	47	49	52	53	55	56	57	73	74	76	77	81	87
UEBEREINST. ZEUGEN	392	351	355	441	91	416	439	467	53	451	473	76	92	162	452	87	422	459	104	7	13	467	181	49	476
BEZEUGTE VARIANTE	1/	1/	1/	1/	2	1/	1/	1/	4	1/	1/	2	2	2	1/	3	1/	1/	2	9	2	1/	2	2	1/
P8 100% (2/ 2)	Z	Z		Z		Z	Z	Z	Z	Z	Z	Z	Z	Z	Z	Z	Z	Z	Z	Z	Z	Z	Z	Z	Z
P33 100% (1/ 1)	Z	Z	Z	Z	Z	Z	Z	Z	Z	Z	Z	Z	Z	Z		Z	Z	Z	Z	Z	Z	Z	Z	Z	Z
1101 100% (4/ 4)					Z	Z	Z	Z	Z	Z	Z	Z	Z	Z	Z	Z	Z	Z	Z	Z	Z	Z	Z	Z	Z
619 94% (31/ 33)		1/L																							
1162 94% (31/ 33)		1/L	4																						
2718 91% (21/ 23)															4					Z	Z	Z	Z	Z	Z
1827 88% (29/ 33)		1/B											1	1										1	
2175 88% (7/ 8)					1				Z	Z	Z	Z	Z	Z	Z	Z	Z	Z	Z	Z	Z	Z	Z	Z	Z
916 86% (6/ 7)					1			Z	Z	Z	Z	Z	Z	Z	Z	Z	Z	Z	Z	Z	Z	Z	Z	Z	Z
2201 83% (25/ 30)	Z	Z	Z						1/				1							1E	1				
33 82% (23/ 28)	11		X				X		3			X					X	X		14					
437 82% (27/ 33)									1/					1		1/					1				
2344 82% (27/ 33)	11								3					1						6					
431 81% (26/ 32)																				2B	3			1	
81 80% (20/ 25)	14	1/L	Z	Z	Z				1/							1/				Z	Z	Z	Z	Z	
623 80% (24/ 30)	Z	Z	Z																	1D	1				
886 80% (4/ 5)	4					Z	Z	Z	Z	Z	Z	Z	Z	Z	Z	Z	Z	Z	Z	Z	Z	Z	Z	Z	Z
5 79% (26/ 33)									1/			3								1	1				
1595 79% (26/ 33)												3								10	1				
441 79% (22/ 28)	Z	Z	Z	Z	Z										3					6C	1			1	
P74 77% (24/ 31)	3	1/I	Z						3	4						1/				6B	X				
2303 77% (10/ 13)	Z	Z	Z	Z	Z							1	1			Z	Z	Z	Z	Z	Z	Z	Z	Z	Z
1270 76% (25/ 33)				1/B								6								10	1				
1297 76% (25/ 33)				1/B								6								10	1				
1598 76% (25/ 33)				1/B								6								10	1				
P45 75% (6/ 8)	Z	Z	Y	Y					Z	Z		Z	Z	Z	Z	Z	3		1	Z	Z	Z	Z	Z	Z
62 75% (6/ 8)	Z	Z	Z	Z	Z				1/	Z	Z	Z	Z	Z	Z	Z	Z	Z	Z	Z	Z	Z	Z	Z	Z
941 75% (24/ 32)			8									1								1	1		1B		
2712 73% (11/ 15)					1				Z	Z	Z	Z	1	Z	Z	Z	Z	Z	Z	Z	Z	Z	Z	Z	
02 73% (24/ 33)	3		5						3	4						1/	4			6					
181 73% (24/ 33)	11	11											1			3G	5			6					
1739 73% (24/ 33)			4			3D	5		5											1D	1			1	
1843 73% (24/ 33)									1/			4	1	1					1	10	1			1	

1893 | 33 TS + 0 SL + 53 MT

TESTSTELLE	10	11	18	20	23	28	29	41	42	44	45	46	47	49	52	53	55	56	57	73	74	76	77	81	87
UEBEREINST. ZEUGEN	392	351	355	441	91	416	439	467	53	451	473	76	92	162	452	87	422	459	104	7	13	467	181	49	476
BEZEUGTE VARIANTE	1/	1/	1/	1/	2	1/	1/	1/	4	1/	1/	2	2	2	1/	3	1/	1/	2	9	2	1/	2	2	1/
1891 73% (24/ 33)			4			3D	5		5											1D	1			1	
2288 73% (24/ 33)									1/			6	1	1					1	10	1			1	
1875 72% (21/ 29)	X	X				Z	Z		6				1			3G	5			6	1				
630 72% (23/ 32)			Z			3D			6							8				1	1			1	
1873 72% (23/ 32)									1/			6	1	1					1	10	1			1	
506 71% (5/ 7)	Z	Z	Z	Z	Z			Z	Z	Z	Z	Z	Z		Z	Z			1	Z	Z	Z	Z	1	Z
1735 71% (22/ 31)					1	3D			1/			2B				6				X				1	
88 70% (23/ 33)	3								1/			3			4				1		1		1	1	
436 70% (23/ 33)		1/L	4		1											4C				1D	1			1	
945 70% (23/ 33)			4			3D	5		5							8C				1D	3			1	
2143 70% (23/ 33)		5							1/				1	1						1D	1			1	
2200 69% (20/ 29)			4			3D			5			1				8				Z	Z	Z	Z	1	
2746 68% (15/ 22)	Z	Z	Z	Z	Z				Z	Z	Z	Z	Z	Z						10	1			1	
400 68% (17/ 25)		1/L			Y				W	X		6				W			1	10	1			X	X
1856 68% (17/ 25)					1				8			1	1			1/			1	1	1			Z	Z
1729 68% (21/ 31)	Z	Z							1/			7	1				6		1	10	1			1	
01 67% (22/ 33)	3		5						1/	4					4	1/	1/B			2				2B	
03 67% (22/ 33)			3						1/	4					4	1/	1/B			2			2B		
18 67% (22/ 33)					1							1	1			1/			1	1	1			1	
228 67% (22/ 33)			4						5			3				1/				1	1			1	
307 67% (22/ 33)	6		5B			3E	5													1D	1			3	
326 67% (22/ 33)	7								1/					1		3B		1/B		1	1		1B		
386 67% (22/ 33)					1							1	1			1/			1	1	1			1	
456 67% (22/ 33)					1				1/			3							1	1D	1		1	1	
489 67% (22/ 33)		12							1/			6	1			3D			1	10	1			1	
621 67% (22/ 33)		1/O		1/B	1									1	3	3B				6C	1			1	
634 67% (22/ 33)					1							1	1			1/			1	1	1			1	
927 67% (22/ 33)		12							1/			6	1			3D			1	10	1			1	
1058 67% (22/ 33)					1				6			1	1			1/			1	1	1				
1100 67% (22/ 33)					1							1	1			1/			1	1	1			1	
1127 67% (22/ 33)												6		1		1/				1	1		1B	1	
1175 67% (22/ 33)	3	1/D	5						6	6					4				2C	2	1				
1733 67% (22/ 33)					1							1	1			1/			1	1	1			1	

1893 — 33 TS + 0 SL + 53 MT

TESTSTELLE UEBEREINST. ZEUGEN BEZEUGTE VARIANTE	88 471 1/	90 71 2	91 279 1/	93 31 2	97 422 1/	98 10 6	100 470 1/	102 478 1/
P8 100% (2/ 2)	Z	Z	Z	Z	Z	Z	Z	Z
P33 100% (1/ 1)	Z	Z	Z	Z	Z	Z	Z	Z
1101 100% (4/ 4)	Z	Z	Z	Z	Z	Z	Z	Z
619 94% (31/ 33)						6B		
1162 94% (31/ 33)								
2718 91% (21/ 23)	Z	Z	Z	Z		2C		
1827 88% (29/ 33)								
2175 88% (7/ 8)	Z	Z	Z	Z	Z	Z	Z	Z
916 86% (6/ 7)	Z	Z	Z	Z	Z	Z	Z	Z
2201 83% (25/ 30)			5					
33 82% (23/ 28)			3			7		
437 82% (27/ 33)		1		3				
2344 82% (27/ 33)			3G			7		
431 81% (26/ 32)			14	1	3	W		
81 80% (20/ 25)						2		
623 80% (24/ 30)			3	3		2C		3
886 80% (4/ 5)	Z	Z	Z	Z	Z	Z	Z	Z
5 79% (26/ 33)			3	3		2C		
1595 79% (26/ 33)		1	3	1		1		
441 79% (22/ 28)			5D			2C		
P74 77% (24/ 31)						2		
2303 77% (10/ 13)	Z	Z	Z	1		Z	Z	
1270 76% (25/ 33)		1	3	1		1		
1297 76% (25/ 33)		1	3	1		1		
1598 76% (25/ 33)		1	3	1		1		
P45 75% (6/ 8)	Z	Z	Z	Z	Z	Z	Z	Z
62 75% (6/ 8)	Z	Z	Z	Z		3		
941 75% (24/ 32)		1		1		1		Y
2712 73% (11/ 15)		1		1		Z	Z	Z
02 73% (24/ 33)						2		3
181 73% (24/ 33)			12		4	2		
1739 73% (24/ 33)			3			2		
1843 73% (24/ 33)			5					

1893 — 33 TS + 0 SL + 53 MT

TESTSTELLE UEBEREINST. ZEUGEN BEZEUGTE VARIANTE	88 471 1/	90 71 2	91 279 1/	93 31 2	97 422 1/	98 10 6	100 470 1/	102 478 1/
1891 73% (24/ 33)			3			2		
2288 73% (24/ 33)			11E					
1875 72% (21/ 29)			12			2		
630 72% (23/ 32)			3	1		2		
1873 72% (23/ 32)			5		Z			
506 71% (5/ 7)	Z	Z	Z	Z	Z	Z	Z	Z
1735 71% (22/ 31)		1	X	1		1		
88 70% (23/ 33)			3	1				
436 70% (23/ 33)			3	3		2		
945 70% (23/ 33)			3			2		
2143 70% (23/ 33)		4	5	1				
2200 69% (20/ 29)			3	1		2		
2746 68% (15/ 22)		1	3	1		1		
400 68% (17/ 25)	X	X	5	1		1		
1856 68% (17/ 25)	Z	Z	Z	Z	Z	Z		
1729 68% (21/ 31)			5			1		
01 67% (22/ 33)						2		3
03 67% (22/ 33)					4	2		3
18 67% (22/ 33)		1		1		1		
228 67% (22/ 33)		1	5H	1		2		
307 67% (22/ 33)			3	1	3	2		
326 67% (22/ 33)		1		1		3		
386 67% (22/ 33)		1		1		1		
456 67% (22/ 33)		1		1		1		
489 67% (22/ 33)			5			1		
621 67% (22/ 33)			5			2C		
634 67% (22/ 33)		1		1		1		
927 67% (22/ 33)			5			1		
1058 67% (22/ 33)		1		1		1		
1100 67% (22/ 33)		1		1		1		
1127 67% (22/ 33)		1		1		1	5	
1175 67% (22/ 33)					1/B	2C		
1733 67% (22/ 33)		1		1		1		

TESTSTELLE	10	11	18	20	28	29	32	34	35	36	37	41	42	44	45	46	48	52	53	55	56	65	66	76	83
UEBEREINST. ZEUGEN	392	351	355	441	416	439	48	29	452	339	15	467	60	451	473	101	452	452	338	422	459	333	365	467	46
BEZEUGTE VARIANTE	1/	1/	1/	1/	1/	1/	3	11	1/	1/	2	1/	5	1/	1/	3	1/	1/	1/	1/	1/	1/	1/	1/	2
P8 100% (1/ 1)	Z	Z		Z	Z	Z	Z	Z	Z	Z	Z	Z	Z	Z	Z	Z	Z	Z	Z	Z	Z	Z	Z	Z	Z
P33 100% (1/ 1)	Z	Z	Z	Z	Z	Z	Z	Z	Z	Z	Z	Z	Z	Z	Z	Z	Z		Z	Z	Z	Z	Z	Z	Z
P41 100% (1/ 1)	Z	Z	Z	Z	Z	Z	Z	Z	Z	Z	Z	Z	Z	Z	Z	Z	Z	Z	Z	Z	Z	Z	X		Z
1101 100% (4/ 4)					Z	Z	Z	Z	Z	Z	Z	Z	Z	Z	Z	Z	Z	Z	Z	Z	Z	Z	Z	Z	Z
2778 100% (5/ 5)	Z	Z	Z	Z	Z	Z	Z	Z	Z	Z	Z	Z	Z	Z	Z	Z						Z	Z	Z	Z
172 82% (18/ 22)	Z	Z				Z	Z	Z	Z		1	Z	Z			1									Z
1856 81% (21/ 26)							1	1			1		8			1									Z
1739 81% (29/ 36)			4		3D	5	2	2B								2			3						
1526 80% (16/ 20)	Z	Z					Z	Z			1		1/			1						1/F			Z
945 78% (28/ 36)			4		3D	5	2	2B								2			8C						
2200 77% (27/ 35)			4		3D		2	2B		1/F						1			8					Z	
P45 75% (6/ 8)	Z	Z	Y	Y			4	Y		Z	Z		Z	Z		Z	Z	Z	Z	3		Z	Z	Z	Z
5 75% (27/ 36)							1			1/D	1		1/						3						1
436 75% (27/ 36)		1/L	4				1	1			1		4			2			4C						
886 75% (3/ 4)	4				Z	Z	Z	Z	Z	Z	Z	Z	Z	Z	Z	Z	Z	Z	Z	Z	Z	Z	Z	Z	Z
1704 75% (27/ 36)			4		3D	5	2	2B								2			8						
1891 75% (27/ 36)			4		3D	5	2	2B		1/F						2			3						
2175 75% (9/ 12)							1	1			1		Z	Z	Z	Z	Z	Z	Z	Z	Z	Z	Z	Z	Z
2298 75% (27/ 36)		1/L	4		3D	5	1				1								3						1
630 74% (26/ 35)			Z		3D		2	2B		1/F			6			2			8						
916 73% (8/ 11)							1	1			1	Z	Z	Z	Z	Z	Z	Z	Z	Z	Z	Z	Z	Z	Z
1315 72% (26/ 36)							1				1		6						8C						1
2541 72% (26/ 36)							1	1			1		1/			1									
365 72% (18/ 25)	3							1		1/K	1		1/			1							10	Z	Z
1747 72% (18/ 25)							1	1			1	1/D	1/			1							10	Z	Z
2627 71% (5/ 7)	Z	Z	Z	Z				1			1B	Z	Z	Z	Z	Z	Z	Z	Z	Z	Z	Z	Z	Z	Z
1721 71% (24/ 34)							1	Y			1		1/					Y							1
1852 70% (21/ 30)	Z	Z	Z	Z	Z	Z	1	1			1		1/												1
1867 70% (23/ 33)	Z	Z					1	1			1		1/			1									1
82 69% (25/ 36)								1			1		1/			1									1
203 69% (25/ 36)							1	1			1		1/												1
440 69% (25/ 36)							1				1		6						3						1
496 69% (25/ 36)							1				1		6						3						1

1894 36 TS + 1 SL + 63 MT

TESTSTELLE	10	11	18	20	28	29	32	34	35	36	37	41	42	44	45	46	48	52	53	55	56	65	66	76	83
UEBEREINST. ZEUGEN	392	351	355	441	416	439	48	29	452	339	15	467	60	451	473	101	452	452	338	422	459	333	365	467	46
BEZEUGTE VARIANTE	1/	1/	1/	1/	1/	1/	3	11	1/	1/	2	1/	5	1/	1/	3	1/	1/	1/	1/	1/	1/	1/	1/	2
1595 69% (25/ 36)							1				1		4						3						1
2374 69% (25/ 36)							2	1			1		4						3			3			1
2696 69% (25/ 36)							1			1/E	1		6												1
81 69% (20/ 29)	14	1/L	Z	Z			2	2C	3				1/			2						Z	Z	Z	Z
642 69% (20/ 29)	Z	Z					2	1			1		Z			1						Z	Z		Z
337 69% (24/ 35)				Z				1			1		1/												1
603 69% (24/ 35)								1			1		1/					3							1
699 69% (24/ 35)			Z					1			1		1/												1
206 68% (17/ 25)	Z	Z	Z	Z	Z	Z	Z	Z	Z	Z	Z					2		4	8						
1762 68% (17/ 25)	Z	Z	Z					1			1		1/			1	1/H		8B						1
33 68% (19/ 28)	11		X			X	1			X	X		3			X			3	X	X	1/D	1/C		X
1277 68% (19/ 28)	8						1	1		1/L	1		1/			1									1
2080 68% (23/ 34)							1	1			1		8			1									1
044 67% (24/ 36)	4						1	1			1		4	5		2						1/F			
6 67% (24/ 36)							1	8	3		1		3			1			3						1
57 67% (20/ 30)	Y	Y	Y	Y				1			1		1/			1									Y
62 67% (8/ 12)	Z	Z	Z	Z			1	1			1		1/	Z	Z	Z	Z	Z	Z	Z	Z	Z	Z	Z	Z
142 67% (24/ 36)							1	1			1		4			2							11		1
175 67% (24/ 36)							2	1			1		1/			1									1
216 67% (24/ 36)							1	1			1		6						3						1
367 67% (24/ 36)							1	1		1/I	1		1/												1
400 67% (18/ 27)		1/L							X		1		W	X		6			W			X	X		1
404 67% (24/ 36)							2	1			1		1/			1									1
459 67% (24/ 36)	11	9					1	1			1		3												1
462 67% (24/ 36)								1			1		1/			1									1
479 67% (24/ 36)							1	1			1		1/			1									1
483 67% (24/ 36)							1	1			1		1/			1									1
604 67% (24/ 36)							1	1			1					1									1
618 67% (24/ 36)				1/C				1			1		1/												1
623 67% (22/ 33)	Z	Z	Z				1				1		4			2			3			1/F			1
634 67% (24/ 36)							1	1			1		4			1									1
635 67% (24/ 36)								1			1		1/			1									1
917 67% (24/ 36)							2	2B			1		1/												1

1894 36 TS + 1 SL + 63 MT

TESTSTELLE	84	86	87	89	90	91	92	95	97	100	102
UEBEREINST. ZEUGEN	23	85	476	25	71	46	99	44	422	470	478
BEZEUGTE VARIANTE	3	3	1/	14	2	3	2	2	1/	1/	1/
P8 100% (1/ 1)	Z	Z	Z	Z	Z	Z	Z	Z	Z	Z	Z
P33 100% (1/ 1)	Z	Z	Z	Z	Z	Z	Z	Z	Z	Z	Z
P41 100% (1/ 1)	Z	Z	Z	Z	Z	Z	Z	Z	Z	Z	Z
1101 100% (4/ 4)	Z	Z	Z	Z	Z	Z	Z	Z	Z	Z	Z
2778 100% (5/ 5)	Z	Z	Z	Z	Z	Z	Z	Z	Z	Z	Z
172 82% (18/ 22)	Z	Z		1	Z	Z	Z	1			
1856 81% (21/ 26)	Z	Z	Z	Z	Z	Z	Z	Z	Z		
1739 81% (29/ 36)											
1526 80% (16/ 20)	Z	Z	Z	Z	Z	Z	Z	Z	Z	Z	Z
945 78% (28/ 36)				5							
2200 77% (27/ 35)		1									
P45 75% (6/ 8)	Z	Z	Z	Z	Z	Z	Z	Z	Z	Z	Z
5 75% (27/ 36)	1/	5		1							
436 75% (27/ 36)	4										
886 75% (3/ 4)	Z	Z	Z	Z	Z	Z	Z	Z	Z	Z	Z
1704 75% (27/ 36)				5	4						
1891 75% (27/ 36)		2									
2175 75% (9/ 12)	Z	Z	Z	Z	Z	Z	Z	Z	Z	Z	Z
2298 75% (27/ 36)				12							
630 74% (26/ 35)		1B		3							
916 73% (8/ 11)	Z	Z	Z	Z	Z	Z	Z	Z	Z	Z	Z
1315 72% (26/ 36)	1/	1		1	1	5C					
2541 72% (26/ 36)	4	2B		8	1	4					
365 72% (18/ 25)	Z	Z	Z	Z	Z	Z	Z	Z	Z		
1747 72% (18/ 25)	Z	Z	Z	Z	Z	Z	Z	Z	Z		
2627 71% (5/ 7)	Z	Z	Z	Z	Z	Z	Z	Z	Z	Z	Z
1721 71% (24/ 34)	4	4		1	1		1	1			
1852 70% (21/ 30)	1/	1				5		3			
1867 70% (23/ 33)	1/			1E	5		1	Z			
82 69% (25/ 36)	1/			1	1	1/	1	1			
203 69% (25/ 36)	1/	2B		1	1	1/		4			
440 69% (25/ 36)	1/	2B		1	1	4K		4			
496 69% (25/ 36)	1/	1		1	1	4K		4			

1894 36 TS + 1 SL + 63 MT

TESTSTELLE	84	86	87	89	90	91	92	95	97	100	102
UEBEREINST. ZEUGEN	23	85	476	25	71	46	99	44	422	470	478
BEZEUGTE VARIANTE	3	3	1/	14	2	3	2	2	1/	1/	1/
1595 69% (25/ 36)	1/	1B		1	1		1	1			
2374 69% (25/ 36)	1/			2	1		1				
2696 69% (25/ 36)	1/	1		1	1	5C		1			
81 69% (20/ 29)	Z	2B				1/					
642 69% (20/ 29)	Z	1B		1	1	1/	1				
337 69% (24/ 35)	1/	1		1	1	1/	1	1			
603 69% (24/ 35)	1/	1B		1	1	X	1	1			
699 69% (24/ 35)	1/	2		1B	1	1/	1	1			
206 68% (17/ 25)		1			1	4E	1	3			
1762 68% (17/ 25)	1/	Z	Z	Z	Z	Z	Z	Z	Z		
33 68% (19/ 28)		2		10			1				
1277 68% (19/ 28)	1/		Z	Z	Z	Z	Z	Z	Z	Z	
2080 68% (23/ 34)	1/	1B		1	Y	Y	1	1			
044 67% (24/ 36)	1/			2				3			4
6 67% (24/ 36)	1/			8		12B		3			
57 67% (20/ 30)	Y	2		1	1	1/	1	1			
62 67% (8/ 12)	Z	Z	Z	Z	Z	Z	Z	Z			
142 67% (24/ 36)	1/			1	1	4K		1			
175 67% (24/ 36)	1/	2B		1	1	1/	1				
216 67% (24/ 36)	1/	2		1	1	4K		4			
367 67% (24/ 36)	4			1	1	11B	1	3			
400 67% (18/ 27)	1/	1B	X	X	X	5	1	1			
404 67% (24/ 36)	1/	2B		1	1	1/	1				
459 67% (24/ 36)	1/	1		1	4	5					
462 67% (24/ 36)	1/	2B		1	1	1/	1	1			
479 67% (24/ 36)	1/			1	1	1/	1	1			
483 67% (24/ 36)	1/			1	1	17	1	1			
604 67% (24/ 36)	1/	1B		1	1	1/	1	1			
618 67% (24/ 36)	1/	1		1	1	1/	1	1B			
623 67% (22/ 33)	4	2		1							3
634 67% (24/ 36)	1/	1B		1	1	1/		1			
635 67% (24/ 36)	1/	2B		1	1	13C	1	1			
917 67% (24/ 36)	1/	4B		1	1	1/	1	1			

1896 37 TS + 0 SL + 67 MT

TESTSTELLE	10	11	15	18	20	21	28	29	35	36	41	42	44	45	46	47	48	52	53	55	56	59	63	65	66
UEBEREINST. ZEUGEN	392	351	17	2	441	1	416	439	452	339	467	60	451	473	101	92	452	15	33	422	459	20	7	71	365
BEZEUGTE VARIANTE	1/	1/	6	6	1/	2B	1/	1/	1/	1/	1/	5	1/	1/	3	2	1/	3	8	1/	1/	2	2	1/F	1/
P41 100% (1/ 1)	Z	Z	Z	Z	Z	Z	Z	Z	Z	Z	Z	Z	Z	Z	Z	Z	Z	Z	Z	Z	Z	Z	Z	Z	X
2627 100% (4/ 4)	Z	Z	Z	Z	Z	Z					Z	Z	Z	Z	Z	Z	Z	Z	Z	Z	Z	Z	Z	Z	Z
62 89% (8/ 9)	Z	Z	Z	Z	Z	Z						1/	Z	Z	Z	Z	Z	Z	Z	Z	Z	Z	Z	Z	Z
P45 86% (6/ 7)	Z	Z	Z	Y	Y	X				Z		Z	Z		Z	Z	Z	Z	Z	3		Z	Z	Z	Z
506 86% (6/ 7)	Z	Z	Z	Z	Z	Z			Z	Z	Z	Z	Z	Z	Z	Z		Z	Z			1	Z	Z	Z
1846 78% (7/ 9)	Z	Z	Z	Z	Z	Z	Z	Z	Z	Z	Z	Z	Z	Z	Z	Z	Z	Z	Z	Z	Z	Z	Z	Z	Z
2175 73% (8/ 11)			1	1/		1						Z	Z	Z	Z	Z	Z	Z	Z	Z	Z	Z	Z	Z	Z
2746 72% (18/ 25)	Z	Z	Z	Z	Z	Z						Z	Z	Z	Z	Z	Z	1/	3			1	1		
020 71% (22/ 31)	Z	Z	Z	Z	Z	Z						1/							1/			1	1		
228 70% (26/ 37)			1	4		2												1/	1/			1	1		11
996 70% (26/ 37)			1	4								6							1/			1	1	1/	10
2374 70% (26/ 37)				1/		2						4				2B		1/	3			1		3	
916 70% (7/ 10)			1	1/		1					Z	Z	Z	Z	Z	Z	Z	Z	Z	Z	Z	Z	Z	Z	Z
1409 69% (25/ 36)	11		1	5		2				1/K		1/	4						3			Z	1		
1743 69% (24/ 35)	8		7	1/		1						4				1		Z	Z			1	1	1/	
2718 68% (19/ 28)			1	1/		1						4			2			4	3				1		6
441 68% (21/ 31)	Z	Z	Z	Z	Z	Z						4			2				3			1	1	1/K	8
5 68% (25/ 37)			4	1/		1				1/D		1/						1/	3			1	1	1/	
218 68% (25/ 37)		1/C	1	1/		1						1/			1			1/	1/				1		
808 68% (25/ 37)		1/L	7			1						1/			1			1/	3			1	1		
1103 68% (25/ 37)			1	1/		1						1/			1			1/	1/			1	1	1/	12
1297 68% (25/ 37)				1/	1/B	1						4			6			1/	3			1	1		
1315 68% (25/ 37)				1/		1						6				1		1/	8C			1	1	1/	
1595 68% (25/ 37)			7	1/		1						4						1/	3			1	1	1/	
1704 68% (25/ 37)			5	4		2	3D	5							2			1/				1	1	1/	
1739 68% (25/ 37)			3	4		2	3D	5							2			1/	3				1	1/	
623 67% (22/ 33)	Z	Z	Z	Z		1						4			2			1/	3			1	1		
630 67% (24/ 36)			3	Z		2	3D			1/F		6			2			1/					1	1/	
1721 67% (24/ 36)				1/		1						1/						Y	1/			1	1	1/	
2483 67% (24/ 36)			1	1/		1D						6				1		1/	3			1	1		
2799 67% (22/ 33)				1/	Z	Z	Z	Z				1/			1	1		1/				1	1	1/	
941 66% (23/ 35)			1	8		1C				1/F		4			1			1/	3			1	Y		
2200 66% (23/ 35)			3	4		2	3D			1/F					1			1/					1	1/	

1896 37 TS + 0 SL + 67 MT

TESTSTELLE	10	11	15	18	20	21	28	29	35	36	41	42	44	45	46	47	48	52	53	55	56	59	63	65	66
UEBEREINST. ZEUGEN	392	351	17	2	441	1	416	439	452	339	467	60	451	473	101	92	452	15	33	422	459	20	7	71	365
BEZEUGTE VARIANTE	1/	1/	6	6	1/	2B	1/	1/	1/	1/	1/	5	1/	1/	3	2	1/	3	8	1/	1/	2	2	1/F	1/
044 65% (24/ 37)	4		3	1/		1						4	5		2			1/	1/			4	1		
76 65% (24/ 37)	8		7	1/		1						4				1		1/	1/			1	1		
203 65% (24/ 37)			1	1/		1						1/				1		1/	1/			1	1	1/	
216 65% (24/ 37)			1	1/		1						6				1		1/	3			1	1	1/	
223 65% (24/ 37)			1	4		1				1/K						1		1/				1	1		
322 65% (24/ 37)			1	4		1	8	5				6			2			1/	3F				1	1/C	
432 65% (24/ 37)			1	1/		1									1	1			1/			1	1	1/	
436 65% (24/ 37)		1/L	1	4		1						4			2			1/	4C			1	1	1/	
440 65% (24/ 37)			1	1/		1						6				1		1/	3			1	1	1/	
456 65% (24/ 37)				1/		1						1/						1/	3			1	1	1/	
496 65% (24/ 37)			1	1/		1						6				1		1/	3			1	1	1/	
945 65% (24/ 37)			3	4		2	3D	5							2			1/	8C			1	1	1/	
1102 65% (24/ 37)				4		1						1/				1		1/	3			1	1	1/	
1270 65% (24/ 37)				1/	1/B	1						4			6			1/	3			1	1	1/	
1598 65% (24/ 37)				1/	1/B	1						4			6			1/	3			1	1	1/	
1894 65% (24/ 37)			1	1/		1										1		1/	1/			1	1	1/	
2085 65% (24/ 37)				1/		6						1/				1		1/				1	1	1/B	
2288 65% (24/ 37)			1	1/		5				1/K		1/			6	1		1/	3			1	1		
2298 65% (24/ 37)		1/L	3	4		1	3D	5										1/	3			1	1	1/	
624 64% (9/ 14)	Z	Z	Z	Z	Z	Z	Z	Z			Z	Z	Z	Z	Z	Z	Z	Z	Z	Z	Z	Z	1	1/	
323 64% (23/ 36)	Z		1	4		1	3C	5				6			2			1/	3				1	1/C	
603 64% (23/ 36)			1	1/		1						1/				1			1/			1	1	1/	
1873 64% (23/ 36)			1	1/		1				1/K		1/			6	1		1/	3			1	1		
1723 64% (21/ 33)	Z	Z	Z	1/		1						X			1	1		1/	1/			1	1		
1867 64% (21/ 33)	Z	Z	Z	1/		1						1/			1	1		1/	1/			1	1		
2201 64% (21/ 33)	Z	Z	Z	Z		1				1/F		1/			2	1		1/	3			1	1	1/	
2587 64% (21/ 33)	Z	Z	Z	Z		1						6			1	1		1/	1/			1	1		
014 63% (17/ 27)	Z	Z	Z	Z	Z	Z			Z	1/F		1/			Z	Z			1/			1	1		
P74 63% (22/ 35)	3	1/I	2	Z		2			3			3	4		2			1/	1/					1/	
921 63% (22/ 35)			1	Z		1				1/F		1/				1			1/			1	1	1/	
1609 63% (22/ 35)			1	1/		1	3D					1/				1		1/	3			1	1	5	
1526 63% (15/ 24)	Z	Z	Z	1/		1						1/			1	1		1/	1/			1	1		
2303 63% (10/ 16)	Z	Z	Z	Z	Z	Z						4			1	1		1/	Z	Z	Z	Z	Z	Z	Z

1896 37 TS + 0 SL + 67 MT

TESTSTELLE	76	77	84	86	87	88	91	92	95	97	100	102
UEBEREINST. ZEUGEN	467	181	402	85	476	471	46	99	13	422	470	478
BEZEUGTE VARIANTE	1/	2	1/	3	1/	1/	3	2	4	1/	1/	1/
P41 100% (1/ 1)		Z	Z	Z	Z	Z	Z	Z	Z	Z	Z	Z
2627 100% (4/ 4)	Z	Z	Z	Z	Z	Z	Z	Z	Z	Z	Z	Z
62 89% (8/ 9)	Z	Z	Z	Z	Z	Z	Z	Z	Z			
P45 86% (6/ 7)	Z	Z	Z	Z	Z	Z	Z	Z	Z	Z	Z	Z
506 86% (6/ 7)	Z	Z		Z	Z	Z	Z	Z	Z	Z	Z	Z
1846 78% (7/ 9)	Z	Z		1			X		3			
2175 73% (8/ 11)	Z	Z	Z	Z	Z	Z	Z	Z	Z	Z	Z	Z
2746 72% (18/ 25)				1B				1	1			
020 71% (22/ 31)		1		1			1/	1	1			
228 70% (26/ 37)				1			5H		1			
996 70% (26/ 37)		2B		4			5H					
2374 70% (26/ 37)		1B						1	2			
916 70% (7/ 10)	Z	Z	Z	Z	Z	Z	Z	Z	Z	Z	Z	Z
1409 69% (25/ 36)							4		2			
1743 69% (24/ 35)				1B				1				
2718 68% (19/ 28)	Z	Z	Z	Z	Z	Z	Z	Z	Z			
441 68% (21/ 31)							5D	1	3			
5 68% (25/ 37)				5					2			
218 68% (25/ 37)				1			1/		2			
808 68% (25/ 37)				1B			6		2			
1103 68% (25/ 37)							1/					
1297 68% (25/ 37)				1B				1	1			
1315 68% (25/ 37)				1			5C		2			
1595 68% (25/ 37)				1B				1	1			
1704 68% (25/ 37)			3						2			
1739 68% (25/ 37)			3						2			
623 67% (22/ 33)			4	2					2			3
630 67% (24/ 36)			3	1B					2			
1721 67% (24/ 36)		1	4	4				1	1			
2483 67% (24/ 36)		U		2B			5C		3B			
2799 67% (22/ 33)							17	1	1			
941 66% (23/ 35)		1B	4				1/					Y
2200 66% (23/ 35)	Z	Z	3	1					2			

1896 37 TS + 0 SL + 67 MT

TESTSTELLE	76	77	84	86	87	88	91	92	95	97	100	102
UEBEREINST. ZEUGEN	467	181	402	85	476	471	46	99	13	422	470	478
BEZEUGTE VARIANTE	1/	2	1/	3	1/	1/	3	2	4	1/	1/	1/
044 65% (24/ 37)									3			4
76 65% (24/ 37)				1B				1	1			
203 65% (24/ 37)		1		2B			1/					
216 65% (24/ 37)		1B		2			4K					
223 65% (24/ 37)		1		1B			11	1	3			
322 65% (24/ 37)				1			5					
432 65% (24/ 37)				1B			1/	1	1			
436 65% (24/ 37)			4						2			
440 65% (24/ 37)		1B		2B			4K					
456 65% (24/ 37)		1		2B			1/	1	1			
496 65% (24/ 37)		1B		1			4K					
945 65% (24/ 37)			3						2			
1102 65% (24/ 37)		1		1B				1	3			
1270 65% (24/ 37)				1B				1	1			
1598 65% (24/ 37)				1B				1	1			
1894 65% (24/ 37)		1	3			7			2			
2085 65% (24/ 37)		1B		4			17	1	1			
2288 65% (24/ 37)							11E		1			
2298 65% (24/ 37)			3						2			
624 64% (9/ 14)		Z	Z	Z			1/	1	1			
323 64% (23/ 36)				1			5					
603 64% (23/ 36)		1B		1B			X	1	1			
1873 64% (23/ 36)							5		1	Z		
1723 64% (21/ 33)				1B			1/	1	1			
1867 64% (21/ 33)		1						1	Z			
2201 64% (21/ 33)							5		1			
2587 64% (21/ 33)				1B			1/	1	1			
014 63% (17/ 27)		1		1			1/	1	1			Z
P74 63% (22/ 35)				2B			1/		Z			
921 63% (22/ 35)		1		1			Z	1	1			
1609 63% (22/ 35)				2			5		Z	Z		
1526 63% (15/ 24)			Z	Z	Z	Z	Z	Z	Z	Z	Z	Z
2303 63% (10/ 16)	Z	Z	Z	Z	Z	Z	Z	1	1		Z	

2085 34 TS + 0 SL + 70 MT

TESTSTELLE	7	10	11	15	18	20	21	28	29	35	36	41	42	44	45	46	48	49	52	53	55	56	65	66	76
UEBEREINST. ZEUGEN	23	392	351	17	355	441	15	416	439	452	339	467	283	451	473	101	452	162	452	33	422	459	1	365	467
BEZEUGTE VARIANTE	3	1/	1/	6	1/	1/	6	1/	1/	1/	1/	1/	1/	1/	1/	3	1/	2	1/	8	1/	1/	1/B	1/	1/
P8 100% (1/ 1)	Z	Z	Z	Z		Z	Z	Z	Z	Z	Z	Z	Z	Z	Z	Z	Z	Z	Z	Z	Z	Z	Z	Z	Z
P33 100% (1/ 1)	Z	Z	Z	Z	Z	Z	Z	Z	Z	Z	Z	Z	Z	Z	Z	Z	Z	Z		Z	Z	Z	Z	Z	Z
P41 100% (1/ 1)	Z	Z	Z	Z	Z	Z	Z	Z	Z	Z	Z	Z	Z	Z	Z	Z	Z	Z	Z	Z	Z	Z	Z	X	
62 100% (10/ 10)	Z	Z	Z	Z	Z	Z	Z							Z	Z	Z	Z	Z	Z	Z	Z	Z	Z	Z	Z
506 100% (7/ 7)	Z	Z	Z	Z	Z	Z	Z			Z	Z	Z	Z	Z	Z	Z			Z	Z			Z	Z	Z
P45 86% (6/ 7)	Z	Z	Z	Z	Y	Y	X				Z		Z	Z		Z	Z	Z	Z	Z	3		Z	Z	Z
2303 86% (12/ 14)	Z	Z	Z	Z	Z	Z	Z						4			1				Z	Z	Z	Z	Z	Z
2778 83% (5/ 6)	Z	Z	Z	Z	Z	Z	Z	Z	Z	Z	Z	Z	Z	Z	Z	Z				1/			Z	Z	Z
2799 83% (25/ 30)	1					Z	Z	Z	Z							1		1					1/		
337 81% (25/ 31)	1			Z		Z	Z													1/			1/		
2627 80% (4/ 5)	Z	Z	Z	Z	Z	Z	Z					Z	Z	Z	Z	Z	Z	Z	Z	Z	Z	Z	Z	Z	Z
456 79% (27/ 34)	1						1													3			1/		
312 79% (26/ 33)	1			Z			1											1		1/			5		
172 78% (18/ 23)	Z	Z	Z	Z			1		Z	Z		Z	Z			1		1		1/			1/		
314 78% (7/ 9)	Z	Z	Z	Z	Z	Z	Z	Z	Z	Z	Z					1	Z	Z	Z	Z	Z	Z	Z	Z	Z
567 77% (10/ 13)	Z	Z	Z	Z	Z	Z	Z		3		1/M	Z	Z	Z	Z	1	Z	Z	Z	Z	Z	Z	Z	Z	Z
203 76% (26/ 34)	1			1			1													1/			1/		
440 76% (26/ 34)	1			1			1						6							3			1/		
1315 76% (26/ 34)	1						1						6							8C			1/		
2374 76% (26/ 34)	1						2						4							3			3		
2483 76% (26/ 34)	1			1			1D						6							3			1/F		
1526 76% (16/ 21)	Z	Z	Z	Z			1									1		1		1/			1/F		
2746 76% (16/ 21)	Z	Z	Z	Z	Z	Z	Z						Z	Z	Z	Z	Z	Z		3			1/F		
1852 76% (19/ 25)	Z	Z	Z	Z	Z	Z	Z	Z	Z									1		1/			1/		
2716 76% (19/ 25)	Z	Z	Z	Z	Z	Z	Z			Z						1		1		1/			1/H		
1723 76% (22/ 29)	Z	Z	Z	Z			1						X			1				1/			1/F		
935 76% (25/ 33)	1			1			Z						6			5				3			9		
1508 76% (25/ 33)	1			1			1									1				Z			1/		
1721 76% (25/ 33)	1						1											1	Y	1/			1/		
624 75% (9/ 12)	Z	Z	Z	Z	Z	Z	Z	Z	Z			Z	Z	Z	Z	Z	Z	Z	Z	Z	Z	Z	1/		
699 75% (24/ 32)	Z			1	Z		1											1		1/			1/		
1597 75% (24/ 32)	1	8			4		1											X		1/			1/		
1846 75% (6/ 8)	Z	Z	Z	Z	Z	Z	Z	Z	Z	Z	Z	Z	Z	Z	Z	Z	Z	Z	Z	Z	Z	Z	Z	Z	Z

2085 34 TS + 0 SL + 70 MT

TESTSTELLE		7	10	11	15	18	20	21	28	29	35	36	41	42	44	45	46	48	49	52	53	55	56	65	66	76
UEBEREINST. ZEUGEN		23	392	351	17	355	441	15	416	439	452	339	467	283	451	473	101	452	162	452	33	422	459	1	365	467
BEZEUGTE VARIANTE		3	1/	1/	6	1/	1/	6	1/	1/	1/	1/	1/	1/	1/	1/	3	1/	2	1/	8	1/	1/	1/B	1/	1/
2175	75% (9/ 12)	1			1			1						Z	Z	Z	Z	Z	Z	Z	Z	Z	Z	Z	Z	Z
1864	74% (23/ 31)	Z	Z	Z	1			1									1				1/			1/		
020	74% (20/ 27)	Z	Z	Z	Z	Z	Z	Z											1	3	1/			1/F		
57	74% (20/ 27)	Y	Y	Y	1	Y	Y	Y									1		1		1/			1/		
1094	74% (20/ 27)	Z	Z	Z	Z	Z	Z	Z									1		1		1/			1/		
1752	74% (20/ 27)	Z	Z	Z	Z	Z	Z	Z						6			1				1/			1/		
1839	74% (20/ 27)	Z	Z	Z	Z	Z	Z	Z									1		1		1/			1/		
1856	74% (20/ 27)	1			1			1						8			1				1/			1/		
1762	74% (17/ 23)	Z	Z	Z	Z	Z		9									1	1/H	4		8B			1/		
049	74% (25/ 34)	1			1			1				1/F							1		1/			1/F		
5	74% (25/ 34)	1			4			1				1/D									3			1/		
88	74% (25/ 34)	4	3		4			2												4	3			1/		
149	74% (25/ 34)	1			1			1									1				1/			1/		
175	74% (25/ 34)	1						1									1		1		1/			1/		
201	74% (25/ 34)	1			1			1									1				1/			1/		
205	74% (25/ 34)	1		6	1			1									1				3			1/		
216	74% (25/ 34)	1			1			1						6					1		3			1/		
226	74% (25/ 34)	1			1			1									1				1/			1/F		
254	74% (25/ 34)	1			1										3		1		1		1/			1/		
394	74% (25/ 34)	1			1									8			1				1/			1/		
398	74% (25/ 34)	1			1												1		1		1/			1/		
483	74% (25/ 34)	1			1			1									1		1		1/			1/		
496	74% (25/ 34)	1			1			1						6							3			1/		
618	74% (25/ 34)	1E			1		1/C	8													1/			1/		
824	74% (25/ 34)	1			1			1									1				1/			1/		
917	74% (25/ 34)	4			1			2											1		1/			1/		
959	74% (25/ 34)				1			1									1		1		1/			1/		
1040	74% (25/ 34)	1			1			1									1				1/			1/		
1072	74% (25/ 34)	1			1			1									1				1/			1/		
1075	74% (25/ 34)	1			1			1									1				1/			1/		
1102	74% (25/ 34)	1				4		1											3		3			1/		
1161	74% (25/ 34)	1			1			1									1				1/			1/		
1241	74% (25/ 34)	1			1			1											1		1/			1/		

2085									34 TS + 0 SL + 70 MT
TESTSTELLE	84	86	87	88	91	97	98	100	102
UEBEREINST. ZEUGEN	402	24	476	471	3	422	34	470	478
BEZEUGTE VARIANTE	1/	4	1/	1/	17	1/	3	1/	1/
P8 100% (1/ 1)	Z	Z	Z	Z	Z	Z	Z	Z	Z
P33 100% (1/ 1)	Z	Z	Z	Z	Z	Z	Z	Z	Z
P41 100% (1/ 1)	Z	Z	Z	Z	Z	Z	Z	Z	Z
62 100% (10/ 10)	Z	Z	Z	Z	Z				
506 100% (7/ 7)		Z	Z	Z	Z	Z	Z	Z	Z
P45 86% (6/ 7)	Z	Z	Z	Z	Z	Z	Z	Z	Z
2303 86% (12/ 14)	Z	Z	Z	Z	Z		Z	Z	
2778 83% (5/ 6)	Z	Z	Z	Z	Z	Z	Z	Z	Z
2799 83% (25/ 30)		3							
337 81% (25/ 31)		1			1/		1		
2627 80% (4/ 5)	Z	Z	Z	Z	Z	Z	1	Z	Z
456 79% (27/ 34)		2B			1/		1		
312 79% (26/ 33)					1/		1		
172 78% (18/ 23)	Z	Z			Z				
314 78% (7/ 9)	Z	Z	Z	Z	Z		1		
567 77% (10/ 13)					X				
203 76% (26/ 34)		2B			1/		1		
440 76% (26/ 34)		2B			4K				
1315 76% (26/ 34)		1			5C		1		
2374 76% (26/ 34)		3			3		2C		
2483 76% (26/ 34)		2B			5C				
1526 76% (16/ 21)	Z	Z	Z	Z	Z	Z	Z	Z	Z
2746 76% (16/ 21)		1B			3		1		
1852 76% (19/ 25)		1			5		1		
2716 76% (19/ 25)					1/		1D	Z	
1723 76% (22/ 29)		1B			1/		1		
935 76% (25/ 33)		2			5C				
1508 76% (25/ 33)		1B			1/		1		
1721 76% (25/ 33)	4				3		1		
624 75% (9/ 12)	Z	Z			1/		1		
699 75% (24/ 32)		2			1/		1		
1597 75% (24/ 32)		1			X		1		
1846 75% (6/ 8)		1			X		1		

2085									34 TS + 0 SL + 70 MT
TESTSTELLE	84	86	87	88	91	97	98	100	102
UEBEREINST. ZEUGEN	402	24	476	471	3	422	34	470	478
BEZEUGTE VARIANTE	1/	4	1/	1/	17	1/	3	1/	1/
2175 75% (9/ 12)	Z	Z	Z	Z	Z	Z	Z	Z	Z
1864 74% (23/ 31)		1B			1/		1		
020 74% (20/ 27)		1			1/		1		
57 74% (20/ 27)	Y	2			1/				
1094 74% (20/ 27)		2			1/		2C		
1752 74% (20/ 27)		1B			1/		1		
1839 74% (20/ 27)		2B			18		1		
1856 74% (20/ 27)	Z	Z	Z	Z	Z	Z	Z		
1762 74% (17/ 23)		Z	Z	Z	Z	Z	Z		
049 74% (25/ 34)		1			1/				
5 74% (25/ 34)		5			3		2C		
88 74% (25/ 34)					3		6		
149 74% (25/ 34)		1B			1/		1		
175 74% (25/ 34)		2B			1/		1		
201 74% (25/ 34)		1B			1/		1		
205 74% (25/ 34)					1/		1		
216 74% (25/ 34)		2			4K				
226 74% (25/ 34)		1B			13B		1		
254 74% (25/ 34)					5		1		
394 74% (25/ 34)		1B			1/		1		
398 74% (25/ 34)		1			5		1		
483 74% (25/ 34)		3					1		
496 74% (25/ 34)		1			4K		1		
618 74% (25/ 34)		1			1/		1		
824 74% (25/ 34)		1B			1/		1		
917 74% (25/ 34)		4B			1/		1		
959 74% (25/ 34)		1			13B		1		
1040 74% (25/ 34)		1B			1/		1		
1072 74% (25/ 34)		1B			1/		1		
1075 74% (25/ 34)		1B			1/		1		
1102 74% (25/ 34)		1B			3		1		
1161 74% (25/ 34)		1B			4		1		
1241 74% (25/ 34)		1			1/		1		

2138 50 TS + 1 SL + 49 MT

TESTSTELLE	7	8	10	11	13	15	18	20	26	28	29	33	35	41	42	43	44	45	46	48	52	53	55	56	57
UEBEREINST. ZEUGEN	17	5	392	351	3	24	355	441	8	416	439	12	452	467	53	2	451	473	76	452	452	338	17	14	104
BEZEUGTE VARIANTE	5	6	1/	1/	3C	3	1/	1/	3	1/	1/	8	1/	1/	4	4	1/	1/	2	1/	1/	1/	1/B	1/D	2
P8 100% (1/ 1)	Z	Z	Z	Z	Z	Z		Z	Z	Z	Z	Z	Z	Z	Z	Z	Z	Z	Z	Z	Z	Z	Z	Z	Z
P33 100% (1/ 1)	Z	Z	Z	Z	Z	Z	Z	Z	Z	Z	Z	Z	Z	Z	Z	Z	Z	Z	Z	Z		Z	Z	Z	Z
1890 91% (40/ 44)	Z	Z	Z	Z		8			Z																
1611 80% (40/ 50)												1										3B	1/		
1505 76% (38/ 50)	1	1			1	1			1			5			1/	1			1						
2495 72% (36/ 50)	1	7	7B		1	4B	4		1			5			1/	1			1						
044 68% (34/ 50)		1	4		2D				1							1	5						1/	1/	
916 62% (8/ 13)	1	1			1	1						1		Z	Z	Z	Z	Z	Z	Z	Z	Z	Z	Z	Z
614 60% (30/ 50)	1	3B			1	1						1				4B						3			
1292 60% (30/ 50)	1	3B			1	1						1				4B			3			3			
2412 60% (30/ 50)	1	3			1	1						1				4B						3			
2627 60% (3/ 5)	Z	Z	Z	Z	Z	Z	Z	Z	1			1		Z	Z	Z	Z	Z	Z	Z	Z	Z	Z	Z	Z
2175 57% (8/ 14)	1	1			1	1			1			1			Z	Z	Z	Z	Z	Z	Z	Z	Z	Z	Z
2718 57% (20/ 35)	1	3B			1C	1			1			1				2					4	3	1/	1/	
913 57% (26/ 46)	1	1	Z	Z	Z	Z	4		1	3D	5				5	1									
431 56% (28/ 50)	1	3B			1	1						2	3			2						3	1/	1/	
436 56% (28/ 50)	1	1		1/L	1	1	4		1			1				1						4C	1/	1/	
1830 56% (28/ 50)	1	1		1/L	1D	1	4			3D	5				5	1									
623 56% (24/ 43)	Z	Z	Z	Z	Z	Z	Z		2							1						3	1/	1/	
P45 56% (5/ 9)	Z	Z	Z	Z	Z	Z	Y	Y	Z			9			Z	Z	Z		Z	Z	Z	Z	3	1/	1
1526 56% (15/ 27)	Z	Z	Z	Z	Z	Z			1			Z			1/	1			1				1/	1/	1
1610 55% (23/ 42)	1	1		1/L	1E	1	4		1	3D	5				5	1				Z	Z				
181 54% (27/ 50)	4	3B	11	11	1	1			2			2	3			2						3G	5	1/	
1853 54% (27/ 50)	1	1			1	1	4			3D	5	3			5	1							1/		
2303 53% (10/ 19)	Z	Z	Z	Z	Z	Z	Z	Z	Z			1				1			1			Z	Z	Z	Z
1875 52% (22/ 42)	X	X	X	X	X	1			2	Z	Z	2	3		6	Z						3G	5	1/	
P74 52% (24/ 46)	X	Y	3	1/I	2B	2	Z		2			2	3		3	2	4						1/	1/	
1739 52% (26/ 50)	16	3			3D		4		2	3D	5	1			5	1						3	1/	1/	
2344 52% (26/ 50)	1	3	11		1	4			2			1			3	2						3	1/	1/	
1852 51% (20/ 39)	Z	Z	Z	Z	Z	Z	Z	Z	Z	Z	Z	1			1/	1			3				1/	1/	1
441 51% (21/ 41)	Z	Z	Z	Z	Z	Z	Z	Z	Z			1				1					3	3	1/	1/	
2201 51% (22/ 43)	Z	Z	Z	Z	Z	Z	Z		1						1/	1						3	1/	1/	
P41 50% (1/ 2)	Z	Z	Z	Z	Z	Z	Z	Z	Z	Z	Z	Z	Z	Z	Z	Z	Z	Z	Z	Z	Z	Z	Z	Z	Z

2138 — 50 TS + 1 SL + 49 MT

TESTSTELLE	7	8	10	11	13	15	18	20	26	28	29	33	35	41	42	43	44	45	46	48	52	53	55	56	57
UEBEREINST. ZEUGEN	17	5	392	351	3	24	355	441	8	416	439	12	452	467	53	2	451	473	76	452	452	338	17	14	104
BEZEUGTE VARIANTE	5	6	1/	1/	3C	3	1/	1/	3	1/	1/	8	1/	1/	4	4	1/	1/	2	1/	1/	1/	1/B	1/D	2
03 50% (25/ 50)	2	2			2	2	3		2			2	4		1/	2	4				4			1/	
307 50% (25/ 50)	13	3	6		2	2	5B		1	3E	5	1	3			2						3	1/	1/	
621 50% (25/ 50)	1	3		1/O	8	1		1/B	1							1					3	3B	1/	1/	
1101 50% (4/ 8)	1	1			1	1			Z	Z	Z	Z	Z	Z	Z	Z	Z	Z	Z	Z	Z	Z	Z	Z	Z
2464 50% (10/ 20)	Z	Z	Z	Z	Z	Z	Z	Z	Z	Z	Z	Z	Z	Z	Z	Z	Z	Z	Z	Z	Z	Z	Z	Z	Z
2778 50% (3/ 6)	Z	Z	Z	Z	Z	Z	Z	Z	Z	Z	Z	Z	Z	Z	Z	Z	Z	Z	Z				1/	1/	1
33 49% (20/ 41)	4	X	11		1	X	X		2		X	2			3	2			X			3	X	X	
81 49% (18/ 37)	2	2	14	1/L	2	2	Z	Z	2			1	3		1/	2							1/	1/	
02 48% (24/ 50)	2	2	3		2B	2	5		2			2	3		3	2	4						4	1/	
945 48% (24/ 50)	1	3			3E		4		2	3D	5	1			5	1						8C	1/	1/	
1842 48% (24/ 50)	1	3		1/O	8	1			1						1/	1					3	3	1/F	1/	1
1891 48% (24/ 50)	16	3			3D		4		2	3D	5	1			5	1						3	1/	1/	
2818 48% (24/ 50)	13	3	6		2	2	5B		1	3E	5	3	3			2						3	1/	1/	
610 48% (22/ 46)	13	3	6		2	2	5B		Z	3E	5	Z	3			2						3	1/	1/	
1893 48% (19/ 40)	1	1			X	X			1			Z	Z			1				Z		3	1/	1/	
630 47% (23/ 49)	1	3			4		Z		1	3D		1			6	1						8	1/	1/	
1873 47% (23/ 49)	1	3			1	1			1			1			1/	1			6			3	1/	1/	1
08 47% (22/ 47)	15	3	11		3	5	4		2	5		2			6	1				6			1/	1/	1
01 46% (23/ 50)	2	2	3		2	2	5		2			2	3		1/	2	4			3	4			1/	
453 46% (23/ 50)	13	3	6		2	2	5B		1	3E	5	1	3			2						3	1/	1/	
1162 46% (23/ 50)	1	3B		1/L	7	1	4		2							1						3	1/	1/	
1678 46% (23/ 50)	10	1	6		2	2	5B		1	3D	5	1	3			2						3	1/	1/	
1718 46% (23/ 50)					3				1			1			1/	1			1				1/	1/	1
2143 46% (23/ 50)	3	1		5	1	1			1			1			1/	1						3	1/	1/	
2288 46% (23/ 50)	1	1			1	1			1			1			1/	1			6			3	1/	1/	1
1856 46% (17/ 37)	1	1			1	1			1			1			8	1			1				1/	1/	1
180 46% (22/ 48)	11	3	6		2	2	5B		1	3E	5	1	3			2						3	1/	1/	
2805 46% (22/ 48)	1	3B	4	10	3D		4	Z	2	6	6	1				1						3	1/	1/	
1884 46% (21/ 46)	15	3	11		3	4	6B		2	5		2			6	1				U			1/	1/	1
2125 45% (5/ 11)	1	3			11	1			Z	Z	Z	1		Z	Z	Z	Z	Z	1	Z	Z	Z	Z	Z	Z
2652 45% (20/ 44)	Z	Z	Z	Z	Z	7			1			1			1/	1			1		Z	3			
2200 45% (21/ 47)	1	3			3D		4		1	3D		1			5	1			1			8	1/	1/	
5 44% (22/ 50)	1	3			1	4			2						1/	1			3			3	1/	1/	

2138 50 TS + 1 SL + 49 MT

TESTSTELLE	62	64	65	66	68	76	77	78	80	83	84	86	87	88	89	90	91	92	94	95	96	97	100	102	103
UEBEREINST. ZEUGEN	28	38	71	365	7	467	181	67	20	46	42	85	476	471	25	71	18	99	6	68	35	17	11	478	2[illegible]
BEZEUGTE VARIANTE	2	2	1/F	1/	17	1/	2	2	3	2	4	3	1/	1/	14	2	8	2	3	3	2	3	4	1/	2
P8 100% (1/ 1)	Z	Z	Z	Z	Z	Z	Z	Z	Z	Z	Z	Z	Z	Z	Z	Z	Z	Z	Z	Z	Z	Z	Z	Z	Z
P33 100% (1/ 1)	Z	Z	Z	Z	Z	Z	Z	Z	Z	Z	Z	Z	Z	Z	Z	Z	Z	Z	Z	Z	Z	Z	Z	Z	Z
1890 91% (40/ 44)				6					1			Z							3B						
1611 80% (40/ 50)			1/					1		1					13				1		1				3
1505 76% (38/ 50)			1/	6																			1/		
2495 72% (36/ 50)				6														1					1/		
044 68% (34/ 50)					3						1/				2		3		4			1/	1/	4	
916 62% (8/ 13)	Z	Z	Z	Z	Z	Z	Z	Z	Z	Z	Z	Z	Z	Z	Z	Z	Z	Z	Z	Z	Z	Z	Z	Z	Z
614 60% (30/ 50)		1	11	15		3		1	1	1			5	9	2				1C		1				1
1292 60% (30/ 50)	1	1	1/	4		3		1	1	1					2				1C		1				3
2412 60% (30/ 50)		1	11	4		3		1	1	1			5	9	2				1C		1				1
2627 60% (3/ 5)	Z	Z	Z	Z	Z	Z	Z	Z	Z	Z	Z	Z	Z	Z	Z	Z	Z	Z	Z	Z	Z	Z	Z	Z	Z
2175 57% (8/ 14)	Z	Z	Z	Z	Z	Z	Z	Z	Z	Z	Z	Z	Z	Z	Z	Z	Z	Z	Z	Z	Z	Z	Z	Z	Z
2718 57% (20/ 35)				6	3	Z	Z	Z	Z	Z	Z	Z	Z	Z	Z	Z	Z	Z	Z	Z		1/	1/		
913 57% (26/ 46)		1			1		1B	1		1	1/				1				3B	1	1	5			1
431 56% (28/ 50)	1		1/	1/B	2			1	1						2		14		1		1		1/		1
436 56% (28/ 50)			1/		4				1								3		11	2	1	1/	1/		1
1830 56% (28/ 50)		1	1/		1		1B	1		1	1/				1					1	1	1/			1
623 56% (24/ 43)					4			1	7	1		2			1		3		1	2	1	1/	1/	3	33
P45 56% (5/ 9)	Z	Z	Z	Z	Z	Z	Z	Z	Z	Z	Z	Z	Z	Z	Z	Z	Z	Z	Z	Z	Z	Z	Z	Z	Z
1526 56% (15/ 27)	1	1			1			1	1	Z	Z	Z	Z	Z	Z	Z	Z	Z	Z	Z	Z	Z	Z	Z	Z
1610 55% (23/ 42)		Z	Z	Z	Z		1B	1	3C	Z	Z				1					1	1	5			1
181 54% (27/ 50)			1/		12			1			1/C	2					12		2	2		4	1/		
1853 54% (27/ 50)		1	1/		1		1	1		1	1/				1					1	1	1/			1
2303 53% (10/ 19)	Z	Z	Z	Z	Z	Z	Z	Z	Z	Z	Z	Z	Z	Z	Z	Z	Z	1	1	1	1	1/	Z		1
1875 52% (22/ 42)				7	12			1	1		1/C	2					12		2	2		1/	1/		3B
P74 52% (24/ 46)			1/		4				2		1/	2B			2		1/		2	Z		1/	1/		
1739 52% (26/ 50)	1		1/		3			1	6B		3						3		2	2		1/	1/		
2344 52% (26/ 50)			1/E		4				2		3	2			11		3G	1	2	2		1/	1/		
1852 51% (20/ 39)	1	1	1/		1		1		1	1	1/	1					5					1/	1/		
441 51% (21/ 41)	1		1/K	8	2			1	1		1/						5D	1	2C		1	1/	1/		3D
2201 51% (22/ 43)	1	1	1/		1				1	1	1/				1		5		1	1	1	1/	1/		1
P41 50% (1/ 2)	Z	Z	Z	X	4		Z	Z	Z	Z	Z	Z	Z	Z	Z	Z	Z	Z	Z	Z	Z	Z	Z	Z	Z

2138 50 TS + 1 SL + 49 MT

TESTSTELLE	62	64	65	66	68	76	77	78	80	83	84	86	87	88	89	90	91	92	94	95	96	97	100	102	103
UEBEREINST. ZEUGEN	28	38	71	365	7	467	181	67	20	46	42	85	476	471	25	71	18	99	6	68	35	17	11	478	21
BEZEUGTE VARIANTE	2	2	1/F	1/	17	1/	2	2	3	2	4	3	1/	1/	14	2	8	2	3	3	2	3	4	1/	2
03 50% (25/ 50)			1/		2		2B		2			2B			2		1/		2	2		4	1/	3	
307 50% (25/ 50)	1		1/	1/B	2										2		3		1		1		1/		1
621 50% (25/ 50)	1		1/	8	2			1	1		1/						5		2C		1	1/	1/		3C
1101 50% (4/ 8)	Z	Z	Z	Z	Z	Z	Z	Z	Z	Z	Z	Z	Z	Z	Z	Z	Z	Z	Z	Z	Z	Z	Z	Z	Z
2464 50% (10/ 20)	Z	Z	Z	Z	Z			1	6			3C			2		4B		2	2		1/	3	4	
2778 50% (3/ 6)	Z	Z	Z	Z	Z	Z	Z	Z	Z	Z	Z	Z	Z	Z	Z	Z	Z	Z	Z	Z	Z	Z	Z	Z	Z
33 49% (20/ 41)			1/D	1/C	4				2	X	3	2			10		3	1	2	2		1/	1/		X
81 49% (18/ 37)	Z	Z	Z	Z	Z	Z	Z	Z	Z	Z	Z	2B					1/		2D	2		1/	1/		
02 48% (24/ 50)			1/		4				2		3	2B					1/	1	2	2		1/	1/	3	
945 48% (24/ 50)	1		1/		3			1B	6B		3				5		3		2	2		1/	1/		1
1842 48% (24/ 50)	1		1/		15			1	5		1/C	4					5		2		1	5	1/		3B
1891 48% (24/ 50)	1		1/		3			1	6		3	2					3		2	2		1/	1/		1L
2818 48% (24/ 50)	1		1/	1/B	2				1						2		3		1		1		1/		1
610 48% (22/ 46)	1		1/	1/B	2		Z	1	Z						2		3		1		1		1/		1
1893 48% (19/ 40)	1	Z	Z	Z	Z			1	1	1	Z	1B			1		1/	1	1C	1	1	1/	1/		1
630 47% (23/ 49)	1	1	1/		3			1	6		3	1B			3		3		2	2		1/	1/		1
1873 47% (23/ 49)	1	1			4				1	1	1/				1		5		1	1	1B	Z	1/		1
08 47% (22/ 47)		1		3	4			1			3	2B					4		2	2		1/	Z	Z	Z
01 46% (23/ 50)			1/K		4			3	2		3	2					1/		2	2		1/	1/	3	
453 46% (23/ 50)	1		1/	1/B	2							2B			2	1	6B		1		1		1/		1
1162 46% (23/ 50)	1	1	1/		15					1	1/	1			1		1/	1	1	1	1	1/	1/		1N
1678 46% (23/ 50)	1		1/	1/B	2				1						2		3		1		1		1/	4	1
1718 46% (23/ 50)	1		1/	1/G	7		1B		1	1	1/	1			1	1	1/		1	2	1	1/	1/		1
2143 46% (23/ 50)	1	1			15				1	1	1/				1	4	5		1	1	1	1/	1/		1
2288 46% (23/ 50)	1	1			14				1	1	1/				1		11E		1	1	1	1/	1/		1
1856 46% (17/ 37)	1	1	1/		2			1	1	Z	Z	Z	Z	Z	Z	Z	Z	Z	Z	Z	Z	Z	1/		1
180 46% (22/ 48)	1		1/		3		Z	Z	1		1/				9		4		1		1		1/		1
2805 46% (22/ 48)		1			4B			1	4		1/				3		3		4		1	1/	1/	Z	1L
1884 46% (21/ 46)		1	6	3	4			1			3	2B					4		2B	2		1/	Z	Z	Z
2125 45% (5/ 11)	Z	Z	Z	Z	Z	Z	Z	Z	Z	Z	Z	Z	Z	Z	Z	Z	Z	Z	Z	Z	Z	Z	Z	Z	Z
2652 45% (20/ 44)	1	1	10	4	1	4		1	1	1	1/	2B	4B	5	8				1		1				1H
2200 45% (21/ 47)	1	1	1/		3	Z	Z	Z	6		3	1					3		2	2		1/	1/		1
5 44% (22/ 50)	1	1	1/		4			1	7	1	1/	5			1		3		1	2	1	1/	1/		3E

2143 41 TS + 0 SL + 63 MT

TESTSTELLE	7	10	11	14	17	18	20	23	28	29	30	35	36	41	42	44	45	46	48	52	53	55	56	57	65
UEBEREINST. ZEUGEN	23	392	17	11	6	355	441	91	416	439	12	452	38	467	283	451	473	76	452	452	87	422	459	104	71
BEZEUGTE VARIANTE	3	1/	5	4	11	1/	1/	2	1/	1/	3	1/	1/F	1/	1/	1/	1/	2	1/	1/	3	1/	1/	2	1/F
P8 100% (2/ 2)	Z	Z	Z	Z	Z		Z		Z	Z	Z	Z	Z	Z	Z	Z	Z	Z	Z	Z	Z	Z	Z	Z	Z
P33 100% (1/ 1)	Z	Z	Z	Z	Z	Z	Z	Z	Z	Z	Z	Z	Z	Z	Z	Z	Z	Z	Z		Z	Z	Z	Z	Z
2201 89% (31/ 35)	Z	Z	Z	Z	Z	Z					1														1/
927 83% (34/ 41)			12								1							6			3D			1	
1843 80% (33/ 41)			1/		4						1		1/K					4						1	1/
489 78% (32/ 41)			12								1							6			3D			1	1/
P45 78% (7/ 9)	Z	Z	Z	Z	Z	Y	Y				Z		Z		Z	Z		Z	Z	Z	Z	3		1	Z
1873 78% (31/ 40)	1		1/		4						1		1/K					6						1	
1729 76% (28/ 37)	Z	Z	Z	Z	1G						1							7				6		1	1/
1868 76% (31/ 41)	3B		1/	1							1							6						1	
506 75% (6/ 8)	Z	Z	Z	Z	Z	Z	Z	Z			1	Z	Z	Z	Z	Z	Z	Z		Z	Z			1	Z
2288 73% (30/ 41)	1		1/	1	1						1		1/K					6						1	
62 73% (8/ 11)	Z	Z	Z	Z	Z	Z	Z	Z			1		1/			Z	Z	Z	Z	Z	Z	Z	Z	Z	Z
314 70% (7/ 10)	Z	Z	Z	Z	Z	Z	Z	Z	Z	Z	Z	Z	Z					1	Z	Z	Z	Z	Z	Z	Z
1846 70% (7/ 10)	Z	Z	Z	Z	Z	Z	Z	Z	Z	Z	Z	Z	Z	Z	Z	Z	Z	Z	Z	Z	Z	Z	Z	Z	Z
1893 70% (23/ 33)	1		1/	X	1						1	Z	Z		4				Z						Z
623 69% (24/ 35)	Z	Z	Z	Z	Z	Z					1		1/		4										
5 68% (28/ 41)	1		1/		1						1		1/D					3							1/
437 68% (28/ 41)	1		1/	1	1I						1		1/K								1/				1/
619 68% (28/ 41)	1		1/L	1	1						1		1/		4										1/
1162 68% (28/ 41)	1		1/L	1	1	4					1		1/		4										1/
1827 68% (28/ 41)	1		1/B		2						1		1/		4										1/
2746 68% (19/ 28)	Z	Z	Z	Z	Z	Z	Z	Z			1		1/		Z	Z	Z	Z	Z						
1852 67% (20/ 30)	Z	Z	Z	Z	Z	Z	Z	Z	Z	Z	Z		1/					3			1/			1	1/
2303 67% (10/ 15)	Z	Z	Z	Z	Z	Z	Z	Z			1		1/		4			1			Z	Z	Z	Z	Z
2778 67% (4/ 6)	Z	Z	Z	Z	Z	Z	Z	Z	Z	Z	Z	Z	Z	Z	Z	Z	Z	Z			1/			1	Z
2737 66% (27/ 41)	4		1/		7				10		1		1/		3			1							
1526 65% (17/ 26)	Z	Z	Z	Z	1			1			1		1/					1			1/			1	
2718 65% (20/ 31)	1		1/	1B	1						1		1/		4					4					
441 64% (21/ 33)	Z	Z	Z	Z	Z	Z	Z	Z			1		1/		4					3					1/K
104 63% (26/ 41)	5	11	1/M	1	1						1		1/		7						1/				1/
915 63% (26/ 41)	4	3	1/E		2								1/E					3		4				1	1/P
1297 63% (26/ 41)	1		1/	1	1		1/B				1		1/		4			6							

2143 41 TS + 0 SL + 63 MT

TESTSTELLE		7	10	11	14	17	18	20	23	28	29	30	35	36	41	42	44	45	46	48	52	53	55	56	57	65
UEBEREINST. ZEUGEN		23	392	17	11	6	355	441	91	416	439	12	452	38	467	283	451	473	76	452	452	87	422	459	104	71
BEZEUGTE VARIANTE		3	1/	5	4	11	1/	1/	2	1/	1/	3	1/	1/F	1/	1/	1/	1/	2	1/	1/	3	1/	1/	2	1/F
1595	63% (26/ 41)	1		1/	1	1						1		1/		4			3							1/
81	63% (19/ 30)	2	14	1/L	2	Z	Z	Z	Z				3	1/								1/				Z
941	63% (25/ 40)	1		1/	1	1	8					2				4			1							
1609	63% (25/ 40)	1		1/	1	1			1	3D		1		1/					3							5
2344	63% (25/ 40)	1	11	1/	X	2						1		1/		3										1/E
630	62% (24/ 39)	1		1/	2	Z	Z			3D		5				6						8				1/
014	61% (19/ 31)	Z	Z	Z	Z	Z	Z	Z	1			1	Z						Z		3	1/			1	
1723	61% (22/ 36)	Z	Z	Z	Z	1			1			1		1/		X			1			1/			1	
1867	61% (22/ 36)	Z	Z	Z	Z	Z			1			1		1/					1			1/			1	1/
044	61% (25/ 41)	5	4	1/	1B	2			7			1		1/		4	5					1/				
049	61% (25/ 41)	1		1/	1	1			1			5							3			1/			1	
6	61% (25/ 41)	1		1/	1	1			1				3	1/		3			1							1/
218	61% (25/ 41)	1		1/C	1	1			1			1		1/					1			1/			1	
228	61% (25/ 41)			1/	1	1	4					1		1/		5			3			1/				
436	61% (25/ 41)	1		1/L	1	1	4		1			1		1/		4						4C				1/
459	61% (25/ 41)	1	11	9	1	1						1		1/		3			3			1/				1/
808	61% (25/ 41)	1		1/L	1	1H	6		1			1		1/					1						1	
1270	61% (25/ 41)	1		1/	1	1		1/B				1		1/		4			6							1/
1598	61% (25/ 41)	1		1/	1	1		1/B				1		1/		4			6							1/
2774	61% (25/ 41)	1	11	1/	1	1C								1/		6			3						1	
1731	61% (17/ 28)	Z	Z	Z	Z	Z	Z	Z	Z	Z	Z	Z	Z	Z					1			1/			1	1/
1752	61% (20/ 33)	Z	Z	Z	Z	Z	Z	Z	Z					1/		6			1			1/			1	1/
323	60% (24/ 40)	18	Z	1/	1	2	4			3C	5	1		1/		6										1/C
400	60% (18/ 30)	1		1/L	1	1			Y			1	X	1/		W	X		6			W			1	X
431	60% (24/ 40)	1		1/	10	1C						1	3	1/		4										1/
1409	60% (24/ 40)	1	11	1/	3	2	5					1		1/K			4		3		3				Z	
1735	60% (24/ 40)	1B		1/	1	1			1	3D		1		1/K					2B			6				1/
2086	60% (24/ 40)	1			1	Y			1			1		1/K					1			1/			1	1/
2483	60% (24/ 40)	1		1/	1	1C			1			1		1/		6			3						1	
2587	60% (21/ 35)	Z	Z	Z	Z	Z	Z		1			1		1/		6			1			1/			1	
172	59% (16/ 27)	Z	Z	Z	Z	1			Z		Z	1	Z	1/	Z	Z			1			1/			1	1/
1762	59% (16/ 27)	Z	Z	Z	Z	Z	Z		1			1		1/					1	1/H		8B			1	1/
P74	59% (23/ 39)	X	3	1/I	2	2	Z					2	3	1/		3	4					1/				1/

2143 41 TS + 0 SL + 63 MT

TESTSTELLE	66	68	76	77	78	84	86	87	88	90	91	92	97	98	100	102
UEBEREINST. ZEUGEN	365	16	467	181	67	402	85	476	471	5	28	99	422	10	470	478
BEZEUGTE VARIANTE	1/	15	1/	2	2	1/	3	1/	1/	4	5	2	1/	6	1/	1/
P8 100% (2/ 2)	Z	Z	Z	Z	Z	Z	Z	Z	Z	Z	Z	Z	Z	Z	Z	Z
P33 100% (1/ 1)	Z	Z	Z	Z	Z	Z	Z	Z	Z	Z	Z	Z	Z	Z	Z	Z
2201 89% (31/ 35)		1								2						
927 83% (34/ 41)										2				1		
1843 80% (33/ 41)										2						
489 78% (32/ 41)		1								2				1		
P45 78% (7/ 9)	Z	Z	Z	Z	Z	Z	Z	Z	Z	Z	Z	Z	Z	Z	Z	Z
1873 78% (31/ 40)		4								2			Z			
1729 76% (28/ 37)							3B			2				1		
1868 76% (31/ 41)					1		2			2				1		
506 75% (6/ 8)	Z	Z	Z	Z	Z		Z	Z	Z	Z	Z	Z	Z	Z	Z	Z
2288 73% (30/ 41)		14								2	11E					
62 73% (8/ 11)	Z	Z	Z	Z	Z	Z	Z	Z	Z	Z	Z	Z		3		
314 70% (7/ 10)	Z	Z	Z	Z	Z	Z	Z	Z	Z	Z	Z	1		1		
1846 70% (7/ 10)	Z	Z	Z	Z	Z		1			1	X			1		
1893 70% (23/ 33)	Z	Z			1	Z	1B			2	1/	1				
623 69% (24/ 35)		4			1	4	2			2	3			2C		3
5 68% (28/ 41)		4			1		5			2	3			2C		
437 68% (28/ 41)					1		1			1	1/	1				
619 68% (28/ 41)							1			2	1/	1		6B		
1162 68% (28/ 41)							1			2	1/	1				
1827 68% (28/ 41)		7			1		1			2	1/	1				
2746 68% (19/ 28)		1			1		1B			1	3	1		1		
1852 67% (20/ 30)		1		1			1			2				1		
2303 67% (10/ 15)	Z	Z	Z	Z	Z	Z	Z	Z	Z	Z	Z	1		Z	Z	
2778 67% (4/ 6)	Z	Z	Z	Z	Z	Z	Z	Z	Z	Z	Z	Z	Z	Z	Z	Z
2737 66% (27/ 41)				1	1		1B			2	11D			2B		
1526 65% (17/ 26)		1			1	Z	Z	Z	Z	Z	Z	Z	Z	Z	Z	Z
2718 65% (20/ 31)	6	3	Z	Z	Z	Z	Z	Z	Z	Z	Z	Z		2C		
441 64% (21/ 33)	8	2			1					2	5D	1		2C		
104 63% (26/ 41)		1		3	1		1							2		
915 63% (26/ 41)				1	1		1			2	3	1				
1297 63% (26/ 41)					1		1B			1	3	1		1		

2143 — 41 TS + 0 SL + 63 MT

TESTSTELLE	66	68	76	77	78	84	86	87	88	90	91	92	97	98	100	102
UEBEREINST. ZEUGEN	365	16	467	181	67	402	85	476	471	5	28	99	422	10	470	478
BEZEUGTE VARIANTE	1/	15	1/	2	2	1/	3	1/	1/	4	5	2	1/	6	1/	1/
1595 63% (26/ 41)					1		1B			1	3	1		1		
81 63% (19/ 30)	Z	Z	Z	Z	Z	Z	2B			2	1/			2		
941 63% (25/ 40)		1		1B	1	4				1	1/			1		Y
1609 63% (25/ 40)		1			1		2			1			Z	3		
2344 63% (25/ 40)		4				3	2			2	3G	1		7		
630 62% (24/ 39)		3			1	3	1B			2	3			2		
014 61% (19/ 31)		1		1			1			1	1/	1		3		Z
1723 61% (22/ 36)		2			1		1B			1	1/	1		1		
1867 61% (22/ 36)		1		1	1					5	3	1		2C		
044 61% (25/ 41)		3								2	3			1		4
049 61% (25/ 41)		1		1			1			1	1/	1		3		
6 61% (25/ 41)		1		1B	1					2	12B			2C		
218 61% (25/ 41)		7			1		1			1	1/			2		
228 61% (25/ 41)	11	7			1		1			1	5H			2		
436 61% (25/ 41)		4				4				2	3			2		
459 61% (25/ 41)		1		3	1		1							2		
808 61% (25/ 41)		1			1		1B			1	6			1		
1270 61% (25/ 41)					1		1B			1	3	1		1		
1598 61% (25/ 41)					1		1B			1	3	1		1		
2774 61% (25/ 41)		1		1B	1		2			1	1/			3		
1731 61% (17/ 28)		1		1			1B			1	4C	1		1		
1752 61% (20/ 33)		2			1		1B			1	1/	1		1		
323 60% (24/ 40)		1			1		1			2				3		
400 60% (18/ 30)	X	X			1		1B	X	X	X		1		1		
431 60% (24/ 40)	1/B	2			1	4				2	14		3	W		
1409 60% (24/ 40)		4			1					1	4			3		
1735 60% (24/ 40)		4					1			1	X	1		1		
2086 60% (24/ 40)		1		1	1		1			1		1		3		
2483 60% (24/ 40)		1		U	1		2B			1	5C			3		
2587 60% (21/ 35)		2			1		1B			1	1/	1		1		
172 59% (16/ 27)		7		1B	1	Z	Z			Z	Z	Z		3		
1762 59% (16/ 27)		1		1	1		Z	Z	Z	Z	Z	Z	Z	Z		
P74 59% (23/ 39)		4					2B			2	1/			2		

2147 32 TS + 7 SL + 65 MT

TESTSTELLE	11	15	18	20	21	28	29	35	36	41	42	45	48	51	52	53	55	56	57	65	66	76	77	84	86
UEBEREINST. ZEUGEN	10	24	355	441	36	416	439	452	54	467	283	473	452	5	452	87	17	14	104	2	1	2	181	402	35
BEZEUGTE VARIANTE	1/M	3	1/	1/	2	1/	1/	1/	1/K	1/	1/	1/	1/	8	1/	3	1/B	1/D	2	10B	10B	4	2	1/	2
P8 100% (1/ 1)	Z	Z		Z	Z	Z	Z	Z	Z	Z	Z	Z	Z	Z	Z	Z	Z	Z	Z	Z	Z	Z	Z	Z	Z
P33 100% (1/ 1)	Z	Z	Z	Z	Z	Z	Z	Z	Z	Z	Z	Z	Z	Z		Z	Z	Z	Z	Z	Z	Z	Z	Z	Z
62 78% (7/ 9)	Z	Z	Z	Z	Z				1/			Z	Z	Z	Z	Z	Z	Z	Z	Z	Z	Z	Z	Z	Z
2652 76% (22/ 29)	Z	7			1				1/					Z	Z					10	4				2B
2627 75% (3/ 4)	Z	Z	Z	Z	Z				1/	Z	Z	Z	Z	Z	Z	Z	Z	Z	Z	Z	Z	Z	Z	Z	Z
314 71% (5/ 7)	Z	Z	Z	Z	Z	Z	Z	Z	Z				Z	Z	Z	Z	Z	Z	Z	Z	Z	Z	Z	Z	Z
383 66% (21/ 32)	1/	1			1				1/									1/							1
614 63% (20/ 32)	1/	1			1				1/		4									11	15	3		4	3
1292 63% (20/ 32)	1/	1			1				1/		4									1/	4	3		4	3
1505 63% (20/ 32)	1/	1			7				1/D					1C		1/				1/	6	1/		4	3
2412 63% (20/ 32)	1/	1			1G				1/		4									11	4	3		4	3
2303 62% (8/ 13)	Z	Z	Z	Z	Z				1/		4			1		Z	Z	Z	Z	Z	Z	Z	Z	Z	Z
1890 60% (18/ 30)	Z	8			1				1/		4			1		1/				1/F	6	1/		4	Z
2175 60% (6/ 10)	1/	1			1				1/		Z	Z	Z	Z	Z	Z	Z	Z	Z	Z	Z	Z	Z	Z	Z
2138 59% (19/ 32)	1/				1				1/B		4			1B		1/				1/F	1/	1/		4	3
2495 59% (19/ 32)	1/	4B	4		6				1/D					1C		1/				1/F	6	1/		4	3
506 57% (4/ 7)	Z	Z	Z	Z	Z			Z	Z	Z	Z	Z		Z	Z	Z	1/	1/	1	Z	Z	Z	Z		Z
365 57% (13/ 23)	1/	1			1									1		1/	1/	1/	1	1/	10	Z	Z	Z	Z
1611 56% (18/ 32)	1/				1				1/		4			1B		3B	1/			1/	1/	1/		4	3
33 56% (14/ 25)	1/	X	X		X		X		X		3			1B			X	X		1/D	1/C	1/		3	
P45 56% (5/ 9)	Z	Z	Y	Y	X				Z		Z		Z	2	Z	Z	3	1/	1	Z	Z	Z	Z	Z	Z
916 56% (5/ 9)	1/	1			1				1/	Z	Z	Z	Z	Z	Z	Z	Z	Z	Z	Z	Z	Z	Z	Z	Z
2201 55% (16/ 29)	Z	Z	Z		1				1/F					1			1/	1/		1/	1/	1/			3
1873 55% (17/ 31)	1/	1			1									1			1/	1/	1	1/F	1/	1/			3
1609 53% (16/ 30)	1/	1			1	3D			1/					1			1/	1/		5	1/	1/			
1729 53% (16/ 30)	Z	Z			1				1/F					1			6	1/	1	1/	1/	1/			3B
5 53% (17/ 32)	1/	4			1				1/D					1			1/	1/		1/	1/	1/			5
1843 53% (17/ 32)	1/	1			1									1			1/	1/	1	1/	1/	1/			3
1868 53% (17/ 32)	1/	1			1				1/F					1			1/	1/	1	1/F	1/	1/			
2288 53% (17/ 32)	1/	1			5									1			1/	1/	1	1/F	1/	1/			3
1526 52% (11/ 21)	Z	Z			1				1/					1		1/	1/	1/	1	1/F	1/	1/		Z	Z
1893 52% (13/ 25)	1/	X			1			Z	Z		4		Z	1			1/	1/		Z	Z	1/		Z	1B
441 52% (14/ 27)	Z	Z	Z	Z	Z				1/		4			1	3		1/	1/		1/K	8	1/			3

TESTSTELLE		11	15	18	20	21	28	29	35	36	41	42	45	48	51	52	53	55	56	57	65	66	76	77	84	86
UEBEREINST. ZEUGEN		10	24	355	441	36	416	439	452	54	467	283	473	452	5	452	87	17	14	104	2	1	2	181	402	35
BEZEUGTE VARIANTE		1/M	3	1/	1/	2	1/	1/	1/	1/K	1/	1/	1/	1/	8	1/	3	1/B	1/D	2	10B	10B	4	2	1/	2
1409	52% (16/ 31)	1/	1	5											1	3		1/	1/	Z	1/F	1/	1/			3
044	50% (16/ 32)	1/				1				1/		4			9		1/	1/	1/		1/F	1/	1/			3
6	50% (16/ 32)	1/	1			1			3	1/		3			1			1/	1/		1/	1/	1/	1B		3
421	50% (16/ 32)	1/K	1			1				1/					1			1/	1/	1	10C	10	1/	1		
431	50% (16/ 32)	1/	1			1			3	1/		4			1			1/	1/		1/	1/B	1/		4	3
437	50% (16/ 32)	1/	1			1									1		1/	1/	1/		1/	1/	1/			1
619	50% (16/ 32)	1/L	1			1				1/		4			1			1/	1/		1/	1/	1/			1
1501	50% (16/ 32)	5	1	4		1	3D											1/			10	4	1/	1		1
1827	50% (16/ 32)	1/B	4			1				1/		4			1			1/	1/		1/	1/	1/			1
1846	50% (4/ 8)	Z	Z	Z	Z	Z	Z	Z	Z	Z	Z	Z	Z	Z	Z	Z	Z	Z	Z	Z	Z	Z	Z	Z		1
2125	50% (3/ 6)	1/	1			1	Z	Z		Z	Z	Z	Z	Z	Z	Z	Z	Z	Z	Z	Z	Z	Z	Z	Z	Z
2143	50% (16/ 32)	5	1			1				1/F					1			1/	1/		1/F	1/	1/			3
2344	50% (16/ 32)	1/	4			1				1/		3			1B			1/	1/		1/E	1/	1/		3	
2718	50% (12/ 24)	1/	1			1				1/		4			1	4		1/	1/		1/F	6	Z	Z	Z	Z
608	48% (15/ 31)		X			1				1/M					1		1/	1/E	1/	1	1/	1/	1/	1B		3
1735	48% (15/ 31)	1/	1			1	3D								1		6	1/	1/		1/	1/	1/			1
623	48% (14/ 29)	Z	Z	Z		1				1/		4			1			1/	1/		1/F	1/	1/		4	
400	48% (12/ 25)	1/L	1			1			X	1/		W			1		W	1/	1/	1	X	X	1/			1B
1856	48% (12/ 25)	1/	1			1				1/		8			1		1/	1/	1/	1	1/	1/	1/		Z	Z
1747	48% (11/ 23)	1/	1			1				1/	1/D				1		1/	1/	1/	1	1/	10	Z	Z	Z	Z
1762	48% (11/ 23)	Z	Z	Z		9				1/				1/H	1		8B	1/	1/	1	1/	1/	1/	1		Z
1456	48% (10/ 21)	1/	1	4		1						5		Z	Z	Z	Z	Z	Z	Z	Z	Z	Z	Z	4	1B
88	47% (15/ 32)	1/	4							1/					1	4		1/	1/	1	1/	1/	1/	1		4
102	47% (15/ 32)	1/	6	4		1				1/					1			1/	1/C		1/	1/	1/	1		1B
189	47% (15/ 32)	1/	6	4		1				1/					1			1/	1/		1/	1/	1/	1		1
205	47% (15/ 32)	6	1			1				1/					1			1/	1/	1	1/	1/	1/			4
467	47% (15/ 32)	1/		4		1	6B	5		1/					1B			1/	1/		1/	1/	1/	1B		4
489	47% (15/ 32)	12	1			1				1/F					1		3D	1/	1/	1	1/	1/	1/			3
915	47% (15/ 32)	1/E	4							1/E					1	4		1/	1/	1	1/P	1/	1/	1		1
927	47% (15/ 32)	12	1			1				1/F					1		3D	1/	1/	1	1/F	1/	1/			3
1102	47% (15/ 32)	1/	6	4		1				1/					1			1/	1/		1/	1/	1/	1		1B
1162	47% (15/ 32)	1/L	1	4		1				1/		4			1			1/	1/		1/	1/	1/			1
1595	47% (15/ 32)	1/	7			1				1/		4			1			1/	1/		1/	1/	1/			1B

2147 — 32 TS + 7 SL + 65 MT

TESTSTELLE UEBEREINST. ZEUGEN BEZEUGTE VARIANTE			89 4 8	90 71 2	91 18 8	95 68 3	97 17 3	100 470 1/	102 478 1/
P8	100%	(1/ 1)	Z	Z	Z	Z	Z	Z	Z
P33	100%	(1/ 1)	Z	Z	Z	Z	Z	Z	Z
62	78%	(7/ 9)	Z	Z	Z	Z	1/		
2652	76%	(22/ 29)						4	
2627	75%	(3/ 4)	Z	Z	Z	Z	Z	Z	Z
314	71%	(5/ 7)	Z	Z	Z	1	1/		
383	66%	(21/ 32)	1	1	1/	1	1/		
614	63%	(20/ 32)	2					4	
1292	63%	(20/ 32)	2					4	
1505	63%	(20/ 32)	14						
2412	63%	(20/ 32)	2					4	
2303	62%	(8/ 13)	Z	Z	Z	1	1/	Z	
1890	60%	(18/ 30)	14					4	
2175	60%	(6/ 10)	Z	Z	Z	Z	Z	Z	Z
2138	59%	(19/ 32)	14					4	
2495	59%	(19/ 32)	14						
506	57%	(4/ 7)	Z	Z	Z	Z	Z	Z	Z
365	57%	(13/ 23)	Z	Z	Z	Z	Z		
1611	56%	(18/ 32)	13					4	
33	56%	(14/ 25)	10		3	2	1/		
P45	56%	(5/ 9)	Z	Z	Z	Z	Z	Z	Z
916	56%	(5/ 9)	Z	Z	Z	Z	Z	Z	Z
2201	55%	(16/ 29)	1		5	1	1/		
1873	55%	(17/ 31)	1		5	1	Z		
1609	53%	(16/ 30)	1	1	5	Z	Z		
1729	53%	(16/ 30)	1		5	1	1/		
5	53%	(17/ 32)	1		3	2	1/		
1843	53%	(17/ 32)	1		5	1	1/		
1868	53%	(17/ 32)	1		5	1	1/		
2288	53%	(17/ 32)	1		11E	1	1/		
1526	52%	(11/ 21)	Z	Z	Z	Z	Z	Z	Z
1893	52%	(13/ 25)	1		1/	1	1/		
441	52%	(14/ 27)	14		5D		1/		

2147 — 32 TS + 7 SL + 65 MT

TESTSTELLE UEBEREINST. ZEUGEN BEZEUGTE VARIANTE			89 4 8	90 71 2	91 18 8	95 68 3	97 17 3	100 470 1/	102 478 1/
1409	52%	(16/ 31)		1	4	2	1/		
044	50%	(16/ 32)	2		3		1/		4
6	50%	(16/ 32)			12B		1/		
421	50%	(16/ 32)	1	1	1/		1/		
431	50%	(16/ 32)	2		14				
437	50%	(16/ 32)	1	1	1/	1	1/		
619	50%	(16/ 32)	1		1/	1	1/		
1501	50%	(16/ 32)	1	1	1/	1	1/		
1827	50%	(16/ 32)	1		1/	1	1/		
1846	50%	(4/ 8)	1	1	X		1/		
2125	50%	(3/ 6)	Z	Z	Z	Z	Z	Z	Z
2143	50%	(16/ 32)	1	4	5	1	1/		
2344	50%	(16/ 32)	11		3G	2	1/		
2718	50%	(12/ 24)	Z	Z	Z	Z	1/		
608	48%	(15/ 31)	2	1	3E		1/		
1735	48%	(15/ 31)	1	1	X	1	1/		
623	48%	(14/ 29)	1		3	2	1/		3
400	48%	(12/ 25)	X	X	5	1	1/		
1856	48%	(12/ 25)	Z	Z	Z	Z	Z		
1747	48%	(11/ 23)	Z	Z	Z	Z	Z		
1762	48%	(11/ 23)	Z	Z	Z	Z	Z		
1456	48%	(10/ 21)	1	1	11F		1/		
88	47%	(15/ 32)	1		3	1	1/		
102	47%	(15/ 32)	1	1	3		1/		
189	47%	(15/ 32)	1	1	3		1/		
205	47%	(15/ 32)	1	1	1/	1	1/		
467	47%	(15/ 32)	1		4I		1/		
489	47%	(15/ 32)	1		5	1	1/		
915	47%	(15/ 32)	1		3	1	1/		
927	47%	(15/ 32)	1		5	1	1/		
1102	47%	(15/ 32)	1	1	3		1/		
1162	47%	(15/ 32)	1		1/	1	1/		
1595	47%	(15/ 32)	1	1	3	1	1/		

2200 59 TS + 0 SL + 39 MT

TESTSTELLE	8	10	11	12	13	14	15	18	19	20	21	23	28	29	30	32	34	35	36	37	39	40	41	42	44
UEBEREINST. ZEUGEN	94	392	351	13	8	23	24	73	110	441	36	91	29	439	21	51	19	452	38	15	33	34	467	60	451
BEZEUGTE VARIANTE	3	1/	1/	3	3D	2	3	4	2	1/	2	2	3D	1/	5	2	2B	1/	1/F	2	4	2	1/	5	1/
P33 100% (1/ 1)	Z	Z	Z	Z	Z	Z	Z	Z	Z	Z	Z	Z	Z	Z	Z	Z	Z	Z	Z	Z	Z	Z	Z	Z	Z
1891 93% (55/ 59)						9								5	4										
630 93% (53/ 57)					4			Z	Z															6	
1739 90% (53/ 59)														5	1				1/						
945 80% (47/ 59)					3E	3								5	1				1/						
1704 76% (45/ 59)				2	5		5							5	1				1/						
429 73% (43/ 59)			5	8																1		1			
1751 72% (41/ 57)	3B			8	1B						2D						9B			1		4			
522 69% (40/ 58)			5										11			1				1		1			
2298 66% (39/ 59)	1		1/L	1	1D						1			5	1	1	11		1/	1		4			
206 65% (24/ 37)	Z	Z	Z	Z	Z	Z	Z	Z	Z	Z	Z	Z	Z	Z	Z	Z	Z	Z	Z	Z	Z	Z			
P45 64% (7/ 11)	Z	Z	Z	Z	Z	Z	Z	Y	Y	Y	X		1/		Z	4	Y		Z	Z	Z			Z	Z
1509 61% (35/ 57)			1/I		8	1	1				1				X		1			1		1			
81 61% (27/ 44)	2	14	1/L	2	2		2	Z	Z	Z	Z	Z	1/		3		2C	3	1/		2			1/	
1758 61% (31/ 51)	1		5	1	3			Y	1		1	1	X						1/K	1		1			
610 58% (32/ 55)		6		1	2	3	2	5B					3E	5			Z	3		1				4	
02 58% (34/ 59)	2	3		2	2B		2	5					1/		2		2	3	1/		2			3	4
307 58% (34/ 59)		6		1D	2		2	5B					3E	5			11C	3		1				4	
P74 57% (32/ 56)	Y	3	1/I	2	2B		2	Z					1/		2		2	3	1/		2			3	4
1490 56% (33/ 59)			5	1	3		3B				1D	1	1/						1/K	1		1			
2818 56% (33/ 59)		6		1C	2	3	2	5B					3E	5			11C	3		1				4	
2464 56% (10/ 18)	Z	Z	Z	Z	Z	Z	Z	Z	Z	Z	Z	Z	Z	Z	Z	Z	Z	Z	Z	Z	Z	Z	Z	Z	Z
2778 56% (5/ 9)	Z	Z	Z	Z	Z	Z	Z	Z	Z	Z	Z	Z	Z	Z	Z	Z	Z	Z	Z	Z	Z	Z	Z	Z	Z
1875 55% (28/ 51)	X	X	X	X	X	6	1	1/	1		1		Z	Z	1			3	3	4	X			6	
453 54% (32/ 59)		6		1	2		2	5B					3E	5			11C	3		1				4	
1831 54% (30/ 56)	3B		8B	1	1	1B		6			1B	1	1/						1/K	Z	Z	Z			
33 53% (25/ 47)	X	11		1	1	4	X	X	1		X		1/	X	X	1	11		X	X	1	1		3	
01 53% (31/ 59)	2	3		2	2		2	5					1/		2		2	3	1/		2			1/	4
03 53% (31/ 59)	2			2	2		2	3	3				1/		2		2	4	1/		2			1/	4
94 53% (31/ 59)		6	1/L	1	2C	3	2	5B			2C			5			11B	3		1				4	
181 53% (31/ 59)	3B	11	11	4	1	1	1	1/	1		1H		1/		1			3	3	4B				4	
322 53% (31/ 59)				1	2C	1	1				1		8	5	1		11		1/			1		6	
1678 53% (31/ 59)	1	6		1	2	3	2	5B						5	1		11C	3		1				4	

2200 | 59 TS + 0 SL + 39 MT

TESTSTELLE		8	10	11	12	13	14	15	18	19	20	21	23	28	29	30	32	34	35	36	37	39	40	41	42	44
UEBEREINST. ZEUGEN		94	392	351	13	8	23	24	73	110	441	36	91	29	439	21	51	19	452	38	15	33	34	467	60	451
BEZEUGTE VARIANTE		3	1/	1/	3	3D	2	3	4	2	1/	2	2	3D	1/	5	2	2B	1/	1/F	2	4	2	1/	5	1/
180	52% (30/ 58)		6		1	2	3B	2	5B					3E	5	1		11C	3		1		1		4	
323	52% (30/ 58)		Z		1	2	1	1				1		3C	5	1		11		1/			1		6	
04	50% (18/ 36)	2C	3	5	2	2B		2	Z	Z	Z	Z	Z	1/		2		11	3B	1/		Z	Z	Z	Z	4
314	50% (6/ 12)	Z	Z	Z	Z	Z	Z	Z	Z	Z	Z	Z	Z	Z	Z	Z	Z	Z	Z	Z	Z	Z	Z		1/	
2344	50% (29/ 58)		11		1	1	X	4	1/	1		1		1/		1		2		1/	1	1	1		3	
436	49% (29/ 59)	1		1/L	1	1	1	1		1		1	1	1/		1	1	1		1/	1	1	1		4	
1175	49% (29/ 59)	2	3	1/D	2	2		2	5					1/		1C		2	3	1/	1C	4B			6	6
1642	49% (29/ 59)		3	14		2C								3G	5				3	1/		1	1B		1/	
431	48% (28/ 58)	3B			13	1	10	1	1/	1		1		1/		1		3	3	1/	1				4	
1894	48% (27/ 56)	1			1	1	1	1	1/	1		1	1	1/		1	3	11		1/		Z	Z			
5	47% (28/ 59)				1	1	4	4	1/	1		1		1/		1	1	11		1/D	1	1	1		1/	
228	47% (28/ 59)				1	2C	1	1						1/		1	1	1		1/	1	1	1			
2805	47% (26/ 55)	3B	4	10	1						Z	Z	Z	6	6	1	1	1		1/	1	1			4	
623	46% (23/ 50)	Z	Z	Z	Z	Z	Z	Z	Z	Z		1		1/		1	1	11		1/	1	1	1		4	
2201	46% (23/ 50)	Z	Z	Z	Z	Z	Z	Z	Z	Z		1		1/		1	1	11			1	1	1		1/	
636	46% (27/ 59)	1			1C	1	6	1	1/	1		6		11							1		1F			
2718	46% (21/ 46)	3B			12	1C	1B	1	1/	1		1		1/		1	1	1		1/	1	1	1		4	
1884	45% (25/ 55)		11		1	3	3	4	6B	U		4	3	5		1	1	9C		1/	6				6	
606	44% (24/ 54)	1					1	1		1					5	1	Z	Z	Z	Z	Z	2	1			
1745	44% (4/ 9)	Z	Z	Z	Z	Z	Z	Z	Z	Z	Z	Z	Z	Z	Z	Z	Z	Z	Z	Z	Z	Z	Z	Z	Z	Z
1893	44% (20/ 45)	1			1	X	X	X	1/	1		1		1/		1	Z	Z	Z	Z	1	1	1		4	
467	44% (26/ 59)		4		1	1D	8					1		6B	5	1	1	1		1/	1		1		1/	
08	44% (25/ 57)		11		1	3	3	5		1		4	3	5		1	1	9		1/	6	6			6	
1852	43% (19/ 44)	Z	Z	Z	Z	Z	Z	Z	Z	Z	Z	Z	Z	Z	Z	Z	1	1		1/	1	1	1		1/	
1846	43% (6/ 14)	Z	Z	Z	Z	Z	Z	Z	Z	Z	Z	Z	Z	Z	Z	Z	Z	Z	Z	Z	Z	Z	Z	Z	Z	Z
88	42% (25/ 59)	3B	3		1	2	4	4	1/	1				1/		2		7		1/	1	1			1/	
104	42% (25/ 59)		11	1/M	1	1	1	1	1/	1		1		1/		1	1	1		1/	1	1			7	
996	42% (25/ 59)				1	2C	1	1				2B	1	1/		1	3	1		1/	1	1	1		6	
2374	42% (25/ 59)	1			1	1	1	6	1/	1			1	1/		1		1		1/	1	1			4	
2737	42% (25/ 59)				1	1	4	4	1/	1		1		10		1	1	1		1/	1	1			3	
1729	41% (21/ 51)	Z	Z	Z	Z	Z	Z	Z	1/	V		1		1/		1	1	1			1	1	1		1/	
641	41% (23/ 56)	1					1	1		1					5	1	1	1		1/	1	2	1			
044	41% (24/ 59)	1	4		1	2D	1B		1/	1		1	7	1/		1	1	1		1/	1	1	1		4	5

2200 59 TS + 0 SL + 39 MT

TESTSTELLE	45	47	48	49	50	52	53	55	56	57	59	65	66	67	68	69	72	79	80	83	84	87	88	89	90
UEBEREINST. ZEUGEN	473	92	452	162	16	452	33	422	459	104	20	333	365	7	20	3	5	31	16	46	23	476	471	25	71
BEZEUGTE VARIANTE	1/	2	1/	2	2C	1/	8	1/	1/	2	2	1/	1/	2B	3	2	3	2	6	2	3	1/	1/	14	2
P33 100% (1/ 1)	Z	Z	Z	Z	Z		Z	Z	Z	Z	Z	Z	Z	Z	Z	Z	Z	Z	Z	Z	Z	Z	Z	Z	Z
1891 93% (55/ 59)							3																		
630 93% (53/ 57)																2C								3	
1739 90% (53/ 59)							3										2		6B						
945 80% (47/ 59)					19		8C				1					3	6		6B					5	
1704 76% (45/ 59)					19					2B	1					3	6		6B					5	4
429 73% (43/ 59)					19						1			1		3	2								1
1751 72% (41/ 57)			7		5B						1	8	1/E			1	1				1/C				
522 69% (40/ 58)				1	19						1			1		3	V		6C						1
2298 66% (39/ 59)					1D		3				1					3	1			1				12	
206 65% (24/ 37)				1	19	4					1			1		3									1
P45 64% (7/ 11)		Z	Z	Z	Z	Z	Z	3		1	Z	Z	Z	Z	Z	Z	Z	Z	Z	Z	Z	Z	Z	Z	Z
1509 61% (35/ 57)			1/K		1						1	1/F		1		1	1	X							1
81 61% (27/ 44)					2		1/					Z	Z	Z	Z	Z	Z	Z	Z	Z	Z				
1758 61% (31/ 51)				Y	1						X			1		3	X	1						3	1
610 58% (32/ 55)							3				1		1/B	2	2	2C	Z	Z	Z		4			2	
02 58% (34/ 59)					3		1/	4						2	4	3	2		2						
307 58% (34/ 59)							3				1		1/B	2	2	2C	2		3		4			2	
P74 57% (32/ 56)					3		1/							2	4	3	2	2B	2		1/			2	
1490 56% (33/ 59)				1	19						1	1/F	6	1		3	1							4	1
2818 56% (33/ 59)							3				1		1/B	2	2	2C	2		1		4			2	
2464 56% (10/ 18)	Z	Z	Z	Z	Z	Z	Z	Z	Z	Z	Z	Z	Z	Z	Z	Z	2B	1			4			2	
2778 56% (5/ 9)	Z	Z			1D		1/			1	1	Z	Z	Z	Z	Z	Z	Z	Z	Z	Z	Z	Z	Z	Z
1875 55% (28/ 51)		1			4		3G	5				1/F	7	1	12	3B	1		1		1/C				
453 54% (32/ 59)							3				1		1/B	2	2	2C	2		3		4			2	1
1831 54% (30/ 56)				1	19						1		6	1		2B	1							3	:
33 53% (25/ 47)					2		3	X	X			1/D	1/C	X	4	3	2		2	X				10	
01 53% (31/ 59)			3		2	4	1/	1/B				1/K		2	4	3	2	5	2						
03 53% (31/ 59)					2	4	1/	1/B						2	2	3	2		2		4			2	
94 53% (31/ 59)							3				1		1/B	1		3		1	1	1	1/			1	1
181 53% (31/ 59)		1			10		3G	5						1	12	3B	1		3		1/C				
322 53% (31/ 59)				1	2		3F					1/C		1	1	1	1	1		1	1/			1	
1678 53% (31/ 59)							3				1		1/B	2	2	2C	1		1		4			2	

2200 59 TS + 0 SL + 39 MT

TESTSTELLE			45	47	48	49	50	52	53	55	56	57	59	65	66	67	68	69	72	79	80	83	84	87	88	89	90
UEBEREINST. ZEUGEN			473	92	452	162	16	452	33	422	459	104	20	333	365	7	20	3	5	31	16	46	23	476	471	25	71
BEZEUGTE VARIANTE			1/	2	1/	2	2C	1/	8	1/	1/	2	2	1/	1/	2B	3	2	3	2	6	2	3	1/	1/	14	2
180	52%	(30/ 58)					2		3				1			2		2C	2	Z	1		1/			9	
323	52%	(30/ 58)				1	2		3					1/C		1	1	1	1	1		1	1/			1	
04	50%	(18/ 36)					2	1/D	4			Z	Z	Z	Z	Z	Z	Z	2		3			Z	Z	Z	Z
314	50%	(6/ 12)		Z	Z	Z	Z	Z	Z	Z	Z	Z	Z	Z	Z	Z	Z	Z	Z	Z	Z	Z	Z	Z	Z	Z	Z
2344	50%	(29/ 58)				1	2		3				1	1/E		2C	4	3	2		2					11	
436	49%	(29/ 59)					1		4C				1			1	4	1	2B	1	1		4				
1175	49%	(29/ 59)					2	4	3			2C			1/B	2	2	3			2		1/				
1642	49%	(29/ 59)					3		3B				1			2	4	13	1	5	1	1	1/			1C	1
431	48%	(28/ 58)							3				1		1/B	2	2	2C	2		1		4			2	
1894	48%	(27/ 56)		1		1	1		1/			1	1			1C	1	1	Z	1	1				7		
5	47%	(28/ 59)					1		3				1			1	4	1	1	1B	7	1	1/			1	
228	47%	(28/ 59)					1		1/				1	1/F	11	1	7	1	8	1	5	1	1/			1	1
2805	47%	(26/ 55)					1		3				1	1/F		1	4B	1B	1	1	4		1/			3	
623	46%	(23/ 50)					1		3				1	1/F		1	4	1	2B	1B	7	1	4			1	
2201	46%	(23/ 50)		1			1		3				1			1	1	1	1	1	1	1	1/			1	
636	46%	(27/ 59)					19						1	1/F	1/F	1	1	1	1	1	1E	1	1/		1/B	1	1
2718	46%	(21/ 46)					2	4	3					1/F	6	1		2C	Z	Z	Z	Z	Z	Z	Z	Z	Z
1884	45%	(25/ 55)		4B	U	1	1		1/			1	1	6	3	1C	4	2C	2		3						
606	44%	(24/ 54)				1			1/			1	1	5	10	1	1	1	1	1	3	1	1/			1	1
1745	44%	(4/ 9)	Z	Z	Z	Z	Z	Z	Z	Z	Z	Z	Z	Z	Z	Z	Z	Z	Z	Z	Z	Z	Z			1	1
1893	44%	(20/ 45)			Z		1		3				1	Z	Z	Z	Z	Z	1	1B	1	1	Z			1	
467	44%	(26/ 59)				1	1		3				1			1	7	1	1	1	1	1	1/			1	
08	44%	(25/ 57)		4	6	1	1		1/			1	1	1/F	3	1C	4	3B	2		3						
1852	43%	(19/ 44)		1		1	1		1/			1	1			1	1	1	1	1	1	1	1/				
1846	43%	(6/ 14)	Z	Z	Z	Z	Z	Z	Z	Z	Z	Z	Z	Z	Z	Z	Z	Z	Z	Z	Z	1	1/			1	1
88	42%	(25/ 59)					1	4	3			1	1			1	6	1	1	1	2	1B	1/			1	
104	42%	(25/ 59)		1		1	1C		1/				1			1	1	1	1	1	1	1	1/			1	4
996	42%	(25/ 59)					1	3	1/				1		10	1	7	9	1	1	5	1	1/			1	1
2374	42%	(25/ 59)		2B			2		3				1	3		1	4	1B	1	1	1	1	1/			2	1
2737	42%	(25/ 59)				1	1		3				1	1/F		1	15	2C	1	1	1	1	1/			1	
1729	41%	(21/ 51)		1			1B		3	6		1	1			1C	15	1	1	1	8	1	1/			1	
641	41%	(23/ 56)				1			1/			1	1	5	10	1	1	1	1	1	3	1	1/	Z	Z	Z	1
044	41%	(24/ 59)				1	2		1/				4	1/F		1		3B	7	1	3		1/			2	

2200 — 59 TS + 0 SL + 39 MT

TESTSTELLE / UEBEREINST. ZEUGEN / BEZEUGTE VARIANTE			91 / 46 / 3	92 / 99 / 2	94 / 19 / 2	95 / 44 / 2	96 / 35 / 2	97 / 422 / 1/	98 / 40 / 2	100 / 470 / 1/	102 / 478 / 1/
P33	100%	(1/ 1)	Z	Z	Z	Z	Z	Z	Z	Z	Z
1891	93%	(55/ 59)									
630	93%	(53/ 57)									
1739	90%	(53/ 59)									
945	80%	(47/ 59)									
1704	76%	(45/ 59)									
429	73%	(43/ 59)	4E	1	1	3	1		1D		
1751	72%	(41/ 57)	3H				Z	Z			
522	69%	(40/ 58)	4F	1	1	3	1		1D		
2298	66%	(39/ 59)			5						
206	65%	(24/ 37)	4E	1	1	3	1		1D		
P45	64%	(7/ 11)	Z	Z	Z	Z	Z	Z	Z	Z	Z
1509	61%	(35/ 57)	4E	1	1	3	1		1		
81	61%	(27/ 44)	1/		2D						
1758	61%	(31/ 51)	4E	1	1	1	X	X	X		
610	58%	(32/ 55)			1	3	1	3			
02	58%	(34/ 59)	1/	1							3
307	58%	(34/ 59)			1	3	1	3			
P74	57%	(32/ 56)	1/			Z					
1490	56%	(33/ 59)	4E	1	1	1	1		1D		
2818	56%	(33/ 59)			1	3	1	3			
2464	56%	(10/ 18)	4B						2C	3	4
2778	56%	(5/ 9)	Z	Z	Z	Z	Z	Z	Z	Z	Z
1875	55%	(28/ 51)	12								
453	54%	(32/ 59)	6B		1	3	1	3			
1831	54%	(30/ 56)	3D	1	1	1	1	1/C	3B		
33	53%	(25/ 47)		1					7		
01	53%	(31/ 59)	1/								3
03	53%	(31/ 59)	1/					4			3
94	53%	(31/ 59)			1	3	1		2C		
181	53%	(31/ 59)	12					4			
322	53%	(31/ 59)	5		1	4			3		
1678	53%	(31/ 59)			1	3	1	3			4

2200 — 59 TS + 0 SL + 39 MT

TESTSTELLE / UEBEREINST. ZEUGEN / BEZEUGTE VARIANTE			91 / 46 / 3	92 / 99 / 2	94 / 19 / 2	95 / 44 / 2	96 / 35 / 2	97 / 422 / 1/	98 / 40 / 2	100 / 470 / 1/	102 / 478 / 1/
180	52%	(30/ 58)	4		1	3	1	3			
323	52%	(30/ 58)	5		1	4			3		
04	50%	(18/ 36)	Z	Z				3		Z	
314	50%	(6/ 12)	Z	1	1	1	1		1		
2344	50%	(29/ 58)	3G	1					7		
436	49%	(29/ 59)			11		1				
1175	49%	(29/ 59)	1/	1				1/B	2C		
1642	49%	(29/ 59)	1/	1	1	1	1	4	3		
431	48%	(28/ 58)	14		1	3	1	3	W		
1894	48%	(27/ 56)			1		1		1		
5	47%	(28/ 59)			1		1		2C		
228	47%	(28/ 59)	5H		7	1	1				
2805	47%	(26/ 55)			4	3	1		2C		Z
623	46%	(23/ 50)			1		1		2C		3
2201	46%	(23/ 50)	5		1	1	1		6		
636	46%	(27/ 59)	5C		1	4	1		1		1/C
2718	46%	(21/ 46)	Z	Z	Z	Z			2C		
1884	45%	(25/ 55)	4		2B					Z	Z
606	44%	(24/ 54)	1/	1	1	1	1		1		
1745	44%	(4/ 9)	1/	1	Z	Z	Z	Z	1		
1893	44%	(20/ 45)	1/	1	1C	1	1		6		
467	44%	(26/ 59)	4I	1	1	3	1		2C		
08	44%	(25/ 57)	4						2C	Z	Z
1852	43%	(19/ 44)	5		3	3			1		
1846	43%	(6/ 14)	X		9	3	1		1		
88	42%	(25/ 59)		1	1	1	1		6		
104	42%	(25/ 59)	5		1						
996	42%	(25/ 59)	5H		1	4	1				
2374	42%	(25/ 59)		1	4		1		2C		
2737	42%	(25/ 59)	11D		1	1	1		2B		
1729	41%	(21/ 51)	5		1	1	1		1		
641	41%	(23/ 56)	1/	1	1	1	1		1		
044	41%	(24/ 59)			4	3			1		4

2201 | 38 TS + 0 SL + 52 MT

TESTSTELLE	20	23	28	29	33	34	35	36	41	42	44	45	46	48	49	52	53	55	56	57	65	66	76	77	78
UEBEREINST. ZEUGEN	441	91	416	439	12	29	452	38	467	283	451	473	76	452	162	452	87	422	459	104	333	365	467	181	67
BEZEUGTE VARIANTE	1/	2	1/	1/	8	11	1/	1/F	1/	1/	1/	1/	2	1/	2	1/	3	1/	1/	2	1/	1/	1/	2	2
P8 100% (1/ 1)	Z		Z	Z	Z	Z	Z	Z	Z	Z	Z	Z	Z	Z	Z	Z	Z	Z	Z	Z	Z	Z	Z	Z	Z
P33 100% (1/ 1)	Z	Z	Z	Z	Z	Z	Z	Z	Z	Z	Z	Z	Z	Z	Z		Z	Z	Z	Z	Z	Z	Z	Z	Z
P41 100% (1/ 1)	Z	Z	Z	Z	Z	Z	Z	Z	Z	Z	Z	Z	Z	Z	Z	Z	Z	Z	Z	Z	Z	X		Z	Z
886 100% (2/ 2)			Z	Z	Z	Z	Z	Z	Z	Z	Z	Z	Z	Z	Z	Z	Z	Z	Z	Z	Z	Z	Z	Z	Z
1101 100% (1/ 1)		Z	Z	Z	Z	Z	Z	Z	Z	Z	Z	Z	Z	Z	Z	Z	Z	Z	Z	Z	Z	Z	Z	Z	Z
1162 87% (33/ 38)								1/		4															
1893 83% (25/ 30)					Z	Z	Z	Z		4				Z							Z	Z			1
5 82% (31/ 38)								1/D					3												1
489 82% (31/ 38)					1	1							6				3D			1					
619 82% (31/ 38)					1			1/		4															
1843 82% (31/ 38)					1	1		1/K					4		1					1					
2143 82% (31/ 38)					1	1									1						1/F				
927 79% (30/ 38)					1	1							6				3D			1	1/F				
1729 79% (30/ 38)					3	1							7					6		1					
1873 78% (29/ 37)					1	1		1/K					6		1					1	1/F				
1827 76% (29/ 38)					3			1/		4					1										1
2288 76% (29/ 38)					1	6		1/K					6		1					1	1/F				
P74 74% (28/ 38)					2	2	3	1/		3	4						1/								
437 74% (28/ 38)					2			1/K							1		1/								1
623 74% (28/ 38)								1/		4											1/F				1
33 73% (24/ 33)				X	2			X		3			X					X	X		1/D	1/C			
81 72% (21/ 29)	Z	Z			1	2C	3	1/									1/				Z	Z	Z	Z	Z
2778 71% (5/ 7)	Z	Z	Z	Z	Z	Z	Z	Z	Z	Z	Z	Z	Z				1/			1	Z	Z	Z	Z	Z
436 71% (27/ 38)		1			1	1		1/		4							4C								
1595 71% (27/ 38)					1			1/		4			3												1
1739 71% (27/ 38)			3D	5	1	2B		1/		5															1
1868 71% (27/ 38)					1	1							6		1					1	1/F				1
1891 71% (27/ 38)			3D	5	1	2B				5															1
2344 71% (27/ 38)					1	2		1/		3					1						1/E				
P45 70% (7/ 10)	Y				9	Y		Z		Z	Z		Z	Z	Z	Z	Z	3		1	Z	Z	Z	Z	Z
180 69% (25/ 36)			3E	5	1	11C	3			4														Z	Z
400 69% (18/ 26)		Y			X		X	1/		W	X		6				W			1	X	X			1
2718 69% (18/ 26)					1	1		1/		4						4					1/F	6	Z	Z	Z

2201 38 TS + 0 SL + 52 MT

TESTSTELLE	20	23	28	29	33	34	35	36	41	42	44	45	46	48	49	52	53	55	56	57	65	66	76	77	78
UEBEREINST. ZEUGEN	441	91	416	439	12	29	452	38	467	283	451	473	76	452	162	452	87	422	459	104	333	365	467	181	67
BEZEUGTE VARIANTE	1/	2	1/	1/	8	11	1/	1/F	1/	1/	1/	1/	2	1/	2	1/	3	1/	1/	2	1/	1/	1/	2	2
94 68% (26/ 38)			3D	5	1	11B	3			4												1/B			
323 68% (26/ 38)			3C	5	1			1/		6					1						1/C				1
621 68% (26/ 38)	1/B	1				1		1/		4					1	3	3B					8			1
630 68% (26/ 38)			3D		1	2B				6							8								1
945 68% (26/ 38)			3D	5	1	2B		1/		5							8C								1B
1270 68% (26/ 38)	1/B				1			1/		4			6												1
1598 68% (26/ 38)	1/B				1			1/		4			6												1
1842 68% (26/ 38)		1				1		1/								3		1/F		1					1
2298 68% (26/ 38)			3D	5	1			1/		5			3												1
1852 68% (23/ 34)	Z	Z	Z	Z	1	1		1/					3		1		1/			1				1	
104 68% (25/ 37)					1	1		1/		7					1		1/							3	1
431 68% (25/ 37)					2	3	3	1/		4												1/B			1
941 68% (25/ 37)					1	1				4			1								1/F			1B	1
1409 68% (25/ 37)					1	1		1/K			4		3			3				Z	1/F				1
62 67% (8/ 12)	Z	Z			1	1		1/			Z	Z	Z	Z	Z	Z	Z	Z	Z	Z	Z	Z	Z	Z	Z
441 67% (24/ 36)	Z	Z			1	1		1/		4						3					1/K	8			1
1856 67% (18/ 27)		1			1	1		1/		8			1				1/			1					1
044 66% (25/ 38)		7				1		1/		4	5				1		1/				1/F				
88 66% (25/ 38)					2	7		1/					3			4				1				1	1
181 66% (25/ 38)					2	2B	3	3		4							3G	5							1
307 66% (25/ 38)			3E	5	1	11C	3			4												1/B			
322 66% (25/ 38)			8	5	1			1/		6					1		3F				1/C				1
467 66% (25/ 38)			6B	5	6	1		1/							1									1B	1
808 66% (25/ 38)		1			1	1		1/					1							1	1/F				1
1297 66% (25/ 38)	1/B				1			1/		4			6								1/F				1
1404 66% (25/ 38)		1			1			1/		6										1				1B	1
2818 66% (25/ 38)			3E	5	3	11C	3			4												1/B			
610 66% (23/ 35)			3E	5	Z	Z	3			4												1/B		Z	1
2200 66% (23/ 35)			3D		1	2B				5			1				8						Z	Z	Z
2805 66% (23/ 35)	Z	Z	6	6	1	1		1/		4											1/F				1
459 65% (24/ 37)					1	1		1/		3			3		1		1/							3	1
1735 65% (24/ 37)		1	3D		1	1		1/K					2B				6								
1277 64% (18/ 28)		1			1	1		1/L					1		1		1/			1				1	1

2201 38 TS + 0 SL + 52 MT

TESTSTELLE	81	84	86	87	88	90	91	92	93	97	98	100	102
UEBEREINST. ZEUGEN	49	402	85	476	471	71	28	99	31	422	10	470	478
BEZEUGTE VARIANTE	2	1/	3	1/	1/	2	5	2	2	1/	6	1/	1/
P8 100% (1/ 1)	Z	Z	Z	Z	Z	Z	Z	Z	Z	Z	Z	Z	Z
P33 100% (1/ 1)	Z	Z	Z	Z	Z	Z	Z	Z	Z	Z	Z	Z	Z
P41 100% (1/ 1)	Z	Z	Z	Z	Z	Z	Z	Z	Z	Z	Z	Z	Z
886 100% (2/ 2)	Z	Z	Z	Z	Z	Z	Z	Z	Z	Z	Z	Z	Z
1101 100% (1/ 1)	Z	Z	Z	Z	Z	Z	Z	Z	Z	Z	Z	Z	Z
1162 87% (33/ 38)			1				1/	1					
1893 83% (25/ 30)		Z	1B				1/	1					
5 82% (31/ 38)			5				3		3		2C		
489 82% (31/ 38)	1										1		
619 82% (31/ 38)			1				1/	1			6B		
1843 82% (31/ 38)	1												
2143 82% (31/ 38)	1					4			1				
927 79% (30/ 38)	1										1		
1729 79% (30/ 38)	1		3B								1		
1873 78% (29/ 37)	1									Z			
1827 76% (29/ 38)	1		1				1/	1					
2288 76% (29/ 38)	1						11E						
P74 74% (28/ 38)			2B				1/				2		
437 74% (28/ 38)			1			1	1/	1	3				
623 74% (28/ 38)		4	2				3		3		2C		3
33 73% (24/ 33)		3	2				3	1			7		
81 72% (21/ 29)	Z	Z	2B				1/				2		
2778 71% (5/ 7)	Z	Z	Z	Z	Z	Z	Z	Z	Z	Z	Z	Z	Z
436 71% (27/ 38)	1	4					3		3		2		
1595 71% (27/ 38)			1B			1	3	1	1		1		
1739 71% (27/ 38)	1	3					3				2		
1868 71% (27/ 38)	1		2						1		1		
1891 71% (27/ 38)	1	3	2				3				2		
2344 71% (27/ 38)		3	2				3G	1			7		
P45 70% (7/ 10)	Z	Z	Z	Z	Z	Z	Z	Z	Z	Z	Z	Z	Z
180 69% (25/ 36)	1						4		1	3	2		
400 69% (18/ 26)	X		1B	X	X	X		1	1		1		
2718 69% (18/ 26)	Z	Z	Z	Z	Z	Z	Z	Z	Z		2C		

2201 38 TS + 0 SL + 52 MT

TESTSTELLE	81	84	86	87	88	90	91	92	93	97	98	100	102
UEBEREINST. ZEUGEN	49	402	85	476	471	71	28	99	31	422	10	470	478
BEZEUGTE VARIANTE	2	1/	3	1/	1/	2	5	2	2	1/	6	1/	1/
94 68% (26/ 38)	1					1	3		1		2C		
323 68% (26/ 38)	1		1						1		3		
621 68% (26/ 38)	1										2C		
630 68% (26/ 38)	1	3	1B				3		1		2		
945 68% (26/ 38)	1	3					3				2		
1270 68% (26/ 38)			1B			1	3	1	1		1		
1598 68% (26/ 38)			1B			1	3	1	1		1		
1842 68% (26/ 38)	1	1/C	4							5	2C		
2298 68% (26/ 38)	1	3					3		1		2		
1852 68% (23/ 34)			1						1		1		
104 68% (25/ 37)	1		1			4			V1		2		
431 68% (25/ 37)	1	4					14		1	3	W		
941 68% (25/ 37)		4				1	1/		1		1		Y
1409 68% (25/ 37)						1	4		1		3		
62 67% (8/ 12)	Z	Z	Z	Z	Z	Z	Z	Z	Z		3		
441 67% (24/ 36)	1						5D	1			2C		
1856 67% (18/ 27)	Z	Z	Z	Z	Z	Z	Z	Z	Z	Z	Z		
044 66% (25/ 38)	1						3		1		1		4
88 66% (25/ 38)	1		4				3	1	1				
181 66% (25/ 38)		1/C	2				12			4	2		
307 66% (25/ 38)	3	4					3		1	3	2		
322 66% (25/ 38)	1		1						1		3		
467 66% (25/ 38)	1		4				4I	1			2C		
808 66% (25/ 38)			1B			1	6		1		1		
1297 66% (25/ 38)			1B			1	3	1	1		1		
1404 66% (25/ 38)	1		1B			1	5C		1		3		
2818 66% (25/ 38)	3	4					3		1	3	2		
610 66% (23/ 35)	3	4					3		1	3	2		
2200 66% (23/ 35)	1	3	1				3		1		2		
2805 66% (23/ 35)	1						3		1		2C		Z
459 65% (24/ 37)	1		1			4			V1		2		
1735 65% (24/ 37)	1		1			1	X	1	1		1		
1277 64% (18/ 28)	Z			Z	Z	Z	Z	Z	Z	Z	Z	Z	

2242 31 TS + 4 SL + 69 MT

TESTSTELLE	2	10	18	20	28	29	34	35	36	41	42	44	45	46	47	48	49	52	54	55	56	65	66	76	84
UEBEREINST. ZEUGEN	16	14	355	441	416	439	29	452	339	467	53	451	473	101	92	452	162	452	16	422	459	1	365	467	1
BEZEUGTE VARIANTE	2	3	1/	1/	1/	1/	11	1/	1/	1/	4	1/	1/	3	2	1/	2	1/	5	1/	1/	3	1/	1/	1/B
P8 100% (1/ 1)	Z	Z		Z	Z	Z	Z	Z	Z	Z	Z	Z	Z	Z	Z	Z	Z	Z	Z	Z	Z	Z	Z	Z	Z
P33 100% (1/ 1)	Z	Z	Z	Z	Z	Z	Z	Z	Z	Z	Z	Z	Z	Z	Z	Z	Z		Z	Z	Z	Z	Z	Z	Z
P41 100% (1/ 1)	Z	Z	Z	Z	Z	Z	Z	Z	Z	Z	Z	Z	Z	Z	Z	Z	Z	Z	Z	Z	Z	Z	X		Z
1738 100% (6/ 6)	Z	Z	Z	Z	Z	Z	Z	Z	Z	Z	Z	Z	Z	Z	Z	Z	Z	Z	Z	Z	Z	Z	Z	Z	Z
1745 100% (5/ 5)	Z	Z	Z	Z	Z	Z	Z	Z	Z	Z	Z	Z	Z	Z	Z	Z	Z	Z	Z	Z	Z	Z	Z	Z	Z
1858 100% (6/ 6)	Z	Z	Z	Z	Z	Z	Z	Z	Z	Z	Z	Z	Z	Z	Z	Z	Z	Z	Z	Z	Z	Z	Z	Z	Z
2777 100% (6/ 6)	Z	Z	Z	Z	Z	Z	Z	Z	Z	Z	Z	Z	Z	Z	Z	Z	Z	Z	Z	Z	Z	Z	Z	Y	Z
624 91% (10/ 11)	Z	Z	Z	Z	Z	Z	Z			Z	Z	Z	Z	Z	Z	Z	Z	Z	Z	Z	Z	1/			Z
1730 88% (7/ 8)	Z	Z	Z	Z	Z	Z	Z	Z	Z	Z	Z	Z	Z	Z	Z	Z	Z	Z	Z	Z	Z	Z	Z		1/
P45 86% (6/ 7)	Z	Z	Y	Y			Y		Z		Z	Z		Z	Z	Z	Z	Z	Z	3		Z	Z	Z	Z
1846 83% (5/ 6)	Z	Z	Z	Z	Z	Z	Z	Z	Z	Z	Z	Z	Z	Z	Z	Z	Z	Z	Z	Z	Z	Z	Z	Z	1/
1893 83% (20/ 24)	1	1/					Z	Z	Z					2		Z			1			Z	Z		Z
2778 83% (5/ 6)	Z	Z	Z	Z	Z	Z	Z	Z	Z	Z	Z	Z	Z	Z	Z				1			Z	Z	Z	Z
2303 81% (13/ 16)	Z	Z	Z	Z			1							1	1				Z	Z	Z	Z	Z	Z	Z
642 81% (21/ 26)	1	Z					1				Z			1			1		1			Z	Z		Z
619 81% (25/ 31)	1	1/												2					4			1/			1/
1595 81% (25/ 31)	1	1/																	1			1/			1/
62 80% (8/ 10)	Z	Z	Z	Z			1				1/	Z	Z	Z	Z	Z	Z	Z	Z	Z	Z	Z	Z	Z	Z
1899 80% (4/ 5)	Z	Z	Z	Z	Z	Z	Z	Z	Z	Z	Z	Z	Z	Z	Z	Z	Z	Z	Z	Z	Z	Z	Z	Z	1/
2627 80% (4/ 5)	Z	Z	Z	Z			1			Z	Z	Z	Z	Z	Z	Z	Z	Z	Z	Z	Z	Z	Z	Z	Z
325 79% (11/ 14)	Z	Z	Z	Z	Z	Z	Z	Z	Z	Z	Z	Z	Z	Z	Z	Z	Z		1			1/			1/
623 79% (22/ 28)	Z	Z	Z											2					4			1/F			4
1723 79% (22/ 28)	Z	Z					1				X			1	1				1			1/F			1/
2289 79% (11/ 14)	Z	Z	Z	Z	Z	Z	Z	Z	Z	Z	Z	Z	Z	Z	Z	Z	Z		1			1/			1/
400 78% (18/ 23)	Z	1/						X			W	X		6					2			X	X		1/
456 77% (24/ 31)	1	1/					1				1/								1			1/			1/
1162 77% (24/ 31)	1	1/	4											2					4			1/			1/
2374 77% (24/ 31)	1	1/					1								2B				1						1/
2554 77% (24/ 31)	1	1/					1								1				1			1/			1/
2774 77% (24/ 31)		11					1				6				1				1			1/F			1/
172 77% (17/ 22)	Z	Z				Z	Z	Z		Z	Z			1	1		1		1			1/			Z
1827 77% (23/ 30)	Z	1/												2	1		1		1			1/			1/
81 76% (19/ 25)		14	Z	Z			2C	3			1/			2					1			Z	Z	Z	Z

2242 31 TS + 4 SL + 69 MT

TESTSTELLE	2	10	18	20	28	29	34	35	36	41	42	44	45	46	47	48	49	52	54	55	56	65	66	76	84
UEBEREINST. ZEUGEN	16	14	355	441	416	439	29	452	339	467	53	451	473	101	92	452	162	452	16	422	459	1	365	467	1
BEZEUGTE VARIANTE	2	3	1/	1/	1/	1/	11	1/	1/	1/	4	1/	1/	3	2	1/	2	1/	5	1/	1/	3	1/	1/	1/B
1864 76% (22/ 29)	Z	Z					1				1/			1	1				1			1/			1/
309 75% (15/ 20)	Z	Z	Z	Z	Z	Z	Z	Z	Z					1	1	Z	Z		1			1/O			1/
314 75% (6/ 8)	Z	Z	Z	Z	Z	Z	Z	Z	Z		1/			1	Z	Z	Z	Z	Z	Z	Z	Z	Z	Z	Z
2587 75% (21/ 28)	Z	Z	Z				1				6			1	1				1			1/F			1/
2746 75% (15/ 20)	Z	Z	Z	Z			1				Z	Z	Z	Z	Z	Z	Z		1			1/F			1/
5 74% (23/ 31)	1	1/							1/D		1/								1			1/			1/
18 74% (23/ 31)	1	1/					1							1	1				1			1/			1/
88 74% (23/ 31)	1						7				1/							4	4			1/			1/
203 74% (23/ 31)	1	1/					1				1/				1				1			1/			1/
386 74% (23/ 31)	1	1/					1							1	1				1			1/			1/
440 74% (23/ 31)	1	1/									6				1				1			1/			1/
460 74% (23/ 31)	1						1		1/E		1/				1				1			1/R			1/
496 74% (23/ 31)	1	1/									6				1				1			1/			1/
634 74% (23/ 31)	1	1/					1							1	1				1			1/			1/
796 74% (23/ 31)	1	1/					1							1	1				1			1/			1/
1100 74% (23/ 31)	1	1/					1							1	1				1			1/			1/
1270 74% (23/ 31)	1	1/		1/B										6					1			1/			1/
1297 74% (23/ 31)	1	1/		1/B										6					1			1/F			1/
1315 74% (23/ 31)	1	1/									6				1				1			1/			1/
1598 74% (23/ 31)	1	1/		1/B										6					1			1/			1/
1733 74% (23/ 31)	1	1/					1							1	1				1			1/			1/
1749 74% (23/ 31)	1	1/					1				8				1				1			1/			1/
2191 74% (23/ 31)	1	1/					1				1/						1		1			1/			1/
2483 74% (23/ 31)	1	1/									6				1				1			1/F			1/
020 74% (20/ 27)	Z	Z	Z	Z			1				1/						1	3	1			1/F			1/
1752 74% (20/ 27)	Z	Z	Z	Z			1				6			1	1				1			1/			1/
P74 73% (22/ 30)			Z				2	3			3	4		2					3			1/			1/
337 73% (22/ 30)	1	1/		Z			1				1/				1				1			1/			1/
986 73% (22/ 30)	1	Z					1				8			1	1				1			1/			1/
1075 73% (22/ 30)	Z	1/					1				1/			1	1				1			1/			1/
2218 73% (22/ 30)	1	1/					1				V			1	1				1			1/			1/
2441 73% (11/ 15)	Z	Z	Z	Z	Z	Z	Z	Z	Z	Z	8	Z	Z	1	1				1			Z	Z		Z
57 73% (19/ 26)	Y	Y	Y	Y			1				1/			1	1		1		1			1/			Y

2242 — 31 TS + 4 SL + 69 MT

TESTSTELLE UEBEREINST. ZEUGEN BEZEUGTE VARIANTE		87 476 1/	88 471 1/	91 279 1/	97 422 1/	100 470 1/	102 478 1/
P8	100% (1/ 1)	Z	Z	Z	Z	Z	Z
P33	100% (1/ 1)	Z	Z	Z	Z	Z	Z
P41	100% (1/ 1)	Z	Z	Z	Z	Z	Z
1738	100% (6/ 6)						
1745	100% (5/ 5)				Z		
1858	100% (6/ 6)						
2777	100% (6/ 6)						
624	91% (10/ 11)						
1730	88% (7/ 8)						
P45	86% (6/ 7)	Z	Z	Z	Z	Z	Z
1846	83% (5/ 6)			X			
1893	83% (20/ 24)						
2778	83% (5/ 6)	Z	Z	Z	Z	Z	Z
2303	81% (13/ 16)	Z	Z	Z		Z	
642	81% (21/ 26)						
619	81% (25/ 31)						
1595	81% (25/ 31)			3			
62	80% (8/ 10)	Z	Z	Z			
1899	80% (4/ 5)				Z	Z	
2627	80% (4/ 5)	Z	Z	Z	Z	Z	Z
325	79% (11/ 14)						
623	79% (22/ 28)			3			3
1723	79% (22/ 28)						
2289	79% (11/ 14)						
400	78% (18/ 23)	X	X	5			
456	77% (24/ 31)						
1162	77% (24/ 31)						
2374	77% (24/ 31)			3			
2554	77% (24/ 31)						
2774	77% (24/ 31)						
172	77% (17/ 22)			Z			
1827	77% (23/ 30)						
81	76% (19/ 25)						

2242 — 31 TS + 4 SL + 69 MT

TESTSTELLE UEBEREINST. ZEUGEN BEZEUGTE VARIANTE		87 476 1/	88 471 1/	91 279 1/	97 422 1/	100 470 1/	102 478 1/
1864	76% (22/ 29)						
309	75% (15/ 20)						
314	75% (6/ 8)	Z	Z	Z			
2587	75% (21/ 28)						
2746	75% (15/ 20)			3			
5	74% (23/ 31)			3			
18	74% (23/ 31)						
88	74% (23/ 31)			3			
203	74% (23/ 31)						
386	74% (23/ 31)						
440	74% (23/ 31)			4K			
460	74% (23/ 31)						
496	74% (23/ 31)			4K			
634	74% (23/ 31)						
796	74% (23/ 31)						
1100	74% (23/ 31)						
1270	74% (23/ 31)			3			
1297	74% (23/ 31)			3			
1315	74% (23/ 31)			5C			
1598	74% (23/ 31)			3			
1733	74% (23/ 31)						
1749	74% (23/ 31)						
2191	74% (23/ 31)						
2483	74% (23/ 31)			5C			
020	74% (20/ 27)						
1752	74% (20/ 27)						
P74	73% (22/ 30)						
337	73% (22/ 30)						
986	73% (22/ 30)						
1075	73% (22/ 30)						
2218	73% (22/ 30)						
2441	73% (11/ 15)					Z	
57	73% (19/ 26)						

TESTSTELLE	10	11	20	23	28	29	35	36	41	42	44	45	46	48	52	53	55	56	64	65	66	76	79	84	86
UEBEREINST. ZEUGEN	392	351	441	1	416	439	452	339	467	283	451	473	76	452	452	338	422	459	9	21	365	467	9	402	85
BEZEUGTE VARIANTE	1/	1/	1/	6	1/	1/	1/	1/	1/	1/	1/	1/	2	1/	1/	1/	1/	1/	5	5	1/	1/	5	1/	3
P33 100% (1/ 1)	Z	Z	Z	Z	Z	Z	Z	Z	Z	Z	Z	Z	Z	Z		Z	Z	Z	Z	Z	Z	Z	Z	Z	Z
P41 100% (1/ 1)	Z	Z	Z	Z	Z	Z	Z	Z	Z	Z	Z	Z	Z	Z	Z	Z	Z	Z	Z	Z	X		Z	Z	Z
506 100% (6/ 6)	Z	Z	Z	Z			Z	Z	Z	Z	Z	Z	Z		Z	Z			Z	Z	Z	Z	Z		Z
1101 100% (3/ 3)				Z	Z	Z	Z	Z	Z	Z	Z	Z	Z	Z	Z	Z	Z	Z	Z	Z	Z	Z	Z	Z	Z
2627 100% (4/ 4)	Z	Z	Z	Z					Z	Z	Z	Z	Z	Z	Z	Z	Z	Z	Z	Z	Z	Z	Z	Z	Z
2778 100% (5/ 5)	Z	Z	Z	Z	Z	Z	Z	Z	Z	Z	Z	Z	Z						Z	Z	Z	Z	Z	Z	Z
62 90% (9/ 10)	Z	Z	Z	Z							Z	Z	Z	Z	Z	Z	Z	Z	Z	Z	Z	Z	Z	Z	Z
2175 89% (8/ 9)				1						Z	Z	Z	Z	Z	Z	Z	Z	Z	Z	Z	Z	Z	Z	Z	Z
916 88% (7/ 8)				1					Z	Z	Z	Z	Z	Z	Z	Z	Z	Z	Z	Z	Z	Z	Z	Z	Z
172 81% (17/ 21)	Z	Z		Z		Z	Z		Z	Z			1						1	1/			1	Z	Z
2125 80% (4/ 5)				Z	Z	Z		Z	Z	Z	Z	Z	1	Z	Z	Z	Z	Z	Z	Z	Z	Z	Z	Z	Z
1765 79% (26/ 33)				2	3D	5				5											10		1		
1846 78% (7/ 9)	Z	Z	Z	Z	Z	Z	Z	Z	Z	Z	Z	Z	Z	Z	Z	Z	Z	Z	Z	Z	Z	Z	Z		1
1599 77% (24/ 31)				1									1						Z	Z	10		1		
1526 76% (16/ 21)	Z	Z		1									1						1	1/F			1	Z	Z
81 76% (19/ 25)	14	1/L	Z	Z			3												Z	Z	Z	Z	Z	Z	2B
1066 76% (22/ 29)				1									1						1				1		1
1832 76% (22/ 29)	Z	Z	Z	Z	3D	5				5										4	10		1		
82 76% (25/ 33)				1									1						1	1/			1		
142 76% (25/ 33)				1						4									1	1/	11		1		
203 76% (25/ 33)				1									3						1	1/			1		2B
221 76% (25/ 33)				1									1						1				1		1
312 76% (25/ 33)				1									3						1				1		4
457 76% (25/ 33)				1									1						1	1/					1
479 76% (25/ 33)				1									1						1	1/			1		
483 76% (25/ 33)				1									1						1	1/			1		
1022 76% (25/ 33)				1									1						1	1/			1		
1103 76% (25/ 33)				1									1						1	1/	12		1		
1717 76% (25/ 33)				1									1						1		10				1
1862 76% (25/ 33)				1									1						1				1		1
2816 76% (25/ 33)				1									1						1	4					1
P45 75% (6/ 8)	Z	Z	Y	2				Z		Z	Z		Z	Z	Z	Z	3		Z	Z	Z	Z	Z	Z	Z
424 75% (24/ 32)				1									X						1	1/			1		2B

2243 33 TS + 3 SL + 68 MT

TESTSTELLE	10	11	20	23	28	29	35	36	41	42	44	45	46	48	52	53	55	56	64	65	66	76	79	84	86
UEBEREINST. ZEUGEN	392	351	441	1	416	439	452	339	467	283	451	473	76	452	452	338	422	459	9	21	365	467	9	402	85
BEZEUGTE VARIANTE	1/	1/	1/	6	1/	1/	1/	1/	1/	1/	1/	1/	2	1/	1/	1/	1/	1/	5	5	1/	1/	5	1/	3
1069 75% (24/ 32)				Z				1/K					1						1	1/			1		
2423 75% (24/ 32)				1									3						1	1/			1		X
43 74% (23/ 31)			Z	Z									1						1	1/			1		1
1867 74% (23/ 31)	Z	Z		1									1						1	1/			1		
2201 74% (23/ 31)	Z	Z		2				1/F								3			1	1/			1		
2484 74% (23/ 31)			Z	Z									1						1	1/F			1		1B
1852 74% (20/ 27)	Z	Z	Z	Z	Z	Z							3						1	1/			1		1
319 73% (22/ 30)				1				1/K					1						Z	Z	Z		1		1
498 73% (22/ 30)	Z	Z		Z				1/K					1							1/			1		1
2303 73% (11/ 15)	Z	Z	Z	Z						4			1			Z	Z	Z	Z	Z	Z	Z	Z	Z	Z
642 73% (19/ 26)	Z	Z		1						Z			1						Z	Z	Z		1	Z	13
1856 73% (19/ 26)				1						8			1						1	1/			1	Z	Z
025 73% (24/ 33)				1									1						1	1/F			1		1
1 73% (24/ 33)				1									1						1	1/F			1		1
93 73% (24/ 33)				1									1						1	1/F			1		1
104 73% (24/ 33)	11	1/M		2						7									6	1/			1		1
105 73% (24/ 33)				1									1						1	1/			1		1B
149 73% (24/ 33)				1									1						1	1/			1		1B
175 73% (24/ 33)				1									1						1	1/			1		2B
201 73% (24/ 33)				1									1						1	1/			1		1B
218 73% (24/ 33)		1/C		1									1						2	1/F			1		1
226 73% (24/ 33)				1									1						3	1/F			1		1E
393 73% (24/ 33)		1/L		1									1						1				1		1
398 73% (24/ 33)				1									1						1	1/			1		1
404 73% (24/ 33)				1									1						1	1/			1		2B
437 73% (24/ 33)				2				1/K											1	1/			1		1
454 73% (24/ 33)		1/O		1									1						1				1		1
462 73% (24/ 33)				1									1						1	1/			1		2B
625 73% (24/ 33)				1									1						1	1/			1		1
634 73% (24/ 33)				1						4			1						1	1/			1		1B
635 73% (24/ 33)				1									1						1	1/			1		2B
638 73% (24/ 33)				1									1						1	1/			1		2
699 73% (24/ 33)				1									3						1	1/			1		2

2243 — 33 TS + 3 SL + 68 MT

TESTSTELLE UEBEREINST. ZEUGEN BEZEUGTE VARIANTE	87 476 1/	88 471 1/	91 18 8	92 99 2	97 422 1/	100 470 1/	102 478 1/	104 7 3D
P33 100% (1/ 1)	Z	Z	Z	Z	Z	Z	Z	Z
P41 100% (1/ 1)	Z	Z	Z	Z	Z	Z	Z	Z
506 100% (6/ 6)	Z	Z	Z	Z	Z	Z	Z	Z
1101 100% (3/ 3)	Z	Z	Z	Z	Z	Z	Z	Z
2627 100% (4/ 4)	Z	Z	Z	Z	Z	Z	Z	Z
2778 100% (5/ 5)	Z	Z	Z	Z	Z	Z	Z	Z
62 90% (9/ 10)	Z	Z	Z	Z				1H
2175 89% (8/ 9)	Z	Z	Z	Z	Z	Z	Z	Z
916 88% (7/ 8)	Z	Z	Z	Z	Z	Z	Z	Z
172 81% (17/ 21)			Z	Z				Z
2125 80% (4/ 5)	Z	Z	Z	Z	Z	Z	Z	Z
1765 79% (26/ 33)								1
1846 78% (7/ 9)			X					1
1599 77% (24/ 31)			1/	1				1G
1526 76% (16/ 21)	Z	Z	Z	Z	Z	Z	Z	Z
81 76% (19/ 25)			1/					2
1066 76% (22/ 29)			5G	1	Z	Z	Z	Z
1832 76% (22/ 29)								1
82 76% (25/ 33)			1/	1				1
142 76% (25/ 33)			4K					1
203 76% (25/ 33)			1/					1
221 76% (25/ 33)			1/	1				1
312 76% (25/ 33)			1/	1				1
457 76% (25/ 33)			13E	1				1
479 76% (25/ 33)			1/	1				1
483 76% (25/ 33)			17	1				1
1022 76% (25/ 33)			1/	1				1
1103 76% (25/ 33)			1/					1
1717 76% (25/ 33)			1/	1				1
1862 76% (25/ 33)			1/	1				1
2816 76% (25/ 33)			1/	1				1
P45 75% (6/ 8)	Z	Z	Z	Z	Z	Z	Z	Z
424 75% (24/ 32)			1/	1				1

2243 — 33 TS + 3 SL + 68 MT

TESTSTELLE UEBEREINST. ZEUGEN BEZEUGTE VARIANTE	87 476 1/	88 471 1/	91 18 8	92 99 2	97 422 1/	100 470 1/	102 478 1/	104 7 3D
1069 75% (24/ 32)			1/	1				1
2423 75% (24/ 32)			1/	1				1
43 74% (23/ 31)			1/	1				2
1867 74% (23/ 31)			3	1				1
2201 74% (23/ 31)			5					1
2484 74% (23/ 31)			1/	1				1
1852 74% (20/ 27)			5					1
319 73% (22/ 30)			1/	1				1
498 73% (22/ 30)			1/	1				1
2303 73% (11/ 15)	Z	Z	Z	1		Z		1
642 73% (19/ 26)			1/	1				1
1856 73% (19/ 26)	Z	Z	Z	Z	Z			1
025 73% (24/ 33)			1/	1				1
1 73% (24/ 33)			1/	1				1
93 73% (24/ 33)			1/	1				1
104 73% (24/ 33)			5					
105 73% (24/ 33)			1/	1				1
149 73% (24/ 33)			1/	1				1
175 73% (24/ 33)			1/	1				1
201 73% (24/ 33)			1/	1				1
218 73% (24/ 33)			1/					1
226 73% (24/ 33)			13B	1				1
393 73% (24/ 33)			1/	1				1
398 73% (24/ 33)			5	1				1
404 73% (24/ 33)			1/	1				1
437 73% (24/ 33)			1/	1				1
454 73% (24/ 33)			1/	1				1
462 73% (24/ 33)			1/	1				1
625 73% (24/ 33)			1/	1				1
634 73% (24/ 33)			1/					1
635 73% (24/ 33)			13C	1				1
638 73% (24/ 33)			18	1				1
699 73% (24/ 33)			1/	1				1

2255 — 33 TS + 0 SL + 71 MT

TESTSTELLE	4	7	10	11	18	19	20	28	29	35	36	41	42	44	45	48	49	52	53	55	56	65	66	68	76
UEBEREINST. ZEUGEN	23	4	392	351	355	110	441	416	439	452	339	467	23	451	473	452	162	452	338	422	459	333	365	87	467
BEZEUGTE VARIANTE	2	10	1/	1/	1/	2	1/	1/	1/	1/	1/	1/	8	1/	1/	1/	2	1/	1/	1/	1/	1/	1/	2	1/
P33 100% (1/ 1)	Z	Z	Z	Z	Z	Z	Z	Z	Z	Z	Z	Z	Z	Z	Z	Z	Z		Z	Z	Z	Z	Z	Z	Z
506 100% (7/ 7)	Z	Z	Z	Z	Z	Z	Z			Z	Z	Z	Z	Z	Z			Z	Z			Z	Z	Z	Z
1738 100% (6/ 6)	Z	Z	Z	Z	Z	Z	Z	Z	Z	Z	Z	Z	Z	Z	Z	Z	Z	Z	Z	Z	Z	Z	Z	Z	Z
1745 100% (5/ 5)	Z	Z	Z	Z	Z	Z	Z	Z	Z	Z	Z	Z	Z	Z	Z	Z	Z	Z	Z	Z	Z	Z	Z	Z	Z
1846 100% (6/ 6)	Z	Z	Z	Z	Z	Z	Z	Z	Z	Z	Z	Z	Z	Z	Z	Z	Z	Z	Z	Z	Z	Z	Z	Z	Z
1858 100% (6/ 6)	Z	Z	Z	Z	Z	Z	Z	Z	Z	Z	Z	Z	Z	Z	Z	Z	Z	Z	Z	Z	Z	Z	Z	Z	Z
1899 100% (5/ 5)	Z	Z	Z	Z	Z	Z	Z	Z	Z	Z	Z	Z	Z	Z	Z	Z	Z	Z	Z	Z	Z	Z	Z	Z	Z
2289 100% (16/ 16)	Z	Z	Z	Z	Z	Z	Z	Z	Z	Z	Z	Z	Z	Z	Z	Z	Z								
2441 100% (14/ 14)	Z	Z	Z	Z	Z	Z	Z	Z	Z	Z	Z	Z		Z	Z							Z	Z	Z	
2627 100% (4/ 4)	Z	Z	Z	Z	Z	Z	Z					Z	Z	Z	Z	Z	Z	Z	Z	Z	Z	Z	Z	Z	Z
2778 100% (6/ 6)	Z	Z	Z	Z	Z	Z	Z	Z	Z	Z	Z	Z	Z	Z	Z							Z	Z	Z	Z
986 97% (30/ 31)		1	Z	Z																					
1864 97% (28/ 29)	Z	Z	Z	Z									1/												
1723 96% (27/ 28)	Z	Z	Z	Z									X									1/F			
1752 96% (25/ 26)	Z	Z	Z	Z	Z	Z	Z						6												
2378 95% (18/ 19)	Z	Z	Z	Z	Z	Z	Z	Z	Z	Z	Z	X	Y			Z					1/E				
141 94% (31/ 33)	1	1																							
204 94% (31/ 33)	1	1																							
394 94% (31/ 33)	1	1																							
928 94% (31/ 33)	1	1																							
1482 94% (31/ 33)	1	1																							
1732 94% (31/ 33)	1	1																							
1749 94% (31/ 33)	1	1																							
1855 94% (31/ 33)	1	1																							
1865 94% (31/ 33)		1											1/												
1897 94% (31/ 33)	1	1																							
2261 94% (31/ 33)	1	1																							
2723 94% (31/ 33)		1											1/												
2218 94% (30/ 32)	1	1											V												
1856 93% (26/ 28)	1	1																							
2587 93% (25/ 27)	Z	Z	Z	Z	Z	Z							6									1/F			
2303 92% (12/ 13)	Z	Z	Z	Z	Z	Z	Z						4						Z	Z	Z	Z	Z	Z	Z
624 92% (11/ 12)	Z	Z	Z	Z	Z	Z	Z	Z	Z			Z	Z	Z	Z	Z	Z	Z	Z	Z	Z			1	

2255 33 TS + 0 SL + 71 MT

TESTSTELLE	4	7	10	11	18	19	20	28	29	35	36	41	42	44	45	48	49	52	53	55	56	65	66	68	76
UEBEREINST. ZEUGEN	23	4	392	351	355	110	441	416	439	452	339	467	23	451	473	452	162	452	338	422	459	333	365	87	467
BEZEUGTE VARIANTE	2	10	1/	1/	1/	2	1/	1/	1/	1/	1/	1/	8	1/	1/	1/	2	1/	1/	1/	1/	1/	1/	2	1/
149 91% (30/ 33)	1	1											1/												
201 91% (30/ 33)	1	1											1/												
328 91% (30/ 33)	1	1															1								
386 91% (30/ 33)	1	1											4												
444 91% (30/ 33)	1	1											6												
634 91% (30/ 33)	1	1											4												
664 91% (30/ 33)	1	1											6												
801 91% (30/ 33)	1	1																							
824 91% (30/ 33)	1	1											1/												
1040 91% (30/ 33)		1				1							1/												
1058 91% (30/ 33)	1	1											6												
1072 91% (30/ 33)	1	1											1/												
1100 91% (30/ 33)	1	1											4												
1248 91% (30/ 33)	1	1											1/												
1249 91% (30/ 33)	1	1																3							
1503 91% (30/ 33)	1	1											1/												
1617 91% (30/ 33)	1	1											1/												
1628 91% (30/ 33)	1	1											1/												
1637 91% (30/ 33)	1	1											1/												
1656 91% (30/ 33)	1	1											1/												
1733 91% (30/ 33)	1	1											4												
1740 91% (30/ 33)	1	1											1/												
1746 91% (30/ 33)	1	1											1/												
1876 91% (30/ 33)	1	1																							
2352 91% (30/ 33)	1	1											1/												
2466 91% (30/ 33)	1	1											1/												
2554 91% (30/ 33)	1	1											4												
432 91% (29/ 32)	V	1											5					3							
1075 91% (29/ 32)	Z	1				1							1/												
1508 91% (29/ 32)	1	1											1/						Z						
1652 91% (29/ 32)		1											Z				1								
62 89% (8/ 9)	Z	Z	Z	Z	Z	Z	Z						1/	Z	Z	Z	Z	Z	Z	Z	Z	Z	Z	Z	Z
1730 89% (8/ 9)	Z	Z	Z	Z	Z	Z	Z	Z	Z	Z	Z	Z	Z	Z	Z	Z	Z	Z	Z	Z	Z	Z	Z	Z	

2255 — 33 TS + 0 SL + 71 MT

TESTSTELLE / UEBEREINST. ZEUGEN / BEZEUGTE VARIANTE	77 181 2	84 402 1/	87 476 1/	88 471 1/	91 279 1/	97 422 1/	100 470 1/	102 478 1/
P33 100% (1/ 1)	Z	Z	Z	Z	Z	Z	Z	Z
506 100% (7/ 7)	Z		Z	Z	Z	Z	Z	Z
1738 100% (6/ 6)	Z	Z						
1745 100% (5/ 5)	Z	Z				Z		
1846 100% (6/ 6)	Z				X			
1858 100% (6/ 6)	Z	Z						
1899 100% (5/ 5)	Z					Z	Z	
2289 100% (16/ 16)								
2441 100% (14/ 14)		Z					Z	
2627 100% (4/ 4)	Z	Z	Z	Z	Z	Z	Z	Z
2778 100% (6/ 6)	Z	Z	Z	Z	Z	Z	Z	Z
986 97% (30/ 31)								
1864 97% (28/ 29)								
1723 96% (27/ 28)								
1752 96% (25/ 26)								
2378 95% (18/ 19)								
141 94% (31/ 33)								
204 94% (31/ 33)								
394 94% (31/ 33)								
928 94% (31/ 33)								
1482 94% (31/ 33)								
1732 94% (31/ 33)								
1749 94% (31/ 33)								
1855 94% (31/ 33)								
1865 94% (31/ 33)								
1897 94% (31/ 33)								
2261 94% (31/ 33)								
2723 94% (31/ 33)								
2218 94% (30/ 32)								
1856 93% (26/ 28)		Z	Z	Z	Z	Z		
2587 93% (25/ 27)								
2303 92% (12/ 13)	Z	Z	Z	Z	Z		Z	
624 92% (11/ 12)	Z	Z						

2255 — 33 TS + 0 SL + 71 MT

TESTSTELLE / UEBEREINST. ZEUGEN / BEZEUGTE VARIANTE	77 181 2	84 402 1/	87 476 1/	88 471 1/	91 279 1/	97 422 1/	100 470 1/	102 478 1/
149 91% (30/ 33)								
201 91% (30/ 33)								
328 91% (30/ 33)								
386 91% (30/ 33)								
444 91% (30/ 33)								
634 91% (30/ 33)								
664 91% (30/ 33)								
801 91% (30/ 33)					4E			
824 91% (30/ 33)								
1040 91% (30/ 33)								
1058 91% (30/ 33)								
1072 91% (30/ 33)								
1100 91% (30/ 33)								
1248 91% (30/ 33)								
1249 91% (30/ 33)								
1503 91% (30/ 33)								
1617 91% (30/ 33)								
1628 91% (30/ 33)								
1637 91% (30/ 33)								
1656 91% (30/ 33)								
1733 91% (30/ 33)								
1740 91% (30/ 33)								
1746 91% (30/ 33)								
1876 91% (30/ 33)					4E			
2352 91% (30/ 33)								
2466 91% (30/ 33)								
2554 91% (30/ 33)								
432 91% (29/ 32)								
1075 91% (29/ 32)								
1508 91% (29/ 32)								
1652 91% (29/ 32)							3	
62 89% (8/ 9)	Z	Z	Z	Z	Z			
1730 89% (8/ 9)	1							

2279 32 TS + 0 SL + 69 MT

TESTSTELLE	8	10	11	18	20	28	29	35	36	41	42	44	45	46	48	50	52	53	55	56	65	66	76	77	84
UEBEREINST. ZEUGEN	94	392	351	73	441	416	439	452	17	467	60	451	473	101	452	16	452	33	16	459	333	365	467	181	42
BEZEUGTE VARIANTE	3	1/	1/	4	1/	1/	1/	1/	1/M	1/	5	1/	1/	3	1/	17	1/	8	8	1/	1/	1/	1/	2	4
P33 100% (1/ 1)	Z	Z	Z	Z	Z	Z	Z	Z	Z	Z	Z	Z	Z	Z	Z	Z		Z	Z	Z	Z	Z	Z	Z	Z
P41 100% (1/ 1)	Z	Z	Z	Z	Z	Z	Z	Z	Z	Z	Z	Z	Z	Z	Z	Z	Z	Z	Z	Z	Z	X		Z	Z
912 100% (31/ 31)																									
1405 100% (32/ 32)																									
1863 100% (32/ 32)																									
1594 97% (31/ 32)	1																								
1753 97% (31/ 32)									1/K																
2511 97% (31/ 32)																									1/
234 97% (30/ 31)																	X				1/F				
1861 96% (27/ 28)	Z	Z	Z	Z																					
1250 94% (30/ 32)				1/																					
390 91% (29/ 32)	3B			1/																					
1003 91% (29/ 32)	1		8	1/																					
51 88% (28/ 32)									1/F										1/			4			1/
42 87% (27/ 31)	Z																	9	1/					1	1/
1456 86% (19/ 22)									1/K						Z	Z	Z	Z	Z	Z	Z	Z	Z	Z	
P45 86% (6/ 7)	Z	Z	Z	Y	Y				Z		Z	Z		Z	Z	Z	Z	Z	3		Z	Z	Z	Z	Z
2501 84% (27/ 32)									1/K																1/
223 81% (26/ 32)									1/K										1/		1/F			1	1/
582 81% (26/ 32)			6	1/					1/K													6			
1745 80% (4/ 5)	Z	Z	Z	Z	Z	Z	Z	Z	Z	Z	Z	Z	Z	Z	Z	Z	Z	Z	Z	Z	Z	Z	Z	Z	Z
2675 78% (25/ 32)	1D		4								3					18					1/F	1/D			1/
2627 75% (3/ 4)	Z	Z	Z	Z	Z				1/	Z	Z	Z	Z	Z	Z	Z	Z	Z	Z	Z	Z	Z	Z	Z	Z
367 72% (23/ 32)				1/					1/I		1/					1		1/	1/					1B	
1846 71% (5/ 7)	Z	Z	Z	Z	Z	Z	Z	Z	Z	Z	Z	Z	Z	Z	Z	Z	Z	Z	Z	Z	Z	Z	Z	Z	1/
2125 71% (5/ 7)				1/		Z	Z		Z	Z	Z	Z	Z	1	Z	Z	Z	Z	Z	Z	Z	Z	Z	Z	Z
1721 70% (21/ 30)				1/					1/		1/					Y	Y	1/	1/					1	
2175 70% (7/ 10)	1			1/					1/		Z	Z	Z	Z	Z	Z	Z	Z	Z	Z	Z	Z	Z	Z	Z
2200 70% (21/ 30)						3D			1/F					1		2C			1/				Z	Z	3
1758 69% (18/ 26)	1		5	Y		X			1/K					X		1			1/				X	X	3
1856 69% (18/ 26)	1			1/					1/		8			1		1		1/	1/						Z
5 69% (22/ 32)				1/					1/D		1/					1		3	1/						1/
228 69% (22/ 32)									1/							1		1/	1/		1/F	11			1/

2279 32 TS + 0 SL + 69 MT

TESTSTELLE		8	10	11	18	20	28	29	35	36	41	42	44	45	46	48	50	52	53	55	56	65	66	76	77	84
UEBEREINST. ZEUGEN		94	392	351	73	441	416	439	452	17	467	60	451	473	101	452	16	452	33	16	459	333	365	467	181	42
BEZEUGTE VARIANTE		3	1/	1/	4	1/	1/	1/	1/	1/M	1/	5	1/	1/	3	1/	17	1/	8	8	1/	1/	1/	1/	2	4
429	69% (22/ 32)			5			3D			1/F					2		19			1/					1B	3
522	69% (22/ 32)			5			11			1/F					2		19			1/					1B	3
1102	69% (22/ 32)	1								1/		1/					1D		3	1/					1	1/
1704	69% (22/ 32)						3D	5		1/					2		19			1/						3
2431	68% (19/ 28)	1			Y				Y	Y		1/			Y		1		1/	1/		1/G				1/
630	68% (21/ 31)				Z		3D			1/F		6			2		2C			1/						3
1597	68% (21/ 31)	1	8							1/		1/					1		1/	1/					1	1/
62	67% (6/ 9)	Z	Z	Z	Z	Z				1/		1/	Z	Z	Z	Z	Z	Z	Z	Z	Z	Z	Z	Z	Z	Z
506	67% (4/ 6)	Z	Z	Z	Z	Z			Z	Z	Z	Z	Z	Z	Z		Z	Z	Z	1/		Z	Z	Z	Z	1/
624	67% (8/ 12)	Z	Z	Z	Z	Z	Z	Z		1/	Z	Z	Z	Z	Z	Z	Z	Z	Z	Z	Z				Z	Z
699	67% (20/ 30)	Z			Z					1/		1/					1		1/	1/					1	1/
916	67% (6/ 9)	1			1/					1/	Z	Z	Z	Z	Z	Z	Z	Z	Z	Z	Z	Z	Z	Z	Z	Z
1352	67% (20/ 30)	1			1/					1/		7					1		1/	X					U	1/
102	66% (21/ 32)	1								1/		1/					1		3	1/	1/C				1	1/
189	66% (21/ 32)	1	8							1/		1/					1E		3	1/					1	1/
436	66% (21/ 32)	1		1/L						1/		4			2		1		4C	1/						
604	66% (21/ 32)	1			1/					1/					1		1		1/	1/						1/
608	66% (21/ 32)			1/M	1/							1/			1		1		1/	1/E					1B	1/
945	66% (21/ 32)						3D	5		1/					2		19		8C	1/						3
1058	66% (21/ 32)				1/					1/		6			1		1		1/	1/						1/
1106	66% (21/ 32)			5						1/K		1/					21		1/	1/					1	1/
1251	66% (21/ 32)			5						1/			3		1		1			1/					1	1/
1315	66% (21/ 32)	1			1/					1/		6					12		8C	1/						1/
1448	66% (21/ 32)	1			7					1/		1/			1		1		1/	1/						
1509	66% (21/ 32)			1/I			3D			1/F					1	1/K	1			1/		1/F				3
1595	66% (21/ 32)	1			1/					1/		4					1		3	1/						1/
1643	66% (21/ 32)	1	8							1/		1/					1		3	1/					1	1/
1739	66% (21/ 32)						3D	5		1/					2		2C		3	1/						3
1748	66% (21/ 32)	1			1/					1/		1/			1		1		1/	1/						1/
1749	66% (21/ 32)	1			1/					1/		8					1		1/	1/						1/
1768	66% (21/ 32)				1/					1/					1		1		3	1/			6			1/
1843	66% (21/ 32)				1/					1/K		1/			4		1		3	1/						1/
1854	66% (21/ 32)	1								1/		1/					1		1/	1/					1	1/

2279 — 32 TS + 0 SL + 69 MT

TESTSTELLE			87	88	91	95	97	100	102
UEBEREINST. ZEUGEN			476	471	14	68	33	470	478
BEZEUGTE VARIANTE			1/	1/	11	3	4	1/	1/
P33	100%	(1/ 1)	Z	Z	Z	Z	Z	Z	Z
P41	100%	(1/ 1)	Z	Z	Z	Z	Z	Z	Z
912	100%	(31/ 31)			X				
1405	100%	(32/ 32)							
1863	100%	(32/ 32)							
1594	97%	(31/ 32)							
1753	97%	(31/ 32)							
2511	97%	(31/ 32)							
234	97%	(30/ 31)							
1861	96%	(27/ 28)					1/		
1250	94%	(30/ 32)					1/		
390	91%	(29/ 32)			1/				
1003	91%	(29/ 32)							
51	88%	(28/ 32)							
42	87%	(27/ 31)							
1456	86%	(19/ 22)			11F		1/		
P45	86%	(6/ 7)	Z	Z	Z	Z	Z	Z	Z
2501	84%	(27/ 32)			1/	1	1/		
223	81%	(26/ 32)					1/		
582	81%	(26/ 32)			11F		1/		
1745	80%	(4/ 5)			1/	Z	Z		
2675	78%	(25/ 32)							
2627	75%	(3/ 4)	Z	Z	Z	Z	Z	Z	Z
367	72%	(23/ 32)			11B		1/		
1846	71%	(5/ 7)			X		1/		
2125	71%	(5/ 7)	Z	Z	Z	Z	Z	Z	Z
1721	70%	(21/ 30)			3	1	1/		
2175	70%	(7/ 10)	Z	Z	Z	Z	Z	Z	Z
2200	70%	(21/ 30)			3	2	1/		
1758	69%	(18/ 26)			4E	1	X		
1856	69%	(18/ 26)	Z	Z	Z	Z	Z		
5	69%	(22/ 32)			3	2	1/		
228	69%	(22/ 32)			5H	1	1/		

2279 — 32 TS + 0 SL + 69 MT

TESTSTELLE			87	88	91	95	97	100	102
UEBEREINST. ZEUGEN			476	471	14	68	33	470	478
BEZEUGTE VARIANTE			1/	1/	11	3	4	1/	1/
429	69%	(22/ 32)			4E		1/		
522	69%	(22/ 32)			4F		1/		
1102	69%	(22/ 32)			3		1/		
1704	69%	(22/ 32)			3	2	1/		
2431	68%	(19/ 28)			1/	1			
630	68%	(21/ 31)			3	2	1/		
1597	68%	(21/ 31)			X		1/		
62	67%	(6/ 9)	Z	Z	Z	Z	1/		
506	67%	(4/ 6)	Z	Z	Z	Z	Z	Z	Z
624	67%	(8/ 12)			1/	1	1/		
699	67%	(20/ 30)			1/	1	1/		
916	67%	(6/ 9)	Z	Z	Z	Z	Z	Z	Z
1352	67%	(20/ 30)			1/	1	1/		
102	66%	(21/ 32)			3		1/		
189	66%	(21/ 32)			3		1/		
436	66%	(21/ 32)			3	2	1/		
604	66%	(21/ 32)			1/	1	1/		
608	66%	(21/ 32)			3E		1/		
945	66%	(21/ 32)			3	2	1/		
1058	66%	(21/ 32)			1/	1	1/		
1106	66%	(21/ 32)			1/	1	1/		
1251	66%	(21/ 32)			1/	1	1/		
1315	66%	(21/ 32)			5C	2	1/		
1448	66%	(21/ 32)			13B	2	1/		
1509	66%	(21/ 32)			4E		1/		
1595	66%	(21/ 32)			3	1	1/		
1643	66%	(21/ 32)			3		1/		
1739	66%	(21/ 32)			3	2	1/		
1748	66%	(21/ 32)			1/	1			
1749	66%	(21/ 32)			1/	1	1/		
1768	66%	(21/ 32)			1/	1	1/		
1843	66%	(21/ 32)			5	1	1/		
1854	66%	(21/ 32)			1/	1	1/		

2288 — 36 TS + 4 SL + 64 MT

TESTSTELLE		10	11	18	20	23	28	29	35	36	41	42	44	45	46	48	52	53	55	56	65	66	73	76	77	78
UEBEREINST. ZEUGEN		392	351	355	441	91	416	439	452	54	467	283	451	473	9	452	452	87	422	459	71	365	24	467	181	67
BEZEUGTE VARIANTE		1/	1/	1/	1/	2	1/	1/	1/	1/K	1/	1/	1/	1/	6	1/	1/	3	1/	1/	1/F	1/	10	1/	2	2
P8	100% (2/ 2)	Z	Z		Z		Z	Z	Z	Z	Z	Z	Z	Z	Z	Z	Z	Z	Z	Z	Z	Z	Z	Z	Z	Z
P33	100% (1/ 1)	Z	Z	Z	Z	Z	Z	Z	Z	Z	Z	Z	Z	Z	Z	Z		Z	Z	Z	Z	Z	Z	Z	Z	Z
506	100% (6/ 6)	Z	Z	Z	Z	Z			Z	Z	Z	Z	Z	Z	Z		Z	Z			Z	Z	Z	Z	Z	Z
1101	100% (4/ 4)					Z	Z	Z	Z	Z	Z	Z	Z	Z	Z	Z	Z	Z	Z	Z	Z	Z	Z	Z	Z	Z
1873	100% (35/ 35)																									
1843	94% (34/ 36)														4						1/					
927	89% (32/ 36)		12							1/F								3D								
2201	88% (29/ 33)	Z	Z	Z						1/F					2						1/		1E			
P45	88% (7/ 8)	Z	Z	Y	Y					Z		Z	Z		Z	Z	Z	Z	3		Z	Z	Z	Z	Z	Z
489	86% (31/ 36)		12							1/F								3D			1/					
1868	86% (31/ 36)									1/F																1
2125	83% (5/ 6)					Z	Z	Z		Z	Z	Z	Z	Z	1	Z	Z	Z	Z	Z	Z	Z	Z	Z	Z	Z
2143	83% (30/ 36)		5							1/F					2								1D			
1729	82% (28/ 34)	Z	Z							1/F					7				6		1/					
62	80% (8/ 10)	Z	Z	Z	Z	Z				1/			Z	Z	Z	Z	Z	Z	Z	Z	Z	Z	Z	Z	Z	Z
886	80% (4/ 5)	4					Z	Z	Z	Z	Z	Z	Z	Z	Z	Z	Z	Z	Z	Z	Z	Z	Z	Z	Z	Z
1893	80% (24/ 30)								Z	Z		4			2	Z					Z	Z	9			1
2175	80% (8/ 10)					1				1/		Z	Z	Z	Z	Z	Z	Z	Z	Z	Z	Z	Z	Z	Z	Z
2778	80% (4/ 5)	Z	Z	Z	Z	Z	Z	Z	Z	Z	Z	Z	Z	Z	Z			1/			Z	Z	Z	Z	Z	Z
5	78% (28/ 36)									1/D					3						1/		1			1
916	78% (7/ 9)					1				1/	Z	Z	Z	Z	Z	Z	Z	Z	Z	Z	Z	Z	Z	Z	Z	Z
2718	76% (19/ 25)									1/		4			2		4					6	Z	Z	Z	Z
437	75% (27/ 36)														2			1/			1/		9			1
619	75% (27/ 36)		1/L							1/		4			2						1/		9			
1162	75% (27/ 36)		1/L	4						1/		4			2						1/		9			
1297	75% (27/ 36)				1/B					1/		4														1
1827	75% (27/ 36)		1/B							1/		4			2						1/		9			1
365	74% (17/ 23)	3				1									1			1/			1/	10	Z	Z	Z	Z
1526	74% (17/ 23)	Z	Z			1				1/					1			1/					1			1
400	73% (19/ 26)		1/L			Y			X	1/		W	X					W			X	X				1
2746	73% (19/ 26)	Z	Z	Z	Z	Z				1/		Z	Z	Z	Z	Z										1
1270	72% (26/ 36)				1/B					1/		4									1/					1
1409	72% (26/ 36)	11		5									4		3		3						6C			1

TESTSTELLE UEBEREINST. ZEUGEN BEZEUGTE VARIANTE	10 392 1/	11 351 1/	18 355 1/	20 441 1/	23 91 2	28 416 1/	29 439 1/	35 452 1/	36 54 1/K	41 467 1/	42 283 1/	44 451 1/	45 473 1/	46 9 6	48 452 1/	52 452 1/	53 87 3	55 422 1/	56 459 1/	65 71 1/F	66 365 1/	73 24 10	76 467 1/	77 181 2	78 67 2
1595 72% (26/ 36)									1/		4			3						1/					1
1598 72% (26/ 36)				1/B					1/		4									1/					1
2344 72% (26/ 36)	11								1/		3			2						1/E		6			
2404 72% (26/ 36)					1									1			1/					1		1	1
2737 72% (26/ 36)						10			1/		3			1								1		1	1
1069 71% (25/ 35)					Z									1			1/			1/		1		1	1
1735 71% (25/ 35)					1	3D								2B			6			1/		X			
2483 71% (25/ 35)					1				1/		6			3								1		U	1
1856 70% (19/ 27)					1				1/		8			1			1/			1/		1			1
33 70% (21/ 30)	11		X				X		X		3			X				X	X	1/D	1/C	14			
623 70% (23/ 33)	Z	Z	Z						1/		4			2								1D			1
044 69% (25/ 36)	4				7				1/		4	5		2			1/					1D			
049 69% (25/ 36)					1				1/F					3			1/					1		1	
1 69% (25/ 36)					1				1/					1			1/					1		1	
6 69% (25/ 36)					1			3	1/		3			1						1/		1D		1B	1
88 69% (25/ 36)	3								1/					3		4				1/		9		1	1
218 69% (25/ 36)		1/C			1				1/					1			1/					11B			1
808 69% (25/ 36)		1/L	6		1				1/					1								1			1
915 69% (25/ 36)	3	1/E							1/E					3		4				1/P				1	1
1103 69% (25/ 36)					1				1/					1			1/			1/	12	1			1
1149 69% (25/ 36)					1									1			1/					1		1	1
1626 69% (25/ 36)					1				1/					3			1/					1		1	
1718 69% (25/ 36)					1									1			1/			1/	1/G	11C		1B	
1739 69% (25/ 36)			4			3D	5		1/		5			2						1/		1D			1
1849 69% (25/ 36)					1									1			1/			1/		1		1	1
2774 69% (25/ 36)	11								1/		6			3								1		1B	1
81 69% (18/ 26)	14	1/L	Z	Z	Z			3	1/					2			1/			Z	Z	Z	Z	Z	Z
1852 69% (20/ 29)	Z	Z	Z	Z	Z	Z	Z		1/					3			1/			1/		1		1	
2799 69% (22/ 32)				Z	Z	Z	Z		1/					1			8			1/		1			1
431 69% (24/ 35)								3	1/		4			2						1/	1/B	2B			1
941 69% (24/ 35)			8						1/F		4			1								1		1B	1
1508 69% (24/ 35)					1				1/					1			Z			1/		1			1
1609 69% (24/ 35)					1	3D			1/					3						5		1			1

2288 36 TS + 4 SL + 64 MT

TESTSTELLE UEBEREINST. ZEUGEN BEZEUGTE VARIANTE	84 402 1/	86 85 3	87 476 1/	88 471 1/	90 71 2	92 99 2	93 31 2	97 422 1/	98 10 6	100 470 1/	102 478 1/
P8 100% (2/ 2)	Z	Z	Z	Z	Z	Z	Z	Z	Z	Z	Z
P33 100% (1/ 1)	Z	Z	Z	Z	Z	Z	Z	Z	Z	Z	Z
506 100% (6/ 6)		Z	Z	Z	Z	Z	Z	Z	Z	Z	Z
1101 100% (4/ 4)	Z	Z	Z	Z	Z	Z	Z	Z	Z	Z	Z
1873 100% (35/ 35)								Z			
1843 94% (34/ 36)											
927 89% (32/ 36)									1		
2201 88% (29/ 33)											
P45 88% (7/ 8)	Z	Z	Z	Z	Z	Z	Z	Z	Z	Z	Z
489 86% (31/ 36)									1		
1868 86% (31/ 36)		2					1		1		
2125 83% (5/ 6)	Z	Z	Z	Z	Z	Z	Z	Z	Z	Z	Z
2143 83% (30/ 36)					4		1				
1729 82% (28/ 34)		3B							1		
62 80% (8/ 10)	Z	Z	Z	Z	Z	Z	Z		3		
886 80% (4/ 5)	Z	Z	Z	Z	Z	Z	Z	Z	Z	Z	Z
1893 80% (24/ 30)	Z	1B				1					
2175 80% (8/ 10)	Z	Z	Z	Z	Z	Z	Z	Z	Z	Z	Z
2778 80% (4/ 5)	Z	Z	Z	Z	Z	Z	Z	Z	Z	Z	Z
5 78% (28/ 36)		5					3		2C		
916 78% (7/ 9)	Z	Z	Z	Z	Z	Z	Z	Z	Z	Z	Z
2718 76% (19/ 25)	Z	Z	Z	Z	Z	Z	Z		2C		
437 75% (27/ 36)		1			1	1	3				
619 75% (27/ 36)		1				1			6B		
1162 75% (27/ 36)		1				1					
1297 75% (27/ 36)		1B			1	1	1		1		
1827 75% (27/ 36)		1				1					
365 74% (17/ 23)	Z	Z	Z	Z	Z	Z	Z	Z	Z		
1526 74% (17/ 23)	Z	Z	Z	Z	Z	Z	Z	Z	Z	Z	Z
400 73% (19/ 26)		1B	X	X	X	1	1		1		
2746 73% (19/ 26)		1B			1	1	1		1		
1270 72% (26/ 36)		1B			1	1	1		1		
1409 72% (26/ 36)					1		1		3		

2288 36 TS + 4 SL + 64 MT

TESTSTELLE	84	86	87	88	90	92	93	97	98	100	102
UEBEREINST. ZEUGEN	402	85	476	471	71	99	31	422	10	470	478
BEZEUGTE VARIANTE	1/	3	1/	1/	2	2	2	1/	6	1/	1/
1595 72% (26/ 36)		1B			1	1	1		1		
1598 72% (26/ 36)		1B			1	1	1		1		
2344 72% (26/ 36)	3	2				1			7		
2404 72% (26/ 36)					1	1	1		1		
2737 72% (26/ 36)		1B					1		2B		
1069 71% (25/ 35)					1	1	1		1		
1735 71% (25/ 35)		1			1	1	1		1		
2483 71% (25/ 35)		2B			1		1		3		
1856 70% (19/ 27)	Z	Z	Z	Z	Z	Z	Z	Z	Z		
33 70% (21/ 30)	3	2				1			7		
623 70% (23/ 33)	4	2					3		2C		3
044 69% (25/ 36)							1		1		4
049 69% (25/ 36)		1			1	1	1		3		
1 69% (25/ 36)		1			1	1	1		1		
6 69% (25/ 36)							1		2C		
88 69% (25/ 36)		4				1	1				
218 69% (25/ 36)		1			1		1		2		
808 69% (25/ 36)		1B			1		1		1		
915 69% (25/ 36)		1				1	1				
1103 69% (25/ 36)					1		1		1		
1149 69% (25/ 36)		1			1	1	1		1		
1626 69% (25/ 36)		1			1	1	1		1		
1718 69% (25/ 36)		1			1		1		2		
1739 69% (25/ 36)	3								2		
1849 69% (25/ 36)					1	1	1		1		
2774 69% (25/ 36)		2			1		1		3		
81 69% (18/ 26)	Z	2B							2		
1852 69% (20/ 29)		1					1		1		
2799 69% (22/ 32)					1	1	1		3		
431 69% (24/ 35)	4						1	3	W		
941 69% (24/ 35)	4				1		1		1		Y
1508 69% (24/ 35)		1B			1	1	1		1		
1609 69% (24/ 35)		2			1		1	Z	3		

2298 54 TS + 3 SL + 47 MT

TESTSTELLE	10	11	14	15	18	19	20	23	26	28	29	31	34	35	36	39	40	41	42	44	45	46	47	48	49
UEBEREINST. ZEUGEN	392	13	23	24	73	110	441	91	30	29	30	3	29	452	339	33	1	467	60	451	473	101	92	452	162
BEZEUGTE VARIANTE	1/	1/L	2	3	4	2	1/	2	2	3D	5	6	11	1/	1/	4	4	1/	5	1/	1/	3	2	1/	2
P33 100% (1/ 1)	Z	Z	Z	Z	Z	Z	Z	Z	Z	Z	Z	Z	Z	Z	Z	Z	Z	Z	Z	Z	Z	Z	Z	Z	Z
1739 85% (46/ 54)		1/										2	2B				2					2			
945 83% (45/ 54)		1/	3									2	2B				2					2			
1891 81% (44/ 54)		1/	9									2	2B		1/F		2					2			
1704 80% (43/ 54)		1/		5								4	2B				2					2			
2200 75% (39/ 52)		1/							1		1/	1	2B		1/F		2					1			
630 73% (38/ 52)		1/			Z	Z			1		1/	1	2B		1/F		2		6			2			
2778 71% (5/ 7)	Z	Z	Z	Z	Z	Z	Z	Z	Z	Z	Z	Z	Z	Z	Z	Z	Z	Z	Z	Z	Z	Z	Z		
1751 65% (34/ 52)		1/							1		1/	1	9B		1/F							2		7	
33 64% (28/ 44)	11	1/	4	X	X	1				1/	X	X			X	1	1		3			X			
429 63% (34/ 54)		5							1		1/	1	2B		1/F		1					2			
81 62% (24/ 39)	14			2	Z	Z	Z	Z		1/	1/	2	2C	3		2	2		1/			2			
206 61% (22/ 36)	Z	Z	Z	Z	Z	Z	Z	Z	Z	Z	Z	Z	Z	Z	Z	Z	Z					2			1
323 60% (32/ 53)	Z	1/	1	1						3C		2					1		6			2			1
623 60% (29/ 48)	Z	Z	Z	Z	Z	Z				1/	1/	2				1	1		4			2			
94 59% (32/ 54)	6		3	2	5B				1			2	11B	3	1/F		2		4			2			
322 59% (32/ 54)		1/	1	1						8		2					1		6			2			1
1758 59% (26/ 44)		5			Y	1		1	1	X	1/	1	2B		1/K		1					X			Y
522 58% (31/ 53)		5							1	11	1/	1	2B		1/F		1					2			1
04 58% (18/ 31)	3	5		2	Z	Z	Z	Z		1/	1/	2		3B		Z	Z	Z	Z	4		2			
5 57% (31/ 54)		1/	4	4	1/	1				1/	1/	2			1/D	1	1		1/						
436 57% (31/ 54)			1	1		1		1	1	1/	1/	1	1			1	1		4			2			
610 57% (28/ 49)	6	1/	3	2	5B				Z	3E		2	Z	3	1/F		2		4			2			
2805 57% (29/ 51)	4	10					Z	Z		6	6	1	1			1	2		4			2			
P74 56% (29/ 52)	3	1/I		2	Z					1/	1/	2	2	3		2	2		3	4		2			
180 56% (29/ 52)	6	1/	3B	2	5B				1	3E		2	11C	3	1/F		1		4			2			
1509 56% (29/ 52)		1/I	1	1					1		1/	1	1		1/F		1					1		1/K	
307 56% (30/ 54)	6	1/		2	5B				1	3E		2	11C	3	1/F		2		4			2			
624 56% (10/ 18)	Z	Z	Z	Z	Z	Z	Z	Z	Z	Z	Z	Z	Z			Z	Z	Z	Z	Z	Z	Z	Z	Z	Z
1162 56% (30/ 54)			1	1		1				1/	1/	2				1	1		4			2			
1678 56% (30/ 54)	6	1/	3	2	5B				1			2	11C	3	1/F		2		4			2			
2818 56% (30/ 54)	6	1/	3	2	5B				1	3E		2	11C	3	1/F		2		4			2			
2344 55% (29/ 53)	11	1/	X	4	1/	1				1/	1/	1E	2			1	1		3			2			1

2298 54 TS + 3 SL + 47 MT

TESTSTELLE	10	11	14	15	18	19	20	23	26	28	29	31	34	35	36	39	40	41	42	44	45	46	47	48	49
UEBEREINST. ZEUGEN	392	13	23	24	73	110	441	91	30	29	30	3	29	452	339	33	1	467	60	451	473	101	92	452	162
BEZEUGTE VARIANTE	1/	1/L	2	3	4	2	1/	2	2	3D	5	6	11	1/	1/	4	4	1/	5	1/	1/	3	2	1/	2
2201 54% (26/ 48)	Z	Z	Z	Z	Z	Z			1	1/	1/	1			1/F	1	1		1/			2	1		
02 54% (29/ 54)	3	1/		2	5					1/	1/	2B	2	3		2	2		3	4		2			
467 54% (29/ 54)	4	1/	8							6B		1	1				1		1/			2			1
619 54% (29/ 54)			1	1	1/	1				1/	1/	2				1B	1		4			2			
431 53% (28/ 53)		1/	10	1	1/	1			3	1/	1/	1	3	3			2		4			2			
2464 53% (10/ 19)	Z	Z	Z	Z	Z	Z	Z	Z	Z	Z	Z	Z	Z	Z	Z	Z	Z	Z	Z	Z	Z	Z	Z	Z	Z
1894 52% (27/ 52)		1/	1	1	1/	1		1	1	1/	1/	1				Z	Z						1		1
228 52% (28/ 54)		1/	1	1					1	1/	1/	1	1			1	1								
1490 52% (28/ 54)		5		3B				1	1	1/	1/	1	2B		1/K		1					1			1
1595 52% (28/ 54)		1/	1	7	1/	1			1	1/	1/	1				1	1		4						
1875 51% (25/ 49)	X	X	6	1	1/	1				Z	Z	2	2B	3	3	X	2		6			2	1		
P45 50% (5/ 10)	Z	Z	Z	Z	Y	Y	Y		Z	1/	1/	Z	Y		Z	Z	2		Z	Z		Z	Z	Z	Z
03 50% (27/ 54)		1/		2	3	3				1/	1/	2	2	4		2	2		1/	4		2			
453 50% (27/ 54)	6	1/		2	5B				1	3E		2	11C	3	1/F		2		4			2			
1175 50% (27/ 54)	3	1/D		2	5					1/	1/	2	2	3		4B	2		6	6		2			
1642 50% (27/ 54)	3	14								3G		2	2B	3		1	1B		1/			2			
1831 50% (26/ 52)		8B	1B		6			1	1	1/	1/	1	2B		1/K	Z	Z								1
1852 50% (21/ 42)	Z	Z	Z	Z	Z	Z	Z	Z	Z	Z	Z	Z	1			1	1		1/				1		1
1893 50% (21/ 42)		1/	X	X	1/	1			1	1/	1/	1	Z	Z	Z	1	1		4			2		Z	
1409 49% (26/ 53)	11	1/	3	1	5					1/	1/	1	1		1/K	1	1		1/	4					
1598 49% (26/ 53)		1/	1	6	1/	1	1/B		Z	1/	1/	1				1	1		4			6			
2718 49% (20/ 41)		1/	1B	1	1/	1			1	1/	1/	1	1			1	1		4			2			
01 48% (26/ 54)	3	1/		2	5					1/	1/	2	2	3		2	2		1/	4		2		3	
181 48% (26/ 54)	11	11	1	1	1/	1				1/	1/	2	2B	3	3		2		4			2	1		
808 48% (26/ 54)			1	7	6	1		1	1	1/	1/	1	1			1	1		1/			1			
1270 48% (26/ 54)		1/	1	6	1/	1	1/B		1	1/	1/	1				1	1		4			6			
1830 48% (26/ 54)			1B	1		1		1	3				1			1	1D					2	1B		1
1884 47% (23/ 49)	11	1/	3	4	6B	U		3		5	1/	1G	9C				2		6			2	4B	U	1
441 47% (21/ 45)	Z	Z	Z	Z	Z	Z	Z	Z	Z	1/	1/	2	1			1	3		4			2			
044 46% (25/ 54)	4	1/	1B		1/	1		7	1	1/	1/	3	1			1	1		4	5		2			1
218 46% (25/ 54)		1/C	1	1	1/			1	1	1/	1/	1	1			1	1		1/			1			1
459 46% (25/ 54)	11	9	1	1	1/	1			1	1/	1/	1	1			1	1		3				1		1
996 46% (25/ 54)		1/	1	1				1	1	1/	1/	1	1			1	1		6						

2298 54 TS + 3 SL + 47 MT

TESTSTELLE	52	53	55	56	57	65	66	67	68	69	70	76	77	79	80	84	86	87	88	90	91	92	95	96	97
UEBEREINST. ZEUGEN	452	87	422	459	104	333	365	7	20	16	21	467	181	31	16	23	85	476	471	71	46	99	44	35	422
BEZEUGTE VARIANTE	1/	3	1/	1/	2	1/	1/	2B	3	3	2	1/	2	2	6	3	3	1/	1/	2	3	2	2	2	1/
P33 100% (1/ 1)		Z	Z	Z	Z	Z	Z	Z	Z	Z	Z	Z	Z	Z	Z	Z	Z	Z	Z	Z	Z	Z	Z	Z	Z
1739 85% (46/ 54)										2					6B										
945 83% (45/ 54)		8C													6B										
1891 81% (44/ 54)										2							2								
1704 80% (43/ 54)		8			2B										6B					4					
2200 75% (39/ 52)		8								2	1B	Z	Z				1								
630 73% (38/ 52)		8								2C	1						1B								
2778 71% (5/ 7)		1/			1	Z	Z	Z	Z	Z	Z	Z	Z	Z	Z	Z	Z	Z	Z	Z	Z	Z	Z	Z	Z
1751 65% (34/ 52)		8				8	1/E			1	1B		5			1/C	1				3H			Z	Z
33 64% (28/ 44)			X	X		1/D	1/C	X	4		3B				2		2					1			
429 63% (34/ 54)		8						1			1		1B				1			1	4E	1	3	1	
81 62% (24/ 39)		1/				Z	Z	Z	Z	Z	Z	Z	Z	Z	Z	Z	2B				1/				
206 61% (22/ 36)	4	8						1			1		1B				1			1	4E	1	3	1	
323 60% (32/ 53)						1/C		1	1	1	1			1		1/	1				5		4		
623 60% (29/ 48)						1/F		1	4	1	1			1B	7	4	2							1	
94 59% (32/ 54)							1/B	1						1	1	1/				1			3	1	
322 59% (32/ 54)		3F				1/C		1	1	1	1			1		1/	1				5		4		
1758 59% (26/ 44)		8						1			1	X	X	1			X			1	4E	1	1	X	X
522 58% (31/ 53)		8						1			Z		1B		6C		1			1	4F	1	3	1	
04 58% (18/ 31)	1/D	4			Z	Z	Z	Z	Z	Z	Z				3		Z	Z	Z	Z	Z	Z			3
5 57% (31/ 54)								1	4	1	1			1B	7	1/	5							1	
436 57% (31/ 54)		4C						1	4	1	1			1	1	4								1	
610 57% (28/ 49)							1/B	2	2	2C			Z	Z	Z	4							3	1	3
2805 57% (29/ 51)						1/F		1	4B	1B	1			1	4	1/							3	1	
P74 56% (29/ 52)		1/						2	4		3B			2B	2	1/	2B				1/		Z		
180 56% (29/ 52)								2		2C			Z	Z	1	1/					4		3	1	3
1509 56% (29/ 52)		8				1/F		1		1	X			X			1			1	4E	1	3	1	
307 56% (30/ 54)							1/B	2	2	2C	3				3	4							3	1	3
624 56% (10/ 18)	Z	Z	Z	Z	Z			1C	1	Z	Z		Z	Z	Z	Z	Z			1	1/	1	1	1	
1162 56% (30/ 54)								1	15	1	1			1B	3	1/	1				1/	1	1	1	
1678 56% (30/ 54)							1/B	2	2	2C					1	4							3	1	3
2818 56% (30/ 54)							1/B	2	2	2C					1	4							3	1	3
2344 55% (29/ 53)						1/E		2C	4		3B				2		2				3G	1			

2298 54 TS + 3 SL + 47 MT

TESTSTELLE	52	53	55	56	57	65	66	67	68	69	70	76	77	79	80	84	86	87	88	90	91	92	95	96	97
UEBEREINST. ZEUGEN	452	87	422	459	104	333	365	7	20	16	21	467	181	31	16	23	85	476	471	71	46	99	44	35	422
BEZEUGTE VARIANTE	1/	3	1/	1/	2	1/	1/	2B	3	3	2	1/	2	2	6	3	3	1/	1/	2	3	2	2	2	1/
2201 54% (26/ 48)								1	1	1	1			1	1	1/					5		1	1	
02 54% (29/ 54)		1/	4					2	4		1				2		2B				1/	1			
467 54% (29/ 54)								1	7	1	5		1B	1	1	1/	4				4I	1	3	1	
619 54% (29/ 54)								1	15	1	4B			1B	3B	1/	1				1/	1	1	1	
431 53% (28/ 53)							1/B	2	2	2C					1	4					14		3	1	3
2464 53% (10/ 19)	Z	Z	Z	Z	Z	Z	Z	Z	Z	Z	8			1		4	3C				4B				
1894 52% (27/ 52)		1/			1			1C	1	1	1		1	1	1				7					1	
228 52% (28/ 54)		1/				1/F	11	1	7	1	1			1	5	1/	1			1	5H		1	1	
1490 52% (28/ 54)		8				1/F	6	1			1		1B				1B			1	4E	1	1	1	
1595 52% (28/ 54)								1	15	1	1			1	1	1/	1B			1		1	1	1	
1875 51% (25/ 49)		3G	5			1/F	7	1	12	3B	1				1	1/C	2				12				
P45 50% (5/ 10)	Z	Z	3		1	Z	Z	Z	Z	Z	Z	Z	Z	Z	Z	Z	Z	Z	Z	Z	Z	Z	Z	Z	Z
03 50% (27/ 54)	4	1/	1/B					2	2				2B		2	4	2B				1/				4
453 50% (27/ 54)							1/B	2	2	2C	2B				3	4	2B			1	6B		3	1	3
1175 50% (27/ 54)	4				2C		1/B	2	2		1				2	1/					1/	1			1/B
1642 50% (27/ 54)		3B						2	4	13	1		1B	5	1	1/				1	1/	1	1	1	4
1831 50% (26/ 52)		8					6	1		2B	1		1B				1B			1	3D	1	1	1	1/C
1852 50% (21/ 42)		1/			1			1	1	1	1		1	1	1	1/	1				5		3		
1893 50% (21/ 42)						Z	Z	Z	Z	Z	1			1B	1	Z	1B				1/	1	1	1	
1409 49% (26/ 53)	3				Z	1/F		2	4	3B				5	2	1/				1	4			1	
1598 49% (26/ 53)								1	15	1	1			1	1	1/	1B			1		1	1	1	
2718 49% (20/ 41)	4					1/F	6	1		2C	Z	Z	Z	Z	Z	Z	Z	Z	Z	Z	Z	Z	Z		
01 48% (26/ 54)	4	1/	1/B			1/K		2	4		1			5	2		2				1/				
181 48% (26/ 54)		3G	5					1	12	3B	1				3	1/C	2				12				4
808 48% (26/ 54)					1	1/F		1	1	1				1	1	1/	1B			1	6			1	
1270 48% (26/ 54)								1	15	1	1			1	1	1/	1B			1		1	1	1	
1830 48% (26/ 54)		1/	1/B	1/D				1	1	1	1		1B	1	3	1/					8		1	1	
1884 47% (23/ 49)		1/			1	6	3	1C	4	2C	4				3		2B				4				
441 47% (21/ 45)	3					1/K	8	1	2	1	3			1	1	1/					5D	1	3	1	
044 46% (25/ 54)		1/				1/F		1		3B	1			1	3	1/							3		
218 46% (25/ 54)		1/			1	1/F		1	7	1				1	1	1/	1			1	1/			1	
459 46% (25/ 54)		1/						1	1	1	1		3	4	1	1/	1			4	5				
996 46% (25/ 54)	3	1/					10	1	7	9	1		2B	1	5	1/	4			1	5H		4	1	

2298	54 TS + 3 SL + 47 MT			
TESTSTELLE	98	100	102	103
UEBEREINST. ZEUGEN	40	470	478	3
BEZEUGTE VARIANTE	2	1/	1/	3B
P33 100% (1/ 1)	Z	Z	Z	Z
1739 85% (46/ 54)				2
945 83% (45/ 54)				1
1891 81% (44/ 54)				1L
1704 80% (43/ 54)				1
2200 75% (39/ 52)				1
630 73% (38/ 52)				1
2778 71% (5/ 7)	Z	Z	Z	Z
1751 65% (34/ 52)				1B
33 64% (28/ 44)	7			X
429 63% (34/ 54)	1D			1
81 62% (24/ 39)				2
206 61% (22/ 36)	1D			Z
323 60% (32/ 53)	3			1
623 60% (29/ 48)	2C		3	
94 59% (32/ 54)	2C			1
322 59% (32/ 54)	3			1
1758 59% (26/ 44)	X			1
522 58% (31/ 53)	1D			1
04 58% (18/ 31)		Z		Z
5 57% (31/ 54)	2C			3E
436 57% (31/ 54)				1
610 57% (28/ 49)				1
2805 57% (29/ 51)	2C		Z	1L
P74 56% (29/ 52)				2
180 56% (29/ 52)				1
1509 56% (29/ 52)	1			1
307 56% (30/ 54)				1
624 56% (10/ 18)	1			Z
1162 56% (30/ 54)	6			1N
1678 56% (30/ 54)			4	1
2818 56% (30/ 54)				1
2344 55% (29/ 53)	7			2

2298	54 TS + 3 SL + 47 MT			
TESTSTELLE	98	100	102	103
UEBEREINST. ZEUGEN	40	470	478	3
BEZEUGTE VARIANTE	2	1/	1/	3B
2201 54% (26/ 48)	6			1
02 54% (29/ 54)			3	2
467 54% (29/ 54)	2C			1L
619 54% (29/ 54)	6B			1
431 53% (28/ 53)	W			1
2464 53% (10/ 19)	2C	3	4	2
1894 52% (27/ 52)	1			1
228 52% (28/ 54)				1
1490 52% (28/ 54)	1D			1
1595 52% (28/ 54)	1			1
1875 51% (25/ 49)				
P45 50% (5/ 10)	Z	Z	Z	Z
03 50% (27/ 54)			3	2
453 50% (27/ 54)				1
1175 50% (27/ 54)	2C			2
1642 50% (27/ 54)	3			1
1831 50% (26/ 52)	3B			1
1852 50% (21/ 42)	1			2
1893 50% (21/ 42)	6			1
1409 49% (26/ 53)	3			1
1598 49% (26/ 53)	1			1I
2718 49% (20/ 41)	2C			2
01 48% (26/ 54)			3	2
181 48% (26/ 54)				2
808 48% (26/ 54)	1			1
1270 48% (26/ 54)	1			7
1830 48% (26/ 54)	1	4		1
1884 47% (23/ 49)		Z	Z	Z
441 47% (21/ 45)	2C			3D
044 46% (25/ 54)	1		4	2
218 46% (25/ 54)				1
459 46% (25/ 54)				1
996 46% (25/ 54)				1K

2344 66 TS + 4 SL + 33 MT

TESTSTELLE	5	8	10	11	15	17	18	20	23	26	28	29	32	34	35	36	41	42	43	44	45	46	47	48	50
UEBEREINST. ZEUGEN	4	94	11	351	10	23	355	441	91	30	416	439	51	6	452	339	467	15	24	451	473	76	92	452	17
BEZEUGTE VARIANTE	5	3	11	1/	4	2	1/	1/	2	2	1/	1/	2	2	1/	1/	1/	3	2	1/	1/	2	2	1/	2
P8 100% (2/ 2)	Z	Z	Z	Z	Z	Z		Z		Z	Z	Z	Z	Z	Z	Z	Z	Z	Z	Z	Z	Z	Z	Z	Z
P33 100% (1/ 1)	Z	Z	Z	Z	Z	Z	Z	Z	Z	Z	Z	Z	Z	Z	Z	Z	Z	Z	Z	Z	Z	Z	Z	Z	Z
33 91% (51/ 56)		X			X		X					X	1	11		X						X			
P74 76% (47/ 62)	2	Y	3	1/I	2		Z								3					4					3
02 74% (49/ 66)	2	2	3		2		5								3					4					3
P45 70% (7/ 10)	Z	Z	Z	Z	Z	Z	Y	Y		Z			4	Y		Z		Z	Z	Z		Z	Z	Z	Z
81 69% (29/ 42)	2	2	14	1/L	2	Z	Z	Z	Z					2C	3			1/							
01 68% (45/ 66)	2	2	3		2		5								3			1/		4				3	
03 65% (43/ 66)	2	2	1/		2		3								4			1/		4					
181 63% (41/ 65)	1	3B		11	1	1								2B	3	3		4					1		10
04 63% (27/ 43)	2	2C	3	5	2	Z	Z	Z	Z					11	3B		Z	Z		4					
2718 62% (28/ 45)	1	3B	1/		1	1				1			1	1				4							
1739 62% (41/ 66)	1		1/		3		4				3D	5		2B				5	1						2C
1175 61% (40/ 66)	2	2	3	1/D	2		5								3			6		6					
623 58% (34/ 59)	Z	Z	Z	Z	Z	Z	Z						1	11				4	1						1
945 58% (38/ 66)	1		1/		3	11	4				3D	5		2B				5	1						19
P41 57% (4/ 7)	Z	Z	Z	Z	Z	Z	Z	Z	Z	Z	Z	Z	Z	Z	Z	Z	Z	Z	Z	Z	Z	Z	Z	Z	Z
1891 56% (37/ 66)	1		1/		3		4				3D	5		2B		1/F		5	1						2C
1875 56% (33/ 59)	X	X	X	X	1	1					Z	Z		2B	3	3		6	Z				1		4
619 55% (36/ 66)	1		1/	1/L	1	1							1	11				4	1						1
08 54% (34/ 63)	1				5		4		3		5		1	9				6	1				4	6	1
1884 53% (33/ 62)	1					2B	6B		3		5		1	9C				6	1				4B	U	1
1162 53% (35/ 66)		3B	1/	1/L	1	1	4						1	11				4	1						1
1704 53% (35/ 66)	1		1/		5	11	4				3D	5		2B				5	1						19
630 52% (33/ 64)	1		1/		3	Z	Z			1	3D			2B		1/F		6	1						2C
1409 52% (32/ 62)	2	1			1		5						1	1		1/K		1/		4		3			13B
044 52% (34/ 66)	3	1	4		3				7	1			1	1				4	1	5					
5 50% (33/ 66)	1		1/			1							1	11		1/D		1/	1			3			1
1893 50% (27/ 54)	1	1	1/		X	1				1			Z	Z	Z	Z		4	1					Z	1
2464 50% (14/ 28)	Z	Z	Z	Z	Z	Z	Z	Z	Z	Z	Z	Z	Z	Z	Z	Z	Z	Z	Z	Z	Z	Z	Z	Z	Z
2627 50% (4/ 8)	Z	Z	Z	Z	Z	Z	Z	Z	Z	1			3	1			Z	Z	Z	Z	Z	Z	Z	Z	Z
2778 50% (4/ 8)	Z	Z	Z	Z	Z	Z	Z	Z	Z	Z	Z	Z	Z	Z	Z	Z	Z	Z	Z	Z	Z	Z	Z		1D
431 49% (32/ 65)	1	3B	1/		1	1C				3				3	3			4							2C

2344 66 TS + 4 SL + 33 MT

TESTSTELLE	5	8	10	11	15	17	18	20	23	26	28	29	32	34	35	36	41	42	43	44	45	46	47	48	50
UEBEREINST. ZEUGEN	4	94	11	351	10	23	355	441	91	30	416	439	51	6	452	339	467	15	24	451	473	76	92	452	17
BEZEUGTE VARIANTE	5	3	11	1/	4	2	1/	1/	2	2	1/	1/	2	2	1/	1/	1/	3	2	1/	1/	2	2	1/	2
2200 48% (29/ 60)	1		1/		3	1C	4			1	3D			2B		1/F		5	1			1			2C
441 48% (27/ 56)	Z	Z	Z	Z	Z	Z	Z	Z	Z	Z			1	1				4	1						6
323 48% (31/ 65)	1		Z		1		4				3C	5		11				6	1						
62 47% (8/ 17)	Z	Z	Z	Z	Z	Z	Z	Z	Z	1			1	1				1/	1	Z	Z	Z	Z	Z	Z
2175 47% (8/ 17)	1	1	1/		1	1			1	1			1	1				Z	Z	Z	Z	Z	Z	Z	Z
180 46% (29/ 63)	1		6		2	1	5B			1	3E	5		11C	3	1/F		4							
1735 46% (29/ 63)	1	1B	1/		1	1			1	1	3D		3	1		1/K		1/	3			2B			1
2303 46% (11/ 24)	Z	Z	Z	Z	Z	Z	Z	Z	Z	Z			1	1				4	1			1	1		1
307 45% (30/ 66)	1		6		2		5B			1	3E	5		11C	3	1/F		4							2C
322 45% (30/ 66)	1		1/		1		4				8	5		11				6	1						
436 45% (30/ 66)	1	1	1/	1/L	1	1	4		1	1			1	1				4	1						1
1827 45% (30/ 66)	1	3B	1/	1/B						1			1	11				4	1				1		1
2818 45% (30/ 66)	1		6		2		5B			1	3E	5		11C	3	1/F		4							2C
624 45% (9/ 20)	Z	Z	Z	Z	Z	Z	Z	Z	Z	Z	Z	Z	Z	Z			Z	Z	Z	Z	Z	Z	Z	Z	Z
2201 45% (27/ 60)	1	Z	Z	Z	Z	Z	Z			1			1	11		1/F		1/	1				1		1
206 45% (21/ 47)	Z	Z	Z	Z	Z	Z	Z	Z	Z	Z	Z	Z	Z	Z	Z	Z		5	1						19
886 44% (4/ 9)	1	1	4		2	6				Z	Z	Z	Z	Z	Z	Z	Z	Z	Z	Z	Z	Z	Z	Z	Z
88 44% (29/ 66)	3	3B	3							1				7				1/	1			3			1
429 44% (29/ 66)	1		1/	5	3	1C	4			1	3D			2B		1/F		5	1						19
453 44% (29/ 66)	1		6		2		5B			1	3E	5		11C	3	1/F		4							2C
1842 44% (29/ 66)	1		1/	1/0	1	1C			1	1			1	1				1/	1						1
2298 44% (29/ 66)	1	1	1/	1/L	3	11B	4				3D	5	1	11				5	1			3			1D
2374 44% (29/ 66)	1	1	1/		6	1C			1	1				1				4				3	2B		
916 44% (7/ 16)	1	1	1/		1	1			1	3			1	1			Z	Z	Z	Z	Z	Z	Z	Z	Z
610 43% (26/ 60)	1		6		2		5B			Z	3E	5		Z	3	1/F		4							2C
2805 43% (27/ 63)	1	3B	4	10	3		4	Z	Z		6	6	1	1				4	1						1
467 42% (28/ 66)	3		4		3	13	4				6B	5	1	1				1/							1
621 42% (28/ 66)	1		1/	1/0	1	1		1/B	1	1			1	1				4	1						1
2737 42% (28/ 66)	3		1/			7				1	10		1	1					1			1			1
522 42% (27/ 64)	1		1/	5	3	1C	4			1	11		1	2B		1/F		5	1						19
642 42% (23/ 55)	1		Z	Z	1	1			1	1				1				Z	1			1			1
1890 42% (25/ 60)	Z	Z	Z	Z	8	1C			1	Z			1	1				4	4				1		1
104 42% (27/ 65)	1			1/M	1	1				1			1	1				7	1				1		1C

TESTSTELLE	52	53	54	55	56	57	60	61	62	64	66	68	69	70	72	73	74	75	76	77	78	79	80	81	83
UEBEREINST. ZEUGEN	452	87	14	422	459	104	6	36	28	38	365	15	16	3	18	5	13	18	467	181	67	31	9	49	46
BEZEUGTE VARIANTE	1/	3	4	1/	1/	2	2	2	2	2	1/	4	3	3B	2	6	2	3	1/	2	2	2	2	2	2
P8 100% (2/ 2)	Z	Z	Z	Z	Z	Z	Z	Z	Z	Z	Z	Z	Z	Z	Z	Z	Z	Z	Z	Z	Z	Z	Z	Z	Z
P33 100% (1/ 1)		Z	Z	Z	Z	Z	Z	Z	Z	Z	Z	Z	Z	Z	Z	Z	Z	Z	Z	Z	Z	Z	Z	Z	Z
33 91% (51/ 56)				X	X						1/C					14		2							X
P74 76% (47/ 62)		1/	3													6B	X	2				2B			
02 74% (49/ 66)		1/	2	4			1							1				2							
P45 70% (7/ 10)	Z	Z	Z	3		1	Z	Z	Z	Z	Z	Z	Z	Z	Z	Z	Z	Z	Z	Z	Z	Z	Z	Z	Z
81 69% (29/ 42)		1/	1				Z	Z	Z	Z	Z	Z	Z	Z	Z	Z	Z	Z	Z	Z	Z	Z	Z	Z	Z
01 68% (45/ 66)	4	1/		1/B				4						1		2		2			3	5		2B	
03 65% (43/ 66)	4	1/	7	1/B				4				2		2		2		2		2B					
181 63% (41/ 65)		3G	6	5			X					12	3B	1	1			1C			1		3		
04 63% (27/ 43)	1/D	4				Z	Z	Z	Z	Z	Z	Z	Z	Z		2	1	2					3	Z	
2718 62% (28/ 45)	4		1				1	1			6	3	2C	Z	Z	Z	Z	Z	Z	Z	Z	Z	Z	Z	Z
1739 62% (41/ 66)			1				1	1	1			3	2	2		1D	1	2			1		6B	1	
1175 61% (40/ 66)	4		1			2C	1		1		1/B	2		1	3	2	1	2			3				
623 58% (34/ 59)							1	1					1	1	2B	1D	1	1			1	1B	7		1
945 58% (38/ 66)		8C	1				1	1	1			3		2	6	1D	3				1B		6B	1	
P41 57% (4/ 7)	Z	Z	Z	Z	Z	Z		Z	Z	Z	X		2	Z		2	Z	2		Z	Z	Z	Z	Z	Z
1891 56% (37/ 66)			1				1	1	1			3	2	2	3	1D	1	2			1		6	1	
1875 56% (33/ 59)		3G	2	5			1	1			7	12	3B	1	1		1	1			1		1		
619 55% (36/ 66)							1		1	1		15	1	4B	1B	9		1				1B	3B		1
08 54% (34/ 63)		1/	1			1	1			1	3		3B	4		1B	1	1			1		3	1B	
1884 53% (33/ 62)		1/	1			1	1			1	3		2C	4		1	1	1			1		3	1	
1162 53% (35/ 66)							1		1	1		15	1	1	1B	9		1				1B	3		1
1704 53% (35/ 66)		8	1			2B	1	1	1			3		2	6	1D	1				1B		6B	1	
630 52% (33/ 64)		8	1				1	1	1	1		3	2C	1	3	1	1				1		6	1	
1409 52% (32/ 62)	3		1			Z	Z	Z	Z	1			3B	2	1	6C					1	5			
044 52% (34/ 66)		1/	3				1	1				3	3B	1	7	1D	1	1				1	3	1	
5 50% (33/ 66)			1				1		1	1			1	1	1	1	1	1			1	1B	7		1
1893 50% (27/ 54)			1				1	1	1	Z	Z	Z	Z	1	1	9		1			1	1B	1		1
2464 50% (14/ 28)	Z	Z	Z	Z	Z	Z	Z	Z	Z	Z	Z	Z	Z	8	2B	1	1	1			1	1	6		
2627 50% (4/ 8)	Z	Z	Z	Z	Z	Z	Z	Z	Z	Z	Z	Z	Z	Z	Z	Z	Z	Z	Z	Z	Z	Z	Z	Z	Z
2778 50% (4/ 8)		1/	1			1	Z	Z	Z	Z	Z	Z	Z	Z	Z	Z	Z	Z	Z	Z	Z	Z	Z	Z	Z
431 49% (32/ 65)			5				1		1		1/B	2	2C	2		2B	3	2			1		1	1	

2344 — 66 TS + 4 SL + 33 MT

TESTSTELLE	52	53	54	55	56	57	60	61	62	64	66	68	69	70	72	73	74	75	76	77	78	79	80	81	83
UEBEREINST. ZEUGEN	452	87	14	422	459	104	6	36	28	38	365	15	16	3	18	5	13	18	467	181	67	31	9	49	46
BEZEUGTE VARIANTE	1/	3	4	1/	1/	2	2	2	2	2	1/	4	3	3B	2	6	2	3	1/	2	2	2	2	2	2
2200 48% (29/ 60)		8	1				1	1	1	1		3	2	1B	3	Z	Z	Z	Z	Z	Z		6	1	
441 48% (27/ 56)	3		1				1	1	1		8	2	1	3	1	6C	1				1	1	1	1	
323 48% (31/ 65)			1				1	1	1	1		1	1	1	1	1	1	1			1	1	6	1	1
62 47% (8/ 17)	Z	Z	Z	Z	Z	Z	Z	Z	Z	Z	Z	Z	Z	Z	Z	Z	Z	Z	Z	Z	Z	Z	Z	Z	Z
2175 47% (8/ 17)	Z	Z	Z	Z	Z	Z	Z	Z	Z	Z	Z	Z	Z	Z	Z	Z	Z	Z	Z	Z	Z	Z	Z	Z	Z
180 46% (29/ 63)			5				1		1			3	2C	2		5	1	2		Z	Z	Z	1	1	
1735 46% (29/ 63)		6	2B				1		1	10				1		X						1	1	1	1
2303 46% (11/ 24)		Z	Z	Z	Z	Z	Z	Z	Z	Z	Z	Z	Z	Z	Z	Z	Z	Z	Z	Z	Z	Z	Z	Z	Z
307 45% (30/ 66)			5				1	1	1		1/B	2	2C	3		1D	1	2					3	3	
322 45% (30/ 66)		3F	1				1	1	1	1		1	1	1	1	1	1	1			1	1	6	1	1
436 45% (30/ 66)		4C	1				1	1					1	1	2B	1D	1	1				1	1	1	
1827 45% (30/ 66)			1				1	1	1	1		7	1	1	1	9		1			1	1B	1D	1	1
2818 45% (30/ 66)			5				1	1	1		1/B	2	2C	2		3	1	2					1	3	
624 45% (9/ 20)	Z	Z	Z	Z	Z	Z	Z	Z	Z	1		1	Z	Z	W	1	1	1		Z	Z	Z	Z	Z	Z
2201 45% (27/ 60)			1				1	1	1	1		1	1	1	1	1E	1	1				1	1		1
206 45% (21/ 47)	4	8	1				1	1	1	X		3		1	3	1	1			1B	1		6	1	
886 44% (4/ 9)	Z	Z	Z	Z	Z	Z	Z	Z	Z	Z	Z	Z	Z	Z	Z	Z	Z	Z	Z	Z	Z	Z	Z	Z	Z
88 44% (29/ 66)	4					1	1	1	1	1		6	1	1	1	9	1	1		1	1	1		1	1B
429 44% (29/ 66)		8	1				1	1	1	1		3		1		1	1			1B	1		6	1	
453 44% (29/ 66)			1				1	1	1		1/B	2	2C	2B		1	1	2					3	3	
1842 44% (29/ 66)	3		1	1/F		1	1	1	1			15	1	2	4	7	1				1	1	5	1	
2298 44% (29/ 66)			1				1	1	1	1		3		2	1	1D	1	1			1		6	1	1
2374 44% (29/ 66)			1				1	1	1	1			1B	1	1	1	1	1		1B	1	1	1	1	1
916 44% (7/ 16)	Z	Z	Z	Z	Z	Z	Z	Z	Z	Z	Z	Z	Z	Z	Z	Z	Z	Z	Z	Z	Z	Z	Z	Z	Z
610 43% (26/ 60)			5				1	1	1		1/B	2	2C	2	Z	3	1	2		Z	1	Z	Z	3	
2805 43% (27/ 63)							1	1		1		4B	1B	1	1	1	1				1	1	4	1	
467 42% (28/ 66)			1				1	1	1	1		7	1	5	1	1	1	1		1B	1	1	1	1	1
621 42% (28/ 66)	3	3B	8				1	1	1		8	2	1	2	1	6C	1				1	1	1	1	
2737 42% (28/ 66)			1				1	1	1	1		15	2C	1	1	1	1	1		1	1	1	1	1	1
522 42% (27/ 64)		8	1				1	1	1	1		3		Z	V	1	1			1B	1		6C	1	
642 42% (23/ 55)		1/	1			1	1	1	1	Z	Z	Z	Z	2	1	1	1	1		1	1	1	1	Z	Z
1890 42% (25/ 60)		1/	1	1/B	1/D		1	1			6	17	1	1	1	1D	1	1				1	1	1	
104 42% (27/ 65)		1/	1				1	1	1	6		1	1	1	1	1	1	1		3	1	1	1	1	1

2344 66 TS + 4 SL + 33 MT

TESTSTELLE	84	85	86	87	88	90	93	94	95	96	97	98	100	102	103	104
UEBEREINST. ZEUGEN	23	20	35	476	471	71	31	19	44	35	422	1	470	478	21	22
BEZEUGTE VARIANTE	3	2	2	1/	1/	2	2	2	2	2	1/	7	1/	1/	2	2
P8 100% (2/ 2)	Z	Z	Z	Z	Z	Z	Z	Z	Z	Z	Z	Z	Z	Z	Z	Z
P33 100% (1/ 1)	Z	Z	Z	Z	Z	Z	Z	Z	Z	Z	Z	Z	Z	Z	Z	Z
33 91% (51/ 56)															X	
P74 76% (47/ 62)	1/		2B						Z			2				
02 74% (49/ 66)			2B									2		3		
P45 70% (7/ 10)	Z	Z	Z	Z	Z	Z	Z	Z	Z	Z	Z	Z	Z	Z	Z	Z
81 69% (29/ 42)	Z		2B					2D				2				
01 68% (45/ 66)												2		3		
03 65% (43/ 66)	4		2B								4	2		3		
181 63% (41/ 65)	1/C										4	2				
04 63% (27/ 43)			Z	Z	Z	Z					3	2	Z		Z	Z
2718 62% (28/ 45)	Z	Z	Z	Z	Z	Z	Z	Z	Z			2C				
1739 62% (41/ 66)			3									2				
1175 61% (40/ 66)	1/		3								1/B	2C				
623 58% (34/ 59)	4						3	1		1		2C		3	3B	1
945 58% (38/ 66)			3									2			1	1E
P41 57% (4/ 7)	Z	Z	Z	Z	Z	Z	Z	Z	Z	Z	Z	Z	Z	Z	Z	Z
1891 56% (37/ 66)		1										2			1L	1
1875 56% (33/ 59)	1/C											2			3B	1M
619 55% (36/ 66)	1/		1					1	1	1		6B			1	1
08 54% (34/ 63)			2B				1					2C	Z	Z	Z	
1884 53% (33/ 62)			2B				1	2B				2	Z	Z	Z	
1162 53% (35/ 66)	1/		1					1	1	1		6			1N	1
1704 53% (35/ 66)		1	3			4						2			1	1
630 52% (33/ 64)		1	1B				1					2			1	1
1409 52% (32/ 62)	1/	1	3			1	1	1		1		3			1	1
044 52% (34/ 66)	1/		3				1	4	3			1		4		
5 50% (33/ 66)	1/	1	5				3	1		1		2C			3E	1
1893 50% (27/ 54)	Z	Z	1B					1C	1	1		6			1	1
2464 50% (14/ 28)	4		3C				3					2C	3	4		
2627 50% (4/ 8)	Z	Z	Z	Z	Z	Z	Z	Z	Z	Z	Z	1	Z	Z	Z	Z
2778 50% (4/ 8)	Z	Z	Z	Z	Z	Z	Z	Z	Z	Z	Z	Z	Z	Z	Z	Z
431 49% (32/ 65)	4	1	3				1	1	3	1	3	W			1	1

2344 66 TS + 4 SL + 33 MT

TESTSTELLE	84	85	86	87	88	90	93	94	95	96	97	98	100	102	103	104
UEBEREINST. ZEUGEN	23	20	35	476	471	71	31	19	44	35	422	1	470	478	21	22
BEZEUGTE VARIANTE	3	2	2	1/	1/	2	2	2	2	2	1/	7	1/	1/	2	2
2200 48% (29/ 60)		1	1				1					2			1	1
441 48% (27/ 56)	1/	1	3					2C	3	1		2C			3D	
323 48% (31/ 65)	1/	1	1				1	1	4			3			1	1
62 47% (8/ 17)	Z	Z	Z	Z	Z	Z	Z	Z	Z	1B		3			1L	1H
2175 47% (8/ 17)	Z	Z	Z	Z	Z	Z	Z	Z	Z	Z	Z	Z	Z	Z	Z	Z
180 46% (29/ 63)	1/	1	3				1	1	3	1	3	2			1	1
1735 46% (29/ 63)	1/	1	1			1	1	10	1	1		1			Z	Z
2303 46% (11/ 24)	Z	Z	Z	Z	Z	Z	1	1	1	1		Z	Z		1	1
307 45% (30/ 66)	4	1	3				1	1	3	1	3	2			1	1
322 45% (30/ 66)	1/	1	1				1	1	4			3			1	1
436 45% (30/ 66)	4	1	3				3	11		1		2			1	1
1827 45% (30/ 66)	1/	1	1					1C	1	1		6			1	1
2818 45% (30/ 66)	4	1	3				1	1	3	1	3	2			1	1
624 45% (9/ 20)	Z	Z	Z			1	1	1	1	1		1			Z	Z
2201 45% (27/ 60)	1/	1	3					1	1	1		6			1	1
206 45% (21/ 47)		1	1			1	1	1	3	1		1D			Z	Z
886 44% (4/ 9)	Z	Z	Z	Z	Z	Z	Z	Z	Z	Z	Z	Z	Z	Z	Z	Z
88 44% (29/ 66)	1/	1	4				1	1	1	1		6			1F	1
429 44% (29/ 66)		1	1			1	1	1	3	1		1D			1	1
453 44% (29/ 66)	4	1	2B			1	1	1	3	1	3	2			1	1
1842 44% (29/ 66)	1/C	1	4						3	1	5	2C			3B	
2298 44% (29/ 66)		1	3				1	5				2			3B	1
2374 44% (29/ 66)	1/	1	3			1	1	4		1		2C				1
916 44% (7/ 16)	Z	Z	Z	Z	Z	Z	Z	Z	Z	Z	Z	Z	Z	Z	Z	Z
610 43% (26/ 60)	4	1	3				1	1	3	1	3	2			1	1
2805 43% (27/ 63)	1/	1	3				1	4	3	1		2C		Z	1L	1C
467 42% (28/ 66)	1/	1	4					1	3	1		2C			1L	1
621 42% (28/ 66)	1/	1	3					2C	3	1		2C			3C	
2737 42% (28/ 66)	1/	1	1B				1	1	1	1		2B			1	1
522 42% (27/ 64)		1	1			1	1	1	3	1		1D			1	3E
642 42% (23/ 55)	Z	Z	1B			1	1	1		1		1			1	1
1890 42% (25/ 60)	4	1	Z				1	3B	3		3	1	4			1
104 42% (27/ 65)	1/	1	1			4	V1	1				2			1	3D

2374 45 TS + 1 SL + 58 MT

TESTSTELLE UEBEREINST. ZEUGEN BEZEUGTE VARIANTE	10 392 1/	11 351 1/	15 17 6	18 355 1/	20 441 1/	21 36 2	28 416 1/	29 439 1/	32 51 2	35 452 1/	36 339 1/	40 34 2	41 467 1/	42 53 4	43 24 2	44 451 1/	45 473 1/	46 101 3	48 452 1/	49 162 2	50 17 2	51 1 7	52 452 1/	53 87 3	55 422 1/
P8 100% (1/ 1)	Z	Z	Z		Z	Z	Z	Z	Z	Z	Z	Z	Z	Z	Z	Z	Z	Z	Z	Z	Z	Z	Z	Z	Z
P33 100% (1/ 1)	Z	Z	Z	Z	Z	Z	Z	Z	Z	Z	Z	Z	Z	Z	Z	Z	Z	Z	Z	Z	Z	Z		Z	Z
P41 100% (2/ 2)	Z	Z	Z	Z	Z	Z	Z	Z	Z	Z	Z	Z	Z	Z	Z	Z	Z	Z	Z	Z	Z	Z	Z	Z	Z
506 78% (7/ 9)	Z	Z	Z	Z	Z	Z			1	Z	Z	Z	Z	Z	Z	Z	Z	Z			Z	Z	Z	Z	
916 73% (8/ 11)			1			1			1			Z	Z	Z	Z	Z	Z	Z	Z	Z	Z	Z	Z	Z	Z
2718 69% (25/ 36)			1			1			1			1						2				1	4		
2175 69% (9/ 13)			1			1			1			1		Z	Z	Z	Z	Z	Z	Z	Z	Z	Z	Z	Z
5 67% (30/ 45)			4			1			1		1/D	1		1/	1						1	1			
1101 67% (4/ 6)			1			1	Z	Z	Z	Z	Z	Z	Z	Z	Z	Z	Z	Z	Z	Z	Z	Z	Z	Z	Z
P74 65% (28/ 43)	3	1/I	2	Z						3				3		4		2			3	2		1/	
1595 64% (29/ 45)			7			1			1			1			1						1	1			
1739 64% (29/ 45)			3	4			3D	5						5	1			2			2C	1			
2344 64% (29/ 45)	11		4			1						1		3				2		1		1B			
33 64% (23/ 36)	11		X	X		X		X	1		X	1		3				X				1B			X
81 64% (23/ 36)	14	1/L	2	Z	Z	Z				3				1/				2				1		1/	
P45 64% (7/ 11)	Z	Z	Z	Y	Y	X			4		Z			Z	Z	Z		Z	Z	Z	Z	2	Z	Z	3
431 64% (28/ 44)			1			1				3								2			2C	1			
623 63% (26/ 41)	Z	Z	Z	Z		1			1			1			1			2			1	1			
1893 63% (22/ 35)			X			1			Z	Z	Z	1			1			2	Z		1	1			
044 62% (28/ 45)	4		3			1			1			1			1	5		2		1		9		1/	
88 62% (28/ 45)	3		4											1/	1						1	1	4		
1270 62% (28/ 45)					1/B	1			1			1			1			6			1	1			
1297 62% (28/ 45)					1/B	1			1			1			1			6			1	1			
1598 62% (28/ 45)					1/B	1			1			1			1			6			1	1			
2805 62% (26/ 42)	4	10	3	4	Z	Z	6	6	1						1			2			1				
2746 61% (19/ 31)	Z	Z	Z	Z	Z	Z			1			1		Z	Z	Z	Z	Z	Z	Z	Z	1			
935 60% (26/ 43)			1			Z			1			1		6	1			5			X	1			
6 60% (27/ 45)			1			1			1	3		1		3				1		1	1	1			
436 60% (27/ 45)		1/L	1	4		1			1			1			1			2			1	1		4C	
456 60% (27/ 45)						1			1			1		1/	1						1	1			
945 60% (27/ 45)			3	4			3D	5						5	1			2			19	1		8C	
1102 60% (27/ 45)				4		1			1			1		1/	1					3	1D	1			
1315 60% (27/ 45)						1			1			1		6	1						12	1		8C	

2374 — 45 TS + 1 SL + 58 MT

TESTSTELLE	10	11	15	18	20	21	28	29	32	35	36	40	41	42	43	44	45	46	48	49	50	51	52	53	55
UEBEREINST. ZEUGEN	392	351	17	355	441	36	416	439	51	452	339	34	467	53	24	451	473	101	452	162	17	1	452	87	422
BEZEUGTE VARIANTE	1/	1/	6	1/	1/	2	1/	1/	2	1/	1/	2	1/	4	2	1/	1/	3	1/	2	2	7	1/	3	1/
1867 60% (24/ 40)	Z	Z	Z			1			1			1		1/	1			1		1	1	1		1/	
619 59% (26/ 44)		1/L	1			1			1			1			1			2			1	1			
630 59% (26/ 44)			3	Z			3D				1/F			6	1			2			2C	1		8	
1409 59% (26/ 44)	11		1	5					1		1/K	1		1/		4					13B	1	3		
2303 59% (13/ 22)	Z	Z	Z	Z	Z	Z			1			1			1			1			1	1		Z	Z
441 59% (23/ 39)	Z	Z	Z	Z	Z	Z			1			3			1			2			6	1	3		
1743 58% (25/ 43)	8		7			1			1			1			1					1	1	1	Z	Z	
02 58% (26/ 45)	3		2	5						3				3		4		2			3	2		1/	4
03 58% (26/ 45)			2	3						4				1/		4		2				2	4	1/	1/B
76 58% (26/ 45)	8		7			1			1			1			1					4	1	1		1/	
102 58% (26/ 45)				4		1			1			1		1/	1					3	1	1			
175 58% (26/ 45)						1						1		1/	1			1		1	1	1		1/	
189 58% (26/ 45)	8			4		1			1			1		1/	1					3	1E	1			
440 58% (26/ 45)			1			1			1			1		6	1						1D	1			
496 58% (26/ 45)			1			1			1			1		6	1						1D	1			
917 58% (26/ 45)			1									1		1/	1					1	11	1		1/	
1175 58% (26/ 45)	3	1/D	2	5						3				6		6		2				1	4		
1704 58% (26/ 45)			5	4			3D	5						5	1			2			19	1		8	
1891 58% (26/ 45)			3	4			3D	5			1/F			5	1			2			2C	1			
1896 58% (26/ 45)				6		2B			1			1		5	1					1	1	1	3	8	
2085 58% (26/ 45)						6			1			1		1/	1						1	1		8	
2131 58% (26/ 45)		5							1			1		1/	1					1	1	1		1/	
2483 58% (26/ 45)			1			1D			1			1		6	1						1	1			
2554 58% (26/ 45)			1			1			1			1			1						1	1		1/	
2774 58% (26/ 45)	11		1						1			1		6	1						1	1			
62 57% (8/ 14)	Z	Z	Z	Z	Z	Z			1			1		1/	1	Z	Z	Z	Z	Z	Z	Z	Z	Z	Z
337 57% (24/ 42)			Z		Z	Z			3			1		1/	1						1	1		1/	
941 57% (24/ 42)			1	8		1C			1		1/F	Y			1			1			1	1			
1721 57% (24/ 42)						1			1			1		1/	6					1	Y	Y	Y	1/	
1856 57% (20/ 35)			1			1			1			1		8	1			1			1	1		1/	
2464 57% (8/ 14)	Z	Z	Z	Z	Z	Z	Z	Z	Z	Z	Z	Z	Z	Z	Z	Z	Z	Z	Z	Z	Z	Z	Z	Z	Z
2627 57% (4/ 7)	Z	Z	Z	Z	Z	Z			3			1	Z	Z	Z	Z	Z	Z	Z	Z	Z	Z	Z	Z	Z
1894 57% (25/ 44)			1			1			3			Z		5	1					1	1	1		1/	

TESTSTELLE	56	57	63	65	66	68	76	84	86	87	88	89	91	94	95	97	98	100	102	103
UEBEREINST. ZEUGEN	459	104	7	1	365	15	467	402	85	476	471	14	46	2	44	422	22	470	478	21
BEZEUGTE VARIANTE	1/	2	2	3	1/	4	1/	1/	3	1/	1/	2	3	4	2	1/	2C	1/	1/	2
P8 100% (1/ 1)	Z	Z	Z	Z	Z	Z	Z	Z	Z	Z	Z	Z	Z	Z	Z	Z	Z	Z	Z	Z
P33 100% (1/ 1)	Z	Z	Z	Z	Z	Z	Z	Z	Z	Z	Z	Z	Z	Z	Z	Z	Z	Z	Z	Z
P41 100% (2/ 2)	Z	Z	Z	Z	X			Z	Z	Z	Z	Z	Z	Z	Z	Z	Z	Z	Z	Z
506 78% (7/ 9)		1	Z	Z	Z	Z	Z		Z	Z	Z	Z	Z	Z	Z	Z	Z	Z	Z	Z
916 73% (8/ 11)	Z	Z	Z	Z	Z	Z	Z	Z	Z	Z	Z	Z	Z	Z	Z	Z	Z	Z	Z	Z
2718 69% (25/ 36)			1	1/F	6	3	Z	Z	Z	Z	Z	Z	Z	Z	Z					
2175 69% (9/ 13)	Z	Z	Z	Z	Z	Z	Z	Z	Z	Z	Z	Z	Z	Z	Z	Z	Z	Z	Z	Z
5 67% (30/ 45)			1	1/					5			1		1						3E
1101 67% (4/ 6)	Z	Z	Z	Z	Z	Z	Z	Z	Z	Z	Z	Z	Z	Z	Z	Z	Z	Z	Z	Z
P74 65% (28/ 43)				1/					2B				1/	2	Z		2			
1595 64% (29/ 45)			1	1/		15			1B			1		1C	1		1			1
1739 64% (29/ 45)			1	1/		3		3				14		2			2			
2344 64% (29/ 45)			1	1/E				3	2			11	3G	2			7			
33 64% (23/ 36)	X		1	1/D	1/C			3	2			10		2			7			X
81 64% (23/ 36)			Z	Z	Z	Z	Z	Z	2B			14	1/	2D			2			
P45 64% (7/ 11)		1	Z	Z	Z	Z	Z	Z	Z	Z	Z	Z	Z	Z	Z	Z	Z	Z	Z	Z
431 64% (28/ 44)			4	1/	1/B	2		4					14	1	3	3	W			1
623 63% (26/ 41)			1	1/F				4	2			1		1					3	3B
1893 63% (22/ 35)			Z	Z	Z	Z		Z	1B			1	1/	1C	1		6			1
044 62% (28/ 45)			1	1/F		3									3		1		4	
88 62% (28/ 45)		1	1	1/		6			4			1		1	1		6			1F
1270 62% (28/ 45)			1	1/		15			1B			1		1C	1		1			7
1297 62% (28/ 45)			1	1/F		15			1B			1		1C	1		1			7
1598 62% (28/ 45)			1	1/		15			1B			1		1C	1		1			1I
2805 62% (26/ 42)			1	1/F		4B						3			3				Z	1L
2746 61% (19/ 31)			1	1/F		1			1B			1		1	1		1			1
935 60% (26/ 43)		1	1	9		1			2			1	5C	1			3			1
6 60% (27/ 45)			1	1/		1						8	12B	1	3					1G
436 60% (27/ 45)			1	1/				4				14		11			2			1
456 60% (27/ 45)		1	1	1/		1			2B			1	1/	1	1		1			1
945 60% (27/ 45)			1	1/		3		3				5		2			2			1
1102 60% (27/ 45)			1	1/		1			1B			1		1	3		1			1
1315 60% (27/ 45)		1	1	1/		1			1			1	5C	1			1			1

2374 45 TS + 1 SL + 58 MT

TESTSTELLE		56	57	63	65	66	68	76	84	86	87	88	89	91	94	95	97	98	100	102	103
UEBEREINST. ZEUGEN		459	104	7	1	365	15	467	402	85	476	471	14	46	2	44	422	22	470	478	21
BEZEUGTE VARIANTE		1/	2	2	3	1/	4	1/	1/	3	1/	1/	2	3	4	2	1/	2C	1/	1/	2
1867	60% (24/ 40)		1	1	1/		1						1E		Z	Z					1
619	59% (26/ 44)			U	1/		15			1			1	1/	1	1		6B			1
630	59% (26/ 44)			1	1/		3		3	1B			3		2			2			1
1409	59% (26/ 44)		Z	1	1/F								8	4	1			3			1
2303	59% (13/ 22)	Z	Z	Z	Z	Z	Z	Z	Z	Z	Z	Z	Z	Z	1	1		Z	Z		1
441	59% (23/ 39)			1	1/K	8	2						14	5D	2C	3					3D
1743	58% (25/ 43)			1	1/		1			1B			1		1C	4		1			1
02	58% (26/ 45)				1/				3	2B			14	1/	2			2		3	
03	58% (26/ 45)				1/		2		4	2B				1/	2		4	2		3	
76	58% (26/ 45)			1	1/F		1			1B			1		1	1		1			3
102	58% (26/ 45)	1/C		1	1/		1			1B			1		1	3		1			1L
175	58% (26/ 45)		1	1	1/		1			2B			1	1/	1			1			1L
189	58% (26/ 45)			1	1/		1			1			1		1	3		1			1
440	58% (26/ 45)		1	1	1/		1			2B			1	4K	1	4		3			1
496	58% (26/ 45)		1	1	1/		1			1			1	4K	1	4		1			1
917	58% (26/ 45)		1	1	1/		1			4B			1	1/	1	1		1			1N
1175	58% (26/ 45)		2C	1	1/	1/B	2						14	1/	2		1/B				
1704	58% (26/ 45)		2B	1	1/		3		3				5		2			2			1
1891	58% (26/ 45)			1	1/		3		3	2			14		2			2			1L
1896	58% (26/ 45)		1		1/F		1						1		1C	4		1			1
2085	58% (26/ 45)		1	1	1/B		1			4			1	17	1	1		3			1G
2131	58% (26/ 45)		1	1	1/		1						1	1/	1	1		1			1
2483	58% (26/ 45)		1	1	1/F		1			2B			1	5C	1	3B		3			1
2554	58% (26/ 45)		1	1	1/		2			1B			1	1/	1	1		1			1
2774	58% (26/ 45)		1	1	1/F		1			2			1	1/	1	1		3			1
62	57% (8/ 14)	Z	Z	Z	Z	Z	Z	Z	Z	Z	Z	Z	Z	Z	Z	Z		3			1L
337	57% (24/ 42)		1	1	1/		1			1			1	1/	1	1		1			1
941	57% (24/ 42)			Y	1/F		1		4				1	1/	1C	4		1		Y	1
1721	57% (24/ 42)		1	1	1/		1		4	4			1		1	1		1			1
1856	57% (20/ 35)		1	1	1/		2		Z	Z	Z	Z	Z	Z	Z	Z	Z	Z			1
2464	57% (8/ 14)	Z	Z	Z	Z	Z	Z		4	3C				4B	2				3	4	
2627	57% (4/ 7)	Z	Z	Z	Z	Z	Z	Z	Z	Z	Z	Z	Z	Z	Z	Z	Z	1	Z	Z	Z
1894	57% (25/ 44)		1	1	1/		1		3			7	14		1			1			1

2378 18 TS + 1 SL + 38 MT

TESTSTELLE	44	45	49	52	53	55	65	66	68	76	77	84	87	88	91	97	100	102
UEBEREINST. ZEUGEN	451	473	162	452	338	422	333	365	87	467	181	402	476	471	279	422	470	478
BEZEUGTE VARIANTE	1/	1/	2	1/	1/	1/	1/	1/	2	1/	2	1/	1/	1/	1/	1/	1/	1/
P33 100% (1/ 1)	Z	Z	Z		Z	Z	Z	Z	Z	Z	Z	Z	Z	Z	Z	Z	Z	Z
62 100% (3/ 3)	Z	Z	Z	Z	Z	Z	Z	Z	Z	Z	Z	Z	Z	Z	Z			
81 100% (12/ 12)							Z	Z	Z	Z	Z	Z						
141 100% (18/ 18)																		
149 100% (18/ 18)																		
201 100% (18/ 18)																		
204 100% (18/ 18)																		
314 100% (5/ 5)			Z	Z	Z	Z	Z	Z	Z	Z	Z	Z	Z	Z	Z			
386 100% (18/ 18)																		
394 100% (18/ 18)																		
444 100% (18/ 18)																		
506 100% (3/ 3)	Z	Z		Z	Z		Z	Z	Z	Z	Z		Z	Z	Z	Z	Z	Z
567 100% (6/ 6)	Z	Z	Z	Z	Z	Z	Z	Z	Z	Z	Z				X			
604 100% (18/ 18)																		
634 100% (18/ 18)																		
664 100% (18/ 18)																		
824 100% (18/ 18)																		
928 100% (18/ 18)																		
986 100% (18/ 18)																		
1040 100% (18/ 18)																		
1058 100% (18/ 18)																		
1072 100% (18/ 18)																		
1075 100% (18/ 18)																		
1100 100% (18/ 18)																		
1248 100% (18/ 18)																		
1482 100% (18/ 18)																		
1503 100% (18/ 18)																		
1508 100% (17/ 17)					Z													
1617 100% (18/ 18)																		
1619 100% (18/ 18)																		
1628 100% (18/ 18)																		
1636 100% (18/ 18)																		
1637 100% (18/ 18)																		

2378 18 TS + 1 SL + 38 MT

TESTSTELLE	44	45	49	52	53	55	65	66	68	76	77	84	87	88	91	97	100	102
UEBEREINST. ZEUGEN	451	473	162	452	338	422	333	365	87	467	181	402	476	471	279	422	470	478
BEZEUGTE VARIANTE	1/	1/	2	1/	1/	1/	1/	1/	2	1/	2	1/	1/	1/	1/	1/	1/	1/
1656 100% (18/ 18)																		
1732 100% (18/ 18)																		
1733 100% (18/ 18)																		
1737 100% (18/ 18)																		
1738 100% (6/ 6)	Z	Z	Z	Z	Z	Z	Z	Z	Z	Z	Z	Z						
1740 100% (18/ 18)																		
1745 100% (5/ 5)	Z	Z	Z	Z	Z	Z	Z	Z	Z	Z	Z	Z				Z		
1746 100% (18/ 18)																		
1749 100% (18/ 18)																		
1752 100% (18/ 18)																		
1754 100% (18/ 18)																		
1846 100% (6/ 6)	Z	Z	Z	Z	Z	Z	Z	Z	Z	Z	Z				X			
1855 100% (18/ 18)																		
1856 100% (13/ 13)												Z	Z	Z	Z	Z		
1858 100% (6/ 6)	Z	Z	Z	Z	Z	Z	Z	Z	Z	Z	Z	Z						
1864 100% (18/ 18)																		
1865 100% (18/ 18)																		
1897 100% (18/ 18)																		
1899 100% (5/ 5)	Z	Z	Z	Z	Z	Z	Z	Z	Z	Z	Z					Z	Z	
2218 100% (18/ 18)																		
2255 100% (18/ 18)																		
2261 100% (18/ 18)																		
2289 100% (15/ 15)	Z	Z	Z															
2303 100% (6/ 6)					Z	Z	Z	Z	Z	Z	Z	Z	Z	Z	Z		Z	
2352 100% (18/ 18)																		
2441 100% (11/ 11)	Z	Z					Z	Z	Z			Z					Z	
2466 100% (18/ 18)																		
2554 100% (18/ 18)																		
2712 100% (5/ 5)	Z	Z	Z	Z	Z	Z	Z	Z	Z	Z	Z						Z	Z
2723 100% (18/ 18)																		
2777 100% (7/ 7)	Z	Z	Z	Z	Z	Z	Z	Z	Z	Y		Z						
2778 100% (4/ 4)	Z	Z					Z	Z	Z	Z	Z	Z	Z	Z	Z	Z	Z	Z
18 94% (17/ 18)									1									

2412 45 TS + 1 SL + 58 MT

TESTSTELLE	8	10	11	14	18	20	23	26	28	29	35	36	41	42	43	44	45	46	48	49	51	52	53	55	56
UEBEREINST. ZEUGEN	94	392	351	4	355	441	91	8	416	439	452	339	467	53	2	451	473	76	452	12	5	452	87	17	14
BEZEUGTE VARIANTE	3	1/	1/	10	1/	1/	2	3	1/	1/	1/	1/	1/	4	4B	1/	1/	2	1/	4	8	1/	3	1/B	1/D
P8 100% (2/ 2)	Z	Z	Z	Z		Z		Z	Z	Z	Z	Z	Z	Z	Z	Z	Z	Z	Z	Z	Z	Z	Z	Z	Z
P33 100% (1/ 1)	Z	Z	Z	Z	Z	Z	Z	Z	Z	Z	Z	Z	Z	Z	Z	Z	Z	Z	Z	Z	Z		Z	Z	Z
614 93% (42/ 45)	3B																								
916 83% (10/ 12)	1						1						Z	Z	Z	Z	Z	Z	Z	Z	Z	Z	Z	Z	Z
1292 82% (37/ 45)	3B																	3		1					
2627 80% (4/ 5)	Z	Z	Z	Z	Z	Z	Z	1					Z	Z	Z	Z	Z	Z	Z	Z	Z	Z	Z	Z	Z
2125 75% (6/ 8)				1			Z	Z	Z	Z		Z	Z	Z	Z	Z	Z	1	Z	Z	Z	Z	Z	Z	Z
2175 69% (9/ 13)	1			1			1	1						Z	Z	Z	Z	Z	Z	Z	Z	Z	Z	Z	Z
1611 69% (31/ 45)	6			1B											4					1	1B		3B	1/	
1890 68% (27/ 40)	Z	Z	Z	1B			1	Z							4					1	1		1/		
1101 67% (4/ 6)	1			1			Z	Z	Z	Z	Z	Z	Z	Z	Z	Z	Z	Z	Z	Z	Z	Z	Z	Z	Z
2138 67% (30/ 45)	6			1B			1					1/B			4					1	1B		1/		
431 62% (28/ 45)	3B										3				2					2	1			1/	1/
2303 61% (11/ 18)	Z	Z	Z	Z	Z	Z	Z	Z							1			1		2	1		Z	Z	Z
P45 60% (6/ 10)	Z	Z	Z	Z	Y	Y		Z				Z		Z	Z	Z		Z	Z	Z	2	Z	Z	3	1/
1505 58% (26/ 45)	1			1B			1	1				1/D		1/	1			1		1	1C		1/		
2718 58% (19/ 33)	3B			1B				1							2					2	1	4		1/	1/
2652 58% (23/ 40)	Z	Z	Z	1			1	1						1/	1			1		1	Z	Z			
886 57% (4/ 7)	1	4		8				Z	Z	Z	Z	Z	Z	Z	Z	Z	Z	Z	Z	Z	Z	Z	Z	Z	Z
62 55% (6/ 11)	Z	Z	Z	Z	Z	Z	Z	1						1/	1	Z	Z	Z	Z	Z	Z	Z	Z	Z	Z
2495 53% (24/ 45)	7	7B		1	4			1				1/D		1/	1			1		1	1C		1/		
610 50% (21/ 42)		6		3	5B			Z	3E	5	3	1/F			2					2	1			1/	1/
623 50% (20/ 40)	Z	Z	Z	Z	Z			2							1					2	1			1/	1/
307 49% (22/ 45)		6		2	5B			1	3E	5	3	1/F			2					2	1			1/	1/
1853 49% (22/ 45)	1			1B	4		1		3D	5				5	1					1	1		1/	1/	
2818 49% (22/ 45)		6		3	5B			1	3E	5	3	1/F			2					2	1			1/	1/
1610 49% (18/ 37)	1		1/L	1B	4		1	1	3D	5				5	1				Z	Z	Z	Z	1/		
1893 49% (18/ 37)	1			X				1			Z	Z			1				Z	2	1			1/	1/
2344 48% (21/ 44)		11		X				2						3	2					1	1B			1/	1/
044 47% (21/ 45)	1	4		1B			7	1							1	5				1	9		1/	1/	1/
436 47% (21/ 45)	1		1/L	1	4		1	1							1					2	1		4C	1/	1/
619 47% (21/ 45)			1/L	1				2							1					2	1			1/	1/
1830 47% (21/ 45)	1		1/L	1B	4		1		3D	5				5	1					1	4		1/		

2412 45 TS + 1 SL + 58 MT

TESTSTELLE	8	10	11	14	18	20	23	26	28	29	35	36	41	42	43	44	45	46	48	49	51	52	53	55	56
UEBEREINST. ZEUGEN	94	392	351	4	355	441	91	8	416	439	452	339	467	53	2	451	473	76	452	12	5	452	87	17	14
BEZEUGTE VARIANTE	3	1/	1/	10	1/	1/	2	3	1/	1/	1/	1/	1/	4	4B	1/	1/	2	1/	4	8	1/	3	1/B	1/D
441 46% (17/ 37)	Z	Z	Z	Z	Z	Z	Z	Z							1					2	1	3		1/	1/
1873 45% (20/ 44)				4				1				1/K		1/	1			6		1	1			1/	1/
913 45% (19/ 42)	1	Z	Z	Z	4		1	1	3D	5				5	1					1	1		1/		
2201 45% (18/ 40)	Z	Z	Z	Z	Z			1				1/F		1/	1					2	1			1/	1/
5 44% (20/ 45)				4				2				1/D		1/	1			3		2	1			1/	1/
453 44% (20/ 45)		6		2	5B			1	3E	5	3	1/F			2					2	1			1/	1/
621 44% (20/ 45)			1/O	1		1/B	1	1							1					1	1	3	3B	1/	1/
1678 44% (20/ 45)	1	6		3	5B			1	3D	5	3	1/F			2					2	1			1/	1/
1739 44% (20/ 45)				2	4			2	3D	5				5	1					2	1			1/	1/
1827 44% (20/ 45)	3B		1/B	4				1							1					1	1			1/	1/
1842 44% (20/ 45)			1/O	1			1	1						1/	1					2	1	3		1/F	1/
1843 44% (20/ 45)				4				1				1/K		1/	1			4		1	1			1/	1/
2147 44% (20/ 45)	4	5	1/M	1B			1	1				1/K		1/	1	6B		1		1					
1456 43% (13/ 30)				1B	4		1	1				1/K		5	1			3	Z	Z	Z	Z	Z	Z	Z
180 43% (19/ 44)		6		3B	5B			1	3E	5	3	1/F			2					2	1			1/	1/
1856 43% (15/ 35)	1			1			1	1						8	1			1		2	1		1/	1/	1/
6 42% (19/ 45)	1			1			1	1			3			3	2			1		1	1			1/	1/
383 42% (19/ 45)	1			1			1	1						1/	1			1		1					1/
945 42% (19/ 45)				3	4			2	3D	5				5	1					2	1		8C	1/	1/
1162 42% (19/ 45)	3B		1/L	1	4			2							1					2	1			1/	1/
1595 42% (19/ 45)	1			1				1							1			3		2	1			1/	1/
1868 42% (19/ 45)				1				1				1/F		1/	1			6		1	1			1/	1/
2143 42% (19/ 45)	1		5	4				1				1/F		1/	1					1	1			1/	1/
2288 42% (19/ 45)	1			1				1				1/K		1/	1			6		1	1			1/	1/
2374 42% (19/ 45)	1			1			1	1							2			3		2	7			1/	1/
2737 42% (19/ 45)				4				1	10					3	1			1		1	1			1/	1/
33 42% (16/ 38)	X	11		4	X			2		X		X		3	2			X		2	1B			X	X
1609 42% (18/ 43)	1			1			1	1	3D					1/	1			3		1	1			1/	1/
1526 41% (12/ 29)	Z	Z	Z	Z			1	1						1/	1			1		1	1		1/	1/	1/
323 41% (18/ 44)		Z		1	4			2	3C	5				6	1					1	1			1/	1/
630 41% (18/ 44)				2	Z			1	3D			1/F		6	1					2	1		8	1/	1/
941 41% (18/ 44)	1			1	8			1				1/F			1			1		2	1			1/	1/
1598 41% (18/ 44)	1			1		1/B		Z							1			6		2	1			1/	1/

2412 45 TS + 1 SL + 58 MT

TESTSTELLE / UEBEREINST. ZEUGEN / BEZEUGTE VARIANTE	57	62	65	66	68	72	76	77	84	86	87	88	89	90	91	92	95	97	100	102
	104	28	1	6	7	45	3	181	42	85	1	1	14	71	18	99	68	17	11	478
	2	2	11	4	17	4	3	2	4	3	5	9	2	2	8	2	3	3	4	1/
P8 100% (2/ 2)	Z	Z	Z	Z	Z	Z	Z	Z	Z	Z	Z	Z	Z	Z	Z	Z	Z	Z	Z	Z
P33 100% (1/ 1)	Z	Z	Z	Z	Z	Z	Z	Z	Z	Z	Z	Z	Z	Z	Z	Z	Z	Z	Z	Z
614 93% (42/ 45)				15		1														
916 83% (10/ 12)	Z	Z	Z	Z	Z	Z	Z	Z	Z	Z	Z	Z	Z	Z	Z	Z	Z	Z	Z	Z
1292 82% (37/ 45)		1	1/			1					1/	1/								
2627 80% (4/ 5)	Z	Z	Z	Z	Z	Z	Z	Z	Z	Z	Z	Z	Z	Z	Z	Z	Z	Z	Z	Z
2125 75% (6/ 8)	Z	Z	Z	Z	Z	Z	Z	Z	Z	Z	Z	Z	Z	Z	Z	Z	Z	Z	Z	Z
2175 69% (9/ 13)	Z	Z	Z	Z	Z	Z	Z	Z	Z	Z	Z	Z	Z	Z	Z	Z	Z	Z	Z	Z
1611 69% (31/ 45)			1/	1/		1	1/				1/	1/	13							
1890 68% (27/ 40)			1/F	6		1	1/			Z	1/	1/	14							
1101 67% (4/ 6)	Z	Z	Z	Z	Z	Z	Z	Z	Z	Z	Z	Z	Z	Z	Z	Z	Z	Z	Z	Z
2138 67% (30/ 45)			1/F	1/		1	1/				1/	1/	14							
431 62% (28/ 45)		1	1/	1/B	2	2	1/				1/	1/			14				1/	
2303 61% (11/ 18)	Z	Z	Z	Z	Z	Z	Z	Z	Z	Z	Z	Z	Z	Z	Z	1	1	1/	Z	
P45 60% (6/ 10)	1	Z	Z	Z	Z	Z	Z	Z	Z	Z	Z	Z	Z	Z	Z	Z	Z	Z	Z	Z
1505 58% (26/ 45)			1/	6		1	1/				1/	1/	14						1/	
2718 58% (19/ 33)			1/F	6	3	Z	Z	Z	Z	Z	Z	Z	Z	Z	Z	Z	Z	1/	1/	
2652 58% (23/ 40)		1	10		1	1	4		1/	2B	4B	5	8							
886 57% (4/ 7)	Z	Z	Z	Z	Z	Z	Z	Z	Z	Z	Z	Z	Z	Z	Z	Z	Z	Z	Z	Z
62 55% (6/ 11)	Z	Z	Z	Z	Z	Z	Z	Z	Z	Z	Z	Z	Z	Z	Z	Z	Z	1/	1/	
2495 53% (24/ 45)			1/F	6		1	1/				1/	1/	14			1			1/	
610 50% (21/ 42)		1	1/	1/B	2	Z	1/	Z			1/	1/			3				1/	
623 50% (20/ 40)			1/F	1/	4	2B	1/			2	1/	1/	1		3		2	1/	1/	3
307 49% (22/ 45)		1	1/	1/B	2	2	1/				1/	1/			3				1/	
1853 49% (22/ 45)			1/	1/	1		1/	1	1/		1/	1/	1				1	1/		
2818 49% (22/ 45)		1	1/	1/B	2	2	1/				1/	1/			3				1/	
1610 49% (18/ 37)			Z	Z	Z	1	1/	1B	Z		1/	1/	1				1	5		
1893 49% (18/ 37)		1	Z	Z	Z	1	1/		Z	1B	1/	1/	1		1/	1	1	1/	1/	
2344 48% (21/ 44)			1/E	1/	4	2	1/		3	2	1/	1/	11		3G	1	2	1/	1/	
044 47% (21/ 45)			1/F	1/	3	7	1/		1/		1/	1/			3			1/	1/	4
436 47% (21/ 45)			1/	1/	4	2B	1/				1/	1/	14		3		2	1/	1/	
619 47% (21/ 45)		1	1/	1/	15	1B	1/		1/	1	1/	1/	1		1/	1	1	1/	1/	
1830 47% (21/ 45)			1/	1/	1	1	1/	1B	1/		1/	1/	1				1	1/		

2412 45 TS + 1 SL + 58 MT

TESTSTELLE	57	62	65	66	68	72	76	77	84	86	87	88	89	90	91	92	95	97	100	102
UEBEREINST. ZEUGEN	104	28	1	6	7	45	3	181	42	85	1	1	14	71	18	99	68	17	11	478
BEZEUGTE VARIANTE	2	2	11	4	17	4	3	2	4	3	5	9	2	2	8	2	3	3	4	1/
441 46% (17/ 37)		1	1/K	8	2	1	1/		1/		1/	1/	14		5D	1		1/	1/	
1873 45% (20/ 44)	1	1	1/F	1/	4	1	1/		1/		1/	1/	1		5		1	Z	1/	
913 45% (19/ 42)			1/F	1/	1	1	1/	1B	1/		1/	1/	1				1	5		
2201 45% (18/ 40)		1	1/	1/	1	1	1/		1/		1/	1/	1		5		1	1/	1/	
5 44% (20/ 45)		1	1/	1/	4	1	1/		1/	5	1/	1/	1		3		2	1/	1/	
453 44% (20/ 45)		1	1/	1/B	2	2	1/			2B	1/	1/		1	6B				1/	
621 44% (20/ 45)		1	1/	8	2	1	1/		1/		1/	1/	14		5			1/	1/	
1678 44% (20/ 45)		1	1/	1/B	2	1	1/				1/	1/			3				1/	4
1739 44% (20/ 45)		1	1/	1/	3	2	1/		3		1/	1/	14		3		2	1/	1/	
1827 44% (20/ 45)		1	1/	1/	7	1	1/		1/	1	1/	1/	1		1/	1	1	1/	1/	
1842 44% (20/ 45)	1	1	1/	1/	15		1/		1/C	4	1/	1/	14		5			5	1/	
1843 44% (20/ 45)	1	1	1/	1/	15	1	1/		1/		1/	1/	1		5		1	1/	1/	
2147 44% (20/ 45)		1	10B	10B	10	1	4		1/	2	4	4	8			1			1/	
1456 43% (13/ 30)	Z	Z	Z	Z	Z	Z	Z	Z		1B	1/	1/	1	1	11F	1		1/	1/	
180 43% (19/ 44)		1	1/	1/	3	2	1/	Z	1/		1/	1/	9		4				1/	
1856 43% (15/ 35)	1	1	1/	1/	2	1	1/		Z	Z	Z	Z	Z	Z	Z	Z	Z	Z	1/	
6 42% (19/ 45)		1	1/	1/	1	1	1/	1B	1/		1/	1/	8		12B			1/	1/	
383 42% (19/ 45)		1	10B	10B	1	1	4		1/	1	1/	1/	1	1	1/	1	1	1/	1/	
945 42% (19/ 45)		1	1/	1/	3	6	1/		3		1/	1/	5		3		2	1/	1/	
1162 42% (19/ 45)		1	1/	1/	15	1B	1/		1/	1	1/	1/	1		1/	1	1	1/	1/	
1595 42% (19/ 45)		1	1/	1/	15	1	1/		1/	1B	1/	1/	1	1	3	1	1	1/	1/	
1868 42% (19/ 45)	1	1	1/F	1/	15	1	1/		1/	2	1/	1/	1		5		1	1/	1/	
2143 42% (19/ 45)		1	1/F	1/	15	1	1/		1/		1/	1/	1	4	5		1	1/	1/	
2288 42% (19/ 45)	1	1	1/F	1/	14	1	1/		1/		1/	1/	1		11E		1	1/	1/	
2374 42% (19/ 45)		1	3	1/	4	1	1/	1B	1/		1/	1/		1	3	1	2	1/	1/	
2737 42% (19/ 45)		1	1/F	1/	15	1	1/	1	1/	1B	1/	1/	1		11D		1	1/	1/	
33 42% (16/ 38)			1/D	1/C	4	2	1/		3	2	1/	1/	10		3	1	2	1/	1/	
1609 42% (18/ 43)		1	5	1/	1		1/		1/	2	1/	1/	1	1	5		Z	Z	1/	
1526 41% (12/ 29)	1	1	1/F	1/	1	1	1/		Z	Z	Z	Z	Z	Z	Z	Z	Z	Z	Z	Z
323 41% (18/ 44)		1	1/C	1/	1	1	1/		1/	1	1/	1/	1		5		4	1/	1/	
630 41% (18/ 44)		1	1/	1/	3	3	1/		3	1B	1/	1/	3		3		2	1/	1/	
941 41% (18/ 44)		1	1/F	1/	1	1	1/	1B			1/	1/	1	1	1/		4	1/	1/	Y
1598 41% (18/ 44)		1	1/	1/	15	1	1/		1/	1B	1/	1/	1	1	3	1	1	1/	1/	

2441 14 TS + 0 SL + 27 MT

TESTSTELLE	42	48	49	52	53	55	56	76	77	87	88	91	97	102
UEBEREINST. ZEUGEN	23	452	162	452	338	422	459	467	181	476	471	279	422	478
BEZEUGTE VARIANTE	8	1/	2	1/	1/	1/	1/	1/	2	1/	1/	1/	1/	1/
P33 100% (1/ 1)	Z	Z	Z		Z	Z	Z	Z	Z	Z	Z	Z	Z	Z
P41 100% (1/ 1)	Z	Z	Z	Z	Z	Z	Z		Z	Z	Z	Z	Z	Z
141 100% (14/ 14)														
204 100% (14/ 14)														
394 100% (14/ 14)														
506 100% (4/ 4)	Z			Z	Z			Z	Z	Z	Z	Z	Z	Z
567 100% (4/ 4)	Z	Z	Z	Z	Z	Z	Z	Z	Z			X		
624 100% (6/ 6)	Z	Z	Z	Z	Z	Z	Z		Z					
928 100% (14/ 14)														
986 100% (14/ 14)														
1482 100% (14/ 14)														
1723 100% (13/ 13)	X													
1725 100% (14/ 14)														
1732 100% (14/ 14)														
1738 100% (5/ 5)	Z	Z	Z	Z	Z	Z	Z	Z	Z					
1745 100% (4/ 4)	Z	Z	Z	Z	Z	Z	Z	Z	Z				Z	
1749 100% (14/ 14)														
1846 100% (4/ 4)	Z	Z	Z	Z	Z	Z	Z	Z	Z			X		
1855 100% (14/ 14)														
1856 100% (10/ 10)										Z	Z	Z	Z	
1858 100% (5/ 5)	Z	Z	Z	Z	Z	Z	Z	Z	Z					
1897 100% (14/ 14)														
1899 100% (4/ 4)	Z	Z	Z	Z	Z	Z	Z	Z	Z				Z	
2218 100% (13/ 13)	V													
2255 100% (14/ 14)														
2261 100% (14/ 14)														
2289 100% (11/ 11)	Z	Z	Z											
2712 100% (4/ 4)	Z	Z	Z	Z	Z	Z	Z	Z	Z					Z
2777 100% (6/ 6)	Z	Z	Z	Z	Z	Z	Z	Y						
2778 100% (6/ 6)	Z							Z	Z	Z	Z	Z	Z	Z
P74 93% (13/ 14)	3													
18 93% (13/ 14)	4													
149 93% (13/ 14)	1/													

2441 | 14 TS + 0 SL + 27 MT

TESTSTELLE	42	48	49	52	53	55	56	76	77	87	88	91	97	102
UEBEREINST. ZEUGEN	23	452	162	452	338	422	459	467	181	476	471	279	422	478
BEZEUGTE VARIANTE	8	1/	2	1/	1/	1/	1/	1/	2	1/	1/	1/	1/	1/
201 93% (13/ 14)	1/													
328 93% (13/ 14)			1											
386 93% (13/ 14)	4													
444 93% (13/ 14)	6													
604 93% (13/ 14)	5													
634 93% (13/ 14)	4													
664 93% (13/ 14)	6													
757 93% (13/ 14)	1/													
801 93% (13/ 14)												4E		
824 93% (13/ 14)	1/													
1040 93% (13/ 14)	1/													
1058 93% (13/ 14)	6													
1072 93% (13/ 14)	1/													
1075 93% (13/ 14)	1/													
1100 93% (13/ 14)	4													
1248 93% (13/ 14)	1/													
1249 93% (13/ 14)				3										
1400 93% (13/ 14)	6													
1503 93% (13/ 14)	1/													
1563 93% (13/ 14)	1/													
1617 93% (13/ 14)	1/													
1619 93% (13/ 14)	1/													
1628 93% (13/ 14)	1/													
1636 93% (13/ 14)	1/													
1637 93% (13/ 14)	1/													
1656 93% (13/ 14)	1/													
1733 93% (13/ 14)	4													
1737 93% (13/ 14)	1/													
1740 93% (13/ 14)	1/													
1746 93% (13/ 14)	1/													
1752 93% (13/ 14)	6													
1864 93% (13/ 14)	1/													
1865 93% (13/ 14)	1/													

2464 23 TS + 3 SL + 9 MT

TESTSTELLE	72	76	77	80	81	83	84	85	87	88	89	90	92	93	94	95	96	97	98	100	102	103	104
UEBEREINST. ZEUGEN	3	467	181	16	49	46	42	20	476	471	14	71	99	4	19	44	35	422	22	1	2	21	22
BEZEUGTE VARIANTE	2B	1/	2	6	2	2	4	2	1/	1/	2	2	2	3	2	2	2	1/	2C	3	4	2	2
2718 71% (5/ 7)	Z	Z	Z	Z	Z	Z	Z	Z	Z	Z	Z	Z	Z	Z	Z	Z				1/	1/		
08 70% (14/ 20)	2			3	1B		3				14			1						Z	Z	Z	
P74 68% (15/ 22)	2			2			1/							2		Z			2	1/	1/		
03 65% (15/ 23)	2		2B	2										2				4	2	1/	3		
81 63% (10/ 16)	Z	Z	Z	Z	Z	Z	Z				14			2	2D				2	1/	1/		
01 61% (14/ 23)	2			2	2B		3				14			2					2	1/	3		
02 61% (14/ 23)	2			2			3				14		1	2					2	1/	3		
044 61% (14/ 23)	7			3	1		1/							1	4	3			1	1/			
181 61% (14/ 23)	1			3			1/C				14			2				4	2	1/	1/		
623 61% (14/ 23)				7		1					1				1		1			1/	3	3B	1
1175 61% (14/ 23)	3			2			1/				14		1	2				1/B		1/	1/		
1739 61% (14/ 23)	2			6B	1		3				14			2					2	1/	1/		
2344 61% (14/ 23)	2			2			3				11		1	2					7	1/	1/		
1884 60% (12/ 20)	2			3	1		3				14			1	2B				2	Z	Z	Z	
33 57% (12/ 21)	2			2		X	3				10		1	2					7	1/	1/	X	
1875 57% (13/ 23)	1			1			1/C				14			2					2	1/	1/	3B	1M
436 52% (12/ 23)				1	1			1			14				11		1		2	1/	1/	1	1
630 52% (12/ 23)	3				1		3	1			3			1					2	1/	1/	1	1
945 52% (12/ 23)	6			6B	1		3				5			2					2	1/	1/	1	1E
1891 52% (12/ 23)	3				1		3	1			14			2					2	1/	1/	1L	1
P41 50% (1/ 2)	2		Z	Z	Z	Z	Z	Z	Z	Z	Z	Z	Z	Z	Z	Z	Z	Z	Z	Z	Z	Z	Z
04 50% (7/ 14)	2			3	Z		3		Z	Z	Z	Z	Z	2				3	2	Z	1/	Z	Z
5 48% (11/ 23)	1			7		1	1/	1			1				1		1			1/	1/	3E	1
2200 48% (10/ 21)	3	Z	Z		1		3	1			14			1					2	1/	1/	1	1
621 43% (10/ 23)	1			1	1		1/	1			14			2	2C	3	1			1/	1/	3C	
1505 43% (10/ 23)	1			3	1			1			14			1	3	3		3	1	1/	1/		1E
1678 43% (10/ 23)	1			1	3			1						1	1	3	1	3	2	1/		1	1
1704 43% (10/ 23)	6			6B	1		3	1			5	4		2					2	1/	1/	1	1
1842 43% (10/ 23)	4			5	1		1/C	1			14			2		3	1	5		1/	1/	3B	
1890 43% (10/ 23)	1			1	1			1			14			1	3B	3		3	1	4	1/		1
2138 43% (10/ 23)	1			3	1			1			14			1	3	3		3	1	4	1/		1B
2298 43% (10/ 23)	1				1	1	3	1			12			1	5				2	1/	1/	3B	1
1751 43% (9/ 21)	1		5		3		1/C	1			14			1			Z	Z	2	1/	1/	1B	1

2464 23 TS + 3 SL + 9 MT

TESTSTELLE	72	76	77	80	81	83	84	85	87	88	89	90	92	93	94	95	96	97	98	100	102	103	104
UEBEREINST. ZEUGEN	3	467	181	16	49	46	42	20	476	471	14	71	99	4	19	44	35	422	22	1	2	21	22
BEZEUGTE VARIANTE	2B	1/	2	6	2	2	4	2	1/	1/	2	2	2	3	2	2	2	1/	2C	3	4	2	2
431 41% (9/ 22)	2			1	1			1						1	1	3	1	3	W	1/	1/	1	1
2805 41% (9/ 22)	1			4	1		1/	1			3			1	4	3	1			1/	Z	1L	1C
610 40% (8/ 20)	Z		Z	Z	3			1						1	1	3	1	3	2	1/	1/	1	1
1526 40% (2/ 5)	1			1	1	Z	Z	Z	Z	Z	Z	Z	Z	Z	Z	Z	Z	Z	Z	Z	Z	Z	Z
307 39% (9/ 23)	2			3	3			1						1	1	3	1	3	2	1/	1/	1	1
322 39% (9/ 23)	1				1	1	1/	1			1			1	1	4			3	1/	1/	1	1
323 39% (9/ 23)	1				1	1	1/	1			1			1	1	4			3	1/	1/	1	1
441 39% (9/ 23)	1			1	1		1/	1			14		1	2	2C	3	1			1/	1/	3D	
1409 39% (9/ 23)	1			2			1/	1			8	1		1	1		1		3	1/	1/	1	1
1852 39% (9/ 23)	1		1	1		1	1/	1			14			1	3	3			1	1/	1/		1
2495 39% (9/ 23)	1			3	1			1			14		1	1	3	3		3	1	1/	1/		1D
2818 39% (9/ 23)	2			1	3			1						1	1	3	1	3	2	1/	1/	1	1
453 35% (8/ 23)	2			3	3			1				1		1	1	3	1	3	2	1/	1/	1	1
619 35% (8/ 23)	1B			3B		1	1/				1		1	2	1	1	1		6B	1/	1/	1	1
808 35% (8/ 23)	1			1		1	1/	1			7	1		1	1		1		1	1/	1/	1	1
1162 35% (8/ 23)	1B			3		1	1/				1		1	2	1	1	1		6	1/	1/	1N	1
2201 35% (8/ 23)	1			1		1	1/	1			1			2	1	1	1		6	1/	1/	1	1
2374 35% (8/ 23)	1		1B	1	1	1	1/	1				1	1	1	4		1			1/	1/		1
2541 35% (8/ 23)	1		1	1	1			1			8	1		1	1		1		2	1/	1/	1	1
629 33% (7/ 21)				1	X		3		X	6	1	3	1	2	14	1	1		3	1/	6	2B	
1893 33% (7/ 21)	1			1		1	Z	Z			1		1	2	1C	1	1		6	1/	1/	1	1
104 32% (7/ 22)	1		3	1	1	1	1/	1			1	4		V1	1				2	1/	1/	1	3D
459 32% (7/ 22)	1		3	1	1	1	1/	1			1	4		V1	1				2	1/	1/	1	3G
941 32% (7/ 22)	1		1B	1		1		1			1	1		1	1C	4	1		1	1/	Y	1	1
1894 32% (7/ 22)	Z		1	1	1		3	1		7	14			1	1		1		1	1/	1/	1	1
6 30% (7/ 23)	1		1B	1	1	1	1/	1			8			1	1	3	1			1/	1/	1G	1
69 30% (7/ 23)	4		1	1	1	1B	1/	1			1			1	1	3	1			1/	1/	1P	1K
94 30% (7/ 23)	3			1	1	1	1/	1			1	1		1	1	3	1			1/	1/	1	1
218 30% (7/ 23)	1			1	1	1	1/	1			1	1		1	1		1		2	1/	1/	1	1
437 30% (7/ 23)	5			1		1C	1/	1			1	1	1		1	1	1		6	1/	1/	1	1
489 30% (7/ 23)	1			1	1	1	1/	1			1			2	1	1	1		1	1/	1/	1	1
927 30% (7/ 23)	1			1	1	1	1/	1			1			2	1	1	1		1	1/	1/	1	1
1243 30% (7/ 23)	1		1	13	1	1	1/	1			1	1	1	1	1	1		1/B		1/	3		

2494 30 TS + 0 SL + 74 MT

TESTSTELLE	10	11	18	20	28	29	35	36	39	41	42	44	45	48	52	53	55	56	64	65	66	76	84	86	87
UEBEREINST. ZEUGEN	392	8	355	441	29	30	452	339	14	467	60	451	473	452	452	338	422	459	9	21	29	467	402	85	476
BEZEUGTE VARIANTE	1/	6	1/	1/	3D	5	1/	1/	2	1/	5	1/	1/	1/	1/	1/	1/	1/	5	5	10	1/	1/	3	1/
P8 100% (1/ 1)	Z	Z		Z	Z	Z	Z	Z	Z	Z	Z	Z	Z	Z	Z	Z	Z	Z	Z	Z	Z	Z	Z	Z	Z
P33 100% (1/ 1)	Z	Z	Z	Z	Z	Z	Z	Z	Z	Z	Z	Z	Z	Z		Z	Z	Z	Z	Z	Z	Z	Z	Z	Z
P41 100% (1/ 1)	Z	Z	Z	Z	Z	Z	Z	Z	Z	Z	Z	Z	Z	Z	Z	Z	Z	Z	Z	Z	X		Z	Z	Z
2778 100% (5/ 5)	Z	Z	Z	Z	Z	Z	Z	Z	Z	Z	Z	Z	Z						Z	Z	Z	Z	Z	Z	Z
1765 97% (29/ 30)		1/																							
1832 96% (25/ 26)	Z	Z	Z	Z																4					
876 90% (27/ 30)		1/																		4					
314 86% (6/ 7)	Z	Z	Z	Z	Z	Z	Z	Z	Z		1/			Z	Z	Z	Z	Z	Z	Z	Z	Z	Z	Z	Z
1846 86% (6/ 7)	Z	Z	Z	Z	Z	Z	Z	Z	Z	Z	Z	Z	Z	Z	Z	Z	Z	Z	Z	Z	Z	Z		1	
103 83% (25/ 30)		1/	4																1					1B	
606 82% (23/ 28)		1/	4				Z	Z											1					1B	
641 82% (23/ 28)		1/	4																1					4	Z
172 80% (16/ 20)	Z	Z			1/	Z	Z		Z	Z	Z								1	1/	1/		Z	Z	
2125 80% (4/ 5)		1/			Z	Z		Z	Z	Z	Z	Z	Z	Z	Z	Z	Z	Z	Z	Z	Z	Z	Z	Z	Z
602 79% (11/ 14)	Z	Z	Z	Z	Z	Z	Z	Z	Z	Z	Z	Z	Z		Z				1	1/	Z				
1599 79% (22/ 28)		1/			1/	1/			1		1/								Z	Z					
642 78% (18/ 23)	Z	Z			1/	1/			1		Z								Z	Z	Z		Z	1B	
1730 78% (7/ 9)	Z	Z	Z	Z	Z	Z	Z	Z	Z	Z	Z	Z	Z	Z	Z	Z	Z	Z	Z	Z	Z			2B	
2441 77% (10/ 13)	Z	Z	Z	Z	Z	Z	Z	Z	Z	Z	8	Z	Z						Z	Z	Z		Z	1B	
2243 77% (23/ 30)		1/	1/D		1/	1/			1		1/										1/				
1101 75% (3/ 4)		1/			Z	Z	Z	Z	Z	Z	Z	Z	Z	Z	Z	Z	Z	Z	Z	Z	Z	Z	Z	Z	Z
2626 75% (6/ 8)	Z	Z	Z	Z	Z	Z	Z	Z	Z	Z	Z	Z	Z	Z	Z	Z	Z	Z	Z	Z	Z	Z		1B	
1244 73% (22/ 30)		1/			1/	1/			1		1/								1					2B	
1717 73% (22/ 30)		1/			1/	1/			1		1/								1					1	
1853 73% (22/ 30)		1/	4						1									1/D	1	1/	1/				
1888 73% (22/ 30)		1/			1/	1/			1		1/								1					1	
2558 73% (22/ 30)		1/			1/	1/			1		1/								1					1B	
633 72% (18/ 25)		1/			1/	1/		1/L	Z	Z	Z	Z	Z						1	1/					
1902 72% (18/ 25)		1/			Z	Z			1		6					3			Z	Z	Z		4	1	
1731 71% (15/ 21)	Z	Z	Z	Z	Z	Z	Z	Z	Z		1/								1	1/	1/			1B	
1738 71% (5/ 7)	Z	Z	Z	Z	Z	Z	Z	Z	Z	Z	Z	Z	Z	Z	Z	Z	Z	Z	Z	Z	Z	Z	Z	1	
1858 71% (5/ 7)	Z	Z	Z	Z	Z	Z	Z	Z	Z	Z	Z	Z	Z	Z	Z	Z	Z	Z	Z	Z	Z	Z	Z	1B	
1867 71% (20/ 28)	Z	Z			1/	1/			1		1/								1	1/	1/				

2494 30 TS + 0 SL + 74 MT

TESTSTELLE	10	11	18	20	28	29	35	36	39	41	42	44	45	48	52	53	55	56	64	65	66	76	84	86	87
UEBEREINST. ZEUGEN	392	8	355	441	29	30	452	339	14	467	60	451	473	452	452	338	422	459	9	21	29	467	402	85	476
BEZEUGTE VARIANTE	1/	6	1/	1/	3D	5	1/	1/	2	1/	5	1/	1/	1/	1/	1/	1/	1/	5	5	10	1/	1/	3	1/
2777 71% (5/ 7)	Z	Z	Z	Z	Z	Z	Z	Z	Z	Z	Z	Z	Z	Z	Z	Z	Z	Z	Z	Z	Z	Y	Z	1B	
1610 71% (17/ 24)		1/L	4						1					Z	Z		1/B	1/D	Z	Z	Z		Z		
1852 71% (17/ 24)	Z	Z	Z	Z	Z	Z			1		1/								1	1/	1/			1	
466 71% (12/ 17)	Z	Z	Z	Z	Z	Z	Z	Z	Z	Z	Z	Z	Z						1	1/	6			1	
319 70% (19/ 27)		1/			1/	1/		1/K	1		1/								Z	Z	Z			1	
1723 70% (19/ 27)	Z	Z			1/	1/			1		X								1	1/F	1/			1B	
2799 70% (19/ 27)		1/		Z	Z	Z			1		1/					8			1	1/	1/				
3 70% (21/ 30)					1/	1/			1		4								1	1/F	1/				
82 70% (21/ 30)		1/			1/	1/			1		1/								1	1/	1/				
142 70% (21/ 30)		1/			1/	1/			1		4								1	1/	11				
221 70% (21/ 30)		1/			1/	1/			1		1/								1		1/			1	
309 70% (14/ 20)	Z	Z	Z	Z	Z	Z	Z	Z	Z		4			Z					1	1/O	1/			1	
312 70% (21/ 30)		1/			1/	1/			1		1/								1		1/			4	
385 70% (21/ 30)		1/							1							3	1/F		1	1/	6			4	
393 70% (21/ 30)		1/L			1/	1/			1		1/								1		1/			1	
452 70% (21/ 30)		1/			1/	1/			1		1/								1	1/				2B	
454 70% (21/ 30)		1/O			1/	1/			1		1/								1		1/			1	
479 70% (21/ 30)		1/			1/	1/			1		1/								1	1/	1/				
483 70% (21/ 30)		1/			1/	1/			1		1/								1	1/	1/				
604 70% (21/ 30)		1/			1/	1/			1										1	1/	1/			1B	
796 70% (21/ 30)					1/	1/			1		4								1	1/	1/			3B	
911 70% (21/ 30)		1/		1/B	1/	1/			1		1/								1					1	
914 70% (21/ 30)					1/	1/			1		1/								1	1/F	6			4	
919 70% (21/ 30)		1/			1/	1/			1		1/								1	1/F	4				
945 70% (21/ 30)		1/	4						4							8C			2	1/	1/		3		
997 70% (21/ 30)		5			1/	1/			1		1/									1/	1/			1	
1022 70% (21/ 30)		1/			1/	1/			1		1/								1	1/	1/				
1103 70% (21/ 30)		1/			1/	1/			1		1/								1	1/	12				
1245 70% (21/ 30)		5			1/	1/			1		1/								1	1/	1/				
1704 70% (21/ 30)		1/	4						4							8			2	1/	1/		3		
1739 70% (21/ 30)		1/	4						4							3			2	1/	1/		3		
1763 70% (21/ 30)		1/			1/	1/			1		6								1	1/F				1B	
1767 70% (21/ 30)					1/	1/			1						1/C				1	1/	1/			1B	

2494 30 TS + 0 SL + 74 MT

TESTSTELLE UEBEREINST. ZEUGEN BEZEUGTE VARIANTE	88 471 1/	91 18 8	97 422 1/	100 470 1/	102 478 1/
P8 100% (1/ 1)	Z	Z	Z	Z	Z
P33 100% (1/ 1)	Z	Z	Z	Z	Z
P41 100% (1/ 1)	Z	Z	Z	Z	Z
2778 100% (5/ 5)	Z	Z	Z	Z	Z
1765 97% (29/ 30)					
1832 96% (25/ 26)					
876 90% (27/ 30)		8B			
314 86% (6/ 7)	Z	Z			
1846 86% (6/ 7)		X			
103 83% (25/ 30)		1/			
606 82% (23/ 28)		1/			
641 82% (23/ 28)	Z	1/			
172 80% (16/ 20)		Z			
2125 80% (4/ 5)	Z	Z	Z	Z	Z
602 79% (11/ 14)		1/	Z		
1599 79% (22/ 28)		1/			
642 78% (18/ 23)		1/			
1730 78% (7/ 9)		1/			
2441 77% (10/ 13)		1/		Z	
2243 77% (23/ 30)					
1101 75% (3/ 4)	Z	Z	Z	Z	Z
2626 75% (6/ 8)		4E			
1244 73% (22/ 30)		1/			
1717 73% (22/ 30)		1/			
1853 73% (22/ 30)				4	
1888 73% (22/ 30)		1/			
2558 73% (22/ 30)		1/			
633 72% (18/ 25)		3F			
1902 72% (18/ 25)		1/			
1731 71% (15/ 21)		4C			
1738 71% (5/ 7)		1/			
1858 71% (5/ 7)		1/			
1867 71% (20/ 28)		3			

2494 30 TS + 0 SL + 74 MT

TESTSTELLE UEBEREINST. ZEUGEN BEZEUGTE VARIANTE	88 471 1/	91 18 8	97 422 1/	100 470 1/	102 478 1/
2777 71% (5/ 7)		1/			
1610 71% (17/ 24)			5	4	
1852 71% (17/ 24)		5			
466 71% (12/ 17)		1/			
319 70% (19/ 27)		1/			
1723 70% (19/ 27)		1/			
2799 70% (19/ 27)		17			
3 70% (21/ 30)		1/	4		
82 70% (21/ 30)		1/			
142 70% (21/ 30)		4K			
221 70% (21/ 30)		1/			
309 70% (14/ 20)		1/			
312 70% (21/ 30)		1/			
385 70% (21/ 30)		3			
393 70% (21/ 30)		1/			
452 70% (21/ 30)		1/			
454 70% (21/ 30)		1/			
479 70% (21/ 30)		1/			
483 70% (21/ 30)		17			
604 70% (21/ 30)		1/			
796 70% (21/ 30)		1/			
911 70% (21/ 30)		1/			
914 70% (21/ 30)		1/			
919 70% (21/ 30)		1/			
945 70% (21/ 30)		3			
997 70% (21/ 30)		1/			
1022 70% (21/ 30)		1/			
1103 70% (21/ 30)		1/			
1245 70% (21/ 30)		1/			
1704 70% (21/ 30)		3			
1739 70% (21/ 30)		3			
1763 70% (21/ 30)		11C			
1767 70% (21/ 30)		1/			

2495 — 47 TS + 3 SL + 54 MT

TESTSTELLE	8	11	18	20	21	23	28	29	33	35	36	41	42	44	45	47	48	50	52	53	55	56	57	62	64
UEBEREINST. ZEUGEN	1	351	73	441	15	91	416	439	3	452	7	467	283	451	473	92	452	17	452	338	17	14	104	28	38
BEZEUGTE VARIANTE	7	1/	4	1/	6	2	1/	1/	5	1/	1/D	1/	1/	1/	1/	2	1/	2	1/	1/	1/B	1/D	2	2	2
P33 100% (1/ 1)	Z	Z	Z	Z	Z	Z	Z	Z	Z	Z	Z	Z	Z	Z	Z	Z	Z	Z		Z	Z	Z	Z	Z	Z
1505 89% (42/ 47)	1		1/		7	1																			
2138 77% (36/ 47)	6		1/		1	1			8		1/B		4			1		1							
1890 75% (33/ 44)	Z	Z	1/		1	1			8		1/		4			1		1							
2718 64% (21/ 33)	3B		1/		1				1		1/		4						4	3	1/	1/			
33 63% (24/ 38)	X		X		X			X	2		X		3							3	X	X			
81 63% (20/ 32)	2	1/L	Z	Z	Z	Z			1	3	1/										1/	1/		Z	Z
044 62% (29/ 47)	1		1/		1	7			8		1/		4	5							1/	1/			
P45 60% (6/ 10)	Z	Z	Y	Y	X				9		Z		Z	Z		Z	Z	Z	Z	Z	3	1/	1	Z	Z
2627 60% (3/ 5)	Z	Z	Z	Z	Z	Z			1		1/	Z	Z	Z	Z	Z	Z	Z	Z	Z	Z	Z	Z	Z	Z
1611 60% (28/ 47)	6		1/		1				1		1/		4			1		1		3B	1/				
62 58% (7/ 12)	Z	Z	Z	Z	Z	Z			1		1/			Z	Z	Z	Z	Z	Z	Z	Z	Z	Z	Z	Z
2344 57% (27/ 47)	3		1/		1				1		1/		3							3	1/	1/			
03 55% (26/ 47)	2		3		2				2	4	1/			4					4			1/			
436 55% (26/ 47)	1	1/L			1	1			1		1/		4					1		4C	1/	1/			
P74 55% (24/ 44)	Y	1/I	Z		2				2	3	1/		3	4				3			1/	1/			
314 55% (6/ 11)	Z	Z	Z	Z	Z	Z	Z	Z	Z	Z	Z					Z	Z	Z	Z	Z	Z	Z	Z	Z	Z
01 53% (25/ 47)	2		5		2				2	3	1/			4			3		4			1/			
02 53% (25/ 47)	2		5		2				2	3	1/		3	4				3			4	1/			
307 53% (25/ 47)	3		5B		2		3E	5	1	3	1/F		4					2C		3	1/	1/		1	
431 53% (25/ 47)	3B		1/		1				2	3	1/		4					2C		3	1/	1/		1	
1292 53% (25/ 47)	3B		1/		1				1		1/		4			1		1		3				1	1
1739 53% (25/ 47)	3				2		3D	5	1		1/		5					2C		3	1/	1/		1	
04 52% (14/ 27)	2C	5	Z	Z	Z	Z			1	3B	1/	Z	Z	4					1/D	4	1/	1/	Z	Z	Z
1852 51% (20/ 39)	Z	Z	Z	Z	Z	Z	Z	Z	1		1/					1		1			1/	1/	1	1	1
441 51% (21/ 41)	Z	Z	Z	Z	Z	Z			1		1/		4					6	3	3	1/	1/		1	
181 51% (24/ 47)	3B	11	1/		1H				2	3	3		4			1		10		3G	5	1/			
614 51% (24/ 47)	3B		1/		1				1		1/		4			1		1		3					1
2412 51% (24/ 47)	3		1/		1G				1		1/		4			1		1		3					1
2818 51% (24/ 47)	3		5B		2		3E	5	3	3	1/F		4					2C		3	1/	1/		1	
P8 50% (1/ 2)	Z	Z	1/	Z	Z		Z	Z	Z	Z	Z	Z	Z	Z	Z	Z	Z	Z	Z	Z	Z	Z	Z	Z	Z
P41 50% (1/ 2)	Z	Z	Z	Z	Z	Z	Z	Z	Z	Z	Z	Z	Z	Z	Z	Z	Z	Z	Z	Z	Z	Z	Z	Z	Z
610 50% (22/ 44)	3		5B		2		3E	5	Z	3	1/F		4					2C		3	1/	1/		1	

TESTSTELLE	8	11	18	20	21	23	28	29	33	35	36	41	42	44	45	47	48	50	52	53	55	56	57	62	64
UEBEREINST. ZEUGEN	1	351	73	441	15	91	416	439	3	452	7	467	283	451	473	92	452	17	452	338	17	14	104	28	38
BEZEUGTE VARIANTE	7	1/	4	1/	6	2	1/	1/	5	1/	1/D	1/	1/	1/	1/	2	1/	2	1/	1/	1/B	1/D	2	2	2
623 50% (22/ 44)	Z	Z	Z		1				8		1/		4					1		3	1/	1/			
886 50% (3/ 6)	1		1/		1		Z	Z	Z	Z	Z	Z	Z	Z	Z	Z	Z	Z	Z	Z	Z	Z	Z	Z	Z
913 50% (23/ 46)	1	Z				1	3D	5	8		1/		5			1		1							1
1610 50% (19/ 38)	1	1/L			1	1	3D	5	8		1/		5			1	Z	Z	Z						Z
2175 50% (6/ 12)	1		1/		1	1			1		1/		Z	Z	Z	Z	Z	Z	Z	Z	Z	Z	Z	Z	Z
180 49% (22/ 45)	3		5B		2		3E	5	1	3	1/F		4							3	1/	1/		1	
453 49% (23/ 47)	3		5B		2		3E	5	1	3	1/F		4					2C		3	1/	1/		1	
945 49% (23/ 47)	3				2		3D	5	1		1/		5					19		8C	1/	1/		1	
1678 49% (23/ 47)	1		5B		2		3D	5	1	3	1/F		4					2C		3	1/	1/		1	
1891 49% (23/ 47)	3				2		3D	5	1		1/F		5					2C		3	1/	1/		1	
1875 49% (21/ 43)	X	X	1/		1		Z	Z	2	3	3		6			1		4		3G	5	1/			
1526 48% (14/ 29)	Z	Z	1/		1	1			Z		1/					1		1			1/	1/	1	1	1
1873 48% (22/ 46)	3		1/		1				1		1/K					1		1		3	1/	1/	1	1	1
08 48% (21/ 44)	3				4	3	5		2		1/		6			4	6	1			1/	1/	1		1
2200 48% (21/ 44)	3				2		3D		1		1/F		5					2C		8	1/	1/		1	1
2201 48% (21/ 44)	Z	Z	Z		1				8		1/F					1		1		3	1/	1/		1	1
1893 47% (18/ 38)	1		1/		1				Z	Z	Z		4				Z	1		3	1/	1/		1	Z
2303 47% (9/ 19)	Z	Z	Z	Z	Z	Z			1		1/		4			1		1		Z	Z	Z	Z	Z	Z
2464 47% (9/ 19)	Z	Z	Z	Z	Z	Z	Z	Z	Z	Z	Z	Z	Z	Z	Z	Z	Z	Z	Z	Z	Z	Z	Z	Z	Z
1456 47% (15/ 32)	3				1	1			1		1/K		5			1	Z	Z	Z	Z	Z	Z	Z	Z	Z
5 47% (22/ 47)	3		1/		1				8									1		3	1/	1/		1	1
228 47% (22/ 47)	3				2				1		1/		5					1			1/	1/		1	1
1162 47% (22/ 47)	3B	1/L			1				8		1/		4					1		3	1/	1/		1	1
1175 47% (22/ 47)	2	1/D	5		2				2	3	1/		6	6					4	3	1/	1/	2C	1	
1359 47% (22/ 47)	3		1/		7	1			1												1/C	1/	1	1	
1718 47% (22/ 47)	6		1/			1			1		1/K										1/	1/	1	1	
1830 47% (22/ 47)	1	1/L			1F	1	3D	5	8		1/		5			1B		1							1
1853 47% (22/ 47)	1				1	1	3D	5	3		1/		5			1		1			1/				1
2288 47% (22/ 47)	1		1/		5				1		1/K					1		1		3	1/	1/	1	1	1
2805 47% (20/ 43)	3B	10		Z	Z	Z	6	6	1		1/		4					1		3	1/	1/			1
630 46% (21/ 46)	3		Z		2		3D		1		1/F		6					2C		8	1/	1/		1	1
916 45% (5/ 11)	1		1/		1	1			1		1/	Z	Z	Z	Z	Z	Z	Z	Z	Z	Z	Z	Z	Z	Z
365 45% (14/ 31)	1		1/		1	1			1		1/K					1		13			1/	1/	1	1	1

2495 47 TS + 3 SL + 54 MT

TESTSTELLE	65	66	68	76	77	78	80	83	84	86	87	88	89	90	91	94	95	96	97	100	102	103
UEBEREINST. ZEUGEN	71	20	7	467	181	67	20	46	42	85	476	471	25	71	18	6	68	35	17	470	478	21
BEZEUGTE VARIANTE	1/F	6	17	1/	2	2	3	2	4	3	1/	1/	14	2	8	3	3	2	3	1/	1/	2
P33 100% (1/ 1)	Z	Z	Z	Z	Z	Z	Z	Z	Z	Z	Z	Z	Z	Z	Z	Z	Z	Z	Z	Z	Z	Z
1505 89% (42/ 47)	1/																					
2138 77% (36/ 47)		1/																		4		
1890 75% (33/ 44)							1			Z						3B				4		
2718 64% (21/ 33)			3	Z	Z	Z	Z	Z	Z	Z	Z	Z	Z	Z	Z	Z	Z		1/			
33 63% (24/ 38)	1/D	1/C	4				2	X	3	2			10		3	2	2		1/			X
81 63% (20/ 32)	Z	Z	Z	Z	Z	Z	Z	Z	Z	2B					1/	2D	2		1/			
044 62% (29/ 47)		1/	3						1/				2		3	4			1/		4	
P45 60% (6/ 10)	Z	Z	Z	Z	Z	Z	Z	Z	Z	Z	Z	Z	Z	Z	Z	Z	Z	Z	Z	Z	Z	Z
2627 60% (3/ 5)	Z	Z	Z	Z	Z	Z	Z	Z	Z	Z	Z	Z	Z	Z	Z	Z	Z	Z	Z	Z	Z	Z
1611 60% (28/ 47)	1/	1/				1		1					13			1		1		4		3
62 58% (7/ 12)	Z	Z	Z	Z	Z	Z	Z	Z	Z	Z	Z	Z	Z	Z	Z	Z	Z	1B	1/			1L
2344 57% (27/ 47)	1/E	1/	4				2		3	2			11		3G	2	2		1/			
03 55% (26/ 47)	1/	1/	2		2B		2			2B			2		1/	2	2		4		3	
436 55% (26/ 47)	1/	1/	4				1								3	11	2	1	1/			1
P74 55% (24/ 44)	1/	1/	4				2		1/	2B			2		1/	2	Z		1/			
314 55% (6/ 11)	Z	Z	Z	Z	Z	Z	Z	Z	Z	Z	Z	Z	Z	Z	Z	1	1	1	1/			1L
01 53% (25/ 47)	1/K	1/	4			3	2		3	2					1/	2	2		1/		3	
02 53% (25/ 47)	1/	1/	4				2		3	2B					1/	2	2		1/		3	
307 53% (25/ 47)	1/	1/B	2										2		3	1		1				1
431 53% (25/ 47)	1/	1/B	2			1	1						2		14	1		1				1
1292 53% (25/ 47)	1/	4		3		1	1	1					2			1C		1		4		3
1739 53% (25/ 47)	1/	1/	3			1	6B		3						3	2	2		1/			
04 52% (14/ 27)	Z	Z	Z						3	Z	Z	Z	Z	Z	Z	2	2			Z		Z
1852 51% (20/ 39)	1/	1/	1		1		1	1	1/	1					5				1/			
441 51% (21/ 41)	1/K	8	2			1	1		1/						5D	2C		1	1/			3D
181 51% (24/ 47)	1/	1/	12			1			1/C	2					12	2	2		4			
614 51% (24/ 47)	11	15		3		1	1	1			5	9	2			1C		1		4		1
2412 51% (24/ 47)	11	4		3		1	1	1			5	9	2			1C		1		4		1
2818 51% (24/ 47)	1/	1/B	2				1						2		3	1		1				1
P8 50% (1/ 2)	Z	Z	Z	Z	Z	Z	Z	Z	Z	Z	Z	Z	Z	Z	Z	Z	Z	Z	Z	Z	Z	Z
P41 50% (1/ 2)	Z	X	4		Z	Z	Z	Z	Z	Z	Z	Z	Z	Z	Z	Z	Z	Z	Z	Z	Z	Z
610 50% (22/ 44)	1/	1/B	2		Z	1	Z						2		3	1		1				1

TESTSTELLE	65	66	68	76	77	78	80	83	84	86	87	88	89	90	91	94	95	96	97	100	102	103
UEBEREINST. ZEUGEN	71	20	7	467	181	67	20	46	42	85	476	471	25	71	18	6	68	35	17	470	478	21
BEZEUGTE VARIANTE	1/F	6	17	1/	2	2	3	2	4	3	1/	1/	14	2	8	3	3	2	3	1/	1/	2
623 50% (22/ 44)		1/	4			1	7	1		2			1		3	1	2	1	1/		3	3B
886 50% (3/ 6)	Z	Z	Z	Z	Z	Z	Z	Z	Z	Z	Z	Z	Z	Z	Z	Z	Z	Z	Z	Z	Z	Z
913 50% (23/ 46)		1/	1		1B	1		1	1/				1			3B	1	1	5	4		1
1610 50% (19/ 38)	Z	Z	Z		1B	1	3C	Z	Z				1				1	1	5	4		1
2175 50% (6/ 12)	Z	Z	Z	Z	Z	Z	Z	Z	Z	Z	Z	Z	Z	Z	Z	Z	Z	Z	Z	Z	Z	Z
180 49% (22/ 45)	1/	1/	3		Z	Z	1		1/				9		4	1		1				1
453 49% (23/ 47)	1/	1/B	2							2B			2	1	6B	1		1				1
945 49% (23/ 47)	1/	1/	3			1B	6B		3				5		3	2	2		1/			1
1678 49% (23/ 47)	1/	1/B	2				1						2		3	1		1			4	1
1891 49% (23/ 47)	1/	1/	3			1	6		3	2					3	2	2		1/			1L
1875 49% (21/ 43)		7	12			1	1		1/C	2					12	2	2		1/			3B
1526 48% (14/ 29)		1/	1			1	1	Z	Z	Z	Z	Z	Z	Z	Z	Z	Z	Z	Z	Z	Z	Z
1873 48% (22/ 46)		1/	4				1	1	1/				1		5	1	1	1B	Z			1
08 48% (21/ 44)		3	4			1			3	2B					4	2	2		1/	Z	Z	Z
2200 48% (21/ 44)	1/	1/	3	Z	Z	Z	6		3	1					3	2	2		1/			1
2201 48% (21/ 44)	1/	1/	1				1	1	1/				1		5	1	1	1	1/			1
1893 47% (18/ 38)	Z	Z	Z			1	1	1	Z	1B			1		1/	1C	1	1	1/			1
2303 47% (9/ 19)	Z	Z	Z	Z	Z	Z	Z	Z	Z	Z	Z	Z	Z	Z	Z	1	1	1	1/	Z		1
2464 47% (9/ 19)	Z	Z	Z			1	6			3C			2		4B	2	2		1/	3	4	
1456 47% (15/ 32)	Z	Z	Z	Z	Z	Z	1	1		1B			1	1	11F	1		1	1/			1
5 47% (22/ 47)	1/	1/	4			1	7	1	1/	5			1		3	1	2	1	1/			3E
228 47% (22/ 47)		11	7			1	5	1	1/	1			1	1	5H	7	1	1	1/			1
1162 47% (22/ 47)	1/	1/	15					1	1/	1			1		1/	1	1	1	1/			1N
1175 47% (22/ 47)	1/	1/B	2			3	2		1/						1/	2	2		1/B			
1359 47% (22/ 47)		1/	7		1B	1	1	1	1/	1			1	1	4G	1	2	1	1/			1
1718 47% (22/ 47)	1/	1/G	7		1B		1	1	1/	1			1	1	1/	1	2	1	1/			1
1830 47% (22/ 47)	1/	1/	1		1B	1		1	1/				1				1	1	1/	4		1
1853 47% (22/ 47)	1/	1/	1		1	1		1	1/				1				1	1	1/	4		1
2288 47% (22/ 47)		1/	14				1	1	1/				1		11E	1	1	1	1/			1
2805 47% (20/ 43)		1/	4B			1	4		1/				3		3	4		1	1/		Z	1L
630 46% (21/ 46)	1/	1/	3			1	6		3	1B			3		3	2	2		1/			1
916 45% (5/ 11)	Z	Z	Z	Z	Z	Z	Z	Z	Z	Z	Z	Z	Z	Z	Z	Z	Z	Z	Z	Z	Z	Z
365 45% (14/ 31)	1/	10	1	Z	Z	Z	Z	Z	Z	Z	Z	Z	Z	Z	Z	Z	Z	Z	Z			1L

2501 34 TS + 0 SL + 70 MT

TESTSTELLE	8	10	11	18	20	28	29	35	36	39	41	42	44	45	46	48	50	52	53	55	56	65	66	68	72
UEBEREINST. ZEUGEN	94	392	351	73	441	416	439	452	54	1	467	60	451	473	101	452	16	452	33	16	459	333	365	87	45
BEZEUGTE VARIANTE	3	1/	1/	4	1/	1/	1/	1/	1/K	3	1/	5	1/	1/	3	1/	17	1/	8	8	1/	1/	1/	2	4
P33 100% (1/ 1)	Z	Z	Z	Z	Z	Z	Z	Z	Z	Z	Z	Z	Z	Z	Z	Z	Z		Z	Z	Z	Z	Z	Z	Z
1738 100% (6/ 6)	Z	Z	Z	Z	Z	Z	Z	Z	Z	Z	Z	Z	Z	Z	Z	Z	Z	Z	Z	Z	Z	Z	Z	Z	Z
1745 100% (5/ 5)	Z	Z	Z	Z	Z	Z	Z	Z	Z	Z	Z	Z	Z	Z	Z	Z	Z	Z	Z	Z	Z	Z	Z	Z	Z
1846 100% (6/ 6)	Z	Z	Z	Z	Z	Z	Z	Z	Z	Z	Z	Z	Z	Z	Z	Z	Z	Z	Z	Z	Z	Z	Z	Z	Z
1858 100% (6/ 6)	Z	Z	Z	Z	Z	Z	Z	Z	Z	Z	Z	Z	Z	Z	Z	Z	Z	Z	Z	Z	Z	Z	Z	Z	Z
1899 100% (5/ 5)	Z	Z	Z	Z	Z	Z	Z	Z	Z	Z	Z	Z	Z	Z	Z	Z	Z	Z	Z	Z	Z	Z	Z	Z	Z
2777 100% (7/ 7)	Z	Z	Z	Z	Z	Z	Z	Z	Z	Z	Z	Z	Z	Z	Z	Z	Z	Z	Z	Z	Z	Z	Z	Z	Z
1456 86% (19/ 22)										1						Z	Z	Z	Z	Z	Z	Z	Z	Z	Z
P45 86% (6/ 7)	Z	Z	Z	Y	Y				Z	Z		Z	Z		Z	Z	Z	Z	Z	3		Z	Z	Z	Z
2626 86% (6/ 7)	Z	Z	Z	Z	Z	Z	Z	Z	Z	Z	Z	Z	Z	Z	Z	Z	Z	Z	Z	Z	Z	Z	Z	Z	Z
506 83% (5/ 6)	Z	Z	Z	Z	Z			Z	Z	Z	Z	Z	Z	Z	Z		Z	Z	Z	1/		Z	Z	Z	Z
624 83% (10/ 12)	Z	Z	Z	Z	Z	Z	Z		1/	Z	Z	Z	Z	Z	Z	Z	Z	Z	Z	Z	Z			1	W
1405 82% (28/ 34)									1/M	1														1	
1753 82% (28/ 34)										1														1	1
2289 82% (14/ 17)	Z	Z	Z	Z	Z	Z	Z	Z	Z	Z	Z	Z	Z	Z	Z	Z	Z		1/	1/					1
2511 82% (28/ 34)									1/M	1														1	1
912 82% (27/ 33)									1/M	1														1	1
1730 80% (8/ 10)	Z	Z	Z	Z	Z	Z	Z	Z	Z	Z	Z	Z	Z	Z	Z	Z	Z	Z	Z	Z	Z	Z	Z	Z	1
1861 80% (24/ 30)	Z	Z	Z	Z					1/M	1														1	1
223 79% (27/ 34)										1										1/		1/F		1	1
582 79% (27/ 34)			6	1/						1													6	1	
1250 79% (27/ 34)				1/					1/M	1														1	1
1863 79% (27/ 34)									1/M	1														1	1
2279 79% (27/ 34)									1/M	1														1	1
1754 79% (26/ 33)	Z		7	1/						1						1/B	1E		1/	1/					
51 76% (26/ 34)									1/F	1										1/			4	1	1
390 76% (26/ 34)	3B			1/					1/M	1														1	1
1594 76% (26/ 34)	1								1/M	1														1	1
234 76% (25/ 33)									1/M	1								X				1/F		1	1
2218 76% (25/ 33)	1			1/					1/	1		V			1		1		1/	1/					
314 75% (6/ 8)	Z	Z	Z	Z	Z	Z	Z	Z	Z	Z		1/			1	Z	Z	Z	Z	Z	Z	Z	Z	Z	Z
1508 75% (24/ 32)	1			1/					1/	1		1/			1		1		Z	1/					Z
2712 75% (12/ 16)	1			1/					1/F	1		Z	Z	Z	Z	Z	Z	Z	Z	Z	Z	Z	Z	Z	Z

TESTSTELLE	8	10	11	18	20	28	29	35	36	39	41	42	44	45	46	48	50	52	53	55	56	65	66	68	72
UEBEREINST. ZEUGEN	94	392	351	73	441	416	439	452	54	1	467	60	451	473	101	452	16	452	33	16	459	333	365	87	45
BEZEUGTE VARIANTE	3	1/	1/	4	1/	1/	1/	1/	1/K	3	1/	5	1/	1/	3	1/	17	1/	8	8	1/	1/	1/	2	4
604 74% (25/ 34)	1			1/					1/	1					1		1		1/	1/					1
664 74% (25/ 34)	1			1/					1/	1		6			1		1		1/	1/					
1003 74% (25/ 34)	1		8	1/					1/M	1														1	
1058 74% (25/ 34)				1/					1/	1		6			1		1		1/	1/					1
1106 74% (25/ 34)			5							1		1/					21		1/	1/				1	1
1737 74% (25/ 34)	1			1/					1/F	1		1/			1		1		1/	1/					
1749 74% (25/ 34)	1			1/					1/	1		8					1		1/	1/					1
1768 74% (25/ 34)				1/					1/	1					1		1		3	1/			6		1
2554 74% (25/ 34)	1			1/					1/	1		4					1		1/	1/					1
42 73% (24/ 33)	Z								1/M	1									9	1/				1	1
444 73% (24/ 33)	1			1/					1/	Z		6			1		1		1/	1/					1
567 73% (8/ 11)	Z	Z	Z	Z	Z		3		1/M	Z	Z	Z	Z	Z	1	Z	Z	Z	Z	Z	Z	Z	Z	Z	Z
1548 73% (24/ 33)	1			1/					1/	1		6			1		1		1/	1/					Z
1746 73% (24/ 33)	X			1/					1/	1		1/			1		1		1/	1/					1
1752 72% (21/ 29)	Z	Z	Z	Z	Z				1/	1		6			1		1		1/	1/					1
699 72% (23/ 32)	Z			Z					1/	1		1/					1		1/	1/				1	1
1352 72% (23/ 32)	1			1/					1/	1		7					1		1/	X				1	1
2004 71% (10/ 14)	Z	Z	Z	Z	Z	Z	Z	Z	Z	Z	Z	1/	Z	Z	Z	Z	Z	Z	Z	Z	Z			1	1
2125 71% (5/ 7)				1/		Z	Z		Z	Z	Z	Z	Z	Z	1	Z	Z	Z	Z	Z	Z	Z	Z	Z	Z
2378 71% (15/ 21)	Z	Z	Z	Z	Z	Z	Z	Z	Z	Z	X	Y			1	Z	1		1/	1/	1/E				1
1864 71% (22/ 31)	Z	Z	Z	1/					1/	1		1/			1		1		1/	1/					1
2180 71% (22/ 31)	Z	Z	Z							1		1/			1		1		1/	9				1	
5 71% (24/ 34)				1/					1/D	1		1/					1		3	1/				4	1
141 71% (24/ 34)	1			1/					1/	1		8			1		1		1/	1/					1
149 71% (24/ 34)	1			1/					1/	1		1/			1		1		1/	1/					1
201 71% (24/ 34)	1			1/					1/	1		1/			1		1		1/	1/					1
204 71% (24/ 34)	1			1/					1/	1		8			1		1		1/	1/					1
228 71% (24/ 34)									1/	1							1		1/	1/		1/F	11	7	8
302 71% (24/ 34)	1									1		1/			1		1		1/	1/				1	1
325 71% (12/ 17)	Z	Z	Z	Z	Z	Z	Z	Z	Z	Z	Z	Z	Z	Z	Z	Z	Z		1/	1/				1	1
328 71% (24/ 34)	1			1/					1/	1		8			1		1		1/	1/					1
386 71% (24/ 34)	1			1/					1/	1		4			1		1		1/	1/					1
394 71% (24/ 34)	1			1/					1/	1		8			1		1		1/	1/					1

2501 34 TS + 0 SL + 70 MT

TESTSTELLE UEBEREINST. ZEUGEN BEZEUGTE VARIANTE	76 467 1/	77 181 2	84 402 1/	87 476 1/	88 471 1/	91 279 1/	97 422 1/	100 470 1/	102 478 1/
P33 100% (1/ 1)	Z	Z	Z	Z	Z	Z	Z	Z	Z
1738 100% (6/ 6)	Z	Z	Z						
1745 100% (5/ 5)	Z	Z	Z				Z		
1846 100% (6/ 6)	Z	Z				X			
1858 100% (6/ 6)	Z	Z	Z						
1899 100% (5/ 5)	Z	Z					Z	Z	
2777 100% (7/ 7)	Y		Z						
1456 86% (19/ 22)	Z	Z	4			11F			
P45 86% (6/ 7)	Z	Z	Z	Z	Z	Z	Z	Z	Z
2626 86% (6/ 7)	Z	Z				4E			
506 83% (5/ 6)	Z	Z		Z	Z	Z	Z	Z	Z
624 83% (10/ 12)		Z	Z						
1405 82% (28/ 34)			4			11	4		
1753 82% (28/ 34)			4			11	4		
2289 82% (14/ 17)									
2511 82% (28/ 34)						11	4		
912 82% (27/ 33)			4			X	4		
1730 80% (8/ 10)		1							
1861 80% (24/ 30)			4			11			
223 79% (27/ 34)		1				11			
582 79% (27/ 34)			4			11F			
1250 79% (27/ 34)			4			11			
1863 79% (27/ 34)			4			11	4		
2279 79% (27/ 34)			4			11	4		
1754 79% (26/ 33)									
51 76% (26/ 34)						11	4		
390 76% (26/ 34)			4				4		
1594 76% (26/ 34)			4			11	4		
234 76% (25/ 33)			4			11	4		
2218 76% (25/ 33)									
314 75% (6/ 8)	Z	Z	Z	Z	Z	Z			
1508 75% (24/ 32)									
2712 75% (12/ 16)	Z	Z						Z	Z

2501 34 TS + 0 SL + 70 MT

TESTSTELLE UEBEREINST. ZEUGEN BEZEUGTE VARIANTE	76 467 1/	77 181 2	84 402 1/	87 476 1/	88 471 1/	91 279 1/	97 422 1/	100 470 1/	102 478 1/
604 74% (25/ 34)									
664 74% (25/ 34)									
1003 74% (25/ 34)			4			11	4		
1058 74% (25/ 34)									
1106 74% (25/ 34)		1							
1737 74% (25/ 34)									
1749 74% (25/ 34)									
1768 74% (25/ 34)									
2554 74% (25/ 34)									
42 73% (24/ 33)		1				11	4		
444 73% (24/ 33)									
567 73% (8/ 11)	Z	Z				X			
1548 73% (24/ 33)									
1746 73% (24/ 33)									
1752 72% (21/ 29)									
699 72% (23/ 32)		1							
1352 72% (23/ 32)		U							
2004 71% (10/ 14)		1							
2125 71% (5/ 7)	Z	Z	Z	Z	Z	Z	Z	Z	Z
2378 71% (15/ 21)									
1864 71% (22/ 31)									
2180 71% (22/ 31)		1				8C			
5 71% (24/ 34)						3			
141 71% (24/ 34)									
149 71% (24/ 34)									
201 71% (24/ 34)									
204 71% (24/ 34)									
228 71% (24/ 34)						5H			
302 71% (24/ 34)		1							
325 71% (12/ 17)		1							
328 71% (24/ 34)									
386 71% (24/ 34)									
394 71% (24/ 34)									

2511 34 TS + 0 SL + 70 MT

TESTSTELLE	8	10	11	18	20	28	29	30	33	35	36	41	42	44	45	46	48	50	52	53	55	56	65	66	76
UEBEREINST. ZEUGEN	94	392	351	73	441	416	439	21	3	452	17	467	60	451	473	101	452	16	452	33	16	459	333	365	467
BEZEUGTE VARIANTE	3	1/	1/	4	1/	1/	1/	5	5	1/	1/M	1/	5	1/	1/	3	1/	17	1/	8	8	1/	1/	1/	1/
P33 100% (1/ 1)	Z	Z	Z	Z	Z	Z	Z	Z	Z	Z	Z	Z	Z	Z	Z	Z	Z	Z		Z	Z	Z	Z	Z	Z
P41 100% (1/ 1)	Z	Z	Z	Z	Z	Z	Z	Z	Z	Z	Z	Z	Z	Z	Z	Z	Z	Z	Z	Z	Z	Z	Z	X	
1405 91% (31/ 34)								1	1																
1863 91% (31/ 34)								1	1																
2279 91% (31/ 34)								1	1																
912 91% (30/ 33)								1	1																
1594 88% (30/ 34)	1							1	1																
1753 88% (30/ 34)								1	1		1/K														
234 88% (29/ 33)								1	1										X				1/F		
1861 87% (26/ 30)	Z	Z	Z	Z				1	1																
1846 86% (6/ 7)	Z	Z	Z	Z	Z	Z	Z	Z	Z	Z	Z	Z	Z	Z	Z	Z	Z	Z	Z	Z	Z	Z	Z	Z	Z
51 85% (29/ 34)								1	1		1/F										1/			4	
1250 85% (29/ 34)				1/				1	1																
42 85% (28/ 33)	Z							1	1											9	1/				
390 82% (28/ 34)	3B			1/				1	1																
1003 82% (28/ 34)	1		8	1/				1	1																
2501 82% (28/ 34)								1	1		1/K														
1745 80% (4/ 5)	Z	Z	Z	Z	Z	Z	Z	Z	Z	Z	Z	Z	Z	Z	Z	Z	Z	Z	Z	Z	Z	Z	Z	Z	Z
1899 80% (4/ 5)	Z	Z	Z	Z	Z	Z	Z	Z	Z	Z	Z	Z	Z	Z	Z	Z	Z	Z	Z	Z	Z	Z	Z	Z	Z
223 79% (27/ 34)								1	6		1/K										1/		1/F		
2675 79% (26/ 33)	1D		4					Z	1				3					18					1/F	1/D	
P45 75% (6/ 8)	Z	Z	Z	Y	Y			Z	9		Z		Z	Z		Z	Z	Z	Z	Z	3		Z	Z	Z
1456 75% (18/ 24)								1	1		1/K						Z	Z	Z	Z	Z	Z	Z	Z	Z
582 74% (25/ 34)			6	1/				1	1		1/K													6	
2431 69% (20/ 29)	1			Y				1	Y	Y	Y		1/			Y		1		1/	1/		1/G		
2200 69% (22/ 32)						3D			1		1/F					1		2C			1/				Z
2289 69% (11/ 16)	Z	Z	Z	Z	Z	Z	Z	Z	Z	Z	Z	Z	Z	Z	Z	Z	Z	Z		1/	1/				
1758 68% (19/ 28)	1		5	Y		X			1		1/K					X		1			1/				X
5 68% (23/ 34)				1/				1	8		1/D		1/					1		3	1/				
228 68% (23/ 34)								1	1		1/							1		1/	1/		1/F	11	
429 68% (23/ 34)			5			3D			1		1/F					2		19			1/				
522 68% (23/ 34)			5			11			1		1/F					2		19			1/				
1102 68% (23/ 34)	1							1	1		1/		1/					1D		3	1/				

2511 34 TS + 0 SL + 70 MT

TESTSTELLE	8	10	11	18	20	28	29	30	33	35	36	41	42	44	45	46	48	50	52	53	55	56	65	66	76
UEBEREINST. ZEUGEN	94	392	351	73	441	416	439	21	3	452	17	467	60	451	473	101	452	16	452	33	16	459	333	365	467
BEZEUGTE VARIANTE	3	1/	1/	4	1/	1/	1/	5	5	1/	1/M	1/	5	1/	1/	3	1/	17	1/	8	8	1/	1/	1/	1/
1749 68% (23/ 34)	1			1/					1		1/		8					1		1/	1/				
624 67% (8/ 12)	Z	Z	Z	Z	Z	Z	Z	Z	Z		1/	Z	Z	Z	Z	Z	Z	Z	Z	Z	Z	Z			
630 67% (22/ 33)				Z		3D			1		1/F		6			2		2C			1/				
1597 67% (22/ 33)	1	8						1	1		1/		1/					1		1/	1/				
1768 67% (22/ 33)				1/				Z	1		1/					1		1		3	1/			6	
699 66% (21/ 32)	Z			Z				1	1		1/		1/					1		1/	1/				
1352 66% (21/ 32)	1			1/				1	1		1/		7					1		1/	X				
1721 66% (21/ 32)				1/					1D		1/		1/					Y	Y	1/	1/				
1852 65% (17/ 26)	Z	Z	Z	Z	Z	Z	Z	Z	1		1/		1/					1		1/	1/				
206 65% (15/ 23)	Z	Z	Z	Z	Z	Z	Z	Z	Z	Z	Z					2		19	4		1/				
102 65% (22/ 34)	1							1	1		1/		1/					1		3	1/	1/C			
189 65% (22/ 34)	1	8						1	1		1/		1/					1E		3	1/				
367 65% (22/ 34)				1/				1	1		1/I		1/					1		1/	1/				
604 65% (22/ 34)	1			1/				1	1		1/					1		1		1/	1/				
608 65% (22/ 34)			1/M	1/				1	1				1/			1		1		1/	1/E				
1058 65% (22/ 34)				1/				1	1		1/		6			1		1		1/	1/				
1106 65% (22/ 34)			5					1	1		1/K		1/					21		1/	1/				
1251 65% (22/ 34)			5					1	1		1/			3		1		1			1/				
1315 65% (22/ 34)	1			1/				1	1		1/		6					12		8C	1/				
1595 65% (22/ 34)	1			1/				1	1		1/		4					1		3	1/				
1643 65% (22/ 34)	1	8						1	1		1/		1/					1		3	1/				
1704 65% (22/ 34)						3D	5	1	1		1/					2		19			1/				
1748 65% (22/ 34)	1			1/				1	1		1/		1/			1		1		1/	1/				
1843 65% (22/ 34)				1/				1	1		1/K		1/			4		1		3	1/				
1854 65% (22/ 34)	1							1	1		1/		1/					1		1/	1/				
1874 65% (22/ 34)				1/				3	2		1/		1/					11B		1/	1/D				
1896 65% (22/ 34)	1			6				1	1		1/							1	3		1/		1/F		
2261 65% (22/ 34)	1			1/				1	1		1/		8			1		1		1/	1/				
2423 65% (22/ 34)	1							1	1		1/		1/					1		1/	1/				
2554 65% (22/ 34)	1			1/				1	1		1/		4					1		1/	1/				
1856 64% (18/ 28)	1			1/				1	1		1/		8			1		1		1/	1/				
1248 64% (21/ 33)	1			1/				U	1		1/		1/			1		1		1/	1/				
1508 64% (21/ 33)	1			1/				1	1		1/		1/			1		1		Z	1/				

2511			34 TS + 0 SL + 70 MT								
TESTSTELLE			77	84	87	88	91	95	97	100	102
UEBEREINST. ZEUGEN			181	402	476	471	14	68	33	470	478
BEZEUGTE VARIANTE			2	1/	1/	1/	11	3	4	1/	1/
P33	100%	(1/ 1)	Z	Z	Z	Z	Z	Z	Z	Z	Z
P41	100%	(1/ 1)	Z	Z	Z	Z	Z	Z	Z	Z	Z
1405	91%	(31/ 34)		4							
1863	91%	(31/ 34)		4							
2279	91%	(31/ 34)		4							
912	91%	(30/ 33)		4			X				
1594	88%	(30/ 34)		4							
1753	88%	(30/ 34)		4							
234	88%	(29/ 33)		4							
1861	87%	(26/ 30)		4					1/		
1846	86%	(6/ 7)	Z				X		1/		
51	85%	(29/ 34)									
1250	85%	(29/ 34)		4					1/		
42	85%	(28/ 33)	1								
390	82%	(28/ 34)		4			1/				
1003	82%	(28/ 34)		4							
2501	82%	(28/ 34)					1/	1	1/		
1745	80%	(4/ 5)	Z	Z			1/	Z	Z		
1899	80%	(4/ 5)	Z				1/	Z	Z	Z	
223	79%	(27/ 34)	1						1/		
2675	79%	(26/ 33)									
P45	75%	(6/ 8)	Z	Z	Z	Z	Z	Z	Z	Z	Z
1456	75%	(18/ 24)	Z	4			11F		1/		
582	74%	(25/ 34)		4			11F		1/		
2431	69%	(20/ 29)					1/	1			
2200	69%	(22/ 32)	Z	3			3	2	1/		
2289	69%	(11/ 16)					1/	1	1/		
1758	68%	(19/ 28)	X	3			4E	1	X		
5	68%	(23/ 34)					3	2	1/		
228	68%	(23/ 34)					5H	1	1/		
429	68%	(23/ 34)	1B	3			4E		1/		
522	68%	(23/ 34)	1B	3			4F		1/		
1102	68%	(23/ 34)	1				3		1/		

2511			34 TS + 0 SL + 70 MT								
TESTSTELLE			77	84	87	88	91	95	97	100	102
UEBEREINST. ZEUGEN			181	402	476	471	14	68	33	470	478
BEZEUGTE VARIANTE			2	1/	1/	1/	11	3	4	1/	1/
1749	68%	(23/ 34)					1/	1	1/		
624	67%	(8/ 12)	Z	Z			1/	1	1/		
630	67%	(22/ 33)		3			3	2	1/		
1597	67%	(22/ 33)	1				X		1/		
1768	67%	(22/ 33)					1/	1	1/		
699	66%	(21/ 32)	1				1/	1	1/		
1352	66%	(21/ 32)	U				1/	1	1/		
1721	66%	(21/ 32)	1	4			3	1	1/		
1852	65%	(17/ 26)	1				5		1/		
206	65%	(15/ 23)	1B	3			4E		1/		
102	65%	(22/ 34)	1				3		1/		
189	65%	(22/ 34)	1				3		1/		
367	65%	(22/ 34)	1B	4			11B		1/		
604	65%	(22/ 34)					1/	1	1/		
608	65%	(22/ 34)	1B				3E		1/		
1058	65%	(22/ 34)					1/	1	1/		
1106	65%	(22/ 34)	1				1/	1	1/		
1251	65%	(22/ 34)	1				1/	1	1/		
1315	65%	(22/ 34)					5C	2	1/		
1595	65%	(22/ 34)					3	1	1/		
1643	65%	(22/ 34)	1				3		1/		
1704	65%	(22/ 34)		3			3	2	1/		
1748	65%	(22/ 34)					1/	1			
1843	65%	(22/ 34)					5	1	1/		
1854	65%	(22/ 34)	1				1/	1	1/		
1874	65%	(22/ 34)	1				1/	1	1/		
1896	65%	(22/ 34)					3	4	1/		
2261	65%	(22/ 34)					1/		1/		
2423	65%	(22/ 34)	1B				1/	1	1/		
2554	65%	(22/ 34)					1/	1	1/		
1856	64%	(18/ 28)		Z	Z	Z	Z	Z	Z		
1248	64%	(21/ 33)					1/	1	1/		
1508	64%	(21/ 33)					1/	1	1/		

2516 33 TS + 5 SL + 66 MT

TESTSTELLE	10	11	18	20	28	29	32	33	34	35	36	41	42	44	45	46	48	52	53	55	56	57	65	66	68
UEBEREINST. ZEUGEN	392	5	355	441	416	439	51	5	19	452	339	467	283	451	473	101	452	452	338	8	459	104	71	365	23
BEZEUGTE VARIANTE	1/	1/B	1/	1/	1/	1/	2	6	2B	1/	1/	1/	1/	1/	1/	3	1/	1/	1/	1/E	1/	2	1/F	1/	7
P8 100% (1/ 1)	Z	Z		Z	Z	Z	Z	Z	Z	Z	Z	Z	Z	Z	Z	Z	Z	Z	Z	Z	Z	Z	Z	Z	Z
P33 100% (1/ 1)	Z	Z	Z	Z	Z	Z	Z	Z	Z	Z	Z	Z	Z	Z	Z	Z	Z		Z	Z	Z	Z	Z	Z	Z
1846 86% (6/ 7)	Z	Z	Z	Z	Z	Z	Z	Z	Z	Z	Z	Z	Z	Z	Z	Z	Z	Z	Z	Z	Z	Z	Z	Z	Z
1646 82% (27/ 33)								2												1/		1	1/		1
1877 82% (27/ 33)		1/				4		2														1			
1526 81% (17/ 21)	Z	Z					Z	Z	Z							1				1/		1			1
314 78% (7/ 9)	Z	Z	Z	Z	Z	Z	Z	Z	Z	Z	Z					1	Z	Z	Z	Z	Z	Z	Z	Z	Z
172 77% (17/ 22)	Z	Z				Z	Z	Z	Z	Z		Z	Z			1				1/		1	1/		
218 76% (25/ 33)		1/C					1	1	1							1				1/		1			
917 76% (25/ 33)		1/						2												1/		1	1/		1
1874 76% (25/ 33)		1/						2												1/D		1	1/		1
62 75% (9/ 12)	Z	Z	Z	Z			1	1	1					Z	Z	Z	Z	Z	Z	Z	Z	Z	Z	Z	Z
1101 75% (3/ 4)		1/			Z	Z	Z	Z	Z	Z	Z	Z	Z	Z	Z	Z	Z	Z	Z	Z	Z	Z	Z	Z	Z
1730 75% (6/ 8)	Z	Z	Z	Z	Z	Z	Z	Z	Z	Z	Z	Z	Z	Z	Z	Z	Z	Z	Z	Z	Z	Z	Z	Z	Z
1757 75% (21/ 28)		1/					Z	Z	Z	Z	Z					1				1/		1	1/G		
642 73% (19/ 26)	Z	Z						1	1				Z			1				1/		1	Z	Z	Z
025 73% (24/ 33)		1/						1	1							1				1/		1			1
93 73% (24/ 33)		1/					1	1	1							1				1/		1			
203 73% (24/ 33)		1/					1	1	1											1/		1	1/		1
228 73% (24/ 33)		1/	4				1	1	1				5							1/				11	
1359 73% (24/ 33)		1/					1	1	1		1/D					1				1/C		1			
1626 73% (24/ 33)		1/					1	1	1											1/		1			1
226 72% (23/ 32)		1/					1	1	1							1				1/		1			X
424 72% (23/ 32)		1/						1	1							X				1/		1	1/		1
1241 72% (23/ 32)		1/					1	1	1											1/		Z	1/		1
2626 71% (5/ 7)	Z	Z	Z	Z	Z	Z	Z	Z	Z	Z	Z	Z	Z	Z	Z	Z	Z	Z	Z	Z	Z	Z	Z	Z	Z
2716 71% (17/ 24)	Z	Z	Z	Z			Z	Z	Z	Z						1				1/		1	1/H		1
1852 70% (19/ 27)	Z	Z	Z	Z	Z	Z	1	1	1											1/		1	1/		1
1723 70% (21/ 30)	Z	Z					1	1	1				X			1				1/		1			2
2484 70% (21/ 30)		1/	Z	Z			3	1	1							1				1/		1			Z
049 70% (23/ 33)		1/					1	1	1		1/F									1/		1			1
1 70% (23/ 33)		1/					1	1	1							1				1/		1			1
5 70% (23/ 33)		1/					1	8	11		1/D								3	1/			1/		4

TESTSTELLE	10	11	18	20	28	29	32	33	34	35	36	41	42	44	45	46	48	52	53	55	56	57	65	66	68
UEBEREINST. ZEUGEN	392	5	355	441	416	439	51	5	19	452	339	467	283	451	473	101	452	452	338	8	459	104	71	365	23
BEZEUGTE VARIANTE	1/	1/B	1/	1/	1/	1/	2	6	2B	1/	1/	1/	1/	1/	1/	3	1/	1/	1/	1/E	1/	2	1/F	1/	7
76 70% (23/ 33)	8	1/					1	1	1				4							1/					1
175 70% (23/ 33)		1/						1	1							1				1/		1	1/		1
312 70% (23/ 33)		1/					1	1	1											1/		1	5		1
404 70% (23/ 33)		1/						1	1							1				1/		1	1/		1
459 70% (23/ 33)	11	9					1	1	1				3							1/			1/		1
808 70% (23/ 33)		1/L	6					1	1							1			3	1/		1			1
997 70% (23/ 33)		5					1	1	1							1				1/		1	1/		
1161 70% (23/ 33)		1/					1	1	13							1				1/		1	1/		
1398 70% (23/ 33)		3					1	1	1							1				1/		1			1
1563 70% (23/ 33)		1/O					1	1	1							1				1/		1	1/		1
1668 70% (23/ 33)		1/					3	1	1							1				1/		1			1
1673 70% (23/ 33)		1/O					1	1	1							1				1/		1			1
1719 70% (23/ 33)								1	1							1			3	1/		1	1/B		1
1736 70% (23/ 33)		1/					1	1	1							1				1/		1	1/		1
1827 70% (23/ 33)							1	3	11				4			2			3	1/			1/		
1841 70% (23/ 33)		1/		1/B			1	1	1F		1/D											1			1
1845 70% (23/ 33)		10					1	1	1							1				8		1	1/		
1847 70% (23/ 33)		1/					1	1	1							1				1/		1	1/		
1885 70% (23/ 33)		1/					1	1	1											1/		1	1/	1/F	
2131 70% (23/ 33)		5					1	1	1											1/		1	1/		1
2143 70% (23/ 33)		5					1	1	1		1/F					2			3	1/					15
2191 70% (23/ 33)		1/					1	1	1											1/		1	1/		1
2374 70% (23/ 33)		1/						1	1				4						3	1/			3		4
2483 70% (23/ 33)		1/					1	1	11				6						3	1/		1			1
2492 70% (23/ 33)		1/M					3	1	1											1/		1	1/		1
2523 70% (23/ 33)		1/					1	1	1							1				7		1			1
2705 70% (23/ 33)		1/					1	1	1					6						1/		1			1
2815 70% (23/ 33)		1/					1	1	1B							1				1/		1			1
2816 70% (23/ 33)		1/					1		8							1				1/		1	4		1
014 70% (16/ 23)	Z	Z	Z	Z			Z	Z	Z	Z	1/F					Z		3		1/		1			1
400 70% (16/ 23)		1/L					3	X	11	X			W	X		6			W	1/		1	X	X	X
1893 70% (16/ 23)		1/					Z	Z	Z	Z	Z		4			2	Z		3	1/			Z	Z	Z
81 69% (18/ 26)	14	1/L	Z	Z				1	2C	3						2				1/			Z	Z	Z

2516 — 33 TS + 5 SL + 66 MT

TESTSTELLE UEBEREINST. ZEUGEN BEZEUGTE VARIANTE			76 467 1/	84 402 1/	87 476 1/	88 1 3	92 99 2	97 422 1/	100 470 1/	102 478 1/
P8	100%	(1/ 1)	Z	Z	Z	Z	Z	Z	Z	Z
P33	100%	(1/ 1)	Z	Z	Z	Z	Z	Z	Z	Z
1846	86%	(6/ 7)	Z			1/				
1646	82%	(27/ 33)				1/				
1877	82%	(27/ 33)				1/	1			
1526	81%	(17/ 21)		Z	Z	Z	Z	Z	Z	Z
314	78%	(7/ 9)	Z	Z	Z	Z	1			
172	77%	(17/ 22)		Z		1/	Z			
218	76%	(25/ 33)				1/				
917	76%	(25/ 33)				1/	1			
1874	76%	(25/ 33)				1/	1			
62	75%	(9/ 12)	Z	Z	Z	Z	Z			
1101	75%	(3/ 4)	Z	Z	Z	Z	Z	Z	Z	Z
1730	75%	(6/ 8)				1/	1			
1757	75%	(21/ 28)				1/	1			
642	73%	(19/ 26)		Z		1/	1			
025	73%	(24/ 33)				1/	1			
93	73%	(24/ 33)				1/	1			
203	73%	(24/ 33)				1/				
228	73%	(24/ 33)				1/				
1359	73%	(24/ 33)				1/				
1626	73%	(24/ 33)				1/	1			
226	72%	(23/ 32)				1/	1			
424	72%	(23/ 32)				1/	1			
1241	72%	(23/ 32)				1/	1			
2626	71%	(5/ 7)	Z			1/	1			
2716	71%	(17/ 24)				1/	1		Z	
1852	70%	(19/ 27)				1/				
1723	70%	(21/ 30)				1/	1			
2484	70%	(21/ 30)				1/	1			
049	70%	(23/ 33)				1/	1			
1	70%	(23/ 33)				1/	1			
5	70%	(23/ 33)				1/				

2516 — 33 TS + 5 SL + 66 MT

TESTSTELLE UEBEREINST. ZEUGEN BEZEUGTE VARIANTE			76 467 1/	84 402 1/	87 476 1/	88 1 3	92 99 2	97 422 1/	100 470 1/	102 478 1/
76	70%	(23/ 33)				1/	1			
175	70%	(23/ 33)				1/	1			
312	70%	(23/ 33)				1/	1			
404	70%	(23/ 33)				1/	1			
459	70%	(23/ 33)				1/				
808	70%	(23/ 33)				1/				
997	70%	(23/ 33)				1/	1			
1161	70%	(23/ 33)				1/	1			
1398	70%	(23/ 33)				1/	1			
1563	70%	(23/ 33)				1/				
1668	70%	(23/ 33)				1/	1			
1673	70%	(23/ 33)				1/	1			
1719	70%	(23/ 33)				1/	1			
1736	70%	(23/ 33)					1			
1827	70%	(23/ 33)				1/	1			
1841	70%	(23/ 33)				1/	1			
1845	70%	(23/ 33)				1/	1			
1847	70%	(23/ 33)				1/	1			
1885	70%	(23/ 33)				1/	1			
2131	70%	(23/ 33)				1/	1			
2143	70%	(23/ 33)				1/				
2191	70%	(23/ 33)				1/	1			
2374	70%	(23/ 33)				1/	1			
2483	70%	(23/ 33)				1/				
2492	70%	(23/ 33)				1/	1			
2523	70%	(23/ 33)				1/	1			
2705	70%	(23/ 33)				1/	1			
2815	70%	(23/ 33)				1/	1			
2816	70%	(23/ 33)				1/	1			
014	70%	(16/ 23)				1/	1			Z
400	70%	(16/ 23)			X	X	1			
1893	70%	(16/ 23)		Z		1/	1			
81	69%	(18/ 26)	Z	Z		1/				

TESTSTELLE	8	10	11	18	20	28	29	35	36	41	42	44	45	48	52	53	55	56	65	66	71	76	83	84	86
UEBEREINST. ZEUGEN	94	392	351	355	441	416	439	452	339	467	283	451	473	452	452	338	422	459	333	365	5	467	46	42	44
BEZEUGTE VARIANTE	3	1/	1/	1/	1/	1/	1/	1/	1/	1/	1/	1/	1/	1/	1/	1/	1/	1/	1/	1/	4	1/	2	4	2B
P8 100% (1/ 1)	Z	Z	Z		Z	Z	Z	Z	Z	Z	Z	Z	Z	Z	Z	Z	Z	Z	Z	Z	Z	Z	Z	Z	Z
P33 100% (1/ 1)	Z	Z	Z	Z	Z	Z	Z	Z	Z	Z	Z	Z	Z	Z		Z	Z	Z	Z	Z	Z	Z	Z	Z	Z
P41 100% (1/ 1)	Z	Z	Z	Z	Z	Z	Z	Z	Z	Z	Z	Z	Z	Z	Z	Z	Z	Z	Z	X	Z		Z	Z	Z
2125 100% (6/ 6)						Z	Z		Z	Z	Z	Z	Z	Z	Z	Z	Z	Z	Z	Z	Z	Z	Z	Z	Z
2778 100% (5/ 5)	Z	Z	Z	Z	Z	Z	Z	Z	Z	Z	Z	Z	Z						Z	Z	Z	Z	Z	Z	Z
62 90% (9/ 10)	Z	Z	Z	Z	Z							Z	Z	Z	Z	Z	Z	Z	Z	Z	Z	Z	Z	Z	Z
2175 90% (9/ 10)	1										Z	Z	Z	Z	Z	Z	Z	Z	Z	Z	Z	Z	Z	Z	Z
1526 89% (17/ 19)	Z	Z	Z																1/F		1		Z	Z	Z
916 89% (8/ 9)	1									Z	Z	Z	Z	Z	Z	Z	Z	Z	Z	Z	Z	Z	Z	Z	Z
1856 88% (21/ 24)	1										8										1		Z	Z	Z
P45 86% (6/ 7)	Z	Z	Z	Y	Y				Z		Z	Z		Z	Z	Z	3		Z	Z	Z	Z	Z	Z	Z
172 83% (19/ 23)	Z	Z	Z				Z	Z		Z	Z										1		Z	Z	Z
1747 83% (19/ 23)	1									1/D										10	Z	Z	Z	Z	Z
365 82% (18/ 22)	1	3							1/K											10	Z	Z	Z	Z	Z
1101 80% (4/ 5)	1					Z	Z	Z	Z	Z	Z	Z	Z	Z	Z	Z	Z	Z	Z	Z	Z	Z	Z	Z	Z
2627 80% (4/ 5)	Z	Z	Z	Z	Z					Z	Z	Z	Z	Z	Z	Z	Z	Z	Z	Z	Z	Z	Z	Z	Z
642 79% (22/ 28)		Z	Z								Z								Z	Z	1		Z	Z	1B
2303 79% (11/ 14)	Z	Z	Z	Z	Z						4					Z	Z	Z	Z	Z	Z	Z	Z	Z	Z
81 78% (21/ 27)	2	14	1/L	Z	Z			3											Z	Z	Z	Z	Z	Z	
1762 77% (17/ 22)	Z	Z	Z	Z										1/H		8B					1		1	1/	Z
175 77% (27/ 35)	1																				1		1	1/	
203 77% (27/ 35)	1																				1		1	1/	
404 77% (27/ 35)	1F																				1		1	1/	
1161 77% (27/ 35)	1																						1	1/	1B
1563 77% (27/ 35)	1		1/O																		1		1	1/	1
1847 77% (27/ 35)	1																						1	1/	1B
1721 76% (26/ 34)															Y						1		1		4
1894 76% (26/ 34)	1										5										Z			3	3
57 75% (21/ 28)	Y	Y	Y	Y	Y																1		Y	Y	2
5 74% (26/ 35)									1/D							3					1		1	1/	5
104 74% (26/ 35)		11	1/M								7										3		1	1/	1
218 74% (26/ 35)	1		1/C																1/F		1		1	1/	1
367 74% (26/ 35)									1/I												1		1		3

2541 35 TS + 0 SL + 69 MT

TESTSTELLE			8	10	11	18	20	28	29	35	36	41	42	44	45	48	52	53	55	56	65	66	71	76	83	84	86
UEBEREINST. ZEUGEN			94	392	351	355	441	416	439	452	339	467	283	451	473	452	452	338	422	459	333	365	5	467	46	42	44
BEZEUGTE VARIANTE			3	1/	1/	1/	1/	1/	1/	1/	1/	1/	1/	1/	1/	1/	1/	1/	1/	1/	1/	1/	4	1/	2	4	2B
424	74%	(26/ 35)	1																				1		1	1/	
436	74%	(26/ 35)	1		1/L	4							4					4C					1				3
459	74%	(26/ 35)		11	9								3										1		1	1/	1
462	74%	(26/ 35)	1																				1		1	1/	
468	74%	(26/ 35)																				1/B	1		1		1E
635	74%	(26/ 35)	1																				1		1	1/	
676	74%	(26/ 35)	1								1/K												1		1		
1359	74%	(26/ 35)									1/D								1/C		1/F		1		1	1/	1
1448	74%	(26/ 35)	1			7																	1		1		3
1646	74%	(26/ 35)			1/B																		1		1	1/	1
1718	74%	(26/ 35)	6								1/K											1/G	1		1	1/	1
1736	74%	(26/ 35)																					1		1	1/	
1828	74%	(26/ 35)																					1		1	1/	1B
1892	74%	(26/ 35)	1																				1		1		1B
1867	74%	(23/ 31)	Z	Z	Z																		1		1	1/	3
630	74%	(25/ 34)				Z		3D			1/F		6					8					1			3	1B
680	74%	(25/ 34)														V						5			1	1/	1
1746	74%	(25/ 34)	X																				1		1	1/	1B
1839	73%	(22/ 30)	Z	Z	Z	Z	Z																1		1	1/	
1277	73%	(19/ 26)	1	8							1/L												1		1	1/	3
699	73%	(24/ 33)	Z			Z																	1		1	1/	2
757	73%	(24/ 33)	1											3									1		Z	Z	1B
1508	73%	(24/ 33)	1															Z					Z		1	1/	1B
626	72%	(21/ 29)	Z	Z	Z	Z	Z				1/K												Z		1	1/	
1889	72%	(18/ 25)	Z	Z	Z	Z	Z	Z	Z	Z	Z	Z											1		1		
P74	72%	(23/ 32)	Y	3	1/I	Z				3			3	4									2			1/	
1864	72%	(23/ 32)	Z	Z	Z																		1		1	1/	1B
1884	72%	(23/ 32)		11		6B		5					6			U					6	3	1			3	
82	71%	(25/ 35)	1																				1		1	1/	3
93	71%	(25/ 35)	1																		1/F		1		1	1/	1
105	71%	(25/ 35)	1																				1		1	1/	1B
149	71%	(25/ 35)	1																				1		1	1/	1B
201	71%	(25/ 35)	1																				1		1	1/	1B

2541 35 TS + 0 SL + 69 MT

TESTSTELLE	87	88	89	91	92	95	97	98	100	102
UEBEREINST. ZEUGEN	476	471	4	7	99	44	422	40	470	478
BEZEUGTE VARIANTE	1/	1/	8	4	2	2	1/	2	1/	1/
P8 100% (1/ 1)	Z	Z	Z	Z	Z	Z	Z	Z	Z	Z
P33 100% (1/ 1)	Z	Z	Z	Z	Z	Z	Z	Z	Z	Z
P41 100% (1/ 1)	Z	Z	Z	Z	Z	Z	Z	Z	Z	Z
2125 100% (6/ 6)	Z	Z	Z	Z	Z	Z	Z	Z	Z	Z
2778 100% (5/ 5)	Z	Z	Z	Z	Z	Z	Z	Z	Z	Z
62 90% (9/ 10)	Z	Z	Z	Z	Z	Z		3		
2175 90% (9/ 10)	Z	Z	Z	Z	Z	Z	Z	Z	Z	Z
1526 89% (17/ 19)	Z	Z	Z	Z	Z	Z	Z	Z	Z	Z
916 89% (8/ 9)	Z	Z	Z	Z	Z	Z	Z	Z	Z	Z
1856 88% (21/ 24)	Z	Z	Z	Z	Z	Z	Z	Z		
P45 86% (6/ 7)	Z	Z	Z	Z	Z	Z	Z	Z	Z	Z
172 83% (19/ 23)			1	Z	Z	1		3		
1747 83% (19/ 23)	Z	Z	Z	Z	Z	Z	Z	1		
365 82% (18/ 22)	Z	Z	Z	Z	Z	Z	Z	Z		
1101 80% (4/ 5)	Z	Z	Z	Z	Z	Z	Z	Z	Z	Z
2627 80% (4/ 5)	Z	Z	Z	Z	Z	Z	Z	1	Z	Z
642 79% (22/ 28)			1	1/	1			1		
2303 79% (11/ 14)	Z	Z	Z	Z	1	1		Z	Z	
81 78% (21/ 27)			14	1/						
1762 77% (17/ 22)	Z	Z	Z	Z	Z	Z	Z	Z		
175 77% (27/ 35)			1	1/	1			1		
203 77% (27/ 35)			1	1/		4		1		
404 77% (27/ 35)			1	1/	1			1		
1161 77% (27/ 35)			1		1	1		1		
1563 77% (27/ 35)			1	1/						
1847 77% (27/ 35)			1		1	1		1		
1721 76% (26/ 34)			1	3	1	1		1		
1894 76% (26/ 34)		7	14	3				1		
57 75% (21/ 28)			1	1/	1	1		3		
5 74% (26/ 35)			1	3				2C		
104 74% (26/ 35)			1	5						
218 74% (26/ 35)			1	1/						
367 74% (26/ 35)			1	11B	1	3		1		

2541 35 TS + 0 SL + 69 MT

TESTSTELLE		87	88	89	91	92	95	97	98	100	102
UEBEREINST. ZEUGEN		476	471	4	7	99	44	422	40	470	478
BEZEUGTE VARIANTE		1/	1/	8	4	2	2	1/	2	1/	1/
424	74% (26/ 35)			1	1/	1	1		1		
436	74% (26/ 35)			14	3						
459	74% (26/ 35)			1	5						
462	74% (26/ 35)			1	1/	1	1		1		
468	74% (26/ 35)			1	4D	1	1		2C		
635	74% (26/ 35)			1	13C	1	1		1		
676	74% (26/ 35)			1	1/	1	1		1		
1359	74% (26/ 35)			1	4G						
1448	74% (26/ 35)			1	13B	1			1		
1646	74% (26/ 35)			1	1/		1		1		
1718	74% (26/ 35)			1	1/						
1736	74% (26/ 35)		3	1	1/	1	1		1		
1828	74% (26/ 35)			1	1/	1	1		1		
1892	74% (26/ 35)			1	1/	1	1		1		
1867	74% (23/ 31)			1E	3	1	Z		2C		
630	74% (25/ 34)			3	3						
680	74% (25/ 34)			1	1/	1	1		1		
1746	74% (25/ 34)			1	1/	1	1		1		
1839	73% (22/ 30)			1	18	1	3		1		
1277	73% (19/ 26)	Z	Z	Z	Z	Z	Z	Z	Z	Z	
699	73% (24/ 33)			1B	1/	1	1		1		
757	73% (24/ 33)			1	1/	1	1		1		
1508	73% (24/ 33)			1	1/	1	1		1		
626	72% (21/ 29)			1	1/	1	1		1		
1889	72% (18/ 25)			1	1/	1	1		1		
P74	72% (23/ 32)			2	1/		Z				
1864	72% (23/ 32)			1	1/	1	1		1		
1884	72% (23/ 32)			14						Z	Z
82	71% (25/ 35)			1	1/	1	1		1		
93	71% (25/ 35)			1	1/	1	1				
105	71% (25/ 35)			1	1/	1	1		1		
149	71% (25/ 35)			1	1/	1	1		1		
201	71% (25/ 35)			1	1/	1	1		1		

2544 | 29 TS + 4 SL + 71 MT

TESTSTELLE	4	10	11	18	20	21	28	29	35	36	40	41	42	44	45	52	55	56	60	65	66	76	80	84	87
UEBEREINST. ZEUGEN	23	392	351	355	441	36	416	30	452	339	34	467	15	451	473	452	422	459	2	333	365	467	20	402	476
BEZEUGTE VARIANTE	2	1/	1/	1/	1/	2	1/	5	1/	1/	2	1/	3	1/	1/	1/	1/	1/	5	1/	1/	1/	3	1/	1/
P8 100% (1/ 1)	Z	Z	Z		Z	Z	Z	Z	Z	Z	Z	Z	Z	Z	Z	Z	Z	Z	Z	Z	Z	Z	Z	Z	Z
P33 100% (1/ 1)	Z	Z	Z	Z	Z	Z	Z	Z	Z	Z	Z	Z	Z	Z	Z		Z	Z	Z	Z	Z	Z	Z	Z	Z
624 100% (10/ 10)	Z	Z	Z	Z	Z	Z	Z	Z			Z	Z	Z	Z	Z	Z	Z	Z	Z				Z	Z	
1738 100% (5/ 5)	Z	Z	Z	Z	Z	Z	Z	Z	Z	Z	Z	Z	Z	Z	Z	Z	Z	Z	Z	Z	Z	Z	Z	Z	
1745 100% (4/ 4)	Z	Z	Z	Z	Z	Z	Z	Z	Z	Z	Z	Z	Z	Z	Z	Z	Z	Z	Z	Z	Z	Z	Z	Z	
1846 100% (6/ 6)	Z	Z	Z	Z	Z	Z	Z	Z	Z	Z	Z	Z	Z	Z	Z	Z	Z	Z	Z	Z	Z	Z	Z		
1858 100% (5/ 5)	Z	Z	Z	Z	Z	Z	Z	Z	Z	Z	Z	Z	Z	Z	Z	Z	Z	Z	Z	Z	Z	Z	Z	Z	
1899 100% (4/ 4)	Z	Z	Z	Z	Z	Z	Z	Z	Z	Z	Z	Z	Z	Z	Z	Z	Z	Z	Z	Z	Z	Z	Z		
2778 100% (3/ 3)	Z	Z	Z	Z	Z	Z	Z	Z	Z	Z	Z	Z	Z	Z	Z				Z	Z	Z	Z	Z	Z	Z
1730 88% (7/ 8)	Z	Z	Z	Z	Z	Z	Z	Z	Z	Z	Z	Z	Z	Z	Z	Z	Z	Z	Z	Z	Z		1		
314 86% (6/ 7)	Z	Z	Z	Z	Z	Z	Z	Z	Z	Z	Z		1/			Z	Z	Z	Z	Z	Z	Z	Z	Z	Z
325 86% (12/ 14)	Z	Z	Z	Z	Z	Z	Z	Z	Z	Z	Z	Z	Z	Z	Z				1				1		
2289 86% (12/ 14)	Z	Z	Z	Z	Z	Z	Z	Z	Z	Z	Z	Z	Z	Z	Z				1				1		
2626 86% (6/ 7)	Z	Z	Z	Z	Z	Z	Z	Z	Z	Z	Z	Z	Z	Z	Z	Z	Z	Z	Z	Z	Z	Z	1		
172 85% (17/ 20)	Z	Z	Z			1		Z	Z		Z	Z	Z						1				1	Z	
1731 83% (15/ 18)	Z	Z	Z	Z	Z	Z	Z	Z	Z	Z	Z		1/						1				1		
2777 83% (5/ 6)	Z	Z	Z	Z	Z	Z	Z	Z	Z	Z	Z	Z	Z	Z	Z	Z	Z	Z	1	Z	Z	Y	Z	Z	
1839 83% (19/ 23)	Z	Z	Z	Z	Z	Z		1/			1		1/										1		
1652 82% (23/ 28)						1		1/			1		Z										1		
602 82% (9/ 11)	Z	Z	Z	Z	Z	Z	Z	Z	Z	Z	Z	Z	Z	Z	Z	Z			1		Z		1		
2004 82% (9/ 11)	Z	Z	Z	Z	Z	Z	Z	Z	Z	Z	Z	Z	1/	Z	Z	Z	Z	Z	Z				1		
337 81% (22/ 27)					Z	Z		1/			1		1/						1				1		
2378 81% (13/ 16)	Z	Z	Z	Z	Z	Z	Z	Z	Z	Z	Z	X	Y					1/E	1				1		
1852 81% (17/ 21)	Z	Z	Z	Z	Z	Z	Z	Z			1		1/						1				1		
506 80% (4/ 5)	Z	Z	Z	Z	Z	Z		1/	Z	Z	Z	Z	Z	Z	Z	Z			Z	Z	Z	Z	Z		Z
2441 80% (8/ 10)	Z	Z	Z	Z	Z	Z	Z	Z	Z	Z	Z	Z	8	Z	Z				Z	Z	Z		1	Z	
2799 80% (20/ 25)	1				Z	Z	Z	Z			1		1/						1				1		
547 79% (23/ 29)	1					1		1/											1	1/M			6		
635 79% (23/ 29)						1		1/			1		1/						1				1		
917 79% (23/ 29)	1							1/			1		1/						1				1		
1040 79% (23/ 29)						1		1/			1		1/						1				6		
1720 79% (23/ 29)	1					1		1/					1/						1				1		
1865 79% (23/ 29)						1		1/			1		1/						1				1		

2544 29 TS + 4 SL + 71 MT

TESTSTELLE UEBEREINST. ZEUGEN BEZEUGTE VARIANTE	4 23 2	10 392 1/	11 351 1/	18 355 1/	20 441 1/	21 36 2	28 416 1/	29 30 5	35 452 1/	36 339 1/	40 34 2	41 467 1/	42 15 3	44 451 1/	45 473 1/	52 452 1/	55 422 1/	56 459 1/	60 2 5	65 333 1/	66 365 1/	76 467 1/	80 20 3	84 402 1/	87 476 1/
2255 79% (23/ 29)						1		1/			1		8						1				1		
2374 79% (23/ 29)	1							1/					4						1	3			1		
2723 79% (23/ 29)						1		1/			1		1/						1				1		
466 79% (11/ 14)	Z	Z	Z	Z	Z	Z	Z	Z	Z	Z	Z	Z	Z	Z	Z				1		6		1		
910 79% (22/ 28)						1		1/			1		9						1			Z	1		
1075 79% (22/ 28)	Z					1		1/			1		1/						1				1		
1835 79% (22/ 28)	1					1		1/			1		Z						1				1		
2218 79% (22/ 28)	1					1		1/			1		V						1				1		
1094 78% (18/ 23)	Z	Z	Z	Z	Z	Z		1/			1		1/						1				1		
1752 78% (18/ 23)	Z	Z	Z	Z	Z	Z		1/			1		6						1				1		
43 78% (21/ 27)	1				Z	Z		1/			1		1/						1				1B		
309 78% (14/ 18)	Z	Z	Z	Z	Z	Z	Z	Z	Z	Z	Z		4						1	1/O			1		
986 78% (21/ 27)		Z	Z			1		1/			1		8						1				1		
57 77% (17/ 22)	Y	Y	Y	Y	Y	Y		1/			1		1/						1				1	Y	
1864 77% (20/ 26)	Z	Z	Z			1		1/			1		1/						1				1		
1867 77% (20/ 26)	Z	Z	Z			1		1/			1		1/						1				1		
1889 76% (13/ 17)	Z	Z	Z	Z	Z	Z	Z	Z	Z	Z	Z	Z	1/						1				1	4	
1723 76% (19/ 25)	Z	Z	Z			1		1/			1		X						1	1/F			1		
6 76% (22/ 29)	1					1		1/	3		1								1				1		
18 76% (22/ 29)	1					3		1/			1		4						1				1		
38 76% (22/ 29)	1	3				1		1/			1								1				1		
82 76% (22/ 29)	1					1		1/			1		1/						1				1		
88 76% (22/ 29)	1	3						1/					1/			4			1				2		
105 76% (22/ 29)	1					1		1/			1		1/						1				1		
141 76% (22/ 29)	1					1		1/			1		8						1				1		
149 76% (22/ 29)	1					1		1/			1		1/						1				1		
175 76% (22/ 29)	1					1		1/			1		1/						1				1		
201 76% (22/ 29)	1					1		1/			1		1/						1				1		
203 76% (22/ 29)	1					1		1/			1		1/						1				1		
204 76% (22/ 29)	1					1		1/			1		8						1				1		
216 76% (22/ 29)	1					1		1/			1		6						1				1		
221 76% (22/ 29)						1		1/			1		1/						1	5			1		
328 76% (22/ 29)	1					1		1/			1		8						1				1		

2544 29 TS + 4 SL + 71 MT

TESTSTELLE / UEBEREINST. ZEUGEN / BEZEUGTE VARIANTE			88 / 471 / 1/	97 / 422 / 1/	100 / 470 / 1/	102 / 478 / 1/
P8	100%	(1/ 1)	Z	Z	Z	Z
P33	100%	(1/ 1)	Z	Z	Z	Z
624	100%	(10/ 10)				
1738	100%	(5/ 5)				
1745	100%	(4/ 4)		Z		
1846	100%	(6/ 6)				
1858	100%	(5/ 5)				
1899	100%	(4/ 4)		Z	Z	
2778	100%	(3/ 3)	Z	Z	Z	Z
1730	88%	(7/ 8)				
314	86%	(6/ 7)	Z			
325	86%	(12/ 14)				
2289	86%	(12/ 14)				
2626	86%	(6/ 7)				
172	85%	(17/ 20)				
1731	83%	(15/ 18)				
2777	83%	(5/ 6)				
1839	83%	(19/ 23)				
1652	82%	(23/ 28)			3	
602	82%	(9/ 11)		Z		
2004	82%	(9/ 11)				
337	81%	(22/ 27)				
2378	81%	(13/ 16)				
1852	81%	(17/ 21)				
506	80%	(4/ 5)	Z	Z	Z	Z
2441	80%	(8/ 10)			Z	
2799	80%	(20/ 25)				
547	79%	(23/ 29)				
635	79%	(23/ 29)				
917	79%	(23/ 29)				
1040	79%	(23/ 29)				
1720	79%	(23/ 29)				
1865	79%	(23/ 29)				

2544 29 TS + 4 SL + 71 MT

TESTSTELLE / UEBEREINST. ZEUGEN / BEZEUGTE VARIANTE			88 / 471 / 1/	97 / 422 / 1/	100 / 470 / 1/	102 / 478 / 1/
2255	79%	(23/ 29)				
2374	79%	(23/ 29)				
2723	79%	(23/ 29)				
466	79%	(11/ 14)				
910	79%	(22/ 28)				
1075	79%	(22/ 28)				
1835	79%	(22/ 28)				
2218	79%	(22/ 28)				
1094	78%	(18/ 23)				
1752	78%	(18/ 23)				
43	78%	(21/ 27)				
309	78%	(14/ 18)				
986	78%	(21/ 27)				
57	77%	(17/ 22)				
1864	77%	(20/ 26)				
1867	77%	(20/ 26)				
1889	76%	(13/ 17)				
1723	76%	(19/ 25)				
6	76%	(22/ 29)				
18	76%	(22/ 29)				
38	76%	(22/ 29)				
82	76%	(22/ 29)				
88	76%	(22/ 29)				
105	76%	(22/ 29)				
141	76%	(22/ 29)				
149	76%	(22/ 29)				
175	76%	(22/ 29)				
201	76%	(22/ 29)				
203	76%	(22/ 29)				
204	76%	(22/ 29)				
216	76%	(22/ 29)				
221	76%	(22/ 29)				
328	76%	(22/ 29)				

2652 31 TS + 1 SL + 62 MT

TESTSTELLE	15	18	20	28	29	35	36	41	42	44	45	48	53	55	56	57	65	66	76	77	84	86	87	89	90
UEBEREINST. ZEUGEN	6	355	441	416	439	452	339	467	283	451	473	452	87	17	14	104	5	6	2	181	402	44	1	4	71
BEZEUGTE VARIANTE	7	1/	1/	1/	1/	1/	1/	1/	1/	1/	1/	1/	3	1/B	1/D	2	10	4	4	2	1/	2B	4B	8	2
P8 100% (1/ 1)	Z		Z	Z	Z	Z	Z	Z	Z	Z	Z	Z	Z	Z	Z	Z	Z	Z	Z	Z	Z	Z	Z	Z	Z
2627 100% (4/ 4)	Z	Z	Z					Z	Z	Z	Z	Z	Z	Z	Z	Z	Z	Z	Z	Z	Z	Z	Z	Z	Z
2175 88% (7/ 8)	1								Z	Z	Z	Z	Z	Z	Z	Z	Z	Z	Z	Z	Z	Z	Z	Z	Z
916 86% (6/ 7)	1							Z	Z	Z	Z	Z	Z	Z	Z	Z	Z	Z	Z	Z	Z	Z	Z	Z	Z
62 78% (7/ 9)	Z	Z	Z							Z	Z	Z	Z	Z	Z	Z	Z	Z	Z	Z	Z	Z	Z	Z	Z
2125 75% (3/ 4)	1			Z	Z		Z	Z	Z	Z	Z	Z	Z	Z	Z	Z	Z	Z	Z	Z	Z	Z	Z	Z	Z
1292 74% (23/ 31)	1								4								1/		3		4	3	1/	2	
2412 74% (23/ 31)	1								4								11		3		4	3	5	2	
614 71% (22/ 31)	1								4								11	15	3		4	3	5	2	
2147 71% (22/ 31)	3						1/K			6B							10B	10B				2	4		
1890 70% (21/ 30)	8								4				1/				1/F	6	1/		4	Z	1/	14	
2303 69% (9/ 13)	Z	Z	Z						4				Z	Z	Z	Z	Z	Z	Z	Z	Z	Z	Z	Z	Z
886 67% (2/ 3)	2			Z	Z	Z	Z	Z	Z	Z	Z	Z	Z	Z	Z	Z	Z	Z	Z	Z	Z	Z	Z	Z	Z
1101 67% (2/ 3)	1			Z	Z	Z	Z	Z	Z	Z	Z	Z	Z	Z	Z	Z	Z	Z	Z	Z	Z	Z	Z	Z	Z
1505 65% (20/ 31)	1						1/D						1/				1/	6	1/		4	3	1/	14	
1611 65% (20/ 31)	3								4				3B	1/			1/	1/	1/		4	3	1/	13	
2138 65% (20/ 31)	3						1/B		4				1/				1/F	1/	1/		4	3	1/	14	
1526 63% (12/ 19)	Z												1/	1/	1/	1	1/F	1/	1/		Z	Z	Z	Z	Z
P45 63% (5/ 8)	Z	Y	Y				Z		Z	Z		Z	Z	3	1/	1	Z	Z	Z	Z	Z	Z	Z	Z	Z
2718 62% (13/ 21)	1								4					1/	1/		1/F	6	Z	Z	Z	Z	Z	Z	Z
383 58% (18/ 31)	1														1/		10B	10B				1	1/	1	1
2495 58% (18/ 31)	4B	4					1/D						1/				1/F	6	1/		4	3	1/	14	
506 57% (4/ 7)	Z	Z	Z			Z	Z	Z	Z	Z	Z		Z	1/	1/	1	Z	Z	Z	Z		Z	Z	Z	Z
314 56% (5/ 9)	Z	Z	Z	Z	Z	Z	Z					Z	Z	Z	Z	Z	Z	Z	Z	Z	Z	Z	Z	Z	Z
1609 55% (16/ 29)	1			3D										1/	1/		5	1/	1/			2	1/	1	1
2201 55% (16/ 29)	Z	Z					1/F							1/	1/		1/	1/	1/			3	1/	1	
365 55% (11/ 20)	1						1/K						1/	1/	1/	1	1/	10	Z	Z	Z	Z	Z	Z	Z
1747 55% (11/ 20)	1							1/D					1/	1/	1/	1	1/	10	Z	Z	Z	Z	Z	Z	Z
5 55% (17/ 31)	4						1/D							1/	1/		1/	1/	1/			5	1/	1	
6 55% (17/ 31)	1					3			3					1/	1/		1/	1/	1/	1B		3	1/		
431 55% (17/ 31)	1					3			4					1/	1/		1/	1/B	1/		4	3	1/	2	
1622 55% (17/ 31)	1													1/	1/	1		10C	1/	1			1/	1	1
1842 55% (17/ 31)	1													1/F	1/	1	1/	1/	1/		1/C	4	1/	14	

2652 31 TS + 1 SL + 62 MT

TESTSTELLE	15	18	20	28	29	35	36	41	42	44	45	48	53	55	56	57	65	66	76	77	84	86	87	89	90
UEBEREINST. ZEUGEN	6	355	441	416	439	452	339	467	283	451	473	452	87	17	14	104	5	6	2	181	402	44	1	4	71
BEZEUGTE VARIANTE	7	1/	1/	1/	1/	1/	1/	1/	1/	1/	1/	1/	3	1/B	1/D	2	10	4	4	2	1/	2B	4B	8	2
1860 55% (17/ 31)	1													1/	1/	1		10C	1/	1			1/	1	1
1856 55% (12/ 22)	1								8				1/	1/	1/	1	1/	1/	1/		Z	Z	Z	Z	Z
81 54% (13/ 24)	2	Z	Z			3							1/	1/	1/		Z	Z	Z	Z	Z		1/	14	
441 54% (15/ 28)	Z	Z	Z						4					1/	1/		1/K	8	1/			3	1/	14	
97 53% (16/ 30)	1												1/	1/	1/	Z		6	1/	1			1/	1	1
913 53% (16/ 30)	Z	4		3D	5				5				1/				1/F	1/	1/	1B		3	1/	1	
1729 53% (16/ 30)	Z						1/F							6	1/	1	1/	1/	1/			3B	1/	1	
1873 53% (16/ 30)	1						1/K							1/	1/	1	1/F	1/	1/			3	1/	1	
1762 52% (11/ 21)	Z	Z										1/H	8B	1/	1/	1	1/	1/	1/	1		Z	Z	Z	Z
1277 52% (12/ 23)	1						1/L						1/	1/	1/	1	1/	1/	1/	1		3	Z	Z	Z
1610 52% (14/ 27)	1	4		3D	5				5			Z	1/				Z	Z	1/	1B	Z	3	1/	1	
619 52% (16/ 31)	1								4					1/	1/		1/	1/	1/			1	1/	1	
621 52% (16/ 31)	1		1/B						4				3B	1/	1/		1/	8	1/			3	1/	14	
808 52% (16/ 31)		6												1/	1/	1	1/F	1/	1/			1B	1/	7	1
1595 52% (16/ 31)									4					1/	1/		1/	1/	1/			1B	1/	1	1
1827 52% (16/ 31)	4								4					1/	1/		1/	1/	1/			1	1/	1	
1830 52% (16/ 31)	1	4		3D	5				5				1/				1/	1/	1/	1B		3	1/	1	
1843 52% (16/ 31)	1						1/K							1/	1/	1	1/	1/	1/			3	1/	1	
1868 52% (16/ 31)	1						1/F							1/	1/	1	1/F	1/	1/			2	1/	1	
2143 52% (16/ 31)	1						1/F							1/	1/		1/F	1/	1/			3	1/	1	4
2288 52% (16/ 31)	1						1/K							1/	1/	1	1/F	1/	1/			3	1/	1	
400 50% (11/ 22)	1					X			W	X			W	1/	1/	1	X	X	1/			1B	X	X	X
1743 50% (15/ 30)									4				Z	1/	1/		1/	1/	1/			1B	1/	1	1
1893 50% (12/ 24)	X					Z	Z		4			Z		1/	1/		Z	Z	1/		Z	1B	1/	1	
2483 50% (15/ 30)	1								6					1/	1/	1	1/F	1/	1/	U			1/	1	1
044 48% (15/ 31)	3								4	5			1/	1/	1/		1/F	1/	1/			3	1/	2	
76 48% (15/ 31)									4				1/	1/	1/		1/F	1/	1/			1B	1/	1	1
88 48% (15/ 31)	4													1/	1/	1	1/	1/	1/	1		4	1/	1	
102 48% (15/ 31)	6	4												1/	1/C		1/	1/	1/	1		1B	1/	1	1
189 48% (15/ 31)	6	4												1/	1/		1/	1/	1/	1		1	1/	1	1
203 48% (15/ 31)	1												1/	1/	1/	1	1/	1/	1/	1			1/	1	1
205 48% (15/ 31)	1													1/	1/	1	1/	1/	1/			4	1/	1	1
218 48% (15/ 31)	1												1/	1/	1/	1	1/F	1/	1/			1	1/	1	1

2652 31 TS + 1 SL + 62 MT

TESTSTELLE			91	92	95	97	100	102
UEBEREINST. ZEUGEN			18	99	68	17	11	478
BEZEUGTE VARIANTE			8	2	3	3	4	1/
P8	100%	(1/ 1)	Z	Z	Z	Z	Z	Z
2627	100%	(4/ 4)	Z	Z	Z	Z	Z	Z
2175	88%	(7/ 8)	Z	Z	Z	Z	Z	Z
916	86%	(6/ 7)	Z	Z	Z	Z	Z	Z
62	78%	(7/ 9)	Z	Z	Z	1/	1/	
2125	75%	(3/ 4)	Z	Z	Z	Z	Z	Z
1292	74%	(23/ 31)						
2412	74%	(23/ 31)						
614	71%	(22/ 31)						
2147	71%	(22/ 31)		1			1/	
1890	70%	(21/ 30)						
2303	69%	(9/ 13)	Z	1	1	1/	Z	
886	67%	(2/ 3)	Z	Z	Z	Z	Z	Z
1101	67%	(2/ 3)	Z	Z	Z	Z	Z	Z
1505	65%	(20/ 31)					1/	
1611	65%	(20/ 31)						
2138	65%	(20/ 31)						
1526	63%	(12/ 19)	Z	Z	Z	Z	Z	Z
P45	63%	(5/ 8)	Z	Z	Z	Z	Z	Z
2718	62%	(13/ 21)	Z	Z	Z	1/	1/	
383	58%	(18/ 31)	1/	1	1	1/	1/	
2495	58%	(18/ 31)		1			1/	
506	57%	(4/ 7)	Z	Z	Z	Z	Z	Z
314	56%	(5/ 9)	Z	1	1	1/	1/	
1609	55%	(16/ 29)	5		Z	Z	1/	
2201	55%	(16/ 29)	5		1	1/	1/	
365	55%	(11/ 20)	Z	Z	Z	Z	1/	
1747	55%	(11/ 20)	Z	Z	Z	Z	1/	
5	55%	(17/ 31)	3		2	1/	1/	
6	55%	(17/ 31)	12B			1/	1/	
431	55%	(17/ 31)	14				1/	
1622	55%	(17/ 31)	1/	1		4	1/	
1842	55%	(17/ 31)	5			5	1/	

2652 31 TS + 1 SL + 62 MT

TESTSTELLE			91	92	95	97	100	102
UEBEREINST. ZEUGEN			18	99	68	17	11	478
BEZEUGTE VARIANTE			8	2	3	3	4	1/
1860	55%	(17/ 31)	1/	1		4	1/	
1856	55%	(12/ 22)	Z	Z	Z	Z	1/	
81	54%	(13/ 24)	1/		2	1/	1/	
441	54%	(15/ 28)	5D	1		1/	1/	
97	53%	(16/ 30)	1/	1		4	1/	
913	53%	(16/ 30)			1	5		
1729	53%	(16/ 30)	5		1	1/	1/	
1873	53%	(16/ 30)	5		1	Z	1/	
1762	52%	(11/ 21)	Z	Z	Z	Z	1/	
1277	52%	(12/ 23)	Z	Z	Z	Z	Z	
1610	52%	(14/ 27)			1	5		
619	52%	(16/ 31)	1/	1	1	1/	1/	
621	52%	(16/ 31)	5			1/	1/	
808	52%	(16/ 31)	6		2	1/	1/	
1595	52%	(16/ 31)	3	1	1	1/	1/	
1827	52%	(16/ 31)	1/	1	1	1/	1/	
1830	52%	(16/ 31)			1	1/		
1843	52%	(16/ 31)	5		1	1/	1/	
1868	52%	(16/ 31)	5		1	1/	1/	
2143	52%	(16/ 31)	5		1	1/	1/	
2288	52%	(16/ 31)	11E		1	1/	1/	
400	50%	(11/ 22)	5	1	1	1/	1/	
1743	50%	(15/ 30)	3	1	4	1/	1/	
1893	50%	(12/ 24)	1/	1	1	1/	1/	
2483	50%	(15/ 30)	5C		3B	1/	1/	
044	48%	(15/ 31)	3			1/	1/	4
76	48%	(15/ 31)	3	1	1	1/	1/	
88	48%	(15/ 31)	3	1	1	1/	1/	
102	48%	(15/ 31)	3	1		1/	1/	
189	48%	(15/ 31)	3	1		1/	1/	
203	48%	(15/ 31)	1/		4	1/	1/	
205	48%	(15/ 31)	1/	1	1	1/	1/	
218	48%	(15/ 31)	1/		2	1/	1/	

2675 — 29 TS + 3 SL + 69 MT

TESTSTELLE	10	18	20	28	29	35	36	41	42	44	45	46	48	52	53	55	56	61	65	76	77	84	87	88	91
UEBEREINST. ZEUGEN	392	73	441	416	439	452	17	467	15	451	473	101	452	452	33	16	459	36	71	467	181	402	476	471	14
BEZEUGTE VARIANTE	1/	4	1/	1/	1/	1/	1/M	1/	3	1/	1/	3	1/	1/	8	8	1/	2	1/F	1/	2	1/	1/	1/	11
P33 100% (1/ 1)	Z	Z	Z	Z	Z	Z	Z	Z	Z	Z	Z	Z	Z		Z	Z	Z	Z	Z	Z	Z	Z	Z	Z	Z
P41 100% (1/ 1)	Z	Z	Z	Z	Z	Z	Z	Z	Z	Z	Z	Z	Z	Z	Z	Z	Z	Z	Z		Z	Z	Z	Z	Z
2511 90% (26/ 29)									5									1	1/						
234 89% (25/ 28)									5					X				1				4			
1405 86% (25/ 29)									5									1	1/			4			
1594 86% (25/ 29)									5									1	1/			4			
1863 86% (25/ 29)									5									1	1/			4			
2279 86% (25/ 29)									5									1	1/			4			
P45 86% (6/ 7)	Z	Y	Y				Z		Z	Z		Z	Z	Z	Z	3		Z	Z	Z	Z	Z	Z	Z	Z
912 86% (24/ 28)									5									1	1/			4			X
1003 86% (24/ 28)		1/							5									Z	1/			4			
1846 86% (6/ 7)	Z	Z	Z	Z	Z	Z	Z	Z	Z	Z	Z	Z	Z	Z	Z	Z	Z	Z	Z	Z	Z				X
506 83% (5/ 6)	Z	Z	Z			Z	Z	Z	Z	Z	Z	Z		Z	Z	1/		Z	Z	Z	Z		Z	Z	Z
51 83% (24/ 29)							1/F		5							1/		1	1/						
1753 83% (24/ 29)							1/K		5									1	1/			4			
1861 81% (22/ 27)	Z	Z							5									1	1/			4			
1745 80% (4/ 5)	Z	Z	Z	Z	Z	Z	Z	Z	Z	Z	Z	Z	Z	Z	Z	Z	Z	Z	Z	Z	Z	Z			1/
1899 80% (4/ 5)	Z	Z	Z	Z	Z	Z	Z	Z	Z	Z	Z	Z	Z	Z	Z	Z	Z	Z	Z	Z	Z				1/
42 79% (23/ 29)									5						9	1/		1	1/		1				
223 79% (23/ 29)							1/K		5							1/		1			1				
390 79% (23/ 29)		1/							5									1	1/			4			1/
1250 79% (23/ 29)		1/							5									1	1/			4			
2501 76% (22/ 29)							1/K		5									1	1/						1/
1456 75% (15/ 20)							1/K		5				Z	Z	Z	Z	Z	Z	Z	Z	Z	4			11F
2175 75% (6/ 8)		1/					1/		Z	Z	Z	Z	Z	Z	Z	Z	Z	Z	Z	Z	Z	Z	Z	Z	Z
2627 75% (3/ 4)	Z	Z	Z				1/	Z	Z	Z	Z	Z	Z	Z	Z	Z	Z	Z	Z	Z	Z	Z	Z	Z	Z
228 72% (21/ 29)							1/		5						1/	1/		1							5H
582 72% (21/ 29)		1/					1/K		5									1	1/			4			11F
2576 72% (21/ 29)									1/			1			1/	1/E		1			1				1/
2431 72% (18/ 25)		Y				Y	Y		1/			Y			1/	1/		1	1/G						1/
916 71% (5/ 7)		1/					1/	Z	Z	Z	Z	Z	Z	Z	Z	Z	Z	Z	Z	Z	Z	Z	Z	Z	Z
1597 71% (20/ 28)	8						1/		1/						1/	1/			1/		1				X
1726 71% (20/ 28)		Z					1/K		6						1/	1/		1							1/

2675 — 29 TS + 3 SL + 69 MT

TESTSTELLE			10	18	20	28	29	35	36	41	42	44	45	46	48	52	53	55	56	61	65	76	77	84	87	88	91
UEBEREINST. ZEUGEN			392	73	441	416	439	452	17	467	15	451	473	101	452	452	33	16	459	36	71	467	181	402	476	471	14
BEZEUGTE VARIANTE			1/	4	1/	1/	1/	1/	1/M	1/	3	1/	1/	3	1/	1/	8	8	1/	2	1/F	1/	2	1/	1/	1/	11
33	70%	(16/ 23)	11	X			X		X					X			3	X	X		1/D			3			3
5	69%	(20/ 29)		1/					1/D		1/						3	1/			1/						3
927	69%	(20/ 29)		1/					1/F		1/			6			3D	1/									5
1102	69%	(20/ 29)							1/		1/						3	1/		1	1/		1				3
1162	69%	(20/ 29)							1/		4			2			3	1/			1/						1/
1896	69%	(20/ 29)		6					1/		5					3		1/		1							3
1758	68%	(15/ 22)		Y		X			1/K		5			X				1/		X	1/	X	X	3			4E
1873	68%	(19/ 28)		1/					1/K		1/			6			3	1/		1							5
2483	68%	(19/ 28)		1/					1/		6						3	1/		1			U				5C
62	67%	(6/ 9)	Z	Z	Z				1/		1/	Z	Z	Z	Z	Z	Z	Z	Z	Z	Z	Z	Z	Z	Z	Z	Z
567	67%	(8/ 12)	Z	Z	Z		3			Z	Z	Z	Z	1	Z	Z	Z	Z	Z	Z	Z	Z	Z				X
1101	67%	(2/ 3)		1/		Z	Z	Z	Z	Z	Z	Z	Z	Z	Z	Z	Z	Z	Z	Z	Z	Z	Z	Z	Z	Z	Z
1352	67%	(18/ 27)		1/					1/		7						1/	X		1	1/		U				1/
1609	67%	(18/ 27)		1/		3D			1/		1/						3	1/		1	5						5
1723	67%	(18/ 27)	Z	1/					1/		X			1			1/	1/		1							1/
2587	67%	(18/ 27)	Z	Z					1/		6			1			1/	1/		1							1/
2746	67%	(14/ 21)	Z	Z	Z				1/		Z	Z	Z	Z	Z		3	1/		1							3
049	66%	(19/ 29)		1/					1/F		1/						1/	1/		1			1				1/
3	66%	(19/ 29)		1/					1/		4			1			1/	1/		1			1B				1/
76	66%	(19/ 29)	8	1/					1/		4						1/	1/		1							3
97	66%	(19/ 29)		1/					1/		1/			1			1/	1/		1	10		1				1/
102	66%	(19/ 29)							1/		1/						3	1/	1/C	1	1/		1				3
189	66%	(19/ 29)	8						1/		1/						3	1/		1	1/		1				3
218	66%	(19/ 29)		1/					1/		1/			1			1/	1/		1							1/
489	66%	(19/ 29)		1/					1/F		1/			6			3D	1/			1/						5
608	66%	(19/ 29)		1/							1/			1			1/	1/E		1	1/		1B				3E
619	66%	(19/ 29)		1/					1/		4			2			3	1/			1/						1/
808	66%	(19/ 29)		6					1/		1/			1			3	1/		1							6
824	66%	(19/ 29)		1/					1/		1/			1			1/	1/			1/						1/
996	66%	(19/ 29)							1/		6					3	1/	1/			1/		2B				5H
1106	66%	(19/ 29)							1/K		1/						1/	1/		1	1/		1				1/
1315	66%	(19/ 29)		1/					1/		6						8C	1/		1	1/						5C
1400	66%	(19/ 29)		1/					1/		6			1			1/	1/		1							1/

2675 29 TS + 3 SL + 69 MT

TESTSTELLE			95	97	100	102
UEBEREINST. ZEUGEN			68	33	470	478
BEZEUGTE VARIANTE			3	4	1/	1/
P33	100%	(1/ 1)	Z	Z	Z	Z
P41	100%	(1/ 1)	Z	Z	Z	Z
2511	90%	(26/ 29)				
234	89%	(25/ 28)				
1405	86%	(25/ 29)				
1594	86%	(25/ 29)				
1863	86%	(25/ 29)				
2279	86%	(25/ 29)				
P45	86%	(6/ 7)	Z	Z	Z	Z
912	86%	(24/ 28)				
1003	86%	(24/ 28)				
1846	86%	(6/ 7)		1/		
506	83%	(5/ 6)	Z	Z	Z	Z
51	83%	(24/ 29)				
1753	83%	(24/ 29)				
1861	81%	(22/ 27)		1/		
1745	80%	(4/ 5)	Z	Z		
1899	80%	(4/ 5)	Z	Z	Z	
42	79%	(23/ 29)				
223	79%	(23/ 29)		1/		
390	79%	(23/ 29)				
1250	79%	(23/ 29)		1/		
2501	76%	(22/ 29)	1	1/		
1456	75%	(15/ 20)		1/		
2175	75%	(6/ 8)	Z	Z	Z	Z
2627	75%	(3/ 4)	Z	Z	Z	Z
228	72%	(21/ 29)	1	1/		
582	72%	(21/ 29)		1/		
2576	72%	(21/ 29)	1			
2431	72%	(18/ 25)	1			
916	71%	(5/ 7)	Z	Z	Z	Z
1597	71%	(20/ 28)		1/		
1726	71%	(20/ 28)	1	1/		

2675 29 TS + 3 SL + 69 MT

TESTSTELLE			95	97	100	102
UEBEREINST. ZEUGEN			68	33	470	478
BEZEUGTE VARIANTE			3	4	1/	1/
33	70%	(16/ 23)	2	1/		
5	69%	(20/ 29)	2	1/		
927	69%	(20/ 29)	1	1/		
1102	69%	(20/ 29)		1/		
1162	69%	(20/ 29)	1	1/		
1896	69%	(20/ 29)	4	1/		
1758	68%	(15/ 22)	1	X		
1873	68%	(19/ 28)	1	Z		
2483	68%	(19/ 28)	3B	1/		
62	67%	(6/ 9)	Z	1/		
567	67%	(8/ 12)	1	1/		
1101	67%	(2/ 3)	Z	Z	Z	Z
1352	67%	(18/ 27)	1	1/		
1609	67%	(18/ 27)	Z	Z		
1723	67%	(18/ 27)	1	1/		
2587	67%	(18/ 27)	1	1/		
2746	67%	(14/ 21)	1	1/		
049	66%	(19/ 29)	1B	1/		
3	66%	(19/ 29)	1			
76	66%	(19/ 29)	1	1/		
97	66%	(19/ 29)				
102	66%	(19/ 29)		1/		
189	66%	(19/ 29)		1/		
218	66%	(19/ 29)	2	1/		
489	66%	(19/ 29)	1	1/		
608	66%	(19/ 29)		1/		
619	66%	(19/ 29)	1	1/		
808	66%	(19/ 29)	2	1/		
824	66%	(19/ 29)	1	1/		
996	66%	(19/ 29)	4	1/		
1106	66%	(19/ 29)	1	1/		
1315	66%	(19/ 29)	2	1/		
1400	66%	(19/ 29)	1	1/		

2718 — 41 TS + 0 SL + 37 MT

TESTSTELLE UEBEREINST. ZEUGEN BEZEUGTE VARIANTE	8 16 3B	10 392 1/	11 351 1/	12 5 12	18 355 1/	20 441 1/	23 91 2	28 416 1/	29 439 1/	35 452 1/	36 339 1/	38 21 2	41 467 1/	42 53 4	43 24 2	44 451 1/	45 473 1/	46 76 2	47 92 2	48 452 1/	49 162 2	50 17 2	52 7 4	53 87 3	55 422 1/
P8 100% (2/ 2)	Z	Z	Z	Z		Z		Z	Z	Z	Z	Z	Z	Z	Z	Z	Z	Z	Z	Z	Z	Z	Z	Z	Z
P45 80% (8/ 10)	Z	Z	Z	Z	Y	Y					Z			Z	Z	Z		Z	Z	Z	Z	Z	Z	Z	3
506 75% (6/ 8)	Z	Z	Z	Z	Z	Z	Z			Z	Z	Z	Z	Z	Z	Z	Z	Z	Z			Z	Z	Z	
33 72% (23/ 32)	X	11		1	X				X		X	X		3				X					1/		X
81 72% (23/ 32)	2	14	1/L	2	Z	Z	Z			3				1/									1/	1/	
2464 71% (5/ 7)	Z	Z	Z	Z	Z	Z	Z	Z	Z	Z	Z	Z	Z	Z	Z	Z	Z	Z	Z	Z	Z	Z	Z	Z	Z
2175 69% (9/ 13)	1			1			1					1		Z	Z	Z	Z	Z	Z	Z	Z	Z	Z	Z	Z
2344 68% (28/ 41)	3	11		1								1		3							1		1/		
431 68% (27/ 40)				13						3												2C	1/		
623 67% (24/ 36)	Z	Z	Z	Z	Z							1			1							1	1/		
916 67% (8/ 12)	1			1			1					1	Z	Z	Z	Z	Z	Z	Z	Z	Z	Z	Z	Z	Z
1101 67% (4/ 6)	1			1			Z	Z	Z	Z	Z	Z	Z	Z	Z	Z	Z	Z	Z	Z	Z	Z	Z	Z	Z
2627 67% (4/ 6)	Z	Z	Z	Z	Z	Z	Z					1	Z	Z	Z	Z	Z	Z	Z	Z	Z	Z	Z	Z	Z
441 65% (22/ 34)	Z	Z	Z	Z	Z	Z	Z					1			1							6	3		
P74 64% (25/ 39)	Y	3	1/I	2	Z					3				3		4						3	1/	1/	
1893 64% (21/ 33)	1			1						Z	Z	1			1					Z		1	1/		
03 63% (26/ 41)	2			2	3					4				1/		4								1/	1/B
044 63% (26/ 41)	1	4		1			7					1			1	5					1		1/	1/	
1739 63% (26/ 41)	3			3	4			3D	5			1		5	1							2C	1/		
01 61% (25/ 41)	2	3		2	5					3				1/		4				3				1/	1/B
1175 61% (25/ 41)	2	3	1/D	2	5					3		1		6		6									
2374 61% (25/ 41)	1			1			1					1						3	2B				1/		
62 60% (9/ 15)	Z	Z	Z	Z	Z	Z	Z							1/	1	Z	Z	Z	Z	Z	Z	Z	Z	Z	Z
02 59% (24/ 41)	2	3		2	5					3				3		4						3	1/	1/	4
181 59% (24/ 41)		11	11	4						3	3	1							1			10	1/	3G	5
630 58% (23/ 40)	3			3	Z			3D			1/F	1		6	1							2C	1/	8	
886 57% (4/ 7)	1	4		11				Z	Z	Z	Z	Z	Z	Z	Z	Z	Z	Z	Z	Z	Z	Z	Z	Z	Z
2303 57% (12/ 21)	Z	Z	Z	Z	Z	Z	Z					1			1			1	1			1	1/	Z	Z
619 56% (23/ 41)	3		1/L	1								1			1							1	1/		
1162 56% (23/ 41)			1/L	1	4							1			1							1	1/		
1297 56% (23/ 41)	1			1		1/B						1			1			6				1	1/		
1595 56% (23/ 41)	1			1								1			1			3				1	1/		
1891 56% (23/ 41)	3			3	4			3D	5		1/F	1		5	1							2C	1/		

2718 41 TS + 0 SL + 37 MT

TESTSTELLE		8	10	11	12	18	20	23	28	29	35	36	38	41	42	43	44	45	46	47	48	49	50	52	53	55
UEBEREINST. ZEUGEN		16	392	351	5	355	441	91	416	439	452	339	21	467	53	24	451	473	76	92	452	162	17	7	87	422
BEZEUGTE VARIANTE		3B	1/	1/	12	1/	1/	2	1/	1/	1/	1/	2	1/	4	2	1/	1/	2	2	1/	2	2	4	3	1/
04	56% (14/ 25)	2C	3	5	2	Z	Z	Z			3B		1	Z	Z		4							1/D	4	
1875	56% (19/ 34)	X	X	X	X				Z	Z	3	3	1		6	Z				1			4	1/	3G	5
2125	56% (5/ 9)	3			1			Z	Z	Z		Z	Z	Z	Z	Z	Z	Z	1	1	Z	Z	Z	Z	Z	Z
1890	54% (20/ 37)	Z	Z	Z	Z			1					1			4				1		1	1	1/	1/	1/B
206	54% (14/ 26)	Z	Z	Z	Z	Z	Z	Z	Z	Z	Z	Z	Z		5	1						1	19		8	
5	54% (22/ 41)	3			1							1/D	1		1/	1			3				1	1/		
88	54% (22/ 41)		3		1								1		1/	1			3				1			
94	54% (22/ 41)	3	6	1/L	1	5B			3D	5	3	1/F											2C	1/		
180	54% (22/ 41)	3	6		1	5B			3E	5	3	1/F	1											1/		
218	54% (22/ 41)	1		1/C				1					1		1/	1			1			1		1/	1/	
436	54% (22/ 41)	1		1/L	1	4		1					1			1							1	1/	4C	
621	54% (22/ 41)	3		1/O	1		1/B	1					1			1						1	1	3	3B	
945	54% (22/ 41)	3			3	4			3D	5			1		5	1							19	1/	8C	
1270	54% (22/ 41)	1			1		1/B						1			1			6				1	1/		
1505	54% (22/ 41)	1						1				1/D	1		1/	1			1			1		1/	1/	1/B
1598	54% (22/ 41)	1			1		1/B						1			1			6				1	1/		
1827	54% (22/ 41)			1/B	1								1			1				1		1	1	1/		
2737	54% (22/ 41)	3			1				10				1		3	1			1			1	1	1/		
1409	53% (20/ 38)	1	11			5						1/K	1		1/		4		3				13B	3		
2805	53% (20/ 38)		4	10	1	4	Z	Z	6	6			1			1							1	1/		
323	53% (21/ 40)	3	Z		1	4			3C	5			1		6	1						1		1/		
941	53% (21/ 40)	1			1	8						1/F	1			1			1				1	1/		
2746	52% (13/ 25)	Z	Z	Z	Z	Z	Z	Z					1		Z	Z	Z	Z	Z	Z	Z	Z	Z	1/		
228	51% (21/ 41)	3			1	4							1		5	1			3				1	1/	1/	
307	51% (21/ 41)	3	6		1D	5B			3E	5	3	1/F											2C	1/		
322	51% (21/ 41)	3			1	4			8	5			1		6	1						1		1/	3F	
453	51% (21/ 41)	3	6		1	5B			3E	5	3	1/F											2C	1/		
610	51% (21/ 41)	3	6		1	5B			3E	5	3	1/F											2C	1/		
1704	51% (21/ 41)	3			2	4			3D	5			1		5	1							19	1/	8	
1842	51% (21/ 41)	3		1/O	1			1					1		1/	1							1	3		1/F
2200	51% (21/ 41)	3			3	4			3D			1/F	1		5	1			1				2C	1/	8	
2495	51% (21/ 41)	7	7B		5	4						1/D	1		1/	1			1			1		1/	1/	1/B
2818	51% (21/ 41)	3	6		1C	5B			3E	5	3	1/F											2C	1/		

2718 — 41 TS + 0 SL + 37 MT

TESTSTELLE	56	57	59	62	64	65	66	68	69	96	97	98	100	102	103	104
UEBEREINST. ZEUGEN	459	104	20	28	38	71	20	20	10	35	422	22	470	478	21	22
BEZEUGTE VARIANTE	1/	2	2	2	2	1/F	6	3	2C	2	1/	2C	1/	1/	2	2
P8 100% (2/ 2)	Z	Z	Z	Z	Z	Z	Z	Z	Z	Z	Z	Z	Z	Z	Z	Z
P45 80% (8/ 10)		1	Z	Z	Z	Z	Z	Z	Z	Z	Z	Z	Z	Z	Z	Z
506 75% (6/ 8)		1	1	Z	Z	Z	Z	Z	Z	Z	Z	Z	Z	Z	Z	Z
33 72% (23/ 32)	X					1/D	1/C	4	3			7			X	
81 72% (23/ 32)				Z	Z	Z	Z	Z	Z			2				
2464 71% (5/ 7)	Z	Z	Z	Z	Z	Z	Z	Z	Z				3	4		
2175 69% (9/ 13)	Z	Z	Z	Z	Z	Z	Z	Z	Z	Z	Z	Z	Z	Z	Z	Z
2344 68% (28/ 41)			1			1/E	1/	4	3			7				
431 68% (27/ 40)			1	1		1/	1/B	2		1	3	W			1	1
623 67% (24/ 36)			1				1/	4	1	1				3	3B	1
916 67% (8/ 12)	Z	Z	Z	Z	Z	Z	Z	Z	Z	Z	Z	Z	Z	Z	Z	Z
1101 67% (4/ 6)	Z	Z	Z	Z	Z	Z	Z	Z	Z	Z	Z	Z	Z	Z	Z	Z
2627 67% (4/ 6)	Z	Z	Z	Z	Z	Z	Z	Z	Z	Z	Z	1	Z	Z	Z	Z
441 65% (22/ 34)			1	1		1/K	8	2	1	1					3D	
P74 64% (25/ 39)						1/	1/	4	3			2				
1893 64% (21/ 33)			1	1	Z	Z	Z	Z	Z	1		6			1	1
03 63% (26/ 41)						1/	1/	2	3		4	2		3		
044 63% (26/ 41)			4				1/		3B			1		4		
1739 63% (26/ 41)				1		1/	1/		2			2				
01 61% (25/ 41)						1/K	1/	4	3			2		3		
1175 61% (25/ 41)		2C		1		1/	1/B	2	3		1/B					
2374 61% (25/ 41)			1	1	1	3	1/	4	1B	1						1
62 60% (9/ 15)	Z	Z	Z	Z	Z	Z	Z	Z	Z	1B		3			1L	1H
02 59% (24/ 41)						1/	1/	4	3			2		3		
181 59% (24/ 41)						1/	1/	12	3B		4	2				
630 58% (23/ 40)				1	1	1/	1/					2			1	1
886 57% (4/ 7)	Z	Z	Z	Z	Z	Z	Z	Z	Z	Z	Z	Z	Z	Z	Z	Z
2303 57% (12/ 21)	Z	Z	Z	Z	Z	Z	Z	Z	Z	1		Z	Z		1	1
619 56% (23/ 41)			1	1	1	1/	1/	15	1	1		6B			1	1
1162 56% (23/ 41)			1	1	1	1/	1/	15	1	1		6			1N	1
1297 56% (23/ 41)			1	1	1		1/	15	1	1B		1			7	1
1595 56% (23/ 41)			1	1	1	1/	1/	15	1	1		1			1	1
1891 56% (23/ 41)				1		1/	1/		2			2			1L	1

2718 41 TS + 0 SL + 37 MT

TESTSTELLE UEBEREINST. ZEUGEN BEZEUGTE VARIANTE			56 459 1/	57 104 2	59 20 2	62 28 2	64 38 2	65 71 1/F	66 20 6	68 20 3	69 10 2C	96 35 2	97 422 1/	98 22 2C	100 470 1/	102 478 1/	103 21 2	104 22 2
04	56%	(14/ 25)		Z	Z	Z	Z	Z	Z	Z	Z		3	2	Z		Z	Z
1875	56%	(19/ 34)							7	12	3B			2			3B	1M
2125	56%	(5/ 9)	Z	Z	Z	Z	Z	Z	Z	Z	Z	Z	Z	Z	Z	Z	Z	Z
1890	54%	(20/ 37)	1/D		1					17	1		3	1	4			1
206	54%	(14/ 26)			1	1	X	1/	1/		3	1		1D			Z	Z
5	54%	(22/ 41)			1	1	1	1/	1/	4	1	1					3E	1
88	54%	(22/ 41)		1	1	1	1	1/	1/	6	1	1		6			1F	1
94	54%	(22/ 41)			1	1		1/	1/B		3	1					1	1
180	54%	(22/ 41)			1	1		1/	1/			1	3	2			1	1
218	54%	(22/ 41)		1		1			1/	7	1	1		2			1	1
436	54%	(22/ 41)			1			1/	1/	4	1	1		2			1	1
621	54%	(22/ 41)			1	1		1/	8	2	1	1					3C	
945	54%	(22/ 41)			1	1		1/	1/		3			2			1	1E
1270	54%	(22/ 41)			1	1	1	1/	1/	15	1	1		1			7	1
1505	54%	(22/ 41)	1/D		1			1/		17	1		3	1				1E
1598	54%	(22/ 41)			1	1	1	1/	1/	15	1	1		1			1I	1
1827	54%	(22/ 41)			1	1	1	1/	1/	7	1	1		6			1	1
2737	54%	(22/ 41)			1	1	1		1/	15		1		2B			1	1
1409	53%	(20/ 38)		Z	Z	Z	1		1/	4	3B	1		3			1	1
2805	53%	(20/ 38)			1		1		1/	4B	1B	1				Z	1L	1C
323	53%	(21/ 40)				1	1	1/C	1/	1	1			3			1	1
941	53%	(21/ 40)			1	1	1		1/	1	1	1		1		Y	1	1
2746	52%	(13/ 25)			1	1	1		1/	1	1	1		1			1	1
228	51%	(21/ 41)			1	1	1		11	7	1	1		2			1	1
307	51%	(21/ 41)			1	1		1/	1/B	2		1	3	2			1	1
322	51%	(21/ 41)				1	1	1/C	1/	1	1			3			1	1
453	51%	(21/ 41)			1	1		1/	1/B	2		1	3	2			1	1
610	51%	(21/ 41)			1	1		1/	1/B	2		1	3	2			1	1
1704	51%	(21/ 41)		2B	1	1		1/	1/		3			2			1	1
1842	51%	(21/ 41)		1	1	1		1/	1/	15	1	1	5				3B	
2200	51%	(21/ 41)				1	1	1/	1/		2			2			1	1
2495	51%	(21/ 41)	1/D		1					17	1		3	1				1D
2818	51%	(21/ 41)			1	1		1/	1/B	2		1	3	2			1	1

2723 32 TS + 0 SL + 72 MT

TESTSTELLE	4	10	11	18	19	20	28	29	35	36	41	42	44	45	48	49	52	53	55	56	65	66	68	76	77
UEBEREINST. ZEUGEN	23	392	351	355	110	441	416	439	452	339	467	283	451	473	452	162	452	338	422	459	333	365	87	467	181
BEZEUGTE VARIANTE	2	1/	1/	1/	2	1/	1/	1/	1/	1/	1/	1/	1/	1/	1/	2	1/	1/	1/	1/	1/	1/	2	1/	2
P33 100% (1/ 1)	Z	Z	Z	Z	Z	Z	Z	Z	Z	Z	Z	Z	Z	Z	Z	Z		Z	Z	Z	Z	Z	Z	Z	Z
62 100% (9/ 9)	Z	Z	Z	Z	Z	Z							Z	Z	Z	Z	Z	Z	Z	Z	Z	Z	Z	Z	Z
314 100% (7/ 7)	Z	Z	Z	Z	Z	Z	Z	Z	Z	Z					Z	Z	Z	Z	Z	Z	Z	Z	Z	Z	Z
506 100% (7/ 7)	Z	Z	Z	Z	Z	Z			Z	Z	Z	Z	Z	Z			Z	Z			Z	Z	Z	Z	Z
1738 100% (6/ 6)	Z	Z	Z	Z	Z	Z	Z	Z	Z	Z	Z	Z	Z	Z	Z	Z	Z	Z	Z	Z	Z	Z	Z	Z	Z
1745 100% (5/ 5)	Z	Z	Z	Z	Z	Z	Z	Z	Z	Z	Z	Z	Z	Z	Z	Z	Z	Z	Z	Z	Z	Z	Z	Z	Z
1846 100% (6/ 6)	Z	Z	Z	Z	Z	Z	Z	Z	Z	Z	Z	Z	Z	Z	Z	Z	Z	Z	Z	Z	Z	Z	Z	Z	Z
1858 100% (6/ 6)	Z	Z	Z	Z	Z	Z	Z	Z	Z	Z	Z	Z	Z	Z	Z	Z	Z	Z	Z	Z	Z	Z	Z	Z	Z
1864 100% (29/ 29)	Z	Z	Z																						
1865 100% (32/ 32)																									
1899 100% (5/ 5)	Z	Z	Z	Z	Z	Z	Z	Z	Z	Z	Z	Z	Z	Z	Z	Z	Z	Z	Z	Z	Z	Z	Z	Z	Z
2289 100% (16/ 16)	Z	Z	Z	Z	Z	Z	Z	Z	Z	Z	Z	Z	Z	Z	Z	Z									
2627 100% (4/ 4)	Z	Z	Z	Z	Z	Z					Z	Z	Z	Z	Z	Z	Z	Z	Z	Z	Z	Z	Z	Z	Z
2778 100% (6/ 6)	Z	Z	Z	Z	Z	Z	Z	Z	Z	Z	Z	Z	Z	Z							Z	Z	Z	Z	Z
149 97% (31/ 32)	1																								
201 97% (31/ 32)	1																								
824 97% (31/ 32)	1																								
1040 97% (31/ 32)					1																				
1072 97% (31/ 32)	1																								
1248 97% (31/ 32)	1																								
1503 97% (31/ 32)	1																								
1617 97% (31/ 32)	1																								
1628 97% (31/ 32)	1																								
1637 97% (31/ 32)	1																								
1656 97% (31/ 32)	1																								
1740 97% (31/ 32)	1																								
1746 97% (31/ 32)	1																								
2255 97% (31/ 32)												8													
2352 97% (31/ 32)	1																								
2466 97% (31/ 32)	1																								
1075 97% (30/ 31)	Z				1																				
1508 97% (30/ 31)	1																	Z							
2218 97% (30/ 31)	1											V													

2723 32 TS + 0 SL + 72 MT

TESTSTELLE	4	10	11	18	19	20	28	29	35	36	41	42	44	45	48	49	52	53	55	56	65	66	68	76	77
UEBEREINST. ZEUGEN	23	392	351	355	110	441	416	439	452	339	467	283	451	473	452	162	452	338	422	459	333	365	87	467	181
BEZEUGTE VARIANTE	2	1/	1/	1/	2	1/	1/	1/	1/	1/	1/	1/	1/	1/	1/	2	1/	1/	1/	1/	1/	1/	2	1/	2
986 97% (29/ 30)		Z	Z									8													
1723 96% (27/ 28)	Z	Z	Z									X									1/F				
1752 96% (25/ 26)	Z	Z	Z	Z	Z	Z						6													
2378 95% (18/ 19)	Z	Z	Z	Z	Z	Z	Z	Z	Z	Z	X	Y			Z					1/E					
141 94% (30/ 32)	1											8													
204 94% (30/ 32)	1											8													
386 94% (30/ 32)	1											4													
394 94% (30/ 32)	1											8													
444 94% (30/ 32)	1											6													
634 94% (30/ 32)	1											4													
664 94% (30/ 32)	1											6													
928 94% (30/ 32)	1											8													
1058 94% (30/ 32)	1											6													
1100 94% (30/ 32)	1											4													
1482 94% (30/ 32)	1											8													
1618 94% (30/ 32)	1																								
1619 94% (30/ 32)	1				1																				
1636 94% (30/ 32)	1				1																				
1732 94% (30/ 32)	1											8													
1733 94% (30/ 32)	1											4													
1737 94% (30/ 32)	1									1/F															
1748 94% (30/ 32)	1																								
1749 94% (30/ 32)	1											8													
1855 94% (30/ 32)	1											8													
1892 94% (30/ 32)	1																								
1897 94% (30/ 32)	1											8													
2261 94% (30/ 32)	1											8													
2554 94% (30/ 32)	1											4													
432 94% (29/ 31)	V											5					3								
757 94% (29/ 31)	1												3												
1652 94% (29/ 31)												Z				1									
2441 93% (13/ 14)	Z	Z	Z	Z	Z	Z	Z	Z	Z	Z	Z	8	Z	Z							Z	Z	Z		
1856 93% (25/ 27)	1											8													

2723 — 32 TS + 0 SL + 72 MT

TESTSTELLE		84	87	88	91	97	100	102
UEBEREINST. ZEUGEN		402	476	471	279	422	470	478
BEZEUGTE VARIANTE		1/	1/	1/	1/	1/	1/	1/
P33	100% (1/ 1)	Z	Z	Z	Z	Z	Z	Z
62	100% (9/ 9)	Z	Z	Z	Z			
314	100% (7/ 7)	Z	Z	Z	Z			
506	100% (7/ 7)		Z	Z	Z	Z	Z	Z
1738	100% (6/ 6)	Z						
1745	100% (5/ 5)	Z				Z		
1846	100% (6/ 6)				X			
1858	100% (6/ 6)	Z						
1864	100% (29/ 29)							
1865	100% (32/ 32)							
1899	100% (5/ 5)					Z	Z	
2289	100% (16/ 16)							
2627	100% (4/ 4)	Z	Z	Z	Z	Z	Z	Z
2778	100% (6/ 6)	Z	Z	Z	Z	Z	Z	Z
149	97% (31/ 32)							
201	97% (31/ 32)							
824	97% (31/ 32)							
1040	97% (31/ 32)							
1072	97% (31/ 32)							
1248	97% (31/ 32)							
1503	97% (31/ 32)							
1617	97% (31/ 32)							
1628	97% (31/ 32)							
1637	97% (31/ 32)							
1656	97% (31/ 32)							
1740	97% (31/ 32)							
1746	97% (31/ 32)							
2255	97% (31/ 32)							
2352	97% (31/ 32)							
2466	97% (31/ 32)							
1075	97% (30/ 31)							
1508	97% (30/ 31)							
2218	97% (30/ 31)							

2723 — 32 TS + 0 SL + 72 MT

TESTSTELLE		84	87	88	91	97	100	102
UEBEREINST. ZEUGEN		402	476	471	279	422	470	478
BEZEUGTE VARIANTE		1/	1/	1/	1/	1/	1/	1/
986	97% (29/ 30)							
1723	96% (27/ 28)							
1752	96% (25/ 26)							
2378	95% (18/ 19)							
141	94% (30/ 32)							
204	94% (30/ 32)							
386	94% (30/ 32)							
394	94% (30/ 32)							
444	94% (30/ 32)							
634	94% (30/ 32)							
664	94% (30/ 32)							
928	94% (30/ 32)							
1058	94% (30/ 32)							
1100	94% (30/ 32)							
1482	94% (30/ 32)							
1618	94% (30/ 32)				13B			
1619	94% (30/ 32)							
1636	94% (30/ 32)							
1732	94% (30/ 32)							
1733	94% (30/ 32)							
1737	94% (30/ 32)							
1748	94% (30/ 32)					4		
1749	94% (30/ 32)							
1855	94% (30/ 32)							
1892	94% (30/ 32)	4						
1897	94% (30/ 32)							
2261	94% (30/ 32)							
2554	94% (30/ 32)							
432	94% (29/ 31)							
757	94% (29/ 31)	Z						
1652	94% (29/ 31)						3	
2441	93% (13/ 14)	Z					Z	
1856	93% (25/ 27)	Z	Z	Z	Z	Z		

2737 | 39 TS + 4 SL + 61 MT

TESTSTELLE UEBEREINST. ZEUGEN BEZEUGTE VARIANTE	5 6 3	7 9 4	8 94 3	10 392 1/	11 351 1/	14 11 4	15 10 4	18 355 1/	20 441 1/	23 91 2	29 439 1/	31 36 2	35 452 1/	36 339 1/	40 34 2	41 467 1/	42 15 3	44 451 1/	45 473 1/	47 92 2	48 452 1/	52 452 1/	53 87 3	55 422 1/	56 459 1/
P8 100% (2/ 2)	Z	Z	Z	Z	Z	Z	Z		Z		Z	Z	Z	Z	Z	Z	Z	Z	Z	Z	Z	Z	Z	Z	Z
P33 100% (1/ 1)	Z	Z	Z	Z	Z	Z	Z	Z	Z	Z	Z	Z	Z	Z	Z	Z	Z	Z	Z	Z	Z		Z	Z	Z
1846 88% (7/ 8)	Z	Z	Z	Z	Z	Z	Z	Z	Z	Z	Z	Z	Z	Z	Z	Z	Z	Z	Z	Z	Z	Z	Z	Z	Z
623 81% (25/ 31)	Z	Z	Z	Z	Z	Z	Z	Z							1		4								
5 79% (31/ 39)	1	1												1/D	1		1/								
P45 78% (7/ 9)	Z	Z	Z	Z	Z	Z	Z	Y	Y			Z		Z			Z	Z		Z	Z	Z	Z	3	
1730 78% (7/ 9)	Z	Z	Z	Z	Z	Z	Z	Z	Z	Z	Z	Z	Z	Z	Z	Z	Z	Z	Z	Z	Z	Z	Z	Z	Z
88 77% (30/ 39)			3B	3													1/					4			
1893 76% (22/ 29)	1	1	1			X	X					1	Z	Z	1		4				Z				
314 75% (6/ 8)	Z	Z	Z	Z	Z	Z	Z	Z	Z	Z	Z	Z	Z	Z	Z		1/			Z	Z	Z	Z	Z	Z
2626 75% (6/ 8)	Z	Z	Z	Z	Z	Z	Z	Z	Z	Z	Z	Z	Z	Z	Z	Z	Z	Z	Z	Z	Z	Z	Z	Z	Z
2746 75% (18/ 24)	Z	Z	Z	Z	Z	Z	Z	Z	Z	Z		1			1		Z	Z	Z	Z	Z				
619 74% (29/ 39)	1	1			1/L	1	1								1		4								
915 74% (29/ 39)			3B	3	1/E									1/E			1/					4			
2344 74% (28/ 38)	5	1		11		X						1E			1										
172 73% (16/ 22)	Z	Z	Z	Z	Z	Z	Z			Z	Z	Z	Z		Z	Z	Z			1			1/		
441 72% (21/ 29)	Z	Z	Z	Z	Z	Z	Z	Z	Z	Z					3		4					3			
1729 72% (23/ 32)	Z	Z	Z	Z	Z	Z	Z					1		1/F	1		1/			1				6	
2201 72% (23/ 32)	1	Z	Z	Z	Z	Z	Z	Z				1		1/F	1		1/			1					
1739 72% (28/ 39)	1	16				2	3	4			5						5								
1827 72% (28/ 39)	1	1	3B		1/B										1		4			1					
1843 72% (28/ 39)	1	3					1					1		1/K	1		1/			1					
1868 72% (28/ 39)	1	3B				1	1					1		1/F	1		1/			1					
506 71% (5/ 7)	Z	Z	Z	Z	Z	Z	Z	Z	Z	Z		1	Z	Z	Z	Z	Z	Z	Z	Z		Z	Z		
1738 71% (5/ 7)	Z	Z	Z	Z	Z	Z	Z	Z	Z	Z	Z	Z	Z	Z	Z	Z	Z	Z	Z	Z	Z	Z	Z	Z	Z
1858 71% (5/ 7)	Z	Z	Z	Z	Z	Z	Z	Z	Z	Z	Z	Z	Z	Z	Z	Z	Z	Z	Z	Z	Z	Z	Z	Z	Z
2777 71% (5/ 7)	Z	Z	Z	Z	Z	Z	Z	Z	Z	Z	Z	Z	Z	Z	Z	Z	Z	Z	Z	Z	Z	Z	Z	Z	Z
323 71% (27/ 38)	1	18		Z		1	1	4			5				1		6								
630 71% (27/ 38)	1	1				2	3	Z				1		1/F			6						8		
1873 71% (27/ 38)	1	1					1					1		1/K	1		1/			1					
33 71% (22/ 31)	5		X	11			X	X			X	X		X	1									X	X
1852 70% (19/ 27)	Z	Z	Z	Z	Z	Z	Z	Z	Z	Z	Z	Z			1		1/			1			1/		
62 70% (7/ 10)	Z	Z	Z	Z	Z	Z	Z	Z	Z	Z		1			1		1/	Z	Z	Z	Z	Z	Z	Z	Z

2737 39 TS + 4 SL + 61 MT

TESTSTELLE	5	7	8	10	11	14	15	18	20	23	29	31	35	36	40	41	42	44	45	47	48	52	53	55	56
UEBEREINST. ZEUGEN	6	9	94	392	351	11	10	355	441	91	439	36	452	339	34	467	15	451	473	92	452	452	87	422	459
BEZEUGTE VARIANTE	3	4	3	1/	1/	4	4	1/	1/	2	1/	2	1/	1/	2	1/	3	1/	1/	2	1/	1/	3	1/	1/
P74 69% (25/ 36)	2	X	Y	3	1/I	2	2	Z					3					4					1/		
322 69% (27/ 39)	1	17				1	1	4			5				1		6						3F		
624 69% (9/ 13)	Z	Z	Z	Z	Z	Z	Z	Z	Z	Z	Z	Z			Z	Z	Z	Z	Z	Z	Z	Z	Z	Z	Z
927 69% (27/ 39)	1	3			12		1					1		1/F	1		1/			1			3D		
945 69% (27/ 39)	1	1				3	3	4			5						5						8C		
1162 69% (27/ 39)	5	1	3B		1/L	1	1	4							1		4								
1297 69% (27/ 39)	1	1	1			1	6		1/B			1			1		4								
1595 69% (27/ 39)	1	1	1			1	7					1			1		4								
1891 69% (27/ 39)	1	16				9	3	4			5			1/F			5								
2143 69% (27/ 39)	1	3	1		5		1					1		1/F	1		1/			1					
1723 68% (21/ 31)	Z	Z	Z	Z	Z	Z	Z			1		1			1		X			1			1/		
6 67% (26/ 39)	1	1	1			1	1			1		1	3		1					1					
81 67% (20/ 30)	2	2	2	14	1/L	2	2	Z	Z	Z			3				1/						1/		
228 67% (26/ 39)	1	3				1	1	4				1			1		5						1/		
431 67% (26/ 39)	1	1	3B			10	1					1	3				4								
467 67% (26/ 39)		5B		4		8	3	4			5	1			1		1/								
1270 67% (26/ 39)	1	1	1			1	6		1/B			1			1		4								
1598 67% (26/ 39)	1	1	1			1	6		1/B			1			1		4								
1745 67% (4/ 6)	Z	Z	Z	Z	Z	Z	Z	Z	Z	Z	Z	Z	Z	Z	Z	Z	Z	Z	Z	Z	Z	Z	Z	Z	Z
1899 67% (4/ 6)	Z	Z	Z	Z	Z	Z	Z	Z	Z	Z	Z	Z	Z	Z	Z	Z	Z	Z	Z	Z	Z	Z	Z	Z	Z
2288 67% (26/ 39)	1	1	1			1	1					1		1/K	1		1/			1					
2303 67% (10/ 15)	Z	Z	Z	Z	Z	Z	Z	Z	Z	Z		1			1		4			1			Z	Z	Z
2464 67% (6/ 9)	Z	Z	Z	Z	Z	Z	Z	Z	Z	Z	Z	Z	Z	Z	Z	Z	Z	Z	Z	Z	Z	Z	Z	Z	Z
2718 67% (22/ 33)	1	1	3B			1B	1					1			1		4					4			
2778 67% (4/ 6)	Z	Z	Z	Z	Z	Z	Z	Z	Z	Z	Z	Z	Z	Z	Z	Z	Z	Z	Z	Z			1/		
2200 66% (25/ 38)	1	1				2	3	4				1		1/F			5						8		
020 66% (19/ 29)	Z	Z	Z	Z	Z	Z	Z	Z	Z	Z		1			1		1/					3	1/		
400 65% (17/ 26)	Z	1	1		1/L	1	1			Y		1	X		1		W	X					W		
941 65% (24/ 37)	1	1	1			1	1	8				1		1/F	Y		4								
642 65% (20/ 31)	1	1		Z	Z	1	1			1		1			1		Z						1/		
2587 65% (20/ 31)	Z	Z	Z	Z	Z	Z	Z	Z		1		1			1		6			1			1/		
044 64% (25/ 39)		5	1	4		1B	3			7		3			1		4	5					1/		
104 64% (25/ 39)	1	5		11	1/M	1	1					1					7			1			1/		

2737 39 TS + 4 SL + 61 MT

TESTSTELLE	57	65	66	68	69	76	84	87	88	90	92	97	100	102
UEBEREINST. ZEUGEN	104	71	365	16	10	467	402	476	471	71	99	422	470	478
BEZEUGTE VARIANTE	2	1/F	1/	15	2C	1/	1/	1/	1/	2	2	1/	1/	1/
P8 100% (2/ 2)	Z	Z	Z	Z	Z	Z	Z	Z	Z	Z	Z	Z	Z	Z
P33 100% (1/ 1)	Z	Z	Z	Z	Z	Z	Z	Z	Z	Z	Z	Z	Z	Z
1846 88% (7/ 8)	Z	Z	Z	Z	Z	Z				1				
623 81% (25/ 31)				4	1		4							3
5 79% (31/ 39)		1/		4	1									
P45 78% (7/ 9)	1	Z	Z	Z	Z	Z	Z	Z	Z	Z	Z	Z	Z	Z
1730 78% (7/ 9)	Z	Z	Z	Z	Z					1	1			
88 77% (30/ 39)	1	1/		6	1						1			
1893 76% (22/ 29)		Z	Z	Z	Z		Z				1			
314 75% (6/ 8)	Z	Z	Z	Z	Z	Z	Z	Z	Z	Z	1			
2626 75% (6/ 8)	Z	Z	Z	Z	Z	Z				1	1			
2746 75% (18/ 24)				1	1					1	1			
619 74% (29/ 39)		1/			1						1			
915 74% (29/ 39)	1	1/P			1						1			
2344 74% (28/ 38)		1/E		4	3		3				1			
172 73% (16/ 22)	1	1/		7	1		Z			Z	Z			
441 72% (21/ 29)		1/K	8	2	1						1			
1729 72% (23/ 32)	1	1/			1									
2201 72% (23/ 32)		1/		1	1									
1739 72% (28/ 39)		1/		3	2		3							
1827 72% (28/ 39)		1/		7	1						1			
1843 72% (28/ 39)	1	1/			1									
1868 72% (28/ 39)	1				1									
506 71% (5/ 7)	1	Z	Z	Z	Z	Z		Z	Z	Z	Z	Z	Z	Z
1738 71% (5/ 7)	Z	Z	Z	Z	Z	Z	Z			1	1			
1858 71% (5/ 7)	Z	Z	Z	Z	Z	Z	Z			1	1			
2777 71% (5/ 7)	Z	Z	Z	Z	Z	Y	Z			1	1			
323 71% (27/ 38)		1/C		1	1									
630 71% (27/ 38)		1/		3			3							
1873 71% (27/ 38)	1			4	1							Z		
33 71% (22/ 31)		1/D	1/C	4	3		3				1			
1852 70% (19/ 27)	1	1/		1	1									
62 70% (7/ 10)	Z	Z	Z	Z	Z	Z	Z	Z	Z	Z	Z			

2737 — 39 TS + 4 SL + 61 MT

TESTSTELLE	57	65	66	68	69	76	84	87	88	90	92	97	100	102
UEBEREINST. ZEUGEN	104	71	365	16	10	467	402	476	471	71	99	422	470	478
BEZEUGTE VARIANTE	2	1/F	1/	15	2C	1/	1/	1/	1/	2	2	1/	1/	1/
P74 69% (25/ 36)		1/		4	3									
322 69% (27/ 39)		1/C		1	1									
624 69% (9/ 13)	Z	1/		1	Z		Z			1	1			
927 69% (27/ 39)	1				1									
945 69% (27/ 39)		1/		3	3		3							
1162 69% (27/ 39)		1/			1						1			
1297 69% (27/ 39)					1					1	1			
1595 69% (27/ 39)		1/			1					1	1			
1891 69% (27/ 39)		1/		3	2		3							
2143 69% (27/ 39)					1					4				
1723 68% (21/ 31)	1			2	1					1	1			
6 67% (26/ 39)		1/		1	1									
81 67% (20/ 30)		Z	Z	Z	Z	Z	Z							
228 67% (26/ 39)			11	7	1					1				
431 67% (26/ 39)		1/	1/B	2			4					3		
467 67% (26/ 39)		1/		7	1						1			
1270 67% (26/ 39)		1/			1					1	1			
1598 67% (26/ 39)		1/			1					1	1			
1745 67% (4/ 6)	Z	Z	Z	Z	Z	Z	Z			1	1	Z		
1899 67% (4/ 6)	Z	Z	Z	Z	Z	Z				1	1	Z	Z	
2288 67% (26/ 39)	1			14	1									
2303 67% (10/ 15)	Z	Z	Z	Z	Z	Z	Z	Z	Z	Z	1		Z	
2464 67% (6/ 9)	Z	Z	Z	Z	Z		4						3	4
2718 67% (22/ 33)			6	3		Z	Z	Z	Z	Z	Z			
2778 67% (4/ 6)	1	Z	Z	Z	Z	Z	Z	Z	Z	Z	Z	Z	Z	Z
2200 66% (25/ 38)		1/		3	2	Z	3							
020 66% (19/ 29)	1			1	9					1	1			
400 65% (17/ 26)	1	X	X	X	X			X	X	X	1			
941 65% (24/ 37)				1	1		4			1				Y
642 65% (20/ 31)	1	Z	Z	Z	Z		Z			1	1			
2587 65% (20/ 31)	1			2	1					1	1			
044 64% (25/ 39)				3	3B									4
104 64% (25/ 39)		1/		1	1					4				

2774 38 TS + 1 SL + 65 MT

TESTSTELLE	2	9	10	11	12	18	20	21	23	28	29	30	35	36	41	42	44	45	46	48	49	52	53	55	56
UEBEREINST. ZEUGEN	16	7	11	351	1	355	441	36	91	416	439	12	452	339	467	41	451	473	101	452	162	452	87	422	459
BEZEUGTE VARIANTE	2	2	11	1/	11B	1/	1/	2	2	1/	1/	3	1/	1/	1/	6	1/	1/	3	1/	2	1/	3	1/	1/
P8 100% (2/ 2)	Z	Z	Z	Z	Z		Z	Z		Z	Z	Z	Z	Z	Z	Z	Z	Z	Z	Z	Z	Z	Z	Z	Z
P33 100% (1/ 1)	Z	Z	Z	Z	Z	Z	Z	Z	Z	Z	Z	Z	Z	Z	Z	Z	Z	Z	Z	Z	Z		Z	Z	Z
P41 100% (1/ 1)	Z	Z	Z	Z	Z	Z	Z	Z	Z	Z	Z	Z	Z	Z	Z	Z	Z	Z	Z	Z	Z	Z	Z	Z	Z
P45 88% (7/ 8)	Z	Z	Z	Z	Z	Y	Y	X				Z		Z		Z	Z		Z	Z	Z	Z	Z	3	
506 88% (7/ 8)	Z	Z	Z	Z	Z	Z	Z	Z	Z			1	Z	Z	Z	Z	Z	Z	Z			Z	Z		
2778 83% (5/ 6)	Z	Z	Z	Z	Z	Z	Z	Z	Z	Z	Z	Z	Z	Z	Z	Z	Z	Z	Z				1/		
62 82% (9/ 11)	Z	Z	Z	Z	Z	Z	Z	Z	Z			1				1/	Z	Z	Z	Z	Z	Z	Z	Z	Z
1752 79% (23/ 29)	Z	Z	Z	Z	Z	Z	Z	Z	Z										1				1/		
935 78% (29/ 37)	1	1	1/		1			Z	1										5						
2746 78% (18/ 23)	Z	Z	Z	Z	Z	Z	Z	Z	Z			1				Z	Z	Z	Z	Z	Z				
1846 78% (7/ 9)	Z	Z	Z	Z	Z	Z	Z	Z	Z	Z	Z	Z	Z	Z	Z	Z	Z	Z	Z	Z	Z	Z	Z	Z	Z
624 77% (10/ 13)	Z	Z	Z	Z	Z	Z	Z	Z	Z	Z	Z	Z			Z	Z	Z	Z	Z	Z	Z	Z	Z	Z	Z
2483 76% (29/ 38)	1	1	1/		1			1D	1			1													
172 75% (18/ 24)	Z	Z	Z	Z	Z			1	Z		Z	1	Z		Z	Z			1		1		1/		
623 75% (24/ 32)	Z	Z	Z	Z	Z	Z		1				1				4			2						
1723 75% (24/ 32)	Z	Z	Z	Z	Z			1	1			1				X			1				1/		
2303 75% (12/ 16)	Z	Z	Z	Z	Z	Z	Z	Z	Z			1				4			1				Z	Z	Z
2587 75% (24/ 32)	Z	Z	Z	Z	Z	Z		1	1			1							1				1/		
216 74% (28/ 38)	1	1	1/		1			1	1			1C									1				
440 74% (28/ 38)	1	1	1/		1			1	1			1													
1409 74% (28/ 38)		5			12	5						1		1/K		1/	4					3			
1852 73% (19/ 26)	Z	Z	Z	Z	Z	Z	Z	Z	Z	Z	Z	Z				1/					1		1/		
1730 73% (8/ 11)	Z	Z	Z	Z	Z	Z	Z	Z	Z	Z	Z	Z	Z	Z	Z	Z	Z	Z	Z	Z	Z	Z	Z	Z	Z
020 72% (21/ 29)	Z	Z	Z	Z	Z	Z	Z	Z	Z			1				1/					1	3	1/		
57 72% (21/ 29)	Y	Y	Y	Y	Y	Y	Y	Y	1			1				1/			1		1		1/		
1094 72% (21/ 29)	Z	Z	Z	Z	Z	Z	Z	Z	Z			1				1/			1		1		1/		
1899 71% (5/ 7)	Z	Z	Z	Z	Z	Z	Z	Z	Z	Z	Z	Z	Z	Z	Z	Z	Z	Z	Z	Z	Z	Z	Z	Z	Z
496 71% (27/ 38)	1	1	1/		1			1	1			1													
1404 71% (27/ 38)	1	1	1/		1			1	1			1							2						
325 71% (12/ 17)	Z	Z	Z	Z	Z	Z	Z	Z	Z	Z	Z	Z	Z	Z	Z	Z	Z	Z	Z	Z	Z		1/		
2289 71% (12/ 17)	Z	Z	Z	Z	Z	Z	Z	Z	Z	Z	Z	Z	Z	Z	Z	Z	Z	Z	Z	Z	Z		1/		
81 70% (21/ 30)			14	1/L	2	Z	Z	Z	Z				3			1/			2				1/		
1729 70% (23/ 33)	Z	Z	Z	Z	Z			1				1		1/F		1/			7					6	

2774 38 TS + 1 SL + 65 MT

TESTSTELLE	2	9	10	11	12	18	20	21	23	28	29	30	35	36	41	42	44	45	46	48	49	52	53	55	56
UEBEREINST. ZEUGEN	16	7	11	351	1	355	441	36	91	416	439	12	452	339	467	41	451	473	101	452	162	452	87	422	459
BEZEUGTE VARIANTE	2	2	11	1/	11B	1/	1/	2	2	1/	1/	3	1/	1/	1/	6	1/	1/	3	1/	2	1/	3	1/	1/
1864 70% (23/ 33)	Z	Z	Z	Z	Z			1	1			1				1/			1				1/		
2201 70% (23/ 33)	1	Z	Z	Z	Z	Z		1				1		1/F		1/			2						
2716 69% (18/ 26)	Z	Z	Z	Z	Z	Z	Z	Z	Z			Z	Z			1/			1		1		1/		
5 68% (26/ 38)	1	1	1/		1			1				1		1/D		1/									
88 68% (26/ 38)	1	1	3		1							2				1/						4			
203 68% (26/ 38)	1	1	1/		1			1	1			1				1/							1/		
228 68% (26/ 38)	1	1	1/		1	4						1				5							1/		
456 68% (26/ 38)	1	1	1/		1			1	1			1				1/									
1315 68% (26/ 38)	1	1	1/		1			1	1			1											8C		
1400 68% (26/ 38)	1	1	1/		1			1	1			1							1				1/		
1595 68% (26/ 38)	1	1	1/		1			1				1				4									
1868 68% (26/ 38)	1	1	1/		1			1				1		1/F		1/			6		1				
2374 68% (26/ 38)	1	1	1/		1				1			1				4									
309 68% (15/ 22)	Z	Z	Z	Z	Z	Z	Z	Z	Z	Z	Z	Z	Z	Z		4			1	Z	Z		1/		
110 68% (23/ 34)	X	1	1/		1	X		X	Z			1				8			1		1		1/		
986 68% (23/ 34)	1	Z	Z	Z	Z			1	1			1				8			1				1/		
460 68% (25/ 37)	1	5	3		9			8				1		1/E		1/							1/		
1609 68% (25/ 37)	1	1	1/		1			1	1	3D		1				1/					1				
P74 67% (24/ 36)		Z	3	1/I	2	Z						2	3			3	4		2				1/		
014 67% (18/ 27)	Z	Z	Z	Z	Z	Z	Z	Z	1			1	Z	1/F		1/			Z		1	3	1/		
33 67% (20/ 30)	1	1			1	X		X			X	X		X		3			X					X	X
323 67% (24/ 36)	1	Z	Z		1	4		1		3C	5	1							2		1				
337 67% (24/ 36)	1	1	1/		1		Z	Z	1			1				1/							1/		
491 67% (24/ 36)	Z	1	1/	1/O	1			1	1			1				W			1		1		1/		
1526 67% (16/ 24)	1	Z	Z	Z	Z			1	1			1				1/			1		1		1/		
1738 67% (6/ 9)	Z	Z	Z	Z	Z	Z	Z	Z	Z	Z	Z	Z	Z	Z	Z	Z	Z	Z	Z	Z	Z	Z	Z	Z	Z
1858 67% (6/ 9)	Z	Z	Z	Z	Z	Z	Z	Z	Z	Z	Z	Z	Z	Z	Z	Z	Z	Z	Z	Z	Z	Z	Z	Z	Z
1873 67% (24/ 36)	Z	1	1/		1			1				1		1/K		1/			6		1				
2378 67% (14/ 21)	Z	Z	Z	Z	Z	Z	Z	Z	Z	Z	Z	Z	Z	Z	X	Y			1	Z			1/		1/E
2627 67% (4/ 6)	Z	Z	Z	Z	Z	Z	Z	Z	Z			1			Z	Z	Z	Z	Z	Z	Z	Z	Z	Z	Z
2777 67% (6/ 9)	Z	Z	Z	Z	Z	Z	Z	Z	Z	Z	Z	Z	Z	Z	Z	Z	Z	Z	Z	Z	Z	Z	Z	Z	Z
049 66% (25/ 38)	1	1	1/		1			1	1			5		1/F		1/					1		1/		
444 66% (25/ 38)	1	1	1/		1			1	1			1							1				1/		

2774 38 TS + 1 SL + 65 MT

TESTSTELLE	65	66	76	84	86	87	88	91	92	97	98	100	102
UEBEREINST. ZEUGEN	71	365	467	402	35	476	471	279	99	422	34	470	478
BEZEUGTE VARIANTE	1/F	1/	1/	1/	2	1/	1/	1/	2	1/	3	1/	1/
P8 100% (2/ 2)	Z	Z	Z	Z	Z	Z	Z	Z	Z	Z	Z	Z	Z
P33 100% (1/ 1)	Z	Z	Z	Z	Z	Z	Z	Z	Z	Z	Z	Z	Z
P41 100% (1/ 1)	Z	X		Z	Z	Z	Z	Z	Z	Z	Z	Z	Z
P45 88% (7/ 8)	Z	Z	Z	Z	Z	Z	Z	Z	Z	Z	Z	Z	Z
506 88% (7/ 8)	Z	Z	Z		Z	Z	Z	Z	Z	Z	Z	Z	Z
2778 83% (5/ 6)	Z	Z	Z	Z	Z	Z	Z	Z	Z	Z	Z	Z	Z
62 82% (9/ 11)	Z	Z	Z	Z	Z	Z	Z	Z	Z				
1752 79% (23/ 29)	1/				1B				1		1		
935 78% (29/ 37)	9							5C					
2746 78% (18/ 23)					1B			3	1		1		
1846 78% (7/ 9)	Z	Z	Z		1			X			1		
624 77% (10/ 13)	1/			Z	Z				1		1		
2483 76% (29/ 38)					2B			5C					
172 75% (18/ 24)	1/			Z	Z			Z	Z				
623 75% (24/ 32)				4				3			2C		3
1723 75% (24/ 32)					1B				1		1		
2303 75% (12/ 16)	Z	Z	Z	Z	Z	Z	Z	Z	1		Z	Z	
2587 75% (24/ 32)					1B				1		1		
216 74% (28/ 38)	1/							4K					
440 74% (28/ 38)	1/				2B			4K					
1409 74% (28/ 38)					3			4					
1852 73% (19/ 26)	1/				1			5			1		
1730 73% (8/ 11)	Z	Z			2B				1		1		
020 72% (21/ 29)					1				1		1		
57 72% (21/ 29)	1/			Y					1				
1094 72% (21/ 29)	1/								1		2C		
1899 71% (5/ 7)	Z	Z	Z		1B				1	Z	Z	Z	
496 71% (27/ 38)	1/				1			4K			1		
1404 71% (27/ 38)	1/				1B			5C					
325 71% (12/ 17)	1/				2B				1		1		
2289 71% (12/ 17)	1/				1B				1		1		
81 70% (21/ 30)	Z	Z	Z	Z	2B						2		
1729 70% (23/ 33)	1/				3B			5			1		

2774 — 38 TS + 1 SL + 65 MT

TESTSTELLE	65	66	76	84	86	87	88	91	92	97	98	100	102
UEBEREINST. ZEUGEN	71	365	467	402	35	476	471	279	99	422	34	470	478
BEZEUGTE VARIANTE	1/F	1/	1/	1/	2	1/	1/	1/	2	1/	3	1/	1/
1864 70% (23/ 33)	1/				1B				1		1		
2201 70% (23/ 33)	1/				3			5			6		
2716 69% (18/ 26)	1/H				4				1		1D	Z	
5 68% (26/ 38)	1/				5			3			2C		
88 68% (26/ 38)	1/				4			3	1		6		
203 68% (26/ 38)	1/				2B						1		
228 68% (26/ 38)		11			1			5H			2		
456 68% (26/ 38)	1/				2B				1		1		
1315 68% (26/ 38)	1/				1			5C			1		
1400 68% (26/ 38)					1B				1		1		
1595 68% (26/ 38)	1/				1B			3	1		1		
1868 68% (26/ 38)								5			1		
2374 68% (26/ 38)	3				3			3	1		2C		
309 68% (15/ 22)	1/O				1				1		1		
110 68% (23/ 34)	1/Q								1		2		
986 68% (23/ 34)	1/				1B				1		1		
460 68% (25/ 37)	1/R				1				1		Z		
1609 68% (25/ 37)	5							5		Z			
P74 67% (24/ 36)	1/				2B						2		
014 67% (18/ 27)					1				1				Z
33 67% (20/ 30)	1/D	1/C		3				3	1		7		
323 67% (24/ 36)	1/C				1			5					
337 67% (24/ 36)	1/				1				1		1		
491 67% (24/ 36)									1		1		
1526 67% (16/ 24)				Z	Z	Z	Z	Z	Z	Z	Z	Z	Z
1738 67% (6/ 9)	Z	Z	Z	Z	1				1		1		
1858 67% (6/ 9)	Z	Z	Z	Z	1B				1		1		
1873 67% (24/ 36)					3			5		Z	6		
2378 67% (14/ 21)	1/				1B				1		1		
2627 67% (4/ 6)	Z	Z	Z	Z	Z	Z	Z	Z	Z	Z	1	Z	Z
2777 67% (6/ 9)	Z	Z	Y	Z	1B				1		1		
049 66% (25/ 38)					1				1				
444 66% (25/ 38)	1/				1B				1		1		

2778 — 6 TS + 0 SL + 6 MT

TESTSTELLE	48	49	52	53	55	56
UEBEREINST. ZEUGEN	452	162	452	338	422	459
BEZEUGTE VARIANTE	1/	2	1/	1/	1/	1/
P33 100% (1/ 1)	Z	Z		Z	Z	Z
P74 100% (6/ 6)						
3 100% (6/ 6)						
18 100% (6/ 6)						
35 100% (6/ 6)						
81 100% (6/ 6)						
141 100% (6/ 6)						
142 100% (6/ 6)						
149 100% (6/ 6)						
177 100% (6/ 6)						
201 100% (6/ 6)						
203 100% (6/ 6)						
204 100% (6/ 6)						
226 100% (6/ 6)						
228 100% (6/ 6)						
309 100% (4/ 4)	Z	Z				
325 100% (4/ 4)	Z	Z				
337 100% (6/ 6)						
386 100% (6/ 6)						
394 100% (6/ 6)						
400 100% (5/ 5)				W		
444 100% (6/ 6)						
460 100% (6/ 6)						
506 100% (4/ 4)			Z	Z		
547 100% (6/ 6)						
604 100% (6/ 6)						
618 100% (6/ 6)						
633 100% (6/ 6)						
634 100% (6/ 6)						
664 100% (6/ 6)						
757 100% (6/ 6)						
796 100% (6/ 6)						
801 100% (6/ 6)						

2778 6 TS + 0 SL + 6 MT

TESTSTELLE UEBEREINST. ZEUGEN BEZEUGTE VARIANTE	48 452 1/	49 162 2	52 452 1/	53 338 1/	55 422 1/	56 459 1/
824 100% (6/ 6)						
911 100% (6/ 6)						
928 100% (6/ 6)						
986 100% (6/ 6)						
1040 100% (6/ 6)						
1058 100% (6/ 6)						
1072 100% (6/ 6)						
1075 100% (6/ 6)						
1100 100% (6/ 6)						
1161 100% (6/ 6)						
1248 100% (6/ 6)						
1400 100% (6/ 6)						
1482 100% (6/ 6)						
1503 100% (6/ 6)						
1508 100% (5/ 5)				Z		
1563 100% (6/ 6)						
1597 100% (5/ 5)		X				
1617 100% (6/ 6)						
1618 100% (6/ 6)						
1619 100% (6/ 6)						
1628 100% (6/ 6)						
1636 100% (6/ 6)						
1637 100% (6/ 6)						
1656 100% (6/ 6)						
1723 100% (6/ 6)						
1725 100% (6/ 6)						
1732 100% (6/ 6)						
1733 100% (6/ 6)						
1737 100% (6/ 6)						
1740 100% (6/ 6)						
1746 100% (6/ 6)						
1748 100% (6/ 6)						
1749 100% (6/ 6)						

2805 — 51 TS + 2 SL + 46 MT

TESTSTELLE	8	10	11	13	14	15	17	18	19	24	26	28	29	35	36	40	41	42	44	45	46	47	48	49	51
UEBEREINST. ZEUGEN	16	4	2	8	23	24	23	73	110	17	30	2	1	452	339	34	467	53	451	473	76	92	452	162	1
BEZEUGTE VARIANTE	3B	4	10	3D	2	3	2	4	2	2	2	6	6	1/	1/	2	1/	4	1/	1/	2	2	1/	2	7
P33 100% (1/ 1)	Z	Z	Z	Z	Z	Z	Z	Z	Z	Z	Z	Z	Z	Z	Z	Z	Z	Z	Z	Z	Z	Z	Z	Z	Z
623 71% (30/ 42)	Z	Z	Z	Z	Z	Z	Z	Z	Z	1		1/	1/			1									1
441 68% (27/ 40)	Z	Z	Z	Z	Z	Z	Z	Z	Z	Z	Z	1/	1/			3									1
1739 67% (34/ 51)	3	1/	1/							1B		3D	5					5							1
044 65% (33/ 51)	1		1/	2D	1B			1/	1		1	1/	1/			1			5					1	9
945 61% (31/ 51)	3	1/	1/	3E	3		11			1B		3D	5					5							1
1891 61% (31/ 51)	3	1/	1/		9					1B		3D	5		1/F			5							1
P74 60% (29/ 48)	Y	3	1/I	2B		2		Z				1/	1/	3				3	4						2
630 58% (28/ 48)	3	1/	1/	4			Z	Z	Z	1B	1	3D	1/		1/F			6							1
1704 57% (29/ 51)	3	1/	1/	5		5	11			1B		3D	5					5							1
2298 57% (29/ 51)	1	1/	1/L	1D			11B			1B		3D	5			4		5			3				1
2778 56% (5/ 9)	Z	Z	Z	Z	Z	Z	Z	Z	Z	Z	Z	Z	Z	Z	Z	Z	Z	Z	Z	Z	Z	Z			1
307 55% (28/ 51)	3	6	1/	2		2		5B		1	1	3E	5	3	1/F										1
436 55% (28/ 51)	1	1/	1/L	1	1	1	1		1	1	1	1/	1/			1									1
467 55% (28/ 51)	3		1/	1D	8		13			1B		6B	5			1		1/						1	1B
1162 55% (28/ 51)		1/	1/L	7	1	1	1		1	1		1/	1/			1									1
2201 55% (23/ 42)	Z	Z	Z	Z	Z	Z	Z	Z	Z	1	1	1/	1/		1/F	1		1/				1			1
P45 55% (6/ 11)	Z	Z	Z	Z	Z	Z	Z	Y	Y		Z	1/	1/		Z			Z	Z		Z	Z	Z	Z	2
2200 54% (26/ 48)	3	1/	1/				1C			1B	1	3D	1/		1/F			5			1				1
323 54% (27/ 50)	3	Z	1/	2	1	1				1		3C	5			1		6						1	1
2344 54% (27/ 50)	3	11	1/	1	X	4		1/	1	1		1/	1/			1		3						1	1B
2718 54% (20/ 37)		1/	1/	1C	1B	1	1	1/	1	1	1	1/	1/			1									1
81 54% (21/ 39)	2	14	1/L	2		2	Z	Z	Z	Z		1/	1/	3				1/							1
1846 54% (7/ 13)	Z	Z	Z	Z	Z	Z	Z	Z	Z	Z	Z	Z	Z	Z	Z	Z	Z	Z	Z	Z	Z	Z	Z	Z	Z
33 54% (22/ 41)	X	11	1/	1	4	X		X	1	X		1/	X		X	1		3			X				1B
610 53% (26/ 49)	3	6	1/	2	3	2		5B		1	Z	3E	5	3	1/F										1
1409 53% (26/ 49)	1	11	1/	1	3	1		5				1/	1/		1/K	1		1/	4		3				1
94 53% (27/ 51)	3	6	1/L	2C	3	2	5	5B		1	1	3D	5	3	1/F										1
621 53% (27/ 51)	3	1/	1/O	8	1	1	1	1/		1	1	1/	1/			3								1	1
2464 53% (9/ 17)	Z	Z	Z	Z	Z	Z	Z	Z	Z	Z	Z	Z	Z	Z	Z	Z	Z	Z	Z	Z	Z	Z	Z	Z	Z
2746 53% (18/ 34)	Z	Z	Z	Z	Z	Z	Z	Z	Z	Z	1	1/	1/			1		Z	Z	Z	Z	Z	Z	Z	1
2818 53% (27/ 51)	3	6	1/	2	3	2		5B		1	1	3E	5	3	1/F										1
2303 53% (10/ 19)	Z	Z	Z	Z	Z	Z	Z	Z	Z	Z	Z	1/	1/			1					1	1			1

TESTSTELLE		8	10	11	13	14	15	17	18	19	24	26	28	29	35	36	40	41	42	44	45	46	47	48	49	51
UEBEREINST. ZEUGEN		16	4	2	8	23	24	23	73	110	17	30	2	1	452	339	34	467	53	451	473	76	92	452	162	1
BEZEUGTE VARIANTE		3B	4	10	3D	2	3	2	4	2	2	2	6	6	1/	1/	2	1/	4	1/	1/	2	2	1/	2	7
431	52% (26/ 50)		1/	1/	1	10	1	1C	1/	1	1	3	1/	1/	3											1
206	51% (18/ 35)	Z	Z	Z	Z	Z	Z	Z	Z	Z	Z	Z	Z	Z	Z	Z	Z		5						1	1
01	51% (26/ 51)	2	3	1/	2		2		5				1/	1/	3				1/	4				3		2
02	51% (26/ 51)	2	3	1/	2B		2		5				1/	1/	3				3	4						2
322	51% (26/ 51)	3	1/	1/	2C	1	1				1		8	5			1		6						1	1
429	51% (26/ 51)	3	1/	5				1C			1	1	3D	1/		1/F	1		5							1
619	51% (26/ 51)	3	1/	1/L	1	1	1	1	1/	1	1		1/	1/			1									1
1175	51% (26/ 51)	2	3	1/D	2		2		5				1/	1/	3				6	6						1
1642	51% (26/ 51)	3	3	14	2C								3G	5	3		1B		1/							1
1678	51% (26/ 51)	1	6	1/	2	3	2	8	5B		1	1	3D	5	3	1/F										1
2374	51% (26/ 51)	1	1/	1/	1	1	6	1C	1/	1	1	1	1/	1/								3	2B			
P41	50% (1/ 2)	Z	Z	Z	Z	Z	Z	Z	Z	Z	Z	Z	Z	Z	Z	Z	Z	Z	Z	Z	Z	Z	Z	Z	Z	Z
180	50% (25/ 50)	3	6	1/	2	3B	2	1	5B		1	1	3E	5	3	1/F	1									1
1852	50% (19/ 38)	Z	Z	Z	Z	Z	Z	Z	Z	Z	Z	Z	Z	Z			1		1/			3	1		1	1
5	49% (25/ 51)	3	1/	1/	1	4	4	1	1/	1	1		1/	1/		1/D	1		1/			3				1
88	49% (25/ 51)		3	1/	2	4	4		1/	1		1	1/	1/					1/			3				1
453	49% (25/ 51)	3	6	1/	2		2		5B		1	1	3E	5	3	1/F										1
522	49% (25/ 51)	3	1/	5				1C			1	1	11	1/		1/F	1		5						1	1
1875	49% (22/ 45)	X	X	X	X	6	1	1	1/	1	1		Z	Z	3	3			6				1			1
08	48% (24/ 50)	3	11	1/	3	3	5			1	1		5	1/					6				4	6	1	1
1297	47% (24/ 51)	1	1/	1/	1	1	6	1	1/	1	1	1	1/	1/			1					6				1
1827	47% (24/ 51)		1/	1/B	1	4	4		1/	1	1	1	1/	1/			1						1		1	1
1758	46% (19/ 41)	1	1/	5	3			1C	Y	1	1	1	X	1/		1/K	1		5			X			Y	1
2587	46% (19/ 41)	Z	Z	Z	Z	Z	Z	Z	Z	Z	Z	1	1/	1/			1		6			1	1			1
941	46% (23/ 50)	1	1/	1/	1	1	1	1	8	1		1	1/	1/		1/F	Y					1				1
1598	46% (23/ 50)	1	1/	1/	1	1	6	1	1/	1	1	Z	1/	1/			1					6				1
1751	46% (23/ 50)		1/	1/	1B			1C			1B	1	3D	1/		1/F	4		5					7		1
04	45% (15/ 33)	2C	3	5	2B		2	Z	Z	Z			1/	1/	3B		Z	Z	Z	4						3B
62	45% (5/ 11)	Z	Z	Z	Z	Z	Z	Z	Z	Z	Z	1	1/	1/			1		1/	Z	Z	Z	Z	Z	Z	Z
314	45% (5/ 11)	Z	Z	Z	Z	Z	Z	Z	Z	Z	Z	Z	Z	Z	Z	Z	Z		1/			1	Z	Z	Z	Z
506	45% (5/ 11)	Z	Z	Z	Z	Z	Z	Z	Z	Z	Z	1	1/	1/	Z	Z	Z	Z	Z	Z	Z	Z	Z			Z
1723	45% (20/ 44)	Z	Z	Z	Z	Z	Z	1	1/		1	1	1/	1/			1		X			1	1			1
1867	45% (19/ 42)	Z	Z	Z	Z	Z	Z	Z	1/	1	1	1	1/	1/			1		1/			1	1		1	1

2805 51 TS + 2 SL + 46 MT

TESTSTELLE	52	53	54	55	56	57	62	65	66	75	76	77	83	84	86	87	88	89	90	91	92	94	95	97	98
UEBEREINST. ZEUGEN	452	87	14	422	459	104	28	71	365	18	467	181	46	402	85	476	471	3	71	46	99	2	68	422	22
BEZEUGTE VARIANTE	1/	3	4	1/	1/	2	2	1/F	1/	3	1/	2	2	1/	3	1/	1/	3	2	3	2	4	3	1/	2C
P33 100% (1/ 1)		Z	Z	Z	Z	Z	Z	Z	Z	Z	Z	Z	Z	Z	Z	Z	Z	Z	Z	Z	Z	Z	Z	Z	Z
623 71% (30/ 42)										1			1	4	2			1				1	2		
441 68% (27/ 40)	3		1				1	1/K	8									14		5D	1	2C			
1739 67% (34/ 51)			1				1	1/		2				3				14				2	2		2
044 65% (33/ 51)		1/	3							1								2							1
945 61% (31/ 51)		8C	1				1	1/						3				5				2	2		2
1891 61% (31/ 51)			1				1	1/		2				3	2			14				2	2		2
P74 60% (29/ 48)		1/	3					1/		2					2B			2		1/		2	Z		2
630 58% (28/ 48)		8	1				1	1/						3	1B							2	2		2
1704 57% (29/ 51)		8	1			2B	1	1/						3				5	4			2	2		2
2298 57% (29/ 51)			1				1	1/		1			1	3				12				5	2		2
2778 56% (5/ 9)		1/	1			1	Z	Z	Z	Z	Z	Z	Z	Z	Z	Z	Z	Z	Z	Z	Z	Z	Z	Z	Z
307 55% (28/ 51)			5				1	1/	1/B	2				4				2				1		3	2
436 55% (28/ 51)		4C	1					1/		1				4				14				11	2		2
467 55% (28/ 51)			1				1	1/		1		1B	1		4			1		4I	1	1			
1162 55% (28/ 51)							1	1/		1			1		1			1		1/	1	1	1		6
2201 55% (23/ 42)			1				1	1/		1			1					1		5		1	1		6
P45 55% (6/ 11)	Z	Z	Z	3		1	Z	Z	Z	Z	Z	Z	Z	Z	Z	Z	Z	Z	Z	Z	Z	Z	Z	Z	Z
2200 54% (26/ 48)		8	1				1	1/		Z	Z	Z		3	1			14				2	2		2
323 54% (27/ 50)			1				1	1/C		1			1		1			1		5		1	4		3
2344 54% (27/ 50)								1/E						3	2			11		3G	1	2	2		7
2718 54% (20/ 37)	4		1						6	Z	Z	Z	Z	Z	Z	Z	Z	Z	Z	Z	Z	Z	Z		
81 54% (21/ 39)		1/	1				Z	Z	Z	Z	Z	Z	Z	Z	2B			14		1/		2D	2		2
1846 54% (7/ 13)	Z	Z	Z	Z	Z	Z	Z	Z	Z	Z	Z	Z	1		1			1	1	X		9			1
33 54% (22/ 41)				X	X			1/D	1/C	2			X	3	2			10			1	2	2		7
610 53% (26/ 49)			5				1	1/	1/B	2		Z		4				2				1		3	2
1409 53% (26/ 49)	3		1			Z	Z											8	1	4		1	2		3
94 53% (27/ 51)			5				1	1/	1/B	1			1					1	1			1			
621 53% (27/ 51)	3	3B	8				1	1/	8									14		5		2C			
2464 53% (9/ 17)	Z	Z	Z	Z	Z	Z	Z	Z	Z	1				4	3C			2		4B		2	2		
2746 53% (18/ 34)			1				1			1			1		1B			1	1		1	1	1		1
2818 53% (27/ 51)			5				1	1/	1/B	2				4				2				1		3	2
2303 53% (10/ 19)		Z	Z	Z	Z	Z	Z	Z	Z	Z	Z	Z	Z	Z	Z	Z	Z	Z	Z	Z	1	1	1		Z

TESTSTELLE	52	53	54	55	56	57	62	65	66	75	76	77	83	84	86	87	88	89	90	91	92	94	95	97	98
UEBEREINST. ZEUGEN	452	87	14	422	459	104	28	71	365	18	467	181	46	402	85	476	471	3	71	46	99	2	68	422	22
BEZEUGTE VARIANTE	1/	3	4	1/	1/	2	2	1/F	1/	3	1/	2	2	1/	3	1/	1/	3	2	3	2	4	3	1/	2C
431 52% (26/ 50)			5				1	1/	1/B	2				4				2		14		1		3	W
206 51% (18/ 35)	4	8	1				1	1/				1B		3	1			14	1	4E	1	1			1D
01 51% (26/ 51)	4	1/		1/B				1/K		2				3	2			14		1/		2	2		2
02 51% (26/ 51)		1/	2	4				1/		2				3	2B			14		1/	1	2	2		2
322 51% (26/ 51)		3F	1				1	1/C		1			1		1			1		5		1	4		3
429 51% (26/ 51)		8	1				1	1/				1B		3	1			14	1	4E	1	1			1D
619 51% (26/ 51)							1	1/		1			1		1			1		1/	1	1	1		6B
1175 51% (26/ 51)	4		1			2C	1	1/	1/B	2								14		1/	1	2	2	1/B	
1642 51% (26/ 51)		3B	1				1	1/		1		1B	1					1C	1	1/	1	1	1	4	3
1678 51% (26/ 51)			5				1	1/	1/B	2				4				2				1		3	2
2374 51% (26/ 51)			1				1	3		1		1B	1					2	1		1		2		
P41 50% (1/ 2)	Z	Z	Z	Z	Z	Z	Z	Z	X	2		Z	Z	Z	Z	Z	Z	Z	Z	Z	Z	Z	Z	Z	Z
180 50% (25/ 50)			5				1	1/		2		Z						9		4		1		3	2
1852 50% (19/ 38)		1/	1			1	1	1/		1		1	1		1			14		5		3			1
5 49% (25/ 51)			1				1	1/		1			1		5			1				1	2		
88 49% (25/ 51)	4					1	1	1/		1		1	1B		4			1			1	1	1		6
453 49% (25/ 51)			1				1	1/	1/B	2				4	2B			2	1	6B		1		3	2
522 49% (25/ 51)		8	1				1	1/				1B		3	1			14	1	4F	1	1			1D
1875 49% (22/ 45)		3G	2	5					7	1				1/C	2			14		12		2	2		2
08 48% (24/ 50)		1/	1			1			3	1				3	2B			14		4		2	2		
1297 47% (24/ 51)			1				1			1			1		1B			1	1		1	1C	1		1
1827 47% (24/ 51)			1				1	1/		1			1		1			1		1/	1	1C	1		6
1758 46% (19/ 41)		8	1				X	1/			X	X		3	X				1	4E	1	1	1	X	X
2587 46% (19/ 41)		1/	1			1	1			1			1		1B			1	1	1/	1	1	1		1
941 46% (23/ 50)			1				1			1		1B	1	4				1	1	1/		1C	4		1
1598 46% (23/ 50)			1				1	1/		1			1		1B			1	1		1	1C	1		1
1751 46% (23/ 50)		8	1				1	8	1/E	1B		5		1/C	1			14		3H		2	2	Z	2
04 45% (15/ 33)	1/D	4				Z	Z	Z	Z	2				3	Z	Z	Z	Z	Z	Z	Z	2	2	3	2
62 45% (5/ 11)	Z	Z	Z	Z	Z	Z	Z	Z	Z	Z	Z	Z	Z	Z	Z	Z	Z	Z	Z	Z	Z	Z	Z		3
314 45% (5/ 11)	Z	Z	Z	Z	Z	Z	Z	Z	Z	Z	Z	Z	Z	Z	Z	Z	Z	Z	Z	Z	1	1	1		1
506 45% (5/ 11)	Z	Z	1			1	Z	Z	Z	Z	Z	Z	1		Z	Z	Z	Z	Z	Z	Z	Z	Z	Z	Z
1723 45% (20/ 44)		1/	1			1	1			1			1		1B			1	1	1/	1	1	1		1
1867 45% (19/ 42)		1/	1			1	1	1/		1		1	1					1E	5		1	Z	Z		

2805 51 TS + 2 SL + 46 MT

TESTSTELLE / UEBEREINST. ZEUGEN / BEZEUGTE VARIANTE			100 / 470 / 1/
P33	100%	(1/ 1)	Z
623	71%	(30/ 42)	
441	68%	(27/ 40)	
1739	67%	(34/ 51)	
044	65%	(33/ 51)	
945	61%	(31/ 51)	
1891	61%	(31/ 51)	
P74	60%	(29/ 48)	
630	58%	(28/ 48)	
1704	57%	(29/ 51)	
2298	57%	(29/ 51)	
2778	56%	(5/ 9)	Z
307	55%	(28/ 51)	
436	55%	(28/ 51)	
467	55%	(28/ 51)	
1162	55%	(28/ 51)	
2201	55%	(23/ 42)	
P45	55%	(6/ 11)	Z
2200	54%	(26/ 48)	
323	54%	(27/ 50)	
2344	54%	(27/ 50)	
2718	54%	(20/ 37)	
81	54%	(21/ 39)	
1846	54%	(7/ 13)	
33	54%	(22/ 41)	
610	53%	(26/ 49)	
1409	53%	(26/ 49)	
94	53%	(27/ 51)	
621	53%	(27/ 51)	
2464	53%	(9/ 17)	3
2746	53%	(18/ 34)	
2818	53%	(27/ 51)	
2303	53%	(10/ 19)	Z

2805 51 TS + 2 SL + 46 MT

TESTSTELLE / UEBEREINST. ZEUGEN / BEZEUGTE VARIANTE			100 / 470 / 1/
431	52%	(26/ 50)	
206	51%	(18/ 35)	
01	51%	(26/ 51)	
02	51%	(26/ 51)	
322	51%	(26/ 51)	
429	51%	(26/ 51)	
619	51%	(26/ 51)	
1175	51%	(26/ 51)	
1642	51%	(26/ 51)	
1678	51%	(26/ 51)	
2374	51%	(26/ 51)	
P41	50%	(1/ 2)	Z
180	50%	(25/ 50)	
1852	50%	(19/ 38)	
5	49%	(25/ 51)	
88	49%	(25/ 51)	
453	49%	(25/ 51)	
522	49%	(25/ 51)	
1875	49%	(22/ 45)	
08	48%	(24/ 50)	Z
1297	47%	(24/ 51)	
1827	47%	(24/ 51)	
1758	46%	(19/ 41)	
2587	46%	(19/ 41)	
941	46%	(23/ 50)	
1598	46%	(23/ 50)	
1751	46%	(23/ 50)	
04	45%	(15/ 33)	Z
62	45%	(5/ 11)	
314	45%	(5/ 11)	
506	45%	(5/ 11)	Z
1723	45%	(20/ 44)	
1867	45%	(19/ 42)	

2816 — 36 TS + 0 SL + 68 MT

TESTSTELLE UEBEREINST. ZEUGEN BEZEUGTE VARIANTE	4 23 2	7 2 16	10 392 1/	11 351 1/	13 7 7	14 11 4	18 355 1/	20 441 1/	28 416 1/	29 439 1/	33 5 6	34 3 8	35 452 1/	36 339 1/	41 467 1/	42 283 1/	44 451 1/	45 473 1/	48 452 1/	52 452 1/	53 338 1/	55 422 1/	56 459 1/	65 6 4	66 365 1/
P8 100% (1/ 1)	Z	Z	Z	Z	Z	Z		Z	Z	Z	Z	Z	Z	Z	Z	Z	Z	Z	Z	Z	Z	Z	Z	Z	Z
P33 100% (1/ 1)	Z	Z	Z	Z	Z	Z	Z	Z	Z	Z	Z	Z	Z	Z	Z	Z	Z	Z	Z		Z	Z	Z	Z	Z
314 100% (7/ 7)	Z	Z	Z	Z	Z	Z	Z	Z	Z	Z	Z	Z	Z	Z					Z	Z	Z	Z	Z	Z	Z
1738 100% (6/ 6)	Z	Z	Z	Z	Z	Z	Z	Z	Z	Z	Z	Z	Z	Z	Z	Z	Z	Z	Z	Z	Z	Z	Z	Z	Z
1745 100% (5/ 5)	Z	Z	Z	Z	Z	Z	Z	Z	Z	Z	Z	Z	Z	Z	Z	Z	Z	Z	Z	Z	Z	Z	Z	Z	Z
1846 100% (6/ 6)	Z	Z	Z	Z	Z	Z	Z	Z	Z	Z	Z	Z	Z	Z	Z	Z	Z	Z	Z	Z	Z	Z	Z	Z	Z
1858 100% (6/ 6)	Z	Z	Z	Z	Z	Z	Z	Z	Z	Z	Z	Z	Z	Z	Z	Z	Z	Z	Z	Z	Z	Z	Z	Z	Z
1899 100% (5/ 5)	Z	Z	Z	Z	Z	Z	Z	Z	Z	Z	Z	Z	Z	Z	Z	Z	Z	Z	Z	Z	Z	Z	Z	Z	Z
2778 100% (5/ 5)	Z	Z	Z	Z	Z	Z	Z	Z	Z	Z	Z	Z	Z	Z	Z	Z	Z	Z						Z	Z
624 91% (10/ 11)	Z	Z	Z	Z	Z	Z	Z	Z	Z	Z	Z	Z			Z	Z	Z	Z	Z	Z	Z	Z	Z	1/	
1731 86% (19/ 22)	Z	Z	Z	Z	Z	Z	Z	Z	Z	Z	Z	Z	Z	Z										1/	
2716 83% (20/ 24)	Z	Z	Z	Z	Z	Z	Z	Z			Z	Z	Z											1/H	
62 82% (9/ 11)	Z	Z	Z	Z	Z	Z	Z	Z			1	1					Z	Z	Z	Z	Z	Z	Z	Z	Z
172 82% (18/ 22)	Z	Z	Z	Z	Z	Z				Z	Z	Z	Z		Z	Z								1/	
337 82% (27/ 33)		1			Z	Z		Z			1	1												1/	
1526 81% (17/ 21)	Z	Z	Z	Z	Z	Z					Z	Z												1/F	
1723 79% (23/ 29)	Z	Z	Z	Z	Z	Z					1	1				X								1/F	
014 79% (19/ 24)	Z	Z	Z	Z	Z	Z	Z	Z			Z	Z	Z	1/F						3				1/F	
602 79% (11/ 14)	Z	Z	Z	Z	Z	Z	Z	Z	Z	Z	Z	Z	Z	Z	Z	Z	Z	Z		Z				1/	Z
1094 79% (22/ 28)	Z	Z	Z	Z	Z	Z	Z	Z			1	1												1/	
2303 79% (11/ 14)	Z	Z	Z	Z	Z	Z	Z	Z			1	1				4					Z	Z	Z	Z	Z
2441 79% (11/ 14)	Z	Z	Z	Z	Z	Z	Z	Z	Z	Z	Z	Z	Z	Z	Z	8	Z	Z						Z	Z
221 78% (28/ 36)		1			1	1					1	1												5	
466 78% (14/ 18)	Z	Z	Z	Z	Z	Z	Z	Z	Z	Z	Z	Z	Z	Z	Z	Z	Z	Z						1/	6
1107 78% (28/ 36)	1	1			1	1					1	1												1/	
1864 77% (24/ 31)	Z	Z	Z	Z	Z	1					1	1												1/	
1862 77% (27/ 35)	1	1			1	Z					1	1												5	
1852 77% (20/ 26)	Z	Z	Z	Z	Z	Z	Z	Z	Z	Z	1	1												1/	
1867 77% (23/ 30)	Z	Z	Z	Z	Z	Z					1	1												1/	
325 76% (13/ 17)	Z	Z	Z	Z	Z	Z	Z	Z	Z	Z	Z	Z	Z	Z	Z	Z	Z	Z	Z					1/	
1390 76% (26/ 34)		1			1	1					1	1					Z	Z						1/	
2289 76% (13/ 17)	Z	Z	Z	Z	Z	Z	Z	Z	Z	Z	Z	Z	Z	Z	Z	Z	Z	Z	Z					1/	
309 76% (16/ 21)	Z	Z	Z	Z	Z	Z	Z	Z	Z	Z	Z	Z	Z	Z		4			Z					1/0	

2816 36 TS + 0 SL + 68 MT

TESTSTELLE	4	7	10	11	13	14	18	20	28	29	33	34	35	36	41	42	44	45	48	52	53	55	56	65	66
UEBEREINST. ZEUGEN	23	2	392	351	7	11	355	441	416	439	5	3	452	339	467	283	451	473	452	452	338	422	459	6	365
BEZEUGTE VARIANTE	2	16	1/	1/	7	4	1/	1/	1/	1/	6	8	1/	1/	1/	1/	1/	1/	1/	1/	1/	1/	1/	4	1/
1889 76% (16/ 21)	Z	Z	Z	Z	Z	Z	Z	Z	Z	Z	Z	Z	Z	Z	Z									1/	
256 76% (19/ 25)	Z	Z	Z	Z	Z	Z					Z	Z	Z	Z		3			Z			1/B		1/	
498 76% (22/ 29)	Z	Z	Z	Z	Z	Z	Z				1	1		1/K										1/	
2587 76% (22/ 29)	Z	Z	Z	Z	Z	Z	Z				1	1				6								1/F	
P45 75% (6/ 8)	Z	Z	Z	Z	Z	Z	Y	Y			9	Y		Z		Z	Z		Z	Z	Z	3		Z	Z
020 75% (21/ 28)	Z	Z	Z	Z	Z	Z	Z	Z			1	1								3				1/F	
1 75% (27/ 36)	1	1			1	1					1	1												1/F	
506 75% (6/ 8)	Z	Z	Z	Z	Z	Z	Z	Z			1	1	Z	Z	Z	Z	Z	Z		Z	Z			Z	Z
625 75% (27/ 36)	1	1			1	1					1	1												1/	
626 75% (21/ 28)	Z	Z	Z	Z	Z	Z	Z	Z			1	1		1/K										1/	
1040 75% (27/ 36)		1			1	1					1	1												1/	
1626 75% (27/ 36)	1	1			1G	1					1	1												1/F	
1717 75% (27/ 36)	1	1			1	1					1	1												5	10
1752 75% (21/ 28)	Z	Z	Z	Z	Z	Z	Z	Z			1	1				6								1/	
1828 75% (27/ 36)	1	1			1	1					1	1												1/	
1839 75% (21/ 28)	Z	Z	Z	Z	Z	Z	Z	Z			1	1												1/	
1865 75% (27/ 36)		1			1	1					1	1												1/	
2626 75% (6/ 8)	Z	Z	Z	Z	Z	Z	Z	Z	Z	Z	Z	Z	Z	Z	Z	Z	Z	Z	Z	Z	Z	Z	Z	Z	Z
2723 75% (27/ 36)		1			1	1					1	1												1/	
2777 75% (6/ 8)	Z	Z	Z	Z	Z	Z	Z	Z	Z	Z	Z	Z	Z	Z	Z	Z	Z	Z	Z	Z	Z	Z	Z	Z	Z
025 74% (26/ 35)	Z	1			1	1					1	1												1/F	
43 74% (26/ 35)	1	1				1		Z			1	1												1/	
122 74% (26/ 35)		3			1	1					1	1			1/D									1/F	
312 74% (26/ 35)	1	1			1	Z					1	1												5	
1075 74% (26/ 35)	Z	1			1	1					1	1												1/	
2218 74% (26/ 35)	1	1			1	1					1	1				V								1/	
1757 74% (23/ 31)	Z	1			1	1					Z	Z	Z	Z										1/G	
2378 74% (14/ 19)	Z	Z	Z	Z	Z	Z	Z	Z	Z	Z	Z	Z	Z	Z	X	Y			Z				1/E	1/	
699 74% (25/ 34)	1	Z			1	1	Z				1	1												1/	
1360 74% (25/ 34)	X	1			1	X		1/B			1C	1												5	10C
1508 74% (25/ 34)	1	1			1	1					1	1									Z			1/	
2180 73% (22/ 30)	Z	Z	Z	Z	Z	Z	4				1	1		1/K								9		1/	
1893 73% (19/ 26)	1	1			X	X					Z	Z	Z	Z		4			Z		3			Z	Z

2816 36 TS + 0 SL + 68 MT

TESTSTELLE	72	76	78	79	84	87	88	91	97	100	102
UEBEREINST. ZEUGEN	45	467	67	9	402	476	471	279	422	470	478
BEZEUGTE VARIANTE	4	1/	2	5	1/	1/	1/	1/	1/	1/	1/
P8 100% (1/ 1)	Z	Z	Z	Z	Z	Z	Z	Z	Z	Z	Z
P33 100% (1/ 1)	Z	Z	Z	Z	Z	Z	Z	Z	Z	Z	Z
314 100% (7/ 7)	Z	Z	Z	Z	Z	Z	Z	Z			
1738 100% (6/ 6)	Z	Z	Z	Z	Z						
1745 100% (5/ 5)	Z	Z	Z	Z	Z				Z		
1846 100% (6/ 6)	Z	Z	Z	Z				X			
1858 100% (6/ 6)	Z	Z	Z	Z	Z						
1899 100% (5/ 5)	Z	Z	Z	Z					Z	Z	
2778 100% (5/ 5)	Z	Z	Z	Z	Z	Z	Z	Z	Z	Z	Z
624 91% (10/ 11)	W		Z	Z	Z						
1731 86% (19/ 22)				1				4C			
2716 83% (20/ 24)	1		1	1						Z	
62 82% (9/ 11)	Z	Z	Z	Z	Z	Z	Z	Z			
172 82% (18/ 22)	1		1	1	Z			Z			
337 82% (27/ 33)			1	1B							
1526 81% (17/ 21)	1		1	1	Z	Z	Z	Z	Z	Z	Z
1723 79% (23/ 29)	1		1	1							
014 79% (19/ 24)	1			1							Z
602 79% (11/ 14)	Z		1	1					Z		
1094 79% (22/ 28)	1		1	1							
2303 79% (11/ 14)	Z	Z	Z	Z	Z	Z	Z	Z		Z	
2441 79% (11/ 14)	Z		1	1	Z					Z	
221 78% (28/ 36)	1			1							
466 78% (14/ 18)	1			1							
1107 78% (28/ 36)				1							
1864 77% (24/ 31)	1		1	1							
1862 77% (27/ 35)	1			1							
1852 77% (20/ 26)	1			1				5			
1867 77% (23/ 30)	1		1	1				3			
325 76% (13/ 17)	1		1	1							
1390 76% (26/ 34)				1					4		
2289 76% (13/ 17)	1		1	1							
309 76% (16/ 21)	1		1	1							

2816 36 TS + 0 SL + 68 MT

TESTSTELLE		72	76	78	79	84	87	88	91	97	100	102
UEBEREINST. ZEUGEN		45	467	67	9	402	476	471	279	422	470	478
BEZEUGTE VARIANTE		4	1/	2	5	1/	1/	1/	1/	1/	1/	1/
1889	76% (16/ 21)	1		1	1	4						
256	76% (19/ 25)	1		1	1							
498	76% (22/ 29)	1		1	1							
2587	76% (22/ 29)	1		1	1							
P45	75% (6/ 8)	Z	Z	Z	Z	Z	Z	Z	Z	Z	Z	Z
020	75% (21/ 28)	1		1	1							
1	75% (27/ 36)	1			1							
506	75% (6/ 8)	Z	Z	Z	Z		Z	Z	Z	Z	Z	Z
625	75% (27/ 36)	1			1							
626	75% (21/ 28)	1		1	1							
1040	75% (27/ 36)	1		1	1							
1626	75% (27/ 36)	1			1							
1717	75% (27/ 36)	1										
1752	75% (21/ 28)	1		1	1							
1828	75% (27/ 36)			1	1							
1839	75% (21/ 28)	1		1	1				18			
1865	75% (27/ 36)	1		1	1							
2626	75% (6/ 8)	Z	Z	Z	1				4E			
2723	75% (27/ 36)	1		1	1							
2777	75% (6/ 8)	Z	Y	1	1	Z						
025	74% (26/ 35)	1		1	1							
43	74% (26/ 35)	1		1	1							
122	74% (26/ 35)	1		1	Z							
312	74% (26/ 35)	1		1	1							
1075	74% (26/ 35)	1		1	1							
2218	74% (26/ 35)			1	1							
1757	74% (23/ 31)	1		1	1				3			
2378	74% (14/ 19)	1		1	1							
699	74% (25/ 34)	1		1	1							
1360	74% (25/ 34)	1			1							
1508	74% (25/ 34)	Z		1	1							
2180	73% (22/ 30)				1				8C			
1893	73% (19/ 26)	1		1	1B	Z						

TESTSTELLE	7	8	9	10	11	13	14	15	17	18	19	20	21	23	25	28	29	30	31	32	33	34	35	36	38
UEBEREINST. ZEUGEN	4	94	6	7	351	12	11	17	23	7	110	441	36	91	9	4	30	21	36	51	4	4	17	38	21
BEZEUGTE VARIANTE	13	3	4	6	1/	2	3	2	2	5B	2	1/	2	2	2	3E	5	5	2	2	3	11C	3	1/F	2
P33 100% (1/ 1)	Z	Z	Z	Z	Z	Z	Z	Z	Z	Z	Z	Z	Z	Z	Z	Z	Z	Z	Z	Z	Z	Z	Z	Z	Z
610 99% (67/ 68)																					Z	Z			
307 95% (69/ 73)							2														1				
453 89% (65/ 73)							2														1				
1678 88% (64/ 73)	10	1							8							3D		1			1				
180 76% (53/ 70)	11		1				3B		1						1			1			1				1
94 68% (50/ 73)			1		1/L	2C			5				2C		1	3D					1	11B			
431 68% (49/ 72)	1	3B	1	1/		1	10	1	1C	1/	1		1		1	1/	1/	1	1		2	3		1/	
1739 59% (43/ 73)	16		1	1/		3D	2	3		4					1	3D		1			1	2B	1/	1/	1
P74 59% (40/ 68)	X	Y	Z	3	1/I	2B	2			Z						1/	1/	2			2	2		1/	
1891 58% (42/ 73)	16		1	1/		3D	9	3		4					1	3D		4			1	2B	1/		1
2778 56% (5/ 9)	Z	Z	Z	Z	Z	Z	Z	Z	Z	Z	Z	Z	Z	Z	Z	Z	Z	Z	Z	Z	Z	Z	Z	Z	Z
03 55% (40/ 73)	2	2	2	1/			2			3	3					1/	1/	2			2	2	4	1/	
945 53% (39/ 73)	1		1	1/		3E		3	11	4					1	3D		1			1	2B	1/	1/	1
81 53% (26/ 49)	2	2	2	14	1/L		2		Z	Z	Z	Z	Z	Z	1	1/	1/	3			1	2C		1/	
1175 52% (38/ 73)	2	2		3	1/D		2			5					2B	1/	1/	1C			2	2		1/	1
630 51% (36/ 70)	1		1	1/		4	2	3	Z	Z	Z				1	3D	1/		1		1	2B	1/		1
02 51% (37/ 73)	2	2	2	3		2B	2			5						1/	1/	2	2B		2	2		1/	
P41 50% (3/ 6)	Z	Z	Z	Z	Z	Z	Z	Z	Z	Z	Z	Z	Z	Z	Z	Z	Z	Z	Z	Z	Z	Z	Z	Z	Z
04 49% (22/ 45)	2	2C	3	3	5	2B	2		Z	Z	Z	Z	Z	Z		1/	1/	2			1	11	3B	1/	1
2200 49% (33/ 68)	1		1	1/		3D	2	3	1C	4					1	3D	1/		1		1	2B	1/		1
1704 48% (35/ 73)	1		1	1/		5	2	5	11	4					1	3D		1	4		1	2B	1/	1/	1
01 47% (34/ 73)	2	2	2	3			2			5					2B	1/	1/	2			2	2		1/	
33 47% (27/ 58)	4	X	1	11		1	4	X		X	1		X		X	1/	X	X	X	1	2	11	1/	X	X
1642 46% (33/ 72)	10		6	3	14	2C	2	3		4						3G					8	2B		1/	1
441 43% (25/ 58)	Z	Z	Z	Z	Z	Z	Z	Z	Z	Z	Z	Z	Z	Z	Z	1/	1/	1		1	1	1	1/	1/	1
P45 43% (6/ 14)	Z	Z	Z	Z	Z	Z	Z	Z	Z	Y	Y	Y	X		3	1/	1/	Z	Z	4	9	Y	1/	Z	
1846 43% (6/ 14)	Z	Z	Z	Z	Z	Z	Z	Z	Z	Z	Z	Z	Z	Z	Z	Z	Z	Z	Z	Z	Z	Z	Z	Z	Z
1875 43% (27/ 63)	X	X	X	X	X	X	6	1	1	1/	1		1		1	Z	Z	1			2	2B		3	1
181 42% (31/ 73)	4	3B	2	11	11	1	1	1	1	1/	1		1H		1	1/	1/	1			2	2B		3	1
323 42% (30/ 71)	18		Z	Z			1	1		4			1		1	3C		1			1	11	1/	1/	1
623 42% (26/ 62)	Z	Z	Z	Z	Z	Z	Z	Z	Z	Z	Z		1		1	1/	1/	1		1	8	11	1/	1/	1
314 42% (5/ 12)	Z	Z	Z	Z	Z	Z	Z	Z	Z	Z	Z	Z	Z	Z	Z	Z	Z	Z	Z	Z	Z	Z	Z	Z	Z

2818 73 TS + 0 SL + 31 M⁻

TESTSTELLE UEBEREINST. ZEUGEN BEZEUGTE VARIANTE	7 4 13	8 94 3	9 6 4	10 7 6	11 351 1/	13 12 2	14 11 3	15 17 2	17 23 2	18 7 5B	19 110 2	20 441 1/	21 36 2	23 91 2	25 9 2	28 4 3E	29 30 5	30 21 5	31 36 2	32 51 2	33 4 3	34 4 11C	35 17 3	36 38 1/F	38 21 2
2344 42% (30/ 72)	1		1	11		1	X	4		1/	1		1		1	1/	1/	1	1E		1	2	1/	1/	1
429 41% (30/ 73)	5		1	1/	5	3D	2	3	1C	4					1	3D	1/		1		1	2B	1/		1
2298 41% (30/ 73)	1	1	1	1/	1/L	1D	2	3	11B	4			1		1	3D		1	6	1	1	11	1/	1/	1
2201 40% (25/ 62)	Z	Z	Z	Z	Z	Z	Z	Z	Z	Z	Z		1		1	1/	1/	1	1	1	8	11	1/		1
1751 40% (29/ 72)	1B	3B	1	1/		1B	2	3	1C	4			2D		1	3D	1/		1		1	9B	1/		1
206 40% (18/ 45)	Z	Z	Z	Z	Z	Z	Z	Z	Z	Z	Z	Z	Z	Z	Z	Z	Z	Z	Z	Z	Z	Z	Z	Z	Z
1745 40% (4/ 10)	Z	Z	Z	Z	Z	Z	Z	Z	Z	Z	Z	Z	Z	Z	Z	Z	Z	Z	Z	Z	Z	Z	Z	Z	Z
436 40% (29/ 73)	1	1	1	1/	1/L	1	1	1	1	4	1		1	1	1	1/	1/	1	1	1	1	1	1/	1/	1
1893 39% (22/ 56)	1	1	1	1/		X	X	X	1	1/	1		1		1	1/	1/	1	1	Z	Z	Z	Z	Z	1
2464 39% (9/ 23)	Z	Z	Z	Z	Z	Z	Z	Z	Z	Z	Z	Z	Z	Z	Z	Z	Z	Z	Z	Z	Z	Z	Z	Z	Z
2805 39% (27/ 69)	1	3B	1	4	10	3D	2	3		4		Z	Z	Z	1	6	6	1	1	1	1	1	1/	1/	1
2718 39% (21/ 54)	1	3B	1	1/		1C	1B	1	1	1/	1		1		1	1/	1/	1	1	1	1	1	1/	1/	
322 38% (28/ 73)	17		1	1/		2C	1	1		4			1		1	8		1			1	11	1/	1/	1
621 38% (28/ 73)	1		1	1/	1/0	8	1	1	1	1/		1/B	1	1	1	1/	1/	1		1	8	1	1/	1/	1
522 38% (27/ 71)	7		1	1/	5	3D	2	3	1C	4					1	11	1/		1	1	1	2B	1/		1
1409 38% (27/ 72)	1	1	5	11		1		1		5					1	1/	1/	1	1	1	1	1	1/	1/K	1
044 37% (27/ 73)	5	1	1	4		2D	1B	3		1/	1		1	7	1	1/	1/	1	3	1	8	1	1/	1/	1
467 37% (27/ 73)	5B		2	4		1D	8	3	13	4			1		1	6B		1	1	1	6	1	1/	1/	1
619 36% (26/ 72)	1		1	1/	1/L	1	1	1	1	1/	1		1		1	1/	1/	1		1	1	11	1/	1/	1
1729 36% (23/ 64)	Z	Z	Z	Z	Z	Z	Z	Z	1G	1/	V		1		1	1/	1/	1	1	1		1	1/		1
5 36% (26/ 73)	1		1	1/		1	4	4	1	1/	1		1		1	1/	1/	1		1	8	11	1/	1/D	1
88 36% (26/ 73)	4	3B	1	3			4	4		1/	1				1	1/	1/	2			2	7	1/	1/	1
1505 36% (26/ 73)	1	1	1	1/		1	1B	1	1C	1/			7	1	1	1/	1/	1	1	1	5	1	1/	1/D	1
1884 35% (24/ 69)	15		1	11		3		4	2B	6B	U		4	3	3	5	1/	1	1G	1	2	9C	1/	1/	1
1611 35% (25/ 72)	5	6	1	1/		3C	1B	3	Z	1/	1		1		1	1/	1/	1	1	1	1	1	1/	1/	1
1509 34% (24/ 70)	1		1	1/	1/I	8	1	1	1C	4			1		1	3D	1/	X	1		1	1	1/		1
1162 34% (25/ 73)	1	3B	1	1/	1/L	7	1	1	1	4	1		1		1	1/	1/	1		1	8	11	1/	1/	1
1842 34% (25/ 73)	1		1	1/	1/0	8	1	1	1C	1/	1		1	1	1	1/	1/	1		1	8	1	1/	1/	1
2374 34% (25/ 73)	1	1	1	1/		1	1	6	1C	1/	1			1	1	1/	1/	1	1		1	1	1/	1/	1
P8 33% (1/ 3)	Z	Z	Z	Z	Z	Z	Z	Z	Z	1/	1	Z	Z		Z	Z	Z	Z	Z	Z	Z	Z	Z	Z	Z
886 33% (5/ 15)	1	1		4		1	8		6	1/	1		1		1	Z	Z	Z	Z	Z	Z	Z	Z	Z	Z
941 33% (23/ 69)	1	1	1	1/		1	1	1	1	8	1		1C		1	1/	1/	2	1	1	1	1	1/		1
1738 33% (4/ 12)	Z	Z	Z	Z	Z	Z	Z	Z	Z	Z	Z	Z	Z	Z	Z	Z	Z	Z	Z	Z	Z	Z	Z	Z	Z

TESTSTELLE	39	40	41	42	43	44	45	46	47	48	49	50	52	53	54	55	56	57	63	64	65	66	67	68	69
UEBEREINST. ZEUGEN	33	34	467	53	24	451	473	76	92	452	162	16	452	87	16	422	459	104	8	38	333	10	16	87	10
BEZEUGTE VARIANTE	4	2	1/	4	2	1/	1/	2	2	1/	2	2C	1/	3	5	1/	1/	2	4	2	1/	1/B	2	2	2C
P33 100% (1/ 1)	Z	Z	Z	Z	Z	Z	Z	Z	Z	Z	Z	Z		Z	Z	Z	Z	Z	Z	Z	Z	Z	Z	Z	Z
610 99% (67/ 68)																									
307 95% (69/ 73)																									
453 89% (65/ 73)															1										
1678 88% (64/ 73)																									
180 76% (53/ 70)		1										2										1/		3	
94 68% (50/ 73)																							1	3	3
431 68% (49/ 72)																									
1739 59% (43/ 73)				5	1										1				1			1/	2B	3	2
P74 59% (40/ 68)	2			3		4						3		1/	3				2			1/		4	3
1891 58% (42/ 73)				5	1										1				1			1/	2B	3	2
2778 56% (5/ 9)	Z	Z	Z	Z	Z	Z	Z	Z	Z			1D		1/	1			1	Z	Z	Z	Z	Z	Z	Z
03 55% (40/ 73)	2			1/		4						2	4	1/	7	1/B			2			1/			3
945 53% (39/ 73)				5	1							19		8C	1				1			1/	2B	3	3
81 53% (26/ 49)	2			1/								2		1/	1				Z	Z	Z	Z	Z	Z	Z
1175 52% (38/ 73)	4B			6		6						2	4		1			2C	1						3
630 51% (36/ 70)				6	1									8	1				1	1		1/	2B	3	
02 51% (37/ 73)	2			3		4						3		1/	2	4			2			1/		4	3
P41 50% (3/ 6)	Z	Z	Z	Z	Z	Z	Z	Z	Z	Z	Z	Z	Z	Z	Z	Z	Z	Z	Z	Z	Z	X	X	4	2
04 49% (22/ 45)	Z	Z	Z	Z		4						2	1/D	4	4			Z	Z	Z	Z	Z	Z	Z	Z
2200 49% (33/ 68)				5	1			1						8	1				1	1		1/	2B	3	2
1704 48% (35/ 73)				5	1							19		8	1			2B	1			1/	2B	3	3
01 47% (34/ 73)	2			1/		4				3		2	4	1/	4	1/B			2		1/K	1/		4	3
33 47% (27/ 58)	1	1		3				X				2			4	X	X		1		1/D	1/C	X	4	3
1642 46% (33/ 72)	1	1B		1/								3		3B	1				U			1/		4	13
441 43% (25/ 58)	1	3			1							6	3		1				1		1/K	8	1		1
P45 43% (6/ 14)	Z			Z	Z	Z		Z	Z	Z	Z	Z	Z	Z	Z	3		1	Z	Z	Z	Z	Z	Z	Z
1846 43% (6/ 14)	Z	Z	Z	Z	Z	Z	Z	Z	Z	Z	Z	Z	Z	Z	Z	Z	Z	Z	Z	Z	Z	Z	Z	Z	Z
1875 43% (27/ 63)	X			6	Z				1			4		3G	2	5			1		1/F	7	1	12	3B
181 42% (31/ 73)									1			10		3G	6	5			1			1/	1	12	3B
323 42% (30/ 71)		1		6	1						1	2			1				1	1	1/C	1/	1	1	1
623 42% (26/ 62)	1	1			1							1			4				1		1/F	1/	1	4	1
314 42% (5/ 12)	Z	Z		1/	1			1	Z	Z	Z	Z	Z	Z	Z	Z	Z	Z	Z	Z	Z	Z	Z	Z	Z

2818 73 TS + 0 SL + 31 MT

TESTSTELLE	39	40	41	42	43	44	45	46	47	48	49	50	52	53	54	55	56	57	63	64	65	66	67	68	69
UEBEREINST. ZEUGEN	33	34	467	53	24	451	473	76	92	452	162	16	452	87	16	422	459	104	8	38	333	10	16	87	10
BEZEUGTE VARIANTE	4	2	1/	4	2	1/	1/	2	2	1/	2	2C	1/	3	5	1/	1/	2	4	2	1/	1/B	2	2	2C
2344 42% (30/ 72)	1	1		3							1	2			4				1		1/E	1/	2C	4	3
429 41% (30/ 73)		1		5	1							19		8	1				1	1		1/	1	3	3
2298 41% (30/ 73)		4		5	1			3				1D			1				1	1		1/	2B	3	3
2201 40% (25/ 62)	1	1		1/	1				1			1			1				1	1		1/	1	1	1
1751 40% (29/ 72)		4		5	1					7		5B		8	1				1	1	8	1/E	2B	3	1
206 40% (18/ 45)	Z	Z		5	1						1	19	4	8	1				1	X		1/	1	3	3
1745 40% (4/ 10)	Z	Z	Z	Z	Z	Z	Z	Z	Z	Z	Z	Z	Z	Z	Z	Z	Z	Z	Z	Z	Z	Z	Z	Z	Z
436 40% (29/ 73)	1	1			1							1		4C	1				1			1/	1	4	1
1893 39% (22/ 56)	1	1			1					Z		1			1				Z	Z	Z	Z	Z	Z	Z
2464 39% (9/ 23)	Z	Z	Z	Z	Z	Z	Z	Z	Z	Z	Z	Z	Z	Z	Z	Z	Z	Z	Z	Z	Z	Z	Z	Z	Z
2805 39% (27/ 69)	1				1							1			4				1	1	1/F	1/	1	4B	1E
2718 39% (21/ 54)	1	1										2	4		1				1		1/F	6	1	3	
322 38% (28/ 73)		1		6	1						1	2		3F	1				1	1	1/C	1/	1	1	1
621 38% (28/ 73)	1	3			1						1	1	3	3B	8				1			8	1		1
522 38% (27/ 71)		1		5	1						1	19		8	1				1	1		1/	1	3	3
1409 38% (27/ 72)	1	1		1/		4		3				13B	3		1			Z	1	1	1/F	1/		4	3B
044 37% (27/ 73)	1	1			1	5					1	2		1/	3				1		1/F	1/	1	3	3B
467 37% (27/ 73)		1		1/							1	1			1				1	1		1/	1	7	1
619 36% (26/ 72)	1B	1			1							1			4				U	1		1/	1	15	1
1729 36% (23/ 64)	1	1		1/	1			7	1			1B				6		1	1	1		1/	1C	15	1
5 36% (26/ 73)	1	1		1/	1			3				1			1				1	1		1/	1	4	1
88 36% (26/ 73)	1			1/	1			3				1	4		4			1	1	1		1/	1	6	1
1505 36% (26/ 73)	1	1		1/	1			1			1	2		1/	1	1/B	1/D		1			6	1	17	1
1884 35% (24/ 69)				6	1				4B	U	1	1		1/	1			1	1	1	6	3	1C	4	
1611 35% (25/ 72)	1	1			4				1		1	1		3B	1		1/D		1			1/	1	17	1
1509 34% (24/ 70)		1		5	1			1		1/K		1		8	1				1	1	1/F	1/	1	3	1
1162 34% (25/ 73)	1	1			1							1			4				1	1		1/	1	15	1
1842 34% (25/ 73)	1	3		1/	1							1	3		1	1/F		1	1			1/	1	15	1
2374 34% (25/ 73)	1							3	2B			2			1				2	1	3	1/	1	4	1B
P8 33% (1/ 3)	Z	Z	Z	Z	Z	Z	Z	Z	Z	Z	Z	Z	Z	Z	Z	Z	Z	Z	Z	Z	Z	Z	Z	Z	Z
886 33% (5/ 15)	Z	Z	Z	Z	Z	Z	Z	Z	Z	Z	Z	Z	Z	Z	Z	Z	Z	Z	Z	Z	Z	Z	Z	Z	Z
941 33% (23/ 69)	1	Y			1			1				1			1				Y	1	1/F	1/	1	1	1
1738 33% (4/ 12)	Z	Z	Z	Z	Z	Z	Z	Z	Z	Z	Z	Z	Z	Z	Z	Z	Z	Z	Z	Z	Z	Z	Z	Z	Z

2818 73 TS + 0 SL + 31 MT

TESTSTELLE	70	72	73	75	76	77	78	79	81	83	84	86	87	88	89	90	91	92	95	97	98	100	102
UEBEREINST. ZEUGEN	21	18	2	19	467	181	67	31	6	46	42	85	476	471	14	71	46	99	68	17	40	470	478
BEZEUGTE VARIANTE	2	2	3	2	1/	2	2	2	3	2	4	3	1/	1/	2	2	3	2	3	3	2	1/	1/
P33 100% (1/ 1)	Z	Z	Z	Z	Z	Z	Z	Z	Z	Z	Z	Z	Z	Z	Z	Z	Z	Z	Z	Z	Z	Z	Z
610 99% (67/ 68)		Z				Z	1	Z															
307 95% (69/ 73)	3		1D																				
453 89% (65/ 73)	2B		1									2B				1	6B						
1678 88% (64/ 73)		1	1D																				4
180 76% (53/ 70)			5			Z	Z	Z	1		1/				9		4						
94 68% (50/ 73)		3	1D	1				1	1	1	1/				1	1				1/	2C		
431 68% (49/ 72)			2B				1		1								14				W		
1739 59% (43/ 73)			1D				1		1		3				14				2	1/			
P74 59% (40/ 68)	3B		6B					2B	2		1/	2B					1/		Z	1/			
1891 58% (42/ 73)		3	1D				1		1		3	2			14				2	1/			
2778 56% (5/ 9)	Z	Z	Z	Z	Z	Z	Z	Z	Z	Z	Z	Z	Z	Z	Z	Z	Z	Z	Z	Z	Z	Z	Z
03 55% (40/ 73)			2			2B			2			2B					1/		2	4			3
945 53% (39/ 73)		6	1D	3			1B		1		3				5				2	1/			
81 53% (26/ 49)	Z	Z	Z	Z	Z	Z	Z	Z	Z	Z	Z	2B			14		1/		2	1/			
1175 52% (38/ 73)	1	3	2				3		2		1/				14		1/	1	2	1/B	2C		
630 51% (36/ 70)	1	3	1	3			1		1		3	1B			3				2	1/			
02 51% (37/ 73)	1		6						2		3	2B			14		1/	1	2	1/			3
P41 50% (3/ 6)	Z		2			Z	Z	Z	Z	Z	Z	Z	Z	Z	Z	Z	Z	Z	Z	Z	Z	Z	Z
04 49% (22/ 45)	Z		2						Z		3	Z	Z	Z	Z	Z	Z	Z	2			Z	
2200 49% (33/ 68)	1B	3	Z	Z	Z	Z	Z		1		3	1			14				2	1/			
1704 48% (35/ 73)		6	1D	3			1B		1		3				5	4			2	1/			
01 47% (34/ 73)	1		2				3	5	2B		3	2			14		1/		2	1/			3
33 47% (27/ 58)	3B		14						2	X	3	2			10			1	2	1/	7		
1642 46% (33/ 72)	1	1	1	1		1B	1	5	2	1	1/				1C	1	1/	1	1	4	3		
441 43% (25/ 58)	3	1	6C	3			1	1	1		1/				14		5D	1		1/	2C		
P45 43% (6/ 14)	Z	Z	Z	Z	Z	Z	Z	Z	Z	Z	Z	Z	Z	Z	Z	Z	Z	Z	Z	Z	Z	Z	Z
1846 43% (6/ 14)	Z	Z	Z	Z	Z	Z	Z	Z	1	1	1/	1			1	1	X			1/	1		
1875 43% (27/ 63)	1	1	6	1			1		2		1/C	2			14		12		2	1/			
181 42% (31/ 73)	1	1	6	1C			1		2		1/C	2			14		12		2	4			
323 42% (30/ 71)	1	1	1	1			1	1	1	1	1/	1			1		5		4	1/	3		
623 42% (26/ 62)	1	2B	1D	1			1	1B	2	1		2			1				2	1/	2C		3
314 42% (5/ 12)	Z	Z	Z	Z	Z	Z	Z	Z	Z	Z	Z	Z	Z	Z	Z	Z	Z	1	1	1/	1		

2818 73 TS + 0 SL + 31 MT

TESTSTELLE		70	72	73	75	76	77	78	79	81	83	84	86	87	88	89	90	91	92	95	97	98	100	102
UEBEREINST. ZEUGEN		21	18	2	19	467	181	67	31	6	46	42	85	476	471	14	71	46	99	68	17	40	470	478
BEZEUGTE VARIANTE		2	2	3	2	1/	2	2	2	3	2	4	3	1/	1/	2	2	3	2	3	3	2	1/	1/
2344	42% (30/ 72)	3B		6	3					2		3	2			11		3G	1	2	1/	7		
429	41% (30/ 73)	1		1	3		1B	1		1		3	1			14	1	4E	1		1/	1D		
2298	41% (30/ 73)		1	1D	1			1		1	1	3				12				2	1/			
2201	40% (25/ 62)	1	1	1E	1				1	2	1	1/				1		5		1	1/	6		
1751	40% (29/ 72)	1B	1	1	1B		5	1				1/C	1			14		3H		2	Z			
206	40% (18/ 45)	1	3	1	3		1B	1		1		3	1			14	1	4E	1		1/	1D		
1745	40% (4/ 10)	Z	Z	Z	Z	Z	Z	Z	Z	Z	Z	Z	1B			1	1	1/	1	Z	Z	1		
436	40% (29/ 73)	1	2B	1D	1				1	1						14				2	1/			
1893	39% (22/ 56)	1	1	9	1			1	1B	2	1	Z	1B			1		1/	1	1	1/	6		
2464	39% (9/ 23)	8	2B	1	1			1	1	2			3C					4B		2	1/	2C	3	4
2805	39% (27/ 69)	1	1	1	3			1	1	1		1/				3					1/	2C		Z
2718	39% (21/ 54)	Z	Z	Z	Z	Z	Z	Z	Z	Z	Z	Z	Z	Z	Z	Z	Z	Z	Z	Z	1/	2C		
322	38% (28/ 73)	1	1	1	1			1	1	1	1	1/	1			1		5		4	1/	3		
621	38% (28/ 73)		1	6C	3			1	1	1		1/				14		5			1/	2C		
522	38% (27/ 71)	Z	V	1	3		1B	1		1		3	1			14	1	4F	1		1/	1D		
1409	38% (27/ 72)		1	6C	3			1	5	2		1/				8	1	4		2	1/	3		
044	37% (27/ 73)	1	7	1D	1				1	1		1/									1/	1		4
467	37% (27/ 73)	5	1	1	1		1B	1	1	1	1	1/	4			1		4I	1		1/	2C		
619	36% (26/ 72)	4B	1B	9	1				1B	2	1	1/	1			1		1/	1	1	1/	6B		
1729	36% (23/ 64)	1	1	10	1				1	1	1	1/	3B			1		5		1	1/	1		
5	36% (26/ 73)	1	1	1	1			1	1B	2	1	1/	5			1				2	1/	2C		
88	36% (26/ 73)	1	1	9	1		1	1	1	1	1B	1/	4			1			1	1	1/	6		
1505	36% (26/ 73)	1	1	1D	1				1	1						14		8				1		
1884	35% (24/ 69)	4		1	1			1		1		3	2B			14		4		2	1/		Z	Z
1611	35% (25/ 72)	1	1	1D	1			1	1	1	1					13		8				1	4	
1509	34% (24/ 70)	X	1	1	3			1	X	1		3	1			14	1	4E	1		1/	1		
1162	34% (25/ 73)	1	1B	9	1				1B	2	1	1/	1			1		1/	1	1	1/	6		
1842	34% (25/ 73)		4	7	3			1	1	1		1/C	4			14		5			5	2C		
2374	34% (25/ 73)	1	1	1	1		1B	1	1	1	1	1/					1		1	2	1/	2C		
P8	33% (1/ 3)	Z	Z	Z	Z	Z	Z	Z	Z	Z	Z	Z	Z	Z	Z	Z	Z	Z	Z	Z	Z	Z	Z	Z
886	33% (5/ 15)	Z	Z	Z	Z	Z	Z	Z	Z	Z	Z	Z	Z	Z	Z	Z	Z	Z	Z	Z	Z	Z	Z	Z
941	33% (23/ 69)	Y	1	1	1		1B	1	1	2	1					1	1	1/		4	1/	1		Y
1738	33% (4/ 12)	Z	Z	Z	Z	Z	Z	Z	Z	Z	Z	Z	1			1	1	1/	1	1	1/	1		